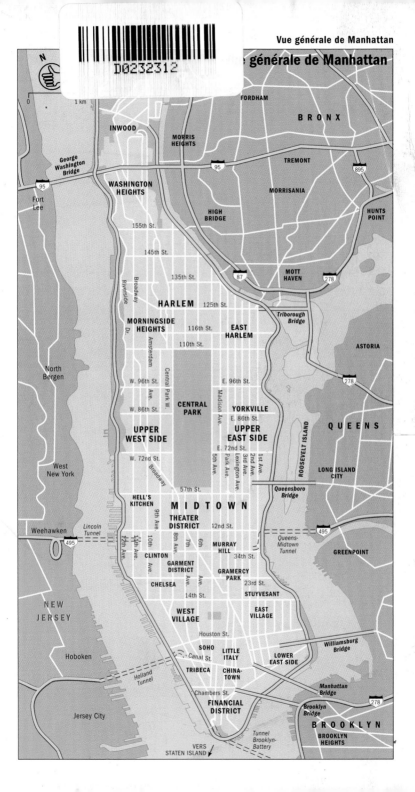

Vue générale de Manhattan

N

0   1 km

D0232312

BRONX

FORDHAM

INWOOD

MORRIS
HEIGHTS

George
Washington
Bridge

95

Fort
Lee

WASHINGTON
HEIGHTS

95

TREMONT

895

MORRISANIA

HUNTS
POINT

HIGH
BRIDGE

155th St.

145th St.

135th St.

87

MOTT
HAVEN

278

HARLEM   125th St.

Broadway

Riverside

MORNINGSIDE
HEIGHTS

116th St.

EAST
HARLEM

Triborough
Bridge

ASTORIA

Amsterdam

110th St.

W. 96th St.

E. 96th St.

278

Central Park W.

Ave.

W. 86th St.

CENTRAL
PARK

Madison Ave.

YORKVILLE

E. 86th St.

QUEENS

North
Bergen

UPPER
WEST SIDE

UPPER
EAST SIDE

ROOSEVELT ISLAND

W. 72nd St.

E. 72nd St.

5th Ave.

Park Ave.
Lexington Ave.
3rd Ave.
2nd Ave.
1st Ave.

LONG ISLAND
CITY

West
New York

Broadway

57th St.

Queensboro
Bridge

HELL'S
KITCHEN

MIDTOWN

9th Ave.

THEATER
DISTRICT

12th St.

Queens-
Midtown
Tunnel

495

Weehawken

Lincoln
Tunnel

495

10th

8th Ave.

7th

6th

MURRAY
HILL

GREENPOINT

12th Ave.
11th Ave.

CLINTON

GARMENT
DISTRICT

34th St.

Ave.

CHELSEA

Ave.

GRAMERCY
PARK

23rd St.

STUYVESANT

14th St.

NEW

JERSEY

WEST
VILLAGE

EAST
VILLAGE

Hoboken

Houston St.

SOHO

LITTLE
ITALY

Williamsburg
Bridge

Holland
Tunnel

Canal St.

LOWER
EAST SIDE

TRIBECA

CHINA-
TOWN

Jersey City

Chambers St.

Manhattan
Bridge

278

FINANCIAL
DISTRICT

Brooklyn
Bridge

BROOKLYN

Tunnel
Brooklyn-
Battery

BROOKLYN
HEIGHTS

VERS
STATEN ISLAND

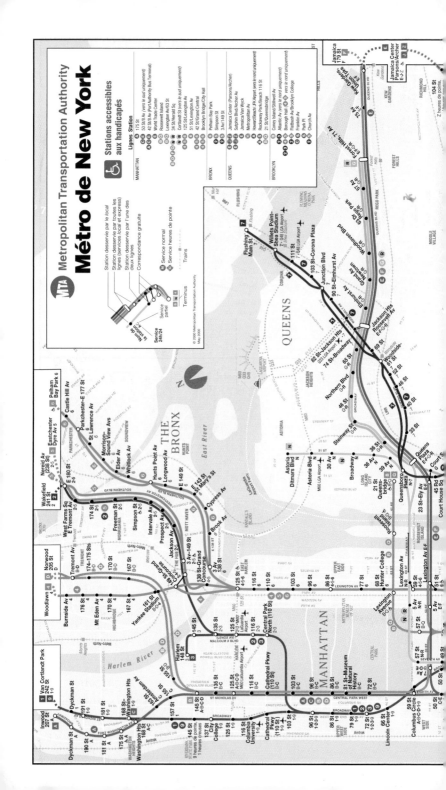

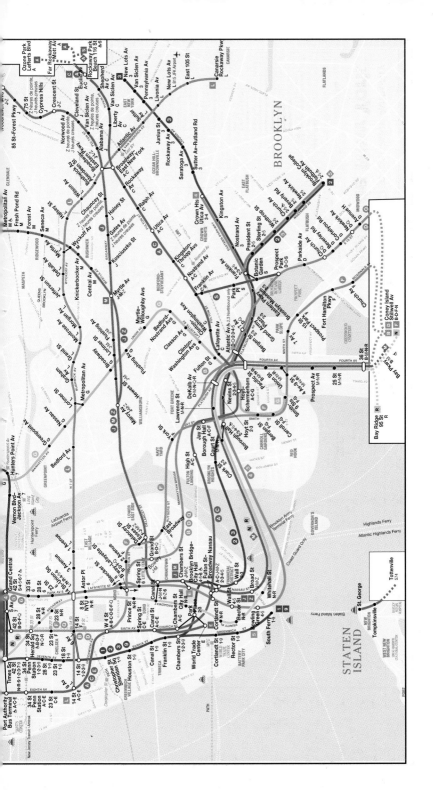

Manhattan Downtown

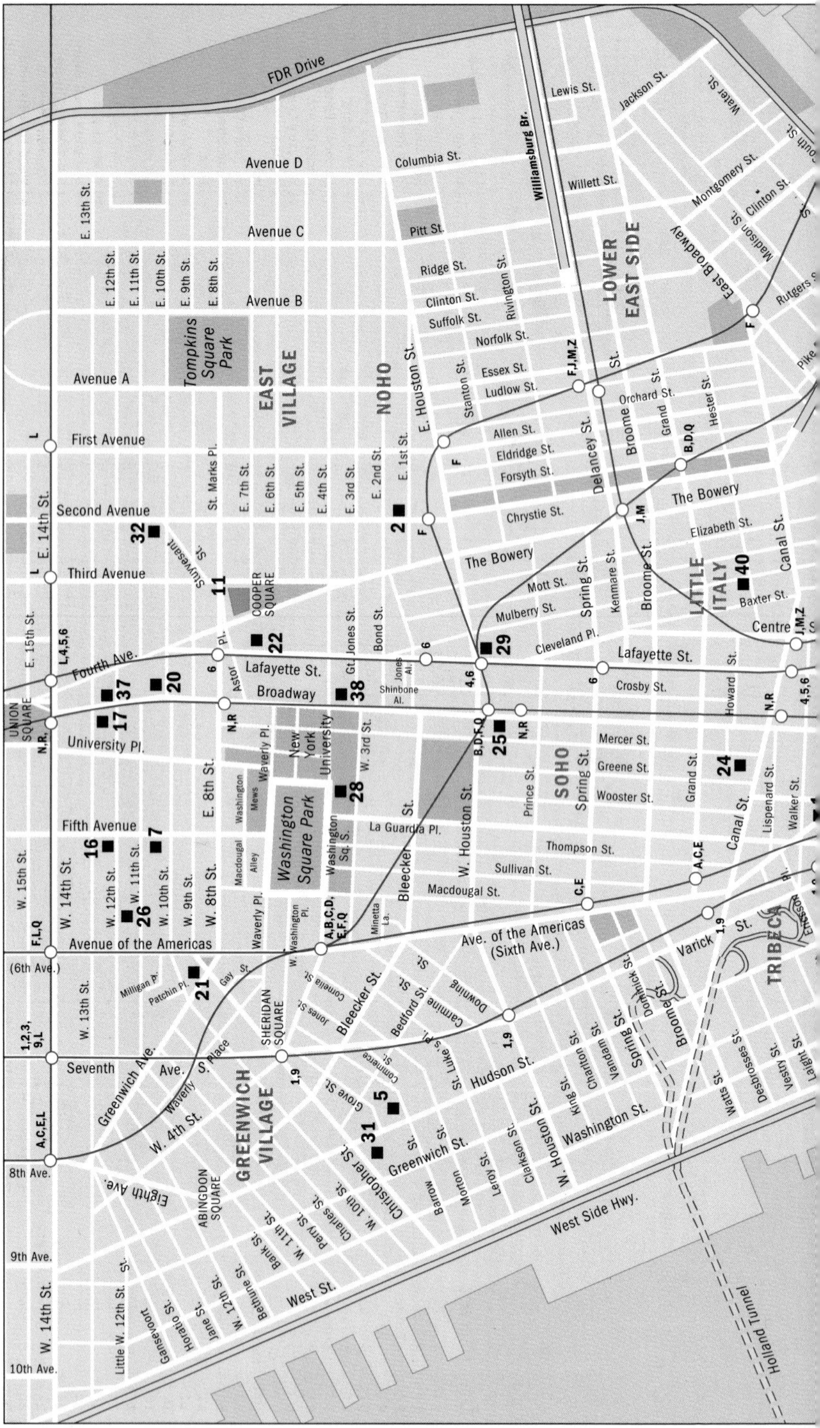

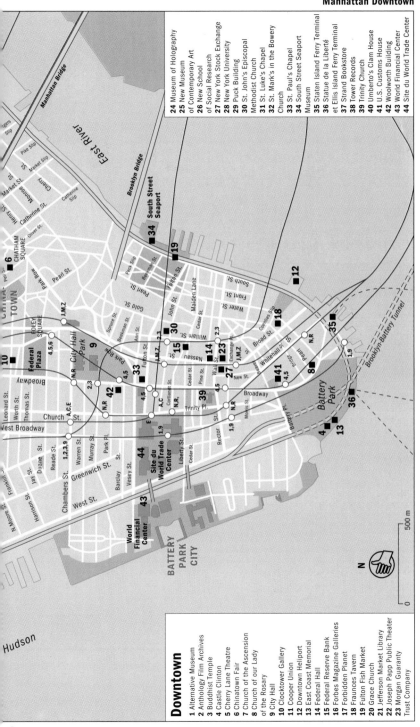

Manhattan Midtown

Queensboro Bridge

First Ave.

Second Ave.

Third Ave.

TURTLE BAY

Organisation des Nations Unies

FDR Dr.

Queens-Midtown Tunnel

E. 56th St.
E. 55th St.
E. 54th St.
E. 53rd St.
E. 52nd St.
E. 51st St.
E. 50th St.
E. 49th St.
E. 48th St.
E. 47th St.
E. 46th St.
E. 45th St.
E. 44th St.
E. 43rd St.
E. 42nd St.
E. 41st St.
E. 40th St.
E. 39th St.
E. 38th St.
E. 37th St.
E. 36th St.
E. 35th St.
E. 34th St.
E. 33rd St.
E. 32nd St.
E. 31st St.

53
4
34
8
Citicorp Center
13
38
32
63
55
67
44
25
68
9
11
15
20
30
66

N,R
4,5,6
B,Q

Lexington Ave.
Park Ave.
Madison Ave.
Fifth Ave.

E. 60th St.
E. 59th St.
E. 58th St.
E. 57th St.

17
65
27
3
39
59
56
60
51
21
24
1
2
46
12
28
16

Grand Army Plaza

Grand Central Terminal

New York Public Library

Empire State Building

MURRAY HILL

47
36
38
7
49

Museum of Modern Art

Rockefeller Center

Bryant Park

4,5,6,S
7

B,D,F,Q
0,7

N,R

HERALD SQUARE

33

Penn

B,D,F,Q

Park South
Central

54
6
Carnegie Hall
5

B,D,E
N,R

1,2,3,N,R,9
Seventh Ave.

Broadway

GARMENT DISTRICT

64
62
61
42

TIMES SQUARE

1,2,3,9
45
35

Eighth Ave.

A,B,C,D,1,2,3,9
COLUMBUS CIRCLE

40

1,2,3,9

C,E

26
48

Port Authority Bus Terminal

A,C,E

General Post Office

22

Ninth Ave.

W. 56th St.
W. 55th St.
W. 54th St.
W. 53rd St.
W. 52nd St.
W. 51st St.
W. 50th St.
W. 49th St.
W. 48th St.
W. 47th St.
W. 46th St.
W. 45th St.
W. 44th St.
W. 43rd St.
W. 42nd St.
W. 41st St.

Dyer Ave.
W. 34th St.

Tenth Ave.

HELL'S KITCHEN

W. 60th St.
W. 59th St.
W. 58th St.
W. 57th St.

Eleventh Ave.

Lincoln Tunnel

31

57

Twelfth Ave.

29

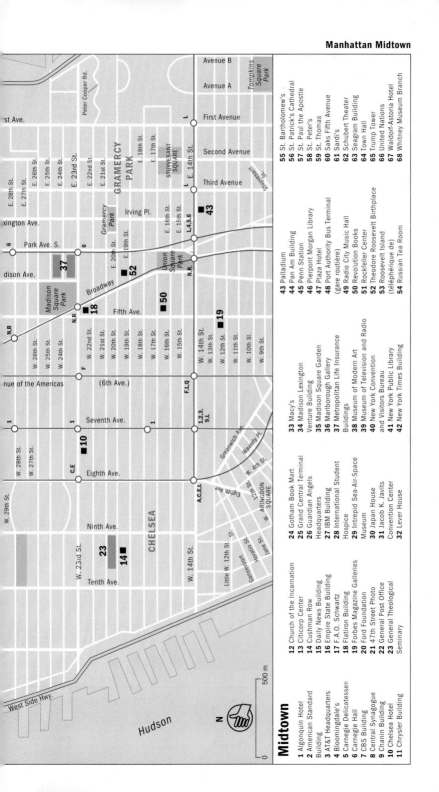

Midtown

1 Algonquin Hotel
2 American Standard Building
3 AT&T Headquarters
4 Bloomingdale's
5 Carnegie Delicatessen
6 Carnegie Hall
7 CBS Building
8 Central Synagogue
9 Chanin Building
10 Chelsea Hotel
11 Chrysler Building
12 Church of the Incarnation
13 Citicorp Center
14 Cushman Row
15 Daily News Building
16 Empire State Building
17 F.A.O. Schwartz
18 Flatiron Building
19 Forbes Magazine Galleries
20 Ford Foundation
21 47th Street Photo
22 General Post Office
23 General Theological Seminary
24 Gotham Book Mart
25 Grand Central Terminal
26 Guardian Angels Headquarters
27 IBM Building
28 International Student Hospice
29 Intrepid Sea-Air-Space Museum
30 Japan House
31 Jacob K. Javits Convention Center
32 Lever House
33 Macy's
34 Madison Lexington Venture Building
35 Madison Square Garden
36 Marlborough Gallery
37 Metropolitan Life Insurance Buildings
38 Museum of Modern Art
39 Museum of Television and Radio
40 New York Convention and Visitors Bureau
41 New York Public Library
42 New York Times Building
43 Palladium
44 Pan Am Building
45 Penn Station
46 Pierpont Morgan Library
47 Plaza Hotel
48 Port Authority Bus Terminal (gare routière)
49 Radio City Music Hall
50 Revolution Books
51 Rockfeller Center
52 Theodore Roosevelt Birthplace
53 Roosevelt Island (téléphérique de)
54 Russian Tea Room
55 St. Bartholomew's
56 St. Patrick's Cathedral
57 St. Paul the Apostle
58 St. Peter's
59 St. Thomas
60 Saks Fifth Avenue
61 Sardi's
62 Schubert Theater
63 Seagram Building
64 Town Hall
65 Trump Tower
66 United Nations
67 Waldorf-Astoria Hotel
68 Whitney Museum Branch

Uptown

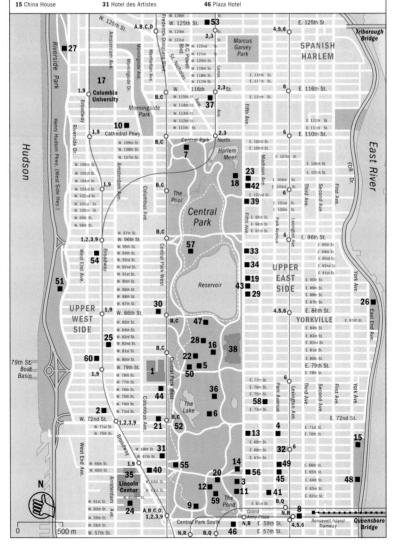

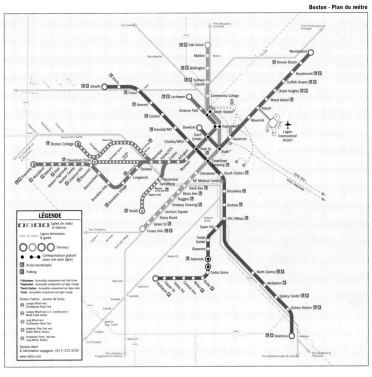

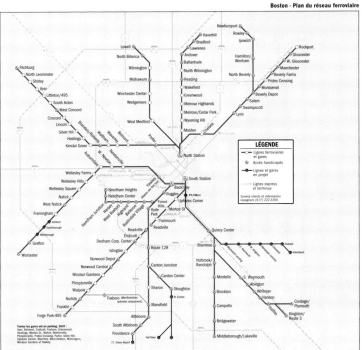

Boston

EAST CAMBRIDGE

LECHMERE SQUARE

Hampshire St.

Donnelly Field

Willow St.
Berkshire St.
Marney St.
York St.
James Wy.

Otis St.

Cambridge St.

LECHMERE

28

Windsor St.

Webster Ave.

8th St.
7th St.
6th St.

5th St.

Thorndike St.

Spring St.

Bristol St.

Cardinal Medeiros Ave.

Binney St.

Fulkerson St.

Ahearn Field

Hurley St.

Charles St.

Bent St.

3rd St.

Harvard St.

Portland St.

Rogers St.

2nd St.

1st St.

Washington St.

Binney St.

Munroe St.

Broadway

Athenaeum St.

Edwin Land Blvd.

Cambridge Pkwy.

TECHNOLOGY SQUARE

Main St.

KENDALL SQUARE

MIT Museum

Albany St.

Ames St.

Carleton St.

Wadsworth St.

KENDALL

Longfellow Br.

3

Vassar St.

Massachusetts Ave.

Massachusetts Institute of Technology (MIT)

Amherst St.

3

Briggs Field

Memorial Dr.

Charles

Hatch Shell

N

0   400 yards
0   400 m

Harvard Br.

2a

Back St.

Berkeley St.

James J. Storrow Memorial Drive

Beacon St.

Dartmouth St.

Marlborough St.

28

2

Back St.
Bay State Rd.

Charlesgate E.

Fairfield St.

Gloucester St.

Hereford St.

BACK BAY

Commonwealth Ave.

Exeter St.

Clarendon St.

Trinity Church

St. Ja

KENMORE SQ.

2

KENMORE

Charlesgate W.

B, C, D lines

Newbury St.

Newbury St. B, C, D lines

COPLEY

COPLEY SQUARE

John Hancock Tower

Stua

90

Newbury St.

HYNES CONVENTION CENTER/ICA

Boylston St. B, C, D lines

Boston Public Library

Blagden St.

2

Landsdowne St.

Ipswich St.

Hynes Convention Center

Dalton St.

Prudential Tower

90

BACK BAY/ SOUTH END

2

Fenway Park

Ipswich St.

Belvedere St.

E line

9

Columbus Ave.

Warren A

Van Ness St.

FENWAY

Back Bay Fens

Massachusetts Ave.

Burbank St.

Christian Science Center

Huntington Ave.

PRUDENTIAL

Carleton St.

28

SOUTH END

Boylston St.

W. Newton St.

Pembroke St.

Montg

Petersborough St.

Agassiz Rd.

Westland Ave.

St. Botolph St.

W. Rutland Sq.

Rutland Sq.

Concord Sq.

W. Canton St.

Queensberry St.

Park Dr.

Hemenway St.

Gainsborough St.

Symphony Hall

E line

SYMPHONY

Wellington

Tremont St.

W. Brookline

Shawmut Ave.

Forsyth Way

Stephen St.

Forsyth St.

NORTH-EASTERN

MASSACHUSETTS AVE.

Museum of Fine Arts

MUSEUM

9

Northeastern University

Camden St.

Northampton St.

28

Boston

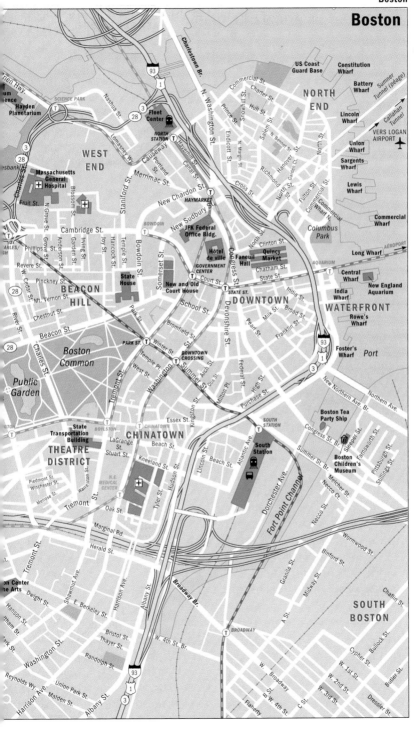

US Coast Guard Base

Constitution Wharf

NORTH END

Battery Wharf

Sumner Tunnel (péage)

Lincoln Wharf

Callahan Tunnel

VERS LOGAN AIRPORT

Union Wharf

Sargents Wharf

Lewis Wharf

Commercial Wharf

Columbus Park

Long Wharf

AEROPORT

AQUARIUM

Central Wharf

India Wharf

New England Aquarium

WATERFRONT

Rowe's Wharf

Foster's Wharf

Port

Charlestown Br.

93

1

SCIENCE PARK

Hayden Planetarium

3

Fleet Center

NORTH STATION

WEST END

Massachusetts General Hospital

Fruit St.

Blossom St.

N. Grove St.

Grove St.

Anderson St.

Garden St.

Cambridge St.

Phillips St.

Revere St.

W. Cedar St.

Mt. Vernon St.

BEACON HILL

Chestnut St.

River St.

28

28

Beacon St.

Boston Common

Public Garden

Charles St.

Pinckney St.

Temple St.

Hancock St.

Joy St.

Bowdoin St.

State House

Somerset St.

New and Old Court House

School St.

Bromfield St.

Park St.

Winter St.

PARK ST.

Temple Pl.

West St.

Washington St.

Tremont St.

DOWNTOWN CROSSING

Summer St.

Arch St.

Otis St.

BOYLSTON

State Transportation Building

THEATRE DISTRICT

LaGrange St.

Stuart St.

CHINATOWN

Beach St.

Kneeland St.

Hudson St.

Tyler St.

N.E. MEDICAL CENTER

Oak St.

Tremont

Piedmont St.

Winchester St.

Melrose St.

Nashua St.

Lomasney W.

Causeway

Portland St.

Merrimac St.

Stanford St.

Haverhill St.

Canal St.

N. Washington St.

New Chardon St.

HAYMARKET

New Sudbury St.

BOWDOIN

JFK Federal Office Bldg.

Hôtel de ville

GOVERNMENT CENTER

Court St.

Congress St.

Faneuil Hall

Quincy Market

Chatham St.

State St.

STATE ST.

Devonshire St.

Milk St.

Pearl St.

Broad St.

Franklin St.

India St.

Commercial St.

Charter St.

TS llliwoN

Prince St.

Hull St.

Salem St.

N. Bennet St.

Richmond St.

Hanover St.

North St.

Garden Ct.

Fulton St.

Commercial Wharf N.

Cross St.

Endicott St.

N. Margin St.

93

1

3

New Northern Ave. Br.

Northern Ave.

Boston Tea Party Ship

Congress St. Br.

Sleeper St.

Boston Children's Museum

Meicher St.

Summer St. Br.

Farnsworth St.

Pittsburgh St.

Stillings St.

Necco St.

Dorchester Ave.

Fort Point Channel

Necco Ct.

Wormwood St.

Binford St.

Midway St.

Granite St.

SOUTH BOSTON

Chafin St.

Bullock St.

Cypher St.

W. 1st St.

W. 2nd St.

Buiter St.

Dressler St.

W. 3rd St.

C St.

B St.

A St.

W. 4th St.

W. Broadway

BROADWAY

Flaherty

Atlantic Ave.

South Station

SOUTH STATION

Lincoln St.

Beach St.

Essex St.

Kingston St.

Mittord Pl.

High St.

Federal St.

Purchase St.

Clinton St.

Congress St.

Broadway Br.

Albany St.

Harrison Ave.

W. 4th St. Br.

Randolph St.

93

1

3

Reynolds Wy.

Union Park St.

Albany St.

Harrison Ave.

Malden St.

Washington St.

Bristol St.

Thayer St.

E. Berkeley St.

Dwight St.

Shawmut Ave.

Tremont St.

Herald St.

Marginal Rd.

State Transportation Building

CHINATOWN

Boston Common

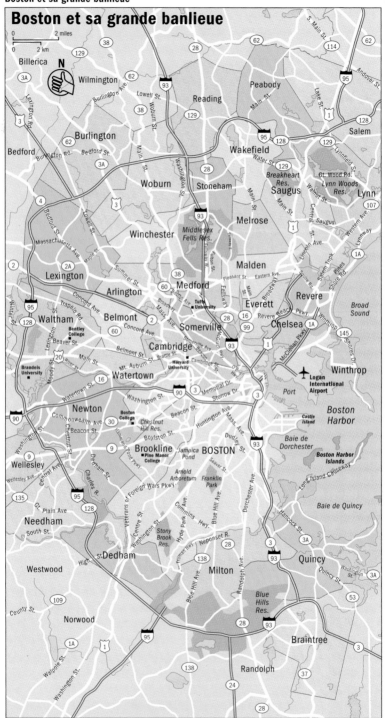

Boston et sa grande banlieue

À PROPOS DES GUIDES LET'S GO

"Franchement, nous n'avions jamais vu une telle foison d'informations, d'adresses, de renseignements utiles réunis en un seul guide."
– L'argus des voyages

"Les guides Let's Go comptent parmi les mieux documentés et les plus précis au monde." **– Ouest-France**

"L'édition française d'un grand classique américain. Pour voyager branché et sans se ruiner." **– Géo**

"Dans l'univers impitoyable des guides de voyage, les Let's Go occupent une place privilégiée. Leur adaptation en français est une réussite !" **– Page des libraires**

"(…) une densité d'informations pratiques, de conseils et d'adresses qui a fait la réputation des guides Let's Go." **– Le Monde**

LET'S GO ÉTATS-UNIS, CÔTE EST

EST LE GUIDE INDISPENSABLE
POUR DÉCOUVRIR L'EST DES ÉTATS-UNIS SANS SE RUINER

AUCUN GUIDE NE DONNE AUTANT D'ADRESSES À PRIX RÉDUITS. Pour chaque région, pour chaque ville, nous avons sélectionné des dizaines d'adresses et vous indiquons les meilleures solutions pour vous déplacer, vous loger, vous nourrir et sortir au meilleur rapport qualité-prix. Vous trouverez une multitude de conseils pour économiser votre argent et ne manquer aucune des réductions accordées aux jeunes, aux étudiants, aux enfants, aux familles ou aux personnes âgées.

LES ENQUÊTEURS DE LET'S GO VOUS ONT PRÉCÉDÉ. Les auteurs-enquêteurs de Let's Go sont systématiquement passés partout, se déplaçant avec des budgets réduits, dans les mêmes conditions que vous : pas de note de frais, pas de chambre d'hôtel gratuite, pas de traitement de faveur. Leur sélection se fonde sur une véritable enquête de terrain, en toute indépendance.

LET'S GO EST SYSTÉMATIQUEMENT ET ENTIÈREMENT MIS À JOUR. D'une édition à l'autre, nous ne nous contentons pas d'ajuster les prix, nous retournons sur place. Si un petit *diner* familial est devenu un piège à touriste hors de prix, nous le supprimons aussitôt de notre guide pour le remplacer par une meilleure adresse.

LET'S GO EST LE SEUL GUIDE À RASSEMBLER AUTANT D'INFORMATIONS PRATIQUES. Région par région, les sites incontournables et les endroits méconnus sont passés en revue. Pour chaque adresse, les prix, les coordonnées exactes, les horaires d'ouverture précis. Des centaines d'hôtels, de Bed & Breakfast, de restaurants, de boîtes, de sites naturels ou culturels… Des cartes détaillées, des rubriques transports complètes. Un chapitre intitulé *l'Essentiel* pour bien préparer votre voyage et trouver le billet d'avion le plus compétitif. Une partie introductive, avec tout ce qu'il faut savoir sur la vie quotidienne et l'histoire des Etats-Unis.

LA COLLECTION LET'S GO

EN FRANÇAIS

Let's Go Californie
Let's Go Egypte
Let's Go Espagne
Let's Go Espagne, côte méditerranéenne
Let's Go Etats-Unis, côte Est
Let's Go Etats-Unis, côte Ouest
Let's Go Grèce
Let's Go Irlande
Let's Go Italie

Let's Go Italie du Nord
Let's Go Mexique
Let's Go Pérou, Bolivie, Equateur
Let's Go Turquie
Let's Go Métropole Amsterdam
Let's Go Métropole Londres
Let's Go Métropole New-York
Let's Go Métropole Rome

EN ANGLAIS

Let's Go Alaska & the Pacific Northwest
Let's Go Amsterdam
Let's Go Australia
Let's Go Austria & Switzerland
Let's Go Barcelona
Let's Go Boston
Let's Go Britain & Ireland
Let's Go California
Let's Go Central America
Let's Go China
Let's Go Eastern Europe
Let's Go Egypt
Let's Go Europe
Let's Go France
Let's Go Germany
Let's Go Greece
Let's Go India & Nepal
Let's Go Ireland
Let's Go Israel

Let's Go Italy
Let's Go London
Let's Go Mexico
Let's Go Middle East
Let's Go New York City
Let's Go New Zealand
Let's Go Paris
Let's Go Peru, Ecuador & Bolivia
Let's Go Rome
Let's Go San Francisco
Let's go South Africa
Let's Go Southeast Asia
Let's Go Southwest USA
Let's Go Spain & Portugal
Let's Go Turkey
Let's Go USA
Let's Go Washington D.C.
Let's Go Western Europe

ÉGALEMENT CHEZ DAKOTA ÉDITIONS

Le guide des jobs et stages autour du monde
Le guide des jobs et stages en Grande-Bretagne
Le guide du Job-trotter Etats-Unis
Le guide du Job-trotter Canada
Le guide du Job-trotter Espagne
Le guide des jobs pour changer d'air
Le guide du Voyage Utile
Le guide du Jeune Voyageur (18-25 ans)

Etats-Unis

côte est

Rédacteur en chef
D. Cody Dydek

Rédacteurs en chef adjoints
Benjamin W. Fernandez
Nathaniel Mendelsohn

Auteurs-enquêteurs
Erik A. Beach
Brenna C. Farrell
Todd Plants
Rahul Rohatgi
Kathryn A. Russo
Andrew Fayerweather Spofford
Arthur E. Koski-Karrell
Anne M. Tigani

ÉDITION FRANÇAISE
Directeur de collection
Gilles Taillardas

Editeurs
Marc Lacouture, Jean-Damien Lepère, Marc Santenac

DAKOTA ÉDITIONS

VOS TUYAUX SONT PRÉCIEUX Faites-nous part de vos découvertes, de vos coups de cœur, de vos suggestions ou de vos remarques. Nous lisons tout ce qui nous est adressé, les cartes postales, les courriers de 10 pages sur Internet comme les bouteilles à la mer. Toutes les suggestions sont transmises à nos enquêteurs.

En France :
Dakota Editions – Let's Go, 45, rue Saint-Sébastien, 75011 Paris.
E-mail : **contact@wdakota.com**
Web : **http://www.dakotaeditions.com**

Aux Etats-Unis :
Let's Go : USA, 67 Mount Auburn Street, Cambridge, MA 02138, Etats-Unis.
E-mail : **feedback@letsgo.com**
Subject : "Let's Go : USA"
Web : **http://www.letsgo.com**

ÉDITION EN FRANÇAIS
publiée par Dakota Editions,
45, rue Saint-Sébastien, 75011 Paris
Tél. : 01 55 28 37 00
Fax : 01 55 28 37 07

ISBN 2-84640-016-4
Dépôt légal 2ᵉ trimestre 2002
Imprimé en France par Brodard et Taupin
Tous droits de reproduction réservés © Dakota Editions 2002

Cartes réalisées par David Lindroth © 2002, 2001, 2000, 1999, 1998, 1997, 1996, 1995, 1994, 1993, 1992, 1991, 1990, 1989, 1988 par St. Martin's Press.
Photo de couverture : Photodisc

PUBLIÉ AUX ÉTATS-UNIS
par St. Martin's Press, Inc.
Copyright © 2002 par Let's Go Inc. Tous droits réservés.
Let's Go USA est écrit par Let's Go Publications, 67 Mount Auburn Street, Cambridge, MA 02138, Etats-Unis.

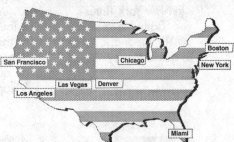

AUTEURS-COLLABORATEURS

AUTEURS / ENQUÊTEURS

Erik A. Beach : Louisiane, **Brenna C. Farrell** : Géorgie, Caroline, Tennessee et Kentucky, **Todd Plants** : Grands Lacs, **Rahul Rohatgi** : Floride et Sud, **Kathryn A. Russo** : Nouvelle-Angleterre, **Andrew Fayerweather Spofford** : sud de la Nouvelle-Angleterre, New York, ouest de la Pennsylvanie, Ohio, Indiana, Illinois et St. Louis, **Arthur E. Koski-Karrell** : Pennsylvanie, Delaware et Maryland, **Anne M. Tigani** : Virginie et Virginie occidentale, **Tiffany Lai, Emily van Dyke, Rani Yadav** : Boston et ses environs, **Seth Kleinerman, Daryl Sng, Avra van der Zee** : New York et ses environs, **Sarah E. Cohen** : Washington, D.C.

RESPONSABLE DES CARTES
Paul Guilianelli

ÉDITION FRANÇAISE

Editeurs : Marc Lacouture, Jean-Damien Lepère, Marc Santenac.
Directeur de collection : Gilles Taillardas.

RÉDACTEUR EN CHEF DE LA VERSION FRANÇAISE
Frédéric Moulin.

TRADUCTION
Bruno Boudard, Céline Marchand, Delphine Nègre-Bouvet.

ADAPTATION
Sophie Bentot, Philippe Boissaye, Sophie Cicurel, Matthieu Gorse, Jean-Victor Rebuffet, Laetitia Viellard.

COLLABORATION
Astrid Dupont-Fauville, Walter Pépéka.

MISE EN PAGE
Emmanuelle Patient.

NOTE À NOS LECTEURS L'information présentée dans cet ouvrage a été rassemblée par les enquêteurs de Let's Go au cours de la fin du printemps et de l'été. Chacun d'eux a sélectionné, en toute honnêteté, ce qu'il pensait être les meilleures adresses.

Les guides Let's Go sont les seuls à fournir au lecteur-voyageur tous les prix des prestations décrites. Malgré toute l'attention portée à la récolte de ces informations, leur fiabilité reste relative : dans le domaine du tourisme, les prix des services comme ceux des produits sont soumis à des variations brusques et imprévisibles. Nous faisons donc appel à toute votre indulgence au cas où vous constateriez des écarts importants entre les prix mentionnés dans le guide et ceux pratiqués sur place. Nous continuerons néanmoins à prendre le risque d'apporter au voyageur des indications qui, pensons-nous, lui sont précieuses au moment de préparer son voyage et d'en prévoir les dépenses. Par ailleurs, préoccupés d'assurer la qualité et l'exactitude des informations fournies dans nos guides, nous lirons avec attention vos éventuelles remarques concernant la description des prestations offertes dans les adresses sélectionnées par Let's Go. Ecrivez à Lets'Go/Dakota Editions, 45, rue Saint-Sébastien, 75011 Paris.

SOMMAIRE

COMMENT UTILISER CE GUIDE ?

COMMENT CE GUIDE EST-IL CONSTRUIT ?

CHAPITRES INTRODUCTIFS. Le premier chapitre, **A la découverte des Etats-Unis**, présente par thème, en se focalisant sur l'Est, certains trésors et curiosités que vous ne trouverez nulle part ailleurs. Vous y trouverez aussi des suggestions d'itinéraires, ainsi que nos Favoris, une petite compilation de ce qui nous a le plus enthousiasmés (émerveillés, amusés, intrigués). Le chapitre intitulé **L'Essentiel** fournit toutes les réponses aux questions pratiques que vous vous posez avant le départ et sur place. Des rubriques s'efforcent également de répondre à vos besoins spécifiques. La partie **Histoire et société** présente un aperçu de l'immense richesse du patrimoine culturel du pays.

CORPS DU GUIDE. Ce guide est divisé en cinq **chapitres**, correspondant aux grandes divisions touristiques de l'est des Etats-Unis (dont un chapitre entièrement consacré à la Floride). Les informations qu'ils contiennent sont invariablement mises à jour tous les deux ans.

ANNEXES. En dernière partie du guide, le **lexique** est là pour vous apprendre ou vous rappeler les expressions américaines qui vous seront utiles au jour le jour : vous pourrez ainsi vous débrouiller au restaurant, à la station-service ou dans un taxi. Enfin, si vous recherchez un lieu, un thème, un personnage ou toute autre information ayant un rapport avec les Etats-Unis, n'oubliez pas de consulter l'**index** alphabétique, en fin d'ouvrage.

COMMENT S'ORGANISE CHAQUE CHAPITRE ?

RUBRIQUES. Tous les chapitres commencent par une introduction historique et culturelle, accompagnée d'un encadré **Les incontournables** dans lequel sont indiqués les lieux les plus célèbres ou ceux que nous avons préférés : indispensable pour préparer son itinéraire et éviter d'oublier un site par inadvertance. Puis, chaque description de ville (ou encore de site, de parc national…) commence elle aussi par une introduction, suivie de rubriques **Transports**, **Orientation et Informations pratiques**, **Hébergement**, **Restaurants**, **Visites** et/ou **Activités de plein air**, **Sorties** et/ou **Vie nocturne**. Dans chaque chapitre, nous classons les établissements par ordre décroissant, du meilleur au moins bon. Le ♥ qui précède certaines adresses marque les coups de cœur de nos enquêteurs. Les numéros de téléphone sont précédés du pictogramme ✆.

ENCADRÉS GRIS ET ENCADRÉS BLANCS. Les encadrés gris tantôt vous content des anecdotes historiques ou des légendes étonnantes, tantôt explorent certaines pratiques culturelles ou religieuses. Les encadrés blancs, quant à eux, fournissent d'importantes informations pratiques ⚑, des avertissements ⚑ ou des conseils utiles ⚑.

POUR MÉMOIRE

L'**abréviation** I-68 désigne l'Interstate 68, l'abréviation US 12, la US Highway 12. Nous avons également adopté les abréviations suivantes : Blvd. pour *boulevard*, Ave. pour *avenue*, St. pour *street*, Hwy. pour *highway* et Pkwy. pour *parkway*.

Sous l'appellation *Visitors Centers* sont regroupés les **offices de tourisme** d'une ville et les bureaux d'accueil des parcs naturels ou des sites touristiques. Faites-y toujours un tour : le personnel, d'ordinaire compétent et serviable, est là pour vous aider. Les brochures et les cartes que l'on y trouve sont très utiles.

Les numéros de téléphone débutant par **1-800** sont toujours gratuits, mais ne peuvent être appelés qu'à l'intérieur des Etats-Unis ou du Canada.

Les **auberges de jeunesse** de la fédération *Hostelling International* (HI) accordent souvent des réductions à leurs membres. Elles sont signalées dans le texte par le sigle HI-AYH.

La **cover charge** est une participation de quelques dollars demandée à l'entrée des bars ou des clubs, en général lorsqu'un groupe se produit.

Les prix mentionnés s'entendent **hors-taxes**, sauf indication contraire. Il convient donc de rajouter les taxes locales.

Les **horaires** sont présentés à la française, de 0h01 à 24h. Par exemple, 2h signifie 2h du matin.

Reportez-vous au chapitre **L'Essentiel**, au début de ce guide, pour en savoir plus.

Les Etats-Unis

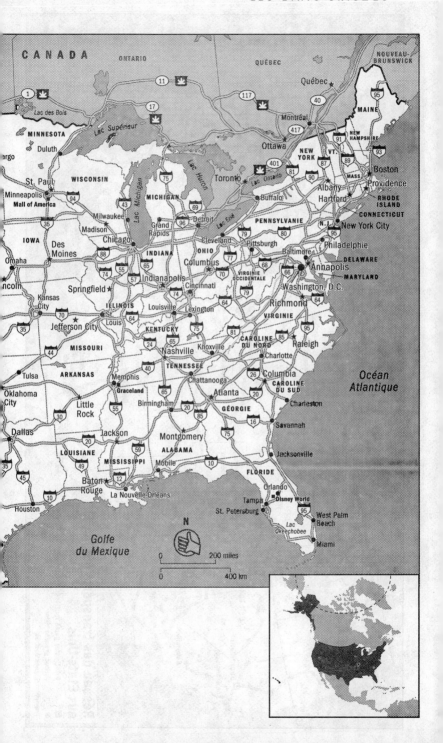

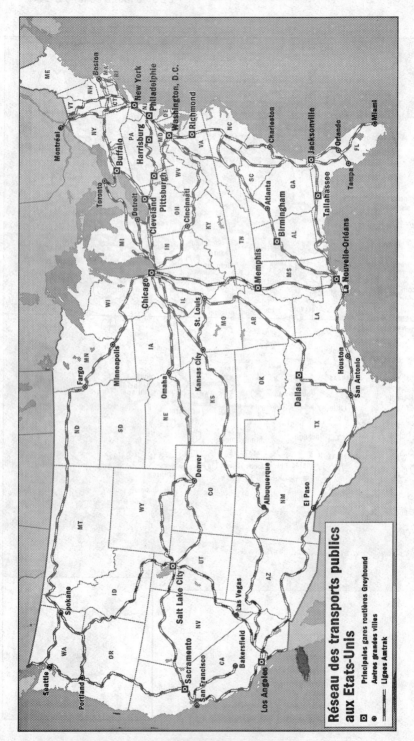

Réseau des transports publics aux États-Unis

◉ Principales gares routières Greyhound
● Autres grandes villes
—— Lignes Amtrak

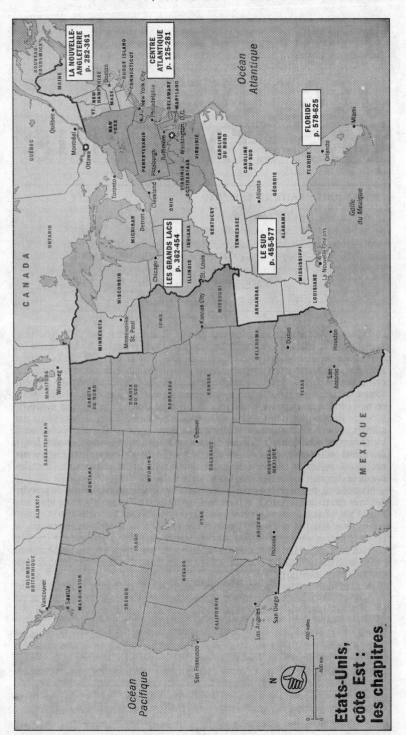

LA NOUVELLE-ANGLETERRE p. 282-361

CENTRE ATLANTIQUE p. 125-281

FLORIDE p. 578-625

LES GRANDS LACS p. 362-454

LE SUD p. 455-577

Etats-Unis, côte Est : les chapitres

À LA DÉCOUVERTE DES ÉTATS-UNIS

ÉTATS-UNIS : FAITS ET CHIFFRES

POPULATION : 284 736 000 habitants.

GRANDES VILLES : New York, Los Angeles, Chicago, Houston, Philadelphie.

RELIGIONS : protestants 58 %, catholiques 21 %, autres communautés chrétiennes 6 %, juifs 2 %, musulmans 2 %, autres 2 %, sans religion 9 %.

POPULATION URBAINE/RURALE : rats des villes 77 %, rats des champs 23 %.

ETHNIES : Blancs d'origine européenne 73 %, Noirs 12 %, Hispano-Américains 11 %, Asiatiques et originaires des îles du Pacifique 3,5 %, Indiens 1 %.

Des glaciers de l'Alaska aux eaux chaudes de Floride, des forêts de la Nouvelle-Angleterre aux rouleaux du Pacifique, les Etats-Unis couvrent un vaste territoire, d'une superficie de plus de 9,3 millions de km^2, soit 17 fois celle de la France. A l'image de la hauteur des gratte-ciel ou de celle des séquoias, le pays ne semble pas connaître de limites. Pour le visiteur venu du Vieux Continent, ce pays possède toutes les caractéristiques de la démesure : le nord et le sud sont distants de 3000 km en moyenne et quand vous vous trouvez à Boston, sur la côte Est, pas moins de 5000 km vous séparent de Los Angeles, sur la côte Ouest. Ces immensités sont par ailleurs associées à une extraordinaire variété du milieu naturel : vous pouvez aussi bien traverser des déserts arides que de vastes plaines fertiles (sud des Grands Lacs), des forêts profondes (Adirondacks, Etat de New York) que des régions glacées aux neiges éternelles. La nature a d'ailleurs doté les Etats-Unis de certains des plus beaux et des plus impressionnants sites au monde.

Si vous avez du temps, il est plus intéressant de voyager en voiture que de prendre des vols qui desservent tout le territoire. Le "road trip", véritable institution aux Etats-Unis, a fasciné des générations de jeunes issus de tous les continents et inspiré écrivains et artistes, comme ceux de la *Beat Generation*. Mais attention, on ne répétera jamais assez que les notions de distance n'ont rien à voir avec ce que l'on connaît en Europe. Les limitations de vitesse sont très strictes (elles ne dépassent pas 65 mph sur les *interstates*, soit 105 km/h). Sachez en tenir compte lorsque vous établissez vos itinéraires.

De nombreux voyages peuvent commencer à New York, principal aéroport d'arrivée des visiteurs en provenance d'Europe. Après vous être immergé dans la vie trépidante de la Grosse Pomme, la métropole la plus célèbre du monde, vous pourrez avoir un aperçu tangible de l'histoire, particulièrement dense, de la côte Est des Etats-Unis. Les anciennes colonies furent le théâtre de la lutte pour l'indépendance puis de la guerre de Sécession. Cette région est fascinante car pleine de contrastes : les villes tentaculaires du Nord voisinent avec les petites villes tranquilles et les parcs nationaux, leur agitation laissant place à des paysages grandioses, comme les Grands Lacs ou les chutes du Niagara. Le Sud, lui, vous séduira par sa forte personnalité, le poids de son passé, de ses traditions : hospitalité légendaire, charme et élégance de son architecture, richesse de sa gastronomie et de ses paysages.

QUAND PARTIR ?

Sur la majeure partie du territoire américain, la saison touristique bat son plein du **Memorial Day** au **Labor Day**, c'est-à-dire du dernier lundi de mai au premier lundi de septembre. A cette époque, les parcs nationaux sont envahis, mais l'animation des villes ne se trouve que peu modifiée. Dans les régions où l'hiver est doux, la saison touristique s'inverse souvent (Déc-Mars). Le week-end du **Labor Day**, dernier long week-end de l'été, l'Amérique entière semble investir les routes et les campings, et les motels et hôtels affichent très souvent complet. N'oubliez pas les dates des jours fériés américains lorsque vous organisez votre voyage, afin de ne pas vous faire surprendre par des banques fermées ou des campings pleins à craquer. Parmi les différents congés scolaires, le **Spring Break**, au printemps, voit traditionnellement les étudiants envahir les stations touristiques. Pendant les mois de mai et de septembre, les prix sont moins élevés, il y a moins de monde et le temps est superbe.

JOURS FÉRIÉS AMÉRICAINS

New Year's Day (jour de l'an), 1er janvier. **Martin Luther King Jr. Birthday** (anniversaire de Martin Luther King), troisième lundi de janvier. **President's Day** (jour du président), troisième lundi de février. **Memorial Day** (jour du souvenir), dernier lundi de mai. **Independence Day** (fête de l'Indépendance), 4 juillet. **Labor Day** (fête du travail), premier lundi de septembre. **Patriots Day** (jour des patriotes), 11 septembre. **Columbus Day** (fête de Christophe Colomb), deuxième lundi d'octobre. **Veterans Day** (fête des anciens combattants), 11 novembre. **Thanksgiving** (action de grâce), dernier jeudi de novembre. **Christmas Day** (Noël), 25 décembre.

FÊTES ET FESTIVALS

Les Etats-Unis offrent une très grande variété de fêtes et de festivals, de la musique à la magie en passant par la culture ou le kitsch. Voici une liste non exhaustive des plus célèbres événements, accompagnée du numéro de la page à laquelle ils figurent dans ce guide. Pour d'autres manifestations, reportez-vous à la rubrique **Visites et spectacles** de chaque ville.

MOIS	ÉVÉNEMENT
Janvier	**Elvis Presley Birthday Tribute** (Anniversaire de la naissance d'Elvis Presley), Memphis, Tennessee (p. 486).
	Winter Carnival, Saint Paul, Minnesota (p. 446).
Février	**Mardi Gras**, La Nouvelle-Orléans, Louisiane (p. 563).
	Gasparilla Pirate Festival, Tampa, Floride (p. 616).
Avril	**New Orleans Jazz and Heritage Festival**, La Nouvelle-Orléans, Louisiane (p. 563).
Mai	**Memphis in May**, Memphis, Tennessee (p. 489).
	Kentucky Derby Festival, Louisville, Kentucky (p. 460).
	Spoleto Festival USA, Charleston, Caroline du Sud (p. 508).
Juin	**Chicago Blues Festival**, Chicago, Illinois (p. 419).
	Summerfest, Milwaukee, Wisconsin (p. 427).
Juillet	**Tanglewood**, Lenox, Massachusetts (p. 347).
	Minneapolis Aquatennial, Minneapolis, Minnesota (p. 446).
Août	**Newport Folk Festival** et **Newport Jazz Festival**, Newport, Rhode Island (p. 355).
Octobre	**Shrimp Festival** (festival de la crevette), Beaufort, Caroline du Sud (p. 508).
	Apple Festival (festival de la pomme), Bayfield, Wisconsin (p. 437).
Novembre	**Macy's Thanksgiving Day Parade**, New York, Etat de New York (p. 146).

À NE PAS MANQUER

Ni ces deux pages ni les 600 de ce guide ne pourront rendre compte de façon suffisamment exhaustive des possibilités, passionnantes et uniques, qu'offre l'Est des Etats-Unis. Deux voyages au Nouveau Monde ne sont jamais les mêmes, et deux régions peuvent s'avérer aussi différentes que s'il s'agissait de deux pays distincts.

ROUTES PANORAMIQUES

Comme l'a dit un jour Charles Kuralt (1934-1997), journaliste et fervent patriote américain, "grâce au système ferroviaire inter-Etats, il est désormais possible de voyager d'un bout à l'autre des Etats-Unis sans rien voir du paysage". De fait, si ce système est le moyen le plus rapide, le plus efficace et le plus pratique de traverser les Etats-Unis, c'est également celui qui en vaut le moins la peine. L'incroyable réseau de routes donne, en revanche, une vision du pays très authentique et les étapes d'un périple ont généralement plus de caractère qu'un Burger King. Le **Blue Ridge Parkway**, en Virginie (voir p. 273), relie les parcs nationaux de Shenandoah et des Great Smoky Mountains, traversant d'immenses montagnes verdoyantes et une âpre étendue déserte dans les Appalaches. Au nord, la **North Shore Drive** du lac Supérieur, dans le Minnesota (voir p. 453), longe le magnifique rivage escarpé du plus vaste des Grands Lacs, au milieu de chutes d'eau, de phares et de forêts toutes proches. La **Route 7**, dans l'Arkansas (voir p. 576), est également considérée comme l'une des plus belles du pays, notamment entre Hot Springs et Harrison. On vient de loin pour l'emprunter, tout particulièrement en automne, pour la palette de couleurs déployée par les forêts protégées qu'elle traverse. Enfin, pour une excursion au cœur du pays cajun, remontez la US 90 entre Morgan City, par exemple, et la I-49, dans son prolongement, après **Lafayette** (voir p. 569), jusqu'à Alexandria. Vous ferez route au milieu des bayous de Louisiane, croiserez des chênes plusieurs fois centenaires, de belles demeures sudistes et dégusterez des plats d'écrevisses tout en écoutant un concert de musique *zydeco*.

VILLES À VOIR

Bien sûr, tout le monde connaît les "biggies", les villes les plus importantes des Etats-Unis. Mais voyager aux Etats-Unis présente l'avantage de découvrir, non seulement le côté sauvage des grands espaces, mais aussi des villes plus petites et a priori moins renommées, dans lesquelles il est moins évident de s'arrêter au premier abord. Perdue entre New York et Boston, la ville étudiante relativement modeste de **Providence**, dans le Rhode Island (voir p. 350), offre un visage nettement plus calme. Les Américains du Midwest sont fiers des villes jumelles de **Minneapolis** et **Saint Paul**, dans le Minnesota (voir p. 439). Ce centre urbain tentaculaire et méconnu possède des atouts dont la diversité pourrait rivaliser avec les villes américaines les plus célèbres. Si vous faites le voyage jusqu'à **Savannah**, en Géorgie (voir p. 530), vous serez récompensé par des jardins luxuriants, des maisons à l'architecture caractéristique d'avant la guerre de Sécession (*antebellum*) et par des rues typiques du Vieux Sud façon *Autant en emporte le vent*. Souvent ignoré des touristes, l'Etat d'Alabama possède néanmoins des ressources dignes d'intérêt comme la ville de **Mobile**, près du Golfe du Mexique (voir p. 541). Son architecture particulièrement riche témoigne d'un passé tumultueux. Vous y verrez des maisons à colonnes d'avant la guerre de Sécession, des demeures de style victorien, des forts français et espagnols. Elle rappelle La Nouvelle-Orléans, les foules de touristes en moins, les chambres bon marché en plus.

VILLES ESTUDIANTINES

Les campus américains, des gigantesques universités d'Etat aux petites écoles d'art, ont donné naissance à des communautés uniques à l'ambiance enjouée. La vitalité des étudiants a tôt fait de se communiquer à la cité qui accueille ces établissements. La région phare en matière d'enseignement supérieur reste la Nouvelle-Angleterre, fief de l'Ivy League, qui regroupe de très anciennes facultés aussi prestigieuses que coûteuses, dont certains bâtiments sont recouverts de lierre (*ivy*, en anglais). Parmi elles, Harvard, ironiquement située à **Cambridge**, dans la banlieue de Boston. La ville abrite aussi le Massachusetts Institute of Technology (MIT). Vous pourrez y admirer des bâtiments géorgiens, de remarquables bibliothèques, des spectacles de rue et des cafés. Certains de ses établissements universitaires sont même ouverts au public. Toujours dans le Massachusetts, les villes étudiantes de **Northampton** et **Amherst** (qui appartiennent au Five-College Consortium, un groupement de cinq écoles d'enseignement supérieur qui s'étend sur tout l'ouest du Massachusetts) sont elles aussi très agréables et renferment un nombre impressionnant de boutiques et de restaurants ainsi que quelques musées, dont un consacré à la poétesse américaine Emily Dickinson et un autre à l'art de la Renaissance. Quant au hameau montagneux de **Middleburry**, dans le Vermont (voir p. 306), il associe son charme rural à un soupçon de chahut universitaire. A **Charlottesville**, en Virginie (voir p. 266), magnifique ville aux douces collines et à la splendide architecture, une communauté estudiantine de plus en plus variée donne du fil à retordre au conservatisme du Sud. Tout aussi avant-gardiste, le **Berea College** (voir p. 465), à Berea, dans le Kentucky, accueillait les femmes et les Afro-Américains avant la guerre de Sécession. Ici, les frais d'inscription sont remplacés par un travail. Quant à la ville elle-même, qui a conservé un certain charme, elle fait office de capitale locale de l'artisanat. Le dynamisme des villes universitaires leur permet, malgré leur petite taille, de tenir la comparaison avec des voisines plus importantes. C'est le cas, par exemple, de **Bloomington**, dans l'Indiana (voir p. 378), par rapport à Indianapolis, capitale de l'Etat, à 1h de route de là. La vitalité de sa vie nocturne, de son équipe de basket locale et le cadre qui entoure la ville permettent d'entretenir une popularité qui, autrement, n'aurait pas été évidente.

"AMERICANA"

Etats-Unis : royaume de l'insolite et de l'excentrique. Le terme "americana" désigne justement toutes ces créations hautes en couleur (objets, documents ou monuments) témoins d'un passé récent mais bien vivace, qui a marqué la conscience collective d'un pays où, plus qu'ailleurs, le commerce a toujours été le moteur de l'histoire. Toutes ces références représentent un patrimoine bien réel dont Let's Go vous offre un florilège millésimé. Le **Museum of Early American Farm Machinery and Very Old Horse Saddles with a History**, à Chalk Hill, en Pennsylvanie (voir p. 217), abrite des reliques rouillées, symboles de jours meilleurs. Le **plus grand kaléidoscope** du monde est exposé à Mt. Tremper, dans l'Etat de New York (voir p. 172). Quant au plus grand **crucifix en bois**, il se trouve à Petoskey, dans le Michigan (voir p. 396). Les casinos du **Boardwalk**, à Atlantic City, dans le New Jersey (voir p. 191) sont les plus grands et les plus brillants de la côte Est. Aucun hommage aux valeurs américaines des droits individuels n'est plus éloquent que celui de l'arbre qui est son propre propriétaire (et celui de son ombre), **"The Tree That Owns Itself"**, à Athens, en Géorgie (voir p. 527). Inclinez-vous à **Graceland**, la dernière demeure d'Elvis (au propre comme au figuré) située à Memphis, dans le Tennessee, véritable royaume kitsch du King. Immergez-vous dans le mythe **Coca-Cola** à Atlanta, la ville natale de cette boisson, qui lui consacre un musée entier, sur plusieurs étages. Au menu : historique de la boisson et de sa publicité depuis sa création, gigantesque boutique de souvenirs et dégustation des Coca-Cola du monde entier (leur composition diffère légèrement, paraît-il, selon la sensibilité gustative du pays où il est commercialisé) grâce à un impressionnant système de robinets à pression transparents.

PARCS NATIONAUX ET RÉSERVES NATURELLES

Les Etats-Unis possèdent une grande variété d'écosystèmes et de formations géologiques. Les espaces les plus spectaculaires sont classés "parcs nationaux". Ce statut protège les zones sauvages de toute exploitation agricole ou industrielle et permet d'en contrôler strictement l'évolution. La partie ouest du pays, qui connut une implantation européenne plus tardive, en abrite le plus grand nombre, mais l'Est n'en est pas dépourvu pour autant. Le parc national d'**Acadia**, dans le Maine (voir p. 290) permet d'accéder à de nombreuses plages rocailleuses et à de profondes forêts de pins encore sauvages. Les montagnes du parc national de **Shenandoah**, en Virginie (voir p. 270), furent le terrain de la première tentative de sauvegarde du milieu naturel aux Etats-Unis. Quant aux **Great Smoky Mountains**, dans le Tennessee (voir p. 477), elles préservent une région de la chaîne des Appalaches telle que la connurent les Amérindiens. Plus au sud, les **marais d'Okefenokee** ("pays de la terre qui bouge", comme l'avaient surnommé les Indiens), en Géorgie, rassemblent quantité d'espèces rares ou en voie de disparition. La découverte, en canot, des 16 000 ha préservés permet l'observation privilégiée de cette vie sauvage où vous pouvez croiser quelques alligators.

❤ LES FAVORIS DE LET'S GO

BAINS PUBLICS : les sources thermales sont un moyen très sain et très efficace de soigner la fatigue du voyage. Les plus célèbres se trouvent à Hot Springs, dans l'Arkansas (voir p. 574).

SOLEIL : pour assister à un lever de soleil inoubliable, rendez-vous à Cadillac Mt., dans le parc national d'Acadia, dans le Maine (voir p. 290). Le plus beau coucher de soleil des Etats-Unis est à savourer sur la jetée de Clearwater, en Floride (voir p. 617).

SPÉLÉOLOGIE : n'oubliez pas de visiter le sous-sol. La meilleure note revient aux grottes de Mammoth, dans le Kentucky (voir p. 462). On y trouve le plus grand réseau de tunnels souterrains du monde (près de 600 km au total).

ALLIGATORS : l'une des créatures les plus impressionnantes qui soient. Approchez-les et offrez-vous quelques frissons à Nachitoches, en Louisiane (voir p. 567), dans les Everglades (voir p. 606) ou à Saint Augustine, en Floride (voir p. 578).

NOMS DE BIÈRES LES PLUS ALLÉ-CHANTS : la Florida's Dolphin's Breath ("haleine de dauphin de Floride",

voir p. 578) est sans doute une des meilleures bières du pays.

GRAND ART : tout est grand aux Etats-Unis. Il faut 27 bâtiments d'usine pour contenir les œuvres du Museum of Contemporary Arts de North Adams, dans le Massachusetts (voir p. 346). La plus grande peinture du monde, une fresque panoramique, se trouve à Atlanta, en Géorgie (voir p. 520).

COMMENT S'ÉCHAPPER DES ÉTATS-UNIS (SANS PASSER AU MEXIQUE) : la cuisine tibétaine, rare aux Etats-Unis, est servie de façon authentique au Snow Lion, à Bloomington, dans l'Indiana (voir p. 378), dont le propriétaire n'est autre que le neveu de l'actuel dalaï-lama.

PLUS BEAU PLONGEON : sautez en parachute ou à l'élastique du haut du deuxième pont des Etats-Unis (267 m, soit 58 m de plus que la tour Montparnasse), le New River Gorge Bridge, dans le cadre superbe du parc national de Virginie Occidentale (voir p. 278).

SUGGESTIONS D'ITINÉRAIRES

Comme nous l'avons précédemment indiqué, la meilleure manière de parcourir les Etats-Unis est de le faire en voiture. En tenant compte des limitations de vitesse qui sont très strictes, comptez un maximum de 500 km par jour. Attention, ces parcours étant particulièrement denses, il vous appartiendra de bien déterminer vos priorités de visites.

LE NORD : DE BOSTON À CHICAGO (3 SEMAINES). **Boston**, Massachusetts

(voir p. 312), s'impose comme point de départ : c'est dans la région qu'ont débarqué les Pères pèlerins, à bord du *Mayflower*, en 1620. Depuis, la ville n'a cessé d'être un pôle intellectuel, culturel et universitaire, sans jamais se départir d'un certain cachet européen qui lui vaut parfois d'être comparée à San Francisco. Les Bostoniens passent volontiers leurs week-ends sur la péninsule de **Cape Cod** pour profiter des plages sauvages et des petits villages de pêcheurs. De nombreuses personnalités y ont leurs habitudes, au premier rang desquelles le clan Kennedy, qui y a sa fameuse propriété de Hyannis Port. Après une étape par **Providence** et ses bâtiments du XVIIIe siècle, dans le minuscule Etat du Rhode Island (voir p. 350), arrêtez-vous à New Haven, Connecticut, pour découvrir la prestigieuse **université de Yale** et les

nombreux musées, librairies et cafés qui l'entourent. Offrez-vous dans la foulée le choc **New York** (voir p. 125). La capitale de toutes les audaces, de tous les extrêmes, la championne du cosmopolitisme ne laisse personne de glace. Pour comprendre et vivre de l'intérieur ce que certains appellent le "New York State of Mind", accordez-lui au moins trois jours. A moins de 3h de route, **Philadelphie**, Pennsylvanie (voir p. 194), vous replongera dans l'ambiance de l'Amérique de l'Indépendance. Celle qui fut la capitale des Etats-Unis avant Washington conserve précieusement les témoignages de cette époque où naquirent les principes politiques fondamentaux de la jeune nation. Un peu plus au sud, **Baltimore**, Maryland (voir p. 221), vous surprendra par ses nombreux quartiers datant des XVIIIe et XIXe siècles, particulièrement agréables à visiter à pied. La ville est connue pour les nombreuses personnalités qui lui sont associées : Billie Holiday, Edgar Allan Poe, le grand joueur de base-ball Babe Ruth… et pour l'accent de ses habitants (dressez l'oreille !) A une heure de là, la capitale fédérale, **Washington, D.C.** (voir p. 233), attire les visiteurs grâce à ses monuments incontournables, ses musées et sa gastronomie très cosmopolite. Prenez la direction des Grands Lacs et **Cleveland**, Ohio (voir p. 363), saura vous prouver, malgré la grisaille de ses édifices, qu'elle est en voie de devenir une métropole

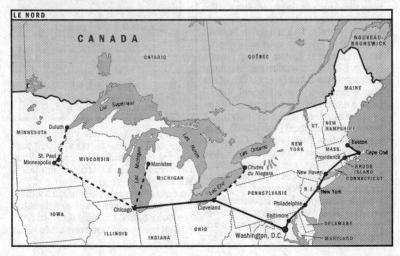

LE NORD

culturelle à part entière, exploitant au maximum son aura "rock'n'roll". En fonction du temps dont vous disposez, vous pourrez tenter un week-end aux **chutes du Niagara**, à Buffalo (voir p. 180), Etat de New York. C'est à moins de 4h de route de Cleveland et le spectacle, malgré l'exploitation commerciale à outrance dont il fait l'objet, vaut vraiment la peine. **Chicago**, Illinois (voir p. 401), ultime étape de votre périple, a tout pour plaire : un site exceptionnel et une vie culturelle intense. On ne compte plus ses musées, ses festivals, ni les concerts qui y sont organisés. La ville est considérée comme la capitale du blues et de l'architecture moderne. Enfin, ceux qui auraient fait l'impasse sur certaines des étapes précédentes peuvent explorer la région à loisir en se rendant par exemple à **Manistee** (voir p. 391) pour profiter des nombreuses activités nature ou en faisant un saut de puce en avion pour découvrir **Minneapolis** (voir p. 439) ou **Duluth** (voir p. 447), Minnesota.

LA CÔTE EST : DU MAINE À LA FLORIDE (6 SEMAINES).

La US 1 et la I-95 s'étirent parallèlement depuis les régions reculées du nord du Maine jusqu'aux côtes splendides des Keys de Floride. Malgré les nombreux péages, la traversée des 13 colonies d'origine vous offrira un aperçu très parlant de la vie et de la culture américaines du nord au sud du pays. Après être parti de **Mount Desert Island**, Maine (voir p. 288), vous passerez par de pittoresques villes de bord de mer et des sites d'une grande beauté naturelle. La jeunesse de **Portland** (voir p. 284) éveillera votre appétit pour la vie citadine et **Boston**, Massachusetts (voir p. 312), vous séduira par sa culture florissante. **Cape Cod** (voir p. 335) et ses plages sauvages vous attendent, mais il faut aussi voir les somptueuses propriétés des riches industriels à **Newport**, Rhode Island (voir p. 353). Puis, direction **New York** (voir p. 125), ville incontournable et incomparable, capitale des superlatifs qui mérite bien que vous lui accordiez au moins trois jours sur ce circuit. La côte du **New Jersey** (voir p. 188) possède sans doute les meilleures plages du Nord-Est et vous offrira un repos des plus délectables. Plus au sud, **Washington, D.C.** (voir p. 233), vaut bien

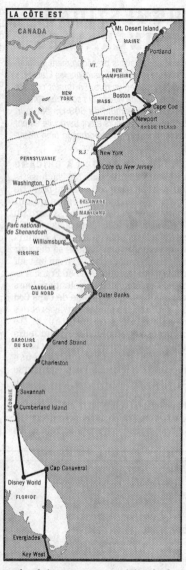

LA CÔTE EST

CANADA — Mt. Desert Island — MAINE — Portland — NEW HAMPSHIRE — VT. — Boston — MASS. — Cape Cod — Newport — CONNECTICUT — RHODE ISLAND — NEW YORK — New York — N.J. — Côte du New Jersey — PENNSYLVANIE — R.I. — Washington, D.C. — DELAWARE — MARYLAND — Parc national de Shenandoah — Williamsburg — VIRGINIE — CAROLINE DU NORD — Outer Banks — CAROLINE DU SUD — Grand Strand — Charleston — Savannah — GÉORGIE — Cumberland Island — Cap Canaveral — Disney World — FLORIDE — Everglades — Key West

qu'on lui consacre une visite de deux jours, tout comme le très apaisant **parc national de Shenandoah** (voir p. 270). Vous revivrez ensuite l'histoire coloniale à **Williamsburg**, Virginie (voir p. 259). Toutefois, si vous recherchez la solitude, c'est sur les immenses plages de sable des **Outer Banks**, Caroline du Nord (voir p. 499) que vous la trouverez. Les villes plus développées de **Grand Strand** (voir p. 511) ou **Charleston**, Caroline du Sud (voir p. 504), attirent les fêtards plus à l'intérieur des terres. Quant à la côte de Géorgie, elle abrite l'île sauvage et paradisiaque de **Cumberland** (voir p. 530), ainsi que des plaisirs plus raffinés à **Savannah** (voir p. 530). Il vous sera difficile de résister à **Saint Augustine**, la plus ancienne ville d'implantation européenne des Etats-Unis (voir p. 578), comme à **Disney World** (voir p. 589). Ne ratez pas non plus **Cap Canaveral** (voir p. 593) et partez à la découverte de la grandeur et du mystère des marécages des **Everglades** (voir p. 606), sanctuaire d'une faune et d'une flore sauvage fascinants. Vous pourrez enfin fêter votre arrivée à l'ombre d'un parasol en sirotant des cocktails sur l'une des plages de sable blanc de **Key West** (voir p. 610).

LE SUD : DE WASHINGTON À LA NOUVELLE-ORLÉANS (4 SEMAINES). A l'image de sa situation, à mi-chemin entre le Nord et le Sud, la **capitale fédérale** (voir p. 233) est un trait d'union entre ces deux parties du pays si différentes l'une de l'autre. Vous serez surpris par son architecture à taille humaine, ses espaces verts et le nombre de ses musées. Après cet avant-goût du charme sudiste, direction la Virginie et la célèbre **Blue Ridge Parkway** (voir p. 273), la route panoramique la plus longue du monde (755 km), qui offre un panorama époustouflant sur les forêts et les montagnes des Appalaches. Sur le chemin, en plus des activités de plein air, vous croiserez de nombreux vestiges de l'époque coloniale et de la guerre de Sécession. Le **parc national de Shenandoah** (voir p. 270), l'un des plus anciens du pays, est réputé pour ses couleurs (surtout à l'automne), son climat sain et la richesse de sa flore. Faites une halte dans la très coquette **Asheville**, Caroline du Nord (voir p. 496), dont le charme avait déjà séduit, dans les années 1920, l'élite financière de la côte Est comme les Vanderbilt et autres Carnegie. **Atlanta**, Géorgie (voir p. 514), représente un peu la synthèse du Sud rural, romantique, élégant, attaché à ses traditions avec l'urbanisme galopant des grandes mégalopoles modernes. Son rôle de plaque tournante de l'économie sudiste lui valut d'être entièrement brûlée par les troupes nordistes durant la guerre de Sécession. Après un passage à **Chattanooga**, Tennessee (voir p. 481), et ses Ruby Falls, rendez-vous dans la capitale mondiale de la musique country, **Nashville** (voir p. 469), où vous pourrez

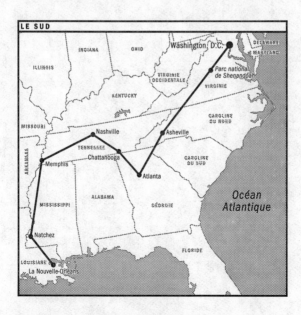

LE SUD

écouter quantité de concerts, dans les bars les plus intimes ou au prestigieux Grand Ole Opry. Autre temple de la musique (blues, gospel et bien sûr rock), **Memphis** (voir p. 483), dont vous ne pourrez échapper aux deux spécialités : Elvis Presley et… le barbecue. Plus au sud, **Natchez** (voir p. 547), sur les bords du Mississippi, est l'une des rares villes où subsistent autant de somptueuses plantations d'avant la guerre de Sécession, témoins de la splendeur passée d'une ville qui avait bâti sa fortune sur la culture du coton. Après ce long périple, vous pourrez faire la fête dans le berceau du jazz qu'est **La Nouvelle-Orléans** (voir p. 551), qui vous régalera par sa cuisine issue de la fusion des cultures française, espagnole, anglo-saxonne et caraïbe.

L'ESSENTIEL

AVANT DE PARTIR
SE RENSEIGNER
ADRESSES UTILES

EN FRANCE

Office de tourisme des Etats-Unis : L'office de tourisme des Etats-Unis est dans l'air du temps, c'est-à-dire virtuel. Vous trouverez des informations sur un serveur vocal et sur Minitel. **Serveur vocal** ✆ 01 42 60 57 15. Propose des informations claires sur les visas, le logement, la vie pratique, les transports et les parcs nationaux. **Minitel 3614 ETATSUNIS, 3615 USA ou 3617 USA TOURISME**. Ces services reprennent les informations du serveur vocal, donnent la possibilité de commander quelques brochures gratuites et pour le 3617 de recevoir par fax des informations touristiques.

Visit USA Committee, 24, rue Pierre-Sémard, 75009 Paris. Ce centre d'informations, en liaison avec l'office de tourisme des Etats-Unis et la compagnie d'assurance AVA, regroupe plusieurs prestataires de services spécialisés dans le voyage et les Etats-Unis. Ouvert Lu-Ve 13h-17h.

Ambassade des Etats-Unis en France, 2, avenue Gabriel, 75008 Paris, ✆ 01 43 12 22 22.

Consulats, 2, rue Saint-Florentin, 75001 **Paris**, ✆ 01 43 12 22 22 ou 01 43 12 84 12 (visas), ouvert 8h45-11h. Le serveur vocal du consulat américain au ✆ 08 36 70 14 88 est extrêmement cher (1,34 € puis 0,33 € la minute), et l'information peut se trouver souvent ailleurs (sur Minitel voir plus haut, auprès d'un organisme ou, bien sûr, dans votre Let's Go). 12, boulevard Paul-Peytral, 13006 **Marseille**, ✆ 04 91 54 92 01. 7, avenue Gustave V, 06000 **Nice**, ✆ 04 93 88 89 55. 15, avenue d'Alsace, 67000 **Strasbourg**, ✆ 03 88 35 31 04 (standard). En province, les consulats ne délivrent pas de visas. Minitel 3617 Visa-USA, www.amb-usa.fr.

Commission franco-américaine d'échanges universitaires et culturels, 9, rue Chardin, 75016 Paris, ✆ 01 44 14 53 60. Bien que spécialisée dans les échanges universitaires, la commission met à la disposition du public un centre de documentation et propose un ensemble de brochures payantes sur les études et les stages aux Etats-Unis principalement. Accueil ouvert 9h15-17h15 tous les jours de la semaine. Centre de documentation ouvert Me-Ve 14h-16h30 (consultation des documents 7,62 €).

Il existe également plusieurs associations franco-américaines. La plupart sont avant tout centrées sur les échanges culturels mais nombre d'entre elles se feront un plaisir de vous accueillir et de vous renseigner dans leurs domaines.

France-Etats-Unis, 6, boulevard de Grenelle, 75015 Paris, ✆ 01 45 77 48 92. Cette association présente dans 27 villes de France organise, entre autres, des conférences, des concerts et des séjours linguistiques pour les jeunes, mais ne distribue pas de documentation touristique.

TELI, 7, rue Blaise Pascal, 74600 Seynod, ✆ 04 50 52 26 58, fax 04 50 52 10 16, **e-mail** clubteli@wanadoo.fr. Cette association dispose d'une base de données sur les Etats-Unis et a mis en place un club de correspondants.

Enfin, si vous avez besoin d'une **adresse** ou d'un **numéro de téléphone** aux Etats-Unis, essayez le Minitel 3617 PAGESI ou, plus économique, regardez les pages jaunes sur Internet, par exemple en passant par Yahoo (www.yahoo.com).

EN BELGIQUE

Ambassade des Etats-Unis en Belgique, 27, boulevard du Régent, 1000 Bruxelles. Adresse postale, PSC 82 Box 002, APO AE 09710, ✆ (02) 508 21 11, fax (02) 511 27 25. Consulat, 25, boulevard du Régent, 1000 Bruxelles, ✆ 09 039 99 80. www.usinfo.be. Ouvert Lu-Ve 9h30-12h.

EN SUISSE

Ambassade des Etats-Unis en Suisse, 93 Jubilaeumstrasse, 3005 Bern, ✆ (031) 357 7011. Mission, 11 route de Pregny, 1292 Chambesy Genève, ✆ (022) 749 4111. Consulat, rue Versonnex, 7, 1207 Genève, ✆ (031) 357 72 24. Immigration-info 14h-17h.

AU CANADA

Ambassade des Etats-Unis au Canada, 490, Sussex Drive, Ottawa, Ontario K1N 1G8, ✆ (613) 238-5335. Ouvert Lu-Ve 8h30-17h. www.usembassycanada.gov. Consulats, 1155, Alexandre Street, Montréal QC H3B 1Z1. Ouvert Lu-Ve 8h30-11h. 2, place Terrasse Dufferin, Québec, G1R 4T9. Ouvert Lu., Me. et Ve. 9h-11h. 360 University Avenue, Toronto, ON M5G 1S4, ✆ 1 900 451 2778, depuis un téléphone public ✆ 1 888 840 0032. Ouvert Lu-Ve 8h15-12h.

LIBRAIRIES

EN FRANCE

LIBRAIRIES SPÉCIALISÉES DANS LES VOYAGES

Ariane, 20, rue du Capitaine-Dreyfus, 35000 **Rennes**, ✆ 02 99 79 68 47, www.librairie-du-voyage.com, **e-mail** libvoyage35@yahoo.com. Ouvert Lu. 14h-19h, Ma-Sa 9h-12h et 14h-19h.

Astrolabe, 46, rue de Provence, 75009 **Paris**, ✆ 01 42 85 42 95. Ouvert Lu-Sa 9h30-19h.

Les Cinq continents, 20, rue Jacques-Cœur, 34000 **Montpellier**, ✆ 04 67 66 46 70. Ouvert Lu. après-midi et Ma-Sa 10h-19h15.

Géothèque, 10, place du Pilori, 44000 **Nantes**, ✆ 02 40 47 40 68. Ouvert Lu. 14h-19h et Ma-Sa 10h-19h. Il existe aussi une Géothèque à **Tours** et un Géorama à **Strasbourg**.

Hémisphères, 15, rue des Croisiers, 14000 **Caen**, ✆ 02 31 86 67 26, fax 02 31 38 72 70. Ouvert Lu. 14h-19h et Ma-Sa 9h-19h.

Itinéraires, 60, rue Saint-Honoré, 75001 **Paris**, ✆ 01 42 36 12 63, fax 01 42 33 92 00. Minitel 3615 ITINERAIRES, www.itineraires.com, **e-mail** itineraires@itineraires.com. Ouvert Lu-Sa 10h-19h.

Magellan, 3, rue d'Italie, 06000 **Nice**, ✆ 04 93 82 31 81. Ouvert Lu. 14h-19h, Ma-Sa 9h30-13h et 14h-19h.

Nouveau Quartier Latin (NQL), 78, boulevard Saint-Michel, 75006 **Paris**, ✆ 01 43 26 42 70, fax 01 40 51 74 09. Ouvert Lu-Sa 10h-19h. Méthodes de langues et livres de voyages.

Ombres blanches II, 48, rue Gambetta, 31000 **Toulouse**, ✆ 05 34 45 53 38, fax 05 61 23 03 08, www.ombres-blanches.fr. Ouvert Lu-Sa 10h-19h.

Planète Havas Librairie, 26, avenue de l'Opéra, 75001 **Paris**, ✆ 01 53 29 40 22. Ouvert Lu-Sa 10h-19h30.

Raconte-moi la Terre, 38, rue Thomassin, 69002 **Lyon**, ✆ 04 78 92 60 20, fax 04 78 92 60 21, www.raconte-moi.com. Ouvert Lu-Sa 10h-19h30.

Ulysse, 26, rue Saint-Louis-en-l'Ile, 75004 **Paris**, ✆ 01 43 25 17 35, fax 01 43 29 52 10, www.ulysse.fr, **e-mail** ulysse@ulysse.fr. Ouvert Ma-Sa 14h-20h.

Voyageurs du monde, 55, rue Sainte-Anne, 75002 **Paris**, ✆ 01 42 86 16 00. Même enseigne au 26, rue des Marchands, 31000 **Toulouse**, ✆ 05 34 31 72 72. Ouvert Lu-Sa 10h-19h30. Minitel 3615 Vdm, www.vdm.com.

LIBRAIRIES ANGLO-SAXONNES

Brentano's, 37, avenue de l'Opéra, 75002 **Paris**, ✆ 01 42 61 52 50, **e-mail** brentanos@brentanos.fr, www.brentanos.fr. Ouvert Lu-Sa 10h-19h30. Grand choix de livres et revues anglo-saxonnes. Recherche bibliographique possible sur le Minitel 3615 Brentanos.

Shakespeare & Cie, 37, rue de la Bucherie, 75005 **Paris**, ✆ 01 43 26 96 50.

WH Smith, 248, rue de Rivoli, 75001 **Paris**, ✆ 01 44 77 88 99. Minitel 3615 Smith. Ouvert Lu-Sa 9h-19h30 et Di. 13h-19h30. Grand choix de livres et revues anglo-saxonnes, vidéos en V.O. (pal) et secteur multimédia. Possibilité de commander vos livres aux Etats-Unis et au Royaume-Uni.

Librairie Maurel anglaise et italienne, 95, rue de Lodi, 13006 **Marseille**, ✆ 04 91 42 63 44. Ouvert Lu-Ve 9h-12h30 et 14h-19h, Sa. 9h30-12h et 15h-18h.

BIBLIOTHÈQUES SPÉCIALISÉES

American library, 10, rue du Général-Camou, 75007 **Paris**, ✆ 01 53 59 12 60, accessible à tous Ma-Sa 10h-19h. Cette bibliothèque privée offre un large éventail de romans américains et d'ouvrages documentaires. Un abonnement annuel coûte 86,90 € (70,13 € pour les étudiants).

Bibliothèque du Trocadéro, 6, rue du Commandant-Schloesing, 75116 **Paris**, ✆ 01 47 27 26 47. Spécialisée dans le secteur tourisme et voyages. Ouvert Ma. et Je-Ve 13h-19h, Me. et Sa. 10h-19h.

EN BELGIQUE

Anticyclone des Açores, 34, rue du Fossé-aux-Loups, 1000 **Bruxelles**, ✆ (02) 217 52 46, fax (02) 223 77 50, www.anticyclonedesacores.com. Ouvert Lu-Sa 10h30-18h30.

La Route de jade, 116, rue de Stassart, 1050 **Bruxelles**, ✆ (02) 512 96 54, fax (02) 513 99 56, www.laroutedejade.com, **e-mail** laroutedejade@skynet.be. Ouvert Lu-Sa 10h-18h.

Peuples et continents, 11, rue Ravenstein, 1000 **Bruxelles**, ✆ (02) 511 27 75. Ouvert Lu. 12h-18h30 et Ma-Sa 10h-18h30.

Tropismes, 11, Galerie des Princes, 1000 **Bruxelles**, ✆ (02) 512 88 52, fax (02) 514 48 24, **e-mail** tropismes@skynet.be. Librairie généraliste avec un rayon spécialisé dans les voyages. Ouvert Di-Lu 13h-18h30, Ma-Je 10h-18h30, Ve. 10h-20h et Sa. 10h30-18h30.

EN SUISSE

La Librairie du voyageur, 8, rue de Rive, 1204 **Genève**, ✆ (022) 810 23 33, fax (022) 810 23 34. Et aussi 18, rue de la Madeleine, 1003 **Lausanne**, ✆ /fax (021) 323 65 56.

AU QUÉBEC

Librairies Ulysse, 4176 rue Saint-Denis, **Montréal**, QC, ✆ (514) 843-9447, 560 Président Kennedy, **Montréal**, QC, ✆ (514) 843-7222 et 4 René-Lévesque Est, **Québec**, QC, ✆ (418) 529-5349.

INTERNET

Les réseaux accessibles par ordinateur représentent une mine d'or pour bien préparer un voyage. Grâce à Internet, vous pouvez entrer en contact avec des correspondants du fond du Minnesota ou au cœur de Manhattan, réserver votre billet d'avion, votre hôtel ou votre voiture de location. Avec un niveau d'anglais de base, naviguer sur le Net est à la portée de tous. Et pour une fois, l'accent ne compte pas ! Une fois que l'on est familiarisé avec le réseau, le seul véritable problème est de faire face à la masse d'informations disponibles, au sein de laquelle il est parfois difficile de repérer les renseignements qui seront vraiment utiles.

MOTEURS DE RECHERCHE

Ils sont de plus en plus nombreux sur Internet. Pour surfer sur le Web mondial, connectez-vous sur **Yahoo** (www.yahoo.com), le plus célèbre des moteurs de recherche. Sa sélection de sites est souvent judicieuse. Pour une recherche plus pointue, tentez votre chance sur **Alta Vista** (www.altavista.com), un moteur très puissant mais aussi moins sélectif.

Tous les moteurs existent désormais en français. Ils sont généralement bien réalisés mais ils ne sélectionneront que des sites en français. **Google** (www.google.com) est aujourd'hui le moteur le plus consulté. Il sélectionne les sites en fonction du nombre de liens qui pointent vers eux. Une méthode originale qui donne de bons résultats. **Voila** (www.voila.fr) est le moteur de recherche de France Télécom. Essayez aussi **Google** (www.google.fr), **Lycos** (www.lycos.fr), **Ecila** (www.ecila.com), **Lokace** (www.lokace.com) ou la version française de **Yahoo** (www.yahoo.fr).

SITES FRANCOPHONES SUR LES VOYAGES

Voici une sélection de quelques adresses où vous glanerez utilement des informations avant de partir :

ABM (www.abm.fr). Cette association de (grands) voyageurs met en ligne des informations pratiques sur de très nombreuses destinations.

Easyvoyage.com (www.easyvoyage.com). Des "fiches pays" synthétiques et plaisantes sur ce site qui se veut un peu le *Que choisir ?* du voyage.

Filfog (www.filfog.fr). Le site "contenu" de Nouvelles-Frontières, qui se qualifie de "portail de tous les voyages". Fiches pays, brèves d'actualité, forum... et des thèmes transversaux comme "Familles en balades" ou "Mers et plongée".

Karavel (www.karavel.com). Une agence de voyages en ligne qui se distingue par son contenu très fourni. Dans la rubrique "S'informer", 35 destinations sont couvertes de manière approfondie, avec pour nombre d'entre elles un carnet de bonnes adresses. A noter également, un astucieux "générateur d'idées". Entrez vos dates et votre budget : le site vous suggère des voyages adaptés, certains très originaux.

Ministère des Affaires étrangères (www.expatries.org). De nombreuses informations précieuses : adresses des consulats de France à l'étranger, centres de vaccination, postes d'expansion économique, alliances françaises... Allez aussi sur www.dfae.diplomatie.fr pour connaître les conseils de sécurité délivrés par le ministère, pays par pays.

Oanda (www.oanda.com). Le site de référence si vous souhaitez connaître un taux de change. Plus de 164 monnaies référencées.

Office de tourisme (www.office-de-tourisme.com). Très pratique, ce site permet de se connecter sur le site officiel de l'office de tourisme qui vous intéresse.

Travlang (www.travlang.com). Un lexique de voyages qui couvre 74 langues, dont le basque et l'esperanto. Vous choisissez votre thème (le voyage, par exemple) puis vous cliquez sur la phrase de votre choix. L'ordinateur la prononce alors avec un accent... assez convaincant.

Uniterre (www.uniterre.com). Plus de 4500 carnets de voyage répertoriés. Le graphisme soigné en fait une adresse hautement fréquentable.

Webtour (www.webtour.fr). Communauté de voyageurs, 1400 liens vers des sites "ressource", une sélection des meilleurs sites par pays et la classique trousse à outils du voyageur (météo, convertisseur de monnaies...).

SITES ANGLO-SAXONS SUR LES VOYAGES

City Net (www.city.net). Les pages voyage du moteur de recherche Excite (www.excite.com). On y trouve la possibilité de réserver en ligne des informations basiques sur les destinations ainsi que des liens avec des Webs "ressource".

Hostelling International (www.iyhf.org). Pour obtenir toutes les informations sur 5000 auberges de jeunesse dans 77 pays (voir aussi le site en français www.fuaj.org).

My Travelguide (www.mytravelguide.com). Un site au contenu très riche. Comme son nom l'indique, il est alimenté en partie par les internautes, qui partagent plans malins et adresses testées.

Virtual Tourist (www.vtourist.com). Le site revendique plus de 180 000 "touristes virtuels" qui communiquent leurs expériences et leurs carnets de route. Un site communautaire sympathique et de bon conseil.

SITES SUR LES ÉTATS-UNIS

Vous trouverez peu de serveurs francophones sur les Etats-Unis. Il s'agit surtout de sites réalisés par des particuliers qui proposent leurs carnets de route.

En anglais, le choix est en revanche vertigineux et il n'est quasiment rien sur les Etats-Unis que vous ne puissiez trouver sur Internet. Extrêmement bien réalisé, **DigitalCity** (www.digitalcity.com) recense, pour un certain nombre de grandes villes américaines, toutes les ressources Internet disponibles (musées, médias, jobs…). Il est très axé sur la vie associative locale. Pour des informations touristiques classiques, connectez-vous sur les sites officiels des bureaux de tourisme régionaux. Pour obtenir de la documentation gratuite sur la Nouvelle-Angleterre, la Caroline du Nord ou la Louisiane, contactez **Express Conseil** (www.ecltd.com). Le site de la compagnie **Greyhound** vous sera utile si vous comptez vous déplacer en bus (www.greyhound.com). En tapant votre ville de départ et votre ville d'arrivée, vous connaîtrez les horaires et les prix. Mais le plus fascinant reste peut-être de partir à la découverte de la multitude de serveurs conçus sur tous les thèmes possibles et imaginables. Cette exploration est souvent très révélatrice de l'Amérique elle-même. Vous pouvez ainsi en quelques minutes consulter la liste des dix criminels les plus recherchés par le FBI (www.fbi.gov) ou visiter le musée du Vaudou de la Nouvelle-Orléans (www.voodoomuseum.com).

FORMALITÉS

VISAS

Les citoyens français, belges, suisses et luxembourgeois peuvent entrer aux Etats-Unis **sans visa** grâce au Programme d'exemption de visa (Visa Waiver Pilot Program). Peuvent en bénéficier tous ceux qui effectuent des voyages d'affaires ou de tourisme de moins de 90 jours (180 jours pour les Canadiens) et qui ont "l'intention de repartir". Un **passeport** valable au moins 6 mois après votre date d'arrivée et un billet de retour (ou un billet à destination d'un autre pays) sont les seuls documents nécessaires.

Dans l'avion, le personnel de cabine vous remettra le formulaire **I-94**, que vous devrez remplir sans vous tromper de ligne, ce qui est une gageure. Si vous entrez par voie terrestre, vous devrez remplir le formulaire à la frontière. Voilà pour l'épreuve écrite. A la sortie de l'avion, vous attendrez sagement **derrière** la ligne rouge pour pouvoir passer l'épreuve orale. Un agent de l'immigration vous posera des questions sur le but et la durée de votre séjour (son objectif premier est de vérifier que vous n'avez pas l'intention de rester aux Etats-Unis) avant de tamponner votre passeport. Ne perdez pas la partie du formulaire I-94 qu'il agrafera à votre passeport.

Si vous perdez ce précieux parchemin, vous pourrez en obtenir un autre auprès de l'office d'immigration le plus proche (**US Immigration and Naturalization Service** ou **INS**). Il est possible de faire prolonger son visa à l'INS, mais il faut justifier le prolongement et parfois faire appel à un avocat. Un bureau de l'INS existe dans chaque ville. Pour tout renseignement, contactez l'**INS Central Office** le plus proche (© 800-375-5283, www.ins.usdoj.gov). Si vous comptez rester plus de 3 mois ou si vous ne faites pas partie des pays bénéficiant de l'exemption, vous pouvez obtenir un visa touriste, le **B2** (environ 45 $ pour 6 mois). Contactez l'ambassade ou le consulat le plus proche de chez vous ou le **CITB** (**Center for International Business and Travel**), 23201 New Mexico Ave., N.W., n° 210, Washington D.C., 20016 (© 202-244-9500 ou 800-925-2428).

PASSEPORTS

En voyage, il est conseillé d'avoir sur vous au moins **deux** pièces d'identité dont une avec photo. De nombreux établissements (les banques en particulier) peuvent vous demander plusieurs pièces d'identité pour encaisser vos chèques de voyage et, en cas de perte ou de vol, vos démarches seront facilitées. Quelques photos d'identité pourront aussi vous simplifier la vie.

PRÉCAUTIONS. Avant de partir, pensez à **photocopier** vos pièces d'identité (les quatre premières pages du passeport ou votre carte d'identité). Emportez une photocopie, et laissez-en une autre chez vous. Ne rangez jamais toutes vos pièces d'identité ensemble. Si vous perdez votre passeport, adressez-vous au poste de police le plus proche, qui vous délivrera une attestation de perte ou de vol. Puis rendez-vous à votre consulat muni de cette attestation, de vos photocopies et d'une éventuelle deuxième pièce d'identité. A défaut d'obtenir un *nouveau* passeport, il vous sera délivré un laissez-passer qui vous permettra de rentrer à bon port. Les adresses des consulats se trouvent p. 53.

EN FRANCE. A Paris, le passeport est délivré dans les mairies d'arrondissement. En région parisienne et en province, il faut s'adresser à la préfecture ou à la sous-préfecture. Munissez-vous d'une carte nationale d'identité valide ou de votre passeport s'il date de moins de 20 ans, de deux photos d'identité, de deux justificatifs de domicile datant de moins de trois mois et de 61 € en timbres fiscaux (en vente dans les bureaux de tabac). En principe, la délivrance du passeport est immédiate, mais il faut parfois compter un à deux jours. En dehors de Paris, le délai peut être plus long (au maximum deux à trois semaines), selon la période de l'année. La délivrance du passeport peut être accélérée si votre demande revêt un caractère professionnel (vous devez présenter une lettre de votre employeur).

AU CANADA. Pour obtenir un passeport, les **citoyens canadiens** doivent d'abord remplir une demande dans un bureau des passeports, un bureau de poste ou dans la plupart des agences de voyages. Ils peuvent ensuite le retirer en personne dans l'un des huit bureaux de passeports régionaux. Les moins de 16 ans peuvent être inclus sur le passeport de leurs parents. Un passeport coûte 60 $ canadiens et est valable 5 ans. Le délai d'obtention est de 5 jours ouvrables si vous vous déplacez, et de 10 jours par courrier. Pour plus d'informations, contactez le **Bureau des Passeports**, Ministère des Affaires étrangères et du Commerce international, Ottawa, Ontario, K1A 0G3, ℰ (819) 994-3500 (www.dfait-maeci.gc.ca/passport). A **Montréal**, composez le ℰ (514) 283-2152. Pour plus d'informations, vous pouvez également téléphoner au ℰ (800) 567-6868 (numéro gratuit, 24h/24).

DOUANE AMÉRICAINE

Depuis les attentats du 11 septembre 2001, la douane américaine est très vigilante. Veillez à ne pas transporter d'objets coupants (ciseaux ou cutter) dans vos bagages à main, si vous ne voulez pas rester coincé avec les agents de sécurité de l'aéroport.

Sachez qu'en principe, la loi américaine interdit de transporter tout ce qui est denrée périssable (fruits frais et fruits secs par exemple) ou risque de contenir des bactéries (fromages, plantes en pot, etc.), les objets fabriqués à partir d'espèces végétales ou animales protégées (reptiles, félins), les couteaux à cran d'arrêt de même que les armes à feu et les munitions si elles ne sont pas destinées à la chasse ou à des sports autorisés.

La liste des produits interdits est longue et parfois surprenante, nous vous en donnons un petit aperçu : l'absinthe, les matières biologiques, les bonbons fourrés à la liqueur, les fruits et légumes, les articles en provenance d'Iran, d'Irak, du Soudan, de Libye, de Corée du Nord, du Viêtnam, de Cuba (cigares compris) et du Cambodge, les billets de loterie, les articles et publications pornographiques, la viande, la volaille et leurs sous-produits (sauf si cuits en conserve hermétique), certains bulbes de plantes, la sculpture et la peinture monumentale ou architecturale de l'époque précolombienne, les publications séditieuses ou incitant à la trahison, les produits fabriqués à partir de faisans, les peaux de reptile, les fanons de baleine, l'ivoire, les plumes d'oiseaux sauvages, etc.

 DUTY FREE. La loi américaine vous autorise à apporter des cadeaux d'une valeur totale de 100 $ ainsi que 200 cigarettes ou 50 cigares ou bien 2 kg de tabac, et vos effets personnels (vêtements, bijoux...) dans la limite d'une valeur totale de 200 $. Attention, il faut en principe avoir plus de 21 ans pour pouvoir entrer avec 1 litre d'alcool. Sachez également que dans certains Etats, le transport de l'alcool est très réglementé. Les autorités américaines prennent ces règles très au sérieux : si vous avez moins de 21 ans, la bouteille de champagne que vous apportez à vos amis américains peut être confisquée.

L'ESSENTIEL

ARGENT. Pour vérifier que vous êtes en mesure de subvenir à vos besoins pendant la durée de votre séjour, les fonctionnaires des douanes peuvent demander à connaître le montant dont vous disposez (en liquide ou en chèques de voyage, une carte bancaire internationale peut également être très convaincante) ainsi que la date de votre retour. Si vous pénétrez sur le territoire américain avec plus de 10 000 $, vous devez le déclarer à la douane.

Le service des douanes (**U.S. Customs Service**, 1330 Pennsylvania Ave., N.W., Washington, D.C. 20229, © 202-354-1000, fax 354-1010) édite des brochures qui vous diront absolument tout sur les règles douanières américaines. Vous pouvez vous les procurer auprès des consulats américains ou consulter le site Internet www.customs.gov.

PERMIS DE CONDUIRE INTERNATIONAL

Aux Etats-Unis, le permis de conduire français est valable pour une période d'un an après l'entrée sur le territoire américain. Bien qu'il ne soit pas exigé, le permis de conduire international pourra vous rendre de précieux services. Sur la route, il peut faciliter vos éventuels contacts avec la police.

Pour obtenir un permis de conduire international en France, adressez-vous à la préfecture de votre domicile. En plus de votre permis national, présentez-vous avec deux photos, un justificatif de domicile et une carte d'identité ou un passeport. Le délai d'obtention varie d'une préfecture à l'autre. A Paris, il est délivré immédiatement.

Attention, le permis international n'est valable qu'accompagné du permis national et sa validité est de trois ans.

En **Belgique**, vous pourrez faire établir un permis de conduire international au Royal Automobile Club de Belgique (RACB), et en **Suisse**, auprès du Service des Automobiles de chaque canton. Le permis de conduire **québécois** suffit aux Etats-Unis.

Sachez enfin que si vous restez plus d'un an sur le territoire américain, vous devrez dans tous les cas passer le permis de conduire de l'Etat dans lequel vous résidez.

ARGENT

Attention, les prix changent vite. Ils peuvent avoir varié par rapport à ceux indiqués dans ce guide.

Un séjour en hôtel à Los Angeles coûte plus cher qu'une randonnée dans un parc national. Lorsque vous établissez votre budget, comptez au minimum entre 20 et 60 $ par jour pour vous nourrir et vous loger, suivant la nature de vos projets et les régions que vous visitez. Compte tenu des fluctuations des taux de change, ce budget peut varier dans des proportions relativement importantes. Sur la base d'un dollar à près de 1,12 €, vous devez prévoir entre 20 et 54 € par jour.

LE BILLET, LA CARTE ET LE CHÈQUE DE VOYAGE. Faut-il préférer les espèces, les cartes bancaires ou les chèques de voyage ? Impossible de donner une réponse définitive ! L'idéal est, bien sûr, de disposer de ces trois moyens de paiement. Voici quelques éléments de comparaison. Le plus sûr est le chèque de voyage. Volé ou perdu, il vous est remboursé et dans 80 % des cas son remplacement est immédiat (ce qui n'est pas le cas d'une carte bancaire). La carte bancaire est la plus facile à utiliser car vous ne payez aucuns frais sur la transaction que vous effectuez (sauf pour les Canadiens et les Suisses, dont la banque prélève de 2 à 3 € sur chaque transaction). En revanche, les factures manuelles ("sabot" ou "fer à repasser") sont prises en compte au jour de la présentation à votre banque, et non à la date de la facture. Enfin, les espèces sont acceptées partout (ce qui n'est pas le cas des chèques de voyage et des cartes) et par tous... y compris les pickpockets.

LE BILLET VERT

La monnaie américaine est le dollar ($), divisé en 100 cents (¢). On trouve des billets de 1 $, 5 $, 10 $, 20 $, 50 $ et 100 $. Les billets, marqués de la devise "In God we trust", se présentent tous, quelle que soit leur valeur, sous un même format et une même couleur verte. Au début, la confusion est facile : attention à ne pas glisser un billet de 20 $ en guise de pourboire. Les pièces de monnaie sont le *penny* (1 ¢), le *nickel* (5 ¢), le *dime* (10 ¢) et le *quarter* (25 ¢). Ayez le réflexe de conserver vos précieux *quarters*, indispensables pour appeler d'une cabine téléphonique, prendre le bus, ou utiliser un distributeur de boissons ou de journaux.

Pour calculer les taux de change, vous pouvez consulter le site Internet www.oanda.com. A titre indicatif, début 2002, les taux de change pour un dollar américain étaient les suivants :

    1,12 euro
    1,66 franc suisse
    1,59 dollar canadien.

CHANGER DE L'ARGENT

Il revient moins cher d'acheter la devise du pays dans lequel vous vous trouvez que d'acheter une devise étrangère. Partant de ce principe, mieux vaut changer votre argent *après* votre arrivée aux Etats-Unis qu'avant. Toutefois, changer un peu d'argent avant de partir vous permettra de ne pas vous attarder à l'aéroport pendant que d'autres feront une queue interminable au bureau de change. Emportez assez de dollars américains pour tenir quelques jours afin de ne pas vous retrouver sans argent après la fermeture des banques ou de ne pas vous laisser surprendre par un jour férié imprévu.

Prêtez attention aux commissions et vérifiez le cours des monnaies dans les journaux pour connaître les taux de change officiels. Les banques offrent généralement les taux les plus avantageux, mais ce n'est en aucun cas systématique. Etant donné que vous perdez de l'argent à chaque transaction, essayez de changer le plus possible à chaque fois (à moins que le dollar ne soit en baisse par rapport à votre devise) sans pour autant acheter plus de dollars que nécessaire. Que vous emportiez des billets ou des chèques de voyage, veillez à ce qu'ils correspondent à de faibles montants (jusqu'à 50 $). Vous éviterez ainsi de changer trop d'argent à la fois au cas où vous seriez obligé de faire une transaction à un taux désavantageux.

En France, vous pouvez vous procurer des dollars dans la plupart des banques ainsi que dans les bureaux de change. Sachez que la Banque de France offre un service de change sans commission aux particuliers. (39, rue Croix-des-Petits-Champs, 75001 Paris, ☎ 01 42 92 42 92, www.banque-france.fr. Ouvert Lu-Ve

8h45-12h30 et 13h30-16h.) Attention, seuls les espèces ou les chèques certifiés par une banque sont acceptés. Il existe environ 200 guichets **Banque de France** répartis dans toute la France. Renseignez-vous auprès de l'agence principale.

CHÈQUES DE VOYAGE

Pour voyager avec d'importantes sommes d'argent en toute sécurité, rien ne vaut les chèques de voyage. Ils sont facilement remboursables en cas de perte ou de vol.

Les chèques de voyage sont très largement acceptés aux Etats-Unis, y compris dans de nombreux magasins et restaurants (les Américains eux-mêmes les utilisent à l'intérieur des Etats-Unis), et sont remboursables en cas de perte ou de vol. Les petits montants (20 $), plus facilement acceptés dans les magasins, sont les plus pratiques.

En France, trois sociétés proposent des chèques : **American Express** (service relations clientèle : ✆ 01 47 77 77 58), **Thomas Cook** (service relations clientèle : ✆ 0 800 90 83 30) et **Visa** (renseignements auprès de votre banque). Les chèques de voyage Thomas Cook sont délivrés dans les agences du même nom. Il en est de même pour American Express ainsi que pour toute autre banque affiliée.

Les Canadiens ont le choix entre les chèques de voyage **American Express** (✆ 800-221-7282), **MasterCard Thomas Cook** (✆ 800-223-9920), **Visa** (✆ 800-227-6811) et **Citicorp** (✆ 800-645-6556).

En cas de **perte** ou de **vol**, les chèques de voyage sont remplacés dans les plus brefs délais. Téléphonez (numéro gratuit 24h/24) à l'organisme qui a émis les chèques. Le numéro de téléphone figure sur l'avis de vente remis avec les chèques. On vous indiquera la banque ou l'agence de voyages la plus proche où vous serez en mesure de retirer de nouveaux chèques. Vous serez plus rapidement remboursé si vous présentez le bordereau remis avec les chèques. Nous vous conseillons donc de le conserver soigneusement à l'écart des chèques eux-mêmes.

CARTES BANCAIRES

Aux Etats-Unis, les cartes de paiement (appelées familièrement *plastic money*) sont très couramment utilisées, y compris pour des faibles montants et des commandes par téléphone. N'oubliez pas la vôtre, elle vous sera très utile, voire indispensable si vous louez une voiture.

Les cartes bancaires internationales **Eurocard MasterCard** et **Visa** sont le moyen de paiement le plus pratique pour voyager aux Etats-Unis. Elles sont acceptées presque partout et on trouve des dizaines de milliers de guichets automatiques (appelés ATM, *automatic teller machine*), y compris dans les magasins et les stations-service. Certains distributeurs demandent un code (*pin*) à six chiffres : n'en tenez pas compte et tapez votre code habituel. Les commerçants fonctionnent généralement avec le vieux système du "fer à repasser" et se contentent de votre signature. N'oubliez pas votre reçu. Dans un restaurant, au moment de signer la facturette, pensez à remplir la case prévue pour le pourboire (*tip*) et à calculer, et inscrire, le montant total.

Le **taux de change** sur les opérations effectuées avec votre carte bancaire est généralement avantageux, environ 5 % en dessous du taux de change des guichets et des chèques de voyage. Cependant, à chaque fois que vous retirez de l'argent dans un distributeur ou que vous payez un achat avec votre carte, votre banque vous facture des frais dont le montant est fixe (3 € en moyenne). Pensez à effectuer quelques retraits de sommes importantes plutôt que de retirer souvent de petits montants, ou à régler seulement des achats importants par carte. Attention, vous ne pouvez retirer dans les distributeurs qu'un montant hebdomadaire limité.

Avantage des cartes bancaires, elles offrent des services gratuits d'assurance médicale et d'assistance rapatriement (voir **Assurances**, p. 35). En cas de perte ou de vol, votre carte ne sera pas remplacée immédiatement, mais vous pourrez éventuellement bénéficier d'une assistance financière après avoir fait opposition. Pensez à contacter votre banque avant votre départ afin d'obtenir le numéro de téléphone du centre d'opposition spécifique à votre banque, ou téléphonez en France au ✆ 08 36 69 08 80 (pour **Visa**) ou au ✆ 03 08 14 70 70 (pour **Eurocard MasterCard**). Sinon, vous pouvez contacter le centre d'opposition national au ✆ 0892 705 705 et ce, quel que soit votre type de carte bancaire. Ce centre vous indiquera le numéro de téléphone spécifique de votre banque. Téléphonez en PCV ou demandez à être rappelé.

Le service d'assistance des cartes **Visa** (✆ 01 42 99 08 08) vous met en relation avec votre banque qui décide ensuite de vous accorder ou non une avance de fonds. Le service d'assistance d'**Eurocard MasterCard** (✆ 01 45 16 65 65) peut vous avancer jusqu'à 763 €. Par ailleurs, avant votre voyage, ayez le réflexe de relever le numéro de téléphone du centre d'assistance de votre banque, qui figure au dos de votre carte bancaire. Vous gagnerez du temps !

Aux Etats-Unis, vous pouvez également, le cas échéant, téléphoner au ✆ (410) 581-3836, vous adresser directement à n'importe quelle banque ou regarder sur un distributeur automatique pour connaître le numéro de téléphone du centre d'opposition local.

Le coût d'une carte bancaire internationale varie d'une banque à l'autre (29-38 €). De même, le plafond de retrait hebdomadaire autorisé est variable. Pour en savoir plus, renseignez-vous auprès de votre banque.

 VOYAGEZ EN SÉCURITÉ. Plutôt que d'avoir en permanence une photocopie de vos papiers personnels (passeport, billet d'avion...) sur vous, vous pouvez les mettre dans votre boîte aux lettres électronique ! C'est un moyen simple d'éviter les ennuis en cas de vol ou de perte. Pour cela, il vous suffit de numériser vos documents, de les enregistrer comme fichier et de les envoyer en pièce jointe à votre adresse e-mail. Pour que l'opération soit vraiment réussie, enregistrez vos documents sous format JPEG, avec une résolution de 150 dpi pour que le numéro de passeport reste lisible. N'utilisez pas de couleur mais plutôt un niveau de gris. Le format JPEG permet d'ouvrir les documents à partir d'Internet Explorer, en cliquant simplement sur Fichier, puis Ouvrir. Vous y avez accès de n'importe quel espace Internet et pouvez ainsi prouver votre identité et faciliter les démarches si toutes vos affaires ont disparu. En revanche, pensez à ne pas mettre votre code de carte bancaire à côté de votre nom...

VIREMENTS À L'ÉTRANGER

Pour effectuer un paiement, envoyer des arrhes ou régler une dépense à l'avance depuis la France, vous pouvez recourir à un **mandat international de la Poste**. Pour les Etats-Unis, les frais varient de 10,20 à 17,55 € selon la somme que vous envoyez (au maximum 4000 $). Au terme d'un délai d'environ deux semaines, le destinataire pourra l'encaisser dans une banque américaine sur présentation de deux pièces d'identité (dont une avec photo). Conservez vos reçus d'expédition car les mandats sont remboursables en cas de perte.

Si vous êtes à court d'argent, le mandat international de la Poste est un peu lent. Deux compagnies ont développé des systèmes de transfert d'argent beaucoup plus rapides. **Thomas Cook** propose le service **Money Gram**. Un de vos proches en France se rend dans un guichet Thomas Cook (18 guichets en région parisienne, sept en province). L'argent transféré depuis la France est mis à votre disposition une dizaine de minutes plus tard, en chèques de voyage ou en espèces, dans l'agence Thomas Cook la plus proche. Pour un transfert d'un montant de 200 €, les frais s'élèvent à 20,58 €. Pour tout renseignement, téléphonez au ✆ 00800 8971 8971 : ce numéro est gratuit depuis la France.

Vous pouvez également avoir recours aux services de **Western Union** (www.westernunion.com). Un de vos proches en France effectue un versement en espèces dans l'un des points du réseau (plus de 500 points en France). Vous retirez l'argent, toujours en espèces, dix minutes plus tard, dans une agence Western Union locale. Pour faciliter l'opération, faites-vous communiquer par la personne qui vous envoie l'argent le numéro à dix chiffres correspondant au transfert. La commission dépend du montant transféré. Vous connaîtrez le guichet le plus proche de chez vous en téléphonant au ✆ 01 43 54 46 12, à la Poste au ✆ 01 43 35 60 60 ou encore, si vous habitez en Savoie, au Crédit agricole de Savoie au ✆ 04 50 64 73 11. Pour connaître les modalités de ce service en **Belgique**, composez le ✆ 0800 99 090 ou le ✆ (02) 428 30 74, en **Suisse** le ✆ 0800 007 107 ou le ✆ 0800 811 099, et au **Canada** le ✆ 800 235 0000.

En dernier recours seulement, un consulat peut se charger d'organiser un envoi d'argent, si un proche se porte garant pour vous. Le coût de l'opération sera déduit du montant reçu.

ASSURANCES

Si vous bénéficiez de l'assurance maladie en France, vous conservez vos droits aux Etats-Unis. Une seule condition : la durée de votre séjour ne doit pas excéder la durée des congés légaux en France (environ 5 semaines pour les salariés et 4 mois pour les étudiants). Attention, si vous suivez un traitement médical commencé en France, les frais engagés aux Etats-Unis ne vous seront pas remboursés.

Si vous êtes en possession d'une carte **Visa** ou **Eurocard MasterCard**, vous bénéficiez automatiquement d'une assurance médicale et d'une assistance rapatriement. Elles sont valables pour tous les déplacements à l'étranger ne dépassant pas 90 jours. Le service d'assurance médicale prend en charge la partie des frais non remboursée par la Sécurité sociale en France, avec un plafond de 11 000 € pour Eurocard MasterCard (franchise de 75 €) et pour Visa. Seuls les frais d'hospitalisation sont pris en compte par la carte Visa. Dans tous les cas, vous devrez effectuer une demande de prise en charge **avant** toute dépense médicale. Si vous ne pouvez avancer les frais d'hospitalisation, téléphonez au service d'assistance de votre carte. Il vous faudra communiquer le numéro à 16 chiffres de votre carte bancaire. Une fois la vérification faite auprès de votre banque que vous serez en mesure de rembourser à votre retour, le montant des soins vous sera avancé. Le cas échéant, le service d'assistance organisera votre rapatriement après avoir vérifié son bien-fondé avec le médecin ou l'hôpital qui vous a examiné.

Eurocard MasterCard, ✆ 01 45 16 65 65, fax 01 45 16 63 92.

Visa, ✆ 01 42 99 08 08.

Par ailleurs, si vous réglez au moins une partie de votre billet de transport avec votre carte, vous êtes couvert par une assurance décès-invalidité. La déclaration d'accident doit être faite dans les 20 jours.

Eurocard MasterCard, CAMCA, service sinistres Eurocard MasterCard, 65, rue de La Boétie, 75008 Paris, ✆ 01 44 95 18 50.

Visa, Gras Savoye, 2, rue de Gourville, ZI d'Ormes, 45911 Orléans Cedex 9, ✆ 02 38 70 38 72.

Outre les cartes bancaires, certaines cartes destinées aux jeunes s'accompagnent d'un contrat d'assistance. La carte d'étudiant internationale **ISIC** permet de téléphoner en PCV (cinq langues parlées) à une compagnie d'assistance. En Europe, appelez le ✆ 44 181 666 9205 (numéro en Grande-Bretagne) précédé du 00 si vous appelez de France, de Belgique ou de Suisse.

Toutefois, il faut savoir que les soins médicaux coûtent très cher aux Etats-Unis. La Sécurité sociale et votre mutuelle ne vous rembourseront que sur la base des tarifs pratiqués en France. De plus, vous devrez avancer sur place le montant des soins avant de faire une demande de remboursement à votre retour. Nous vous recommandons donc vivement de souscrire une assurance maladie complémentaire. Un bon contrat doit garantir la prise en charge quasi intégrale de vos soins médicaux et une prise en charge directe des frais d'hospitalisation. Certains contrats comprennent d'autres garanties comme l'assurance annulation voyage, l'assurance vol, ou encore l'assurance responsabilité civile.

Nous vous donnons ci-dessous les coordonnées de quelques assureurs. A vous de faire votre choix.

AVA, 24, rue Pierre-Semard, 75009 Paris, ℰ 01 53 20 40 20.

AVi International, 28-30, rue de Mogador, 75009 Paris, ℰ 01 44 63 51 00, fax 01 40 82 90 35.

Elvia Assistance, 153, rue du Faubourg-Saint-Honoré, 75008 Paris, ℰ 01 42 99 02 99, fax 01 42 99 02 52.

Europ Assistance, 1, promenade de la Bonnette, 92230 Gennevilliers, ℰ 01 41 85 85 41, fax 01 41 85 85 69/71.

Mondial Assistance, 2, rue Fragonard, 75017 Paris, ℰ 01 40 25 52 04, fax 01 40 25 25 09.

POUR LES ÉTUDIANTS

ISIS (OTU), ℰ 0820 817 817.

MGEL, 4, rue de Londres, 67000 Strasbourg, ℰ 03 88 60 26 26.

Mutuelle des Etudiants, 137, boulevard Saint-Michel, 75258 Paris Cedex 05, ℰ 01 40 92 54 92. Composez le ℰ 0810 600 601 pour connaître l'agence la plus proche de chez vous.

SMEREP, 54, boulevard Saint-Michel, 75006 Paris, ℰ 01 56 54 36 34.

Avec la **Mutuelle des Etudiants**, vous pouvez souscrire un contrat d'assistance en accord avec la MATMUT. Appelez le ℰ 01 40 92 54 92 pour obtenir des renseignements. Avec le **SMEREP**, il s'agit d'une assurance appelée World Pass.

SANTÉ

Une **trousse de premiers soins** sera bien suffisante pour les petits problèmes que vous pourrez rencontrer au cours de votre périple. Une trousse standard contient : des pansements et du bandage, de l'aspirine, un antiseptique, une crème antibrûlures, un thermomètre (dans un étui rigide), une pince à épiler, du coton, un décongestionnant, des cachets contre le mal des transports, la diarrhée, les maux d'estomac. En cas de nécessité, vous trouverez tous les médicaments ordinaires (aspirine, antiseptiques, etc.) en vente libre dans les rayons de tous les drugstores. Si vous n'arrivez pas à vous repérer parmi les marques américaines, demandez conseil au pharmacien, au comptoir "prescription".

Notez dans votre portefeuille les noms des **personnes à prévenir** en cas d'accident. Si vous êtes allergique à certains produits ou traitements, indiquez-le clairement. Si vous suivez un traitement, prévoyez suffisamment de médicaments et prenez l'ordonnance avec vous. Si vous emportez de l'insuline, des seringues ou des narcotiques, mieux vaut avoir avec vous un résumé de votre dossier médical (carnet de santé ou autre). Si vous portez des **lunettes** ou des lentilles de contact, prévoyez une paire de lunettes de secours et éventuellement une prescription.

D'une manière générale, pour toute question relative à la santé en voyage, vous pouvez contacter les centres de renseignements **AP Voyages**, de l'hôpital de la Pitié-Salpêtrière, ℰ 01 45 85 90 21, **Santé Voyages**, de l'hôpital Bichat-Claude-Bernard, ℰ 01 40 25 88 86 (3615 SV), ou le **Centre de vaccination Air France**, ℰ 08 36 68 63 64 (3615 VACAF).

Vérifiez que vos rappels de **vaccinations** (tétanos, polio) sont à jour et demandez à un centre médical si certains vaccins (hépatites) sont conseillés. Vous pouvez en profiter pour vous faire examiner avant de partir en voyage, surtout si la durée de votre séjour excède un mois ou deux, ou que vous prévoyiez de faire de la randonnée.

Il existe près de 80 centres de vaccination en France. Vous pouvez vous en procurer la liste complète en visitant le site Internet de la Maison des Français à l'étranger (www.expatries.org) ou auprès de la **Direction générale de la santé**, 1, place de Fontenoy, 75350 Paris 07SP, ℰ 01 40 56 60 00. Ouvert Lu-Ve 9h30-12h et 14h-17h30. Vous pouvez aussi obtenir des renseignements concernant les précautions médicales à prendre dans le pays où vous vous rendez grâce au **CIMED** (Comité d'informations médicales), 34, rue La Pérouse, 75116 Paris, ✆ 01 43 17 60 15, fax 01 43 17 73 01, www.cimed.org. Ils vous communiqueront notamment la liste des vaccinations obligatoires selon votre destination.

En voici quelques-uns :

AP Voyages, AP Vacances, Hôpital de la Pitié-Salpêtrière, 47, boulevard de l'Hôpital, 75013 Paris. Les vaccinations se font sur **rendez-vous** au ✆ 01 42 16 01 03. Pas besoin d'amener son vaccin, ils disposent de tout le nécessaire.

Santé Voyages, Hôpital Bichat-Claude-Bernard, 170, boulevard Ney, 75018 Paris, ✆ 01 40 25 88 86. Ouvert Lu-Ve 9h-12h30, ainsi que certains après-midi et samedis matin. Pour connaître les dates exactes, appelez le ✆ 01 40 25 88 85. Tous les vaccins sont disponibles sur place, sans rendez-vous.

Centre de vaccination Air France, Aérogare des Invalides, 2, rue Robert-Esnault-Pelterie, 75007 Paris, ✆ 01 41 56 60 00. Ouvert Lu-Ve 9h-18h30 et Sa. 9h-17h. Il n'est pas nécessaire de prendre rendez-vous. Les vaccins sont disponibles sur place. Les lundi, mercredi et vendredi, il est recommandé d'arriver avant 15h30.

Hôpital de l'Institut Pasteur, Centre de vaccinations internationales, 209, rue de Vaugirard, 75015 Paris, ✆ 01 45 68 81 98. Ouvert Lu-Ve 9h-16h30 et Sa. 9h-11h30. Tous les vaccins sont disponibles sur place sans rendez-vous et les certificats internationaux sont délivrés immédiatement. Les mineurs doivent être munis d'une autorisation parentale.

Aux Etats-Unis, les **US Centers for Disease Control and Prevention** (✆ 877-394-8747, www.cdc.gov/travel) sont à même de répondre à vos questions concernant la santé et peuvent vous communiquer les coordonnées d'organismes spécialisés.

PRINCIPES DE BASE

Ne mangez pas n'importe quoi, buvez en quantité suffisante, et ne rognez pas sur vos heures de sommeil. Et surtout, buvez (de l'eau) : 95 % des maux de tête sont causés par la déshydratation. Portez des chaussures résistantes et des chaussettes propres pour le confort de vos pieds. Aux Etats-Unis, il est peu probable que vous soyez touché par ces maux classiques des voyageurs que sont la tourista ou la djerbienne. Plus vraisemblablement, vous aurez à vous habituer, l'été, aux contrastes entre la chaleur extérieure et la climatisation à outrance, source de nombreux rhumes parmi les Européens.

Pour consulter un médecin aux Etats-Unis, le plus simple est de regarder dans les pages jaunes, à *Clinics* ou à *Physicians*. Les visites à domicile étant très peu répandues, il est courant aux Etats-Unis de se présenter directement aux urgences des hôpitaux.

Si, profitant pleinement des vastes espaces américains, vous partez en randonnée, voici le rappel de quelques problèmes de santé qui peuvent survenir. Un rappel qui vise avant tout à les exorciser.

Diarrhées : Un grand classique des longs voyages. Souvent, les personnes qui en souffrent se soignent avec des médicaments très répandus (Immodium et autres). Soyez prudent. Certains produits ne font que parer au plus pressé sans soigner l'infection, et peuvent même parfois aggraver une infection déjà sérieuse. Si les diarrhées sont fortes, qu'un peu de sang s'y mêle, qu'elles s'accompagnent de frissons ou de fièvres et durent plus d'un jour ou deux, consultez un médecin. L'effet secondaire le plus dangereux d'une diarrhée est la déshydratation. Le remède le plus simple et le plus efficace consiste à boire de grandes quantités d'eau sucrée, ou bien à manger du miel et une pincée de sel plusieurs fois par jour. Le Coca-Cola sans bulles a également ses adeptes.

Coup de froid : La peau frappée par un coup de froid devient blanche, puis molle et froide. Prenez des boissons chaudes et restez au sec. Réchauffez doucement et lentement la peau à l'aide d'un chiffon sec, en le maintenant contre la chair. Ne frictionnez *jamais* la peau, vous risqueriez d'arracher l'épiderme.

L'ESSENTIEL

Giardia : Présente dans de nombreuses rivières et lacs, la giardia est une bactérie qui provoque des gaz, des crampes douloureuses, une perte d'appétit et de violentes diarrhées. Pour couronner le tout, la giardia est capable de survivre dans votre organisme pendant des semaines. Pour se protéger, il importe de bien faire bouillir l'eau, ou de la purifier à l'aide de pastilles avant de la boire ou de cuisiner avec.

Insectes : Les insectes américains sont pénibles, mais très rarement mortels. Portez des pantalons longs, des manches longues et achetez une moustiquaire pour le camping. Quand le contexte social le permet, rentrez votre pantalon dans vos chaussettes. Pour éloigner les insectes, utilisez un produit contenant du DEET, mais ne forcez pas la dose (surtout à proximité des enfants, qui y sont plus sensibles) et évitez les muqueuses. Certains produits naturels, quoique moins efficaces, peuvent parfois suffire. On trouve facilement aux Etats-Unis de la vitamine B12 ou des "pilules d'ail", *garlic pills*, qui consommées régulièrement auraient la propriété de rendre suffisamment odorant pour éloigner les insectes... et les vampires.

Coup de chaleur : Les symptômes sont faciles à détecter. La transpiration cesse, la température du corps s'élève et d'intenses maux de tête apparaissent. Dans les cas extrêmes, le cerveau se met à flancher, entraînant la mort. Avant d'en arriver là, faites boire à la personne atteinte des jus de fruits ou de l'eau salée, en la recouvrant de serviettes humides et en lui faisant de l'ombre. Dans le désert, le corps perd entre 4 et 8 litres d'eau par jour. Buvez le plus souvent possible. Un chapeau, des lunettes de soleil et un vêtement léger à manches longues aident à se protéger de la chaleur.

Hypothermie : L'hypothermie est le résultat d'une exposition prolongée au froid. Là encore, les signes sont clairs : la température du corps descend rapidement, et l'organisme cesse de produire de la chaleur. Des frissons apparaissent, il devient difficile de coordonner les mouvements, de parler distinctement. Une forte envie de dormir se fait sentir, accompagnée d'hallucinations ou d'amnésie. Ne laissez pas une victime d'hypothermie avancée s'endormir. La température de son corps va encore baisser et, si elle perd connaissance, elle peut mourir. Pour éviter l'hypothermie, restez au sec et à l'abri du vent. Habillez-vous en multipliant les couches. La laine conserve la chaleur, même lorsqu'elle est humide. Les vestes en laine polaire et les vêtements imperméables en Gore-Tex sont d'excellentes options. Ne comptez pas sur le coton pour la chaleur. Une fois mouillé, il devient complètement inutile.

Lierre vénéneux, chêne vénéneux, sumac vénéneux : Ces plantes à feuilles sécrètent des sucs dont le contact provoque des démangeaisons, de l'urticaire, voire une inflammation. Si vous pensez avoir touché une de ces plantes, lavez la peau à l'eau froide et au savon (l'eau chaude dilate les pores, et fait donc pénétrer les sucs plus profondément). Si des éruptions cutanées se manifestent, traitez-les avec une lotion à base de calamine, un produit à base de cortisone ou un antihistaminique. Ne grattez jamais la zone infectée, cela ne ferait que répandre la substance sur une surface plus large.

Rage : La rage n'est pas limitée aux zones rurales. Si vous êtes mordu par un mammifère (même un écureuil ou un lapin), nettoyez bien la blessure et allez vous faire soigner sans tarder.

Brûlures solaires : Appliquez de l'écran solaire en bonne quantité plusieurs fois par jour. Les écrans totaux sont la seule protection vraiment efficace pour les peaux très blanches. Si vous souffrez de brûlures, buvez plus d'eau que d'habitude, cela aidera votre corps à se refroidir et votre peau à se reformer.

Tique/maladie de Lyme : Les maladies transmises par les tiques, comme la maladie de Lyme, peuvent être très graves. La maladie de Lyme est bien connue des randonneurs, surtout sur la côte Est, mais aussi dans certaines parties de l'Ouest. On la repère à une zone cutanée irritée, plutôt rouge, d'environ cinq centimètres de diamètre qui ressemble au cœur d'une cible. Autres symptômes : fièvre, maux de tête, grande fatigue ou douleurs diverses. Si on ne fait rien, la maladie de Lyme peut entraîner des problèmes cardiaques, articulaires ou des pannes du système nerveux. Dans certains cas, l'issue peut être fatale. Il n'existe pas de vaccin, mais la maladie de Lyme peut être traitée par les antibiotiques si on la diagnostique suffisamment tôt. Si la tique est retirée dans les premières 24 heures, le risque d'infection diminue considérablement. Certains randonneurs vérifient qu'ils n'ont pas de tiques en passant un peigne fin dans le cou et les cheveux. Si vous trouvez une tique, passez un coton imbibé d'éther sur l'insecte, puis saisissez la partie proche de sa tête avec une pince à épiler au ras de la peau. Ensuite, tirez lentement et régulièrement pour l'extraire. N'essayez pas de retirer les tiques en les brûlant ou en les recouvrant de produits comme du solvant à ongles ou de la vaseline.

Sida, HIV et MST : Pour diminuer les risques de contracter une MST, utilisez des préservatifs lors des rapports sexuels. On en trouve facilement aux Etats-Unis, mais rien ne vous empêche d'emporter votre marque favorite (NF). L'Organisation mondiale de la santé estime qu'environ 30 millions de personnes dans le monde sont infectées par le virus HIV. On chiffre à un million le nombre d'Américains porteurs du virus HIV, mais 80 % l'ignorent. Le mode de contamination le plus direct est le contact sanguin entre une personne saine et une personne séropositive. Ne partagez *jamais* une seringue ou une aiguille, qu'elle ait été utilisée pour s'injecter de la drogue, pour un tatouage ou pour toute autre chose. Pour les questions concernant le sida, appelez en France **Sida Info Service**, ✆ 0 800 840 800 (numéro vert).

FAIRE SES BAGAGES

Voyager léger, telle est la règle. Même si vous sautez dans une voiture dès l'aéroport, vous devrez de toute façon porter vos bagages de temps en temps. Faites des essais avant de partir en effectuant le tour du pâté de maisons avec votre sac. S'il est trop lourd, soyez sans merci. Une technique de base consiste à ne mettre dans votre sac que le strict nécessaire, puis à en retirer la moitié. A part quelques effets incontournables (un coupe-vent, un maillot de bain, un pull, un couteau suisse…), limitez-vous. La plupart des objets que vous risquez d'oublier pourront se trouver facilement aux Etats-Unis. Les vêtements coûtent en général beaucoup moins cher qu'en France et des laveries se trouvent presque partout. Enfin n'oubliez pas qu'au retour des tee-shirts, des jeans, des disques ou une batte de base-ball viendront s'ajouter à ce que vous avez apporté. Sur de nombreuses compagnies aériennes, le **poids maximum autorisé** est de 20 kg (30 kg sur la plupart des compagnies américaines). En cas de dépassement, une faveur demandée aimablement auprès du personnel d'embarquement peut parfois vous éviter de payer une surtaxe.

BAGAGES

Sac à dos : Si vous prévoyez de parcourir la majeure partie de votre itinéraire à pied, utilisez un sac à dos.

Valise ou malle : Parfait si vous pensez résider dans une ou deux villes qui vous serviront de points de départ à de petites excursions. Peu recommandé si vous comptez faire beaucoup de déplacements. Assurez-vous que la valise ou la malle est équipée de roulettes et prenez en compte son poids à vide. Les valises rigides sont plus robustes mais plus lourdes. Les valises souples doivent être résistantes et doublées.

Petit sac à dos ou sacoche : En incluant parmi vos bagages un sac plus petit, vous pourrez laisser derrière vous le gros de vos affaires lorsque vous partez pour une petite excursion. Indispensable également pour vos bagages à main dans l'avion.

Ceinture-portefeuille ou poche kangourou : Utile pour ranger votre argent, votre passeport, votre *pass* ferroviaire et autres objets de valeur, à condition de la porter en toute circonstance. Disponible dans tout magasin de camping digne de ce nom. Votre ceinture-portefeuille doit être cachée à l'intérieur de votre pantalon ou de votre jupe.

S'HABILLER

Le choix des **vêtements** à emporter dépendra évidemment de la date et du lieu de votre séjour aux Etats-Unis. La technique des couches successives est une solution pratique, qui vous permet de retirer une couche quand vous avez trop chaud et d'en ajouter une quand vous avez froid. Attention, aux Etats-Unis, même au cœur des déserts, vous devrez prévoir une tenue plus chaude pour pouvoir survivre dans les lieux climatisés.

En été : Préférez les fibres naturelles et les tissus légers. Prévoyez plusieurs tee-shirts, ils prennent peu de place. Ajoutez un pull ou une veste pour les soirées fraîches et les lieux climatisés ainsi qu'un ou deux shorts et jeans. N'oubliez pas d'emporter une serviette, un maillot de bain et un coupe-vent.

En hiver : Prévoyez des épaisseurs plus consistantes, dont au moins un vêtement qui conserve la chaleur en cas d'humidité (polypropylène, laine polaire ou laine). N'emportez rien qui soit difficile à entretenir.

Temps pluvieux : Un poncho de pluie n'est ni pratique, ni élégant à porter, mais il est léger et peut être appréciable en randonnée. Un coupe-vent efficace contre la pluie est indispensable, quelles que soient la saison et la région.

Chaussures : Pour la randonnée, achetez de bonnes chaussures de sport ou des chaussures de randonnée montantes en cuir. Les tennis, chaussures bateau et autres Birkenstock ne seront pas à la hauteur. Les chaussures de randonnée en nylon renforcé cuir sont bien adaptées à la marche et indispensables pour la randonnée, car elles sont légères, solides et sèchent rapidement. Une paire de tongues (flip-flops) peut être appréciable dans les douches pour éviter les champignons qui s'y trouvent parfois. Ne partez jamais avec des chaussures toutes neuves, "faites"-les avant votre départ. Vous pouvez mettre du talc dans vos chaussures et sur vos pieds pour éviter les douleurs. Le velours de coton est parfait contre les ampoules. Deux paires de chaussettes, l'une en coton absorbant à l'intérieur, l'autre en laine épaisse à l'extérieur, permettent de protéger vos pieds, d'éviter les ampoules et de rester au sec. Par temps froid, remplacez les chaussettes en coton par une matière isolante comme le polypropylène.

POUR NE RIEN OUBLIER

Inventaire (à adapter sachant que vous pourrez toujours vous approvisionner aux Etats-Unis) en plus des vêtements et de la trousse santé : sacs en plastique (pour les vêtements mouillés, le savon, la nourriture), réveil, chapeau et lunettes de soleil, fil et aiguilles, épingles de nourrice, canif, bloc-notes et stylo, lampe torche, ficelle (pour attacher tout et n'importe quoi ou servir de corde à linge), pinces à linge, cadenas ou antivol, boussole, jeu de cartes, transformateur électrique (220/110), adaptateur de prise (fiches plates américaines) et éventuellement préservatifs.

Sac à viande : Si vous avez l'intention de dormir dans les auberges de jeunesse, prévoyez votre "sac à viande" personnel, vous économiserez le prix des draps. Pour faire un sac à viande, pliez un drap en deux dans le sens de la longueur et cousez-le pour en faire un sac de couchage, comme ceux des trains couchettes de la SNCF.

Lavage du linge : Dans les informations pratiques de chaque ville, les guides Let's Go s'efforcent de vous informer sur la présence de laveries automatiques mais, dans certains cas, vous aurez aussi vite fait de laver votre linge dans un évier. Pour cela, emportez un petit savon de Marseille ou un tube de lessive, une balle de squash en gomme pour boucher l'évier, un fil pour étendre votre linge et le tour est joué.

Courant électrique : N'oubliez pas que les prises électriques fonctionnent en 110 volts aux Etats-Unis. Vous pourrez acheter un adaptateur (qui modifie la forme de la prise) et un convertisseur (qui change le voltage) dans une quincaillerie. Ne commettez pas l'erreur de n'utiliser que le seul adaptateur (à moins que la notice de votre appareil ne vous l'autorise), ou vous risqueriez de faire fondre votre radio.

CAMPING

En camping, l'un des éléments les plus importants est évidemment le **sac de couchage**. Votre achat dépendra du climat des régions où vous camperez. Les sacs de couchage sont classés en fonction de leur capacité à vous garder au chaud pour une température extérieure minimale donnée. Si la température minimale indiquée est 4 °C, cela signifie qu'à cette température, la température à l'intérieur du sac reste à 37 °C. Il y a trois catégories de sac : "estival", pour camper l'été (minimum 12 °C), "randonnée" (minimum 5 °C environ), et "extrême" pour la montagne et les grands froids (environ -18 °C). Les sacs contiennent soit du duvet (très chaud et léger), soit du synthétique (moins cher, plus lourd, plus durable et qui reste chaud même humide). Quelques exemples de **prix raisonnables** pour des sacs de couchage : pour un synthétique +8/+4 °C, à partir de 68, 50 €, pour un synthétique +2/-2 °C, à partir de 137 €. Pour un duvet +4/0 °C, environ 152,50 € et pour un duvet -8/-12 °C, environ 236 €. Les matelas mousse coûtent entre 4,50 et 15,50 €, tandis que les matelas gonflables vont de 11 à 15,50 €. Moins encombrants et plus pratiques que les matelas gonflables, les matelas autogonflants, de 30,50 à 82 €.

Pour choisir votre **tente**, regardez d'abord la forme et la taille. Les plus simples à utiliser sont les tentes autoportantes, avec armatures et supports intégrés. Elles sont faciles à monter et n'ont pas besoin de piquets (pour plus de prudence, on en plantera tout de même par grand vent). Les tentes "dômes" sont particulièrement indiquées. Une fois qu'elles sont dressées, leur espace intérieur est presque entièrement utilisable. On peut trouver une bonne tente pour deux à partir de 76 €, et pour 106,50 € vous en aurez une pour quatre personnes.

Autre accessoire indispensable du campeur et du randonneur : le **sac à dos**. Les sacs à armatures internes épousent mieux la forme du dos, permettent d'avoir un centre de gravité plus bas, et sont suffisamment souples pour supporter des randonnées ardues où le sac est soumis à rude épreuve. Les sacs à armatures externes sont plus confortables pour de longues randonnées en terrain peu accidenté car ils conservent le poids plus en hauteur et permettent ainsi une répartition de la charge. Tous les sacs doivent avoir une ceinture résistante et rembourrée, celle-ci ayant pour effet de transférer le poids des épaules vers les jambes. Pour une randonnée digne de ce nom, prévoyez un sac d'au moins 75 litres et prenez en compte le fait que votre sac de couchage occupera une certaine place si votre sac est à armature interne.

Une toile plastifiée pour isoler la tente de l'humidité du sol et une lampe fonctionnant avec des piles sont également utiles. Si vous campez en automne, en hiver ou au printemps, prévoyez une **couverture de survie**. Même si vous ne comptez pas jouer à Star Trek, cette merveille technologique incroyablement légère et compacte vous permet de conserver votre chaleur corporelle de manière très efficace et peut également servir de tapis isolant. Prix : 3,81 € Seul hic, elle est bruyante, excepté quelques modèles un peu renforcés. Les **vachettes** sont idéales pour transporter avec soi de grandes quantités d'eau. Vides, elles ne pèsent pratiquement rien, mais peuvent s'avérer encombrantes à la longue. On trouve des **réchauds** de camping de toutes tailles, de tous poids, et fonctionnant avec toutes sortes de carburants, mais il faut toujours y mettre le prix (21,30 à 38,20 €). En matière de réchaud, on peut classer les campeurs en deux catégories : ceux qui tombent toujours en panne de gaz (généralement par un matin blême, à mille *miles* de tout lieu habité), et ceux qui emportent toujours trop de recharges, à la fois lourdes et encombrantes. Une troisième catégorie est constituée de tous ceux qui ayant appartenu successivement aux deux précédentes ont décidé d'avoir recours aux réchauds des autres.

Que vous optiez pour l'achat ou pour la location, faites attention au prix et à la qualité. Prenez votre temps et discutez avec les vendeurs spécialisés. Dans un magasin, cherchez les modèles de l'année passée. En automne, vous pouvez parfois obtenir des rabais allant jusqu'à 50 % sur le matériel de la saison précédente.

Quelques adresses de magasins :

Au Vieux Campeur, 48, rue des Ecoles, 75005 **Paris**, ✆ 01 53 10 48 48. Le saint des saints, avec 18 annexes spécialisées dans le quartier. 43, cours de la Liberté, 69003 **Lyon**, ✆ 04 78 60 21 07. Vente par correspondance : trois catalogues été et un hiver, gratuits sur demande au ✆ 01 69 75 25 55, www.au-vieux-campeur.fr.

Décathlon, 90 magasins en France. Adresses sur le 3615 Décathlon, www.decathlon.com.

Go Sport, 85 magasins en France. Adresses sur le 3615 Go Sport, www.go-sport.com.

PLUS D'INFORMATIONS POUR...
LES JEUNES ET LES ÉTUDIANTS

Un peu partout aux Etats-Unis, les étudiants bénéficient de réductions. Pensez à vous procurer une **carte d'étudiant internationale (ISIC)** avant de partir. Elle sera plus facilement acceptée que la carte d'une université française. Nous vous donnons la liste des principaux points de vente où vous pourrez vous la procurer. Vous devez vous munir de votre carte d'étudiant, d'une photo et de 10 €. N'oubliez pas de demander un exemplaire gratuit de la brochure ISIC, qui présente la liste des réductions dans chaque pays. Vous pouvez obtenir la liste complète des points de vente de la carte ISIC sur Internet (www.istc.org).

La **FIYTO (Federation of International Youth Travel Organizations)** émet une carte de réduction pour les moins de 26 ans qui ne sont pas étudiants. Connue sous le nom de **carte Go 25**, elle est valable un an et offre des avantages similaires à ceux de la carte ISIC. En France, on peut se la procurer auprès de l'**OTU** (voir l'adresse plus loin) et dans tous les **CROUS** (Centres régionaux des œuvres universitaires et sociales). Une brochure recense toutes les réductions auxquelles la carte donne droit. Pour obtenir la carte Go 25, vous devez produire une pièce attestant de votre date de naissance et une photo d'identité (avec votre nom inscrit au verso). Elle coûte 10 €.

EN FRANCE

OTU Voyages, renseignements ✆ 0820 817 817. 119, rue Saint-Martin, 75004 **Paris**, ✆ 01 40 29 12 22. 39, avenue Georges-Bernanos, 75005 **Paris**, ✆ 01 44 41 38 50. Autre agence à l'université de Paris-Dauphine, 75016 **Paris**, ✆ 01 47 55 03 01. 59, rue de la Madeleine, 69365 **Lyon**, ✆ 04 72 71 98 07. 58, rue du Taur, 31000 **Toulouse**, ✆ 05 61 12 18 88. 32 agences en France, www.otu.fr.

USIT Connect, renseignements et réservations ✆ 01 42 44 14 00 ou ✆ 08 825 825 25. 6, rue de Vaugirard, 75006 **Paris**, ✆ 01 42 34 56 90. **Lyon** : ✆ 04 72 77 81 91. **Nice** : ✆ 04 93 87 34 96, www.usitconnect.fr.

EN BELGIQUE, EN SUISSE ET AU CANADA

La carte ISIC est délivrée par les agences de voyages pour jeunes et étudiants (voir **Organismes de voyages**, p. 48) et, en général, par tout organisme affilié à l'International Student Travel Confederation (ISTC).

AUBERGES DE JEUNESSE

La Fédération internationale des auberges de jeunesse rassemble plus de 5000 auberges, réparties dans le monde entier, sous le label **Hostelling International (HI)**. La carte de membre donne accès à des réductions dans toutes les auberges américaines HI. En France, la carte de membre est en vente à la FUAJ et dans toutes les auberges de jeunesse (moins de 26 ans 10,70 €, plus de 26 ans 15,25 €, famille 22,90 €, groupe de 10 personnes 45,75 €).

La Fédération internationale des auberges de jeunesse publie un guide recensant les auberges de jeunesse dans le monde, disponible à la FUAJ (pour 5,34 € sur place et 7,77 € par correspondance). Vous pouvez aussi consulter le guide Internet des auberges de jeunesse qui vous donnera des informations sur les formules de voyage économiques (www.iyhf.org). Sachez qu'il est également possible de réserver jusqu'à 6 mois à l'avance vos nuits dans les principales villes des Etats-Unis grâce au système **IBN**. Renseignez-vous auprès de la Fédération unie des auberges de jeunesse (**FUAJ**) pour plus de détails.

Vous trouverez ci-dessous la liste des organismes affiliés à HI où vous pourrez acheter la carte.

EN FRANCE

FUAJ, 27, rue Pajol, 75018 Paris, ✆ 01 44 89 87 27 (Minitel 3615 FUAJ, www.fuaj.org, serveur vocal : ✆ 08 36 688 698).

EN BELGIQUE

Les Auberges de Jeunesse, ASBL, 28, rue de la Sablonnière, 1000 Bruxelles. ✆ (02) 219 56 76, fax (02) 219 14 51, www.laj.be, **e-mail** info@laj.be.

EN SUISSE

Fédération des auberges de jeunesse, Schaffhauserstrasse 14, PO Box 161, CH 8042 Zurich, ✆ (01) 360 14 14, fax (01) 360 14 60, www.youthhostel.ch, **e-mail** marketing@youthhostel.ch.

AU CANADA

Regroupement Tourisme Jeunesse (HI), 4545, Pierre de Coubertin, CP 1000, Succursale M, Montréal H1V 3R2, ✆ (514) 252 3117 ou 1866 461 8585 (appel gratuit du Canada seulement), fax (514) 252 3119, www.tourismejeunesse.org, **e-mail** info@tourismejeunesse.org.

Hostelling International Canada (HI-C), 205 Catherine Street, suite 400, Ottawa, ON K2P 1C3, ✆ (613) 237 7884, fax (613) 237 7868, www.hostellingintl.ca.

LES PERSONNES ÂGÉES

Aux Etats-Unis, les personnes âgées, les *senior citizens*, bénéficient d'une large gamme de réductions sur les transports, les musées, le théâtre, les concerts, mais également dans les restaurants et les hôtels, et ce parfois dès l'âge de 50 ans. Si le tarif senior n'est pas affiché, demandez-le, vous aurez souvent de bonnes surprises.

VOYAGER AVEC DES ENFANTS

Les vacances en famille peuvent facilement tourner à la catastrophe sans une organisation rigoureuse. Vérifiez bien si votre hôtel accueille les enfants. Pour marcher, préférez un siège portable dans le dos à une poussette.

De nombreux restaurants ont des menus spéciaux et pratiquement tous les musées et sites pratiquent un tarif enfants. Assurez-vous que vos enfants ont en permanence une pièce d'identité et prévoyez toujours un point de rendez-vous s'ils se perdent.

VOYAGER SEULE(S)

Les femmes qui voyagent seules sont amenées à s'entourer de précautions supplémentaires. Cependant n'oubliez pas que la société américaine est en moyenne plutôt plus avancée que la vieille Europe latine en ce qui concerne le statut de la femme. Dans le choix d'un logement, fiez-vous à votre instinct : si vous avez l'impression que vous seriez mieux ailleurs, n'hésitez pas à quitter les lieux. Normalement, les auberges de jeunesse proposent des chambres simples qui se ferment de l'intérieur. Les YWCA, équivalent féminin des YMCA, sont également très sûres. Essayez si possible de loger dans le centre et évitez de vous promener ou de prendre les transports en commun en fin de soirée. N'oubliez pas qu'il est toujours dangereux de faire du stop, même si vous êtes deux.

Moins vous ressemblez à une touriste, mieux vous vous en sortirez. Si vous êtes perdue ou si vous vous sentez mal à l'aise, demandez à une femme ou à un couple de vous indiquer le chemin plutôt qu'à un homme seul. Une alliance bien en évidence peut être dissuasive. Votre meilleure réponse à une attaque verbale peut être l'absence de réponse. Ayez toujours sur vous de la monnaie pour téléphoner et une réserve d'argent pour prendre un bus ou un taxi. Mais que ces avertissements et suggestions ne vous découragent pas de voyager seule ! Il s'agit simplement de ne pas prendre de risques inutiles.

Pour chaque ville, dans la section Informations pratiques, nous donnons une liste des numéros d'urgence.

ADRESSE UTILE AUX ÉTATS-UNIS

The National Organization for Women (NOW, www.now.org, **e-mail** now@now.org) possède des antennes dans tous les Etats-Unis et peut diriger les femmes vers des centres d'aide et de conseil en cas d'agression, les *rape crisis centers*. Quelques adresses : 150 W. 28th St., n° 304, New-York, NY 10001 (© 212-627-9895). 733 15th St. N.W., 1er étage (*2nd fl.*), Washington, D.C. 20005 (© 202-628-8669).

Pour celles qui lisent l'anglais, il existe de nombreux titres sur le sujet. **A Journey of One's Own**, par Thalia Zepatos, (Eight Mountain Press, 17 $), est l'ouvrage le plus récent du marché, intéressant et plein de bons conseils. En France, vous pouvez le commander chez **WH Smith** ou chez **Brentano's** (voir p. 26).

LES GAYS ET LES LESBIENNES

Les gays sont de plus en plus acceptés aux Etats-Unis, et pas uniquement à San Francisco. Dans la plupart des villes, les homosexuel(le)s ont à leur disposition des bars, des boîtes, des restaurants, parfois des hôtels ouvertement gay ainsi que des associations communautaires. Cependant, l'homophobie peut être source de problèmes pour les voyageurs affichant ouvertement leur homosexualité, particulièrement en zone rurale. Au Nevada, les démonstrations d'affection en public de couples du même sexe sont illégales.

Dans chaque ville, dans n'importe quel bar ou restaurant gay, vous trouverez un journal gratuit qui recense les adresses locales. Nous indiquons pour chaque ville les numéros d'assistance téléphonique gay et lesbiens (Gays and Lesbians Hotline) dans la section Informations pratiques, ainsi que les adresses des principaux bars, restaurants et boîtes de nuit.

Les publications et organismes suivants peuvent vous fournir des conseils et des informations pour préparer votre voyage :

EN FRANCE

Centre gay et lesbien, 3, rue Keller, 75011 Paris, © 01 43 57 21 47, www.cglparis.org, **e-mail** cglparis@cglparis.org. Ouvert Lu-Sa 14h-20h.

Eurogays Travel, 23, rue du Bourg-Tibourg, 75004 Paris, © 01 48 87 37 77. Cette agence spécialisée propose des séjours et des voyages aux gays et aux lesbiennes. www.euro-gays.com, **e-mail** eurogays@eurogays.com.

Les Mots à la bouche (librairie), 6, rue Sainte-Croix-de-la-Bretonnerie, 75004 Paris, © 01 42 78 88 30, fax 01 42 78 36 41. Vous y trouverez entre autres les guides *Gaymen's Press* (en anglais). Ouvert Lu-Sa 11h-23h, Ve-Sa 11h-24h et Di. 13h-20h.

EN BELGIQUE

International Lesbian and Gay Association (ILGA), 81, rue du Marché-au-Charbon, B-1000 **Bruxelles**, © (02) 502 24 71, www.ilga.org. Cette association peut vous donner des conseils sur les droits des homosexuels à l'étranger.

POUR CEUX QUI LISENT L'ANGLAIS

Giovanni's Room, 1145 Pine St., Philadelphie, PA 19107, (© 215-923-2960, www.queer-books.com). Cette librairie internationale, gay, lesbienne et féministe propose un vaste choix de titres et possède un service de vente par correspondance.

Gayellow Pages (16 $), P.O. Box 533 Village Station New York, NY 10014-0533, © 212-674 0120, fax 212-420 1126, www.gayellowpages.com, **e-mail** gayellowpages@earthlink.net.

LES HANDICAPÉS

Plus que la France, les Etats-Unis ont fait un gros effort pour adapter leurs structures et faciliter la vie des handicapés. Les hôtels et motels sont de plus en plus accessibles aux handicapés, et la plupart des grands endroits touristiques ont prévu des visites spécialement étudiées. Dans presque tous les centres commerciaux, aéroports, immeubles de bureaux, on trouve des toilettes adaptées.

Les agences de location de voiture Hertz, Avis et National proposent des véhicules à commande manuelle. Les trains Amtrak (✆ 800-872-7245, voir p. 61) et la plupart des compagnies aériennes offrent des installations et un service spécifiques. Au moment de réserver ou d'acheter vos billets (au moins 72h à l'avance), indiquez au guichetier les services dont vous aurez besoin. Amtrak propose une réduction de 15 % aux handicapés et les malentendants peuvent contacter cette compagnie par Télétype®. Greyhound permet à une personne handicapée de voyager avec une autre pour le prix d'un seul billet, sur présentation d'un certificat médical certifiant que la personne handicapée doit être accompagnée. Si vous n'avez pas de compagnon de route, appelez-les (✆ 800-752-4841) 48h à l'avance, mais plus d'une semaine, pour qu'ils vous fournissent une aide. Les fauteuils roulants, chiens d'aveugle et bouteilles d'oxygène seront comptabilisés dans votre quota de bagages. Let's Go vous signale les services et aménagements destinés aux handicapés à chaque fois qu'ils existent. Pour visiter un parc national ou tout autre site géré par le US National Park Service, vous avez droit à un **Golden Access Passport** gratuit (voir **Parcs nationaux**, p. 66).

ADRESSES UTILES

EN FRANCE

XIII Voyages, 5, rue Guillaume-Colletet, 94150 Rungis, ✆ 01 46 86 44 45, fax 01 46 86 79 75, **e-mail** XIIIvoyages@wanadoo.fr. Cette agence de voyages organise aussi bien des séjours en France et à l'étranger pour les handicapés que des séjours classiques.

Association des paralysés de France (APF), 17, bd Blanqui, 75013 Paris, ✆ 01 40 78 69 00, fax 01 45 89 40 57, www.apf-asso.com, **e-mail** info@apf.asso.fr. Minitel 3615 APF. L'association dispose d'un service voyages qui organise des séjours à l'étranger pour les handicapés. Il faut être membre de l'association pour y participer.

Comité national français de liaison pour la réadaptation des handicapés, 236 bis, rue de Tolbiac, 75013 Paris, ✆ 01 53 80 66 66, www.handitel.org, **e-mail** cnrh@worldnet.net. Minitel 3614 Handitel. Le comité renseigne sur les possibilités de séjours à l'étranger et sur les échanges internationaux pour les jeunes.

EN BELGIQUE

Het Gielsbos, Vosselaarseweg 1, 2275 Gierle, ✆ (014) 601 211, fax (014) 617 171, **e-mail** HetGielsbos@innet.be. Cette association de la province d'Anvers organise toute sorte d'événements culturels et sportifs pour les handicapés ainsi que des séjours à l'étranger.

Mobility International, 25, rue de Manchester, 1070 Bruxelles, ✆ (02) 410 6297, procure des informations sur des voyages et les loisirs organisés en Europe.

EN SUISSE

Mobility International Schweiz, Froburgstrasse 4, CH-4600, Olten, ✆ (062) 206 88 35, fax (062) 206 88 39, www.mis-infothek.ch, **e-mail** info@mis-ch.ch. Cette association dispose d'une documentation sur les possibilités de transport et d'hébergement à l'étranger. Elle peut aussi vous donner les coordonnées d'agences de voyages offrant des prestations aux handicapés.

ADRESSE UTILE AUX ÉTATS-UNIS

Society for the Advancement of Travel for the Handicapped (SATH), 347 Fifth Ave., n° 610, New York, NY 10016 (✆ 212-447-7284, www.sath.org). Cette association publie des informations gratuites en ligne pour les voyageurs handicapés, ainsi que le magazine OPEN WORLD (18 $, gratuit pour les membres). Cotisation annuelle 45 $, étudiants et personnes âgées 30 $.

L'ESSENTIEL

LES VÉGÉTARIENS

Les végétariens seront heureux aux Etats-Unis. La plupart des restaurants proposent sur leur carte des plats ou des menus végétariens, et certains le sont exclusivement. Même dans les régions rurales les plus carnivores, les *salad bars* constituent des options intéressantes. Dans chaque ville, ce guide recense très largement les restaurants végétariens. L'organisme américain **North American Vegetarian Society**, P.O. Box 72, Dolgeville, NY 13329, ✆ 518-568-7970, **e-mail** navs@telenet.com, www.cyberveg.org/navs, vend de nombreux ouvrages permettant aux végétariens de voyager facilement en mangeant équilibré aux Etats-Unis.

ALLER AUX ÉTATS-UNIS

AVION

Pour trouver le tarif le moins cher, n'hésitez pas à mener une enquête approfondie et à faire jouer la concurrence. Une première visite dans une agence de voyages vous permettra de défricher le terrain et d'avoir une idée des prix du moment, téléphonez ensuite aux voyagistes et aux compagnies aériennes pour trouver le meilleur tarif aux dates que vous souhaitez. Dans tous les cas, faites-vous bien préciser toutes les caractéristiques du billet : vol charter ou vol régulier, nom de la compagnie, vol direct ou vol avec correspondance, montant total des taxes, possibilité de modification des dates, période de validité, conditions d'annulation, possibilité d'arriver dans une ville et de repartir d'une autre (*open jaw*), possibilité de faire une escale dans une ville qui se trouve sur votre parcours (*stop over*). N'oubliez pas de demander également les aéroports et les horaires de départ et d'arrivée.

La **durée d'un vol** Paris-New York est d'environ 9h, ajoutez au moins 3h s'il y a une escale. Dans le sens Europe-Etats-Unis, si vous partez le matin (heure d'Europe), vous arrivez vers midi (heure de New York).

En **basse saison**, vous aurez moins de difficultés à trouver un billet bon marché. Les tarifs haute saison s'appliquent entre mi-mai/début juin et mi-septembre ainsi que lors des jours fériés et des congés scolaires. Durant cette période, il est moins facile de trouver une place. Si vous souhaitez partir à une date précise à un bon prix, il est préférable de réserver votre billet plusieurs semaines, voire plusieurs mois à l'avance.

> **DERNIÈRE MINUTE !** Généralement, vous devez confirmer votre réservation par téléphone 72 heures avant votre départ et faire de même au retour. N'arrivez pas à la dernière minute à l'aéroport, car certaines compagnies pratiquent le "surbooking", c'est-à-dire qu'elles vendent plus de sièges que l'avion n'en contient, pour avoir la certitude de partir à plein. Si jamais le vol est complet lorsque vous arrivez, votre voyage ne sera pas remis en cause pour autant. Vous partirez sur le vol suivant, et, en guise de compensation, si vous êtes sur un vol partant d'Europe et si le retard excède un certain délai, la compagnie est obligée de vous verser une indemnité financière. Au départ des Etats-Unis, il n'y a pas de réglementation, mais la compagnie peut faire un geste en vous offrant un billet.

EXEMPLES DE PRIX

A titre indicatif, voici une fourchette des **tarifs pratiqués** sur les vols transatlantiques (tous les prix qui suivent sont aller-retour) : un Paris-**New York** coûte entre 290 € et 460 €. A certaines périodes de l'année, on assiste à des soldes exceptionnels : Paris-

New York, 227 € ! Cependant, ne vous laissez par leurrer par les annonces tapageuses : certains prix omettent les taxes d'aéroport, qui peuvent se monter à plus de 30,50 €. Acheter un billet pour New York à 457 € tout compris, aux dates de votre choix et à des horaires acceptables, constitue une bonne affaire.

VOLS CHARTER OU RÉGULIERS

Si vous vous adressez directement à une compagnie aérienne (Air France, US AIR, British Airways…), vous voyagerez sur un **vol régulier**. Ce sont des vols programmés à intervalles constants (quotidiens, hebdomadaires, etc.) et dont les horaires sont publiés longtemps à l'avance. Les billets sur les vols réguliers sont plus chers mais les compagnies aériennes proposent souvent des promotions et des réductions, en particulier aux jeunes.

Un **vol charter**, affrété par un voyagiste sur une destination touristique et en période de forte affluence, n'est pas programmé régulièrement. Dans certains cas, l'avion n'a pas d'horaire garanti au décollage, d'où des retards possibles sur l'heure prévue. Les billets charter sont normalement moins chers que les billets réguliers, mais les conditions sont plus contraignantes (modification, annulation, horaires…).

Dernier cas de figure, le **billet à tarif réduit sur un vol régulier**. En achetant votre billet à un voyagiste, vous pouvez également voyager sur vol régulier, et souvent à meilleur prix qu'en achetant votre billet à la compagnie aérienne, tout simplement parce que le voyagiste a négocié ses prix avec la compagnie et vous fait bénéficier des rabais obtenus.

TARIFS JEUNES ET ÉTUDIANTS

Les compagnies aériennes proposent des réductions aux jeunes de moins de 26 ans et aux étudiants de moins de 27 ans (parfois plus, selon la compagnie). Il ne s'agit pas forcément d'offrir le prix le plus bas, mais de proposer des conditions d'utilisation beaucoup plus souples : possibilité de changer les dates, voire d'annuler, d'opter pour un *open jaw* (arriver dans une ville et repartir d'une autre), etc.

PROMOTIONS, ENCHÈRES ET J7

Vous pouvez bénéficier de réductions très importantes en achetant votre billet au dernier moment (entre 7 et 15 jours avant la date de départ). Mais en choisissant d'attendre la dernière minute, vous risquez bien entendu de ne plus trouver de place. A vous de juger si les quelques centaines de francs que vous allez économiser valent le risque de ne pas partir… Certains voyagistes se sont spécialisés dans ce type de promotions, qui sont généralement proposées sur un serveur Minitel ou sur Internet.

STOP OVER

Lorsque vous voyagez sur une longue distance, vous avez la possibilité de faire une escale prolongée, appelée *stop over* (24 heures minimum). Une formule intéressante lorsque vous désirez visiter plusieurs villes desservies par une même compagnie, par exemple en faisant un arrêt à New York avant de poursuivre sur Los Angeles. La formule est relativement répandue sur les compagnies américaines, plus rare et souvent plus coûteuse sur les compagnies européennes. Renseignez-vous au moment de l'achat de votre billet, vous pourrez profiter de cette possibilité, parfois gratuitement, parfois en payant un petit supplément.

ACHETER SON BILLET SUR INTERNET

L'achat de billets d'avion en ligne se développe rapidement. Peu à peu les voyagistes disposent de moteurs de recherche performants à consulter en ligne. Vous entrez vos dates, votre destination et le nombre de passagers, et l'ordinateur vous affiche les billets disponibles au bout de quelques minutes… Rien ne garantit que vous trouviez le tarif le moins cher, mais vous disposerez en quelques clics d'une vision des prix du marché.

Voici quelques voyagistes qui se sont taillés une bonne réputation dans ce domaine :

Airhitch, 5, rue de Crussol, 75011 Paris, ✆ 01 47 00 16 30, fax 01 47 00 08 23, **e-mail** ahparis@isicom.fr, www.airhitch.org. La compagnie Airhitch est spécialisée dans la revente à prix réduits des billets d'avion invendus. Une formule intéressante, voire amusante, si vous êtes souple sur la **date** de départ et sur la **destination** : vous devez choisir une four-chette de 7 jours et trois villes d'arrivée aux Etats-Unis. Ce n'est que quelques jours avant le départ que vous connaissez la date et la destination de votre vol. Comptez 194 $ l'aller simple pour la côte Est (New York, Boston, etc.). Pour le retour, la formule est la même. ✆ 800 326 2009 à New York, ✆ 800 397 1098 à Los Angeles. Attention, certains lecteurs de Let's Go sont restés bloqués plusieurs jours en attendant le départ...

Bourse des vols, www.bourse-des-vols.com. Minitel 3615 BDV. Ce service propose de vous indiquer tous les tarifs existants pour une date et une destination données. Les spécificités de chaque billet sont détaillées. Il suffit dès lors de joindre la compagnie ou le voyagiste correspondant à l'offre de votre choix afin de passer commande.

Dégrif'Tour (www.degriftour.fr, Minitel 3615 DT). Billets à tarifs réduits (20 à 50 % moins chers que les offres du moment) mais les dates d'aller et de retour sont fixes. Essayez aussi **www.touslesvols.com** qui élargit la recherche à l'ensemble des voyagistes sur le marché.

Ebookers (www.ebookers.fr). Entrez votre destination et vos dates, et le moteur de recherche affichera les billets disponibles.

Karavel (www.karavel.com). Une agence de voyages en ligne qui se distingue par son contenu très fourni.

Travelprice (www.travelprice.com). La première agence de voyages française 100 % Internet. Moteur de recherche de vols secs, enchères...

---

2 BONS PLANS EN VUE !

APEX (ADVANCE PURCHASE EXCURSION FARE). Ce sont des billets à tarifs réduits sur des vols réguliers. Il faut réserver au moins 14 jours avant le départ, les réservations sont fermes et très souvent des restrictions s'appliquent sur la durée de votre séjour. Toutefois les billets APEX vous permettent souvent d'obtenir un billet dit *open jaw*. Appelez le plus tôt possible pour bénéficier d'un bon tarif.

OPEN JAW (OU PANACHAGE). Une formule qui permet d'arriver dans une ville et de repartir d'une autre. Vous pouvez par exemple arriver à New York et repartir de Los Angeles, en effectuant le trajet côte Est-côte Ouest comme vous le souhaitez. Tous les billets n'offrent pas cette possibilité. Renseignez-vous lors de l'achat.

Pour en savoir plus, consultez le **Guide du jeune voyageur**, aux éditions Dakota (8,99 €), qui explique en détail tout ce qu'il faut savoir pour voyager intelligemment en avion.

Vous pouvez également contacter directement les voyagistes et les compagnies aériennes pour connaître leurs invendus et leurs promotions de dernière minute (sur Minitel, répondeur ou en agence).

Anyway (www.anyway.fr, Minitel 3615 Anyway). Vols charters et promotion des voyagistes.

Nouvelles frontières (www.nouvelles-frontieres.fr). Promotions (avec une entrée par budget), recherche de vols secs, enchères...

Kiosque Air France, Minitel 3615 AF (également un kiosque spécial jeunes). www.airfrance.fr.

Look Voyages, Minitel 3615 Promovol ou SOS Charter, ✆ 01 49 59 09 09. www.look.fr.

ORGANISMES DE VOYAGES

Nous vous donnons la liste des principales compagnies aériennes et des voyagistes auprès desquels vous pourrez mener votre enquête.

EN FRANCE

COMPAGNIES AÉRIENNES

Air France, 119, avenue des Champs-Elysées, 75008 Paris, ✆ 01 42 99 21 01. Vous pouvez consulter la liste des agences (Paris, région parisienne et province) sur le Minitel 3615 AIRFRANCE. Renseignements et réservations : ✆ 0 802 802 802. Infos vols : ✆ 08 36 68 10 48 (serveur vocal), www.airfrance.fr.

American Airlines, aéroport Roissy-Charles-de-Gaulle. Renseignements et réservations ✆ 0825 03 49 45, www.aa.com.

British Airways, 13-15, boulevard de la Madeleine, 75001 Paris, ✆ 0 825 825 400. Minitel 3615 BA, www.britishairways.com.

Canadian Airlines, 109, rue du Faubourg-Saint Honoré, 75001 Paris, ✆ 01 69 32 73 00, www.cdnair.ca.

Continental Airlines, 92, avenue des Champs-Elysées, 75008 Paris, ✆ 01 42 99 09 09. Minitel 3615 Continental, www.flycontinental.com.

Delta Airlines, 119, avenue des Champs-Elysées, 75008 Paris, ✆ 0 800 35 40 80. Minitel 3615 Delta Air Lines, www.delta.com.

KLM-Northwest Airlines, aéroport Roissy-Charles-de-Gaulle, Terminal 1, Portes 20-22, BP 20205, 95712 Roissy Cedex, ✆ 0 810 556 556. Minitel 3615 KLM ou Northwest, www.klm.fr.

Lufthansa, 106, boulevard Haussmann, 75008 Paris, ✆ 01 55 60 43 43. Renseignements et réservations ✆ 0 820 020 030. Minitel 3615 LH, www.lufthansa.fr.

Swissair, Aéroport Roissy-Charles-de-Gaulle, Terminal 2B, ✆ 0 802 300 400. Minitel 3615 ou 3616 Swissair, www.swissair.com.

United Airlines, 55, rue Raspail, 92532 Levallois-Perret Cedex, ✆ 0 801 72 72 72 (n° azur), www.ual.com.

USAirways, aéroport Roissy-Charles-de-Gaulle 1, porte 30, ✆ 0 801 63 22 22. Minitel 3615 USairways, www.usairways.com.

VOYAGISTES GÉNÉRALISTES

Anyway, 76 bis, rue Vieille-du-Temple, 75003 Paris, ✆ 0 803 008 008 ou 0 825 84 84 33. Minitel 3615 Anyway, www.anyway.fr.

Carrefour vacances, www.carrefour.fr. Les magasins Carrefour proposent des séjours et des vols secs.

Ebookers, 28, rue Pierre-Lescot, 75001 Paris, ouvert Lu-Ve 10h-18h30 et Sa. 11h-17h, n° indigo ✆ 0820 000 011, www.ebookers.fr.

Forum Voyages, plusieurs agences à Paris (dont 11, rue Auber, 75009 Paris) et en province. Renseignements et réservations ✆ 0 803 833 803. Minitel 3615 FV.

Fram, 4, rue Perrault, 75001 Paris, ✆ 01 42 86 55 55. Minitel 3616 Fram, www.fram.fr.

Go Voyages, 22, rue d'Astorg, 75008 Paris, ✆ 0 803 803 747, Minitel 3615 Govoyages, www.plusvoyages.com. Vols charters, réguliers, location de voitures.

Havas Voyages, 26, avenue de l'Opéra, 75001 Paris, ✆ 01 53 29 40 00. 500 agences en France. Minitel 3615 Havasvoyages, www.havasvoyages.fr.

Jet Tours, 38, avenue de l'Opéra, 75002 Paris, ✆ 01 47 42 06 92. Agences à Paris et en province. Minitel 3615 Jet Tours, www.jettours.com.

Karavel, renseignements et réservations au ✆ 0 825 850 000, www.karavel.com.

Inter Chart'Air, informations et réservations dans les agences Carlson Wagons-Lits Travel, 264, boulevard Saint-Germain, 75007 Paris, ✆ 01 40 63 30 10.

Kuoni, 121, rue de Rennes, 75006 Paris, ✆ 01 45 49 41 41. Minitel 3615 Kuoni.

L'ESSENTIEL

La Compagnie des voyages, 28, rue Pierre Lescot, 75001 Paris, ✆ 01 45 08 44 88, fax 01 45 08 03 69. Renseignements et réservations ✆ 0 820 00 00 11, www.ebookers.fr.

Last Minute, renseignements et réservations ✆ 0 892 23 01 01, www.lastminute.com.

Look Voyages, renseignements et réservations ✆ 0 803 313 613. Nombreux points de vente dans toute la France. Minitel 3615 Look voyages, www.look.fr.

Nouveau Monde, 8, rue Mabillon, 75006 Paris, ✆ 01 53 73 78 80, fax 01 53 73 78 81. **Bordeaux** : 05 56 92 98 98. **Marseille** : ✆ 04 91 54 31 30. **Nantes** : ✆ 02 40 89 63 64. Minitel 3615 Nouveau Monde. Ouvert Lu-Ve 10h-18h30 et Sa. 11h-16h30.

Nouvelles Frontières, nombreuses agences, dont 87, boulevard de Grenelle, 75015 **Paris** et 13, avenue de l'Opéra, 75001 **Paris**. Renseignements et réservations ✆ 08 25 000 825 ou 08 03 333 333. Minitel 3615 NF, www.nouvelles-frontières.fr. En province : 31, allée de Tourny, 33000 **Bordeaux**, ✆ 05 56 79 65 85. 11, rue Haxo, 13000 **Marseille**, ✆ 04 91 54 34 77. 38, avenue du maréchal de Saxe, 69006 **Lyon**, ✆ 04 78 52 88 88.

Promovacances, renseignements et réservations ✆ 0 826 106 106, www.promova-cances.com.

Travelprice, 66, avenue des Champs-Elysées, 75008 Paris, ✆ 0 825 026 028, www.travel-price.com.

L'AVION SUR LE WEB. La vente de billets d'avion sur Internet est un domaine en plein boum. De nombreux acteurs (agences de voyages ou compagnies aériennes) se partagent le marché. Voici une petite visite guidée, sachant qu'il est avisé de surfer sur tous ces sites avant de se décider pour un billet.

Anyway (www.anyway.fr) se concentre pour l'essentiel sur les vols secs.

Ebookers (www.ebookers.fr) fut l'un des pionniers de la réservation sur le Web. On y trouve tous les classiques du genre : locations, vols secs, séjours...

Karavel (www.karavel.com) a développé plusieurs moteurs de recherche exclusifs, dont un "générateur d'idées" richement inspiré. Cette agence gère également **Promovac** (www.promovacances.com) et ses nombreuses offres promotionnelles.

Last Minute (www.lastminute.com) est l'un des poids lourds de l'e-tourisme. Spécialiste du billet de dernière minute, il a racheté le site **Degrif Tour** (www.degriftour.com), qui a bâti sa réputation sur les invendus à petits prix.

Nouvelles Frontières (www.nouvelles-frontieres.fr) a inauguré le système des enchères en ligne. On peut y faire de bonnes affaires si l'on est souple sur les dates de départ.

Travelprice (www.travelprice.fr) a été l'une des premières agences françaises exclusivement sur Internet. Complet et sérieux.

VOYAGISTES SPÉCIALISTES DES ÉTATS-UNIS

Back Roads, 14, place Denfert-Rochereau, 75014 Paris, ✆ 01 43 22 65 65, fax 01 43 20 04 88. Vols secs, séjours à thèmes...

Compagnie des Etats-Unis et du Canada, 3, avenue de l'Opéra, 75001 Paris, ✆ 01 55 35 33 55, fax 01 55 35 33 59, **e-mail** Cieusa@aol.com. Ce voyagiste propose également des conférences sur des thèmes aussi divers que "Melting-pot et pluralisme culturel aux Etats-Unis" ou "La Route 66".

Jetset'Air, 41, rue Galilée, 75116 Paris, ✆ 01 53 67 13 00, réservations ✆ 01 53 67 13 13, www.jetset.voyages.fr.

Maison des Amériques, 34, boulevard Sébastopol, 75004 Paris, ✆ 01 42 77 50 50, fax 01 42 77 50 60. Minitel 3615 MDA, www.maisonameriques.com. Ouvert Lu-Sa 9h30-18h30.

Route des Voyages, 59, rue Franklin, 69002 Lyon, ✆ 04 78 42 53 58. 9, rue Saint-Antoine du T, 31000 Toulouse, ✆ 05 62 27 00 68, fax 05 62 27 00 86, www.route-voyages.com.

Vacances Air Transat France, 43, boulevard Diderot, 75012 Paris, ✆ 01 53 02 23 00 ou 0 825 325 825, Minitel 3615 VATF, www.vacancesairtransat.fr.

Voyageurs en Amérique du Nord, Cité des voyages, 55, rue Sainte-Anne, 75002 Paris, ✆ 01 42 86 17 30, fax 01 42 86 17 88. Minitel 3615 VDM, www.vdm.com, **e-mail** amerique-nord@vdm.com. Vols secs et circuits à la carte. Ouvert Lu-Sa 9h30-19h.

POUR LES JEUNES ET LES ÉTUDIANTS

MGEL Voyages, 4, rue de Londres, 67000 **Strasbourg**, ✆ 03 88 60 80 60, fax 03 88 61 86 25 et 44, cours Léopold, 54000 **Nancy**, ✆ 03 83 32 77 29, fax 03 83 35 74 60. Renseignements ✆ 0 803 069 690, www.mgel.fr/voyages.

OTU Voyages, spécialiste des voyages étudiants : vols secs, billets "spécial étudiant" (remboursables, modifiables, valables 1 an), séjours à petits prix en Europe, carte internationale d'étudiant ISIC... Standard info-vente ✆ 08 20 817 817. 119, rue Saint-Martin, 75004 **Paris** et 39, avenue Georges-Bernanos, 75005 **Paris**, ✆ 01 44 41 38 50. Une agence se trouve également dans les locaux de l'université **Paris-Dauphine**, ✆ 01 47 55 03 01. 59, rue de la Madeleine, 69007 **Lyon**, ✆ 04 72 71 98 07. 58, rue du Taur, dans les locaux du CROUS, 31000 **Toulouse**, ✆ 05 61 12 18 88. 32 agences OTU Voyages en France, www.otu.fr.

Promo Student Travel, Virgin Megastore, 52-60, avenue des Champs-Elysées, 75008 Paris, ✆ 01 48 10 65 00, www.promovacances.com.

USIT Connect, renseignements et réservations ✆ 01 42 44 14 00. 6, rue de Vaugirard, 75006 **Paris**, ✆ 01 42 34 56 90. En province : 284, rue Sainte-Catherine, 33000 **Bordeaux**, ✆ 05 56 33 89 90. 33, rue Victor Hugo, 69002 **Lyon**, ✆ 04 72 77 81 91. 15, rue de France, 06000 **Nice**, ✆ 04 93 87 34 96. 5, rue des Lois, 31000 **Toulouse**, ✆ 05 61 11 52 42. Renseignements ✆ 0 825 0825 25, www.usitconnect.fr.

Voyages 4A, 32, avenue du 20ᵉ Corps, 54000 Nancy, ✆ 03 83 37 99 66. Courts séjours branchés dans les grandes villes d'Europe, circuits, www.voyages4A.com.

Wasteels-Jeunes sans Frontières, 900 points de vente en France, notamment 113, boulevard Saint-Michel, 75005 Paris. Renseignements et réservations ✆ 0 803 88 70 03, promotions et adresses des agences ✆ 08 36 68 22 06. Minitel 3615 Wasteels, www.voyages-wasteels.fr.

EN BELGIQUE

COMPAGNIE AÉRIENNE

KLM-Northwest Airlines, à l'aéroport de Bruxelles, dans le hall des départs, ✆ (02) 717 2070.

VOYAGISTES GÉNÉRALISTES

Neckermann, nombreuses agences dont 17, place De Brouckère, 1000 Bruxelles, ✆ (02) 250 01 50, fax (02) 217 90 95. Renseignements ✆ 070 233 966, www.neckermann.be.

Nouvelles Frontières, agence principale : 2, boulevard Maurice-Lemonnier, 1000 Bruxelles. Renseignements et réservations ✆ (02) 547 44 44, www.nouvelles-frontières.com.

Sunjets, 12, boulevard d'Anvers, 1000 Bruxelles, ✆ (02) 250 55 55, fax (02) 250 55 99.

Ticket BBL Travel, 50, place De Brouckère, 1000 Bruxelles, ✆ (02) 217 00 25.

POUR LES JEUNES ET LES ÉTUDIANTS

Connections, une quinzaine d'agences dans toute la Belgique dont deux à Bruxelles : 19, rue du Midi, 1000 Bruxelles et 78, rue Adolphe-Buyl, 1050 Bruxelles. Renseignements et réservations ✆ (02) 550 01 00, www.connections.be.

Wasteels, 25 agences en Belgique, dont sept à Bruxelles (notamment 1, rue Malibran, 1050 Bruxelles, ✆ (02) 640 80 17).

L'ESSENTIEL

EN SUISSE

COMPAGNIES AÉRIENNES

KLM-Northwest Airlines, Aéroport international de Genève, 1215 Genève 15, ✆ 874 88 70, fax 799 37 81. Réservations ✆ 798 37 77, fax 788 01 49.

Crossair, renseignements et réservations ✆ 848 85 2000.

Swissair, 15, rue de Lausanne, 1201 Genève et 1, rue de la Tour-de-l'Ile, 1204 Genève. Réservations ✆ 848 800 700, www.swissair.ch.

VOYAGISTES GÉNÉRALISTES

American Express, 7, rue du Mont-Blanc, 1201 Genève, ✆ (022) 731 76 00, fax (022) 732 72 11, www.americanexpress.ch.

Hôtel Plan, 7, rue du Vieux Collège, 1204 Genève, ✆ (022) 318 44 88, www.hotelplan.ch.

Imholz, plusieurs agences dont cinq à Genève, notamment 45, rue Chantepoulet, 1211 Genève, ✆ (022) 716 15 70, Centre commercial Balexert, 1200 Genève, ✆ (022) 979 33 40 et 48, rue du Rhône, 1204 Genève, ✆ (022) 318 40 80. Renseignements et réservations ✆ 848 848 444, www.imholz.ch.

Jugi Tours, Belpstrasse 49, 3000 Berne 14, ✆ (031) 380 68 68, www.jugitours.ch.

Nouvelles Frontières, 10, rue Chantepoulet, 1201 **Genève**, ✆ (022) 906 80 80, fax (022) 906 80 90. 19, boulevard de Grancy, 1006 **Lausanne**, ✆ (021) 616 88 91, fax (021) 616 88 01, www.nouvelles-frontieres.ch.

Travac, 23, rue de Monthoux, 1201 Genève, ✆ (022) 909 78 00, fax (022) 909 79 99.

POUR LES JEUNES ET LES ÉTUDIANTS

SSR, 3, rue Vignier, 1205 Genève, ✆ (022) 329 97 33, www.ssr.ch. Plusieurs bureaux dans toute la Suisse.

AU CANADA

COMPAGNIES AÉRIENNES

Air Canada, 979, boulevard de Maisonneuve Ouest, Montréal, Québec, H3A 1M4. Renseignements et réservations ✆ (514) 393 3333, www.aircanada.ca.

KLM-Northwest Airlines, réservations ✆ 1 800 361 50 73. Agences à Toronto et à Vancouver.

POUR LES JEUNES ET LES ÉTUDIANTS

Voyages Campus/Travel CUTS (Canadian Universities Travel Services Limited), spécialiste des voyages pour étudiants, dix agences au Québec. **Montréal**, 1613, rue Saint-Denis, Montréal, Québec H2X 3K3, ✆ (514) 843-8511. **Sainte-Foy**, pavillon Maurice-Pollack, local 1258, Université de Laval, Sainte-Foy, Québec G1K 7P4, ✆ (418) 654 02 24. Renseignements et réservations ✆ 1 866 832 564 (Lu-Ve 9h-18h), www.voyages-campus.com ou www.travelcuts.com. **Toronto**, 187 College Street, Toronto, Ontario M5T 1P7, ✆ (416) 979 2406. Cet organisme délivre des cartes ISIC, FIYTO (carte Go 25 pour les moins de 26 ans non étudiants), HI (Hostelling International), des forfaits pour le train, un magazine gratuit (*L'Etudiant voyageur*) et informe sur le "Pass Vacances-Travail". De plus, billets d'avion à prix réduits et prix étudiants avec une carte ISIC en cours de validité.

Vacances Tourbec, 3419, rue Saint-Denis, Montréal, Québec H2X 3L1, ✆ (514) 288 4455, fax (514) 288 1611, **e-mail** tourmia@videotron.ca. Plus de 25 autres adresses, www.voyagestourbec.com.

ÉTATS-UNIS, MODE D'EMPLOI

ORIENTATION

Le plan des villes américaines s'apparente la plupart du temps à un quadrillage plus ou moins régulier, qui permet de se repérer rapidement. Dans le cas de figure le plus courant, les rues (*streets*), numérotées par ordre croissant (First Street, Second Street, Third Street, etc.), coupent à angle droit des avenues, qui peuvent également être numérotées (First Avenue, Second Avenue, etc.). Parfois, les rues sont nommées par ordre alphabétique (A Street, B Street, etc.).

Une fois qu'on a compris, il est très facile de repérer une adresse. Par exemple, le 217 106th St. est situé au numéro 217 de la 106e rue. La 106e rue se situe, très logiquement, entre la 105e et la 107e rue...

L'unité de base est le *block*, le pâté de maisons ou bloc d'immeubles compris entre deux rues et deux avenues. Lorsque vous demandez votre chemin, on vous indiquera après quel block (plutôt qu'à quelle rue) vous devez tourner.

A savoir, le **rez-de-chaussée** est le **first floor**, ou **ground floor**, ou **street level**. Le **premier étage** est le **second floor**. Lassés d'avoir du mal à les vendre, les promoteurs immobiliers ont supprimé depuis longtemps les 13e étages. On passe donc directement du 12e au 14e... Les **penthouses** sont les appartements situés au dernier étage, d'ordinaire plus luxueux que les autres. L'abréviation # signifie "numéro". Dans une adresse, elle représente le numéro de l'appartement ou du bureau. Dans ce guide, nous avons choisi de conserver la **présentation américaine des adresses**, ce qui vous permet, une fois sur place, de ne pas vous tromper.

Enfin, pour **chaque ville** Let's Go vous donne des **indications** pour vous **orienter**.

URGENCES ET ADRESSES UTILES

 URGENCES ET ADRESSES UTILES. En cas d'accident ou d'urgence, dans presque tous les Etats-Unis, il suffit de composer le numéro magique ℭ **911** pour obtenir des **secours** (ambulance, police, pompiers). L'appel est gratuit et ils viennent réellement. Dans certaines zones rurales, si le 911 ne fonctionne pas, composez le ℭ 0 : l'opérateur contactera pour vous le service d'urgence approprié. Dans les parcs nationaux, il vaut souvent mieux appeler le *ranger* en cas d'urgence. Vous trouverez une liste des numéros d'urgence dans votre Let's Go.

AMBASSADES ET CONSULATS AUX ÉTATS-UNIS

En cas d'incident grave en voyage, allez d'abord vous renseigner au consulat de votre pays. C'est au consulat que se trouvent les services d'accueil des ressortissants nationaux (et non à l'ambassade). En cas de perte ou de vol des pièces d'identité, rendez-vous au consulat le plus proche pour les faire remplacer. Le consulat peut vous fournir une liste de médecins et d'avocats dans le pays, prévenir votre famille en cas d'accident ou vous renseigner en matière juridique. Mais ne lui demandez pas de payer vos notes d'hôtel ou vos frais médicaux, de faire une enquête policière, ni de vous procurer un permis de travail ou une caution de mise en liberté provisoire, ni d'intervenir en votre faveur en cas d'arrestation ou de procès. Toutes les représentations diplomatiques sont fermées les jours fériés. Vous pouvez vous procurer la liste des consulats et ambassades de votre pays grâce à Internet. Si vous êtes français, visitez le site officiel de la Maison des Français à l'étranger (www.expatries.org).

Pour la **Suisse** : www.eda.admin.ch
Pour la **Belgique** : www. diplobel.org
Pour le **Québec** : www.mri.gouv.qc.ca
Pour le **Canada** : www.dfait-maeci.gc.ca

Ambassade de France, 4101 Reservoir Road N.W., Washington, D.C. 20007, ✆ (202) 944-6000, fax (202) 944-6166 ou 75, www.info-france-usa.org.

Consulats de France, 4101 Reservoir Road N.W., **Washington**, D.C. 20007-2185, ✆ (202) 944-6195, fax (202) 944-6148, www. france-consulat.org. 737 North Michigan Avenue, Suite 2020, **Chicago**, IL 60611, ✆ (312) 787-5359 ou 60, fax (312) 664-4196, www.consulfrance-chicago.org, **e-mail** contact@consulfrance@chicago.org. 10990 Wilshire Boulevard, Suite 300, **Los Angeles** CA 90024, ✆ (310) 235-3200, fax (310) 312-0704, www.etats-unis.com ou www.consulfrance-losangeles.org. 1 Biscayne Tower, 17th floor, South Biscayne Boulevard, **Miami**, FL 33131, ✆ (305) 372-9799, fax (305) 372-9549. www.info-france-usa.org. 934 Fifth avenue, **New York**, NY 10021, ✆ (212) 606-3689, fax (212) 606-3620, www.consulfrance-newyork.org. 540 Bush Street, **San Francisco**, CA 94108, ✆ (415) 397-4330, fax (415) 433-8357, www.accueil-sfo.org, **e-mail** cqsfo@best.com.

Ambassade de Belgique, 3330 Garfield Street, N.W., Washington, D.C. 20008, ✆ (202) 333-6900.

Consulats de Belgique, 330 Avenue of the Americas, **New York**, NY 10014, ✆ (212) 586-5110. 610, Wilshire Blvd, **Los Angeles**, CA90048, ✆ (323) 857-1244.

Ambassade de Suisse, 2900 Cathedral Avenue, N.W. Washington, D.C. 20008 3499, ✆ (202) 745-7900, fax (202) 387-2564, **e-mail** vertretung@was.rep.admin.ch.

Consulats de Suisse, 11766 Wilshire Boulevard, Suite 1400, **Los Angeles**, CA 90025, ✆ (310) 575-1145, fax (310) 575-1982, **e-mail** vertretung@los.rep.admin.ch. 456 Montgomery Street, Suite 1500, **San Francisco**, CA 94104 1233, ✆ (416) 788-2272, fax (416) 788-1402, **e-mail** vertretung@nyc.sfr.admin.ch.

Ambassade du Canada, 501 Pennsylvania Ave. N.W., Washington, D.C. 20001, ✆ (202) 682-1740.

Consulats du Canada, 550 South Hope Street, **Los Angeles** CA 90071, ✆ (213) 346-2700. 1251 Ave. of the Americas, **New York**, NY 10020, ✆ (212) 596-1628. 180 N. Stetson Ave., **Chicago**, IL 60601, ✆ (312) 616-1860.

Délégation générale du Québec, 1 Rockfeller Plaza, New York, NY 10020, ✆ (212) 843-0950.

OFFICES DE TOURISME

Si vous prévoyez de rester plus de quelques jours dans une ville, pensez à contacter l'office de tourisme (**visitors center**). Le personnel vous fournira des renseignements de dernière minute hautement appréciables sur le logement, les excursions ou les établissements qui viennent d'ouvrir. Certains feront même les réservations pour vous. **N'hésitez pas** à poser toute sorte de questions, vous n'êtes ni le premier ni le dernier visiteur qu'ils rencontrent. Vous trouverez les adresses des *visitors centers* locaux dans la section Informations pratiques de chaque ville ou de chaque région.

VOYAGES À PRIX RÉDUITS

Une fois que vous serez aux Etats-Unis, de nombreux organismes vous permettront de bénéficier de tarifs intéressants. Les deux principaux sont :

Council Travel (✆ 800 226 8624, www.counciltravel.com). Maison mère des Council Travel européens, cette agence de voyages est spécialisée dans les produits pour jeunes, étudiants et voyageurs à petit budget : billets d'avion à tarif réduit, *pass* ferroviaires, hébergement bon marché, carte d'étudiant ISIC, carte jeunes Go 25 ou d'enseignant ITIC. Council Travel possède des bureaux dans la plupart des grandes villes américaines.

STA Travel, 6560 Scottsdale Rd. n° F100, Scottsdale, AZ 85253, ✆ 800-781-4040, fax 602-922-0793, www.statravel.com. Cet organisme pour les jeunes et les étudiants possède 16 bureaux aux USA : billets d'avion à petits prix (pour les moins de 26 ans ou les étudiants à plein temps de moins de 32 ans), réductions sur les trains, hébergement, circuits, assurances, cartes d'étudiant. 7202 Melrose Ave., **Los Angeles**, CA 90046, ✆ 323-934-8722). 10 Downing St., **New York**, NY 10014, ✆ 212-627-3111. 39 Geary St., **San Francisco**, CA 94108, ✆ 415-391-8407.

SE DÉPLACER
EN VOITURE

La voiture est le mode de transport idéal pour visiter les Etats-Unis mais ce n'est pas le moins cher. Si vous optez pour l'automobile, informez-vous sur le réseau routier *avant* de vous lancer, et étudiez une carte. Une fois sur une *freeway* à cinq voies, ce sera bien plus délicat. Vous trouverez ci-après des informations pour louer, acheter, conduire et vous orienter sur les routes.

LOCATION

Les grandes compagnies nationales et internationales sont présentes sur tout le territoire. L'avantage de ces compagnies est qu'elles proposent facilement, moyennant un supplément (lequel parfois peut être très élevé), de louer une voiture dans une ville et de la rendre dans une autre (*one way rental*). A partir du numéro de téléphone gratuit d'une compagnie, vous pouvez réserver une voiture n'importe où. La plupart du temps, vous devez **avoir plus de 21 ans et posséder une carte bancaire** (Visa ou MasterCard font parfaitement l'affaire). Sans carte bancaire, mais à condition d'avoir plus de 25 ans, vous pourrez parfois laisser une caution ou une pièce d'identité. Les enfants de moins de 18 kg doivent avoir un siège spécial, fourni par la plupart des agences de location de véhicules moyennant un léger supplément.

Alamo (✆ 1-800-GO-ALAMO, www.alamo.com) permet aux jeunes de 21 à 24 ans possédant une carte bancaire de louer une voiture contre un supplément journalier de 25 $. Certaines succursales d'**Avis** (✆ 800-452-1494, www.avis.com), de **Budget** (✆ 800-527-0700, www.budget.com) et de **Hertz** (✆ 800-654-3131, www.hertz.com) louent aux 21-24 ans munis d'une carte bancaire, mais ce n'est pas systématique. Certaines agences comme **Dollar** (✆ 800-800-4000, www.dollarcar.com), **Enterprise** (✆ 800-736-8222, www.enterprise.com) ou **Thrifty** (✆ 800-367-2277, www.thrifty.com) louent aux 21-24 ans contre un supplément journalier de 20 $ environ. **Rent-A-Wreck** (✆ 800-944-7501, www.rent-a-wreck.com, **e-mail** gene@raw.com) spécialiste de la location de voitures un peu fatiguées, propose des tarifs intéressants. La plupart de leurs agences louent aux 21-24 ans, mais les conditions sont variables.

Il faut compter en moyenne entre 35 et 80 $ par jour pour une voiture de catégorie standard. La plupart des formules de location comprennent un certain nombre de kilomètres gratuits au-delà duquel vous devez payer un supplément de 25 à 40 ¢ par *mile*. Si vous avez l'intention de rouler beaucoup, optez pour une formule à kilométrage illimité, *unlimited-mileage pack*. Faites jouer la concurrence car les prix peuvent varier considérablement en fonction des compagnies et des promotions du moment. **Attention aux tarifs affichés**, ils ne comprennent généralement ni les taxes ni l'assurance. Sauf exception, l'essence n'est pas incluse : faites le plein avant de restituer le véhicule pour éviter une surcharge. Faites-vous bien préciser les **clauses**

d'assurances du contrat (au tiers ou tout risque, le montant de la franchise, etc). Un supplément de 12 à 15 $ par jour vient souvent s'ajouter au prix pour l'assurance accident ou tout risque (*collision and damage waiver*, CDW).

ACHAT

L'achat d'une voiture d'occasion est une opération plus simple et moins coûteuse aux Etats-Unis qu'en France. Ce peut être une formule très intéressante lorsque vous voyagez à plusieurs pendant un certain temps. Si vous achetez une bonne voiture à son juste prix, vous devriez parvenir à la revendre correctement à votre départ, à condition de ne pas vous y prendre au dernier moment.

A partir de 500 $, vous pouvez acquérir un monstrueux tank américain datant des années 1970, très gourmand en essence (mais elle n'est pas chère…) et à la fiabilité douteuse. Si votre antiquité vous conduit fidèlement à travers tout le continent, elle sera bien amortie : peu importe si vous ne parvenez pas à la revendre à la fin de votre voyage. Le cœur serré, vous pourrez toujours l'abandonner à un garagiste. Pour 2000 $, vous devriez être en mesure de trouver une (très) bonne occasion. Les meilleures affaires sont les ventes de particulier à particulier (petites annonces dans les journaux, les campus, les auberges de jeunesse). Les garages, souvent regroupés à la sortie des villes, pratiquent des tarifs un peu plus élevés (regardez à *Automobile dealer, used car*, dans les pages jaunes). Optez de préférence pour une marque américaine (*domestic*) : en cas de problème mécanique dans une région reculée, il est plus facile de trouver des pièces de rechange pour une Ford que pour un modèle européen ou asiatique. N'achetez jamais de véhicule d'occasion à boîte de vitesses manuelle : très rares sont les Américains qui savent ce qu'est une pédale d'embrayage.

Lors de l'**acquisition**, le vendeur vous remettra un certificat de propriété (*vehicle title*). Pour assurer votre véhicule, vous pouvez vous adresser soit à de grandes compagnies nationales comme **State Farm** ou **Allstate**, soit à de petites compagnies locales qui offrent parfois des tarifs plus avantageux. Le montant du contrat sera fonction du type de véhicule, de votre âge (les jeunes conducteurs sont très pénalisés), du degré de couverture choisi et du niveau des franchises. Vous pouvez normalement adapter la durée du contrat à celle de votre séjour. A titre indicatif, un contrat standard de 6 mois vous coûtera entre 250 et 600 $. Il vous reste alors, en fonction de la législation de l'Etat, à changer les plaques et à acheter une vignette (50 $ en moyenne pour une voiture de base). Pour plus d'informations, n'hésitez pas à contacter le bureau local de l'American Automobile Association (voir p. 58).

Pour acheter un **camping-car** (*RV, recreational vehicule*) ou un **break** (*station wagon*), vous pouvez aussi vous adresser à **Adventure On Wheels**, 42 Route 36, Middletown, NJ 07748, ✆ 732-495-0959 ou 800-943-3579, **e-mail** info@wheels9.com, www.wheels9.com. Cette société se charge de l'immatriculation, de l'assurance, et s'engage à racheter le véhicule à la fin de votre voyage. Les véhicules avec une garantie de rachat commencent à 2500 $. Le véhicule peut être pris dans une ville et ramené dans une autre. Vous pouvez acheter un camping-car 6500 $, vous en servir pendant 6 mois, et le revendre 3000 à 4000 $. Le bureau principal d'Adventure On Wheels se trouve près de New York et des antennes sont installées à Los Angeles, San Francisco et Miami.

DRIVEAWAY

Formule séduisante, le **driveaway** est un système américain fondé sur la convergence d'intérêts momentanée entre des conducteurs sans voiture (vous) et des propriétaires de véhicules qui souhaitent que leur véhicule soit emmené d'une ville à une autre. De nombreuses sociétés sont spécialisées dans le *driveaway*. L'essence et les péages sont à votre charge et vous devrez rouler environ 500 à 700 kilomètres par jour, ce qui, compte tenu des limitations de vitesse, ne vous laisse guère le loisir de flâner en route. Pour convoyer un véhicule, vous devez être âgé d'au moins 21 ans. Plus ou moins tatillonnes, les sociétés de *driveaway* aiment vérifier vos antécédents de conducteur (une lettre de votre compagnie d'assurance en France peut faire gagner du temps), prendre vos empreintes digitales et exiger un dépôt de garantie en liquide. Des véhicules sont disponibles un peu partout, mais le plus simple est de trouver une voiture pour se rendre d'une côte à l'autre. New York et Los Angeles sont des endroits courants de transfert. Avec l'accord de la société, vous aurez peut-être la possibilité de partager les coûts avec plusieurs compagnons de voyage.

Auto Driveaway Co., 310 S. Michigan Ave., Chicago, IL 60604, ✆ 800-346-2277 ou 312-939-3600, www.autodriveaway.com, **e-mail** nationalhq@autodriveaway.com.

Across America Driveway, 9905 Express Dr. Highland, IN 46322, ✆ 800-619-7707 ou 219-934-2000, www.schultz-international.com, **e-mail** Schultz!@gte.net. Autres bureaux à Los Angeles (✆ 800-964-7874 ou 310-798-3377) et à Dallas (✆ 214-745-8893).

CIRCULER AUX ÉTATS-UNIS

Depuis les années 1970, la vitesse était limitée à 55 *miles* (88 km/h) sur l'ensemble du territoire américain, avec une dérogation à 65 *miles* (105 km/h) sur les sections des grandes *interstates* traversant des zones rurales. A l'automne 1995, sur la pression des Etats ruraux de l'Ouest, le Congrès américain a supprimé toute règle fédérale. Chaque Etat est désormais libre d'appliquer ses propres lois. La majeure partie des Etats a conservé les règles précédentes. Les panneaux blancs sont les limites de vitesse, les panneaux jaunes la vitesse recommandée. Quelle que soit la règle en vigueur, il est plus que conseillé de la respecter. Vous ferez des économies, non seulement de carburant, mais aussi de contraventions. Les radars et les policiers américains, très efficaces sur ce point, laissent peu d'excès de vitesse impunis. Les moyens mis en œuvre sont parfois étonnants et peuvent aller jusqu'à l'hélicoptère. Ce n'est pas pour rien qu'aux Etats-Unis on compte les distances non pas en *miles* mais en heures de route, car tous les conducteurs ou presque roulent à la même vitesse.

Autre point sensible, le **stationnement**. Aux Etats-Unis, se garer devant un panneau **No Parking** vous expose de manière quasi systématique à une contravention ("ticket" : 15 à 50 $), voire à perdre votre temps et votre argent en allant visiter la fourrière (être remorqué, *towed* : de 50 à 200 $). Stationner devant une pompe à incendie, là où le capitaine gare son grand camion rouge, est considéré comme une grave infraction à la loi. La plupart du temps, les interdictions s'appliquent pour des heures et des jours spécifiques (heures de pointe ou de nettoyage de la rue, sorties des classes, etc.), précisés sur les panneaux *No Parking*. Un système complexe, qu'il faut apprendre à déchiffrer. Et ne confondez pas les heures am (*ante meridiem*, avant midi) et pm (*post meridiem*, après midi) ! Dans certaines petites localités au trafic particulièrement faible, vous trouverez probablement absurdes les restrictions au stationnement. Respectez-les sans vous poser de question. Dans une ville où les rues sont pentues, vous pouvez avoir une amende si vous n'avez pas braqué vos roues vers le trottoir (afin d'éviter que votre voiture ne dévale toute seule la colline).

Attention également aux **bus de ramassage scolaire** (les véhicules orange et jaune avec des clignotants partout). Il est **STRICTEMENT** interdit de les doubler lorsqu'ils sont à l'arrêt et qu'ils déposent les enfants (les clignotants sont alors allumés).

Par rapport à l'Europe, les règles de **priorité** fonctionnent différemment. Le premier arrivé passe le premier. Il n'y a **pas** de priorité à droite, sauf lorsque deux voitures arrivent en même temps à un croisement. Souvent, les croisements sont équipés de quatre stops (*four ways*). Parfois, il est difficile de savoir qui était le premier et la courtoisie fait la différence. Un cas de figure sans ambiguïté : le panneau *Yield*, qui signifie que vous devez céder la priorité.

Lorsque deux voitures se croisent à gauche, au lieu de tourner autour d'un rond point imaginaire comme en Europe, elles se passent devant, allant au plus court.

Attention aux **feux de signalisation**, situés au milieu des carrefours. Si vous stoppez, comme en France, au pied du feu, vous serez au milieu du croisement. Il faut en avoir fait l'expérience une fois dans sa vie.

Un bonheur permanent consiste à griller les feux en toute légalité grâce au **red turn**. Au feu rouge, vous pouvez tourner à droite sans attendre le vert. Parfois, une flèche orange vous y incite. Le panneau **No red turn** signifie que cette pratique est interdite. Certaines villes interdisent totalement les red turns.

Le panneau *Xing* n'est pas du chinois, mais l'abréviation de *pedestrian crossing* (passage piéton).

Le port de la **ceinture de sécurité** est obligatoire sur la majeure partie du territoire américain, et l'ivresse au volant sévèrement réprimée. Il est absolument interdit d'avoir une bouteille d'alcool ouverte dans sa voiture.

L'essence coûte beaucoup moins cher qu'en France, environ 1,25 $ le *gallon* (un *gallon* est l'équivalent de 3,785 litres, soit 33 ¢ le litre), mais les prix varient considérablement selon les taxes locales et les pompes.

Les **cartes routières** distribuées gratuitement aux membres de l'association AAA (voir **Pannes**, plus loin) sont très bien conçues. Le Rand McNally's Road Atlas, qui couvre tous les Etats-Unis, est sans doute ce qui se fait de mieux. On le trouve dans les librairies et dans les stations-service (8,95 $).

SUR LES ROUTES AMÉRICAINES

Dans les années 1950, le président Eisenhower jeta les bases du réseau *interstate*, un ensemble d'autoroutes financées par l'Etat fédéral afin de donner un coup de fouet à l'économie américaine. Aujourd'hui, les Etats-Unis disposent d'un réseau autoroutier dense et cohérent. Les *interstates* qui portent un numéro pair vont d'est en ouest, celles qui portent un numéro impair vont du nord au sud. L'ensemble est numéroté dans un ordre croissant en allant vers l'est et le nord. Les itinéraires nord-sud commencent sur la côte Ouest avec la I-5 et s'achèvent sur la côte Est avec la I-95. L'itinéraire est-ouest le plus au sud est la I-4 en Floride, le plus au nord est la I-94, qui relie le Montana au Wisconsin. Les numéros à trois chiffres signalent les branches d'*interstates* (par exemple, la I-285 est une branche de la I-85). Il s'agit souvent d'une bretelle de contournement d'une grande agglomération.

Dans ce guide, nous utilisons les abréviations américaines courantes suivantes : "I" (comme dans "I-90") signale une "Interstate Highway", "US" (comme dans "US 1") indique une "United States Highway" et "Route" (comme dans "Route 7") désigne les "local highways".

Sur la route, pensez à bien repérer à l'avance les numéros des routes et des autoroutes que vous comptez emprunter car la plupart du temps, les panneaux n'indiquent pas le nom d'une ville, mais le numéro de la route qui y mène. Une fois sur l'autoroute, face à un embranchement ou à une sortie numérotée, il est rare de pouvoir déplier sa carte au volant et d'avoir le temps de se repérer.

PANNES

Si vous achetez une voiture, une adhésion à un club automobile vous permettra d'avoir recours gratuitement à une dépanneuse et à une multitude de services (cartes routières gratuites, agences de voyages, réductions diverses, etc.). Certains clubs automobiles, comme AAA, acceptent les non-résidents.

❤ **American Automobile Association (AAA)**, (✆ 800-AAA-HELP/800-222-4357, www.aaa.com). Véritable institution aux Etats-Unis, AAA possède plus de 1000 agences dans tout le pays, ses propres agences de voyages gratuites (où un guide répertoriant de nombreuses chaînes d'hôtels pourra vous être fourni), ses cartes, ses guides, et propose des réductions sur certains parcs à thème, sur l'hébergement en motel, sur les locations de voiture Hertz (5-20 %), sur les billets Amtrak (10 %) ainsi qu'un service d'assistance routière partout aux Etats-Unis (remorquage gratuit). AAA vend aussi des chèques de voyage American Express sans commission. L'adhésion coûte entre 50 et 60 $ la première année, moins les années suivantes et pour les membres de la famille des adhérents. Pour en savoir plus, composez le ✆ 800-564-6222.

❤ **Canadian Automobile Association (CAA)**, 1145 Hunt Club Rd., n° 200, Ottawa, ON K1V 0Y3 (✆ 800-CAA-HELP/800-222-4357, www.caa.ca). Affilié à l'AAA (voir précédemment), le CAA fournit les mêmes avantages, y compris une assistance routière d'urgence 24h/24, des cartes et des guides gratuits, l'organisation de trajets et de nombreuses réductions. Les accords d'AAA avec des associations dans d'autres pays vous font bénéficier de tous vos avantages aux Etats-Unis. L'adhésion simple coûte 62 $ canadiens, 32 $ canadiens pour les membres. Inscription au ✆ 800-564-6222.

Mobil Auto Club, 200 N. Martingale Rd., Schaumbourg, IL 60174 (informations au ✆ 800-621-5581, service d'assistance au ✆ 800-323-5880). Remboursement du serrurier, remorquage gratuit sur 10 *miles*, service d'assistance, réductions sur les locations de voiture. L'adhésion coûte 8 $ par mois. Elle est valable pour deux personnes.

EN AVION

Aux Etats-Unis, l'immensité du territoire a très largement favorisé le développement et la banalisation de l'avion, qui joue un peu le rôle du train en France. La fréquence des vols et le choix en matière de compagnies aériennes sont sans équivalent en Europe. Prendre l'avion est très simple : sur certaines lignes, vous pouvez aller à l'aéroport sans réservation et, s'il reste de la place, acheter un billet pour un départ immédiat, cela s'appelle le **stand-by**. Il est tout de même plus prudent de réserver, au moins par téléphone, avant de vous déplacer. La concurrence à laquelle se livrent les compagnies américaines depuis de nombreuses années a fait chuter les prix. Certaines ont fait faillite, de nouvelles sont apparues, souvent spécialisées sur quelques destinations. Régulièrement, les compagnies aériennes déclenchent une guerre des prix pour une destination ou une période donnée : sachez en profiter !

COMPAGNIES DE TRANSPORT INTÉRIEUR

Air Tran, 9955 Air Tran Blvd., Orlando, FL 32827, ✆ 800-247-8726. www.airtran.com. Transporteur bon marché qui propose le "X-fares Standby Program" pour les jeunes de 18 à 22 ans (✆ 888-493-2737).

Air Canada, P.O. Box 64239, Thorncliffe Outlet, 5512 4th St., N.W. Calgary, T2K 6J0, ✆ 888-247-2262 depuis le Canada, www.aircanada.ca. Renseignez-vous sur les tarifs "Websaver" (✆ 800-776-3030 depuis les Etats-Unis, ✆ 888-776-3030 depuis le Canada).

American Airlines, P.O. Box 619612, Dallas-Ft. Worth International Airport, TX 75261, ✆ 800-433-7300, www.americanair.com. Propose des tarifs "College SAAvers" pour les étudiants.

Continental Airlines, ✆ 800-525-0280, www.flycontinental.com. De bonnes affaires pour les personnes âgées membres du "Freedom Club" (✆ 800-441-1135).

Delta, ✆ 800-241-4141, www.delta-air.com.

Northwest Airlines, 5101 Northwest Dr., St. Paul, MN 55111-3034, ✆ 800-225-2525, www.nwa.com.

Southwest, P.O. Box 36647-1CR, Dallas, TX 75235, ✆ 800-435-9792, www.iflyswa.com. Transporteur bon marché très sympathique et libéral.

TWA, 1415 Olive Street, St. Louis, MO 63103, ✆ 800-221-2000, www.twa.com. Propose des "TransWorld specials" de dernière minute via e-mail.

United, P.O. Box 66100, Chicago, IL 60666 (✆ 800-241-6522, www. ual.com).

PASS ET FORFAITS

Certains *pass* ou forfaits peuvent être achetés avant le départ, groupés ou non avec le billet du vol transatlantique. On peut parfois les acheter aux Etats-Unis mais ils coûtent alors plus cher.

Des *pass* aériens sur les vols intérieurs, particulièrement attractifs, sont en vente depuis l'Europe. Ils fonctionnent avec des coupons (un coupon = un vol) que vous devez utiliser dans un laps de temps, en général 60 jours, sur une compagnie aérienne donnée. Dans certains cas, les *pass* d'une compagnie aérienne ne sont vendus qu'avec un billet transatlantique de la même compagnie. Selon la saison et la compagnie aérienne, il faut compter entre 275 et 380 € pour un forfait de trois coupons et de 500 à 610 € pour un forfait de huit coupons. Votre trajet (dates et destinations) doit être fixé à l'avance. Toutefois, les dates peuvent être modifiées une fois que le voyage est commencé (le plus souvent, ces changements sont gratuits). En revanche, un changement de destination vous coûtera environ 45 €.

L'ESSENTIEL

Au moment d'acheter votre *pass*, vérifiez bien que la compagnie aérienne dispose de vols sur les trajets que vous prévoyez.

Attention, les forfaits vols illimités ne sont pas vendus par les voyagistes avant votre départ, sauf parfois au Canada. S'adresser sur place aux bureaux des compagnies.

EN BUS

Les bus couvrent le territoire de manière très complète, avec des dessertes fréquentes, reliant entre elles les plus petites localités. Let's Go indique pour chaque destination les possibilités. C'est souvent, pour des distances moyennes ou courtes, le moyen de transport le **moins onéreux**. Les zones désertiques et les régions plus reculées sont bien entendu moins bien desservies. Le guide américain **Russell's Official National Motor Coach Guide** (15,70 $ aux Etats-Unis, port compris) constitue un remarquable outil pour planifier un voyage en bus. Remis à jour chaque mois, il publie les horaires de toutes les lignes de bus qui sillonnent les Etats-Unis. Deux fois par an, Russell's publie également ses *Supplements*, gratuits lors d'une commande du guide principal. Le premier *Supplement* contient un répertoire des lignes et des stations de bus (8,40 $), le second propose une série d'itinéraires cartographiés (8,40 $). Pour commander tous ces ouvrages, écrivez à **Russell's Guides Inc.**, P.O. Box 278, Cedar Rapids, IA 52406 (✆ 319-364-6138, fax 319-365-8728).

LES BUS GREYHOUND

La compagnie **Greyhound** (✆ 800-231-2222, www.greyhound.com) est le premier opérateur de bus aux Etats-Unis. Sur certaines zones, il arrive cependant que des compagnies régionales offrent une desserte plus complète. Les horaires complets sont disponibles dans toutes les gares routières Greyhound ou par téléphone. Consultez également le site Internet. Si vous réservez par téléphone avec une carte bancaire au moins 10 jours à l'avance, le billet peut vous être expédié partout aux Etats-Unis. Les réservations sont également ouvertes jusqu'à 24 heures avant le départ. Vous pouvez acheter votre billet à la gare routière, mais présentez-vous suffisamment à l'avance.

Tarifs réduits : Etudiants (jusqu'à -15 % avec la Student Advantage Card), personnes âgées (-10 %), enfants âgés de 2 à 11 ans et accompagnés d'un adulte (-50 %). Les voyageurs handicapés dont l'état nécessite un accompagnateur ne paient qu'une place pour deux. D'autre part, en achetant votre billet 3 jours ou plus à l'avance au printemps et en été, vous pouvez, le plus souvent, faire voyager un ami gratuitement.

A titre d'exemple, un aller simple Chicago-Nouvelle Orléans coûte 76 $ plein tarif, un Chicago-Los Angeles 100 $, un New York-Washington 30 $. La durée d'un même trajet peut varier considérablement d'un bus à un autre.

Vous trouverez les adresses locales des gares routières Greyhound dans la partie **Informations pratiques** au début de chaque destination.

Voyageurs est le représentant au Canada de la compagnie américaine Greyhound. A Montréal, 505, Maison-Neuve Est, Montréal, Québec H1V 3R2, ✆ (514) 842-2281.

Greyhound Line of Canada, ✆ (514) 843 4231 ou 800-661-8747 au Canada et (403) 260-0877 aux Etats-Unis, www.greyhound.ca.

PASS ET FORFAITS

International Ameripass : Réservé aux visiteurs étrangers, l'Ameripass permet de voyager librement sur le réseau des bus Greyhound dans un laps de temps donné. Les *pass* coûtent 135 $ pour 4 jours, 185 $ pour 7 jours, 239 $ pour 10 jours, 285 $ pour 15 jours, 385 $ pour 30 jours, 419 $ pour 45 jours, 509 $ pour 60 jours. Composez le ✆ 888-454-7277 pour connaître les horaires et les itinéraires. N'oubliez pas qu'ils sont susceptibles de changer, c'est pourquoi il est préférable d'arriver à la gare routière environ 45 minutes avant le départ ou au moins d'appeler. D'autre part, sachez qu'il est impossible de réserver un siège à l'avance. Vous ne pouvez pas vous procurer de *pass* aux terminaux. Vous pouvez l'acheter sur Internet (www.greyhound.com), dans une agence affiliée ou une agence Greyhound de votre pays, ou encore directement auprès du Greyhound's International Office, 625 Eighth Ave., New York, NY 10018 (✆ 212-971-0492 ou 800-246-8572, fax 402-330-0919, **e-mail** intlameripass@greyhound.com).

Acheté en France, un *pass* de 4 jours coûte 179 €, 235 € pour 7 jours, 292 € pour 10 jours, 361 € pour 15 jours, 419 € pour 21 jours, 488 € pour 30 jours, 534 € pour 45 jours et 660 € pour 60 jours. L'Ameripass est disponible en agence, notamment chez les voyagistes spécialistes des Etats-Unis (ce *pass* n'est pas valable sur les trajets suivants : de Seattle ou Vancouver à Fargo, de Montréal à New York, de Montréal à Buffalo et de Toronto à Détroit).

A certains arrêts isolés, vous devez faire signe au conducteur (*flag stop*). Il est prudent de téléphoner au bureau Greyhound le plus proche pour avertir de votre heure et de votre point de départ. Pour attirer l'attention du chauffeur, postez-vous sur le côté de la route et agitez vos bras dans tous les sens. Mieux vaut être ridicule quelques secondes que de rester en rade plusieurs heures. Si malgré tout, le bus ne s'arrête pas, c'est qu'il est plein : un autre bus moins chargé devrait vous prendre. Assurez-vous que tous les bagages que vous mettez en soute sont clairement étiquetés. Demandez un reçu, et vérifiez bien qu'ils partent dans le même bus que vous.

AUTRES COMPAGNIES DE BUS

Green Tortoise, 494 Broadway, San Francisco, CA 94133, ✆ 415-956-7500 (depuis les Etats-Unis, sauf la baie de San Francisco, et le Canada) ou 1-800-867-8647 (depuis la baie de San Francisco et le reste du monde), a mis en place un système d'""hôtels roulants", c'est-à-dire des bus aménagés pour qu'on puisse dormir et manger tout en voyageant (les repas sont préparés en commun). Des arrhes (de 100 $ en général) sont demandées à la réservation. Les voyages ont lieu entre mai et octobre de Hartford, Boston ou New York à San Francisco, Los Angeles ou Seattle. Comptez 10 à 14 jours de voyage, soit entre 349 et 389 $, plus 111 à 121 $ pour la nourriture. Attendez-vous à des conditions de voyage rudimentaires et à une certaine promiscuité. Il est conseillé de réserver 1 ou 2 mois à l'avance même s'il peut arriver que des places soient encore libres juste avant le départ. Les réservations peuvent être effectuées par téléphone ou sur Internet (www.greentortoise.com, **e-mail** tortoise@greentortoise.com).

East Coast Explorer, 245 Eight Ave., n° 144, New York, NY 10011, (✆ 718-694-9667 ou 800-610-2680 en dehors de New York, www.hostels.com/transport/trans.ece.html, **e-mail** llustig@delphi.com), propose un nouveau moyen de découvrir la côte Est entre Boston et New York ou Washington, D.C. sans se ruiner. Pour 3 à 7 $ de plus que sur Greyhound, vous pouvez voyager en bus climatisé de 14 places (10 à 11 heures de route) sur des petites routes en vous arrêtant sur les principaux sites touristiques. Informez-vous par téléphone ou sur Internet pour les itinéraires spécifiques. Un voyage par semaine dans chaque sens entre New York et Washington (32 $) et entre New York et Boston (29 $). Les bus viennent vous chercher et vous déposent dans la plupart des hôtels et auberges de jeunesse. La réservation est conseillée.

EN TRAIN

Plusieurs compagnies ferroviaires coexistent aux Etats-Unis (comme c'était le cas en France avant la nationalisation de 1936). Les trains américains ne sifflent plus tous trois fois, et sont souvent plus chers que l'avion sur les **longs** trajets. Que les amoureux du rail se rassurent toutefois : grâce à des systèmes de *pass* et de réduction, le train reste un moyen de transport économique. Vous pouvez acheter des *pass* en France avant de partir (voir **Pass et forfaits** p. 62). Une fois sur place, vous pouvez également bénéficier de nombreuses réductions. Comme pour les billets d'avion, les billets de train sont en règle générale moins chers lorsqu'ils sont achetés à l'avance. Réservez donc le plus tôt possible.

Amtrak (✆ 800-872-7245, www.amtrak.com), est la principale compagnie ferroviaire américaine. Elle dispose de bureaux dans la plupart des grandes villes où vous pourrez acheter directement vos billets. A titre d'exemple, un trajet New York-Boston coûte 60 $, un New York-Chicago 150 $. Dans les petites villes, vous devrez normalement passer par une agence de voyages. Des **tarifs réduits** existent pour les étudiants (-15 %) possédant la Student Advantage Card (20 $). Informez-vous au © 800-96-AMTRAK. Les personnes âgées bénéficient également d'une réduction (-15 %) de même que les handicapés (-15 %) et les enfants de moins de 15 ans accompagnés d'un parent (-50 %). Les enfants de moins de deux ans voyagent gratuitement. Grâce au système "Rail SALE", vous pouvez bénéficier de réductions allant jusqu'à 70 %. Outre ces réductions, Amtrak propose quelques formules à prendre en considération :

All-Aboard America : Un forfait qui divise le continent américain en trois zones : Est, Centre et Ouest.

Air-Rail Vacations : Amtrak et United Airlines se sont associés pour proposer des formules qui permettent de faire l'aller en train et le retour en avion (ou l'inverse). Le trajet en train doit durer au plus 30 jours, avec trois arrêts au maximum. Il existe une multitude de possibilités. Pour en savoir plus, téléphonez au © 800-437-3441.

Consultez le site Internet d'Amtrak pour connaître les horaires, les prix, les destinations ainsi que des informations sur les formules de *pass*. Il est également possible de réserver en ligne.

PASS ET FORFAITS

USA Rail, © 1 800-USA-RAIL. Amtrak et Southern Railway proposent aux touristes étrangers un forfait qui permet de voyager sur l'ensemble du réseau ferroviaire. Ce *pass* ne peut pas être acheté aux Etats-Unis. Il existe des *pass* pour 30 jours. Le "North America Rail Pass", valable sur tout le réseau américain, coûte 674 $ en haute saison (du 1er juin au 15 octobre) et 471 $ le reste de l'année.

En France, vous pouvez normalement acheter ces *pass* chez les voyagistes spécialistes des Etats-Unis (voir p. 50).

Consultez également le site d'Amtrak pour obtenir plus d'informations (www.amtrak.com).

À MOTO

Le mythe de la Route 66 ou du grand rassemblement de Daytona Beach est bien vivant, et la traversée des Etats-Unis en Harley scintillante un rêve pour beaucoup. Pour préparer votre voyage, vous pouvez contacter **American Motorcyclist Association (AMA)**, 13515 Yarmouth Dr., Pickering, OH 43147 (© 800-262-5646 ou 614-856-1900, fax 614-856-1920, www.ama-cycle.org, **e-mail** ama@ama-cycle.org), véritable institution de la culture *biker* américaine. L'adhésion annuelle coûte 39 $. En prime, vous recevrez un magazine très précieux, **American Motorcyclist**, des réductions sur les assurances, les locations, l'hébergement et un patch d'enfer pour votre zonblou de moto ! Pour 25 $ supplémentaires, les membres bénéficient d'une assistance routière d'urgence.

Le port du casque est obligatoire dans la plupart des Etats. Vous trouverez sur les pages Web d'AMA (voir précédemment) les lois spécifiques à chacun des 50 Etats.

A noter sur vos tablettes, **Americade** est un gigantesque rallye d'une semaine organisé tous les ans. Il se tient généralement au cours de la première semaine de juin à Lake George, NY. En 2002, Americade aura lieu du 3 au 8 juin, et du 2 au 7 juin en 2003. Appelez le © 518-798 7888, fax 518-798-0169, ou écrivez à Americade, P.O. Box 2205, Glens Falls, NY 12801 pour vous inscrire, www.tourexpo.com, **e-mail** info@tourexpo.com.

Certains voyagistes français comme **Nouveau Monde** proposent la location de motos aux Etats-Unis.

EN STOP

Mesurez bien les risques de l'auto-stop avant de lever le pouce. Si l'auto-stop est relativement sûr dans certaines parties d'Europe, ce n'est pas le cas aux Etats-Unis, et c'est même particulièrement dangereux dans la plupart des grandes agglomérations. Nous vous conseillons de l'éviter.

LES ÉTATS-UNIS, CÔTÉ NATURE

La superbe nature nord-américaine se déguste idéalement le temps d'une excursion à pied ou à vélo, dans les campings et les parcs nationaux. Nous vous donnons dans ce guide toute l'information nécessaire pour en profiter pleinement. Renseignez-vous également auprès des autres voyageurs, des gens du coin, des offices de tourisme, des *rangers* et des magasins de matériel de camping pour découvrir d'autres excursions.

Les novices aussi bien que les experts pourront trouver des guides divers concernant les excursions à faire aux Etats-Unis. Les **Great Outdoors Recreation Pages** accessibles sur Internet (www.gorp.com) regorgent d'informations relatives au camping, incluant cartes et tarifs de parcs nationaux et de forêts.

Si un séjour en plein air organisé vous tente, contactez le **Sierra Club**, 85 2nd St., 1er étage (*2nd fl.*), San Francisco, CA 94105, www.sierraclub.org/outings, **e-mail** national.outings@sierraclub.org.

Roadrunner Hostelling Treks, 9741 Canoga Ave., Chatsworth, CA 91311, © 800-873-5872 (depuis les Etats-Unis) ou 44 1892 51 27 00 (depuis l'Europe et la Grande-Bretagne), www.americanadventures.com, propose des circuits à prix intéressants qui comprennent le séjour à l'hôtel (13 personnes au maximum).

Specialty Travel Index, 305 San Anselmo Ave., n° 313, San Anselmo, CA 94960 (© 800-442-4922, www.specialtytravel.com). Annuaire recensant des centaines de tour-opérateurs dans le monde entier.

TrekAmerica, P.O. Box 189, Rockaway, NJ 07866 (© 800-221-0596 ou 973-983-1144, www.trekamerica.com). Organise des circuits de 1 à 9 semaines en petit groupe avec hébergement en camping à travers toute l'Amérique du Nord. Ce programme s'adresse aux personnes âgées de 18 à 38 ans.

CAMPING

Les campings américains sont sans commune mesure avec leurs homologues européens. Dans les parcs, les campements (**campground**) accessibles en voiture sont souvent très bien situés (au bord d'une rivière, d'un lac, au cœur d'une forêt, etc.), spacieux et confortablement aménagés (suivant les cas, douche chaude, toilettes, foyer ou barbecue, tables en bois, prises électriques, etc.). Chaque emplacement est généralement éloigné des autres, de telle sorte que le campeur bénéficie, au cœur de la nature, d'un large confort. Le prix des emplacements varie suivant la saison, le parc et le véhicule (vélo, voiture ou camping-car) dans une fourchette de 5 à 25 $. Le week-end et en haute saison, certains campements particulièrement convoités sont pris d'assaut. Il est conseillé d'arriver tôt, parfois de réserver (voir **Parcs nationaux** ci-après). En cas de saturation, des sites plus rudimentaires (**overflow camping**) sont mis à la disposition des visiteurs. Pour les randonneurs, les parcs comptent également des zones de campement en pleine nature moins aménagés (**primitive camping**) comprenant, selon les cas, point d'eau, coin feu, "arbre anti-ours" (voir plus loin), et toilettes sommaires. Ils sont souvent établis sur des sites superbes (au pied d'un glacier, au bord d'un lac de montagne, etc.). Dans certains parcs, vous avez le droit de camper en dehors des zones prévues à cet effet à condition de demander un permis (**backcountry permit**), gratuit mais parfois contingenté.

En dehors des parcs, de nombreux campings privés sont installés dans des sites touristiques (source d'eau chaude, lac, etc.) ou près des grands axes. Leur niveau de confort et d'agrément est variable, mais en règle générale très satisfaisant (laverie, piscine, épicerie, etc.). Certaines chaînes, comme **KOA (Kampgrounds of America)**, regroupent de nombreux campings. Une nuit sous la tente avec tout le confort vous coûtera 20-30 $.

Une bonne source d'informations sur les camping-cars *(camping/recreational vehicles*, ou **RVs**) est la **National Association of Recreational Vehicle Parks and Campgrounds**, 8005 Westwood Dr., n° 201, Vienna, VA, 22183-2231 (✆ 703-734-3000, fax 703-734-3004). Cette association gère les fichiers de **Go Camping America** (✆ 800-974-5151, www.gocampingamerica.com), qui recensent plus de 3000 sites dans toute l'Amérique du Nord accessibles aux camping-cars.

Aux Etats-Unis, parmi les plus grandes agences de location de voitures, nombreuses sont celles qui louent des camping-cars. Les prix varient énormément selon la région, la saison (juillet et août sont les mois les plus onéreux) et la taille du véhicule.

À VÉLO

Balade d'une journée, randonnée dans un parc, opération kamikaze dans Manhattan en compagnie des coursiers ou traversée de tout le continent, les possibilités ne manquent pas. Avant de vous précipiter sur les chemins en pédalant comme un forcené, souvenez-vous qu'il vous faut un casque et un antivol de bonne qualité. Les Américains sont de plus en plus nombreux à porter un casque, y compris sur les chemins les plus tranquilles. Un bon casque coûte dans les 40 $, et "c'est nettement moins cher qu'un séjour à l'hôpital", disent les cyclistes. Un antivol en U, Kryptonite ou Citadel, revient à 30 $, et vous permet de souscrire une assurance contre le vol (valable un ou deux ans) si votre vélo est enregistré à la police. **Bike Nashbar**, 4111 Simon Rd., Youngstown, OH 44512 (✆ 800-627-4227, fax 330-778-9456), est le plus gros magasin de vente par correspondance de matériel de vélo. Ses prix sont imbattables : si vous présentez une publicité d'un concurrent faisant état de prix inférieurs, ils s'engagent à vous faire payer 5 ¢ de moins que le prix du concurrent. Vous pouvez recevoir les articles que vous avez commandés où que vous soyez aux Etats-Unis. Si vous avez besoin d'informations plutôt techniques, voici un numéro où les joindre : ✆ 330-788-6464 (Lu-Ve 8h-18h).

Les guides américains consacrés au vélo sont innombrables. Il existe des tas de magazines du type "vélo mode d'emploi" qui vous indiqueront comment tirer le meilleur parti possible de votre engin. **Bicycle Gearing : A Practical Guide** (9 $), vendu par **The Montaineers Books**, 1001 S.W. Klickitat Way, n° 201, Seattle, WA 98134 (✆ 800-553-4453, fax 206-223-6306, www.montaineersbook.org, **e-mail** mbooks@montaineers.org), vous explique le fonctionnement des freins, du changement de vitesse et comment aller le plus vite possible en un minimum d'efforts. Le **Cuthbertson's All-In-One Bike Repair Manual** (12 $ plus 3,50 $ pour l'envoi), vendu par **Ten-Speed Press**, P.O. Box 7123, Berkeley, CA 94707 (✆ 800-841-2665, fax 510-559-1629), vous fournit des indications sur l'entretien de votre vélo pour des séjours de longue durée. **The Packing Book** (9 $) suggère des tenues de cyclistes, donne des conseils de sécurité et indique la meilleure façon de faire votre sac.

Aux Etats-Unis, des organismes spécialisés peuvent vous aider à organiser votre voyage. Vous pouvez également prendre part à une randonnée avec des Américains.

Adventure Cycling Association, P.O. Box 8308, Missoula, MT 59807 (✆ 406-721-1776 ou 800-755-2453, fax 406-721-8754, www.adv-cycling.org, **e-mail** acabike@aol.com). Cette association nationale à but non lucratif est spécialisée dans la mise au point d'itinéraires de randonnée pour ses membres (9 jours 800 $, 75 jours d'Expédition Great Divide 3000 $). L'adhésion annuelle coûte 30 $ (comprend l'accès aux cartes et aux itinéraires et un abonnement au magazine *Adventure Cyclist*).

Backroads, 801 Cedar St., Berkeley, CA 94710-1800 (✆ 800-462-2848, fax 510-527-1444, www.backroads.com, **e-mail** goactive@backroads.com), organise des randonnées vélo et camping dans 20 Etats. Les prix comprennent les repas, les services d'un guide, les cartes et itinéraires, plus une camionnette d'assistance. Les formules vont de l'excursion d'un week-end (299 $) au périple de 6 jours (848 $).

RANDONNÉE

LE B.A.-BA

Boire avant d'avoir soif, manger avant d'avoir faim, se couvrir avant d'avoir froid. Ces trois préceptes classiques permettent de rester en pleine forme dans la vaste nature. Une règle importante consiste, lorsque vous partez en randonnée dans une zone isolée, à prévenir quelqu'un de votre départ. N'oubliez pas non plus de toujours consulter les prévisions météorologiques. Lors d'une randonnée en pleine nature, il est conseillé d'apporter de quoi faire face à un accident : vêtements de pluie, vêtements chauds (pas de coton !), chapeau, trousse de premiers secours, aliments énergétiques et eau. Voyez le chapitre **Santé**, p. 36, pour de nombreux et utiles conseils afin d'éviter petits et grands déboires.

Pour tout savoir sur l'art de la survie dans la nature, vous pouvez vous référer aux ouvrages suivants :

Le Manuel des Castors Juniors (Hachette)

Le Guide de survie de l'armée américaine (Editions de l'Homme)

Vivre et survivre dans la nature, de Yves Coineau et L.P. Knoepffler (Dunod)

Aventure et survie dans la nature, de John Wiserman (Hachette).

Ces livres sont notamment en vente à la **Librairie du Vieux Campeur**, 2, rue de Latran, 75005 Paris, © 01 53 10 48 37, www.auvieuxcampeur.fr. Pour ceux qui lisent l'anglais, l'une des références en la matière est l'ouvrage **How to Stay Alive in the Woods**, de Bradford Angier (éditions MacMillan, 8 $).

 TOURISME ÉCOLOGIQUE RESPONSABLE. L'idée derrière le terme "tourisme responsable" est de ne laisser aucune trace du passage de l'homme. Un réchaud est un moyen plus sûr (et plus efficace) de faire cuire des aliments que l'utilisation de la végétation. Si vous devez faire un feu, prenez des branches ou des broussailles mortes, ne les coupez pas. Installez votre campement à au moins 50 mètres de toute rivière ou point d'eau. Enterrez les déchets organiques à au moins 10 cm de profondeur, au-dessus du niveau de l'eau et à au moins 50 mètres du campement. Rassemblez toutes vos ordures dans un sac et emportez-les avec vous jusqu'à la prochaine poubelle. Si vous voulez en savoir plus sur l'écotourisme, contactez l'un des centres suivants : **Earthwatch**, 3 Clock Tower Pl., n° 100, Box 75, Maynard, MA 01754 (© 800-776-0188 ou 978-461-0081, www.earthwatch.org, **e-mail** info@earthwatch.org). **Ecotourism Society**, P.O. Box 668, Burlington, VT 05402 (© 802-651-9818, www.ecotourism.org, **e-mail** mail@ecotourism.org) **Natural Audubon Society**, Nature Odysseys, 700 Broadway, New York, NY 10003 (© 212-979-3066, www.audubon.org, **e-mail** travel@audubon.org).

VIE SAUVAGE

Si vous êtes dans un endroit où peuvent se trouver des **ours**, faites attention. Ne vous fiez pas aux apparences : l'ours est un animal puissant et dangereux. Si vous apercevez un ours au loin, éloignez-vous calmement, sans courir, dans la direction opposée. Si un ours vous poursuit, reculez doucement en parlant de façon basse et ferme. Si vous êtes attaqué par un ours, placez-vous en position fœtale pour vous protéger, les bras couvrant votre nuque, et faites le mort. Quoi qu'il arrive, restez calme, ne criez pas ni ne faites de mouvement brusque.

Les **serpents** venimeux sont rares. Les plus dangereux sont le serpent corail et le serpent à sonnette. Le serpent corail, reconnaissable à sa peau striée de bandes noires, jaunes et rouges, vit au sud-ouest des Etats-Unis. Le serpent à sonnettes, surnommé ainsi car il agite la sonnette à l'extrémité de sa queue lorsqu'il se sent menacé, vit dans le désert et les marais. N'essayez pas de prendre ni de tuer un serpent. Si vous en voyez un, reculez lentement. Si vous vous faites mordre, appliquez un bandage serré et de la glace sur la blessure et immobilisez le membre. Cherchez immédiatement une aide médicale pour toute morsure profonde.

Les **orignaux** (sorte d'élans) vivent dans les régions montagneuses. Ces grands animaux à ramure ont déjà chargé des hommes, donc ne les nourrissez pas, ne vous en approchez pas ni ne leur jetez quoi que ce soit. Si un orignal charge, cachez-vous derrière un arbre. S'il vous attaque, placez-vous en position fœtale et ne bougez pas.

PARCS NATIONAUX

Les parcs nationaux constituent un des grands attraits des Etats-Unis. Les grands déserts, les réserves marines ou les Rocheuses représentent un ensemble formidablement préservé et mis en valeur. Leur fonction première est de protéger la nature, mais tout est fait pour que le public puisse en profiter sous le double signe du loisir et de la pédagogie : sentiers de découvertes, centres d'accueil, conférences données par les *rangers*, campings, randonnées, ski, expéditions hivernales, etc. Dans la plupart des cas, des routes permettent d'accéder au cœur des parcs et aux sites les plus importants même si vous n'êtes pas randonneur.

Les **frais d'entrée** varient selon les parcs. Les parcs les plus vastes et les plus courus font payer entre 4 et 20 \$ par voiture. Quelquefois, les piétons et les cyclistes sont également mis à contribution (entre 2 et 7 \$). Le **National Parks Pass** (50 \$) est en vente à l'entrée des parcs. Il vous donne l'accès gratuit à tous parcs nationaux pendant un an ainsi qu'à tous les sites de loisirs fédéraux : monuments nationaux, forêts nationales, réserves naturelles (*wildlife preserves*), etc. Pour 15 \$ de plus, les services des parcs collent un hologramme sur votre carte, le **Golden Eagle Passport**, qui vous donne accès aux sites gérés par le US Fish and Wildlife Service, le US Forest Service et le Bureau of Land Management.

La plupart des parcs nationaux offrent des sites de **camping formidables**, soit très bien aménagés, soit situés en pleine nature. Certains parcs accueillent les camping-cars (*recreational vehicles*) et proposent même de luxueux chalets. Dans les grands parcs les plus fréquentés, il est conseillé de réserver. Vous pouvez le faire en appelant **MISTIX** (℡ 800-365-2267 ou 619-452-8787, http://reservations.nps.gov). Vous pouvez réserver jusqu'à 5 mois à l'avance. Les chalets doivent être parfois réservés plusieurs mois à l'avance. Sur les terrains de camping, la règle du premier arrivé/premier servi s'applique souvent. Arrivez suffisamment tôt le matin. La plupart des terrains sont déjà complets avant midi. Certains terrains limitent le nombre de jours de camping.

Pour toute information sur les parcs nationaux, contactez le **National Park Service**, Office of Public Inquiries, 1849 C St. N.W., n° 1013, Washington, D.C. 20240, ℡ 202-208-4747. Leur site Internet, www.nps.gov, donne des informations sur tous les parcs, les prix, un système de réservation et des cartes détaillées. La **National Park Foundation**, 1101 17th St. N.W., n° 1102, Washington, D.C. 20066 (℡ 202-785-4500), vend par correspondance **The Complete Guide to America's National Parks** (16 \$, plus 3 \$ de frais de port). Vous pouvez aussi consulter le guide de la National Park Foundation sur Internet (www.nationalparks.org).

FORÊTS FÉDÉRALES

Moins accessibles et moins fréquentées, les **forêts fédérales** (National Forests, www.fs.fed.us) proposent des activités de loisirs. En général, les campings y sont peu aménagés (WC sommaires, pas de robinets d'eau potable). Les **frais d'entrée**, quand il y en a, se situent entre 10 et 20 $, mais le camping est généralement gratuit (ou entre 3 et 4 $). Les randonneurs peuvent accéder aux réserves naturelles (**wilderness areas**), interdites à tous les véhicules. Pour avoir accès à ces réserves, demandez un permis au bureau du **US Forest Service** le plus proche. Si l'exploration d'une forêt fédérale vous tente, contactez le **National Forest Service, US Departement of Agriculture, Forest Service**, Office of Communications, Sydney R. Yates Building, 201 14th St. S.W., Washington, D.C. 20050 (✆ 202-720-5881, fax 205-0885). Celui-ci publie **A Guide to Your National Forests**, qui indique les adresses de toutes les forêts fédérales des Etats-Unis. Les cartes et autres informations seront obtenues directement auprès des bureaux des forêts concernées. Les réservations peuvent être effectuées dans la plupart des forêts, mais en général, ce n'est pas nécessaire, excepté durant la haute saison dans les sites les plus populaires. Pour réserver, contactez jusqu'à 1 an à l'avance le **National Recreation Reservation Center**, P.O. Box 900, Cumberland, MD 21501 (✆ 800-280-2267 ou 518-885-3639, fax 301-722-9802, www.reserveusa.com). La première fois, vous devrez payer 16,50 $.

A ne pas confondre avec les National Parks, fédéraux, les **State Parks** sont gérés par les différents Etats américains. Ne les négligez pas car ils offrent également de superbes opportunités pour les amoureux de la nature.

LIBRAIRIES SPÉCIALISÉES

Aux Etats-Unis, les librairies mentionnées ci-dessous vendent par correspondance tous les ouvrages spécialisés dont vous pourriez avoir besoin. Certaines vendent même du matériel :

Adventurous Travel Bookstore, P.O. Box 1468, Williston, VT 05495 (✆ 800-282-3963, fax 677-1821, **e-mail** books@atbook.com, www.adventuroustraveler.com). Un catalogue gratuit de 40 pages peut être obtenu sur demande. Spécialistes de l'aventure, ils vendent guides et cartes.

Bon Voyage !, 2069 W. Bullard Ave. Fresno, CA 93711 (✆ 800-995-9716 si vous appelez d'Amérique du Nord, ✆ 209-447-8441 d'ailleurs). Le catalogue de vente par correspondance propose guides, accessoires de voyage, bagages, adaptateurs électriques, cartes, cassettes vidéo, etc. Tous les articles peuvent être retournés sous 30 jours et échangés ou remboursés.

Rand McNally, 150 S. Wacker Dr., Chicago, IL 60606 (✆ 800-234-0679 ou 312-332-2009, www.randmcnally.com). Publie l'un des atlas routiers des Etats-Unis les plus lisibles, en vente en librairie partout aux Etats-Unis pour 10 à 14 $.

Pour connaître les librairies où l'on trouve des journaux et des livres en français, contactez les services culturels des consulats (voir **Ambassades et consulats**, p. 53).

SÉCURITÉ
SÉCURITÉ PERSONNELLE

Sans sombrer dans la psychose, n'oubliez pas que les touristes constituent des cibles de choix pour la petite délinquance. Faites preuve de bon sens, respectez quelques principes élémentaires de prudence, évitez de trop attirer l'attention en vous déguisant en touriste : vous diminuerez considérablement les risques. **Les quartiers mal famés** sont indiqués dans Let's Go s'il y a lieu. La nuit, redoublez de prudence. Préférez les artères bien éclairées aux petites ruelles sombres. Ne tentez pas de traverser les parcs ou les endroits déserts. **Dans les grandes villes américaines**, l'ambiance peut changer radicalement d'un quartier à l'autre, voire d'un block à l'autre. Si vous ne vous sentez pas rassuré, partez le plus vite possible. Mais ne vous laissez pas non plus envahir par une peur incontrôlée. N'hésitez pas à demander au personnel de votre hôtel ou à votre hôte en Bed & Breakfast qu'il vous avertisse des secteurs à éviter. **En cas d'urgence, appelez le** ✆ 911. L'appel est gratuit de n'importe quel téléphone.

L'ESSENTIEL

EN VOITURE

Si vous êtes motorisé, prenez soin de garer votre véhicule dans un parking ou une aire fréquentée. Fermez toujours à clef votre voiture. Le *car-jacking* (braquage) est moins fréquent qu'au cinéma mais existe toujours. Si un inconnu s'approche de votre voiture, mieux vaut l'ignorer et s'en aller. Vous ne devez en aucun cas baisser votre vitre ou ouvrir la porte. Ne laissez rien de précieux à l'intérieur de votre véhicule (radio, valises ou autres) pendant vos déambulations. Les **postes de radio** sont particulièrement prisés. Mettez vos bagages dans le coffre, même si les experts-voleurs savent reconnaître un coffre plein à l'affaissement du châssis.

SE LOGER

A l'intérieur de leur propre pays, les Américains bougent beaucoup. Les infrastructures du pays sont donc très développées, et pour un visiteur étranger la question de l'hébergement est rarement un problème. Motels, campings, hôtels, auberges de jeunesse, Bed & Breakfast, YMCA, etc. : il y en a pour tous les goûts et pour toutes les bourses. Il est préférable de réserver les premières nuits. En haute saison, notamment en juillet-août, et plus particulièrement lors du sacro-saint week-end américain du **Labor Day** (la fête du travail, le premier lundi de septembre), il peut être plus difficile de trouver à se loger sans réservation. Lorsque vous bougez, ayez toujours en tête les dates des jours fériés et des congés scolaires. De même, sachez que le vendredi, et plus encore le samedi, les motels affichent souvent complet dès la fin de l'après-midi, y compris, ce qui ne laisse jamais de surprendre, dans les localités les plus reculées. La plupart des motels, des campings et des auberges de jeunesse acceptent les réservations par téléphone. Si vous prévoyez d'arriver tard quelque part, un coup de téléphone dans la journée peut vous épargner des tracas le soir.

Même si vos poches sont désespérément vides, ne dormez pas à la belle étoile : c'est parfois illégal (sauf dans certains parcs nationaux et certaines forêts), c'est inconfortable et c'est toujours risqué. Vous trouverez dans ce guide, à la rubrique "Informations pratiques", les services téléphoniques d'urgence (*Crisis Hot Line*) qui vous orienteront vers des particuliers ou des associations susceptibles de vous accueillir pour la nuit. **The Traveler's Aid Society**, présent dans la plupart des grandes villes, pourra vous orienter vers un foyer d'accueil.

HÔTELS ET MOTELS

Les motels sont généralement regroupés le long des *highways*, à la périphérie des villes. Il est difficile de les manquer. Souvent ouverts 24h/24, ils affichent sur de grands panneaux extérieurs s'ils sont complets (*No Vacancy*) ou pas (*Vacancy*) et le prix des chambres. Un système très commode, qui permet de comparer et de faire son choix en passant en voiture. La plupart des chambres de motels sont équipées d'une télévision, d'un système d'air conditionné plus ou moins moderne, d'un ou deux grands lits et d'une épaisse moquette. A partir de deux personnes, un motel est souvent moins cher qu'une auberge de jeunesse. Sur la route, en dehors des grandes métropoles, c'est un mode d'hébergement commode, économique et souvent conforme au "mythe américain", qui permet parfois d'avoir l'impression de revivre des scènes marquantes de l'histoire du cinéma. A ce jour, toutefois, aucun lecteur de Let's Go n'a signalé avoir revécu la célèbre scène du film *Psychose*.

Le prix des chambres varie considérablement en fonction de la région. Une chambre simple (*single*) au nord-est des Etats-Unis coûte environ 60 $ la nuit, alors qu'elle revient à 30 $ dans un hôtel comparable au sud, à l'ouest ou au centre de la région Ouest. Les chaînes nationales les plus fiables sont Motel 6, Super 8 et Econolodge.

Chaîne d'hôtel	Téléphone	Chaîne d'hôtel	Téléphone
Best Western	✆ 800-780-7234	La Quinta Inn	✆ 800-531-5900
Comfort Inn	✆ 800-228-5150	Motel 6	✆ 800-466-8356
Days Inn	✆ 800-325-2525	Ramada Inn	✆ 800-272-6232
Econolodge	✆ 800-446-6900	Red Carpet Inn	✆ 800-251-1962
Embassy Suites Hotel	✆ 800-362-2779	Select Inn	✆ 800-641-1000
Hampton Inn	✆ 800-426-7866	Sleep Inn	✆ 800-221-2222
Hilton Hotel	✆ 800-445-8667	Super 8 Motel	✆ 800-800-8000
Holiday Inn	✆ 800-465-4329	Travelodge	✆ 800-255-3050
Howard Johnson	✆ 800-654-2000	YMCA	✆ 800-922-9622

AUBERGES DE JEUNESSE

Les auberges de jeunesse (*hostels*) constituent sans doute la solution la plus économique et la plus conviviale, surtout si vous voyagez seul. En général, elles disposent de dortoirs séparés pour les femmes et les hommes, de cuisines collectives dotées d'ustensiles et de machines à laver. De plus, elles proposent parfois des locations de vélos ou de scooters et possèdent une épicerie. Les conditions de confort et la qualité de l'accueil peuvent considérablement varier d'une auberge à l'autre. Les plus sophistiquées disposent de salons, de coins télévision et sont parfois très bien situées. Quelques-unes, décrites dans ce guide, sont tout simplement exceptionnelles. Certaines disposent de chambres individuelles pour les familles ou les couples. Le système des auberges de jeunesse peut présenter quelques contraintes : certaines sont fermées pendant une partie de la journée, imposent une heure d'extinction des feux, parfois une participation aux corvées et une durée de séjour (minimale ou maximale). Pendant la saison touristique, pensez aussi à réserver à l'avance. Enfin, sachez que d'ordinaire, ni l'alcool ni les animaux ne sont autorisés.

Les prix varient de 5 à 25 $ la nuit. A partir de deux personnes, une chambre de motel peut donc parfois être plus économique. Les auberges de jeunesse offrent souvent à leurs membres des tarifs réduits. **The Hostel Handbook for the USA and Canada**, dont l'auteur est Jim Williams, est disponible pour 4 $ (6 $ si vous l'achetez en dehors des Etats-Unis) chez **IGH**, 722 St.Nicholas Ave., New-York, NY 10031 (www.hostels.com/handbook, **e-mail** InfoHostel@aol.com). Dans ce guide sont répertoriées plus de 500 auberges. Sur Internet, vous pouvez consulter l'**Internet Guide to Hostelling** (www.hostels.com). Si vous planifiez de dormir en auberge de jeunesse, contactez :

Hostelling International-American Youth Hostels (HI-AYH), 733 15th St., N.W., n° 840, Washington, D.C. 20005 (✆ 202-783-6161, fax 202-783-6171, www.hiayh.org, **e-mail** hiayhserv@hiayh.org).

La carte **HI (Hostelling International)** de membre de la Fédération internationale des auberges de jeunesse permet d'obtenir des réductions dans les nombreux établissements américains affiliés HI. Dans ce guide, nous vous précisons les tarifs réservés aux membres et aux non-membres. Pour acheter la carte HI dans votre pays ou réserver par le biais du système IBN, voir p. 42. Aux Etats-Unis, vous pouvez également acheter votre carte de membre HI auprès de la plupart des organismes spécialisés dans les voyages pour les jeunes, comme **Council Travel**, ou auprès du bureau central de Washington, D.C. L'adhésion annuelle coûte 25 $.

BED & BREAKFAST

Alternative douillette aux chambres d'hôtel impersonnelles, les Bed & Breakfast américains (B&B pour les habitués) sont en général très agréables. Leur qualité peut toutefois varier du nid douillet pour amoureux face à une plage de Long Island à la maison sordide dans une banlieue de Los Angeles. Le petit déjeuner maison est le temps fort d'un séjour dans un B&B (normalement, car personne n'est à l'abri d'une mauvaise surprise). Les B&B sont parfois dépourvus de téléphone, de télévision ou de salle de bains particulière. Certains n'acceptent ni les animaux ni les fumeurs, d'autres les accueillent volontiers et quelques-uns sont de véritables ménageries. Parfois, les propriétaires proposent de petites excursions et vont jusqu'à glisser un chocolat, le soir, sur l'oreiller. La chambre simple coûte en général 50-70 $, et la chambre double 70-90 $.

En France, vous pouvez vous procurer le *Guide des chambres d'hôtes aux Etats-Unis* aux éditions Edisud.

AUX ÉTATS-UNIS

Aux Etats-Unis, il existe de nombreux guides spécialisés. Les trois principaux sont **America's Best Bed & Breakfast** (18 $), **The Complete Guide to Bed & Breakfasts, Inns and Guesthouses in the US and Canada** (17 $), chez Lanier Publications, P.O. Box D, Petaluma, CA 94953 (✆ 707-763-0271, fax 707-763-5762, www.travel-guides.com, **e-mail** lanier@travelguides.com), et **America's Favorite Inns, B&Bs, and Small hotels** (20 $).

Vous pouvez également visiter le site Internet **Nerd' World's Bed and Breakfasts by Region** (www.nerdworld.com/users/dstein/nw854/).

Bed & Breakfast Central Information (BBCI), P.O. Box 38279, Colorado Springs, CO 80937, fax 719-471-4740, www.bbonline.com/bbci, **e-mail** bbci@bbonline.com.

Bed & Breakfast : The National Network (TNN) of Reservation Services, www.go-lodging.com. Réservations dans tous les B&B aux Etats-Unis et certains au Canada.

YMCA ET YWCA

Vénérables institutions américaines, les centres communautaires **YMCA** (Young Men's Christian Association) disposent souvent de chambres, de dortoirs et d'une cafétéria. Les prix des YMCA (25 à 50 $) sont normalement moins élevés que ceux des hôtels, mais plus élevés que ceux des auberges de jeunesse. Lorsqu'ils existent, vous aurez d'ordinaire accès aux équipements (bibliothèque, piscine, etc.). De nombreuses YMCA acceptent les femmes et les familles. Des prix de groupe sont souvent proposés. Certaines YMCA n'acceptent de loger les moins de 18 ans qu'après avoir obtenu l'autorisation des parents. Le règlement se fait à l'avance et il n'est pas rare de devoir laisser une caution pour la clé. Quelle que soit la méthode adoptée, il faut réserver et régler au moins 2 semaines à l'avance en chèques de voyage, par mandat-carte, en chèques certifiés, ou par carte Visa ou MasterCard en dollars. Pour tout renseignement sur les Y's aux Etats-Unis ou pour réserver, contactez **YMCA of the USA**, 101 North Wacker Dr., Chicago, IL 60606 (✆ 888-333-9622, fax 312-977-0031, www.ymca.net). Elle recense les 2400 auberges aux Etats-Unis et renseigne sur les prix, les services disponibles, les numéros de téléphone et les adresses. Pas de service de réservations.

Les **YWCA** (Young Women's Christian Association) fonctionnent de manière similaire mais ne logent que les femmes ou parfois les couples. Les non-adhérentes sont souvent incitées à devenir membres à leur arrivée. Pour tout renseignement, contactez **YWCA of the USA**, Empire State Building, 350 Fifth Avenue, n° 301, New York, NY 10118, ✆ 212-273-7800, fax 212-465-2281, www.ywca.org. Publie un annuaire (8 $) des YWCA aux Etats-Unis.

ADRESSE UTILE EN FRANCE

YMCA - UCJG (Union chrétienne des jeunes gens), 5, place de Vénétie, 75013 Paris, ✆ 01 45 83 62 63, distribue un annuaire des YMCA dans le monde (9,91 € sur place, 12,35 € par correspondance) et effectue des réservations dans les YMCA des Etats-Unis. Agences à Strasbourg (✆ 03 88 15 27 88) et à Toulouse (✆ 05 61 43 23 00).

AU QUÉBEC

YMCA de Montréal, 1450 Stanley St., Montréal, QC H3K 2W6 (✆ 514-630-9864 poste 400, fax 514-630-9868). A Ottawa, la YMCA est au 180 Argyle Ave., Ottawa, ONT K2P 1B7 (✆ (613)-237-1320, fax (613)-788-5036). Permet d'effectuer des réservations dans les YMCA américaines.

LOGEMENTS UNIVERSITAIRES

N'hésitez pas, surtout si vous êtes étudiant : les campus des universités américaines constituent toujours de bonnes sources d'information non seulement pour l'hébergement, mais aussi sur les activités possibles sur le campus et dans la région. De nombreuses universités ouvrent leurs résidences aux voyageurs (parfois uniquement aux étudiants), généralement en dehors de la période des cours. Obtenir une chambre peut se révéler difficile. Les prix ne sont pas excessifs et de nombreuses universités offrent des appels locaux gratuits. Pour une personne, il faut compter entre 20 et 50 $. Des tarifs à la semaine sont parfois proposés, comptez de 120 à 250 $. Chaque fois que la possibilité se présente dans une ville, ce guide donne la liste des établissements qui proposent des dortoirs. Cette formule d'hébergement connaissant un réel succès, il est conseillé de réserver.

ADRESSE UTILE EN FRANCE

Commission franco-américaine d'échanges universitaires et culturels, 9, rue Chardin, 75016 Paris, ✆ 01 44 14 53 60. Propose la liste des campus universitaires avec le prix des chambres, mais ne s'occupe pas des réservations depuis la France. Il n'existe pas de bureau central de réservation, chaque campus ayant son propre système. Ouvert Lu-Ve 9h15-17h15.

ÉCHANGE DE LOGEMENTS

Troquer son studio parisien ou sa maison en Provence contre un appartement à New York ou un ranch dans le Wine Country : l'échange de logement est une formule qui séduit de plus en plus. Quelques organismes peuvent vous aider. Vous pouvez également passer une petite annonce dans le principal quotidien de la ville qui vous intéresse. Avec un atout de taille : malgré quelques aléas conjoncturels, la France est toujours bien cotée à la grande bourse mondiale des échanges de logements.

Généralement, vous n'aurez à payer que des frais administratifs à l'organisme qui assure l'équivalence des appartements échangés. La plupart des agences possèdent des photographies de leurs adhérents et de leurs appartements respectifs (vous aurez donc à fournir une photo si vous vous inscrivez).

American Church, 65, quai d'Orsay, 75007 Paris, ✆ 01 40 62 05 00, fax 01 40 62 05 11. Un des centres névralgiques des réseaux américains à Paris. Des particuliers affichent des offres d'échanges d'appartements sur les panneaux au sous-sol.

Homelink, 19, cours des Arts-et-Métiers, 13100 Aix-en-Provence, ✆ 04 42 27 14 14, fax 04 42 38 95 66, www.homelink.fr, **e-mail** france@homelink.org, propose également des échanges d'appartements dans plus de 50 pays (trois catalogues par an, cotisation annuelle : 130 €, 8 € si vous souhaitez une photo couleur). Ouvert Lu-Ve 9h-12h et 14h-19h.

Homestay/USA, 89, rue de Turbigo, 75003 Paris, ✆ 01 44 54 58 00. Cet organisme propose des séjours de trois ou quatre semaines dans des familles américaines à des visiteurs étrangers âgés de plus de 13 ans.

Intervac, 230, boulevard Voltaire, 75011 Paris, ✆ 01 43 70 21 22, www.intervac.com, organise des échanges d'appartements. La cotisation annuelle est de 95 €, vous pouvez acheter le catalogue (35 €) et ainsi avoir accès aux offres qui vous intéressent.

Le magazine **France-USA Contacts** (plus communément appelé **Fusac**), 26, rue Bénard, 75014 Paris, ✆ 01 56 53 54 54, fax 01 56 53 54 55, est un journal gratuit de petites annonces pour la communauté américaine. Vous y trouverez quelques annonces d'échanges d'appartements. On le trouve dans les bars américains de Paris.

LOCATIONS

Barclay International Group, 3 School, Glen Cove, New York, NY 11542 (✆ 516-759-5100 ou 1-800-845-6636, fax 519-609-0000, www.barclayweb.com, **e-mail** information@barclayweb.com), propose des hébergements (appartements, copropriétés, maisons de campagne, Bed & Breakfast, pavillons) dans plus de 20 pays dont les Etats-Unis et le Canada. La plupart des logements ont une cuisine, le téléphone, la télévision et un concierge. Les locations sont chères : à partir de 700 $ environ pour une semaine en basse saison.

BOIRE ET MANGER
SE NOURRIR

En matière culinaire, le *melting pot* n'est pas un vain mot. En dehors des quelques valeurs sûres, dont l'emblématique hamburger, les Américains ont une capacité parfois étonnante à juxtaposer et à faire fusionner les cuisines des quatre coins du monde. Au fil des vagues successives d'immigration, les différents restaurants "ethniques" se sont multipliés : japonais, juifs, indiens, chinois, grecs, vietnamiens, polonais, libanais, ukrainiens, indonésiens, pakistanais, portugais, italiens, espagnols, éthiopiens, mongols, marocains, mexicains, etc. Dans les quartiers d'immigrants, on trouve des plats authentiques à prix souvent réduits. Au gré des hasards, des voisinages ou des mariages, des associations parfois surprenantes peuvent naître. Un restaurant grec peut proposer ses spécialités de pizza, un autre vanter sa "cuisine sino-espagnole". Se répandant hors des communautés d'origine, les plats évoluent : pizza italo-américaine, *nachos* mexicano-texans, *California rolls* nippo-californiens… Les sushis, le basilic et l'huile d'olive voisinent désormais avec la cuisine américaine classique, plus variée et surtout meilleure qu'on ne le croit souvent.

Cette grande diversité va de pair avec la multiplicité des **formules** et des **prix**. Pour un petit déjeuner, comptez en moyenne de 3 à 10 $ suivant la catégorie du restaurant, pour un déjeuner de 5 à 15 $ et pour un dîner de 10 à 25 $, plus si le cœur vous en dit.

La plupart des **fast-foods** et des restaurants bon marché proposent des formules **take away** ou **take out** (à emporter). Un *take away* à 5-7 $ dans un restaurant chinois ou indien de New York revient moins cher que de préparer soi-même son dîner. Les buffets des **salad bars** ou des **dells** et toutes les formules à volonté **"all you can eat"** sont également intéressants. Dans les restaurants, demandez le plat ou le menu du jour, le *daily special*. Pensez aux **happy hours**, où les boissons à moitié prix s'accompagnent parfois de snacks gratuits. Les *chicken wings* (ailes de poulet panées), *onions rings* (beignets d'oignons frits) et les *nachos* recouverts de *salsa* et de fromage fondu font partie des classiques. Attention également aux mentions **early birds**, qui indiquent des prix réduits avant les heures habituelles de repas. Enfin, n'oubliez pas d'avoir l'œil sur les coupons promotionnels publiés dans les quotidiens locaux et les hebdomadaires gratuits sur les spectacles : un coupon *two for one* vous permet de dîner à deux pour le prix d'un seul repas.

Pour quelques dollars, un copieux **breakfast** américain comprend traditionnellement des œufs qui peuvent être *scrambled* (brouillés) ou *sunny side up* (au plat), éventuellement *over easy* (retournés et cuits légèrement), avec du bacon, du jambon (*ham*) ou des *sausages* (saucisses américaines), des *hash browns* (pommes de terre râpées frites) et des toasts. Fréquemment, vous pouvez choisir le type de pain : *white* (pain de mie ordinaire), *whole wheat* (blé complet), *French* (baguette), *rye* (pain de seigle) ou *multigrain* (plusieurs céréales). Le tout est accompagné de café, généralement servi à volonté. Vous pouvez aussi prendre des *pancakes* (crêpes), des *French toasts* (version américaine du pain perdu), des *English muffins*, ou des *bagels* (petits pains très denses en anneau). Les *bagels* se déclinent également à partir de variétés de pains différents : pain à l'ail, à l'oignon, de seigle… et il existe aussi des chaînes de *bagels*. La plus célèbre est Bruegers, qui appartient à l'ancien champion cycliste Greg Lemond. Grand classique également, les œufs *Benedict* (pochés avec une sauce hollandaise). Ceux qui tiennent à leur ligne et veulent manger sain, voire végétarien (*health conscious*) optent pour les céréales et les fruits. Les plus pressés se contentent d'un café et d'un *muffin* (brioche avec des fruits confits), d'un *cinnamon roll* (pâtisserie à la cannelle et au sucre), d'un *danish* (viennoiserie avec de la confiture au centre et du nappage autour) ou d'un *croissant*, qui peut être *plain* (ordinaire) ou garni de mille façons.

Le **café** "américain" que l'on sert dans les restaurants n'a pas grand-chose à voir avec le café français. Il est très léger et mérite parfois l'appellation "jus de chaussettes". Heureusement, depuis quelques années, des chaînes de cafés plus exotiques se sont développées dans les grandes villes. Les plus connues sont Starbucks, Caribou et Coffees of the World. Elles proposent un choix très large d'expresso, de cappuccino, de *lattè* (intermédiaire entre le café crème et le cappuccino) ainsi que des viennoiseries.

Certains restaurants servent des *breakfasts* 24h/24. Le dimanche, et parfois le samedi, à partir de 10h et jusque vers 15-16h, le **brunch** est un véritable repas, qui débute comme un petit déjeuner pour se terminer comme un déjeuner, avec toutes les variantes possibles.

Le **lunch** est souvent plus léger, tout en restant consistant. Plusieurs formules permettent de bien déjeuner à prix très raisonnable : le *lunch special* d'un restaurant (par exemple *soup & sandwich*), le buffet d'un *deli* (au poids ou à volonté), les stands de fast-food de cuisine américaine, chinoise ou italienne des *food courts* (ou *food fairs*) implantés dans les galeries commerciales, etc. En été, la plupart des grandes villes proposent également des foires de nourriture du monde entier (*international food fairs*) où l'on peut goûter des cuisines ethniques aux stands des pays participants.

Le soir, si le **dinner** se prend traditionnellement tôt (à partir de 17h) dans les zones les plus rurales, il tend à glisser vers 20h dans les grandes villes.

Quelques grands classiques se retrouvent fréquemment sur les cartes des restaurants américains. Parmi les **appetizers** (entrées), le *clam chowder* (velouté de palourdes) et la *Caesar's salad* (salade garnie aux croûtons avec une sauce à l'ail) sont des incontournables.

Quelques **entrees** (plats principaux) parmi les plus courantes : les *BBQ ribs* (travers de porc au gril), le *sirloin steak* (faux-filet de bœuf) ou le *T-bone* (entrecôte complète), le *grilled salmon* (saumon grillé). Les pommes de terre, souvent servies en accompagnement, peuvent être *baked* (au four), *mashed* (en purée), *hash browns* (râpées et frites) ou *French fries* (frites).

Les **pâtes** américaines, souvent accompagnées de *garlic bread* (pain à l'ail), sont toujours abondamment garnies : *chicken breast* (blanc de poulet), basilic frais et *sundried tomato* (tomates séchées au soleil), *pesto*, *shrimps & scallops* (petites crevettes et coquilles Saint-Jacques).

Les **hamburgers** (délicieux au bacon, au fromage fondu et aux champignons) sont accompagnés de *French fries* (frites) ou d'une salade, parfois d'un petit pot de *coleslaw* (salade de choux et de carottes) et d'un gros cornichon. Parmi les sandwichs classiques, citons le *BLT* (bacon, laitue, tomates), le *grilled ham & cheese* (le cousin du croque-monsieur), le *club* (superposition de tomates, salade, bacon, etc.) ou encore le *tuna salad* (thon à la mayonnaise).

Lorsque vous prenez une **salade**, vous devez choisir votre *dressing* (assaisonnement) : *blue cheese* (sauce au bleu), *Thousand Island* (sauce orange sucrée assez épaisse), *house* (maison), *French* (sorte de sauce épaisse de couleur orangée), *raspberry* (huile et vinaigre de framboise), *Italian* (vinaigrette un peu sucrée), etc.

Pour les **desserts**, on retrouve toujours quelques incontournables : *Strawberry cheesecake* (gâteau au fromage et aux fraises), *apple crumble* (crumble aux pommes), *brownie* et autres gâteaux au chocolat au nom plus ou moins lyrique. Si vous avez encore faim, il vous reste encore à essayer les glaces (*ice creams* ou *sundaes*) recouvertes de *hot fudge* (caramel fondu), les *frozen yogurts* (glace au yaourt), les *waffles* (gaufres) ou les *doughnuts* (beignets).

Les restaurants américains traditionnels, les **diners**, séduisent nombre d'Européens qui y retrouvent une Amérique de cinéma. Economiques, ils servent de très bons hamburgers. Mieux encore, essayez ceux de la chaîne Johnny Rockets (une douzaine dans tous les Etats-Unis). Dans un décor des années 1960, ces restaurants servent les meilleurs *burgers* pour environ 5 \$. Essayez l'Original ou le N° 12, à déguster avec un milk-shake à la fraise. Vous ne le regretterez pas. Les **family restaurants**, dont le cadre et la carte varient peu d'un océan à l'autre, servent de la cuisine américaine classique à prix raisonnables. Les **bars** et les **pubs** proposent souvent de bons hamburgers et *fish & chips*. Des restaurants "**ethniques**" bon marché aux grandes tables gastronomiques, en passant par les *sushi bars*, les *mongol's grills* et les restaurants de pâtes, on trouve tous les types de restauration, pour tous les goûts et pour toutes les bourses.

Les **fast-foods** des grandes chaînes sont moins chers qu'en France et ouverts tard, souvent 24h/24. Certains proposent le *drive-in* à ceux qui ne veulent pas lâcher leur volant. *McDonald's*, *Burger King* et *Kentucky Fried Chicken* sont bien connus en dehors des Etats-Unis. *Harvey's* fait également dans le hamburger, tout comme *Hardee's* (ce dernier étant plutôt meilleur). *Wendy's* a trouvé le créneau du "fast-food artisanal". *Arby's* propose des formules plus originales et plus chères que les fast-foods ordinaires. *Roy Rogers* s'est imposé sur le concept de la pomme de terre (franchement pas terrible). *Taco Bell* fait dans les *tacos* mexicains, *Subway* et *Mr Sub* dans le *submarine*, long sandwich de 30 cm et plus, *Dairy Queen*, *Haagen-Dazs* et *Baskin Robbins* dans les glaces, *Dunkin Doughnut* dans les beignets, etc.

Dans une gamme de prix supérieure, des chaînes de restaurants ont également trouvé de bons créneaux. *Pizza Hut* a déjà traversé l'Atlantique. *Red Lobster* a fait du homard sa spécialité. *TGIF* (Thank God it's Friday, Dieu merci c'est vendredi), immortalisé dans le film *Cocktail*, propose lui aussi d'excellents hamburgers. *Denny's*, souvent ouvert 24/24h à la sortie des villes, reproduit le concept du *family restaurant* américain.

BARS, PUBS, CLUBS ET CAFÉS

A l'entrée de nombreux bars, pubs, clubs et discothèques, on vous demandera votre **ID** (*identity document*) et une **cover charge** de l'ordre de 3 à 15 \$ (participation ou prix d'entrée), surtout si un groupe se produit sur scène. Les **bars**, à la différence des **clubs** et des **discos**, n'ont pas de piste de danse. Les **pubs** fonctionnent comme les bars, mais on peut souvent y manger. Ambiance garantie les soirs de match, retransmis sur écrans géants. Les **cafés** ne servent pas d'alcool. Dans les grandes villes, certains cafés sont ouverts plus tard que les bars et les clubs, qui sont déten-teurs d'une licence pour l'alcool et doivent respecter des règles strictes. Le *last call* (dernier appel), parfois annoncé par un tintement de cloche, souvent une demi-heure avant la fermeture, annonce qu'il est temps de commander la dernière bière. Certaines boîtes *after hours* sont ouvertes plus tard, sans vente d'alcool.

Si vous prenez un verre, préférez les **bières** *draught*, *draft* ou *on tap*, servies à la pression. La *lager* est une blonde légère, la *pale ale* est plus ambrée et la *bitter*, brune. Les bières américaines, *domestics* (Budweiser, Coors, etc.), cohabitent avec les *imported* (Heineken et Corona se taillent la part du lion). Servie au *picher* (pichet), la bière est moins chère. L'essor des **microbreweries** est devenu un véritable phénomène : ces "microbrasseries", jumelées parfois avec un bar, produisent de manière artisanale de bonnes bières locales. La réputation de certaines dépassent les frontières de leur Etat, d'autres se cantonnent à un quartier ou à un bar. N'hésitez pas à les goûter.

Les cocktails sont légion : chaque maison a sa spécialité. Les *margaritas* sont populaires un peu partout. A part dans les restaurants un peu sophistiqués et en

Californie, on boit peu de **vin** aux Etats-Unis, et essentiellement du vin blanc. *Red or white* est souvent le seul critère qui compte. Les vins de Californie peuvent être très bons et sont généralement moins chers que les vins importés.

COMMUNICATIONS
TÉLÉPHONE

Aux Etats-Unis, ayez le **réflexe** téléphone. Tout ou presque peut se faire à partir d'un combiné, et les appels locaux sont gratuits. Contrairement à la France, il n'existe pas de compagnie de téléphone en situation de monopole. La concurrence est la règle, surtout en ce qui concerne les appels longue distance.

Les numéros de téléphone américains sont précédés d'un **indicatif régional** (*area code*) à trois chiffres (parfois indiqué entre parenthèses) et comprennent sept chiffres. Par exemple : ✆ (212) 757-9340, ou (212) 757-9340. L'indicatif régional peut correspondre à un Etat (Mississippi 601), à une région à l'intérieur d'un Etat (Nord du Texas 806), à une ville (San Francisco 415), ou à une partie d'une ville (Hollywood 213, Santa Monica 310). Tous les numéros commençant par 800 sont gratuits. Les deux indicatifs-clés à connaître sont le **"1"** pour les appels qui ne sont pas locaux (changement d'*area code*), et le **"0"** pour l'opérateur.

On distingue les appels **locaux**, à l'intérieur d'une même zone téléphonique, qui sont gratuits depuis un poste privé, et les appels **longue distance**, qui sont un peu l'équivalent des "interurbains" en France.

APPELS LOCAUX ET LONGUE DISTANCE

Pour les appels **locaux**, composez les 7 derniers chiffres.

Pour les appels **longue distance** (changement d'indicatif régional), composez le 1, suivi de l'indicatif régional à trois chiffres et des sept chiffres du numéro (il peut arriver qu'à l'intérieur d'une même zone téléphonique, un appel ne soit pas "local" : composez le 1 et les sept chiffres restants).

NUMÉROS GRATUITS

Pour les numéros **gratuits**, composez le 1, le 800, et les sept chiffres restants.

APPELS INTERNATIONAUX
Pour appeler l'étranger depuis les Etats-Unis, composez :
1. **011 + le code du pays** (Belgique : 32, France : 33, Suisse : 41)
2. **Numéro de téléphone** sans le premier 0.
Dans certaines régions, vous devrez passer par un opérateur qui vous connectera.
Pour appeler les Etats-Unis depuis l'étranger, composez :
1. **Indicatif international** (00 depuis l'Europe) **+ 1** (code des Etats-Unis)
2. **Indicatif régional** à trois chiffres
3. **Numéro de téléphone**.

En composant le **"0"**, vous entrez en contact avec un **opérateur**, une sorte de super-héros du téléphone capable de résoudre tous vos problèmes, à condition de parler anglais. Pour obtenir un numéro précis ou pour connaître un indicatif régional, appelez les **renseignements téléphoniques** (*directory assistance*) au 411 ou feuilletez les **pages blanches** (*white pages*) de l'annuaire local. Pour trouver un numéro situé dans une autre zone téléphonique, composez le 1 suivi de l'indicatif téléphonique de la zone concernée, puis le 555-1212. Les **pages jaunes** des annuaires vous permettent, comme en France, de trouver la plupart des numéros professionnels. Vous obtiendrez la liste des services publics et des administrations (y compris les consulats) dans les **pages bleues**. Si vous appelez d'un téléphone public, vous avez accès gratuitement aux renseignements téléphoniques et aux services de l'opérateur (pas la peine de mettre une pièce).

En soirée, les **tarifs** sont beaucoup moins élevés (généralement du dimanche au vendredi de 17h à 23h). Les tarifs de nuit et du week-end (du lundi au vendredi de 23h à 8h, le samedi toute la journée et le dimanche jusqu'à 17h en général) sont encore plus intéressants.

Les **cabines téléphoniques** sont très nombreuses, le plus souvent au coin des rues et dans les lieux publics les plus variés. Pour un appel local, mettez une seule pièce (de 10 à 25 ¢ selon les régions, généralement un *quarter* de 25 ¢) avant de composer le numéro. Si le numéro ne répond pas ou s'il est occupé, vous récupérerez vos pièces en raccrochant (mais pas si vous tombez sur un répondeur). Pour un appel longue distance, composez le numéro sans mettre de pièces, et un opérateur vous donnera le coût de 3 minutes de communication. Vous n'avez qu'à déposer le montant dans l'appareil. Si vous dépassez 3 minutes, l'opérateur ou un message enregistré vous avertira que vous devez rajouter des pièces. Dans certaines gares, on trouve un type de téléphone public particulier qui permet d'appeler 1 minute n'importe où aux Etats-Unis pour 25 ¢ seulement. Si vous voulez appeler depuis un téléphone public mais que vous n'avez pas les rouleaux de pièces nécessaires, vous pouvez composer le "0" et demander à l'opérateur de facturer l'appel selon l'un de ces trois systèmes :

Collect call (appel à frais virés, ou PCV) : si la personne qui décroche accepte de payer la communication, c'est elle qui sera facturée. Pour accéder au service *collect call* de la compagnie **AT&T**, composez le ✆ 800-CALL-ATT (ou 800-225-5288). Encore moins cher (pour votre interlocuteur...), le service ✆ 800-COLLECT de la compagnie **MCI** (✆ 800-205-5328) offre des réductions allant de 20 à 44 % sur les tarifs habituels.

Person-to-person collect call (PCV personnalisé) : c'est un peu plus cher que le *collect call*, mais l'appel n'est facturé que si la personne qui décroche est exactement celle que vous voulez joindre (très utile si vous voulez parler à Géraldine, mais que vous n'avez rien à dire à sa mère).

Third-party billing (facturation à un tiers) : vous donnez à l'opérateur le numéro que vous souhaitez joindre, et celui de la personne à qui l'appel sera facturé. A condition de pouvoir disposer d'un compte de téléphone aux Etats-Unis.

CARTES D'APPEL

Il peut également être intéressant de se procurer une **carte d'appel** (*calling card*), utilisable à partir de n'importe quel poste de téléphone. Les appels sont débités sur votre carte bancaire (Visa, American Express ou MasterCard).

La carte **France Télécom** fonctionne selon ce principe. Vous tapez un code confidentiel avant chaque appel et le coût de la communication est inscrit sur votre facture téléphonique en France. Il n'y a pas d'abonnement : seule une avance sur frais de 6,10 € est demandée lorsque vous commandez la carte. Pour en savoir plus : ✆ 0 800 202 202.

Au **Canada**, contactez le service Canada Direct de Bell Canada (✆ 800-565-4708).

Plusieurs compagnies américaines proposent des *calling cards*, les principales étant AT&T, MCI et Sprint. A vous de comparer les tarifs.

Pour recevoir la carte gratuite **AT&T**, depuis la France, appelez en PCV le ✆ (001) 810 262 6644. Aux Etats-Unis, composez le ✆ 888-288-4685.

Pour la carte gratuite **MCI**, appelez le ✆ 00-00-19 (appel gratuit). Aux Etats-Unis, téléphonez au ✆ 800-444-4141.

Pour **Sprint**, appelez le ✆ 913-624-5335, aux Etats-Unis le ✆ 800-877-4646.

Si toutes ces cartes sont gratuites, les sociétés exigent toutefois que vous les "chargiez" avec un montant conséquent pour les obtenir (par exemple 50 $ pour MCI). Il est plus avantageux d'appeler des Etats-Unis vers la France (33 ¢ la minute) que de la France vers les Etats-Unis (70 ¢ la minute).

POSTE

Les bureaux de poste (US Postal Service) sont en général ouverts du lundi au vendredi de 9h à 17h, et parfois le samedi jusqu'à midi. Dans les grandes villes, certains bureaux ouvrent plus tôt et ferment plus tard. Tous les bureaux de poste sont fermés les jours fériés. Les **boîtes aux lettres** américaines sont **bleues** et portent la mention **mail**. La plupart des hôtels peuvent se charger d'expédier votre courrier timbré sur simple demande.

Les **tarifs** postaux sont les suivants : à l'intérieur des **Etats-Unis**, 20 ¢ pour une carte postale, 32 ¢ pour une lettre de moins de 25 g, 23 ¢ par 25 g supplémentaires. **Outre-mer** (Europe et reste du monde) : 50 ¢ pour une carte postale, 60 ¢ pour 12 g, 1 $ pour 25 g, 40 ¢ par 25 g supplémentaires. **Canada** : 40 ¢ pour une carte postale, 32 ¢ pour une lettre de 12 g, 52 ¢ pour une lettre de 25 g, 72 ¢ pour 50 g. Les aérogrammes (des feuilles qui deviennent des enveloppes une fois pliées, très pratiques, rapides et économiques) sont disponibles auprès des bureaux de poste pour 50 ¢. A l'intérieur des Etats-Unis, une lettre met entre 3 et 5 jours pour parvenir à son destinataire. Pour l'Europe, comptez entre 7 et 14 jours. Pour accélérer le mouvement, écrivez en gros "Air Mail" sur l'enveloppe.

Craignant depuis peu les colis et lettres piégés, les services postaux américains exigent désormais que les lettres destinées à l'Europe et à tout pays outre-Atlantique soient postées directement du bureau de poste (*post office*) et accompagnées d'un formulaire à remplir par le client.

Si vous n'avez pas d'adresse, vous pouvez recevoir du courrier en **poste restante**, *General Delivery*, au bureau de poste principal d'une ville. Dites bien à vos amis d'écrire "Hold for 30 days" bien en évidence sur l'enveloppe, sinon votre lettre ne sera conservée que 10 jours dans son bureau d'arrivée. Prévoyez une pièce d'identité pour retirer la lettre. Si vous vous appelez Paul Gentilecteur, l'adresse où vos amis peuvent envoyer du courrier en poste restante aura cette tournure :

Mr Paul GENTILECTEUR (soulignez le nom de famille pour faciliter le classement)
c/o General Delivery
Main Post Office
Boise, ID 83807
USA

Vous trouverez pour chaque ville l'adresse de la poste et le **code postal** (*ZIP Code*) au chapitre Informations pratiques. Préférez quand même les postes importantes aux petites annexes.

Aux Etats-Unis, les bureaux **American Express** peuvent recevoir votre courrier. Pour obtenir plus d'informations et une liste complète des bureaux, appelez en France le ✆ 01 47 77 70 00 et au Canada le ✆ 800-528-4800.

Pour un service de courrier fiable, rapide... et cher, vous pouvez essayer **Federal Express**, ✆ 800-247-4747 (aux Etats-Unis), qui garantit l'arrivée de votre courrier pour le lendemain. L'envoi d'une lettre de moins de 225 g vous coûtera un peu plus de 30 $. Le service **Express Mail** est moins cher mais plus lent : une lettre arrivera sous 4 jours ouvrés pour 15 $. Pour cela, adressez-vous à n'importe quel bureau de poste.

COURRIER ÉLECTRONIQUE (E-MAIL)

Internet est devenu l'un des moyens de communication les plus populaires pour recevoir des messages de l'étranger ou envoyer des nouvelles à ses proches. Vous avez besoin pour cela d'une adresse e-mail et d'un centre serveur qui stocke les messages que vous émettez et ceux que vous recevez. L'idéal, bien sûr, serait de posséder un ordinateur portable relié à un modem sans fil, qui vous permettrait de vous connecter à tout moment et de n'importe quel endroit de la planète. Mais il existe une autre méthode plus simple et économique, qui ne nécessite même pas de souscrire un abonnement auprès d'un fournisseur d'accès avant son départ. Cette méthode consiste à :

– créer son **adresse e-mail** auprès d'un serveur Web spécialisé dans la gestion d'adresses électroniques (service gratuit)

– se connecter sur ce site Internet chaque fois que l'on désire envoyer un message ou vérifier le contenu de sa boîte aux lettres électronique. Cette opération peut être effectuée depuis n'importe quel **cybercafé**.

Plusieurs sites Web sont spécialisés dans la gestion d'e-mails gratuits. Citons par exemple **Lemel** de France Télécom (www.mail.voila.fr), qui vous demandera de remplir une fiche avec vos nom, adresse… et de choisir un mot de passe, **Caramail** (www.caramail.com), **Yahoo** (www.mail.yahoo.fr) ou encore **Hotmail** (www.hotmail.fr).

De très nombreux sites recensent les adresses de cybercafés dans le monde où vous pouvez boire un cocktail tout en lançant des missives dans le cyberespace. **Netcafeguide** (www.netcafeguide.com) rassemble 1300 établissements dans près de 80 pays. **Cybercaptive** (www.cybercaptive.com) est un moteur de recherche qui permet de trouver l'adresse du cybercafé le plus proche de chez vous. Le site est actualisé tous les jours. Essayez aussi le **Cybercafe guide** (www.cyberiacafe.net).

VIE PRATIQUE
CLIMAT

Subtropical en Floride, océanique sur la majeure partie de la côte Ouest, nordique en Alaska, continental des Rocheuses au Nord-Est, tous les climats sont présents sur cet immense pays qui s'étend sur 25 degrés de latitude.

Le climat du **Nord-Est**, de la **Nouvelle-Angleterre** au **Centre-atlantique**, est de type continental humide : l'hiver est long et froid, le printemps bref, l'été chaud et humide, l'automne agréable. A New York (en moyenne 0 °C en janvier et 25 °C en juillet), les vagues de froid de l'hiver et la chaleur moite de l'été atteignent parfois des extrêmes. L'une des meilleures périodes est sans doute la fin de l'été et le début de l'automne, quand les journées sont encore chaudes et que les arbres prennent leurs plus belles teintes au moment de l'été indien.

Plus on descend vers le Sud, plus les écarts de température diminuent d'une saison à l'autre. A l'approche de la **Floride**, le climat devient subtropical, avec des hivers particulièrement doux et des étés chauds et humides. La meilleure saison est entre novembre et avril : il fait frais à la tombée de la nuit et les journées sont chaudes et ensoleillées (Miami : janvier 20 °C, juillet 28 °C).

La région des **Grands Lacs** est caractérisée par un climat continental, très venteux en hiver (Chicago : janvier -3 °C, juillet 24 °C). Le climat des **Grandes Plaines** n'est pas sans rappeler celui des plaines orientales de l'Europe : les précipitations sont rares, l'hiver très froid et l'été caniculaire (Kansas City : janvier 0 °C, juillet 27 °C). Là encore, plus on se rapproche des régions méridionales, plus les hivers sont cléments et les étés chauds.

Au **Texas**, les hivers sont très doux mais les températures peuvent baisser brusquement. L'été est très chaud et sec à Dallas (janvier 8 °C, juillet 30 °C), plus humide vers le golfe du Mexique.

Les **Rocheuses** connaissent un climat comparable à celui des prairies, mais un peu plus froid en raison de l'altitude. Les précipitations sont plus importantes au Nord, au Montana et dans le Wyoming, où le climat est de type alpin, et diminuent avec l'altitude et la latitude (Denver : janvier -2 °C, juillet 23 °C). Plus au sud, jusqu'au Nouveau-Mexique, les forêts laissent la place à des déserts arrosés l'été par de violents orages.

Sur la **côte Pacifique**, le climat varie fortement avec la latitude. Le Nord-Ouest, dans l'État de Washington (Seattle : janvier 3 °C, juillet 18 °C) et en Oregon, est sous influence océanique, tout comme la côte nord de la Californie : les pluies sont abondantes, surtout l'hiver, et les températures tempérées. Dans la région de

San Francisco, le climat est doux mais humide, surtout en automne et au printemps. L'été, les températures sont agréables, mais les nuits sont fraîches et les températures peuvent baisser brusquement. L'intérieur de la Californie est plus sec, et plus chaud l'été. La côte sud, à partir de Santa Barbara, est méditerranéenne avec des hivers doux, des étés secs et chauds (Los Angeles : janvier 13 °C, juillet 20 °C).

FUSEAUX HORAIRES

Le décalage horaire est de **6** heures entre Paris et New York (GMT-5) et de **9** heures entre Paris et Los Angeles (GMT-8). Les Etats-Unis sont divisés en **quatre** fuseaux horaires d'est en ouest : **Eastern** (heure de l'Est, GMT-5), **Central** (heure des Prairies, GMT-6), **Mountain** (heure des Rocheuses, GMT-7), et **Pacific** (heure du Pacifique, GMT-8). L'Alaska, **Hawaï** et les îles Aléoutiennes ont leur propre fuseau (GMT-10), c'est-à-dire 11 heures de décalage horaire avec Paris.

L'heure d'été (*daylight savings time*) a été adoptée presque partout aux Etats-Unis. Entre le dernier dimanche d'avril et le dernier dimanche d'octobre, les montres sont avancées d'une heure.

Aux Etats-Unis, le temps est découpé en tranches de 12 heures. Les heures qui précèdent midi sont appelées **am** (ante meridiem), les heures qui suivent midi, **pm** (post meridiem). 4 pm correspond à 16h, 2 am à 2h du matin.

POIDS ET MESURES

Bien que le système métrique commence à être bien implanté dans certains secteurs professionnels, le système impérial britannique est encore largement utilisé aux Etats-Unis. Voici la liste de quelques unités de mesure anglaises et de leurs équivalents métriques.

Longueurs
1 inch (in.) = 25,4 millimètres
1 foot (ft.) = 0,305 mètre
1 yard (yd.) = 0,914 mètre
1 mile (mi.) = 1,61 kilomètre

Volumes
1 once liquide (fl. oz., volume) = 29,6 millilitres
1 liquid quart (qt.) = 0,94 litre
1 U.S. gallon = 3,785 litres

Poids
1 once (oz., masse) = 28,35 grammes
1 pound (lb.) = 0,455 kilogramme

TEMPÉRATURE

Aux Etats-Unis, on utilise les degrés Fahrenheit pour mesurer la température au lieu des degrés Celsius. Pour convertir les Fahrenheit en Celsius, il faut soustraire 32, multiplier par 5 et diviser par 9. 100 degrés Fahrenheit correspondent à la température du corps humain (avec une très légère fièvre), 0 Fahrenheit à -18 °C, et 80 °F à la température très agréable de 26 °C. Une autre méthode consiste à soustraire 32, diviser par 2 et ajouter 10 %. Pour vous aider, voici une table d'équivalence simplifiée.

COURANT ÉLECTRIQUE

Les prises électriques américaines fournissent un courant de **117 volts**. En outre, les fiches électriques sont plates. Les appareils conçus uniquement pour fonctionner en Europe sur 220 volts ne peuvent donc pas marcher, à moins de leur adjoindre un **transformateur** de courant **et un adaptateur** de prise. Les transformateurs sont classés en fonction de leur puissance (par exemple, les transformateurs de 0 à 50 watts sont adaptés aux rasoirs électriques ou aux transistors).

DROGUES LÉGALES :
CIGARETTES ET ALCOOL

Les Américains ont inventé la prohibition. Aujourd'hui encore, le rapport qu'ils entretiennent avec l'**alcool** est tout sauf simple. Le **drinking age** est l'âge légal minimal pour avoir le droit de consommer de l'alcool, et par extension de pénétrer dans les bars et les discothèques qui en servent. Il est aujourd'hui de **21 ans** dans la totalité des Etats.

A l'entrée des bars, dès lors que vous paraissez jeune, vous devez produire une pièce d'identité (**identity document** ou "**ID**") avec photo et date de naissance. Une carte d'étudiant peut suffire, un permis de conduire ou un passeport est parfois exigé. Même dans un restaurant, ne soyez pas surpris si on vous demande votre *ID* lorsque vous commandez une bière.

Il est également interdit de boire de l'alcool dans des endroits publics. D'où cette pratique courante qui consiste à boire une canette de bière enfermée dans un sac en papier. Et surtout, jamais de bouteille d'alcool ouverte dans votre voiture lorsque vous roulez. L'alcool **au volant** est interdit et les sanctions sont très sévères.

Encore un paradoxe américain. Alors qu'il est beaucoup plus facile d'acheter des **cigarettes** qu'en France (on en trouve partout, 24h/24, y compris dans les drugstores) et qu'elles sont moins chères, il est de plus en plus difficile de les fumer. Les lieux publics, les avions, les bureaux, certains hôtels même sont entièrement non-fumeurs. Los Angeles a supprimé les zones fumeurs des restaurants dès juin 1993… La chasse aux fumeurs, érigée en cause nationale par les lobbies antitabac (qui se proposaient, pour certains, d'instaurer une véritable prohibition), semble avoir atteint un palier, se heurtant au puissant lobby des compagnies de tabac et à celui des fumeurs eux-mêmes. Au pays du tabac blond, les fumeurs peuvent toujours s'adonner à leur vice, même s'ils doivent parfois se restreindre. Mais avant d'allumer une cigarette, demandez toujours si cela n'importune pas vos voisins, ou a fortiori vos hôtes.

DROGUE

La possession ou la vente de marijuana, de cocaïne, de LSD et autres stupéfiants est considérée comme un crime grave aux Etats-Unis. Comme dans la plupart des pays, la marijuana est cependant répandue voire cultivée… de manière tout à fait illégale.

TAXES

Les prix affichés sont presque toujours hors taxes, y compris sur les cartes des restaurants. La taxe à l'achat (**sales tax**) est l'équivalent de la TVA. Elle varie entre 4 et 10 % suivant les Etats et les produits.

POURBOIRE

Dans les restaurants et les bars américains, le service n'est jamais compris. Prévoyez un pourboire (*tip*) de 15 à 20 % pour le personnel de la restauration, des bars et des salons de coiffure ainsi que pour les chauffeurs de taxi et, en général, pour toute personne qui s'occupe bien de vous. Les pourboires ne sont plus obligatoires aux

Etats-Unis (souvenez-vous de la première scène de *Reservoir Dogs*), mais leur usage reste cependant largement répandu. Le *tip* est emblématique de la valeur attachée par les Américains au travail, à l'argent et au client. Pour un repas de 20 $, un pourboire normal représente au moins 3 $. Si vous payez avec votre Visa, n'oubliez pas de remplir la case *tip* sur la facturette.

ACHATS

Même si tout dépend du **taux de change**, la vie est en moyenne moins chère aux Etats-Unis qu'en France. Mis à part l'alcool et certains produits importés, tout ou presque est **meilleur marché**, y compris le dentifrice. Partez donc léger ! Les vêtements sont vraiment intéressants, surtout si vous faites un tour par un des nombreux magasins d'usine (*factory outlets*). C'est particulièrement vrai pour les jeans (30 $ pour un Levis 501 en solde), les tee-shirts et toutes les tenues décontractées. Les produits électroniques et les disques compacts sont également bon marché (12-15 $ pour un CD). Prévoyez toujours un transformateur électrique et n'oubliez pas que les bandes de fréquence radio diffèrent un peu en France et aux Etats-Unis. A moins que votre magnétoscope soit équipé d'un système NTSC qui lui permette de lire les vidéos américaines, renoncez aux cassettes. Dans les marchés aux puces (*flea markets*) ou les ventes de garage (*garage sales*), vous pourrez trouver, suivant vos goûts, un grille-pain chromé des années 1950 ou un ventilateur de détective privé pour quelques dollars.

Voici des tables de conversion pour vous aider à choisir vos fringues hyper-branchées ou tout simplement un jean bon marché.

Tailles femmes

Jupes, robes et pantalons

France	32	34	36	38	40	42	44
USA	1	2	4	6	8	10	12

Chemises

France	34-36	38	40	42	44
USA	XS	S	M	L	XL

Chaussures

France	36	37	38	39	40	41
USA	5	6	7	8	9	10

Tailles hommes

Chemises

France	36-37	38-39	40-42	42-44	44-46	46-48
USA	XS	S	M	L	XL	XXL

Pantalons

France	39	41	42	43	44	46	48
USA	29	31	32	33	34	36	38

Chaussures

France	39	40	41	42	43	44
USA	6,5	7	7,5	8	9	10

VIVRE AUX ÉTATS-UNIS
TRAVAILLER AUX ÉTATS-UNIS

Pour les jeunes et les étudiants, les possibilités de jobs sont innombrables aux Etats-Unis. Deux secteurs sont particulièrement porteurs, la restauration et le tourisme. Mais choisissez bien votre destination avant de partir. L'été, certaines villes sont prises d'assaut par les chercheurs de jobs : votre recherche risque d'être plus longue.

L'idéal est d'arriver dans le pays dès fin juin, avant que la concurrence estudiantine locale ne soit trop forte. Ne vous attendez pas à gagner des salaires mirobolants, les emplois peu qualifiés sont payés environ 5 $ de l'heure. A partir du moment où vous êtes en règle, une embauche peut se décider très rapidement... à l'américaine.

Attention, les services de l'immigration américains sont très stricts. Il vaut mieux partir avec un **visa de travail** en règle. Même avec une lettre d'embauche en poche, vous aurez énormément de mal à obtenir par vous-même un visa de travail auprès des services consulaires américains. Le plus simple est de vous adresser à un organisme d'échange qui effectuera les démarches pour vous. Quelques organismes sont habilités à délivrer le formulaire d'"éligibilité" **IAP-66**, qui vous permettra d'obtenir un visa de travail **J-1**.

En France, les deux principaux organismes habilités à délivrer le formulaire **IAP-66** sont le **Council** et le **French-American Center**.

Council, 111 ter, rue Cardinet, 75017 Paris, ✆ 01 58 57 20 50, fax 01 48 88 96 45. www.ciee.org, **e-mail** info@coucilexchanges-fr.org. Ouvert Lu-Ve 9h-18h. Council est le principal organisme d'échanges pour les étudiants. Chaque année, près de 3000 Français partent aux Etats-Unis. Deux programmes : Work and Travel USA pour les étudiants qui souhaitent accomplir un job d'été entre juin et mi-octobre (584 €), et Internship USA pour les étudiants et jeunes diplômés qui veulent effectuer un stage. Il faut compter environ 660 € pour 6 mois, hors frais consulaires (environ 146 €) et hors billet d'avion pour les Etats-Unis.

French-American Center, 4, rue Saint-Louis, 34000 Montpellier, ✆ 04 67 92 30 66, fax 04 67 58 98 20, **e-mail** facmontpellier@hotmail.com. Ce centre franco-américain gère un programme intitulé **Camp America**. Il s'adresse à des jeunes de plus de 18 ans qui souhaitent travailler dans des camps de vacances ou dans des familles comme animateur, moniteur sportif ou personnel de service. Attention, il faut être disponible à partir de juin.

Pour tout savoir sur les stages et les jobs outre-Atlantique, reportez-vous au **Guide du Job-trotter Etats-Unis**, publié aux éditions Dakota, qui rassemble de très nombreuses pistes et offres (11,30 €).

ÉTUDIER AUX ÉTATS-UNIS

Si vous souhaitez étudier aux Etats-Unis, vous devrez contacter vous-même les universités américaines qui vous intéressent. Commencez vos démarches suffisamment à l'avance (environ un an avant la rentrée universitaire) et préparez-vous à un véritable parcours du combattant. Les dossiers d'inscription (*application forms*) sont spécifiques à chaque université. Dans tous les cas, vous devrez avoir obtenu un nombre minimum de points au **TOEFL** (Test of English as a Foreign Language), en général de l'ordre de 550 à 600. Si vous souhaitez en savoir plus, vous pouvez visiter le site www.toefl.org ou contacter la **Commission franco-américaine d'échanges universitaires et culturels**, 9, rue Chardin, 75016 Paris, ✆ 01 44 14 53 60, organisme spécialisé dans les échanges universitaires franco-américains.

Si vous souhaitez effectuer un séjour linguistique ou suivre des cours sur une période limitée au sein d'une université, plusieurs voies s'offrent à vous. Les organismes de séjours linguistiques sont nombreux.

EN FRANCE

Le **Centre d'Information et de documentation pour la jeunesse (CIDJ)**, 101, quai Branly, 75740 Paris Cedex 15 (Minitel 3615 CIDJ, www.cidj.asso.fr), édite une brochure détaillée qui recense les principaux organismes par catégorie. Il met également à votre disposition un numéro où vous pourrez poser toutes vos questions, le ✆ 01 44 49 29 30 (Lu-Ve 9h30-12h). Il existe un peu partout en France des Centres régionaux d'information jeunesse, les **CRIJ** (ou **CIJ** dans certaines régions), dont vous trouverez les coordonnées sur le serveur Minitel 3615 CIDJ.

Vous pouvez en outre vous adresser à l'**UNOSEL**, 19, rue des Mathurins, 75009 Paris, ✆ 01 49 24 03 61. Cette fédération regroupe une trentaine d'organismes de séjours linguistiques. Autre fédération : l'**Office national de garantie des séjours et stages linguistiques**, 8, rue César-Franck, 75015 Paris, ✆ 01 47 83 31 65, www.loffice.org, **e-mail** infos@loffice.org.

Pour suivre des cours en université ou participer à un programme d'échange, la **Commission franco-américaine d'échanges universitaires et culturels** édite des brochures qui peuvent vous aider dans vos démarches. Pour une session de 5 à 7 semaines, il faut compter environ entre 1000 et 2000 \$ par cours (chaque cours comprend de 2 à 4 unités de valeur).

EN BELGIQUE

Centre J, Banque d'informations jeunes, 5, boulevard d'Avroy, 4000 Liège, ✆ (042) 23 00 00, fax (042) 223 30 12. Ouvert Lu-Ve 10h-18h (Lu-Ve 9h-12h et 14h-17h en période de congés scolaires).

Fédération Infor Jeunes Wallonie Bruxelles, 25, rue Henri-Lemaître, 5000 Namur, ✆ (081) 71 15 90, fax (081) 22 63 12. Ouvert Lu-Ve 8h-16h, **e-mail** federation@infor-jeunes.be.

EN SUISSE

Intermundo, Postgasse 21, 3011 Berne, ✆ (031) 326 29 20, fax (031) 326 29 23. Publie une brochure gratuite avec les coordonnées de tous les organismes suisses ou ayant un correspondant en Suisse qui envoient des jeunes à l'étranger. Ouvert Lu. 9h-12h30 et 14h-16h30, Ma-Je 9h-12h30, www.intermundo.ch, **e-mail** info@intermundo.ch.

AU CANADA

Les **universités canadiennes** et les **CEGEP** (collèges d'enseignement professionnel) disposent d'un service "étudiants" qui vous renseignera sur les possibilités d'études et d'emplois à l'étranger. Dans les universités plus grandes, adressez-vous directement au service de l'emploi.

LES ÉTATS-UNIS : HISTOIRE ET SOCIÉTÉ

L'immensité du territoire des Etats-Unis s'accompagne d'une diversité géographique et humaine souvent plus profonde qu'on ne l'imagine. Au-delà de quelques archétypes simplistes, certes pas toujours erronés, propagés dans le monde entier par le cinéma et la publicité, les Etats-Unis constituent une véritable mosaïque culturelle, sociale, ethnique mais aussi géographique de 265 millions d'habitants environ. La même bannière étoilée flotte sur les 50 Etats américains, mais, d'une région à l'autre, les différences peuvent être très marquées. Entre un Orégonais et un Louisianais, il y a sans doute au moins autant de différence qu'entre un Breton et un Corse. La politique d'immigration systématique conduite pendant des décennies a permis l'entrée d'un flot d'immigrants (65 millions entre les années 1865 et 1914) et leur intégration, plus ou moins réussie, dans le creuset américain : c'est le fameux *melting pot*, expression forgée en 1907 par le dramaturge Israël Zangwill. Cette diversité humaine, favorisée aussi par la géographie, s'est nourrie d'une idéologie de la liberté individuelle. On comprend cependant que la communauté noire, ou afroaméricaine, ait eu du mal à se reconnaître inconditionnellement dans cette dynamique puisque, en fait de liberté, sa présence sur le continent résulte du commerce des esclaves en provenance d'Afrique qui a sévi jusqu'à la seconde moitié du XIXe siècle. Les Indiens, refoulés dans des réserves et jadis victimes d'une politique confinant souvent à l'extermination, ont eux aussi leurs raisons de n'adhérer que partiellement aux mythes fondateurs de la nation. D'une manière générale, le caractère "pluriel" d'une société qui aime à raisonner en termes de communautés débouche malheureusement aussi sur des situations de discrimination, d'incompréhension et de cloisonnement social.

L'accumulation de richesses et le prestige qui caractérisent les Etats-Unis aujourd'hui ont exacerbé une certaine fierté nationale mais également les divisions internes de la nation. Les Américains s'enorgueillissent ainsi de vivre dans un pays donnant à chacun une chance de réussir, un pays disposant du confort matériel le plus moderne même dans les contrées les plus retirées. Autant d'avantages accessibles à tous, du moins en théorie. Dans les faits, le contraste qui oppose opulence et prospérité à la situation des sans-abri peuplant les grandes cités n'en finit pas de choquer. Bien que les lignes de fracture ne soient pas clairement reconnues, elles sous-tendent l'existence et les aspirations des habitants, ainsi que la façon dont le pays est dirigé. Si les classes aisées sont aux commandes, la masse formée par la classe moyenne contribue à teinter l'idéologie américaine de valeurs familiales élémentaires. Le pays semble souvent hésiter entre le statut de nouvelle Babylone, lieu de tous les plaisirs, et celui de citadelle de la vertu, mais il se veut surtout le lieu d'un art de vivre axé sur le confort, le travail et un épicurisme modéré.

Alors, conformistes et conservateurs, les Américains ? L'affirmer, ce serait oublier un peu vite que le pays qui a créé Hollywood est également celui des artistes et des écrivains les plus contestataires, que Marilyn Monroe a épousé le dramaturge Arthur Miller, que le jazz puis le rock et le rap ont canalisé la "fureur de vivre" de plusieurs générations dans le monde entier, qu'il faut être un peu fou pour marcher sur la Lune, et que voir tout en grand n'est pas une si mauvaise habitude en termes de créativité ! N'en déplaise aux Européens, les Etats-Unis ont eu le temps de développer des traditions qui leur sont propres au cours d'une histoire certes brève, mais singulièrement intense. Politique, art, cinéma, télévision ou sport : dans tous les domaines, cette nation passée en l'espace de quatre siècles du stade de modeste colonie de pionniers à celui de superpuissance semble avoir son mot à dire, et ce n'est pas un hasard. Pour nous en convaincre, allons y voir d'un peu plus près...

HISTOIRE

AU COMMENCEMENT

On ne sait pas exactement à quand remonte le premier peuplement du continent américain. Longtemps, les scientifiques ont daté l'arrivée des premières populations venues de Sibérie par l'actuel détroit de Béring, qui formait alors une péninsule, de 15 000 ans av. J.-C. (au dernier âge glaciaire). Des fouilles plus récentes ont révélé les traces d'une présence humaine antérieure et donné naissance à la théorie d'un peuplement plus diversifié, de provenance à la fois orientale et occidentale. Il est toutefois certain que des tribus vivaient de la chasse et de la cueillette sur le territoire actuel des Etats-Unis vers 10 000 av. J.-C. Dans les prairies, les Indiens chassent alors le bison "au ravin" (le troupeau est encerclé et dirigé jusqu'au bord d'un ravin), comme en témoigne le site de *Head-Smashed-In Buffalo Jump*, dans l'Alberta (au Canada). Dans l'Ouest, les Inuits et les Aléoutes (leurs cousins d'Alaska) chassent la baleine. Quand les premiers Européens mettent pied sur le continent, on compte une centaine de groupes amérindiens physiquement, linguistiquement et culturellement distincts. Certains sont nomades mais d'autres vivent dans de véritables cités.

EXPLORATION ET COLONISATION

LA "DÉCOUVERTE" DE L'AMÉRIQUE

Pendant plusieurs siècles, on a considéré que Christophe Colomb avait découvert l'Amérique, même si, soit dit en passant, le nom du continent vient de l'explorateur italien **Amerigo Vespucci**. Aujourd'hui, les historiens débattent de la date à laquelle les premiers Européens ont accosté sur le continent américain. Abstraction faite de ceux que le hasard ou le vent ont sans doute poussés, malgré eux, vers le Nouveau Monde (comme Astérix et Obélix), les premières tentatives d'exploration systématique remontent au Xe siècle. La *Saga des Groenlandais* et la *Saga d'Eric le Rouge* relatent les exploits des **Vikings** qui, autour de l'an mil, ont découvert et exploré Helluland, "le Pays des pierres plates" (dont la description correspondrait à l'actuelle terre de Baffin), Markland, "la Terre des forêts" (le Labrador ?), et Vinland, "la Terre des vignes" (Terre-Neuve). Entre 1004 et 1008, ils auraient longé les côtes de l'actuelle Nouvelle-Angleterre et une dizaine d'années plus tard, probablement atteint la baie d'Hudson. Comme chacun sait, c'est en 1492 que le Génois **Christophe Colomb**, engagé par la reine Isabelle de Castille pour rejoindre Cipango (le Japon) par l'ouest, débarque à San Salvador (Bahamas) et à Hispaniola (Saint-Domingue). Persuadé d'avoir atteint les "Indes orientales", il donne à leurs habitants le nom d'**Indiens**. Sa découverte devait être à l'origine d'un des plus grands chocs culturels de l'histoire de l'humanité.

LES PREMIÈRES INSTALLATIONS EUROPÉENNES DURABLES

Motivée surtout par la recherche de l'or et de l'argent, la colonisation européenne se poursuit sans relâche. Rayonnant à partir de l'Amérique centrale, l'Empire espagnol s'étend au fil des siècles jusqu'aux Etats américains actuels de la Floride, du Nouveau-Mexique, de l'Arizona, du Texas et de la Californie. En 1524, l'Espagnol Juan Ponce de León explore la Floride, bientôt suivi par l'envoyé de François Ier, le Florentin Verrazzano, qui reconnaît l'ensemble des côtes atlantiques des Etats-Unis actuels. En 1534, Jacques Cartier, également envoyé par François Ier, atteint le

Saint-Laurent (découvert et baptisé ainsi le jour de la fête du saint). Il explore la Nouvelle-France au cours de trois voyages, jusqu'en 1541. En 1559, des huguenots français fuyant les persécutions établissent en Floride, alors possession espagnole, la première colonie européenne sur le territoire actuel des Etats-Unis. L'aventure tourne au drame lorsque les Espagnols massacrent la jeune colonie, avant de fonder en 1565 **Saint Augustine**, qui sera la première implantation européenne à perdurer. C'est au nord des Français, tout comme les Hollandais (qui fondent la colonie de La Nouvelle-Amsterdam, la future New York), s'implantent le plus durablement. En 1609, le Français Samuel Champlain, fondateur de la ville de Québec, découvre le lac qui porte son nom et le nord de l'actuel Etat de New York. Depuis la Nouvelle-France, l'explorateur Cavelier de La Salle descend le Mississippi jusqu'au golfe du Mexique. En 1682, il prend possession au nom du roi de France de tous les territoires à l'ouest du Mississippi, qu'il baptise Louisiane en l'honneur de Louis XIV. 1718 marque la fondation de La Nouvelle-Orléans. Lorsqu'en 1713 la France perd les territoires de l'Acadie (la Nouvelle-Ecosse et le Nouveau-Brunswick) au profit de l'Angleterre, de nombreux Acadiens refusent de se soumettre au pouvoir anglais. 10 000 d'entre eux seront déportés en 1755 vers la côte sud de la Nouvelle-Angleterre, lors du Grand Dérangement. Finalement, ils trouveront refuge dans les bayous de Louisiane. Jusqu'à la fin du XVIIIe siècle, les explorations françaises se poursuivent plus à l'ouest, atteignant le Montana et le Wyoming.

LA COLONISATION ANGLAISE

Mais les grands colonisateurs de tous ces territoires vont être les Anglais, malgré un début quelque peu chaotique. En 1584, sir Walter Raleigh fonde la colonie de Roanoke, en Caroline du Nord. Abandonnée puis reprise en 1585 par le peintre John White, elle disparaît définitivement en 1590 après avoir vu naître le premier enfant anglo-américain, Virginia Dare. En mai 1607, une centaine de colons britanniques s'installent à Jamestown, en Virginie, sous les auspices de la Compagnie de Londres. Dans les 15 années qui suivent, 10 000 immigrants gagnent le Nouveau Monde. Près de 8000 colons meurent de maladie et de faim dès les premières années. Avec l'aide des Indiens Powahatans, qui leur font connaître le maïs et le tabac, les survivants parviennent à prendre le dessus, à faire démarrer l'économie et baisser la mortalité. C'est ainsi que la baie de Chesapeake (Virginie et Maryland) devient progressivement la terre de la seconde chance pour les Britanniques les plus pauvres. Un système de "servitude volontaire", l'*indenture*, se développe : en contrepartie du voyage, les colons travaillent gratuitement pendant plusieurs années pour le compte de la Compagnie de Londres. Peu à peu, l'esclavage se substitue à ce système. En 1619, les premiers esclaves sont importés en Virginie. A la fin du XVIIe siècle, la traite et l'exploitation des esclaves dans les plantations sont parfaitement organisées. Le **commerce triangulaire** (verroterie, esclaves, tabac) fait la fortune de villes européennes comme Bristol et Liverpool, mais aussi Nantes, Bordeaux ou La Rochelle, qui desservent la Louisiane et la Virginie.

LES PÈRES PÈLERINS

A la colonisation essentiellement économique de la Virginie s'ajoute celle de Britanniques fuyant les persécutions religieuses. Ayant rompu avec l'Eglise anglicane, **les séparatistes puritains quittent l'Angleterre** pour la Hollande, d'où ils fuient de nouveau par crainte d'une invasion espagnole. En 1620, une centaine d'entre eux jettent l'ancre du *Mayflower* à **Provincetown** avant de s'établir un mois plus tard à **Plymouth**, dans l'actuel Massachusetts. Là encore, les premiers temps sont terribles pour ces *Pilgrim Fathers* (Pères pèlerins) : ils doivent leur salut, eux aussi, à la dinde et au maïs apportés par les Amérindiens. Commémorant la dette contractée à leur égard tout en rendant grâce au Seigneur, **Thanksgiving**, le jour de l'action de grâce, est toujours fêté aux Etats-Unis le dernier jeudi de novembre. Progressivement, l'Empire britannique en Amérique s'étend sur la côte Est, jusqu'à compter 13 colonies, marquées durablement (y compris après l'Indépendance) par l'influence culturelle et politique des puritains de Nouvelle-Angleterre.

NAISSANCE D'UNE NATION

L'ÉPHÉMÈRE DOMINATION ANGLAISE

Pendant la première moitié du XVIIIe siècle, la quête de terres cultivables conduit à une expansion progressive vers l'ouest. Les vallées sont colonisées, les champs labourés. Parallèlement, on assiste à un formidable accroissement démographique : en 1775, la population des 13 colonies s'élève à 2 250 000 habitants. Mais les luttes coloniales entre puissances européennes rivales sur le continent américain s'intensifient. La guerre de Sept Ans (1754-1763), qui oppose sur le Vieux Continent les puissances européennes, notamment la France et l'Angleterre, a des conséquences importantes en Amérique ; elle y est connue sous le nom de **French and Indian War** (guerre contre les Français et les Indiens). Malgré des victoires jusqu'en 1758 et une alliance efficace avec les Iroquois, la France connaît une série de revers, en particulier à Detroit, Montréal et Québec, où le général français Montcalm trouve la mort sur les plaines d'Abraham. En 1763, le **traité de Paris** consacre la perte des possessions françaises en Amérique du Nord. La France de Louis XV et de Choiseul, vaincue par l'Angleterre de George III et du Premier Pitt, cède définitivement l'Acadie, le Québec, le golfe du Saint-Laurent et plusieurs îles des Antilles. L'année précédente, la France avait cédé à l'Espagne la Louisiane, immense territoire qui s'étend alors du Mississippi aux Rocheuses.

LES CLOCHES DE LA LIBERTÉ

Paradoxalement, cette victoire coûtera très cher aux Britanniques. Pour remplir les caisses de la Couronne, ceux-ci entreprennent de contrôler le commerce des fourrures et de faire payer un tiers de leurs dettes de guerre aux colonies américaines. A partir de 1764, les autorités britanniques décident de lever des impôts, d'augmenter les droits de douane et de contraindre les colons à loger les troupes britanniques. En 1765, le *Stamp Act* établit un droit de timbre sur la plupart des documents écrits. En 1773, le *Tea Act* dispense la Compagnie des Indes orientales de droits d'importation sur le thé d'Orient et l'autorise à le vendre en Amérique, concurrençant ainsi les importateurs américains. Cette décision déclenche la colère des colons, qui réclament le droit de prendre part aux décisions les touchant, comme ils en ont pris l'habitude dans les instances politiques locales. Avant tout, les colons rejettent la "**taxation without representation**" : être imposé par le Parlement britannique sans y être représentés. Sous la pression des commerçants britanniques boycottés par les colons, le gouvernement de Londres accepte, en 1766, d'abroger le Stamp Act. Il est remplacé, un an plus tard, par les droits Townshend (Townshend Duties) qui établissent des taxes à l'importation sur de nombreux produits de première nécessité. Le 5 mars 1770, un **accrochage violent** entre troupes anglaises et colons fait 5 morts à **Boston** parmi les manifestants. En avril, le Premier ministre britannique, Lord North, abroge les droits Townshend, à l'exception de ceux sur le thé. Cette exception est à l'origine de la fameuse **Boston Tea Party** au cours de laquelle, en décembre 1773, des Bostoniens déguisés en Indiens jettent à la mer la cargaison de thé de trois navires de la Compagnie des Indes orientales. La riposte britannique est rapide et brutale. Par les *Coercitive Acts* de mars et mai 1774, le port de Boston est fermé, les coupables jugés en Angleterre et la charte du Massachusetts abrogée. Boston, placée en état de siège, est occupée par des milliers de *red coats*, les soldats britanniques en tunique rouge. L'année 1775 est marquée par une succession d'escarmouches. Les insurgés s'organisent, et **George Washington** reçoit le commandement militaire le 15 juin. Le 4 juillet 1776, sur une proposition de Thomas Jefferson, le Congrès des 13 colonies, réuni à Philadelphie, vote la **Déclaration d'Indépendance**.

LA GUERRE D'INDÉPENDANCE

La guerre d'Indépendance dure de 1776 à 1783. Les premiers affrontements tournent à l'avantage des Britanniques. L'**armée de volontaires** formée par Washington à partir d'un noyau de miliciens est inférieure en nombre et en moyens à l'armée britannique, largement composée de mercenaires allemands. Rapidement, Washington doit abandonner New York puis Philadelphie. La victoire des insurgés à Saratoga en octobre 1777 ne suffit pas à rétablir la situation. L'aide de la France, qui voit dans ce conflit l'occasion d'effacer certaines des conséquences du traité de Paris, permet de rééquilibrer le rapport de forces. En 1778, elle reconnaît l'indépendance américaine et intervient militairement avec des détachements dirigés par La Fayette et Rochambeau, qui aident à réorganiser l'armée des colons. A la suite de la France, l'Espagne et les Pays-Bas interviennent également. Après des années d'incertitude, la capitulation du général britannique Cornwallis à **Yorktown**, en Virginie, le 19 octobre 1781, conduit à la victoire américaine. Le 3 septembre 1783, un nouveau traité de Paris scelle l'indépendance des Etats-Unis, dont les frontières sont fixées aux Grands Lacs, à la Floride et au Mississippi.

LE CADRE LÉGAL

Jusqu'en 1787, le cadre constitutionnel, assez lâche, du nouveau pays est défini par les *Articles de Confédération*, adoptés par le Congrès le 15 novembre 1777 et ratifiés le 1er mars 1781. Ils laissent une très grande autonomie aux Etats, en évitant tout ce qui peut favoriser un pouvoir central fort. Mais, rapidement, des problèmes relatifs à la monnaie et au commerce extérieur, domaines où le Congrès est constitutionnellement impuissant, renforcent le courant fédéraliste et centralisateur. Une convention se réunit à Philadelphie du 25 mai au 17 septembre 1787 pour mettre au point une nouvelle **Constitution**. Les 42 délégués qui y participent sont connus dans l'histoire américaine sous le nom de *Founding Fathers*, les Pères fondateurs. Le document définitif, ratifié par les Etats au cours des années 1787 et 1788, établit une forme de gouvernement républicain et distingue trois pouvoirs soigneusement équilibrés : l'exécutif, confié à un président élu pour 4 ans et disposant d'un droit de veto, le législatif, confié d'une part au Sénat (qui représente les Etats) et d'autre part à la Chambre des représentants (qui parle au nom du peuple), enfin le judiciaire, chargé d'assurer le fonctionnement harmonieux de la Fédération. George Washington devient le premier président des Etats-Unis. La Constitution compte 7 articles, auxquels sont rapidement ajoutés 10 amendements connus sous le nom de **Déclaration des Droits** (*Bill of Rights*), qui garantissent notamment les libertés de parole, de presse et de religion. Fondateurs de l'idéologie américaine, ces textes sont adoptés alors que la France entre dans sa période révolutionnaire. Depuis, 26 amendements ont été votés (celui de 1971, par exemple, a fixé le droit de vote à 18 ans). Certains ont été abrogés, le plus fameux étant le 18e, qui instituait la prohibition de l'alcool. La Constitution américaine, ouverte à l'interprétation et à la révision, tire sa force de cette souplesse qui lui permet d'être aujourd'hui la plus ancienne Constitution écrite à être toujours en vigueur.

Le système politique américain, fondé sur le bipartisme, a pris forme dans les années 1780-1790. Les **fédéralistes**, représentés au départ par Madison et Hamilton, insistent sur le rôle de l'Etat central, qui doit soutenir l'activité en intervenant au besoin dans le domaine économique. A l'inverse, les **jeffersoniens** sont favorables au libre jeu des lois du marché. Avec le temps, les noms ont changé et les convictions se sont parfois inversées, mais l'opposition entre ces deux grands courants (aujourd'hui représentés par les démocrates et les républicains) reste constitutive de la vie politique américaine.

LA CONQUÊTE DE L'OUEST

UNE PREMIÈRE ACQUISITION : LA LOUISIANE

La nouvelle stabilité politique des Etats-Unis favorise l'expansion territoriale, mais celle-ci se fait de plus en plus aux dépens des Indiens. Dès mai 1803, **Thomas Jefferson**, 3e président américain, achète la **Louisiane**, redevenue française en 1800, à Napoléon, qui jugeait inutile et impossible de conserver cette lointaine colonie. Cette acquisition, réalisée pour la somme assez modique de 15 millions de dollars (soit 10 ¢ l'hectare), double la superficie de l'Union. La Louisiane d'alors n'a rien à voir avec l'Etat qui porte aujourd'hui son nom : c'est un territoire quatre fois plus grand que la France, qui s'étend du Mississippi aux Rocheuses et des Grands Lacs au golfe du Mexique. Inspiré par l'esprit de découverte et soucieux de favoriser l'essor du commerce des fourrures dans le nord-ouest du pays (ou simplement désireux d'évaluer la richesse de sa nouvelle acquisition), Jefferson lance **l'expédition Lewis-Clarke** en 1803. En octobre 1805, avec l'aide d'une Indienne nommée Sacajawea, l'expédition atteint Seaside, dans l'Oregon, ce qui permet aux Etats-Unis d'affirmer leurs droits sur une région déjà revendiquée par l'Angleterre et l'Espagne. A la suite de la guerre de 1812-1815, conduite contre l'Angleterre pour des motifs commerciaux, les Etats-Unis s'affirment comme une puissance reconnue. L'expansion vers l'ouest, d'abord prudente, devient de plus en plus systématique.

LES PREMIÈRES RELÉGATIONS DES INDIENS

En 1830, Andrew Jackson, dont l'élection au poste de 7e président des Etats-Unis doit beaucoup à ses succès militaires contre les Indiens, fait voter par le Congrès l'Indian Removal Act. Cette loi créait un "Territoire indien", correspondant à l'Oklahoma actuel, destiné à accueillir les tribus originaires de l'est du Mississippi. Elle donna un cadre légal à la déportation des tribus indiennes pour laisser place aux premiers conquérants de l'Ouest. Les Creeks (1833), les Séminoles de Floride (1833), les Choctaws, les Chickasaws du bassin du Mississippi (1837) et les Cherokees de Caroline du Nord (1838) : plus de soixante tribus originaires de l'ensemble des Etats-Unis sont déplacées de force, en dépit de tous les traités signés, du mode de vie européen adopté par certaines d'entre elles et de toutes leurs démarches légales. Ces relégations dépassant parfois le millier de kilomètres, véritable calvaire, entraînent des pertes humaines très nombreuses et se poursuivent jusqu'en 1881. Une fois arrivées, les malheureuses tribus ont encore à subir l'hostilité des Indiens (Kiowas, Comanches, Wichitas…) déjà installés dans la région, qui ne voient pas d'un bon œil la présence de ces nouvelles bouches à nourrir sur leurs territoires de chasse. Mais leurs déboires ne s'arrêteront pas là. Le gouvernement américain prendra le prétexte, en 1870, d'un "soutien" de certaines tribus aux Sudistes pour ouvrir ce territoire concédé "pour l'éternité" aux Indiens à la colonisation des pionniers blancs.

"DESTINÉE MANIFESTE" ET GUERRE CONTRE LE MEXIQUE

C'est au journaliste John O'Sullivan que l'on doit l'expression de "destinée manifeste", utilisée pour la première fois en 1845 : "C'est la **destinée manifeste** de l'Amérique que de s'étendre jusqu'aux confins du continent que Dieu lui a donné, pour permettre à ses millions d'habitants, chaque année plus nombreux, de se développer librement." L'idéologie expansionniste, la soif de terres fertiles et bon marché, l'espoir d'une vie meilleure conduisent les pionniers à la conquête de l'Ouest. L'épisode célèbre de **Fort Alamo**, en 1836, au cours duquel les Texans sont vaincus et massacrés par les Mexicains (l'indomptable Davy Crockett, pour sa part originaire du Tennessee, y trouve la mort) n'empêche pas les Etats-Unis, 10 ans plus tard, de livrer au Mexique une guerre victorieuse face au "Napoléon de l'Ouest" autoproclamé, le général-président Santa Anna. Par le traité de Guadalupe Hidalgo, en février 1848, les Américains obtiennent tous les territoires mexicains situés au nord du Rio Grande, dont le Texas et la Californie (en contrepartie, une fois encore, d'une somme de 15 millions de dollars). Un investissement rapidement rentabilisé par la ruée vers l'or de Californie.

Le mouvement vers l'Ouest se poursuit pendant toute la seconde moitié du XIXe siècle. En 1862, le **Homestead Act** (loi sur les terres cultivables) accorde la cession gratuite de 160 acres (64 ha) de terres fédérales à ceux qui acceptent de s'installer dans l'Ouest pour 5 ans. Cette mesure est à l'origine de la mise en culture des Grandes Plaines mais déclenche des guerres sanglantes avec les Indiens, déjà présents sur ces terres. La légende de la frontière de l'Ouest se fonde largement sur des récits mettant en scène de courageux colons blancs et de vaillants cow-boys repoussant héroïquement les attaques des Indiens. Si ce mythe, forgé pour justifier l'exploitation et le déplacement des Indiens, est aujourd'hui fortement contesté, **la conquête de l'Ouest** n'en conserve pas moins, dans l'imagerie américaine, une place de tout premier choix.

LA GUERRE DE SÉCESSION

ABOLITIONNISTES ET ESCLAVAGISTES

L'esclavage (renforcé à partir de 1840 dans certains Etats) est à l'origine de tensions croissantes à l'intérieur de l'Union. La Déclaration d'Indépendance avait proclamé tous les hommes égaux, mais la Constitution avait ignoré la question de la traite des Noirs. Par ailleurs, de profondes différences économiques, culturelles et politiques séparent le Sud du Nord. La prospérité du Sud agricole se fonde sur l'esclavage, tandis que le Nord, plus industrialisé, a presque cessé de le pratiquer. L'équilibre constitutionnel est mis à mal par l'expansion vers l'ouest, chaque nouvel Etat, chaque nouveau territoire devant se définir comme esclavagiste ou non. Le compromis du Missouri, adopté en mars 1820, cherche à maintenir l'équilibre : le Missouri (esclavagiste) et le Maine (non-esclavagiste) entrent ensemble dans l'Union. L'esclavage est désormais interdit au nord d'une ligne qui relierait aujourd'hui Las Vegas à la Caroline du Nord, **la ligne Mason-Dixon**. Mais, aux yeux de beaucoup, le compromis n'est pas destiné à être respecté.

LA SÉCESSION ET LA GUERRE

En 1860, l'élection à la présidence d'**Abraham Lincoln**, défavorable à l'introduction de l'esclavage dans les nouveaux Etats, conduit le Sud à la rupture. La Caroline du Sud, premier Etat à faire sécession à la fin de l'année 1860, est suivie, en 1861, par l'Alabama, l'Arkansas, la Floride, la Géorgie, le Kentucky, la Louisiane, le Mississippi, le Missouri, la Caroline du Nord, le Tennessee, le Texas et la Virginie. Les 13 Etats forment une confédération dont la Constitution, promulguée le 11 mars 1861, renforce l'autonomie et justifie les fondements esclavagistes d'une économie très majoritairement rurale. Face à eux, le Nord se fixe d'abord comme objectif le maintien de l'Union puis, **à partir de 1862, l'abolition de l'esclavage**. La guerre (que les Américains n'appellent pas guerre de Sécession, mais guerre civile : *American Civil War*) dure 4 ans. Premier conflit moderne à bien des égards (utilisation des chemins de fer, du télégraphe, du fusil à répétition ou encore de la mitrailleuse et du premier sous-marin), elle est aussi la plus meurtrière de l'histoire des Etats-Unis : 620 000 morts, soit à peu près autant que dans la totalité des autres conflits qu'a connus le pays. De ce bain de sang, le Nord sort victorieux, essentiellement grâce à sa puissance industrielle et à sa supériorité démographique. Le 9 avril 1865, au palais de justice d'Appomatox, en Virginie, **Ulysses Grant**, **général en chef nordiste** (qui sera de 1869 à 1877 le 18e président des Etats-Unis), obtient la reddition des armées sudistes du général **Robert E. Lee**. Quelques jours plus tard, le 14 avril 1865, Lincoln est assassiné par un acteur de théâtre sudiste, John W. Booth. Son testament spirituel, le **13e amendement**, abolit l'esclavage, mais il reste aux législateurs américains à établir l'égalité raciale.

L'INDUSTRIALISATION ET LA PREMIÈRE GUERRE MONDIALE

LA RECONSTRUCTION ET L'ÂGE DU TOC

L'après-guerre de Sécession est marquée, au Sud, par la reconstruction et, au Nord, par la révolution industrielle. Jusqu'en 1877, fin officielle de la reconstruction, des troupes stationnent dans le Sud pour maintenir l'ordre, contrôler les élections et veiller au respect de la législation fédérale. Alors que l'économie des anciens Etats dissidents s'effondre, celle du Nord connaît un large essor. Les esclaves nouvellement affranchis devront affronter une transition difficile afin de passer des plantations au statut de citoyens libres. Les lois **Jim Crow** continuent de mettre un frein à leur liberté tandis que les politiciens, adoptant la doctrine "séparés mais égaux", interdisent aux Noirs la fréquentation des établissements publics, des écoles et même des fontaines, réservés aux Blancs. Malgré la construction d'établissements d'enseignement supérieur destinés aux Noirs, et le fait que d'anciens esclaves soient désormais en mesure d'acquérir un certain pouvoir politique, nombre de Noirs sont relégués au statut de métayer pour le compte de propriétaires blancs tout en se voyant manipulés par des politiciens blancs en mal de votes. En 1867, un groupe de Sudistes mené par un ancien officier confédéré, le général Nathan Bedford Forrest, fonde le **Ku Klux Klan**, organisation secrète prônant la suprématie des Blancs et bien décidée à terroriser les Noirs et à leur interdire tout pouvoir politique. Elle sera à l'origine de nombreux lynchages, incendies et autres agressions.

Marquées par la réussite de capitaines d'industrie comme George Vanderbilt, Andrew Carnegie ou John D. Rockefeller, ces années sont celles du développement des chemins de fer et de l'industrie métallurgique, de l'émergence des grandes métropoles et de l'apparition des *trusts*. Mais les succès du capitalisme triomphant sont occultés par la corruption politique et les conditions de vie déplorables des ouvriers comme des fermiers. Le développement des revendications sociales et, surtout, les crises économiques des années 1890 (comme plus tard des années 1930) conduisent l'Etat fédéral à intervenir pour contrebalancer ce capitalisme "sauvage". La période qui s'étend de 1878 à 1890 est connue sous le sobriquet dont l'a affublée Mark Twain : **l'Age du toc**, *the Gilded Age*.

Cette ère sonne également le glas du mode de vie libre et traditionnel des dernières tribus indiennes survivantes. Le 15 décembre 1890, le meurtre du chef sioux **Sitting Bull** déclenche une formidable révolte de la communauté. Le 29, un détachement du 7e de cavalerie massacre à la mitrailleuse un campement de Sioux Lakota à Wounded Knee, dans la réserve de Pine Ridge (Dakota du Sud). Cet épisode peu glorieux qui marque la fin officielle des "guerres indiennes" ouvre la voie à l'assimilation forcée des Indiens dans les réserves et à l'acculturation de leurs enfants dans des "écoles indiennes".

LES DÉBUTS DE L'IMPÉRIALISME AMÉRICAIN

Politiquement, la décennie 1890-1899 marque l'avènement des Etats-Unis en tant que puissance mondiale. La **guerre victorieuse contre l'Espagne**, qui se conclut à Paris le 10 décembre 1898 par la mainmise sur Porto-Rico, les Philippines et Guam et par un protectorat sur Cuba, symbolise un impérialisme nouveau. S'il est loin de faire l'unanimité, le **big stick** (gros bâton) qui frappe sans relâche en Amérique latine symbolise également la "fin de l'innocence" pour les Américains, anciens colonisés qui ont adopté, sans grands scrupules, les méthodes de leurs anciens oppresseurs. **Theodore Roosevelt** (26e président, de 1901 à 1909, et successeur de McKinley, assassiné) en est le théoricien. Mais Roosevelt incarne aussi le progressisme, un courant dominant au tournant du siècle, qui cherche à créer un ordre social plus juste en s'attaquant à la corruption, aux abus des grands *trusts* et à la misère urbaine. Cet esprit de réforme, incarné ensuite par le **démocrate Thomas Woodrow Wilson** (28e président, 1913-1921), se traduit par l'augmentation des dépenses publiques, la création d'un ministère du Travail (1903), l'adoption du *Pure Food & Drug Act* (contrôle des produits alimentaires, 1906) et l'institution d'un impôt fédéral sur le revenu (16e amendement, 1913), mais aussi par l'élection des sénateurs au suffrage universel (17e amendement, 1913) ou encore par la loi Clayton *antitrust* (1914).

LA PREMIÈRE GUERRE MONDIALE

En avril 1917, les Etats-Unis entrent en guerre, surmontant tardivement une politique isolationniste et des clivages intérieurs dus à une immigration multiethnique. Plus de 130 000 Américains tomberont sur les champs de bataille européens. Par ailleurs, la guerre permet aux Etats-Unis de s'affirmer comme la première puissance économique mondiale. A la fin du conflit, Wilson joue un rôle déterminant dans la constitution de la Société des Nations, préfiguration des Nations Unies. Mais le Sénat américain s'oppose à l'adhésion du pays à la SDN et l'opinion publique se désintéresse rapidement des affaires européennes.

NAISSANCE D'UNE SUPERPUISSANCE

DES ANNÉES FOLLES AU NEW DEAL

En août 1920, le 19ᵉ amendement accorde le **droit de vote aux citoyennes américaines** (les Françaises devront attendre 1945 pour voter). Moins inspiré et dans une conception puritaine de la société, le 18ᵉ amendement avait instauré la **prohibition** de l'alcool, interdisant "la fabrication, la vente, le transport, l'importation et l'exportation des boissons enivrantes" sur le territoire des Etats-Unis dès janvier 1919. Une aubaine pour les gangsters et les scénaristes de films, qui populariseront les bars clandestins (les *speakeasies*) et les personnages antagonistes d'Al Capone et d'Eliott Ness, accompagné de ses Incorruptibles. Après Wilson, la politique des présidents républicains (Harding, Coolidge et Hoover) est entièrement favorable au capitalisme et au laisser-faire au détriment de la question sociale, Coolidge allant jusqu'à déclarer que "la grande affaire de l'Amérique, ce sont les affaires" (*"the business of America is business"*). Les années 1920 sont celles de la prospérité économique, du progrès technique (vol New York-Paris de Lindbergh, première émission de télévision) et du dynamisme culturel (Armstrong, Gershwin, Sinclair Lewis, Dos Passos, Fitzgerald, Hemingway, sans oublier les premiers pas de Mickey). La libération des mœurs, au son du jazz, s'accompagne de l'émancipation des femmes. C'est aussi l'époque de l'octroi de la citoyenneté aux Indiens. On n'en assiste pas moins à l'émergence d'un conservatisme revendicateur et parfois violent, comme le montrent la renaissance du Ku Klux Klan ou le procès des théories évolutionnistes de Darwin. L'Amérique de ces années 1920 se lance à corps perdu dans les *roaring twenties*, les années "vrombissantes". Mais l'histoire est aujourd'hui sévère pour la période. Il est vrai que les hommes politiques y ont laissé un souvenir relativement médiocre : la corruption faisait rage et les dirigeants de l'époque n'ont pas su gérer correctement l'euphorie économique qui a suivi la Première Guerre mondiale. L'expansion économique, en partie factice, reposait en effet largement sur un recours excessif au crédit et à la spéculation. Cette prospérité de façade s'écroule le 24 octobre 1929, le Jeudi noir : le krach de la Bourse de New York marque le début de la **Grande Dépression**. Les Etats-Unis connaissent simultanément une autre catastrophe, écologique celle-ci : le sol des Grandes Plaines (Texas, Oklahoma, Arkansas, Kansas, Colorado), déjà épuisé par des décennies d'exploitation intensive, est frappé par une sécheresse exceptionnelle. Le "grenier à blé" *(bread basket)* du pays se transforme en "cuvette de poussière" *(dust bowl)*, ruinant des milliers de petits fermiers et les chassant sur les routes vers l'improbable paradis de la Californie. Le sort des agriculteurs de l'Oklahoma *(les Okies)*, particulièrement touchés, est décrit par Steinbeck avant d'être filmé par John Ford dans *les Raisins de la colère* (*The Grapes of Wrath*).

En 1932, **Franklin D. Roosevelt** (32ᵉ président des Etats-Unis, qui succède à Hoover, largement déconsidéré) donne le coup d'envoi d'une politique volontariste, le **New Deal** (la "nouvelle donne"). Sans que soient remis en cause les fondements de l'idéologie libérale, l'intervention de l'Etat se renforce considérablement : loi contre les monopoles des trusts, soutien des prix agricoles, fixation d'un salaire minimum, interdiction du travail des enfants, création des assurances sociales, politique d'aménagement du territoire ou encore contrôle fédéral des institutions financières. Grâce à des programmes de grands travaux financés par les fonds publics de la Works Progress Administration (WPA), des centaines de milliers d'emplois sont créés. Des agences fédérales spécialisées sont mises en place pour gérer les nouveaux programmes, dont la fameuse Tennessee Valley Authority, qui va permettre l'accélération de la fourniture d'énergie à toute la région. Bon gré, mal gré, le pays, sous l'impulsion de Roosevelt, entre dans l'ère de l'Etat-providence.

LA DEUXIÈME GUERRE MONDIALE

En 1939, confronté à une opinion rétive à tout engagement américain dans la guerre, Roosevelt maintient une politique de neutralité tout en affichant son soutien aux forces alliées. C'est le bombardement de la flotte américaine par les Japonais à **Pearl Harbor** (Hawaï), le 7 décembre 1941, qui déclenchera l'entrée en guerre des Etats-Unis. Ce "jour de honte et d'infamie", selon les mots de Roosevelt, engage le pays dans la guerre. L'effort de guerre américain, organisé par le War Production Board (WPB), est considérable et immédiat. En mobilisant l'industrie américaine, le *Victory Program* met définitivement fin à la récession. Du **débarquement** en Afrique du Nord française, en 1942, à celui de **Normandie, le 6 juin 1944**, et aux deux bombes atomiques d'**Hiroshima** et de Nagasaki, les 6 et 9 août 1945, le rôle des Etats-Unis est déterminant. Il aboutit à la capitulation de l'Allemagne nazie en mai 1945, suivie de celle du Japon en septembre.

A l'issue de la guerre, les Etats-Unis sont incontestablement la première puissance mondiale, sur le plan militaire comme sur le plan économique. Terre d'accueil de centaines de milliers de réfugiés, dont des savants et des artistes, qui ont fui les nazis et la guerre, c'est un pays soudé et prospère. En contrepartie de cette nouvelle hégémonie, les Américains ne peuvent dorénavant plus s'isoler et se replier sur eux-mêmes. Avec les G.I., le modèle américain, symbolisé par le Coca-Cola, les jeans, le chewing-gum et le jazz, a traversé l'Atlantique. Le siège de l'ONU, l'Organisation des Nations Unies, qui succède à la Société des Nations de Genève, s'implante à New York.

DE LA GUERRE FROIDE AUX HIPPIES

A peine la guerre achevée, la rivalité entre les deux grands alliés, les Etats-Unis et l'URSS, se mue en **guerre froide**. En Europe, deux blocs se constituent de part et d'autre du "rideau de fer". Sous **la présidence de Truman** (1945-1952), la politique de *containment* vise (en Grèce, en Turquie, à Berlin-Ouest et en Corée) à endiguer l'expansionnisme soviétique. En juin 1947, le plan Marshall est lancé, qui consacre des dizaines de millions de dollars à la reconstruction de l'Europe occidentale. En 1950, Truman décide d'intervenir militairement pour contrer l'offensive communiste en Corée. La guerre s'achève en 1953, après avoir coûté la vie à 55 000 Américains, sans que soit utilisée la bombe atomique, malgré de fortes tentations. Sur le plan intérieur, **la peur des rouges** *(red scare)* culmine avec le **maccarthysme**, du nom du sénateur républicain du Wisconsin Joseph McCarthy, instigateur de l'HUAC (*House Un-American Activities Committee*, ou comité des activités antiaméricaines). On voit des communistes partout : dans l'administration, parmi les écrivains (Dashiell Hammett, Arthur Miller), les cinéastes (Dassin, Losey, Zinnemann et Chaplin), les savants, etc. Deux Américains d'origine juive, Julius et Ethel Rosenberg, accusés sans preuve d'avoir trahi des secrets nucléaires au profit de l'Union soviétique, sont condamnés à mort et exécutés en juin 1953, en dépit d'un vaste mouvement de protestation. L'hystérie anticommuniste s'apaise à partir de 1954, mais la guerre froide se poursuit. Sous la présidence d'**Eisenhower** (1952-1960), la prospérité est maintenue mais la montée des tensions raciales et le mouvement pour l'égalité civique des Noirs annoncent une longue période de remise en cause des fondements de la société américaine. Le consensus d'une société motivée par le confort et le progrès matériel est bousculé par la génération "beat", représentée par des écrivains expérimentateurs de nouvelles vies comme Jack Kerouac, Allen Ginsberg ou William Burroughs.

Elu président en 1960, le jeune et médiatique **John Fitzgerald Kennedy** incarne un espoir de renouveau, concrétisé par l'ébauche de son programme de Nouvelle Frontière (*New Frontier*) : la création du Corps de la paix (*Peace Corps*), formé de jeunes volontaires, pour le développement du tiers-monde (mars 1961), la mise en place du programme spatial de la Nasa ou encore la volonté de lutter contre la pauvreté et la ségrégation raciale ont symbolisé ce nouveau défi américain. La construction du mur de Berlin (1961), la **crise des missiles de Cuba** (octobre 1962) et le début de la guerre du Viêtnam limitent la portée de la politique de détente avec l'URSS. En novembre 1963, Kennedy est assassiné à Dallas. Son vice-président Lyndon Johnson, qui lui succède, reste au pouvoir jusqu'en 1968. Sa politique généreuse est occultée par la guerre du Viêtnam, à laquelle Nixon mettra un terme. Sur le plan intérieur, **les années Johnson** sont marquées par la "Grande Société", programme sans précédent contre la pauvreté et les discriminations raciales et sociales. Parallèlement, le militantisme des Noirs se durcit et organise un **mouvement pour les droits civiques** étendus enfin à tous les citoyens, sans exception. Un pasteur baptiste d'Alabama, **Martin Luther King**, organise une marche sur Washington à l'issue de laquelle il prononce le fameux discours (août 1963) où il en appelle à la réconciliation des peuples, à l'égalité et à la justice pour tous ("*I have a dream…*"). Mais le pacifisme tarde à donner des résultats sur le plan institutionnel. Les manifestations s'intensifient et gagnent en violence. Certains représentants de la communauté noire adoptent alors une rhétorique plus agressive, comme **Malcolm X**, converti à un islam réinterprété, et qui épouse les thèses séparatistes du *Black Power*. Des milices armées, dont les célèbres **Panthères noires** (*Black Panthers*), se constituent afin d'instaurer de gré ou de force ce "pouvoir noir". De 1964 à 1968, les émeutes raciales font des centaines de morts dans la plupart des grandes villes de l'Union, notamment dans le quartier de **Watts** (Los Angeles) durant l'été 1965. Débordé par l'impatience et le radicalisme du mouvement, Martin Luther King est assassiné à Memphis le 4 avril 1968. Malcolm X avait déjà connu le même sort trois ans plus tôt.

En même temps se multiplient les manifestations hostiles à **la guerre du Viêtnam**. La guerre, qui devait marquer le triomphe du rempart américain contre le totalitarisme communiste, englue peu à peu ses propres partisans dans une obstination indéfendable, ébranlée chaque semaine par les mauvaises nouvelles du front et les atrocités commises. Les reportages et les récits des journalistes contribuent à susciter le malaise puis l'indignation de l'opinion publique. En 1968, les photographies du massacre des 560 villageois de **My Lai**, surtout des femmes et des enfants, par une section de G.I. (*platoon*), jettent un discrédit moral sur les opérations militaires. Dans de nombreux Etats, les émeutes se multiplient. Les démocrates s'entredéchirent sur la question vietnamienne lors de leur convention de 1968. A l'occasion d'une manifestation, quatre étudiants contestataires sont tués par la garde nationale à Kent State (Ohio). Le mantra "Faites l'amour, pas la guerre" jette à la figure des autorités cravatées un nouveau projet de vie fondé sur le pacifisme et la libération des mœurs. Le festival de musique de Woodstock, en 1969, rassemble les adeptes de ce nouvel idéal, la fameuse génération hippie.

Symbolisées par l'effervescence des campus californiens, ces années sont celles de l'émergence de la contre-culture : à celle des Noirs et des étudiants se mêle celle des Amérindiens, des beatniks, des hippies, des mouvements artistiques *underground*, du nouveau journalisme, de la *pop culture*. Le **mouvement féministe**, conduit par le Women's Lib (Mouvement de libération de la femme), renforce la revendication égalitaire : accès aux mêmes professions, égalité des salaires et, plus globalement, redéfinition des rôles sociaux. En 1963, Betty Friedan publie *The Feminine Mystique (La Femme mystifiée)*, qui dénonce l'inanité de la vie des femmes au foyer. Dix ans plus tard, la Cour suprême rend sa décision dans l'affaire **Roe contre Wade** et légalise l'avortement, malgré une vive opposition d'une partie du pays encore sensible aujourd'hui. Enfin, la révolution sexuelle tire profit de la diffusion de la pilule contraceptive au cours des années 1970.

Elu en 1968, le président républicain **Richard Nixon** accentue le rapprochement avec l'URSS et la Chine. La guerre du Viêtnam a déjà fait 60 000 morts américains (250 000 morts dans l'armée du Viêtnam du Sud, sans doute autant pour le Nord, et 4 millions de civils blessés ou tués) lorsque Richard Nixon se résout à accepter la première défaite militaro-diplomatique de l'histoire des Etats-Unis en mettant un terme à l'engagement américain au Viêtnam en 1973. Catalyseur de la contestation des années 1960, cette "sale guerre" est un traumatisme profond pour la nation américaine. Pourtant, la réussite des missions Apollo, concrétisée par les premiers pas de **l'homme sur la Lune** le 20 juillet 1969, consacrait la supériorité technologique des Etats-Unis.

En 1972, Nixon, qui va trouver une issue "honorable" à la guerre du Viêtnam, est impliqué dans une affaire d'espionnage politique : cinq "cambrioleurs" sont arrêtés au siège de la campagne électorale du parti démocrate, l'immeuble du **Watergate**, à Washington, pendant qu'ils tentaient d'y placer des micros. L'enquête parlementaire, fondée sur les témoignages des conseillers de la Maison Blanche ainsi que sur l'enregistrement des conversations du président, aboutit à une procédure de mise en accusation (*impeachment*) de Richard Nixon. Celui-ci proteste de son innocence devant le Congrès et l'opinion publique, mais se voit contraint à la démission le 8 août 1974.

VERS L'AMÉRIQUE D'AUJOURD'HUI

LA FIÈVRE DU SAMEDI SOIR
ET LES LENDEMAINS QUI DÉCHANTENT

Au cours des années 1970, l'Amérique modère quelque peu les grandes utopies de la décennie passée. L'insouciant Jimmy Carter est élu président en 1976. Les divertissements se font plus légers. Certains se mettent à danser sur de grandes estrades entourées de fumée, de paillettes et de boules argentées : on appellera ce nouveau culte le **disco**, un phénomène qui traduit le désir d'une génération de ne plus se consacrer qu'au plaisir, loin des pesanteurs idéologiques. Néanmoins, la situation internationale reflète des tensions bien réelles. Les pays arabes exportateurs de pétrole (réunis pour la plupart au sein de l'OPEP) se mettent à boycotter les Etats-Unis et à mener une politique de hausse des prix, plongeant les Américains dans une période de **crise de l'énergie** et de récession économique sans précédent depuis la Seconde Guerre mondiale. Le prix de l'essence augmente, frustrant un peuple attaché à l'automobile et obligeant le pays à développer des technologies qui gaspillent moins d'énergie. Le choc pétrolier de 1973 procure enfin aux **mouvements écologistes** de nombreux éléments de critique d'une économie fondée sur l'exploitation aveugle des ressources.

LES ANNÉES 1980 : DOLLAR, FAMILLE, PATRIE

Ronald Reagan devient en 1980 le 40e président des Etats-Unis. Ancien acteur et gouverneur de Californie, surnommé le "grand communicateur" pour ses talents médiatiques, Reagan surfe sur la vague ultralibérale et néoconservatrice qui déferle sur le pays dans les années 1980. Au-delà d'une composante morale et bien-pensante (marquée par des campagnes antiavortement et le rétablissement de la prière dans les écoles), la **révolution conservatrice** est d'abord économique : allégement des taxes des grandes entreprises, déréglementation, relance de la consommation par l'offre. Les campus universitaires se sont assagis et leurs diplômés deviennent des *yuppies* (*young urban professionals*) bien différents de leurs aînés hippies… L'idéologie dominante des **golden boys** peut se résumer par cette réplique de Michael Douglas dans le film *Wall Street* d'Oliver Stone : "*Greed is good*" ("*Le gain, c'est bien*"). Les krachs boursiers du tournant de la décennie, la récession du début des années 1990 et la concurrence des économies asiatiques viendront tempérer cet enthousiasme.

Sur le front de la politique étrangère, Reagan augmentera considérablement le budget de l'armée tout en envoyant des armes et des aides financières aux mouvements d'extrême droite des "combattants de la liberté" du Guatemala et du Nicaragua. Ce président si patriote n'en vendra pas moins des armes à l'Iran, pays pourtant désigné aux citoyens américains comme un ennemi irréconciliable. Les bénéfices retirés de ces transactions souterraines sont destinés, précisément, à soutenir les *contras* nicaraguayens. Le scandale de l'**Irangate**, ainsi qu'on le surnomme non sans humour, discrédite les républicains au pouvoir. Reagan quitte bientôt les commandes de l'Etat, non sans s'être opportunément abrité derrière sur le photogénique militaire Oliver North tout au long de l'affaire, dont il est ainsi sorti relativement indemne. Bien que sa présidence par trop détachée et placide ait été constamment critiquée, Reagan aura malgré tout été un président populaire, habile à séduire la "majorité oubliée". Cet électorat attaché à des valeurs traditionnelles et individualistes se montre en effet peu désireux de se mobiliser en faveur de causes sociales.

LES ANNÉES 1990 : "WE ARE THE WORLD"

Vainqueurs par défaut de la guerre froide à la suite de l'effondrement du bloc soviétique, les Etats-Unis oscillent de nouveau entre aspiration à l'isolationnisme (la bonne vieille doctrine Monroe) et ambition de demeurer le "gendarme du monde". Les années 1990 s'ouvrent et s'achèvent en tout cas par des interventions de l'armée américaine sur divers fronts, ainsi au Kosovo en 1999, la plus musclée restant la guerre du Golfe.

Elu en 1988, le président **George Bush** lance, deux ans plus tard, l'opération "Tempête du désert", dont le but est de contrecarrer les plans de l'Irakien **Saddam Hussein**, qui a envahi le Koweït, et de geler les prix du pétrole. La guerre permettra de libérer le Koweït et de maintenir le cours du baril à 1,20 $, mais Saddam continuera de sévir, et la récession économique qui s'ensuivra portera le coup de grâce à la popularité du président Bush. Le lourd déficit creusé auparavant par l'administration Reagan laisse au gouvernement très peu de marge de manœuvre pour affronter la crise. En 1992, l'opinion publique américaine sanctionnera cette incapacité de jouer sur l'un des rares leviers possibles, celui des dépenses publiques, en ouvrant les portes de la Maison Blanche au démocrate **Bill Clinton**, au détriment du président sortant. Clinton promet au peuple américain une ère nouvelle, marquée par un militantisme gouvernemental après des années de politique laxiste. Sa jeunesse et ses improvisations au saxo rappellent la désinvolture et la fougue d'un John Fitzgerald Kennedy. Son programme, qui vise à redonner à l'Etat les moyens de lutter contre les inégalités, comprend avant tout un projet de protection sociale généralisée, tandis que sa campagne est centrée sur les questions de l'écologie, du sida, de l'exclusion sociale, enfin des droits des minorités. Et ce, dans un contexte encore fortement marqué par l'affaire **Rodney King**, cet automobiliste noir passé à tabac par plusieurs policiers qui seront, dans un premier temps, acquittés. Cette décision du tribunal, en 1992, provoquera de sanglantes émeutes à Los Angeles et ravivera les plaies du peuple afro-américain. Plus de trente ans après l'assassinat de Martin Luther King, la question noire est effectivement loin d'être réglée.

Quoi qu'il en soit, confronté à des déficits budgétaires incontournables, Clinton doit bientôt mettre ses projets entre parenthèses. Autre obstacle de taille : l'avènement, en 1995, d'une majorité républicaine dans les deux chambres du Congrès. Cette cohabitation à l'américaine n'empêche toutefois pas Bill Clinton d'être réélu avec plus de 50 % des voix face au républicain Bob Dole, âgé et peu convaincant (42 %), et au trublion Ross Perot (8 %). Il devient ainsi le 4ᵉ président démocrate à être réélu (après Wilson, Franklin D. Roosevelt et Truman).

Si elle peut se vanter d'un bilan économique très satisfaisant, l'administration Clinton reste toutefois entachée d'une série d'affaires retentissantes : financement "douteux" de sa campagne, nébuleux projet immobilier de Whitewater (Arkansas), liaison extraconjugale avec Gennifer Flowers, accusations de harcèlement sexuel par Paula Jones… Mais c'est l'affaire Lewinski (désignée par les journalistes sous le nom de *Monicagate*) qui tiendra en haleine les médias du monde entier. Les relations "non appropriées" du président avec son ancienne stagiaire de 24 ans, Monica Lewinski, relations niées par l'intéressé alors qu'il déposait sous serment, déclenchèrent une procédure de destitution sous la direction du procureur **Kenneth Starr**, procédure finalement abandonnée.

À L'AUBE DU XXIᴱ SIÈCLE

LES DÉBUTS DIFFICILES DU PRÉSIDENT GEORGE W. BUSH

La course aux présidentielles de 2000 promettait d'être serrée, les Américains n'ont pas été déçus. Le duel **Al Gore-George W. Bush**, au lieu de s'achever fin novembre, s'est prolongé jusqu'en décembre dans ce qui restera l'une des élections les plus controversées de l'histoire des Etats-Unis. Si Gore a bénéficié de 300 000 votes de plus que son adversaire, c'est dans l'état de **Floride**, où il lui a manqué trois votes de grands électeurs (sur les 270 requis), que tout s'est joué. La Cour suprême a porté le coup fatal au candidat démocrate en interrompant le dépouillement manuel des bulletins qu'elle avait ordonné. Al Gore n'a donc eu d'autre choix que de s'avouer vaincu. George Bush Jr. est ainsi devenu le troisième président, dans l'histoire du pays, à avoir été élu en ayant perdu le vote populaire.

Ses débuts sur la scène internationale ne sont guère plus réjouissants. Déjà taxé d'isolationniste pendant sa campagne, il tarde à rencontrer ses homologues européens. Plus grave, au printemps 2001, un **avion espion** américain entre en collision avec un avion de chasse chinois au-dessus de l'île de Hainan, en Chine. Les responsables chinois refusent non seulement de libérer les 24 passagers qui se trouvaient à bord mais interdisent également aux inspecteurs de l'ONU de monter dans l'avion. Les relations entre les deux pays sont tendues pendant 11 jours, chacun rejetant sur l'autre la responsabilité de l'incident. La controverse se termine le 12 avril lorsque, après des excuses américaines officielles, les représentants chinois libèrent les membres d'équipage. Bien que le conflit se soit réglé en quelques jours, les responsables politiques restent soucieux quant aux relations futures entre la Chine et les Etats-Unis.

Les Américains soufflent, la Bourse, elle, frémit. Depuis le début de son exercice, George W. Bush n'a pas su rassurer les marchés, déjà en fort déclin après plusieurs années de surchauffe sous le gouvernement Clinton : celui-ci avait réussi à générer une croissance annuelle de 3 à 4 % tout en maintenant le taux de chômage le plus bas depuis 1973, soit 4 % en moyenne. Début 2001, les valeurs technologiques s'effondrent, la chute de l'indice **NASDAQ** atteignant 60 %. Alan Greenspan et la banque centrale américaine (FED), qui veillent plus que jamais sur les taux d'intérêt, réussissent à provoquer un léger rebond des marchés à l'été 2001, sans pour autant éloigner le spectre d'une récession.

Cependant, les inégalités se sont encore creusées. Dans cette société de plus en plus compartimentée, les groupes sociaux, raciaux ou culturels ne communiquent plus qu'avec la langue de bois du politiquement correct. La violence urbaine a gagné jusqu'aux écoles. Les médias rapportent régulièrement le cas de lycéens surarmés ayant menacé, voire carrément ouvert le feu sur leurs camarades, comme ce fut le cas dans la bourgade pourtant tranquille de Littleton (Colorado), en avril 1999. Mais les partisans d'un contrôle plus strict de la vente des armes à feu se heurtent invariablement au tout puissant lobby de la **National Rifle Association** et à son emblématique président, Charlton Heston.

Depuis 1995 et l'attentat d'Oklahoma City, les Américains ont en outre appris à redouter la violence des factions d'extrême droite, dopées par Internet, et qui prolifèrent sur son territoire dans le sillage du Ku Klux Klan. Le 11 juin 2001, après maints reports et les critiques faites à des agents du FBI d'avoir dissimulé des documents à la défense, l'Amérique assiste à l'exécution de **Timothy McVeigh**. C'est lui qui, six ans auparavant, a placé la bombe dans le camion qui a détruit le bâtiment fédéral Alfred P. Murrah d'Oklahoma City, faisant 168 morts et des centaines de blessés. Son exécution intervient alors que l'opinion publique et les médias s'interrogent de plus en plus ouvertement sur la légitimité de la peine capitale, encore en usage dans 38 Etats du pays. Quant à la menace terroriste, elle n'en est qu'à ses prémices.

11 SEPTEMBRE 2001 : ANNÉE ZÉRO ?

Avec l'attentat d'Oklahoma City, les Américains avaient connu l'acte terroriste le plus meurtrier jamais commis sur leur sol. Mais le 11 septembre 2001, une tragédie encore plus sanglante frappe les Etats-Unis lorsque quatre avions de ligne sont détournés presque simultanément. Deux d'entre eux se jettent sur les tours jumelles du **World Trade Center** de New York, un autre s'abat sur le Pentagone, à Washington, et le dernier s'écrase dans un champ de Pennsylvanie. Peu après les attaques sur le World Trade Center, les deux tours s'effondrent, recouvrant la partie sud de Manhattan de fumée et de décombres. Ces actes terroristes ont fait près de 5000 morts ou disparus.

Profondément choqués, les Américains, pour la première fois de leur histoire moderne, prennent conscience de leur vulnérabilité. Très vite, les soupçons s'orientent vers l'islamiste extrémiste **Oussama Ben Laden**, déjà tenu responsable par le passé d'attentats perpétrés contre des intérêts américains. En août 1998, à Nairobi (Kenya) et à Dar-es-Salaam (Tanzanie), l'explosion de deux camions piégés devant les représentations des Etats-Unis dans ces deux villes a fait plus de 200 morts, parmi lesquels 12 ressortissants américains. En octobre 2000, dans le port d'Aden (Yemen), 17 marins américains ont péri à leur tour dans un attentat au canot piégé contre le navire USS Cole. Le président George W. Bush déclare une guerre ouverte au terrorisme, trouvant ainsi la légitimité qui lui faisait défaut depuis le début de son mandat. Une chasse à l'homme est organisée dans les montagnes d'**Afghanistan** où le terroriste, recherché "mort ou vif" selon la rhétorique de Bush Jr., se serait réfugié. Les grandes puissances occidentales offrent un soutien logistique aux troupes américaines présentes sur les lieux. La participation du Royaume-Uni aux opérations militaires conjointes avec les Américains est la plus visible.

Certains observateurs voient dans cette vague d'attentats sans précédent la rançon du modèle occidental, érigé selon eux en référence sociale, économique, politique et culturelle absolue. Quel sera l'impact de ces événements sur la politique internationale américaine à venir, voire sur sa politique intérieure ? Les effets des attentats sont, pour l'heure, avant tout perceptibles dans l'industrie du tourisme et des transports ainsi que par d'autres indicateurs plus globaux de l'économie nationale. Ainsi, selon le secrétaire d'Etat américain à l'Emploi, le taux de chômage en novembre 2001 atteignait 5,7 % (le taux le plus haut depuis 1995) tandis qu'une étude de la FED confirmait "l'accentuation du ralentissement de l'activité dans la plupart des régions". Fin 2001, la banque centrale américaine, misant sur une reprise de l'économie au printemps suivant, tentait une onzième baisse des taux directeurs en ramenant les taux d'intérêt à court terme à leur plus bas niveau depuis 41 ans.

George W. Bush, avant le 11 septembre, n'imaginait sûrement pas un tel rappel à l'ordre pour ses négligences diplomatiques. A défaut d'affronter la tempête d'une guerre contre le terrorisme, Al Gore, son adversaire malheureux aux présidentielles, ne doit guère s'ennuyer puisqu'il lui faut sans doute, de son côté, faire face à l'inquiétude des actionnaires de la société financière qui lui a ouvert ses portes sous le soleil de Californie.

LES INSTITUTIONS AMÉRICAINES

Il existe aux Etats-Unis deux niveaux bien distincts de gouvernement. Certaines lois sont édictées au niveau national par le gouvernement fédéral, tandis que les Etats et d'autres institutions locales déterminent leurs propres lois et réglementations pour tout ce qui ne relève pas de la compétence du pouvoir central. La constitution américaine de 1787, fondée sur le principe de la **séparation des pouvoirs**, distingue l'exécutif, le législatif et le judiciaire. **Le pouvoir exécutif** appartient au **président**, élu pour 4 ans au suffrage universel indirect (système des grands électeurs) et rééligible une seule fois. Le président est chef de l'Etat (détenteur de prérogatives régaliennes comme le droit de grâce et, surtout, le droit de veto à l'égard du Congrès) et chef du gouvernement. Le président et son gouvernement ont aussi l'initiative législative, ils élaborent le budget, contrôlent l'administration, commandent les armées et dirigent la diplomatie. Le président a à sa disposition de nombreuses agences fédérales (comme la CIA ou le FBI) et 13 départements ministériels, dirigés par des ministres qui portent le titre de *secretary* (comme le Secrétaire d'Etat, chargé des Affaires étrangères). Les membres du *cabinet* ne sont responsables que devant lui, mais leur nomination doit être approuvée par le Sénat. **Le vice-président**, élu en même temps que le président, lui succède en cas de décès ou de démission. **Le pouvoir législatif** appartient au **Congrès**, composé de la **Chambre des représentants** et du **Sénat**. Les représentants sont élus tous les deux ans dans les Etats au prorata du nombre d'habitants. Au Sénat, chaque Etat, quelle que soit sa taille, dispose de deux élus dont le mandat est de 6 ans. Dans les deux cas, l'élection a lieu au suffrage universel direct. La Chambre et le Sénat votent le budget. Le Sénat doit également ratifier les nominations importantes faites par le président, ainsi que les traités internationaux.

Face à un Congrès politiquement opposé, le président doit donc négocier pour pouvoir mettre en œuvre son programme. Le démocrate Clinton, confronté à une majorité républicaine dans les deux assemblées, avait ainsi dû limiter considérablement l'ambition de ses grands chantiers sociaux. Aujourd'hui, la donne semble avoir changé. C'est ainsi que Jim Jeffords, sénateur républicain de l'Etat du Vermont, a claqué la porte de son parti parce que, a-t-il déclaré, celui-ci avait refusé d'accorder une rallonge budgétaire à l'éducation. S'il s'est déclaré indépendant, les démocrates n'en ont pas moins bénéficié de cette défection qui fait qu'ils peuvent désormais bloquer les lois proposées par les républicains. Tom Daschle, sénateur démocrate de l'Etat du Dakota du Sud, est devenu le nouveau représentant de la majorité au Sénat.

Quant au **pouvoir judiciaire**, il appartient à la **Cour suprême des Etats-Unis**, à 13 cours d'appel *(circuit courts)* et à 90 tribunaux de "district". La Cour suprême est composée de 9 juges, nommés à vie par le président. Le recours en appel est toujours possible et, en droit, l'accusé est présumé innocent jusqu'à ce qu'il ait été reconnu coupable.

Le système politique américain est bipartite. Les **républicains** sont plutôt conservateurs et de droite, tandis que les **démocrates**, plutôt progressistes (ou "libéraux", dans l'acception anglo-saxonne du terme), mettent davantage l'accent sur le rôle de l'Etat. Mais ni les uns ni les autres ne mettent en cause les fondements de l'économie de marché. Au Congrès, des majorités de circonstance se forment parfois, rassemblant des parlementaires des deux partis. A côté des deux grandes formations, il existe également de petits partis, et des candidats indépendants se présentent parfois à l'élection présidentielle (ce fut, en 1992 et en 1996, le cas du milliardaire texan Ross Perot).

LES ARTS

Si en matière d'art les Américains ont traditionnellement subi l'influence des artistes européens, ils ont su ouvrir de nouvelles perspectives nouvelles tant dans le domaine de la littérature que dans celui de la musique, du théâtre, de la peinture, de l'architecture et du cinéma. L'art américain, depuis le courant littéraire des transcendantalistes de Nouvelle-Angleterre au XIXe siècle jusqu'aux styles musicaux appelés à connaître un succès universel que furent le *bluegrass* et surtout le jazz, s'est ainsi progressivement imposé, particulièrement au XXe siècle, comme un élément incontournable du paysage culturel mondial. Et si les riches musées établis dans les grandes villes des Etats-Unis s'enorgueillissent à bon droit de leurs vastes collections d'œuvres d'art, de la Renaissance italienne à l'impressionnisme français, on ne compte plus les rétrospectives consacrées par les musées européens aux maîtres américains de l'art moderne.

LA LITTÉRATURE

LE TEMPS DES PIONNIERS

Certes, des historiens ont pu considérer *le Livre des louanges* (*Bay Psalm Book*), un recueil de psaumes imprimé à Cambridge (Massachusetts) en 1640, comme le premier *best-seller* américain, mais il faut bien avouer que, jusqu'au XIXe siècle, la "littérature américaine" n'existe pas en tant que telle, exception faite des œuvres hétérogènes de **Benjamin Franklin** (1706-1790), de *l'Almanach du pauvre Richard* aux *Expériences et observations sur l'électricité*. Au début du XIXe siècle apparaissent des récits d'un caractère authentiquement américain, alliant de puissantes évocations et des fresques prophétiques : *Moby Dick ou la Baleine blanche* d'**Herman Melville** (1819-1891), *le Dernier des Mohicans* (*The Last of the Mohicans*) de **James Fenimore Cooper** (1789-1851) et *la Lettre écarlate* (*The Scarlet Letter*) de **Nathaniel Hawthorne** (1804-1864). Tous ou presque mettent en scène des individus à la fois solides et naïfs, confrontés à une terre américaine hostile. Vers le milieu du XIXe siècle, les écrits des **transcendantalistes** de Nouvelle-Angleterre s'éloignent peu à peu de ce courant romantique dominé par l'idée d'aventure pour faire le portrait d'une culture beaucoup plus pragmatique en apparence, par ailleurs bien distincte de celle héritée de leurs ancêtres européens. Désormais, la vie quotidienne se trouve investie d'un fort contenu spirituel. Les travaux d'**Henry David Thoreau** (1817-1862, *La Désobéissance civile*, livre de chevet de Gandhi, où se justifie le refus de payer un impôt), de **Ralph Waldo Emerson** (1803-1882) et de **Walt Whitman** (1819-1892), avec *Feuilles d'herbe (Leaves of Grass)*, incarnent le refus d'une société matérialiste en adoptant la méthode de l'introspection et de la retraite en pleine nature, à la Rousseau. Cantonné, à tort, dans la littérature enfantine, **Mark Twain** (1835-1910) mélange avec brio le raffinement intellectuel du voyageur autour du monde et la touche très particulière des conteurs du Sud profond. Twain, de son vrai nom Samuel L. Clemens, a passé son enfance sur les bords du Mississippi, comme le héros qui l'a rendu célèbre, Tom Sawyer. Ses *Aventures d'Huckleberry Finn* (1885) s'appuient sur le récit du voyage d'un jeune garçon pour dresser un tableau critique sans précédent de la société de l'époque.

Au milieu du XIXe siècle, des "écrivaines" contribuent au renouvellement de certains genres littéraires. La critique sociale (précisément celle de la loi de 1850 qui obligeait à dénoncer les esclaves fugitifs) trouve dans *la Case de l'oncle Tom (Uncle Tom's Cabin)* de **Harriet Beecher-Stowe** (1811-1896) une peinture faussement naïve de l'esclavagisme. Le roman, d'abord paru sous forme de feuilleton (1851), connut un succès international et constitua une des prémices de la guerre de Sécession. Les versets lyriques d'**Emily Dickinson** (1830-1886), sans titre, sans majuscules ni ponctuation, proposent quelques "instantanés" sur l'amour, la destinée humaine ou la beauté de la nature. La plupart de ces poèmes, écrits pendant une retraite volontaire qui dura plus de 25 ans, n'ont été découverts et publiés qu'après la mort de l'auteur. Trente ans plus tard, les romans naturalistes d'**Edith Wharton** (1862-1937) inviteront les lecteurs à explorer la décadence de la haute société new-yorkaise avec un regard mi-amusé, mi-dégoûté. *Le Temps de l'innocence (The Age of Innocence*, 1920) en est peut-être l'exemple le plus achevé.

Pendant qu'en Nouvelle-Angleterre les écrivains s'attachent à construire une culture et une littérature nationales s'émancipant des racines européennes, les auteurs du Middle West brossent le portrait d'un Américain nouveau, à l'image d'un continent jusque là largement inexploré. Résolument tournée vers l'ouest, **Willa Cather** (1873-1947) dépeint la beauté sauvage des Grandes Plaines et les conquêtes pénibles des pionniers du Nebraska. Dans *Mon Antonia*, elle capte la beauté austère des grands espaces comme le désir typiquement américain de dominer la terre tout en prenant soin d'elle.

Les conséquences de la guerre de Sécession, le bouleversement engendré par les thèses de Darwin, la corruption et la pauvreté issues de l'industrialisation engendrent une littérature plus combative, fustigeant le déclin moral d'une société tournée vers le profit. Dans *Maggie, fille des rues (Maggie, a Girl of the Streets)*, **Stephen Crane** (1871-1900) jette un regard amer sur les faubourgs misérables des grandes villes. Dans *la Conquête du courage (The Red Badge of Courage)*, il donne la parole à un jeune soldat éprouvé au combat. **Upton Sinclair** (1878-1968), dans *la Jungle (The Jungle)*, décrit dans toute sa dureté la condition ouvrière au tournant du siècle.

LES TÂTONNEMENTS DU DÉBUT DU XXe SIÈCLE

Le début du XXe siècle est marqué par une génération d'écrivains engagés dans la dénonciation des travers du progrès. L'enfant terrible de la littérature américaine, le Californien **Jack London** (1876-1916), décrit dans plusieurs de ses romans les conditions de vie difficiles des ouvriers de San Francisco et signe, avec *Martin Eden*, son chef-d'œuvre autobiographique.

A la même époque, les nouvelles d'**Henry James** (1843-1916) dépeignent l'univers de la haute société, délicate et cultivée, et celles de **Kate Chopin** (1851-1904) recomposent fidèlement le décor familier de la plupart des régions américaines. Henry James rencontre Tourgueniev à Paris avant de s'établir à Londres et d'y prendre la nationalité britannique en 1915. **T.S. Eliot** (1888-1965), poète attiré par la métaphysique et la vie spirituelle, connaîtra un parcours comparable.

Si nombre des œuvres fondatrices de la littérature américaine ont acquis un parfum suranné et ne répondent déjà plus aux exigences de raffinement d'un Henry James ou d'un T.S. Eliot, les thèmes concrets et l'optimisme propres au réalisme américain, ainsi que la veine sociale et contestataire du naturalisme restent bien vivants au début du XXᵉ siècle et au-delà. **Robert Frost** (1874-1963), troubadour de la Nouvelle-Angleterre rurale, renoue avec un discours simple et un symbolisme naturel accouchant d'une poésie qui explore les profondeurs de la vie campagnarde. La poésie de **Carl Sandburg**, contemporain de Frost, restitue la corruption de Chicago sur fond de vapeur et de fumée. **William Carlos Williams** (1883-1963), qui mène dans le New Jersey une double vie d'écrivain et de médecin de campagne, rompt avec les conventions littéraires et compose des poèmes très libres dans leur forme. Tous évoquent le délabrement de la vie quotidienne aux Etats-Unis, tout en restant fidèles aux valeurs traditionnelles qui cimentent l'existence de ses habitants.

LA LITTÉRATURE DE L'ENTRE-DEUX-GUERRES

L'engagement, certes tardif, des Etats-Unis dans la Première Guerre mondiale est l'expérience fondatrice de la **"génération perdue"** (*"lost generation"*). Les écrivains qui la constituent semblent d'emblée condamnés aux extrêmes du succès et de la misère, de l'exaltation et du désespoir. Les héros de **Francis Scott Fitzgerald** (1896-1940) cherchent un sens à une vie dont l'aisance matérielle ne parvient pas à faire oublier la vanité. *Gatsby le Magnifique* (*The Great Gatsby*, 1926) ou *le Dernier Nabab* (*The Last Tycoon*, 1941) mettent en scène des personnages écartelés entre de beaux artifices et d'amères réalités. Certains récits de l'époque sont investis par l'introspection et l'auto-analyse, tandis que, parfois, le goût des développements psychologiques s'accommode de façon surprenante d'un style fondé sur la concision et l'économie, comme dans les nouvelles de **Dorothy Parker**.

Si beaucoup d'écrivains sont emportés dans le tourbillon des *"roaring twenties"* (l'agitation des années 1920), d'autres y échappent en franchissant l'Atlantique. **Henry Miller** s'immerge dans le Paris des surréalistes, de Montmartre à Montparnasse (*Tropique du Cancer* et *Jours tranquilles à Clichy*), fréquentant Gertrude Stein et Anaïs Nin avant de retourner aux Etats-Unis et de s'y muer en défenseur acharné de toutes les révoltes. Son œuvre autobiographique, censurée dans son pays jusqu'en 1960, célèbre toutes les formes de libération de l'être et le sexe y joue un rôle déterminant. **Ernest Hemingway** (1899-1961) fait de fréquents séjours à Paris (*Paris est une fête*, posthume, 1964). Vétéran de la Première Guerre mondiale, correspondant de guerre sur tous les fronts, il introduit dans le roman moderne la description objective, débarrassée de tout "psychologisme".

Cette "génération perdue" sera aussi celle d'**Eudora Welty**, femme du Sud née en 1909 et dont les héros, solitaires et désespérés, évoquent ceux de **Carson McCullers** (*Le cœur est un chasseur solitaire*). Il importe également de citer **Ezra Pound** (1885-1972), chantre appelant à une impossible renaissance culturelle universelle, ainsi que **Wallace Stevens** (1879-1955), poète virtuose d'inspiration symboliste. Les mêmes années 1920 sont par ailleurs marquées par la **Renaissance de Harlem** (*Harlem Renaissance*), préfigurée par **Frederick Douglass**, **W. E. B. Du Bois** et **Booker T. Washington**, et illustrée (sur fond de jazz) par **Langston Hughes**, **Nella Larsen** et **Zora Neale Hurston**. Ces écrivains noirs sont certes très différents les uns des autres, cependant ils ont en commun qu'en ces temps de discrimination généralisée rien de ce qu'ils écrivent n'apparaît tout à fait dépourvu d'un contenu politique au moins implicite, qu'ils le veuillent ou non. Une vingtaine d'années plus tard, dans sa remarquable autobiographie, *Black Boy*, comme dans le bouleversant *Un enfant du pays*, **Richard Wright** s'attachera à dénoncer la détresse des Noirs issus des ghettos du Sud et de Harlem.

Tandis que la nation se remet à grand peine de la Grande Dépression, la crise que traverse, dans l'Amérique profonde du Sud et de l'Ouest, un monde agricole en plein déclin, commence à imprégner la littérature. **William Faulkner** (*Le Bruit et la Fureur*, *Sanctuaire*) juxtapose les techniques avant-gardistes du *"stream of consciousness"* (vie mouvante et insaisissable de la conscience) à des sujets ancrés dans la ruralité sudiste. Né dans la petite ville de Salinas, en Californie, **John Steinbeck** (*Les Raisins de la colère*, *Des souris et des hommes*) dénonce dans ses romans l'inhumanité du capitalisme sauvage. Il traite des problèmes qui agitent son époque, en particulier la misère qui accable indifféremment les fermiers dépossédés de leurs biens et les travailleurs immigrés peuplant la Californie.

CONFORMISME ET RÉVOLTE

La littérature des années 1950, époque gagnée par le conformisme, se doit de trouver de nouvelles façons d'envisager les problèmes qui sous-tendent la société américaine. *L'Attrape-Cœur* de Jerome David Salinger, en 1951, exprime la révolte encore rentrée de la jeunesse américaine de l'après-guerre contre ce conformisme récurrent tandis qu'*Homme invisible, pour qui chantes-tu ?* (*Invisible Man*) de **Ralph Ellison**, publié en 1952, fait découvrir à un large public la fracture qui sépare l'Amérique noire de l'Amérique blanche. **Gwendolyn Brooks**, premier écrivain noir à remporter le prix Pulitzer, donne naissance à une poésie intense en évoquant des problèmes sociaux tels que l'avortement, les bandes rivales et les laissés-pour-compte. **Norman Mailer**, suivant les traces de la "génération perdue", a su révéler les paradoxes de la société américaine dans un style qui marie la chronique journalistique et la fiction autobiographique. Les pièces de **Tennessee Williams** (1911-1983), comme *la Ménagerie de verre* (*The Glass Menagerie*) ou *Un tramway nommé désir* (*A Streetcar Named Desire*), sondent l'incommunicabilité au sein de la classe ouvrière et des familles sudistes privées de leurs racines. Chaque être y mesure l'hostilité de l'autre et la fragilité de sa propre identité. Le génie du poète dramaturge n'a pas manqué d'intéresser les firmes de cinéma, qui portèrent à l'écran *Soudain l'été dernier* (*Suddenly Last Summer*, réalisé par Joseph L. Mankiewicz) ou *la Chatte sur un toit brûlant* (*Cat on a Hot Tin Roof*, réalisé en 1958 par Richard Brooks avec Paul Newman et Elizabeth Taylor). Un de ses amis, **Paul Bowles** (1910-1999), dépeint la confrontation, souvent tragique, du voyageur occidental à l'étrangeté d'une autre culture. Il séjourna de 1949 à sa mort à Tanger, ville qu'un autre grand écrivain, **William S. Burroughs** (1914-1997), a fréquentée en ses heures les plus "folles" en compagnie de la drogue (*Junkie*). Burroughs fait aujourd'hui l'objet d'un véritable culte, grâce notamment à ses collaborations multiformes avec musiciens et cinéastes.

Dans les années 1950, le même Burroughs est assimilé à la **"Beat Generation"**, dont les figures emblématiques sont ses amis **Jack Kerouac** (1922-1969) et **Allen Ginsberg** (1926-1997, auteur notamment de *Howl*). Les *beatniks*, comme les surnomme la presse, secouent le conformisme de l'Amérique d'Einsenhower, cultivent leur marginalité et se dégagent des obligations du "système". Aujourd'hui encore, le livre culte de Jack Kerouac, *Sur la route* (*On the Road*), reste un des meilleurs compagnons de voyage qu'on puisse trouver.

Pendant ce temps, le dramaturge **Arthur Miller** sonde l'inconscient américain avec sa pièce *les Sorcières de Salem*, allégorie du maccarthysme (voir p. 93). Les scènes rurales et la réalité quotidienne continuent par ailleurs de marquer la littérature américaine. Les poètes **Robert Lowell** et **Elizabeth Bishop** oscillent ainsi constamment entre un sentimentalisme un peu mièvre et le commentaire social.

LIBÉRATION ET DÉSESPOIR

Tandis que les règles qui régissent la société commencent à basculer au début des années 1960, les écrivains s'attachent à explorer des matériaux toujours plus brûlants. **Anne Sexton** et **Sylvia Plath** incarnent alors le mouvement de la "poésie confessionnelle". Sexton plonge dans les limbes de sa propre névrose, tandis que Plath met à nu la dérive psychique qui finira par la conduire au suicide dans *la Cloche de détresse* (*The Bell Jar*). Les essais et les romans de **James Baldwin** attirent l'attention de l'Amérique blanche sur les explosions à venir tout en mettant la communauté noire en garde contre les effets autodestructeurs de la haine raciale. Membres d'une paisible société sudiste, les personnages de **Flannery O'Connor** (*A Good Man is Hard to Find*, traduit en français sous le titre *Les braves gens ne* *courent pas les rues*) sont confrontés à un monde diabolique et sinistre, où la violence couve sous une apparence de tranquillité. D'abord chef de file de l'école néoromantique du Sud et poète de l'adolescence, **Truman Capote** brouille les pistes en se tournant dans les années 1960 vers le roman reportage (*De sang froid*), narration sur le mode journalistique d'un fait divers, l'assassinat d'une famille de fermiers du Kansas. **John Cheever** (*Bullet Park*) et **John Updike**, avec *Rabbit, Run* (*Cœur de lièvre*), s'intéressent quant à eux à l'ennui terrifiant qui ronge les banlieues américaines. Enfin, **Joyce Carol Oates** dépeint les tourments et l'effrayante aliénation mentale affectant les gens les plus ordinaires dans le monde moderne.

Dans les années 1960 et 1970, l'Amérique ne manque bien sûr pas d'écrivains s'attachant à décrire les effets libérateurs des drogues psychédéliques et d'un mode de vie supposé prolonger les idéaux de la *Beat Generation*, ainsi **Carlos Castaneda**, **Richard Brautigan**, **Hunter S. Thompson** ou **Ken Kesey**. Néanmoins le spectre de l'aliénation et de la destruction de l'individu n'est jamais loin, comme le montre le célèbre roman de Kesey *Vol au-dessus d'un nid de coucou*.

LA LITTÉRATURE CONTEMPORAINE

Plus récemment, la quête identitaire et la tentative de réconcilier la littérature et les préoccupations d'ordre social ont inspiré de nombreuses œuvres. *Beloved*, un roman de **Toni Morrison** (prix Nobel 1993), expose de manière brutale la tension inhérente à l'identité sexuelle, raciale et culturelle. Dans la même perspective, **Oliver Lafarge** (*Laughing Boy*) dresse le portrait d'un jeune Indien Navajo. **Tim O'Brien**, dans *A la poursuite de Cacciato* (*Going after Caccatio*), évoque les problèmes rencontrés par les vétérans du Viêtnam. **Wallace Stegner** (1909-1993) explore le mythe de l'Ouest américain (*Vue cavalière, la Vie obstinée*) et s'intéresse à la manière dont les idéaux américains ont été en partie restaurés par l'expansion vers l'Ouest. Au fil de ses nombreuses nouvelles, **Raymond Carver** passe au microscope les trajectoires faussées et pourtant étrangement prometteuses d'individus pris dans le brouillard de la vie moderne.

Le rythme effréné et le matérialisme propre à nos sociétés sont au cœur de plus d'un roman. Dans *Journal d'un oiseau de nuit*, **Jay Mc Intire** évoque le Wall Street "speedé" des années 1980, comme le fera Jay McInerney, en 1987, avec *Bright Lights Big City*, porté à l'écran peu de temps après. Avant de se suicider à l'âge de 32 ans en 1969, **John Kennedy Toole** laisse à la littérature moderne un de ses personnages les plus méprisants, le fameux Ignatius, solitaire dégoûté par tout ce qui l'environne, autrement dit par *la Conjuration des imbéciles*. Le roman ne fut publié qu'en 1980, à croire que son thème était désormais dans l'air du temps. **Bret Easton Ellis** (*Moins que zéro*) dépeint l'existence à Los Angeles de riches jeunes gens saturés de cocaïne. Dans *Bruit de fond*, **Don DeLillo** décrit un monde ravagé par un holocauste chimique. La plupart des romans de **Richard Ford** (*Indépendance*) observent la vie d'hommes mûrs en proie à une soudaine crise existentielle. Beaucoup moins pessimiste, **Armistead Maupin** renouvelle un genre très en vogue au XIXe siècle, le feuilleton, le sien étant publié pour la première fois en 1976 dans le très sérieux *San Francisco Chronicle*. Il n'imagine pas, alors, le succès planétaire que rencontreront les six tomes de ses saynètes gay réunies sous le titre *Chroniques de San Francisco*. Dans ce sitcom littéraire, véritable kaléidoscope de références culturelles de l'Amérique des années 1970 et 1980, Maupin brosse avec humour et dérision le portrait d'une société excentrique et décalée à travers la petite communauté du 28, Barbary Lane.

ASPECTS PARTICULIERS DE LA LITTÉRATURE AMÉRICAINE

ÉCRITURE ET ENVIRONNEMENT. Dès avant Thoreau, la littérature américaine a toujours été obsédée par les **grands espaces**. Dans les années 1930, **Aldo Leopold** explorait déjà l'écosystème des montagnes, qui constituait à ses yeux une allégorie de la vie. Il proposera à ce titre le concept d'**éthique environnementale**. Plus tard, **Edward Abbey** et **Barry Lopez** exploreront plus avant l'importance de l'environnement dans un monde en proie à une croissance industrielle rapide. C'est chez les écrivains des

Etats de l'Ouest et du Nord-Ouest américain que la littérature s'est le plus intéressée au lien unissant environnement et vie humaine. Cet aspect est très présent chez les membres de la communauté littéraire de Missoula, dont le plus grand nom est l'auteur de *Légendes d'automne*, **Jim Harrison**.

LA LITTÉRATURE ENFANTINE. Un peu partout dans le pays, certains **livres pour enfants**, très populaires, continuent d'être lus sous les couettes, laissant ainsi une forte empreinte sur les jeunes générations. Parallèlement, les parents, persuadés que la lecture favorise le développement de l'intelligence, abreuvent leurs rejetons de **livres d'images**. Parmi les classiques, citons *The Hungry, Hungry Caterpillar* et *Goodnight, Moon*. **Les livres animés**, comme presque toute la production du "Roi de la rime", le **Dr Seuss**, récemment décédé, connaissent également un grand succès. La littérature destinée aux adolescents consiste principalement en récits d'initiation, du classique de **Laura Ingalls Wilder** *la Petite Maison dans la prairie* aux œuvres plus récentes de **Beverly Cleary** (*Ramona la peste, Ramona et son père*), de **Judy Blume** ou encore de **Sid Hite** (*Ditter's Farm, Cecil in Space*).

LE ROMAN NOIR ET LE THRILLER. Né dans les années 1920 avec **Dashiell Hammett** (1894-1961), le **roman noir** a pris son envol dans les décennies qui suivirent (citons dans le désordre Chester Himes, Jim Thompson, Charles Williams, Raymond Chandler…) avant de trouver son apogée dans l'œuvre magistrale de **James Ellroy** (la *Trilogie Lloyd Hopkins*, le *Quatuor de Los Angeles*) et dans les romans noyés d'alcool de **James Crumley**. Mais la verve des auteurs de polars est loin de s'être tarie, comme le prouve **Ed McBain** (né en 1926) avec les personnages hauts en couleur du commissariat du 87e district. Terminons par trois femmes qui ont, chacune à sa manière, marqué l'histoire du roman policier. **Patricia Highsmith** (1921-1995) s'est intéressée à la dégradation du climat social et à l'augmentation de la violence dans nos sociétés. Son premier roman, *l'Inconnu du Nord Express*, a été porté à l'écran par Hitchcock en 1951 mais c'est surtout *le Journal d'Edith* qui jette les bases de son œuvre, centrée sur la psychologie du coupable, en introduisant son héros récurrent, Tom Ripley. Plus populaire encore, **Mary Higgins Clark** (*Dors ma jolie, Ne pleure pas ma belle*) ne cesse de collectionner les best-sellers (les ventes de ses romans aux Etats-Unis se comptent en plusieurs dizaines de millions d'exemplaires) et écrit désormais avec sa fille, Carol. **Patricia Cornwell** est, elle aussi, abonnée aux grands tirages depuis son premier roman, paru en 1990 (*Post Mortem*), qui impose le personnage de Kay Scarpetta comme la première femme médecin légiste de l'histoire du polar et qui lui vaudra de nombreuses récompenses. Son expérience de journaliste puis d'informaticienne à l'institut médico-légal de Richmond (Virginie) confère à ses récits une précision et une efficacité dramatique rares.

LA SCIENCE-FICTION. Ce genre trop souvent négligé a commencé par se développer grâce aux *pulps*, des magazines de nouvelles qui, à l'instar des *comics*, sont rapidement consommables. Elle acquiert ses lettres de noblesse dans les années 1940-1950 (**Isaac Asimov** et le cycle de *Fondation*, **Alfred E. Van Vogt** et le cycle des *Ā*). Au cours des années 1960 et 1970, elle passe par la grille de lecture des contestataires et devient un foyer de contre-culture (**Frank Herbert**, avec le cycle pré-new age de *Dune* ; **Philip K. Dick**, ses paradoxes et l'éloge du LSD : *Ubik, le Maître du haut-château, Les androïdes rêvent-ils de moutons électriques ?* qui inspirera le film *Blade Runner*), avant de devenir l'instrument qui annonce la cyberculture et les mondes virtuels (*Neuromancien* de **William Gibson**, créateur du terme "cyberspace", et surtout *les Cantos d'Hypérion* du talentueux **Dan Simmons**). N'oublions pas **Robert Reed**, qui nous entraîne par *la Voie terrestre* à la découverte d'une galaxie bien décapante.

LA LITTÉRATURE FANTASTIQUE. Aujourd'hui souvent attachée à la S.-F., elle débute, du moins aux Etats-Unis, avec **Edgar Allan Poe** et ses *Histoires extraordinaires*, des nouvelles très denses, riches en images poétiques (elles sont traduites en français par Baudelaire) et à l'atmosphère envoûtante. Le genre s'est renouvelé au cours des années 1970-1980 avec l'apparition d'auteurs talentueux comme **Robert Bloch**, dont le roman *Psychose* a inspiré Hitchcock, **William Peter Blatty** (*l'Exorciste*) et

Ira Levin (*Un bébé pour Rosemary*). Tout le monde connaît le maître contemporain de l'horreur, **Stephen King**, dont les histoires d'inspiration variée sont parfois réellement effrayantes (*Ça*, *Simetierre*, *Dolores Clayborne*). Quant à **Ann Rice**, elle a su renouveler avec succès le mythe du vampire.

LES AUTEURS DE BEST-SELLERS. Ils sont les héritiers de ce qu'on appelait autrefois le "roman populaire". Jadis, il y eut **Margaret Mittchell** et *Autant en emporte le vent*. Puis vint **Barbara Cartland**, et, beaucoup plus tard, **Danielle Steel**... **Michael Crichton** ressuscita les dinosaures, et Steven Spielberg vit que cela était bon. **John Grisham** vit lui aussi ses livres adaptés au cinéma les uns après les autres, et le fonctionnement à la fois subtil et spectaculaire de la justice américaine inspira toute une littérature qui, à son tour, généra quantité de billets verts et des films, donc des droits cinématographiques, sans parler de la vidéo... *Think big, you're in America !*

HISTOIRE ET SOCIÉTÉ

LES RÉGIONS MISES EN PAGES

Beaucoup d'écrivains américains se sont fait connaître grâce à leur identification avec une région des Etats-Unis. Pour les voyageurs qui souhaitent ajouter une note littéraire à leur voyage à travers le pays (pris ici dans son ensemble, Est et Ouest), Let's Go recommande ces quelques ouvrages :

La Nouvelle-Angleterre : *La Lettre écarlate* (1850), de Nathaniel Hawthorne. L'histoire, classique, du péché et du sexe au prix dans le Massachusetts des Pères pèlerins.

New York : *La Trilogie new-yorkaise* (1985-86), de Paul Auster. New York comme on ne l'avait jamais imaginé. L'ombre kafkaïenne de la *Cité de verre* plane sur ces trois romans qui explorent le thème de la perte, de la solitude et de la tentation du néant sous une forme policière très décalée et métaphorique.

Le Sud : *Tandis que j'agonise* (1930), de William Faulkner. L'odyssée d'une famille du Sud profond à travers le Mississippi rural.

Le Texas : *Lonesome Dove* (1985), de Larry McMurtry. Ce roman épique, adapté en feuilleton pour la télévision, offre une lecture inédite et optimiste d'un Texas mythique.

Les Grandes Plaines : *Pionniers* (1913), de Willa Cather. L'histoire d'une femme déterminée face aux épreuves endurées par les fermiers du Nebraska.

Les Montagnes Rocheuses : *Le Virginien* (1925), d'Owen Wister. Le roman *western* par excellence, qui a ouvert la voie à toute une génération d'écrivains.

Le Sud-Ouest : *De si jolis chevaux* (1992), de Cormac McCarthy. Savourez l'écriture généreuse et raffinée de ce roman qui mélange romance et aventure des deux côtés de la frontière mexicaine.

La Californie : *A l'est d'Eden* (1952), de John Steinbeck. Interprétation moderne du combat classique entre le bien et le mal, ce roman qui a pour principal théâtre la Californie rurale (Salinas, près de Monterey) dresse le portrait de deux frères que tout oppose.

La région Pacifique Nord-Ouest : *La neige tombait sur les cèdres* (1994), de David Guterson. Le roman, dont l'action se déroule sur une île isolée de l'Etat de Washington, évoque les camps d'internement où furent enfermés les Américains d'origine japonaise pendant la Deuxième Guerre mondiale.

LA MUSIQUE

Peu de gens peuvent prétendre n'avoir pas chez eux au moins quelques disques *made in USA*... Le succès de la musique américaine, en tout cas de la **musique populaire** sous ses formes modernes, s'est étendu au monde entier. Son omniprésence ne peut cependant faire oublier que les différentes régions, et surtout chacune des grandes métropoles américaines, ont vu se développer des styles nettement caractérisés.

L'opposition entre un **style "East Coast"** et un autre typiquement "West Coast", quelle que soit sa pertinence, se retrouve aussi bien dans le jazz et le rock que dans le monde du rap. C'est pourquoi, tout en essayant d'être relativement complets, nous avons choisi ici de prendre comme fil directeur de ce tableau du paysage musical américain et de son évolution les **apports propres à l'Est du pays.**

LA MUSIQUE "SAVANTE" AUX ÉTATS-UNIS

Bien qu'ils soient surtout connus pour la richesse et la variété de leur musique populaire (country, zydeco, *bluegrass*, *big band*, jazz, blues, rock et rap), les Etats-Unis comptent de grands compositeurs classiques, des maîtres qui ont su combiner la forme de la musique classique à l'apport de la musique traditionnelle américaine et du jazz. C'est le cas de **Leonard Bernstein**, de **George Gershwin** (1898-1937, *Rhapsody in Blue*, 1924, *Un Américain à Paris*, 1928, *Porgy and Bess*, 1935), d'**Aaron Copland** et de **Charles Ives** (1874-1954, inventeur d'un langage musical nouveau). **Yo-Yo Mardi**, **Joshua Bell** et **Robert Levin** sont internationalement connus comme interprètes. La valeur des orchestres des grandes villes va, en général, du très bon à l'excellent, comme en témoignent le San Francisco Symphony, le New York Philharmonic et le Philadelphia Orchestra.

La frontière entre musique populaire et musique savante est d'autant plus fine que la plupart des compositeurs arrivés d'Europe au temps de la barbarie nazie ont accepté, par goût ou par nécessité, de jouer le jeu de **Broadway.** C'est le cas de **Kurt Well**, qui avait été en Allemagne le complice du célèbre dramaturge Bertolt Brecht. Cela n'empêche pas les Etats-Unis, et tout particulièrement la côte Est et New York, d'avoir été le cadre d'expériences radicales en matière de musique contemporaine. Parmi les innovations que l'on doit à **John Cage**, la plus connue est peut-être la technique consistant à "préparer" un piano en le bourrant d'objets métalliques, clous, vis, etc. **Philip Glass** et **Steve Reich** ont (presque) popularisé la musique répétitive. Steve Reich vient par ailleurs de composer une sorte de symphonie new-yorkaise à base de klaxons, de claquements de portières et de bribes de conversations, une entreprise proche de la musique concrète mais qui franchit une fois de plus les frontières séparant les genres par l'utilisation d'échantillonneurs et autres procédés propres à la techno (voir ci-après).

LES DEUX ÂGES D'OR DU JAZZ

A la **Nouvelle-Orléans**, la conjonction du blues, du gospel et du ragtime donne naissance au **jazz**. Les grands noms du style New Orleans sont, à partir des années 1920, le trompettiste **Louis Armstrong**, le clarinettiste **Sidney Bechet** et, même si le jazz est plutôt un genre instrumental, la chanteuse **Ella Fitzgerald**.

Après 1929, les *enfants du jazz* chers à l'écrivain Francis Scott Fitzgerald se retrouvent obligés d'affronter la dure réalité de la crise économique. C'est la fin des années folles. Quant aux simples travailleurs, souvent réduits au vagabondage faute d'emploi, leur souffrance s'exprime à travers les chansons **folk** du génial **Woodie Guthrie**. Ce dernier, "chanteur engagé" avant la lettre, s'accompagne d'une simple guitare sèche sur laquelle sont inscrits les mots : "Cette machine tue les fascistes".

Le jazz, cependant, ne meurt pas. L'orchestre de **Glenn Miller**, le roi blanc du swing, fait danser l'Amérique de la première moitié des années 1940. Les problèmes financiers ayant contraint la plupart des clubs à remplacer les grands orchestres par de petites formations (quatre ou cinq musiciens), celles-ci, d'abord à **New York**, développent un style dont le dépouillement est compensé par la rapidité du jeu, la nervosité du phrasé et un sens aigu de l'improvisation. Les créateurs du **be-bop** sont le saxophoniste **Charlie Parker**, dit *Bird*, et son complice, le trompettiste **Dizzy Gillespie**. Autre figure majeure de la scène new-yorkaise des années 1930-1950, **Billie Holiday**, surnommée *Lady Day*, chante d'une voix particulièrement poignante la solitude et la dérive amoureuse.

La côte Est et surtout New York continueront de constituer le foyer de la plupart des révolutions qui secoueront le monde du jazz jusqu'aux années 1970. C'est à **Miles Davis**, un trompettiste originaire de Saint Louis, qu'on doit le célèbre *Birth of* *the Cool*, album fondateur du **jazz cool** qui devait faire de nombreux émules en Californie. Quant au **free-jazz**, son prophète est **John Coltrane**. Ce goût de la révolution permanente n'exclut pas une certaine sentimentalité, et l'on aura toujours besoin d'airs romantiques à siffloter sous sa douche. Les *crooners* ont ainsi toujours su agrémenter la variété (*easy listening*) d'un brin de swing pour briser le cœur des femmes. Aucun n'y est parvenu aussi bien que **Frank Sinatra**, d'origine italienne et natif de Hoboken, dans le New Jersey.

COUNTRY MUSIC, ZYDECO, BLUEGRASS ET NAISSANCE DU ROCK'N'ROLL

Dans le domaine de la chanson, le *Sud* (comprendre les Etats du Sud-Est des Etats-Unis, les perdants de la guerre de Sécession) avait vu se développer dès avant la guerre plusieurs traditions liées, pour ainsi dire, à un terroir. La musique country, comme ses fans, doit tout à un génie alcoolique nommé **Hank Williams**. En 16 ans, celui-ci a en effet écrit 700 chansons, accouchant d'un style estimable que peu d'artistes ont été capables d'imiter. **Johnny Cash**, excellent artiste aux origines mâtinées de sang cherokee, est sans doute celui qui s'en est le plus approché. Dernièrement, des interprètes de musique country comme Garth Brooks, George Straight et Tim McGraw ont réussi le pari de conquérir, outre le Sud rural, un public de profanes venu du Nord. Le blues (du delta du Mississippi, entre autres) constitue pour les Noirs américains un moyen d'expression plus direct que le jazz, comme en témoignent les enregistrements aussi sublimes que grésillants de **Robert Johnson**, qui prétendait tenir son talent de guitariste d'un pacte avec le diable. Dans le Nord, à Chicago, le blues avec, entre autres, **Muddy Waters**, prend un caractère plus urbain et électrique. Le zydeco, musique d'expression française des Cajuns de Louisiane, puise dans la musique créole et caraïbe, le blues, le *rhythm and blues* et le rock'n'roll. Ce style, qui au départ ressemble à du blues chanté le plus souvent en créole (Clifton Chenier), devient bientôt une musique de fête parfois chantée en anglais (Nathan Williams). La musique *bluegrass*, style reposant sur des cordes pincées inventé par **Bill Monroe** et répandu par **Earl Scrugg** et sa technique de banjo à trois doigts, est né dans le Kentucky avant de s'exporter au Nord, en fait pas plus loin que la Virginie…

Le **rock'n'roll** ("balancer et rouler", en fait une formule aux connotations érotiques dans l'argot noir américain des années 1950), quant à lui, est associé à un sentiment très fort de liberté et de rébellion. Il profite du développement fulgurant de la société de consommation, mais la sensualité de ses rythmes et les connotations sexuelles des paroles constituent une formidable claque au visage de l'Amérique puritaine.

C'est en effet dans le Sud, à **Memphis**, au Tennessee, que Sam Phillips (fondateur de **Sun Record**) découvre la perle rare, un Blanc capable de chanter comme un Noir et donc, à terme, de faire se déhancher l'Amérique profonde sans déranger son non moins profond racisme. Ce poulain s'appelle **Elvis Presley** qui, mélangeant allègrement blues et country, va devenir le *King of Rock'n'Roll*. Les premiers succès d'Elvis, en 1954, font réaliser à d'autres artistes qu'ils faisaient jusque-là du rock'n'roll sans le savoir. Citons à ce titre **Chuck Berry**, un artiste noir lui aussi originaire du Sud-Est des Etats-Unis, tout comme l'androgyne **Little Richard**. Le film *Graine de violence* fait un hymne du *Rock Around the Clock* de **Bill Haley**. Ce dernier finira mal (alcoolisme et paranoïa), de même qu'Elvis : le King deviendra en effet obèse et conformiste, lui qui avait été surnommé "Mister Hips", Elvis le Pelvis, pour sa manière lascive de bouger du bassin.

LES GOLDEN SIXTIES

Face à la **"British Invasion"**, qui débute avec le succès inattendu de la tournée des Beatles aux Etats-Unis en 1964, les héros du rock'n'roll américain sont pris de court… Le jadis sulfureux Elvis Presley aurait demandé au Président de protéger le pays contre l'influence délétère de ces Anglais à cheveux longs ! La soul et le **R&B** (*rhythm and blues*) continuent en revanche de produire des quantités de *hits* ornés de merveilleuses harmonies vocales. Les artistes sont presque tous noirs, de même que Berry Gordy, le fondateur du label **Motown**, véritable usine à tubes qui reprend le surnom de la ville où il est né, **Detroit**, d'où émergent les Four Tops, **Diana Ross & the Supremes**, Smokey Robinson, les Temptations et bien d'autres. Une féroce rivalité va opposer Motown à un autre label, **Stax**, fondé à **Memphis** par un Blanc, Jim Stewart. La principale vedette lancée par Stax sera **Otis Redding**, cependant il faudra aussi compter avec Sam & Dave (*Soul Man*) ou encore Eddie Floyd (*Knock on Wood*). Jamais avare d'excentricité, **New York** a apporté sa contribution à ce genre musical en la personne du producteur **Phil Spector**, créateur du fameux "mur du son" et grand adversaire de la stéréophonie. Sous sa direction, le groupe de sa future épouse, les Ronettes, enregistre le tube planétaire *Be my Baby*. Plus tard, déçu par l'échec américain du *River Deep, Mountain High* d'**Ike & Tina Turner**, Spector passera à l'ennemi le temps de remixer le *Let it Be* des Beatles.

Le principal survivant de cette période est **James Brown**, le "parrain de la soul", dont on peut dire qu'il est avant tout l'inventeur du **funk**. Ses numéros de danse frénétiques sur un R&B qui ne l'est pas moins ont en effet, dès l'époque du *Live at the Apollo* de 1962 (l'Apollo est une célèbre salle new-yorkaise), fait de James Brown un genre musical à lui tout seul qu'il a bien fallu baptiser d'un nom quelconque avant de tenter de l'imiter.

La contribution new-yorkaise au **mouvement hippie** (paix, amour, cheveux longs et psychotropes) passera moins par le rock que par le renouveau **folk** initié dans les clubs de Greenwich Village par des chanteurs parfois politisés tels que **Bob Dylan**. Ce dernier n'en passera pas moins à la musique électrique vers la fin des années 1960, ce qui lui vaudra de perdre une partie de son public et d'en gagner un autre. La côte Est, voulant avoir comme la Californie son *Summer of Love*, donne naissance en août 1969 à une version sensiblement plus humide : le **festival de Woodstock**. Mais l'idéalisme hippie a trouvé, de nouveau à **New York**, des ennemis mortels : ne voyant partout que souffrance, saleté, désespoir et seringues sales, **Lou Reed** décide de chanter la poésie de la rue au sein du **Velvet Underground**.

Motor City's burning !... La Motor City, c'est **Detroit**, capitale de l'automobile et patrie des mélodies veloutées de Motown. Detroit, donc, explose à la fin des années 1960 en accords métalliques et discordants exprimant l'ennui des jeunes Blancs des villes industrielles. Le groupe **MC-5** dynamite le rock'n'roll des années 1950 à coup de riffs en fusion, **Iggy Pop** plonge dans la foule et se lacère le corps pendant les concerts des **Stooges**... Pendant que les stars les plus marquantes nées de l'autre côté des Etats-Unis (Joplin, Morrison, Hendrix...) meurent les unes après les autres d'overdose, la nouvelle génération fait le deuil de ses illusions.

FUNK, DISCO ET PUNK

Le funk connaît au début des années 1970 ses heures les plus sauvages. En plus de l'increvable James Brown, il faut désormais compter avec **Sly & the Family Stone**. Avec ses groupes Funkadelic et Parliament, **George Clinton** mêle les délires psychédéliques des *sixties* californiennes à une véritable frénésie rythmique aux allures de marathon. Les amateurs de soul peuvent néanmoins se reposer les oreilles grâce au *Philly Sound*, un son ample né, comme son nom l'indique, à Philadelphie, et qui marquera les balbutiements de la disco.

Pendant que la côte Ouest produit de plus en plus une musique *middle of the road* (de la variété rock façon Eagles) afin de concurrencer dans les *charts* les grands groupes anglais en train de devenir de véritables "dinosaures" (les Stones, Led Zeppelin...), **New York** brandit à l'Est l'étendard de la révolte. On doit aux **New York Dolls** d'avoir donné une expression visuelle et kitsch à l'ambiguïté sexuelle évoquée dès 1967 dans les textes de **Lou Reed** qui, de son côté, décroche son premier *hit* avec *Walk on the Wild Side*. Vers 1976, des poètes d'avant-garde ambitieux, musiciens à leurs heures, investissent la scène rock qui s'est constituée dans les pianos-bars du centre-ville comme le **CBGB's** et le **Max's Kansas City**. Cette double vocation est parfaitement illustrée par le pseudonyme du chanteur et guitariste de **Television** : Tom Verlaine. **Patti Smith**, grande admiratrice de Rimbaud, devient aussi une star du rock. Son premier album est produit par John Cale, l'un des membres fondateurs du Velvet Underground. Les **Ramones** ou les **Talking Heads** apportent du venin, de l'humour et une stupidité maîtrisée au mouvement **punk** naissant.

Blondie, le premier de ces groupes à connaître le succès grand public, ne parvient en fait à entrer au hit-parade qu'en ajoutant à sa musique un rythme disco. La **disco**, musique de danse fondée sur un gros son de basse et une batterie métronomique, triomphe aux Etats-Unis grâce au film *Saturday Night Fever*, tandis que le punk s'exile pour ainsi dire en Grande-Bretagne. A côté de nombreux interprètes façon un-petit-tube-et-puis-s'en-vont, la disco a ses piliers comme le groupe **Chic**, formé par Bernard Edwards et Nile Rodgers.

Entre-temps, en 1974, le critique musical Jon Landau a vu, selon ses propres mots, "le futur du rock'n'roll". Il s'agit d'un chanteur du **New Jersey** (Asbury Park, pour être exact) nommé **Bruce Springsteen**. Inspiré par Dylan et Woodie Guthrie, mais aussi par le rock festif et sans détour des pionniers, le *Boss* se fera le chroniqueur de l'Amérique ordinaire, des petites villes, des ouvriers, de *Born to Run* au succès mondial de *Born in the USA* en 1984.

LES ANNÉES MTV

Les années 1980 marquent le début du règne de **MTV**, la chaîne de télévision musicale, où des vidéos à gros budget permettent à trois ou quatre stars universelles de régner sans partage. Par une étrange coïncidence, il s'agit surtout des enfants de l'*Industrial Midwest* (la région proche des Grands Lacs) : **Michael Jackson**, ex-enfant prodige funky, est né dans l'Indiana, **Prince** est le fils d'un pianiste de Minneapolis et **Madonna** une Italo-Américaine du Michigan.

Dans un tout autre genre, loin également des orages métalliques de la côte Ouest qui, plus tard, vont gagner Seattle et donner naissance au *grunge*, la ville d'**Athens**, en Géorgie, voit le Sud prendre une revanche inattendue à travers des groupes intellos ou décalés. Les **B-52s** singent des années 1950 de bande dessinée tandis que **R.E.M.** (*Rapid Eye Mouvement*) surfe sur la vague new-wave en réinventant le folk rock. R.E.M. et son chanteur Michael Stipe vont progressivement évoluer de l'*underground* vers une reconnaissance à l'échelle planétaire.

La **Grosse Pomme** perpétue son ancienne tradition expérimentale et bruitiste, héritée du Velvet, à travers des groupes tels que **Sonic Youth**, experts en larsen, ou des compositeurs comme **Glenn Branca**, capable de concevoir des symphonies pour une centaine de guitares. Mais le plus important est sans doute l'explosion **rap**, avec le DJ **Afrika Bambaataa** et, bientôt, Public Enemy. Se réclamant ouvertement de Malcolm X et, pour certains de ses membres, de Farrakhan, **Public Enemy** bombarde l'*establishment* blanc de *beats* rageurs, de *samples* de sirènes et de slogans furieux : *Fight the power !* **LL Cool J** préfère détailler d'une voix lascive ses prouesses amoureuses, et son nom signifierait d'ailleurs : *Ladies Love Cool James*, en toute modestie.

C'est pourtant la vieille Motor City, **Detroit**, qui imprime à la musique une accélération véritablement futuriste : **Juan Atkins**, **Derrick May** ou **Kevin Saunderson** manipulent les sons électroniques pour inventer la **techno**. Les clichés selon lesquels la musique créée par les Noirs se développerait en vase clos sont démentis par le fait que la plupart des DJ afro-américains de Detroit s'inspirent ouvertement des Allemands de Kraftwerk ou encore des Britanniques de Depeche Mode. Pendant ce temps, à **Chicago**, apparaît la **house music**, qui prolonge sur le mode électronico-hystérique l'euphorie disco des années 1970.

À SUIVRE...

Les années 1990 démarrent en demi-teinte pour la musique de l'Est des Etats-Unis. Laissant Seattle et le son *grunge* reprendre le flambeau du rock bruyant, la scène *hardcore* (née à **Washington D.C.**) semble en train de mourir : **Hüsker Dü**, les pionniers de **Minneapolis**, se sont séparés, et les **Pixies**, originaires de **Boston** mais particulièrement populaires en France, vivent leurs dernières heures avant le départ de leur chanteur Frank Black (*alias* Black Francis) pour Los Angeles où il mènera sa carrière solo. Mais le rock lui-même ne paraît pas près de mourir (voir, par exemple, les disques brillants de **John Spencer Blues Explosion**), en dépit de l'invention par la critique du terme de *postrock* pour désigner la musique de **Tortoise** ou de **Labraford**, groupes apparus après 1995. Récemment, un jeune groupe s'est même aventuré à reprendre, non sans succès, le flambeau du **rock new-yorkais** abrasif et bohème hérité du CBGB's : **The Strokes**. Les **White Stripes**, un frère et une sœur s'habillant exclusivement de blanc et de rouge, ont pour leur part entrepris de ranimer la scène rock de **Detroit**.

Le **rap**, de son côté, est devenu omniprésent au point de courir le risque de se banaliser. Le point positif est qu'il s'est enrichi (et pas seulement financièrement) en sortant du ghetto : dès la seconde moitié de la décennie 1980, de jeunes *funsters* comme les **Beastie Boys** et **Luscious Jackson** avaient su transcender le clivage racial pour élargir l'attrait du hip-hop, en introduisant dans leur répertoire du jazz, du *trash* et des *samples* de funk. Et les groupes médiocres matraqués par MTV représentent parfois l'arbre qui cache la forêt. Au sommet de la hiérarchie hip-hop de la côte Est, on trouve les **Native Tongues**, un ensemble disparate de groupes new-yorkais comprenant **A Tribe Called Quest**, **De La Soul** et **Black Sheep**. Une autre formation new-yorkaise a gagné l'attention du public : le **Wu-tang Clan**, dont les rythmes denses et répétitifs avec une utilisation radicale et intelligente de *samples* tirés de films de kung-fu ont permis à plusieurs de ses membres de se faire un nom comme **Method Man** et **GZA**. Le *gangsta rap*, né à Los Angeles, a fait des adeptes à New York. C'est ainsi qu'est né le label **Bad Boy Entertainment**. En 1997, cette jeune scène a été endeuillée par le meurtre (à L.A.) de l'un des artistes du label, **Notorious BIG**. On a voulu y voir une conséquence de la "guerre", entretenue par les médias, qui opposait les rappeurs de la côte Est à ceux de la côte Ouest.

Loin de se laisser glisser sur cette mauvaise pente, certains artistes hip-hop tels que **Nas** ou **Mobb Deep** sont parvenus ces dernières années à s'installer au sommet des hit-parades. Les plus connus en Europe sont les **Fugees**. Ces derniers doivent leur succès à un choix fort habile de reprises, allant du *No Woman, No Cry* de Bob Marley au *Killing me Softly…* de Roberta Flack, et à la belle voix soul de leur chanteuse, **Lauryn Hill**. Fin 1999, on retrouve la demoiselle, nantie d'un album solo, à la lutte avec **Whitney Houston** pour la domination des ondes. On ne présente plus cette chère Whitney, native du New Jersey, qui se cramponne obstinément au sommet des *charts* depuis 1985, cependant il est amusant de constater qu'elle s'était pour la circonstance adjoint les services d'un ancien compagnon d'armes de Lauryn au sein des Fugees.

LE CINÉMA

De tous les genres artistiques, le cinéma américain est celui qui, pour le meilleur et pour le pire, a eu le plus grand impact culturel, aussi bien à l'intérieur qu'en dehors de ses frontières. Les stars de cinéma ont créé modes et tendances et ont influé sur la perception commune de la beauté et du glamour bien avant la Deuxième Guerre mondiale. A travers le pays, les répliques de cinéma sont entrées dans le vocabulaire courant et les stars inspirent bien plus de respect et d'admiration que les politiciens. Les Américains n'ont-ils pas d'ailleurs été, en 1980, jusqu'à porter à la magistrature suprême un ancien acteur hollywoodien, Ronald Reagan ? Enfin, tant de scénarios ont été écrits sur des réussites exceptionnelles, voire miraculeuses, que cinéma et rêve américain finissent souvent par se confondre.

SCÈNE 1, PREMIÈRE PRISE !

Le cinéma américain a parcouru un long chemin depuis 1889, date à laquelle Thomas Edison produisit le premier film cinématographique *made in USA* (d'une durée de 30 secondes, représentant un cheval au galop) et le premier appareil pour le visionner. Le cinéma muet vit l'apparition de grands maîtres comme **Erich von Stroheim** (*Les Rapaces*), **Fred Niblo** (*Ben Hur*) et **Cecil B. De Mille** (*Les Dix Commandements*) et consacra les génies du burlesque que furent **Charlie Chaplin**, **Stan Laurel** et **Oliver Hardy**, **Buster Keaton** (*Le Mécano de la "General"*). Mais c'est l'apparition du parlant, en 1929, qui marque véritablement l'essor de l'industrie cinématographique aux Etats-Unis.

Dès cette date, la production hollywoodienne contribue très fortement à forger l'identité américaine. Les films de **Frank Capra**, d'**Ernst Lubitsch**, de **Frank Borzage** et de **William Wyler** font rêver les salles au moment où l'Amérique s'enfonce dans une grave crise économique. Dès 1927, le jeune **Walt Disney** fonde les studios Disney, la première pierre d'un empire qui allait s'étendre bien au-delà du cinéma. *Blanche Neige*, le premier dessin animé de long métrage, sort en 1937. Les grands studios règnent alors en maîtres sur Hollywood, contrôlant d'une main de fer metteurs en scène et acteurs. **Judy Garland** reçoit l'Oscar de la meilleure jeune actrice en 1939 pour son interprétation dans *le Magicien d'Oz* (*The Wizard of Oz*). Dans *Casablanca*, le désenchanté **Humphrey Bogart** donne la réplique à Ingrid Bergman dans l'une des plus belles histoires d'amour du cinéma hollywoodien. A 11 ans, **Shirley Temple** attendrit l'Amérique dans *la Petite Princesse* (*The Little Princess*, 1949). Emboîtant le pas à **Ginger Rogers** et **Fred Astaire**, **Gene Kelly** et **Debbie Reynolds** virevoltent à l'écran dans des chorégraphies réglées au millimètre près comme celle de *Chantons sous la pluie* (*Singin' in the Rain*, 1952).

LE HOLLYWOOD GLAMOUR ET SES ÉTOILES

Les années 1940 et 1950 sont aujourd'hui considérées avec nostalgie comme un âge d'or, d'où sont nés d'innombrables joyaux dans les trois genres restés chers à Hollywood jusqu'au début des années 1970 : le film noir (*Le Grand Sommeil*, 1946, de Howard Hawks, ressorti depuis dans sa version originale), la comédie musicale (*Une étoile est née*, 1954, de George Cukor) et le western (*La Prisonnière du désert*, 1956, de John Ford). Les superproductions historiques sont également très prisées (*Autant en emporte le vent*, 1939, de Victor Fleming ; *Cléopâtre*, 1963, de Joseph L. Mankiewicz ; *Ben Hur*, 1960, de William Wyler ; *Le Cid*, 1963, d'Anthony Mann). En outre, cette période marque l'avènement de deux mythes populaires : **James Dean** et **Marilyn Monroe**.

Les chefs-d'œuvre d'**Orson Welles** (*Citizen Kane*, 1941 ; *La Dame de Shanghai*, 1948 ; *Othello*, 1952) révèlent toutefois l'existence d'un cinéma plus indépendant à l'ombre des studios, un phénomène toujours d'actualité. Fort logiquement, les sirènes de Hollywood attirent les plus grands réalisateurs européens. Le Britannique **Alfred Hitchcock** manipule son public en l'entraînant dans des suspenses indéchiffrables. Il engage **James Stewart** pour *Sueurs froides* (*Vertigo*) et **Cary Grant** pour *La Mort aux trousses* (*North by Northwest*). Le Polonais **Roman Polanski**, plus tard, viendra signer *le Bal des vampires* (1967), *Rosemary's Baby* (1968) ou *Chinatown* (1974).

ESPRITS REBELLES

La fin des années 1950 et les années 1960 voient apparaître **Sam Peckinpah** (*La Horde sauvage*, 1969 ; *Les Chiens de paille*, 1971), dont le cinéma ultra-violent a inspiré John Woo et Quentin Tarantino, **Arthur Penn** (*Le Gaucher*, 1958 ; *La Poursuite impitoyable*, 1965 ; *Bonnie and Clyde*, 1967) et **Sidney Lumet** (*Douze hommes en colère*, 1957 ; *La Colline des hommes perdus*, 1965 ; *Serpico*, 1974 ; *Un après-midi de chien*, 1974), qui dénonce les injustices politiques et sociales. La violence qui s'étale à l'écran illustre la contestation sociale et la tension extrême qui règne entre les générations au cours des années 1960 et 1970. Après l'échec relatif mais coûteux de *Cléopâtre* (1963), les *majors* finissent par comprendre que le public a changé et engagent de nouveaux réalisateurs, très influencés par la Nouvelle Vague française. Ce sera le cas, notamment, de **Robert Altman** et de **John Frankenheimer**.

Dans la tourmente de la guerre du Viêtnam et de la crise morale qui secoue l'Amérique de la fin des années 1960, de jeunes réalisateurs (souvent issus des écoles de cinéma universitaires ou de l'entourage du roi de la série B bon marché, **Roger Corman**) réussissent une entrée fracassante sur la scène cinématographique. Dans *le Lauréat* (*The Graduate*, 1967) de **Mike Nichols**, **Dustin Hoffman** incarne un étudiant brillant et sans illusions, séduit par la femme d'une des relations d'affaires de son père, Mrs Robinson. L'errance tragique des deux hippies californiens que met en scène **Dennis Hopper** dans *Easy Rider*, en 1969, constitue un pamphlet ironique et

HISTOIRE ET SOCIÉTÉ

amer contre les préjugés et la violence de l'Amérique profonde. **Francis Ford Coppola** signe en 1972 *le Parrain*, puis sa suite en 1974, avant de s'attaquer à une relecture hallucinée de la guerre du Viêtnam avec *Apocalypse Now* (1979).

LE RETOUR EN FORCE DU BUSINESS

On les appelle les **"blockbusters"**. Leur but : rapporter un maximum d'argent à leurs producteurs au détriment des autres sorties du moment. La fin des années 1970 et les années 1980 verront naître les modèles du genre, aidés par l'avènement des effets spéciaux. La trilogie de *la Guerre des étoiles*, de **George Lucas**, dont le premier volet sort en 1977, devient la marque de fabrique de Hollywood, qui exporte dès lors ses mégaproductions dans le monde entier. **Steven Spielberg**, après avoir terrifié l'Amérique avec *Duel* en 1973 et *les Dents de la mer* en 1975, devient, lui aussi, un abonné des "cartons" cinématographiques (*E. T.*, 1982). Dédiant désormais son œuvre à la mémoire collective, il évoque les horreurs de la Deuxième Guerre mondiale dans *la Liste de Schindler* ou *Il faut sauver le soldat Ryan* (*Saving Private Ryan*).

Brian De Palma débute dans le genre fantastique (*Phantom of the Paradise*, 1974, et *Carrie*, 1977) avant de s'épanouir dans le thriller (*Blow Out*, 1980 et *Les Incorruptibles*, 1987). **John Travolta** convertit une génération entière au disco dans *la Fièvre du samedi soir* (*Saturday Night Fever*). Le film d'aventure est renouvelé par la trilogie d'*Indiana Jones*, le célèbre archéologue campé par **Harrison Ford**, amateur de tombeaux et de passages secrets. **Tom Cruise** incarne le pilote de chasse le plus célèbre de l'histoire du cinéma (*Top Gun*). Dans *Rain Man* (1988), véritable critique de l'individualisme des années 1980, il apprend à connaître son frère autiste (interprété par Dustin Hoffman). **Tom Hanks** joue le simple d'esprit entraîné malgré lui dans la gloire et les honneurs militaires (*Forrest Gump*). Les spectateurs plébiscitent les contes de fées modernes comme *Pretty Woman*, où **Julia Roberts**, sous les traits d'une prostituée malicieuse, finit par séduire le milliardaire désabusé (**Richard Gere**) qui l'avait engagée. Les grandes compagnies de production cinématographique, ou *majors* (Warner Bros, Universal, Disney ou Columbia), imposent leur loi, car les exigences artistiques cèdent souvent le pas aux enjeux financiers. L'acteur est roi et des artistes comme Tom Hanks, **Sylvester Stallone** ou **Arnold Schwarzenegger** reçoivent des cachets de plusieurs millions de dollars pour tenir le haut de l'affiche.

Face à ce courant dominant qui engendre, à coup d'images de synthèse, de cascades et d'explosions, des *blockbusters* toujours plus monumentaux (*Independence Day, Jurassic Park, Terminator II, Men in Black, Matrix*), subsiste un cinéma plus adulte et plus indépendant dont les chefs de file ont nom **Woody Allen** (*Manhattan, Annie Hall*), l'un des rares réalisateurs installés sur la côte Est et dont l'œuvre autopsie d'un regard amusé les stéréotypes de la société américaine, **Oliver Stone** (*Platoon, Tueurs nés, Nixon*) qui produit une œuvre politique résolument polémique, **Spike Lee**, qui interroge la société américaine sur la dignité des Noirs et l'incompréhension entre les communautés ethniques (*Do the Right Thing*), **Gus Van Sant** (*Drugstore Cowboy, Prête à tout*, 1996) ou encore le jeune réalisateur **John Singleton** qui signe, à 21 ans, une évocation désespérée de la classe moyenne noire de Los Angeles (*Boyz'n the Hood*). **Martin Scorsese**, enfin, s'est longtemps battu pour obtenir le contrôle de ses réalisations et s'est souvent heurté aux studios. Grâce à des films comme *Taxi Driver* (1976), *Raging Bull* (1979), *After Hours* (1986), *les Affranchis* (1990) ou *Casino* (1996), il montre qu'il est un artiste indépendant, même lorsque c'est une *major* qui le produit.

LES INDÉPENDANTS À L'ASSAUT DES MAJORS

Actuellement, une nouvelle génération d'acteurs s'est fait une place au soleil : **Brad Pitt**, **Johnny Depp** ou le scénariste-réalisateur-acteur **Quentin Tarantino** sont devenus des valeurs sûres de Hollywood. Le cinéma demeure certes une industrie vouée à engranger des bénéfices. Le colossal *Titanic* (1997) de **James Cameron** a dépassé tous les records, puisque son budget de tournage s'élève à lui seul à plus de 200 millions de dollars, hors promotion. Cela n'a pas empêché un petit film d'angoisse artisanal, *le Projet Blair Witch* d'**Eduardo Sanchez** et **Daniel Myrik**, de créer la surprise, en 1999, en obtenant un succès sans commune mesure avec son coût ridicule par le biais du clic-à-oreille : la rumeur propagée sur Internet voulait qu'il s'agît d'une histoire vraie.

Depuis *la Porte du paradis* de **Michael Cimino** (un échec retentissant qui entraîna la ruine d'United Artists et de la MGM en 1980), les studios soutiennent rarement un jeune auteur au scénario original. En revanche, ils leur confient parfois des scénarios rodés ou des films tirés de séries à succès : **David Fincher** a ainsi réalisé *Alien 3* (1994) avant de signer l'angoissant *Seven* (1996). Le cinéma américain, dynamique et en constante évolution, ne peut que continuer à étendre son influence dans le monde. Le film policier connaît de nouveaux frissons avec *le Silence des agneaux* (*The Silence of the Lambs*) ou *L.A. Confidential*, qui confèrent au thriller des personnages d'une singulière complexité. Les **frères Coen** défraient régulièrement la chronique avec des films comme *Fargo* ou *The Big Lebowski*, peinture mordante des travers les plus abrutissants de la société américaine. Enfin, le talent d'un **Steven Soderbergh**, avec son univers visuel si particulier (*Traffic*, *Ocean's Eleven*), ou d'un **Spike Lee** (*Malcolm X*), dans sa dénonciation de la discrimination raciale contribue à donner un souffle nouveau au cinéma américain. Hollywood a récemment pris goût à ces productions indépendantes et sorti un certain nombre de films au parfum antihollywoodien, tels qu'*American Beauty* (1999) de **Sam Mendes**, nouveau venu dans le cercle très fermé des indépendants à succès.

HOLLYWOOD EN QUÊTE DE NOUVELLES PERSPECTIVES

La tendance s'est confirmée. Même si les *sequels* (suites) de grosses productions continuent de se multiplier (*Mission : Impossible 2*, *Jurassic Park 3*, *le Retour de la Momie*), le cinéma grand public doit accueillir en son sein un nouveau genre, celui des **films d'animation** à tendance iconoclaste. *FourmiZ*, sous ses aspects amusants, donne une interprétation plutôt critique des modèles socioéconomiques modernes. Quant à l'ogre pétomane et végétarien de *Shrek*, il pulvérise les références traditionnelles du conte de fées à la Disney. Le point commun de ces deux productions ? La société **Dream Works**, émanation des ambitions de Steven Spielberg de s'emparer d'un univers momifié par Disney.

L'arrivée des **DVD** (disques vidéo numérisés) et l'omniprésence des jeux vidéo dans les foyers américains a, paradoxalement, permis aux salles de cinéma de renouer avec un large public. Les productions (*Matrix*, *Tigre et Dragon*) multiplient d'ailleurs de plus en plus les références visuelles aux jeux vidéo (chorégraphie des combats, costumes, cadrages…).

Enfin, depuis les événements tragiques du 11 septembre 2001, on peut s'interroger sur l'avenir des films-catastrophe, revenus récemment en force dans le sillage de *Titanic* grâce à la révolution du numérique. Il y a fort à parier que le réalisme du crash d'avion de *Seul au monde*, du naufrage d'*En pleine tempête*, voire du Débarquement d'*Il faut sauver le soldat Ryan* ne sera désormais plus perçu de la même façon par le public américain. Qu'a-t-il réellement envie de voir aujourd'hui ? Visiblement, les *majors* ont encore du mal à le déterminer. Le succès de *Harry Potter à l'école des Sorciers* (le film, un mois après sa sortie, avait totalisé 25 millions d'entrées aux Etats-Unis et déjà rapporté 240 millions de dollars) est peut-être un premier élément de réponse… A moins que le désir d'évasion ne cède vite le pas à une redéfinition des idéaux de l'Amérique, serait-ce en puisant des exemples dans un passé récent, comme l'a fait le film *Ali*, avec **Will Smith**, réussite commerciale inattendue au tournant des années 2001 et 2002.

LES ARTS PLASTIQUES

Les historiens de l'art ont souvent perçu l'art américain à ses débuts comme une pâle réplique des tendances européennes. En revanche, les théoriciens les plus fameux de l'art moderne, comme Robert Rosenblum, voient dans l'art américain des thèmes qui lui sont propres. On peut ainsi retrouver l'image d'une nature sauvage et indomptée

HISTOIRE ET SOCIÉTÉ

non seulement chez les peintres paysagistes du XIXᵉ siècle, qui ont cherché à capter la beauté âpre de l'Ouest, mais également dans les lignes puissantes et les explosions de couleurs de l'expressionnisme abstrait américain du XXᵉ siècle.

L'ART DANS LE NOUVEAU MONDE

L'art de l'Amérique coloniale n'a eu qu'une portée très limitée. Pour les artistes du Nouveau Monde, le seul moyen de subsistance était de faire le portrait de riches propriétaires. Certains peintres chanceux (et déterminés) accompagnaient les expéditions qui s'aventuraient dans des territoires encore inexplorés pour garder une trace des paysages et des gens qu'ils rencontraient. Ces deux genres, le portrait et le paysage, vont se structurer progressivement tout au long du XIXᵉ siècle. **George Fuller** fera des portraits intimistes contrastant avec un arrière-plan très sombre et un éclairage très diffus des personnages. La beauté du continent américain inspire les tableaux de **Thomas Cole** et de **Winslow Homer**, comme les Indiens inspireront **Charles Bird King**, **George Catlin** et **Karl Bodmer**.

LA TRADITION DE LA PHOTO AMÉRICAINE

Depuis 1888, date à laquelle Eastman invente l'appareil photo Kodak, la photographie a constamment été un puissant moyen d'expression aux Etats-Unis. Avec son regard sur la civilisation urbaine, **Alfred Stieglitz** donne naissance à un art véritable. Les photographes américains tournent toujours plus leur objectif vers les réalités sociales. Plusieurs d'entre eux, parmi les plus grands, seront subventionnés par la Farm Security Administration (financée par la Works Progress Administration) pour constituer un fonds documentaire sur la Grande Dépression. **Dorothea Lange** et **Walker Evans** en profitent pour produire des œuvres puissantes, où s'exprime la tragédie américaine des années 1930. D'autres ont mis leur talent au service de la nature et de sa beauté : les photos en noir et blanc prises dans les parcs nationaux par **Ansel Adams** sont aujourd'hui popularisées par des millions d'affiches et de calendriers.

La réalité crue du New York des années 1950 ressort de façon très vivante chez **William Klein**, qui a saisi le *Zeitgeist*, l'esprit de cette époque. Le surréalisme est d'abord développé par **Man Ray**, très actif en Europe durant l'entre-deux-guerres et dont le dos de femme transformé en violoncelle est resté célèbre. Dans les années 1970, l'abstraction et le surréalisme ont trouvé place chez **Diane Arbus**, dont l'art naît d'une incessante confrontation entre le normal et le pathologique, et chez **Robert Mapplethorpe**, inventeur d'un monde imaginaire né de l'alliance du corps humain, révélé dans sa nudité, et de l'univers végétal. Plus profondément, l'œuvre de Mapplethorpe met en cause les conventions sociales en rendant compte de la sexualité et de l'érotisme sous leurs aspects parfois dérangeants. Des artistes tels que **Gary Winnogrand** et **Lee Friedlander**, qui travaillent de préférence au 35 mm, incarnent quant à eux l'attachement à une certaine simplicité, fondée sur l'art du cadrage.

LA PEINTURE AU XXᵉ SIÈCLE

Au début du XXᵉ siècle, **Edward Hopper** et **Thomas Hart Benton** explorent l'innocence perdue et les mythes fondateurs des Etats-Unis. L'univers de Hopper est marqué par des natures mortes de villes. Son art se rapproche énormément de la photographie, mais en retirant le mouvement qu'on trouve souvent dans les photos. La femme d'Alfred Stieglitz, **Georgia O'Keefe**, préfère peindre des visions pastel surréalistes de carcasses au milieu du désert et de fleurs suggestives.

L'expressionnisme abstrait d'**Arshile Gork**, de **Jackson Pollock** et de **Mark Rothko**, au milieu du siècle, traduit le mélange de confiance en soi et de sentiment d'insécurité propre à l'Amérique de la guerre froide. La technique du *dripping* (qui consiste à faire couler la peinture en longues lignes au-dessus de la toile), empruntée par Pollock à Mark Ernst, projette le peintre au milieu de sa toile. En effet, le créateur ne peint plus face à sa toile mais au-dessus, quitte à marcher sur le canevas et à mélanger les différentes couches de peinture.

L'expression du *moi* profond, que Pollock et d'autres voulaient atteindre par l'acte créatif spontané, n'intéresse nullement les tenants du *pop art* (**Jasper Johns**,

Robert Rauschenberg, Roy Lichtenstein, Robert Motherwell, Claes Oldenburg, James Rosenquist, Andy Warhol, Tom Wesselmann…). Ces artistes développent un style volontairement impersonnel, inspiré de la publicité ou des *comics*. Ils traitent avec une distance ironique les symboles de la vie quotidienne américaine et singent les travers de la société de consommation : accumulation d'objets, de portraits, travail avec de nouveaux supports et de nouvelles matières. **David Hockney**, Californien d'adoption depuis 1963, s'est spécialisé dans des scènes de genre "aquatiques", représentatives de cet Etat aussi ensoleillé que matérialiste où le bonheur passe nécessairement par l'acquisition d'une piscine.

L'ART EN LIBERTÉ

Dans les années 1970, rien ne se fait dans le domaine de l'art contemporain qui ne passe, d'une manière ou d'une autre, par les Etats-Unis. New York, carrefour de toutes les ambitions, a vu affluer des artistes du monde entier, comme le Français **Arman**, qui prône un "nouveau réalisme" en utilisant des matériaux de récupération. **Christo**, d'origine bulgare, n'utilise pas la toile pour peindre dessus mais pour emballer des objets, ce qui leur donne une allure fantomatique, avant d'appliquer cette technique à des bâtiments entiers. C'est la grande période des *happenings* et des *performances* : l'art peut désormais être éphémère, voire consister dans un simple geste qui ne crée aucun objet.

En dépit des innovations, l'histoire de l'art est un éternel recommencement. C'est ainsi que les années 1980 voient surgir un nouvel expressionnisme avec, par exemple, **Julian Schnabel**. Etrangement, plus les prix de l'art contemporain s'envolent vers des sommets sans précédent (cette "bulle spéculative" finira d'ailleurs par éclater), plus on trouve d'artistes pratiquant un "art de la rue" dérivé du graffiti. Cette génération, celle des **Jean-Michel Basquiat** et autres **Keith Haring**, sera malheureusement décimée par la drogue et le sida.

L'hécatombe provoquée par le virus dans le milieu artistique a trouvé son témoin en la personne de **Nan Goldin**. Dès les années 1970 et l'époque héroïque du club CBGB's, cette dernière avait pris l'habitude d'utiliser la photographie pour faire la chronique de l'existence des noctambules new-yorkais qu'elle fréquentait. Le sida n'est donc pas pour elle un "sujet" mais une réalité qui s'est imposée à elle par la force des choses. Les Cibachrome de **Cindy Shermann** démontrent, comme ceux de Goldin, que la photographie en couleurs entend désormais rivaliser avec la peinture pour créer un univers esthétique dépaysant. Les clichés de Shermann sont de petites mises en scène baignant dans une ambiance de conte de fées pervers.

A l'orée du troisième millénaire, l'art contemporain aime plus que jamais recourir à toute sorte de supports, en particulier la vidéo. **Bill Viola** est sans doute le premier à avoir véritablement exploré les possibilités offertes par ce nouveau média. Même le corps humain est devenu un matériau qu'on modèle par des procédés tenant de la chirurgie esthétique ou de la mutilation volontaire (**Chris Burden**). Certains *performance artists*, comme **Lydia Lunch**, font de la pornographie la base de leur travail. Dans un tout autre genre, la Française **Sophie Calle** collabore avec l'écrivain new-yorkais **Paul Auster** pour créer des livres qui sont également des œuvres d'art. A cette fin, elle s'inspire des événements de sa propre vie, quitte à les provoquer. Cette mise en scène de la vie privée constitue l'autre grande tendance de l'époque. On la retrouve même chez des artistes adeptes d'une esthétique kitsch passablement voyante : **Jeff Koons** a fait de son mariage avec la Cicciolina, une actrice de films X italienne, la matière première d'une sorte de roman-photo érotique où se retrouvent les rose bonbon et les vert pomme qui caractérisent, par ailleurs, ses étranges sculptures reproduites sur papier glacé.

Les tendances les plus récentes de l'art semblent en grande partie axées sur la destructuration du corps humain, à l'image des sculptures fragmentaires de **Kiki Smith**, et, à travers cela, sur la perte de l'identité. Quoi qu'il en soit, l'art abstrait des galeries n'est pas mort et les formes brouillées de **Brice Marden** continuent de faire recette. Tous les chemins restent donc ouverts.

ARCHITECTURE, ART PUBLIC ET MÉCÉNAT

A ses débuts, l'architecture américaine s'inspire des différents styles européens mais, dès le XXe siècle, l'architecte **Frank Lloyd Wright** crée un mode architectural propre aux Etats-Unis. Véritable génie, Wright abandonne ses études à 18 ans pour se rendre à Chicago, ville qui connaît alors un essor dans la construction novatrice. Il parvient à se faire embaucher et débute ainsi une carrière longue et prolifique qu'il consacrera à la réalisation de bâtiments uniques. Plus récemment, **Frank Gehry** a projeté l'architecture dans le XXIe siècle, par ses chefs-d'œuvre défiant l'imagination, riches en effets d'optique.

L'art a eu un rôle tout à fait reconnu dans la plupart des villes américaines. Certaines lui consacrent ainsi jusqu'à 1 % de leur budget. Non seulement les sculptures et autres œuvres d'art ornent à la fois les parcs municipaux et les couloirs des bâtiments publics, mais les œuvres de plus vaste envergure au milieu desquelles on peut évoluer, comme le **Vietnam Veterans Memorial**, à Washington, sont souvent le résultat de commandes des villes elles-mêmes.

Toutefois, il ne faut pas négliger l'individualisme des Américains, qui a permis aux musées et aux fondations de voir le jour et de se placer au rang des plus grands musées du monde. Ainsi, sans **Solomon Guggenheim** et sa femme Peggy, sans **Paul Getty**, sans **Robert Barnes**, certaines œuvres ne pourraient être exposées ou seraient perdues. Le Whitney Museum, la Frick Collection, la Fondation Barnes n'existeraient pas. Le Metropolitan Museum of Art de New York, le Getty Museum de Los Angeles, le Museum of Modern Art (le MOMA de New York), la National Gallery of Arts (Washington) ou le Museum of Fine Arts de Chicago n'auraient pu rassembler tant de collections et d'objets rares sans la générosité de leurs donateurs.

LES MÉDIAS

Le moins qu'on puisse dire, c'est que l'Amérique est branchée. Quel que soit leur support, les médias sont omniprésents aux Etats-Unis. Face à un tel pouvoir, le débat sur le contrôle des contenus et la libre expression revient de manière récurrente. Les nouveaux médias n'en étendent pas moins constamment leur influence grâce aux nouvelles technologies.

LA TÉLÉVISION

La télévision équipe 98 % des foyers américains. Sa place dans le paysage culturel du pays n'a fait que croître au cours des dernières années, dans un contexte de concurrence effrénée entre, d'une part, les six **canaux nationaux** (**ABC**, **CBS**, **NBC**, **Fox**, ainsi que les deux nouveaux venus, **UPN** et **WB**), et, d'autre part, le **câble** et la télévision par **satellite**.

Aux heures de grande écoute (de 20h à 23h) sont diffusés les **séries** populaires : *ER* (*Urgences*, NBC), *Friends* (NBC), *Will and Grace* (*Will et Grace*, NBC), *Law and Order* (*New York District*, NBC), sans oublier les très irrévérencieux *Simpsons* (Fox). La **télé-réalité** connaît un nouvel engouement et occupe les tranches horaires les plus convoitées. Des émissions comme *Survivor*, sur CBS (l'équivalent des *Aventuriers de Koh-Lanta*), attirent des milliers d'accros de la télévision et bien des candidats mus par l'espoir de gagner beaucoup d'argent et la renommée (ou la honte) nationale. Les pseudo-intellectuels révisent leurs parfois maigres connaissances afin de participer à des **jeux** stressants comme *Who Wants to be a Millionaire*, sur la chaîne ABC (*Qui veut gagner des millions ?*) ou *The Weakest Link*, sur NBC (*Le Maillon faible*). Les programmes de fin de soirée sont dominés par des **talk shows**, des débats au ton léger, par exemple le *Late Night* présenté par Conan O'Brien sur NBC ou le *Late Show* de David Letterman (CBS). Les séries destinées aux **adolescents** font toujours recette, comme *Dawson's Creek*

(*Dawson*), où la psychologie des personnages et leur mal-être sont traités avec plus de sensibilité que dans les séries d'il y a quelques années… quitte à se heurter parfois à l'écueil du mélo ! Le niveau des programmes diffusés en cours de journée est le moins réjouissant : on a le choix entre des feuilletons mélodramatiques médiocres et des *talk shows* insignifiants. Le reste du temps, les chaînes nationales proposent, entre autres, des téléfilms ou des rencontres sportives.

Il peut alors être utile d'aller faire un tour sur le **câble**, qui propose des chaînes à thème couvrant tous les sujets, de la cuisine au sport en passant par la science-fiction. Certaines chambres d'hôtel sont équipées de la télévision par câble, d'autres proposent même des chaînes de cinéma comme **HBO** (Home Box Office), une chaîne à péage qui, comme Canal Plus, diffuse des films récents et de grands classiques. Depuis sa mise en service sur le câble, au début des années 1990, le succès de la chaîne sportive **ESPN** ne se dément pas (elle compte plusieurs dizaines de millions d'abonnés). ESPN se paye même le luxe de battre de plus en plus souvent les canaux nationaux en misant, par exemple, sur le succès croissant des retransmissions de championnats féminins. Des chaînes payantes sont également disponibles dans certaines chambres, mais attention à la note !

Pour la plupart des Américains, la télévision reste le principal support de diffusion des **informations internationales**. La chaîne câblée **CNN** assure la diffusion 24h/24 des nouvelles. Chaque chaîne dispose de son journal télévisé local et national, présenté souvent vers 17h et/ou 23h pour la côte Est. Les **magazines d'information** diffusés à une heure de grande écoute, tels que *60 Minutes* (CBS), *Dateline* (NBC) et *20/20* (ABC), proposent des reportages et des enquêtes. A New York, le journal télévisé de France 2 est diffusé à 19h sur le canal 25.

La chaîne publique **PBS**, sans publicité, est financée par les téléspectateurs et subventionnée par le gouvernement fédéral et les entreprises. Elle peut donc se permettre de diffuser d'excellentes émissions (à défaut d'être les plus regardées) comme *Sesame Street* (*1, Rue Sésame*) et *Mister Roger's Neighborhood*, ainsi que des émissions sur la nature ou les phénomènes surnaturels et des productions comiques britanniques.

LA PRESSE ÉCRITE

A l'origine, la presse américaine rassemblait feuillets et bulletins qui imprimaient les décisions gouvernementales, les sermons et quelques almanachs. Les imprimeries se concentraient autour des villes portuaires (Boston) et bon nombre de périodiques subissaient la censure. En 1690, **Benjamin Harris** publie le premier journal : **Publick Occurrences**. Cette gazette se voulait mensuelle, mais la censure ne voulut pas qu'elle dépassât le premier numéro. **James Franklin**, un autre précurseur du journalisme, fut emprisonné après qu'il eut publié son libelle **The New England Courrant**. En vérité, l'audace et l'impertinence de figures comme Franklin ou Harris n'étaient pas vraiment considérées comme subversives. Les opinions dérangeantes et les critiques acerbes provenaient le plus souvent des feuillets imprimés en Europe. Au seuil du XVIIIe siècle, seuls les abécédaires et les réclames sont imprimés dans le nord-ouest du pays. Les imprimeries se multiplient néanmoins dans le Nouveau Monde à partir de cette époque.

Les deux siècles suivants vont voir l'émergence d'une presse à fort tirage, parfois outrageusement sensationnaliste. Le magnat de la **"presse jaune"** sera **Randolph Hearst**, qui inspirera au grand cinéaste Orson Welles le personnage de Charles Foster Kane. Mais les journalistes apparaîtront par ailleurs plus d'une fois comme les défenseurs des libertés fondamentales, ainsi à l'occasion du scandale du Watergate (voir p. 95).

Aujourd'hui, malgré la télévision et Internet, les Américains restent très attachés au support écrit de l'information. En toute logique, on trouve des kiosques à journaux à tous les coins de rue, dans toutes les gares et tous les aéroports. Les magazines couvrent tous les sujets, qu'ils soient de société, culturels ou politiques. La presse écrite se porte donc bien et les Américains la lisent aussi bien pour se détendre à la maison le dimanche après-midi (en dévorant le **supplément dominical** des grands quotidiens locaux, souvent de l'épaisseur d'un annuaire) que pour patienter dans une salle d'attente.

Parmi les principaux **quotidiens** américains, le *New York Times*, le *Washington Post* et le *Los Angeles Times* figurent en bonne place. Feuilletés au petit déjeuner, ils permettent de se tenir informé des événements locaux ou internationaux. *USA Today* ne jouit pas de la même considération, mais c'est le plus facile à lire et aussi le plus facile à trouver dans tout le pays. Les **revues de mode**, *Cosmopolitan* ou *Vogue*, tentent d'éblouir leur lectorat avec des photos de mannequins aux formes sculpturales tandis que le **magazine culturel** *The New Yorker* enrichit ses abonnés de nouvelles et d'essais sur l'actualité. La **presse de loisirs** couvre aussi bien la musique (*Rolling Stone*) que les dernières péripéties sentimentales des célébrités (*People*). Les passionnés de la Bourse s'informent dans le *Wall Street Journal* et *Forbes*, spécialistes incontournables de l'**information financière**, ceux qui préfèrent parier sur leur équipe favorite se procurent *Sports Illustrated*, poids lourd de la **presse sportive**. Malgré la variété des publications, des **tabloïds** de luxe comme le *National Enquirer* aux nouveaux organes de presse respectés et influents, tous les médias américains sont critiqués pour leur goût du sensationnel et leur avidité. Mais c'est sans doute pour cela qu'ils sont tant appréciés de leurs lecteurs : au moins, on ne risque jamais de s'ennuyer.

LA RADIO

Si, autrefois, les familles se tenaient informées et se divertissaient grâce à la radio, ce besoin a, depuis, été remplacé par la télévision et Internet. Les radios conservent toutefois une place particulière dans les cœurs (et les voitures) de millions d'Américains. Chaque ville possède ses propres stations dont au moins une spécialisée dans le rock, la country, le jazz, le "rock classique", l'*easy listening* (musique d'ambiance), le top 40, la musique classique, à quoi il faut ajouter une radio consacrée aux émissions "parlées" et une autre entièrement axée sur l'actualité. En général, cependant, la radio est largement dominée par la country music, le rock et les **émissions évangéliques**. Elle est classiquement divisée entre l'AM (modulation d'amplitude) et la FM. Les **émissions de débats** se retrouvent plutôt sur les basses fréquences de l'AM, tandis que les radios FM à haute puissance diffusent l'essentiel de la **musique**. Chaque station de radio possède un nom en quatre lettres, avec comme première lettre **W** pour celles situés à l'est du Mississippi (exemple : WJMN) et **K** à l'ouest (exemple : KPFA).

FARCE ATTAQUE ! Les messages des envahisseurs de l'espace diffusés à la radio peuvent s'avérer encore plus dangereux pour la société que la violence à la télévision ou la pornographie sur Internet. En 1938, le soir d'Halloween, **Orson Welles** commence une nouvelle émission sur les ondes, dans laquelle il raconte le classique de H.G. Wells, *War of the Worlds* (*La Guerre des mondes*), une histoire d'extraterrestres impitoyables venus envahir la Terre. De nombreux auditeurs, convaincus de la réalité de cette guerre intergalactique, se préparent alors à cette invasion de Martiens. Certains se cachent dans leur cave, d'autres chargent leur fusil et quelques-uns vont jusqu'à se couvrir la tête d'une serviette mouillée pour se protéger des gaz nocifs. Après avoir séché leurs oreilles, ils se rendent vite compte que "l'invasion" qu'annonce Welles n'est en fait qu'un canular. Les citoyens dupés demandent que les radios soient davantage contrôlées, mais rien n'est fait. Le pays, cependant, doit avoir compris la leçon, puisque, quand les films *Independence Day* et *Mars attaque !*, décrivant des agresseurs d'un autre monde, envahissent les salles de cinéma en 1996, aucune réaction similaire n'est à déplorer.

Les intellectuels écoutent plutôt la **National Public Radio** (NPR). Riche en musique classique et en érudits de tous poils s'exprimant sur tout ce qui fait débat, la station retransmet même un *Car Talk*, une émission très sérieuse de conseils et d'astuces pour entretenir et réparer sa voiture. L'Amérique se passionne également pour les **talk shows** du très provocant Howard Stern et du non moins querelleur Rush Limbaugh. Répondant aux besoins du marché, les **stations locales** s'efforcent de coller au plus près à l'actualité par des flashs d'information en temps réel (ou presque) et proposent une programmation musicale extrêmement variée, du *country-western* aux derniers hits pop. Les **radios universitaires**, elles, ont davantage recours à des styles de musique dits "alternatifs". Et bien que pas mal de gens allument leur poste uniquement pour éviter de piquer du nez au volant, la radio garde une place de choix parmi les médias de portée nationale.

LES SPORTS

C'est au stade (et devant leur petit écran) que les Américains, supposés être d'irréductibles individualistes, expriment le mieux leur esprit d'équipe. Pour les inconditionnels, il faut marquer son appartenance à une "tribu" en s'habillant ou en se peignant le visage aux couleurs de l'équipe ou du joueur favori. Si, ces dernières années, certains fans ont été découragés par toute l'activité commerciale qui entoure le sport et les contrats mirifiques des joueurs, le sifflement d'une batte de base-ball ou d'un ballon de basket reste une mélodie irrésistible aux oreilles du pays tout entier. Et comme il arrive que la vie soit bien faite, les saisons des trois sports les plus prisés aux Etats-Unis ne se chevauchent que partiellement : celle du base-ball va d'avril à octobre, celle du football de septembre à janvier, et celle du basket, qui commence en novembre, culmine avec les *play-offs*, au mois d'avril.

COURSE AUTOMOBILE

Si aux Etats-Unis le base-ball est officiellement le passe-temps favori, ce sont les courses automobile de **Nascar** qui attirent le plus grand nombre de spectateurs. Ceux-ci se rendent au mois de février à Daytona Beach, en Floride, pour les Daytona 500 (voir **Faites chauffer votre moteur**, p. 584). De banales voitures familiales sont alors transformées en bolides parcourant plusieurs centaines de fois et à près de 300 km/h un circuit aux bords relevés, tandis que le public observe le spectacle bouche bée et les yeux écarquillés, en répandant autour d'eux moult bouteilles de bière et autres dépouilles de hot-dogs. Les voitures sont parrainées par divers constructeurs automobiles, et diverses marques ultra-connues du public américain comme Spam, Cheerios et Tide.

PASSE-TEMPS NATIONAL

Ceux que les sports de vitesse, la pollution et les spectateurs bruyants incommodent préféreront peut-être assister à un match de **base-ball**. La plupart des grandes villes accueillent des équipes professionnelles au sein de la **MLB** (Major League Baseball). La montée en puissance très progressive du suspense au cours d'un match explique pourquoi ce passe-temps favori des Américains hante les rêves de nombreux petits garçons… mais aussi de leur père. Toutefois, les interruptions de jeu et les changements de côté sont si fréquents que la coupure de la septième manche (*inning*) n'est un luxe ni pour les joueurs, ni pour les (télé)spectateurs. Les matchs de la MLB coûtent peu cher, les billets se trouvent facilement mais, surtout, le spectacle en vaut la peine. Les matchs de la **Minor league** sont encore moins onéreux et de plus en plus appréciés des fans écœurés par les contrats mirobolants de joueurs aux résultats décevants.

EMMÈNE-MOI AU MATCH !

Pour la plupart des visiteurs présents sur le territoire américain (et même pour certains Américains), les règles du base-ball s'avèrent aussi incompréhensibles que la raison pour laquelle la ligue américaine a adopté la règle du *designated hitter* (batteur attitré). Voici par conséquent un bref résumé des principales règles de ce sport typiquement américain, afin que votre première visite sur le terrain de Wrigley Field (ou à un match de la Rookie League disputé dans le parc d'une petite ville) vous paraisse moins étrange.

La structure du terrain de base-ball est très simple. Celui-ci comprend quatre **bases** situées à 27 m les unes des autres et formant un losange. Le **champ intérieur** (*infield*), recouvert d'herbe, borde la surface des bases, elle-même en terre battue. Le **champ extérieur** (*outfield*) est la partie herbeuse située au-delà, entourée de clôtures (généralement situées entre 77 et 137 mètres du marbre, ou *homeplate*, l'endroit où se tient le batteur). Les lignes tracées à la craie qui prolongent les deux côtés du losange formant l'angle du marbre délimitent la zone de jeu, en forme de triangle. Toutes les balles renvoyées par le batteur en dehors de cet angle sont considérées comme hors jeu (*foul balls*).

Les matchs opposent deux équipes de **neuf joueurs** et s'étendent sur **neuf reprises** (passage des deux équipes à la batte ou *inning*). Les reprises sont divisées en **demi-reprises** (la moitié supérieure et la moitié inférieure, ou *top half* et *bottom half*) qui correspondent à chaque passage des équipes à la batte. Une demi-reprise prend fin lorsque l'équipe qui occupe le terrain (les défenseurs) a éliminé trois joueurs adverses (*outs*). Cette élimination est possible de différentes manières : lorsqu'un batteur en pleine course est touché par un défenseur en possession de la balle (*tag*), lorsque la balle que le batteur a frappée est rattrapée à la volée (*fly ball*) ou lorsque la balle arrive avant le batteur sur la base où il doit de se rendre. Les positions sur le terrain sont divisées entre les **outfielders**, qui occupent le champ extérieur (champ gauche, champ du centre et champ droit), et les **infielders** qui occupent le champ intérieur (1re base, 2e base, arrêt court, ou *short stop*, et 3e base). Le **lanceur** (*pitcher*) se trouve sur le monticule situé au centre du losange, tandis que le **receveur** (*catcher*) occupe la partie située à l'arrière de la *homeplate*.

L'équipe attaquante envoie ses joueurs à la batte (*batting*) selon un ordre établi par l'entraîneur, ou *skipper*. Cette action nécessitera vitesse et puissance pour que les frappes deviennent de véritables prouesses. Le premier **batteur**, ou *lead-off man*, doit être un bon frappeur (*hitter*) capable de courir vite. Le quatrième, également appelé *clean-up man*, est souvent le joueur le plus puissant. Au sein de la ligue américaine, comme dans nombre de petites ligues, de lycées et d'universités, on trouve un batteur attitré (*designated hitter*), qui sera envoyé à la batte pour remplacer le batteur le moins bon (bien souvent le lanceur). Un batteur peut rejoindre la base suivante de différentes manières. Les plus courantes sont le **walk** (lorsque le lanceur envoie quatre balles en dehors de la zone de *strike*), le **hit** (lorsqu'il a atteint sans encombre la première base après une balle frappée) et l'**erreur** (lorsqu'une faute commise par un défenseur permet au coureur de rejoindre la première base sans encombre). Les **runs** (points) sont marqués lorsqu'un batteur devenu coureur est parvenu à rejoindre le marbre en effectuant le tour complet des bases. Un **homerun** se produit lorsque la balle frappée passe par-dessus la clôture, ce qui permet aux coureurs de marquer.

Mais ce qui, dans ce domaine, caractérise l'expert, c'est la pertinence de ses remarques. Essayez donc ces quelques répliques : "Ce Bud Selig (membre de la ligue de base-ball) me sidère !", "Bon changement de rythme sur ce dernier lancer", "Donne-moi Bart Giaomatti n'importe quand", "Cette batte ne sentirait-elle pas le bouchon ?" (le cœur de la batte est une sphère en liège et en plastique), "Le base-ball devrait interdire toutes les hormones de croissance".

FOOTBALL (AMÉRICAIN)

A l'image de la course automobile, le football américain et le basket concurrencent le base-ball pour le titre de sport national. La ligue professionnelle de **football américain** (National Football League, **NFL**), qui réunit la National Conference et l'American Conference, soit une trentaine d'équipes au total, met en scène de solides gaillards rendus plus impressionnants encore par leurs épaules largement rembourrées. La saison s'étend de septembre à janvier. C'est dans le Middle West que le football américain connaît son plus grand succès. En janvier, les équipes championnes de chacune des deux "conférences" se retrouvent en finale pour le célèbre **Superbowl**, où le prix des places peut atteindre des sommets. Depuis 1990, ce sont les *Cowboys* de Dallas qui ont raflé le plus de finales (3), devant les *Broncos* de Denver, à égalité avec les *49ers* de San Francisco (2). En 2000, les Saint Louis Rams avaient eu raison des Tennessee Titans. Le football **universitaire**, lui, est aujourd'hui devenu presque aussi populaire que celui de la NFL. Les Américains restent fidèles toute leur vie à leur équipe universitaire et n'hésitent pas à parier gros sur elle. L'équivalent universitaire de la NFL est la **NCAA** (National Collegiate Athletic Association), à ceci près qu'elle gère aussi d'autres sports universitaires. La saison s'achève avec l'affrontement final au **Rose Bowl de Pasadena** (Californie), le jour de l'an. A noter que le terme *bowl* renvoie tout simplement à la forme des stades de football. D'autres villes ont également leurs rencontres légendaires, notamment Miami (Orange Bowl), Dallas (Cotton Bowl) et La Nouvelle-Orléans (Sugar Bowl).

BASKET

Les équipes de **basket-ball** professionnelles de la quasi-totalité des grandes villes du pays sont membres de la **NBA** (National Basketball Association). Cette organisation, qui rassemble aujourd'hui les meilleurs joueurs mondiaux, revient de loin : il n'est en effet pas si éloigné, le temps où ses joueurs utilisaient des cageots de pêches et s'entraînaient en Converse. Désormais, les joueurs sautent tellement haut et font des passes si rapides que la ligne de tir à trois points a dû être déplacée afin de s'adapter à leur jeu, tandis que dans les cours de récréation le basket américain devenait une véritable institution. Tout comme le football américain, l'engouement pour les matchs interuniversitaires surpasse parfois celui que suscitent les pros et culmine avec le tournoi de la **NCAA**, surnommé par ses adorateurs *March Madness* (*la Folie de Mars*). Le **basket-ball féminin**, qui n'est réellement reconnu que depuis la création de la Women National Basketball Association (WNBA) et de l'American Basketball League (ABL), à la fin des années 1990, est de plus en plus populaire, en partie par ce qu'il est de plus en plus pratiqué et parce que le public le considère souvent comme plus authentique comparé aux caprices individualistes des grandes stars de la NBA.

AUTRES SPORTS

Les autres sports ont du mal à rassembler un public aussi nombreux. L'**U.S. Open** de tennis ou l'**U.S. Open** de golf sont pourtant diffusés dans le monde entier. Le **Derby du Kentucky** (course hippique) constitue un événement typiquement américain, largement associé à l'alcool et aux paris. Le **hockey sur glace** est, lui, surtout populaire dans le Nord-Est et la région des Grands Lacs. La ligue nationale de hockey (National Hockey League), qui comprend des équipes américaines et canadiennes, souffre de la concurrence d'un autre sport "en salle" (*indoor*), le basket. Le **football** à l'européenne, ou *soccer* (le terme viendrait d'une interprétation, très libre, du français "association de football"...), très pratiqué par les écolières, les lycéennes et les étudiantes, n'est plus aussi marginal qu'on le pense. Les Etats-Unis comptent ainsi 4,2 millions de licenciés (dont 3 millions rien que dans la tranche des 5-9 ans), soit deux fois plus qu'en France. Mais il peine encore à trouver son public en tant qu'événement sportif à part entière, surtout si on le compare au Superbowl, par exemple. D'où la tendance des organisateurs à prendre quelques libertés avec le règlement, histoire d'ajouter un peu de spectacle là où il n'y en a pas eu assez (tirs au but en match de championnat, notamment). La coupe du monde de 1998, où l'équipe américaine avait été éliminée dès le premier tour, n'a rien arrangé. Au seuil du "mondial" 2002, l'équipe de foot masculine est 20e au classement de la FIFA. Mais l'équipe de foot féminine, elle, est championne du monde depuis sa victoire contre la Chine, en 1999.

SPORTS ALTERNATIFS

Au cours de la dernière décennie, l'engouement pour le sport a crû considérablement, en même temps que l'envie de prendre soin de son corps. Les séances d'**aérobic** classique, d'abord dirigées par Jane Fonda, ont cédé la place à une autre forme d'aérobic, le **step**, au **tae bo** de Billy Blanks (inspiré des arts martiaux) ou encore aux exercices enseignés par un professeur particulier du nom de **Cindy Crawford**. Ces modes n'ont pas tardé à s'effacer au moins partiellement devant le **spinning** (des vélos d'appartement sur lesquels on pédale en groupe et en musique au rythme des battements par minute, ou *bpm*), sans parler du **kick-boxing** revu et corrigé. Conclusion : il y aura toujours une nouvelle façon de brûler les graisses. Les **sports extrêmes** ont quant à eux permis à une génération X athlétique et quelque peu inconsciente d'attirer l'attention, en mettant sa vie en danger aux yeux de tous. Le long des plages de Californie, il n'est pas rare de croiser l'un de ces jeunes gens recouverts de peintures multicolores et brûlés par le soleil, équipé d'une planche de **surf** et de **rollers**. Le **skateboard**, que l'on pratique ou non l'acrobatie, est devenu plus qu'un sport : un mode de vie, et ce pour plusieurs générations successives d'adolescents. Dans le nord-est du pays, les *yuppies* résidant en banlieue ont quant à eux opté pour la **marche à pied** et le **cyclisme** (si possible sur des vélos faits sur mesure pour un prix mirobolant). Les Américains détestant perdre du temps et privilégiant avant tout le style, des **séances d'entraînement en huit minutes** ont été mises au point, tandis qu'apparaissaient sur le marché les vêtements en *spandex* (fibre synthétique élastique). Si, l'hiver, le **ski**, le **surf** et le **patin à glace** sont couramment pratiqués, le reste de l'année voit défiler des familles et des adolescents renfrognés contraints de se tourner vers le **bowling** et le **golf miniature** afin de passer le temps de manière amusante et, en général, saine.

VIOLENT ÉCHEC

Qu'arrive-t-il lorsque vous assouplissez les règles du football américain, que vous payez les joueurs encore plus pour qu'ils gagnent et que vous attribuez aux équipes des noms aussi évocateurs que le Rage d'Orlando ? Un jeu où l'on se casse encore plus les os et qui mérite le nom extrême d'**Xtreme** (*sic*). Vince McMahon, président de la ligue de catch professionnel américaine (**World Wrestling Federation** ou **WWF**), estimait que le bon vieux football américain manquait un peu de punch. Il crée alors en 2001 la **XFL** (**Xtreme Football League**). Pour rendre le jeu encore plus anarchique et spectaculaire, McMahon ne liquide pas seulement les conventions orthographiques (en appelant sa ligue Xtreme au lieu d'Extreme) mais également les règlements les plus civilisés en usage dans l'univers pourtant rude du footballeur américain. Jesse Ventura, ancien lutteur devenu gouverneur du Minnesota, devient commentateur de la XFL lors des retransmissions télévisées. Malgré le battage publicitaire, le manque de joueurs qualifiés dans la ligue et des noms d'équipe plutôt stupides empêchent ce (presque) nouveau sport de rencontrer le succès attendu. Les contrats ne seront pas renouvelés. Après une seule saison et un désintérêt "extrême" du public, la ligue disparaît, démontrant ainsi que le football américain "normal" est déjà suffisamment violent.

LA CUISINE

Contrairement aux idées reçues, la gastronomie américaine ne se résume pas à McDonald's et à Kentucky Fried Chicken (KFC). Pourtant, en raison des diversités ethniques et géographiques du pays, il est difficile de la définir précisément. Si vous demandez à un Américain de vous dire en quoi consiste la cuisine de son pays, il vous répondra probablement hamburgers, poulet frit et hot-dogs, autrement dit les menus types de **fast food**. Il est vrai que ce type de nourriture est omniprésent (aux Etats-Unis mais aussi de plus en plus à l'étranger) mais, en réalité, c'est région par région que vous découvrirez la véritable gastronomie américaine. En effet, la production agricole, les populations immigrées et la culture locale ont contribué à la création de recettes variées, sachant que même le hot-dog n'est autre que l'équivalent du *frankfurter* allemand.

Les voyageurs parcourant les Etats-Unis retrouveront certes partout des éléments communs. Européens, préparez-vous à laisser derrière vous vos petits déjeuners légers. Ici, c'est un véritable repas qui vous est proposé dès le matin. Le **lumberjack breakfast** (ou petit déjeuner du bûcheron) est incontournable dans de nombreux établissements traditionnels. Il comprend des œufs brouillés, plusieurs tranches de bacon, de petites saucisses, des *hash browns* (pommes de terres sautées), des toasts beurrés, des *pancakes* (crêpes épaisses) au sirop d'érable, du café et un jus d'orange. Pensez à desserrer votre ceinture d'un cran ! Dans le Sud, le *grits* (gruau de maïs bouilli recouvert d'une sauce à base de gras de porc) accompagne le tout. Si vous ne vous sentez pas d'attaque, vous pourriez toujours commander un bol de céréales avec du lait, ou du *porridge*.

Les déjeuners et les dîners, en revanche, ne répondent à aucune norme. Gros hamburgers, tendres blancs de poulet et côtes (de porc, d'agneau ou de bœuf) juteuses, dont la cuisson au **barbecue** est très répandue, composent les menus de la plupart des chaînes de restaurants. Les citadins se laissent souvent impressionner par l'aspect exotique de la **cuisine internationale**, omniprésente dans la plupart des grandes villes. Cependant, les pizzas et les plats chinois à emporter se sont tellement américanisés qu'un Italien ou un Chinois de pure souche aura parfois du mal à reconnaître qu'il s'agit à l'origine de recettes de son pays. Beaucoup restent fidèles aux **repas traditionnels** de leur jeunesse : un sandwich dans du pain de mie blanc pour le déjeuner et un plat de viande avec pommes de terre et légumes cuisinés pour le dîner. Même la cuisine américaine "standard" varie fortement d'une région à l'autre, comme en témoignent les *babybacks* du Texas (côtelettes prélevées dans de la longe de porc) cuits au barbecue et le *clam chowder* (velouté de palourdes) de la Nouvelle-Angleterre.

Bien que ce guide soit consacré à l'Est des Etats-Unis, nous avons choisi de vous présenter ci-après un panorama le plus complet possible des tendances régionales en matière de cuisine **à travers l'ensemble du territoire**.

NORD-EST

Les colons anglais débarquèrent d'abord dans le Nord-Est, apportant avec eux leur cuisine. Mais les Britanniques ont vite associé leurs plats à base de viande et de légumes aux produits locaux, à savoir la **dinde**, le **sirop d'érable**, les **palourdes**, les homards, les canneberges et le maïs. Ces associations ont donné naissance à quelques délicieuses spécialités comme le *brown bread* (pain bis) de Boston, l'*Indian pudding*, le *clam chowder* (velouté de palourdes) de la Nouvelle-Angleterre et le homard bouilli du Maine. Les inconditionnels des fruits de mer seront comblés : dans cette région, les **crustacés** sont inégalables.

SUD-EST

Préparez-vous à savourer la bonne vieille cuisine traditionnelle que dégustait déjà Mam'zelle Scarlett. Le **poulet frit** (*fried chicken*), les *biscuits* (petits pains dorés), la purée de pommes de terre (*mashed potatoes*), les *grits* (gruau de maïs souvent assaisonné de saindoux ou de beurre fondu), le chou vert (*collard greens*) figurent parmi les spécialités du Sud-Est. Le poulet frit est, de toute évidence, le mets le plus consommé dans la région (c'est d'ailleurs ici qu'est née la chaîne KFC), mais le **porc** est également très apprécié. Le **jambon** de Virginie jouit d'une renommée internationale. Les *ham biscuits* (biscuits au jambon) accompagnent agréablement les plats au déjeuner ou au dîner.

LOUISIANE

La Nouvelle-Orléans rassemble les meilleurs chefs du pays, et les **spécialités créoles** ou **acadiennes** raviront vos papilles. Les premiers colons furent contraints d'adapter leur cuisine aux produits qu'ils trouvaient. Aujourd'hui, ces mêmes produits sont considérés comme des mets délicats par les touristes comme par la population locale : **langouste** cuite à l'étouffée, *fried catfish* (**poisson-chat frit**), *jambalaya* (riz cuisiné avec du jambon, des saucisses, des crevettes et des herbes) et *gombo* (soupe au gombo avec de la viande et des légumes). Attention : la cuisine créole ou acadienne est parfois très épicée.

TEXAS

Les Texans affirment que c'est chez eux qu'est né le barbecue. Côtes de **bœuf** juteuses ou succulentes **côtelettes** de porc, cochon entier, tout est bon à mettre sur le gril. Si vous vous arrêtez dans l'un des nombreux *grills*, le cuisinier vous dira que le secret, c'est la sauce. Mais prenez garde à ne pas trop critiquer le **barbecue**… c'est un sujet sensible chez les Texans, qui se méfient des insinuations des mangeurs de tofu et autres végétariens de Californie ou d'ailleurs, à croire que leur fierté exacerbée est sans cesse *sur le gril*. Les amateurs d'exotisme pourront opter pour de délicieux plats **tex-mex** comme les *burritos*, les *enchiladas* et les *fajitas*.

SUD-OUEST

Fortement influencées par la cuisine mexicaine, les spécialités du Sud-Ouest sont les plus anciennes. Une grande partie de cette région resta rattachée au Mexique jusqu'en 1848, date à laquelle le territoire fut cédé aux Etats-Unis. Pour cette raison, les recettes utilisent les produits de base mexicains comme le maïs, la farine et les **piments**. Les sauces, élaborées à partir de tomates, de piments et de *tomatillos*, ajoutent une note épicée à tous les plats, notamment aux **quesadillas** garnies de fromage ou de poulet et aux **tacos** de bœuf. Un conseil : si vous n'êtes pas habitué, prévoyez des cachets contre les brûlures d'estomac !

CALIFORNIE

Réputés très attentifs à leur image, les habitants des grandes villes de Californie sont à l'origine d'une petite révolution culinaire. Leur alimentation repose notamment sur les produits frais, qu'ils préparent en **salades** ou en **jus de fruits** mélangés. Quant aux *wrapped sandwiches* (**sandwichs roulés**), ils sont devenus un phénomène qui a dépassé les frontières de l'Etat. Les fortes communautés asiatiques qui résident en Californie ont également influencé la gastronomie locale. Les salades de poulet orientales et les sandwichs au poulet **thaïs** sont particulièrement appréciés.

CENTRE ATLANTIQUE

La région du Centre atlantique s'étend de la Virginie jusqu'à New York. Cœur politique et économique des Etats-Unis, c'est aussi l'une de ses régions les plus peuplées. Elle a toujours abrité le siège du gouvernement des Etats-Unis, successivement installé à Philadelphie (Pennsylvanie), à Princeton (New Jersey), à Annapolis (Maryland), à Trenton (New Jersey) et enfin à New York, avant de s'établir définitivement à Washington. Pendant la guerre de Sécession, le Centre atlantique a même accueilli la capitale des confédérés du Sud, à Richmond (Virginie). Berceau de la Constitution, témoins des plus sanglants épisodes de la guerre d'Indépendance et de la guerre de Sécession, les "vieux" Etats du Centre atlantique en portent encore certaines cicatrices. Si la région rassemble des Etats profondément urbanisés, la nature n'y a pas perdu tous ses droits. La célèbre piste indienne Appalachian Trail traverse plusieurs Etats. Au nord de l'Etat de New York, le parc naturel des Adirondacks est le plus vaste des Etats-Unis, Alaska mis à part.

L'ÉTAT DE NEW YORK

L'Etat de New York offre de quoi ravir tous les visiteurs, entre l'animation de la ville de New York, la majesté des chutes du Niagara et la beauté naturelle des Catskills et des forêts des Adirondacks. L'agglomération attire les voyageurs les plus cosmopolites en quête d'aventure, tandis que ceux qui aspirent à plus de calme se dirigent vers la partie nord de l'Etat. Les gratte-ciel de la ville de New York cachent les forêts de l'Etat du même nom. Le *New York State*, qu'il ne faut évidemment pas confondre avec *New York City*, est un bel et grand Etat qui recèle certaines des régions les mieux préservées des Etats-Unis. Mais il est vrai qu'à New York City on oublie les forêts du nord-est.

∎ INFORMATIONS PRATIQUES

Capitale : Albany.

Informations touristiques : **Division of Tourism**, 1 Commerce Plaza, Albany 12245 (© 518-474-4116 ou 800-225-5697, www.iloveny.state.ny.us). Opérateurs Lu-Ve 8h30-17h, serveur vocal le reste du temps. **New York State Office of Parks and Recreation and Historic Preservation**, Empire State Plaza, Agency Bldg. 1, Albany 12238 (© 518-474-0456). Ouvert Lu-Ve 9h-17h. **Bureau of Public Lands** de la **Division of Lands and Forests**, DEC, 50 Wolf Rd., n° 438, Albany 12233. (© 518-457-7433. Informations sur le camping au © 457-2500.)

Fuseau horaire : Heure de l'Est (6 heures de moins que l'heure de Paris).

Abréviation postale : NY. **Taxe locale** : 7-9 % selon le comté.

NEW YORK   ☎ 212

Gigantisme, pluralité et tradition d'anticonformisme caractérisent cette ville souvent qualifiée de "carrefour du monde". Dès sa fondation, New York n'a affiché que mépris pour l'étroitesse et la médiocrité des autres villes américaines. Elle accueille en effet le plus grand nombre d'immigrés et le plus grand musée de l'hémisphère Nord. Même les immenses pâtés de maisons en béton renferment, dans leur rudesse, un charme particulier. Un jour qu'il rentrait d'un séjour ennuyeux dans la région rurale de Westchester, l'auteur O. Henry (pseudonyme de William Sydney Porter, 1862-1910) écrivit : "Il y avait trop de beaux paysages et d'air frais à mon goût. Je n'ai besoin ni de vacances, ni d'exercice, seulement d'un appartement avec chauffage central."

Certes, New York est une agglomération surpeuplée, les étoiles sont masquées par les lumières de la ville, les buildings se dressent jusqu'au ciel, le métro grince, les gens sont toujours pressés, mais tous ces aspects, qui peuvent s'avérer négatifs, comportent néanmoins leurs bons côtés. En effet, autant de gens différents signifie autant de cultures différentes, et New York regroupe toutes les races, toutes les cuisines, toutes les formes d'art, d'énergie, toutes les langues et tous les comportements imaginables. Il est, bien sûr, toujours possible de s'isoler, mais vous passeriez à côté de beaucoup de choses. Plongez au contraire dans l'arène pour y découvrir 8 millions d'histoires différentes, l'humour corrosif des habitants, un fourmillement d'idées nouvelles, assaisonnés d'une bonne pincée de folie. Vous pourrez écouter du flamenco à la terrasse d'un café, du jazz dans un de ces bars clandestins au temps de la prohibition (*speakeasys*) ou de la house et de la techno dans un club rutilant. Bref, quelle que soit la question que vous vous posiez, New York en possède certainement la réponse.

Pour tout savoir sur New York City, consultez le guide Let's Go Métropole : *New York* (édition française), Dakota Editions.

∎ ARRIVÉES ET DÉPARTS

Avion : Trois aéroports desservent la ville de New York.

John F. Kennedy Airport (JFK), © 718-244-4444, au bout de la voie rapide Van Wyck, au sud du Queens. JFK accueille la plupart des vols internationaux et de nombreux vols intérieurs. L'aéroport est situé à une vingtaine de kilomètres de Midtown Manhattan, mais le trajet peut prendre jusqu'à 45 mn. Vous pouvez prendre à l'aéroport un bus JFK marron et blanc (départ toutes les 15 mn depuis les parkings longue durée de chaque terminal) jusqu'à la station de **métro Howard Beach-JFK**. De là, prenez la ligne A jusqu'à Manhattan (1h). Pour un taxi JFK-Manhattan, comptez environ 30 $ (péage et pourboire non compris).

LaGuardia Airport (© 718-533-3400), sortie n° 7 à Grand Central Parkway, au nord du Queens, à 10 km de Midtown (environ 25 mn de trajet). La Guardia se spécialise surtout dans le départ des vols intérieurs. Le **bus M60** (tlj de 4h50 à 1h, 1,50 $) relie Manhattan. Vous pouvez également

CENTRE ATLANTIQUE

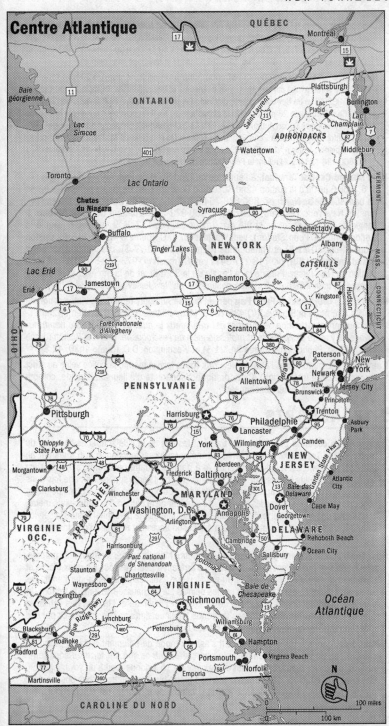

Centre Atlantique

QUÉBEC

Montréal

Baie
géorgienne

ONTARIO

Plattsburgh

Lac
Placid

Burlington

Lac
Champlain

ADIRONDACKS

Middlebury

Lac
Simcoe

Watertown

Toronto

Lac Ontario

Chutes
du Niagara

Rochester

Syracuse

Utica

Schenectady

Buffalo

Finger Lakes

NEW YORK

Albany

Lac Érié

Ithaca

CATSKILLS

Erié

Jamestown

Binghamton

Kingston

Hudson

Forêt nationale
d'Alleghény

Scranton

OHIO

Paterson

New
York

PENNSYLVANIE

Allentown

Newark

Jersey City

New
Brunswick

Princeton

Pittsburgh

Harrisburg

Philadelphie

Trenton

Asbury
Park

Lancaster

Ohiopyle
State Park

York

Wilmington

Camden

NEW
JERSEY

Morgantown

Aberdeen

Atlantic
City

Clarksburg

Frederick

Baltimore

Baie du
Delaware

MARYLAND

Dover

Cape May

Winchester

Washington, D.C.

Annapolis

Georgetown

DELAWARE

VIRGINIE
OCC.

Arlington

Cambridge

Rehoboth Beach

Harrisonburg

Parc national
de Shenandoah

Salisbury

Ocean City

Staunton

Charlottesville

Waynesboro

VIRGINIE

Lexington

Potomac

Richmond

Baie de
Chesapeake

Océan
Atlantique

Blacksburg

Lynchburg

Williamsburg

Roanoke

Petersburg

Hampton

Radford

Virginia Beach

Portsmouth

Martinsville

Emporia

Norfolk

N

CAROLINE DU NORD

0   100 miles

0   100 km

CENTRE ATLANTIQUE

QUÉBEC

VERMONT

MASS.

CONNECTICUT

emprunter les **bus Q33 ou Q47** du MTA (Manhattan Transit Authority, 1,50 $) jusqu'aux stations de métro du Queens 74th St./Broadway/Roosevelt Ave./Jackson Hts. De là, vous pouvez prendre les lignes de métro 7, E, F, G ou R jusqu'à Manhattan (1,50 $). Comptez au moins 1h30 de trajet. Un taxi pour Manhattan coûte entre 16 et 26 $ (péage et pourboire non compris).

Newark International Airport (© 973-961-6000), situé à Newark (New Jersey), à 20 km à l'ouest de Midtown, sortie n° 14 sur la I-95. Lignes intérieures et internationales. Olympia Airport Express (© 964-6233) va de Newark aux gares de Grand Central, Penn Station ou Port Authority (3 dép/h tlj de 6h à 24h, durée 25 mn-1h selon la circulation, 10 $). Il est possible d'acheter le billet dans le bus. New Jersey Transit Authority (NJTA, © 973-762-5100) fait circuler un bus Air Link n° 302 (4 $) entre l'aéroport et la Penn Station de Newark (et non celle de Manhattan). Vous pouvez ensuite prendre le bus n° 108 (3,25 $, somme exacte exigée) jusqu'à Port Authority. Les trains PATH (© 800-234-7284, 1 $) relient la Penn Station de Newark à Manhattan.

Train : **Grand Central Terminal**, à l'angle de la 42nd St. et de Park Ave. (Métro : lignes 4, 5, 6, 7 ou S jusqu'à la station 42nd St./Grand Central.) C'est de là que partent les lignes de banlieue **Metro-North** (© 800-638-7646) à destination du Connecticut ou des environs de New York. Les trains **Amtrak** (© 800-872-7245) partent de **Penn Station**, à l'angle de la 33rd St. et de la 8th Ave. (métro : lignes 1, 2, 3, 9, A, C ou E jusqu'à la station 34th St./Penn Station), vers Washington, D.C. (durée 3-4h, 67-118 $), Boston (durée 4-6h, 50-71 $) et Philadelphie (durée 1h30, 43-77 $). Les compagnies **Long Island Railroad (LIRR)** (© 718-217-5477) et **NJ Transit** (© 973-762-5100) relient Penn Station au New Jersey. Près de là, à l'angle de la 33rd St. et de la 6th Ave., vous pouvez prendre un train **PATH**, également à destination du New Jersey (© 800-234-7284).

Bus : Les bus **Greyhound** et **Peter Pan** partent du Port Authority Terminal, à l'intersection de la 42nd St. et de la 8th Ave. (© 435-7000. Métro : lignes A, C ou E, station : 42nd St.-Port Authority.) *Attention, le quartier est dangereux la nuit. La présence de nombreux voyageurs y attire pickpockets et professionnels de l'escroquerie.* Bus vers Boston (durée 4h30, 42 $), Philadelphie (durée 2h, 21 $) et Washington, D.C. (durée 4h30, 42 $).

L'**auto-stop** est interdit dans l'État de New York (dans la ville même, la police veille au strict respect de cette interdiction). Cette pratique s'apparente d'ailleurs au suicide, compte tenu des risques. A éviter absolument.

▐ TRANSPORTS

Transports en commun : Le métro, les trains et les bus de la ville sont sous l'autorité du **Metropolitan Transit Authority (MTA)**. Le métro (*subway*) fonctionne 365 jours par an 24h/24. Le métro est relativement cher, et à partir de quatre personnes, si le trajet est court, le taxi est plus intéressant. Pour les longs trajets, il garde son intérêt : une fois dans le métro, il est permis d'emprunter autant de lignes qu'on le souhaite. Les plans de métro sont disponibles dans toutes les stations. A l'extérieur de la plupart des bouches de métro, vous verrez un globe en verre. S'il est vert, cela signifie que le personnel assure le service 24h/24, s'il est rouge, la station est fermée ou son accès est restreint d'une manière ou d'une autre.

Bus : Les bus sont en général plus lents que le métro. Mais ils sont également plus propres, mieux aérés et quadrillent mieux la ville. Ils s'arrêtent à peu près tous les deux blocks et traversent la ville d'est en ouest et du nord au sud. Sonnez pour demander l'arrêt. Les arrêts sont indiqués par des rayures jaunes peintes sur la chaussée, le long du trottoir. Un panneau bleu mentionne le numéro de la ligne, et l'itinéraire et l'horaire des véhicules sont affichés dans les abribus. Dans la grande banlieue, certains bus sont gérés par des indépendants. Procurez-vous une carte de ces bus.

MetroCards (cartes à puce du métro) : Il s'agit du mode de paiement (valable pour l'ensemble des transports en commun) le plus usité, que ce soit sur terre ou sous terre. Achetez une carte prépayée. L'achat d'une carte de 15 $ donne droit à un voyage gratuit. Elle permet d'effectuer des correspondances métro-bus, bus-métro et bus-bus. Lors du premier trajet, une correspondance gratuite, valable deux heures, est automatiquement

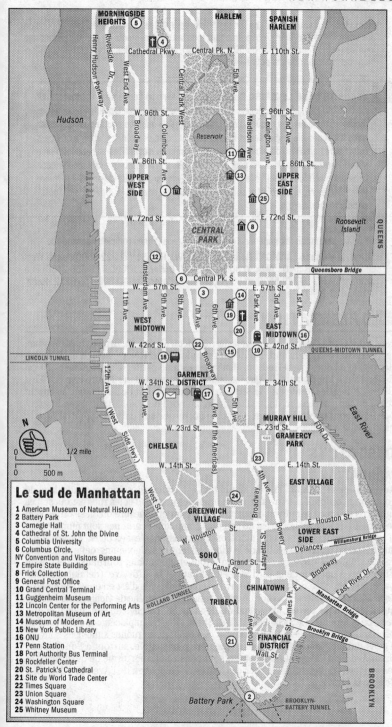

Le sud de Manhattan

1 American Museum of Natural History
2 Battery Park
3 Carnegie Hall
4 Cathedral of St. John the Divine
5 Columbia University
6 Columbus Circle,
NY Convention and Visitors Bureau
7 Empire State Building
8 Frick Collection
9 General Post Office
10 Grand Central Terminal
11 Guggenheim Museum
12 Lincoln Center for the Performing Arts
13 Metropolitan Museum of Art
14 Museum of Modern Art
15 New York Public Library
16 ONU
17 Penn Station
18 Port Authority Bus Terminal
19 Rockefeller Center
20 St. Patrick's Cathedral
21 Site du World Trade Center
22 Times Square
23 Union Square
24 Washington Square
25 Whitney Museum

mémorisée sur votre carte. Les forfaits **"Unlimited Rides" MetroCards** (par opposition aux cartes "*Pay-Per-Ride*"), qui permettent tous les déplacements en métro pendant une journée (4 $), 7 jours (17 $) ou 30 jours (63 $), sont bien utiles aux touristes qui effectuent de nombreux trajets pour leurs visites.

 SÉCURITÉ DANS LE MÉTRO Dans les stations les plus fréquentées (surtout autour de la 42nd St.), les pickpockets sont particulièrement actifs. Dans les stations les moins fréquentées, les risques d'agression sont réels quoique peu fréquents. Restez dans les zones bien éclairées et fréquentées. Il existe des zones d'attente *off-hours* (aux heures creuses, donc désertes) bien délimitées, surveillées et beaucoup plus sûres. Évitez de vous retrouver seul dans une voiture. Vous pouvez aussi monter dans celle du milieu, où se trouve le chef de rame. *Évitez si possible de prendre le métro entre 24h et 7h, en particulier au nord de E. 96th St. et de W. 120th St., ainsi qu'en dehors de Manhattan.*

Taxi : A Manhattan, on fait généralement signe aux taxis jaunes (officiels) dans la rue.

Location de voitures : AAMCAR Rent-a-Car, 315 W. 96th St. (℡ 222-8500), entre West End Ave. et Riverside Dr. **Avis**, ℡ 800-831-2847. **Dollar**, à JFK (℡ 718-656-2400) et à LaGuardia (℡ 718-779-5600 ou 800-800-4000). **Enterprise**, ℡ 800-736-8222. **Hertz**, ℡ 800-831-2847.

▣ ORIENTATION

New York City s'étend sur cinq **boroughs** (districts) : le Bronx, Brooklyn, Manhattan, le Queens et Staten Island. Bordée à l'est par l'East River (il s'agit en fait d'un détroit) et à l'ouest par l'Hudson, **Manhattan** est une petite île de seulement 20 km de long sur 4 km de large. Le **Queens** et **Brooklyn** se situent sur l'autre rive de l'East River. Le quartier résidentiel de **Staten Island**, au sud-ouest de Manhattan, a souvent tenté de faire sécession de la ville. Enfin, au nord de Manhattan, s'étend le seul *borough* continental : le **Bronx**. Ces cinq *boroughs* se sont unis pour ne former qu'une ville en 1898.

DISTRICTS

MANHATTAN

Au-dessus de la 14th St., l'île de Manhattan est organisée selon un quadrillage de routes bien ordonné. Les avenues sont orientées nord/sud et les rues est/ouest. Les numéros des rues se suivent et augmentent au fur et à mesure qu'on se dirige vers le nord. Pour les avenues, c'est un peu plus compliqué : certaines sont numérotées, d'autres portent un nom. Leurs numéros vont croissant d'est en ouest. **Broadway**, qui suit le tracé d'un ancien sentier de la tribu indienne des Algonquins, défie ce schéma rectangulaire et traverse l'île de Manhattan en diagonale, tournant à l'est de la Fifth Ave., à hauteur de la 23rd St. Central Park et la Fifth Ave. (délimités au sud par la 59th St. et au nord par la 110th St.) séparent la ville d'est en ouest. **Au-dessous de la 14th St.**, la ville se transforme en un véritable labyrinthe de vieilles rues étroites qui se complique davantage au sud de Houston St., où elles ne sont plus numérotées. Le quartier du **Financial District/Wall Street**, situé à l'emplacement où les navires néerlandais débarquèrent, est composé de nombreuses ruelles sinueuses souvent à sens unique. **Greenwich Village** n'est guère plus simple, surtout à l'ouest de la Sixth Ave. **East Village** et **Alphabet City** sont construits sous forme de quadrillage et les avenues sont identifiables par des lettres de l'alphabet, de l'Ave. A à l'Ave. D, à l'est de la First Ave.

BROOKLYN

La **Brooklyn-Queens Expressway**, qui rattache Brooklyn au Queens, donne directement sur le **Belt Parkway** et fait le tour de Brooklyn. Ocean Parkway, Ocean Ave., Coney Island Ave. et Flatbush Ave., en diagonale, relient les plages de la partie sud du *borough* à Prospect Park, au cœur de Brooklyn. Les rues à l'ouest (dans Sunset Park, Bensonhurst, Borough Park et Park Slope) sont alignées sur la rive ouest ; elles effectuent par conséquent un angle à 45° par rapport aux artères principales du centre de Brooklyn. Au nord, plusieurs avenues comme Atlantic Ave., Eastern Parkway et Flushing Ave. partent du centre pour aller vers l'est en direction du Queens.

LE QUEENS

L'organisation du réseau routier du Queens ne s'apparente en rien à l'échiquier bien agencé de la partie nord de Manhattan ni à la disposition fortuite des axes de Greenwich Village. Ici, vous assistez au résultat logique, mais extrêmement compliqué, d'un système de planification urbaine longuement étudié. Les rues traversent généralement le *borough* du nord au sud et sont numérotées d'est en ouest, de la 1st St. dans Astoria à la 271st St. dans Glen Oaks. Les avenues sont perpendiculaires aux rues et sont numérotées du nord au sud, de la Second Ave. à la 165th Ave. Une adresse est souvent complétée par le numéro de la rue perpendiculaire la plus proche (par exemple 45-07 32nd Ave. signifie que vous êtes proche du croisement avec la 45th St.). N'hésitez pas à vous munir de la très utile *Queens Bus Map*, disponible gratuitement dans tous les bus du Queens.

LE BRONX

Les autoroutes séparent le Bronx en plusieurs morceaux. **Major Deegan Expwy. (I-87)** longe la limite ouest du quartier, près de Harlem River. **Cross-Bronx Expwy. (I-95)** traverse le Bronx avant de remonter vers le nord pour rejoindre la partie la plus orientale. Plus au centre se trouve la **Bronx River Parkway**. Plusieurs avenues vont du nord au sud, notamment **Jerome Ave.** à l'ouest et **White Plains Rd.** et **Boston Rd.** à l'est. Parmi les axes qui relient l'est à l'ouest, on trouve **Tremont Ave.**, **Fordham Rd.**, **Bronx** et **Pelham Pkwy.**

STATEN ISLAND

Contrairement aux autres *districts* de la ville, Staten Island est plutôt étendue. Procurez-vous les indispensables cartes du réseau de bus de l'île ainsi que d'autres brochures auprès de l'**office de tourisme** (*Chamber of Commerce*), 130 Bay St., à gauche du terminal des ferrys, dans Bay St.

🛈 INFORMATIONS PRATIQUES

Office de tourisme : The Official New York City Visitor Information Center, 810 7th Ave. (✆ 484-1222), entre la 52nd St. et la 53rd St. Ouvert Lu-Ve 8h30-18h et Sa-Di 9h-17h. **Autres adresses :** A Grand Central et à Penn Station.

Assistance téléphonique : AIDS Informations (Sida Infos, ✆ 447-8200). Lu-Ve 9h-21h, répondeur 24h/24. **Crime Victims' Hotline** (SOS agressions, ✆ 577-7777), 24h/24. **Sex Crimes Report Line** (✆ 267-7273), 24h/24.

Pour les gays et les lesbiennes : Callen-Lorde Community Health Center, 356 W. 18th St., entre la 8th Ave. et la 9th Ave. (✆ 271-7200, www.callen-lorde.org). Ouvert Lu. 12h30-20h, Me. 8h30-13h et 15h-20h, Ma. et Je-Ve 9h-16h30. **Gay Men's Health Crisis (GMHC)**, 119 W. 24th St., entre la 6th Ave. et la 7th Ave. (✆ 367-1000). Entretiens-conseils sur place Lu-Ve 11h-20h. Le **Geffen Center** du GMHC (✆ 367-1100) fait des tests HIV confidentiels (mais pas anonymes). **Assistance téléphonique :** ✆ 807-6655 ou 800-243-7692. Ouvert Lu-Ve 10h-21h et Sa. 12h-15h. **Gay and Lesbian Switchboard** (✆ 989-0999, glnh@glnh.org). Ouvert Lu-Ve 18h-22h et Sa. 12h-17h. Répondeur 24h/24.

Services médicaux : Walk-In Clinic, 55 E. 34th St. (✆ 252-6001, *extension* 2), entre Park Ave. et Madison Ave. Ouvert Lu-Je 8h-20h, Sa. 9h-15h et Di. 9h-14h.

Bureau de poste : 421 8th Ave. (℃ 330-2902), de l'autre côté de Madison Sq. Garden (ouvert 24h/24). La poste restante (*general delivery*) dépend du bureau situé 390 9th Ave. **Code postal** : 10001.

Indicatifs téléphoniques : 212 ou 646 (Manhattan), 718 (Brooklyn, Bronx, Queens, Staten Island) et 917 (téléphones portables). Composez le 212 avant les numéros indiqués, sauf indication contraire.

⌐ HÉBERGEMENT

Si vous connaissez quelqu'un qui connaît quelqu'un qui habite New York, téléphonez-lui. Se loger à New York atteint des sommets. Une nuit dans un hôtel standard revient à environ **125 $ la chambre double**, auxquels il faut ajouter les **13,4 % de taxe de séjour** (les prix indiqués ci-dessous sont hors-taxes). Vous pouvez cependant trouver un lit à moins de 60 $, mais il vous faut pour cela délimiter avec précision vos priorités et vos exigences.

HÔTELS ET BED & BREAKFAST

❤ **Gershwin Hotel**, 7 E. 27th St. (℃ 545-8000, fax 684-5546), entre la 5th Ave. et Madison Ave. Métro : lignes 6, N ou R, station 28th St. Cet hôtel chic rempli de pop art, de meubles modernes et de jeunes artistes semble tout droit sorti d'un *Alice au pays des merveilles* adapté par MTV. Les chambres privatives disposent d'une salle de bains, de la télévision par câble, de l'air conditionné et du téléphone. Chambre économique (simple ou double uniquement) 99 $, chambre standard (simple ou double uniquement) 169 $. Supplément de 15 $ Je-Sa. Lit en dortoir de 8-12 places 30 $.

❤ **Carlton Arms Hotel**, 160 E. 25th St. (℃ 679-0680), entre Lexington et la 3rd Ave. Métro : ligne 6, station 23rd St. Dans cet hôtel-boutique, chaque chambre est décorée par un artiste différent. Les 54 chambres de l'hôtel sont spacieuses, mais en été l'absence d'air conditionné peut se faire sentir. Chambre simple 70 $, avec salle de bains 85 $, chambre double 90/100 $, chambre triple 110/120 $, chambre quadruple 105/117 $. Réductions de 5 à 11 $ consenties aux étudiants et aux touristes étrangers. Réduction de 10 % pour paiement anticipé (7 jours au moins).

❤ **Hotel Stanford**, 43 W. 32nd St. (℃ 563-1500 ou 800-365-1114, fax 629-0043), entre la 5th Ave. et Broadway. Métro : lignes B, D, F, N, Q ou R, station 34th St. Un hôtel clinquant dans le quartier coréen dont le hall d'entrée et le sol en marbre poli brillent sous les lumières scintillantes du plafond. Les chambres, impeccables et avec l'air conditionné, disposent de matelas fermes, d'une moquette épaisse et d'une salle de bains privée. Télévision par câble, téléphone, air conditionné et petit réfrigérateur dans chaque chambre. Petit déjeuner continental inclus. Chambre simple 120-150 $, chambre double ou à deux lits 150-180 $, suite 200-250 $.

❤ **Akwaaba Mansion**, 347 MacDonough St. (℃ 718-455-5958, fax 718-774-1744), dans le quartier Bedford-Stuyvesant de Brooklyn. Métro : lignes A ou C, station Utica Ave. Dans Stuyvesant Ave., tournez à gauche et marchez pendant quatre blocks jusqu'à MacDonough St. Ce Bed & Breakfast a été reconnu par la New York Landmarks Preservation Society (Commission de préservation des symboles de la ville de New York). Des photographes s'y rendent pour prendre des clichés publicitaires ou de mode. Chacune des 18 chambres confortables, pouvant accueillir deux personnes, est associée à un thème. Elles sont toutes décorées dans l'esprit de la culture africaine. Réservez un mois à l'avance. Chambres 120-135 $, week-end 135-150 $.

❤ **Colonial House Inn**, 318 W. 22nd St. (℃ 243-9669 ou 800-689-3779, fax 633-1612), entre la Eighth Ave. et la Ninth Ave. Métro : lignes C ou E, station 23rd St. Bed & Breakfast confortable situé dans un *brownstone* (bâtiment en grès brun) chic de Chelsea, où les homosexuels sont les bienvenus. Toutes les chambres sont équipées d'une télévision par câble, de l'air conditionné et du téléphone. Certaines sont même dotées d'une cheminée et d'une baignoire. Terrasse pour les bains de soleil avec espace réservé pour ceux qui préfèrent se passer de maillot de bain. Concierge et réception 24h/24. Petit déjeuner continental compris. Il est préférable de réserver. Un acompte équivalent au prix de 2 nuits est demandé dans les 10 jours suivant la réservation. Chambre double "économique" 80-99 $, chambre double avec très grand lit (*queen-size*) 99-125 $, avec salle de bains et réfrigérateur 125-140 $.

Larchmont Hotel, 27 W. 11th St. (© 989-9333, fax 989-9496), entre la Fifth Ave. et la Sixth Ave. Métro : lignes N, R, L, 4, 5 ou 6, station 14th St./Union Sq. Chambres propres et spacieuses dans un *brownstone* blanchi à la chaux situé dans un quartier calme. Les chambres sont toutes équipées de l'air conditionné, de la télévision, d'un bureau, de toilettes et de lavabos. Douches communes. Petit déjeuner continental compris. Réservez 5 à 6 semaines avant votre séjour. Chambre simple 70-95 $, chambre double 90-115 $, avec très grand lit (*queen-size*) 109-125 $.

Hudson Hotel, 356 W. 58th St. (© 554-6000), entre la Eighth Ave. et la Ninth Ave. Métro : lignes A, C, B, D, 1 ou 9, station 59th St. Rien n'est trop beau pour cet hôtel récent : serres personnalisées, cour idyllique, piscine olympique... Chambres aux murs en chêne présentant des œuvres artistiques, salles de bains ultramodernes. Les chambres standard varient de 155 à 255 $, les suites peuvent atteindre 500 $. Offres spéciales à 95 $ de temps à temps.

Bed & Breakfast on the Park, 113 Prospect Park W. (© 718-499-6115, fax 718-499-1385), entre la 6th St. et la 7th St., dans Prospect Park à Brooklyn. Métro : ligne F, station Seventh Ave./Park Slope. Dirigez-vous ensuite vers l'est sur deux blocks puis vers le nord pendant encore deux intersections. Edifice magnifiquement restauré dans lequel on trouve une multitude d'objets d'époque victorienne. Le mobilier élégant (armoires rococo, tapis d'Orient, damas) serait digne d'être exposé dans un musée. Petit déjeuner gourmet servi dans une salle somptueuse. Huit chambres doubles (dont deux avec salle de bains commune), chacune dans un style différent, 125-300 $.

ThirtyThirty, 30 E. 30th St (© 689-1900 ou 800-804-4480, fax 689-0023), entre Park Ave. South et Madison Ave. Hôtel moderne aux lignes pures proposant des prix relativement raisonnables pour un emplacement exceptionnel. Toutes les chambres sont équipées d'une télévision par câble, de l'air conditionné, d'un fer à repasser, d'un sèche-cheveux et d'un téléphone avec messagerie vocale. Chambre simple 125 $, chambre double 165 $, suite 245 $.

St. Mark's Hotel, 2 St. Mark's Pl. (© 674-2192, fax 420-0854), à hauteur de la Third Ave. Métro : ligne 6, station Astor Pl. Chambres propres et fonctionnelles situées dans un quartier animé. Réservations préférables. Toutes les chambres disposent d'une salle de bains privée et de la télévision par câble. Chambre simple 99-109 $, chambre double 113-131 $. Paiement en espèces ou par chèques de voyage uniquement.

Chelsea Pines Inn, 317 W. 14th St. (© 929-1023, fax 620-5646), entre la Eighth Ave. et la Ninth Ave. Métro : lignes A, C ou E, station 14th St. ou ligne L, station Eighth Ave. Cette auberge tenue par des homosexuels propose des chambres entièrement aménagées, décorées de vieux posters de films. Toutes les chambres sont équipées de l'air conditionné, d'une télévision par câble, d'un téléphone avec répondeur, d'un réfrigérateur et d'une douche. Pour les séjours à cheval sur un week-end, vous devez rester au moins 3 nuits. Chambre avec douche privée et toilettes communes 99-169 $, chambre avec grand lit double (*queen-size*) et salle de bains 129-189 $, suite 139-199 $.

Murray Hill Inn, 143 E. 30th St. (© 683-6900 ou 888-996-6376), entre la Third Ave. et Lexington Ave. Métro : ligne 6, station 28th St. Chambres simples au papier peint fleuri et à des prix abordables. Quatre étages sans ascenseur. Toutes les chambres disposent de l'air conditionné, d'une télévision par câble et d'un téléphone. Séjour de 21 jours maximum. Arrivée à l'hôtel à partir de 14h. Départ de l'hôtel avant midi. Chambre simple 75 $, avec salle de bains 115 $. Chambre double 95-125 $.

Hotel 17, 225 E. 17th St. (© 475-2845, fax 677-8178), entre la Second Ave. et la Third Ave., près de Gramercy Park. Métro : ligne L, station Third Ave. Cet hôtel de 120 chambres a servi de décor pour le film de Woody Allen *Meurtre mystérieux à Manhattan*. Toutes les chambres ont l'air conditionné et la télévision par câble, certaines ont une cheminée. Le papier peint est souvent très particulier. Arrivée à 14h, départ à midi. Il faut avoir plus de 18 ans. Chambre simple 70-75 $, chambre double 80-95 $, chambre triple 140-150 $. Chambre simple 425 $ la semaine, chambre double 600 $ la semaine. Pas de cartes bancaires.

AUBERGES DE JEUNESSE

❤ **Jazz on the Park**, 36 Duke Ellington Blvd./W. 106th St. (✆ 932-1600, fax 932-1700), au coin de Central Park West. Métro : lignes B ou C, station 103rd St. Il flotte toujours un petit air de jazz dans cette auberge propre et aux couleurs vives. Les casiers et l'air conditionné aident à se sentir plus léger. Les activités sont si nombreuses que vous ne voudrez plus quitter cet endroit : concerts de jazz dans le salon du bas, barbecues à volonté sur la terrasse Me. et Di. en été (5 $), brunch au rythme d'un gospel le dimanche. Draps et petit déjeuner inclus. Lit en dortoir de 12-14 places 30 $, 6-8 places 32 $, 4 places 34 $, chambre double ou à deux lits 88 $. Les prix indiqués comprennent les taxes.

❤ **New York International Hostel (HI-AYH)**, 891 Amsterdam Ave. (✆ 932-2300, fax 932-2574), à hauteur de la 103rd St. Métro : lignes 1, 9, B ou C, station 103rd St., à un block de la station. La plus grande auberge de jeunesse des Etats-Unis (90 chambres-dortoirs et 624 lits) se trouve dans un bâtiment tout en longueur. Superbes tapis d'une douceur de rêve et salles de bains impeccables. Draps et serviettes gracieusement fournis. Il faut réserver par carte bancaire. Ouvert 24h/24. Nov-Avr : lit en dortoir de 10-12 places 27 $, 6-8 places 30 $, 4 places 33 $. Mai-Oct : 29/32/35 $. Supplément pour les non-membres 3 $. Dortoir privé avec salle de bains possible pour les groupes de 4 à 9 personnes (120 $), garanti pour les groupes de plus de 10.

Sugar Hill International House, 722 St. Nicholas Ave. (✆ 926-7030), à hauteur de la 146th St. Métro : lignes A, B, C ou D, station 145th St. Ce *brownstone* abrite des chambres spacieuses (25 à 30 lits au total). Une ambiance familiale, un jardin et un petit chien adorable, quoiqu'un peu trop gâté, vous y attendent. Le personnel très accueillant connaît tout sur l'histoire de Harlem et sur ses distractions. Chambres de 2 à 10 lits. Il existe des dortoirs pour filles. Accès Internet 1 $ les 10 mn. Vous trouverez une cuisine équipée, une chaîne stéréo et une bibliothèque. Caution de 10 $ pour la clé. Séjour de 2 semaines au maximum. Se présenter à la réception entre 9h et 22h. Libérer la chambre avant 11h. Hors saison, réservez un mois à l'avance. Les réservations ne sont pas acceptées Juil-Sep : vous devez téléphoner le matin même. Pièce d'identité demandée. Etablissement non-fumeurs. Chambres 25-30 $.

Chelsea Center Hostel, 313 W. 29th St (✆ 643-0214, fax 473-3945), entre la Eighth Ave. et la Ninth Ave. Métro : lignes 1, 2, 3, 9, A, C ou E, station 34th St. Pour entrer, vous devez appuyer sur la sonnette correspondante. Le personnel multilingue est une mine de renseignements sur New York. Vingt lits accueillent les hôtes dans cette auberge tranquille, qui était autrefois une maison particulière. Quinze lits sont disposés dans une chambre spacieuse au sous-sol, qui vous rappellera des souvenirs de colonies de vacances. Les cinq lits restants se trouvent dans une chambre à l'étage. Un joli jardin ne fait qu'ajouter au charme du lieu. 2 douches. Draps et petit déjeuner inclus. Se présenter entre 8h30 et 22h45. Départ flexible entre 11h et 17h. Paiement en espèces ou par chèques de voyage uniquement. Dortoir 30 $.

Chelsea International Hostel, 251 W. 20th St. (✆ 647-0010, fax 727-7289), entre la Seventh Ave. et la Eighth Ave. Métro : lignes 1, 9, C ou E, station 23rd St. La clientèle de cette auberge retirée est composée en majorité de jeunes voyageurs européens. Le personnel, charmant, organise des soirées pizzas le Me. Il y a un jardin dans la cour et les petites chambres sont simplement utilitaires. Cuisines, laverie et salles de télévision accessibles. Accès Internet 20 ¢ la minute. Caution pour la clé : 10 $. Chambres disponibles 8h-18h. Réservation recommandée. 27 $ le dortoir de 4 ou 6 lits, chambre privative 65 $.

Uptown Hostel, 239 Lenox Ave. (✆ 666-0559, fax 663-5000), au niveau de la 122nd St. Métro : lignes 2 ou 3, station 125th St. Des lits superposés dans des chambres propres et confortables. Grandes salles de bains partagées. La salle commune, entièrement rénovée, et la cuisine rendent le cadre encore plus familial. Caution pour la clé 10 $. Se présenter entre 11h et 20h. Juin-Août : chambres accessibles entre 11h et 16h. Réservez le plus longtemps possible à l'avance en été, 2 jours avant seulement le reste de l'année. Sep-Mai : chambre simple 20 $, chambre double 25 $. Juin-Août : chambre simple 22 $, chambre double 30 $.

Central Park Hostel, 19 W. 103rd St. (*ⓒ* 678-0491, fax 678-0453), entre Manhattan Ave. et Central Park West. Métro : lignes B ou C, station 103rd St. Chambres propres avec air conditionné et salles de bains communes. Draps et serviettes fournis. Consigne disponible. Caution de 2 $ pour la clé. Séjour de 13 jours au maximum. Pas de couvre-feu. Dortoir 25 $, chambre double 25 $.

International Student Hospice, 154 E. 33rd St. (*ⓒ* 228-7470, fax 228-4689), entre Lexington Ave. et la Third Ave. Métro : ligne 6, station 33rd St. En haut du perron de ce bâtiment de brique, une plaque en cuivre indique "I.S.H.". Cet endroit à but non lucratif évoque plus une maison pleine de bric-à-brac qu'une auberge de jeunesse. Chambres de 1 à 4 personnes. Petite salle de bains commune. Téléphonez à l'avance. 28 $ la nuit, taxe comprise. 20 $ la nuit si vous payez une semaine à l'avance.

⬛ RESTAURANTS

A New York, se restaurer est une affaire sérieuse. La palette de restaurants reflète l'immense diversité ethnique et sociale de la ville : goûtez à la cuisine italo-afghane ou libano-mexicaine avant de vous retrouver dans un bar à sushis.

MANHATTAN SUD : AU SUD DE HOUSTON ST.

Dans Chinatown, vous trouverez bien sûr une cuisine chinoise bon marché et délicieuse, mais également des établissements spécialisés dans les repas thaïs et vietnamiens. Le quartier de Lower East Side est réputé pour ses plats cuisinés et ses traiteurs. A Little Italy, vous mangerez… italien !

♥ **Hop Kee**, 21 Mott St. (*ⓒ* 964-8365), en bas des escaliers à l'angle de Mosco St. Métro : lignes 4, 5, 6, J, M, N, R ou Z, station Canal St. L'austérité du lieu est compensée par l'*authentique* cuisine chinoise que vous y dégusterez, notamment les côtelettes de porc salé aux piments (8,25 $) ou un panier de fruits de mer (17 $). Ouvert tlj 11h-4h. Paiement en espèces uniquement.

♥ **Thailand Restaurant**, 106 Bayard St. (*ⓒ* 349-3132), entre Baxter St. et Mulberry St. Métro : lignes 4, 5, 6, J, M, N, R ou Z, station Canal St. Simple et calme, cet établissement offre une qualité largement supérieure aux autres restaurants. Réputé pour ses desserts thaïs faits maison comme le riz au lait, à l'œuf et au lait de coco (1,50 $). Ouvert tlj 11h30-23h.

♥ **Vietnam**, 11-13 Doyers St. (*ⓒ* 693-0725), entre Bowery St. et Pell St. Métro : lignes 4, 5, 6, J, M, N, R ou Z, station Canal St. Vous y trouverez tous les grands classiques de la gastronomie asiatique comme les rouleaux de printemps ou les soupes de nouilles, mais aussi quelques spécialités telles que les copieuses crêpes vietnamiennes (6 $). N'hésitez pas à goûter des plats plus originaux, par exemple le saumon sauté à la sauce aux haricots noirs (7 $). Ouvert tlj 11h-21h30.

♥ **El Sombrero**, 108 Stanton St. (*ⓒ* 254-4188), dans Ludlow St. Métro : lignes F, J, M ou Z, station Delancey St./Essex St. Si les dieux mangeaient mexicain, disposaient d'un budget limité et n'avaient pas d'*a priori* contre le kitsch, ils dîneraient certainement dans cet établissement. *Fajitas mexicanas* 10 $. Horaire variable, Di-Je environ 10h-24h et Ve-Sa environ 10h-15h. Paiement en espèces uniquement.

New Silver Palace, 52 Bowery St. (*ⓒ* 964-1204), à hauteur de Canal St. Métro : lignes 4, 5, 6, J, M, N, R ou Z, station Canal St. Véritable sanctuaire des amoureux de *dim sum* (3-5 $, servis jusqu'à 16h), l'établissement accueille souvent les banquets de mariages qui se déroulent à Chinatown. Ouvert tlj 9h-22h30.

H.S.F Restaurant, 46 Bowery St. (*ⓒ* 374-1319), entre Bayard St. et Canal St. Métro : lignes 4, 5, 6, J, M, N, R ou Z, station Canal St. Les *dim sum* (3-5 $, servis de 11h à 17h) sont délicieux. Vous pouvez également commander le buffet spécial et cuire vous-même à table des légumes et des boulettes dans une marmite d'eau bouillante (20 $ par personne, servi après 17h). Ouvert Di-Je 8h-24h et Ve-Sa 8h-2h.

Rice, 227 Mott St. (☎ 226-5775), entre Prince St. et Spring St. Métro : ligne 6, station Spring St. Cet établissement vous propose de succulents plats à base de riz. Vous pourrez choisir entre le riz *basmati*, le riz brun et le riz japonais collant ou parmi des variétés plus exotiques comme le riz noir thaï et le riz rouge du Bhoutan (1-4 $). Ils seront accompagnés de sauces variées allant des condiments à la mangue au yaourt d'Alep (1 $). Ouvert tlj 12h-24h. Paiement en espèces uniquement.

Joe's Shanghai, 9 Pell St. (☎ 233-8888), entre Bowery St. et Mott St. Métro : lignes 4, 5, 6, J, M, N, R ou Z, station Canal St. Ce restaurant a forgé sa réputation sur son fameux *xiao long bao* (7 $), chair de crabe et boulettes de porc baignant dans une soupe savoureuse. Préparez-vous cependant à faire la queue les week-ends pour déguster cette spécialité sur de longues tables communes. Ouvert tlj 11h-23h15. Paiement en espèces uniquement.

Bouley Bakery, 120 W. Broadway (☎ 964-8362), entre Duane St. et Reade St. Métro : lignes 1, 2, 3, 9, A ou C, station Chambers St. Ce restaurant de renommée internationale dispose d'un café attenant qui propose des repas légers et des desserts. Pour les plus affamés, il est toujours possible de commander un sandwich à emporter composé de tranches de rosbif dans du pain de campagne (7,25 $) ou un "torpedo", baguette garnie de jambon cru et de mozzarella (2,50 $). Café ouvert tlj 8h-18h.

Penang, 109 Spring St. (☎ 274-8883), entre Mercer St. et Greene St. Métro : lignes N ou R, station Prince St. Délicieuse cuisine malaise servie dans un cadre exotique et agréable. Dégustez le succulent *roti canai* (4,25 $) ou le copieux *poh-piah* (rouleaux de printemps à la vapeur, 6 $). Les végétariens préféreront la spécialité *kari sayur campur* (12,50 $). Ouvert Lu-Je 12h-24h et Ve-Sa 12h-1h.

Le Gamin Cafe, 50 MacDougal St. (☎ 254-4678), entre Prince St. et Houston St. Métro : lignes C ou E, station Spring St. Cet établissement vous propose une cuisine française simple mais raffinée. Ne manquez pas la salade de chèvre chaud aux noix (9 $). Café au lait 3 $, crêpes 3,25-9,50 $. Ouvert tlj 8h-24h.

Space Untitled, 133 Greene St. (☎ 260-8962), entre Prince St. et Houston St. Métro : lignes N ou R, station Prince St. Immense café, façon entrepôt, rempli de tabourets de bar et de fauteuils pour vous mettre à l'aise. Sandwichs 3-6 $, excellents desserts 1,75-4,50 $, café 1,50-4 $. Ouvert Lu-Je 7h-22h, Ve. 7h-23h, Sa. 8h-23h et Di. 8h-21h.

Katz's Delicatessen, 205 E. Houston St. (☎ 254-2246), entre Orchard St. et Ludlow St. Métro : ligne F, station Second Ave. Fondé en 1888, Katz's est une institution dans le Lower East Side. La cuisine est orgasmique (selon Meg Ryan dans *Quand Harry rencontre Sally*) mais vous payez surtout pour l'ambiance... Les *gyros* (grands sandwichs mixtes) coûtent 5,10 $, les *knishes* 2,25 $, les *franks* 2,15 $ et les sandwichs environ 9 $. Ouvert Di-Ma 8h-22h, Me-Je 8h-23h et Ve-Sa 8h-3h.

Lombardi's Coal Oven Pizza, 32 Spring St. (☎ 941-7994), entre Mott St. et Mulberry St. Certainement la plus ancienne pizzeria des Etats-Unis (ouverte en 1905), célèbre pour avoir inventé la fameuse pizza new-yorkaise à pâte fine et cuite au feu de bois. Une grande pizza nourrit deux personnes (13,50 $). Ouvert Lu-Je 11h30-23h, Ve-Sa 11h30-24h et Di. 11h-22h. Paiement en espèces uniquement.

Alfanoose, 150 Fulton St. (☎ 349-3622), à hauteur de Broadway. Métro : lignes 2, 3, 4, 5, A, C, J, M ou Z, station Fulton St. Il vous faudra jouer des coudes pour parvenir à commander le fameux *falafel* maison, qui vaut bien un petit surcoût (3,25 $). Ouvert Lu-Ve 10h-21h30 et Sa-Di 11h-21h30.

Hong Kong Egg Cake Co., à la jonction de Mott St. et de Mosco St., dans une petite maison rouge (suivez la traînée de papiers au coin de Mott St.). Cecilia Tam vous préparera une dizaine de ces biscuits aux œufs tout juste sortis du poêlon (1 $) qu'elle fabrique depuis 20 ans. Ouvert Me-Je et Sa-Di 10h30-17h.

Chinatown Ice Cream Factory, 65 Bayard St. (☎ 608-4170), à l'angle d'Elisabeth St., propose des glaces maison au lychee, à la mangue, au gingembre, aux haricots rouges ou au thé vert (2,20 $ la boule, 4 $ les deux, 4,80 $ les trois). Ouvert en été Lu-Je 11h30-23h30 et Ve-Di 11h30-24h, le reste de l'année tlj 12h-23h.

Ciao Bella, 285 Mott St. (© 431-3591), entre Prince St. et Houston St. L'un des meilleurs glaciers de la ville : les glaces sont épaisses, riches et onctueuses. Le magasin du centre-ville compte quelques sièges qui invitent à la relaxation. Petit pot 3,50 $, grand pot 4,50 $. Ouvert Lu-Sa 11h-23h et Di. 11h-22h.

Economy Candy, 108 Rivington St. (© 254-1531), entre Ludlow St. et Essex St. Métro : lignes F, J, M ou Z, station Delancey St.-Essex St. Cet entrepôt de confiseries vend du chocolat, des confitures et d'innombrables bacs de sucreries, le tout importé et à des prix imbattables. 10 livres de confiseries pour 12 $. Ouvert Di-Ve 8h30-18h et Sa. 10h-17h.

GREENWICH VILLAGE ET EAST VILLAGE :
DE HOUSTON ST. À LA 14TH ST.

Que vous vous trouviez dans Greenwich Village ou dans East Village, tous les styles de cuisine sont réunis à des prix raisonnables.

❤ **Corner Bistro**, 331 W. 4th St. (© 242-9502), à l'angle de Jane St., à hauteur de la Eighth Ave. Métro : lignes A, C, E ou L, station 14th St.-Eighth Ave. Réputé pour ses hamburgers incomparables (4,50-5,50 $) et sa bière bien fraîche (2-3 $). Pour avoir une table, il est préférable d'arriver tôt ou très tard. Ouvert Lu-Sa 11h30-4h et Di. 12h-4h. Paiement en espèces uniquement.

❤ **Max**, 51 Ave. B (© 539-0111), entre la E. 3rd St. et la 4th St. Métro : ligne F, station Second Ave. Un dîner dans le jardin de ce restaurant vous transportera au cœur d'un vieux quartier d'Italie. La cuisine est à la hauteur de cette ambiance authentique (pâtes 9-11 $, plats principaux 11-15 $). Ouvert tlj 12h-24h. Paiement en espèces uniquement.

❤ **National Cafe**, 210 First Ave. (© 473-9354), à hauteur de la E. 13th St. Métro : ligne L, station First Ave. S'il n'y a pas de quoi s'extasier sur le décor, la cuisine familiale de style cubain est, quant à elle, délicieuse. Il est difficile de trouver meilleure formule pour déjeuner dans toute la ville : de 10h30 à 15h, le National Cafe propose un plat du jour, du riz et des haricots ou une salade, une banane plantain et un bol de soupe pour 4,60 $. Tous les plats de la carte sont riches en ail (évitez les rendez-vous galants après ça) et bien inférieurs à 10 $. Ouvert Lu-Sa 10h30-22h.

John's Pizzeria, 278 Bleecker St. (© 243-1680), entre la Seventh Ave. S. et Morton St. Métro : lignes 1 ou 9, station Christopher St. Cette pizzeria est considérée comme l'une des meilleures et des plus agréables de Manhattan. Vous aurez le choix entre de petites et de grandes pizzas allant de 10 à 20 $. Pas de commandes à la part. Ouvert Lu-Je 11h30-23h30, Ve-Sa 11h30-0h30 et Di. 12h-23h30. Paiement en espèces uniquement.

Yakitori Taisho, 5 St. Mark's Pl. (© 228-5086), entre la Second Ave. et la Third Ave. Métro : ligne 6, station Astor Pl. Ce tout petit établissement propose une très bonne cuisine japonaise à des prix très bon marché. 10 *yakitori* (brochettes tendres de poulet et de légumes) 12 $, *ramen* (potage de nouilles chinoises) froid 4 $, poulet *teriyaki* 7 $. Ouvert tlj 11h-23h.

Frank, 88 Second Ave. (© 420-0202), entre la E. 5th St. et la E. 6th St. Métro : ligne 6, station Astor Pl. Une ambiance de bistrot fort chaleureuse vous attend dans cet adorable petit restaurant. Pâtes 9-13 $, plats principaux 12-14 $. Du lundi au vendredi, c'est l'heure de l'*aperitivo* entre 17h30 et 19h, avec *antipasti* (hors-d'œuvre) offerts jusqu'à 18h30. Vous devrez sans doute patienter sur le trottoir avant qu'une table ne se libère. Ouvert Lu-Je 10h30-16h et 17h-1h, Ve-Sa 10h30-16h et 17h-2h, Di. 10h30-16h et 17h-24h.

2nd Ave. Delicatessen, 156 Second Ave. (© 677-0606), à hauteur de la 10th St. Métro : ligne 6, station Astor Pl. C'est LE *deli* de New York à ne pas manquer. La famille Lebewohl est fière de gérer depuis 1954 cet établissement 100 % casher. Essayez le *babka* (3,25 $), les *kasha varnishkes* (4 $) ou l'*orge aux champignons* (4 $), spécialités réputées pour figurer parmi les meilleures de la ville. Il existe des plats plus classiques comme le *pastrami* ou les sandwichs au corned-beef (8-11 $). Ouvert Lu-Sa 10h-20h30 et Di. 11h-19h.

CENTRE ATLANTIQUE

Dojo Restaurant, 26 St. Mark's Pl. (© 674-9821), entre la Second Ave. et la Third Ave. Métro : ligne 6, station Astor Pl. L'un des restaurants les plus courus d'East Village, dans l'ambiance de St. Mark's Place. On y trouve une quantité incroyable de plats, majoritairement végétariens et japonais. Excellents *soyburgers* (hamburgers à la pâte de soja) accompagnés de riz complet et d'une salade pour 3,50 $. Salade "Dojo" avec sauce à la carotte 5 $. *Yakisoba* 5-7 $. Ouvert Di-Je 11h-1h et Ve-Sa 11h-2h. Paiement en espèces uniquement.

Elvie's Turo-Turo, 214 First Ave. (© 473-7785), entre la E. 12th St. et la 13th St. Métro : ligne L, station First Ave. Ce restaurant de type cafétéria (il suffit de montrer ce que vous souhaitez manger) est spécialisé dans la cuisine philippine. Vous pourrez notamment y goûter le *pancit* (plat de nouilles sautées), le poulet *adobo* ou du porc et du poulet grillés au barbecue. Plat (accompagné de riz) 4 $, 2 pour 5,75 $. Ouvert Lu-Sa 11h-21h et Di. 11h-20h.

MIDTOWN : DE LA 14TH ST. À LA 59TH ST.

C'est dans les restaurants les plus en vue de ce quartier que les gays branchés dînent en couple. De nombreux restaurants indiens se sont regroupés au sud de Murray Hill, à tel point que le quartier a été surnommé Curry Hill. Restaurant Row, dans le Theater District, est idéal pour dîner après un spectacle.

♥ **Kitchen**, 218 Eighth Ave. (© 243-4433), à hauteur de la 21st St. Métro : lignes C ou E, station 23rd St. Si vous parvenez à supporter la foule qui se presse dans cette petite enceinte, vous serez récompensé par ces plats mexicains à emporter. *Burrito* garni d'une viande de votre choix, de haricots rouges, de riz et de salade verte 6,75 $. Ouvert Lu-Sa 9h-22h30 et Di. 11h-22h30.

Curry in a Hurry, 119 Lexington Ave. (© 683-0900), à hauteur de la 28th St. Métro : ligne 6, station 28th St. Restaurant indien du quartier de Curry Hill offrant un très bon rapport qualité-prix. Poulet ou agneau au curry 4,50 $, plats végétariens 3,50-3,75 $, formules (comprenant un plat principal, du riz *basmati*, un *naan* et une salade) 6,50-8,50 $. Ouvert tlj 12h-24h.

Sapporo, 152 W. 49th St. (© 869-8972), entre la Sixth Ave. et la Seventh Ave. Métro : lignes B, D, F ou Q, station 47th-50th St.-Rockfeller Center. Restaurant japonais simple aux portions généreuses et aux saveurs exquises. *Ramen* 7,30 $. Ouvert Lu-Sa 11h-23h30 et Di. 11h-22h30.

Hourglass Tavern, 373 W. 46th St. (© 265-2060), entre la Eighth Ave. et la Ninth Ave. Dès que vous êtes assis, le serveur retourne un sablier qui indique le temps limite qui vous est imparti. Plats délicieux à prix fixe 12-14 $. Ouvert Lu-Me 17h-23h15 et Je-Ve 17h-23h30.

Little Pie Co., 407 W. 14th St. (© 414-2324), entre la Ninth Ave. et la Tenth Ave. Métro : lignes A, C, E ou L, station 14th St.-Eighth Ave. Petit mais rien à redire. Vous pouvez commander une énorme part d'*apple pie* préparée à l'ancienne (5 $) à emporter ou prendre un repas léger au comptoir. Ouvert Lu-Ve 10h-20h et Sa-Di 12h-19h.

DE LA 59TH ST. À LA 96TH ST.

Une quantité impressionnante de restaurants borde la Second Ave. et la Third Ave. dans le quartier d'Upper East Side. Vous trouverez, de chaque côté du parc, des spécialités venues du monde entier.

♥ **Saigon Grill**, 1700 Second Ave. (© 996-4600), à hauteur de la 88th St. Métro : lignes 4, 5 ou 6, station 86th St. Autre adresse au 2381 Broadway (© 875-9072). C'est l'un des meilleurs restaurants vietnamiens de la ville et l'un des moins chers d'Upper East Side. Les plats sont copieusement garnis de légumes. Ouvert tlj 11h30-23h30.

♥ **Big Nick's Burger Joint and Pizza Joint**, 2175 Broadway (© 362-9238), à hauteur de la 77th St. Métro : lignes 1 ou 9, station 79th St. Seconde adresse au 70 W. 71st St., près de Columbus Ave. (© 799-4444). Big Nick's vous propose deux adresses qui combleront le moindre de vos petits creux. Pizzas authentiques, *burgers* de la taille d'une assiette (5-6,75 $, ou *burger* "sumo" de 500 g 7,50 $) et grand choix de petits déjeuners. Livraison gratuite. Ouvert 24h/24, parfois même 25h/24 !

Barking Dog Luncheonette, 1678 Third Ave. (© 831-1800), à hauteur de la 94th St. Métro : ligne 6, station 96th St. Dans ce restaurant où toute la décoration s'inspire du thème canin (porte d'entrée en forme de niche, photos de stars accompagnées de leurs fidèles compagnons), vous apprécierez les portions généreuses et savoureuses d'une cuisine "comme à la maison", par exemple le *Mom's Luvin' Meatloaf* ("la pâtée de môman", 11 $). Salades 5-9 $, sandwichs 6-8 $. Les formules spéciales (Lu-Ve 17h-19h) sont servies avec une soupe ou une salade et un dessert. Ouvert tlj 8h-23h.

El Pollo, 1746 First Ave. (© 996-7810), entre la 90th St. et la 91st St. Métro : lignes 4, 5 ou 6, station 86th St. Excellente adresse péruvienne, réputée pour son poulet grillé, mariné ou aux 7 saveurs. Vous y trouverez également des plats cuisinés comme les bananes plantain frites (3 $) et les *papas con ají* (pommes de terre pimentées, 5 $). Demi-poulet 6 $. Ouvert Lu-Ve 11h-23h et Sa-Di 12h30-22h45.

Le Pain Quotidien, 1131 Madison Ave. (© 327-4900), entre la 84th St. et la 85th St. Métro : lignes 4, 5 ou 6, station 86th St. C'est ici que sont préparés les pains les plus frais de la ville. Pour ne pas être dépaysé, essayez donc la baguette à l'ancienne (2,50 $). Ouvert Lu-Ve 7h30-19h et Sa-Di 8h-19h.

Zabar's, 2245 Broadway (© 787-2000), entre la 80th St. et la 81st St. Métro : lignes 1 ou 9, station 79th St. Cette véritable institution d'Upper West Side vend tout ce dont vous avez besoin afin de vous concocter un repas à la maison digne d'un restaurant 4 étoiles. Fromages, saumon fumé et pains appétissants attirent une foule de clients dans cette épicerie fine. Ouvert Lu-Ve 8h-19h30, Sa. 8h-20h et Di. 9h-18h.

HARLEM ET LES MORNINGSIDE HEIGHTS

❤ **Copeland's**, 547 W. 145th St. (© 234-2357), entre Broadway et Amsterdam Ave. Métro : lignes 1, 9, A, B, C ou D, station 145th St. L'excellente cuisine du Sud accompagnée de musique *live* dans un cadre élégant en fait un endroit incontournable. Plats relativement chers (11-26 $). Vous pouvez essayer la "cafétéria" voisine du même nom qui sert la même cuisine à des prix plus bas, l'ambiance en moins. Ouvert seulement pour le dîner, sauf Di. (12h-21h). La cafétéria ouvre Lu-Ve 8h-23h30, Sa. 8h-0h30 et Di. 8h-1h.

❤ **Sylvia's**, 328 Lenox Ave. (© 996-0660), à hauteur de la 126th St. Métro : lignes 2 ou 3, station 125th St. Attire le tout New York depuis plus de 40 ans grâce à sa succulente cuisine du Sud. Les touristes européens y débarquent désormais par cars entiers. Sylvia relève ses "fameux *ribs* au barbecue connus dans le monde entier" avec une "sauce sucrée et épicée" et une garniture de chou frisé et de gratin de macaronis au fromage (11 $). Ouvert Lu-Sa 7h30-22h30 et Di. 11h-20h.

Sugar Shack, 2611 Frederick Douglass Blvd./Eighth Ave. (© 491-4422), à hauteur de la 139th St. Ce bar-restaurant sympa, spécialisé dans la cuisine traditionnelle des Noirs du Sud, est fréquenté par une clientèle de pseudo-artistes (plats principaux 10-12 $). Ne manquez pas les daiquiris renversants (6-12 $) ou le martini au chocolat. Ouvert Lu. 19h-24h, Ma-Me 17h30-23h, Je. 17h30-1h, Ve-Sa 17h30-2h et Di. 11h-17h.

Manna's Too!!, 486 Lenox Ave. (© 234-4488), entre la 134th St. et la 135th St. Métro : lignes 2 ou 3, station 135th St. Buffet de salades qui n'a pas son pareil dans tout Harlem. Grande variété de plats traditionnels du Sud et de légumes frais. Pâtisseries faites maison 2,50 $, énorme part de gâteau aux deux chocolats qui vous rongera de scrupules 2 $. Ouvert Lu-Sa 7h-20h et Di. 10h-19h. Paiement en espèces uniquement.

Amir's Falafel, 2911A Broadway (© 749-7500), entre la 113th St. et la 114th St. Métro : lignes 1 ou 9, station 110th St., 116th St. Petit restaurant simple et bon marché spécialisé dans les recettes du Moyen-Orient, convenant aussi bien aux végétariens qu'aux carnivores. Sandwichs (3-5 $) et assiettes végétariennes (5 $) préparés avec soin. Ouvert tlj 11h-23h. Paiement en espèces uniquement.

Koronet Pizza, 2848 Broadway (© 222-1566), à l'angle de la 110th St. Métro : lignes 1 ou 9, station 110th St. Parts de pizza de taille impressionnante pour 2,25 $. Ouvert Di-Me 10h-2h et Je-Sa 10h-4h. Paiement en espèces uniquement.

BROOKLYN

Si vous recherchez les adresses les plus branchées de Brooklyn, rendez-vous directement dans Smith St., dans Williamsburg. Flatbush, et plus particulièrement Church Ave., est le quartier rêvé si vous souhaitez manger antillais. Le Chinatown de Brooklyn se trouve dans Sunset Park. Ceux qui préfèrent la cuisine russe et ukrainienne se rendront à la petite enclave ethnique de Brighton Beach. Enfin, Coney Island propose davantage de pizzas et de hot dogs.

♥ **Grimaldi's**, 19 Old Fulton St. (✆ 718-858-4300), entre Front St. et Water St., à Fulton Ferry. Métro : lignes A ou C, station High St. Délicieuse pizza à pâte fine cuite au four à briques avec une mozzarella merveilleusement fraîche, servie uniquement en entier. Vous pourrez admirer un décor dédié à Sinatra (c'était d'ailleurs l'une de ses adresses préférées). Petite pizza 12 $, grande 14 $, garniture 2 $ chacune. Ouvert Lu-Je 11h30-23h, Ve-Sa 12h-24h et Di. 12h-23h. Paiement en espèces uniquement.

Bliss, 191 Bedford Ave. (✆ 718-599-2547), entre la 6th St. et la 7th St., dans Williamsburg. Métro : ligne L, station Bedford Ave. Ne soyez pas surpris en voyant arriver votre *chili con pan* sans viande, vous êtes ici dans l'antre des végétariens. Parmi les spécialités figurent le sandwich au tofu mariné (7 $) ou le *Bliss Bowl* (8 $). Vous pouvez apporter vos propres boissons. Ouvert Lu-Ve 8h-23h et Sa-Di 10h-23h. Paiement en espèces uniquement.

Oznot's Dish, 79 Berry St. (✆ 718-599-6596), à l'angle de la N. 9th St., dans Williamsburg. Métro : ligne L, station Bedford Ave. La façade ressemble à une peinture moderne, quant à l'intérieur, il est tout simplement magnifique. Les spécialités méditerranéennes sont excellentes, notamment l'assiette de *mezze* composée de pita, d'*hummus* et d'olives (7 $) pour le déjeuner. Ouvert tlj 11h-16h30 et 18h-24h.

Planet Thailand, 115 Berry St. (✆ 718-599-5758), entre la N. 7th St. et la 8th St., dans Williamsburg. Métro : ligne L, station Bedford Ave. Carte très variée comprenant des spécialités thaï à des prix très abordables (8 $). Les plats japonais restent un peu plus chers (formule sushis 11 $). DJ tous les soirs à partir de 21h. Ouvert Di-Me 11h30-1h et Je-Sa 11h30-2h. Paiement en espèces uniquement.

Caravan, 193 Atlantic Ave. (✆ 718-488-7111), entre Court St. et Clinton St., dans Brooklyn Heights. Métro : lignes 2, 3, 4, 5, M, N ou R, station Court St./Borough Hall. Le Caravan est fier de son couscous et de son pain tandoori cuit au four. Le déjeuner à 8 $ comprend un plat principal, de l'hoummous et du *baba ghanoush*, une soupe ou une salade, un dessert et un café marocain. Danse du ventre et musiciens tous les samedis à partir de 20h. Ouvert Lu-Ve 11h-22h et Sa-Di 12h-24h.

Brooklyn Moon, 745 Fulton St. (✆ 718-243-0424), à l'angle de S. Elliott Pl., dans Fort Greene. Métro : ligne G, station Fulton St. ou ligne C, station Lafayette Ave. *Burger* au saumon 6,50 $, salade de pommes 4,25 $. Le Moon organise tous les vendredis à partir de 22h30 des séances au cours desquelles les poètes en herbe de tout New York peuvent s'exprimer. Ouvert Lu-Je 12h-22h, Ve-Sa 11h30-24h et Di. 11h30-22h.

Totonno Pizzeria Napolitano, 1524 Neptune Ave. (✆ 718-372-8606), entre la 15th St. et la 16th St., dans Coney Island. Métro : lignes B, D, F ou N, station Coney Island. Cette véritable institution de Coney Island peut raisonnablement prétendre au titre de meilleure pizzeria de New York. Pizzas en tourte 13-14,50 $, pas de vente à la part. Ouvert Me-Di 12h-20h30. Paiement en espèces uniquement.

Primorski Restaurant, 282 Brighton Beach Ave. (✆ 718-891-3111), entre Brighton Beach 2nd St. et Brighton Beach 3rd St. Métro : ligne D, station Brighton Beach. Ce restaurant sert les meilleures spécialités ukrainiennes dans une atmosphère festive. Musique russe ou disco Lu-Je 20h-24h, Ve-Sa 21h-2h et Di. 20h-1h. Ouvert tlj 11h-2h.

Sahadi Importing Company, 187-189 Atlantic Ave. (✆ 718-624-4550), entre Court St. et Clinton St., dans Brooklyn Heights. Métro : lignes 2, 3, 4, 5, M, N ou R, station Court St./Borough Hall. Emporium du Moyen-Orient très apprécié notamment pour ses épices, assaisonnements, fruits secs, pâtes à tartiner et sauces. Ouvert Lu-Ve 9h-19h et Sa. 8h30-19h.

LE QUEENS ET LE BRONX

Le quartier du Queens regroupe une grande diversité culinaire ethnique de qualité et très bon marché : vous pourrez manger grec à Astoria, indien à Jackson Heights, chinois et coréen dans Flushing et antillais dans Jamaica. Le centre gastronomique du Bronx se concentre autour du secteur de Belmont, qui offre probablement certains des meilleurs restaurants italiens de la ville.

❤ **Elias Corner**, 24-02 31st St. (℗ 718-932-1510), à l'angle de la 24th Ave., dans le quartier Astoria du Queens. Métro : lignes N ou W, station Astoria Blvd. Atmosphère grecque unique pour ce restaurant de fruits de mer dont le mot d'ordre est fraîcheur. Pas de menu, possibilité de dîner à l'extérieur. Pour commencer, goûtez le délicieux *tsatziki*, les calamars ou le poulpe grillé (3-6 $ selon la quantité). Poisson entier grillé 7-14 $. Souvent complet, pas de réservation. Ouvert tlj 16h-23h ou 24h. Paiement en espèces uniquement.

❤ **Dominick's**, 2335 Arthur Ave. (℗ 718-733-2807), près de la E. 186th St., dans le Bronx. On ne vous apporte pas la carte, demandez conseil à vos voisins. Parmi les favoris, citons les pâtes *linguine* aux moules nappées de sauce *marinara* (7 $), les artichauts marinés (7 $) et le veau *alla francese* (12 $). Si vous n'arrivez pas avant 18h ou après 21h, préparez-vous à 20 mn d'attente au minimum. Ouvert Lu., Me-Je et Sa 12h-22h, Ve. 12h-23h, Di. 13h-21h.

❤ **Flushing Noodle**, 135-42 Roosevelt Ave. (℗ 718-353-1166), dans le quartier Flushing du Queens. Métro : ligne 7, station Main St.-Flushing. Quittez l'effervescence des artères principales de Flushing pour vous réfugier dans ce petit bar à nouilles chinois, l'un des meilleurs du Queens. Nouilles 3,75-5 $. Déjeuner 5 $.

❤ **Jackson Diner**, 37-47 74th St. (℗ 718-672-1232), à hauteur de la 37th Ave., à Jackson Heights, dans le Queens. Métro : lignes E, F, G ou R, station Jackson Heights/Roosevelt Ave., ou ligne 7, station 74th St./Broadway. Probablement la meilleure cuisine indienne de la ville. Le décor change des autres restaurants indiens, parfois surchargés. *Lunch specials* 6-7,50 $. Le week-end, buffet pour le déjeuner (11h30-16h) 8 $. Ouvert Lu-Ve 11h30-22h et Sa-Di 11h30-22h30. Paiement en espèces uniquement.

Emilia's, 2331 Arthur Ave. (℗ 718-367-5915), à côté de la E. 186th St., dans le Bronx. Délicieuse cuisine servie généreusement. Les *calamari fra diavolo* (15 $) sont particulièrement bons. Plats principaux 13-18 $. *Lunch special* 10 $. Ouvert Lu-Ve et Di. 12h-22h, Sa. 12h-23h.

Nick's Pizza, 108-26 Ascan Ave. (℗ 718-263-1126), entre Austin St. et Burns St., à Forest Hills, dans le Queens. Métro : lignes E, F, G ou R, station Forest Hills/71st Ave. Dans un cadre chic, cet établissement sert l'une des meilleures pizzas du Queens. Pâte légère et délicieuses sauces et garnitures. (Petite pizza 11 $, grande 13 $, 2 $ la garniture supplémentaire. Ne sert pas de part.) Ouvert Lu-Je 11h30-21h30, Ve. 11h30-23h30, Sa. 12h30-23h30 et Di. 12h30-21h30.

Jal-Ya, 81-11 Broadway (℗ 718-651-1330), à Elmhurst, dans le Queens. Métro : ligne R, station Elmhurst Ave. Excellente cuisine thaïlandaise. Au choix, des plats peu épicés, moyennement épicés ou extrêmement épicés. La plupart d'entre eux coûtent 7-11,25 $. Possibilité de plats végétariens. *Lunch specials* (5,25-8,50 $) servis Lu-Ve 11h30-15h. Ouvert Lu-Ve 11h-24h, Sa. 11h30-24h et Di. 17h-24h.

The Lemon Ice King of Corona, 52-02 108th St. (℗ 718-699-5133), à hauteur de Corona Ave., à Corona, dans le Queens. Métro : ligne 7, station 111th St. Revenez sur vos pas d'un block jusqu'à la 108th St. puis marchez 10 blocks vers le sud. L'empereur du froid sert de délicieuses glaces fruitées à l'extérieur. Tous les arômes que vous pourriez souhaiter, comme *bubblegum*, myrtille, cantaloup (melon), cerise, et bien sûr citron (80 ¢-2 $). Ouvert tlj 10h-0h30.

Galaxy Pastry Shop, 37-11 30th Ave. (℗ 718-545-3181), dans le quartier Astoria du Queens. Métro : ligne N, station 30th Ave. Prenez la 30th Ave. sur votre droite puis marchez vers l'est jusqu'à la 37th St. C'est l'un des points de rendez-vous des jeunes du coin. Le Galaxy propose de délicieuses pâtisseries qui vous feront prendre du poids rien qu'en les regardant. Le baklava (gâteau au miel 1,20 $) est la réponse à vos prières. Ouvert tlj 6h30-3h.

CENTRE ATLANTIQUE

◎ VISITES

LA STATUE DE LA LIBERTÉ ET ELLIS ISLAND

La statue de la Liberté, longtemps symbole d'espoir pour les millions d'immigrants qui pénétraient dans la rade de New York après une longue traversée de l'Atlantique, se dresse majestueusement à l'entrée du port de New York. En 1886, le gouvernement français offrit la sculpture de Frédéric Auguste Bartholdi aux Etats-Unis en signe d'amitié entre les deux peuples. Plutôt que de vous lancer dans la longue ascension à pied jusqu'au sommet, utilisez l'ascenseur qui vous amène sur le piédestal conçu par Richard Morris Hunt. D'ici, la vue sur New York et sur l'imposante statue qui vous domine est impressionnante. Si Miss Liberty incarne le rêve américain, Ellis Island est là pour rappeler, notamment au travers d'un musée, la dure réalité vécue par les immigrants à leur arrivée sur le Nouveau Continent. *(Les ferrys qui relient Liberty Island et Ellis Island partent de Battery Park toutes les 30 mn tlj de 9h30 à 15h. Métro : lignes 1 ou 9, station South Ferry, lignes 4 ou 5, station Bowling Green, lignes N ou R, station Whitehall St. ☎ 363-3200. Billet pour le ferry, Liberty Island et Ellis Island 8 $, personnes âgées 6 $, 3-17 ans 3 $, gratuit pour les moins de 3 ans.)*

LOWER MANHATTAN

La pointe sud de l'île de Manhattan est un mélange hétéroclite de vieilles rues pavées et de puissantes institutions financières. Aujourd'hui, la densité en gratte-ciel du quartier de Wall St. (qui mesure moins de 800 m de long) est l'une des plus élevées au monde. Des rues tortueuses témoignent de l'influence hollandaise : c'est là que se sont installés les premiers Européens.

WALL STREET ET LE FINANCIAL DISTRICT. Le nom de **Wall St.** vient du mur bâti en vain sur l'ordre du gouverneur hollandais Peter Stuyvesant en 1653 pour protéger la colonie de la Nouvelle-Amsterdam contre une éventuelle invasion anglaise par le nord. Au début du XIXe siècle, le quartier est devenu le cœur financier des Etats-Unis. La Bourse de New York, **New York Stock Exchange**, est installée à l'angle sud-ouest de Wall St. et de Broad St. C'est là que plus de 3000 opérateurs s'échangent 228 milliards d'actions évaluées à 13 000 milliards de dollars. Le public se presse sur la galerie supérieure, d'où l'on peut observer la grande salle des marchés, comme au zoo. *(☎ 656-5165 ou 656-5168. Ouvert au public Lu-Ve 9h-16h30. La distribution des billets se fait par ordre d'arrivée et commence à 8h45.)*

A l'angle, au bout de Wall St., l'église qui paraît ancienne au milieu des **gratte-ciel** est **Trinity Church**. La flèche très travaillée de l'église et le cimetière qui l'entoure (abritant la tombe d'Alexander Hamilton) font figure d'anomalie au milieu des gratte-ciel du Financial District. Au croisement de Battery Pl., Broadway et Whitehall St. s'étend le parc de **Bowling Green**, témoin du premier scandale de la spéculation immobilière new-yorkaise : c'est ici en effet que Peter Minuit acheta l'île de Manhattan en échange de quelques produits d'une valeur de 24 $. Ce parc, le plus ancien de la ville, est dominé par l'édifice de style beaux-arts de la **US Custom House** (bureau des douanes), 1 Bowling Green. A quelques rues de là, en direction du nord-ouest, se trouvent les ruines du **World Trade Center** (*Ground 0*). Le crash des deux avions de ligne sur les tours jumelles du WTC, le 11 septembre 2001, a fait plusieurs milliers de victimes (voir **Histoire et société**, p. 97). Avant l'attentat, les tours, de 110 étages chacune, s'élevaient à 411 m (soit le double de la tour Montparnasse et une centaine de mètres de plus que la tour Eiffel).

LE CIVIC CENTER. Le centre administratif et fédéral de la ville est judicieusement situé juste au nord du Financial District, de façon à dissuader des négociations peu scrupuleuses. Le **City Hall** (l'hôtel de ville) constitue le cœur de ce quartier ; il est entouré de nombreux bâtiments administratifs, judiciaires et fédéraux. Achevé en 1811, il est sans doute l'une des œuvres architecturales les plus réussies de New York. Cet élégant édifice de style néoclassique, actuellement fermé au public, abrite aujourd'hui encore les bureaux du maire. *(Sur Broadway, à hauteur de Murray St., près de Park Row.)* Véritable cathédrale néogothique, le **Woolworth Building**, somptueux gratte-ciel au sud de l'hôtel de ville, fut érigé en 1913 par F. W. Woolworth pour abriter le siège de sa compagnie, la première chaîne de magasins bon marché aux Etats-Unis : les *"five cent stores"* ("tout à 5 cents"), véritable empire commercial. Pour ce faire, il aurait déboursé 15,5 millions de dollars. Voûtes et mosaïques ornent le hall démesuré de ce Versailles de l'épicerie. *(233 Broadway, entre Barclay St. et Park Pl.)* A un block et demi de là vers le sud, sur Broadway, vous trouverez **St. Paul's Chapel**, le plus ancien édifice public de Manhattan à avoir toujours conservé sa fonction d'origine. Depuis la prière de George Washington le jour de son inauguration, l'église n'a jamais fermé. *(Entre Vesey St. et Fulton St. Ouvert Lu-Ve 9h-15h et Di. 7h-15h.)*

SOUTH STREET SEAPORT. L'industrie navale s'y est développée pendant une grande partie du XIXᵉ siècle, lorsque New York était le premier port des Etats-Unis. Le début du XXᵉ siècle y vit la propagation de bars et de maisons de passe et l'augmentation de la criminalité. Au milieu des années 1980, le Seaport Museum s'associa à la Rouse Corporation (qui avait déjà conçu le Quincy Market de Boston, la Union Station de St. Louis et le Harborplace de Baltimore) pour créer le "musée sans mur", qui s'étend sur 12 blocks et présente d'anciens voiliers, goélettes et divers édifices. *(Le Seaport Museum Visitors Center, 209 Water St., fournit de nombreuses informations sur les multiples sites qui se trouvent dans le secteur. ℰ 748-8600.)* L'odeur persistante de poisson flatte les narines. Elle vient de **Fulton Fish Market**, le plus grand marché aux poissons des Etats-Unis (et un fief célèbre de la Mafia), caché dans South St., de l'autre côté de l'autopont. *(ℰ 748-8786. Le marché ouvre à 4h. Visites très matinales organisées Juin-Oct.)* Si l'argent n'a pas d'odeur, il règne tout de même en maître au centre commercial sur le **Pier 17**.

CHINATOWN ET LITTLE ITALY

Mott St. et **Pell St.**, centres officieux de Chinatown, regorgent d'échoppes et de restaurants chinois. La moindre devanture de boutiques de souvenirs, décorée de rouge et de vert, arbore des vestes chinoises pour enfants, des chapeaux en bambou et des bouddhas miniatures. Si vous êtes davantage intéressé par les marques, dirigez-vous plutôt vers Canal St. Mais ne vous laissez pas piéger par les prix bas : une Rolex ne sera jamais bon marché. Les imitations et les sous-marques sont légion dans ces magasins. Au moment du nouvel an chinois, la frénésie du quartier atteint son paroxysme.

Chaque année, la communauté chinoise empiète un peu plus sur le territoire italien de New York. Depuis les années 1960, les limites du quartier de Little Italy se resserrent, disparaissant presque devant l'expansion agressive de Chinatown. Qui plus est, pour répondre à la demande touristique, le quartier a perdu de son authenticité. **Mulberry St.** reste le cœur de Little Italy.

LOWER EAST SIDE

Lower East Side était autrefois le quartier le plus peuplé de New York, avec 240 000 immigrés qui se côtoyaient sur environ 1,5 km. D'abord occupé par les Irlandais au milieu du XIXᵉ siècle, le secteur connut un afflux important d'Européens de l'Est à l'aube de la Première Guerre mondiale. En revanche, après la Seconde Guerre mondiale, Lower East Side attira davantage les Afro-Américains et les Portoricains, puis, dans les années 1980 et 1990, ce fut le début de l'installation des Sud-Américains et des Asiatiques. De nombreuses rues, comme East Broadway, reflètent encore le caractère multiculturel propre au quartier. Il subsiste toujours des traces de ghetto juif dans Orchard St., artère commerçante historique très fréquentée le dimanche. Pour de plus amples informations, adressez-vous au **Lower East Side Visitors Center**. *(261 Broome St., entre Orchard St. et Allen St. ℰ 888-825-8374. Ouvert Di-Ve 10h-16h.)*

Pour vous donner une idée de ce qu'était le quartier autrefois, attardez-vous dans le **Lower East Side Tenement Museum**, 90 Orchard St. Les visites guidées permettent de découvrir trois appartements méticuleusement restaurés qui abritèrent des familles d'immigrants : les Gumpertze en 1870, les Rogarshevsky en 1918 et les Baldizzi en 1939. *(ℰ 431-0233. Téléphonez pour connaître les heures de visite du musée* *et du quartier. Billet 9 $, personnes âgées et étudiants 7 $.)* Faites un tour également à l'**Eldridge Street Synagogue** *(12 Eldridge St.)* et à la **Congregation Anshe Chesed** *(172-176 Norfolk St., à l'angle de Stanton St.)*, deux très belles anciennes synagogues.

SOHO ET TRIBECA

Le quartier de **SoHo** ("**SO**uth of **HO**uston St.") est délimité par Houston St. au nord, Canal St. au sud, Crosby St. à l'est et Broadway à l'ouest. Excellent exemple de l'architecture *American industrial* (1860-1890) caractérisée par des façades de brique et des structures en fonte (*cast iron*), ce quartier a été réinvesti progressivement par des artistes new-yorkais qui y ont installé leurs ateliers. C'est le règne suprême des **galeries** d'art (voir **Galeries d'art**, p. 157) et des boutiques chic. Le voyageur à petit budget ne pourra vraisemblablement pas faire de shopping dans SoHo, mais si vous êtes à la recherche d'une pièce rare, rendez-vous au marché d'antiquités **Antiques Fair and Collectibles Market**, à l'angle de Broadway et de Grant St. *(Ouvert Sa-Di 9h-17h.)*

    TriBeCa ("**TRI**angle **BE**low **CA**nal St.", soit "le triangle au-dessous de Canal Street") est délimité par Chambers St., Broadway, Canal St. et le West Side Highway. Lorsque vous vous promenez à TriBeCa, rien n'indique que vous vous trouvez dans l'un des quartiers les plus dans le coup de New York, comme l'ont baptisé de nombreuses personnes (dont Robert De Niro, qui y vit). Les vieux entrepôts massifs du XIXe siècle cachent des lofts, des restaurants, des bars et des galeries dans lesquels on retrouve le côté branché de SoHo, sans l'ambiance chic. Allez admirer les bâtiments aux structures en fonte qui bordent White St., Thomas St. et Broadway, les immeubles de style fédéral du XIXe siècle de Harrison St., ainsi que les boutiques, les galeries et les bars de Church St. et Reade St.

GREENWICH VILLAGE

Situé à l'ouest de Broadway, entre Houston St. et la 14th St., Greenwich Village (ou tout simplement le "Village") connaît depuis toujours une effervescence culturelle dans laquelle saleté, activisme et art se côtoient le long de ses rues vieillottes et sinueuses. La zone, autrefois couverte d'exploitations agricoles et de collines, devient au milieu du XIXe siècle un lieu de villégiature pour la haute société. Dans les années 1900, les prix des loyers dégringolent avec l'arrivée des immigrés allemands, irlandais et italiens employés dans les grandes industries qui bordent l'Hudson. Quelque 50 années plus tard, le mouvement *beat* se concentre dans le Village, et la décennie suivante voit se développer la communauté gay autour de Christopher St. Ce "paradis anticonformiste" entre en conflit avec le gouvernement vers la fin des années 1960, et de violents affrontements opposant la police à la communauté gay aboutissent aux *Stonewall Riots* (émeutes de Stonewall) de 1969, détonateur de la lutte pour les droits des gays. Avec l'explosion de la culture punk dans les années 1970, les rockers à crêtes de Mohicans viennent s'ajouter à la foule hétéroclite du Village. Au cours des deux dernières décennies, le Village s'est progressivement transformé en un confortable quartier à la mode, sous l'influence de l'arrivée de New-Yorkais bourgeois un peu plus aventuriers que leurs semblables résidant dans Uptown.

LE QUARTIER DE WASHINGTON SQUARE. Washington Square Park a une histoire très riche. Au cours de la seconde moitié du XVIIIe siècle, il devint une vaste fosse commune où étaient inhumés les pauvres et les inconnus (environ 15 000 corps y furent ensevelis). Puis, pendant la guerre d'Indépendance, il servit de lieu de pendaison. Il fut transformé en parc en 1820. Rapidement, des demeures sophistiquées poussèrent autour et Washington Square devint pour un temps le quartier chic new-yorkais. Au nord du parc s'étend **The Row**, élégante succession de maisons en brique construites autour de 1830. Cette zone est devenue un centre urbain habité par des romanciers, des dandys et des membres de professions libérales.

    Au nord du parc se dresse la **Washington Memorial Arch**, érigée en 1889 pour célébrer le centenaire de l'investiture de George Washington. Jusqu'en 1964, la Fifth Ave. passait sous l'arche, mais suite aux plaintes formulées par les résidents en raison du bruit de la circulation, la ville a dû tronquer l'une de ses avenues les plus réputées. L'université privée la plus importante des Etats-Unis, l'**université de New York (NYU)**, est également l'un des exemples d'architecture les moins réussis du Village. Côté sud-est du parc, au croisement de Washington Sq. South et de La Guardia Pl., vous trouverez le **Loeb Student Center** de la NYU, orné de morceaux de ferraille censés représenter des oiseaux en vol.

WEST VILLAGE. Dans la partie de Greenwich Village à l'ouest de la 6th Ave., les rues sont très animées en été et la vie nocturne est particulièrement active. Une importante communauté gay s'est installée autour de **Sheridan Sq.**, à l'angle de la 7th Ave., de W. 4th St. et de Christopher St. C'est là qu'eurent lieu les affrontements de 1969, connus sous le nom de "Stonewall Riot" et qui permirent à la communauté gay de renforcer son mouvement. Le quartier est également un véritable lieu de pèlerinage littéraire. **Chumley's**, entre Grove St. et Barrow St., un ancien bar à alcool clandestin, était l'endroit de prédilection d'auteurs comme Ernest Hemingway et John Dos Passos. *(86 Bedford St.)* A hauteur de la 10th St. et de la Sixth Ave., une porte en fer marque l'entrée d'une impasse et une plaque indique **"Patchin Place"** : c'est dans ces immeubles datant de près de 150 ans que vécurent E.E. Cummings, Theodore Dreiser et Djuna Barnes. La maison située au **75 1/2 Bedford St.** est la plus étroite du Village, mesurant seulement 2,90 m de large. L'écrivain Edna Saint Vincent Millay y habita jusque dans les années 1920. Elle fonda aussi le **Cherry Lane Theater**. *(38 Commerce St.)* Ce quartier encaissé était également très apprécié des acteurs comme Lionel Barrymore et Cary Grant.

EAST VILLAGE

East Village, qui s'étend au nord de Houston St., à l'est de Broadway et au sud de la 14th St., aux limites du Bowery et de Lower East Side, s'est développé au début des années 1960. Le quartier a connu une nouvelle vitalité à mesure que certains des habitants de Greenwich Village, chassés par la hausse du coût des loyers, s'y établissaient. Dorénavant, East Village embrasse le spectre le plus large qui soit d'une faune hétéroclite et alternative : punks, hippies, *ravers*, rastas, *guppies*, beatniks et autres. Malheureusement, diversité n'est pas toujours synonyme d'harmonie : de nombreux habitants parmi les plus pauvres d'East Village reprochent la hausse des loyers aux nouveaux arrivants. Ces tensions font de ce quartier l'un des plus ouvertement politisés de la ville.

ST. MARK'S PLACE. Dans les années 1960, cette rue était l'équivalent, sur la côte Est, du quartier de Haight-Ashbury de San Francisco. Joint de marijuana aux lèvres, les hippies et les musiciens s'y regroupaient. Dans les années 1970, St. Mark's devint le King's Road de Manhattan. Comme dans cette rue de Londres où est né le mouvement punk, de jeunes Iroquois alpaguaient les passants depuis les marches d'Astor Place. Aujourd'hui, ceux qui étaient jeunes dans les années 1960-1970 déambulent toujours dans les rues, mais ressemblent plus à de vieux "chnoques" tatoués. St. Mark's Place abrite une multitude de petits restaurants ethniques, de boutiques, de vendeurs de babioles sur les trottoirs (allant des grosses lunettes de soleil en plastique aux vêtements fétiches en PVC), de disquaires et bien sûr de tatoueurs.

ASTOR PLACE. Le **Joseph Papp Public Theatre**, dans Lafayette St., occupe ce qui fut à une époque la première bibliothèque gratuite de la ville, don de John Jacob Astor *(© 598-7150)*. Là où se rejoignent Astor Pl., Lafayette St., la E. 8th St. et la 4th Ave., on peut voir un grand cube noir en équilibre sur l'un de ses angles. (Si vous le poussez, il tourne.)

ALPHABET CITY. Situé à l'est de la 1st Ave. et au sud de la 14th St., ce quartier tire son nom de ses avenues, désignées par des lettres et non plus par des chiffres. A la belle époque, dans les années 1960, Jimi Hendrix y donnait des concerts en plein air pour des *love children* au regard planant. Aujourd'hui, la criminalité liée à la drogue s'est considérablement développée dans le quartier, malgré les efforts de ses habitants pour le rendre vivable. L'activisme politique des extrémistes d'Alphabet City a rendu le quartier ingouvernable. En 1988, la police déclencha une véritable émeute en tentant de déloger les sans-abri de **Tompkins Square Park** *(à l'angle de la E. 7th St. et de l'Ave. A).*

LOWER MIDTOWN

UNION SQUARE. Union Square et ses environs tirent leur nom du carrefour entre Bowery Rd. et Bloomingdale Rd. (aujourd'hui Broadway et la 4th St.). Avant la guerre de Sécession, cette zone était fréquentée par l'aristocratie new-yorkaise. Aujourd'hui, l'odeur du pain frais et du basilic se dégage du ❤ **Union Square Greenmarket.** *(Délimité par Broadway, Park Ave., la 14th St. et la 17th St.)*

GRAMERCY. En 1831, le promoteur Samuel Ruggles, passionné d'espaces verts, asséchа un marais afin d'y créer le Gramercy Park, au sud de Lexington Ave., entre la 20th St. et la 21st St. Tout autour de la partie centrale, il construisit un lotissement de 66 immeubles. Aujourd'hui, la zone qui entoure ce parc privé est devenue un quartier résidentiel très prisé. Deux rues à l'ouest et deux rues au nord de Gramercy Park se trouve le très photogénique **Flatiron Building** (en forme de "fer à repasser"). Ce bâtiment, très souvent considéré comme le premier authentique gratte-ciel, s'appela d'abord Fuller Building. Mais sa forme triangulaire si particulière, imposée par son emplacement (à l'intersection de Broadway, de la 5th Ave., de la 22nd St. et de la 23rd St.), lui valut rapidement son surnom actuel.

MURRAY HILL. Murray Hill doit son nom à Robert Murray, riche industriel de l'époque de la guerre d'Indépendance qui fit bâtir sa maison de campagne près de l'actuelle intersection de la 37th St. et de Park Avenue. L'une des attractions de Murray Hill est la **Pierpont Morgan Library**. Le bâtiment d'origine fut construit en 1906 par Charles McKim dans le style d'un palais Renaissance. *(29 E. 36th St., à l'angle de Madison Ave.)*

CHELSEA. Avec ses bars et ses restaurants à la mode, le quartier a connu ces dernières années une véritable renaissance. Attirée par des loyers moins chers qu'à West Village, une importante communauté gay s'est installée à l'ouest de la 5th Ave., entre la 14th St. et la 30th St., bientôt suivie par des artistes et des *yuppies*. C'est aussi pour des raisons de rentabilité que se sont installées dans le quartier un nombre important de **galeries d'art** qui ont fui les loyers exorbitants de SoHo (voir **Musées et galeries**, p. 154). L'**Hotel Chelsea**, entre la 7th Ave. et la 8th Ave., un lieu mythique comme le rappellent les plaques sur la façade, a abrité de nombreux artistes tel Sid Vicious des Sex Pistols. Edie Sedgwick y faisait escale entre deux films d'Andy Warhol, avant d'y mettre le feu avec une cigarette. D'innombrables écrivains sont venus y chercher leur inspiration. Arthur Miller, Vladimir Nabokov et Dylan Thomas y ont séjourné. *(222 W. 23rd St. © 243-3700.)*

L'EMPIRE STATE BUILDING ET HERALD SQUARE. L'Empire State Building demeure l'emblème de New York, le préféré, le plus connu, le géant des cartes postales et des films (*King Kong* !). Sa structure de pierre (calcaire et granit), où scintillent des rubans d'acier inoxydable, monte à l'assaut du ciel sur 436 mètres. Les cages de ses 73 ascenseurs représentent, mises bout à bout, une distance de 3500 mètres. La vue du sommet, surtout le soir, vous laissera sans voix. *(Fifth Ave., entre la 33rd St. et la 34th St. © 736-3100. Observatoire ouvert tlj 9h30-24h, billets en vente jusqu'à 23h30. 11,50 $, personnes âgées et 4-12 ans 8,50 $.)*

Plus à l'est dans la 34th St., entre la 7th Ave. et Broadway, sur Herald Sq., s'étend sur un block entier **Macy's**, le Goliath des grands magasins. Macy's parraine la grande parade **Macy's Thanksgiving Day Parade**, tradition new-yorkaise avec des Snoopy gonflés à l'hélium hauts de 10 étages, des fanfares et des chars. Si vous souhaitez moins dépenser pour des vêtements, promenez-vous dans le **Garment District** (quartier de la confection), qui entoure Macy's et se trouve entre Broadway et la Eighth Ave. Autrefois quartier chaud, il aurait abrité, dans les années 1930, la plus grande concentration d'ouvriers de confection du monde.

HELL'S KITCHEN

Le quartier de Hell's Kitchen (cuisine de l'enfer) s'étend entre la 34th St. et la 59th St., à l'ouest de la Eighth Ave. La légende raconte qu'il tirerait son nom de policiers qui ne supportaient plus le secteur. En effet, ce quartier était autrefois le repaire de la violence et des bandes de truands. Leonard Bernstein s'est d'ailleurs inspiré de ces gangs pour son film *West Side Story*, sorti en 1957. Peu à peu, avec l'arrivée d'une population plus aisée, un plan de rénovation urbaine se met en place. Le **Jacob Javits Center** accueille certaines des plus grandes manifestations internationales, comme son célèbre show de motos et de voitures. *(Dans la Twelfth Ave., entre la 34th St. et la 38th St.)*

MIDTOWN

LA FIFTH AVENUE. L'immense bibliothèque municipale qui ressemble à un temple classique est la **New York Public Library**, entre la 40th St. et la 42nd St. Elle représente une bouffée d'air frais entre tous ces gratte-ciel alignés dans la rue. Lorsqu'il fait beau, les marches de marbre sont prises d'assaut par une foule hétéroclite. C'est, par sa taille, la 7ᵉ bibliothèque municipale du monde. L'immense salle de lecture du 3ᵉ étage mérite une visite. *(© 869-8089. Ouvert Lu-Sa 10h-18h et Ma-Me 11h-19h30. Visites gratuites Ma-Sa à 11h et 14h.)* Derrière la bibliothèque, la scène de **Bryant Park**, installée en haut de la grande pelouse, accueille l'été de nombreuses manifestations culturelles gratuites : projections de classiques du cinéma, concerts de jazz, théâtre, etc. *(Calendrier des manifestations © 484-1222. Ouvert tlj 7h-21h.)* St. **Patrick's Cathedral**, la plus célèbre église de New York et la plus grande cathédrale des Etats-Unis, s'élève dans la 51st St. Conçues par James Renwick, les deux flèches de sa façade culminent à 99 m. A l'angle sud-est de Central Park, dans la 59th St., se trouve le mythique **Plaza Hotel**. Sa construction, en 1907, coûta une somme astronomique. Sur 18 étages, l'hôtel compte 800 chambres de style "Renaissance française", 5 escaliers en marbre, d'innombrables suites aux noms extravagants et une grande salle de bal à deux étages. Les luxueuses boutiques de la 5th Ave., entre le Rockefeller Center et Central Park, méritent que l'on y flâne. Chez **Tiffany & Co**, 57th St., tout brille, des bijoux à la vaisselle, et particulièrement les vitrines, œuvres d'art en elles-mêmes, surtout vers Noël. **F.A.O. Schwartz**, à l'angle de la 58th St., est l'un des plus grands magasins de jouets du monde.

LE ROCKEFELLER CENTER. L'entrée principale du Rockefeller Center se trouve sur la Fifth Ave., entre la 49th St. et la 50th St. **The Channel Gardens** (les jardins de la Manche), ainsi nommés en raison de leur emplacement entre la **Maison française** sur la gauche et le **British Empire Building** sur la droite, conduisent les piétons jusqu'à **Tower Plaza**. Autour de cette esplanade en contrebas, dominée par la célèbre statue en bronze doré de **Prométhée**, flottent les drapeaux de plus de 100 nations. Au printemps et en été, la **patinoire** cède la place à une terrasse de café qui pratique des prix exorbitants. Elle rouvre en hiver, au moment de l'**illumination annuelle de l'arbre de Noël**, l'une des grandes traditions de la ville.

Derrière la Tower Plaza se trouve le gratte-ciel de 70 étages du **General Electric Building**. Le siège de la NBC, qui occupe également une partie de la tour, propose une visite guidée d'une heure qui retrace l'histoire de la chaîne, depuis 1926, date de sa première émission radiophonique, jusqu'à aujourd'hui, en passant par l'âge d'or de la télévision entre les années 1950 et 1960. La visite permet notamment de découvrir six studios de programmes connus aux Etats-Unis, notamment le studio 8H qui accueillait la célèbre émission du samedi "Saturday Night Live". *(30 Rockefeller Plaza.)* Juste au nord se trouve le **Radio City Music Hall**. Ce très beau bâtiment Art déco, proche de la démolition en 1979, a finalement été entièrement restauré à l'intérieur. Actuellement, la salle de spectacle accueille les Rockettes, troupe de danseuses aux fameux lancers de jambes. Une visite du Music Hall vous fera découvrir la grande scène et les différentes salles de répétitions. *(A l'angle de la Sixth Ave. et de la 51st St. © 664-3700. Visites de la chaîne NBC au départ du bâtiment GE 17,50 $, personnes âgées et enfants 15 $. Visites du Radio City Music Hall Lu-Sa 10h-17h et Di. 9h-17h. 16 $, moins de 12 ans 10 $.)*

PARK AVENUE. Ce boulevard verdoyant qui traverse le centre de Manhattan est bordé de bureaux et d'hôtels de luxe entre la 45th St. et la 59th St. Achevée en 1913, la gare **Grand Central Terminal** atteint des proportions monumentales. Sa façade principale de style classique, accessible depuis la 42th St., est dominée par une très belle sculpture de Mercure, dieu romain des commerçants et des voyageurs. Une fois la porte passée, vous arriverez dans le Main Concourse (grand hall), où les banlieusards se pressent par milliers. Au milieu de la salle, le bureau d'informations constitue l'un des points de rendez-vous les plus populaires de New York. (*Entre la 42nd St. et la 45th St.*) A quelques rues de là en remontant Park Avenue, vous tomberez sur le **Waldorf-Astoria**, le nec plus ultra des hôtels de l'avenue. (*Entre la 49th St. et la 50th St.*) Erigée en 1919, l'église **St. Bartholomew's Church**, dans la 50th St., s'inspire principalement de l'architecture byzantine. Un peu plus au nord se dresse le moderne **Seagram Building**, bâtiment sombre et élégant créé par Ludwig Mies Van der Rohe. (*375 Park Ave., entre la 52nd St. et la 53rd St.*)

L'ORGANISATION DES NATIONS UNIES. Fondée en 1945 suite à la Seconde Guerre mondiale en vue d'harmoniser les actions des différentes nations (jusqu'ici ses résultats sont pour le moins mitigés), l'Organisation des Nations unies siège dans le prolongement de la First Ave. Cependant, ce secteur est considéré comme une zone internationale qui n'est pas soumise à la juridiction en vigueur aux Etats-Unis (comme le démontrent les 189 drapeaux des Etats membres flottant tous à la même hauteur, défiant ainsi la tradition américaine). Le complexe est composé de plusieurs bâtiments : Secretariat Building (le gratte-ciel), General Assembly Building, Hammarskjöld Building et Conference Building. Le General Assembly Building n'est ouvert au public que dans le cadre de visites guidées. (*Entre la 42nd St. et la 48th St.* ℂ 963-4475, General Assembly ℂ 963-7713. Les visites, proposées en 20 langues, partent de l'entrée des visiteurs, dans la First Ave. et la 46th St. Les enfants de moins de 5 ans ne sont pas autorisés à participer aux visites guidées. Durée 1h, départ toutes les 15 mn tlj 9h15-16h45. 7,50 $, personnes âgées 6 $, étudiants 5 $, 4-14 ans 4 $, handicapés 20 % de réduction.*) Pour plonger de nouveau au cœur du capitalisme américain, dirigez-vous vers le **Chrysler Building**. Ce gratte-ciel Art déco est surmonté d'une flèche qui rappelle une calandre de voiture. (*A l'angle de la 42nd St. et de Lexington Ave.*)

TIME SQUARE ET LE THEATER DISTRICT. Situé entre la 42nd St., la Seventh Ave. et Broadway, Times Square regroupe une concentration électronique sans pareille. Ce quartier a peut-être valu à New York sa réputation de métropole inquiétante remplie de peep-shows, de néons et de crasse. Aujourd'hui, la saleté a été nettoyée, au moins en partie. Madame Tussaud et AMC se sont associés pour transformer les théâtres Liberty, Empire et Harris en musée de cire et en cinéma géant de 29 salles. L'historique Victory Theater, où Abbot rencontra Costello et où Houdini fit disparaître un éléphant, est devenu le sinistre "New Victory Theater d'Orwell". Si certains théâtres ont été convertis en cinémas ou laissés à l'abandon en raison de la montée en flèche des prix des productions scéniques, 37 d'entre eux restent en activité (la plupart étant regroupés autour de la 45th St.). Dans le Theater District, ne manquez pas la **Shubert Alley**, à quelques pas à l'ouest de Broadway, entre la 44th St. et la 45th St. Cette rue piétonne privée servait à l'origine d'issue de secours en cas d'incendie pour le Booth Theater et le Shubert Theater. Après les représentations, les admirateurs attendent souvent à l'entrée des artistes pour obtenir des autographes.

LA 57TH ST. ET CENTRAL PARK SOUTH. De nombreux hôtels de luxe, notamment **Essex House**, **St. Moritz** et le **Plaza**, dominent Central Park depuis Central Park South, qui prolonge la 59th St. entre la Fifth Ave. et la Eighth Ave. A deux rues au sud s'étend la 57th St., qui compte un nombre impressionnant de galeries, de magasins et la célébrissime salle de concerts de New York, **Carnegie Hall** (voir p. 148). A la fin des années 1950, le projet de remplacer le Carnegie Hall par un imposant gratte-ciel rouge provoqua une telle campagne de protestations de la part des New-Yorkais, dirigée par le violoniste Isaac Stern, que l'Etat de New York décida de racheter le bâtiment, le sauvant ainsi de la destruction. Des décennies d'entretien irrégulier et de ravalements périodiques ont laissé le Hall dans un état délabré jusqu'en 1985, date à laquelle un programme de rénovation de 60 millions de dollars a permis de lui redonner sa splendeur d'antan. (*Visites : ℂ 903-9791, durée 1h, Lu-Ma et Je-Ve à 11h30, 14h et 15h. Ouvert Lu-Ma et Je-Ve 11h-16h30, entrée gratuite. Fermé Juil-Août 6 $, personnes âgées et étudiants 5 $, moins de 12 ans 3 $.*)

CENTRAL PARK

Les 340 hectares qui composent aujourd'hui Central Park n'étaient rien d'autre qu'une vaste lande jusqu'au milieu du XIXe siècle. Dans cette zone vivaient quelque 1600 habitants parmi les plus pauvres de la ville, dont des éleveurs de cochons irlandais, des jardiniers allemands et les résidents du village noir de Seneca qui squattaient dans des bidonvilles, des huttes et des caves. Vers 1850, l'idée de la création d'un parc fut lancée par de riches citoyens de New York, qui prétendaient qu'un espace public apaiserait le malaise social. En réalité, New York rêvait depuis longtemps d'avoir son propre jardin public, à l'image de ceux de Londres et de Paris. L'idée fit son chemin et en 1857, Frederick Law Olmsted et Calvert Vaux furent désignés pour concevoir les plans du futur parc. Le projet, baptisé "Greensward", mit 15 ans à voir le jour et employa plus de 20 000 ouvriers. Aujourd'hui, c'est un très beau parc intelligemment utilisé par les New-Yorkais.

 Si Central Park est relativement sûr le jour, il l'est beaucoup moins la nuit. N'ayez surtout pas peur d'assister le soir aux spectacles mais restez dans les allées principales et essayez de vous déplacer à plusieurs. Evitez toujours de vous promener sur les sentiers mal éclairés. Les femmes doivent faire preuve d'encore plus de vigilance. En cas d'**urgence**, vous pouvez appeler la **Park Line 24h/24** depuis l'un des nombreux bungalows dans le parc (℃ 570-4820).

D'immenses pelouses comme **Sheep Meadow**, entre la 66th St. et la 69th St., et **Great Lawn**, entre la 80th St. et la 85th St., complètent les espaces aménagés tels que le **Mall**, entre la 66th St. et la 71st St., le **Shakespeare Garden**, à hauteur de la 80th St. et l'**Imagine Mosaic**, près du côté ouest de la 72nd St., rendant hommage à la musique et aux rêves de John Lennon. Ne manquez pas les représentations gratuites qui sont données lors des festivals de Summerstage et de Shakespeare in the Park en juin, juillet et août. (℃ 360-3444. Informations sur le parc et les activités ℃ 360-8111, Lu-Ve 9h-17h. Cartes disponibles gratuitement au Belvedere Castle, au milieu du parc à hauteur de la 79th St., au Charles A. Dana Discovery Center, dans la 110th St. près de la Fifth Ave., au North Meadow Recreation Center, au milieu du parc sur l'axe de la 97th St. et au Dairy, au milieu du parc près de la 65th St.)

UPPER EAST SIDE

Vers la fin du XIXe siècle et au début du XXe siècle, les riches propriétaires construisirent leurs belles demeures le long de la **Fifth Avenue**. Depuis, Upper East Side est resté sans doute le quartier le plus fortuné de New York. Aujourd'hui, certaines de ces grandes demeures qui donnent sur le parc ont été transformées en musées, comme la Frick Collection ou le Cooper-Hewitt. Ces derniers font partie des célèbres musées qui se trouvent sur le **Museum Mile**, de la 82nd St. à la 104th St., dans la Fifth Ave. (voir p. 154). **Park Avenue**, de la 59th St. à la 96th St., est bordée d'immeubles chic. Lexington Ave. et la Third Ave. sont plus commerçantes mais à mesure que vous vous dirigez vers l'est, vous entrez dans les quartiers résidentiels.

LES LIEUX DE CULTE. L'imposante synagogue de style roman **Temple Emanu-El** abrite quelques très beaux vitraux. (1 E. 65th St., à l'angle de la Fifth Ave.) Si cette synagogue s'accorde bien avec son environnement, il n'en est pas de même pour la **Church of St. Jean Baptiste**, qui contraste avec l'animation de Lexington Ave. Pour mieux apprécier les deux splendides tours et le portique corinthien de cette église surmontée de plusieurs dômes, placez-vous de l'autre côté de l'avenue. (A l'angle de Lexington Ave. et de la 76th St.) Avec ses 5 dômes à bulbe, la **St. Nicholas Russian Orthodox Church** n'est guère plus à sa place. (15 E. 97th St.)

LES CLUBS DE "GENTLEMEN". Le **Metropolitan Club** (1 E. 60th St.), imaginé par l'architecte Stanford White dans le style d'un palais italien du XVIe siècle, fut fondé en 1891 par un groupe de messieurs distingués, indignés du fait que certains de leurs amis se soient vu refuser l'accès au très fermé **Union Club** *(101 E. 69th St.)*. Le **Knickerbocker Club**, quant à lui, fut ouvert en 1871 par d'anciens membres du Union Club qui trouvaient la politique d'admission du club trop libérale. *(2 E. 62nd St.)*

UPPER WEST SIDE

S'il règne une certaine quiétude dans les avenues résidentielles de Central Park West et de Riverside Drive, l'animation bat son plein sur les grands axes comme Columbus Ave., Amsterdam Ave. et Broadway. Vous sacrifierez aux divinités du fruit biologique et de la politique progressiste, qui règnent en maître dans l'Upper West Side. *(Entre la 59th St. et la 110th St., à l'ouest de Central Park.)*

LE LINCOLN CENTER. Situé à l'intersection de Broadway et de Columbus Ave., entre la 62nd St. et la 66th St., le Lincoln Center est le cœur culturel de la ville. C'est le puissant courtier Robert Moses qui fut à l'origine du projet en 1955, au moment où il était question de démolir Carnegie Hall. La construction du complexe entraîna l'expropriation de milliers d'habitants et l'amputation d'une grande partie du quartier de Hell's Kitchen. La structure du Lincoln Center est une version moderne des *piazze* (places) romaines et vénitiennes. Malgré les nombreuses critiques (le *New York Times* traita l'édifice de mastodonte disgracieux), son architecture aérée et les spectacles donnés en font l'une des salles les plus appréciées de la ville. La scène principale accueille notamment des opéras, des ballets et des concerts de musique classique (voir p. 163).

LES RÉSIDENCES DES PERSONNALITÉS RICHES ET CÉLÈBRES. Le **Dakota** est peut-être l'immeuble le plus célèbre de New York. Construit au milieu de terrains vagues et de cabanes, en 1884, il était si éloigné du centre que, selon certains, on se serait cru au beau milieu des grandes plaines du Dakota. Le nom est resté et l'architecte Henry Hardenbergh ajouta même à ce bâtiment chic une touche "western". *(1 W. 72nd St.)* A quelques blocks au nord se trouve l'**Ansonia Hotel**, chargé d'ornements, de balcons arrondis dignes d'une toile de Véronèse et de tourelles. Construit en 1904 dans un style beaux-arts, cet hôtel est constitué de 2500 appartements, de cafés, de salons de thé, de salles d'écriture et d'une salle de restaurant d'une capacité de 550 personnes. *(2109 Broadway.)* Les chambres de l'**El Dorado** exhibent des décorations et des détails Art déco recouverts d'or. Le hall d'entrée, qui appartient au patrimoine national, mérite le détour, à condition de convaincre les agents de la sécurité placés à l'entrée que vous n'avez pas l'intention d'importuner les nombreuses stars qui occupent l'immeuble. *(300 Central Park West, entre la 90th St. et la 91st St.)*

HARLEM

Au fil des ans, Harlem a acquis la réputation d'incarner les faubourgs dangereux de l'Amérique, mais si vous prenez la peine de visiter le quartier, vous vous rendrez vite compte qu'il n'en est rien. Plus grand quartier de Manhattan, Harlem s'étend de la 110th St. à la 150th St., entre l'Hudson et l'East River. Entre 1910 et 1920, suite à l'effondrement du marché immobilier, la population noire afflua. Dans les années 1920, Harlem connut un essor remarquable et sa "renaissance" fut marquée par une vitalité artistique et littéraire incroyable.

Dans les années 1960, sur la lancée du mouvement pour les droits civils, naquit le parti radical Black Power. Malgré le dynamisme dont firent preuve les habitants d'Harlem, l'économie continua de se dégrader. Dans les années 1970 et 1980, les membres de la communauté entreprirent de relancer l'économie du quartier en vue de réhabiliter la population noire. Aujourd'hui, grâce au fort développement économique qui perdure depuis les années 1990, les poches des résidents se remplissent de nouveau.

MORNINGSIDE HEIGHTS. L'université de Columbia constitue le cœur du quartier, même s'il est un peu excentré par rapport à Morningside Heights. Le campus, conçu par les éminents architectes new-yorkais McKim, Mead et White, est complètement bétonné (inutile de chercher une pelouse). L'élément central du campus est la majestueuse Low Library, de style classique roman. Cette bibliothèque domine College Walk, la promenade principale de l'université qui fourmille d'universitaires, d'étudiants et de docteurs. *(A l'angle de Morningside Dr. et de Broadway, de la 114th St. à la 120th St.)*

La construction de la **St. John The Divine Cathedral**, toujours inachevée, a commencé en 1892. Il s'agit de la plus grande cathédrale du monde mais aussi de l'une des plus "humaines" : elle contient des chapelles et des autels dédiés non seulement aux souffrances du Christ mais également à l'expérience des immigrants ou aux victimes des génocides et du sida. *(Amsterdam Ave., entre la 110th St. et la 113th St. Ouvert Lu-Sa 7h-18h et Di. 7h-20h. Contribution suggérée 2 $, étudiants et personnes âgées 1 $. Des visites guidées des niveaux supérieurs de l'église sont organisées les 1er et 3e samedis du mois, à 12h et à 14h. 10 $. Réservation nécessaire. Les visites du rez-de-chaussée ont lieu Ma-Sa à 11h et Di. à 13h. 3 $.)* A côté de l'université de Columbia se trouve la **Riverside Church**. La vue depuis la terrasse panoramique de la tour est magnifique. On y donne des concerts avec le plus grand carillon du monde (74 cloches), don de John D. Rockefeller Jr. *(A l'angle de la 120th St. et de Riverside Dr. Tour de la cloche Ma-Sa 10h30-17h. et Di. 9h45-10h45. Terrasse panoramique Ma-Sa 2 $, étudiants et personnes âgées 1 $. Visites gratuites Di. à 12h30.)* De l'autre côté de Riverside Dr. se trouve Grant's Tomb, la **sépulture du général Grant**, le célèbre général de la guerre de Sécession qui devint le 18e président des Etats-Unis.

SUGAR HILL. Dans les années 1920 et 1930, les Afro-Américains qui possédaient de l'argent ("sugar" en argot américain, d'où son nom) s'installèrent sur cette colline. C'est ainsi que se côtoyèrent des leaders comme W.E.B. DuBois et Thurgood Marshall, les légendes du jazz Duke Ellington et W.C. Handy et les gangsters les plus célèbres de la ville (Wesley Snipes incarne l'un d'entre eux dans le film *Sugar Hill*). La maison de disques de rap Sugarhill Records naquit dans ce quartier. C'est elle qui lança le groupe Sugarhill Gang, dont le titre de 1979, "Rapper's Delight", fut la première chanson de hip-hop à apparaître au hit-parade américain. *(De la 143rd St. à la 155th St., entre St. Nicholas Ave. et Edgecombe Ave.)*

STRIVER'S ROW. Construit en 1891, cet ensemble impressionnant de *brownstones* (ces maisons de quelques étages qui rappellent l'Angleterre, pour la plupart bâties en grès brun) présente plusieurs architectures, du style néocolonial au genre Renaissance italienne. Prévu à l'origine comme un "projet de logements modèles" pour les Blancs de la classe moyenne, Striver's Row tirerait son nom des Noirs pauvres de Harlem qui avaient le sentiment que leurs voisins faisaient tout leur possible ("to strive") pour faire partie de cette classe moyenne. *(138th St. et 139th St., à l'angle de Powell St. et de Frederick Douglass Blvd.)*

WASHINGTON HEIGHTS

Au nord de la 155th St., Washington Heights vous permet de goûter à une vie de quartier aux accents variés. Dans la même rue, vous pouvez dîner dans un restaurant grec, acheter des pâtisseries arméniennes à un Sud-Africain et, pour finir, discuter du Talmud avec un étudiant de l'**université Yeshiva**. Fort Tryon Park abrite les **Cloisters**, un musée dédié à l'art médiéval (voir p. 155).

BROOKLYN

Brooklyn vient du hollandais *Breuckelen*, qui signifie "terre fragmentée". Invitée, en 1833, à se joindre à New York, la ville de Brooklyn fit preuve de son indépendance coutumière et déclina l'offre, affirmant que les deux villes n'avaient pas d'intérêts en commun, hormis une frontière commune avec l'East River. Ce n'est qu'en 1898, à l'issue d'un scrutin serré, que la ville accepta de devenir l'un des *boroughs* (quartiers) de sa puissante voisine. De nos jours, Brooklyn est le quartier le plus peuplé de New York. Dans les présentations suivantes, les quartiers apparaissent du nord au sud.

WILLIAMSBURG ET GREENPOINT. Le quartier de **Williamsburg**, qui attire depuis plusieurs années une nombre croissant de jeunes artistes, compte de nombreuses galeries pour satisfaire cette nouvelle population (voir **Galeries d'art**, p. 157). **Greenpoint**, délimité par Java St. au nord, Meserole St. au sud et Franklin St. à l'ouest, se situe à l'extrême nord de Brooklyn, juste au-dessous du Queens. Il accueille une importante communauté de Polonais. On trouve de nombreuses petites maisons de style grec ou italien édifiées vers 1850, à l'époque de l'essor de la construction navale. C'est d'ailleurs ici qu'est née l'actrice Mae West et qu'a été construit le cuirassé *Monitor* de l'Union pendant la guerre de Sécession. La **Russian Orthodox Cathedral of the Transfiguration** se distingue par ses cinq dômes en forme de bulbe recouverts de cuivre. *(228 N. 12th St.)* Enfin, la **Brooklyn Brewery** est une brasserie très active en semaine et plutôt fréquentée le week-end, à la fois par les curieux et par les vrais amateurs de bière. *(79 N. 11th St.)*

FULTON LANDING. Fulton Landing nous renvoie aux temps où le ferry était l'unique moyen de transport de Brooklyn à Manhattan. Achevé en 1883, le Brooklyn Bridge, qui permet de relier le sud de l'île de Manhattan à la rive de Brooklyn, est le résultat de calculs savants, de plans minutieux et de prouesses humaines. L'une des plus belles balades de New York consiste à traverser le pont au lever ou au coucher du soleil. *(Entrée depuis Brooklyn au bout d'Adams St. Métro : lignes A ou C, station High St.-Brooklyn Bridge. Entrée depuis Manhattan sur Park Row. Métro : lignes 4, 5 ou 6, station Brooklyn Bridge-City Hall.)*

BROOKLYN HEIGHTS ET DOWNTOWN BROOKLYN. Brooklyn Heights est un quartier résidentiel du XIXe siècle bien préservé qui se développa surtout grâce à l'arrivée du bateau à vapeur en 1814, permettant la liaison entre Brooklyn et Manhattan. Des rangées de maisons chic de style grec ou italien fleurirent pour former la première banlieue de New York. L'artère principale, **Montague Street**, est bordée de magasins, de cafés et de restaurants aux prix raisonnables, dignes d'une petite ville de province. La **Promenade**, qui longe l'East River entre Remsen St. et Orange St., offre une vue à couper le souffle sur les gratte-ciel de Manhattan. *(Métro : lignes 2 ou 3, station Clark St.)* Le quartier de **Downtown** constitue le centre administratif de Brooklyn. En déambulant dans le secteur, vous croiserez de nombreux bâtiments municipaux importants. *(Métro : lignes 2, 3, 4 ou 5, station Borough Hall ou lignes M, N ou R, station Court St.)*

PARK SLOPE ET PROSPECT PARK. Le quartier résidentiel de **Park Slope** est formé de *brownstones* pleins de charme. Depuis toujours, la Seventh Ave. est l'artère principale mais solderies, bars gay et quelques galeries disséminées sur la Fifth Ave. ont permis de moderniser le quartier. Juste à côté, **Prospect Park** est à Brooklyn ce que Central Park est à Manhattan. Frederick Law Olmsted et Calvert Vaux en dessinèrent les plans au milieu du dix-neuvième siècle. On raconte qu'ils préféraient ce projet à celui de Manhattan. Vous y trouverez un zoo, une patinoire, un musée pour enfants et de grandes pelouses. *(Délimité par Prospect Park West, Flatbush Ave., Ocean Ave., Parkside Ave. et Prospect Park Southwest. Métro : lignes 2 ou 3, station Grand Army Plaza, ligne F, station 15th St./Prospect Park ou lignes D, Q ou S, station Prospect Park.)* Au milieu de la Grand Army Plaza, qui marque l'une des entrées du parc, trône la **Memorial Arch**, haute de près de 25 mètres, érigée vers 1890 en commémoration de la victoire des Nordistes pendant la guerre de Sécession. Le **Brooklyn Botanic Garden**, jardin botanique attenant au parc, est un véritable royaume des fées sur environ 20 ha. Si vous êtes sensible aux odeurs, venez découvrir le **Fragrance Garden for the Blind**, paradis olfactif qui réunit menthe, citron, violette et autres arômes enchanteurs. Le **Cranford Rose Garden** compte plus de 100 variétés de roses en fleur. *(1000 Washington Ave. Autres entrées sur Eastern Pkwy. et Flatbush Ave. © 718-623-7000. Ouvert Avr-Sep, Ma-Ve 8h-18h et Sa-Di 10h-18h. Oct-Mars : Ma-Ve 8h-16h30 et Sa-Di 10h-16h30. Billet 3 $, personnes âgées et étudiants 1,50 $, gratuit pour les moins de 16 ans. Gratuit Ma. toute la journée et Sa. de 10h à 12h. Gratuit pour les personnes âgées le Ve.)*

CONEY ISLAND. Autrefois la station balnéaire chic de l'élite new-yorkaise, depuis que le métro l'a mise à la portée de tous, son charme n'est plus ce qu'il était. Le **Boardwalk** (la promenade en bord de mer), naguère si séduisant, gémit aujourd'hui sous le poids des touristes et des adolescents venus y traîner. On pourra avaler un hot-dog chez **Nathan's**, au coin de Surf Ave. et de Stiwell Ave., présent depuis l'origine. Les montagnes russes du **Cyclone**, construites en 1927, furent par le passé les plus terrifiantes du monde. *(834 Surf Ave.)* Au **New York Aquarium**, vous verrez des morses, des requins et autres créatures aquatiques. *(A l'angle de Surf Ave. et de la W. 8th St. © 718-265-3474. Vente des billets en été Lu-Ve 10h-17h15 et Sa-Di 10h-18h15. Entrée 9,75 $, 2-12 ans et personnes âgées 6 $.)*

LE QUEENS

Le Queens est davantage connu pour sa diversité ethnique que pour ses monuments ou ses musées. Contrairement à Brooklyn, qui comprend plusieurs quartiers distincts mais reste cependant très homogène, le Queens est constitué de plusieurs "petites villes" indépendantes.

ASTORIA ET LONG ISLAND CITY. Au nord-ouest du Queens se trouve Astoria, quartier à la fois commerçant et hautement culturel, où se côtoient des communautés grecque, italienne et hispanique. Long Island City se trouve juste au sud d'Astoria, de l'autre côté de la rivière, en face de l'Upper East Side. Deux jardins ornés de sculptures rendent l'excursion intéressante depuis Manhattan. L'**Isamu Noguchi Garden Museum** renferme un large éventail des œuvres de Noguchi, Américain d'origine japonaise, depuis les sculptures autour de l'eau qui miroite sur la pierre du puits *(The Well)* jusqu'aux lampes *akari*. *(32-37 Vernon Blvd., à l'angle de la 10th St. et de la 33rd Rd. © 718-204-7088. Métro : ligne N, station Broadway. Ouvert Avr-Oct, Me-Ve 10h-17h et Sa-Di 11h-18h. Contribution suggérée 4 $, étudiants et personnes âgées 2 $.)* Le **Socrates Sculpture Park** est une curiosité due au sculpteur Mark di Suvero. Ces 35 sculptures de métal rouillé et de matières fluorescentes plantées au milieu de nulle part émerveillent les uns et décontenancent les autres. Sachez que l'endroit était auparavant une ancienne décharge illégale. *(Au bout de Broadway, de l'autre côté de Vernon Blvd. © 718-956-1819. Parc ouvert tlj de 10h au coucher du soleil. Entrée gratuite.)*

FLUSHING ET FLUSHING MEADOWS PARK. Flushing, où l'on trouve de remarquables témoignages de l'architecture coloniale, est aussi un centre urbain animé qui possède une communauté asiatique très importante. *(Métro : ligne 7, station Main St.-Flushing.)* Juste à côté s'étend **Flushing Meadows-Corona Park**, où eurent lieu les Expositions universelles de 1939 et de 1964 et qui abrite maintenant le **Shea Stadium** (le stade où se produisent les Mets, l'une des équipes de base-ball de New York), l'**USTA National Tennis center** (où se joue l'US Open) et le non moins intéressant **New York Hall of Science**. *(Au croisement de la 111th St. et de la 48th Ave. © 718-699-0005, extension 365.)* La **Unisphere**, un globe d'acier de 380 tonnes situé en face du New York City Building, surplombe une fontaine qui célèbre un futurisme un peu rétro. C'est l'endroit où les *Men in Black* font exploser l'*alien* insectoïde dans le film du même nom.

LE BRONX

Ce *borough* tire son nom de Jonas Bronck, premier Européen qui s'installa dans le secteur avec sa famille en 1639. Jusqu'au début du XIXe siècle, cette zone était essentiellement constituée de chaumières, de fermes et de marécages. A partir des années 1840, les immigrants arrivés en masse d'Italie et d'Irlande s'installèrent dans le Bronx, et l'afflux de nouveaux venus n'a pas cessé depuis. A l'heure actuelle, les mouvements sont plutôt d'origine hispanique ou russe. Des communautés ethniques très animées se sont créées (notamment un Little Italy qui n'a rien à envier à son homologue de Manhattan).

BRONX ZOO. La meilleure raison d'aller dans le Bronx est le **Bronx Zoo/Wildlife Conservation Park**. Avec plus de 4000 animaux, c'est le plus grand zoo urbain des Etats-Unis. On peut le visiter à pied ou en l'air, par le tramway aérien **Skyfari** (2 $), entre Wild Asia et le **Children's Zoo**. *(Entrées dans Bronx Park S., Southern Blvd., E. Fordham Rd. et la Bronx River Pkwy. Métro : lignes 2 ou 5, station West Farms Sq./E. Tremont Ave. Suivez Boston Rd. sur 3 blocks jusqu'à la porte Bronx Park S. © 718-330-1234. Ouvert Avr-Oct, Lu-Ve 10h-17h et Sa-Di 10h-17h30. Certaines parties du zoo sont fermées Nov-Avr. Entrée 9 $, personnes âgées et 2-12 ans 5 $. Gratuit Me.)*

NEW YORK BOTANICAL GARDEN. Situé à côté du zoo, ce jardin botanique de 100 ha est le plus étendu de la ville. Vous avez la possibilité de vous promener dans la **Hemlock Forest**, forêt de 16 ha conservée dans sa forme d'origine. Si vous êtes prêt à dépenser quelques dollars supplémentaires, le **Conservatory** mérite une visite : la splendide serre à coupole abrite différents écosystèmes extraordinaires. *(Kazimiroff Blvd. © 718-817-8700. Métro : ligne 4, station Bedford Park Blvd./Lehman College ou lignes B ou D, station Bedford Park Blvd. Marchez vers l'est sur 8 blocks ou prenez le bus Bx26. Train : ligne Metro-North Harlem qui va de Grand Central Terminal à Botanical Garden, juste à l'entrée principale des jardins. Ouvert Avr-Oct, Ma-Di 10h-18h, Juil-Août Je. et Sa. pelouses ouvertes jusqu'à 20h. Ouvert Nov-Mars, Ma-Di 10h-16h. Billet 3 $, personnes âgées et étudiants 2 $, 2-12 ans 1 $. Gratuit Me. toute la journée et Sa. 10h-12h.)*

BELMONT. Arthur Ave. est le cœur de ce Little Italy du Bronx, dans lequel certains établissements proposent l'une des meilleures cuisines familiales de l'Italie du Sud. Pour avoir un aperçu du quartier, faites un tour dans le marché couvert **Arthur Avenue Retail Market**. *(2334 Arthur Ave., entre la 186th St. et Crescent St.)* Tous les jours, la **Church of Our Lady of Mt. Carmel** célèbre la messe en italien à 10h15, 12h45 et 19h30. Les drapeaux kosovars (aigle bicéphale sur fond rouge) flottant sur les devantures de nombreux magasins et restaurants témoignent de la récente arrivée d'immigrants du Kosovo dans le quartier. *(627 187th St., à hauteur de Belmont Ave. Métro : lignes 4, B ou D, station Fordham Rd. En sortant du métro, marchez vers l'est pendant 10 blocks ou prenez le bus Bx12 jusqu'à Arthur Ave. puis dirigez-vous vers le sud.)*

YANKEE STADIUM. C'est à la suite de la victoire du célèbre batteur Babe Ruth en 1923 que l'idée de construire un stade pour l'équipe de base-ball des *Yankees* vit le jour. Ce vieux stade a été fréquemment rénové pour respecter les nouvelles normes. Les *Yankees* y jouèrent leur premier match en nocturne en 1946 et le premier panneau d'affichage des scores fut installé en 1954. A l'intérieur de ce parc de près de 5 ha (le terrain ne fait que 1,4 ha), des monuments sont érigés en l'honneur d'anciennes stars du base-ball comme Lou Gehrig, Joe DiMaggio et Babe Ruth. Des visites guidées sont organisées dans le stade, mais faites-vous plaisir en assistant à un match. *(E. 161st St., à l'angle de River Ave. © 718-293-6000. Métro : lignes 4, B ou D, station 161st St. Visites tous les jours à midi. 10 $, personnes âgées et moins de 15 ans 5 $.)*

STATEN ISLAND

A moins de porter un intérêt tout particulier à Fresh Kills, le plus vaste site d'enfouissement du monde, la visite est plus pénible qu'enrichissante. Toutefois, la traversée en ferry (30 mn) entre Battery Park, sur Manhattan, et Staten Island est le meilleur moyen d'admirer gratuitement la statue de la Liberté. Vous pouvez également emprunter, au départ de Brooklyn, le **Verrazzano-Narrows Bridge**, le second plus long pont suspendu du monde avec ses 1278 mètres. Sur Staten Island, nous déconseillons les déplacements à pied : les pentes sont raides, les distances grandes et certains quartiers ont mauvaise réputation. Prévoyez votre excursion en comptant des plages horaires larges pour ne pas rater les bus.

Les points les plus intéressants de l'île sont concentrés autour du **Snug Harbor Cultural Center**, installé dans un beau bâtiment du XIXe siècle. Il abrite le **Newhouse Center for Contemporary Art**, une petite galerie d'art américain où des sculptures sont exposées l'été, et les jardins de **Staten Island Botanical Gardens**. *(1000 Richmond Terrace. © 718-448-2500. Téléphonez pour connaître l'horaire d'ouverture. Contribution recommandée 2 $. Jardins : © 718-273-8200.)*

🏛 MUSÉES

Pour toute information sur les manifestations à venir, consultez les publications suivantes : *Time Out : New York*, le *New Yorker*, le magazine *New York* et le *New York Times* du vendredi (section Week-end). La majorité des musées ferment le lundi et sont bondés le week-end. Plutôt qu'un droit d'entrée, de nombreux musées demandent une contribution *(donation)* : ne soyez pas gêné de ne donner qu'un dollar. La plupart des musées sont gratuits un soir par semaine.

UPPER WEST SIDE

♥ **American Museum of Natural History** (© 769-5100), Central Park West, entre la 77th St. et la 81st St. Métro : lignes B ou C, station 81st St. Il n'est jamais trop tard pour visiter un musée d'histoire naturelle, et notamment l'un des plus grands musées scientifiques du monde. Le clou de la collection est la salle des dinosaures au 3e étage, où sont notamment exposés de vrais fossiles dans 85 % des cas (alors que la plupart des musées présentent des moulages de fossiles). L'éblouissant Hayden Planetarium et son écran géant, au sein du Rose Center for Earth and Space, ne manqueront pas de vous impressionner. Ouvert Di-Je 10h-17h45 et Ve-Sa 10h-20h45. Contribution suggérée 10 $, personnes âgées et étudiants 7,50 $, moins de 12 ans 6 $. IMAX © 769-5034.

New York Historical Society, 2 W. 77th St. (© 873-3400), à l'angle de Central Park West. Métro : lignes B ou C, station 72nd St. ou 81st St. Fondé en 1804, ce musée est le plus ancien de New York toujours en activité. Ce bâtiment de style néoclassique qui s'étend sur un block abrite une bibliothèque et un musée pour les passionnés d'histoire. L'exposition *Kid City* destinée aux enfants est très bien faite. Ouvert Ma-Di 11h-17h. Contribution suggérée 5 $, personnes âgées et étudiants 3 $, gratuit pour les enfants.

WASHINGTON HEIGHTS

♥ **The Cloisters** (© 923-3700), à hauteur de Fort Tryon Park. Métro : ligne A, station 190th St. A la sortie du métro, suivez Margaret Corbin Dr. en direction du nord sur 5 blocks. Surplombant une colline au nord de Manhattan, cette paisible annexe du Metropolitan Museum of Art, véritable reconstitution médiévale, abrite des objets issus de monastères français datant des XIIe et XIIIe siècles. La collection comporte la magnifique galerie de tapisseries de la Licorne, le Trésor (qui regroupe les pièces les plus précieuses) et le retable de Robert Campin, l'une des premières peintures à l'huile connues de l'homme. Ouvert Mars-Oct, Ma-Di 9h30-17h15 ; Nov-Fév 9h30-16h45.

UPPER EAST SIDE

♥ **Metropolitan Museum of Art (MET)**, 1000 Fifth Ave. (© 535-7710, concerts et conférences © 570-3949), à hauteur de la 82nd St. Métro : lignes 4, 5 ou 6, station 86th St. La collection du Met, la plus importante du monde occidental, compte 3,3 millions d'œuvres provenant du monde entier. Le musée abrite une très belle galerie d'art égyptien (notamment la reconstitution complète du Temple de Dendur) ainsi que de magnifiques collections de peintures européennes et d'art américain. A noter également l'institut du Costume, qui recense plus de 75 000 costumes et accessoires issus des cinq continents allant du XVIIe siècle à nos jours, et la galerie des antiquités grecques et romaines, récemment réaménagée. Faites un tour au Gubbio Studiolo, bureau de style Renaissance entièrement décoré en marqueterie. Ouvert Di. et Ma-Je 9h30-17h15, Ve-Sa 9h30-20h45. Contribution suggérée 10 $, personnes âgées et étudiants 5 $.

♥ **Frick Collection**, 1 E. 70th St. (© 288-0700), à l'angle de la Fifth Ave. Métro : ligne 6, station 68th St. Henry Clay Frick a légué à la ville de New York sa collection d'œuvres d'art et son hôtel, dont le musée a conservé le style néoclassique français. Dans le salon, mobilier du XVIIe siècle. Tapis persans, portraits signés Holbein, tableaux du Greco, de Rembrandt, de Vélasquez et de Titien. Les bassins et la fontaine de la cour intérieure sont entourés de gracieuses statues. Ouvert Ma-Sa 10h-18h et Di. 13h-18h. Entrée 7 $, étudiants et personnes âgées 5 $. Les enfants de moins de 10 ans ne sont pas admis, les 10-16 ans doivent être accompagnés d'un adulte.

Museum of the City of New York, 1220 Fifth Ave. (© 534-1672), à l'angle de la 103rd St. Métro : ligne 6, station 103rd St. Musée fascinant qui raconte l'histoire de *Big Apple*, de la construction de l'Empire State Building aux débuts du théâtre de Broadway. La vie culturelle de New York y est présentée sous toutes ses coutures : maquettes de bateaux, peintures, minishorts et coupes remportées par l'équipe des *Yankees* aux *World Series*. Ouvert Me-Sa 10h-17h et Di. 12h-17h. Contribution suggérée 7 $, personnes âgées, étudiants et enfants 4 $.

The Jewish Museum, 1109 Fifth Ave. (© 423-3200), à l'angle de la 92nd St. Métro : ligne 6, station 96th St. La collection de ce musée consacré à l'histoire et à la culture juives à travers les siècles rassemble des reliques bibliques, des objets de cérémonie et des œuvres d'art de Marc Chagall, Frank Stella et George Segal. Ouvert Di-Lu et Me-Je 11h-17h45, Ma. 11h-20h. Entrée 8 \$, étudiants et personnes âgées 5,50 \$. Contribution libre Ma. 17h-20h.

Whitney Museum of American Art, 945 Madison Ave. (© 570-3676), à l'angle de la 75th St. Métro : ligne 6, station 77th St. Ce musée, le seul à mettre en avant les œuvres d'artistes américains encore vivants, rassemble la plus vaste collection mondiale d'art américain des XXe et XXIe siècles. Même si vous n'êtes pas sensible à l'art moderne, vous serez impressionné par l'œuvre de Jasper Johns, *Three Flags*, et par celle de Frank Stella, *Brooklyn Bridge*. Ouvert Ma-Je 11h-18h, Ve. 13h-21h et Sa-Di 11h-18h. Entrée 10 \$, personnes âgées et étudiants 8 \$, gratuit pour les moins de 12 ans. Contribution libre Ve. 18h-21h.

Museum of American Illustration, 128 E. 63rd St. (© 838-2560), entre Lexington Ave. et Park Ave. Créé en 1981 par la Society of Illustrators, ce musée est un petit bijou. Il propose plus de 1500 œuvres illustrées par des artistes légendaires tels que Rockwell, Pyle et Wyeth. Ouvert Ma. 10h-20h, Me-Ve 10h-17h et Sa. 12h-16h. Entrée gratuite.

Cooper-Hewitt Museum, 2 E. 91st St. (© 849-8400), à l'angle de la Fifth Ave. Métro : lignes 4, 5 ou 6, station 86th St. Le Cooper-Hewitt occupe la très belle demeure Carnegie depuis 1967. Il compte plus de 250 000 objets qui font de sa collection de plans et de dessins l'une des plus importantes au monde. Malheureusement, une grande partie de cette collection n'est pas exposée au public et vous devez prendre rendez-vous pour y accéder. Ouvert Ma. 10h-21h, Me-Sa 10h-17h et Di. 12h-17h. Entrée 8 \$, personnes âgées et étudiants 5 \$, gratuit pour les moins de 12 ans. Entrée gratuite Ma. 17h-21h.

Guggenheim Museum, 1071 Fifth Ave. (© 423-3500), à l'angle de la 89th St. Métro : lignes 4, 5 ou 6, station 86th St. Chefs-d'œuvre de l'architecture moderne, l'édifice, réalisé par Frank Lloyd Wright, ressemble à une tour de Babel blanche inversée. Le musée abrite une vaste collection de peintures des écoles cubiste, surréaliste, minimaliste américaine et expressionniste abstraite, notamment des toiles de Picasso, Matisse, Van Gogh, Gauguin, Manet et Cézanne. Ouvert Di-Me 9h-18h et Ve-Sa 9h-20h. Entrée 12 \$, étudiants et personnes âgées 8 \$, gratuit pour les moins de 12 ans. Contribution libre Ve. 18h-21h.

MIDTOWN

❤ **Museum of Modern Art (MoMA)**, 11 W. 53rd St. (© 708-9400), entre la Fifth Ave. et la Sixth Ave. Métro : lignes E ou F, station Fifth Ave.-53rd St. ou lignes B, D ou Q, station 50th St. Le MoMA, fondé en 1929 pour accueillir les œuvres modernes refusées par le Met, contient l'une des plus importantes collections d'art postimpressionniste du monde. Il y a vraiment de quoi s'émerveiller dans la magnifique salle consacrée aux *Nymphéas* de Monet, devant les nombreux chefs-d'œuvre de Picasso et la vaste collection de dessins. Pendant la période qui s'étend de l'été 2002 à 2004-2005, le MoMA sera temporairement déplacé à Long Island City, dans le Queens (au 45-20 33rd St.), pour cause de travaux d'agrandissement. Ce **MoMA Queens** (ou MoMA QNS) est ouvert Sa-Ma et Je. 10h30-17h45, Ve. 10h30-20h15. Entrée 10 \$, personnes âgées et étudiants 6,50 \$, gratuit pour les moins de 16 ans.

Museum of Television and Radio, 25 W. 52nd St. (© 621-6600), entre la Fifth Ave. et la Sixth Ave. Métro : lignes E ou F, station 53rd St. Ce temple des médias modernes est plus un lieu d'archives qu'un musée. Riche de plus de 100 000 émissions radiophoniques et télévisées, il abrite aussi un grand nombre de films présentant un intérêt social, historique ou artistique. Ouvert Ma-Me et Ve-Di 12h-18h, Je. 12h-20h, Ve. jusqu'à 21h pour les films. Contribution suggérée 6 \$, personnes âgées et étudiants 4 \$, moins de 13 ans 3 \$.

Pierpont Morgan Library, 29 E. 36th St. (© 985-0610), à hauteur de Madison Ave. J.P. Morgan et son fils ont laissé une étonnante collection de livres rares, de sculptures et de peintures. On peut notamment y admirer des partitions écrites des mains de Beethoven et de Mozart, le journal de Henry David Thoreau (l'un des écrivains à l'influence majeure sur la littérature américaine, voir p. 100), une bible imprimée par Gutenberg et un triptyque incrusté de pierres datant du XIIe siècle, qui comporterait des fragments de la sainte Croix. Ouvert Ma-Ve 10h30-17h, Sa. 10h30-18h et Di. 12h-18h. Entrée 8 \$, personnes âgées et étudiants 6 \$, gratuit pour les moins de 12 ans.

DOWNTOWN

The Museum for African Art, 593 Broadway (© 966-1313), entre Houston St. et Prince St. Métro : lignes N ou R, station Prince St., lignes B, D, F ou Q, station Broadway/Lafayette. Les deux collections majeures consacrées respectivement à l'art africain et à l'art afro-américain portent sur des thèmes tels que l'art du conte, la magie, la religion et la fabrication de masques. Propose des ateliers de sculpture. Ouvert Ma-Ve 10h30-17h30 et Sa-Di 12h-18h. Entrée 5 \$, étudiants et personnes âgées 2,50 \$.

New Museum of Contemporary Art, 583 Broadway (© 219-1222), entre Prince St. et Houston St. Métro : lignes N ou R, station Prince St., lignes B, D, F ou Q, station Broadway/Lafayette. Ce musée présente les courants les plus novateurs et souvent les plus controversés de l'art contemporain, ce qui en fait l'un des plus importants dans son genre. Ouvert Me. et Di. 12h-18h, Je-Sa 12h-20h. Entrée 6 \$, personnes âgées, étudiants et artistes 3 \$, gratuit pour les moins de 18 ans. Gratuit Je. 18h-20h.

BROOKLYN

Brooklyn Museum of Art, 200 Eastern Pkwy. (© 718-638-5000), à l'angle de Washington Ave. Métro : lignes 2 ou 3, station Eastern Parkway/Brooklyn Museum. Au 1er étage, l'énorme collection d'art océanien et américain occupe l'espace central sur deux niveaux. Vous trouverez également au 2e étage des galeries remarquables consacrées aux anciennes civilisations grecque, romaine, égyptienne et du Moyen-Orient. Ouvert Me-Ve 10h-17h et Sa-Di 11h-18h. Ouvert chaque 1er samedi du mois 11h-23h. Contribution suggérée 6 \$, personnes âgées et étudiants 3 \$, gratuit pour les moins de 12 ans.

▣ GALERIES D'ART

Les galeries de New York offrent la possibilité de vous initier gratuitement au monde de l'art contemporain. Commencez par vous procurer un exemplaire gratuit de *The Gallery Guide* dans n'importe quel musée ou galerie importante. Ce fascicule paraît tous les deux ou trois mois et répertorie les adresses, numéros de téléphone et horaires d'ouverture de presque tous les lieux d'exposition de la ville. La plupart des galeries ouvrent du mardi au samedi de 10h ou 11h à 17h ou 18h. Elles sont généralement fermées le week-end en été, parfois même pendant tout le mois d'août.

SOHO. La zone qui couvre Broadway et West Broadway au sud de Houston St. est un véritable paradis de galeries d'art. Le **Drawing Center** est spécialisé dans les œuvres originales sur papier. (*35 Wooster St., entre Grand St. et Broome St. © 219-2166. Ouvert Ma-Ve 10h-18h et Sa. 11h-18h, fermé en août.*) L'**Artists Space** offre aux artistes les moins connus la chance d'exposer. (*38 Greene St., au 2e étage, à hauteur de Grand St. © 226-3970. Ouvert Ma-Sa 11h-18h.*) La très commerciale **Pop International** vend des œuvres réalisées par des figures emblématiques du "pop art" telles que Warhol, Lichtenstein et Haring. (*473 W. Broadway, entre Prince St. et W. Houston St. Ouvert Lu-Sa 10h-19h et Di. 11h-18h.*) Si vous êtes en quête d'originalité, faites un tour au **Shakespeare's Fulcrum**. Le propriétaire porte des vêtements en peau de renarde transparents et expose des œuvres d'art contemporain dont la réalisation a nécessité de véritables tours de force. (*500 Canal St. © 966-6848. Ouvert Ma-Sa 11h-18h et Di-Lu 13h-18h.*) Parmi les autres salles d'exposition de SoHo figurent **Exit Art/The First World** (*548 Broadway, entre Prince St. et Spring St., 1er étage*) et **Thread Waxing Space** (*476 Broadway, entre Broome St. et Grand St., 1er étage*).

CHELSEA. De nombreuses galeries d'abord installées à SoHo ont déménagé vers le quartier de Chelsea, aux loyers plus modestes. Le secteur qui s'étend à l'ouest de la Ninth Ave., entre la 17th St. et la 26th St., abonde en lieux d'exposition. Le **Dia Center** occupe le premier plan de la scène artistique de Chelsea. Cette galerie imposante de

4 étages a le chic pour dénicher les nouvelles tendances de l'art contemporain. *(548 W. 22nd St., entre la Tenth Ave. et l'Eleventh Ave. ℂ 989-5566. Ouvert Me-Di 12h-18h, fermé mi-Juin-mi-Sep. Entrée 6 $, personnes âgées et étudiants 3 $.)* A quelques pas de là se trouve **Sonnabend**. *(536 W. 22nd St., entre la Tenth Ave. et l'Eleventh Ave. ℂ 627-1018. Ouvert Ma-Sa 10h-18h, fermé en août.)* Le **Museum at Fashion Institute of Technology** s'adresse aux "victimes de la mode". Ce petit musée propose plusieurs expositions toutes en rapport avec la mode, des photographies aux mannequins. *(A l'angle de la Seventh Ave. et de la 27th St. ℂ 217-5800. Ouvert Ma-Ve 12h-20h et Sa. 10h-17h.)*

UPPER EAST SIDE. Les galeries très chic sont tout à fait à leur place dans le quartier luxueux d'Upper East Side. Le **Fuller Building** propose 12 étages de galeries. *(41 E. 57th St., entre Park Ave. et Madison Ave. Ouvert pour la plupart Lu-Sa 10h-17h30. Oct-Mai, fermé Lu. pour la majorité d'entre elles.)* Juste en face, la **Pace Gallery** abrite 4 étages destinés à la promotion de formes artistiques très variées, de l'art primitif à l'art ultramoderne. *(32 E. 57th St., entre Park Ave. et Madison Ave. Ouvert Juin-Sep, Lu-Je 9h30-18h et Ve. 9h30-16h. Oct-Mai : Ma-Sa 9h30-18h.)* **Sotheby's** est l'une des institutions les plus respectées de la ville. Elle vend toutes les formes d'art, des aquarelles de Degas aux dessins de Disney. Les enchères sont ouvertes à tous mais il faut parfois un billet d'entrée pour y accéder, sur le principe "premier arrivé, premier servi". *(1334 York Ave., à l'angle de la 72nd St. ℂ 606-7000, billetterie ℂ 606-7171. Ouvert Lu-Sa 10h-17h et Di. 13h-17h, fermé Sa-Di en été.)*

Parmi les autres galeries d'Upper East Side, on trouve **Leo Castelli** *(59 E. 79th St., entre Park Ave. et Madison Ave.)*, **Gagosian** *(980 Madison Ave., à l'angle de la 77th St.)*, **M. Knoedler & Co., Inc.** *(19 E. 70th St., entre Madison Ave. et la Fifth Ave.)* et **Acquavella** *(18 E. 79th St., entre Madison Ave. et la Fifth Ave.)*.

WILLIAMSBURG. Les quelques bohémiens qui s'installèrent à Williamsburg (Brooklyn) dans les années 1980 ont vu leur quartier se transformer en un véritable centre artistique. Le **Williamsburg Art and Historical Center** en est la principale preuve. Cette magnifique galerie située au 1er étage expose autant les artistes locaux qu'internationaux. *(135 Broadway, entre Bedford Ave. et Driggs Ave. ℂ 718-486-7372. Ouvert Sa-Di 12h-18h.)* **Pierogi** propose chaque mois deux expositions de grands noms du monde artistique, mais dispose également d'une galerie de centaines d'œuvres abordables signées d'artistes émergents. *(177 N. 9th St., entre Bedford Ave. et Driggs Ave. ℂ 718-599-2144. Ouvert Ve-Lu 12h-18h.)* Enfin, **Lunar Base** se distingue des nombreuses autres galeries de Grand St. par ses œuvres résolument abstraites. *(197 Grand St. ℂ 718-599-2905. Ouvert Je-Di 13h-19h.)*

LONG ISLAND CITY. C'est à Long Island City que se concentrent les galeries du Queens. Le **P.S.1 Contemporary Art Center** présente, dans une ancienne école publique, des collections avant-gardistes. *(22-25 Jackson Ave. ℂ 718-784-2084. Ouvert Me-Di 12h-18h. Contribution suggérée 5 $, personnes âgées et étudiants 2 $. Accès handicapés.)* Un grand entrepôt réhabilité accueille le **New York Center for Media Arts**, qui propose des expositions temporaires sur les travaux artistiques multimédia. *(45-12 Davis St., à côté de Jackson Ave. ℂ 718-472-9414. Ouvert Je-Di 12h-18h.)*

▢ SHOPPING

Rien n'est plus facile que de dépenser son argent à New York ! La diversité des magasins est impressionnante et va du second plus grand centre commercial du monde aux petites échoppes vendant illicitement les titres des hit-parades. Nous vous proposons une visite guidée des différentes boutiques que vous pouvez trouver en ville, selon leur style.

Commencez donc par le quartier de **Lower East Side**, où les nouveaux créateurs superbranchés vendent des jupes aux ourlets inégaux et des chemises aux matières étonnantes (Orchard St., Stanton St. et Ludlow St.). Prochain arrêt : **Chinatown**. Vous pourrez y choisir un accessoire signé Kate Spade (contrefaçon) parmi les très nombreuses boutiques qui longent Canal St. Ne vous inquiétez pas, le commerçant

CENTRE ATLANTIQUE

n'oubliera pas de vous coller l'étiquette qui va avec l'objet. Les vendeurs de rue proposent eux aussi de nombreuses imitations, des CD aux polos. A **SoHo**, les grosses dépenses sont assurées. Ici, les créateurs sont toujours aussi branchés mais plus reconnus. Les marques comme Cynthia Rowley et Anna Sui se trouvent sur Wooster St., Prince St. et West Broadway. Notez cependant que Broadway est un peu moins chère et qu'on y trouve la marque de jeans new-yorkaise Canal Jeans Co. (entre Spring St. et Prince St.). On trouve de tout à **Greenwich Village**, du plus grand magasin de bandes dessinées de la ville (Forbidden Planet) aux vêtements bon marché d'occasion de Cheap Jack's Vintage Clothing, en passant par la meilleure librairie de livres d'occasion, The Strand, 828 Broadway, à l'angle de la 12th St. A l'est de Broadway, vous entrez dans le quartier plus risqué d'**East Village** avec ses repaires de tatoueurs et de bibelots en argent, ses sex-shops et ses disquaires bon marché (concentrés sur St. Mark's Pl.). Quelques enclaves plus à la mode bordent la 9th St. plus à l'est et le quartier est bien achalandé en boutiques de vêtements d'occasion. Sur **Herald Square** sont regroupés plusieurs grands magasins comme Macy's. Les grands magasins de luxe Bergdorf, Saks et Bloomingdale's côtoient les grands créateurs dans la **Fifth Ave.**, entre la 42nd St. et la 59th St. Profitez-en pour jeter un coup d'œil sur les marques inaccessibles comme Chanel, Armani, Prada, Louis Vuitton et autres Tiffany's. Pour faire patienter les enfants pendant que vous faites vos emplettes chez Versace, emmenez-les au magasin de jouets F.A.O. Schwarz, à l'angle de la 5th Ave. et de la 58th St. **Uptown** propose un peu de tout : charmantes boutiques dans **Colombus Ave.**, côté ouest, ou chaussures bon marché et bonnes affaires en matériel asiatique hi-fi/vidéo dans la 125th St., à **Harlem**. Quant aux *boroughs* extérieurs, ils regroupent tous les styles mais les visiteurs pressés ont rarement le temps de s'y attarder. Sachez quand même que **Brooklyn** dispose du plus grand magasin branché d'occasion : Domsey's, dans Williamsburg St.

🎵 SORTIES

Un grand nombre de quotidiens, d'hebdomadaires et de mensuels publient une sélection de **programmes** des spectacles et des activités nocturnes. Vous pouvez consulter par exemple le *Village Voice, Time Out : New York*, le magazine *New York* ou l'édition du dimanche du *New York Times*. Le *New Yorker* a pour sa part les informations les plus exhaustives en ce qui concerne le théâtre.

THÉÂTRE

Après avoir subi un certain déclin, Broadway connaît une véritable renaissance : la vente des billets a explosé et les comédies musicales classiques retiennent à nouveau l'attention. Un billet plein tarif revient à environ 50 $. Le kiosque **TKTS** vend des billets pour le jour même avec 25 à 50 % de réduction pour la plupart des spectacles de Broadway. Il se trouve au centre de Duffy Square, au nord de Times Square, au coin de la 47th St. et de Broadway. (Renseignements sur répondeur au ✆ 768-1818. Billets en vente Lu-Sa 15h-20h pour les soirées, Me. et Sa. 10h-14h pour les matinées et Di. 11h-19h pour les matinées et les soirées. Commission de 2,50 $ par billet.) Informations sur les spectacles et les billets disponibles en appelant la *hot line* **NYC/ON STAGE** au ✆ 768-1818. **Ticketmaster** (✆ 307-4100 ou 800-755-4000) accepte les principales cartes bancaires mais prend une commission supérieure d'au moins 2 $ à celle des autres points de vente.

Les théâtres d'**Off-Broadway** disposent de 100 à 499 places (le chiffre ne dépasse 500 que sur Broadway même). Ils présentent en général des spectacles plus originaux ou plus dérangeants, qui restent moins longtemps à l'affiche. Parfois, ils rencontrent suffisamment de succès pour finir à Broadway. Le prix des billets va de 15 à 45 $. La plupart des meilleures salles d'Off-Broadway sont à West Village, dans le secteur de Sheridan Square. TKTS vend des billets pour les salles les plus importantes du Off. Les théâtres d'**Off-Off Broadway** sont à la fois moins chers et plus jeunes.

Le festival **Shakespeare in the Park** (© 539-8750) est devenu une tradition estivale new-yorkaise. De juin à août, deux pièces de Shakespeare sont représentées au **Delacorte Theater,** dans Central Park, près de l'entrée 81st st. d'Upper West Side, immédiatement au nord de la rue principale. Entrée gratuite, mais les files d'attente se forment tôt.

LIEUX D'EXPRESSION EN TOUS GENRES

❤ **Knitting Factory,** 74 Leonard St. (© 219-3055), entre Broadway et Church St. Cet espace de spectacle qui s'étend sur plusieurs niveaux propose des concerts tous les soirs, du rock indépendant au jazz en passant par le hip-hop. Le club reçoit également un festival de jazz en été. Entrée 5-20 $. Billetterie ouverte Lu-Ve 10h-23h et Sa-Di 14h-23h. Bar ouvert Lu-Ve 16h30-2h et Sa-Di 18h-2h.

Bacon Theater, 2130 Broadway (© 307-7171), à l'angle de la 74th St. Métro : lignes 1, 2, 3 ou 9, station 72nd St. Attenante au Beacon Hotel, cette salle de concerts de taille intermédiaire propose des spectacles musicaux et autres performances très éclectiques. Téléphonez pour connaître les programmes. Billets entre 25 et 50 $. Guichet ouvert Lu-Ve 11h-18h et Di. 12h-17h.

PLACES BON MARCHÉ Pour le voyageur à petit budget, les spectacles à succès de Broadway semblent un luxe inaccessible et prisonnier des cages dorées de la célèbre avenue. Ne craignez rien, Let's Go est là pour voler à votre secours ! En clair, chers amis : OUI ! il est possible de se procurer des billets. Si les solutions **Ticketmaster** ou **TKTS** (voir p. 159) ne marchent pas, il existe d'autres possibilités.
Rush Tickets (billets de dernière minute) : Certaines salles les mettent à la disposition du public le matin du spectacle, d'autres les proposent aux étudiants 30 mn avant le début de la représentation. Les queues sont parfois très longues, aussi venez tôt. Appelez le théâtre pour savoir quel système ils pratiquent.
Cancellation Line (annulations) : La solution ci-dessus n'a rien donné ? Alors, sachez que plusieurs heures avant le spectacle, certains théâtres remettent en vente les billets annulés ou non réclamés. Il vous faudra peut-être négliger votre après-midi pour vous en procurer un, mais enfin, cela mérite bien un petit sacrifice. Là encore, téléphonez d'abord.
Hit Show Club : 630 9th Ave. (© 581-4211), entre la 44th St. et la 45th St. Ce service gratuit propose des coupons de réduction remboursables au guichet, ce qui vous permet d'économiser 30 % ou plus sur le prix normal des billets. Vous pouvez obtenir ces coupons par courrier ou en vous présentant au bureau du club.
Standing-room Only (places debout) : Vendues le jour de la représentation, en général entre 15 et 20 $. Téléphonez d'abord, car certaines salles ne disposent pas de places debout.

Brooklyn Academy of Music, 30 Lafayette Ave. (© 718-636-4100), entre St. Felix St. et Ashland Pl. Métro : lignes 2, 3, 4, 5, D ou Q, station Atlantic Ave. ou lignes B, M, N ou R, station Pacific St. La Brooklyn Academy of Music (BAM) est la plus ancienne salle de spectacle du pays mais sa programmation multiculturelle et non conformiste est des plus modernes. La musique classique n'est pas oubliée pour autant. Vous pouvez y assister à des spectacles de jazz, de blues, d'opéra et de danse ainsi qu'à du *performance art* (artiste de scène qui s'exprime au moyen de formes artistiques diverses). La BAM accueille le **Brooklyn Philharmonic Orchestra** d'octobre à mars. Lors de chaque représentation, le Manhattan Express Bus (ou "BAM Bus") effectue la navette entre la BAM et 120 Park Ave., à hauteur de la 42nd St. (5 $, aller-retour 10 $).

Brooklyn Center for Performing Arts, 2900 Campus Road (© 718-951-4500 ou 951-4522), sur Hillel Place, une rue à l'ouest de l'intersection entre Flatbush Ave. et Nostrand Ave., sur le campus de Brooklyn College. Saison Oct-Mai. Billets 20-40 $.

Cathedral of St. John the Divine, 1047 Amsterdam Ave. (✆ 662-2133), à hauteur de la 112th St. Cette superbe église propose une large gamme de concerts classiques, d'expositions artistiques, de conférences, de pièces de théâtre, de films et de spectacles de danse. En quelques occasions, le New York Philharmonic s'y produit et le saxophoniste Paul Winter y donne son concert annuel du solstice d'hiver. Prix variables.

Colden Center for the Performing Arts, 65-30 Kissena Blvd. (✆ 718-793-8080), au Queens College. Métro : ligne 7, station Flushing-Main St., puis prenez le bus Q17, Q25 ou Q34 jusqu'à l'angle de Kissena Blvd. et de Long Island Expwy. Cette salle de 2143 sièges propose des concerts de jazz et de musique classique ou des spectacles de danse de septembre à mai. Guichet ouvert en été Lu-Me 12h-16h.

Collective Unconscious, 145 Ludlow St. (✆ 254-5277), entre Rivington St. et Stanton St. Métro : ligne F, station Delancey St. Cet espace très fréquenté est géré par 21 artistes indépendants. Les studios et la salle accueillent les représentations de la communauté artistique de *downtown*. Le spectacle intitulé *Rev. Jen's Anti-Slam Comedy Act*, qui se déroule le mercredi, a un succès fou. Vous pouvez apporter vos boissons. Entrée 3-5 $.

The Kitchen, 512 W. 19th St. (✆ 255-5793), entre la Tenth Ave. et l'Eleventh Ave. Métro : lignes C ou E, station 23rd St. Cette salle sans prétention est pourtant mondialement connue pour la qualité de ses programmes artistiques. Elle propose notamment la projection de vidéos et de films expérimentaux et avant-gardistes ainsi que des concerts, des spectacles de danse et des lectures de poésie. Prix variables selon les événements.

Merkin Concert Hall, 129 W. 67th St. (✆ 501-3330), entre Broadway et Amsterdam Ave. Métro : lignes 1 ou 9, station 66th St. Ce théâtre intimiste est souvent surnommé "la petite salle de la grande musique". Saison Sep-Juin. Billets 8-50 $, quelques concerts gratuits. Guichet ouvert Lu-Ve 12h-16h.

92nd Street Y, 1395 Lexington Ave. (✆ 996-1100), à l'angle de la 92nd St., concentre l'ensemble de la vie culturelle du quartier d'Upper East Side. La salle de concerts Kaufmann Concert Hall ne peut contenir que 916 spectateurs mais offre une ambiance intimiste incomparable par rapport aux salles plus importantes de New York, avec une acoustique parfaite et un cadre qui rappelle les salons viennois. Parmi les festivals, on retiendra Jazz in July (Jazz en juillet), Chamber Music at the Y (musique de chambre), Lyrics and Lyricists (chants lyriques) et Young Concert Artists (nouveaux artistes). Billets 15-35 $. Fermé Juin-Août.

Radio City Music Hall, 1260 Sixth Ave. (✆ 247-4777), à l'angle de la 50th St. Cette salle légendaire peut se vanter d'avoir vu défiler sur sa scène de grandes vedettes de la chanson comme Ella Fitzgerald, Frank Sinatra, Ringo Starr et Sting. Billets à partir de 30 $. Guichet situé à l'angle de la 50th St. et de la Sixth Ave., ouvert Lu-Sa 10h-20h et Di. 11h-20h. En été, ouvert Lu-Ve 10h-20h et Sa-Di 12h-17h.

Symphony Space, 2537 Broadway (✆ 864-5400), à l'angle de la 95th St. Métro : lignes 1, 2, 3 ou 9, station 96th St. Ouvert Ma-Sa 13h-19h. Réservation des billets par téléphone Je-Sa 12h-18h. Films 8 $, autres spectacles 45 $ au maximum.

JAZZ

Le **JVC Jazz Festival** a lieu de juin à juillet. Les billets se vendent début mai, mais de nombreuses manifestations ont lieu dehors et sont gratuites. Lisez les journaux ou appelez le ✆ 501-1390. Des festivals annuels organisés par d'importantes corporations permettent à la scène locale de se mesurer à des artistes confirmés. Les concerts sont dispersés entre différents clubs (certains sont gratuits) mais se concentrent autour de la **Knitting Factory** à TriBeCa (✆ 219-3055 au printemps).

❤ **Small's**, 183 W. 10th St. (✆ 929-7565), à l'angle de la Seventh Ave. Métro : lignes 1 ou 9, station Christopher St. Small's ne sert pas d'alcool, c'est pourquoi il est autorisé à ouvrir toute la nuit, ce qui permet aux musiciens ayant encore un peu d'énergie après leur prestation dans d'autres clubs de se produire une dernière fois la nuit dans cet endroit magique. Entrée 10 $. Concert gratuit Sa. 18h30-21h. Téléphonez pour connaître les programmes les plus matinaux (entrée gratuite). Ouvert Di-Je 22h-8h et Ve-Sa 18h30-8h.

CENTRE ATLANTIQUE

Smoke, 2751 Broadway (℃ 864-6662), entre la 105th St. et la 106th St. Ce bar à cocktails à l'atmosphère confinée vibre au son d'excellents groupes de jazz tous les soirs de la semaine. Ambiance musicale et animée garantie dans cette petite salle intime un peu surpeuplée. Improvisations Lu. à 22h et Je. à 24h. Me. funk, Di. jazz latino. *Happy hour* tlj 17h-20h. Entrée Je-Sa 10-20 $. Consommation 10 $ au minimum. Ouvert tlj 17h-4h.

Detour, 349 E. 13th St. (℃ 533-6212), entre la First Ave. et la Second Ave. Métro : ligne L, station First Ave. Entrée gratuite et jazz de qualité tous les soirs, que demander de plus ! Une consommation au minimum. *Happy hour* (une boisson commandée, une boisson offerte) Lu-Ve 16h-19h. Ouvert Lu-Je 15h-2h et Ve-Di 15h-4h. Accès handicapés. Boissons diverses 6 $, bière en bouteille 4 $.

Apollo Theatre, 253 W. 125th St. (℃ 749-5838, location au ℃ 531-5305), entre Frederick Douglass Blvd. et Adam Clayton Powell Blvd. Métro : lignes A, B, C ou D, station 125th St. Cette salle mythique de Harlem a accueilli Duke Ellington, Count Basie, Ella Fitzgerald et Billie Holiday. Le jeune Malcolm X y était cireur de chaussures. Son intérêt majeur réside dans la fameuse soirée *Amateur Night* (Me. 13-30 $). Vous pouvez réserver par Ticketmaster (℃ 307-7171) ou à la billetterie. Ouvert Lu-Ma et Je-Ve 10h-18h, Me. 10h-20h30, Sa. 12h-18h.

Fez, 380 Lafayette St. (℃ 533-2680), entre la 3rd St. et la 4th St., sous le Time Cafe. Métro : ligne 6, station Bleecker St. Ce luxueux club, au décor de style marocain, attire un public très photogénique, surtout le jeudi, lorsque le Mingus Big Band se produit (à 21h30 et à 23h30). 18 $, étudiants 10 $ pour le second concert. Réservation conseillée. Entrée 5-30 $, avec 2 boissons au minimum. Ouvert Di-Je 18h-2h et Ve-Sa 18h-4h.

Birdland, 315 W. 44th St. (℃ 581-3080), entre la Eighth Ave. et la Ninth Ave. Métro : lignes 1, 2, 3, 7, 9, C, E, N, Q, R ou W, station 42nd St. Charlie Parker a défini ce club comme "le rendez-vous incontournable du jazz dans le monde". Une bonne cuisine cajun vous est proposée au dîner sur fond de jazz de qualité, le tout dans un cadre chic très éclairé. Comptez 20-35 $ pour l'entrée plus une consommation. Ouvert tlj 17h-2h. Premier groupe à 21h, deuxième groupe à 23h. Réservation recommandée.

Lenox Lounge, 288 Lenox Ave. (℃ 427-0253), entre la 124th St. et la 125th St. Métro : lignes 2 ou 3, station 125th St. Ce club emblématique d'Harlem est intime, original et propose du très bon jazz. Son décor datant de 1939 (sol carrelé et banquettes rouges moelleuses dans des renfoncements préservant du vis-à-vis) en fait l'un des joyaux du *borough*. Jazz Je-Lu 10-15 $, improvisations Lu. 5 $. Deux consommations au minimum. Premier groupe à 22h, dernier groupe à 1h. Ouvert tlj 12h-4h.

ROCK, POP, PUNK ET FUNK

New York a toujours été à l'avant-garde pour révéler des groupes populaires, du Velvet Underground à Sonic Youth. Les **festivals de musique** permettent aussi d'entendre quantité de groupes pour une somme (relativement) modique. Le **CMJ Music Marathon** (℃ 877-633-7848) propose, pendant quatre soirs en automne, plus de 400 groupes alternatifs. Le **Digital Club Festival** (℃ 677-3530), récemment renouvelé, célèbre l'*indie* (rock indépendant) à New York vers la fin du mois de juillet. Le **Macintosh New York Music Festival** programme plus de 350 groupes sur une période d'une semaine.

♥ **Mercury Lounge**, 217 E. Houston St. (℃ 260-4700), entre Essex St. et Ludlow St. Un nombre impressionnant de vedettes se sont produites dans cette ancienne marbrerie funéraire, qui accueille tous les styles : folk, pop, bruits divers... La sonorisation exceptionnelle attire chaque soir une foule branchée. Prix du billet variable (paiement en espèces uniquement). Guichet ouvert Lu-Sa 12h-19h.

Arlene Grocery and Butcher Bar, 95 Stanton St. (℃ 358-1633), entre Ludlow St. et Orchard St. Chaque soir, au moins trois concerts se succèdent sur la scène de cette salle intimiste. Il s'agit en général de groupes se produisant sous des labels indépendants, même si l'on peut noter la présence occasionnelle de vedettes comme Sheryl Crow. Bob Dylan s'y est même arrêté une fois, mais uniquement pour utiliser les toilettes. Faites une halte au bar d'à côté, le Butcher Bar, qui appartient à la même maison, pour boire une bière pression (5 $). Entrée Ve-Sa 5 $.

Bowery Ballroom, 6 Delancey St. (© 533-2111, billets au © 866-468-7619), entre Chrystie St. et The Bowery. Métro : lignes J, M ou Z, station Bowery. Ce club de taille moyenne conserve certains détails de sa construction d'origine de style beaux-arts datant de 1929. Des groupes célèbres, comme récemment REM, les Black Crows et les Red Hot Chili Peppers, ont honoré cette scène. Billets 10-20 $.

CBGB/OMFUG (CBGB'S), 315 The Bowery (© 982-4052), à l'angle de Bleecker St. Les initiales signifiaient à sa création en 1973 "*country, bluegrass, blues and other music for uplifting gourmandizers*" ("country, bluegrass, blues et autres musiques pour amateurs exigeants"), mais les New York Dolls, Television, les Ramones, Patti Smith et Talking Heads en ont fait un club entièrement voué au rock punk. C'est là qu'il faut aller pour écouter du vrai rock punk. Concerts en soirée vers 20h. Entrée 3-10 $. Dans la **CB's Gallery** voisine, 313 The Bowery (© 677-0455), ont lieu des concerts moins débridés.

Continental, 25 Third Ave. (© 529-6924), à hauteur de Stuyvesant St. Cette salle sombre propose tous les soirs des concerts fracassants : si vous venez pour le bruit, le rock ou le punk, vous serez gâté. Iggy Pop, Debbie Harry et Patti Smith s'y sont produits récemment. Les programmes et les horaires sont indiqués sur des affiches accrochées aux réverbères et sur des prospectus. Si vous prenez une bière, toute consommation supplémentaire revient à 2 $. Entrée jusqu'à 7 $.

Tonic, 107 Norfolk St. (© 358-7501), entre Delancey St. et Rivington St. Au sous-sol de cette cave à vins se trouvent un bar (avec DJ, entrée gratuite) et une petite scène accueillant des musiciens avant-gardistes (billet 6-12 $). Bar ouvert tlj 21h-3h. Horaires des concerts variables. Brunch le dimanche avec musique *live* 10 $.

CINÉMA

La plupart des films sortent à New York des semaines avant de sortir ailleurs, et les critiques (ou le public) new-yorkais décident de leur destin. Les amoureux du cinéma ne manqueront pas d'explorer le **Ziegfeld**, 141 W. 54th St. (© 765-7600, métro : lignes 1 ou 9, station 51st St.), où subsiste l'un des plus grands écrans d'Amérique. L'**Angelika Film Center**, 18 W. Houston St., à hauteur de Mercer St. (© 995-2000, métro : ligne 6, station Bleecker St., ou lignes B, D, F ou Q, station Broadway/Lafayette), projette des films indépendants sur 8 écrans. **Anthology Film Archives**, 32 2nd Ave., à l'angle de l'E. 2nd St., est une tribune où peuvent s'exprimer les réalisateurs indépendants. (© 505-5181. Métro : ligne F, station 2nd Ave.) Le **New York International Film Festival** a lieu chaque année en octobre (programme dans le *Village Voice* ou dans *Time Out*).

OPÉRA ET DANSE

Le **Lincoln Center** offre une palette étendue de spectacles : les amateurs trouveront, sur l'une de ses multiples scènes, de quoi satisfaire leur amour de la danse ou de l'opéra. (© 546-2656. Métro : lignes 1 ou 9, station 66th St.) Programme dans le *New York Times*. La **Metropolitan Opera Company**, première compagnie lyrique des Etats-Unis, se produit au Lincoln Center, sur un plateau vaste comme un terrain de football. Pour un billet à prix réduit, choisissez l'orchestre (16 $) ou le Family Circle, réservé aux habitués du lieu (12 $). (© 362-6000. Saison Sep-Avr Lu-Sa. Location ouverte Lu-Sa 10h-20h et Di. 12h-18h. Les billets peuvent coûter plus de 250 $. Balcon supérieur environ 50 $. Les places moins chères sont aveugles.)

Près du Met, le **New York City Opera** a trouvé sa voie. La saison du "City" (selon la dénomination usuelle) se déroule en deux parties (Sep-Nov et Mars-Avr) et les prix restent raisonnables toute l'année. (© 870-5570. Billets 25-92 $. Pour les *rush tickets* à 10 $, téléphonez la veille et faites la queue le lendemain matin.) Le **Dicapo Opera Theatre**, 184 E. 76th St., entre la 3rd Ave. et Lexington Ave., est investi par une petite compagnie qui obtient des *standing ovations* après *chaque* performance. (© 288-9438. Métro : ligne 6, station 77th St. Billets environ 40 $.)

Le **New York City Ballet**, dans le Lincoln Center, créé par le grand George Balanchine, aujourd'hui disparu, se produit au **New York State Theater**. Pour *Casse-Noisette*, en décembre, les places avec une visibilité correcte se vendent presque immédiatement. (© 870-5570. Saison Nov-Fév et Mai-Juin. Billets 12-65 $.) L'**American**

Ballet Theater donne des représentations au Metropolitan Opera House. (© 477-3030. Billetterie au © 362-6000. Billets 17-75 $.) C'est au **City Center**, 131 W. 55th St., que se produit la meilleure danse de la ville, classique ou moderne, dont l'**Alvin Alley American Dance Theater** (© 581-7907) en décembre. La compagnie de danse **De La Guarda** (imaginez de la disco en pleine forêt vierge avec un meeting aérien en bruit de fond) se produit au 20 Union Sq. East. (© 239-6200. Places debout 40-45 $. Deux heures avant la représentation, tickets à 20 $.) Parmi les autres salles proposant des ballets figurent le **Dance Theater Workshop**, 219 W. 19th St. (© 924-0077), entre la Seventh Ave. et la Eighth Ave., le **Joyce Theater**, 175 Eighth Ave. (© 242-0800), entre la 18th St. et la 19th St. et le **Thalia Spanish Theater**, 41-17 Greenpoint Ave. (© 718-729-3880), entre la 41st St. et la 42nd St., dans Sunnyside, Queens.

MUSIQUE CLASSIQUE

Les **Lincoln Centers** offrent toute l'année un vaste programme de concerts. A l'occasion des **Great Performers Series**, entre octobre et mai, de grands musiciens du monde entier font salle comble à l'Avery Fisher Hall, à l'Alice Tully Hall et au Walter Reade Theater. (Pour les coordonnées, voir précédemment. Billets à partir de 10 $.) L'**Avery Fisher Hall** présente chaque année le **Mostly Mozart Festival**. Arrivez tôt sur place : en lever de rideau, une heure avant le spectacle, concert d'ouverture gratuit pour ceux qui possèdent des billets. (© 875-5766. Juil-Août. Billets 15-50 $.) Le **New York Philharmonic** ouvre sa saison annuelle vers le 15 septembre. Le jour même, billets à 10 $ réservés aux étudiants et aux personnes âgées, appelez à l'avance. Des billets permettent parfois d'assister à la répétition du matin. (© 875-5709. Billets 10-60 $.) Fin juin, Kurt Masur, qui a pris la direction musicale de l'Orchestre national de France en septembre 2000, et son orchestre donnent, durant une quinzaine de jours, des **concerts gratuits** dans Central Park (Great Lawn), à Brooklyn (Prospect Park), dans le Bronx (Van Cortlandt Park) et ailleurs (© 875-5709). Pendant tout l'été, des concerts en plein air gratuits sont organisés par le Lincoln Center (© 875-4000).

Si vous vous demandez comment vous rendre au **Carnegie Hall**, prenez la 7th Ave., à l'angle de la 57th St. (© 247-7800. Location ouverte Lu-Sa 11h-18h et Di. 12h-18h. Billets 10-60 $.) La visite d'une grande **école de musique** est un bon moyen de s'imprégner de la culture musicale de New York. Exception faite des productions lyriques et chorégraphiques (5-12 $), les concerts sont gratuits et fréquents dans les écoles suivantes : la **Julliard School of Music**, Lincoln Center (© 769-7406), la **Mannes School of Music** (© 580-0210) et la **Manhattan School of Music** (© 749-2802).

SPORTS

La plupart des villes américaines se contentent d'avoir une équipe représentée dans chacune des disciplines des grands championnats nationaux. Mais New York a opté pour une approche digne de l'arche de Noé : deux équipes de base-ball, deux équipes de hockey, une équipe de basket-ball en NBA et une en WNBA (ligue féminine), deux équipes de football américain et une équipe de football (à l'européenne) en MLS (Major League Soccer). La ville accueille des événements sportifs de renommée mondiale. Prenez vos billets 3 mois à l'avance pour l'**US Open**, qui a lieu fin août-début septembre à Flushing Meadows, à l'USTA Tennis Center, dans le Queens (© 888-673-6849, billets 33-69 $). Le troisième dimanche d'octobre, 2 millions de spectateurs encouragent les 22 000 partants du **marathon de New York**. La course part de Verrazzano Bridge et s'achève à la Taverne de Central Park, sur le Green. En base-ball, les **New York Mets** jouent au **Shea Stadium**, dans le Queens (© 718-507-6387, billets 13-30 $), tandis que les légendaires **New York Yankees** se réservent le **Yankee Stadium**, dans le Bronx (© 718-293-4300, billets 8-30 $). Les **New York Giants**, comme les **Jets**, disputent leurs matchs de football américain sur l'autre rive de l'Hudson, au **Giants Stadium** d'East Rutherford, dans le New Jersey (© 516-560-8200, billets à partir de 25 $). A propos de **football** au sens littéral du terme (*soccer* en américain), il convient de rappeler qu'il est représenté par les **New York/New Jersey Metrostars** dans ce même stade. Les **New York Knickerbockers** (les Knicks), tout comme l'équipe féminine **Liberty**, pratiquent le **basket-ball** dans le **Madison Square Garden** (© 465-5867, billets respectivement à partir de 22 \$ et 8 \$). Les **New York Rangers** brandissent la crosse de hockey sur glace au même endroit (billets à partir de 25 \$). Quant aux **New York Islanders**, ils jouent au Nassau Veterans Memorial Coliseum de Uniondale (© 882-4753, billets à partir de 14 \$).

▓ VIE NOCTURNE

Lorsque le soleil se couche sur l'Hudson, la déesse de la nuit répand ses bienfaits sur New York. Il y a mille façons d'occuper une soirée : assister à une pièce de théâtre, écouter un groupe de hip-hop, siroter un whisky, suivre un spectacle de travestis, apprendre à danser la salsa, etc. L'espace d'une nuit, plongez-vous dans le "côté obscur" de la ville. Vous pourrez choisir entre les lumières aveuglantes de Times Square, un club de jazz de Harlem, un bar enfumé de Brooklyn ou un lieu en vue de Lower East Side. A 4h30, il n'y a rien de plus grisant que de rentrer chez soi en taxi, vitres baissées, en traversant les rues désertes.

BARS

L'Irlande a ses pubs, Los Angeles est associée aux clubs hollywoodiens où l'on vient pour draguer, mais à New York, les bars ne répondent à aucun critère spécifique. Vous y trouverez non seulement des bars de tout type, mais aussi de qualité. Difficile de les classer, tout dépend du standing et des boissons recherchés.

❤ **The Whitehorse Tavern**, 567 Hudson St. (© 243-9260), à l'angle de la W. 11th St. Métro : lignes 1 ou 9, station Christopher St. C'est ici qu'est mort le poète Dylan Thomas, après avoir fait ingurgiter à son pauvre foie déjà malade 18 whiskies. Les clients se pressent bruyamment dans ce bar, l'un des plus anciens de la ville, pour lui rendre hommage. Bière 3,50-5 \$. Ouvert Di-Je 11h-2h et Ve-Sa 11h-4h.

❤ **bOb Bar**, 235 Eldridge St. (© 777-0588), entre Houston St. et Stanton St. Métro : ligne F, station Second Ave. Confortable et décontracté, ce petit bar accueille une clientèle plutôt hip-hop dans un décor de peintures murales genre graffiti. Alors que le mardi est réservé à la musique latino, au reggae et au hip-hop (entrée gratuite), le jeudi se consacre exclusivement au hip-hop (entrée 5 \$ après 22h, 3 \$ pour les femmes). Ouvert tlj 19h-4h.

❤ **Izzy Bar**, 166 First Ave. (© 228-0444), à hauteur de la E. 10th St. Métro : ligne L, station First Ave. Ce bar au décor en bois auquel on a envie de jurer fidélité est l'un des meilleurs endroits d'East Village pour écouter de la musique : hip-hop et house orchestrés par un DJ ou concerts de jazz le dimanche. Corona 5 \$. Entrée 10 \$ au maximum. Ouvert tlj 19h-4h.

❤ **Beauty Bar**, 231 E. 14th St. (© 539-1389), entre la Second Ave. et la Third Ave. Métro : ligne L, station Third Ave. A moins d'en connaître l'existence, il est facile de passer devant le coiffeur "Thomas Hair Salon" sans s'arrêter. Toute la semaine, les cocktails bon marché (*amaretto* 4 \$) attirent de nombreux clients à tendance punk. Bière 3-4,50 \$. Ouvert Di-Je 17h-4h et Ve-Sa 19h-4h.

Idlewild, 145 E. Houston St. (© 477-5005), entre la First Ave. et la Second Ave. Métro : ligne F, station Second Ave. Ce bar éclectique s'est approprié l'ancien nom de l'aéroport JFK pour prendre son envol. L'intérieur est en forme de fuselage et les sièges sont inclinables avec des tablettes rabattables. Bière 4-5 \$. Ouvert Ma-Me 20h-3h et Je-Sa 20h-4h.

Orchard Bar, 200 Orchard St. (© 673-5350), entre Houston St. et Stanton St. Métro : ligne F, station Second Ave. Repaire tout en longueur des jeunes branchés de Lower East Side. Ne cherchez pas d'enseigne à l'entrée, ce ne serait pas assez "cool". Soirée house le Ve. avec l'un des meilleurs DJ de la ville, Rob Salmon (gratuit). Bière 4-5 \$, autres boissons 5-6 \$. Ouvert Me-Di 18h-4h.

Fun, 130 Madison St. (© 964-0303), à l'angle de Pike St. Métro : ligne F, station East Broadway. Les personnes dans le vent viennent se rafraîchir dans ce bar où l'entrée est toujours gratuite et les listes d'invités bannies. Décor curieux complété par des ascenseurs hydrauliques pour les barmen et des projections vidéo sur les murs. Les préposés aux vidéos et à la musique se relaient toute la nuit. Même si les consommations sont un peu chères (à partir de 9 \$), l'endroit vaut le coup. Ouvert Lu-Sa 20h-4h.

Naked Lunch Bar and Lounge, 17 Thompson St. (© 343-0828), à l'angle de Grant St. Métro : lignes 1, 9, A, C ou E, station Canal St. Décoré sur le thème du cafard et de la machine à écrire décrits dans le livre et le film du même nom, le Naked Lunch (Le Festin nu, de William Burroughs) est un bar inoubliable. Cocktails imbattables, comme le Tanqueray tea (8 $). L'entrée coûte parfois 7 $ Ve-Sa après 22h. Ouvert Ma-Ve 17h-4h et Sa. 21h-4h.

Milady's, 160 Prince St. (© 226-9069), à l'angle de Thompson St. Métro : lignes C ou E, station Spring St. Véritable caillou au milieu de la mine de diamants qu'est SoHo, ce bar de quartier à l'ambiance très réaliste revendique la seule table de billard du borough (parfait pour un peu d'exercice) et une clientèle sympathique d'habitués. Consommations inférieures à 6 $ (même les cocktails). Ouvert tlj 11h-4h.

Café Noir, 32 Grand St. (© 431-7910), à l'angle de Thompson St. Métro : lignes 1, 9, A, C ou E, station Canal St. Bien sous tous rapports. Clients, serveurs et fenêtres donnant sur la rue contribuent à donner à ce bar, qui fait aussi restaurant, une touche chic sans chichi. Bière pression 5-6 $. Plats 12-22 $. Ouvert tlj 12h-4h.

The Village Idiot, 355 W. 14th St. (© 989-7334), entre la Eighth Ave. et la Ninth Ave. Métro : lignes A, C, E ou L, station 14th St./Eighth Ave. Bar au style honky-tonk (populaire et d'inspiration western) new-yorkais. La bière y est toujours bon marché (1,25 $ la chope de Miller Genuine Draft), la musique toujours aussi forte (et toujours country) et l'ambiance digne de celle d'un roadhouse (ces établissements héritiers de la tradition des saloons où l'on peut généralement manger, danser et... jouer). Ouvert tlj 12h-4h.

Tribe, 132 First Ave. (© 979-8965), à hauteur de St. Mark's Pl. Métro : ligne 6, station Astor Pl. Ne vous fiez pas aux vitres extérieures en verre dépoli : à l'intérieur, vous trouverez un endroit chic et accueillant aux lumières tamisées et aux fauteuils confortables. DJ tous les soirs. Lu. concert et DJ, Ma. salsa/musique latino. Bière 5 $. Cocktails 5-10 $. Ouvert tlj 17h-4h.

d.b.a., 41 First Ave. (© 475-5097), entre la E. 2nd St. et la 3rd St. Métro : ligne F, station Second Ave. Petits buveurs de bière s'abstenir. Ici, on vous sert 19 bières pression de premier choix (environ 5 $), plus de 100 variétés de bières étrangères ou locales en bouteille et 45 sortes de tequila. "La qualité dans son verre", telle est la devise du d.b.a. Foule désinvolte et jazz nonchalant. Ouvert tlj 13h-4h.

Bbar (Bowery Bar), 40 E. 4th St. (© 475-2220), à l'angle de The Bowery. Métro : ligne F, station Second Ave. Le Bbar a longtemps été la vitrine des branchés qui veulent jouer les stars. Même si d'autres établissements commencent à lui voler la vedette, ce bar attire toujours une clientèle hautaine. Bière 5 $. Le mardi, c'est soirée "beige", flamboyante fête gay animée par Erich Conrad, personnage incontournable des soirées new-yorkaises. Ouvert Di-Je 11h30-3h et Ve-Sa 11h30-4h.

Coyote Ugly, 153 First Ave. (© 477-4431), entre la E. 9th St. et la 10th St. Métro : ligne L, station First Ave. Bar populaire et bruyant où les serveurs sont canon et où la clientèle fait la bringue autour du comptoir. Pour ceux qui aiment l'ambiance d'un juke-box diffusant de la musique country, une chope de bière bon marché à la main. Ouvert tlj 12h-4h.

McSorley's Old Ale House, 15 E. 7th St. (© 473-9148), à hauteur de la Third Ave. Métro : ligne 6, station Astor Pl. Datant de près de 150 ans, ce bar peut se vanter d'être plus vieux que n'importe lequel de ses clients. Ambiance un peu "années collège", ce qui, pour certains, peut s'avérer distrayant. 2 sortes de bière : brune et blonde. Les verres sont servis par 2 (3 $ les 2). Ouvert Lu-Sa 11h-1h et Di. 13h-1h.

Sake Bar Decibel, 240 E. 9th St. (© 979-2733), entre Stuyvesant St. et la Second Ave. Métro : ligne 6, station Astor Pl. A East Village, les "japonaiseries" sont très appréciées et le Sake Bar ne fait pas exception. Ce bar bien caché, au bas d'un escalier, attire une clientèle branchée de tous horizons. Vous y trouverez plus de 60 types de saké, 4-6 $ le verre. Aux heures les plus fréquentées du week-end, commande de 8 $ au minimum requise. Ouvert Lu-Sa 20h-3h et Di. 20h-1h.

The Evelyn Lounge, 380 Columbus Ave. (© 724-2363), à hauteur de la 78th St. Métro : lignes B ou C, station 81st St. Les cheminées et les canapés de ce bar très chic constituent un cadre propice à la détente après le travail. Concerts de qualité au sous-sol Ma-Je

21h30-1h30. Le confort des fauteuils, pris d'assaut par des hordes d'intellectuels, compense le prix des consommations (9 $ le cocktail). Carte des consommations variée 7-14 $. Ouvert tlj 18h-4h.

Montero's Bar & Grill, 73 Atlantic Ave. (✆ 718-624-9799), à hauteur de Hicks St. Métro : lignes 2, 3, 4, 5, M, N ou R, station Court St./Borough Hall. Décoré d'objets marins du sol au plafond, ce bar, qui a peu changé depuis ses débuts, vous plongera dans l'univers chaleureux des dockers, dont il était autrefois le repaire. Bière 3 $. Ouvert Lu-Sa 10h-4h et Di. 12h-16h.

Teddy's, 96 Berry St. (✆ 718-384-9787), à l'angle de la N. 8th St., dans le quartier de Greenpoint. Métro : ligne L, station Bedford Ave. Le juke-box et la bonne ambiance qui règne au Teddy's attirent une clientèle éclectique d'artistes et d'habitants de Brooklyn. Bières locales bon marché et grand choix de cocktails (2-4 $). Ouvert Di-Je 10h-2h30 et Ve-Sa 11h-4h.

Pete's Candy Store, 709 Lorimer St. (✆ 718-302-3770), entre Frost St. et Richardson St. Métro : ligne L, station Lorimer St. Une clientèle animée d'habitants du quartier envahit cet ancien magasin de confiserie tous les soirs pour les concerts gratuits qui y sont donnés mais aussi et surtout pour le "Bucket of Joy" (le seau du bonheur), composé de Stoli, de Red Bull et de 7-Up, servi avec plusieurs pailles. Ouvert Di-Ma 17h-2h et Me-Sa 17h-4h.

BOÎTES DE NUIT

Clientèle désinhibée, divertissement illimité et vols de portefeuille fréquents, voici à quoi se résument les boîtes de nuit de New York, qui sont de véritables institutions (et ne connaissent aucune concurrence). De nombreuses soirées se déplacent d'un établissement à l'autre chaque semaine. Il peut être utile de téléphoner pour vous inscrire sur la liste des invités. N'y allez pas avant 23h, sauf si vous êtes en quête de solitude. Une soirée bat son plein seulement à partir de 1h ou 2h. Certaines boîtes ne ferment pas avant 5 ou 6h, voire plus tard.

❤ **Centrofly**, 45 W. 21st St. (✆ 627-7770), entre la Fifth Ave. et la Sixth Ave. C'est ici que les beautés plastiques et les fous de musique se retrouvent pour danser sur les dernières nouveautés house et techno. Les cocktails (11 $) s'associent aux lumières psychédéliques et au cadre rétro-chic pour faire planer les danseurs. Les stars de la vie nocturne de Manhattan s'y exhibent généralement le jeudi. Entrée 20 $. Ouvert Lu-Sa 22h-5h.

Hush, 17 W. 19th St. (✆ 989-4874), entre la Fifth Ave. et la Sixth Ave. Métro : lignes F, N ou R, station 23rd St. Cette boîte de nuit de taille moyenne, gérée en partie par l'ancien chef de la sécurité du Studio 54, dispose de deux salles qui passent de la house, de la *trance* et du hip-hop. Tenue correcte exigée. Ouvert Ve-Sa 23h-4h.

Cheetah, 12 W. 21st St. (✆ 206-7770), entre la Fifth Ave. et la Sixth Ave. Métro : lignes F, N ou R, station 23rd St. Une clientèle résolument branchée se pavane au milieu des pattes de singe (celles de Chita - Cheetah en anglais) peintes sur les murs de cette boîte de nuit. Je. soirée "Clique" (alternance de DJ femmes avec *open bar*, en clair consos gratuites, 22h-23h). Ve. soirée house britannique (*open bar* 22h-23h). Sa. soirée "Cherchez la femme" (hip-hop et rhythm 'n' blues, *open bar* 22h-23h). Entrée 20-25 $. Ouvert 22h-4h.

Nell's, 246 W. 14th St. (✆ 675-1567), entre la Seventh Ave. et la Eighth Ave. Métro : lignes 1, 2, 3, 9, A, C ou E, station 14th St. ou ligne L, station 8th Ave. A l'étage, espace cosy où les cultures se mélangent. Piste de danse en bas. Tenue correcte exigée. Entrée Lu-Me 10 $ et Je-Di 15 $. Ouvert Lu. 20h-2h, Ma. et Je-Di 22h-4h, Me. 21h-3h.

NV/289 lounge, 289 Spring St. (✆ 929-6868), près de Varick St. Métro : lignes C ou E, station Spring St. Quand le style gothique rencontre l'ère postindustrielle, on obtient ce résultat de tuyaux entremêlés chargé de rideaux dans des salles éclairées à la lanterne. Deux bars et deux pistes de danse. Me. et Di. rhythm 'n' blues, hip-hop et reggae. Entrée 10-20 $. *Happy hour* Me-Je 18h-22h. Ouvert Me-Di 22h-4h.

Ohm, 16 W. 22nd St. (✆ 229-2000, liste des invités au ✆ 774-7749), entre la Fifth Ave. et la Sixth Ave. Métro : lignes F, N ou R, station 23rd St. Boîte de nuit tape à l'œil et chic à la fois, dont le plafond atteint une hauteur impressionnante. Elle propose trois bars ainsi qu'un restaurant de qualité. Le samedi, la house prime sur les autres styles. Le vendredi, elle est mélangée aux rythmes latino (salsa, *merengue*, *freestyle*). Le hip-hop règne en maître sur la piste de danse de l'étage inférieur. Entrée 20 $. Ouvert Je-Sa 22h-4h.

Shine, 285 West Broadway (© 941-0900), à l'angle de Canal St. Métro : lignes A, C ou E, station Canal St. C'est le "show" du samedi soir qui fait la réputation de cet établissement. De super danseurs se démènent au son du hip-hop et de la house et un imitateur d'Elvis se produit parfois. Entrée Je. 10 $, Ve-Sa 20 $ et Di. 5 $. Ouvert tlj 22h-4h.

Spa, 76 E. 13th St. (© 388-1062), entre Broadway et la Fourth Ave. Métro : lignes 4, 5, 6, L, N, Q, R ou W, station Union Square. Ne soyez pas impressionné par l'élégance des clients ni par la carrure des videurs, il suffit de s'habiller en noir et d'entrer la tête haute. Me. soirée "Rock and Roll". Le reste du temps, le hip-hop, la house et le rhythm 'n' blues sont à l'honneur. Je., soirée gay très appréciée. Entrée Ve-Sa 20-25 $. Ouvert Ma-Sa 22h-4h.

SORTIES POUR LES GAYS ET LES LESBIENNES

A New York, la vie nocturne gay se concentre à Chelsea, notamment aux alentours de la 20th St., dans la 8th Ave., et à West Village, dans Christopher St. A Brooklyn, Park Slope abrite une communauté lesbienne de plus en plus importante.

❤ **Bar D'O**, 29 Bedford St. (© 627-1580). Métro : lignes 1 ou 9, station Christopher St. Salle cosy et éclairage propice à une certaine élévation de la température... dans tous les sens du terme. Magnifique spectacle de divas drag-queens (Ma. et Sa-Di 22h30, 5 $). Même sans les chanteuses, l'endroit est merveilleux pour boire un verre. Le lundi, soirées *Pleasure* pour les femmes. Venez tôt pour l'ambiance, aux environs de minuit pour les spectacles, et à 2h du matin pour observer les gens et tenter de deviner qui ils sont (garçon ou fille ?). Entrée 3 $. Ouverture à 22h.

❤ **Splash**, 50 W. 17th St. (© 691-0073), entre la Fifth Ave. et la Sixth Ave. Métro : lignes 1 ou 9, station 18th St. ou ligne F, station 23rd St. Cet énorme complexe qui s'étend sur deux étages, avec en toile de fond un décor sympa digne d'un film de science-fiction, est l'un des bars les plus en vogue auprès des gays. Pour terminer la soirée en beauté, le Splash dispose également d'une piste de danse. Beaucoup de monde. Prix d'entrée variable, au maximum 7 $. Boissons 4-7 $. Ouvert Di-Je 16h-4h et Ve-Sa 16h-5h.

Stonewall, 53 Christopher St. (© 463-0950). Métro : lignes 1 ou 9, station Christopher St. C'est ici qu'eurent lieu les légendaires émeutes de Stonewall. Ce bar récemment rénové accueille une clientèle animée et diverse venue rendre hommage aux travestis qui ont bravement combattu. Piste de danse à l'étage. Sa-Di 14h30-21h, *margaritas* glacées 2 $. Ouvert tlj 14h30-4h.

Henrietta Hudson, 438 Hudson St. (© 243-9079), entre Morton St. et Barrow St. Métro : lignes 1 ou 9, station Christopher St. Jeune clientèle lesbienne distinguée. L'ambiance de ce bar de quartier est tranquille l'après-midi, débridée le soir et le week-end. Les gays et les hétéros sont les bienvenus. DJ Je-Sa. Di. "Girl Parts", concerts de groupes issus de la communauté lesbienne. Entrée Je-Sa 3-5 $. Ouvert Lu-Ve 16h-4h et Sa-Di 13h-4h.

g, 223 W. 19th St. (© 929-1085), entre la Seventh Ave. et la Eighth Ave. Métro : lignes 1 ou 9, station 18th St. Bar fastueux et à la mode conçu en forme de champ de course, tout à fait adapté aux clients de Chelsea qui concourent pour être les plus remarqués. Heureusement, la célèbre boisson glacée *Cosmos* est là pour rafraîchir ceux qui courent des kilomètres ! Entrée gratuite. Ouvert tlj 16h-4h.

La Nueva Escuelita, 301 W. 39th St. (© 631-0588), à l'angle de la Eighth Ave. Métro : lignes A, C ou E, station 42nd St. Club *dance* latino de travestis qui vibre au son du *merengue*, de la salsa et probablement des meilleurs spectacles de drag-queens de New York. La clientèle est majoritairement latino et homosexuelle, mais pas à 100 %. La soirée du vendredi, à partir de 22h, est consacrée aux femmes, avec *go-go girls*, spectacles et manifestations spéciales. Entrée Je. 5 $, Ve. 10 $, Sa. 15 $ et Di. 19h-22h 5 $, après 22h 8 $. Ouvert Je-Sa 22h-5h et Di. 19h-5h.

Boiler Room, 86 E. 4th St. (© 254-7536), entre la First Ave. et la Second Ave. Métro : ligne F, station Second Ave. Un endroit branché qui accueille une clientèle mélangée, des étudiants de l'université de New York à ceux qui cherchent à fuir les convenances parfois étouffantes de Chelsea. Le juke-box donne un petit air démocratique aux soirées. Ouvert tlj 16h-4h.

Wonder Bar, 505 E. 6th St. (℘ 777-9105), entre A Ave. et B Ave. Un élégant décor zébré et une neutralité décontractée pour ce bar fréquenté par une foule de gays bohèmes et quelques hétérosexuels curieux. Ouvert tlj 18h-4h.

LIEUX BRANCHÉS INCLASSABLES

Voici une liste de quelques institutions new-yorkaises qui ne rentrent dans aucune des catégories précédentes.

ABC No Rio, 156 Rivington St. (℘ 254-3694), entre Clinton St. et Suffolk St. Cet espace à but non lucratif est géré par une communauté d'artistes. Il propose une grande variété d'événements, qu'il s'agisse d'expositions artistiques à l'initiative d'adolescents locaux ou de concerts *hardcore* ou apparentés au punk. Ni boisson ni alcool. Ouvert à tous. Entrée 2-5 $.

Halcyon, 227 Smith St. (℘ 718-260-9299), entre Butler St. et Douglass St. Métro : lignes F ou G, station Bergen St. Cet endroit très branché de Brooklyn, situé au sud de Flatbush Ave., regroupe un magasin de disques, un café et un salon. L'ambiance décontractée incite à s'éterniser devant un vieux jeu de société tout en écoutant la sélection du DJ. Vous pouvez apporter vos boissons. Entrée gratuite. Ouvert Di. et Ma-Je 20h-24h, Ve-Sa 21h-2h.

Galapagos, 70 N. 6th St. (℘ 718-782-5188), entre Kent St. et Wythe St. Métro : ligne L, station Bedford Ave. Un peu désert le soir, allez-y avec un ami. Cette ancienne usine de mayonnaise est aujourd'hui un bar au décor futuriste qui organise des soirées, propose des pièces de théâtre de vaudeville le lundi et accueille le tournage d'une série télé hebdomadaire (Di. 19h et 21h30, Lu. 20h30, entrée 5 $). DJ Ma-Sa. Ouvert Di-Je 18h-2h et Ve-Sa 18h-4h.

The Anyway Café, 34 E. 2nd St. (℘ 533-3412), à l'angle de la Second Ave. Métro : ligne F, station 2nd Ave. Goûtez à la culture américano-russe dans cet endroit sombre décoré de peaux de léopard. Beaucoup de lectures pendant la semaine, jazz Ve. et Sa. soir, musique folk russe Di. Musique tous les soirs à 21h. Ouvert Lu-Je 17h-2h, Ve-Sa 17h-4h et Di. 12h-1h.

Nuyorican Poets Cafe, 236 E. 3rd St. (℘ 505-8183), entre B Ave. et C Ave. Métro : ligne F, station Second Ave. C'est le cercle le plus en vue de New York pour les déclamations de poèmes (essayez de vous y rendre le Ve. à 22h) et autres séances basées sur les mots. Certaines ont été retransmises sur MTV. Vous entendrez beaucoup de vers de mirliton et peu de chefs-d'œuvre. Si vous n'aimez pas ce que vous entendez, rassurez-vous, vous ne serez sans doute pas le seul élément perturbateur. Entrée 5-12 $.

LONG ISLAND ☞ 631

Long Island, immense banlieue qui s'étend sur 193 km à l'est de Manhattan, compte plus de 2,7 millions d'habitants et sert de refuge estival aux New-Yorkais privilégiés. De fait, l'endroit est cher et difficile à explorer sans voiture.

⌖ INFORMATIONS PRATIQUES. Long Island Convention and Visitors Bureau : ℘ 631-951-2423. **Long Island Railroad (LIRR)** dessert l'île au départ de Penn Station, sur Manhattan, et s'arrête à Jamaica, dans le Queens (métro : lignes E, J ou Z), avant "d'aller vers l'est". (℘ 718-217-5477. 34th St., à l'angle de la 7th Ave. Métro : lignes 1, 2, 3, 9, A, C ou E. 4,75-15,25 $, moins cher en période creuse.) Pour se rendre à **Fire Island**, prenez le LIRR à destination de Sayville, de Bay Shore ou de Patchogue. Les **ferrys de Sayville** desservent Cherry Grove, les Pines et Sailor's Haven. (℘ 589-8980. Aller-retour 9-11 $, moins de 12 ans 5 $.) Les **ferrys de Bay Shore** se rendent à Fair Harbor, à Ocean Beach, à Ocean Bay Park, à Saltaire et à Kismet. (℘ 516-665-3600. Aller-retour 11,50 $, moins de 12 ans 5,50 $.) Les **ferrys de Patchogue** (℘ 516-475-1665) font la navette vers Davis Park et Watch Hill (aller-retour 10 $, moins de 12 ans 5,50 $). Les Hamptons sont accessibles par le LIRR ou en voiture. Prenez le Long Island Expressway jusqu'à la sortie n° 70, tournez à droite dans la Route 111 (Manorville Rd.), puis, au bout, à gauche dans Montauk Hwy. Les villes se trouvent près de l'autoroute. **Indicatif téléphonique** : 631 et 516. Composez le 631 avant les numéros indiqués, sauf indication contraire.

CENTRE ATLANTIQUE

FIRE ISLAND

Ce lieu de villégiature estival gay est également un site naturel extraordinairement bien conservé au large des côtes de Long Island. L'île forme une barrière de 51 km de long qui protège la côte sud des eaux déchaînées de l'Atlantique. Les voitures ne sont autorisées qu'aux extrémités est et ouest de Fire Island. Il n'y a pas de rues mais des "chemins", et les cervidés vagabondent en toute liberté. Enclave de la contre-culture dans les années 1960 et reine du disco dans les années 1970, elle abrite encore aujourd'hui des gays comme des hétéros qui savent faire la fête.

Sur l'île, les communautés homosexuelles se retrouvent principalement à **Cherry Grove** et à **The Pines**. Vous trouverez dans les deux stations des établissements qui se proclament "chambres d'hôtes". Il faut savoir que certains d'entre eux n'en ont pas l'autorisation légale (par exemple, à cause du non-respect des règles de sécurité contre l'incendie) et que d'autres peuvent voir un couple de lesbiennes d'un mauvais œil. Lorsque vous cherchez un logement, n'oubliez pas que certains établissements n'acceptent qu'un minimum de deux nuits pendant le week-end : téléphonez pour vérifier. Le **Cherry Grove Beach Hotel** est une bonne adresse, centrale, située sur le Main Walk de Cherry Grove et près de la plage. Une chambre économique peut coûter 90 $ en semaine en juillet mais peut s'élever à 450 $ les deux nuits pendant le week-end. (✆ 597-6600. Ouvert Mai-Oct. Réservation obligatoire.)

La vie nocturne gay à Fire Island répond à une organisation bien définie. La soirée commence généralement dans la ville de Cherry Grove, à l'**Ice Palace** (✆ 597-6600), attenant au Cherry Grove Beach Hotel, où vous pouvez danser jusqu'à l'aube. Beaucoup de gays terminent la nuit dans la ville voisine, The Pines. Pour vous y rendre, vous pouvez prendre un bateau-taxi depuis les quais de Cherry Grove. Située à 10 minutes de Cherry Grove en remontant la plage, The Pines est indubitablement plus chic et moins inhibée que sa voisine (une lampe torche peut être utile pour s'orienter le long des promenades très mal éclairées). Malheureusement, les soirées restent très fermées et semblent n'être ouvertes qu'aux membres d'une association secrète. Pour y être invité, il faut être au courant (ou du moins faire semblant) des programmes. Le **Low Tea** (goûter) se prend de 17h à 20h au bar/club situé à côté du Botel (grand hôtel). Le **High Tea** (repas léger en début de soirée pris avec du thé) se déguste sur un air de disco au Pavilion à partir de 20h. Prévoyez cependant une solution de repli au moment de la "sieste disco" (dès 22h) pour mieux réapparaître à partir de 1h30 et danser jusqu'au bout de la nuit à l'**Island Club and Bistro**, également connu sous le nom de Sip and Twirl. Le Pavilion s'anime à nouveau tard dans la nuit le week-end et aussi le dimanche en été.

LES HAMPTONS ET MONTAUK

Tout le gratin de la société new-yorkaise déambule sur les trottoirs de West Hampton, Southampton, Bridgehampton et East Hampton, quatre villes que l'on désigne sous le terme générique de Hamptons, avant de se rendre à la plage l'après-midi. Ici, les prix sont à la hauteur des finances des habitants. Si vous recherchez un logement à des prix (légèrement) plus raisonnables, essayez plutôt Montauk, commune située à l'extrémité est de Long Island. Le **Blue Haven Motel**, 533 W. Lake Ln. (✆ 631-668-5943), propose des chambres propres à des prix relativement corrects pour la région : 170 $ le week-end mais comptez presque 100 $ de moins en semaine.

Un permis est souvent nécessaire pour stationner sur les parkings du bord de mer. En revanche, vous pouvez vous promener en toute liberté le long des plages. Le phare **Montauk Point Lighthouse and Museum**, au bout de la Route 27, à la pointe est de l'île, fut construit en 1796 sur ordre spécial du Président George Washington. (✆ 631-668-2544. Ouvert Juin-Sep, Lu-Ve et Di. 10h30-18h, Sa. 10h30-19h30. Téléphonez pour connaître l'horaire hors saison. Entrée 4 $, personnes âgées 3,50 $, moins de 12 ans 2,50 $.) Pour les amoureux des baleines, le **Sag Harbor Whaling Museum**, à l'angle de Main St. et de Garden St., dans Sag Harbor, est incontournable. (✆ 631-725-0770. Ouvert Mai-Sep, Lu-Sa 10h-17h et Di. 13h-17h. Entrée 3 $, personnes âgées 2 $, enfants 6-13 ans 1 $. Visite guidée sur rendez-vous 2 $.)

LES CATSKILLS ☎ 845

Lorsque Rip Van Winkle chercha un lieu pour faire la sieste, il ne trouva rien de plus paisible que les Catskill Mountains. Au début des années 1960, des camps de vacances ressemblant à celui mis en scène dans *Dirty Dancing*, film à succès des années 1980, commencèrent à réveiller la région. Après l'expérience hallucinogène de Woodstock, le fameux concert de 1969, la région dut revenir à des manifestations plus traditionnelles. Et à part quelques retours en arrière, comme les Woodstock ressuscités de 1994 et 1999, la Catskill Forest Preserve est aujourd'hui le meilleur atout de la région, avec ses kilomètres préservés de sentiers de randonnée ou de pistes de ski, ses charmants petits villages et ses ruisseaux d'eau limpide.

⁊ INFORMATIONS PRATIQUES. Si vous arrivez par la I-87, la Route 28 W. facilitera votre exploration de la région. **Adirondack/Pine Hill Trailways** assure d'excellentes liaisons à travers les Catskills. La gare principale se trouve à **Kingston**, 400 Washington Ave., à l'angle de Front St. (☎ 331-0744 ou 800-858-8555. Billets en vente Lu-Ve 5h45-23h et Sa-Di 6h45-23h.) Bus à destination de New York (9-15 dép/j Ma-Je, durée 2h, 19 $, aller-retour dans la journée 26 $). Les bus s'arrêtent également à Woodstock, à Pine Hill, à Saugerties et à Hunter, depuis New York, Albany et Utica. On trouve des informations, et notamment l'excellent *Ulster County : Catskills Region Travel Guide*, auprès des quatre "**wagons de tourisme**" stationnés au rond-point de Kingston, sur la Route 28 à Shandaken, sur la Route 209 à Ellenville et sur la Route 9 W. à Milton. (Ouvert Mai-Oct, tlj 9h-17h, mais les horaires d'ouverture dépendent de la disponibilité des bénévoles.) Plusieurs **visitors centers** le long de la I-87 renseignent également sur les visites à faire dans la région et distribuent d'excellentes cartes gratuites de l'Etat de New York.

CATSKILL FOREST PRESERVE

On trouve, dans les 100 000 ha de la **Catskill Forest Preserve**, de nombreux villages qui sont autant de bases pour partir en quête d'espace et d'aventure. Auprès des *rangers*, vous pouvez vous procurer gratuitement un **permis de camper** (*permit for backcountry camping*), indispensable dès que le séjour dépasse 3 jours. La plupart des campings cités ci-après se trouvent à proximité de sentiers qui peuvent faire l'objet de très belles balades. Les réservations sont indispensables l'été, surtout le week-end. (☎ 800-456-2267. Emplacement 9-16 $, commission pour les réservations par téléphone 8,50 $, parfois 2-3 $ supplémentaires pour le raccordement partiel sur certains emplacements. Ouvert Mai-Sep.) Le bureau des parcs, **Office of Parks** (☎ 518-474-0456), distribue des brochures sur les campings. Le **permis de pêche** (obligatoire, 20 $ les 5 jours) est disponible dans la plupart des magasins spécialisés et dans de nombreux campings. La **saison de ski** s'étend de novembre à mi-mars, les pistes les plus fréquentées étant celles situées le long de la Route 28 et de la Route 23A. Les sentiers de randonnée sont entretenus mais certains des chalets sont bondés ou en mauvais état. Informations supplémentaires auprès du **Department of Environmental Conservation** (☎ 256-3000). Les bus d'**Adirondack Trailways** desservent, au départ de Kingston, la plupart des sentiers de randonnée.

WOODSTOCK

Si vous êtes nostalgique des années *peace and love*, faites un crochet par **Woodstock**, entre Phoenicia et Kingston. Refuge des artistes et des écrivains depuis le début du siècle, Woodstock n'est vraiment devenue célèbre qu'avec le concert (qui a été organisé en réalité dans la bourgade voisine de Saugerties). Depuis cet événement, les couronnes de fleurs se sont peu à peu fanées, la ville a changé, les touristes sont arrivés et les prix ont augmenté. Les néo-hippies branchés sévissent néanmoins encore à la **Woodstock School of Art**, sur la Route 212, accessible depuis la Route 28 par la Route 375. En plus des travaux réalisés par les élèves, une petite galerie rend hommage à la tradition artistique de Woodstock. (☎ 914-679-2388. Ouvert Lu-Sa 9h-15h.)

MT. TREMPER

❤ **Kaleidoworld**, sur la Route 28, est en compétition directe avec la nature elle-même pour le titre d'attraction la plus spectaculaire des Catskills. Les deux plus grands kaléidoscopes du monde se trouvent ici. Le plus gros (17 m) arrachera des murmures aux vétérans de Woodstock ébahis : "Je peux voir la musique !" Juste à côté, le Crystal Palace (inclus avec l'entrée) présente de splendides kaléidoscopes que l'on peut toucher. (© 688-5800. Ouvert tlj 10h-19h, mi-Oct-Juil fermé Ma. Entrée 10 $, personnes âgées 8 $, enfants de moins de 1,35 m 8 $.) Le **camping** de **Kenneth L. Wilson**, sur Wittenburg Rd., à 6 km de la Route 212 (tournez à angle droit à droite sur Wittenburg Rd., puis encore à droite au carrefour suivant), dispose d'emplacements au milieu des arbres, de douches et d'une atmosphère tranquille. La plage est située au bord d'un étang dans lequel les montagnes se reflètent, et le cadre est magnifique. Atmosphère familiale. Location de canoës, possibilité de pêche et de randonnées. (© 679-7020. Emplacement 14 $, supplément de 2,50 $ pour l'entretien. Enregistrement 8h-21h. Utilisation pendant la journée 3 $, gratuit pour les personnes âgées Lu-Ve. Canoë 10 $ la demi-journée, 15 $ la journée.)

PHOENICIA

Phoenicia est un endroit superbe dans les Catskills. De nombreuses **truites** frétillent dans **Esopus Creek**, vers l'ouest. Le **Town Tinker**, 10 Bridge St., loue des canots pneumatiques. (© 688-5553, www.towntinker.com. Canot 7 $ la journée, avec siège 10 $. Permis de conduire ou caution de 50 $. Transport (*tube taxi transportation*) 3 $. Gilet de sauvetage 2 $. Ouvert mi-Mai-Sep, tlj 9h-18h, dernière location à 16h30.) Si vous préférez la terre ferme, le **Catskill Mountain Railroad**, vieux de 100 ans, vous propose une promenade pittoresque de 10 km, de Bridge St. au Mt. Pleasant. (Durée 40 mn. Ouvert fin Mai-fin Sep, Sa-Di 1 dép/h de 11h à 17h. Billet 4 $, aller-retour 6 $, moins de 12 ans 2 $.) Vous pouvez prendre des leçons d'escalade à la **Sundance Rappel Tower**, sur la Route 214, mais il est plus facile de monter ces 20 m que de les descendre. (© 688-5640. 4 niveaux de leçons dont un pour les débutants, durée 3-4h, 22 $. 8 personnes au minimum. Réservation impérative une semaine à l'avance.) Pour vous rendre au pic de Preserve, dirigez-vous vers le Woodland Valley Campground (voir ci-dessous), d'où un sentier, long d'environ 15 km, vous mènera jusqu'au sommet (1250 m) du **Mt. Slide**. De là, vous aurez une vue imprenable sur le New Jersey, la Pennsylvanie et les Hudson Highlands.

Le quelque peu rustique camping de **Woodland Valley**, près de High St., à 11 km au sud-est de Phoenicia, dispose de toilettes et de douches. Il donne accès à plusieurs bons sentiers. (© 688-7647. Emplacement 12 $, frais d'enregistrement 2,50 $. Enregistrement 8h-21h. Ouvert fin Mai-début Oct.) Sur la Route 214, le **Cobblestone Motel**, entouré par les montagnes, dispose d'une piscine en plein air et de chambres très propres récemment rénovées, la plupart avec cuisine et réfrigérateur. Personnel et gérants sympathiques. (© 688-7871. Chambre double 49 $, grande chambre double 60 $, avec kitchenette 69 $. Chalet une chambre 80 $, 3 chambres avec cuisine 99 $.)

PINE HILL

Pine Hill se trouve à côté de **Belleayre Mt.**, où vous pourrez profiter de chemins de randonnée et de pistes de ski. (© 254-5600 ou 800-942-6904. Remontées, leçons et location du matériel Lu-Ve 62 $ et Sa-Di 71 $, enfants 59/63 $.) Une excellente affaire vous attend à la **Belleayre Hostel**. Suivez la Route 28, après Big Indian, puis prenez Main St. sur la gauche, à hauteur de la pancarte blanche "Pine Hill". Ensuite, tournez encore à gauche dans le second parking. Lits en dortoir et chambres privatives dans un cadre rustique, à proximité de Phoenicia. Salle de jeux, cuisine, laverie (2 $), aire de pique-nique, accès Internet et installations sportives. (© 254-4200. Dortoir 15 $. Chambre privative 30 $/40 $. Chalet pour 6 personnes 60 $.)

HUNTER MT. ET HAINES FALLS

Depuis la Route 28, empruntez la Route 42 vers le nord, puis la Route 23A vers l'est. Cette dernière traverse des paysages magnifiques qui entourent le **Hunter Mt.**,

CENTRE ATLANTIQUE

une destination très appréciée pour le **ski** sur la côte est. (Informations sur le ski au © 518-263-4223, sur les hébergements au © 800-775-4641.) Pendant les festivals qui ont lieu en été et en automne, vous aurez également la possibilité d'essayer le **Skyride**, le plus long et le plus haut télésiège des Catskills (6 $, enfants 3-12 ans 4 $, gratuit pour les moins de 6 ans). De nombreux motels et magasins sont situés le long de l'autoroute. Après Hunter Mt., le camping de **North Lake/South Lake**, à Haines Fall, dispose de 219 emplacements à proximité de deux lacs, d'une chute d'eau et de chemins de randonnée. (© 518-589-5058. 16 $, frais d'enregistrement 2,50 $, réservez 2 jours à l'avance. Utilisation des installations par les non-campeurs 5 $. Location de canoës 15 $.)

ALBANY   ☏ **518**

Bien qu'Albany se proclame la "ville la plus agréable à vivre aux Etats-Unis", elle souffre de clichés malheureux. Il serait déplacé de vouloir comparer cette ville qui prit d'abord le nom de Fort Orange avec sa grande sœur du sud, *Big Apple*. Fondée six ans avant le débarquement des Pilgrim Fathers sur les côtes de la Nouvelle-Angleterre, la ville correspond au plus ancien établissement européen des 13 anciennes colonies britanniques. En 1664, les Anglais s'en emparèrent et, depuis 1797, Albany est la capitale de l'Etat de New York.

🛈 INFORMATIONS PRATIQUES

Amtrak, à l'angle d'East St. et de Rensselaer St., de l'autre côté de l'Hudson par rapport au centre-ville (© 462-5710, ouvert tlj 3h30-24h), dessert New York (11 à 13 dép/j, durée 2h30, 41 $) et Buffalo (4 dép/j, durée 5h, 47 $). **Greyhound**, 34 Hamilton St. (© 434-8095, horaires au © 800-231-2222, ouvert 24h/24), relie Albany à Utica (durée 1h30-2h, 22 $), Syracuse (durée 3h, 31 $), Rochester (durée 4h30, 37 $) et Buffalo (durée 5-6h, 49 $). *Ce quartier peut être dangereux la nuit.* Dans la même gare, **Adirondack Trailways**, 34 Hamilton St. (© 436-9651), dessert des destinations dans la région : Lake George (3 dép/j, durée 1h45, 12 $), Lake Placid (1 dép/j, durée 4h30, 27 $) et Kingston (6 dép/j, durée 1h, 10 $). Pour les déplacements dans les environs, **Capital District Transportation Authority (CDTA)**, 110 Watervliet Ave. (© 482-8822), dessert Albany (1 $), Troy (1,25 $) et Schenectady (1,35 $). Horaires disponibles auprès d'Amtrak et de Trailways. **Informations touristiques** : L'**Albany Visitors Center**, 25 Quackenbush Sq., au coin de Clinton Ave. et de Broadway, organise des visites du centre-ville en tramway (© 434-0405, fin Juin-fin Sep, Ve. à 13h et Sa. à 10h30 10 $, personnes âgées 9 $, moins de 15 ans 5 $) et des visites des vieilles demeures de la ville (ouvert Lu-Ve 11h-16h et Sa-Di 10h-16h, tour en tramway Me. à 10h). **Bureau de poste** : 45 Hudson Ave. (© 462-1359. Ouvert Lu-Ve 8h-17h30.) **Code postal** : 12207.

🏠🛏 HÉBERGEMENT ET RESTAURANTS

Pine Haven Bed & Breakfast, 531 Western Ave., propose de belles chambres équipées du téléphone, de la télévision et de l'air conditionné dans un quartier sûr. Cette grande maison victorienne se trouve au coin de Madison Ave. et de Western Ave. Il y a un parking à l'arrière. (© 482-1574. Petit déjeuner inclus. Réservation nécessaire. Chambre simple avec salle de bains commune 59 $, chambre double 74 $, avec salle de bains privée 74 $/89 $.) Le camping le plus proche est celui du **Thompson's Lake State Park**, sur la Route 157, à 7 km au nord d'East Berne (30 km au sud-ouest d'Albany). Il dispose de 140 emplacements très sommaires et bénéficie de la proximité de rivières poissonneuses, de chemins de randonnée et d'une plage où l'on peut se baigner. A la sortie d'Albany, prenez la Route 443 et guettez les panneaux indiquant Thompson's Lake. (© 872-1674. Emplacement 13 $, frais d'enregistrement 2,75 $.)

Dans le centre-ville, le meilleur endroit est probablement la **Big House Brewing Company**, 90 N. Pearl St., à l'angle de Sheridan St. La Big House sert pizzas, sandwichs et hamburgers à des prix très honnêtes (entre 6 et 7 $), raison de plus pour les faire passer avec une Al Capone Ale, une bière ambrée. (© 445-2739. Ouvert Ma-Sa de 16h jusque tard dans la nuit. *Happy hour* 16h-19h. Concerts Je-Ve. Ve-Sa, la Big House se transforme en boîte.) Au **Stone Soup Deli**, 484 Central Ave., la formule sandwich et salade (4,75 $) sera idéalement complétée par un jus de fruits bio (2-3 $). N'oubliez pas d'apporter vos disques préférés, que vous pourrez écouter grâce à la platine mise à votre disposition. (© 482-2667. Ouvert Lu-Ve 9h-20h, Sa. 9h-18h et Di. 10h-18h.)

◉ VISITES

Les visites intéressantes à Albany se concentrent autour de la **Rockefeller Empire State Plaza**, entre State St. et Madison St., une sorte de temple druidique moderne qui a coûté 1,9 milliard de dollars. Elle abrite des administrations, des magasins, une gare routière, un bureau de poste et des restaurants (parking gratuit Lu-Ve après 14h). L'**Empire Center for the Performing Arts**, parfois appelé "l'œuf" ou "la soucoupe volante", est en fait consacré au théâtre, à la danse et à d'excellents concerts. (© 473-1845. Guichets ouverts Lu-Ve 10h-17h et Sa. 12h-15h, en été Lu-Ve 10h-16h. Billets de 15 à 30 $.) De l'autre côté de la rue se trouve le **New York State Museum**, où vous pourrez voir d'excellentes expositions consacrées à l'histoire, à la population et à la vie sauvage de l'Etat. (© 474-5877. Ouvert tlj 9h30-17h. Entrée gratuite.) Le magnifique **New York State Capitol**, voisin de l'Empire State Plaza, permet aux politiciens de l'Etat de New York de travailler dans de luxueux bâtiments depuis 1899. (© 474-2418. Appelez pour connaître les horaires des visites guidées quotidiennes. Départs Lu-Ve à 10h, 12h, 14h et 15h de l'escalier du sénat, au rez-de-chaussée. Entrée gratuite.)

    Washington Park est bordé par State St. et Madison Ave., au nord du centre-ville. On y trouve des courts de tennis, des barques et assez de place pour organiser fêtes et spectacles. De juillet à mi-août, le **Park Playhouse** y organise des pièces de théâtre et des concerts gratuits (© 434-2035, Ma-Di à 20h). Chaque jeudi de juin, juillet et août, vous pouvez profiter des concerts gratuits **Alive At Five** sur **Tricentennial Plaza**, de l'autre côté de Fleet Bank, sur Broadway (© 434-2032). Pour le détail de ces manifestations, appelez **Albany Alive Line** (© 434-1217, *extension* 409).

    La piste cyclable **Mohawk-Hudson Bikeway** serpente à travers la région d'Albany en longeant de vieilles voies ferrées ou des canaux (© 386-2225, cartes disponibles au *visitors center*). Les locations se font au **Down Tube Cycle Shop**, 466 Madison Ave. (© 434-1711. Ouvert Lu-Ve 11h-19h et Sa. 10h-17h. 25 $ la journée, 35 $ les 2 jours.)

COOPERSTOWN   ☎ 607

Il n'y a pas si longtemps, le nom évoquait surtout Fenimore Cooper, l'auteur du *Dernier des Mohicans*, dont les héros parcouraient les bois autour du lac Otsego. Pour les Américains (et les amateurs), le nom de Cooperstown évoque la légende américaine du base-ball : c'est là qu'eut lieu en 1839 le premier match. La foule se presse chaque été pour visiter le Baseball Hall of Fame. A Cooperstown, on achète des souvenirs de base-ball, on mange dans des restaurants décorés de battes et de gants de base-ball et on dort dans des motels couverts d'affiches de base-ball. Si cet engouement vous laisse froid, sachez tout de même que "Baseball Town" est entourée d'attractions qui n'ont rien à voir avec le base-ball, comme le Fenimore Art Museum ou le Glimmerglass State Park.

⑦ INFORMATIONS PRATIQUES. Cooperstown est accessible par la I-90 et la I-88, *via* la Route 28. Il est difficile de stationner dans Cooperstown. Des parkings gratuits se trouvent juste à l'entrée de la ville : sur la Route 28, dans Glen Ave., à l'angle de Maple St., ou à côté de Fenimore House. Depuis ces parkings, Main St. (Route 31) est à un petit quart d'heure de marche. Vous pouvez également prendre un **tramway** qui vous déposera devant le Hall of Fame, le Farmer's Museum, le Fenimore Museum, le Doublebay Field, l'office de tourisme (*Chamber of Commerce*) et le centre-ville. (Fin Juin-mi-Sep tlj 8h30-21h, début Juin et fin Sep-Oct Sa-Di 8h30-18h. 2 $ la journée, enfants 1 $, trajets illimités.) La compagnie de bus **Pine Hall Trailways** (© 800-858-8555), en face de Clancy's Deli, au croisement de la Route 28 et d'Elm St., assure une liaison pour New York (2-3 dép/j, durée 5h30, 41 $) et pour Kingston (1-2 dép/j, durée 3h15, 21 $). **Office de tourisme : Cooperstown Area Chamber of Commerce and Visitor Information Center**, 31 Chestnut St., sur la Route 28, près de Main St. (© 547-9983. Généralement ouvert tlj 9h-17h, mais l'horaire peut varier.) **Bureau de poste** : 40 Main St. (© 547-2311). Ouvert Lu-Ve 8h30-17h et Sa. 8h30-12h. **Code postal** : 13326.

▐▌ ▐▌ HÉBERGEMENT ET RESTAURANTS. En été (fin Juin-mi-Sep), on a l'impression qu'il faudrait le salaire d'un joueur professionnel de base-ball pour s'offrir une nuit d'hôtel à Cooperstown. Heureusement, il y a quelques exceptions. Le **Mohican Motel**, 90 Chestnut St., propose des chambres avec de grands lits et tout le confort moderne, télévision par câble et air conditionné, à des prix abordables pour la région. (© 547-5101. Fin Juin-début Sep 76-160 $ pour 2-6 personnes. Tarif environ 50 % moins cher hors saison.) Le **Glimmerglass State Park**, 13 km au nord de Cooperstown par la Route 31, sur la rive est du lac Otsego, dispose de 37 emplacements impeccables dans un parc splendide. Pêche, bateau (6 $) et baignade de 8h à 18h. (© 547-8662, 800-456-2267 pour réserver, moyennant une commission très élevée de 8 $. Emplacement 13 $, enregistrement 2,75 $, douche, local poubelles, pas de raccordement. Enregistrement tlj 11h-21h.) Le camping le plus proche du Hall of Fame est le **Cooperstown Beaver Valley Campground**, à l'écart de la Route 28, à 10 mn au sud de Cooperstown. Emplacements spacieux et boisés, piscine, terrain de jeux et location de bateaux. (© 293-8131 ou 800-726-7314. Emplacement 28 $, avec raccordement 31 $.)

Le **Doubleday Cafe**, 93 Main St., frappe toujours deux fois, avec son *chili con carne* (4 $) et son décor digne d'un club de base-ball ainsi que des objets ayant appartenu au légendaire Babe Ruth. (© 547-5468. Ouvert tlj 7h-22h ou 23h selon l'affluence. Le bar ferme après la cuisine.) Pour un dîner chic mais abordable, le **hoffman lane bistro** (il tient à ses minuscules), dans Hoffman Lane, à côté de Main St., en face du Hall of Fame, est l'endroit indiqué. Les salles sont aérées et les tables sont couvertes de nappes à carreaux noirs et blancs. Leur pâté de crabe (8 $) est délicieux. (© 547-7055, ouvert Lu-Sa 11h30-15h30 et 17h-21h30. Menu servi jusqu'à minuit. *Linguine*, pâtes fines et plates, aux palourdes 6 $.) **Schneider's Bakery**, 157 Main St., est une véritable institution, ouverte à Cooperstown en 1887. Délicieux *donuts* (beignets) à l'ancienne à 50 ¢, moins sucrés et moins gras que ceux d'aujourd'hui. (© 547-9631. Ouvert Lu-Sa 6h30-17h30 et Di. 7h-13h.)

▣ VISITES. Le ♥ **National Baseball Hall of Fame and Museum**, dans Main St., est un monument colossal et rutilant, érigé à la gloire du sport préféré des Américains. Vous pourrez y admirer des expositions d'objets inestimables ayant appartenu aux légendes du jeu, dont la batte avec laquelle Babe Ruth réussit son fameux *home run* au cours des World Series de 1932 (un *home run* consiste à envoyer la balle assez loin pour faire le tour du terrain avant que l'équipe adverse ne la renvoie). Le musée propose aussi un émouvant hommage multimédia à ce sport, une exposition sur les joueurs afro-américains des Negro Leagues, de l'art et des films sur le base-ball, et un historique du base-ball qui fait remonter les racines du jeu à d'anciennes cérémonies égyptiennes. On peut lire sur l'un des écriteaux : "Au commencement, peu après que Dieu eut créé le ciel et la terre, on trouva des pierres à lancer et des bâtons pour les frapper." Attendez-vous à affronter la foule : le musée accueille en été plus de visiteurs que la ville ne compte d'habitants. (© 547-7200. Ouvert tlj 9h-21h ; Oct-Avr 9h-17h. Entrée 9,50 $, personnes âgées 8 $, 7-12 ans 4 $.)

Les **cérémonies annuelles** (gratuites) d'intronisation des nouveaux membres se déroulent fin juillet ou début août, sur le terrain situé à côté du **Clark Sports Center**, dans Susquehanna Ave., à 10 mn à pied du Hall of Fame. Les fans peuvent, au cours de ces célébrations, pratiquer le culte de leurs idoles le long de Main St. en obtenant des autographes qu'elles monnaient très cher. Le **Hall of Fame Game** annuel entre deux équipes professionnelles conclut le festival le lundi à 14h dans le très intime Doubleday Field, où se pressent 40 000 spectateurs. Inutile de vous dire qu'il faut réserver des mois à l'avance.

CENTRE ATLANTIQUE

ET SI LES GÉANTS AVAIENT RÉELLEMENT EXISTÉ ?

Bien avant le "Black Sox Scandal" qui défraya la chronique aux Etats-Unis en 1919, le **Cardiff Giant** fut au centre d'une escroquerie tout aussi controversée. L'entrepreneur George Hull commanda la statue en 1868 contre une somme de 2600 $, suite à une discussion menée avec un pasteur méthodiste. Ce dernier croyait fermement que les géants avaient existé sur Terre il y a bien longtemps, comme l'affirme la Genèse (6, 4). Hull chercha alors à exploiter cette volonté de croyance en la Bible et décida d'enterrer le géant de pierre pour mieux le faire "réapparaître". L'année suivante, la statue fut déterrée par des ouvriers qui creusaient un puits dans la ferme du beau-frère de Hull. Très vite, les curieux affluèrent des environs pour voir ce "géant fossilisé". Hull vendit les intérêts qu'il avait dans la statue pour la coquette somme de 40 000 $. Au cours des mois qui suivirent, le géant fut exhibé devant un public de plus en plus sceptique. Lorsque P.T. Barnum exposa sa propre copie à quelques centaines de mètres du "vrai", la supercherie fut découverte. Aujourd'hui, l'original se trouve au **Farmer's Museum** (voir **Visites** ci-après).

Non loin de là, le **Fenimore Art Museum**, Lake Rd./Route 80, vous propose des expositions d'art folklorique américain, de tableaux de l'Hudson River School, d'objets ayant appartenu à James Fenimore Cooper ainsi qu'une impressionnante collection d'artisanat indien. (© 547-1400 ou 888-547-1450. Ouvert tlj 10h-17h. Oct-Déc et Avr-Mai : Ma-Di 10h-16h. Entrée 9 $, 7-12 ans 4 $.) En face, le **Farmer's Museum** présente des expositions sur la vie rurale au XIXᵉ siècle, notamment une ferme encore en activité et un village reconstitué. (© 547-1450. Ouvert Avr-Mai, Ma-Di 10h-16h. Juin-Sep : tlj 10h-17h. Oct-Nov : tlj 10h-16h. Entrée 9 $, enfants 7-12 ans 4 $. Billet combiné avec le Hall of Fame et le Fenimore Art Museum 22 $.)

ITHACA ET LES FINGER LAKES   ☎ 607

Selon une légende iroquoise, le Grand Esprit posa un jour sa main sur la terre et, en s'imprimant sur le sol, ses doigts créèrent les Finger Lakes : Canandaigua, Cayuga, Seneca et les autres. D'autres théories considèrent que ces lacs sont nés des glaciers du dernier âge glaciaire. Quoi qu'il en soit, le résultat est spectaculaire. Les marcheurs assoiffés pourront se rafraîchir aux cascades des gorges d'Ithaca ou goûter au vin de la région, très réputé aux Etats-Unis.

⚐ INFORMATIONS PRATIQUES. L'**Ithaca Bus Terminal** (© 272-7930, ouvert Lu-Sa 6h30-18h et Di. 12h-17h), 710 W. State St., à l'angle de la Route 13, est la gare routière des compagnies **Short Line** (© 277-8800) et **Greyhound** (© 272-7930), qui desservent New York (12 dép/j, durée 5h, 37 $), Philadelphie (2 dép/j, durée 7h, 52 $) et Buffalo (4 dép/j, durée 4h, 27 $). La compagnie de bus **Tompkins Consolidated Area Transit (T-CAT)** (© 277-7433) est la seule qui offre la possibilité de visiter le lac Cayuga sans disposer de voiture. Les bus s'arrêtent à Ithaca Commons, ceux qui vont vers l'ouest dans Seneca St., ceux qui vont vers l'est dans Green St. (Ticket 75 ¢-2 $, personnes âgées et étudiants 50 ¢. Service assuré tlj.) **Informations touristiques** : L'**Ithaca/Tompkins County Convention and Visitors Bureau**, 904 E. Shore Dr., Ithaca 14850, met à votre disposition la meilleure carte de la région (2,50 $), des listes très complètes d'hôtels et de Bed & Breakfast, et des brochures. (© 272-1313 ou 800-284-8422. Ouvert fin Mai-début Sep, Lu-Ve 8h-17h, Sa. 10h-17h et Di. 10h-16h. Mi-Sep-fin Mai : Lu-Ve 8h-17h.) **Bureau de poste** : 213 N. Tioga St. (© 272-5455), à l'angle d'E. Buffalo St. (© 272-5455. Ouvert Lu-Ve 7h-18h et Sa. 7h-13h.) **Code postal** : 14850.

⚐ HÉBERGEMENT. Dans la ville où Vladimir Nabokov a écrit *Lolita*, les motels bon marché en bordure de route ne manquent pas. En été, hélas, les chambres sont prises d'assaut et les prix oscillent entre 40 et 100 $. **Elmshade Guest House**,

402 S. Albany St., à l'angle de Center St., à trois blocks d'Ithaca Commons. Grandes chambres impeccables et bien décorées avec salle de bains commune, télévision par câble, petit déjeuner continental copieux. Ce Bed & Breakfast est, de loin, la meilleure affaire de la ville. Au départ de la gare des bus, remontez State St. et tournez à droite dans Albany St. (© 273-1707. Chambre simple 40 $, chambre double 60 $. Réservation recommandée.) **The Economy Inn**, 658 Elmira Rd./Route 13. Sans fioritures mais proche de Buttermilk Falls et à 3 km du centre-ville d'Ithaca. Air conditionné, télévision par câble, réfrigérateur et appels téléphoniques locaux gratuits. (© 277-0370, chambre simple à partir de 30 $, 48 $ le week-end. Chambre double 38 $/65 $.) **The Wonderland Motel**, 654 Elmira Rd. Piscine, air conditionné et appels téléphoniques locaux gratuits. (© 272-5252. Petit déjeuner continental inclus. Chambre simple à partir de 45 $, chambre double à partir de 55 $, Nov-Mars 35 $/45 $. Tarifs plus élevés le week-end.) Trois des parcs des environs disposent de terrains de camping : **Robert H. Treman** (© 273-3440), sur la Route 327 à l'angle de la Route 13, **Buttermilk Falls** (© 273-5761), Route 13 au sud d'Ithaca, et **Taughannock Falls** (© 387-6739), vers le nord, sur la Route 89. (Emplacement 15 $. Droit d'accès 2 $ ou commission de 7,50 $ sur réservation téléphonique au © 800-456-2267. Chalet 122-239 $ la semaine avec une commission de 11 $ en supplément.) La brochure *Finger Lakes State Parks* décrit l'ensemble des parcs de la région (situation et équipements). Vous la trouverez dans tous les offices de tourisme et dans les parcs.

◪ **RESTAURANTS.** La plupart des restaurants d'Ithaca se regroupent à **Ithaca Commons** et à **Collegetown**. Pour passer une bonne soirée, prenez aussi un exemplaire gratuit de l'*Ithaca Times*, disponible dans les magasins et dans les restaurants : il fournit la liste des différentes animations de la ville. Le ♥ **Rongovian Embassy to the USA ("The Rongo")**, Route 96, sur l'artère principale de Trumansburg, à environ 16 km d'Ithaca, est un restaurant-bar bon marché qui mérite le détour. De formidables plats mexicains pour un véritable voyage culinaire. Les voyageurs qui désirent se déconnecter de la réalité peuvent choisir de se rendre au "Nearvana" en s'inspirant de l'immense carte de la Rongovie et autres pays imaginaires. (© 387-3334. Restaurant ouvert Ma-Di 17h-22h. Bar ouvert Ma-Di 16h-1h. Concerts Ma-Di, entrée 5 $. *Enchiladas* 6 $, bière 2 $.) Le **Moosewood Restaurant**, 215 N. Cayuga St., à l'angle de Seneca St., dans le Dewitt Mall, propose une incroyable carte végétarienne, sans cesse renouvelée et très créative. (© 273-9610. Ouvert tlj 11h30-16h et 18h-21h. Déjeuner 6,50 $, dîner 10-13 $. Pas de réservation.) **Just a Taste**, 116 N. Aurora St., à côté d'Ithaca Commons. La carte présente une belle sélection de vins (2-5 $ le verre), 25 bières et des tapas très tentantes. (© 277-9463. Ouvert Di-Je 11h30-15h30 et 17h30-22h, Ve-Sa 11h-15h30 et 17h30-23h.) **Joe's Restaurant**, 602 W. Buffalo St., à l'angle de la Route 13 (Meadow St.). Les plats, américains et italiens (entre 8 et 20 $), sont servis avec une gigantesque salade maison. (© 273-2693. Ouvert Di. 14h-22h, Lu-Je 16h-22h et Ve-Sa 16h-23h.)

◪ **VISITES.** L'**université de Cornell** est la plus récente des universités de l'Ivy League (regroupement des meilleures universités de la côte est des Etats-Unis). Elle est installée sur une colline raide, au centre d'Ithaca, entre deux superbes gorges. La vue sur l'une des deux gorges depuis le **pont suspendu** au-dessus de Fall Creek est très impressionnante, et le coucher de soleil est splendide depuis la **Central Avenue Stone Arch Bridge**, au-dessus de Cascadilla Creek. Faites un tour par le Day Hall Lobby pour obtenir des renseignements sur le campus (visites et activités) auprès de l'**Information and Referral Center**. (© 254-4636. Ouvert Lu-Ve 8h-17h. Permanence téléphonique Sa. 8h-17h et Di. 12h-13h. Visites Avr-Nov Lu-Ve à 9h, 11h, 13h et 15h, Sa. à 9h et 13h, Di. à 13h. Déc-Mars tlj à 13h.) Le **Herbert F. Johnson Museum of Art**, créé par l'architecte I.E. Pei (le "père" de la pyramide en verre du Louvre), se dresse au sommet de la colline, à l'angle de University St. et de Central Ave. C'est un bâtiment étonnamment séduisant malgré la profusion de béton. Ce musée, qui dépend de Cornell, présente une collection de peintures européennes et américaines, parmi lesquelles des œuvres de Giacometti, Matisse, O'Keeffe et De Kooning. Depuis le jardin de sculptures en terrasse sur le toit du bâtiment, la vue est magnifique. (© 255-6464. Ouvert Ma-Di 10h-17h.

Entrée gratuite.) Les étonnantes **Cornell Plantations** sont une série de jardins botaniques qui entourent les merveilles géologiques de Cornell. (© 255-3020. Ouvert tlj du
lever au coucher du soleil. Entrée gratuite.) Parmi les promenades pleines d'aventure
dans la gorge de Cornell, il serait dommage de se priver du **Founder's Loop**, long de
3 km. Le *Passport to the Trails of Tompkins County* est un guide de randonnée
très complet et gratuit disponible au *visitors bureau.*

La fertilité des Finger Lakes en a fait la grande région viticole de l'Etat de New York.
Trois **wine trails** (routes des vins) permettent d'associer dégustation et visite des
vignobles (de préférence à l'automne, d'après les habitués). Les dix domaines viti-
coles les plus proches d'Ithaca sont sur le **Cayuga Trail**, la plupart le long de la Route 89,
entre Seneca Falls et Ithaca. Téléphonez au © 800-684-5217. Informations sur le **Seneca
Lake Trail** (21 domaines qui se répartissent entre la rive est, Route 414, et la rive ouest,
Route 14, du lac) ou le **Keuka Trail** (sept domaines le long des Routes 54 et 76) auprès
de la Finger Lakes Association (voir **Informations pratiques**, précédemment). Certaines
exploitations disposent de zones de pique-nique gratuites. Toutes organisent des visites
gratuites et des dégustations, parfois payantes (2 $ le verre).

■ **SORTIES.** Le quartier autour de College Avenue, près de Cornell, s'appelle
Collegetown. On y trouve des restaurants et des bars d'étudiants ainsi que le point de
départ d'un sentier qui suit de façon romantique la gorge de la rivière. Ambiance
bohème américaine (murs rouges, atmosphère enfumée) chez **Stella's**, 403 College
Ave., un café qui tient son rang. Le soda "à l'italienne" (avec de la crème, 2,55 $) et
quelques cocktails vous encourageront sans doute à vous rendre au bar de jazz
voisin, aux murs bleus. (© 277-8731. Restaurant ouvert tlj 19h-1h30, en été Lu-Ve
8h-1h et Sa-Di 10h-1h. Bar ouvert tlj 11h-1h.) Pour écouter de la musique *live* et du
hip-hop en centre-ville, faites un tour à **The Haunt**, 702 Willow Ave. (© 275-3447.
Interdit aux moins de 18 ans. Entrée peu onéreuse.) Si vous êtes cinéphile, rendez-
vous au **Cornell Cinema**, 104 Willard Straight Hall, sur le campus de Cornell. Les films
et les prix pratiqués dans cette salle d'art et d'essai traditionnelle ne vous laisseront
pas indifférent. (© 255-3522. Billet 4,50 $. Personnes âgées, étudiants et moins de
12 ans 4 $.) Le **Ruloff's**, 411 College St., est très populaire parmi les étudiants de
Cornell. Le bar à l'ambiance typiquement étudiante vous propose, à 0h30, de jouer
à la "roue de la fortune" pour remporter la spécialité de la maison. (© 272-6067.
Ouvert Lu-Sa 11h30-1h et Di. 10h-1h.)

BUFFALO ☎ 716

Bardée d'autoroutes d'acier et de béton, Buffalo est, derrière son architecture ostensi-
blement moderne, une grosse ville assoupie qui a grandi trop vite. Les ailes de
poulet croustillantes et les groupes de blues électrique aident à soigner les profondes
blessures infligées à la population par les quatre défaites des Buffalo Bills, l'équipe
locale de football américain, lors du Super Bowl, ainsi que l'éternel classement en
deuxième division qui colle à la peau des Bisons, l'équipe de base-ball de la ville.
Des gratte-ciel du centre-ville aux couleurs pastel du charmant petit quartier historique d'Allentown, Buffalo compense son manque de diversité par une physionomie
plus proche de "l'Amérique moyenne", simple et moderne.

⚡ INFORMATIONS PRATIQUES

Les bus **Greyhound**, 181 Ellicott St. (© 855-7533 et 800-231-2222, gare ouverte 24h/24),
dans N. Division St., desservent tout le nord-est. Bus à destination de New York
(15 dép/j, durée 8h30, 65 $), Boston (10 dép/j, durée 11h30, 57 $), les chutes du Niagara
dans l'Ontario (11 dép/j, durée 1h, 4 $) et Toronto (12 dép/j, durée 2h30, 16 $). La
gare ferroviaire d'**Amtrak** (© 856-2075, bureau ouvert Lu-Ve 7h-15h30) se trouve au
75 Exchange St., à l'angle de Washington St. Trains à destination de New York
(3 dép/j, durée 8h, 59 $) et Toronto (1 dép/j, durée 4h, 16 $). Macadam ou rail (billet
1,25 $), les transports en commun sont l'affaire du **Niagara Frontier Transit Authority
(NFTA)** (© 855-7211 ou 283-9319), de même que le Metrorail gratuit qui circule dans

Main St. Le NFTA propose aussi des excursions aux chutes du Niagara. (Le bus n° 40, "Grand Island", part du 181 Ellicott St. 13 dép/j, 1,85 $, personnes âgées et enfants 5-11 ans 85 ¢.) **Taxi** : Cheektowaga Taxi (✆ 822-1738). **Informations touristiques** : **Visitors Center**, 617 Main St., dans le Theater District. (✆ 852-2356 ou 800-283-3256. Ouvert Lu-Ve 9h-17h et Sa-Di 10h-14h. Visite 5 $.) **Bureau de poste** : 701 Washington St. (✆ 856-4604. Ouvert Lu-Ve 8h30-17h30 et Sa. 8h30-13h.) **Code postal** : 14203.

■ HÉBERGEMENT

Le **Buffalo Hostel (HI-AYH)**, 667 Main St., offre 48 lits posés sur un sol immaculé dans un quartier très sûr en centre-ville. Le personnel sympathique organise fréquemment des excursions et sait mettre les voyageurs à l'aise. (✆ 852-5222, draps gratuits, accès au four à micro-ondes, au billard américain et à la laverie automatique. Réception 8h-11h et 16h-24h. Dortoir 19 $, non-adhérents 22 $.) A part cette adresse, l'hébergement bon marché est très rare à Buffalo. Les **chaînes de motels** sont regroupées autour de l'aéroport et sur la I-90, à environ 15 km au nord-est de la ville. Pour le camping, voir **Les chutes du Niagara** (plus loin).

■ ■ RESTAURANTS ET SORTIES

Le **Frank and Teressa's Anchor Bar**, 1047 Main St., est le gardien du temple des vraies *Buffalo Wings*, ces ailes de poulet croustillantes, inventées ici en 1964. (✆ 886-8920, 10 ailes 6 $, 20 ailes 10 $. Ouvert Di. 12h-23h, Lu-Je 11h-23h et Ve-Sa 11h-1h.) Perdue au milieu des jolies petites maisons cubiques d'Allentown, la façade gothique du **Gabriel's Gate**, 145 Allen St., ne rebute pas les clients qui, au moment du déjeuner, se pressent pour y déguster des salades aux *tacos* (5,45 $) ou des souvlakis (6 $) sous des têtes d'élan empaillées ou encore dans le patio ombragé. (✆ 886-0602. Ouvert Di-Je 11h30-1h et Ve-Sa 11h30-2h.) La vie nocturne de la ville possède une étonnante vitalité. La plupart des activités se déroulent dans les environs de **Chippewa St.** et de **Franklin St.**, ainsi que sur **Elmwood Ave.** Pour avoir la liste complète des événements, procurez-vous le *Buffalo Beat*. **The Calumet Arts Cafe**, 56 W. Chippewa St., propose des concerts de jazz et de blues le week-end. (✆ 855-2220. Ouvert Lu-Me 17h30-22h et Je-Sa 17h30-4h.) A l'intersection de Delaware St. et de Chippewa St., le **City SPoT** attire une population branchée avec son choix de cafés et de thés presque infini. (✆ 856-2739. Ouvert 24h/24.)

■ ■ VISITES ET SPECTACLES

Empruntez le bus n° 32 "Niagara" pour vous rendre à l'**Albright Knox Art Gallery**, 1285 Elmwood Ave. Parmi une collection de 6000 œuvres modernes, on trouve un nombre impressionnant de tableaux expressionnistes abstraits. (✆ 882-8700. Ouvert Ma-Sa 11h-17h et Di. 12h-17h. Entrée 5 $, personnes âgées et étudiants 4 $, familles 10 $. Entrée gratuite Sa. entre 11h et 13h.) Au **Naval and Military Park**, en bordure du lac Erié et en bas de Pearl St. et de Main St., vous pouvez monter à bord d'un croiseur lance-missiles, d'un destroyer et d'un sous-marin de la Seconde Guerre mondiale. (✆ 847-1773. Ouvert Avr-Oct, tlj 10h-17h et Nov. Sa-Di 10h-16h. Entrée 6 $, personnes âgées et 6-16 ans 3,50 $.) Parmi une collection de 300 pièces, vous pouvez admirer une bicyclette flottante de 1881 au **Pedaling History Bicycle Museum**, 3943 N. Buffalo Rd., Route 240/277, à Orchard Park, à 16 km au sud-est de Buffalo. (✆ 662-3853. Ouvert Lu-Sa 11h-17h et Di. 13h30-17h. Ouvert mi-Janv-début Avr, Lu. et Ve-Sa 11h-17h, Di. 13h30-17h. Entrée 4,50 $, personnes âgées 4 $, 7-15 ans 2,50 $, familles 12,50 $.)

En hiver, le **Rich Stadium** (✆ 649-0015), à Orchard Park, accueille l'équipe de football américain des **Buffalo Bills**, qui a perdu quatre fois la finale du Super Bowl. Les **Buffalo Sabres**, équipe de hockey qui a perdu la Stanley Cup Final en 1999, jouent au **HSBC Arena**, 1 Seymour H. Knox III Plaza (✆ 855-4000). En été, les familles vont se distraire en allant voir jouer l'équipe de base-ball des **Buffalo Bison** (✆ 846-2000) au **Dunn Tire Park**, dans Swan St. Sur la I-90, prenez la sortie Elm St.

LES CHUTES DU NIAGARA   ☏ 716

Les chutes du Niagara sont à la fois l'une des plus impressionnantes chutes d'eau du monde et l'une des principales sources d'énergie hydroélectrique. Les chutes attirent les amateurs de frissons du monde entier depuis qu'en 1901, Annie Taylor, institutrice de 63 ans, est parvenue à les "dégringoler" en tonneau et à s'en sortir indemne. Les risque-tout doivent savoir que ce genre de tentative est puni d'une forte amende et que, selon les responsables du site, les chances de survie sont minces. Pour les moins casse-cou, les rues sont remplies de magasins, de motels bon marché et de néons.

▟ TRANSPORTS

Train : **Amtrak** (☏ 285-4224), au croisement de la 27th St. et de Lockport St., un block à l'est de Hyde Park Blvd. Prenez le bus n° 52 jusqu'à Falls/Downtown. Trains à destination de **New York** (60 $) et **Toronto** (16 $). Ouvert Je-Lu 7h-23h et Ma-Me 7h-15h.

Bus : **Niagara Falls Bus Terminal** (☏ 282-1331), à l'intersection de la 4th St. et de Niagara St., vend des billets **Greyhound** à utiliser à partir de Buffalo. Ouvert Lu-Ve 9h-16h et Sa-Di 9h-12h. Pour rejoindre Buffalo, prenez le bus n° 40 de la gare routière de Niagara Falls jusqu'au **Buffalo Transportation Center**, 181 Ellicott St. (durée 1h, voir **Informations pratiques** de Buffalo, p. 178).

Transports en commun : **Niagara Frontier Metro Transit System**, 343 4th St. (☏ 285-9319), assure une desserte locale. Tarif 1,25 $. **ITA Buffalo Shuttle** (☏ 800-551-9369) assure une navette entre le *Niagara Falls Information Center*, les principaux hôtels et Buffalo Airport (22 $).

Taxi : **Blue United Cab**, ☏ 285-9331. Au Canada, **Niagara Falls Taxi**, ☏ 905-357-4000.

✦▟ ORIENTATION ET INFORMATIONS PRATIQUES

Les chutes du Niagara sont à cheval sur le Canada et les Etats-Unis : les adresses que nous donnons sont situées dans l'Etat de New York, sauf indication contraire. Vous pouvez parvenir à la ville de Niagara Falls (Etat de New York) en prenant la **US 190** jusqu'à Robert Moses Parkway (mais il y a des embouteillages) ou en prenant la sortie n° 3 jusqu'à la Route 62. La principale artère est/ouest de la ville est Niagara St., qui s'achève, vers l'ouest, à **Rainbow Bridge**, le pont qui relie les Etats-Unis au Canada (piétons 25 ¢, voitures 2,50 $). Les rues sont numérotées par ordre croissant du nord au sud. Dans chaque rue, les numéros des immeubles augmentent d'ouest en est. En dehors de la ville, les motels, restaurants et boutiques sont nombreux le long de la **Route 62** (**Niagara Falls Blvd.**). Il y a des douanes entre les deux pays, prenez-les en compte dans votre itinéraire si vous franchissez la frontière, même si la vérification n'est pas très sévère. Le passage du pont marque aussi celui du dollar américain au dollar canadien. La plupart des commerces acceptent les deux monnaies, américaine et canadienne.

Informations touristiques : **Orin Lehman Visitors Center** (☏ 278-1796), juste devant la terrasse d'observation des chutes. L'entrée est signalée par un jardin. Ouvert Mai-Sep, tlj 8h-18h15 ; Oct-mi-Nov 8h-20h ; mi-Nov-Déc 8h-22h ; Janv-Avr 8h-18h15. Un **centre d'informations** (☏ 284-2000) se trouve à côté de la gare routière, au croisement de la 4th St. et de Niagara St., à 10 mn de marche des chutes. Ouvert tlj 8h30-19h30, mi-Sep-mi-Mai 9h-17h. **Niagara Falls Tourism**, 5515 Stanley Ave., Ontario L2G 3X4 (☏ 905-356-6061, www.discoverniagara.com), donne des informations sur les chutes côté canadien. Ouvert tlj 8h-20h et hors saison 8h-18h. Allumez la radio sur 105.1 FM. La station CFL2 informe les touristes sur le côté canadien (mais en anglais).

Bureau de poste : 615 Main St. (☏ 285-7561). Ouvert Lu-Ve 7h30-17h et Sa. 8h30-14h. **Code postal** : 14302. **Indicatif téléphonique** : 716 (New York), 905 (Ontario). Composez le 716 avant les numéros indiqués, sauf indication contraire.

⚑ HÉBERGEMENT

De nombreux jeunes mariés passent une partie de leur lune de miel près des chutes, particulièrement romantiques de nuit. Les motels bon marché (à partir de 25 $) qui font de la publicité pour la délivrance de certificats de mariage gratuits s'agglutinent le long de **Lundy's Lane**, côté canadien, et le long de la **Route 62**, côté américain, alors que des Bed & Breakfast aux prix très raisonnables dominent la gorge sur **River Rd.** entre le Rainbow Bridge et le Whirlpool Bridge, du côté canadien. Il est recommandé de réserver.

Niagara Falls International Hostel (HI-C), 4549 Cataract Ave. (℗ 905-357-0770 ou 888-749-0058), Niagara Falls, Ontario, Canada, près de Bridge St. Excellent hôtel près des chutes, à deux blocks de la gare routière et de la gare VIA Rail. 88 lits. On s'y sent un peu à l'étroit par grande affluence mais le personnel est sympathique et sans manières. Chambres pour familles, laverie, accès Internet, balades nature, barbecue et parking. Libérer la chambre avant 10h. Réception ouverte 24h/24. 18 $ canadiens, non-adhérents 22 $ canadiens. Draps 1 $ canadien.

Niagara Falls International Hostel (HI-AYH), 1101 Ferry Ave. (℗ 282-3700). De la gare routière, suivez Niagara St. en direction de l'est, puis prenez à gauche sur Memorial Parkway. L'auberge de jeunesse se trouve à l'angle de Ferry Ave. *Evitez de vous attarder dans Ferry Ave. le soir*. 44 lits dans une vieille maison agréable, cuisine, salon de télévision, petit parking, chambres pour familles. Ouvert Fév-mi-Déc. Draps 1,50 $. Arrivée 7h30-9h30 et 16h-23h. Fermeture des chambres de 9h30 à 16h. Couvre-feu à 23h30, extinction des feux à 24h. Dortoir 14 $, non-adhérents 17 $.

Olde Niagara House, 610 4th St. (℗ 285-9408). Un Bed & Breakfast comme à la campagne, à 4 blocks des chutes. Dortoir 18-20 $. Chambres 45-55 $, petit déjeuner inclus. En hiver 35-45 $. Chambre simple pour étudiants 25-45 $ et 25-35 $.

All Tucked Inn, 574 3rd St. (℗ 282-0919 ou 800-797-0919). Chambres propres et bien décorées avec salles de bains communes. Salle de télévision commune. Chambre simple à partir de 39 $, chambre double à partir de 59 $, hors saison 27 $/49 $. Petit déjeuner continental inclus. Réductions pour les lecteurs de Let's Go.

YMCA, 1317 Portage Rd. (℗ 285-8491), à 20 mn à pied des chutes. La nuit, prenez le bus n° 54 dans Main St. 58 lits. Le prix comprend l'utilisation de toutes les installations YMCA. Pas de laverie. Caution pour la clef 10 $. Arrivée 24h/24. Dortoirs réservés aux hommes. Chambre simple 25 $, 96 $ la semaine. Hommes et femmes peuvent dormir sur des lits de camp dans le gymnase pour 15 $.

Niagara Glen-View Tent & Trailer Park, 3950 Victoria Ave. (℗ 800-263-2570), Niagara Falls, Ontario, Canada. Proche du lac, sentier pédestre de l'autre côté de la rue. Glace, douches, laverie, piscine. Navette du camping au pied de Clifton Hill toutes les 30 mn pendant la journée, de 8h45 à 2h en été. Juin-Sep emplacement 35 $ canadiens, avec raccordement complet 42 $ canadiens, Mai-Oct 28 $/35 $. Bureau ouvert tlj 8h-23h. Parking ouvert Mai-mi-Oct.

⬛ RESTAURANTS

Très apprécié des voyageurs, **The Press Box Restaurant**, 324 Niagara St., propose des repas très copieux à des prix étonnamment bas. Le lundi, régalez-vous des fameuses ailes de poulet croustillantes (*Buffalo wings*) pour seulement 15 ¢ pièce (℗ 284-5447, ouvert tlj 9h-23h). Le **Sardar Sahib**, 626 Niagara St., sert une authentique et copieuse cuisine indienne, surtout végétarienne. (℗ 282-0444. Ouvert tlj 11h30-24h. Plats 10 $ ou moins.) Côté canadien, les restaurants aux alentours de **Victoria Ave.**, près de Clifton Hill, sont touristiques mais bon marché. **Simon's Restaurant**, 4116 Bridge St., Niagara Falls, Ontario, sert de copieux petits déjeuners avec des muffins géants faits maison (69 ¢ canadiens). Le soir, vous pouvez vous y rassasier avec une bonne vieille cuisine également faite maison. (℗ 905-356-5310. Ouvert Lu-Sa 5h30-20h et Di. 5h30-14h.) Les amateurs de cuisine asiatique pourront aller au **Peninsula Bakery and Restaurant**, 4568 Erie Ave., Ontario, à côté de Bridge St. (© 905-374-8176. Ouvert Lu. 10h30-19h et Ma-Sa 10h30-22h. Nouilles malaises 7,50 $ canadiens.)

◪ VISITES

Les pièges à touristes, même s'ils ne manquent ni d'un côté ni de l'autre, sont un peu moins voyants du côté américain. Tenez-vous-en aux sites officiels afin de ne pas perdre d'argent. Le **Festival of Lights** (© 905-374-1616) se tient tous les ans à Niagara Falls, de fin novembre à mi-janvier. Sous toutes ses formes, l'eau des chutes se mêle aux concerts, feux d'artifice et défilés nocturnes pour un fabuleux spectacle d'hiver.

LE CÔTÉ AMÉRICAIN. Le tour **Maid of the Mist** est une promenade vivifiante en bateau de 30 mn jusqu'au pied des deux chutes. Elle arrose les touristes depuis plus de 150 ans. (© 284-4233. En été, toutes les 30 mn Lu-Je. Ouvert tlj 10h-18h. 8,50 $, plus 50 ¢ d'ascenseur, enfants 6-12 ans 4,80 $.) La visite des **Caves of the Wind** (les cavernes du vent) se fait en imperméable jaune pour aller se faire tremper au pied des Bridal Veil Falls ("les chutes du voile nuptial"…). Si vous êtes courageux, ne manquez pas le Hurricane Deck qui passe sous les chutes, où de très fortes vagues vous tombent dessus. (© 278-1730. Ouvert Mai-mi-Oct, l'horaire varie selon le temps et l'époque. Les visites se suivent toutes les 15 mn. Entrée 6 $, enfants 6-12 ans 5,50 $. Il faut mesurer au moins 1 m.) Pour les moins aventuriers, le film **Niagara Wonders** de 20 mn sur les chutes est projeté à l'*info center*. (© 278-1783. Projections tlj toutes les 45 mn 9h-21h. En automne, tlj 10h-18h. Tarif 2 $, enfants 6-12 ans 1 $.)

Le **Master Pass**, qu'on peut se procurer au *visitors center* du parc, est un forfait qui donne accès au cinéma, au Maid of the Mist, au **Schoellkopf's Geological Museum**, à Prospect Park, à un petit **Aquarium** et au **Viewmobile**, une visite guidée du parc. (Master Pass 24 $, 6-12 ans 17 $. Musée, © 278-1780. Ouvert Mai-Sep, tlj 9h-19h ; Avr-Mai et Sep-Oct 9h-17h. Tarif 1 $. Film toutes les 30 mn. Aquarium, 701 Whirlpool St., © 285-3575. Ouvert tlj 9h-19h. Entrée 6,75 $, 4-12 ans 4,75 $. Viewmobile, © 278-1730, tlj toutes les 15 mn Di-Je 10h-20h et Ve-Sa 10h-22h. Tarif 4,50 $, enfants 3,50 $.)

Plus au nord, le **Niagara Power Project** présente des expositions interactives et des vidéos sur l'énergie, l'hydroélectricité et l'histoire locale. Profitez-en pour faire une pause sur la *fishing platform* et pêcher saumons, truites ou perches pour votre dîner. (5777 Lewiston Rd., © 286-6661. Ouvert tlj 9h-17h. Entrée gratuite.) Plus au nord à Lewiston, l'**Artpark**, au bas de la 4th St., est un parc de 80 ha consacré aux arts visuels et du spectacle qui propose toutes sortes de démonstrations. Sur la scène du théâtre, opéras, concerts pop et festivals de rock sont à l'affiche. (© 800-659-7275. Spectacles Mai-Déc. Téléphonez pour connaître le programme. Billets en vente Lu-Ve 9h-17h, plus tard lors des représentations. Billets 15-33 $.) Les couleurs françaises, anglaises et américaines ont successivement flotté sur l'**Old Fort Niagara**, fort français construit en 1726 pour contrôler l'accès au Niagara. C'est aujourd'hui un endroit idéal de pique-nique. Tout au long de l'été, un ensemble de reconstitutions font revivre le XVIIIᵉ siècle. (© 745-7611. Suivez Robert Moses Parkway vers le nord au départ de Niagara Falls. Ouvert Juin-Août, tlj 9h-17h30, horaire variable hors saison. Entrée 6,75 $, personnes âgées 5,50 $, enfants 6-12 ans 4,50 $.)

LE CÔTÉ CANADIEN. Du côté canadien (c'est-à-dire au-delà de Rainbow Bridge, donc n'oubliez pas votre passeport), c'est au **Queen Victoria Park** qu'on a la meilleure vue sur Horseshoe Falls, les chutes en forme de fer à cheval. Les chutes sont illuminées tous les soirs, une heure après le coucher du soleil, pendant 3h. Le parking est cher (9,75 $ canadiens). La formule **Park and Ride** permet de dépenser moins : garez votre voiture à Rapids View, en face de Marinelands, au sud de Niagara Parkway, et, de là, prenez **People Movers**. Ce bus, rapide et confortable, permet de parcourir les 30 km du site canadien en s'arrêtant aux endroits intéressants. (© 357-9340. Ouvert mi-Juin-début Sep, tlj 9h-23h. L'horaire change hors saison. Tarif 5,50 $ canadiens, enfants 3 $ canadiens.) Le sentier **Niagara River Recreation Trail** conduit sur 32 km de Fort Érié à Fort George : il offre aux cyclistes, aux patineurs et aux promeneurs l'occasion d'admirer de nombreux sites historiques ou géologiques.

C'est de **SkylonTower** que l'on a la vue la plus haute sur les chutes (236 m) : par temps clair, on voit jusqu'à Toronto. Vue très dégagée également depuis l'**Observation Deck** (159 m de haut), au calme, loin des hordes de touristes. *(5200 Robinson St., © 356-2651. Ouvert tlj 8h-23h30. En hiver, l'horaire change tous les mois. 9 $ canadiens, personnes âgées 8 $ canadiens, enfants 4,50 $ canadiens.)* Le **Discovery Pass** donne droit tout d'abord au **Journey Behind the Falls**, une visite palpitante derrière les chutes de Horseshoe Falls, au **Great Gorge Adventure**, une longue promenade le long des fameux rapides du Niagara (qui n'ont pas toujours porté chance aux casse-cou intrépides), au **Spanish Aero Car**, un téléphérique qui passe au-dessus des tourbillons des chutes, et à bien d'autres attractions. *(Pass 32 $ canadiens, enfants 17 $ canadiens. Visite © 354-1551, 7 $ canadiens, enfants 3,50 $ canadiens. Promenade © 374-1221. Ouvert mi-Juin-début Sep, tlj 9h-20h30, horaire variable hors saison. 6 $ canadiens, enfants 3 $ canadiens. Téléphérique © 354-5711. Ouvert toute l'année mais horaire variable. En hiver, l'attraction est souvent fermée à cause du mauvais temps. 6 $ canadiens, enfants 3 $ canadiens.)*

Le mercantilisme omniprésent dans la région peut s'avérer tout aussi pittoresque que la nature en soi. Faites un tour à **Clifton Hill**, avec ses musées d'objets en cire, ses attractions foraines et autres attrape-gogos hors de prix. Qui vous croira si vous affirmez avoir visité à Niagara Falls le **Ripley's Believe It or Not Museum**, où sont notamment exhibées une statuette en cire d'un homme-licorne et une collection effrayante d'appareils de torture médiévaux ? *(4960 Clifton Hill, © 356-2238. Ouvert tlj en été 9h-2h, horaire variable hors saison. Entrée 8,50 $ canadiens, personnes âgées 6,50 $ canadiens, 6-12 ans 4 $ canadiens.)*

LE NORD DE L'ÉTAT DE NEW YORK

LES ADIRONDACKS ☎ 518

Les forêts des **Adirondacks** sont parmi les plus belles du pays. En 1892, l'État de New York décida de protéger toute la région et d'en faire un **parc d'État**, qui est aujourd'hui l'un des plus grands parcs naturels des Etats-Unis. Les Adirondacks sont une région où l'on peut réellement encore marcher des jours sans rencontrer âme qui vive. Malheureusement, depuis quelques années, la pollution et le développement urbain de plus en plus intenses ont affecté la faune et la flore, contraignant la population locale et les écologistes à se pencher sur la fragilité d'un écosystème en apparence inaltérable. Malgré cette intrusion humaine, le parc reste tout de même exceptionnel.

⊓ INFORMATIONS PRATIQUES. L'**Adirondack Mountain Club (ADK)** est la meilleure source d'informations sur la randonnée et les autres activités de plein air dans la région. Ses bureaux sont situés au 814 Goggins Rd., Lake George 12845 (© 668-4447, ouvert Lu-Sa 8h30-17h, Janv-Avr Lu-Ve 8h30-16h30) et Adirondack Loj Rd., P.O. Box 867, Lake Placid 12946 (© 523-3441, ouvert Sa-Je 8h-20h et Ve. 8h-22h), près de l'Adirondack Loj. Appelez le bureau de Lake Placid pour obtenir des renseignements sur les leçons de canoë, d'escalade, de kayak en eau vive et de secourisme. Vous trouverez des informations parfaitement à jour sur les zones les plus sauvages au **High Peaks Information Center** (prenez la Route 73 sur 5 km à l'est de Lake Placid, puis suivez pendant 8 km Adirondack Loj Rd.). Le centre dispose de toilettes et vend du matériel de randonnée, des en-cas et plusieurs guides des randonnées en montagne, extrêmement utiles (11-25 $). Magasin ouvert Lu-Je 8h-17h, Ve. 8h-22h et Sa-Di 8h-20h. Les amateurs d'escalade trouveront de bons conseils auprès du personnel expérimenté de **Mountaineer**, dans la Keene Valley, entre la I-87 et Lake Placid, sur la Route 73. Location de raquettes 16 $ la journée, d'équipement de glacier, chaussures et crampons 20 $ la journée, de chaussures de randonnée 12 $ la journée. (© 576-2281. Ouvert Di-Je 9h-17h30, Ve. 9h-19h et Sa. 8h-19h. Hors saison Lu-Ve 9h-17h30, Sa. 8h-17h30 et Di. 10h-17h30.) Les meilleures sources de renseignements sont l'ADK et Mountaineer.

CENTRE ATLANTIQUE

Adirondacks Trailways (© 800-858-8555) dessert la région. Au départ d'Albany, il existe des bus pour Lake Placid et Lake George. Depuis Lake George, à Lake George Hardware, 35 Montcalm St., les bus partent en direction de Lake Placid (2 dép/j, 14,40 $), Albany (4 dép/j, 11 $) et New York (5 dép/j, 42 $).

⌕ HÉBERGEMENT. L'ADK dispose de deux grands chalets près de Lake Placid. Le confort douillet de ♥ l'**Adirondack Loj** détourne les randonneurs de leur chemin. Située au bord de Heart Lake, la belle cabane en rondins possède 38 lits et une pièce décorée de trophées de cerfs et d'élans chauffée grâce à une imposante cheminée en pierre. En été, on peut s'y baigner, pêcher, faire du canoë ou de la barque (location 5 $ l'heure plus 3 $ par personne invitée) et, l'hiver, explorer la nature à raquettes pour 10 $ la journée ou à skis de randonnée pour 20 $ la journée. (© 523-3441. Petit déjeuner inclus, déjeuner 4,50 $, dîner 14 $. Il est vivement recommandé de réserver à l'avance. Dortoir 32 $, chambre privative 52 $. Des emplacements de tente et des bungalows sont aussi disponibles.) **John's Brook Lodge**, dans la Keene Valley (téléphonez à Adirondack Loj pour réserver). Depuis Lake Placid, suivez la Route 73 pendant 25 km à travers Keene jusqu'à la Keene Valley et tournez à droite à hauteur de l'Ausable Inn. De là, un sentier de 5 km, à parcourir à pied, vous conduit à un *lodge* qui est une superbe synthèse du confort rustique et du contact avec la vraie nature. Le sentier gravit lentement la colline, mais le repas qui vous attend justifie tous les efforts. Le personnel fait les courses tous les jours et utilise une cuisinière à gaz pour la cuisine. Un *lodge* accueillant où l'on rencontre plein de sympathiques New-Yorkais : John's Brook n'est plus un secret. Presque toujours complet le week-end. Réservez au moins une journée à l'avance pour y dîner, davantage pour un week-end. Apportez draps ou sac de couchage. (Comptez 30 $ pour un lit de juillet à début septembre, 14 $ pour dîner.)

Il est facile de **camper gratuitement**. Pensez toujours à vous enquérir, avant une randonnée en forêt, des abris gratuits qui se trouvent le long des sentiers. Vous avez le droit de camper gratuitement dans le parc du moment que vous installez votre tente à 50 m au moins d'un sentier, d'une route, d'un point d'eau ou d'un terrain de camping et à une altitude inférieure à 1330 m (4000 pieds). Renseignements : State Office of Parks and Recreation (voir l'Etat de New York, **Informations pratiques**, p. 126).

◙ VISITES ET ACTIVITÉS. Sur les 2,43 millions d'hectares (24 300 km², soit l'équivalent de 4 départements français) que couvrent le parc, 40 % sont ouverts au public et offrent des paysages magnifiques et un éventail inégalé d'activités. Plus de 3600 km de sentiers forestiers tortueux sont ouverts aux randonneurs, aux raquetteurs et aux skieurs de fond. Les amateurs de canoë et de rafting disposent d'un formidable réseau de rivières et de cours d'eau, les skieurs bénéficient de dizaines de stations de sports d'hiver et les alpinistes ont tout loisir d'affronter le Mt. Marcy (1603 m), le point culminant de l'Etat. Pour ceux qui préfèrent être spectateurs, la ville de Lake Placid, où ont eu lieu les Jeux olympiques d'hiver de 1932 et de 1980, accueille fréquemment des compétitions sportives nationales et internationales. Un carnaval se déroule à Tupper Lake et à Lake George en janvier et février. A Tupper a également lieu le **Tin Man Triathlon**, au milieu du mois de juillet. Et en septembre, le ciel de Glens Falls est envahi par les ballons et les montgolfières de l'**Adirondack Balloon Festival**.

LAKE PLACID　　　　　　　　　　　　🖃 518

Perdue sous les High Peaks Mountains, Lake Placid vit au rythme des Jeux olympiques d'hiver. Cette petite ville, qui les a accueillis à deux reprises, en 1932 et 1980, a attiré des milliers de visiteurs (et de nombreux motels) mais a su, au fil du temps, conserver le charme qui a fait sa renommée. Tout au long de l'année, des athlètes internationaux de haut niveau s'entraînent dans ses installations sportives. L'atmosphère de Lake Placid s'en ressent et se distingue de celle des autres stations des Adirondacks. La beauté de la région des Adirondack High Peaks attire quantité de randonneurs.

🎱 INFORMATIONS PRATIQUES

Lake Placid est située à l'intersection de la Route 86 et de la Route 73. Depuis les Jeux, l'**Olympic Regional Development Authority**, 216 Main St., Olympic Center, assure la gestion des installations sportives. (℃ 523-1655 ou 800-462-6236. Ouvert Lu-Ve 8h30-16h.) Informations sur les restaurants, l'hébergement et les attractions de la région auprès du **Lake Placid-Essex County Visitors Bureau**, situé lui aussi dans l'Olympic Center. (℃ 523-2445, www.lakeplacid.com. Ouvert tlj 9h-17h, en hiver fermé Di.) **Adirondack Trailways** (℃ 800-225-6815 pour tous renseignements sur les bus) s'arrête à Lake Placid Video, 324 Main St., et offre une bonne desserte de la région. Bus en direction de New York (62 $) et Lake George (15 $). **Informations météo** au ℃ 523-1363. **Internet** : Lake Placid Public Library (bibliothèque municipale), 67 Main St. (℃ 523-3200. Ouvert Lu-Ve 11h-17h et Sa. 11h-16h.) **Bureau de poste** : 201 Main St. (℃ 523-3071. Ouvert Lu-Ve 8h30-17h et Sa. 8h30-14h.) **Code postal** : 12946.

📑 HÉBERGEMENT

A condition d'éviter les résidences et les hôtels situés à l'ouest de la ville, on peut trouver à Lake Placid des hébergements et des restaurants bon marché. Le **White Sled**, à 5 km de la ville sur la Route 73, entre le Sports Complex du Mt. Van Hoevenberg et le tremplin de ski, propose un dortoir de 38 lits avec trois salles de bains, cuisine, barbecue et télévision par câble. Pour quelques dollars de plus, vous pourrez dormir dans l'une des 15 chambres ou louer la petite maison à 10 lits. La patronne peut vous renseigner sur Lake Placid et les Adirondacks, et avec un peu de chance, elle vous préparera sa spécialité, le *blueberry buckle*. (℃ 523-9314. Dortoir 18 $, chambre privative à partir de 55 $.) Si vous préférez avoir une chambre en ville, le **High Peaks Hostel** est un hôtel plus fréquenté, près des installations olympiques et à un prix plus élevé. Située au 337 1/2 Main St., en face du bowling, à quelques blocks de l'Olympic Center, l'auberge dispose d'une cuisine, d'une télévision, d'une pièce commune et de 14 lits dans deux dortoirs (℃ 523-3764, 20 $). Le **Meadowbrook State Park**, à 8 km vers l'ouest sur la Route 86, dans Ray Brook, et le **Wilmington Notch State Campground**, à 13 km à l'est de la Route 86, entre Wilmington et Lake Placid, sont les meilleurs campings de la région, même s'ils peuvent décevoir ceux qui veulent découvrir la beauté virginale des Adirondacks. Tous deux disposent d'emplacements sans raccordement qui peuvent accueillir chacun deux tentes. (Meadowbrook ℃ 891-4351, 10 $ la nuit. Wilmington Notch ℃ 946-7172, 12 $ la nuit, frais d'enregistrement 2,75 $.) **Ausable Point** est sans aucun doute l'un des terrains de camping les plus beaux de l'Etat. A une heure de Lake Placid, à quelque 20 km au sud de Plattsburg sur la Route 9, il donne directement sur les rives du lac Champlain. (℃ 561-7080. 16 $, 19 $ avec électricité, frais d'enregistrement 2,50 $.) Pour réserver dans n'importe quel terrain de camping de l'Etat de New York, appelez le ℃ 800-456-2267.

🍴 RESTAURANTS

A Lake Placid Village, les restaurants concentrés principalement autour de Main St. sont les plus abordables et peuvent satisfaire toutes les gourmandises. Pour le déjeuner, le buffet du **Hilton Hotel**, 1 Mirror Lake Dr., se compose de sandwichs, de soupe, de salades et d'un plat chaud pour 7,50 $ (℃ 523-4411, buffet 12h-14h). Le **Black Bear Restaurant**, 157 Main St., s'occupe du régime des athlètes à l'entraînement : il prépare de la nourriture biologique, des sandwichs végétaliens ou végétariens et des douceurs. Le plat du jour (6-8 $), le solide petit déjeuner (3-6 $) ou le déjeuner (6 $) vous rassasieront sans alléger votre porte-monnaie. (℃ 523-9886. Ouvert 6h-22h, en fonction de l'affluence.) Depuis le **Cottage**, 5 Mirror Lake Dr., la vue sur Mirror Lake, le plan d'eau où s'entraînent les équipes américaines de canoë et de kayak, est la plus belle. Les sandwichs et les salades (gigantesques) coûtent moins de 8 $. (℘ 523-9845. Service 11h30-22h. Bar ouvert 11h30-24h ou 1h en fonction de l'affluence.) **Mud Puddles**, 3 School St., est l'une des seules boîtes de nuit de Lake Placid ouvertes tard. (℘ 523-4446. Entrée gratuite Lu-Ve. Sa-Di 3 $. Ouvert 8h-3h.)

🔍 VISITES

Si vous comptez visiter la plupart des attractions olympiques de Lake Placid, achetez l'**Olympic Sites Passport**. Pour 17 $ par personne, le *pass* comprend l'entrée à l'**Olympic Jumping Complex** (télésiège et ascenseur), au **Mt. Van Hoevenberg Sports Complex**, au **Winter Olympic Museum** et soit au **Scenic Gondola Ride** (tour en bateau) qui accède en haut de Little Whiteface, soit à la **Veterans Memorial Highway**, qui monte à Whiteface Mountain. Le *pass* s'achète à toutes les attractions olympiques ou à l'**Olympic Center Box Office** (℘ 523-1655 ou 800-462-6236).

Dans le centre-ville, l'**Olympic Center** regroupe les stades de hockey de 1932 et 1980, ainsi que le petit **Winter Olympic Museum**, qui renferme des souvenirs. Le musée présente une introduction vidéo de huit minutes sur Lake Placid et son histoire olympique. *(℘ 523-1655, extension 226. Ouvert tlj 10h-17h, 4 $, personnes âgées 3 $, enfants de moins de 6 ans 2 $.)* Il ne faut pas manquer les deux tremplins de ski (90 m et 120 m) qui, avec le **Kodak Sports Park**, constituent l'**Olympic Jumping Complex**, à proximité immédiate de la ville, sur la Route 73. Le billet d'entrée donne accès à un télésiège et à un ascenseur qui conduisent au sommet des tribunes, d'où l'on peut voir, l'été (c'est-à-dire de juin à mi-octobre), les sportifs s'élancer du plongeoir olympique. *(Ouvert tlj 9h-16h. 8 $, personnes âgées et enfants 5 $.)* Environ 8 km à l'est de la ville, sur la Route 73, se trouve l'**Olympic Sports Complex** (℘ 523-4436) du Mt. Van Hoevenberg. Quelle que soit la saison, vous pourrez descendre la piste olympique de bobsleigh. En hiver, la descente s'effectue sur la glace, pour la somme refroidissante de 30 $. En été, il suffit d'ajouter des roulettes au bobsleigh pour que, curieusement, le prix ne soit plus "que" de 25 $. Pendant que vous y êtes, envisagez une petite remise en forme à la manière des athlètes olympiques, en commençant par dévaler l'une des nombreuses pistes de ski de randonnée en **VTT**. Possibilité de louer les vélos dans le complexe. (℘ 523-2811. Ouvert tlj mi-Juin-début Sep et les week-ends de Sep. à début Oct. VTT 10-40 $ la journée. Casque obligatoire 3 $ la journée.) Des bateaux du siècle dernier proposent des **minicroisières** commentées de 25 km sur le lac Placid. Vous apercevrez d'impressionnantes propriétés accessibles en voiture uniquement en hiver, lorsque le niveau du lac baisse et permet ainsi aux locaux de circuler. (℘ 523-9704. Les croisières partent tlj à 10h30 et 14h30, Sa-Di à 10h30, 14h30 et 16h. 7,25 $, personnes âgées 6,25 $, enfants 5,25 $.) Pour jouir d'un panorama aérien, montez la Whiteface Mountain en empruntant la **Veterans Memorial Highway**, 15 km à l'est de Lake Placid, Route 86. La petite cabane de style alpin située au pied de la montagne fournit des informations sur l'autoroute et constitue le point de départ d'une balade dans la nature. En chemin, arrêtez-vous à un ou plusieurs des parkings qui bordent la route pour profiter de vues magnifiques sur les montagnes environnantes avant d'atteindre l'observatoire du sommet. (℘ 946-7175. Ouvert mi-Mai-début Oct, tlj 8h30-17h, plus tard si le temps le permet. Voiture 8 $, moto 5 $, 4 $ supplémentaires par passager.) Enfin, mieux vaut visiter la **Swedish Hill Winery** une fois votre escapade en voiture à travers la montagne terminée. Cet établissement vinicole, qui se trouve à 1,5 km à l'est du centre-ville, sur la Route 73, propose à la dégustation 16 sélections de vins locaux primés. (℘ 523-2498. Ouvert Lu-Sa 10h-18h et Di. 12h-18h. Entrée 3 $.)

LA ROUTE MARITIME
THOUSAND ISLAND   📧 **315**

La région de Thousand Island s'étend sur 160 km le long du Saint-Laurent, de l'embouchure du lac Ontario jusqu'à la première des nombreuses écluses que compte le fleuve, formant ainsi une frontière naturelle entre les Etats-Unis et le Canada. Bien que le Canada, plus chanceux, ait reçu les deux tiers des îles lors de leur partage entre les deux pays, les Etats-Unis prirent les plus vastes, prétendant ainsi à la moitié de la surface totale. Des études menées conjointement par les gouvernements américain et canadien ont permis de déterminer qu'il y avait plus de 1700 îles réparties sur ce passage maritime. N'étaient prises en compte que celles dont au moins $0,1 m^2$ de terre émergeait toute l'année et possédait au moins un arbre. Toutes ces îles et ces bancs rocheux rendent la navigation délicate dans ce secteur. Parmi ceux qui s'aventurent en bateau, les gens du coin distinguent deux catégories de personnes : ceux qui *ont* heurté un récif et ceux qui *vont* heurter un récif. Mais que cette sinistre prédiction ne vous empêche pas de découvrir ce paradis des pêcheurs. On y trouve les meilleures perches et les meilleurs brochets du monde. Cette région est la seule des Etats-Unis qui ait donné son nom à une sauce pour salade, la célèbre "1000 Island" (mayonnaise sucrée-salée généralement relevée, avec des morceaux de cornichons doux, des *pickles*).

⛴ INFORMATIONS PRATIQUES. La région de Thousand Island est à 2h de Syracuse par la I-81 N. Du sud au nord, les principales villes de la région sont **Cape Vincent**, **Clayton** et **Alexandria Bay**. Cette dernière est de loin la plus cosmopolite des trois. Pour Wellesley Island, Alexandria Bay et les 500 îles de l'est, suivez la I-81 jusqu'à la Route 12 E. Pour Clayton et la partie ouest, prenez la sortie n° 47 et suivez la Route 12 jusqu'à la Route 12 E. L'**office de tourisme de Clayton (Clayton Chamber of Commerce)**, 510 Riverside Dr., Clayton 13624, distribue le *Clayton Vacation Guide* et le *Thousand Islands Seaway Region Travel Guide*, tous deux gratuits. (© 686-3771. Ouvert mi-Juin-mi-Sep, tlj 9h-16h, le reste de l'année uniquement Lu-Ve.) L'**office de tourisme d'Alexandria Bay (Alexandria Bay Chamber of Commerce)**, 11 Market St., Alexandria Bay 13607, est près de James St. (© 482-9531. Ouvert tlj 8h-18h.) L'**office de tourisme de Cape Vincent (Cape Vincent Chamber of Commerce)** reçoit courrier et visiteurs au 175 James St., à côté de l'embarcadère des ferrys. (© 654-2481. Ouvert Mai-Oct, Ma-Sa 9h-17h, fin Mai-début Sep également Di-Lu 10h-16h.) La région est desservie par les bus **Greyhound**, 540 State St., à Watertown. (Ouvert Lu-Ve 9h30-13h et 15h-17h, Sa-Di uniquement aux horaires de départ.) Deux bus circulent chaque jour à destination de New York (2 dép/j, durée 7h30, 47,50 $), de Syracuse (2 dép/j, durée 1h45, 8,50 $) et d'Albany (2 dép/j, durée 5h, 36 $). De la même gare, **Thousand Island Bus Lines** dessert Alexandria Bay et Clayton Lu-Ve à 13h (© 287-2782, 5,60 $ pour Alexandria Bay, 3,55 $ pour Clayton). Au retour, départ de Clayton (**Nutshell Florist**, 234 James St., © 686-5791) à 8h45, et d'Alexandria (**Dockside Cafe**, 17 Market St., © 482-9849) à 8h30. **Internet** : Cape Vincent, à l'angle de Broadway et de Real St. (© 654-2132. Ouvert Ma. et Je. 9h-20h, Sa-Di 9h-13h.) **Bureau de poste** de Clayton : 236 John St. (© 686-3311. Ouvert Lu-Ve 9h-17h et Sa. 9h-12h.) **Code postal** : 13624. **Bureau de poste** d'Alexandria Bay : 13 Bethune St. (© 482-9521. Ouvert Lu-Ve 8h30-17h30 et Sa. 8h30-13h.) **Code postal** : 13607. **Bureau de poste** de Cape Vincent : 362 Broadway, de l'autre côté du pré communal. (© 654-2424. Ouvert Lu-Ve 8h30-13h et 14h-17h30, Sa. 8h30-11h30.) **Code postal** : 13618.

🛏 HÉBERGEMENT. Les propriétaires entretiennent avec amour la paisible **Tibbetts Point Lighthouse Youth Hostel (HI-AYH)**, 33439 County Route 6, sur la rive ouest du fleuve, à Cape Vincent, là où le Saint-Laurent se jette dans le lac Ontario. Prenez la Route 12 E, entrez dans la ville, tournez à gauche sur Broadway et poursuivez jusqu'à la fin de la route : vous verrez le phare. Le point de vue est spectaculaire et le bruit hypnotique des vagues vous bercera jusqu'à ce que vous décidiez d'y passer la nuit. (© 654-3450. Ouvert mi-Mai-Oct. Se présenter entre 17h et 22h. 2 maisons avec 26 lits. Draps 1 $. Cuisine équipée avec four à micro-ondes. Dortoir 12 $, non-adhérents 15 $.) Le **Burnham Point State Park**, sur la Route 12 E, à 6-7 km à l'est de Cape Vincent et à 18 km à l'ouest de Clayton, dispose de 52 emplacements pour tentes et de trois aires de pique-nique. (© 654-2324. Ouvert fin Mai-début Sep, tlj 8h-22h. Douches. Emplacement 13 $, avec vue sur le lac 15 $. Gardiennage de bateau 6 $ la journée, 13 $ la nuit. Frais d'enregistrement 2,50 $, accès handicapés.) Le **Keewaydin State Park**, juste au sud d'Alexandria Bay, dispose de 41 emplacements au bord du Saint-Laurent. Les campeurs peuvent accéder librement à la piscine, de taille olympique, ce qui peut expliquer le nombre de tentes dans le parc au plus chaud de l'été. (℗ 482-3331. Ouvert fin Mai-début Sep, tlj 8h-23h. Piscine ouverte 10h-19h, douches, emplacement 13 \$, frais d'enregistrement 2,50 \$.) Appelez le ℗ 800-456-2267 pour réserver dans l'un des terrains de camping de l'Etat de New York.

◙ **EXPLORER LA VOIE MARITIME DU SAINT-LAURENT.** Toutes les petites villes qui longent la Route 12 sont d'excellents points de départ pour explorer Thousand Island. Clayton et Cape Vincent sont moins chères qu'Alexandria Bay. **Uncle Sam Boat Tours**, présents à Clayton, 604 Riverside Dr. (℗ 686-3511) et à Alexandria Bay, dans James St. (℗ 482-2611), proposent la meilleure vue sur les îles et certaines des luxueuses résidences qui surplombent le fleuve. Le tour est explicatif et dispense de sages conseils pour éviter les hauts-fonds. Les promenades en bateau s'arrêtent sur **Heart Island**, là où se trouve l'étonnant château **Boldt Castle**. Le prix de la promenade ne comprend pas l'entrée au château. (Office de tourisme ℗ 800-847-5263.) Les promenades de 2h15 partent tous les jours d'Alexandria Bay de fin avril à octobre. (13,50 \$, enfants de moins de 13 ans 6,75 \$. Déjeuners et dîners de croisière 20,50-27,50 \$. Réservation nécessaire.) L'**Antique Boat Museum**, 750 Mary St., dans Clayton, géré par de vrais amoureux des bateaux, abrite pratiquement tous les modèles d'embarcation en eau douce jamais construits en bois de feuillus. (℗ 686-4104. Ouvert mi-Mai-mi-Oct, tlj 9h-17h. Entrée 6 \$, personnes âgées 5 \$, étudiants 2 \$, gratuit pour les moins de 5 ans.) A Clayton, **French Creek Marina**, 250 Wahl St. (℗ 686-3621), près de Strawberry Lane, au sud du carrefour 12/12E, loue des bateaux de pêche de 4,20 m (50 \$ la journée), met les bateaux à l'eau (5 \$) et assure le gardiennage de nuit (20 \$ la nuit). Vous pouvez vous procurer un **permis de pêche** dans les magasins de sport ou au **Town Clerk's Office**, 405 Riverside Dr., à Clayton. (℗ 686-3512. Ouvert Lu-Ve 9h-12h et 13h-16h. 11 \$ la journée, 20 \$ les 5 jours, 35 \$ la saison.) Apportez votre équipement personnel (cannes et moulinets) ou achetez-le car il n'y a pas de possibilité de location sur place.

CHÂTEAU À VENDRE L'île et le château en ruine de Boldt ne furent pas achetés par une célébrité ou une personnalité royale mais par le Thousand Island Council, pour la somme stupéfiante de... 1 \$. Le contrat prévoyait que la propriété ne pourrait jamais être utilisée à des fins commerciales. Ainsi, vous êtes certain que la somme demandée à l'entrée est bien destinée à l'amélioration permanente du château et non à en renflouer les caisses. Depuis le rachat, le Council a déboursé plus de 15 millions de dollars pour sa restauration. Malgré cet investissement, une autre clause du contrat stipule que le Council n'est pas autorisé à mener le projet à son terme. En effet, le rêve architectural de son bâtisseur, George Boldt, n'ayant pas été terminé au cours de l'existence de sa femme, le château restera à jamais inachevé. *(℗ 482-9724. Ouvert mi-Mai-mi-Oct, tlj 10h-18h30. Entrée 4,25 \$, 6-12 ans 2,50 \$.)*

NEW JERSEY

Le voyageur qui ne quitte pas l'autoroute perçoit le New Jersey comme un paysage d'usines polluantes et de plages dépotoirs. Il faut donc prendre les chemins de traverse pour découvrir la verdure qui a fait la réputation de l'Etat le plus boisé du pays : des champs de maïs, de tomates et de pêches, des plages tranquilles qui s'étendent le long de sa frontière sud, et la forêt de Pine Barrens. D'ici, on n'entend pas le vacarme des salles de jeux d'Atlantic City. Pour compléter ce décor contrasté, le New Jersey est la terre natale du "Boss" Bruce Springsteen et compte deux prestigieuses universités qui se sont affrontées lors du tout premier match de football américain jamais joué entre deux universités : Rutgers et Princeton.

INFORMATIONS PRATIQUES

Capitale : Trenton.

Informations touristiques : **State Division of Tourism**, 20 W. State St., P.O. Box 826, Trenton 08625 (© 609-292-2470, www.state.nj.us/travel). **New Jersey Department of Environmental Protection and Energy**, 401 E. State St., Trenton 08625 (© 609-292-2797).

Fuseau horaire : Heure de l'Est (6 heures de moins que l'heure de Paris).

Abréviation postale : NJ. **Taxe locale** : 6 %, pas de taxe sur les vêtements.

ATLANTIC CITY   ☎ 609

Plus que toute autre ville des Etats-Unis, Atlantic City est ancrée dans la mémoire collective de générations d'Américains. Depuis 50 ans en effet, cette ville côtière représentée sur le Monopoly américain suscite la convoitise des stratèges, qui passent par la case départ et touchent 200 $ afin d'acheter des propriétés. Le déclin dans lequel ont sombré les quartiers prestigieux du Boardwalk et de Park Place (dont les traces sont encore visibles dans les rues et les allées décrépies) a cédé la place à l'univers de l'argent. A partir des années 1970, les casinos renaquirent de leurs cendres le long de la promenade en planches qui longe la mer et aujourd'hui, le front de mer est envahi par des vagues d'hommes d'affaires venus gagner de l'argent facile, prendre quelques couleurs et parfois même connaître une aventure sans lendemain. Ces temples rutilants et criards dédiés au jeu (proposant tous une dizaine de restaurants et des spectacles) dominent la plage et attirent autant les stars internationales que les plus démunis de la ville.

TRANSPORTS

Atlantic City occupe une position centrale sur la côte du New Jersey. La ville est accessible par les axes routiers de **Garden State Parkway** et **Atlantic City Expressway** et, tout aussi facilement, par le train à partir de Philadelphie et de New York.

Avion : Atlantic City International Airport (© 645-7895 ou 800-892-0354). Situé à l'ouest de la ville, à Pamona. Desservi par Spirit, US Airways et Continental.

Train : Amtrak, sur Kirkman Blvd., à côté de Michigan Ave. Prenez Kirkman Blvd. jusqu'au bout, tournez à droite et suivez les panneaux. Trains à destination de **New York** (5 dép/j, durée 5h30, 54 $). Ouvert tlj 6h-22h15.

Bus : Greyhound (© 609-340-2000). Départ toutes les demi-heures de Port Authority (New York City) vers la plupart des grands casinos (2h30, aller-retour avec arrêt devant les casinos 30 $). La plupart des casinos offrent, en plus de réductions sur le transport, entre 15 $ et 20 $ en pièces de monnaie à l'arrivée. (Le Trump Plaza offre 20 $.) **New Jersey Transit** (© 800-582-5946 à l'intérieur de l'Etat ou 215-569-3752) dessert New York et la gare de transit dans Atlantic Ave., entre Michigan Ave. et Ohio Ave. (25 $, personnes âgées 11 $ l'aller simple). **Gray Lines Tours** (© 800-669-0051) propose plusieurs excursions quotidiennes (aller-retour) à destination d'Atlantic City (durée 3h, Lu-Ve 22 $ et Sa-Di 24 $). Votre reçu peut être échangé dans un casino contre de l'argent liquide, en jetons de jeu ou en repas. Le bus vous dépose au casino que vous avez indiqué et vous reprend plus tard dans la journée. Appelez pour connaître les arrêts du bus. Composez le © 800-995-8898 pour des informations sur les formules comprenant une nuit d'hôtel. La gare est ouverte 24h/24.

ORIENTATION ET INFORMATIONS PRATIQUES

Les attractions d'Atlantic City sont rassemblées autour du Boardwalk, les planches qui longent l'océan Atlantique d'est en ouest. Pacific Ave. et Atlantic Ave. sont parallèles au Boardwalk. On y trouve des restaurants, des hôtels et des magasins bon marché. *Attention : Atlantic Ave. peut être dangereuse le soir et les rues adjacentes n'ont pas toujours bonne réputation, même pendant la journée.* Il est facile et plus agréable de se déplacer à pied sur le Boardwalk que dans le reste de la ville. Le **parking** est gratuit au Sands Hotel, mais seulement pour les "habitués" : faites-vous passer pour tel et économisez un dollar, qui finira dans une machine à sous. Sinon, lorsque vous vous garez, choisissez le parking le plus proche possible du Boardwalk (3-7 $ l'heure).

Office de tourisme : **Atlantic City Convention Center and Visitors Bureau**, 2314 Pacific Ave. (℃ 888-228-4748). Ouvert tlj 11h-19h. Un autre centre d'informations se trouve sur l'Expressway, à environ 1,5 km après Pleasantville Toll Plaza. Ouvert tlj 9h-17h.

Hôpital : **Atlantic City Medical Center** (℃ 344-4081), à l'angle de Michigan Ave. et de Pacific Ave.

Assistance téléphonique : **Rape and Abuse Hotline** (SOS Viol), ℃ 646-6767, 24h/24. **Gambling Abuse** (SOS jeux), ℃ 800-426-2537, 24h/24. **AIDS Hotline** (SOS sida), ℃ 800-281-2437.

Bureau de poste : A l'angle d'Illinois Ave. et de Pacific Ave. (℃ 345-4212). **Code postal** : 08401.

⌂ HÉBERGEMENT

Les grands hôtels onéreux à tapis rouge du front de mer ont repoussé leurs concurrents plus modestes quelques blocks plus loin. L'été, les petits hôtels privés de **Pacific Ave.**, à un block du Boardwalk, proposent des chambres de 60 à 95 $ quand la population locale passe à 250 000 habitants. Réservez longtemps à l'avance, surtout pour les week-ends, si vous ne voulez pas dépenser tous vos gains pour un logement médiocre. Beaucoup d'hôtels offrent des réductions en milieu de semaine ou en hiver, quand la température de l'eau et la chaleur du jeu baissent de concert. Si vous disposez d'une voiture, vous pouvez loger à **Absecon**, à 12 km d'Atlantic City, où les chambres sont meilleur marché. Prenez la sortie n° 40 du Garden State Parkway et suivez la Route 30.

Inn of the Irish Pub, 164 St. James Pl. (℃ 344-9963), près de Ramada Tower, à hauteur du Boardwalk. Chambres spacieuses, propres, papier peint fleuri : la meilleure adresse bon marché en ville. Rocking-chairs et brise marine sous la véranda, que demander de plus ? Des animations sont organisées au bar en soirée. Laverie payante dans l'hôtel voisin. Caution pour la clef 5 $. Chambre double 53-65 $ avec salle de bains commune, 75-85 $ avec salle de bains privée. Chambre pour 4 avec salle de bains commune 85-99 $.

Comfort Inn, 154 South Kennedy Ave. (℃ 888-247-5337 ou 348-4000), près du casino Sands. Chambre modeste mais avec lit *king size* (environ 193 cm de large) ou 2 lits *queen size* (à peu près 152 cm chacun) ainsi que jacuzzi, pour le côté tape-à-l'œil de la ville. Petit déjeuner continental inclus, parking gratuit et piscine chauffée. Sep-Mai 59 $, Juin 69-79 $, Juil. 89 $, Août 99 $, début Sep. 69 $. Les chambres avec vue sur l'océan coûtent 20 $ de plus mais sont équipées d'un réfrigérateur, d'un four à micro-ondes et d'un plus grand jacuzzi. Réservez bien à l'avance pour les week-ends et les jours fériés.

Seacomber Hotel, 1630 Albany Ave. (℃ 348-3171). Hôtel un peu excentré, juste à la sortie d'Atlantic City Expwy., aux chambres simples et sans intérêt particulier, mais qui propose une navette gratuite reliant le Boardwalk et les casinos. Service de chambre effectué tous les jours, télévision par câble et chaîne cinéma HBO, restaurant dans le hall. Chambre double 39-59 $, chambre quadruple 55-79 $, toutes équipées d'une salle de bains. *A la nuit tombée, soyez prudent, le quartier n'est pas toujours très sûr.*

Shady Pines Campground, 443 S. 6th Ave., à Absecon (℃ 652-1516), à 10 km d'Atlantic City. Sur l'Expwy., prenez la sortie n° 12. Ce terrain de camping très ombragé dispose de 140 emplacements, d'une piscine, d'une aire de jeux, d'une laverie, d'un service de bois à brûler et de douches et toilettes toutes neuves. Ouvert Mars-Nov. Emplacement 26 $, avec eau et électricité 29 $.

⬛ RESTAURANTS

On trouve en abondance sur le Boardwalk de quoi faire bondir les nutritionnistes : hot-dogs à 75 ¢ et parts de pizza à 1,50 $. Des repas bon marché mais assez médiocres sont servis aux buffets à volonté des casinos (7 $ le déjeuner, 11 $ le dîner). Il est possible de manger plus convenablement en ville, dans une atmosphère un peu moins *middle class* américaine. Vous trouverez la liste complète des restaurants dans le *Shorecast Insider's Guide At the Shore* ou *Whoot* (tous deux gratuits et disponibles à la réception des hôtels, dans les restaurants et les magasins). Ceux qui recherchent vraiment de bonnes affaires les trouveront dans les casinos, où des en-cas gratuits sont distribués aux flambeurs.

Les restaurants les plus abordables d'Atlantic City se trouvent dans le même périmètre que les hôtels bon marché de cette ville plutôt chère. Parmi les rares établissements qui possèdent l'air conditionné et où l'on rencontre des gens du coin, on retiendra l'**Inn of the Irish Pub**, 164 St. James Pl., où aucun plat ne dépasse 6 $. Le menu *special* (servi Lu-Ve 11h30-14h) du déjeuner est composé d'un sandwich (on ne choisit pas) et d'un bol de soupe (2 $). La bière pression est à 1 $. (*℃* 345-9613. Ouvert 24h/24.) Les affamés se rendront sur **Pacific Avenue** pour grignoter des pizzas, des *subs* (sandwichs longs) ou même un steak. On raconte que lorsqu'il était en tournée, Frank Sinatra se faisait envoyer par avion les immenses *subs* (entre 4 et 9 $) du **White House Sub Shop**, 2301 Arctic Ave. (*℃* 345-1564 ou 345-8599. Ouvert Lu-Je 10h-24h, Ve-Sa 10h-1h et Di. 11h-23h.) Les meilleures pizzas de la ville viennent de chez **Tony's Baltimore Grille**, 2800 Atlantic Ave., à l'angle d'Iowa Ave. Les pâtes et pizzas à 3-6 $ séduiront les voyageurs à petit budget. (*℃* 345-5766. Ouvert tlj 11h-3h, bar ouvert 24h/24.) L'une des meilleures adresses du Boardwalk, la **Custard and Snack House**, entre South Carolina Ave. et Ocean Ave., propose 37 parfums différents de glaces et de yaourts, de la pêche au tutti-frutti (2,25 $ la boule). S'il fait trop froid, prenez donc un café, un thé ou un chocolat chaud à 1 $. (*℃* 345-5151. Ouvert Di-Je 10h-24h et Ve-Sa 10h-3h.)

⬛ LES CAINO, LE BOARDWALK ET LES PLAGES

Tous les casinos du Boardwalk se trouvent les uns à côté des autres. Le plus au sud est **The Hilton** (*℃* 347-7111), entre Providence Ave. et Boston Ave., et le plus au nord le **Showboat** (*℃* 343-4000), à l'angle de Delaware Ave. et du Boardwalk. Si vous avez aimé *Aladdin*, le dessin animé de Disney, ne manquez pas le **Taj Mahal**, 1000 Boardwalk (*℃* 449-1000). Impossible de toute façon de ne pas voir ce château étincelant et ostentatoire qui a coûté au financier américain Donald Trump une déconfiture d'un milliard de dollars. Ce qui ne l'empêche pas, comme au Monopoly, de posséder trois autres hôtels-casinos à Atlantic City : **Trump Plaza** (*℃* 441-6000) et **Trump World's Fair** (*℃* 344-6000) sur le Boardwalk, **Trump Castle** (*℃* 441-2000) sur la marina. Les dés sont jetés au **Caesar's Boardwalk Resort and Casino** (*℃* 348-4411), à l'angle d'Arkansas Ave. Le **Sands** (*℃* 441-4000) érige son décor clinquant de coquillages à hauteur d'Indiana Ave. Et comme on peut s'en douter, tous ces établissements sont ouverts 24h/24.

Il y en a pour tous les goûts à Atlantic City. Les moins de 21 ans (et ceux qui sont fatigués du cycle infernal des gains et des pertes) peuvent aller dans les **stands de jeux** qui longent le Boardwalk : ils ont la couleur des casinos, l'odeur des casinos, mais ce ne sont pas des casinos… et l'on y gagne plus facilement des ours en peluche qu'une décapotable au Caesar. Le **Steel Pier**, qui est un peu l'annexe du Taj Mahal, propose les distractions habituelles d'un parc de loisirs : grand huit, grande roue, balançoires géantes, manèges, circuits et autres "jeux d'adresse". Chaque tour ou partie coûte entre 2 et 5 $. (Ouvert en été tlj 12h-24h, téléphonez au Taj Mahal pour connaître l'horaire d'hiver.) Enfin, quand vous en aurez assez de dépenser votre argent, il vous restera la **plage**. Elle est envahie de couples, de familles et de joueurs déconfits, mais le sable et l'eau sont généralement propres et une douce brise accompagne le spectacle splendide de l'océan. Les plages de **Ventnor City**, immédiatement à l'ouest d'Atlantic City, sont moins fréquentées.

CAPE MAY   ☎ 609

Située à la pointe sud de la côte du New Jersey, Cape May est la plus ancienne station balnéaire des Etats-Unis. Autrefois lieu de villégiature estival des New-Yorkais d'Upper East Side, la ville conserve encore ce cachet bourgeois dans les restaurants chic de Beach Ave. Bien sûr, les plages de sable blanc de l'Atlantique vous séduiront, mais les charmants Bed & Breakfast du XIXe siècle qui bordent les trottoirs en brique sont incomparables.

■ ⁊ **ORIENTATION ET INFORMATIONS PRATIQUES.** Malgré son isolement géographique, Cape May est facile d'accès. Si vous venez du nord en voiture, il suffit de prendre Garden State Parkway (péages élevés) aussi loin que possible vers le sud, et en suivant les flèches "Center City" (centre-ville), vous vous retrouverez dans Lafayette St. D'Atlantic City, vous pouvez aussi prendre l'Ocean Drive, moins rapide mais très belle, qui parcourt les 65 km qui séparent les deux villes. Les bus **NJ Transit** (℃ 215-569-3752 ou 800-582-5946) s'arrêtent à la gare routière, au coin de Lafayette St. et d'Ocean St. A destination d'Atlantic City (18 dép/j, durée 2h, 3,45 $), de Philadelphie (18 dép/j, durée 3h, 13,60 $) et de New York (3 dép/j, durée 4h30, 27 $). Les bus du **Cape Area Transit (CAT)** circulent dans Pittsburgh Ave., Beach Dr., Lafayette St. et Ocean Ave. (℃ 889-0925 ou 800-966-3758. Fin Juin-Sep, 6 dép/j tlj de 10h à 22h, fin Mai-Juin et 6 Sep-mi-Oct Ve. de 16h à 22h, Sa. de 10h à 22h et Di. de 10h à 16h. Tarif 1 $. Faites l'appoint.) Le **Cape May Seashore Lines** met en circulation quatre fois par jour de vieilles locomotives à destination des sites d'attraction le long de la quarantaine de kilomètres qui sépare Cape May de Tuckahoe (℃ 884-2675, 8 $, enfants 5 $). Vous pouvez louer un vélo chez **Shield's Bike Rentals**, 11 Gurney St. (℃ 884-2453. Ouvert 7h-19h, 4 $ l'heure, 9 $ la journée, tandem 12 $ l'heure, voiture à pédales 24 $ l'heure.) **Farla's**, 311 Beach Ave., loue du matériel de plage. (℃ 898-0988, planche de surf 16-20 $, parasol ou chaise 6 $, *bodyboard* 8-16 $, combinaison 15 $. Ouvert Avr-Sep, tlj 9h-16h.) **Welcome Center**, 405 Lafayette St. (℃ 884-9562. Ouvert tlj 8h30-17h.) **Office de tourisme** : **Chamber of Commerce**, 513 Washington St. Mall (℃ 465-7181, ouvert Lu-Ve 9h-17h et Sa-Di 10h-18h) et dans le *historic kiosk*, à l'extrémité sud du centre commercial. **Bureau de poste** : 700 Washington St. (℃ 884-3578. Ouvert Lu-Ve 9h-17h et Sa. 8h30-12h30.) **Code postal** : 08204.

⁊ **HÉBERGEMENT.** Soyez à l'affût des réductions que peuvent consentir les hôtels de Beach Dr. Une nuit sur le front de mer dans l'un de ces hôtels luxueux ou dans ces Bed & Breakfast aux façades victoriennes peut s'échelonner entre 85 et 250 $. L'**Hotel Clinton**, 202 Perry St., à l'angle de Lafayette St., a beau ne pas avoir de suite présidentielle ni d'air conditionné, il dispose néanmoins de 16 chambres de belles dimensions aux meilleurs prix de la ville, avec en prime des patrons chaleureux et accueillants. (℃ 884-3993. Ouvert mi-Juin-Sep, chambre simple 36-40 $, chambre double 46-50 $. Réservation recommandée.) Juste à côté, le **Parris Inn**, 204 Perry St., propose de grandes chambres confortables, la plupart équipées d'une salle de bains privée, avec télévision et air conditionné. (℃ 884-8015. Ouvert mi-Avr-Déc, chambre simple 65-75 $, chambre double 85-115 $, les tarifs baissent hors saison.) Les campings se trouvent le long de la US 9, au nord de Cape May. Situé sur un rivage préservé, **Camp Island**, 709 Route 9, est relié à Cape May par la Seashore Line, une ligne ferroviaire restaurée qui effectue 4 trajets par jour (3,50 $). Ce terrain de camping entièrement aménagé dispose de deux piscines, d'une aire de jeux, d'un magasin et d'une laverie. (℃ 800-437-7443. Emplacement 24-36 $, avec raccordement complet 26-39 $.) Plus sommaire mais à seulement 10 blocks de Cape May, le **Depot Travel Park**, 800 Broadway, à 3 km au nord sur la Route 626 (Seashore Rd.), à côté de la Route 9, est pratique pour les amateurs de plage. (℃ 884-2533. Ouvert Mai-fin Sep. Emplacement avec eau 23 $, raccordement complet 28 $.)

CENTRE ATLANTIQUE

⌾ ▣ RESTAURANTS ET SORTIES. Pour manger bon marché à Cape May, il faut d'abord chercher du côté des vendeurs de pizzas et de hamburgers installés le long de **Beach Ave.** Les prix grimpent dès que l'on veut un repas plus copieux à l'un des restaurants coûteux sur la plage. Au **Washington St. Mall** (centre commercial où règne le bonbon au caramel), vous trouverez quelques restaurants abordables. Un repas à l'**Ugly Mug**, 426 Washington St. Mall, vaut bien la peine de traverser le nuage de fumée. Vous vous remplirez à nouveau les poumons d'air frais dans le patio, devant un *clam chowder* à 2,25 $ ou un *oceanburger* à 5,75 $. (© 884-3459. Ouvert Lu-Sa 11h-2h et Di. 12h-2h. Repas servi jusqu'à 23h. Pizza gratuite Lu. 22h-2h.) Au tout nouveau restaurant **Gecko's**, dans le centre commercial de Carpenter St., les chefs mexicains triplent les rations des plus affamés pour 5,50 $ avec la spécialité tex-mex *three-sister quesadilla*. (© 898-7750. Ouvert tlj 10h-22h.)

La scène rock tourne autour du **Carney's**, dans Beach Ave., avec des concerts quotidiens l'été à partir de 22h. Détendez-vous le week-end grâce aux impros de jazz Di. 15h-19h. (© 884-4424. Boissons 3,50-5 $. Ouvert tlj 11h30-2h.) Une clientèle chic se presse chez **Cabana's**, situé face à la mer, à l'angle de Decatur St. et de Beach Ave. Venez les poches pleines si vous souhaitez vous offrir un plat. Heureusement, l'entrée est gratuite tous les soirs pour assister aux concerts de blues ou de jazz. (© 884-8400. Ouvert tlj 12h-2h.)

◪ PLAGES. Les plages de Cape May étincellent littéralement car elles sont parsemées des célèbres "diamants de Cape May" (de simples fragments de quartz). Avant de vous installer sur l'une des plages surveillées de la ville (à hauteur de Beach Ave.), vous devrez vous procurer un **ticket de plage** (*beach tag*) auprès d'un des vendeurs ambulants ou au **Beach Tag Office**, situé à l'angle de Grant Dr. et de Beach Dr. (© 884-9522. Ouvert tlj 9h30-17h30, ticket nécessaire Juin-Sep, tlj 10h-17h30, 4 $ la journée, 8 $ les 3 jours, 11 $ la semaine, 17 $ la saison.) Ceux qui recherchent un peu d'exercice et une vue splendide peuvent gravir les 199 marches du phare **Cape May Lighthouse**, construit en 1859 dans le **Cape May Point State Park**, à la pointe ouest de la ville. (© 884-8626. Parc ouvert de 8h au crépuscule. Phare ouvert Avr-Nov, tlj de 8h au crépuscule et Déc-Mars, Sa-Di de 8h au crépuscule. 4 $, enfants 3-12 ans 1 $.) Près du phare se trouvent les restes d'un blockhaus depuis lequel l'armée américaine scrutait la côte à la recherche des fameux sous-marins allemands *U-Boat* pendant la Seconde Guerre mondiale. Les vents dominants et la situation de Cape May amènent chaque année des centaines de milliers d'oiseaux à y faire escale lors de leur migration vers des cieux plus cléments. Le **Cape May Bird Observatory**, 701 E. Lake Dr., sur Cape May Point, centre ornithologique réputé dans toute l'Amérique du Nord, propose des cartes des migrations, des excursions et des ateliers. (© 884-2736. Ouvert Ma-Di 10h-17h.)

PENNSYLVANIE

En 1681, William Penn Jr. sollicita de la Couronne britannique un territoire en Amérique du Nord afin d'y établir avec ses coreligionnaires quakers une colonie qui eût échappé aux persécutions. Le roi Charles II, perclus de dettes envers les Penn, octroya aux quakers une vaste étendue située entre les Etats actuels du Maryland et de New York. Philadelphie accueillit les signataires de la déclaration d'Indépendance (4 juillet 1776). Près d'un siècle plus tard, Philadelphie fut d'ailleurs la première capitale des Etats-Unis mais dut rapidement céder son titre à Washington. La Pennsylvanie (littéralement "la forêt de Penn"), Etat de tradition révolutionnaire, s'est pourtant rangée. Tous les monuments de Philadelphie, restaurés à l'occasion du bicentenaire de l'Indépendance en 1976, constituent aujourd'hui un élément clé de l'ambitieux programme de réhabilitation urbaine de la ville. Pittsburgh, autrefois contrainte d'allumer ses réverbères en plein jour en raison de la pollution, a récemment connu une véritable renaissance culturelle. Et, entre ces deux métropoles bruyantes, les paysages de Pennsylvanie, des fermes du Lancaster County aux gorges escarpées du plateau des Alleghanys, ont su conserver cette beauté champêtre découverte quelques siècles plus tôt par les premiers colons.

■ INFORMATIONS PRATIQUES

Capitale : Harrisburg.

Informations touristiques : **Pennsylvania Travel and Tourism**, 453 Forum Bldg., Harrisburg 17120 (✆ 800-847-4872, www.state.pa.us). **Bureau of State Parks**, Rachel Carson State Office Bldg., 400 Market St., Harrisburg 17108 (✆ 888-727-2757). Ouvert Lu-Ve 8h-16h30.

Fuseau horaire : Heure de l'Est (6 heures de moins que l'heure de Paris).

Abréviation postale : PA. **Taxe locale** : 6 %.

PHILADELPHIE   ☎ 215

William Penn et sa bande de joyeux quakers fondèrent la "cité de l'amour fraternel" en 1682, sur un site de débarquement de colons déjà vieux de cent ans. Mais c'est Ben, et non Penn, qui a fait de cette ville la métropole actuelle. Benjamin Franklin, cet Américain ingénieux qui fut à la fois ambassadeur, inventeur et coureur de jupon, a fait de Philadelphie une capitale coloniale américaine. Les visiteurs seront littéralement fascinés par les sites historiques, les musées de renommée internationale et l'architecture des bâtiments de la ville. Prévoyez de passer un peu de temps dans les quartiers ethniques, qui proposent un choix culinaire impressionnant, dont l'incontournable spécialité de la région, le *cheesesteak* (sandwich de steak au fromage).

■ ARRIVÉES ET DÉPARTS

Avion : **Aéroport international de Philadelphie** (informations 24h/24 au ✆ 937-6800), 13 km au sud-ouest de la ville par la I-76. La **SEPTA Airport Rail Line** relie le centre-ville à l'aéroport en 20 mn. Les trains partent des stations 30th St., Suburban et Market East tous les jours et toutes les demi-heures de 5h25 à 23h25 (5 $ au guichet, 7 $ si l'on prend son billet dans le train). Le dernier train quitte l'aéroport à 0h10. **Airport Limelight Limousine** (✆ 782-8818) dépose ses clients à l'hôtel ou dans le centre-ville à l'adresse de leur choix (8 $ par personne). Un taxi pour le centre-ville coûte environ 25 $.

Train : **Amtrak**, 30th St. Station (✆ 824-1600), à l'angle avec Market St., dans University City. Destinations : **New York** (30-40 dép/j, durée 2h, 45 $, train direct 71 $), **Boston** (10 dép/j, durée 7h, 59-69 $), **Washington, D.C.** (33 dép/j, durée 2h, 42 $), **Baltimore** (10 dép/j, durée 2h, 40 $) et **Pittsburgh** (2 dép/j, durée 8h, 54-82 $). Guichet ouvert Lu-Ve 5h10-22h45 et Sa-Di 6h10-22h45. Gare ouverte 24h/24.

Bus : **Greyhound**, 1001 Filbert St. (✆ 931-4075 ou 800-231-2222), à l'intersection de la 10th St., un block au nord de Market St., près de la gare de métro et de trains de banlieue 10th and Market St., en plein cœur de Philadelphie. Destinations : **New York** (32 dép/j, durée 2h, 21 $), **Boston** (24 dép/j, durée 7h, 55 $), **Baltimore** (12 dép/j, durée 2h, 18 $), **Washington, D.C.** (12 dép/j, durée 3h, 21 $), **Pittsburgh** (8 dép/j, durée 7h, 38 $) et **Atlantic City** (12 dép/j, durée 2h, 8,50 $). Gare ouverte 24h/24. Les bus **New Jersey Transit** (✆ 569-3752) partent de la même gare. Destinations : Atlantic City (durée 1h, 10 $), Ocean City (durée 2h, 11 $) et d'autres villes de la côte du New Jersey. Service pour Atlantic City tlj, 2 dép/h.

▐ TRANSPORTS

Transports en commun : Southeastern Pennsylvania Transportation Authority (SEPTA), 1234 Market St. (© 580-7800, www.septa.org). Vaste réseau de bus et de trains à destination de la banlieue. Les bus desservent les cinq comtés. La plupart circulent de 5h à 2h, certains toute la nuit. Il existe deux lignes principales de métro : **Market St. Line**, bleue et orientée est/ouest (incluant la station 30th St. et le quartier historique), et **Broad St. Line**, orange et sur l'axe nord/sud (incluant le complexe sportif du stade au sud de Philadelphie). Attention : si les bus sont en général sûrs, *le métro peut devenir dangereux à la tombée de la nuit*. Il est connecté avec les lignes ferroviaires de banlieue : la *main line* (ligne principale) du service local **R5** dessert Paoli, dans la banlieue ouest (3,75-4,25 $), tandis que le **R7** du SEPTA va jusqu'à Trenton, au nord, dans le New Jersey (5 $). Procurez-vous la carte du réseau SEPTA (gratuite), qui se double du meilleur plan de la ville, dans n'importe quelle station de métro. Billet 1,60 $, 2 jetons pour 2,30 $, transferts 40 ¢. Forfait journée 5 $. Dans le quartier touristique, les bus mauves **Phlash** passent toutes les 10 mn et s'arrêtent devant les principaux monuments. Billet 1,50 $, *pass* 3 $ la journée.

Taxi : Yellow Cab, © 922-8400. **Liberty Cab**, © 389-2000.

Location de voitures : Budget (© 492-9400), à l'angle de la 21st St. et de Market St. Situé dans le centre-ville et facile à trouver, mais relativement cher. Au moins 28 $ la journée avec kilométrage illimité. Supplément de 25 $ la journée pour les moins de 25 ans. Principales cartes bancaires acceptées.

Location de vélos : Frankenstein Bike Work, 1529 Spruce St. (© 893-4467). Ouvert Mai-Sep, Ma-Sa 10h-18h et Di. 12h-16h, Lu. sur rendez-vous. Vélo de ville 12 $ les 4h, 15 $ la journée.

▐ ORIENTATION

Penn conçut sa ville selon un plan en damier. Philadelphie possède donc des rues perpendiculaires, régulières, logiques et faciles d'accès. Les nombreux sens uniques peuvent parfois donner la migraine aux conducteurs. Les rues (*streets*), orientées nord/sud, sont numérotées par ordre croissant à partir de la **Delaware River**, qui coule le long du **Penn's Landing** et de l'**Independence Hall**, sur la rive orientale, jusqu'à la **Schuylkill River** (SKOU-kil), à l'ouest. La première rue s'appelle **Front Street**, les autres sont numérotées de 2 à 69 en s'éloignant du fleuve. Ce centre-ville (**Center City**) se distingue des quartiers pauvres de South Philly et de Northeast Philly et de la riche Northwest Philly. L'intersection de **Broad St.** (14th St.) et de **Market St.** est le centre géographique de la ville. Cette configuration semble assez simple mais Penn n'a jamais pensé à inclure les *alleys* (ruelles) dans son système. Certaines sont assez larges pour laisser passer les voitures, mais pas toutes. Et, pour couronner le tout, certaines adresses indiquent souvent des *alleys* qui ne sont pas mentionnées sur les plans de la ville. La **SEPTA transportation map**, disponible gratuitement auprès de l'office de tourisme, offre la meilleure couverture de la ville.

Le nombre de rues à sens unique et l'intensité du trafic font de la **conduite automobile** un calvaire. En outre, le stationnement dans le centre-ville, près des sites historiques, coûte les yeux de la tête (10 $ la journée). Il existe des endroits meilleur marché à quelques minutes à pied. Certaines places de stationnement sans parcmètre, disponibles pendant 2h, sont parfois libres autour de Washington Square ou dans la rue pavée de Dock St. Leur utilisation pendant une journée entière implique une arrivée avant 10h et un départ avant 18h. L'aire de stationnement bien gardée, située à l'angle de Race St. et de la 8th St., pratique ces horaires (5 $ la journée). Dans la 10th St., entre Race St. et Vine St., un parking plus étendu pratique des tarifs réduits le week-end et en soirée (Sa-Di et après 15h 4 $). Nous vous conseillons plutôt de profiter du réseau de **bus** et de **métro** de Philadelphie, assez efficace pour vous conduire à peu près où vous voudrez, et de garer votre véhicule en dehors de la ville. *Prudence toutefois le soir : les transports en commun peuvent être dangereux.*

QUARTIERS

Le **quartier historique** est délimité par un rectangle formé par Front St., la 6th St., Race St. et South St. Le quartier branché de **Washington Square District** s'étend de la 6th St. à Broad St. et de Market St. à South St., tandis que le très fréquenté **Rittenhouse Square District** est situé à l'ouest du centre-ville. **Chinatown** couvre deux blocks autour de la 10th St. et d'Arch St. Le quartier des musées occupe le quart de cercle nord-ouest délimité par Market St. et Broad St. De l'autre côté de la Schuylkill se trouve **University City**, qui comprend les gigantesques campus de l'**université de Pennsylvanie (UPenn)** et de l'**université Drexel**.

■ INFORMATIONS PRATIQUES

Informations touristiques : 1525 John F. Kennedy Blvd. (✆ 636-1666), dans l'édifice en forme d'*ovni* situé près de la fontaine, à l'angle de la 16th St. Guide de la ville gratuit comportant un bon plan. Ouvert tlj 9h-18h, en hiver 9h-17h. Rendez-vous au **National Park Service Visitors Center** (✆ 597-8974, 627-1776 pour des renseignements enregistrés), à l'intersection de la 3rd St. et de Chestnut St., pour toute information concernant l'**Independence Park** : cartes, horaires et brochures. Ouvert tlj 9h-18h, en hiver 9h-17h.

Assistance téléphonique : **Suicide and Crisis Intervention** (SOS amitié), ✆ 686-4420. **Youth Crisis Line** (SOS jeunes en difficulté), ✆ 787-0633. **Women Against Abuse** (SOS Viol), ✆ 386-7777. Tous ces numéros sont disponibles 24h/24.

Informations pour les gays et les lesbiennes : **Gay and Lesbian Counseling Services** (Assistance aux gays et lesbiennes), ✆ 732-8255, Lu-Ve 18h-21h et Di. 17h-20h. Le **William Way Lesbian, Gay and Bisexual Community Center** (✆ 732-2220) propose des informations sur les événements et activités gay. Ouvert Lu-Ve 12h-22h, Sa. 10h-17h et Di. 10h30-20h30.

Bureau de poste : 2970 Market St. (✆ 895-8000), à l'angle de la 30th St., en face de la gare Amtrak. Ouvert 24h/24. **Code postal** : 19104.

■ HÉBERGEMENT

A part les deux auberges de jeunesse de la ville, les hôtels bon marché sont très recherchés. Néanmoins, en vous y prenant ne serait-ce que quelques jours à l'avance, vous pouvez trouver un hébergement confortable à proximité du centre-ville pour 60 $ environ. Si vous disposez d'une voiture, essayez les motels situés à proximité de l'aéroport, près de la sortie n° 9A de la I-95 : ils proposent les chambres les moins chères de la région. L'**Antique Row Bed & Breakfast** et **La Reserve** (voir plus loin) peuvent vous fournir des adresses s'ils n'ont plus de place. **Bed & Breakfast Connections/Bed & Breakfast of Philadelphia**, à Devon, en Pennsylvanie, dispose de chambres dans Philadelphie et dans la partie sud-est de l'Etat mais réclame un acompte de 20 %. (✆ 610-687-3565. Téléphonez de préférence entre 9h et 19h. Chambre simple 60-90 $, chambre double 75-250 $. Réservez au moins une semaine à l'avance.) Le camping le plus proche est situé au-delà de la Delaware, dans le New Jersey. Il s'agit du **Timberline Campground**, 117 Timber Ln., à 25 km du centre-ville. Prenez la US 295 vers le sud jusqu'à la sortie n° 18B (Clarksboro), continuez pendant 800 m après les feux, puis tournez à droite dans Friendship Rd. Timber Ln. se trouve à un block sur la droite. (✆ 609-423-6677. Emplacement 18 $, avec raccordements complets 24 $.)

♥ **Chamounix Mansion International Youth Hostel (HI-AYH)**, ✆ 878-3676 ou 800-379-0017, dans West Fairmount Park. Prenez le bus n° 38 au départ de Market St. jusqu'à Ford Rd. et Cranston Rd., suivez Ford Rd., tournez à gauche dans Chamounix Dr. et suivre la route jusqu'à l'auberge (environ 20 mn à pied). Un personnel jeune et motivé vous accueille

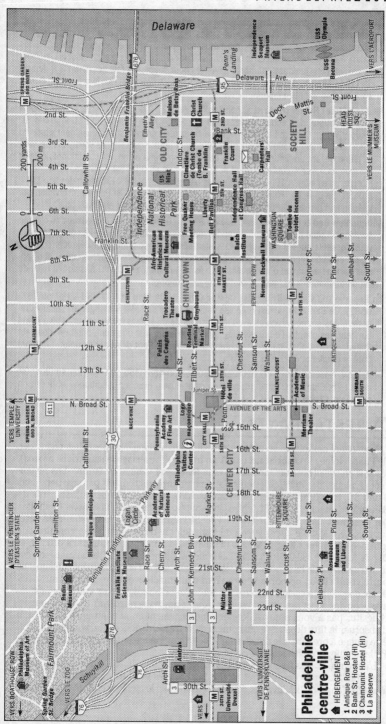

CENTRE ATLANTIQUE

Philadelphie, centre-ville

⌂ HÉBERGEMENT
1 Antique Row B&B
2 Bank St. Hostel (HI)
3 Chamounix Hostel (HI)
4 La Reserve

dans cette immense auberge de jeunesse installée dans une ancienne propriété. Les chambres sont propres et joliment meublées. Nombreux équipements : douches, cuisine, laverie, jeu d'échecs, télévision, magnétoscope, piano, vélos et accès Internet (1 $ les 5 mn). Parking gratuit, tickets de bus vendus à prix réduit et *pass* gratuits pour les concerts en été. 80 lits. Quelques chambres privatives pour couples et familles. Drap 2 $. Arrivée 8h-11h et 16h30-24h. Lieux inaccessibles 11h-16h30. Extinction des feux à minuit. Dortoir 13 $, non-adhérents 17 $.

❤ **Bank Street Hostel (HI-AYH)**, 32 S. Bank St. (© 922-0222 ou 800-392-4678). Depuis la gare routière, descendez Market St. et tournez à droite entre la 2nd St. et la 3rd St. Métro : 2nd St. Cette auberge de jeunesse assez quelconque est heureusement située au cœur du quartier historique, près du front de mer et de South St. Les voyageurs peuvent se réunir devant un film dans la salle de télévision grand écran. Air conditionné, café et thé gratuits, laverie, cuisine, billard et accès Internet (5 $ les 30 mn). Draps 2 $. Accès aux chambres interdit 10h-16h30, mais les bagages sont gardés. Extinction des feux Lu-Ve à 0h30, Sa-Di à 1h. 70 lits. Dortoir 18 $, non-adhérents 21 $. Pas de réservation par téléphone. Envoyez votre règlement à l'avance. Téléphonez pour en savoir plus.

Antique Row Bed & Breakfast, 341 S. 12th St. (© 592-7802). Bed & Breakfast au charme traditionnel situé au cœur du quartier des maisons coloniales. La propriétaire, attachante, vous conseille sur les restaurants des alentours et propose un petit déjeuner copieux. Quatre appartements adaptés à des séjours plus longs sont entièrement équipés et disposent de la télévision et d'une laverie. Appels locaux gratuits. 60-100 $, selon la taille de l'appartement. Prix dégressifs pour les séjours prolongés.

La Reserve (ou **Bed & Breakfast Center City**), 1804 Pine St. (© 735-1137 ou 735-0582). Ce Bed & Breakfast organise souvent, dans sa salle à manger au décor extravagant, des soirées animées avec le concours de musiciens locaux, pour le plus grand bonheur des clients. Le propriétaire, toujours élégant, est une mine d'informations sur Philadelphie et possède un grand sens de l'humour. Petit déjeuner complet. Chambre double douillette 80-130 $.

Motel 6, 43 Industrial Hwy. (© 610-521-6650 ou 800-466-8356), à Essington, sortie n° 9A de la I-95. Chambres standard, propres, spacieuses, avec air conditionné et télévision par câble. Chambre double 56-65 $.

⌨ RESTAURANTS

Les vendeurs ambulants vous fourniront des échantillons des spécialités régionales de Philadelphie : le **cheesesteak** (steak au fromage), les **hoagies** (sandwichs mixtes), les **soft pretzels** (bretzels moelleux) et la **fruit salad** (salade de fruits). Les restaurants typiques des différentes cuisines du monde se regroupent par quartier : dans **South St.**, très branchée, entre Front St. et la 7th St., dans la **18th St.**, près de Sansom St., et dans la **2nd St.**, entre Chestnut St. et Market St. **Chinatown** (délimitée par la 11th St., la 8th St., Arch St. et Vine St.) abrite d'excellents restaurants végétariens. Le véritable *cheesesteak* de Philadelphie donne lieu à une concurrence effrénée entre **Pat's King of Steaks** (© 468-1546), son lieu de naissance officiel, et **Geno's Steaks** (© 389-0659), à l'ambiance moins intime. Ces deux restaurants servent un *cheesesteak* de base pour 5-6 $ 24h/24. Quel que soit l'établissement sur lequel se porte votre choix, préparez-vous à vivre une grande aventure lorsque vous déciderez de goûter à ce fameux *cheesesteak*. Tout d'abord, passez votre commande avec conviction et rapidité si vous ne voulez pas vous retrouver en fin de queue. N'hésitez pas à vous approvisionner généreusement en serviettes en papier afin d'absorber le flux de graisse qui coulera de votre sandwich. Enfin, vous serez peut-être amené à prendre une douche après cette expérience unique, mais une visite de Philadelphie sans *cheesesteak* est inconcevable.

L'immense et très fréquenté **marché Italien**, autour de la 9th St., en contrebas de Christian St., propose des fruits frais, entre autres produits. Le **Reading Terminal Market**, à l'angle de la 12th St. et d'Arch St., est de loin le meilleur endroit pour remplir son panier de pique-nique. Dans ce vieux marché couvert, on vend des produits frais et de la viande depuis 1893. Des brochures disponibles à l'entrée vous informent des dernières promotions et dégustations. (© 922-2317. Ouvert Lu-Sa 8h-18h.)

QUARTIER HISTORIQUE

Famous 4th St. Delicatessen (© 922-3274), à l'angle de la 4th St. et de Bainbridge St. Haut lieu de Philadelphie depuis 1923, ce *deli* doit sa réputation aux classiques du genre sandwich au corned-beef (7,50 $), qu'il sert dans sa très ancienne salle à manger. Ouvert Lu-Sa 7h30-18h et Di. 7h30-16h.

Jim's Steaks, 400 South St. (© 928-1911). South St. est très animée, et ce restaurant spacieux offre un véritable voyage dans la Philadelphie des années 1950. Les gens accourent pour déguster un authentique *Philly hoagie* (3,50-5 $) accompagné de frites (1,25 $). La meilleure occupation pendant que vous faites la queue consiste à observer l'impressionnant mur des célébrités. Ouvert Lu-Je 10h-1h, Ve-Sa 10h-3h et Di. 12h-22h.

Pink Rose Pastry Shop (© 592-0565), à l'angle de la 4th St. et de Bainbridge St., face au Delicatessen. Le personnel, composé essentiellement d'étudiants fort sympathiques, vous propose un choix incroyable de petites douceurs faites maison, servies sur de petites tables ornées de fleurs fraîchement coupées. L'*apple pie* à la crème fraîche est tout simplement inoubliable (4,50 $) et le *chocolate midnight cake* (gâteau au chocolat, 5 $) accompagné d'un café *latte* (2,75 $) vous donnera envie d'y revenir. Ouvert Lu-Je 9h-22h30, Ve-Sa 9h-23h30 et Di. 9h-20h30.

CHINATOWN

❤ **Singapore**, 1006 Race St. (© 923-0303). Ce restaurant chinois aux vertus thérapeutiques séduit un grand nombre d'amateurs de cuisine saine et diététique. Canard rôti végétarien (8 $) ou céleri en sauce aux haricots (7 $). Ouvert Lu-Je 11h30-22h, Ve. 11h30-23h et Sa-Di 12h-23h.

❤ **Rangoon**, 112 9th St. (© 829-8939). Le décor simple, rose et en plastique contraste avec cette cuisine birmane recherchée aux saveurs épicées qui vous flatte les narines depuis le trottoir. Les beignets de lentilles croustillants (9 $) vous mettront en appétit pour le délicieux kebab à la menthe (9 $). Ouvert tlj 11h30-22h.

Sang Kee Duck House, 238 9th St. (© 925-7532). Une clientèle locale hétéroclite se presse dans cette grande salle fraîchement restaurée pour déguster l'un des nombreux plats proposés (soupe aux crevettes et aux algues 5 $). Ouvert Lu-Je 10h-23h, Ve-Sa 10h-24h et Di. 10h-22h.

CENTER CITY

❤ **Jamaican Jerk Hut**, 1436 South St. (© 545-8644). Cet établissement tropical apporte un petit air de paradis à un quartier bien lugubre. Les chefs mitonnent à la perfection vos crevettes à l'ail jamaïcaines (10 $) pendant que des groupes reprennent les airs de Bob Marley sous la véranda du jardin. Ouvert Lu-Je 10h-1h, Ve-Sa 10h-3h et Di. 17h-22h. Concerts Ve-Sa à 19h.

Sabbaba Restaurant, 1240 Pine St. (© 735-8111). Le personnel attentif de cet agréable refuge au cœur d'Antique Row propose une cuisine à base de produits frais et donc non surgelés venue du Moyen-Orient. Feta et salade servies dans des feuilles de vigne (5 $) et *shawarma* (équivalent égyptien du *döner kebab*) mariné au citron (8 $). Le baklava aux noisettes (1,50 $) est préparé devant vous. Ouvert Lu-Sa 11h-24h et Di. 12h-22h.

Samson St. Oyster House, 1516 Samson St. (© 567-7683). A l'heure du déjeuner, ce bar fait le plein de costumes-cravates qui s'installent dans la salle à manger en lambris à la décoration océane pour déguster des huîtres, bien entendu (7,25 $ la demi-douzaine). La perche grillée (7,50 $) ou le *po'boy* aux crevettes sautées (6,25 $) sont également très appréciés. Ouvert tlj 11h-23h.

Alaska, 123 S. 18th St. (℘ 563-4424). Ce café paisible au cœur de l'animation du centre-ville crée ses propres compositions de crèmes glacées. Il propose aussi 3 marques de glaces différentes, notamment celle très connue de Philadelphie, Bassett's (3 $). Ouvert Lu-Je 11h30-22h et Ve-Sa 11h30-23h.

UNIVERSITY CITY

❤ **Tandoor India Restaurant**, 106 S. 40th St. (℘ 222-7122). Une cuisine de l'Inde du Nord tout droit sortie d'un four d'argile (visite possible). Ambiance un peu cafétéria, mais le buffet à volonté pour le déjeuner (6 $) et pour le dîner (9 $) est un excellent choix. Réduction de 20 % pour les étudiants sur présentation de leur carte. Ouvert pour le déjeuner Lu-Ve 11h30-15h et 16h30-22h, Sa-Di 11h30-15h30 et 16h30-22h.

Smokey Joe's, 210 S. 40th St. (℘ 222-0770), entre Locust St. et Walnut St. La cantine (officieuse) la plus populaire de l'université de Pennsylvanie sert de bons repas à des prix pour étudiants. Pâtes, saumon au gril ou petites côtes de porc à volonté pour 8 $. Les moins voraces se contenteront du menu "Palestra" (salade, *sub* (sandwich long) et boisson pour 7 $). Ouvert tlj 11h-2h, fermé le dimanche en Juil-Août. Pas de service au déjeuner les week-ends d'été. Des groupes locaux se produisent Di-Ma à partir de 22h.

Abner's Cheesesteaks, 3813 Chestnut St. (℘ 662-0100), au niveau de la 38th St. Clientèle d'hommes d'affaires au déjeuner et d'étudiants de l'université de Pennsylvanie un peu éméchés tard le soir. *Cheesesteak* à l'oignon, grand soda et frites pour 6 $. Ouvert Di-Je 11h-24h et Ve-Sa 11h-3h.

◙ VISITES

INDEPENDENCE MALL

VISITES SUR LA GUERRE D'INDÉPENDANCE. La pelouse de l'**Independence National Historical Park**, bordée par Market St., Walnut St., la 2nd St. et la 6th St., sur les rives de la Delaware, regroupe nombre de monuments liés à l'histoire des Etats-Unis. *(℘ 597-8974. Ouvert Juin-Août, tlj 9h-18h ; Sep-Mai 9h-17h. Entrée gratuite.)* Commencez votre excursion au cœur de l'histoire de l'Indépendance américaine par le **Visitors Center** (office de tourisme), à l'angle de la 3rd St. et de Chestnut St. Il vous fournira des cartes détaillées et de précieuses brochures sur le parc (voir **Informations pratiques**, précédemment). Révolution et tourisme se côtoient dans l'**Independence Hall**, l'un des sites historiques les plus visités de Philadelphie. C'est là que les délégués du Congrès continental signèrent, en 1776, la déclaration d'Indépendance, rédigée par Thomas Jefferson, et, en 1787, la Constitution américaine. *(Entre la 5th St. et la 6th St., dans Chestnut St. Ouvert tlj 9h-20h. Arriver tôt en été permet d'éviter de longues files d'attente. Visites guidées gratuites tlj toutes les 15-20 mn environ. En été, les visites s'arrêtent généralement vers 18h pour se terminer par une table ronde.)* Tout proche, à l'angle de Chestnut St. et de la 6th St., s'élève le **Congress Hall**, où le Congrès des Etats-Unis se réunit pour la première fois. Tout en apprenant l'histoire des Etats-Unis, reposez-vous dans l'un des confortables fauteuils sénatoriaux. *(Visites libres, des rangers se tiennent prêts à répondre à toutes vos questions.)* Le premier Congrès continental s'est réuni au **Carpenter's Hall**, au cœur du block bordé par la 3rd St., la 4th St., Walnut St. et Chestnut St. Il abrite aujourd'hui un petit musée rendant hommage aux charpentiers, à qui l'on doit l'architecture de l'Old City Hall (ancien hôtel de ville) et de la Pennsylvania State House (siège de la législature de Pennsylvanie) *(Ouvert Ma-Di 10h-16h).* Au nord de l'Independence Hall, le **Liberty Bell Pavilion** abrite l'un des plus célèbres symboles des Etats-Unis : une cloche fendue, Liberty Bell, la cloche de la liberté. *(Ouvert 9h-20h. Entrée gratuite.)*

AUTRES VISITES. Dans le reste du parc se dressent des immeubles résidentiels ou commerciaux datant de la fin du XVIIIe siècle. Au nord, une réplique de la maison de Benjamin Franklin domine **Franklin Court**, dans Market St., entre la 3rd St. et la 4th St. La demeure d'origine fut entièrement rasée en 1812 par les héritiers peu scrupuleux de l'homme d'Etat afin de construire un complexe d'appartements. Ce projet resta sans suite et aujourd'hui, la réplique de la maison reflète l'éclectisme pragmatique de Benjamin Franklin. Elle comprend un musée souterrain et une reproduction de l'imprimerie du grand homme. Vous pouvez visionner un film de 20 mn et, point fort de la visite, "converser", à l'aide de téléphones, avec des hommes politiques et des écrivains célèbres disparus depuis longtemps. *(318 Market St. Ouvert tlj 10h-18h. Entrée gratuite.)* Dans **Washington Square**, juste à côté, une statue de George Washington, premier président des Etats-Unis, domine fièrement la **tombe du Soldat Inconnu de la guerre d'Indépendance**, sur laquelle brûle une flamme éternelle dédiée aux héros tombés pour la liberté.

Dans la maison adjacente à celle où Jefferson rédigea le brouillon de la déclaration d'Indépendance, le **Balch Institute for Ethnic Studies** se consacre à l'histoire sociale des Etats-Unis, illustrée par des événements comme le sort douloureux des Nippo-Américains pendant la Seconde Guerre mondiale. *(18 S. 7th St. ✆ 925-8090. Ouvert Lu-Sa 10h-16h. Entrée 3 $, étudiants, personnes âgées et moins de 12 ans 1,50 $. Entrée gratuite Sa. 10h-12h.)* De l'autre côté de la rue, l'**Atwater-Kent Museum** retrace l'histoire de Philadelphie et propose lui aussi des expositions sur Benjamin Franklin. A force, vous aurez l'impression d'avoir toujours connu cet homme hors du commun. *(15 S. 7th St. ✆ 922-3031. Ouvert Lu-Je 10h-17h, Ve. 10h-15h et Di. 12h-17h.)*

EN DEHORS D'INDEPENDENCE MALL

FOLIE COLONIALE. En 1723, Benjamin Franklin arriva sans un sou à Philadelphie et descendit **Elfreth's Alley**, aux maisons mitoyennes colorées, coincée entre la 2nd St. et Arch St. Ce quartier actif, qui compte la plus ancienne rue des Etats-Unis habitée sans interruption au cours de l'histoire, offre un refuge ombragé loin des bruits du XXIe siècle et un bon aperçu de la vie quotidienne des patriotes de Philadelphie au temps de la guerre d'Indépendance. Un musée permet d'en savoir plus à l'aide, notamment, d'anecdotes historiques sur la ruelle. *(126 Elfreth's Alley. Ouvert Ma-Sa 10h-16h et Di. 12h-16h. Janv-Fév : Sa. 10h-16h et Di. 12h-16h.)* Des panneaux éducatifs destinés surtout aux enfants expliquent comment Betsy Ross (1752-1836, célèbre patriote américaine) a, en 1777, cousu le premier drapeau américain des 13 Etats unis de l'époque dans la petite **Betsy Ross House**. *(239 Arch St. ✆ 627-5343. Ouvert tlj 10h-17h. Contribution suggérée 2 $, enfants 1 $.)*

AUTRES VISITES. Pour ceux qui aiment se lever du bon pied, la Temple University School of Podiatric Medicine abrite le **Shoe Museum**, à l'angle de la 8th St. et de Race St. Cette collection, située au 5e étage du bâtiment, présente des chaussures de diverses célébrités américaines comme Reggie Jackson, Lady Bird Johnson, Dr. J, Nancy Reagan… entre autres. *(✆ 625-5243. Visites Me. et Ve. 9h-12h. Les groupes sont limités, prenez rendez-vous.)* A proximité de l'US Mint se dresse le **Benjamin Franklin Bridge**, d'un bleu pastel, aux abords de l'intersection formée par Race St. et la 5th St. En plus d'une jonction entre Philadelphie et l'Etat du New Jersey, le pont offre une vue panoramique impressionnante de la ville à ceux qui n'ont pas le vertige. A la nuit tombée, les centaines de lumières aux teintes changeantes qui illuminent le bleu profond du pont ajoutent une touche d'art urbain à la ville.

SOCIETY HILL ET LA RIVE EST DE LA DELAWARE

Le quartier de **Society Hill** proprement dit commence à l'est du parc d'Independence Mall, dans Walnut St., entre Front St. et la 7th St. Independence Mall s'arrête à Walnut St., mais l'histoire continue entre les maisons anciennes, datant du XVIIIe siècle, qui bordent les allées pavées pleines de charme qu'éclairent des lampadaires électriques déguisés en réverbères.

SITES HISTORIQUES. Le feu n'a aucune chance à **Head House Square**, à l'angle de la 2nd St. et de Pine St., la plus ancienne caserne de pompiers et halle des Etats-Unis. Elle abrite aujourd'hui des restaurants, des boutiques et des commerces d'artisanat. Les chasseurs de bonnes affaires peuvent exercer leurs talents au **marché aux puces** en plein air qui s'y tient pendant les week-ends d'été. *(✆ 790-0782. Ouvert Juin-Août, Sa. 12h-23h et Di. 12h-18h.)* Au sud de Head House Square, le **Mummer's Museum**, à l'angle de Washington Ave., permet de jeter un coup d'œil aux penderies des ouvriers du bâtiment, des policiers et de tous ceux qui, dans la grande tradition des mimes de Philadelphie, s'habillent de plumes et de paillettes pour l'étrange parade du nouvel an de la ville, aux airs de réunion de *Village People*. (*1100 S. 2nd St. ℰ 336-3050. Ouvert Ma-Sa 9h30-17h et Di. 12h-17h. Fermé Di. en Juil-Août. Concert gratuit d'instruments à cordes Ma. soir. Tarif 2,50 $, personnes âgées et enfants 2 $.*)

LA RIVE EST DE LA DELAWARE. Un panneau lumineux à l'extrémité est de Market St. accueille les visiteurs à **Penn's Landing**, l'un des plus grands ports fluviaux du monde. Parmi les bateaux à quai, vous pouvez admirer le splendide *USS Olympia*, plus vieux vaisseau de guerre en acier encore à flot qui servit au contre-amiral Dewey pendant le conflit hispano-américain de 1898, ainsi que l'*USS Becuna*, sous-marin de la Seconde Guerre mondiale. (*ℰ 923-8181. Ouvert tlj 10h-17h. 4 $, personnes âgées 3 $, enfants 2 $.*) L'**Independence Seaport Museum** propose des expositions sur la construction navale, le transport maritime et l'immigration à Philadelphie. Les enfants peuvent s'habituer à la mer en visitant l'exposition "Boats Float", qui accueille les petits moussaillons à bord. (*ℰ 925-5439. Ouvert 10h-17h. Pour le musée uniquement, entrée 5 $, personnes âgées 4 $, enfants 2,50 $. Pour le musée et les navires, entrée 7,50 $, personnes âgées 6 $, enfants 3,50 $.*) Terminez la journée par l'un des concerts gratuits donnés sur les quais d'avril à octobre. (*ℰ 629-3257. Je. soir big band, Di. théâtre pour enfants.*)

CENTER CITY

Center City, limité par la 12th St., la 23rd St., Vine St. et Pine St., est à peine assez grand pour recevoir les hommes d'affaires qui y travaillent. C'est un quartier bruissant d'activité dans la journée, mais qui s'endort profondément la nuit venue.

ART ET ARCHITECTURE. La **Pennsylvania Academy of Fine Arts**, dans Broad St., à l'angle de Cherry St., abrite une importante collection d'œuvres américaines et anglaises, notamment des expositions permanentes qui présentent des tableaux de Winslow Homer (1836-1910), de Mary Cassatt (1845-1926) et de quelques artistes contemporains. Les étudiants ou déjà diplômés y exposent même leurs œuvres en mai. (*118 N. Broad St. ℰ 972-2060. Ouvert Lu-Ma et Je-Sa 10h-17h, Me. 10h-20h et Di. 11h-17h. Visites guidées Lu-Ve à 11h30 et 13h30, Sa-Di à 12h et 14h. Entrée 5 $, étudiants munis d'une carte et personnes âgées 4 $, enfants 5-11 ans 3 $. Supplément pour les expositions temporaires.*) Surplombant Center City, l'**hôtel de ville** (*City Hall*), à l'angle de Broad St. et de Market St., est un édifice en granit et en marbre dont les murs de soutènement ont plus de 6 mètres d'épaisseur. Il reste le plus grand bâtiment municipal du pays. Ce fut même le plus haut des Etats-Unis jusqu'en 1908, grâce à la statue de William Penn Jr., d'une hauteur de 11 m, qui l'élevait encore plus. Un arrêté municipal lourd de sens avait d'ailleurs interdit de construire plus grand. Mais, dans les années 1980, il fut contourné par des entrepreneurs qui firent ainsi entrer l'indépendante Philadelphie dans l'ère moderne du gratte-ciel. Ceux qui n'ont pas le vertige pourront profiter d'une superbe vue sur la ville depuis le sommet de la tour de 167 m. (*ℰ 686-2840. Ouvert Lu-Ve 10h-16h. Dernier ascenseur à 16h. Contribution suggérée 1 $. Visite tlj à 12h30.*) De l'autre côté de l'hôtel de ville, derrière une charmante porte, se dresse une **loge maçonnique** (*Masonic Temple*) dont les lourdes portes de bois protègent une collection d'ouvrages et d'autres objets d'art de la deuxième moitié du XIXe siècle. Une visite guidée de 45 mn permet d'en inventorier toutes les richesses. (*1 N. Broad St., à l'angle de JFK Blvd. ℰ 988-1917. Visites guidées uniquement, 1 par heure, Lu-Ve 10h-15h sauf à 12h. Sep-Juin Sa. à 10h et 11h. Entrée gratuite.*)

RITTENHOUSE SQUARE

Des maçons d'un autre acabit ont laissé leurs empreintes sur les bâtiments en brique de **Rittenhouse Sq. District**, quartier chic au sud-est du centre-ville. Cette partie très ombragée de la ville constitue le centre musical et théâtral de Philadelphie, abritant de nombreux centres de spectacle. Rittenhouse Square n'est pas en reste d'activités touristiques grâce à ses deux musées. Pour mieux apprécier le **Mütter Museum**, il est préférable d'avoir bien digéré son déjeuner au préalable. En effet, vous y verrez exposées, entre autres, des anomalies médicales étranges et parfois peu ragoûtantes. Le mur de crânes et de "cornes" humaines ne manquera pas de vous interpeller. *(19 S. 22nd St. © 563-3737. Ouvert Ma-Sa 10h-16h. Entrée 8 $, étudiants munis d'une carte, personnes âgées et 6-18 ans 5 $.)* Immédiatement au sud de Rittenhouse Square, le **Rosenbach Museum and Library**, plus inoffensif, abrite des manuscrits et des tableaux précieux. Y sont notamment exposés le manuscrit original d'*Ulysse* de James Joyce et des illustrations de la main de Maurice Sendak, ainsi que des expositions temporaires. *(2010 Delancey St. © 732-1600. Ouvert Sep-Juil, Ma-Di 11h-16h. Visites guidées, durée 1h15, 5 $, étudiants, personnes âgées et enfants 3 $. Dernier départ à 14h45.)*

BENJAMIN FRANKLIN PARKWAY
ET LE QUARTIER DES MUSÉES

Autrefois surnommée les "Champs-Elysées d'Amérique", Benjamin Franklin Pkwy. a connu des jours meilleurs. Même si une rangée de drapeaux digne de celle de l'Organisation des Nations Unies flotte le long de l'avenue, les quartiers environnants auraient besoin d'être entretenus. Cet axe regroupe cependant les principaux sites culturels de Philadelphie.

SCIENCES. Le **Franklin Institute**, situé à l'angle de la 20th St. et de Benjamin Franklin Pkwy., ferait la fierté du vieil inventeur. Cet ensemble moderne, dont l'interactivité n'a rien à envier aux musées scientifiques classiques, regroupe toutes sortes d'objets intéressant la science. La "bicyclette du ciel", qui vient tout juste d'être installée, permet aux visiteurs de sonder des théories scientifiques tout en pédalant dans les airs. *(© 448-1200. Ouvert tlj 9h30-17h. Entrée 9,75 $, plus de 62 ans et enfants 4-11 ans 8,50 $.)* Dans les méandres scientifiques de l'Institut et sur 4 étages, l'**Imax Theater** transporte les spectateurs dans un concert d'exclamations devant les illusions d'optique projetées sur l'écran à 180°. *(© 448-1111. Spectacles toutes les heures Di-Je 10h-16h et Ve-Sa 10h-21h sauf à 18h. Entrée 7,50 $, réservation recommandée.)* Quant au simulateur géré par ordinateur du **Fels Planetarium**, il donne une idée de ce que devrait être la vie dans quelques millions d'années. Un spectacle laser animé et de qualité a lieu les vendredi et samedi soir. Téléphonez pour en savoir plus. *(© 448-1388. Séances Lu-Ve à 12h15 et 14h15, Sa. à 10h15, 12h15 et 14h15. 6 $, personnes âgées et enfants 5 $. Entrée avec un spectacle 12,75 $, personnes âgées et enfants 10,50 $, entrée avec deux spectacles respectivement 14,75 $ et 12,50 $.)* A l'**Academy of Natural Sciences**, à l'angle de la 19th St. et de Benjamin Franklin Pkwy., face au Fels, les archéologues en herbe peuvent s'initier à la fouille de fossiles de dinosaures. Les visiteurs peuvent aussi retracer les origines de la vie en jouant les détectives dans un monde microbien. *(© 299-1000. Ouvert Lu-Ve 10h-16h30, Sa-Di et jours fériés 10h-17h. Entrée 8,50 $, personnes âgées 7,75 $, enfants 3-12 ans 7 $. Accès handicapés.)*

ART. Même si Sylverster Stallone, dans le film *Rocky*, a immortalisé les imposants escaliers du **Philadelphia Museum of Art**, le musée doit avant tout sa réputation aux œuvres qu'il abrite. Cette collection artistique fait partie des plus importantes au monde. Vous y verrez en particulier *Les Grandes Baigneuses* de Cézanne, *Au Moulin-Rouge* de Toulouse-Lautrec, ainsi que de nombreuses antiquités égyptiennes et asiatiques, sans oublier les collections d'art décoratif. Le musée s'anime le mercredi soir de 17h30 à 20h30 avec films gratuits, conférences, concerts et buffets. *(A l'angle de Benjamin Franklin Pkwy. et de la 26th St. © 763-8100. Ouvert Ma. et Je-Di 10h-17h, Me. 10h-20h45. Visites guidées tlj 10h-15h. Entrée 8 $, étudiants, personnes âgées et 5-18 ans 5 $. Gratuit Di. avant 13h.)* Au **Rodin Museum**, un moulage des *Portes de l'Enfer* protège l'entrée du plus grand musée consacré au sculpteur prolifique de ce côté-ci de l'Atlantique. *(22nd St. © 563-1948. Ouvert Ma-Di 10h-17h. Contribution suggérée 3 $.)*

LITTÉRATURE ET PRISON. La **bibliothèque municipale de Philadelphie** (*Free Library of Philadelphia*) renferme un ensemble de partitions musicales et l'une des plus vastes collections de livres rares qui soient au monde. A Philadelphie, les étudiants en art cherchent souvent sujets d'esquisse et inspiration dans l'architecture classique du bâtiment. *(A l'angle de la 20th St. et de Vine St. © 686-5322. Ouvert Lu-Me 9h-21h,*

Je-Ve 9h-18h et Sa. 9h-17h. Oct-Mai : également Di. 13h-17h.) Une fois n'est pas coutume, vous devrez payer pour aller en prison et non pour en sortir à l'**Eastern State Penitentiary**, dans Fairmount Ave., à l'angle de la 22nd St., dont la conception révolutionna en son temps le système pénitentiaire. Les visites guidées ou audioguidées passent par les quartiers d'isolement occupés jadis par des prisonniers aussi célèbres qu'Al Capone. (*© 236-3300. Ouvert Mai-début Nov, Je-Di 10h-17h. Visites guidées toutes les heures 10h-16h. Entrée 7 $, étudiants et personnes âgées 5 $, enfants 3 $, les enfants de moins de 5 ans ne sont pas admis.*)

WEST PHILADELPHIA (UNIVERSITY CITY)

L'université de Pennsylvanie (UPenn) et l'**université Drexel** se trouvent de l'autre côté de la Schuylkill River par rapport à Center City. Elles sont installées dans West Philadelphia, secteur d'accès facile, à quelques minutes de marche de la station de métro "30th St." Avec ses bâtisses de brique rouge entourées de belles pelouses et ses étudiants BCBG, le campus d'UPenn est un havre de paix contrastant fortement avec les quartiers voisins, plus pauvres, en pleine décrépitude. Des boutiques de luxe et des cafés huppés bordent la 36th St. La statue de l'omniprésent Benjamin Franklin, fondateur de l'université en 1740, accueille les visiteurs à l'entrée du campus, située à l'angle de la 34th St. et de Walnut St. *La majeure partie des environs d'University City ne sont pas particulièrement sûrs la nuit. Evitez de vous y aventurer seul.*

VISITE DU QUARTIER. Le **University Museum of Archeology and Anthropology** offre sur trois niveaux un superbe aperçu des anciennes civilisations du monde entier, sous une belle rotonde en pierre et en verre. (*A l'angle de la 33rd St. et de Spruce St. © 898-4001. Ouvert Juin-Août, Ma-Sa 10h-16h30. Sep-Mai : Ma-Sa 10h-16h30 et Di. 13h-17h. Contribution suggérée 5 $, étudiants et personnes âgées de plus de 62 ans 2,50 $.*) En 1965, l'**Institute of Contemporary Art** accueillit la première exposition exclusivement consacrée à Andy Warhol. Depuis lors, l'endroit est toujours resté à l'avant-garde de l'art et de la technologie. (*A l'angle de la 36th St. et de Sansom St. © 898-7108. Ouvert pendant l'année universitaire Me-Ve 12h-20h et Sa-Di 11h-17h. Entrée 3 $, étudiants, artistes et personnes âgées 2 $. Gratuit Di. 11h-13h.*) Au nord du quartier universitaire, le **Philadelphia Zoo**, le plus ancien du pays, accueille plus de 1700 spécimens dans des reconstitutions d'environnements sauvages. Certaines présentations sont particulièrement adaptées aux enfants. (*A l'angle de la 34th St. et de Girard St. © 243-1100. Ouvert Lu-Ve 9h30-16h45 et Sa-Di 9h30-17h45. Entrée 10 $, personnes âgées et 2-11 ans 8 $. Parking 5 $.*)

⚑ ACTIVITÉS DE PLEIN AIR

C'est dans le splendide **Fairmount Park** que le choix d'activités de plein air est le plus grand. Sur les deux rives de la Schuylkill River, les nombreuses pistes cyclables et aires de pique-nique offrent aux vacanciers las de la ville de grands espaces et des vues magnifiques, à deux pas des musées. Les ruines gréco-romaines qui se dressent à côté de la cascade, juste derrière le musée, incluent celles de l'ancienne **station hydraulique** désaffectée (*Waterworks*). Si vous voulez en savoir plus sur l'architecture, la technologie et l'histoire sociale des *Waterworks*, sachez que des visites guidées sont proposées au départ d'Aquarium Dr., derrière le Museum of Art. (*© 685-4935. Ouvert Sa-Di 13h-15h30.*) Plus loin, le long de la rivière, les demeures qui abritent les équipes locales d'aviron constituent l'historique **Boathouse Row** et traduisent la domination traditionnelle de Philadelphie ("Philly" pour les intimes) sur le monde de l'aviron. (*Entrée 2,50 $ pour la plupart des bâtiments.*) Le Museum of Art organise des visites guidées (3 $) de Boathouse Row le mercredi et le dimanche. Le circuit en petit train qui passe dans Fairmount Park permet également de voir quelques demeures. Le parc est aussi l'un des endroits les plus prisés des amateurs de **rollers** de Philadelphie. Vous pouvez louer une paire de patins au kiosque **Wilburger's**, sur Kelly Dr., au sud de Boathouse Row, mais il vous faudra partager les pistes avec les nombreux coureurs à l'affût de détente et d'une brise de rivière rafraîchissante.

(℗ 765-7470. Ouvert Mai-début Sep, Me-Ve 16h-20h et Sa-Di 9h-18h. 5 $ l'heure, 25 $ la journée.) Si vous préférez une balade plus à l'écart, allez dans la partie nord de Fairmount Park, où vous pouvez emprunter l'un des sentiers qui longent la rivière Wissahickon Creek sur 8 km, tandis que les tours de béton de la ville s'estompent au loin derrière vous. Le **Japanese House and Garden**, sur Montgomery Dr., à l'angle de Belmont Ave., est construit à la manière d'une pagode du jour même auprès du visiXVIIᵉ siècle. Le superbe parc qui l'entoure est l'endroit le plus reposant de la ville. (℗ 878-5097. Ouvert Mai-début Sep, Ma-Di 10h-16h. Mi-Sep-Oct : Sa-Di 10h-16h. Entrée 2,50 $, étudiants et personnes âgées 2 $.) *Certains quartiers aux alentours du parc peuvent être dangereux. Le parc lui-même est dangereux la nuit.*

▣ SPECTACLES

L'**Académie de musique (Academy of Music)**, à l'angle de Broad St. et de Locust St., dessinée sur le modèle de la Scala de Milan, abrite le **Philadelphia Orchestra**. Placé sous la baguette de Wolfgang Sawallisch, il se produit de septembre à mai. (℗ 893-1930. Tarif normal 15-90 $. Vous pouvez trouver des billets de dernière minute à 5 $, dans Locust St., 45 mn avant les concerts du vendredi et du samedi. Ma. et Je., billets étudiants à 8 $ vendus 30 mn avant le début du spectacle.) La scène accueille également le **Pennsylvania Ballet**, qui présente six spectacles par an (℗ 551-7000, billets 20-85 $).

Au **Mann Music Center**, sur George's Hill, à proximité de la 52nd St. et de Parkside Ave., dans Fairmount Park, ont lieu des concerts du Philadelphia Orchestra et des manifestations de jazz ou de rock (5000 places à l'intérieur, auxquelles s'ajoutent 10 000 places en extérieur sur les bancs ou la pelouse). Une billetterie supplémentaire se tient à l'Academy of Music, à l'angle de Broad St. et de Locust St. De juin à août, à l'occasion des concerts du Philadelphia, vous pouvez vous procurer des places gratuites (sur la pelouse) pour les concerts du jour même auprès du *visitors center*, à l'angle de la 16th St. et de JFK Blvd. (℗ 567-0707. Sièges 10-32 $.) Le **Robin Hood Dell East** (℗ 685-9560), sur Strawberry Mansion Dr., dans Fairmount Park, accueille en juillet et en août les plus grandes vedettes du rock, du jazz, du gospel et de la danse ethnique. Le Philadelphia Orchestra y donne plusieurs représentations gratuites en été, devant une pelouse qui peut accueillir jusqu'à 30 000 personnes.

En été, lorsque la ville est désertée par les étudiants, la plupart des manifestations culturelles s'arrêtent. Pendant l'année universitaire en revanche, les théâtres sont aussi fréquentés qu'une bibliothèque en période d'examens. Pendant l'année universitaire, les étudiants du **Curtis Institute of Music**, 1726 Locust St., donnent de remarquables concerts gratuits (mi-Oct-Avr, Lu., Me. et Ve. à 20h). Le **Merriam Theater**, 250 S. Broad St., Center City, accueille également une multitude de spectacles chorégraphiques, musicaux et théâtraux entre septembre et mai (℗ 732-5446, réservation Lu-Sa 10h-17h30). La **vieille ville** (*Old City*), qui s'étend de Chestnut St. à Vine St. et de Front St. à la 40th St., est particulièrement animée le premier vendredi de chaque mois (Oct-Juin) à l'occasion de la fantastique fête du **First Friday**. La foule et les orchestres envahissent alors les rues, et de nombreuses galeries attirent les visiteurs en leur proposant notamment des repas et du mousseux gratuits.

Les arènes sportives où se produisent les quatre équipes professionnelles de Philadelphie sont situées un peu en dehors de la ville, à proximité de la station de métro Broad St. Les **Phillies** (base-ball, ℗ 463-1000) et les **Eagles** (football américain, ℗ 463-5500) se produisaient au **Veterans Stadium**, à l'angle de Broad St. et de Pattison Ave., tandis que le **First Union Center**, de autre côté de la rue, se remplit d'un public qui encourage les **76ers** (basket, ℗ 339-7676) et les **Flyers** (hockey, ℗ 755-9700). Appelez le ℗ 336-3600 pour une information générale sur le First Union Center. Le prix des billets commence pour le base-ball et le hockey à 10 $, et varie pour le football américain et le basket entre 15 et 50 $.

CENTRE ATLANTIQUE

🅡 SORTIES

Vous trouverez le programme des réjouissances dans la section week-end du *Philadelphia Inquirer*, ou dans *City Paper* (Je.) et le *Philadelphia Weekly* (Me.), qui sont tous deux gratuits (kiosques et marchés). Le week-end, c'est dans les clubs de **South St.** qu'une foule hétéroclite de *clubbers* se presse au son des groupes qui viennent s'y produire. Les pubs, pour leur part, sont principalement installés dans la **2nd St.**, à proximité de Chestnut St., tout près de l'auberge de jeunesse de Bank St. Plus au sud, vers Society Hill, et surtout du côté de **Head House Square**, une foule un peu plus âgée remplit les nombreux bars et cafés de rue. Depuis peu, **Delaware Ave.** (*alias* **Columbus Blvd.**), qui longe Penn's Landing, attire les étudiants et les jeunes célibataires grâce à ses nombreux restaurants et night-clubs. *Au Courant* (gratuit) et *PGN* (75 ¢), hebdomadaires gay et lesbien, font connaître les manifestations de toute la région de la Delaware Valley. La clientèle gay se retrouve en général dans les bars et les boîtes de nuit de **Camac St.**, de la **S. 12th St.** et de la **S. 13th St.**

❤ **Kat Man Du**, Pier 25 (✆ 629-1724), à l'angle de N. Columbus Blvd. Les fêtards en chemises hawaïennes se retrouvent à l'ombre du Benjamin Franklin Bridge. Rock et hip-hop résonnent au milieu des palmiers et des terrasses en plein air dans la boîte la plus chaude de la ville en été. *Happy hour* Lu-Ve 17h-19h. Consommation et bière locale 2 $. Bière pression 50 ¢ Ma. et Je. 22h-24h. Entrée Lu-Je après 20h30 5 $, Ve-Sa 8 $ et Di. 2 $, après 17h 5 $. Ouvert tlj 12h-2h.

The Khyber, 56 S. 2nd St. (✆ 238-5888). Cet ancien bar clandestin pendant la prohibition attire désormais tout à fait légalement une clientèle jeune venue écouter du punk, du *heavy metal* et du hip-hop. Le comptoir en bois décoré a été importé d'Angleterre en 1876. Sandwichs végétariens bien garnis 3 $. *Happy hour* Lu-Ve 17h-19h. Concerts tous les soirs à partir de 22h. Entrée 5-15 $. Ouvert tlj 11h-2h.

The Trocadero (✆ 922-5483), à l'angle de la 10th St. et d'Arch St. Fort de ses 120 ans, le "Troc", pour les intimes, est le plus ancien théâtre victorien de tous les Etats-Unis encore en activité. Il accueille aussi bien des groupes locaux que des célébrités. Les soirs sans spectacle, le bar situé au deuxième balcon est parfois ouvert. Entrée 6-16 $. Réservation des billets possible par l'intermédiaire de Ticketmaster. Guichet ouvert Lu-Ve 12h-18h et Sa. 12h-17h.

Warmdaddy's (✆ 627-8400), à l'intersection de Front St. et de Market St. Même si l'entrée peut sembler un peu chère, ceux qui rêvent de bayous adoreront ce club cajun réputé pour son blues, sa diversité et ses soirées spéciales crustacés le Me. (22 $ par personne le plateau comprenant du homard, des crevettes et du crabe). Concerts à partir de 19h en été et 20h30 en hiver. Ma. soirée d'improvisation gratuite. Entrée Me-Je et Di. 5 $, Ve-Sa 10 $. Ouvert Ma-Sa 17h-2h et Di. 12h-2h.

Dirty Franks (✆ 574-0070), à l'angle de la 13th St. et de Pine St. Cet endroit de Washington Sq., bondé tout au long de la semaine, accueille les groupes de rock, de reggae et de blues Me-Sa. Les serveurs, très avenants, proposent des bières pression à 3 $. *Happy hour* Lu-Ve 17h-19h, 1 $ de réduction sur les bières en bouteille et les cocktails. Concerts 3-7 $. Ouvert Lu-Sa 17h-2h et Di. 17h-1h.

Morlarty's, 1116 Walnut St. (✆ 627-7676). Malgré son emplacement dans le quartier des affaires de *downtown*, ce pub irlandais ne désemplit pas jusque tard dans la nuit. Grand choix de plats servis jusqu'à 1h. Plus de 20 sortes de bières pression, chaîne de sport câblée ESPN à la télévision et plein de petits coins tranquilles. Ouvert Di-Je 11h-1h et Ve-Sa 11h-2h.

Woody's, 202 S. 13th St. (✆ 545-1893). Ce pub est fréquenté par une clientèle gay exubérante. Déjeuner tlj 12h-15h30. *Happy hour* 17h-19h avec réduction de 25 ¢ sur chaque boisson. Lu. karaoké, Ma. "trivia night", Je. et Di. musique country, Ve-Sa soirée house, Me. soirée "tous âges". Ouvert Lu-Sa 11h-2h et Di. 12h-2h.

🞂 EXCURSION DEPUIS PHILADELPHIE :
VALLEY FORGE

Pendant l'hiver 1777-1778, en pleine guerre d'Indépendance, les troupes américaines menèrent une dure bataille à Valley Forge. Cette fois, l'ennemi le plus implacable n'était pas l'armée anglaise, mais la faim, le froid et la maladie qui frappèrent les 12 000 hommes commandés par le général George Washington. Seuls 8000 d'entre eux survécurent. Ces troupes fatiguées reçurent enfin les renforts conduits par le baron Friedrich von Steuben et des vivres frais qui leur permirent de se reprendre. L'annonce du soutien de la France galvanisa les troupes américaines de l'armée continentale, qui quittèrent Valley Forge et ses souvenirs pénibles le 19 juin 1778, remportèrent la bataille de Monmouth, dans le New Jersey, et reprirent Philadelphie.

Les collines qui éprouvèrent tant les soldats frigorifiés font aujourd'hui partie du **Valley Forge National Historic Park**. Une visite audioguidée de 10 mn en voiture part du **visitors center**, qui renferme également un musée et une salle de projection (film de 18 mn). La visite comprend les **Washington's Headquarters** (ou quartier général de Washington), la reconstitution des fortifications et des huttes improvisées par les soldats ainsi que le Grand Parade Ground (ou grand terrain de manœuvres) où s'exerçait l'armée continentale. Vous pouvez également effectuer la **visite guidée en bus**. Le parc dispose de trois aires de pique-nique, sans aucun terrain de camping (ceux qui cherchent à planter leur tente peuvent demander au *visitors center*). Les amateurs de randonnée apprécieront le sentier aménagé de 10 km de long qui serpente dans des forêts peuplées de daims. (© 610-783-1077. Parc ouvert du lever au coucher du soleil. Entrée gratuite. *Visitors center* ouvert tlj 9h-17h. Film projeté deux fois par heure entre 9h et 16h30. Accès aux reconstitutions historiques 2 $, gratuit pour les moins de 17 ans. Location de cassettes audio 9 $. Lecteur de cassettes 15 $ jusqu'à 14h. Pas de location de magnétophone après 14h. Visites en bus 1 dép/h de 9h30 à 16h. 5,50 $, enfants 4,50 $.)

Pour atteindre Valley Forge depuis Philadelphie, comptez environ 30 mn de voiture. Prenez la I-76 vers l'ouest depuis la ville pendant 20 km. Sortez à Valley Forge (sortie n° 24), puis empruntez la Route 202 S. pendant 1,5 km, puis la Route 422 W. pendant 2,5 km, jusqu'à une autre sortie "Valley Forge". **SEPTA** assure une liaison avec le *visitors center* du parc du lundi au vendredi par le bus n° 125, départ à l'angle de la 16th St. et de JFK Blvd. (3,10 $).

LANCASTER COUNTY   🚆 717

Fuyant les persécutions qu'ils subissaient en Allemagne, les Amish, les mennonites et les bethren, trois groupes d'anabaptistes, trouvèrent refuge dans les collines du comté de Lancaster. On les surnomma les Hollandais de Pennsylvanie, en raison de la ressemblance entre le mot anglais *Dutch* (Hollandais) et le mot germanique *Deutsch* (Allemand). Mais s'ils parvinrent à échapper à leurs persécuteurs au XVIIIe siècle, leur mode de vie n'échappa pas à l'attention générale, surtout depuis le film *Witness* de Peter Weir, avec Harrison Ford. La simplicité du mode de vie amish fascine notre société largement dépendante de la technologie. C'est pourquoi l'industrie principale du comté de Lancaster est désormais le tourisme. Les visiteurs se pressent aujourd'hui par milliers dans cette verte région pour rencontrer ces communautés très modestes qui refusent le confort apporté par le progrès, comme les véhicules à moteur, la télévision et les téléphones portables. Evitez de photographier les habitants sans leur accord car de nombreux Amish considèrent cette pratique comme un sacrilège.

🞂 🞂 ORIENTATION ET INFORMATIONS PRATIQUES. Le comté de Lancaster s'étend sur une superficie quasiment équivalente à celle du Rhode Island. Située au cœur de la "Dutch country", Lancaster City, la capitale administrative, est constituée de maisons mitoyennes en brique rouge, blotties autour de **Penn Square**. Le moyen le plus pratique de visiter les zones rurales du comté est la voiture (à moins que vous ne disposiez d'un buggy tiré par un cheval), mais il est facile de faire le tour des sites touristiques à vélo ou avec les transports en commun (à condition que les 2 ou 3 km de marche à partir des arrêts de bus ne vous effraient pas). **Intercourse** vous permet de rejoindre **Paradise**. A partir de Paradise, la **US 30 w.** vous mène tout droit à **Fertility**. Enfin, sachez que la région est fortement mennonite, ce qui signifie que la plupart des magasins sont fermés le dimanche, de même que tous les sites touristiques. **Amtrak**, 53 McGovern Ave. (© 291-5080), à Lancaster City. Trains pour Philadelphie (8-10 dép/j, durée 1h, 14 $) et Pittsburgh (2 dép/j, durée 6h30, 48 $). **Capital Trallways** (© 397-4861, ouvert tlj 8h-22h), au même endroit. Bus vers Philadelphie (1 dép/j, durée 3h, 14 $) et Pittsburgh (3 dép/j, durée 6h, 44 $). **Red Rose Transit**, 45 Erick Rd., dessert Lancaster et des villages environnants. (© 397-4246. Service Lu-Ve 9h-15h30 et après 18h30, Sa-Di toute la journée. Tarif de base 1 $, gratuit pour les plus de 65 ans.) **Office de tourisme : Pennsylvania Dutch Visitors Bureau**, 501 Greenfield Rd., dans la partie est de Lancaster City, au niveau de la Route 30. Informations sur la région, excellentes cartes et descriptions d'itinéraires à pied. (© 299-8901 ou 800-735-2629. Ouvert Lu-Sa 8h-18h et Di. 8h-17h. Sep-Mai tlj 8h30-17h.) **Bureau de poste** : 1400 Harrisburg Pike (© 396-6900. Ouvert Lu-Ve 7h30-16h30 et Sa. 9h-14h.) **Code postal** : 17604.

⌂ HÉBERGEMENT. Les hôtels et Bed & Breakfast abondent dans la région. Les *visitors centers* (offices de tourisme) peuvent vous fournir des adresses de chambres d'hôtes. Dans le cadre de son programme d'échanges œcuméniques, le personnel serviable du **Mennonite Information Center** (voir **Visites**, plus loin) pourra essayer de vous trouver une chambre dans une famille de confession mennonite. Sinon, les **terrains de camping** sont pratiquement aussi nombreux que les vaches. Les chambres impeccables du **Kenning Tourist Home**, 105 N. Ronks Rd., offrent un maximum de confort pour un coût minimal. Depuis la Route 30 E., tournez à gauche juste après Flory's Campgrounds. Du petit matin jusqu'au soir, vous entendrez, presque sous vos fenêtres, les sabots et les hennissements des chevaux de vos voisins amish. (© 393-5358 ou 687-6294. Toutes les chambres ont la télévision, certaines possèdent l'air conditionné et une salle de bains. Chambre simple 26 $, chambre double 36 $.) Le **Pennsylvania Dutch Motel**, 2275 N. Reading Rd., à la hauteur de la sortie n° 21 du Pennsylvania Turnpike possède de vastes chambres propres, avec télévision par câble et air conditionné. L'hôtesse, accueillante et courtoise, vous renseignera sur les principales visites à faire dans la région. (© 336-5559. Chambre simple 50 $, chambre double 60 $. Tarifs réduits Nov-Mars.) Le cadre sauvage du **Sickman's Mill Campground**, 671 Sand Hill Rd., à 10 km au sud de Lancaster par la State Rd. n° 272, vous garantit la tranquillité. Ce terrain de camping vous offre la possibilité de pêcher et de faire des feux de camp, et propose une aire de jeux et la visite guidée d'un moulin datant du XIXe siècle (4 $). Possibilité de louer des matelas pneumatiques. (© 872-5951. Bureau ouvert tlj 10h30-21h. Emplacement 15 $.)

IL Y A DES TOURTES QUI SE PERDENT La spécialité culinaire la plus connue du comté de Lancaster est le dessert amish traditionnel : la **shoofly pie**, une tourte garnie de mélasse et de sucre brun. Celle-ci était très populaire avant l'invention du réfrigérateur (et l'est toujours dans les foyers amish qui n'en sont pas équipés) car sa croûte la préservait plus longtemps que les autres aliments. Lorsqu'on la sortait du four, l'arôme sucré de la tourte attirait des nuées de mouches que le pâtissier chassait tout en maugréant "shoo fly" ("ouste, les mouches"), d'où son nom. Tout aussi traditionnelle, à défaut d'être aussi célèbre, la **whoople pie** est un dessert de la taille d'un cookie, constitué de deux galettes de chocolat, de citrouille ou de *red velvet cake* (un gâteau au chocolat à l'aspect rouge et velouté), le tout fourré de crème au beurre. Vous pouvez les trouver dans toutes les bonnes pâtisseries, pour environ 50 ¢ pièce.

❏ **RESTAURANTS.** La cuisine amish, saine et copieuse, se caractérise par l'importance de la pomme de terre et des légumes. Pour éviter les restaurants de "cuisine familiale" qui pratiquent des prix dignes de la Côte d'Azur, vous pouvez faire vos courses sur les marchés de produits locaux (**farmers markets**), nombreux le long des routes. Ne manquez pas en particulier le ❤ **Central Market**, dans Lancaster City, à l'angle nord-ouest de Penn Sq. Ce marché offre un tableau un peu anachronique : des fermiers aux tenues simples et désuètes investissent la ville pour vendre fruits frais, viande, fromage, légumes, sandwichs et pâtisseries, aux côtés de vendeurs plus "classiques" (ouvert Ma. et Ve. 6h-16h, Sa. 6h-14h). On trouve de bons restaurants autour du marché. L'une des meilleures adresses se trouve dans le *mall* central : **Isaac's Deli**, 44 N. Queen St., propose un sandwich Phoenix à 5,25 $ (jambon, ananas en tranches, *provolone*) et un milk-shake à 3 $ (© 394-5544. Ouvert Lu-Je 10h-21h, Ve-Sa 10h-22h et Di. 11h-21h.) Non loin, **My Place**, 12 N. Queen St., vous offre, grâce à ses délicieuses pizzas, un petit air d'Italie en plein pays amish (1,30 $ la part). Le *cheesesteak* géant (4 $) rassasiera les plus affamés, tandis que les petits mangeurs préféreront les copieuses salades (2-3 $). (© 393-6405. Ouvert Lu-Je 10h30-22h et Ve-Sa 10h30-23h.) Au **Bird-In-the-Hand Market**, dans la bourgade du même nom, sur la Route 340 à l'angle de Maple Ave., les produits sont plus chers que chez les marchands amish des bords de route, mais on y trouve des denrées non périssables et on peut y prendre un repas. (© 393-9674. Ouvert Lu-Sa 6h-20h. Plats 6-10 $.) A l'**Amish Barn**, 3029 Old Philadelphia Pike, on propose des spécialités amish comme la soupe au poulet et au maïs (2 $) et les boulettes à la pomme (3,50 $) sur des tables recouvertes de *quilts*, patchworks fabriqués par les Amish. (© 768-8886. Ouvert fin Mai-début Sep, tlj 7h30-21h, début Sep-Oct. et Avr-Mai 8h-20h, Nov. 8h-19h. Fermé Janv-Mars.) A l'exception des chaînes de restaurants, tout est fermé le dimanche.

AU PAYS DES DOUCEURS : HERSHEY Au début
du XXe siècle, Milton S. Hershey, mennonite de l'est de la Pennsylvanie, réussit à transformer le chocolat, jusque-là produit rare et cher, en produit de grande consommation. Aujourd'hui, l'entreprise de M. Hershey, à Hershey, est la plus grande chocolaterie du monde, à 45 mn de voiture de Lancaster (c'est là, entre autres, qu'on fabrique les Mars). A l'est de la ville, dans **Hersheypark**, le **Chocolate World Visitors Center** organise une visite guidée à travers une chocolaterie factice entièrement automatisée, visite qui s'achève sous une tente remplie de cookies, de barres chocolatées à prix bradés, et de vêtements de sport de la ligne Hershey. Près du *Visitors Center*, le **Hershey Museum** propose un aperçu complet de la vie de Milton Hershey et présente une horloge à automates du XIXe siècle sur le thème des apôtres. Toutes les heures, la procession des apôtres défile devant Jésus, Satan fait des apparitions périodiques et un coq chante pour signaler le reniement de saint Pierre. (*Parc :* © *534-3900. Ouvert Juin, Lu-Ve 10h-22h. Juil-Août : Lu-Ve 10h-22h et Sa-Di 10h-23h. Pour les périodes de mai à début juin et pour septembre : horaires par téléphone. Billets 30 $, plus de 54 ans et enfants 3-8 ans 17 $, 16 $ après 17h. Visitors Center :* © *800-437-7439. Ouvre avec le parc et ferme 2h plus tôt. Visite guidée "gratuite", moyennant 5 $ de frais de parking. Zoo :* © *534-3439. Ouvert Juin-Août, tlj 10h-18h ; Sep-Mai 10h-17h. 5 $, personnes âgées 4,50 $, 3-15 ans 2,50 $. Parc à thème :* © *534-3860. Ouvert mi-Juin-Août, tlj 10h-20h ; Sep-mi-Juin 10h-17h. Billets 5,25 $, personnes âgées 4,75 $, 3-12 ans 4 $.*)

◉ **VISITES.** Pour bien comprendre et apprécier la culture amish, visitez le **People's Place**, 3513 Old Philadelphia Pike, sur Main St./Route 340, à Intercourse, 18 km à l'est de Lancaster City. Ce complexe étend son empire de librairies, de boutiques d'artisanat et de galeries d'art sur un pâté de maisons tout entier. Une exposition intitulée **20 Q** (abréviation de "20 questions les plus courantes que l'on se pose sur les Amish") vous renseignera sur les modes de vie amish. Un film intitulé *Who Are the Amish ?* (Qui sont les Amish ?), décrit leur us et coutumes. (℗ 768-7171. Ouvert Lu-Sa 9h30-20h ; début Sep-fin Mai 9h30-17h. Film toutes les 30 mn de 9h30 à 17h. 5 $, personnes âgées 4 $, enfants de moins de 12 ans 2,50 $. Film et exposition : 8 $, personnes âgées 7 $, enfants 4 $.) Le **Mennonite Information Center** (℗ 299-0964), Millstream Rd., par la Route 30, à l'est de Lancaster, présente le point de vue de la communauté. Les tenants de cette confession, contrairement aux Amish, sont ouverts aux échanges œcuméniques. Ils ont donc ouvert ce centre pour aider les visiteurs à bien différencier chaque foi. Des hôtesses extrêmement serviables proposent de vous guider dans une reproduction de tabernacle mennonite.

Les routes secondaires partant de la US 340 aux alentours de Bird-in-the-Hand permettent une exploration authentique de la région en voiture, en serpentant parmi les champs verdoyants. Les cyclistes apprécieront sûrement la rareté des véhicules motorisés sur les itinéraires fournis par l'office de tourisme comme le **Lancaster County Heritage Bike Tour**, piste cyclable longue de 75 km. Relativement plat, le parcours passe par des ponts couverts et des lieux historiques. La visite de Lancaster n'est pas complète sans l'utilisation du mode de transport favori des Amish : **Ed's 3 mi. buggy ride**, sur la Route 896, à 2,5 km au sud de la US 30 W., à Strasburg, est un tour d'une heure en cariole dans un paysage magnifique de forêts inexplorées et de campagne. (Lu-Sa de 9h au crépuscule. 7 $, enfants de moins de 10 ans 3,50 $.) **Amish Country Tours** propose une visite en bus de 2h30 : écoles, industries rurales, fermes authentiques et un domaine vinicole. (℗ 786-3600. Visite Avr-Oct, Lu-Sa à 10h30 et 14h, Di. à 11h30. 18 $, enfants 4-11 ans 11 $.) Les offices de tourisme fournissent pléthore de documentation sur les expériences pseudo-amish, depuis le séjour dans une maison amish jusqu'à la visite de l'atelier du forgeron. Le **Pennsylvania Dutch Folk Festival**, par la I-81 S., sortie n° 31, peut satisfaire vos envies d'objets artisanaux et de spécialités culinaires traditionnelles. (℗ 610-683-8707. Fin Juin-début Juil. 10 $, enfants 5-12 ans 5 $.)

GETTYSBURG ☎ 717

Les 1er, 2 et 3 juillet 1863 figurent sans doute parmi les dates les plus marquantes de la guerre de Sécession. Durant ces trois journées étouffantes, la Confédération (Sudistes) et l'Union (Nordistes) s'affrontèrent lors de la bataille décisive dite de Gettysburg, ville paisible du Sud de la Pennsylvanie. L'Union finit par prendre le dessus, anéantissant ainsi tous les espoirs sudistes, mais au prix de plus de 50 000 morts. Quatre mois plus tard, le Président Lincoln se rendit à Gettysburg pour inaugurer le Gettysburg National Cemetery (cimetière national de Gettysburg) dans lequel reposent 979 soldats inconnus de l'Union. Aujourd'hui, le National Soldier's Monument (monument au mort) se dresse à l'endroit même où Lincoln fit son discours légendaire appelant à la réconciliation du Nord et du Sud sous la bannière de la liberté. Chaque année, des milliers d'Américains viennent se recueillir sur ces champs de bataille pour que, comme l'affirmait Lincoln, "ces victimes ne soient pas mortes en vain".

⊞ INFORMATIONS PRATIQUES. Gettysburg, située au sud de la Pennsylvanie (au départ de la US 15, à une cinquantaine de kilomètres au sud de Harrisburg), n'est desservie ni par Greyhound ni par Amtrak. **Towne Trolley** vous transporte dans la ville, mais ne dessert pas le champ de bataille. (En service Avr-Oct, 1 $.) Le **Gettysburg Travel Council**, 35 Carlisle St., occupe l'ancienne gare où descendit Lincoln. (℗ 334-6274. Ouvert tlj 9h-17h.) **Bureau de poste** : 115 Buford Ave. (℗ 337-3781. Ouvert Lu-Ve 8h-16h30 et Sa. 9h-12h.) **Code postal** : 17325.

⌂ ◖ HÉBERGEMENT ET RESTAURANTS. Suivez la Route 34 N. vers la Route 233 pour atteindre l'auberge la plus proche, l'**Ironmasters Mansion Hostel (HI-AYH)**, située à environ 32 km de Gettysburg, à l'entrée du Pine Grove Furnace State Park, à gauche après le panneau *Twirly Tap ice cream*. Ce bâtiment, construit dans les années 1820, est exceptionnellement spacieux et luxueux. Il dispose de 46 lits.

L'emplacement est calme et magnifique. Ses vastes vérandas, sa salle à manger abondamment décorée et son jacuzzi feraient presque penser à un Club Med. (✆ 486-7575. Réception 7h30-9h30 et 17h-22h. Laverie. Draps 2 $. Accès Internet 3 $ les 15 mn. Dortoir 14 $, non-adhérents 15 $. Déc-Fév : sur réservation uniquement.) Le camping d'**Artillery Ridge**, 610 Taneytown Rd., à 2 km au sud du *Military Park Visitors Center*, propose plus de 200 emplacements avec douches, location de chevaux, laverie, piscine, projection de films en soirée, plan d'eau pour la pêche et location de bicyclettes. N'espérez pas vous nourrir de votre pêche, il faut relâcher les poissons après leur capture. (✆ 334-1288. Ouvert Avr-Nov. Emplacement 16,50 $, avec raccordements 24 $. Personne supplémentaire 4 $.) Plusieurs motels bordent Steinwehr Rd., près du champ de bataille. En été, il est difficile de trouver à se loger pour moins de 100 $. Le **Red Carpet Inn**, 2450 Emmitsburg Rd., (à 6 km à l'ouest de la ville en prenant Steinwehr Rd. puis Emmitsburg Rd.), propose des chambres légèrement moins chères que les autres à 79 $ (✆ 334-5026 ou 800-336-1345).

La majorité des bons restaurants sont dans le centre-ville ou juste après l'entrée du champ de bataille. La **Dobbin House**, 89 Steinwehr Rd., le plus ancien bâtiment de Gettysburg (construit vers 1776), était affiliée à un *Underground Railroad* pendant la guerre de Sécession (les *Underground Railroads*, ou chemins de fer souterrains, étaient des réseaux de maisons ou de foyers où les esclaves fugitifs pouvaient se mettre à l'abri de leurs poursuivants). On peut aujourd'hui y créer son propre hamburger (6 $) à la lueur d'une chandelle. (✆ 334-2100. Ouvert Di-Je 9h-22h et Ve-Sa 10h-23h30. Jazz le 1er mercredi de chaque mois à partir de 19h30.) Près du champ de bataille, **General Pickett's Restaurant**, 571 Steinwehr Rd., vous invite à partir à l'assaut de son buffet à volonté (6-10 $) et propose une cuisine typique du Sud. (✆ 334-7580. Ouvert Lu-Sa 11h-15h15 et 16h30-20h, Di. 11h-20h.)

◙ **VISITES.** Les façons de visiter Gettysburg sont nombreuses. Il est judicieux de commencer par le **National Military Park Visitors Information Center**, 97 Taneytown Rd. On vous fournira une carte gratuite qui vous guidera sur un circuit de 30 km à faire en voiture. (✆ 334-1124, *extension* 431. *Visitors center* ouvert tlj 8h-18h et début Sep-fin Mai 8h-17h. 3 $, personnes âgées et moins de 15 ans 2 $. Parc ouvert tlj 6h-22h.) L'accès au champ de bataille est gratuit mais si vous voulez connaître les détails de cet affrontement historique, il vous en coûtera quelques dollars. Les **rangers** proposent en effet de vous guider à travers les monuments et les sites en prenant place dans votre véhicule. (Visite de 2h : 30 $ pour 5 personnes maximum. Ces visites personnalisées étant très demandées, prévoyez d'arriver dès 9h pour être sûr de trouver un créneau.) Si l'idée de partager votre voiture avec un inconnu ne vous emballe pas, vous pouvez toujours suivre à pied une visite gratuite proposée par le *visitors center*.

Entourez-vous de visions effrayantes et des bruits de la bataille, grâce au **Cyclorama Center**, près du *visitors center*. Le centre présente des vitrines d'exposition, un film de 20 mn sur la bataille toutes les heures et, naturellement, le Cyclorama, une fresque murale de plus de 800 mètres carrés représentant ce moment crucial de la guerre. Un spectacle son et lumière a lieu toutes les demi-heures. (✆ 334-1124, *extension* 499. Ouvert tlj 9h-17h. Entrée 3 $, personnes âgées 2,50 $, enfants 6-16 ans 2 $.) Au terrain de camping d'Artillery Ridge (voir précédemment), location de vélos et promenades à cheval. (Vélo : 15 $ la demi-journée, 25 $ la journée. Promenade à cheval d'une heure 23 $, de 2h 45 $.) A côté de la réception du camping se trouvent une reconstitution scrupuleuse de la bataille de Gettysburg à l'aide de figurines (diorama), ainsi que plusieurs autres expositions (4,50 $, personnes âgées et enfants 3,50 $). **Historic Tours** brinquebale les visiteurs autour du champ de bataille dans des autocars presque aussi vieux que la bataille. (✆ 334-8000. 12 $, enfants 9 $.) Tout droits sortis d'un roman de Stephen King, les **histoires et visites de fantômes** américains vous attendent dans une cave hantée, à partir du 55 Steinwehr Ave. (✆ 337-0445 ou 334-8838. Promenades à 20h15, 20h45 et 21h. 6,50 $, gratuit pour les moins de 8 ans.)

Plus près de la ville, vous pouvez visiter la **maison de Jennie Wade**, 528 Baltimore St. Miss Wade fut la seule victime civile de la bataille de Gettysburg, mortellement blessée dans sa cuisine par une balle perdue. Le trou dans le mur par lequel est passé la balle fatale fait aujourd'hui l'objet d'une étrange vénération. La légende veut en effet que les femmes célibataires qui passent le doigt à travers ce trou se fiancent dans l'année qui suit. (© 334-4100. Ouvert Mai-Août, tlj 9h-21h et Sep-Avr 9h-17h. Entrée 5,75 $, enfants 6-11 ans 3,50 $.)

PITTSBURGH ☎ 412

S'il a dit un jour de Pittsburgh que c'était "l'enfer à ciel ouvert", la comparaison de Dickens n'est plus exacte aujourd'hui, après le déclin de l'industrie métallurgique. L'air et les rivières se sont purifiées, tandis que le renouveau économique récent a sérieusement embelli le paysage urbain. La municipalité fait de gros efforts pour promouvoir la nouvelle image de la ville, jusqu'à construire un parc d'attractions rempli de dinosaures robots. En dépit de ces rénovations, différents quartiers de la ville ont su garder leur identité et leur caractère. Ainsi, le vieux Pittsburgh aux murs couverts de suie survit-il encore dans quelques faubourgs, mais il suffit de gravir Duquesne Incline et d'observer la ville depuis le sommet du mont Washington pour se rendre compte que "The Burgh" est entrée dans une ère nouvelle dont ses habitants ont de quoi être fiers.

▉ TRANSPORTS

Avion : **Aéroport International de Pittsburgh** (© 472-5526), à 25 km à l'ouest du centre-ville, par la I-279 et la Route 60 N., à Findlay Township. Le bus **28X Airport Flyer** de la Port Authority dessert l'aéroport depuis le centre-ville et Oakland (tlj 1 dép/30 mn, 6h-24h, 2 $). **Airline Transportation Company** (© 321-4990 ou 471-8900) assure la navette avec le centre-ville (Lu-Ve : 1 dép/h de 7h à 23h30, service réduit Sa.) Un taxi pour le centre-ville coûte 30 $.

Train : **Amtrak**, 1100 Liberty Ave. (© 471-6170), à l'angle de Grant St., à la lisière nord du centre-ville, près de la gare Greyhound et du bureau de poste. La gare proprement dite est agréable et sûre, *mais le trajet qui la sépare du centre-ville peut être dangereux la nuit*. Trains pour Philadelphie (2 dép/j, durée 8h30-11h30, 48-89 $), New York (2 dép/j, durée 10-13h, 65-121 $) et Chicago (3 dép/j, durée 9h30-10h, 57-106 $). Ouvert 6h-24h.

Bus : **Greyhound** (© 392-6526), sur la 11th St., à l'angle de Liberty Ave. et près de la gare ferroviaire. Bus à destination de Philadelphie (9 dép/j, durée 7h, 40 $) et de Chicago (9 dép/j, durée 8-12h, 56 $). Ouvert 24h/24.

Transports en commun : **Port Authority of Allegheny County (PAT)** (© 442-2000). Dans le centre-ville : bus gratuits jusqu'à 19h, métro gratuit (entre les 3 stations du centre-ville). Au-delà du centre-ville : bus 1,60 $, 25 ¢ par correspondance, forfait pour le week-end 4 $, et métro 1,60 $. Demi-tarif pour les 6-11 ans dans le bus et le métro. Horaires et plans disponibles dans la plupart des stations.

Taxi : **Yellow Cab**, © 665-8100.

▉ ORIENTATION ET INFORMATIONS PRATIQUES

Le centre-ville de Pittsburgh, également appelé le **Golden Triangle**, est limité par deux rivières (l'**Allegheny** au nord et la **Monongahela** au sud) qui se rejoignent pour former l'**Ohio**. Les rues du Golden Triangle parallèles à la Monongahela sont numérotées de 1 à 7. L'**université de Pittsburgh** et l'**université Carnegie-Mellon** sont situées à l'est du Golden Triangle, dans Oakland. Ne vous aventurez pas dans les quartiers de Pittsburgh sans avoir étudié une carte attentivement. La ville est connue pour ses 40 ponts et son dédale de rues qui rendent l'orientation difficile. Pour vous repérer, procurez-vous la carte détaillée *Pittsburgh StreetMap* (4 $) dans n'importe quel boutique.

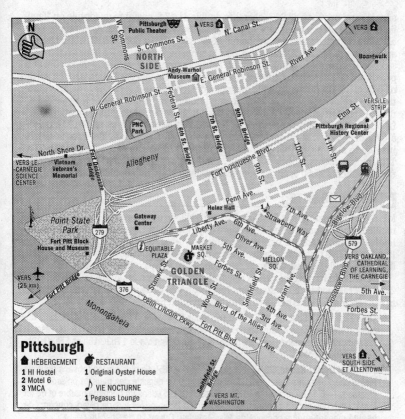

Pittsburgh

🏠 HÉBERGEMENT
1 HI Hostel
2 Motel 6
3 YMCA

🍎 RESTAURANT
1 Original Oyster House

♪ VIE NOCTURNE
1 Pegasus Lounge

Office de tourisme : Pittsburgh Convention and Visitors Bureau, 425 Sixth Ave., *30th floor* ou 29ᵉ étage (© 281-7711 ou 800-359-0758, www.pittsburgh-cvb.org). Ouvert Lu-Ve 9h-17h et Sa-Di 9h-15h. Vous disposez de quatre *visitors centers* : dans le centre-ville, à Station Square, au pied du mont Washington et deux à l'aéroport.

Parking : Gateway Center Garage, 400 Liberty Ave. (© 765-1938), juste à côté du bureau d'informations, à l'extérieur de Point State Park.

Assistance téléphonique : Rape Action Hotline (SOS Viol, © 765-2731). **Gay, Lesbian, Bisexual Center** (© 422-0114). Fonctionne Lu-Ve 18h30-21h30 et Sa. 15h-18h.

Bureau de poste : 700 Grant St. (© 642-4472). Ouvert Lu-Ve 7h-18h et Sa. 7h-14h30. **Code postal :** 15219.

🏠 HÉBERGEMENT

Une ancienne banque a été transformée en ♥ **Pittsburgh Hostel (HI-AYH)**, 830 E. Warrington Ave., de l'autre côté de la Monongahela et sur une colline escarpée, à Allentown, à environ 1,5 km au sud du centre-ville. Auberge de jeunesse propre et de qualité, avec chambres spacieuses, cuisine équipée, air conditionné, parking gratuit, vue superbe depuis une pièce commune au 3ᵉ étage, et ascenseur aménagé dans une voûte. Prenez le bus n° 52 pour "Allentown". *Le quartier est dangereux la nuit.* (© 431-1267. Draps 1 $, serviettes 50 ¢. Se présenter entre 8h-10h ou 17h-24h. Accès aux chambres interdit 10h-17h. Laverie. Dortoir 19 $, non-adhérents 22 $. Chambre simple semi-privative 23-26 $, chambre double 41-47 $, chambre quadruple ou "familiale" 45-52 $. Accès handicapés.) L'**Allegheny YMCA**, 600 W. North Ave., propose des chambres simples réservées aux hommes, dans le quartier nord. (© 321-8594. Laverie, salle de sport, piscine. Dortoir 28 $, 83 $ la semaine, caution de 5 $ pour la clé.)

Vous trouverez de nombreux motels bon marché aux environs de la ville et à proximité de l'aéroport. Le **Motel 6**, 211 Beecham Dr., accessible par la I-79, sortie n° 60A, à 16 km du centre-ville, propose des chambres correctes avec air conditionné et télévision. (© 922-9400. Réservation recommandée pour les week-ends d'été. Chambre simple 39 $, chambre double 45 $, personne supplémentaire 3 $.) Le terrain de camping le plus proche, le **Pittsburgh North Campground**, 6610 Mars Rd., à Cranberry Township, est situé à 20 mn au nord du centre-ville. Prenez la I-79 jusqu'à la sortie Cranberry/Mars. (© 724-776-1150. Bureau ouvert tlj 8h-21h. 110 emplacements, douches, piscine. Emplacement pour 2 personnes 20 $, avec raccordements 27,50 $, adulte supplémentaire 3 $, enfant supplémentaire 2 $.)

▐ RESTAURANTS

Mis à part les pizzerias et les bars du centre-ville, c'est à **Oakland** que l'on trouve le meilleur rapport qualité/prix en matière de restaurants. Les étudiants se retrouvent le plus souvent dans les bars et les cafés de **Forbes Ave.**, à côté de l'université de Pittsburgh. Des restaurants animés et de nombreuses boutiques bordent **Walnut St.**, dans Shadyside, et **East Carson St.**, dans le South Side. Le **Strip District** (au nord du centre-ville, le long de la rivière Allegheny), sur Penn Ave., entre la 16th St. et la 22nd St., rassemble des restaurants italiens, grecs et asiatiques. Le samedi matin, le **Farmers Market** vous permettra de vous ravitailler en produits frais.

❤ **Cafe Zinho**, 238 Spahr St. (© 363-1500), dans Shadyside, à l'est d'Oakland. Ce café intimiste décoré avec goût vous propose une sélection de plats légers et délicieux. Essayez le sandwich poulet salade joliment présenté (8 $). Ouvert Ma-Je 11h30-15h et 17h30-22h, Ve-Sa jusqu'à 23h.

The Original Oyster House, 20 Market Sq. (© 566-7925). Le plus ancien (et sans doute le moins cher) des bars-restaurants de Pittsburgh. On y déguste des plats de poisson et de crustacés (4-6 $) ou des sandwichs au poisson (3-5 $) dans un décor de marbre et de fer forgé, avec des photos panoramiques du temps jadis, prises lors de divers concours de beauté menant au titre convoité de Miss America. Ouvert Lu-Sa 9h-23h.

Zenith Tea Room, à l'angle de la 26th St. et de Sarah St. dans South Side (© 481-4833). Attenant à une galerie d'antiquités et d'œuvres d'art, ce salon de thé soigne ses clients avec des plats végétariens originaux (9 $), des sandwichs (5 $) et des thés glacés faits maison. Si quelque chose vous fait envie, n'attendez pas car le menu change toutes les semaines. Ouvert Je-Sa 11h30-21h et Di. 11h30-15h.

Union Grille, 413 Craig St. (© 681-8620), près de Forbes Ave., à Oakland. Ce bar-gril impeccable doit sa réputation à une cuisine typiquement américaine et au prix raisonnable de ses bières pression (1,75-3 $). Vous n'avez que l'embarras du choix entre les sandwichs végétariens (7 $) ou encore les *crab cakes* (gâteaux au crabe, 6-14 $), le tout arrosé de vin maison (3,25 $). Ouvert Lu-Je 11h30-22h, Ve-Sa 11h30-23h et Di. 11h30-21h.

◉ VISITES

La fameuse fontaine (60 m de haut) de Point State Park se trouve dans le Golden Triangle. Pour jouir d'une vue spectaculaire sur Pittsburgh, gravissez **Duquesne Incline**, 1220 Grandview Ave., dans le South Side. (© 381-1665. *Ouvert Lu-Sa 5h30-0h45 et Di. 7h-0h45. Aller-retour 3,60 $.)* L'**université de Pittsburgh**, fondée en 1787, se dresse à l'ombre des 42 étages de la **Cathedral of Learning** (la cathédrale de la Transmission du Savoir), à l'angle de Bigelow Blvd., entre Forbes Ave. et la 5th Ave., à Oakland. La "cathédrale", construite en partie grâce aux économies des écoliers de Pittsburgh à l'époque de la Dépression, présente 25 "salles de classe internationales", décorées par des artistes de Pittsburgh de diverses nationalités.

(© 624-6000. Visites audioguidées Lu-Ve 9h-14h30, Sa. 9h30-14h30 et Di. 11h-15h. Entrée 2,30 $, personnes âgées 2 $, 8-18 ans 50 ¢.) L'**université Carnegie-Mellon** (© 268-2000) se trouve à proximité immédiate, en descendant Forbes Ave.

L'**Andy Warhol Museum**, 117 Sandusky St., dans le North Side, le plus grand musée américain consacré exclusivement à un seul artiste, expose les œuvres de ce fils de Pittsburgh sur 6 niveaux : portraits pop de Marilyn Monroe, projections permanentes de films tels que *Eat* (39 mn sur un homme qui mange) ou encore une série de tableaux intitulés *Oxidation*, réalisés à base de peinture synthétique et d'urine. (© 237-8300. Ouvert Me-Je et Sa-Di 10h-17h, Ve. 10h-22h. Entrée 8 $, personnes âgées 7 $, étudiants et enfants 4 $.) A vingt minutes à pied en remontant le North Side, **The Mattress Factory**, 505 Jacksonia Way, près de East Commons, n'est pas, comme son nom pourrait le laisser croire, une usine de matelas mais un musée reconnu comme le meilleur exemple de mise en scène d'art sur site aux Etats-Unis. De style avant-gardiste, la Factory a même donné à sa façade (un entrepôt en ruines) un air d'œuvre d'art. (© 231-3169. Ouvert Ma-Sa 10h-17h, Di. 13h-17h. Entrée 6 $, étudiants et personnes âgées 4 $.)

A l'époque où Pittsburgh était la grande métropole de l'acier, Andrew Carnegie en était le principal industriel et son plus grand magnat. Le legs le plus spectaculaire de Carnegie, **The Carnegie**, 4400 Forbes Ave., en face de la Cathedral of Learning, renferme à la fois un musée des beaux-arts et un musée d'histoire naturelle. (© 622-3131, informations sur les visites guidées au © 622-3289. Ouvert Ma-Sa 10h-17h et Di. 13h-17h. Juil-Août Lu. 10h-17h. Entrée 6 $, personnes âgées 5 $, étudiants et 3-18 ans 4 $.) Si vous voulez connaître ce que l'on ressent lors d'un tremblement de terre, si vous désirez monter à bord d'un sous-marin de la Seconde Guerre mondiale ou bien encore contempler une voie ferrée miniature ou une maquette de village, rendez-vous au **Carnegie Science Center**, 1 Allegheny Ave. (© 237-3400. Ouvert Di-Ve 10h-18h et Sa. 10h-21h. Entrée 10 $, 3-18 ans et personnes âgées 8 $. Entrée plus accès à l'OmniMax ou au planétarium 14 $, 3-18 ans et personnes âgées 10 $.)

Accessible par la I-376, à l'est de la ville dans Penn Hills, en banlieue de Pittsburgh, s'élève le premier temple hindou des Etats-Unis. Le **Sri Venkateswara (ou S.V.) Temple** (© 373-3380) reproduit l'aspect d'un temple de l'Andhra Pradesh, en Inde. Le S.V. Temple attire régulièrement un grand nombre de pèlerins hindouistes venant de tous les Etats-Unis. Même si vous ne pratiquez pas l'hindouisme, vous aurez accès au Grand Hall où vous verrez des pèlerins en prière.

🎵📷 SPECTACLES ET SORTIES

Les hebdomadaires gratuits *In Pittsburgh* et *City Paper*, disponibles dans la plupart des restaurants et des magasins de la ville, vous informent sur les manifestations à venir, fournissent les coordonnées des principales boîtes de nuit et ont un cahier de petites annonces très pratique. Le **Pittsburgh Symphony Orchestra**, dont la réputation internationale n'est plus à faire, joue de septembre à mai au **Heinz Hall**, 600 Penn Ave. (© 392-4900), dans le centre-ville. Le **Pittsburgh Public Theater**, sur Alleghany Sq., dans le North Side, également renommé, pratique des prix assez élevés. (© 316-1600. Guichet ouvert Oct-Juil. Lu. 10h-17h30, Ma-Sa de 10h jusqu'au début du spectacle et Di. 12h-19h. Billets 20-42 $, étudiants et moins de 27 ans 10 $ pour les spectacles donnés Di-Je.) Dans un tout autre registre, les **Pirates** (base-ball, © 321-2827) se produisent également dans le North Side d'Avr. à Sep. au tout nouveau **PNC Park**, tandis que les **Steelers** (football américain, © 323-1200) jouent au Heinz Stadium de Sep. à Déc.

Pour la vie nocturne, même si le Strip, dans le centre-ville, rassemble des fêtards relativement nombreux pour une cité où tous les commerces semblent fermer à 17h, les plus branchés se retrouvent sur **E. Carson St.**, dans le South Side. Ils reçoivent les habituels renforts des noctambules amateurs le week-end. Le **Metropol** et son voisin plus intime le **Rosebud**, 1600 Smallman St., dans le Strip District, installés dans un vaste hangar, accueillent les *clubbers* sur deux pistes. (© 261-4512. Entrée 5 $. Ouverture des portes à 20h.) **Nick's Fat City**, 1601-1605 E. Carson St., dans le South Side, accueille des groupes populaires de rock'n'roll local. La *Yuengling*, bière pression locale, est à

2,75 $. (© 481-6880. Prix d'entrée variable. Ouvert Ma-Di 11h-2h.) **Jack's**, sur E. Carson St., à l'angle de la S. 12th St., dans le South Side, a reçu plusieurs fois la distinction de "meilleur bar de Pittsburgh" en proposant de sublimes formules comme des hot-dogs à 25 ¢ (Lu.) et des ailes de poulet à 10 ¢ (Me.), sans oublier ses bières à 1 $ (Lu-Me), à une clientèle plutôt joviale d'habitués. (© 431-3644. Interdit aux moins de 21 ans. Ouvert Lu-Sa 7h-2h et Di. 11h-2h.) La communauté gay et lesbienne se retrouve au **Pegasus Lounge**, 818 Liberty Ave., dans le centre-ville, pour de la house et des spectacles de drag-queens. (© 281-2131. Ouvert Ma-Sa 21h-2h.)

OHIOPYLE   ☎ 724

Rehaussées de collines abruptes et coupées de torrents bondissants, les forêts du sud-ouest de la Pennsylvanie sont parmi les plus belles de l'est des Etats-Unis. Les Amérindiens avaient surnommé cette région *Ohiopehhle* ("l'eau dont l'écume est blanche"), à cause de l'impressionnante Youghiogheny River Gorge (ou "The Yock", comme on l'appelle ici), au cœur de l'**Ohiopyle State Park**. Les 7600 ha du parc offrent de multiples possibilités de randonnée, de pêche, de chasse, de rafting, de ski, etc. Récemment, le chemin de fer qui longeait la rivière a été transformé en piste cyclable. Le parcours serpente sur 45 km du nord de Confluence à Connellsville. Considérée comme l'un des dix-neuf plus beaux sentiers du monde, cette piste fait partie du projet "rails to trails" qui devrait relier Pittsburgh à Washington.

Chaque année, des milliers d'amateurs de rafting viennent pratiquer sur les rapides d'Ohiopyle (13 km de longueur, classe III), qui sont parmi les meilleurs de l'est des Etats-Unis. Il faut compter 5 heures pour en venir à bout. Dans le "centre-ville" d'Ohiopyle, sur la Route 381, on trouve 4 spécialistes du rafting : **White Water Adventurers** (© 800-992-7238), **Wilderness Voyageurs** (© 800-272-4141), **Laurel Highlands River Tours** (© 800-472-3846) et **Mountain Streams** (© 800-723-8669). Le prix d'une descente du Yock accompagnée varie selon la saison, le jour de la semaine et la difficulté du parcours choisi (30-60 $ la journée par personne). Les rafteurs aguerris ou les simples amateurs peuvent louer tout le matériel nécessaire à l'une des 4 adresses mentionnées ci-dessus. (Raft 12-15 $ par personne, canoë 20 $, kayak gonflable environ 20-26 $.) Pour descendre la rivière sur un engin flottant, quel qu'il soit, il faut une autorisation appelée "**launch permit**", délivrée par le bureau du parc (*park office*). (Gratuit Lu-Ve, Sa-Di 2,50 $, téléphonez au moins un mois à l'avance pour le samedi. Les agences de location fournissent ce permis gratuitement.) Parking obligatoire au **Old Mitchell Parking Lot**, à 12 km au nord-ouest du centre-ville, avant d'emprunter la navette qui vous conduira au point de départ des descentes en eau vive (2,50 $). Au Falls Market and Overnight Inn (voir plus loin), vous pouvez vous procurer le **permis de pêche**, obligatoire dans le parc (15 $ les 3 jours, 30 $ la semaine, 35 $ la saison, 17 $ pour les résidents de l'Etat de Pennsylvanie). Si vous n'aimez pas le rafting, vous pouvez louer en ville des vélos et pédaler sur les excellentes pistes du parc, ou près de la voie ferrée entre Pittsburgh et Cumberland. Le tarif de **location d'un vélo** est fonction du modèle choisi (en général 3-4 $ l'heure).

Vous trouverez peu de motels bon marché autour d'Ohiopyle. Mais l'**Ohiopyle State Park Hostel (HI-AYH)**, sur Ferncliffe Rd., près d'une ligne de chemin de fer, en plein centre-ville, non loin de la Route 381, est une excellente adresse. (© 329-4476. Se présenter entre 18h et 22h. Libérer la chambre entre 7h et 9h. Extinction des feux 22h. 24 lits, cuisine et laverie. Dortoir 15 $, non-adhérents 18 $. Chambre privative 30-36 $. 5 $ par personne supplémentaire.) Un peu plus bas dans la même rue, au niveau de la Route 381, le **Falls Market and Overnight Inn**, dispose de chambres de bonne qualité, avec salle de bains commune. Au rez-de-chaussée se trouvent un magasin d'alimentation et un restaurant-snack. (© 329-4973. Air conditionné, télévision par câble avec magnétoscope, laverie. Chambre triple 60 $. Personne supplémentaire 10 $. Magasin ouvert tlj 7h-21h, en hiver 7h-18h30.) 226 **emplacements de camping** sont disponibles à Ohiopyle. (© 888-727-2757. Di-Je 15 $ et Ve-Sa 17 $. Résidents de l'Etat de Pennsylvanie 12/14 $. Réservation recommandée 30 jours à l'avance pour les week-ends d'été.)

Ohiopyle borde la Route 381, à 110 km au sud-est de Pittsburgh, accessible par la Route 51 et la US 40. A partir de Pittsburgh, **Greyhound** dessert **Uniontown**, une grande ville située à 35 km à l'ouest sur la US 40 (1-2 dép/j, 1h15, 14 $). Le **Park Information Center**, P.O. Box 105, se trouve à la hauteur de la Route 381, sur Dinnerbell Rd. (© 329-8591. Ouvert Nov-Avr Lu-Ve 8h-16h, le reste de l'année tlj 8h-16h.) **Bureau de poste** : Green St. (© 329-8605. Ouvert Lu-Ve 7h30-16h30 et Sa. 7h30-11h30.) **Code postal** : 15470.

ENVIRONS D'OHIOPYLE : FALLINGWATER

La "Maison sur la cascade" (**Fallingwater House**) est probablement la plus connue des réalisations privées du célèbre architecte américain Franck Lloyd Wright, l'un des fondateurs de l'architecture contemporaine. Bâtie entre 1935 et 1937 pour une riche famille de Pittsburgh, les Kaufmann, la maison s'intègre merveilleusement dans le décor de roches et de sous-bois qui forme son environnement : les énormes rochers qui étaient là avant la maison ont été intégrés à son architecture. A l'origine du projet, la volonté des Kaufmann de faire construire leur résidence près de la cascade de Bear Run où ils allaient passer leurs vacances. L'exploit de F. L. Wright fut d'élever la maison directement sur la cascade, une succession de terrasses en porte-à-faux (sans assise apparente) surplombant les chutes et la rivière. Ainsi on entend le grondement de la cascade dans toutes les pièces. Un projet de renfort des fondations sera mis en place dans les prochaines années, avant que la maison ne glisse. Fallingwater House se trouve à 13 km au nord d'Ohiopyle par la Route 381. (© 329-8501. Ouverte Ma-Di 10h-16h. Nov-Déc et Mars Sa-Di uniquement. Réservation nécessaire. Visite guidée Ma-Ve 10 $, 6-18 ans 7 $, Sa-Di 15 $, 6-18 ans 8 $. Les moins de 6 ans doivent être laissés à la garderie, 2 $ l'heure.) **Museum of Early American Farm Machines and Very Old Horse Saddles with a History** (© 438-5180), sur l'US 40, à Chalk Hill. Ce "musée-des-premières-machines-agricoles-américaines-et-des-très-anciennes-selles-de-chevaux-chargées-d'histoire" présente des objets américains aussi rouillés qu'improbables, comme une machine à vapeur en fonte de 12 tonnes datant de 1905, une selle "Rendez-vous galant" pour cowboy et des selles datant de la guerre de Sécession, ainsi qu'une collection impressionnante d'objets du même genre.

DELAWARE

Le minuscule Delaware est une oasis bienvenue au sud de la mégalopole qui s'étend de Boston à Washington en passant par New York (communément appelée "Boswash"). Ce petit Etat au charme très particulier est très justement représenté par la coccinelle, l'insecte mascotte de l'Etat, adoptée en 1974 à la suite d'une action revendicatrice menée par les enfants des écoles primaires.

Le Delaware fut le premier Etat à ratifier la Constitution des Etats-Unis, le 7 décembre 1787, et a naturellement adopté pour surnom celui de *"First State"* (le premier Etat). Depuis cette époque, son histoire a surtout été marquée par l'irrésistible ascension du riche clan DuPont, dont les premières usines de production de poudre à canon sont à l'origine de ce géant mondial de l'industrie chimique. Les vacanciers de la côte Est sont attirés par ses boutiques (le Delaware est l'un des rares Etats où il n'y a pas de taxe à l'achat), les paysages de ses stations balnéaires et sa facilité d'accès depuis les grandes villes de la partie sud du Boswash.

ENCHANTÉ Le Delaware, premier Etat à ratifier la Constitution américaine, est aussi l'un des plus petits. Il est d'ailleurs si petit que lorsque deux résidents de l'Etat se rencontrent pour la première fois, la question rituelle n'est pas : "De quelle ville venez-vous ?", mais : "Vous êtes de quelle sortie de l'autoroute ?"

🔢 INFORMATIONS PRATIQUES

Capitale : Dover.

Informations touristiques : **Visitors Info**, à l'angle de Duke of York St. et de Federal St., Dover 19903 (🕿 302-739-4266 ou 800-292-9507, www.state.de.us). Ouvert Lu-Ve 8h-16h30. **Office de tourisme** : **Delaware State Chamber of Commerce**, 1201 N. Orange St., Wilmington 19899 (🕿 800-422-1181).

Fuseau horaire : Heure de l'Est (6 heures de moins que l'heure de Paris).

Abréviation postale : DE. **Taxe locale** : 8 % sur l'hébergement, 0 % sur tous les autres produits (quel bonheur !).

LEWES   ☏ 302

Explorée par Henry Hudson et fondée en 1613 par les Hollandais, Lewes est la première ville de l'Etat du Delaware. Elle attira d'abord colons, pirates et marins intrépides, et, aujourd'hui les estivants. Lewes (prononcez liouiss) n'a guère changé au cours des siècles. Cette ville où les ferrys se croisent, avec ses maisons pain d'épice de style victorien, ses rues paisibles et un passé culturel assez pauvre, présente peu d'intérêt. On y a organisé un circuit retraçant son histoire coloniale, mais la principale attraction reste la magnifique plage, fréquentée par des vacanciers souvent plus âgés et plus aisés que ceux qui se bousculent sur la plage voisine de Rehoboth.

▪✳🔢 ORIENTATION ET INFORMATIONS PRATIQUES

A moins de posséder un hélicoptère privé, le seul moyen raisonnable de se rendre à Lewes est d'utiliser la route. En venant du nord, prenez la Route 1 qui vous mène directement en ville, avant l'embranchement de la Savannah Rd. qui traverse Lewes. Depuis l'ouest, empruntez la Route 404 en direction de l'est puis la Route 9 E. à Georgetown. Vous arrivez alors sur la Route 1 qui vous conduit jusqu'à Savannah Rd. vers le sud. Le meilleur transport en commun est la navette du **Delaware Resort Transit** (🕿 800-553-3278), qui part du terminal du ferry puis traverse Lewes, pour rejoindre Rehoboth et Dewey Beach (2 dép/h, fin Mai-début Sep tlj 7h-3h, 1 $ le trajet, personnes âgées et handicapés 40 ¢, forfait journée 2 $). La compagnie de taxi **Seaport Taxis** (🕿 645-6800) vient vous chercher et vous dépose n'importe où en ville moyennant un prix raisonnable. Sachez que la plage est excentrée (elle est séparée de la ville par un pont) : si vous ne possédez pas de voiture, le trajet à pied vous semblera bien long. Heureusement, de nombreux parkings bordent la plage. **Bureau de poste** : 116 Front St. (🕿 645-6548. Ouvert Lu-Ve 8h30-16h.) **Code postal** : 19958.

🏠🔲 HÉBERGEMENT ET RESTAURANTS

Le **Savannah Inn**, 330 Savannah Rd., est un charmant Bed & Breakfast de sept chambres. Il surclasse aisément la plupart des autres lieux d'hébergement de Lewes par des tarifs bon marché et des pratiques remarquables en matière de respect de l'environnement. Ne vous arrêtez pas à la peinture écaillée sur les murs, le bâtiment est bien entretenu et propre. Copieux petit déjeuner. Les enfants sont accueillis avec joie. (🕿 645-5592. Pas d'air conditionné. Oct-Mai : réduction de 10 $ sur le prix des chambres mais pas de petit déjeuner. Chambre double avec salle de bains commune 70 $, les chambres les plus grandes peuvent loger 3-4 personnes et coûtent 75-80 $.) **Captain's Quarters**, 406 Savannah Rd., propose des chambres doubles propres, calmes et confortables. (🕿 645-7924. Se présenter vers 15h. Libérer la chambre avant 11h. 70 $, en été Sa-Di 85 $. Personne supplémentaire 5 $.) **Cape Henlopen State Park**, près de la Route 1, dispose de plus de 150 emplacements de camping sur du sable. Si vous venez du nord, évitez la Savannah Rd. et continuez la Route 1 pendant environ 1 km. Un panneau vous indique alors de tourner à gauche.

CENTRE ATLANTIQUE

Ce terrain de camping proche de la plage est équipé de salles de bains entièrement refaites et d'équipements favorisant le confort des visiteurs. (© 645-2103. Camping ouvert Avr-Oct. Parc ouvert toute l'année 7h-23h. Emplacement pour 4 personnes 25 $, avec raccordement à l'eau 27 $, personne supplémentaire 2 $.)

Les rares restaurants de Lewes bordent surtout la 2nd St. **Rosa Negra**, 128 2nd St., propose d'énormes plats italiens dans un décor subtilement décoré. Arrivez tôt car, après 18h, le menu est 25 % plus cher. (© 645-1980. Tlj 17h-18h : menu à 7 $ avec, au choix, 8 sortes de pâtes et 9 sauces différentes, personnes âgées 6 $. Ouvert tlj 17h-21h.) **Oby Lee Coffee Roasters**, 124 2nd St., sert des mélanges de cafés au nom évocateur comme "Linzer Torte" ou "Coconut Kiss". Vous devez vous faufiler entre les sacs de grains de café importés, empilés par terre, pour commander votre sandwich (2-4 $) ou votre *Vanilla Dream* (boisson sans caféine considérée comme "le contraire d'un chocolat chaud"). (© 645-0733. Ouvert tlj 7h-22h.) On se retrouve le soir pour jouer de la musique (Ma-Sa) au **Rose and Crown Restaurant and Pub**, 108 2nd St., au décor boisé. (© 645-2373. *Happy hour* tlj 16h-18h, 1 $ de réduction sur les bières pression. Ouvert tlj 11h-1h.)

☉ VISITES

Contrairement aux villes de la côte Est qui se vantent de ne pas dépendre de l'industrie touristique, Lewes fait tout son possible pour devenir une station balnéaire historique. Le front de mer compte plusieurs jetées pour les pêcheurs et pour le terminal du **ferry** qui relie Cape May. (© 644-6030. 8 trajets par jour. Véhicule 18 $, passager 4 $. Bureau ouvert tlj 8h30-16h30.) L'office de tourisme, **Lewes Chamber of Commerce**, 20 King's Hwy., se trouve dans la maison Fisher-Martin. On y dispense des informations très utiles sur la ville. Possibilités de visite guidée à pied, gratuite, des maisons des fondateurs de la ville, des lieux de rencontre de l'époque et de bâtiments anciens dont certains remontent à la guerre de 1812. (© 645-8078. Ouvert en été Lu-Ve 10h-16h, Sa. 9h-15h et Di. 10h-14h, hors saison fermé le week-end.) A 1,5 km à l'est de Lewes, sur l'océan Atlantique, perdu au milieu de pins et de dunes de sable, se trouve le **Cape Henlopen State Park** (voir **Hébergement**). Sur cette plage familiale, les enfants jouent dans les vagues sous l'œil attentif des sauveteurs, pendant que les parents et les jeunes couples profitent des rayons du soleil dans leur chaise longue. Le **Seaside Nature Center**, à l'intérieur du parc, est consacré à l'écosystème de la plage et de l'océan. Vous pouvez notamment voir une colonie d'oiseaux marins en nidification, de lumineuses dunes sur lesquelles vous pouvez vous promener et un sentier goudronné de 3 km, idéal pour faire du roller ou du vélo. (© 645-6852. Ouvert Lu-Sa 9h-16h et Di. 12h-16h. Sentier ouvert tlj de 8h au coucher du soleil. Voiture 5 $, cyclistes et piétons gratuit.)

REHOBOTH BEACH   ☏ 302

Aussi bien géographiquement que culturellement, Rehoboth Beach se situe entre Lewes et Ocean City. Si Lewes est une station familiale paisible et Ocean City un repaire d'adolescents chahuteurs, Rehoboth Beach concentre un peu les deux. Barbe à papa, mini-golfs, fast-food, terrains de beach-volley et boutiques de tee-shirts bon marché bordent la promenade du bord de mer. La ville a su préserver le charme d'antan des maisons en bordure de plage. Les familles aisées de Washington et une communauté gay de plus en plus importante constituent l'essentiel des estivants. Quelques voyageurs y passent la journée pour se détendre et profiter du sable et du soleil.

■ ⁊ **ORIENTATION ET INFORMATIONS PRATIQUES.** Rehoboth se trouve à environ 10 km au sud de Lewes. Depuis la Route 1, prenez la Route 1B pour atteindre Rehoboth Ave. que vous suivez jusqu'à la mer. La partie animée de la ville est concentrée autour de la promenade qui longe la plage. Le meilleur moyen de se déplacer reste donc la marche. Les bus **Greyhound/Trailways**, 251 Rehoboth Ave. (© 227-7223 ou 800-231-2222), s'arrêtent près de l'office de tourisme. Destinations :

Baltimore (1 dép/j, durée 3h30, 28,75 $), Philadelphie (2 dép/j, durée 4h, 30,75 $) et Washington, D.C. (3 dép/j, durée 3h30, 32,75 $). **Office de tourisme : Rehoboth Beach Chamber of Commerce**, 501 Rehoboth Ave., dans une ancienne gare aménagée près d'un faux phare. L'office de tourisme distribue des brochures sur le Delaware et des bons de réduction. (*C* 227-2233 ou 800-441-1329. Ouvert Lu-Ve 9h-17h et Sa-Di 9h-12h.) Naviguez sur le Net à l'**Avenue Video and Internet**, 71 Rehoboth Ave. (*C* 227-5999. 4 $ les 15 mn. Ouvert Di-Je 10h-22h et Ve-Sa 10h-23h.) **Bureau de poste** : à l'angle de Rehoboth Ave. et de 2nd St. (*C* 227-8406. Ouvert Lu-Ve 9h-18h et Sa. 10h-15h.) **Code postal** : 19971.

⌂ ⌷ HÉBERGEMENT ET RESTAURANTS. Lieux d'hébergement bon marché et charmants Bed & Breakfast sont légions à Rehoboth. Cela fait plus de 25 ans que **Mr et Mrs Downs**, **du Lord Baltimore**, 16 Baltimore Ave., louent des chambres propres, meublées à l'ancienne, avec télévision, réfrigérateur et air conditionné (*C* 227-2855. Se présenter à partir de 14h. Libérer la chambre avant 11h. Chambre simple ou double avec salle de bains commune 40-55 $, avec salle de bains privée 56-65 $. En hiver 25-50 $. Personne supplémentaire 5 $.) **The Abbey Inn**, 31 Maryland Ave., est à une rue de l'agitation de Rehoboth Ave. (*C* 227-7023. Séjour minimum de 2 jours. Ouvert fin Mai-début Sep. Chambre simple ou double avec salle de bains commune à partir de 48 $, chambre pour 3-4 personnes avec salle de bains commune 61 $, suite avec salle de bains privée 105 $. Sa-Di supplément de 15 %.) Le très ombragé **Big Oaks Family Campground**, sur la Route 270, à 1,5 km de l'intersection avec la Route 1, offre un confort plus rustique. Douches et piscine. (*C* 645-6838. Emplacement 28,50 $, avec raccordements 33 $.)

Rehoboth est réputée pour la qualité de sa cuisine de plage bon marché et pour ses nombreux bars. Avec son côté vieille Europe, le **Café Papillon**, 42 Rehoboth Ave., dans Penny Lane Mall, vous semblera familier. Les clients viennent y déguster des crêpes (2,75-7 $), des croissants (2-3,50 $) et de délicieux sandwichs baguette (5-7 $). (*C* 227-7568. Ouvert Mai-Oct tlj 8h-23h.) Après un bain de minuit, reprenez des forces chez **Nicola's Pizza**, 8 1st St. Une clientèle très variée, attirée par les arômes de la cuisine italienne, se laisse tenter par les plats de pâtes nourrissants et bon marché (4-7 $). (*C* 227-6211. Ouvert tlj 11h-3h.) Si vous rêvez de petits déjeuners copieux comme dans les films, faites un tour au **Royal Treat**, 4 Wilmington Ave., qui propose une pile de *pancakes* et du bacon pour 5,50 $. Le restaurant fait aussi glacier l'après-midi et le soir, ce qui ravira les amateurs : les glaces au soda traditionnelles et les *sundaes* au caramel nappés de sauce chocolat sont à 3,50 $. (*C* 227-6277. Petit déjeuner 8h-11h30, glaces 13h-23h30.)

▣ ▨ SPECTACLES ET SORTIES. Etant donné que les bars et les clubs arrêtent de servir à 1h, les noctambules doivent commencer à faire la fête tôt. **The Summer House Saloon**, 228 Rehoboth Ave., face à l'hôtel de ville, est un endroit rêvé pour flirter. Remises sur les boissons, ambiance vacances et musique hip-hop, c'est le moment ou jamais pour vous lancer. (*C* 227-3895. Lu. *burger* de 500 g à moitié prix, bière au seau à prix réduit. Ve. cocktails *hurricane* à moitié prix. Ouvert Juin-Août tlj 17h-23h, bar ouvert jusqu'à 2h. Ouvert Sep-Mai Ma. et Ve-Sa. uniquement.) Les amateurs de bière se pâmeront devant **Dogfish Head Brewings & Eats**, 320 Rehoboth Ave. Cette brasserie propose des bières maison originales comme la délicieuse Buxom Blond Barleywine. Que demander de plus ? La foule s'embrase lors des concerts des Ve-Sa. (*C* 226-2739. *Happy hour* Lu-Ve 16h-19h, pintes 2 $. Ouvert Lu-Ve 16h-1h et Sa-Di 12h-1h.) Nouveauté parmi les bars de la ville, le **Full Moon Saloon** a pris le parti d'accueillir des groupes de rock'n'roll classique : il y en a pour tous les goûts. (*Happy hour* Lu-Je 17h-20h, bière pression 1 $. Ouvert Lu-Sa 10h-1h et Di. 11h-1h.) Enfin, le **Blue Moon**, 35 Baltimore Ave., rassemble une clientèle essentiellement gay et lesbienne qui se déchaîne sur les rythmes techno. (*C* 227-6515. *Happy hour* Lu-Ve 16h-18h. Ouvert tlj 16h-1h.)

MARYLAND

Autrefois, sur la côte est du Maryland, les habitants pêchaient le crabe et cultivaient le tabac. De l'autre côté de la baie, à Baltimore, les ouvriers chargeaient les bateaux et faisaient prospérer les usines. Mais, avec la croissance de l'administration fédérale et les déboires de l'industrie, les centres d'activité se sont déplacés sur l'axe routier Baltimore-Washington, et, autour de Washington, D.C., les banlieues résidentielles ont pris la place des industries traditionnelles. Aujourd'hui, les faubourgs de Washington, D.C. mordent sur les comtés de Montgomery et de Prince George. Baltimore a pris des allures de métropole mais Annapolis, la capitale de l'Etat, a gardé son aspect de petit port côtier. A l'ouest, une mince bande du territoire du Maryland traverse les Appalaches entre le Potomac et la Pennsylvanie. Mais cette partie de l'Etat est plus proche géographiquement et culturellement de l'Etat de Virginie occidentale.

⚼ INFORMATIONS PRATIQUES

Capitale : Annapolis.

Informations touristiques : 217 E. Redwood St., Baltimore 21202 (© 800-543-1036, www.mdisfun.org). **Dept. of Natural Resources**, 580 Taylor Ave., Annapolis 21401 (© 410-260-8186. Ouvert Lu-Ve 8h-16h30.)

Fuseau horaire : Heure de l'Est (6 heures de moins que l'heure de Paris).

Abréviation postale : MD. **Taxe locale** : 5 %.

BALTIMORE ☏ 410

Même si elle est devenue aujourd'hui une immense métropole, la ville de Baltimore a su conserver son excellente réputation d'hospitalité. Riche en bars et en restaurants animés, en musées de renom et en sites historiques préservés, la cité n'a jamais cessé de faire le bonheur de ses visiteurs. C'est à Baltimore que mourut E.A. Poe et que fut écrit le texte qui deviendra par la suite l'hymne américain, *The Star-Spangled Banner* (la bannière étoilée).

Baltimore se trouve juste au nord de Washington, D.C. mais l'empreinte du Vieux Sud est omniprésente dans la ville. Ainsi dans Roland Park, chaque façade de maison est ornée d'un porche et, si vous prêtez l'oreille attentivement, peut-être remarquerez-vous ce sympathique accent "Bawler", caractéristique de la région. Certains enfants du pays sont devenus célèbres en dévoilant l'envers de cette chaleureuse cité sudiste. C'est le cas notamment d'Edgar Allan Poe, dont les nouvelles évoquent l'aspect lugubre de Baltimore dans la première moitié du XIXe siècle et de John Waters, dont les films captent la face cachée de la ville.

▣ TRANSPORTS

Baltimore est située à 56 km au nord de Washington, D.C. Pour aller à Baltimore depuis Washington, prenez la **sortie n° 53** sur la **Baltimore-Washington Pkwy. (I-295)**, pour parvenir à la **Route 395** qui mène directement à **Inner Harbor**. S'il n'y a pas trop de circulation, cela vous prendra moins d'une heure.

Avion : Baltimore-Washington International (BWI), © 859-7111. Sur la I-195, à la sortie de la Baltimore-Washington Pkwy (I-295), à une quinzaine de kilomètres au sud du centre-ville. Depuis Baltimore, prenez le bus MTA n° 17 jusqu'à la station de tramways de Nursery Rd. Des navettes (© 859-0800) partent de l'aéroport en direction des hôtels tous les jours, toutes les demi-heures, de 5h45 à 23h30 (pour le centre-ville de Baltimore, 11 $). D'autres relient Washington, D.C. (1 dép/h, de 5h45 à 23h30, 26 $, aller-retour 34 $).

Des trains Amtrak partent également du BWI Airport pour Baltimore (5 \$) et Washington, D.C. (12 \$). Les trains MARC, moins chers, sont aussi plus lents et ne circulent que du lundi au vendredi (3,25 \$ pour Baltimore, 5 \$ pour Washington, D.C.).

Train : Penn Station, 1500 N. Charles St. (*©* 800-872-7245), à l'angle de Mt. Royal Ave. Accès facile par les bus n° 3 ou n° 11, au départ de Charles Station, dans le centre-ville. Des trains **Amtrak** partent toutes les demi-heures ou heures pour **New York** (62-71 \$), **Washington, D.C.** (à partir de 19 \$) et **Philadelphie** (à partir de 35 \$). Lu-Ve, deux lignes **MARC commuter lines** (*©* 800-325-7245) relient Baltimore à l'Union Station de **Washington, D.C.** (*©* 859-7400 ou 291-4268) *via* Penn Station (avec un arrêt au BWI Airport) ou **Camden Station** (*©* 613-5342), à l'angle de Howard St. et de Camden St., près du stade Oriole Park. Les deux trajets coûtent 5,75 \$. Guichet ouvert tlj 5h30-21h30.

Bus : Greyhound (*©* 800-231-2222), dans le centre-ville, au 210 W. Fayette St. (*©* 752-7682), tout près de N. Howard St. Egalement au 5625 O'Donnell St. (*©* 752-0908), à 5 km à l'est du centre-ville, à proximité de la I-95. Bus pour **New York** (24 \$), **Washington, D.C.** (6 \$) et **Philadelphie** (15 \$).

Transports en commun : Mass Transit Administration (MTA), 300 W. Lexington St. (*©* 539-5000 ou 800-543-9809), près de N. Howard St. Permanence téléphonique Lu-Ve 6h-21h. Bus, métro et tramway desservent les principaux points de la ville et de sa banlieue. Certaines lignes fonctionnent 24h/24. Le métro circule Lu-Ve 5h-24h et Sa. 6h-24h. Le tramway circule Lu-Ve 6h-23h, Sa. 8h-23h et Di. 11h-19h. Tarif de base pour tous ces transports 1,35 \$, plus cher pour les longues distances. Le bus n° 17 effectue la liaison entre la station de Nursery Rd. et l'aéroport.

Taxi maritime : Harbor Boating, Inc., 1615 Thames St. Arrêt principal à Inner Harbor (*©* 563-3901 ou 800-658-8947). Il dessert, entre autres, toutes les 8-18 mn (Nov-Mars toutes les 40 mn), les musées en front de mer, Harborplace, Fells Point, Little Italy et bien d'autres sites. Service tlj Mai-Août 9h-24h, Avr. et Sep-Oct 9h-21h et Nov-Mars 9h-18h. *Pass* pour la journée avec trajets illimités 4,50 \$, moins de 11 ans 2 \$. Un billet permet l'accès à prix réduit à quelques attractions de Baltimore.

Taxi : Checker Cab, *©* 685-1212. **Royal Cab**, *©* 327-0330.

▚ ▞ ORIENTATION ET INFORMATIONS PRATIQUES

La **Jones Falls Expressway (I-83)** coupe la ville en deux, du sud (Inner Harbor) au nord, tandis que le **Baltimore Beltway (I-695)**, boulevard périphérique, en fait le tour. La **I-95** coupe l'angle sud-ouest de la ville, ce qui vous évite d'effectuer le grand tour par la I-695. Aux heures de pointe, la circulation sur ces routes se fait à une allure d'escargot. **Baltimore St.** (orientée est/ouest) et **Charles St.** (orientée nord/sud) délimitent les arrondissements de la ville. Les rues parallèles à Baltimore St. portent la mention "West" ou "East" selon le côté de Charles St. où elles se trouvent. De même, les rues parallèles à Charles St. portent la mention "North" ou "South" selon leur situation par rapport à Baltimore St.

Inner Harbor, non loin de l'intersection entre Pratt St. et Charles St., est un véritable piège à touristes. A l'intérieur, on y trouve d'antiques navires, un centre commercial et un aquarium. Le quartier de **Mount Vernon**, qui abrite une grande partie des musées de la ville, est desservi par les bus n° 3, 9 et 11. Il s'étend sur **N. Charles St.**, au nord de **Baltimore St.**, autour de **Monument St.** et **Centre Ave.** **Little Italy** se situe à quelques blocks de Inner Harbor, après la **Jones Falls Expressway**. En traversant Little Italy en direction du sud-ouest, après Broadway, vous arrivez dans le secteur des bars de **Fells Point**. Le vieux quartier de **Federal Hill** témoigne de l'histoire de Baltimore, tandis que la zone située à l'est de **Camden Yards** vient tout juste d'être réurbanisée.

Baltimore, à l'instar de toutes les grandes villes américaines, manque de parkings gratuits. Il vous faudra choisir entre alimenter régulièrement les parcmètres en pièces de 25 ¢ ou payer un garage 9 \$ la journée. Les parcmètres et les garages éloignés du port sont moins chers.

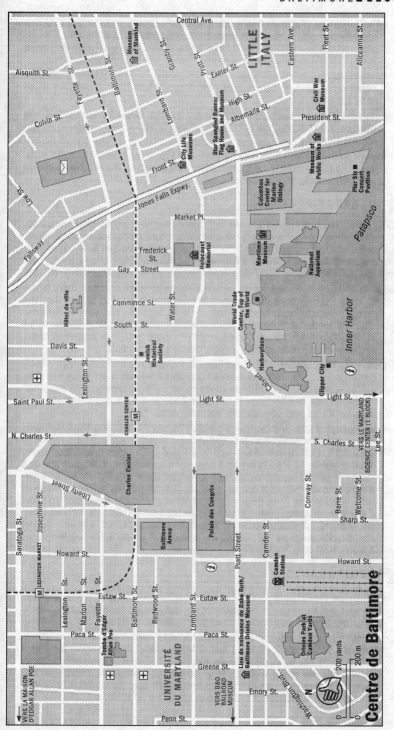

CENTRE ATLANTIQUE

Central Ave.

LITTLE ITALY

Aisquith St.

Colvin St.

Fayette St.

Baltimore St.

Museum of Mankind

Granby St.

Pratt St.

Exeter St.

Eastern Ave.

Fleet St.

Aliceanna St.

Lombard St.

High St.

Albemarle St.

Civil War Museum

President St.

City Life Museums

Star Spangled Banner Flag House and Museum

Front St.

Jones Falls Expwy.

Columbus Center for Marine Biology

Museum of Public Works

Pier Six Concert Pavilion

Fallsway

Low St.

Market Pl.

Patapsco

Frederick St.

Gay Street

Holocaust Memorial

Maritime Museum

National Aquarium

Commerce St.

Hôtel de ville

Water St.

World Trade Center, Top of the World

Inner Harbor

South St.

Davis St.

Jewish Historical Society

Harborplace

Lexington St.

Saint Paul St.

Light St.

Clipper City

Light St.

N. Charles St.

CHARLES CENTER

Charles Center

S. Charles St.

Calvert St.

VERS LE MARYLAND SCIENCE CENTER (1 BLOCK)

Lee St.

Liberty Street

Josephine St.

Saratoga St.

Palais des Congrès

Conway St.

Barre St.

Welcome St.

Sharp St.

Howard St.

Baltimore Arena

Howard St.

LEXINGTON MARKET

Howard St.

Camden St.

Camden Station

St.

St.

St.

Eutaw St.

Eutaw St.

Pratt Street

Paca St.

Marion

Fayette

Lexington

Redwood St.

Lombard St.

Paca St.

Oriole Park at Camden Yards

Greene St.

Tombe d'Edgar Allan Poe

Lieu de naissance de Babe Ruth/ Baltimore Orioles Museum

UNIVERSITÉ DU MARYLAND

Emory St.

Penn St.

Washington Blvd.

N

200 yards

200 m

VERS LA MAISON D'EDGAR ALLAN POE

VERS B&O RAILROAD MUSEUM

Centre de Baltimore

Office de tourisme : Baltimore Area Visitors Centers, 451 Light St. (© 837-7024). Situé dans une caravane rouge et blanche, le centre distribue des dizaines de cartes et de brochures proposant des réductions pour les visites et les restaurants, ainsi qu'un guide très utile sur la ville, *Quickguide*. Ouvert en été Lu-Sa 9h-19h et Di. 10h-17h. En hiver tlj 9h-17h.

Traveler's Aid (assistance aux voyageurs) : © 685-3569 (Lu-Ve 8h30-15h30) ou 685-5874 (répondeur uniquement). Deux bureaux à **BWI Airport** (© 859-7209). Ouvert Lu-Ve 9h-21h et Di. 13h-21h.

Assistance téléphonique : Suicide, © 531-6677. 24h/24. **Sexual Assault and Domestic Violence**, © 828-6390. 24h/24. **Gay and Lesbian**, © 837-8888. Permanence téléphonique tlj 19h-24h.

Bureau de poste : 900 E. Fayette St. (© 347-4425. Ouvert Lu-Ve 7h30-21h et Sa. 7h30-17h.) **Code postal** : 21233. **Indicatif téléphonique** : 410 ou 443. Sauf indication contraire, composez le 410.

▛ HÉBERGEMENT

Les motels franchisés pratiquant des tarifs élevés semblent régner sans partage sur Inner Harbor, et les établissements bon marché de bonne réputation manquent singulièrement à l'appel. Pour réserver facilement une chambre en Bed & Breakfast, téléphonez à **Amanda's Bed & Breakfast Reservation Service**, 1428 Park Ave. (© 225-0001 ou 800-899-7533. Lu-Ve 8h30-17h30 et Sa. 8h30-12h.) Les tarifs commencent à 50 $ la nuit.

Duke's Motel, 7905 Pulaski Hwy. (© 686-0400), dans Rosedale, près du Beltway. La vitre du bureau est à l'épreuve des balles mais ne vous inquiétez pas : il en est ainsi dans tous les motels de la région. Le quartier a meilleure réputation que le centre-ville de Baltimore. Chambres simples et propres avec air conditionné et télévision par câble. Caution de 5 $ et pièce d'identité pour la clef. *King-size bed* (lit de près de 2 m de largeur) en option. Chambre simple à partir de 45 $, chambre double à partir de 50 $.

Quality Inn Inner Harbor, 1701 Russell St. (© 727-3400 ou 800-221-2222), près du Beltway, dans South Baltimore, à environ 1,5 km d'Inner Harbor. Télévision par câble, piscine et petit déjeuner. Certaines chambres ont un réfrigérateur et un micro-ondes. *Le quartier peut être dangereux la nuit*. Lu-Je 72 $, Ve-Di 85 $, chambre double Lu-Je 77 $, Ve-Di 90 $. Réduction de 10 % aux membres de l'AAA.

Camping Capitol KOA, 768 Cecil Ave. (© 923-2771, 987-7477 ou 800-562-0248), dans Millersville, entre Washington, D.C. et Baltimore. Depuis Washington, D.C., prenez la Route 50 E. (John Hanson Hwy.) jusqu'à la Route 3 N. (Robert Crain Hwy.). Roulez pendant environ 12 km puis tournez à droite dans Veterans Hwy. Peu après, tournez à gauche en passant sous l'autoroute, sur Hog Farm Rd. Suivez les panneaux bleus. Piscine, terrains de volley, toilettes et douches centrales. Navettes gratuites desservent le train de banlieue MARC, les gares de New Carollton Metro et Union Station. Durée du séjour 2 semaines maximum, variable selon les disponibilités. Ouvert de fin mars à Oct. Emplacement pour deux personnes 30 $, avec eau et électricité 34 $, avec raccordement complet 39 $. Bungalow une pièce 49 $, 2 pièces 59 $. 5 $ par adulte supplémentaire, 3 $ par enfant supplémentaire.

▟ RESTAURANTS

❤ **Mugavero Confectionery**, 300 E. Exeter St. (© 539-9798). Grâce au service sans faille de son sympathique patron, la maison sert des plats de *deli* depuis 54 ans. Sandwichs composés à la demande du client ou selon l'imagination délirante du chef (4 $). Ouvert tlj 10h-21h, parfois plus tard. Règlement en espèces uniquement.

❤ **Amicci's**, 231 S. High St. (© 528-1096). La touche méditerranéenne se voit sur le menu et dans le décor de films italiens. Ne manquez pas le *Ziti La Rosa*, un plat de crevettes au pistou, à la tomate et au marsala (13 $). Goûtez aussi leur célèbre *pane rotundo*, pain rond italien garni de crevettes roses (6 $). Il existe également onze plats de pâtes différents à moins de 10 $. Ouvert Lu-Je 12h-22h, Ve-Sa 12h-23h et Di. 12h-21h.

❤ **The Fudgery**, 301 Light St. (℗ 539-5260), au rez-de-chaussée du Light St. Pavilion. Pour les mordus de chocolat. Le personnel pousse la chansonnette tout en préparant le caramel. Les produits sont chers (6 $ les 500 g) mais si bons et servis de façon si amusante qu'ils méritent bien qu'on leur sacrifie quelques dollars. Ouvert Lu-Je 9h-22h, Ve-Sa 9h-23h30 et Di. 9h-21h.

Phillip's Restaurant, 301 Light St. (℗ 800-782-2722), au rez-de-chaussée du Light St. Pavilion. Les familles et les habitués affluent dans ce restaurant de fruits de mer du Inner Harbor pour déguster de magnifiques plats de poisson. Les sandwichs (6-13 $) sont aussi bons mais moins chers que les plats (à partir de 12 $). Menu gratuit pour les moins de 5 ans. Essayez le **Phillip's Seafood Market**, juste à côté, pour des plats à emporter à des prix raisonnables. Ouvert Lu-Ve 9h-22h, Sa. 9h-23h et Di. 9h-20h.

⌖ VISITES

La grisaille du port de Baltimore laisse brusquement la place à une véritable explosion de couleurs à la surface du plan d'eau, bordé sur trois côtés par l'aquarium, le **Harborplace**, le Maryland Science Museum et une escadre de vaisseaux qu'il est possible de visiter. Si l'imitation est la forme d'hommage la plus sincère, alors le Harborplace est le bâtiment le plus honoré de Baltimore. Ce fut le premier (et peut-être le meilleur) des centres commerciaux construits au bord des quais, tels qu'on en trouve aujourd'hui à New York, à Detroit, à San Francisco ou à Chicago. La foule se presse au Pratt Street Pavilion et au Light Street Pavilion de Harborplace, ainsi qu'à la Gallery, de l'autre côté de la rue, pour faire du shopping dans une atmosphère climatisée. (℗ 332-4191. Ouvert Lu-Sa 10h-21h et Di. 10h-18h.) Le **National Aquarium**, Pier 3, 501 E. Pratt St., est le joyau d'Inner Harbor. On peut admirer des poissons (rares, grands, rouges, bleus) dans une multitude d'aquariums et de vitrines, et aussi s'initier à l'écosystème des océans, des fleuves ou des forêts humides. Les enfants peuvent même toucher les mollusques et les crabes au Children' Cove (niveau 4). (℗ 576-3800. Ouvert Juil-Août tlj 9h-20h. Mars-Juin et Sep-Oct Sa-Je 9h-17h et Ve. 9h-20h. Nov-Fév Sa-Je 10h-17h et Ve. 10h-20h. L'aquarium reste ouvert 2h après l'heure limite d'admission. Entrée 14 $, personnes âgées 10,50 $, enfants 7,50 $, gratuit pour les moins de 3 ans.)

De nombreux bateaux mouillent dans les eaux du port près de l'aquarium. La plupart d'entre eux appartiennent au **Baltimore Maritime Museum** (℗ 396-3453), aux Piers (jetées) 3 et 4. Vous pouvez monter à bord du sous-marin *USS Torsk* (qui coula le dernier navire de guerre japonais de la Seconde Guerre mondiale) ou du bateau-phare *Chesapeake* et du garde-côte *Roger B. Taney*. À l'extrémité d'Inner Harbor, le **Maryland Science Center**, 601 Light St., permet de s'instruire en s'amusant. Impressionnant spectacle sur l'écran de l'IMAX Theater, haut de 5 étages, avec 38 haut-parleurs et un planétarium de 15 m. (℗ 685-5225. Ouvert Juin-Août Lu-Je 9h30-18h et Ve-Di 10h-20h. Sep-Mai Lu-Ve 10h-17h et Sa-Di 10h-18h. Entrée 11 $, 13-17 ans et personnes âgées 10 $, 4-12 ans 8,50 $, gratuit pour les moins de 4 ans.) Le **Fort McHenry National Monument**, situé au début d'E. Fort Ave., non loin de la Route 2 (Hanover St.) et de Lawrence Ave., célèbre la résistance victorieuse du fort sur les troupes anglaises au cours de la guerre de 1812, un triomphe qui inspira à Francis Scott Key les paroles de l'hymne américain, *The Star-Spangled Banner* (la Bannière étoilée). (℗ 962-4290. Ouvert tlj Juin-Août 8h-20h et Sep-Mai 8h-17h. Entrée 5 $, gratuit pour les personnes âgées et les moins de 16 ans.)

La **Walters Art Gallery**, 600 N. Charles St., à l'angle de Centre St., abrite l'une des plus grandes collections artistiques privées du monde. Parmi les trésors qu'elle recèle, dont certaines pièces remontent à 3000 ans avant J.-C., attardez-vous sur la collection d'art ancien du 2e étage. Sculptures, bijoux et objets en métal égyptiens, grecs et romains. (℗ 547-9000. Ouvert Ma-Ve 10h-16h et Sa-Di 11h-17h. Visites guidées Me. à 12h et Di. à 13h30. Entrée 5 $, personnes âgées et étudiants 3 $, 6-17 ans 1 $, gratuit pour les moins de 18 ans Sa. avant 12h.) Le **Baltimore Museum of Art**, 10 Art Museum Dr., à l'angle de N. Charles St. et de la 31st St., est la suite chronologique de la Walters Gallery et présente une belle collection d'art moderne et d'objets de l'héritage culturel américain. Les deux **jardins de sculptures** du XXᵉ siècle vous offrent d'agréables lieux de pique-nique. (© 396-7100. Ouvert Me-Ve 11h-17h et Sa-Di 11h-18h. Entrée 6 $, étudiants et personnes âgées 4 $, gratuit pour les moins de 18 ans. Gratuit Je.) Au **Baltimore Zoo**, accessible par la I-83 (sortie n° 7), vous pouvez admirer la nouvelle *Chimpanzee Forest* (forêt des chimpanzés), le spectaculaire *Palm Tree Conservatory* (serre aux palmiers), un lac entouré d'une végétation luxuriante, ainsi qu'une savane reconstituée et peuplée d'éléphants. Vous verrez également des tigres de Sibérie. (© 396-7175. Ouvert Lu-Ve 10h-16h, Sa. 10h-20h et Di 10h-17h30. En hiver, fermeture à 16h. Entrée 9 $, personnes âgées et 2-16 ans 5,50 $.)

🎵 SPECTACLES

Passer des vacances à Baltimore peut s'avérer très coûteux. Heureusement pour les voyageurs à petit budget, beaucoup de spectacles et d'animations sont accessibles gratuitement. A **Harborplace**, vous pouvez déguster votre sandwich en regardant les artistes de rue effectuer des tours de magie, jongler ou faire le clown. Le soir, vous pouvez vous baigner, rêver ou danser aux sons des musiques variées qui résonnent dans tout Harborplace, de la country au calypso en passant par les vieux succès (Je-Sa, certains soirs). Le **Baltimore Museum of Art** propose des concerts de jazz gratuits en été dans son jardin aux sculptures. La ligne d'information téléphonique **Jazzline** (© 466-0600) vous informe sur les concerts de septembre à mai. La musique n'est pas toujours gratuite à Baltimore mais elle est toujours de bonne qualité. Au **Pier Six Concert Pavilion** (© 625-3100), sur le Pier 6 d'Inner Harbor, les meilleurs solistes donnent des concerts chaque soir (Mai-Oct). Les billets (15-30 $) sont en vente auprès de Ticketmaster (© 625-1400 ou 481-7328) ou au Pavilion lui-même. Le **Baltimore Symphony Orchestra** se produit au Meyerhoff Symphony Hall, 1212 Cathedral St., de Sep. à mai et durant le festival d'été, Summerfest, qui dure un mois entier. (© 783-8000. Guichet ouvert Lu-Ve 10h-18h, Sa-Di 12h-17h et 1h avant les représentations. Téléphonez pour connaître les dates du Summerfest. Billets 15-52 $.) En bas de la rue, la **Lyric Opera House**, 110 W. Mt. Royal Ave., près de Maryland Ave., accueille la **Baltimore Opera Company** de fin Oct. à Avr. (© 727-6000. Guichet ouvert Lu-Ve 10h-17h. Billets 24-109 $.)

La troupe de théâtre afro-américaine **Arena Players** interprète des comédies, des drames ou des ballets au 801 McCullough St., au niveau de Martin Luther King Jr. Blvd. (© 728-6500. Guichet ouvert Lu-Ve 9h-17h. Billets à partir de 15 $.) En s'installant sur le Pier 5, près d'Harbor Place, on peut profiter des concerts sans bourse délier. Les **Showcase of Nations Ethnic Festivals** célèbrent les diverses communautés ethniques vivant à Baltimore (Juin-Sep). Pendant une semaine, chaque communauté expose ses richesses culturelles. Les manifestations ont lieu un peu partout dans Baltimore. Renseignements auprès du Baltimore Visitors Bureau (© 800-282-6632).

L'équipe de base-ball des **Baltimore Orioles** jouent à **Camden Yards**, à quelques blocks d'Inner Harbor, à l'angle de Russell St. et de Camden St. Les billets pour les matchs des Orioles vont de 7 $ (place debout) à 35 $ (place réservée). Appelez le © 547-6234 pour commander des billets. Les **Ravens**, champions 2001 de la NFL (ligue nationale de football américain) sont la seconde équipe professionnelle de Baltimore. Anciennement nommés les Cleveland Browns, ils se produisent au **Raven Stadium**, voisin du Camden Yards. Pour commander des billets pour les matchs, appelez le © 481-7328. A la sortie de Baltimore se trouvent les champs de course de **Laurel** (© 792-7775, Route 216, à la sortie de la I-95) et de **Pimlico Race Tracks** (© 542-9400), Route 129. Tous deux organisent des courses de chevaux pur sang du printemps à l'automne. **The Preakness Stakes** (© 542-9400, *extension* 4484 pour les billets), deuxième étape de la célèbre compétition Triple Crown, se déroule généralement à Pimlico le troisième samedi de mai.

⚑ SORTIES

Les bars de Baltimore ferment à 2h. Si vous êtes un inconditionnel de la fête, prévoyez de commencer votre soirée assez tôt. Après 2h, rendez-vous à Fells Point pour retrouver les fêtards.

Cat's Eye Pub, 1730 Thames St. (© 276-9866), à Fells Point. Les habitués (d'âge plutôt mûr) s'y pressent tous les soirs pour écouter du blues, du folk, du jazz ou de la musique irlandaise traditionnelle, *live* bien entendu (Lu-Je à 21h et Ve-Sa à 16h). Plus de 25 sortes de bières à la pression et 60 sortes de bières en bouteille. *Happy hour* Lu-Ve 16h-19h. Groupes de blues Di. 16h-20h. Entrée parfois payante pour certains événements musicaux importants. Ouvert tlj 12h-2h.

Bohager's, 701 S. Eden St. (© 563-7220), à Fells Point. Véritable paradis tropical, ce dôme rétractable de 9000 m accueille les étudiants et les gens du coin qui se déchaînent sur des concerts de musique antillaise jusque tard dans la nuit. Billets à réserver au club ou auprès de Ticketmaster (© 481-7328). *Happy hour* Je-Ve 17h-20h. Ouvert Lu-Ve 11h30-2h et Sa-Di 15h-2h.

Greene Turtle, 720 Broadway (© 342-4222). Les étudiants de Baltimore, les fans de l'équipe des Ravens (football américain) et tous ceux qui veulent se saouler pour presque rien se retrouvent dans ce bar à l'ambiance particulièrement détendue. Babyfoot, billard américain et juke-box avec un grand choix de CD. Pendant la *happy hour* (Lu-Ve 16h-19h), bière pression 1,50 $ et amuse-gueules à moitié prix. Ouvert tlj 11h30-2h. Sandwichs 5-7,50 $. Parmi les spécialités, 500 g de crevettes épicées cuites à la vapeur 4,50 $ Sa-Di.

Hippo, 1 W. Eager St. (© 547-0069), en face de la gare centrale. Ce bar gay est le plus grand de la ville, il dispose de billards, d'écrans de télévision et d'une piste de danse toujours bondée, dans un décor style usine. *Happy hour* 16h-20h tlj. Le 1er samedi de chaque mois a lieu le Ladies' Tea, l'une des soirées lesbiennes les plus importantes de ce côté du Mississippi (18h-22h). Réservé aux hommes le Je. Entrée Je-Ve 3 $ et Sa. 6 $. Bar ouvert tlj 16h-2h. Bar de la piste de danse ouvert Je-Sa 22h-2h.

ANNAPOLIS   ☎ 410

Fondée en 1649, Annapolis devient la capitale du Maryland en 1694. A cette époque, les belles demeures géorgiennes abritent des colons et leurs esclaves. Après sa brève expérience de capitale provisoire de la toute jeune nation, en 1783 (après les villes de Philadelphie, New York et Trenton, dans le New Jersey), Annapolis se retire de la scène politique américaine pour mener une existence un peu plus paisible. Annapolis entre dans l'histoire en 1784, lorsque le Congrès continental (*Continental Congress*) ratifie le Traité de Paris, marquant officiellement la fin de la guerre d'Indépendance américaine. Aujourd'hui, la ville évoque encore l'Amérique côtière d'autrefois, ce qui n'est pas pour déplaire aux visiteurs : rangées de maisons aux tons pastel, dotées de jardins magnifiques, promeneurs avenants et étalage impressionnant de bateaux.

✴ ⚑ ORIENTATION ET INFORMATIONS PRATIQUES

Annapolis se situe au sud-est de la US 50 (également appelée US 301), à 50 km à l'est de Washington, D.C., et à 50 km au sud de Baltimore. De Washington, D.C., prenez la US 50 E., qui prolonge New York Ave. et qui peut s'attraper par le Beltway (I-495). De Baltimore, suivez la Route 2 S. jusqu'à la US 50 W., traversez le Severn River Bridge, puis prenez Rowe Blvd dans la ville.

La ville s'étend vers le sud et vers l'est, à partir de deux points de repère incontournables : **Church Circle** et **State Circle**, que relie **School Street**. **East St.** va de la State House à la Naval Academy (l'école navale). **Main St.**, où l'on trouve la plupart des restaurants et des lieux de distraction, part de Church Circle pour s'arrêter aux quais. Le centre-ville (*downtown*) d'Annapolis est très animé mais aussi très sûr. Peu étendu, vous pouvez aisément le visiter à pied. La difficulté consiste à trouver une place de stationnement, à moins que vous ne choisissiez de vous garer dans un parking (cher) ou dans un garage public (7-11 $ la journée). Le parking du **Visitors Center** reste sans doute la meilleure option (1 $ l'heure, 8 $ maximum en semaine, 4 $ maximum le week-end). Il existe également un parking gratuit le week-end dans les State Lots A et B, à l'angle de Rowe Blvd. et de Calvert St.

Les bus **Greyhound** s'arrêtent au parking du terrain de football, à l'angle de Rowe Blvd et de Taylor St. Ils relient Washington, D.C. (4 dép/j, durée 1h, 10,50 $), Philadelphie (2 dép/j, durée 5-6h, 42 $) et Baltimore (5 dép/j, durée 3h, 10 $). **Mass Transit Administration** (℘ 539-5000 ou 800-543-9809) fait fonctionner un express (n° 210) vers Baltimore Lu-Ve (durée 1h, 2,85 $), et un bus local (n° 14) tlj (durée 1h30, 1,35 $). Les bus partent de l'intersection de St. John's Ave. et de College Ave., et du croisement de St. John's Ave. et de Calvert Ave. **Annapolis Dept. of Public Transportation** dispose d'un réseau de bus municipaux qui relient le centre historique au reste de la ville. (℘ 263-7964. Les bus circulent Lu-Sa 5h30-22h et Di. 8h-19h. Tarif de base 75 ¢, personnes de plus de 60 ans ou handicapés 35 ¢.) **Taxi :** **Annapolis Cab Co.** (℘ 268-0022). **Checker Cab** (℘ 268-3737). **Office de tourisme : Annapolis and Anne Arundel County Conference and Visitors Bureau**, 26 West St., distribue des cartes et des brochures gratuites (℘ 280-0445, www.visit-anna-polis.org. Ouvert tlj 9h-17h.) **Bureau de poste** : 1 Church Circle (℘ 263-9292. Ouvert Lu-Ve 8h30-17h.) **Code postal** : 21401.

▶ HÉBERGEMENT

Vous trouverez peu de motels bon marché dans le centre-ville d'Annapolis mais de nombreux Bed & Breakfast tous plus chic et plus chers les uns que les autres. En règle générale, préférez ces Bed & Breakfast aux hôtels disséminés dans la partie ouest de la ville. Il est recommandé de réserver vos chambres, notamment le week-end ou en été. **Bed & Breakfasts of Maryland** vous aide à trouver un hébergement en ville. (℘ 800-736-4667, *extension* 15. Ouvert Lu-Ve 9h-17h et Sa. 10h-15h.) **Amanda's** propose le même service. (℘ 225-0001. Ouvert Lu-Ve 8h30-17h30 et Sa. 8h30-12h.) Tous les hébergements répertoriés se trouvent à proximité du quai et des principaux sites touristiques.

Scotlaur Inn, 165 Main St., au-dessus de Chick & Ruth's Delly, possède 10 petites chambres d'hôtes. Cet établissement accueillant, qui ne sert que des *bagels* le matin, est certes moins attrayant que les autres Bed & Breakfast mais beaucoup plus abordable. Les énormes petits déjeuners gratuits du **Chick & Ruth**, (Voir **Restaurants**, plus loin) compensent l'aspect un peu austère des chambres. (℘ 268-5665. Air conditionné, télévision et salle de bains privée. Chambre 80-95 $.) Le **Gibson's Lodgings**, 110 Prince George St., à une rue de City Dock sur Randall St., compte un patio, de nombreux grands salons et 18 chambres réparties dans trois bâtiments couverts de lierre. (℘ 268-5555. Petit déjeuner continental compris et parking gratuit dans la cour. Chambre simple à partir de 79 $, chambre double à partir de 109 $. Lit pliant, supplément de 20 $. 10 $ de réduction hors saison. L'établissement dispose également d'une chambre avec accès handicapés.) Comme son nom l'indique, le **Flag House Inn**, 26 Randall St., est facilement repérable avec ses 6 drapeaux qui flottent à l'entrée. On y jouit d'un emplacement exceptionnel, à côté de l'accès aux visiteurs de la Naval Academy. (℘ 280-2721 ou 800-437-4825. Télévision, air conditionné, parking gratuit. Chacune des 5 chambres est équipée d'un lit double d'environ 1,95 m de large (*king-size bed*) et d'une salle de bains privée. Petit déjeuner compris. Essayer de réserver au moins 2 semaines avant votre séjour. Chambre à partir de 95 $, suite pour deux personnes 145 $, suites pour 4 personnes 230 $.)

▶ RESTAURANTS

La plupart des restaurants sont regroupés autour du **City Dock**, quartier très fréquenté en été, notamment Ma. à 19h30, à l'arrivée de la course des *spinnakers*. Le meilleur moyen de se restaurer à peu de frais est d'acheter des plats tout préparés à la **Market**

House. Un repas copieux coûte moins de 5 $. De nombreuses coupures de journaux décorent les murs de **Chick & Ruth's Delly**, 165 Main St. Tous les extraits de presse rendent hommage à cette institution d'une trentaine d'années. Parmi les plats au nom d'hommes politiques du pays, citons la salade au poulet "Al Gore" (5 $). Omelettes (3-7 $), sandwichs au *corned-beef* (5 $) et milk-shakes au malt (2,75 $) témoignent des petits prix de la carte. (℡ 269-6737. Ouvert Lu-Ma 6h30-16h, Me-Je 6h30-22h et Ve-Sa 6h30-23h. Livraison possible.) Le **Full Moon Cafe**, 137 Prince George St., à un block de l'école navale en remontant East St., est un établissement proposant de la cuisine moyen-orientale : le hoummous crémeux (4 $), notamment, attire les végétariens. (℡ 280-1956. Séances de poésie Ma. 21h30, entrée 3 $. Concerts Je-Sa. Le week-end, *brunch* jusqu'à 14h.)

⚲ VISITES

La **US Naval Academy**, 52 King George St., est l'institution qui caractérise le mieux Annapolis. Vous y croiserez des élèves de première année, à la mine tourmentée et au crâne rasé, portant l'uniforme des matelots, et sifflotant les chants de la Marine américaine. Vous y entendrez aussi des *midships* (aspirants) hurler des ordres. Commencez par vous arrêter au **Armel-Leftwich Visitors Center**, dans Halsey Field House. La visite guidée vous fera découvrir le bâtiment historique de Bancroft Hall, la crypte, un dortoir et les équipements sportifs qui permettent aux aspirants de tester à terre leur condition physique et mentale. Les visiteurs peuvent également admirer la figure de proue en bois d'origine du Tecumseh, l'un des plus importants navires de la Marine américaine. Ce nom de chef indien, attribué par un groupe d'aspirants plaisantins, est resté, et la figure de proue est devenue l'un des emblèmes de l'Academy. (℡ 263-6933. Visites toutes les 30 mn Lu-Sa 9h30-15h30 et Di. 12h15-15h30. Entrée 5,50 $, personnes âgées 4,50 $, étudiants 3,50 $.)

Construite entre 1772 et 1779, la **State House**, 90 State Circle, reconnaissable à ses colonnes grecques, est le plus ancien siège du pouvoir législatif d'un Etat des Etats-Unis encore en fonction. En 1783 et 1784, cet édifice a été le "Capitole" national dans lequel fut signé le Traité de Paris (14 janvier 1784). Les visiteurs ont accès aux différentes expositions historiques, à la collection d'argent et à la législation de l'Etat présentée dans deux splendides salles ornées de marbre, de mi-Janv à mi-Avr. (℡ 974-3400. Ouvert tlj 9h-17h. Visites guidées à 11h et à 15h. Entrée gratuite.) La **Historic Hammond-Harwood House**, 19 Maryland Ave., à l'angle de King George St., est une belle demeure datant de 1774, conçue par l'architecte William Buckland. Certaines pièces du mobilier sont d'origine, notamment les chandeliers. Cette maison est réputée pour sa porte d'entrée, typique de l'époque coloniale, et extrêmement bien conservée. (℡ 263-4683. Ouvert Lu-Sa 10h-16h et Di. 12h-16h. Visites toutes les heures, dernière visite 1h avant la fermeture. Entrée 5 $, 6-18 ans 3 $.) La **William Paca House**, 186 Prince George St., est la première maison de style géorgien construite à Annapolis. Cette élégante demeure domine un parc luxuriant d'un hectare. Des bancs ombragés invitent à la contemplation des tonnelles, des nénuphars et des belvédères. (℡ 263-5553. Ouvert Lu-Sa 10h-16h et Di. 12h-16h, Janv-Fév Ve-Sa 10h-16h et Di. 12h-16h. Visites à la demie de chaque heure, dernière visite 1h avant la fermeture. Accès à la maison 5 $, accès au jardin 4 $, maison et jardin 7 $. Billet combiné pour accéder à Hammond-Hardwood et William Paca 10 $.)

Difficile d'échapper à l'ambiance bon enfant qui baigne le **City Dock**, facilement accessible en suivant Main St. jusqu'à la mer. Restaurants, boutiques de souvenirs et activités sont regroupés sur le front de mer, face aux navires de la Naval Academy (commandés, en été, par les nouvelles recrues) se balançant au gré des flots. Les plaisanciers se retrouvent dans les bars pour comparer leurs biceps et leur résistance à l'alcool, ce qui a d'ailleurs valu à la rue le surnom de "**Ego Alley**". De petits bateaux organisent des mini-croisières d'Avr. à Oct. (℡ 268-7600. 1 dép/h Lu-Ve de 11h à 16h, 1 dép/h Sa-Di de 11h à 19h. 6 $, moins de 12 ans 3 $.)

♪ ♫ SPECTACLES ET SORTIES

Les possibilités offertes par Annapolis *by night* se résument brièvement à deux activités : les promenades le long de City Dock ou la détente dans les pubs chic. Bars et pubs sont regroupés dans le centre-ville d'Annapolis et drainent des foules tous les soirs de la semaine. Si vous recherchez quelque chose de plus culturel, Annapolis propose aussi des spectacles. Les amateurs de théâtre apprécieront **The Colonial Players Inc.**, 108 East St., qui propose des pièces originales et souvent inédites. (© 268-7373. Spectacles Je. à 20h, Di. à 14h30 et à 20h. Billets Je. et Di. 7 $, étudiants et personnes âgées 5 $. Ve-Sa 10 $. Téléphonez pour les horaires.) En été, l'**Annapolis Summer Garden Theater**, 143 Compromise St., propose un "théâtre musical sous les étoiles" dans un théâtre à ciel ouvert près du **City Dock**. (Billets 10 $, étudiants et personnes âgées 8 $.) **McGarvey's**, 8 Market Space, accueille principalement des gens du coin, qui se retrouvent sur sa mezzanine éclairée à la bougie, au milieu de casques offerts par des pilotes de l'aéronavale. (© 263-5700. *Happy hour* Lu. et Me. 22h-2h et Je. 18h-2h, bière maison à 1,50 $. Ouvert Lu-Sa 11h30-2h et Di. 10h-2h.) Le bar des sports **Armadillo's**, 132 Dock St., est décoré d'un intérieur très convivial. Personnel aimable et loquace. (© 280-0028. *Happy hour* Lu-Ve 16h-19h. Concerts Me-Lu 21h30. 1er étage pour les plus de 21 ans. Ouvert tlj 9h-1h30.) Au **Ram's Head Tavern**, 33 West St., les 135 bières différentes, dont certaines micro-brasseries venues de l'étranger, attirent autant les amateurs de bière que les aspirants de l'US Navy et les touristes. (© 268-4545. *Happy hour* Lu-Ve 16h-19h et tlj à minuit. Ouvert Lu-Sa 11h-2h et Di. 10h-2h.)

ASSATEAGUE ISLAND ET CHINCOTEAGUE   ☎ 757

Vagues fracassantes, dunes de sable mouvantes et poneys sauvages au grand galop, le décor ressemble étrangement à un rêve d'enfant. Selon une légende locale, les premiers poneys auraient accosté à la nage sur l'île d'Assateague à la suite du naufrage d'un galion espagnol. La théorie officielle est moins romanesque mais plus vraisemblable : ils auraient été parqués là par des fermiers à l'époque coloniale, dans le but d'éviter de payer des impôts sur le continent. Quelles qu'aient été leurs origines, les heureux descendants de ces chevaux chanceux, les célèbres poneys sauvages, galopent aujourd'hui librement dans les forêts luxuriantes et sur les plages préservées de cette île pittoresque.

■ ⚐ **ORIENTATION ET INFORMATIONS PRATIQUES.** Attention à ne pas confondre les deux endroits. L'île d'Assateague est une longue bande de terre qui s'ouvre sur l'océan et Chincoteague se trouve entre le sud d'Assateague et le continent. Chincoteague et la moitié sud de l'île d'Assateague appartiennent à l'Etat de Virginie. La voiture est le moyen le plus commode d'accéder à Assateague Island. Depuis la Route 50, prenez la Route 611 vers le sud. Si vous venez du sud, prenez la Route 113 vers le nord pour rejoindre la Route 376 à l'est, à Berlin, dans le Maryland. Suivez la Route 376 jusqu'à la Route 611 et continuez vers l'île. Pour atteindre Chincoteague et le Chincoteague Wildlife Refuge (qui se trouve en fait sur Assateague Island) depuis la Route 50, prenez la US 13 vers le sud à Salisbury et tournez à l'est dans State Rd. **Bus** : Pour parvenir sur l'île en bus, prenez le bus **Greyhound** (© 800-752-4841) depuis Ocean City, *via* les gares Greyhound de Baltimore (3 dép/j, durée 3h30, 30 $) ou de Washington, D.C. (4 dép/j, durée 5h, 40 $). Les bus **Trailways**, eux, partent de **Salisbury**, dans le Maryland (8 $), de **Norfolk**, en Virginie, (42 $) et s'arrêtent sur la US 13, au magasin T's Corner (© 824-5935), à 18 km de Chincoteague. Depuis Ocean City, faites-vous déposer en **taxi** à Assateague (© 289-1313, environ 30 $). **Office de tourisme** : **Chincoteague Chamber of Commerce**, P.O. Box 258, Chincoteague, VA 23336. L'office de tourisme est situé 6733 Maddox Blvd. (© 336-6161, www.chincoteague-chamber.com. Ouvert en été Lu-Sa 9h-16h30 et Di. 12h30-16h30. Hors saison Lu-Sa 9h-16h30.) **Code postal** : 23336.

╔ ╗ HÉBERGEMENT ET RESTAURANTS. L'île d'Assateague n'étant pas habitée, les visiteurs doivent se rendre sur **Chincoteague Island**, située de l'autre côté de la baie au sud d'Assateague, pour se restaurer et passer la nuit. **Maddox Boulevard**, près de la digue qui relie les deux îles, est bordé de nombreux motels. Le **Mariner**, 6273 Maddox Blvd., se trouve à peu près au milieu. Les chambres sont impeccables et disposent d'un grand lit double confortable. Piscine extérieure. Petit déjeuner continental. (℃ 336-6565 ou 800-221-7490. 4 appartements fonctionnels à 125 $. Chambre double à partir de 79 $, en hiver 65 $. Chambre économique, plus petite, 50-61 $. Il est préférable de réserver, les 10 chambres économiques partent vite.) Face au Mariner, se trouve le **Sea Hawk Motel**, 6250 Maddox Blvd, propre et calme, aux chambres légèrement plus petites que le précédent. Télévision par câble et piscine. (℃ 336-6527. Chambre 70-80 $, en hiver 49-59 $, lit double 59 $.) Le **Maddox Family Campground**, juste à droite avant la digue, dispose de 550 emplacements de camping bien ombragés. (℃ 336-3111. Piscine et aire de jeux. Ouvert Mars-Déc. Emplacement 21,70 $. Tous sont équipés de raccordements.)

Melvin's Seafood, situé dans la cour du 3117 Ridge Rd., au sud de l'île (suivez les panneaux depuis Main St.), propose des plats de fruits de mer frais à emporter et ridiculement bon marché (on ne peut pas s'asseoir). N'hésitez pas à entrer directement dans l'allée avec votre véhicule. Vous y trouverez le chef de famille proposant des gâteaux au crabe (*crab cakes*) pour 8 $, une douzaine de crabes cuits à la vapeur pour 12 $ et des sandwichs aux huîtres pour 3,50 $. (℃ 336-3003. Ouvert tlj 7h-19h.) Les habitants de l'île ne jurent que par le **Wright's Seafood Restaurant**, Wright Rd., qui sert du crabe à volonté cuit à la vapeur (18 $) dans un décor plutôt patriotique. Depuis la Route 175 en direction du sud, tournez à gauche sur Atlantic Rd. Continuez tout droit pendant environ 3 km puis tournez de nouveau à gauche sur Wright Rd. (℃ 824-4012. Ouvert Ma-Sa 16h-21h et Di. 12h-21h. Plats 10-23 $.) Sur Chincoteague, vous ne trouverez rien de meilleur que la gaufre belge nappée de glace et de fruits (5 $), faisant office à la fois de dessert, d'en-cas et de petit-déjeuner, de chez **Muller's Old Fashioned Ice Cream Parlor**, 4034 Main St. Une boule 1,50 $, boule supplémentaire 1 $. (℃ 336-5894. Ouvert tlj 11h-23h.)

╚ ACTIVITÉS DE PLEIN AIR. Le Maryland et la Virginie se partagent la souveraineté de l'île, qui se divise elle-même en trois parties distinctes. L'**Assateague State Park**, sur la Route 611, au sud-est du Maryland, offre, sur plus de 3 km, des aires de pique-nique, des plages, des douches avec eau chaude et des places de camping. Vous pouvez pêcher sans permis, mais vous devez avoir votre propre équipement. (℃ 641-2120 ou 888-432-2267. Ouvert tlj de 8h au coucher du soleil. Entrée 2 $ la journée par personne, gratuit pour les personnes âgées. Inscription au camping tlj 8h-22h, séjour minimum de deux nuits le week-end. Emplacement 20 $, avec raccordements complets 30 $.)

L'**Assateague Island National Seashore** revendique l'essentiel de la longue langue de sable au nord et au sud du parc et dispose de son propre terrain de camping et de plages qui, pour la plupart, sont inaccessibles en voiture. Le poste de *rangers* vend des permis de camper en pleine nature (*backcountry camping*) pour 5 $ de 12h à 17h. La demande est forte et il faut donc arriver relativement tôt. Le **Barrier Island Visitors Center**, Route 611, donne cartes et renseignements, et propose une présentation du parc et des films sur ses richesses naturelles (℃ 641-1441. Ouvert tlj 9h-17h.) Partez à l'aventure et allez explorer sans guide les plages désertes du nord, à la découverte des trésors et des merveilles du parc. Trois sentiers de découverte de 1 km de long offrent un aperçu de la flore et de la faune de l'île. La tour d'observation du **Forest Trail** offre la meilleure vue mais les moustiques sont moins virulents sur la **Marsh Trail**. Si vous vous sentez plus en sécurité dans un véhicule, vous pouvez effectuer une visite guidée en voiture (2 $). Les insectes sont omniprésents sur l'île, emportez donc suffisamment de répulsif. (Emplacements Mai-Sep 14 $ et Nov-Avr 10 $. Eau, douches froides, grill. Pas de raccordements.)

Le **Chincoteague National Wildlife Refuge** s'étend sur la côte virginienne de l'île. Des faucons pèlerins, des aigrettes des neiges et des hérons à plumet noir y trouvent momentanément refuge et attirent de nombreux ornithologues amateurs. Pendant les grandes marées de juillet, les poneys sauvages sont regroupés à marée basse pour traverser à la nage le bras de mer qui sépare Assateague de Chincoteague. Le jour suivant, les poulains sont vendus aux enchères par la brigade de pompiers de la ville de Chincoteague. Ensuite, les adultes reviennent à Assateague, toujours à la nage, pour se reproduire et donner naissance à de nouveaux poneys. La Wildlife Loop Road (route du circuit nature) commence au parking du *visitors center* et offre les meilleures chances de voir les poneys (ouvert aux randonneurs 5h-22h, ouvert aux voitures de 15h au coucher du soleil). Si vous avez la chance d'apercevoir l'un de ces poneys, tenez-vous à distance, car si les poulains paraissent inoffensifs, ils peuvent parfois donner des coups. Pour en savoir plus, renseignez-vous au **Chincoteague Refuge Visitors Contact Station** (✆ 804-336-6122. Ouvert tlj 9h-16h, voiture 5 $.)

OCEAN CITY ☎ 410

Ocean City fait penser à une piscine pour enfants : pas très profond et tout en plastique. Si on a l'âge adéquat, il n'est pas interdit d'apprécier. Cette plage de 15 km de long, entre l'océan Atlantique et Assawoman Bay, regorge littéralement de bars, de restaurants, d'hôtels, de minigolfs et de touristes en quête de soleil. Le tourisme est d'ailleurs la seule industrie de la région et Ocean City sait en profiter. En juin, lorsque la fin de l'année scolaire s'annonce, une foule de lycéens et d'étudiants vient célébrer la réussite des examens à grand renfort d'alcool et de drague, transformant ainsi la ville en une gigantesque fête qui ne connaît aucune limite. Mais la prudence s'impose si vous conduisez : les jeunes fraîchement diplômés, vêtus du strict minimum, caracolent dans les rues d'Ocean City sans prêter attention à ce qui les entoure. En juillet et en août, l'ambiance est plutôt familiale et populaire.

■■ ⁊ **ORIENTATION ET INFORMATIONS PRATIQUES.** La route est le moyen le plus raisonnable pour se rendre dans cette station balnéaire. En venant du nord, suivez le Route 1 qui devient la Coastal Highway (Philadelphia Ave.). Depuis l'ouest, la Route 50 vous mène directement à Ocean City. Si vous venez du sud, prenez la Route 113 jusqu'à la Route 50 qui vous conduira en ville. Ocean City s'étend le long d'un axe nord/sud. Les rues sont numérotées de l'océan à la baie par ordre croissant. La plupart des hôtels sont proches de l'océan tandis que les lieux nocturnes se regroupent plutôt près de la baie. **Trailways** (✆ 289-9307, ouvert tlj Juin-Août 7h-8h et 10h-17h, Sep-Mai 10h-15h), à l'angle de la 2nd St. et de Philadelphia Ave., relie Baltimore (3 dép/j, durée 3h30, 30 $) et Washington, D.C. (4 dép/j, durée 5h, 40 $). En ville, les **bus** qui circulent sur l'axe principal sont le meilleur moyen de se déplacer. (✆ 723-1607. 24h/24. Forfait journée 1 $, déplacements illimités). **The Ocean City Visitors Center**, 4001 Coastal Hwy., à l'angle de la 40th St., dans le *Convention Center* (palais des congrès), distribue des coupons de réduction. (✆ 800-626-2326. Ouvert Juin-Août Lu-Me 8h30-17h et Je-Sa 8h30-20h. Sep-Mai tlj 8h30-17h.) **Bureau de poste** : 11805 Coastal Hwy. (✆ 524-7611). **Code postal** : 21842.

⁊ ⧉ **HÉBERGEMENT ET RESTAURANTS.** **Whispering Sands**, 15 45th St., loue 11 chambres spacieuses avec une cuisine commune. L'adresse attire une clientèle plutôt européenne, en quête de vie nocturne à l'américaine. Le propriétaire, volontiers loquace, vous conseillera sur les visites à faire dans la région. (✆ 723-1874, Nov-Avr ✆ 202-362-3453 ou 954-761-9008. Air conditionné dans toutes les chambres, sauf une. Ouvert Mai-Oct. 70-75 $.) **Ocean City International Student Services**, 9 Somerset St., à l'extrémité sud de la ville, s'adresse principalement aux étudiants internationaux qui recherchent une pension bon marché pendant l'été. Les occupants des chambres et des dortoirs ont accès à la cuisine, à la télévision, au salon, à la terrasse, au hamac et au barbecue. (✆ 289-4542. Ouvert Avr-Oct. Environ 87 $ la semaine. Réservation nécessaire.) Les petites chambres confortables avec air conditionné et télévision du **Cabana Motel**, 1900 Coastal Hwy., *alias* Philadelphia Ave., conviennent à une clientèle familiale. (✆ 289-9131. Ouvert Mai-Oct. Chambres simples ou doubles 80-95 $. Les prix baissent en mai et à l'automne.) Pour quelques dollars de plus, le tranquille **Atlantic House Bed & Breakfast**, 501 N. Baltimore Ave. est une étape reposante par rapport aux autres motels de la ville. On y offre même le petit-déjeuner. (℗ 289-2333. Air conditionné, télévision par câble, parking. Chambre avec salle de bains commune 62 $, avec salle de bains privée à partir de 132 $.) **Ocean City Travel Park**, 105 70th St., gère le seul camping de la ville (℗ 524-7601. Emplacement pour tente et camping-car 25-38 $.)

A Ocean City, les plaisirs de la table valent bien les attraits de la plage. **The Embers**, à l'angle de la 24th et de Coastal Hwy., propose le plus grand buffet de fruits de mer et les fumets les plus irrésistibles de la ville. Vous y profiterez également de la fraîcheur de sa cuisine de bord de mer et de son atmosphère chaleureuse. (℗ 289-3322 ou 888-436-2377. Ouvert Juil-Août tlj 14h-22h et Sep-Juin 15h-21h.) Lorsqu'il est plus important de se remplir l'estomac que de se préoccuper de la présentation des plats, direction le **Fat Daddy's Sub Shop**, 216 S. Baltimore Ave. Cette adresse un peu crasseuse mais bon marché sert de copieux sandwichs de *deli* (2-4,50 $) et des *subs* (sandwichs longs, 4-6 $), sur la plage jusqu'au petit matin. (℗ 289-4040. Ouvert tlj 11h-4h. Livraison gratuite.) Le petit déjeuner est le meilleur repas de la journée au **Brass Balls Saloon**, entre la 11th St. et la 12th St., sur la promenade en bord de mer. Il se compose de gaufres (4,75 $) ou d'omelettes légères et moelleuses (4,25-5,25 $) sous une fresque de célébrités au sourire ravageur. (℗ 289-0069. Ouvert Mai-Oct tlj 8h30-2h.)

■■ **SPECTACLES ET SORTIES.** La principale attraction d'Ocean City est sa magnifique **plage**. La longue étendue de sable, véritable paradis pour les surfeurs, longe la ville sur 16 km. Pour y accéder, il suffit de tourner à gauche dans l'une des nombreuses rues perpendiculaires à Philadelphia Ave. et à Baltimore Ave. Les vagues déferlent à n'importe quelle heure du jour et de la nuit mais, officiellement, la plage n'est autorisée que de 6h à 22h. A la tombée de la nuit, le bronzage obtenu après un dur labeur est généralement exhibé crânement à la lumière éblouissante des bars et des boîtes de nuit de la ville. Véritable parc d'attractions pour fêtards, l'île paradisiaque de **Seacrets**, sur la 49th St., ne comporte pas moins de 11 bars, dont deux flottant sur la baie. Tous les soirs, les fêtards aux pieds nus vagabondent de bar en bar, un verre de rhum (à la glace pilée mélangé à de la *piña colada*, 5,25 $) à la main. Un superbe coucher de soleil accueille les premiers arrivants. (℗ 524-4900. Entrée 3-5 $. Ouvert Lu-Sa 11h-2h et Di. 12h-2h.) La plus ancienne discothèque des lieux, **Fager's Island**, 60th St., est située sur une île au milieu de la baie, on y accède par une passerelle en bois. Personne n'est en mesure d'expliquer l'origine de cette tradition, mais toujours est-il que, chaque jour au coucher du soleil, la soirée s'ouvre solennellement par un morceau de musique classique. Commencez la semaine en fanfare avec la fête en plein air du lundi. (℗ 524-5500. *Happy hour* Di-Je 16h-19h. Concerts tous les soirs. Entrée Lu. 7 $. Ouvert tlj 11h-2h.)

WASHINGTON, D.C.　　☏ 202

Volant enfin de ses propres ailes une fois son indépendance acquise, le jeune aigle américain s'aperçut vite qu'il avait besoin d'une capitale pour asseoir son pouvoir. Le Sud et le Nord se disputèrent naturellement cet honneur. Aussi le choix final résulta-t-il d'un compromis : on préleva 259 km² sur le Maryland, Etat du Nord, et sur la Virginie, Etat du Sud, pour créer de toutes pièces Washington, District of Columbia. De la capitale fédérale, le président Kennedy disait qu'elle "alliait le charme du Sud à l'efficacité du Nord..."

Au début du XIXᵉ siècle, Washington était une ville immense, traversée d'avenues démesurées, dessinées par l'architecte français Pierre L'Enfant. Mais à peine avait-elle commencé à se développer que les Anglais l'incendièrent en 1814, et il s'en fallut de huit voix que le Congrès ne décidât d'un déménagement. Ville portuaire coincée entre deux Etats de planteurs, Washington était toute désignée pour servir d'escale au trafic d'esclaves, qui attendaient enchaînés leur mise en vente sur le Mall, tout près de la Maison Blanche, au grand dam des diplomates étrangers. La guerre de Sécession mit un terme à cette page sombre de l'histoire américaine.

Dans les années 1960, la ville fut le siège d'une série de manifestations en faveur des droits civiques des Noirs et contre la guerre du Viêtnam. Devant 250 000 personnes de toutes races, réunies sur le Mall, Martin Luther King prononça en 1963 son fameux discours "*I have a dream*" ("Je fais un rêve"). En 1968, le Pentagone fut littéralement encerclé par les pacifistes manifestant contre la guerre du Viêtnam. A la fin de la même année, l'assassinat de Martin Luther King déclencha des émeutes dans plusieurs quartiers de la ville : certains immeubles ne sont d'ailleurs toujours pas reconstruits.

Très touchée par la crise sociale et économique des grandes cités américaines dans les années 1980 et 1990, Washington n'en attire pas moins chaque année la plus grande migration touristique des Etats-Unis. Née de la décision inédite à l'époque de bâtir à partir de rien la capitale d'une nouvelle nation, elle a aujourd'hui trouvé sa place et son style : c'est un lieu de pouvoir rempli de fonctionnaires fédéraux et de diplomates, une ville du Sud un peu somnolente mais aussi une grande cité délabrée. C'est peut-être cette curieuse synthèse qui lui confère son cachet si original.

La plupart des touristes viennent à Washington pour admirer ses imposants monuments (la Maison Blanche et le Capitole en tête) et ses riches musées. Mais à quelques blocks du Mall et des nombreux touristes qu'il attire, vivent des communautés diverses (*yuppies*, gays, latinos, Afro-Américains) bien éloignées des institutions et des musées. De Georgetown, immuablement "BCBG", aux richesses ethniques du quartier d'Adams-Morgan, cette autre Washington ne se limite pas aux monuments du centre-ville et aux soporifiques visites en bus.

■ ARRIVÉES ET DÉPARTS

Avion : **Ronald Reagan National Airport** (✆ 703-417-8000). Métro : National Airport. Surtout destiné aux vols intérieurs et proche du centre-ville. Comptez 10-15 $ pour un trajet en taxi jusqu'au centre-ville. Les bus **SuperShuttle** (✆ 800-258-3826) relient le centre-ville à National Airport toutes les demi-heures. **Dulles International Airport** (✆ 703-369-1600) est plus éloigné de la ville. L'aéroport international de Washington accueille quelques lignes intérieures. Un taxi pour Dulles coûte plus de 40 $. Pas de station de métro à proximité de l'aéroport, mais les **bus Washington Flyer Dulles Express** (✆ 888-927-4359) effectuent la navette entre l'aéroport et la station de métro West Falls Church. (6h-10h et 18h-22h30 : 3 dép/h, 10h-14h : 4 dép/h, 14h-18h : 4 dép/h. 8 $.) D'autres **bus** relient le centre-ville (à l'angle de la 15th St. et de K St. N.W.) en 45 mn. (Lu-Ve 5h20-22h20 : 2 dép/h et Sa-Di 5h20-12h20 : 1 dép/h, 12h50-22h20 : 2 dép/h. 16 $, tarif familial à partir de trois, 13 $ par personne.)

Train : Union Station, 50 Massachusetts Ave. N.E. (✆ 484-7540). Liaisons **Amtrak** à destination de **New York** (durée 3h30, 67 $ en ayant réservé, sinon 118 $), **Baltimore** (durée 40 mn, 21 $), **Philadelphie** (durée 2h, 50 $) et **Boston** (durée 8h30, 68 $). **MARC** (✆ 410-859-7400, 24h/24), le réseau de banlieue du Maryland connecté à Union Station, dessert **Baltimore** (5,75 $) et d'autres destinations de la banlieue.

▤ TRANSPORTS

Transports en commun : **Metrorail and Metrobus (METRO)**, 600 5th St. N.W. (✆ 637-7000 Lu-Ve 6h-22h30 et Sa-Di 8h-22h30). Le réseau est relativement sûr. Tarif 1,10-3,25 $, selon la distance et l'affluence. Le Metro Pass, valable une journée, vaut 5 $. Le **Flash Pass** (20 $) permet un nombre illimité de trajets en bus (et, à certaines heures, en métro) pendant 2 semaines. Les rames du Metrorail circulent Lu-Ve 5h30-24h et Sa-Di 8h-2h. Pour les correspondances métro-bus, prenez un ticket dans les distributeurs situés sur les quais, *avant* de monter dans la rame. Le **Metrobus** dessert efficacement Georgetown, le centre-ville et la banlieue. Tarif 1,10 $.

Taxi : **Yellow Cab**, ✆ 544-1212.

CENTRE ATLANTIQUE

Location de voitures : Bargain Buggies Rent-a-Car, 3140 N. Washington Blvd. (℗ 703-841-0000), dans Arlington. 23 $ la journée, 150 $ la semaine et 20 ¢ le *mile* au-delà d'une franchise de 100 *miles* par jour. Age minimum 18 ans, carte bancaire obligatoire ou caution de 250 $ en liquide. Ouvert Lu-Ve 8h-19h, Sa. 9h-15h et Di. 9h-12h.

Location de bicyclettes : Big Wheel Bikes, 315 7th St. S.E. (℗ 543-1600). Métro : Eastern Market. VTT 5 $ l'heure (minimum 3h), 25 $ la journée en semaine, 32 $ les 24h. Carte bancaire nécessaire pour la caution. Ouvert Ma-Ve 11h-19h, Sa. 10h-18h et Di. 12h-17h.

✈ ORIENTATION

La ville de Washington dessine un losange dont les sommets marquent les quatre points cardinaux. Les méandres du fleuve **Potomac** jouent le rôle de frontière sud, son cours séparant Washington d'Arlington, en Virginie. Les rues et les adresses se répartissent en quatre secteurs : N.W. (nord-ouest), N.E. (nord-est), S.E. (sud-est) et S.W. (sud-ouest). Ces différents "quartiers" sont séparés par **North Capitol St., East Capitol St.** et **South Capitol St.** Le **Mall** part vers l'ouest du Capitole. Les suffixes correspondant au secteur permettent de distinguer des adresses qui, autrement, seraient rigoureusement identiques. Par exemple, vous pouvez trouver à la fois 800 G St. N.W. *et* 800 G St. N.E.

L'index des rues de Washington tient sur une simple feuille. Les rues orientées est/ouest sont désignées dans l'ordre avec les lettres de l'alphabet, selon la division nord/sud, à partir du Capitole. Etant donné que le nom des rues suit l'alphabet romain, dans lequel le "I" et le "J" correspondent à la même lettre, il n'y a pas de J St. à Washington. Après la W St., les rues qui s'étendent d'est en ouest prennent deux lettres, puis trois lettres et enfin, des noms d'arbres ou de fleurs. Les noms sont classés par ordre alphabétique mais il arrive qu'une lettre soit répétée ou ignorée. Les rues reliant le nord au sud sont numérotées (1st St., 2nd St., etc.) jusqu'à la 52nd St. N.W. et la 63rd St. N.E. Pour préciser l'adresse, quand il s'agit de rues désignées par des lettres (c'est-à-dire de rues orientées est/ouest), on ajoute le numéro de la rue au croisement le plus proche. Par exemple, 1100 D St. S.E. se trouve à l'angle de la rue D et de la 11th St.

Quelques **axes importants : Pennsylvania Ave., Connecticut Ave., Wisconsin Ave., 16th St. N.W., K St. N.W., Massachusetts Ave., New York Ave.** et **North Capitol St.** Washington est entourée par **Capital Beltway**, une sorte de boulevard périphérique, appelé aussi **I-495** (sauf là où il se confond avec la I-95). Le Beltway est traversé par la **US 1** et est rejoint par la **I-395**, en provenance de Virginie. La voie rapide **Baltimore-Washington Pkwy** relie Washington à Baltimore. La **I-595** part du Capital Beltway et va vers l'est, en direction d'Annapolis. La **I-66** se dirige vers l'ouest en passant par la Virginie.

LES QUARTIERS DE WASHINGTON

D'une blancheur immaculée, idéale pour les cartes postales, les bâtiments de **Capitol Hill** se composent du Capitole, de la Court Suprême et de la Bibliothèque du Congrès. Le **Mall** est bordé par les **musées de la Smithsonian** et la **National Gallery of Art**. Plusieurs monuments commémoratifs ornent la partie ouest du Mall, tandis que des cerisiers bordent le Tidal Basin. Bâti à l'emplacement d'anciens marécages, **Foggy Bottom** réunit aujourd'hui les principaux édifices fédéraux, dont l'incontournable Maison Blanche, 1600 Pennsylvania Ave. Le secteur appelé **Federal Triangle** compte de nombreux centres commerciaux et des banques. L'International Trade Center et le Ronald Reagan Building se partagent les grandes avenues avec des institutions fédérales (le FBI par exemple). Les édifices de verre qui forment le quartier paisible de **Farragut** abritent de nombreuses agences du gouvernement, des sociétés de lobby et des cabinets d'avocats.

Mais la ville de Washington ne se résume pas au monde de la politique. Sites touristiques, magasins et restaurants animent les quartiers regroupés dans ce qu'on appelle la **Second City**. La vie nocturne et les restaurants de qualité sont concentrés à **Adams-Morgan. Chinatown**, qui s'étend sur un seul *block* et peut difficilement être considéré comme un quartier, propose la cuisine chinoise la plus authentique du *District*. Le secteur pittoresque et à la mode de **Georgetown** a des airs de ville étudiante, en raison notamment de la proximité de l'université de Georgetown et du nombre important de bars et boîtes de nuit qui s'y trouvent. **Dupont Circle**, toujours très en vue, attire gourmets, amateurs d'art et diplomates. Le National Zoo et l'American University se trouvent dans le quartier résidentiel et huppé d'**Upper Northwest**. Enfin, le **U District**, quartier afro-américain historique, s'active dès la tombée de la nuit, lorsque les discothèques passent de la musique punk et techno jusqu'à l'aube.

🛈 INFORMATIONS PRATIQUES

Informations touristiques : Washington, D.C. Convention and Visitors Association (WCVA), 1212 New York Ave., n° 600 N.W. (✆ 789-7000, www.washington.org). Ouvert Lu-Ve 9h-17h. **D.C. Committee to promote Washington**, 1212 New York Ave. N.W., n° 200 (✆ 347-2873 ou 800-422-8644). **Meridian International Center**, 1630 Crescent Pl. N.W. (✆ 667-6800). Métro : Dupont Circle. Brochures en français. Ouvert Lu-Ve 9h-17h.

Assistance téléphonique : Rape Crisis Center (SOS Viol, ✆ 333-7273). **Gay and Lesbian Hotline** (✆ 833-3234, 19h-23h). **Traveler's Aid Society** (assistance aux voyageurs, ✆ 546-3120). Bureaux à Union Station, aux aéroports National et Dulles, et dans le centre-ville au 512 C. St. N.E. Horaire variable.

Hôpitaux et cliniques : Children's National Medical Center, 111 Michigan Ave. N.W. (✆ 884-5000). **Georgetown University Medical Center**, 3800 Reservoir Rd. N.W. (✆ 687-2000). **Whitman-Walker Clinic** (✆ 797-3500) vous informe sur le SIDA et les MST. **Planned Parenthood** (planning familial), 1108 16th St. N.W. (✆ 347-8500).

Accès Internet : Atomic Grounds, 1555 Wilson Blvd., n° 105 (✆ 703-524-2157), à Arlington. Ouvert Lu-Ve 6h30-18h30 et Sa-Di 8h-18h30.

Bureau de poste : 900 Brentwood Rd. N.E. (✆ 636-1532). Situation épouvantablement peu pratique. Ouvert Lu-Ve 8h-20h, Sa. 8h-18h et Di. 12h-18h. **Code postal : 20066.

🛏 HÉBERGEMENT

Il se fait tard et vous souhaitez éviter les pièges à touristes. Mais où dormir dans le *District* ? Ne vous aventurez pas, par mégarde, dans l'un de ces halls ornés de chandeliers. Optez pour de tels établissements uniquement les week-ends et pendant les mois d'été, lorsqu'on y propose des réductions. Les auberges de jeunesse offrent également des prix imbattables et la possibilité de rencontrer des gens issus du monde entier. Les prix indiqués ne comprennent pas la surtaxe de 14,5 % (*occupancy surcharge*).

AUBERGES DE JEUNESSE ET MAISONS D'ÉTUDIANTS

India House Too, 300 Caroll St. (✆ 291-1195), à la limite de Washington et de Takoma Park. Métro : Takoma. En sortant du métro, prenez Caroll St. en direction de la colline qui se trouve sur la droite. Les peintures colorées des murs intérieurs illuminent cette auberge jeune et conviviale. Le quartier de banlieue dans lequel elle se trouve est peu animé le soir, mais l'auberge n'est qu'à quelques pas du métro. Draps fournis et accès gratuit à la cuisine. Pas d'air conditionné. Laverie et accès Internet gratuit. Tables de billard et baby-foot au sous-sol. Réservation conseillée. Dortoir 4-6 lits 15 $, chambre privative 36 $ (sans salle de bains privée).

Washington International Student Center, 2451 18th St. N.W. (✆ 667-7681 ou 800-567-4150), dans le quartier animé d'Adams-Morgan. Métro : Woodley Park-Zoo. Un personnel aimable et compétent gère cette auberge de jeunesse propre et confortable, qui comporte 5 chambres avec air conditionné, contenant chacune 3-4 lits superposés (38 lits en tout). Deux cuisines et trois salles de bains. Accès Internet 1 $ les 8 mn. Les chambres restent accessibles pendant la journée. Caution pour la clé 5 $. Petit déjeuner compris. Casiers. Parking gratuit les 2 premières nuits. Se présenter entre 8h30 et 22h30. Réservez au moins une semaine à l'avance, surtout en été. Lit 17 $ la nuit.

HÔTELS

Taft Bridge Inn, 2007 Wyoming Ave. (✆ 387-2007), à l'angle de la 20th St. Hôtel calme situé dans un bâtiment de style géorgien du XIXe siècle, aux chambres meublées à l'ancienne et décorées avec goût. Toutes sont équipées d'un modem, d'un téléphone, d'une messagerie vocale et de l'air conditionné. Les chambres avec salle de bains disposent de la télévision par câble. Laverie. Petit déjeuner compris. Parking 9 $ la journée. Accès handicapés. Chambre simple 59-79 $, avec salle de bains 119-124 $. En haute saison, chambre simple 99-119 $, personne supplémentaire 15 $.

Hereford House, 604 S. Carolina Ave. S.E. (✆ 543-0102), au niveau de la 6th St., à une rue de la station de métro Eastern Market. Aucune enseigne ne signale ce Bed & Breakfast typiquement anglais, tenu par une Britannique très sympathique. 4 chambres, 6 lits, salles de bains communes, laverie, air conditionné, réfrigérateur, salon, petit déjeuner fait maison et patio extérieur. Etablissement non fumeur. Les cartes bancaires ne sont pas acceptées. Versement de 50 % du prix à la réservation, le reste est réglé à votre arrivée. Chambre simple 58-72 $, chambre double 74-82 $. Réductions sur les séjours d'une semaine ou d'un mois.

CHAMBRES D'HÔTES

Kalorama Guest House dans le **Kalorama Park**, 1854 Mintwood Pl. N.W. (✆ 667-6369), près de Columbia Rd., à un block au sud de la 18th St. Cette belle et calme maison victorienne allie le confort du XXe siècle au charme du XIXe. Certaines suites bénéficient de la télévision et du téléphone. Raccordement Internet dans certaines chambres. Petit déjeuner continental compris. Stationnement possible derrière les chambres d'hôtes sur réservation, 7 $ la nuit. Réception Lu-Ma 8h-20h et Me-Di 8h-22h. Réservation par carte bancaire, paiement à l'arrivée. Chambre simple avec salle de bains commune 55-70 $, avec salle de bains privée 70-95 $, chambre double avec salle de bains commune 60-75 $, avec salle de bains privée 75-100 $.

The Columbia Guest House, 2005 Columbia Rd. N.W. (✆ 265-4006), tout près de Connecticut Ave., dans Dupont Circle. Un hôtel particulier excentrique et élégant avec boiseries sombres et plancher de bois ciré, cheminées ouvragées et chambres meublées avec soin (certaines ont l'air conditionné et une salle de bains privée). La majorité des clients sont des étudiants ou des voyageurs à petit budget. Chambre simple 25-30 $, chambre double 35-45 $, chambre triple 50-65 $. Personne supplémentaire 10 $. Réduction étudiants 10-15 %.

Adams Inn, 1744 Lanier Place N.W. (✆ 745-3600 ou 800-578-6807), à deux blocks du centre d'Adams-Morgan. Les chambres se répartissent sur trois maisons de style victorien autour d'un jardin. Vous disposez également de la télévision par câble, de téléphones payants et d'une laverie automatique. Les chambres sont de taille variable, mais ont toutes l'air conditionné, un lavabo et des meubles d'époque. Personnel sympathique et serviable. Petit déjeuner continental compris. Stationnement 7 $ la nuit. Accès Internet. Réception Lu-Sa 8h-21h et Di. 13h-21h. Pour réserver, il faut régler la première nuit. Chambre simple 65 $, avec salle de bains privée 75 $. Personne supplémentaire 10 $. Réduction de 10 % aux titulaires de la carte d'étudiant internationale. Tarifs hebdomadaires parfois proposés.

Tabard Inn, 1739 N St. N.W. (✆ 785-1277), entre la 17th St. et la 18th St., juste au sud de Dupont Circle. Cette maison d'hôtes est formée de trois demeures reliées entre elles par un dédale de passages, d'escaliers et de salons. Très belles chambres au mobilier travaillé. Patio, bar et plusieurs salons. Les chambres disposent de l'air conditionné et d'un téléphone. Petit déjeuner compris. Réception 24h/24. Chambre simple 65-95 $, avec salle de bains 99-155 $, chambre double 90-110 $, avec salle de bains 114-170 $, personne supplémentaire 15 $.

▣ RESTAURANTS

Comment s'offrir un festin digne d'un sénateur avec le budget d'un simple stagiaire ? Les habitants de Washington ont pris l'habitude d'aller consommer pendant les *happy hours*. Les bars offrent en effet des amuse-gueule sur les comptoirs pour appâter les clients de début de soirée (voir **Sorties**). **Adams-Morgan** et **Dupont Circle** sont bien pourvus en restaurants bon marché. Vous y trouverez notamment le fin du fin en matière de spécialités exotiques. La ville de **Bethesda**, située dans l'Etat voisin du Maryland, compte plus d'une centaine de restaurants concentrés dans un périmètre de 4 blocks.

ADAMS-MORGAN

❤ **Meskerem**, 2434 18th St. N.W. (© 462-4100), tout près de Columbia Rd. Un décor délirant (sur le thème du soleil) illumine ce restaurant éthiopien de 2 étages dont le nom signifie premier mois du printemps. Parmi les entrées, citons les *sambussas* (coquillages farcis de légumes, de crevettes ou de viande), 3,25-5,25 $. Concerts Ve-Sa. Plats au déjeuner 5-10,50 $, au dîner 8,50-13 $. Livraison gratuite. Ouvert tlj 12h-24h.

Mixtec, 1792 Columbia Rd. N.W. (© 332-1011), près de la 18th St. Elu meilleur restaurant bon marché par le *Washingtonian* de 1997 à 2000. Spécialités mexicaines comme les deux *tacos al carbón* (deux petites tortillas remplies de bœuf, 7 $) ou les *nachos* (6,50 $). Jus de fruits rafraîchissants (1,75 $). Plats 6,50-13 $. Ouvert Lu-Je 8h-22h30, Ve. 8h-23h, Sa. 9h-23h et Di. 9h-22h30.

So's Your Mom, 1831 Columbia Rd. N.W. (© 462-3666). Cette sandwicherie toujours bondée propose des ingrédients de premier choix (viandes et fromages importés), des parts dignes de la cuisine de maman et un choix incroyable de sandwichs (langue de bœuf en tranches 6 $). Sandwichs 3,50-6,50 $. N'oublions pas les desserts maison avec les *cinnamon rolls* (viennoiserie roulée à la cannelle) et les *muffins* (1,25-2 $). Seulement à emporter. Ouvert Lu-Ve 7h-20h, Sa. 8h-19h et Di. 8h-15h. Paiements en espèces uniquement.

BETHESDA

❤ **Thyme Square Cafe**, 4735 Bethesda Ave. (© 301-657-9077). Le service agréable, le décor coloré et les plats végétariens et végétaliens sains ajoutent au caractère naturel de cet établissement. Commencez par commander un pain à base de plusieurs céréales servi avec une pâte à tartiner à la patate douce. Poursuivez avec un délicieux pot de légumes de Pékin cuits à la vapeur (8 $) ou l'avocat "PLT" (champignons portabella grillés, laitue, tomates, avocat, mayonnaise sans œufs dans un pain aux céréales, 7,50 $). Ouvert Lu-Je 11h30-21h30, Ve-Sa 11h30-22h et Di. 11h-21h30.

Philadelphia Mike's, 7732 Wisconsin Ave. (© 301-656-0103), près de Middleton Ave. Au Mike's, on a su reproduire avec succès la texture collante d'un authentique *cheesesteak* de Philadelphie (4-8 $), servi au comptoir dans une ambiance de pizzeria. On vous propose également des hamburgers et des sandwichs de *deli* (4-8 $), des sandwichs longs de petit-déjeuner (*breakfast subs*, moins de 3 $) et un plat du jour pour le déjeuner (3 $). Ouvert Lu-Ve 8h-21h, Sa. 9h-21h et Di. 9h-16h.

Grapeseed, 4865 Cordell Ave. (© 301-986-9592). Cet établissement sans prétention vous fera découvrir les joies de la dégustation de vins, de quoi vous faire devenir de fins connaisseurs. En-cas servis sous forme de *tapas* (4-12 $) ou plats pouvant constituer un repas (17-23 $) accompagnés d'un vin qui vous sera recommandé. Possibilité de commander à la bouteille, au verre ou à la dégustation (un fond de verre). Ouvert pour le déjeuner Lu-Ve 11h30-14h, pour le dîner Lu-Je 17h-22h et Ve-Sa 17h-23h.

Tastee Diner, 7731 Woodmont Ave. (© 301-652-3970), au niveau de Cheltenham Dr. Les renfoncements en bois, le long comptoir et les juke-box à chaque table semblent avoir été installés depuis l'ouverture du restaurant en 1935. Les prix n'ont guère changé non plus. Le petit déjeuner est toujours servi tout au long de la journée pour quelques dollars. Succulents hamburgers consistants 2,25-6,25 $, frites 1,25 $. Tous les soirs, les plats du jour (Lu-Ve 11h-21h et Sa-Di 12h-21h) font la part belle à la cuisine familiale. Ouvert 24h/24.

CHINATOWN (FEDERAL TRIANGLE)

Go-Lo's, 604 H St. N.W. (© 347-4656). Ce restaurant, qui ne lésine pas sur la décoration, est composé de plusieurs petites salles, un peu plus intimes que celle de ses concurrents de H St. Un groupe de 6 personnes ou plus se verra servir un déjeuner familial idéal avec 5 plats, une soupe, des pâtés impériaux et des beignets de crevettes (8 $ par personne). Plats du jour au déjeuner 5-6 $. Plats du menu 6-22 $. Ouvert Di-Je 10h30-22h30 et Ve-Sa 10h30-24h.

Szechuan Gallery, 617 H St. N.W. (© 898-1180). Comme le prouvent les photos dédicacées, l'endroit a servi de décor à une scène du film *True Lies* (de James Cameron, avec Arnold Schwarzenegger et Jamie Lee Curtis). Le restaurant est également réputé pour ses plats originaux comme le *congee*, une délicieuse soupe au riz (5 $). Formules déjeuner 5-8 $, plats pour le dîner 9-14 $. Ouvert Di-Je 11h-22h et Ve-Sa 11h-23h.

Hunan Chinatown, 624 H St. N.W. (© 783-5858). Ce restaurant chic propose une cuisine chinoise classique. Les habitués affirment que les prix plus élevés de leurs plats sont justifiés. Parmi les plats du déjeuner figurent le poulet *Kung Pao* (6,75 $). Le soir, votre choix se portera, entre autres, sur le canard fumé au thé (15 $) et sur l'agneau *Hunan*, très apprécié des connaisseurs (14 $). Ouvert Di-Je 11h-22h et Ve-Sa 11h-23h.

DUPONT CIRCLE

❤ **Lauriol Plaza**, 1865 18th St. N.W. (© 387-0035). L'adresse la plus branchée du quartier sert de la cuisine latino-américaine en portions gigantesques à une clientèle chic, au sortir des bureaux. Les chips et la salsa offerts sont à se rouler par terre. Entrées (banane plantain frite et guacamole par exemple) 2,50-7 $. Plats 7-16 $. Di., plats servis au brunch 6-9 $ (11h-15h). Parking gratuit. Pas de réservation. Ouvert Di-Je 11h30-23h, Ve-Sa et jours fériés 11h30-24h.

Pizzeria Paradiso, 2029 P St. N.W. (© 223-1245), près de la 21st St. La sobriété de la devanture camoufle un restaurant étonnamment spacieux et lumineux. De leur four en brique sortent les *pizzas* à la croûte fine et craquante les plus authentiques de la ville. Pizza 20 cm de diamètre 7-10 $, 30 cm 12-16 $. Garnitures 75 ¢-1,75 $. Propose également une grande variété de *panini* (5-7 $) et de salades (3-5 $). Ouvert Lu-Je 11h30-23h, Ve. 11h30-24h, Sa. 11h-24h et Di. 12h-22h.

City Lights of China, 1731 Connecticut Ave. N.W. (© 265-6688), entre R St. et S St. Ce restaurant déjà primé sert une cuisine chinoise délicieuse dans un cadre spacieux. Spécialités cuites à la vapeur pour ceux ou celles qui font attention à leur ligne. Plats 8-14 $. Ouvert Lu-Je 11h30-22h30, Ve. 11h30-23h, Sa. 12h-23h et Di. 12h-22h30.

Luna Grill & Diner, 1301 Connecticut Ave. N.W. (© 825-2280), au sud de Dupont Circle. Un personnel sympathique et un peu excentrique sert une cuisine de *diner* d'excellente qualité dans un décor lunaire. Salades, pâtes, sandwichs (6-10 $) et plats (10-16 $) sont plus savoureux, plus copieux mais aussi plus chers que partout ailleurs. Réservation acceptée uniquement pour un déjeuner en semaine. Ouvert Lu-Ve 8h-23h, Sa. 10h-24h et Di. 10h-22h.

GEORGETOWN

❤ **Cafe La Ruche**, 1039 31st St. N.W. (© 965-2684, vente à emporter au 965-2591), à 2 blocks au sud de M St. La ruche bourdonne lorsque les noctambules s'y rendent pour prendre le dessert ou un café. Les plats sont typiquement français : soupe (4 $), salade (4-9 $), quiche (8 $) et sandwich (7-9 $). Dessert environ 5 $. Ouvert Lu-Je 11h30-23h30, Ve. 11h30-1h30, Sa. 10h-1h et Di. 10h-22h30.

❤ **Thomas Sweet**, 3214 P St. N.W. (© 337-0616), à l'angle de Wisconsin Ave. Petit glacier qui propose des petits déjeuners bon marché servis avec des *bagels* (1-3 $), des sandwichs (4-6 $) et plus de 30 parfums de glaces faites maison et de *frozen yogurt* (1 boule en cornet 2 $). Ouvert Lu-Je 8h-24h, Ve-Sa 8h-1h et Di. 9h-24h. Paiements en espèces uniquement.

❤ **Marvelous Market**, 3217 P St. N.W. (© 333-2591), à l'angle de Wisconsin Ave. Rappelle un marché de quartier avec ses stands de produits frais, de pain, de fromage et de fleurs. Presque tout est fait sur place. Commandez un sandwich maison (5,25-5,50 $), une pizza toute chaude (5-11 $) ou un café (1-3 $) que vous dégusterez dans la salle attenante. Ouvert Lu-Sa 8h-20h et Di. 8h-19h.

Moby Dick House of Kabob, 1070 31st St. N.W. (© 333-4400), à l'angle de M St. Restaurant spécialisé dans les plats traditionnels iraniens, notamment les viandes maigres marinées. Essayez la formule *kubideh* et *chenjeh* servie avec du riz et de la pita cuite dans un four en terre (9,25 $) ou goûtez à l'un des célèbres sandwichs du restaurant (4-5 $). Ouvert Di-Je 11h-22h et Ve-Sa 11h-4h. Paiements en espèces uniquement.

Amma Vegetarian Kitchen, 3291 M St. N.W. (© 625-6025), à l'angle de M St. et de la 33rd St. Cuisine traditionnelle du sud de l'Inde, servie dans une salle immaculée. Spécialités régionales, telles que l'*idli sambar* (petits pains à la farine de riz, cuits à la vapeur avec une délicieuse sauce aux légumes, 4 $). Ouvert pour le déjeuner Lu-Ve 11h30-14h30, Sa. 11h30-15h45 et Di. 12h-15h45. Pour le dîner, Lu-Je 17h30-22h et Ve-Di 17h30-22h30.

Patisserie Poupon, 1645 Wisconsin Ave. N.W. (© 342-3248), près du croisement avec Q St. Pâtisserie réputée pour ses gâteaux français à se damner (1-2 $). Sert également des sandwichs, des quiches et des salades (4-7 $). Ouvert Ma-Sa 8h-18h30 et Di. 8h-16h.

Georgetown Cafe, 1623 Wisconsin Ave. N.W. (© 333-0215), à l'angle de Q St. Ouvert 24h/24, ce café est l'endroit idéal pour manger un morceau tard le soir. Beaucoup de monde vers 3h du matin. Propose des petits déjeuners toute la journée, des sandwichs classiques (4-7 $) et des pizzas (7-10 $) ainsi que des plats plus exotiques, et ce tout au long de la journée et de la nuit. *Happy hour* tlj 16h-20h.

Bistro Med, 3288 M St. N.W. (© 333-0955), à l'angle de la 33rd St. L'une des rares occasions que vous aurez, à Washington, de déguster des pizzas "à la turque" comme le *lahmacun* (au bœuf, 7 $) ou des "merguez de marocaine" (saucisses de mouton avec aubergines et couscous 11 $). *Brunch* nocturne servi Je-Sa 23h30-5h. Ouvert Lu-Je 11h30-1h, Ve. 11h30-5h, Sa. 10h30-5h et Di. 10h30-1h.

UPPER NORTHWEST

❤ **Chipotle Mexican Grill**, 2600 Connecticut Ave. N.W. (© 299-9111). Vous choisissez la garniture de vos *burritos* et *tacos* (4,75-5,50 $) et le chef du Chipotle les prépare "à la chaîne" devant vous. Idéal pour les plus affamés qui sont pressés. Nous recommandons vivement les plats à base de poulet. Préparations végétariennes possibles. Ouvert tlj 11h-22h.

❤ **Jandara**, 2606 Connecticut Ave. N.W. (© 387-8876). Les décorations célestes aux teintes bleues et violettes confèrent une ambiance magique à ce restaurant. Les plats comme le *gaeng ped yang* (tranches de canard grillé mijotées dans une sauce rouge au curry avec de l'ananas, 9 $) sont à la hauteur du décor. Le menu à l'heure du déjeuner est moins cher (5-10 $). Ouvert Di-Je 11h30-22h30 et Ve-Sa 11h30-23h.

Yanni's, 3500 Connecticut Ave. N.W. (© 362-8871). Le personnel extrêmement agréable de ce restaurant de quartier clair et aéré vous propose une cuisine grecque familiale (assortie d'herbes fraîches et d'huile d'olive). Essayez le poulpe grillé au feu de bois, croustillant à l'extérieur et tendre à l'intérieur, servi avec du riz et des légumes (12 $). Entrées 4-7 $, plats 7-16 $. Possibilité de consommer en terrasse. Ouvert tlj 11h30-23h.

Faccia Luna, 2400 Wisconsin Ave. N.W. (© 337-3132). Pizzas à pâte fine, mœlleuses et croustillantes, cuites au feu de bois. La salle vous accueille dans son décor intimiste parsemé d'alcôves en brique. Tourte (*pie*) simple 6,50-12 $, chaque garniture 1,25-2 $. Formules déjeuner intéressantes (5-6 $ Lu-Ve 11h30-14h), comprenant un plat et une boisson. Ouvert Lu-Je 11h30-23h, Ve-Sa 11h30-24h et Di. 12h-23h.

Mama Maria and Enzio's, 2313 Wisconsin Ave. N.W. (© 965-1337), près de Calvert St. Stupéfiante cuisine du sud de l'Italie, servie dans une salle à manger de 9 tables, dans une ambiance détendue et familiale. Entrées 6-12 $, pâtes 9-13 $. Plats au déjeuner 7-11 $. Ouvert pour le déjeuner Lu-Ve 11h30-15h et pour le dîner Lu-Sa 17h-22h30.

Firehook Bakery & Coffeehouse, 3411 Connecticut Ave. N.W. (℃ 362-2253). Chaîne locale qui sert la plupart des pains de la boulangerie Alexandria (3-4 $), des cookies honteusement bons (1,40 $) et des sandwichs (5,50 $), ainsi qu'un grand choix de boissons à base de café (1,10-2,50 $). Ouvert Lu. 7h-20h, Ma-Je 7h-22h, Ve-Sa 7h-23h et Di. 8h-21h.

🥽 VISITES

CAPITOL HILL

Capitol Hill est le cœur du gouvernement américain, la principale attraction touristique de Washington et l'un des symboles les plus évocateurs du pouvoir fédéral américain.

LE CAPITOLE. Siège du Sénat et de la Chambre des Représentants, le Capitole symbolise encore, ne serait-ce que par sa taille, la gloire de l'idéal républicain. La **façade est** (East Front) fait face à la Cour suprême : c'est là que la plupart des présidents ont prêté serment, depuis Jackson (1829) jusqu'à Carter (1977). Depuis 1981, date de l'entrée en fonction de Reagan, la cérémonie se déroule du côté **ouest** (West Front), face au Mall. Si le dôme est éclairé la nuit, c'est qu'une session du Congrès s'y déroule. On accède à la **rotonde**, haute de 54 mètres, par le côté est. Des soldats y dormaient pendant la guerre de Sécession. Vous pouvez monter au 1er étage pour voir la chambre du Sénat ou celle des Représentants. Les spectateurs sont admis aux **House and Senate visitors galleries**, accessibles depuis la crypte située en bas. Les visiteurs étrangers peuvent retirer un *pass* valable une journée, sur présentation d'un passeport ou d'un permis de conduire, aux *appointments desks* (guichets) correspondant à chaque galerie, et situés dans la crypte. *(Métro : Capitol South. ℃ 225-6827. Ouvert tlj Mars-Août 9h-20h et Sep-Fév 9h-16h30. Visites guidées Mars-Août Lu-Ve 9h-19h et Sa. 9h-16h. Sep-Fév Lu-Sa 9h-16h. Entrée gratuite.)* En fait, le véritable travail parlementaire s'effectue en **commissions** (*committee hearings*). Celles-ci sont le plus souvent ouvertes au public. Renseignements sur le lieu et l'heure dans l'encadré "Today in Congress" du *Washington Post*. Le **Capitol subway** (gratuit) fait la navette entre le sous-sol du Capitole et les bâtiments abritant les bureaux de la Chambre des représentants et du Sénat : dans ce "métro", un signal sonore et lumineux annonce l'imminence d'un vote.

LA COUR SUPRÊME. En 1935, les juges de la Cour suprême décidèrent qu'il était grand temps de matérialiser la séparation des pouvoirs (judiciaire et législatif) inscrite dans la Constitution américaine en déménageant leurs bureaux dans un édifice néoclassique situé de l'autre côté de la rue, en face du Capitole. La juridiction suprême des Etats-Unis est l'équivalent à la fois de la Cour de Justice et du Conseil constitutionnel français. Ses neuf juges, nommés à vie par le président des Etats-Unis, sont les interprètes, en dernier recours, de la Constitution américaine. Leurs débats sont ouverts au public : arrivez assez tôt (avant 8h30) pour avoir une place assise, ou restez debout dans la galerie d'où l'on peut assister aux débats pendant quelques minutes. *(1 1st St. ℃ 479-3000. Sessions Oct-Juin Lu-Me 10h-12h et 13h-15h pendant deux semaines chaque mois. Hors sessions, il est possible de visiter la salle elle-même. Ouvert Lu-Ve 9h-16h30. Entrée gratuite.)*

LA BIBLIOTHÈQUE DU CONGRÈS. La célèbre bibliothèque du Congrès (*Library of Congress*), entre East Capitol St. et Independence Ave., est la plus grande bibliothèque du monde. Elle rassemble plus de 113 millions de documents répartis sur 856 km d'étagères, dont un exemplaire d'*Old King Cole* inscrit sur un grain de riz. Les premières collections d'ouvrages furent incendiées par les troupes britanniques en 1814 et durent être reconstituées à partir de la bibliothèque personnelle de Jefferson. Elle n'est ouverte qu'aux étudiants et aux chercheurs, mais des visites guidées permettent de voir l'intérieur des bâtiments et quelques-unes de ses richesses. (1st St. S.E. ℃ 707-5000.) Le dôme de cuivre vert couronné par une flamme dorée du **Jefferson Building** surmonte une admirable salle de lecture octogonale. *(Grand Hall ouvert Lu-Sa 8h30-17h30. Visitors Center et galerie ouverts 10h-17h30. Entrée gratuite.)*

UNION STATION. Tous les trains des Etats-Unis semblent pouvoir tenir dans Union Station, la plus grande gare des Etats-Unis, à deux blocks au nord du Capitole. Les colonnades, les arcades et les immenses voûtes de ce superbe édifice signé Burnham évoquent les fastes de la Rome impériale. Le bâtiment abrite également des comptoirs de fast-food et une galerie marchande chic. *(50 Massachusetts Ave. N.E. Métro : Union Station. © 371-9441. Magasins ouverts Lu-Sa 10h-21h et Di. 10h-18h.)*

MONUMENTS COMMÉMORATIFS

WASHINGTON MONUMENT. Cet immense obélisque dédié au premier président des Etats-Unis a bénéficié d'une restauration réussie d'un coût de 9,4 millions de dollars qui s'est achevée en 2000. Il fut surnommé le *Beef Depot monument* (ou monument du Pré aux vaches) pendant la guerre de Sécession, car la pelouse qui l'entoure accueillait des bovins. Sa construction dut s'arrêter du fait de cette guerre pour reprendre quelques années plus tard. Les pierres utilisées par la suite provenaient d'une autre carrière, ce qui explique les variations de couleur du monument. L'obélisque se mire dans le **Reflecting Pool** (le bassin des Reflets). *(Métro : Smithsonian. Entrée gratuite mais réglementée par des billets à validité temporaire. Avr-Août : ouvert tlj 8h-24h, billetterie ouverte de 7h30 à l'épuisement des billets. Sep-Mars : ouvert 9h-17h, billetterie ouverte à partir de 8h30. Billets non exigés après 20h Avr-Août.)*

VIETNAM VETERANS MEMORIAL. Maya Ying Ling, l'architecte du Vietnam Veterans Memorial, au sud de Constitution Ave., à l'angle de la 22nd St. N.W., ne reçut qu'une mention "bien" pour ce projet, que l'auteur avait présenté pour l'obtention de son diplôme à l'université de Yale. Ce qui ne l'empêcha pas de l'emporter sur son professeur dans le concours lancé par l'administration fédérale. L'architecte décrit son œuvre ainsi : "C'est une faille dans l'écorce terrestre — un long mur de pierre polie, qui ne sort de terre que pour y retourner." Les noms des 58 132 Américains morts au cours de la guerre du Viêtnam sont gravés dans la pierre noire. Aux deux extrémités du monument, des livres comportent les indications permettant de retrouver un nom sur les différents panneaux. *(Constitution Ave., à l'angle de la 22nd St. Métro : Foggy Bottom/GWU. © 634-1568.)*

LINCOLN MEMORIAL. Le Lincoln Memorial, à l'extrémité ouest du Mall, évoque le Parthénon par son aspect solennel. C'est du haut de ses marches que Martin Luther King, lors de la marche sur Washington de 1963, a prononcé son fameux discours "*I have a dream*". A l'entrée du mémorial, la statue assise de Lincoln, haute de plus de 6 m est l'œuvre de Daniel Chester French. Lincoln semble veiller sur les manifestants comme sur tout ce qui se trouve en dessous. Il est interdit de monter sur la statue, et les contrevenants, s'ils échappent à la vigilance des gardiens, n'échapperont pas à celle des caméras. *(Métro : Smithsonian ou Foggy Bottom/GWU. © 426-6895. Ouvert 24h/24.)*

KOREAN WAR MEMORIAL. Inauguré en juillet 1995, le Korean War Memorial se compose de 19 statues colossales en acier : 14 fantassins, 3 *marines*, un médecin militaire et un officier de l'armée de l'air, représentés en train de gravir une colline, les armes à la main, les traits à jamais figés dans une expression mêlant l'épuisement et la peur. Sur un mur de granit noir tout proche, plus de 2000 photographies ravivent le souvenir de cette guerre où périrent 54 000 Américains. Le mémorial se trouve à l'extrémité ouest du Mall, tout près de la statue de Lincoln. *(Métro : Smithsonian ou Foggy Bottom/GWU. © 632-1002.)*

FRANKLIN DELANO ROOSEVELT MEMORIAL. Le Franklin Delano Roosevelt Memorial, qui occupe une longue bande du West Potomac Park (la péninsule située entre le Tidal Basin et le fleuve Potomac), à deux pas du Jefferson Memorial et du Lincoln Memorial, tient plus du jardin de pierre que du monument. Pendant des années, une vive polémique agita les esprits concernant la représentation de Roosevelt. Devait-il être debout (tel que les électeurs le connaissaient) ou assis dans son fauteuil roulant ? Un compromis fut trouvé et la commission décida de le montrer assis (d'après une photo prise à Yalta). Le monument comporte quatre "pièces" (pour les quatre mandats présidentiels de Roosevelt) réalisées en granit rouge. *(Métro : Smithsonian. © 376-6704.)*

JEFFERSON MEMORIAL ET TIDAL BASIN. Le Jefferson Memorial, par son style et sa rotonde ouverte, surmontée d'un dôme et entourée de colonnes ioniques massives, rend hommage aux talents d'architecte du grand homme, qui dessina lui-même sa demeure de Monticello, en Virginie (voir p. 268). Le mémorial donne sur le Tidal Basin où vous pouvez faire du pédalo, à l'ombre du grand homme. Quelques-uns de ses principaux textes ornent les murs à l'intérieur : la déclaration d'Indépendance, le *Virginia Statute of Religious Freedom* (qui garantissait à la Virginie la liberté religieuse), les *Notes on Virginia* et une lettre de 1815. *(Métro : L'Enfant Plaza. © 426-6821.)*

AU SUD DU MALL

U.S. HOLOCAUST MEMORIAL MUSEUM. A un block du Mall, s'étend le U.S. Holocaust Memorial Museum, qui relate l'histoire de l'antisémitisme, de la montée du nazisme et des causes de la Seconde Guerre mondiale en Europe. Des films montrent le choc des troupes alliées découvrant les camps de concentration et les rares prisonniers survivants. Dans le "Hall of Remembrance", brûle éternellement la flamme du souvenir. *(100 Raoul Wallenberg Place S.W. Métro : Smithsonian. © 488-0400. Ouvert tlj en été 10h-20h et en hiver 10h-17h30. Entrée gratuite. Venez tôt pour éviter les longues files d'attente.)*

BUREAU OF ENGRAVING AND PRINTING. Un peu plus à l'ouest, le Bureau of Engraving and Printing (autrement dit "The Mint", l'hôtel de la Monnaie). On y organise des visites guidées montrant les presses d'où sortent chaque année l'équivalent de 20 milliards de dollars en billets et en timbres. Le billet vert y attire des foules immenses : pour entrer, il faut arriver vraiment très tôt ou bien se préparer à consacrer un peu de son temps à attendre. Et le temps, c'est de l'argent. *(A l'angle de la 14th St. et de C St. Métro : Smithsonian. © 847-2808. Ouvert Lu-Ve 9h-14h. Entrée gratuite.)*

FEDERAL TRIANGLE

Un édifice magnifique abrite le **National Building Museum** (musée national d'Architecture, dépendant de la Smithsonian). Cette œuvre de Montgomery Meig, inspirée de l'architecture italienne, est un des bâtiments les plus remarquables de Washington. *(F St. N.W., entre la 4th St. et la 5th St. Métro : Judiciary Square. © 272-2448. Ouvert Lu-Sa 10h-16h, Di. 12h-16h et jusqu'à 17h en été. Contribution suggérée 3 $, étudiants et personnes âgées 2 $.)* Devant le **National Archives** (archives nationales), à l'angle de la 8th St. et de Constitution Ave. N.W., de longues files de visiteurs attendent sagement pour voir les originaux de la Déclaration d'Indépendance, de la Constitution américaine et du *Bill of Rights* ou Déclaration des Droits, ces célèbres amendements ajoutés à la Constitution américaine, et qui garantissent notamment la liberté de parole, de presse et de culte (voir p. 88). *(A l'angle de la 8th St. et de Constitution Ave. N.W. Métro : Archives-Navy Memorial. © 501-5000. Ouvert tlj Avr-Août 10h-21h et Sep-Mars 10h-17h30. Entrée gratuite.)* Depuis les attentats du 11 septembre 2001, les visites du **FBI**, le célèbre **Federal Bureau of Investigation** sont suspendues jusqu'à nouvel ordre. Pour vous renseigner sur une éventuelle réouverture au public du célèbre **J. Edgar Hoover Building**, composez le © 324-3447.

Le 14 avril 1865, Abraham Lincoln fut assassiné au cours d'une représentation au **Ford's Theater**. *"Sic semper tyrannis"* ("Ainsi finissent les tyrans"), se serait écrié l'acteur John Wilkes Booth après avoir tiré sur Lincoln. Les guides, *rangers* des parcs nationaux, font revivre cette soirée tragique avec une grande conviction, au cours d'une visite de 20 mn. *(511 10th St. N.W. Métro : Metro Center. © 426-6924. Ouvert tlj 9h-17h. Entrée gratuite.)* L'ancien bureau de poste, **Old Post Office**, abrite un centre commercial à l'architecture déroutante. Ses fenêtres cintrées, ses tourelles coniques et sa tour de l'horloge de plus de 100 m de haut ne passent pas inaperçues dans le quartier. *(A l'angle de Pennsylvania Ave. et de la 12th St. N.W. Métro : Federal Triangle. © 289-4224. Tour ouverte au public mi-Avr-mi-Sep 8h-22h45 et, le reste de l'année, 10h-18h. Magasins ouverts Lu-Sa 10h-20h et Di. 12h-18h.)* Le **National Museum of Women in the Arts**, consacré aux femmes artistes, présente, dans une ancienne loge maçonnique, des œuvres de Mary Cassatt, de Georgia O'Keeffe, de Lilla Cabot Perry, de Frida Kahlo et d'Alma Thomas. *(1250 New York Ave. N.W. Métro : Metro Center. © 783-5000. Ouvert Lu-Sa 10h-17h et Di. 12h-17h. Entrée gratuite.)*

LA MAISON BLANCHE ET FOGGY BOTTOM

MAISON BLANCHE. La Maison Blanche n'est pas Versailles. Le style de la résidence officielle du président des Etats-Unis, avec ses sobres colonnes et ses vastes pelouses, est à mi-chemin entre la distinction patricienne et la simplicité démocratique. Le projet proposé par Thomas Jefferson ne fut pas retenu par George Washington, l'arbitre final du concours, et c'est l'architecte amateur James Hoban qui l'emporta. Les conseillers du président travaillent dans l'aile ouest, tandis que l'entourage de la *First Lady* occupe l'aile est. Le reste de l'équipe présidentielle qui n'a pas la chance de disposer d'un bureau à la Maison Blanche travaille à l'**Old Executive Office Building** voisin. Le **Bureau ovale**, poste de travail officiel du président, n'est pas visible pendant la visite guidée, elle-même limitée aux salles de réception publiques. *(1600 Pennsylvania Ave. N.W. ✆ 456-7041. Visite guidée obligatoire Ma-Sa 10h-12h. Entrée gratuite. Billets disponibles au White House Visitors Center, 1450 Pennsylvania Ave. N.W., à l'angle de la 15th St. et de E St.)*

ENVIRONS DE LAFAYETTE PARK. De nombreuses vieilles demeures entourent le Lafayette Park, au nord de la Maison Blanche. La **Renwick Gallery**, un musée dépendant de la Smithsonian, se consacre à l'art populaire américain. Les sculptures des années 1980 valent le coup d'œil, comme *Ghost Clock* et *Game Fish*. *(A l'angle de la 17th St. et de Pennsylvania Ave. N.W. Métro : Farragut West. ✆ 357-2700. Ouvert tlj 10h-17h30. Entrée gratuite.)* Autrefois sous le même toit que la Renwick, la **Corcoran Gallery** dispose aujourd'hui de plus d'espace. Elle abrite des œuvres d'artistes américains comme John Singer Sargent, Mary Cassatt ou Winslow Homer. *(17th St., entre E St. et New York Ave. N.W. ✆ 639-1700. Ouvert Lu., Me. et Ve-Di 10h-17h, Je. 10h-21h. Contribution suggérée 3 $, étudiants et personnes âgées 1 $, familles 5 $.)* L'**Octagon**, à proximité, est l'œuvre de l'architecte du Capitole, William Thornton. Les guides de la visite vous content l'histoire de l'édifice, qui serait, paraît-il, hanté. *(Ouvert Ma-Di 10h-16h. Entrée 5 $, étudiants et personnes âgées 3 $.)*

KENNEDY CENTER FOR THE PERFORMING ARTS. Surplombant Rock Creek Parkway, le John F. Kennedy Center for the Performing Arts offre l'apparence d'un énorme sarcophage de marbre. Le Grand Foyer pourrait contenir le Washington Monument si le Congrès avait l'idée saugrenue de l'y installer. Il faudrait néanmoins, avant cela, débarrasser la salle de ses 18 lustres suédois dont la forme évoque des grappes de raisin cubiques. *(A l'angle de la 25th St. et de New Hampshire Ave. N.W. Métro : Foggy Bottom-GWU. ✆ 467-4600. Ouvert tlj 10h-24h. 1 visite guidée gratuite toutes les heures Lu-Ve 10h-17h et Sa-Di 10h-13h.)* En face, de l'autre côté de la rue, s'élève le célèbre **Watergate Complex** (voir p. 95), celui-là même où l'on tenta de poser les fameux micros alors qu'il servait de siège de campagne aux Démocrates avant les élections présidentielles de 1972.

GEORGETOWN

Les rues tranquilles de Georgetown, étroites et bordées d'arbres, sont remplies de boutiques à la mode et de sites historiques, qui rendent les promenades bien agréables. Le **Chesapeake & Ohio Canal**, qui n'est plus utilisé depuis le XIXᵉ siècle, s'étire sur près de 300 km entre Georgetown et Cumberland, dans le Maryland. Son ancien chemin de halage, où des mules infatigables tiraient les péniches, appartient aujourd'hui au National Park Service.

La **Dumbarton Oaks Mansion**, l'ancienne demeure de John Calhoun (vice-président des Etats-Unis de 1825 à 1832), renferme de superbes collections d'art byzantin et précolombien. En 1944, la conférence de Dumbarton Oaks, réunie dans le salon de musique, fut à l'origine de la rédaction de la charte des Nations unies. La présentation des objets d'Amérique centrale est l'œuvre de Philip Johnson. Les superbes jardins se prêtent assez bien à un rendez-vous galant. *(1703 32nd St. N.W. ✆ 339-6401. Accès aux collections Ma-Di 14h-17h. Contribution suggérée 1 $. Jardins ouverts tlj Avr-Oct 14h-18h et Nov-Mars 14h-17h. Entrée 5 $, personnes âgées et enfants 3 $.)* En apprenant l'emplacement de la nouvelle capitale des Etats-Unis, l'archevêque John Carroll s'empressa de fonder l'**université de Georgetown**, qui fut, en 1789, le premier établissement catholique d'enseignement supérieur du pays (à l'angle de la 37th St. et d'O St.).

UPPER NORTHWEST

Le **Washington's National Zoological Park** a accueilli deux nouveaux venus en 2001, Mei Xiang et Tian Tian, deux pandas géants arrivés de Chine pour vivre dans une partie réaménagée du zoo. Les orangs-outans du parc peuvent se déplacer entre plusieurs tours de 12 m de haut reliées par des lianes. La Valley Trail (signalée par des traces bleues de pattes d'oiseaux) passe devant les oiseaux et les animaux marins. L'Olmsted Walk (signalée par des traces rouges de pattes d'éléphants) relie les différentes ménageries d'animaux terrestres. *(3001 Connecticut Ave. Métro : Woodley Park-Zoo. © 673-4800. Parc ouvert de mai à mi-Sep tlj 6h-20h et de mi-Sep à Avr. 6h-18h. Bâtiments ouverts tlj 10h-18h et hors saison 10h-16h30. Entrée gratuite.)*

La **Washington National Cathedral** a nécessité plus de 80 ans de construction (de 1907 à 1990). Martin Luther King Jr. a prononcé son dernier sermon dominical depuis la chaire de cette cathédrale. L'ascenseur pour la Pilgrim Observation Gallery vous permet d'accéder à la vue la plus élevée possible sur Washington. Le **Medieval Workshop** (atelier médiéval) initie les enfants au métier de tailleur de pierre ou à l'art du vitrail, et leur permet de modeler une gargouille en terre cuite pour 2 \$. *(A l'angle de Massachussets Ave. et de Wisconsin Ave. N.W. Métro : Tenleytown, puis prenez le bus n° 30, n° 32, n° 34 ou n° 36 en direction de Georgetown, ou remontez Cathedral Ave. à pied, à partir du métro Woodley Park-Zoo. © 537-6200 ou 364-6616. Cathédrale ouverte Mai-Août Lu-Ve 10h-21h, Sa. 10h-16h30 et Di. 12h30-16h30. Sep-Avr Lu-Sa 10h-17h et Di. 12h30-16h. Contribution suggérée pour la visite guidée 3 \$, enfants de moins de 12 ans 1 \$.)*

DUPONT CIRCLE

Considéré il y a peu comme le quartier le plus cosmopolite de Washington, Dupont Circle héberge de nombreuses ambassades dans ses splendides demeures bourgeoises. Il accueille aujourd'hui également les artistes, les gays et les étrangers qui résident à Washington. Cet heureux métissage fait de ce quartier l'un des plus vivants de toute la ville.

Art Gallery District, le quartier des galeries d'art, est limité à l'est par Connecticut Ave., à l'ouest par Florida Ave. et au sud par Q St. Il abrite de nombreuses galeries exposant toutes sortes d'œuvres, depuis les arts primitifs jusqu'à la photographie. *(Téléphonez au © 232-3610 pour plus d'informations.)* A la **Phillips Collection**, au niveau de Q St. N.W., la plus ancienne collection d'art moderne des Etats-Unis, vous pourrez admirer le célèbre *Déjeuner des canotiers* de Renoir (1881), qui trône dans la pièce consacrée à cet artiste. L'annexe expose des œuvres de Delacroix, de Matisse, de Van Gogh, de Degas, de Miró et de Turner. *(1600 21st St., à l'angle de Q St. © 387-2151. Ouvert Ma-Sa 10h-17h et Di. 12h-19h. Entrée 7,50 \$, étudiants et personnes âgées 4 \$. Gratuit pour les moins de 12 ans.)*

Massachusetts Ave., entre Dupont Circle et Observatory Circle, est aussi appelée Embassy Row, la rue des ambassades. En effet, au cours de la période précédant les années 1930, la haute société de Washington rivalisa d'extravagance et de faste en construisant d'étonnantes demeures le long de cette artère. Les diplomates étrangers, conscients de l'importance du paraître, ne tardèrent pas à se les approprier et les ambassades se comptent aujourd'hui par dizaines. Des drapeaux bordent l'accès à l'**Islamic Center**, un superbe édifice entièrement blanc et magnifiquement décoré. *(2551 Massachusetts Ave. N.W. © 332-8343. Shorts interdits, les femmes doivent se couvrir la tête, les jambes et les bras. Ouvert tlj 10h-17h. Prière cinq fois par jour.)*

🏛 LES MUSÉES DU MALL

La **Smithsonian Institution**, temple fédéral de la culture aux Etats-Unis, rassemble plus de 140 millions de pièces. A l'origine de cette institution, **James Smithson**, fils illégitime du duc de Northumberland et homme de science qui, quoique n'ayant jamais mis les pieds aux Etats-Unis, légua la majeure partie de ses biens (sous la forme de 105 sacs remplis de souverains d'or) pour "fonder à Washington, sous le nom de Smithsonian Institution, un établissement visant à la diffusion et au développement du savoir au sein de l'humanité". Le plus vaste ensemble muséographique du monde s'étend tout au long du Mall, la voie impériale entre Constitution Ave. au nord et Independence Ave. au sud. Le **Smithsonian Castle**, du côté sud du Mall, regroupe une présentation générale et des informations sur l'ensemble des musées. *(Métro : Smithsonian ou Federal Triangle. ℰ 357-2700. Tous les musées de la Smithsonian sont gratuits, dotés d'accès pour les handicapés et ouverts tlj 10h-17h30, avec des prolongations en été changeant chaque année.)*

♥ **National Air and Space Museum**, côté sud du Mall, entre la 4th St. et la 7th St., en face de la National Gallery. L'un des musées les plus fréquentés des Etats-Unis avec plus de 7,5 millions de visiteurs par an. On peut y admirer une foule d'avions et autres engins volants suspendus au plafond, tels que le biplan des frères Wright, dans le hall d'entrée. L'atrium consacré à la conquête de l'espace renferme une pierre lunaire, polie par les doigts des visiteurs depuis vingt ans. Visitez les répliques de la station Skylab, du poste de pilotage d'Apollo XI et d'un DC-7.

National Museum of American History, côté nord du Mall, le plus proche du Washington Monument. Accumulation de 3 siècles de machines, de photographies, de véhicules ou d'harmonicas, entre autres objets improbables. Tous les legs "inclassables" effectués à la Smithsonian aboutissent en général ici, comme les pantoufles de Dorothée dans *le Magicien d'Oz*. Les expositions interactives sont surtout destinées aux enfants.

Museum of Natural History, situé à l'est du Museum of American History, en direction du Capitole. Dans ce bâtiment néoclassique surmonté d'un dôme doré, on vous propose un aperçu de notre planète sur trois niveaux d'exposition. Sous les rayons du soleil filtrés par le dôme, vous verrez le plus grand éléphant d'Afrique jamais "capturé" et, dans une galerie voisine, des squelettes de dinosaures. Le zoo des insectes grouille de bestioles vivantes (rampantes ou non). Le diamant Hope, prétendument maudit, attire une longue file de visiteurs.

National Gallery of Art (ℰ 737-4215), à l'est du Museum of Natural History. Elle ne fait pas officiellement partie de l'ensemble de la Smithsonian Institution, mais sa situation au cœur de l'ensemble en fait une proche cousine. La **West Wing**, qui ressemble à un temple de marbre, abrite sous ses chefs-d'œuvre de l'art occidental antérieurs à 1900, du Greco, de Raphaël, de Rembrandt, de Vermeer ou de Monet. Superbes collections de la Renaissance italienne et hollandaise, parmi lesquelles *l'Annonciation* de Vermeer ou l'un des premiers portraits de Léonard de Vinci, celui de *Ginevra de' Benci*. On y découvre également quelques belles pièces d'impressionnistes français. L'**East Building**, ou l'aile est, conçue par I. M. Pei, l'architecte de la pyramide du Louvre, abrite dans ses vastes salles lumineuses une immense collection d'art moderne. On peut y voir des œuvres de Picasso, de Matisse, de Mondrian, de Miró, de Magritte, de Pollock, de Warhol, de Lichtenstein ou encore de Rothko. Nombreuses expositions temporaires. La galerie a récemment inauguré un **jardin de sculptures**. *(Ouvert Lu-Sa 10h-17h et Di. 11h-18h.)*

Hirshhorn Museum and Sculpture Garden, côté sud du Mall, à l'ouest du Air and Space Museum. A l'angle de la 7th St. et d'Independence Ave. Métro : L'Enfant Plaza. Ce bâtiment brun de quatre étages, dont la forme évoque un chargeur de diapositives, n'a cessé depuis sa construction en 1966 de choquer les puristes. Chaque étage comprend deux cercles concentriques : le cercle extérieur accueille les salles de peintures et le cercle intérieur les salles de sculpture. Le musée Hirshhorn assure posséder la collection la plus complète du monde de sculptures occidentales des XIXᵉ et XXᵉ siècles (dont des Rodin et des Giacometti).

National Museum of African Art et **Arthur M. Sackler Gallery**, au sein d'un complexe souterrain situé à l'ouest du Hirshhorn Museum. Cet ensemble muséographique est le plus récent du Mall. Le musée d'Art africain expose des objets en provenance de l'Afrique subsaharienne : masques, objets rituels, instruments de musique. L'**Arthur M. Sackler Gallery** abrite d'importantes collections d'art asiatique d'Extrême-Orient et d'Orient : manuscrits enluminés, laques chinois et japonais, miniatures de jade, sculptures et bas-reliefs égyptiens, phéniciens ou sumériens.

Freer Gallery of Art (© 357-4880), juste à l'est du Hirshhorn. Cette galerie se consacre aux arts asiatiques et américains. Les œuvres américaines se résument surtout aux peintures de James McNeill Whistler, don de Charles L. Freer, mécène du musée. Les importantes collections d'art oriental comprennent des bronzes chinois, des manuscrits précieux et des statuettes de jade.

◢ SPECTACLES

La communauté punk de Washington est l'une des plus actives du pays. Les grands événements de rock se déroulent dans les stades : **RFK Stadium** en été et **USAir Arena** toute l'année. Les réservations pour la plupart des spectacles s'effectuent auprès de **Protix** (© 410-481-6500, 703-218-6500 ou 800-955-5566) ou de **Ticketmaster** (© 432-7328). Dans **U District**, épicentre sonore et musical de la ville, le volume du punk et du rock atteint dans ce quartier, semble chaque année relever de nouveaux défis. *Soyez prudent la nuit dans ce quartier.* Les week-ends d'été, le **Carton Barron Amphitheater** accueille des spectacles très divers allant du jazz et du R&B à l'orchestre symphonique national. Situé dans Rock Creek Park, entre la 16th St. et Colorado Ave., cet amphithéâtre de plein air peut contenir 4200 personnes assises. (© 426-6837. Les billets peuvent être gratuits ou atteindre 20 $.)

THÉÂTRE ET DANSE

L'**Arena Stage**, à l'angle de la 6th St. et de Maine Ave. S.W., jouit d'une réputation inégalée à l'échelle américaine. (© 488-4377. Métro : Waterfront. Location ouverte Lu-Sa 10h-20h et Di. 12h-20h. Billets 25-45 $, parfois moins pour les petites salles, réduction de 20 % pour les personnes âgées et de 35 % pour les étudiants. On trouve généralement des places à moitié prix 1h30 avant le début des spectacles.) Le **Kennedy Center** (© 416-8000), au coin de la 25th St. et de New Hampshire St., propose de nombreux spectacles, la plupart assez chers (10-75 $) mais il y a en général des billets à moitié prix le jour du spectacle pour les étudiants, les personnes âgées et les handicapés. Appelez au © 467-4600 pour en savoir plus. Le **Millenium Stage** présente des spectacles gratuits au Grand Foyer du Kennedy Center. Le prestigieux **Shakespeare Theater**, sur Landsburgh, 450 7th St. N.W., à l'angle de Pennsylvania Ave., présente surtout des pièces du célèbre dramaturge. Il est possible de se procurer des places debout deux heures avant le lever de rideau. (© 547-1122. Messagerie vocale au 638-3863. Métro : Archives-Navy Memorial. 10 $.) Dans **le quartier des théâtres de la 14th St.**, de minuscules compagnies de répertoire expérimentent et explorent de nouveaux territoires scéniques avec un certain bonheur (le *City Paper* vous en dit plus). **Woolly Mammoth**, 1401 Church St. N.W. (© 393-3939, métro : Dupont Circle), **Studio Theater**, 1333 P St. N.W. (© 332-3300), à l'angle de la 14th St. (métro : Dupont Circle), et **The Source Theater**, 1835 14th St. (© 462-1073, métro : U St.-Cardozo), entre S St. et T St., sont tous de bons théâtres, dans le quartier Dupont Circle. Les billets pour ces trois établissements coûtent 25 $. *La nuit, soyez prudents dans ce quartier.*

SPORTS

Le **MCI Center**, 601 F St. N.W., à Chinatown, peut accueillir jusqu'à 20 000 spectateurs. C'est là que sont organisés les principaux événements sportifs de Washington. (© 628-3200. Métro : Gallery Place-Chinatown.) Les **Washington Wizards**, l'équipe de basket locale, ont trouvé en Michael Jordan un atout de choc pour échapper enfin à la relégation dans les toutes dernières places du classement de la NBA (billets 19-85 $). La saison des **Washington Capitals** (hockey) se déroule d'Oct. à Avr. (billets 20-75 $). Les **Redskins**, triples champions du *Superbowl* (football américain), attirent les foules au **Fed-Ex Stadium**, Raljon Dr., à Raljon, dans le Maryland, de Sep. à Déc. (© 301-276-6050, billets 40-60 $). Le **Robert F. Kennedy Stadium** accueille les matchs à domicile de l'équipe de *soccer* (football) des **D.C. United** de mi-Avr à Oct. (© 608-1119, billets 12-40 $).

▨ SORTIES

BARS ET CLUBS

Washington mène une double vie. A la nuit tombée, la ville abandonne les collants épais pour enfiler les bas résille. Les habitants, qui brassent des papiers toute la journée, se déchaînent quand vient le soir. Si vous vous retrouvez en train d'accepter les tournées d'un ou d'une bel(le) inconnu(e) lors d'une soirée avec boissons à volonté, ne dites pas qu'on ne vous aura pas prévenu. Voici ce que nous vous conseillons pour faire partie de la fête : si vous mourez d'envie d'une bière ambrée, vous trouverez sûrement votre bonheur parmi les nombreux pubs irlandais qui parsèment **Capitol Hill**. Si vous préférez le style sportif et branché, dirigez-vous plutôt vers **Georgetown**, lieu de rendez-vous des étudiants. Les gays et les lesbiennes se regroupent tous les soirs sous les lumières de **Dupont Circle**, tandis que le quartier d'**Adams-Morgan** attire davantage un public international. Enfin, c'est à U District que vous assisterez aux meilleurs concerts de rock de tout le Sud des Etats-Unis (*Dixieland*).

❤ **Dragonfly**, 1215 Connecticut Ave. N.W. (℃ 331-1775). La beauté est éphémère, mais c'est au milieu de la clientèle chic de ce bar qu'on en profite le mieux. Décoration d'inspiration minimaliste, chaises évoquant des pylônes, musique techno et projection de clips. Les boissons sont chères, mais d'excellents sushis sont servis toute la soirée à prix raisonnable. DJ tlj. Entrée gratuite. Ouvert Lu-Je 17h30-1h, Ve. 17h30-2h, Sa. 18h-2h et Di. 18h-1h.

❤ **Club Zei**, 1415 Zei Alley (℃ 842-2445), entre la 14th St. et la 15th St., H St. et I St. N.W. Métro : McPherson Square. Partout dans les rues de Washington, on parle de la musique du Club Zei, mélange de hip-hop chaud et de house énergique. L'endroit est surtout fréquenté par un mélange d'étudiants. Pas de baskets ni de survêtement. Le jean passe. Interdit aux moins de 18 ans. Entrée 10 $. Ouvert Je-Sa 22h-3h.

❤ **State of the Union**, 1357 U St. N.W. (℃ 588-8810), près de la 14th St. Hip-hop, techno et autres genres musicaux *jazzy* retentissent sur une petite piste de danse où se déchaîne la foule, sous le regard de communistes célèbres, représentés en peinture ou en sculpture. Pendant la *happy hour* (tlj jusqu'à 20h30), les consommations sont à moitié prix, et notamment les spécialités russes : une vodka *Starburst*, camarade ? L'été, la cloison amovible est retirée, et la pièce du fond se transforme en patio. Interdit aux moins de 21 ans. Certains soirs, vous devez consommer pour 7 $ au minimum. Ouvert Lu-Je 17h-2h, Ve-Sa 17h-3h et Di. 19h-3h.

Club Heaven et **Club Hell**, 2327 18th St. N.W. (℃ 332-8899), près de Columbia Rd. Le Club **Hell**, enfumé comme il se doit, est pavé de tables dorées et résonne d'une musique alternative puissante. *Happy hour* au Hell Ma-Je jusqu'à 22h. Entrée gratuite. Le Club **Heaven** est un petit paradis avec son parquet de bois, ses canapés confortables, son petit bar et ses trois télévisions, ce qui n'empêche pas la piste de danse d'être martelée avec énergie au rythme de la techno qui s'entend depuis le patio. Bière américaine 3 $, bière importée 4-5 $. Techno variée Ve-Sa. Entrée Me. 2-3 $ et Je-Sa 5 $. Ouvert Di-Je 19h-2h et Ve-Sa 19h-3h.

The Common Share, 2003 18th St. N.W. (℃ 588-7180). Avec des prix défiant toute concurrence, ce pub constitue un passage obligé lors d'une tournée des bars. La salle à l'étage ressemble à un appartement d'étudiants non meublé. Vous y trouverez donc beaucoup d'étudiants et beaucoup d'alcool. Ouvert Lu-Je 17h30-2h, Ve. 17h30-3h et Sa. 18h-3h.

Blue Room, 2123 18th St. (℃ 332-0800). Bar à tapas chic le jour, boîte de nuit et salon agréables le soir. Une clientèle branchée de 25-30 ans fréquente ce club au décor bleu et chrome poli. Bières 4-9 $, cocktails 5-8 $. Ma. concerts, Je-Sa *down tempo* et *deep house*. La discothèque commence à s'animer à partir de 23h30 et ferme vers 3h. Tenue correcte exigée.

BARS ET CLUBS GAY

Le *Washington Blade*, meilleure source d'information sur les lieux gay, sort le vendredi dans à peu près chaque boutique de Dupont Circle.

❤ **J.R.'s**, 1519 17th St. N.W. (© 328-0090). L'un des bars les plus fréquentés de la ville mais on comprend pourquoi : serveurs magnifiques, clients magnifiques, intérieur magnifique. Très apprécié, tous les soirs, des jeunes cadres dynamiques gay. Lu. soirée "Showtune Sing-a-Long" (on chante tous en chœur). Me. soirée "South Park". *Happy hour* (Lu-Ve 17h-20h), boissons à volonté pour 7 $ (Je. 17h30-20h). Ouvert Lu-Je 11h30-2h, Ve-Sa 11h30-3h et Di. 12h-2h.

Badlands, 1415 22nd St. N.W. (© 296-0505), près de P St. Malgré son allure austère et ses horaires bien définis, ce club organise des soirées plutôt enjouées. L'Annex, à l'étage, accueille un bar avec écrans TV et table de billard et organise surtout un karaoké de dragqueens Ve-Sa. Mardi et jeudi sont réservés aux moins de 21 ans. Soirée étudiants le jeudi avec entrée gratuite sur présentation de sa carte. Entrée Ve-Sa 21h-22h 4 $, après 22h 8 $. Ouvert Je-Sa de 21h à très très tard et Di. 21h-2h.

The Fireplace, 2161 P St. N.W. (© 293-1293). Bar avec écrans TV sur deux niveaux attirant principalement des hommes d'affaires plus mûrs et gay. Repérez-vous grâce à la cheminée extérieure, qui complète une façade en brique rappelant un club pour gentlemen. *Happy hour* Lu-Ve 13h-20h. Beaucoup de monde en soirée et les week-ends. Entrée gratuite. Ouvert Di-Je 13h-2h et Ve-Sa jusqu'à 3h.

Club Chaos, 1603 17th St. N.W. (© 232-4141), à l'angle de Q St. Métro : Dupont Circle. Chaque soirée à thème accueille un public différent. Mais chaque soir, invariablement, l'ambiance est bruyante et enjouée. Mélanges de sexes et de genres. *Happy hour* Ma-Ve 17h-20h. Ma. bingo gay, Me. soirée lesbienne, Je. soirée latino, Sa. à 22h, l'un des meilleurs spectacles de travesti de la ville. Ouvert Ma-Je 16h-1h, Ve-Sa 16h-2h et Di. 11h-1h.

▣ EXCURSIONS DEPUIS WASHINGTON

ARLINGTON (VIRGINIE)

Le silence qui plane sur l'**Arlington National Cemetery**, un immense cimetière militaire, rend le site encore plus impressionnant. Dans ces 250 ha de collines aux allées bordées d'arbres, reposent les soldats américains tombés au combat, mais aussi les Kennedy : John Fitzgerald Kennedy, sa femme Jackie, leur fils John Fitzgerald Kennedy junior et le frère du président assassiné, Robert Kennedy. Une flamme éternelle brûle au-dessus du mémorial de JFK, une simple pierre. La **tombe du Soldat inconnu** rend hommage à tous les hommes du rang tombés au combat pour les Etats-Unis. Elle est gardée par le troisième régiment d'infanterie. (Relève de la garde toutes les demi-heures, d'Oct. à mars toutes les heures.) **Arlington House**, la demeure du général emblématique de l'armée sudiste, Robert E. Lee, domine le cimetière. (© 703-697-2131. Métro : Arlington Cemetery. Cimetière ouvert tlj Avr-Sep 8h-19h et Oct-Mai 8h-17h. Entrée gratuite.) Descendez ensuite Custis Walk, qui passe devant Arlington House, avant de quitter le cimetière par Weitzel Gate pour rejoindre **Iwo Jima Memorial** (20 mn de marche). Ce monument a été inspiré par une photo de Joe Rosenthal qui lui a valu le prix Pulitzer. Elle représente six *marines* plantant le drapeau américain au sommet du Mt. Suribachi, à Iwo Jima, une petite île japonaise au nord de Taïwan. Le **Pentagone**, le plus vaste bâtiment administratif au monde, offre un témoignage tangible de l'obésité proverbiale de la bureaucratie militaire. Il témoigne aussi des événements du 11 septembre 2001, lorsqu'un avion de ligne détourné s'est écrasé sur l'une des façades du bâtiment, faisant près de 200 morts. (© 695-1776. *Métro : Pentagon. Visites guidées toutes les heures Lu-Ve 9h-16h. Entrée gratuite.*)

ALEXANDRIA (VIRGINIE)

Le passé colonial d'Alexandria remonte un siècle avant la fondation de Washington. **Old Town Alexandria** (métro : King St.) est traversée par des rues pavées, bordées de trottoirs en brique, qui longent de vieilles façades restaurées, de grands navires et des boutiques où l'on prie à l'ancienne. Les sites historiques parsèment **Washington St.** et **King St.** George Washington et Robert E. Lee venaient souvent prier à **Christ Church**, 118 N. Washington St. (© 703-549-1450), au niveau de Cameron St., un bâtiment colonial en brique rouge, surmonté d'un clocher en forme de dôme. Les deux hommes ont également dormi dans ce qui est aujourd'hui le **Robert E. Lee Boyhood Home**, 607 Oronoco St. (℗ 703-548-8454), près d'Asaph St. Trente sept porteurs de l'auguste patronyme de "Lee" ont habité la **Lee-Fendall House**, 614 Oronoco St. (℗ 703-549-1789).

MT. VERNON

C'est à **Mount Vernon**, dans le comté quelque peu provincial de Fairfax, en Virginie, que George Washington termina ses jours. Surprise : une clef de la Bastille, cadeau de La Fayette, est exposée dans la grande salle. Au premier étage, vous pouvez visiter la chambre de George et de Martha Washington. Une allée de gravier conduit à leur tombe, à l'écart de la maison. La propriété comprend également les champs où les esclaves cultivaient naguère du maïs, du blé, du tabac et du chanvre. Pour y parvenir, prenez le bus Fairfax Connector n° 101 depuis la station de métro Huntington. Si vous êtes en voiture, prenez la I-395 S. jusqu'à George Washington Pkwy S., qui prend le nom de Mt. Vernon Hwy. en traversant Alexandria, et continuez jusqu'à la sortie Mt. Vernon. (℗ 703-780-2000. Ouvert Avr-Août 8h-17h. Sep-Oct et Mars 9h-17h, Nov-Fév 9h-16h. Fermeture du parc une demi-heure plus tard. Entrée 9 $, personnes âgées 8 $, enfants 5-11 ans 4 $. Gratuit pour les moins de 5 ans.)

VIRGINIE

Berceau de la colonisation anglo-saxonne en Amérique du Nord, la Virginie possède un riche passé historique. Tous les événements qui ont marqué la naissance de la nation américaine semblent passer par la Virginie : l'installation des premiers colons, les plantations avec ses esclaves, la guerre d'indépendance et les champs de bataille de la guerre de Sécession. La Virginie s'efforce aujourd'hui d'oublier cette façade "Vieux Sud" au profit d'une image plus moderne et internationale, sans toutefois renier ses origines révolutionnaires et confédérées. La partie occidentale de l'Etat, avec ses forêts montagneuses et son sous-sol riche en cavernes souterraines, offre une alternative bienvenue à la chaleur du climat sudiste.

CENTRE ATLANTIQUE

⚡ INFORMATIONS PRATIQUES

Capitale : Richmond.

Informations touristiques : **Virginia Division of Tourism**, 901 E. Byrd St., *19th floor*, Richmond 23219 (℗ 804-786-4484 ou 800-847-4882, www.virginia.org). Ouvert Lu-Ve 8h-17h. **Department of Conservation and Recreation**, 203 Governor St., Richmond 23219 (℗ 804-786-1712). Ouvert tlj 8h-17h.

Fuseau horaire : Heure de l'Est (6 heures de moins que l'heure de Paris).

Abréviation postale : VA. **Taxe locale** : 4,5 %.

RICHMOND   ☎ 804

La guerre de Sécession a fortement marqué l'histoire de Richmond, "berceau de la Confédération" dont elle fut la capitale avant de redevenir, plus modestement, celle de la Virginie. Il y a quelques années, les habitants se sont fermement opposés à l'installation du portrait en mosaïque du général confédéré Robert E. Lee sur la promenade qui longe le canal. La mise en place de la statue du grand joueur de tennis Arthur Ashe aux côtés de héros de la guerre de Sécession tels que Jefferson Davis (qui fut président des Etats confédérés pendant la guerre) et Stonewall Jackson (connu pour la résistance farouche qu'il opposait à l'ennemi sur les champs de bataille) suscita également la controverse. Dans le même temps, Richmond possède un riche passé afro-américain dont témoigne le quartier de Jackson Ward, qui fut longtemps un rival de Harlem dans le domaine culturel. Indépendemment de son passé, Richmond accueille une grande variété de festivals, propose de nombreux sports et présente une vie nocturne agitée.

■ TRANSPORTS

Train : **Amtrak**, 7519 Staple Mills Rd. (℃ 264-9194 ou 800-872-7245). Destinations : **Washington, D.C.** (8 dép/j, durée 2h15, 24 $), **Williamsburg** (2 dép/j, durée 1h15, 19 $), **Virginia Beach** (2 dép/j, durée 3h15, 27 $), **New York** (8 dép/j, durée 6h, 111 $), **Baltimore** (8 dép/j, durée 3h30, 48 $) et **Philadelphie** (8 dép/j, durée 4h45, 71 $). Ouvert 24h/24. **Taxi** pour le centre-ville 17-18 $.

Bus : **Greyhound**, 2910 North Blvd (℃ 254-5910 ou 800-231-2222). A deux blocks du centre-ville, prendre le bus GRTC n° 24 nord. Destinations : **Washington, D.C.** (17 dép/j, durée 2h, 19 $), **Charlottesville** (4 dép/j, durée 1h30, 17,50 $), **Williamsburg** (8 dép/j, durée 1h, 8,50 $), **Norfolk** (9 dép/j, durée 2h30, 19,50 $), **New York** (25 dép/j, durée 6h30, 56 $), **Baltimore** (25 dép/j, durée 3h, 22 $) et **Philadelphie** (15 dép/j, durée 6h, 35 $).

Transports en commun : **Greater Richmond Transit Co. (GRTC)**, 101 S. Davis Ave. (℃ 358-4782). Plan disponible au sous-sol du *City Hall* (hôtel de ville), 900 E. Broad St., au Marketplace Commuter Station de la 6th St. et dans les pages jaunes. Le plus souvent au départ de Broad St., dans le centre-ville. Le bus n° 24 dessert la gare routière Greyhound. Tarif 1,25 $, personnes âgées 50 ¢, correspondances 15 ¢.

Taxi : **Veterans Cab**, ℃ 276-8990, **Yellow Cab**, ℃ 222-7300, **Star Cab**, ℃ 754-8556.

■ ▮ ORIENTATION ET INFORMATIONS PRATIQUES

L'artère principale de Richmond s'appelle **Broad St.** Les rues qui la traversent sont numérotées par ordre croissant, d'ouest en est. La plupart des rues parallèles à Broad St., comme **Main St.** ou **Cary St.**, sont à sens unique. La I-95, qui conduit Washington, D.C., au nord, et la I-295, entourent la ville proprement dite. La partie ancienne de Richmond se trouve à l'est, dans les quartiers de **Court End** et de **Church Hill**. **Shockoe Slip** et **Shockoe Bottom**, plus loin au sud-est, attirent de nombreux fêtards la nuit venue. **Jackson Ward**, en plein centre-ville (délimité par Belvedere St., Leigh St., Broad St. et la 5th St.), connaît actuellement des efforts de rénovation qui visent à effacer les traces de l'abandon dans lequel il était tombé. Le quartier **The Fan** (ainsi nommé en raison de sa ressemblance avec un éventail, en anglais *fan*), est délimité par la I-95, la promenade bordée de statues de **Monument Ave.** et l'**université de Virginie**. Les agréables bistrots et boutiques de **Carytown**, en poursuivant Cary St. à l'est du Fan, et les différentes communautés d'**Oregon Hill** ajoutent encore au paysage urbain.

Office de tourisme : **Metro Richmond Convention and Visitors Bureau**, 1710 Robin Hood Rd. (℃ 358-5511 ou 358-5512), sortie n° 78 par la I-95/I-64, dans une ancienne gare. Un film de 9 mn présente les attractions de la ville. Visites guidées en bus, cartes du centre-ville et du métro. Réductions sur l'hébergement réservé le jour même. Ouvert tlj Juin-Août 9h-19h et hors saison 9h-17h.

Assistance téléphonique : **Traveler's Aid** (assistance aux voyageurs), ℃ 225-7470, Lu-Ve 8h30-16h30. **Rape Crisis** (SOS Viol), ℃ 643-0888. **AIDS/HIV** (Info sida), ℃ 800-533-4148. Lu-Ve 8h-17h. **Crisis Pregnancy Center** (planning familial), ℃ 353-2320. **Women's Health Clinic** (urgences gynécologiques), ℃ 800-254-4479. Lu-Ve 8h-17h et Sa. 7h-12h.

Bureau de poste : 1801 Brook Rd. (℃ 775-6133). Ouvert Lu-Ve 7h-17h et Sa. 10h-13h. **Code postal** : 23219.

■ HÉBERGEMENT

Vous trouverez des motels à petit prix sur **Williamsburg Rd.**, à la sortie de la ville, et sur **Midlothian Turnpike**, au sud de James River. Cependant, ces quartiers sont très mal desservis par les transports en commun. Comme partout, plus on s'éloigne du centre-

Centre de Richmond

HÉBERGEMENT
1 Cadillac Motel
2 Massad House Hotel
3 Pocahontas State Park
4 The Inns of Virginia

RESTAURANTS
1 3rd St. Diner
2 Bottom's Up
3 Coppola's Deli
4 Ma-Masu's

CHURCH HILL

SHOCKOE BOTTOM

COURT END

JACKSON WARD

CARYTOWN

SHOCKOE SLIP

THE FAN

VERS LE RICHMOND NATIONAL BATTLEFIELD PARK

St. John's

Edgar Allan Poe Museum

Farmer's Market

White House & Museum of the Confederacy

Valentine Museum

Résidence du Gouverneur

Bell Tower

State Capitole

Hôtel de ville

Maison de John Marshall

Maison de Maggie Walker

Black History Museum and Cultural Center

Bibliothèque municipale

National Park Service Civil War Visitor Center

Canalwalk

Mayes Island

James

Mayes Bridge

Manchester Bridge

Richmond Petersburg Turnpike

VERS LA ROUTE 288 (17 km) ET

VERS WASHINGTON HWY. ET

VERS LE SCIENCE MUSEUM OF VIRGINIA (1,6 km), LE VIRGINIA MUSEUM (5,7 km) ET (500 m)

VERS MONUMENT AVE. ET LE VIRGINIA MUSEUM OF FINE ARTS (2,4 km)

Monroe Park

Université de Virginie

Cimetière Hollywood

N

200 m
200 yards

ville, moins on paie cher. Le *visitors bureau* peut réserver des chambres, parfois avec des réductions de 20 à 35 $ (voir **Office de tourisme**, précédemment).

Massad House Hotel, 11 N. 4th St. (℗ 648-2893). Entourez-vous de meubles anciens, de peintures à l'huile et d'une ambiance européenne, à 5 blocks du State Capitol, tout près du centre. Air conditionné et télévision par câble. Chambre simple 53 $, chambre double 58 $. Réduction de 10 % pour les étudiants et les personnes âgées.

The Inns of Virginia, 5215 W. Broad St. (℗ 288-2800), à moins de 5 km de la ville. Prenez le bus n° 6. Un immense vestibule vous accueille dans ce motel aux chambres sommaires mais propres. L'établissement a changé de propriétaire et de nom il y a 2 ans et cherche à fidéliser sa clientèle. Air conditionné, télévision par câble et piscine découverte. Chambres 39-79 $. Tarif à la semaine 196 $.

Cadillac Motel, 11418 Washington Hwy. (℗ 798-4049), à 16 km de Richmond, n'est pas desservi par les transports en commun. Prenez la I-95 jusqu'à la sortie n° 89. Chambres simples mais convenables avec air conditionné et télévision par câble. Chambre simple 32-45 $, chambre double 36-55 $.

Camping : Pocahontas State Park, 10301 State Park Rd. (℗ 796-4255, réservations au ℗ 225-3867 ou au 800-933-7275). Depuis Richmond, prenez la I-95 au sud jusqu'à la Route 288 et rejoignez la Route 10. Le camp se trouve à une quinzaine de kilomètres au sud, par la Route 10, puis la Route 655, à Chesterfield. Douches, pistes de VTT, plan d'eau, aires de pique-nique et la 2e plus grande piscine de toute la Virginie. Louez un canoë ou un bateau à rames (5 $ l'heure). Ouvert toute l'année. Emplacement 18 $. Pas de raccordements.

🍴 RESTAURANTS

Les étudiants désargentés dominent la scène culinaire de Richmond, depuis la gargote jusqu'au restaurant exotique et bon marché. Sur le **Farmer's Market** en plein air, à l'intersection de la N. 17th St. et d'E. Main St., vous pouvez acheter des produits frais : fruits et légumes de la ferme et spécialités maison. Autour du marché, à **Shockoe Bottom**, pizzas et plats de traiteurs composent la majeure partie des menus. Les étudiants de l'**université de Virginie (VCU)**, se donnent rendez-vous dans les cafés et restaurants branchés.

♥ Bottom's Up, 1700 Dock St. (℗ 644-4400), à l'angle de la 17th St. et de Cary St. Restaurant consacré 5 années de suite meilleure pizzeria de la ville. Vous pouvez composer vous-même votre pizza ou choisir parmi les spécialités, comme la Jo-Jo (tomates, feta et crevettes) ou la Chesapeake (chair de crabe épicée). Pizza 3-5,25 $ la part. Bière pression 3,25-4,25 $, bière en bouteille 2,75-4,50 $. Ouvert Lu-Me 11h30-23h, Je. 11h30-24h, Ve. 11h30-2h, Sa. 12h-2h et Di. 12h-23h.

Coppola's Deli, 1116 E. Main St. (℗ 255-0454). Véritable trésor caché du centre-ville, ce restaurant propose des sandwichs adaptés à chaque personnalité et à chaque goût culinaire. Les préférences des clients vont à l'Acropolis (feta, olives noires et tomates, 5,25 $) et aux tortellini au fromage (2 $). Ouvert Lu-Me 10h-20h, Je-Sa 10h-21h et Di. 11h-16h.

Ma-Masu's, 2043 W. Broad St. (℗ 355-8063). A ne pas confondre avec "Mamma Zu's", Ma-Masu, véritable "mère spirituelle", utilise sa fresque murale colorée pour initier ses invités à la culture du Libéria. *Keli-willy* (bananes plantain frites avec épices et oignons) et haricots *Toywah* 6 $, *collard greens* (une variété de choux, 2,50 $), lait de coco frais (2 $). Livraison possible. Ouvert Lu-Ve 11h-21h.

3rd St. Diner (℗ 788-4750), à l'angle de la 3rd St. et de Main St. Cet établissement propose des plats très bon marché apportés par des serveuses tatouées et "piercées", et portant des bottes de combat. Formule petit déjeuner servie tout au long de la journée (2 œufs, *biscuit* ou toast, pommes de terre sautées et *grits* : gruau de maïs en purée, arrosé de beurre fondu, typique du Sud des Etats-Unis, ou pommes de Virginie frites, 3,75 $) et sandwichs (4-7 $) combleront l'appétit de ceux qui veillent tard. Ouvert 24h/24.

◉ VISITES

ENVIRONS DE ST JOHN'S CHURCH. C'est à **St John's Church** que le célèbre orateur, et gouverneur de Virginie, Patrick Henry, défia la couronne d'Angleterre en réclamant : "La liberté ou la mort !" en 1775. Des acteurs commémorent cet acte héroïque chaque dimanche d'été, à 14h. *(2401 E. Broad St. © 648-5015. Visites guidées de 25 mn Lu-Sa 10h-15h30 et Di. 13h-15h30. En été, Di. visites après 15h30. Tarif 3 $, personnes de plus de 62 ans 2 $, 7-18 ans 1 $.)* Non loin de là se trouve le **Edgar Allan Poe Museum**, situé dans la plus ancienne maison de Richmond. Peut-être y découvrirez-vous les véritables raisons de la mort du poète et conteur, que l'on découvrit un soir dans un ruisseau de Baltimore, en 1849. Il avait alors 40 ans mais les dernières années de sa vie furent marquées par un alcoolisme qui lui fut probablement fatal. *(1914 E. Main St. © 888-648-5523. Ouvert Ma-Sa 10h-17h et Di. 11h-17h. Visites guidées toutes les heures, dernière visite à 16h. Entrée 6 $, personnes âgées, étudiants et membres de l'AAA 5 $, gratuit pour les moins de 9 ans.)*

COURT END DISTRICT. Dans le quartier de **Court End**, se trouvent les bâtiments les plus remarquables de Richmond. Le **State Capitol**, conçu par Thomas Jefferson lui-même, à l'angle de la 9th St. et de Grace St., est un chef-d'œuvre néoclassique. Siège du gouvernement confédéré pendant la guerre de Sécession, il abrite aujourd'hui la seule statue (réalisée par Jean Houdon, 1741-1828) pour laquelle George Washington ait accepté de poser. *(© 698-1788. Ouvert tlj 9h-17h.)*

CONFEDERATE SOUTH. Ce musée de la Confédération rend hommage à l'armée sudiste de la guerre de Sécession. Vous y verrez au rez-de-chaussée un monument commémoratif dédié à la "Grande Guerre contre l'agression du Nord". Parmi les centres d'intérêt du musée figurent la peinture poignante de la dernière rencontre entre les généraux Lee (chef des troupes confédérés) et Jackson, "*Last Meeting of Lee and Jackson*", et la collection d'objets et de documents détaillant certains aspects peu ragoutant de la médecine de fortune utilisée par les belligérants. Le musée organise aussi des visites guidées de 45 mn de la **White House of the Confederacy** (la Maison Blanche de la Confédéracy) voisine, où l'identité sudiste est encore palpable. *(1201 E. Clay St. © 649-1861, www.moc.org. Ouvert Lu-Sa 10h-17h et Di. 12h-17h. Entrée 6 $, personnes âgées 5 $, 7-18 ans 3 $, gratuit pour les moins de 7 ans. Visites guidées toutes les 30 mn Lu., Me. et Ve-Sa 10h30-16h, Ma. et Je. 11h30-16h, Di. 12h30-16h30. Entrée 7 $, personnes âgées 6 $, étudiants 4 $. Billets combinés : 9,50 $, personnes âgées 9 $, 7-18 ans 5 $.)* Cupidon n'a rien à voir avec le **Valentine Museum**. Ce dernier abrite simplement la plus importante collection de costumes et de tissus du Sud des Etats-Unis. Invention fabuleuse de l'élite du XVIIIᵉ siècle, les manchettes et les jabots abondent, et il ne s'agit que des vêtements masculins. Le billet donne également accès à la **Wickham-Valentine House** (édifiée en 1812), juste à côté. *(1015 E. Clay St. © 649-0711. Ouvert Lu-Sa 10h-17h et Di. 12h-17h. Visites guidées de la maison au début de chaque heure de 11h à 16h. Entrée 5 $, étudiants et personnes âgées 4 $, enfants 7-12 ans 3 $.)*

SHOCKOE SLIP. Le quartier de Shockoe Slip, qui s'étend sur Main St., Canal St. et Cary St., entre la 10th St. et la 14th St., se résume à un ensemble de boutiques chic et chères installées dans d'anciens entrepôts restaurés et fraîchement repeints. Le **Shockoe Bottom Arts Center** a rassemblé les créations avant-gardistes de près de 120 artistes différents *(2001 E. Grace St. © 643-7959. Ouvert Ma-Sa 10h-17h et Di. 13h-17h. Entrée gratuite.)* Le **Canalwalk**, qui pénètre dans le Slip et relie **Kanawha Canal**, proche de la James River, passe le long de superbes paysages, d'arbres noueux et de restaurants de style.

JACKSON WARD. Jackson Ward, au cœur de la Richmond afro-américaine, a récemment été répertorié par le National Trust for History Preservation comme l'un des 11 sites les plus en danger des Etats-Unis. Le modeste Black History Museum and Cultural Center of Virginia présente des expositions temporaires fréquemment renouvelées et des tentures africaines. *Soyez prudent dans ce quartier la nuit. (00 E. Clay St. © 780-9093. Ouvert Ma-Sa 10h-17h. et Di. 13h-17h. Entrée 4 $, personnes âgées et étudiants 3 $, enfants de moins de 12 ans 2 $. Accès handicapés.)*

THE FAN. Monument Ave., dans le Fan, est un boulevard bordé d'arbres qui sert d'Allée du souvenir à Richmond. Le boulevard est bordé de vieilles demeures charmantes et d'imposantes statues des héros confédérés : Robert E. Lee contemple son Sud bien-aimé et Stonewall Jackson toise les Yankees au nord. La statue d'Arthur Ashe, tennisman mort du sida, déclencha une violente controverse lorsqu'elle fut érigée à l'extrémité de l'artère. Soyez très prudent la nuit.

CARYTOWN. Située après le Fan, aux abords du campus de l'université de Virginie, cette petite partie de Cary St. regorge de petites boutiques, de restaurants bon marché et de sites culturels. Vous trouverez de bonnes affaires sur les CD d'occasion au sous-sol de l'imposant magasin **Plan 9 Records**, 3012 W. Cary St. (© 353-9996). Vous dénicherez sans doute une tenue de rêve chez **Bygones**, 2916 W. Cary St., qui vend des vêtements d'occasion au profit d'œuvres charitables (© 353-1919) ou chez **Pink**, 3158 W. Cary St., plus chic et plus branché (© 353-08843), avant de finir par un délicieux sandwich de chez **Coppola's Deli**, 2900 W. Cary St. (© 353-6969). *Il faut être prudent dans ce quartier le soir.*

VIRGINIA MUSEUM OF FINE ARTS. En été, de 18h30 à 21h le jeudi, le jardin de sculptures du Virginia Museum of Fine Arts (le plus grand musée des Beaux-Arts du Sud-Est des Etats-Unis) se remplit d'un nombreux public venu assister au **Jumpin'**, l'un des festivals musicaux les plus prisés de Virginie. *(2800 Grove Ave. © 340-1400. Ouvert Ma-Me et Ve-Di 11h-17h, Je. 11h-20h. Contribution suggérée 5 $. Jumpin' : © 367-8148. Billets 10 $.)*

🎵 🎭 SORTIES

Une soirée au vieux **Byrd Theatre**, 2908 W. Cary St. (© 353-9911), compte parmi les plus intéressantes et les plus agréables sorties de Richmond. Un guichetier en smoking vous vendra le billet qui vous donne accès à une salle luxueuse, ornée de lustres, pour entendre, en prélude du film, le concert d'un orgue Wurlitzer surgi du sol. Tarif unique 99 ¢. Accès au balcon, le samedi, 1,99 $. En été, les concerts gratuits sont fréquents dans le centre-ville et au **Nina Abody Festival Park**, à l'extrémité de la 17th St. Pour plus d'informations, consultez *Style Weekly*, magazine gratuit disponible au *visitors center*, ou son concurrent un peu plus jeune d'esprit, *Punchline*, présent dans la plupart des boutiques. Ces deux gratuits fournissent la liste des concerts. Les amateurs de base-ball pourront assister aux matchs disputés par les **Richmond Braves**. (© 359-4444. Premières loges 7 $, places réservées 5 $, entrée simple 4 $.) La vie nocturne est aussi particulièrement animée à **Shockoe Slip** et, à un degré moindre, dans le **Fan**. La nuit tombée, les étudiants viennent en masse faire la fête dans les bars temporaires de **Shockoe Bottom**, qui font résonner les basses jusqu'au bout de la nuit.

- ❤ **Havana '59**, 16 N. 17th St. (© 649-2822). Clients et palmiers se balancent aux sons latino de ce club de salsa, pendant que les premiers fument le cigare. Ce n'est pas ici que vous risquez d'être brûlé par le soleil mais votre portefeuille, en revanche, risque de s'enflammer à la vue des prix (plats 15-26 $). Essayez plutôt un *flan* cubain (6 $) ou simplement un cigare (à partir de 5,25 $). Ouvert Lu-Sa 16h30-2h, Di. 11h-15h30 et 17h30-23h.

- **Matt's Pub and Comedy Club**, 109 S. 12th St. (© 643-5653), est un cabaret où l'on privilégie l'humour anglais au milieu de lambris qui rappellent l'ancienne puissance coloniale. Spectacles comiques Ve. à 20h et à 22h30, Sa. à 20h et à 23h, réservation recommandée. Ouvert Ve-Sa 11h30-2h. Plats de brasserie et tex-mex 3-7 $. Bières pression (locales) et maison 2,75-3,60 $, cocktails 3,25 $. Entrée 8,50 $ environ.

- **Medley's**, 1701 E. Main St. (© 648-2313). Une clientèle d'un âge plus mûr vient ici écouter des concerts de blues et déguster de la cuisine cajun. Sandwichs Po'boy (au mélange de légumes et de viande ou de fruits de mer) 5,50-9 $, gombo 8 $. Entrée Ve-Sa 3-5 $. Ouvert Me-Sa 18h-2h.

FREDERICKSBURG ☎ 540

Fredericksburg est située exactement à mi-chemin entre la capitale du pays, Washington, et l'ancienne capitale confédérée, Richmond. Cette situation stratégique, celle du contrôle de la route entre les deux capitales ennemies, fut l'enjeu de nombreuses batailles au cours de la guerre de Sécession. Les environs de Fredericksburg furent donc le théâtre de plusieurs affrontements particulièrement meurtriers : les batailles de Fredericksburg, de Spotsylvania Court House, de Chancellorsville et de Wilderness. Avant que la bataille de Fredericksburg ne mette la région à feu et à sang, ce comptoir colonial était un important port pour le commerce du tabac le long du fleuve Rappahanock. Après la guerre, en 1865, Fredericksburg n'était plus qu'un champ de ruines portant les stigmates des combats. La ville s'est reconstruite dans un mélange de styles ancien et nouveau, qui combine magnifiques plantations et reconstitutions de sombres champs de bataille, cafés blottis dans des bâtiments de grès brun et élégantes boutiques d'aujourd'hui. La ville possède de très belles boutiques d'antiquités et met en scène d'excellentes reconstitutions historiques. En outre, elle attire moins de touristes que Williamsburg.

📌🛈 ORIENTATION ET INFORMATIONS PRATIQUES

La situation géographique de Fredericksburg, sur la I-95 entre Washington et Richmond, en fait une étape agréable et facilement accessible entre les deux capitales. Sur la I-95, la sortie n° 130 A, donnant sur la Route 3, permet d'accéder à la ville, elle-même coupée en deux par **Lafayette Boulevard**. Au sud de ce boulevard, on trouve des résidences particulières, tandis que le **centre historique** abrite musées, sites historiques et cafés chic, dans un entrelacement de rues à sens unique que l'on peut aisément parcourir à pied. **William St.** (la **Route 3**) file au nord-est et franchit le fleuve Rappahanock pour arriver jusqu'à Falmouth. **Caroline St.** est une rue à sens unique qui constitue la principale voie historique et commerciale du secteur.

    Amtrak : 200 Lafayette Blvd. (© 872-7245 ou 800-872-7245), non loin de Caroline St. Les trains de la ligne qui relie le Maine à la Floride s'arrêtent ici deux fois par jour. (Pas de guichet. Téléphonez pour réserver.) Installée dans le même bâtiment, la compagnie **Virginia Railway Express (VRE)** gère les trains régionaux et assure plusieurs liaisons journalières avec la gare d'Union Station, à Washington (© 703-684-1001 ou 800-743-3873. Gare ouverte Lu-Ve 7h-19h. Ticket 7 $). Les bus **Greyhound/Trailways**, 1400 Jefferson Davis Hwy. (© 373-2103), desservent tous les jours Washington (durée 1h15, 10 $), Baltimore (durée 1h, 22 $) et Richmond (durée 1h, 13 $). La compagnie **Fredericksburg Regional Transit**, 1400 Jefferson Davis Hwy., gère le réseau municipal avec pour principales bases Caroline St. et Princess Anne St. (© 372-1222. Billet 25 ¢.) Taxis : **Yellow Cab** (© 371-7075) et **Virginia Cab Service** (© 373-5111). Le **Fredericksburg Visitors Center**, 706 Caroline St., à l'angle de Charlotte St., propose des informations gratuites sur l'histoire de la ville, dont des visites guidées à pied ou à vélo, des cartes, des *pass* pour les principaux sites et une vidéo de 14 mn pour s'orienter dans la ville. (© 373-1776 ou 800-678-4748. Ouvert tlj 9h-19h et en hiver 9h-17h.) **Bureau de poste**, Princess Anne St., entre Charlotte St. et Lafayette Blvd. (© 373-6543. Ouvert Lu-Ve 8h30-17h et Sa. 9h-14h30.) **Code postal** : 22401.

🏠 HÉBERGEMENT

Les motels des chaînes nationales se regroupent autour des sorties n° 118, n° 126, n° 130 et n° 133 de la I-95, tandis que les alentours du fleuve Rappahanock sont parsemés de Bed & Breakfast aux tarifs nettement plus élevés. Pour obtenir des coupons de réduction, procurez-vous un exemplaire du *Traveler Discount Guide* dans les restaurants de la région.

    L'**Econolodge**, 7802 Plank Rd., à la sortie n° 130B sur la I-95, puis à gauche au premier feu, vous fait gagner financièrement ce que vous perdez en charme colonial. Bureaux, air conditionné, télévision par câble et murs roses rendront votre séjour confortable. (© 786-8374. Chambre simple 39 $, chambre double 54 $.) Montez

CENTRE ATLANTIQUE

le grand escalier du **Fredericksburg Colonial Inn**, 1707 Princess Anne St., et vous découvrirez sur les murs objets et tableaux d'époque rappelant les heures sombres de la guerre de Sécession. (℘ 371-5666. Télévision, réfrigérateur, air conditionné. Petit déjeuner continental et journaux offerts gracieusement. Chambre simple ou double 70 $, suite 95 $.) **Selby House**, 226 Princess Anne St., à 4 blocks du quartier historique, est un Bed & Breakfast victorien délicatement parfumé, géré par un guide diplômé d'Etat qui vous fera volontiers partager sa passion, sur le terrain, de l'histoire de la guerre de Sécession. (℘ 373-7037. Salles de bains privées, air conditionné et salon avec télévision par câble. Petit déjeuner compris. Chambre simple 62 $, chambre double avec lit à baldaquin 75 $.)

▐ RESTAURANTS

Presque toutes les chaînes de fast-food et de restaurant connues aux Etats-Unis se retrouvent autour des motels, aux abords des sorties n° 130A et n° 130B. Le long du même boulevard fleurissent divers supermarchés, comme le **Ukrops**, 4250 Plank Rd. (℘ 785-2626). Les gens de la région préfèrent, quant à eux, se rendre sur **Caroline St.** pour acheter des produits plus sains ou trouver des restaurants moins fréquentés.

Ancien bureau de poste de Fredericksburg, le **Sammy T's**, 801 Caroline St., à une rue du *visitors center*, est aujourd'hui un restaurant qui propose un menu complet qui ravira les inconditionnels de volaille (poulet au parmesan 8,50 $) autant que les amis tout aussi inconditionnels des animaux (sandwich végétalien 7 $). Les plus de 21 ans peuvent accompagner leur repas d'une bouteille, choisie parmi une impressionnante carte de vins d'importation. (℘ 371-2008. Ouvert Lu-Sa 11h-22h et Di. 11h-21h.) **Lee's Ice Cream**, 821 Caroline St., sert les desserts les plus délicieux de Fredericksburg. Essayez le *Kahlua fudge* (gâteau au caramel) ou l'*Arbuckle's*, aux fins éclats de chocolat. (℘ 370-4390. Ouvert Lu-Je 11h-22h, Ve-Sa 11h-24h et Di. 10h-22h. 1 boule 2 $, 2 boules 3 $, 3 boules 3,25 $.) Toute la petite famille enjouée de **La Familia Castiglia's** vous accueillera avec des sourires aussi larges que le menu. Commencez par une entrée de moules dans une sauce au vin (6,50 $) puis laissez-vous tenter par le veau *marsala* (10 $). (℘ 373-6650. Ouvert tlj 10h30-22h30.) Pendant que les pharmaciens de **Goolrick's Pharmacy**, 901 Caroline St., préparent les ordonnances dans l'arrière-boutique, les clients s'installent sur les petits tabourets bleus pour manger une salade au poulet (2,50 $) dans un cadre typique des années 1950. Des milk-shakes bien onctueux (3 $) et des citronnades tout juste pressées (1 $), vous aideront à vous rafraîchir pendant les chaudes journées d'été. (℘ 373-3411. Ouvert Lu-Ve 8h30-19h et Sa. 8h30-18h.)

▐ VISITES

Belles demeures, médicaments et Monroe (James, le 5e président des Etats-Unis, de 1817 à 1825, et non pas Marilyn) constituent l'essentiel du **quartier historique** (*Historic District*) de Fredericksburg. La **Kenmore Plantation**, 1201 Washington Ave., fut bâtie en 1775 pour Fielding Lewis et son épouse Betty, sœur de George Washington. Après vous être laissé surprendre par l'élégante salle à manger, visitez le jardin, si parfait qu'il semble irréel. (℘ 373-4255. Ouvert Mars-Déc Lu-Sa 10h-17h et Di 12h-16h. Entrée 6 $, 6-17 ans 3 $. Accès gratuit au parc.) George Washington étant quelque peu occupé à fonder une nation, il confia sa vieille mère aux bons soins de sa sœur Betty. Il décida donc d'installer Mme Washington dans ce qui est devenu par la suite la **Mary Washington House**, 1200 Charles St., qui ravira les amateurs de bibelots du XVIIIe siècle. (℘ 373-1569. Ouvert tlj Mars-Nov 9h-17h et Déc-Fév 10h-16h. Entrée 4 $, enfants 1,50 $.) Vous apprendrez pourquoi les sangsues purifient le sang en allant visiter le **Hugh Mercer Apothecary Shop**, 1020 Caroline St., qui vous offre un aperçu fascinant (et inquiétant) des pratiques médicales du temps jadis. (℘ 373-3362. Ouvert tlj Mars-Nov 9h-17h et Déc-Fév 10h-16h. Entrée 4 $, 6-18 ans 1,50 $.) Le **James Monroe Museum**, 908 Charles St., qui était à l'origine l'étude d'avocat du grand homme, est une mine de souvenirs. Ce musée abrite notamment des meubles d'époque de style

Louis XVI achetés à Paris, ainsi que le bureau sur lequel James Monroe rédigea sa célèbre doctrine (1823) prônant l'isolationnisme du pays et le rejet de toute intervention européenne sur le continent américain. (℗ 654-1043. Ouvert tlj Mars-Oct 9h-17h et Nov-Fév 10h-16h. Entrée 4 $, personnes âgées 3,20 $, enfants 1 $.)

🎵📻 SPECTACLES ET SORTIES

Longtemps, Fredericksburg s'est couchée avec le soleil. Et les choses n'ont guère changé aujourd'hui. Bien que flanquée au nord par le **Mary Washington College**, la ville et ses étudiants sombrent en général dans la léthargie au moment où, harassés par une journée de visite, les touristes se retirent dans leurs quartiers. Toutefois, passé l'heure du dîner, Fredericksburg offre tout de même quelques divertissements au voyageur. Le **Colonial Theatre**, 907 Caroline St. (contactez le *visitors center* au ℗ 800-678-4748), accueille des concerts de musique symphonique et, de temps à autre, des pièces de théâtre. La **Fredericksburg Theater Company** se produit en été au **Klein Theater**, au croisement de College Ave. et de Thornton Ave. (℗ 654-1124. Billets 18-20 $, représentations Me-Sa à 20h et Di. à 14h.)

C'est essentiellement la musique *folk* qui attire la foule locale vers les murs violets branchés de l'**Orbits**, 406 Lafayette Blvd. Les rasta se pressent à un spectacle mensuel de reggae. Vous pouvez pousser la chansonnette lors des soirées karaoké (*open mic*) du lundi soir ou déguster un mélange détonnant de *nachos* au pesto à 5,50 $. (℗ 371-2003. Entrée Lu-Ve 5 $. Ouvert Lu-Je 11h30-22h, Ve-Sa 11h30-2h et Di. 11h30-16h. Bière pression 3 $.) Installé au sous-sol du George St. Grill, le club **Underground**, 106 George St., porte bien son nom, autant par sa situation dans le bâtiment que par sa programmation musicale de rock alternatif. Pendant qu'on sert une clientèle relativement raffinée à l'étage, ça tangue sévèrement en bas, du vendredi au samedi : accrochez-vous à votre bière (2,75 $) si vous ne voulez pas la renverser. (℗ 371-9500. Ouvert Ve-Sa. Horaire variable suivant les concerts : téléphonez à l'avance.)

⬛ ENVIRONS DE FREDERICKSBURG : NATIONAL BATTLEFIELD PARKS

Les immenses étendues verdoyantes et tranquilles d'aujourd'hui furent les témoins d'événements sanglants de décembre 1862 à mai 1864. C'est ici que les troupes commandées par les généraux sudistes Robert E. Lee et "Stonewall" Jackson et celles sous la direction nordistes d'Ambrose E. Burnside, Joseph Hooker et Ulysses S. Grant, se livrèrent quatre batailles acharnées dans un rayon de 30 km autour de la ville. Plus de 100 000 soldats tombèrent au champ d'honneur. Aujourd'hui, un parcours de 120 km serpente à travers les champs de bataille de **Fredericksburg**, **Chancellorsville**, **Wilderness** et **Spotsylvania**, comme un hommage aux nombreux combattants qui sacrifièrent leur vie sous les bannières de la Confédération et de l'Union.

Trois itinéraires balisés, le **Sunken Road Walking Tour** (qui suit la ligne de tranchées de Fredericksburg), le **Chancellorsville History Trail** et le **Spotsylvania History Trail**, vous offrent des points de vue stratégiques sur tous les principaux sites des batailles, dont le Bloody Angle de Spotsylvania. Donnez-vous au moins une journée pour explorer et mieux comprendre au travers de ces champs de bataille poignants ce que de nombreux historiens considèrent comme la première guerre "moderne". Les *rangers* du parc sont là pour répondre à toutes vos questions et proposent par ailleurs 6 visites guidées abordant chacune un thème particulier afférent à ces champs de bataille et, par extension, à la guerre elle-même. Renseignez-vous au **Visitors Center**, 1013 Lafayette Blvd. (℗ 373-6122. Ouvert tlj 8h30-18h30 et en hiver 9h-17h. Entrée pour les parcs 4 $, gratuit pour les moins de 17 ans.)

WILLIAMSBURG ☞ 757

Après sa période de prospérité coloniale, Williamsburg connut des temps difficiles sur le plan économique, jusqu'à ce que le philantrope John Rockefeller Jr. restaure, dans les années 1920, une bonne partie du quartier historique baptisé **Colonial Williamsburg**.

Aujourd'hui, une revue militaire descend la rue aux sons du fifre et du tambour. Des charrons, relieurs et forgerons en costumes d'époque vaquent à leurs occupations en utilisant des techniques vieilles de 200 ans. En vous rendant à Williamsburg à la fin de l'automne ou du début du printemps vous éviterez les foules, l'humidité et la chaleur de l'été, mais vous passerez à côté de certaines manifestations de la pleine saison, telles que la prise d'armes du 4 juillet ou les danses coloniales en plein air. En décembre, une foule d'activités se déroulent au cours de la période de Noël.

▐ TRANSPORTS

Avion : Newport News/Williamsburg International Airport, à 20 mn de la ville, à Newport News. Navettes fréquentes avec l'aéroport de Dulles par United Express et USAir. Empruntez la Route 199 W. puis la I-64 S.

Train : Amtrak, 408 N. Boundary St. (✆ 229-8750 ou 800-872-7245), derrière la caserne des pompiers. Destinations : **New York** (2 dép/j, durée 7h30-8h, 78-111 $), **Washington, D.C.** (2 dép/j, durée 3h30, 38-45 $), **Philadelphie** (2 dép/j, durée 6h, 61-76 $), **Baltimore** (2 dép/j, durée 5h, 45-54 $) et **Richmond** (2 dép/j, durée 1h, 19-20 $). Gare ouverte Ma-Je 7h30-17h, Di-Lu et Ve-Sa 7h30-22h30.

Bus : Greyhound (✆ 229-1460 ou 800-231-2222), au même endroit. Destinations : **Richmond** (8 dép/j, durée 1h, 10 $), **Norfolk** (9 dép/j, durée 1-2h, 10 $), **Washington, D.C.** (8 dép/j, durée 3-4h, 29 $), **Baltimore** (8 dép/j, durée 6-7h, 45 $) et **Virginia Beach** (4 dép/j, durée 2h30, 14 $). Guichet ouvert Lu-Ve 8h-17h, Sa. 8h-14h et Di. 8h-12h.

Transports en commun : James City Council Transit (JCCT), ✆ 220-1621. Les bus empruntent la Route 60, de Merchants Sq., dans le quartier historique, à l'ouest jusqu'à Williamsburg Pottery, ou vers l'est au-delà de Busch Gardens. Service Lu-Sa 6h30-17h15. Tarif 1 $, plus 25 ¢ par changement de zone. **Williamsburg Shuttle** (✆ 220-1621) effectue une liaison entre Colonial Williamsburg et Busch Gardens toutes les 30 mn, Juin-Août tlj 9h-21h. 1 $ le forfait pour la journée.

Taxi : Yellow Cab (✆ 245-7777). **Williamsburg Limousine Service**, ✆ 877-0279. Pour Busch Gardens ou Carter's Grove 6-10 $. Aller et retour Jamestown ou Yorktown 20 $. Ouvert tlj 8h30-24h.

Location de vélos : Bikes Unlimited, 759 Scotland St. (✆ 229-4620). Vélo 15 $ la journée. Caution de 5 $. Ouvert Lu-Ve 9h-19h, Sa. 9h-17h et Di. 12h-16h.

▐ ▐ ORIENTATION ET INFORMATIONS PRATIQUES

Williamsburg est à 80 km au sud-est de Richmond, entre **Jamestown** (à 16 km) et **Yorktown** (à 22 km). Les zones commerciales sont proscrites le long du **Colonial Parkway** qui relie les trois villes entre elles, ce qui préserve la beauté du paysage. L'accès à la zone dans son ensemble se fait par la sortie Colonial Pkwy sur la I-64.

Informations touristiques : Williamsburg Area Convention and Visitors Bureau, 201 Penniman Rd. (✆ 253-0192), à 800 m au nord-ouest de la gare ferroviaire. Donne un guide gratuit pour la visite du Historic Triangle de Virginie. Ouvert Lu-Ve 8h30-17h. **Colonial Williamsburg Visitors Center**, 102 Information Dr. (✆ 800-447-8679), à 1,5 km au nord-est du *Transportation Center*. Billets et transport jusqu'à Colonial Williamsburg. Distribue cartes et guides du quartier historique, dont un guide pour les handicapés. Information sur les tarifs et les réductions des sites de Virginie. Ouvert en été tlj 8h30-20h. En hiver, horaires variables.

Bureau de poste : 425 N. Boundary St. (✆ 229-4668). Ouvert Lu-Ve 8h-17h et Sa. 9h-14h. **Code postal** : 23185.

▐ HÉBERGEMENT

Les hôtels gérés par la **Colonial Williamsburg Foundation** sont généralement plus chers que les autres lieux d'hébergement de la région. Les **Routes 60 W.** et **31 S.** sont bordées de motels abordables, qui le deviennent de plus en plus à mesure que l'on s'éloigne du centre historique. Dans les différents Bed & Breakfast qui entourent le College of William and Mary, les hôtes doivent débourser plus pour profiter d'une décoration intérieure coloniale. Les chambres d'hôtes ne servent pas de petit déjeuner, mais cette absence est compensée par le lit, le prix raisonnable, la chaleur de l'accueil et le sentiment d'être "comme chez soi".

❤ **Lewis Guest House**, 809 Lafayette St. (✆ 229-6116), à 10 mn du centre historique. 3 chambres confortables, dont une avec accès privé à l'étage, cuisine, air conditionné dans un certains nombre de pièces et salle de bains commune. Chambres 25-35 $.

Carter Guest House, 903 Lafayette St. (✆ 229-1117). A deux portes de la Lewis Guest House vous attendent deux jolies chambres spacieuses avec 2 lits et une salle de bains commune. Mais attention : pour louer une chambre ici, il faudra en passer par le mariage ! Madame Carter, aux fortes valeurs traditionnelles du Sud, ne conçoit pas qu'un homme et une femme non mariés partagent la même chambre. Chambre simple 25 $, chambre double 35 $.

Bryant Guest House, 702 College Terr. (✆ 229-3320). Chambres avec salle de bains privée, télévision et quelques équipements de cuisine dans une maison de maître en brique, tout à fait délicieuse. Chambre simple 35 $, chambre double 45 $, appartement pour 5 personnes 55 $.

Jamestown Beach Campsite, 2217 Jamestown Rd. (✆ 229-7609), adjacent au Jamestown Settlement. L'un des plus vastes campings de la région. Profitez de la piscine et de son toboggan ou faites trempette dans la James River. Ne troublez pas le calme des lieux : les heures de repos (23h-8h) sont strictement respectées. Emplacement 20 $, avec eau et électricité 25 $, raccordement complet 28 $. Maximum de 6 personnes sur chaque emplacement.

▐ RESTAURANTS

Mieux vaut éviter les "tavernes authentiques", prises d'assaut par les touristes suant à grosses gouttes, et dont les prix grimpent aussi vite que la température (déjeuner 5-10 $, dîner à partir de 18 $). Vous économiserez vos dollars en fréquentant des endroits plus modernes.

❤ **Chowning's Tavern** (✆ 220-7012), dans Duke of Gloucester St. Des plats étranges, comme le *bubble and squeak* (chou et pommes de terre, 5 $) ou le *welsh rarebit* (du pain dans une sauce à la bière, accompagné de jambon, 7 $) vous ramèneront au temps de George Washington, impression renforcée après 21h, lorsque les serveurs en costume d'époque se mettent à entonner des ballades du XVIIIe siècle et à proposer des parties de cartes aux clients. Repas léger 3-7 $. Entrée 3 $. Ouvert tlj 11h-24h.

Green Leafe Café, 765 Scotland St. (✆ 220-3405). Ce restaurant traditionnel attire les étudiants du College of William and Mary avec ses copieux sandwichs (5-6 $) comme celui au pain de seigle noir grillé à la poêle. Choix de 30 bières à la pression (2,75-4 $), certaines brassées en Virginie. Di. : "Mug Night" (ou "soirée chope"), pendant laquelle les bières sont à moitié prix. Ouvert tlj 11h-2h.

The Cheese Shop, 424 Prince George St. (✆ 220-0298 ou 800-468-4049). Durant la semaine, les touristes font la queue jusque sur le trottoir de ce *deli* gourmet pour s'arracher le sandwich au fameux jambon de Virginie (4 $) ou le *Braunschweiger* international (3,75 $). Tables et chaises à l'extérieur uniquement. Ouvert Lu-Sa 10h-18h et Di. 11h-17h.

▐ VISITES

Le quartier historique de **Colonial Williamsburg** est une attraction touristique fort rentable (pour la ville). Vous pouvez tout aussi bien le visiter sans dépenser un sou. Promenez-vous dans les rues, contemplez les monuments, suivez les fifres et les tambourins, faites-vous enfermer au pilori (et utilisez leurs toilettes : c'est gratuit). Un marché aux puces colonial est également ouvert au public. Vous pouvez y marchander à souhaits ou simplement acheter un tricorne pour 9 $. La plupart des boutiques "coloniales" et deux des édifices indiqués sur la carte du CWF, **Wren Building** et **Bruton Parish Church**, ont l'air d'être payants, mais sont en fait gratuits. Les animations (comme les tirs de canon à la mi-journée) sont signalées sur le *Visitor's Companion*, comme les programmes nocturnes. (© 800-447-8679. La plupart des monuments sont ouverts 9h30-17h, horaires détaillés dans la *Visitor's Companion newsletter*. 32 $, enfants 6-12 ans 16 $. Forfait de deux jours 38 $, 6-12 ans 19 $.)

Mais c'est l'immersion dans l'histoire qui fait le véritable attrait de Williamsburg. Les ateliers d'artisans vous permettront d'en savoir plus sur les métiers de la charpente et de la briqueterie. Le maître artisan vous invitera sans doute à venir l'aider à fouler l'argile humide. Les habitants prennent un certain plaisir à jouer leur rôle, traitant par exemple les visiteurs de Floride de sujets espagnols.

A l'ouest de l'intersection de Richmond et de Jamestown Rd., se trouve le **College of William and Mary** de Williamsburg, second du pays par l'ancienneté. Le **Sir Christopher Wren Building**, que Rockefeller fit également restaurer, fut construit deux ans après la concession de sa charte au collège. (Visites Lu-Ve 10h et 14h30.)

LE PONT DES SOUPIRANTS

Passer le **Crim Dell Bridge** peut s'avérer risqué. Si les affirmations des étudiants sont fondées, alors le sort de nombre d'amours s'est trouvé scellé par une seule traversée, ou bien devrions-nous dire une traversée en solitaire ? La superstition locale veut en effet que ceux qui s'aventurent seuls sur le pont ne se marient jamais. A l'inverse, si la fougue pousse un couple à s'embrasser sur le pont, alors le destin les unira à jamais. Peut-être que cette possibilité de se dire mutuellement "oui" a quelque chose à voir avec le fait que Playboy a désigné le pont comme étant "le second endroit le plus romantique de tous les campus".

■ EXCURSIONS DEPUIS WILLIAMSBURG

JAMESTOWN ET YORKTOWN

Comme on pouvait s'en douter, le **Historic Triangle** est très lié à l'histoire des Etats-Unis. Plus authentiques et moins fréquentés que Colonial Wiliamsburg, Jamestown et Yorktown font découvrir au visiteur les lieux où les choses ont *réellement* commencé. Au **Colonial National Park**, vous pourrez voir les vestiges de la première colonie anglaise ayant réussi à perdurer sur le sol américain (1607) et une exposition sur la vie de cette colonie. Le **Visitors Center** projette un film de présentation larmoyant et sentimental à souhait, et organise une "promenade historique" d'une demi-heure (comprise dans le droit d'entrée au site). Il fournit en outre un audioguide de 45 mn (2 $) pour effectuer les 8 km de l'**Island Loop Route**. L'**Old Church Tower**, construite en 1639, est le seul bâtiment du XVIIe siècle encore debout. Vous pourrez également admirer une statue de **Pocahontas**, la princesse indienne qui sauva John Smith, le chef de la colonie. (Souvenez-vous du dessin animé des studios Disney.) Au milieu des vestiges de la colonie, des archéologues ont mis au jour les restes d'un fortin triangulaire, **Jamestown Fort**. (© 229-1733. Ouvert tlj 9h-17h et hors saison 9h-16h30. Le parc ferme une demi-heure avant le Visitors Center. Entrée 5 $.)

Le tout proche musée de **Jamestown Settlement** commémore l'installation des colons par des expositions (fréquemment renouvelées), la reconstitution de Jamestown Fort et d'un village indien, ainsi que des répliques grandeur nature des trois vaisseaux sur lesquels les colons traversèrent l'Atlantique en 1607. Un documentaire d'une vingtaine de minutes retrace l'histoire de la colonie, sans oublier les rapports entre colons et Indiens de la tribu Powhatan. (© 229-1607. Ouvert tlj 9h-17h. Entrée 10,75 $, enfants 6-12 ans 5,25 $.)

La défaite des Anglais à **Yorktown** en 1781 mit fin à la guerre d'Indépendance (*Revolutionary War*). Le général anglais lord Charles Cornwallis fut contraint à la reddition par une attaque conjointe des colons et des soldats français. Un bon film et une carte facile à comprendre (derrière l'*Information Center*), mis au point par l'agence de Yorktown du **Colonial National Park**, font brillamment revivre ce point culminant de la guerre. Vous pouvez faire le tour du champ de bataille (12 km) en voiture en écoutant une cassette explicative (2 $) disponible au *visitors center*. (© 757-898-3400. Visitors Center ouvert tlj 8h30-17h, dernière cassette louée à 15h30. Entrée 4 $, gratuit pour les moins de 17 ans.) Ecoutez les cris de ralliement de personnages emblématiques comme Benjamin Franklin ou Patrick Henry, qui annonçaient l'obtention de l'indépendance à Yorktown. Au **Yorktown Victory Center**, à un block de la Route 17, sur la Route 238, se trouve un musée consacré à la guerre, ainsi qu'un étonnant tableau vivant représentant un bataillon de l'armée américaine (*Continental Army*) de 1781 en train de bivouaquer. (© 757-887-1776. Ouvert tlj 9h-17h. Entrée 8 $, personnes âgées 6,75 $ et enfants 6-12 ans 4 $.)

JAMES RIVER PLANTATIONS

Les demeures de James River, construites au bord de l'eau pour faciliter à la fois la vie sociale et l'activité commerciale des planteurs, étaient les bastions de l'aristocratie esclavagiste de Virginie. Vous pouvez visiter le domaine de **Carter's Grove Plantation**, à 10 km à l'est de Williamsburg, sur la Route 60, dont le dernier propriétaire s'est efforcé de conserver le caractère "colonial" de l'édifice d'origine tout en en doublant la taille. Un quartier d'esclaves du XVIIᵉ siècle a été reconstitué et des fouilles archéologiques ont lieu devant la maison des maîtres. Le **Winthrop Rockefeller Archaeology Museum**, installé discrètement à flanc de colline, présente un fascinant aperçu du travail archéologique effectué sur place. (© 757-229-1000, *extension* 2973. Plantation ouverte Ma-Di 9h-17h et Nov-Déc 9h-16h. Musée et quartier des esclaves ouverts Mars-Déc Ma-Di 9h-17h. Entrée 20 $, enfants 6-12 ans 12 $.)

La **Berkeley Plantation**, à mi-chemin de Richmond et de Williamsburg, sur la Route 5, se flatte d'avoir vu naître le bourbon, inventé par des colons anglais, et William Henry Harrison (9ᵉ président des Etats-Unis, mort en 1841 sans avoir achevé son mandat). Vous pouvez vous attarder dans les jardins en terrasses plantés de buis qui s'étendent du bâtiment de brique (construit en 1726) à la James River. (© 804-829-6018. Ouvert tlj 8h-17h. Entrée 9,50 $, personnes âgées et 13-16 ans 6,50 $, enfants 6-12 ans 2,50 $. Parc seul 5 $, personnes âgées et 13-16 ans 3,60 $, enfants 2,50 $.) Pour vous rendre à la **Shirley Plantation**, prenez la Route 5 en direction de l'ouest depuis Williamsburg (ou en direction de l'est depuis Richmond). Cette plantation fondée en 1613 a survécu à toutes les guerres. La maison principale possède une architecture de style anglais (de l'époque de la reine Anne, début XVIIIᵉ), sans équivalent dans cette région. Un incroyable escalier de trois étages semble tenir tout seul, sans support. (© 800-232-1613. Ouvert tlj 9h-17h. Entrée 9 $, 13-21 ans 6 $ et 6-12 ans 5 $.)

PARCS D'ATTRACTION

A **Busch Gardens** (un parc du même nom existe à Tampa Bay, en Floride), c'est un voyage dangereux semé de dragons menaçants, de monstres et de divinités déchaînées qui attend les innocents touristes dans cette "Europe du XVIIᵉ siècle". Les plus de 21 ans pourront s'autoriser une bière brassée maison Anheuser-Busch. Mais attention : si vous ne voulez pas faire souffrir votre estomac après un tour palpitant à plus de 100 km/h sur les montagnes russes d'**Apollo's Chariot** (le char d'Apollon), mieux vaut ne pas en abuser. (© 253-3350. Ouvert de fin juin à août Di-Ve 10h-22h et Sa. 10h-23h. Sep-Oct Lu. et Ve. 10h-18h, Sa-Di 10h-19h. Renseignements sur les autres horaires par téléphone. Entrée 41 $, personnes âgées 36 $, enfants 3-6 ans 26 $. Tarif unique 19 $ après 15h.)

Le forfait trois jours (50 $) donne également accès au **Water Country : USA**, un parc aquatique situé à 3 km. les 35 toboggans et autres attractions sur le thème des années 1950 permettront aux enfants de se croire dans certaine publicité aquatique pour une eau minérale. (Ouvert fin mai-mi-Juin Sa-Di 10h-18h, mi-Juin-mi-Août tlj 10h-20h et Sep. Sa-Di 10h-19h. Les horaires peuvent varier, téléphonez à l'avance. Entrée 30 $, enfants 3-6 ans 23 $. Tarif unique 19 $ après 15h.)

CENTRE ATLANTIQUE

VIRGINIA BEACH ☎ 757

Virginia Beach, qui fut à une époque la capitale des beuveries estudiantines, devient peu à peu une station balnéaire familiale. Comme ses voisines Norfolk, Newport News et Hampton, les rues de cet ancien lieu de villégiature particulièrement apprécié lors des vacances de Pâques accueillent aussi bien des parents et leurs enfants que des jeunes un peu éméchés. Toutefois, les fast-foods, les motels et les magasins à prix réduits qui déferlent sur toutes les stations balnéaires sont toujours présents. Les magnifiques levers de soleil sur l'océan, une importante population de dauphins et de fréquents passages d'avions de chasse marquent la différence entre Virginia Beach et ses rivales plus communes de la côte Est.

▐ TRANSPORTS

Train : Amtrak (☏ 245-3589 ou 800-872-7245). Depuis la gare la plus proche, à Newport News, vous disposez d'une liaison gratuite par bus avec l'angle de la 19th St. et de Pavilion Dr., dans Virginia Beach (attention : pour grimper dans ce bus, il vous faut votre billet de train). Trains pour **Baltimore** (durée 5h30, 63 $), **New York** (durée 8h, 111 $), **Philadelphie** (durée 7h, 80 $), **Richmond** (durée 2h, 24 $), **Washington, D.C.** (durée 4h30, 52 $) et **Williamsburg** (durée 45 mn, 17 $).

Bus : Greyhound, 1017 Laskin Rd. (☏ 422-2998 ou 800-231-2222). Relie le Maryland par le "pont-tunnel". La gare est située à 800 m de l'océan. Destinations : **Richmond** (durée 3h30, 17,50 $), **Washington, D.C.** (durée 6h30, 32 $) et **Williamsburg** (durée 2h30, 15 $).

Transports en commun : Virginia Beach Transit/Trolley Information Center (☏ 437-4768), à l'angle d'Atlantic Ave. et de la 24th St. Renseignements sur les moyens de transport disponibles et les circuits touristiques de la région, en trolley, en bus ou en ferry. Atlantic Avenue Trolley assure la liaison entre Rudee Inlet et la 42nd St. (Mai-Sep tlj 12h-24h. 50 ¢, personnes âgées et handicapés 25 ¢, forfait 3 jours 3,50 $.) D'autres trolleys circulent le long du front de mer, de North Seashore à Lynnhaven Mall. Depuis le **Hampton Roads Regional Transit (HRT)**, ☏ 222-6100, au Silverleaf Commuter Center, à l'intersection de Holland Rd. et d'Independence St., les bus relient Virginia Beach à Norfolk, Portsmouth et Newport News (billet 1,50 $, personnes âgées et handicapés 75 ¢, gratuit pour les enfants mesurant moins d'un mètre).

Location de bicyclettes et de mobylettes : RK's Surf Shop, 305 16th St. (☏ 428-7363), loue, en plus des équipements aquatiques, des vélos pour 4 $ l'heure ou 16 $ la journée. Ouvert tlj Juin-Sep 9h-22h et Oct-Mai 11h-18h. Les vélos doivent être rapportés 2 heures avant la fermeture.

Taxi : Yellow Cab, ☏ 460-0605. **Beach Taxi**, ☏ 486-4304.

▐ ORIENTATION ET INFORMATIONS PRATIQUES

Dans Virginia Beach, les rues, orientées est/ouest, portent des numéros et les avenues, parallèles à la plage et orientées nord/sud, portent des noms d'océans. **Atlantic Ave.** et **Pacific Ave.** constituent les grand-rues. **Arctic Ave.**, **Baltic Ave.** et **Mediterranean Ave.** sont plus à l'intérieur des terres.

Office de tourisme : Virginia Beach Visitors Center, 2100 Parks Ave. (☏ 437-4888 ou 800-446-8038) à l'angle de la 22nd St. Information sur les possibilités d'hébergement bon marché et les sites de la région. Personnel aimable et compétent. Ouvert Sep-Mai tlj 9h-20h et Juin-Août 9h-17h.

Internet : WebCity Cybercafé, 1307 Atlantic Ave, n° 112, sur la promenade (*boardwalk*). 5 $ la demi-heure.

Bureau de poste, 2400 Atlantic Ave. (☏ 428-2821), à l'angle de la 24th St. et d'Atlantic Ave. Ouvert Lu-Ve 8h-16h30. **Code postal** : 23458.

⌂ HÉBERGEMENT ET CAMPING

Comme c'est souvent le cas dans les stations balnéaires, une longue série de motels borde le front de mer de Virginia Beach. Oceanside Ave., Atlantic Ave. et Pacific Ave. sont très animées en été et possèdent les meilleurs hôtels. En réservant le plus à l'avance possible, vous arriverez à obtenir des tarifs de 45 $ en hiver et de 65 $ pendant la semaine en été.

❤ **Angie's Guest Cottage, Bed & Breakfast and HI-AYH Hostel**, 302 24th St. (© 428-4690). Une équipe sympathique, des chambres impeccables et de nombreux *boogie boards* (planches de morey) dans l'un des meilleurs quartiers de la ville, à seulement un block de l'océan. Cuisine et casiers. Draps 2 $. Pas de fermeture pendant la journée. Pas d'air conditionné. Ouvert Avr-Sep. Présentez-vous entre 10h et 21h. Séjour minimum de deux jours pour les chambres privatives. Dortoir 14,50 $, non-adhérents 17 $. Hors saison : 11,50 $, non-adhérents 13 $. Chambre simple avec air conditionné 31 $, chambre double 48 $ par personne. Réductions substantielles hors saison.

Ocean Palms Motel, 2907 Arctic Ave. (© 428-8362), à l'angle de la 30th St. Vous ne risquez pas de prendre ce bâtiment en briques pour un hôtel 5 étoiles. Ici, on ne fait pas dans l'esthétique ! Mais il se trouve en 2e position (après Angie's) pour les prix les moins chers de toute la ville. Télévision, air conditionné, cuisine. 30-60 $ la nuit en dehors des périodes de vacances. Paiements en espèces ou en chèques de voyage uniquement.

First Landings, 2500 Shore Dr. (© 800-933-7275 ou 412-2300 pour les réservations), à une bonne douzaine de km au nord de Virginia Beach par la Route 60. Vous pouvez également prendre le North Seashore Trolley. Les emplacements proches du superbe rivage virginien sont très appréciés. Réservez au moins 11 mois à l'avance. Le parc contient des aires de pique-nique, une zone de baignade sur une plage immense, des douches et des points d'ancrage pour les bateaux. Bungalows Avr-Mai et Sep-Nov 65-75 $, Juin-Août 85-95 $.

⌂ RESTAURANTS

Préparez-vous à affronter plus de "buffets-petit-déjeuner-à-volonté" à 6 $ que vous n'en aurez jamais vu auparavant. Vous pouvez aussi vous mettre en quête d'un restaurant sur **Atlantic Ave.**, où chaque block offre pléthore de possibilités de se repaître de friture, de graisse, de sucré ou de crème.

❤ **The Jewish Mother**, 3108 Pacific Ave. (© 422-5430). Laissez la *yiddish mama* vous remplir l'estomac avec des sandwichs *deli* dans ce restaurant qui fait partie d'une célèbre chaîne en Virginie. Ouvrez le menu pour découvrir d'énormes sandwichs garnis de salade de pommes de terre (4,50-6,75 $) et les délicieux desserts (3,50-4,50 $). La scène accueille des musiciens tous les soirs après 23h. Me. bœuf *blues*, Di. karaoké. Entrée 3 $. Ouvert Lu-Ve 8h-1h, Sa. 8h-3h et Di. 7h-2h.

❤ **Giovanni's Pasta Pizza Palace**, 2006 Atlantic Ave. (© 425-1575). La rapidité du service, le goût des petits pains et la saveur de la cuisine font de cette adresse un lieu incontournable. Savoureuses pâtes italiennes bon marché, pizzas, *stromboli* 6-11 $ et fabuleux *veggiboli* (préparation aux légumes 6 $). Ouvert tlj 12h-23h.

Cuisine and Co., 3004 Pacific Ave. (© 428-6700). Cette adresse sophistiquée sert une cuisine savoureuse. Parmi les spécialités de la maison, citons les mélanges fondants au thon (5 $), la grosse salade de poulet (5,25 $) et d'épatants cookies (7,50 $ les 500 g). Ouvert Lu-Sa 9h-20h et Di. 9h-18h.

Ellington's Restaurant, 2901 Atlantic Ave. (© 428-4585), à l'intérieur de l'Oceanfront Inn sur la promenade. Contemplez la houle de l'Atlantique en dégustant l'une des cuisines les plus prisées de la ville, comme une énorme salade (7 $) et les plats principaux très abordables (8-17 $) que propose la carte. Goûtez le "Mexi burger", avec du guacamole et du cheddar (8 $). Ouvert tlj 7h-22h.

CENTRE ATLANTIQUE

👁 VISITES

La **plage** et la **promenade**, envahies d'étudiants en virée, de jolies filles en bikini et d'un nombre croissant de familles, sont les principaux attraits de Virginia Beach. L'**Old Coast Guard Station** (ancien poste de garde-côtes), au coin de la 24th St. et du front de mer, propose des expositions historiques et dispose d'une lunette d'observation idéale pour détailler toutes les créatures de la plage. (© 422-1587. Ouvert Lu-Sa 10h-17h et Di. 12h-17h. Entrée 3 $, personnes âgées 2,50 $, 6-18 ans 1 $, gratuit pour les moins de 6 ans.) Les fréquents vrombissements de F-14 et de Tomcat entendus au-dessus de la plage témoignent de la proximité des bases navales de l'US Air Force (© 433-3131 pour connaître les possibilités de visite). Le **Virginia Marine Science Museum**, 717 General Booth Blvd., abrite plus de 50 espèces différentes de poissons, requins et autres raies. (© 425-3474, renseignements sur les excursions au © 437-2628. Ouvert tlj 9h-21h et hors saison 9h-17h. Entrée 9 $, personnes âgées 8 $, enfants 4-11 ans 6 $.)

🎵 🎭 SPECTACLES ET SORTIES

Les nuits d'été, la promenade le long de la plage de Virginia devient le refuge des amoureux et des adolescents (parfois des deux en même temps), tandis qu'**Atlantic Ave.**, appelée aussi "Beach Street, USA", est le théâtre des troubadours et des spectacles de rue. On entend des groupes de rock traditionnel ou de jazz à tous les coins de rue. Les grands espaces situés sur la 7th, la 17th et la 24th St. accueillent des personnalités plus connues et donc, un public plus important. (© 440-6628 pour en savoir plus. Les programmes des principaux événements sont affichés dans les rues. Gratuit.) Les bars gay et lesbiens sont situés en dehors de Virginia Beach, dans le quartier chic de Ghent, près de Norfolk.

♥ **Chicho's**, 2112 Atlantic Ave. (© 422-6011), parmi les minuscules bars estudiantins de "The Block", entre la 21st St. et la 22th St. Ce restaurant parmi les plus branchés sert des pizzas au fromage sur la rue (2,25-3,25 $ la part), des cocktails tropicaux (5-7 $) et propose des concerts de rock le lundi. Restaurant ouvert Lu-Ve 15h-2h et Sa-Di 11h-2h.

Harpoon Larry's, 216 24th St. (© 422-6000), au croisement avec la Pacific Ave., à un block de l'auberge de jeunesse, déborde de convivialité et sert d'excellents poissons. L'aimable personnel accueille une clientèle jeune qui souhaite échapper à la chaleur moite et au déchaînement si caractéristiques de "The Block". Parmi les spécialités, citons les *crab-cakes* (gâteaux de crabe, 7 $) et les cocktails au rhum (Ma. et Je. 2 $). *Happy hour* Lu-Ve 19h-21h. Ouvert tlj 12h-2h.

Peabody's, 209 21st St. (© 422-6212). Faites bouger votre corps sur la plus grande piste de danse de la plage. Une foule jeune aux tenues suggestives ondule sur les derniers hits, surtout au cours du "Hammertime" (tlj 19h-21h), où toutes les boissons coûtent 1,50 $. Buffet à volonté de pinces de crabes et de grosses crevettes 15 $. Les nuits à thème ont du succès auprès des jeunes : la "College Night" du Ve. (entrée gratuite sur présentation de la carte d'étudiant) et la "Summer Saturdaze" (entrée gratuite avec un déguisement exotique). Entrée 5 $. Ouvert Je-Sa 19h-2h.

Mahi Mah's, 615 Atlantic Ave. (© 437-8030), à l'angle de la 7th St., dans le Ramada Hotel. Sushi, concerts et vue sur l'océan. Me. 17h-21h, offre spéciale : goûtez quatre vins différents (2 $ chacun) parmi une sélection de rouges et de blancs. Sushi appétissants (6 $ 11h-17h, menu complet à partir de 17h), notamment le Dragon Roll (crabe, concombre et avocat entouré d'anguille, 10,50 $). Tous les soirs, un groupe joue à l'extérieur. Ouvert tlj 7h-1h.

CHARLOTTESVILLE　　　　　　　　　　☎ 804

Thomas Jefferson, rédacteur de la déclaration d'Indépendance et artisan de la fin de l'époque coloniale, fit construire la maison de ses rêves, Monticello, tout en haut de sa "petite montagne" au sud-est de Charlottesville. Il espérait créer autour de son paradis personnel la communauté exemplaire. Pour canaliser et améliorer les savoirs de l'époque (et ne pas s'ennuyer pendant ses vieux jours), il fonda tout simplement l'université de Virginie (*University of Virginia*, UVA). Jefferson serait heureux de savoir que ses efforts ne furent pas vains : l'établissement qu'il a fondé domine en effet la vie économique, géographique et culturelle de Charlottesville.

▢ TRANSPORTS

La I-64, orientée est/ouest, est la principale artère desservant Charlottesville. Depuis le nord et le sud, la Route 29 mène directement dans la ville, où elle prend le nom de Emmet St.

Avion : Charlottesville-Albermale Airport, ℂ 973-8341, à 1,5 km à l'ouest de Charlottesville sur la Route 29 sur Airport Rd. Desservi par USAir, United Airlines et Delta Airlines. Les tarifs et les destinations sont variables, téléphonez pour vous renseigner. Possibilité de location de voiture avec Hertz, Avis et National.

Train : Amtrak, 801 W. Main St. (ℂ 434-296-4559 ou 800-872-7245), à sept blocks du centre-ville. Destinations : **Washington, D.C.** (2 dép/j, durée 3h, 29 $), **New York** (1 dép/j, durée 8h, 141 $), **Baltimore** (1 dép/j, durée 4h, 71 $) et **Philadelphie** (1 dép/j, durée 5h30, 108 $). Ouvert tlj 5h45-21h45.

Bus : Greyhound/Trailways, 310 W. Main St. (ℂ 295-5131), à moins de 3 blocks du centre-ville. Destinations : **Richmond** (3 dép/j, durée 1h, 17,50 $), **Washington, D.C.** (5 dép/j, durée 3h, 18 $), **Norfolk** (3 dép/j, durée 4h30, 35 $), **Baltimore** (5 dép/j, durée 5h30, 42 $) et **Philadelphie** (4 dép/j, durée 7h, 53 $). Ouvert tlj 6h15-22h.

Transports en commun : Charlottesville Transit Service (ℂ 296-7433). Liaisons limitées à la ville même. Vous trouverez des plans dans les deux centres d'informations touristiques, les bus, l'office de tourisme, la mairie (*City Hall*), le Charlottesville transit Office (4th St.) et le centre étudiant de l'UVA de Newcomb Hall. Les bus fonctionnent Lu-Sa 6h30-24h. Tarif 75 ¢, personnes âgées et handicapés 35 ¢, gratuit pour les moins de 6 ans. Les bus gratuits de l'Université de Virginie (UVA) passent plus souvent. (En principe, il faut une carte d'étudiant. En pratique, il suffit de ressembler à un étudiant.)

Taxi : Yellow Cab, ℂ 295-4131. **AAA Cab Co.**, ℂ 975-5555.

▰▰ ORIENTATION ET INFORMATIONS PRATIQUES

Les rues de Charlottesville, orientées nord/sud, portent des numéros qui croissent d'est en ouest et qui sont précisés par l'indication de la direction cardinale. Par exemple, la 5th St. N.W., parallèle à la 5th St. N.E., en est éloignée de dix blocks. Charlottesville a deux *downtowns* ou "centres-villes". Le premier, du côté ouest, près de l'université de Virginie, **The Corner**, regroupe *delis* et cafés branchés correspondant à une clientèle estudiantine. Le second, à 1,5 km à l'est, **Historic Downtown** (centre-ville historique), affiche un caractère un peu plus huppé. Les deux quartiers sont reliés par **University Ave.**, orientée est/ouest, qui commence à Ivy Rd. et prend le nom de Main St. après le pont, du côté du quartier de The Corner.

Office de tourisme : Chamber of Commerce, 415 E. Market St. (ℂ 295-3141), à l'angle de la 5th St. A deux pas des gares Amtrak et Greyhound et du centre-ville. Cartes, guides et informations sur les manifestations importantes. Ouvert Lu-Ve 9h-17h. Le **Thomas Jefferson Visitors Center** (ℂ 977-1783, *extension* 121), près de la I-64 sur la Route 20, peut effectuer des réservations d'hôtel à prix réduit et vous propose des billets combinés pour visiter les sites relatifs à Jefferson. "The Pursuit of liberty" (la quête de la liberté), un film gratuit de 30 mn sur la vie du grand homme est projeté toutes les heures 10h-16h. Une exposition gratuite présentant 400 objets lui ayant appartenu lui est également consacrée. Ouvert Mars-Oct tlj 9h-17h30 et Nov-Fév 9h-17h. Le **University of Virginia Information Center** (ℂ 924-7969), dans la rotonde au centre du campus, fournit brochures d'informations, plan de l'université et visites guidées. Ouvert tlj 8h45-16h45. Le **University Center** (ℂ 924-7166), sortie n° 120A sur la US 250 W, plus vaste, abrite la police du campus et fournit horaire des transports en commun, cartes du campus, guides des spectacles et conseils pour trouver de quoi se loger à peu de frais. Ouvert 24h/24.

Police du campus : ✆ 4-7166 depuis l'un des téléphones (UVA) du campus de l'université.

Assistance téléphonique : Region 10 Community Service (SOS bénévolat), ✆ 972-1800, 24h/24. **Mental Health** (urgences psychiatriques), ✆ 977-4673, 24h/24. **Sexual Assault Crisis Center** (SOS Viol), ✆ 977-7273. **Lesbian and Gay**, ✆ 982-2773. Sep-Mai Lu-Me 19h-22h et Di. 18h-22h. **Women's Health Clinic** (urgences gynécologiques), à Richmond, ✆ 800-254-4479, 24h/24.

Bureau de poste : 513 E. Main St. (✆ 963-2525). Ouvert Lu-Ve 8h30-17h et Sa. 10h-13h. **Code postal :** 22902.

▐ HÉBERGEMENT

Emmet St. (ou US 29) est bordée de nombreux hôtels et motels (40-60 $) qui ont tendance à se remplir les week-ends d'été et pendant les moments forts de la vie universitaire d'UVA. **Budget Inn**, 140 Emmet St., est l'hôtel le plus proche de l'université et loue des chambres spacieuses et claires avec la télévision par câble. (✆ 293-5141. Réception 24h/24. 36 chambres, 42-58 $, personne supplémentaire 5 $). Aussi bon marché, **EconoLodge**, 400 Emmet St., dispose d'une piscine extérieure, de la télévision par câble et offre le petit déjeuner continental. (✆ 296-2104. Réception 24h/24. 60 chambres 42-62 $.) **Charlottesville KOA Kampground**, Route 708, à 16 km de Charlottesville (prenez la US 20 S. jusqu'à la Route 708 W.), propose des emplacements ombragés, une aire de loisirs, une piscine et un terrain de volley-ball. (✆ 296-9881 ou 800-KOA-1743. Laverie. Possibilités de pêche. Animaux familiers acceptés. 73 emplacements. Ouvert Mars-Oct. 20 $, avec raccordement eau et électricité 24 $, raccordement complet 27 $.)

▐ RESTAURANTS

Ce sont les étudiants et les touristes qui dictent les menus à Charlottesville. Les intellectuels dînent à **The Corner**, dans University Ave., de l'autre côté de l'université, où chaque assiette est copieusement garnie de cuisine de qualité et bon marché. Les chaînes de motel qui longent Emmet St. sont complétées par des chaînes de fast food. Pour vivre une expérience culinaire un peu plus fastueuse, faites un tour dans les rues aux pavés ronds de **Downtown Mall** : des restaurants romantiques et uniques vous proposent pour la plupart de dîner en terrasse l'été.

❤ **The Hardware Store**, 316 E. Main St. (✆ 977-1518 ou 800-426-6001), dans Downtown Mall. Ce n'est pas à la portée de tout le monde que de pouvoir venir à bout du demi-mètre ou du mètre de bière (5-10 $). Les clients seront comblés par le sandwich *summa cum laude* (saumon fumé et fromage suisse dans du pain de seigle noir, 8,75 $). Essayez les *pierogies* (feuilletés fourrés, 5 $). Ouvert Lu-Je 11h-21h et Ve-Di 11h-22h.

❤ **Southern Culture**, 633 W. Main St. (✆ 979-1990). Plongez au cœur de la culture acadienne avec les *pasta jambalaya* (14 $) ou, plus abordable, le hamburger Cajun (6 $), servis par un personnel chaleureux. Ma. soirée Mardi Gras. Ouvert Lu-Je 17h-22h, Ve-Sa 17h-22h30, Di. 11h-14h30 et 17h-22h.

Littlejohn's, 1427 University Ave. (✆ 977-0588). Pendant le déjeuner, ce *deli*, qui ne lésine pas sur la garniture de ses sandwichs, attire une foule d'étudiants et d'actifs venus y faire leur pause de la mi-journée. Aux premières lueurs de l'aube, ce sont les piliers de bar qui prennent le relais pour se détendre avec un sandwich Easy Rider (jambon fumé, mozarella et *coleslaw* 3,50 $). Choix infini de bières (2-3 $). Ouvert 24h/24.

◉ VISITES

Monticello, 1184 Monticello Loop, la maison bien-aimée de Jefferson, reflète bien la personnalité de son créateur. C'est un bijou de style palladien ou néoclassique, rempli de trouvailles surprenantes. Un monte-plats servait à transporter le vin depuis la cave jusqu'à la cheminée. Vous pourrez également y admirer l'ancêtre de la photocopieuse. Le superbe parc comprend des serres et des jardins floraux et offre des vues magnifiques sur la région. (© 984-9822. Ouvert Mars-Oct tlj 8h-17h et Nov-Fév 9h-16h30. Entrée 11 $, enfants 6-11 ans 6 $.) En prenant la Route 53 (ou Thomas Jefferson Pkwy.) vers l'ouest depuis Monticello, vous trouverez **Michie Tavern**, un établissement vieux de 200 ans partiellement restauré, qui abrite un moulin en état de marche et une épicerie. (© 977-1234. Ouvert tlj 9h-17h. Entrée 8 $, personnes âgées et membres de l'AAA 7 $, 3 $ pour les moins de 6 ans. Dernière visite à 16h20.) Pour rejoindre **Ash Lawn-Highland**, 1000 James Monroe Pkwy, la maison du président Monroe, au cœur d'une plantation de 200 ha, continuez vers l'est jusqu'à l'intersection avec la Route 795, à 4 km de Monticello, et prenez à droite. Moins originale que Monticello, elle offre néanmoins un aperçu de la vie de famille au début du XIXe siècle et abrite des expositions, dont une sur le banjo. Les enfants, eux, s'émerveilleront devant les magnifiques paons, dans le jardin. (© 293-9539. Ouvert tlj 9h-18h et Nov-Fév 10h-17h. Visite guidée 7 $, personnes âgées 6,50 $, enfants 6-11 ans 4 $. Réduction de 10 % aux membres de l'AAA. Accès handicapés.)

L'essentiel des activités de l'**université de Virginie** (© 924-3239) se concentre autour du **Lawn** (la pelouse), et sur **Rugby Rd.**, où se bousculent les *fraternities* (logements communautaires d'étudiants). Jefferson avait l'habitude de suivre l'avancement des travaux au télescope depuis Monticello. On peut aujourd'hui lui rendre la politesse en observant Monticello depuis le Lawn, l'une des plus jolies pelouses d'université des Etats-Unis. Le corps enseignant vit dans des pavillons qui entourent le Lawn, construits par Jefferson chacun dans un style architectural différent. Certains étudiants privilégiés de quatrième année séjournent dans des résidences autour du Lawn. La chambre n° 13 est dédiée à **Edgar Allan Poe**, expulsé de l'université pour s'être livré au démon du jeu. La **Rotonde** contient une cloche prise pour cible un beau jour par un étudiant furieux d'avoir été réveillé trop tôt. (© 924-7969. Ouvert tlj 8h45-16h45. Visites guidées de mi-mars à Avr. Lu-Ve à 10h et à 13h, de mai à mi-juin Lu-Ve à 10h, de mi-juin à Oct. Lu-Ve à 10h et à 13h, Sa. à 10h et de Nov. à mi-mars Lu-Ve à 10h.) Le **Bayley Art Museum**, sur Rugby Rd., abrite des expositions temporaires et une petite collection permanente dans laquelle on peut voir notamment un moulage du *Baiser* de Rodin. (© 924-3592. Ouvert Ma-Di 13h-17h. Entrée gratuite.)

🎭 🎬 SPECTACLES ET SORTIES

Cette ville étudiante apprécie indifféremment le jazz, le rock et les pubs. Le kiosque près de la fontaine située au centre du Downtown Mall affiche les programmes des différents lieux. Consultez aussi l'hebdomadaire gratuit *Weekly C-ville*. Les Box Gardens, derrière Ash Lawn, accueillent le **Summer Festival of the Arts**, festival d'opéra et d'opérette en anglais (© 293-4500. Ouvert Juin-Août Lu-Ve 9h-17h.) Ash Lawn reçoit également les soirées "Music at Twilight", mercredi à 20h (10 $, personnes âgées 9 $, étudiants 8 $). Le **Charlottesville Ice Park**, 230 W. Main St., au bout du Downtown Mall, accueille des spectacles de patinage sur glace tous les jours. (© 817-1423. Téléphonez pour les horaires et les tarifs.)

❤ **Buddhist Biker Bar and Grille**, 20 Elliewood Ave. (© 971-9181). Jeunes autour de la vingtaine et étudiants de l'UVA se retrouvent dans ce bar réputé pour sa grande pelouse et ses boissons à prix réduits (bières 2,50-3,50 $). La cuisine n'est pas mal non plus. Essayez la mousse aux épinards (5 $) ou les champignons farcis (3,75 $). Lu. bières 1 $, Me. cocktails 2 $ et Je. concerts *bluegrass*. Ouvert Lu-Sa 17h-2h.

❤ **Orbit**, 102 14th St. N.W. (© 984-5707). Ce nouveau bar-restaurant figure parmi les favoris des habitants de Charlottesville. La salle du rez-de-chaussée est décorée sur le thème *2001 : Odyssée de l'espace* et les fenêtres de type "portes de garage" s'ouvrent en été. A l'étage se trouvent 8 tables de billard et un autre bar proposant un grand choix de bières pression parmi lesquelles de nombreuses bières étrangères (2,50-4 $). Ma. soirée billard gratuite pour les filles, Me. DJ, Je. bières pression 2 $ et Di. concerts acoustiques. Ouvert tlj 17h-2h.

Baja Bean, 1327 W. Main St. (© 293-4507). Bar et restaurant mexicain bon marché, à la mode californienne, où *burritos, tamales* (pâte de maïs et viande) et *chichimangas* (*burritos* un peu plus cuits) se laissent manger sans problème (moins de 8 $). La Cinco Celebration se fête chaque 5 du mois. Il s'agit d'une fiesta marquée par des Coronas à 3 $. *Happy hour* Lu-Ve 16h-18h : 1,50 $ la pinte de Bud Light, 2 $ les cocktails. Boîte de nuit Me. soir, (21h-24h) avec lasers et DJ. Ouvert tlj 11h-2h.

The Max, 120 11th St. S.W. (© 295-6299 ou 295-8729). Le mardi, vous pourrez danser sur les musiques du hit parade et le mercredi, prendre part aux traditionnelles "line dancing" du Sud. Ve-Sa, groupes de *country-rock*. Entrée habituellement 5 $. Bières pression environ 2 $. Ouvert Je-Di 20h-1h30.

TRAX, 122 11th St. S.W. (© 295-8729, 800-594-8499 pour les billets et les spectacles), qui rime avec son voisin The Max. Salle de concert Je-Sa, qui accueille tous les styles, du *heavy metal* au rap en passant par le rock chrétien. Billets 5-20 $ selon le groupe.

PARC NATIONAL DE SHENANDOAH ☞ 540

Le **Parc national de Shenandoah**, créé en 1926, fut l'une des premières tentatives aux Etats-Unis pour sauvegarder le milieu naturel. Le Congrès autorisa la Virginie à acheter 113 ha de terres forestières surexploitées et dont le gibier avait été décimé. En 1936, le président Franklin Roosevelt décida que le parc servirait à la conservation des espèces naturelles. Des trappeurs contribuèrent à y implanter de nouvelles espèces. Aujourd'hui, ce superbe parc national s'étend sur plus de 78 000 hectares et comprend quelque 800 km de sentiers autour desquels s'épanouissent un nombre impressionnant d'espèces végétales. A pied ou en voiture, la vue s'étend par temps clair sur des kilomètres et des kilomètres de crêtes sauvages et d'arbres élancés. En été, on y respire un air dont la légèreté fait oublier la chaleur humide et oppressante de la Virginie et de Washington, D.C. Dès les premiers jours de juin, les lauriers fleurissent en altitude. En automne, Skyline Drive et ses refuges sont pris d'assaut pour admirer les somptueuses couleurs dont se pare la montagne.

✴ 🛈 ORIENTATION ET INFORMATIONS PRATIQUES

Le parc s'étend sur près de 120 km le long de la célèbre **Skyline Drive**, qui relie les 170 km séparant Front Royal, au nord, de Rockfish Gap, au sud, avant de continuer sur la Blue Ridge Parkway. Les Mi. (*miles* ou bornes miliaires) croissent du nord au sud et indiquent les départs de sentiers et les arrêts. Trois grands axes divisent le parc en trois parties. La **North Section** s'étend entre la Route 340 et la Route 211, la **Central Section** entre la Route 211 et la Route 33, et la **South Section** entre la Route 33, la Route 250 et la I-64. (Véhicule 10 $, piéton, cycliste ou passager d'un bus 5 $. Accès handicapés gratuit. Le *pass*, valable 7 jours, est exigé pour toutes les entrées suivantes. La plupart des équipements sont fermés en hiver, téléphonez à l'avance. L'ouverture de la Skyline Dr. dépend des conditions climatiques.)

Le **Dickey Ridge Visitors Center**, *mile* 4,6 et le **Byrd Visitors Center**, *mile* 51, répondent à toutes vos questions et abritent des expositions consacrées au parc ainsi qu'une projection introductive de diapositives de 12 mn. (Dickey Ridge : © 635-3566. Byrd : © 999-3688. Ouvert Avr-Oct tlj 8h30-17h et Juil-Août 8h30-18h. Dickey est également ouvert en Nov., Ve-Sa seulement.) Les deux centres et leurs *rangers* très compétents proposent aussi d'excellentes conférences sur la vie sauvage locale. Ils organisent de petites excursions parmi la flore, suivies de discussions nocturnes à la lueur de lampes tempêtes. Prenez la lettre d'informations gratuite *Shenandoah Overlook* pour obtenir tous les programmes. Complet et récemment actualisé, le *Guide to Shenandoah National Park and Skyline Drive* (7,50 $ parfaitement justifiés) est disponible dans les deux *visitors centers*. Pour des renseignements concernant le parc, contactez le © 999-3397 (tlj 8h-16h30) ou le © 999-3500 pour des informations enregistrées. Par écrit, adressez-vous au : **Superintendent**, Park Headquarters, Shenandoah National Park, Rte. 4, P.O. Box 348, Luray, VA 22835. En cas d'urgence, contactez le © 800-732-0911.

Greyhound assure deux liaisons par bus de Washington, D.C. (40 $), Richmond (25 $) et Charlottesville (8 $) à Waynesboro, près de l'entrée sud du parc. Front Royal, à l'extrémité nord du parc, n'est desservi ni par le bus ni par le train.

HÉBERGEMENT

Bear's Den (HI-AYH), 18393 Blue Ridge Mountain Rd., à 55 km au nord de Shenandoah, sur la Route 601, présente l'aspect d'un petit château fort capable d'accueillir 20 voyageurs épuisés dans deux dortoirs. Il possède également une chambre avec un grand lit et deux lits superposés. Empruntez la Route 340 vers le nord, puis la Route 7 à l'est sur 16 km jusqu'à la Route 601 au nord, avant de tourner après 800 m à droite au portail. En plus de disposer des installations de base, l'auberge de jeunesse gère des sentiers de randonnée faciles qui s'adressent à ceux qui n'ont pas l'habitude de marcher en forêt. Une épicerie leur évite de parcourir les 15 km les séparant du premier supermarché. (© 554-8708. Séjour de 5 jours maximum. Réception 7h30-9h30 et 17h-22h. Libérer la chambre avant 9h30. Portail verrouillé et couvre-feu à partir de 22h. Accès au dortoir des randonneurs possible 24h/24. Lit 12 $, non-adhérents 15 $, chambre pour deux 30 $, non-adhérents 36 $. Personne supplémentaire 12 $, 15 $ pour les non-adhérents. Camping 6 $/7 $ par personne avec libre accès à l'équipement hôtelier. Camping sans accès à l'équipement 3 $.) Le parc dispose également de trois refuges à des prix abordables. **Skyland**, au *mile* 42 sur Skyline Dr., propose de petits bungalows meublés et d'autres au standing un peu plus élevé. (© 999-2211. Bungalows : Ouvert Avr-Oct. 52-102 $. Chambres de motel : Ouvert Mars-Nov. 113-170 $. Oct. : jusqu'à 10 $ de supplément.) **Big Meadows**, au *mile* 51, offre les mêmes services et des bungalows (© 999-2221. Bungalows : Ouvert de fin Avr. à Nov. 75-85 $. Oct. : jusqu'à 10 $ de supplément.) **Lewis Mountain**, au *mile* 57, dispose de bungalows et de tentes (© 999-2255. Bungalows 62-67 $. Oct. : supplément de 2 $. Tente 17-22 $.) Réservation impérative jusqu'à 6 mois à l'avance pour ces trois refuges, © 800-999-4714.

CAMPING

Le parc (© 800-365-2267) gère également quatre grands terrains de camping : **Mathews Arm** (*mile* 22), **Big Meadows** (*mile* 51), **Lewis Mountain** (*mile* 58) et **Loft Mountain** (*mile* 80). Les trois derniers disposent d'un magasin, d'une laverie et de douches mais pas de raccordements. Très boisés et peu encombrés par les camping-cars, Mathews Arm et Lewis Mountain plairont particulièrement aux campeurs (sous tente, plus qu'à ceux en camping-cars). Les emplacements sur les terrains de Mathews Arms, Lewis Mountain et Loft Mountain coûtent 14 $, et à Big Meadows 14-17 $. Il n'est possible de réserver qu'à Big Meadows.

Le **camping sauvage** est gratuit mais vous devez vous munir d'un permis. Vous pouvez le trouver dans tous les postes de *rangers*, aux entrées du parc, au *visitors center* ou au quartier général du parc. Le camping au-dessus de 840 mètres est non seulement dangereux mais interdit. Des cartes et le guide PATC (*Potomac Appalachian Trail Club*) sont disponibles au *visitors center*. Le PATC édite trois cartes topographiques différentes (5 $ pièce), qui couvrent chacune environ le tiers du parc. L'Appalachian Trail (AT) traverse le parc sur toute sa longueur. Le **Potomac Appalachian Trail Club**, une organisation de bénévoles, possède six refuges dans le parc. Les randonneurs qui souhaitent passer la nuit dans le parc sans pour autant dormir dans les bois peuvent recourir à ces abris rustiques. Réservez par écrit auprès du club, au 118 Park St. S.E., Vienna, VA 22180 ou appelez le © 703-242-0693 ou le 242-0315 (Lu-Je 19h-21h, Je-Ve 12h-14h). Ce n'est pas parce que vous dormez sous un toit que vous n'êtes plus près de la nature, donc munissez-vous de lampes et de nourriture. Les refuges les plus sommaires sont équipés de lits superposés, de couvertures et de réchauds. (Une personne par groupe doit être âgée d'au moins 21 ans. Di-Je 15 $ le groupe et Ve-Sa 25 $.) Il existe aussi 12 abris à trois côtés disséminés à des intervalles de 13 à 16 km le long de l'Appalachian Trail. Une règle tacite indique que les refuges sont traditionnellement réservés aux marcheurs qui arpentent de longs tronçons.

▨ ACTIVITÉS DE PLEIN AIR

EN VOITURE

De nombreux visiteurs se limitent au parcours en voiture sur la Skyline Dr., ne s'arrêtant que pour effectuer de courtes promenades, apprécier la vue aux observatoires aménagés et pique-niquer. L'itinéraire lui-même est jalonné de 7 aires de pique-nique aménagées (aux *miles* 5, 24, 37, 51, 58, 63 et 80) avec toilettes, eau potable et tables avec vue panoramique. L'excellent *Guide to Shenandoah and Skyline Drive* comporte une partie randonnée complète décrivant tous les différents sentiers du parc.

À PIED

Les chemins partant de la Skyline Drive sont très souvent parcourus et assez sûrs pour les randonneurs occasionnels s'ils sont prudents et munis d'eau potable, de cartes et de bonnes chaussures. Vous pouvez préférer partir accompagné, et pour de plus longs trajets, en suivant l'une des marches en compagnie d'un *ranger*, organisées gratuitement par le *visitors center*. La partie médiane du parc, entre **Thorton Gap** (*mile* 32) et **South River** (*mile* 63), particulièrement photogénique, offre de superbes paysages, malheureusement très fréquentés. Les *rangers* conseillent le *Hiking Shenandoah Park* (13 $), un guide qui détaille les distances, la difficulté, l'altitude et l'histoire de 59 randonnées.

> **Whiteoak Canyon Trail** (*mile* 42,6. longueur 7,25 km. durée 4h.). Cette randonnée fatigante s'ouvre sur une impressionnante cascade de 25 m de haut. La vue magnifique sur les anciens sapins de Limberlost récompense ceux qui montent le sentier de 312 m de dénivelé.

> **Limberlost Trail** (8 km aller-retour depuis Whiteoak Canyon, durée 2-3h. Accès handicapés sur 1,6 km. Durée 1h.) Cette balade serpente au départ de Whiteoak Canyon dans une forêt de sapins du Canada. Elle s'insinue par la suite au milieu de vergers, sur un terrain relativement plat, ce qui fait d'elle une excursion particulièrement indiquée pour les débutants.

> **Old Rag Mountain Trail** (*mile* 45. longueur 11,5 km. durée 6-8h.) Le sentier principal part en dehors du parc : depuis la US 211, tournez à droite sur la Route 522, et encore à droite vers la Route 231. La vue sur la vallée en contrebas est magnifique, moyennant une ascension de 1000 m. Soyez prudent par temps de pluie, car les rochers peuvent s'avérer glissants. Droit d'utilisation de 3 $ pour les plus de 16 ans qui n'ont pas acquitté le droit d'entrée du parc national de Shenandoah.

> **Stony Man Nature Trail** (mile 41,7. longueur 2,4 km. durée 1h30.) Les randonneurs indépendants peuvent marcher sur cette piste balisée, qui grimpe progressivement au deuxième plus haut sommet du parc.

AUTRES ACTIVITÉS

Il existe deux autres moyens de découvrir le parc national de Shenandoah : le bateau et le cheval. **Downriver Canoe Co.**, à Bentonville propose canoë, kayak, raft ou chambre à air géante. Depuis Skyline Dr., mile 20, suivez la US 211 vers l'ouest pendant 13 km puis prenez vers le nord la US 340 sur 23 km jusqu'à Bentonville. Tournez à droite sur la Route 613 et continuez sur 1,5 km. (© 635-5526 ou 800-338-1963). Si vous préférez, faites un **tour à cheval** au Skyland Lodge, au *mile* 42. (Les cavaliers doivent mesurer au moins 1,45 m. Durée 1h. 20 $. Ouvert Mars-Oct. Téléphonez pour l'horaire et les réservations.)

⚡ ENVIRONS DU PARC NATIONAL DE SHENANDOAH

LURAY CAVERNS

Dame Nature a travaillé des millions d'années à sculpter ces entrailles calcaires et souterraines aux mille couleurs chatoyantes et aux formes aussi tourmentées que variées. Vous risquez d'ailleurs d'attendre un certain temps avant de pouvoir explorer les tunnels humides et froids des **Luray Caverns**, qui contiennent des formations minérales. Un groupe de musique mexicaine fait patienter les visiteurs qui font la queue en attendant de jouer leur propre musique, souterraine cette fois, sur le "Stalacpipe Organ" (orgue en stalactites). Sortie n° 264 de la I-81 en direction de la US 211. (✆ 743-6551. Ouvert de mi-juin à août tlj 9h-19h. Ouvert de mi-mars à mi-juin et Sep-Oct tlj 9h-18h. Ouvert de Nov. à mi-mars Lu-Ve 9h-16h et Sa-Di 9h-17h. Entrée 14 $, personnes âgées 12 $, 7-13 ans 6 $, réduction de 2 $ aux membres de l'AAA.)

ENDLESS CAVERNS

Fuyez la horde des touristes de Luray Caverns pour découvrir les beautés de la création aux Endless Caverns, 1800 Endless Caverns Rd. Ces grottes extrêmement sauvages furent découvertes au XIXᵉ siècle par deux jeunes garçons qui pourchassaient un lapin. Personne ne sait où est passé le lapin, mais il y a de fortes chances qu'il se soit réfugié parmi les 8 km de passages souterrains découverts et les nombreuses autres galeries encore inexplorées. La température de la grotte est fraîche et la visite est assez physique : prévoyez un lainage et des chaussures résistantes. Suivez les panneaux à partir de l'intersection de la US 11 et de la US 211 à New Market. (✆ 896-2283. Ouvert Juin-Août tlj 9h-19h, Sep-Nov et Mars-Juin 9h-17h, Nov-Mars 9h-16h. Entrée 12 $, enfants 3-12 ans 6 $, réduction de 1 $ aux membres de l'AAA.)

SKYLINE CAVERNS

Plus petites et plus proches de Washington, D.C., les **Skyline Caverns**, sur la US 340, à 1,5 km de l'intersection de Skyline Dr. et de la Route 340, doivent leur réputation à leurs anthodites (quartz en forme de fleur). Il est inutile d'attendre la prochaine formation : elle se produit seulement tous les 7000 ans. (✆ 540-635-4545 ou 800-296-4545. Ouvert Juin-Août tlj 9h-18h30, Mars-Mai et Sep-Nov 9h-17h, Nov-Mars 9h-16h. Entrée 12 $, personnes âgées, membres de l'AAA 10 $, 7-13 ans 6 $.)

ROUTE PANORAMIQUE : BLUE RIDGE PARKWAY ⚑ 540

La beauté sauvage ne s'arrête pas une fois franchi le portail sud du parc national de Shenandoah. Vous resterez également bouche bée tout au long des 755 km de la plus longue route panoramique du monde, la Blue Ridge Parkway. Dans le prolongement de Skyline Dr., elle traverse la Virginie et la Caroline du Nord, reliant le parc national de Shenandoah aux Great Smoky Mountains (dans le Tennessee) et offre une succession de points de vue extraordinaires. Administrée par le National Park Service, cette route relie des sentiers de randonnée, des terrains de camping et des aires de pique-nique bordés de superbes panoramas. Si elle reste ouverte en hiver, elle n'est cependant pas très entretenue et souffre du manque de personnel du parc entre novembre et avril. Les routes sinueuses et abruptes peuvent être traîtres. Observez la plus grande prudence, notamment par mauvais temps. Soyez également attentifs aux cerfs qui peuvent surgir de la forêt à tout moment.

Depuis le parc national de Shenandoah, la route serpente en direction du sud à travers la **George Washington National Forest**, entre Waynesboro et Roanoke. Le **Visitors Center** de la forêt (✆ 291-1806), à 20 km de la Parkway, au *mile* 70, à l'intersection de la Route 130 et de la Route 11 à Natural Bridge, peut vous renseigner sur la randonnée, le camping et les possibilités de location de canoë et de baignade dans un lac de montagne, à Sherando Lake (à 7,5 km de la Parkway, au *mile* 16. Droit d'entrée 8 $.)

En face du *visitors center* de la forêt, un véritable *Arc de Triomphe* (c'est comme ça que l'appelle les Américains) creusé par l'eau, le **Natural Bridge**, domine du haut de ses 67 m des chutes d'eau environnées de verdure et une rivière souterraine. Le site ne fut jamais vraiment à l'abri du vandalisme. Ainsi, cette arche, considérée comme l'une des "sept merveilles naturelles du monde", porte encore les initiales gravées par George Washington ! Un spectacle son et lumière reprend le thème des sept jours de la création du monde tiré de la Genèse. (✆ 291-2121 ou 800-533-1410. Ouvert tlj 8h-21h. Spectacle Di-Ve à 21h et Sa. à 21h et à 22h. Entrée 8 \$, personnes âgées, membres de l'AAA, étudiants 7 \$, 6-15 ans 4 \$. Accès handicapés.)

La difficulté et la longueur des sentiers pédestres varie, donnant ainsi la chance aux naturalistes de tous âges et de tout niveau d'explorer les sommets et les gorges des Blue Ridge. **Humpback Rocks**, qui permet l'accès à des formations de roche volcanique vert émeraude (*mile* 5,8), est un sentier facile. **Mountain Farm Trail** (*mile* 5,9), tout aussi facile, conduit en une vingtaine de minutes à une vaste ferme, entièrement rebâtie. Deux sentiers (de 5 à 8 km) partent des **Peaks of Otter** (*mile* 84), où vous pourrez camper aux pieds de pics dépassant les 1300 m. Les 250 m du **Linn Cove Viaduct Access Trail** (*mile* 304,4 en Caroline du Nord) sont accessibles aux handicapés. Les mordus qui ne sont pas pressés peuvent s'aventurer sur l'**Appalachian Trail**, qui les emmènera, au choix, jusqu'en Géorgie, par le sud, ou jusqu'au Maine, tout à fait au nord.

L'opulente demeure du **Moses H. Cone Memorial Park** (*mile* 294) loue des canoës pour explorer le Price Lake, au *mile* 291. (✆ 295-3782. Ouvert Juin-Août tlj 8h30-18h, Mai et Sep-Oct Sa-Di 10h-18h. 4 \$ l'heure, 3 \$ l'heure supplémentaire.) Le Park Service gère toutes sortes d'activités sous l'égide des *rangers* : conversations historiques, veillées, balades guidées dans la nature, projections de diapositives et spectacles musicaux… Renseignements auprès du **Visitors Center** (voir plus loin).

A l'intersection de la I-81 et de la I-64, à l'endroit où Skyline Dr. se fond dans la Blue Ridge Parkway, la ville étudiante de **Lexington** s'enorgueillit de son passé confédéré. Passez au **Lee Chapel and Museum**, au milieu du campus de l'université, qui abrite la tombe du général confédéré Robert E. Lee (qui a donné son nom à l'université), ainsi que les restes de son fidèle destrier Traveler. (✆ 463-8768. Ouvert Lu-Sa 9h-17h et Di. 13h-17h. Entrée gratuite.) Pour plus de renseignements sur les autres attractions ou l'hébergement, contactez le **Lexington Visitor Center**, 106 E. Washington St. (✆ 463-3777). Le long de la route, d'autres villes et villages vous offrent également un choix d'hébergement, principalement des motels (35-55 \$).

Pour tout renseignement d'ordre général sur la Parkway, appelez le Park service de Roanoke, VA (✆ 857-2490) ou contactez le **Blue Ridge Parkway Superintendent**, 199 Hemphill Knob Rd., Asheville, NC 28801 (✆ 828-298-0398). Il existe douze **Visitors Centers** le long de la Parkway : aux *miles* 6, 64, 86, 169, 218, 294, 305, 316, 365 et 382. Ces centres sont situés aux points d'intersection des routes principales et de la Blue Ridge Parkway. (La plupart sont ouverts tlj 9h-17h.)

ROANOKE ✆ 540

Roanoke est considérée depuis longtemps comme la capitale culturelle et économique de la région sud-ouest de Virginie. Son histoire commence en 1881, lorsqu'elle n'est encore qu'une petite ville pionnière appelée "Big Lick" (grand coup de langue), du nom d'un marais salé où viennent s'abreuver les cerfs. Très vite, elle se transforme en une cité industrielle prospère et renommée grâce aux lignes ferroviaires Norfolk et Western Railroads qui s'y rejoignent. Les voies de chemin de fer qui ont contribué à la réussite de la ville sont encore visibles le long de Norfolk Ave. Ses innombrables musées, spectacles musicaux et pièces de théâtres ainsi qu'un centre-ville florissant ont valu à Roanoke le titre de "Star de la Virginie du Sud-ouest".

Le complexe **Center in the Square** est la mecque culturelle de la ville. Il abrite, au rez-de-chaussée, le **Mill Mountain Theater**, qui célèbre sa 38e saison. *The Jungle Book* (Le livre de la jungle), *Annie Get Your Gun* (Annie prends ton flingue) et *Death of a Salesman* (Mort d'un commis-voyageur) ne sont qu'un aperçu des pièces vedettes programmées en 2002. (© 342-5740. Guichet ouvert Ma-Sa 10h-17h.) Plongez-vous dans l'histoire de Roanoke, de l'époque des Indiens et de la conquête des terres colonisées à aujourd'hui, au **History Museum & Historical Society of Western Virginia**. La petite Theatre History Gallery présente des costumes, des chandeliers, du mobilier et un orgue à pompe Miller ayant appartenu aux théâtres de la ville. (© 342-5770. Ouvert tlj 10h-17h. Entrée 2 $, personnes âgées et enfants 1 $.) Le **Mill Mountain Zoo**, près de Jefferson Rd., abrite deux magnifiques aigles d'Amérique secourus à la suite d'une blessure, un léopard tacheté, un porc-épic huppé d'Himalaya et Bernice, un python atteint de mélanisme (anomalie proche de l'albinisme). Ne manquez pas Sichuan Takin, la bête dont la peau aurait pu être la toison d'or recherchée par Jason et les Argonautes. (© 343-3241. Ouvert Lu-Je 10h-16h30 et Ve-Di 10h-19h30. Entrée 6,30 $, personnes âgées et membres de l'AAA 5,70 $, moins de 12 ans 4,20 $, gratuit pour les moins de 2 ans. ZooChoo : billets 1,58 $, gratuit pour les moins de 2 ans.)

Difficile de dénicher un logement bon marché à Roanoke. Vous ne trouverez pas meilleur prix qu'à **Econolodge**, 308 Orange Ave., qui propose des chambres standard. (© 343-2413. Air conditionné, télévision par câble, petit déjeuner continental. 35-59 $, personnes âgées et membres de l'AAA 10 % de réduction.) Ne vous laissez pas abuser par le hall luxueux du **Ramada Inn**, 1927 Franklin Rd. : les chambres sont des plus simples. (© 343-0121. Air conditionné, télévision par câble, petit déjeuner continental, piscine extérieure. 46-99 $, réductions pour les membres de l'AAA.)

C'est à **Historic Farmers Market District** et dans les blocks environnants que vous trouverez les restaurants les moins chers. ❤ **Saltori's Cafe & Spirits**, 202 Market Square S.E., sert de copieux sandwichs (6-7 $) et un impressionnant choix de boissons à base de caféine, notamment le thé *black velvet* (ginseng, menthe et réglisse) pour 1,15 $. (© 343-6644. Ouvert Lu-Je 8h30-23h, Ve-Sa 8h30-1h et Di. 9h-23h.) Si vous êtes amateur de cuisine indienne, essayez **Nawab Indian Cuisine**, 118A Campbell Ave. S.E. Son buffet du déjeuner à volonté est l'une des meilleures affaires de la région (7 $). Il existe 15 plats (9-11 $) adaptés aux végétaliens et aux végétariens. La formule déjeuner est à 6 $. (© 345-5150. Ouvert tlj pour le déjeuner 11h30-14h30, pour le dîner Di-Je 17h-22h et Ve-Sa 17h-23h.) Si le centre-ville ne manque pas de ressources culturelles et culinaires, la vie nocturne, quant à elle, n'a rien d'exaltante. Les jeunes se retrouvent à **Awful Arthur's**, 108 Campbell Ave. S.E., un bar sans chichi où tout le monde se connaît. Essayez les *Awful Margarita* (6 $) et les *oyster shooters* (bière et vodka arrosées de tabasco, 2-3 $). Bières classiques américaines en bouteille et à la pression 1,75-2 $. (© 344-2997. *Happy hour* tlj 11h-19h. Je. concerts de rock et de blues. Ouvert tlj 11h-2h.)

La compagnie de bus **Greyhound**, 26 Salem Ave. S.W. (© 343-7885 ou 800-231-2222, ouvert tlj 9h-17h) dessert Washington, D.C. (7 dép/j, durée 5h, 36 $) et Richmond (4 dép/j, durée 4h, 28 $). **Valley Metro**, 1108 Campbell Ave. S.E., gère les transports locaux. (© 982-2222. Plans disponibles au *visitors center*. Lu-Sa 5h45-20h45. Ticket 1,25 $, personnes âgées et handicapés 60 ¢, gratuit pour les moins de 6 ans. Correspondances gratuites.) **Taxi** : **Liberty Cab**, © 344-1776. **Bureau de poste** : 419 Rutherford Ave. N.E. (© 985-8765. Ouvert Lu-Ve 7h30-17h30 et Sa. 9h-12h.) **Code postal** : 24022.

VIRGINIE OCCIDENTALE

La géographie et l'histoire ont longtemps conspiré pour faire de la Virginie Occidentale l'un des Etats les plus pauvres et les plus isolés des Etats-Unis. Les Appalaches forment une barrière escarpée difficilement franchissable, et les mines de Virginie Occidentale sont le symbole des pires abus du capitalisme industriel. Pourtant, la Virginie Occidentale a connu de grands moments. L'Etat s'est formé durant la guerre de Sécession, lorsque les comtés demeurés loyaux à l'Union ont refusé de suivre le reste de la Virginie dans la rupture. Le dur labeur dans les mines de charbon (qui était auparavant la principale source de revenus de la Virginie Occidentale) a aussi mené les habitants de cet Etat à jouer un rôle actif dans la naissance du mouvement syndical américain.

Durant les trente dernières années, le déclin de l'industrie lourde a conduit l'Etat à exploiter une autre de ses richesses : la beauté incomparable de ses paysages. Le ski, la randonnée, la pêche et surtout le rafting (sans égal dans tout l'Est des Etats-Unis) ont fait du tourisme une source de revenus et d'emplois.

▉ INFORMATIONS PRATIQUES

Capitale : Charleston.

Informations touristiques : Dept. of Tourism, 2101 Washington St. E., Bldg. n° 17, Charleston 25305, P.O. Box 30312 (© 800-225-5982, www.callwva.com). **US Forest Service**, 200 Sycamore St., Elkins 26241 (© 304-636-1800). Ouvert Lu-Ve 8h-16h45.

Fuseau horaire : Heure de l'Est (6 heures de moins que l'heure de Paris).

Abréviation postale : WV. **Taxe locale** : 6 %.

HARPERS FERRY　　　　🔁 304

CENTRE ATLANTIQUE

Ville bucolique à flanc de colline, en amont du Potomac et de la Shenandoah, Harpers Ferry est devenue célèbre en 1859 lorsqu'un groupe d'abolitionnistes dirigé par John Brown attaqua le US Armory (l'arsenal fédéral) dans le but de libérer par les armes un maximum d'esclaves. John Brown fut capturé et, en dépit de nombreuses prises de position en sa faveur d'intellectuels de l'époque (dont Victor Hugo), exécuté. Son raid exacerba les tensions entre abolitionnistes et esclavagistes et, par extension, contribua à stigmatiser les divergences des modèles économiques sur lesquels s'appuyaient le Nord et le Sud. C'est pourquoi une majorité d'historiens considèrent que l'expérience John Brown (qui a donné lieu à une célèbre chanson du folklore américain, *John Brown's Body*) fut, indirectement, à l'origine de l'embrasement de la guerre de Sécession. Au cours de cette guerre, la région connut de nombreuses batailles et changea de mains huit fois. Harpers Ferry attire aujourd'hui des hôtes plus modérés, adeptes des activités de plein air, qui viennent profiter de la beauté sauvage qui entoure la ville.

■■▉ ORIENTATION ET INFORMATIONS PRATIQUES

Située à la frontière de la Virginie Occidentale avec le Maryland, Harpers Ferry est assez proche de Washington, D.C., pour justifier une excursion d'une journée. **Train** : **Amtrak**, sur Potomac St., met en service un train par jour vers Washington, D.C. (18 $). Réservation impérative, aucun billet n'est vendu à la gare. Cette même gare est desservie par le **Maryland Rail Commuter (MARC**, © 800-325-7245, ouvert Lu-Ve 5h30-20h15), qui offre une alternative à la fois plus fréquente et moins coûteuse pour se rendre à Washington (Lu-Ve 2 dép/j, 7,25 $). L'**Appalachian Trail Conference (ATC)** effectue des liaisons en bus vers Charles Town pour 2 $. **Location de vélos** : **Blue Ridge Outfitters** (© 304-535-6331), à 3 km à l'ouest de Harpers Ferry, en direction de Charles Town. Vélo 20 $ la journée. **Informations touristiques** : © 535-6223. Un **visitors center** est situé immédiatement à l'entrée du parc, à la sortie de la Route 340. (© 535-6298. Ouvert tlj 8h-17h.) Voiture 5 $, randonneur ou cycliste 3 $, valable 3 jours consécutifs. Navette toutes les 10 mn entre le parking du *visitors center* et la ville. **Bureau de poste** : à l'angle de Washington St. et de Franklin St. (Ouvert Lu-Ve 8h-16h et Sa. 9h-12h.) **Code postal** : 25425.

▉ HÉBERGEMENT

Les randonneurs épuisés trouvent gîte et accueil chaleureux au vaste **Harpers Ferry Hostel (HI-AYH)**, 19123 Sandy Hook Rd., à l'angle de Keep Tryst Rd., près de la

Route 340, à Knoxville, dans le Maryland. Cette ancienne salle de ventes restaurée répartit ses hôtes dans quatre dortoirs et 37 lits moelleux. (© 301-834-7654. Fermé du 15 novembre au 15 mars. Réception 7h-9h et 18h-23h. Laverie, parking limité. Séjour maximum de trois nuits. Lit 15 $, non-adhérents 17 $. Camping 6 $, non-adhérents 9 $, avec possibilité d'utiliser la cuisine de l'auberge et les salles de bains. Emplacement sommaire 3 $, non-adhérents 4,50 $. Numéro de carte bancaire exigé pour la réservation par téléphone.) **Hillside Motel**, 19105 Keep Tryst Rd., à Knoxville, dans le Maryland, dispose de 19 chambres correctes. Son emplacement près d'un restaurant et d'une boutique autorisée à vendre de l'alcool (*liquor store*) suffit à faire de lui l'une des adresses les plus intéressantes de la ville pour le voyageur qui souhaite s'amuser un samedi soir. (© 301-834-8144. Chambre simple 36 $, chambre double 45 $. Tarifs réduits en hiver.) Vous pouvez camper le long du **canal C & O** (Chesapeake and Ohio), où les emplacements sont situés tous les 8 km, ou dans l'un des 5 campings des parcs d'État du Maryland, à moins de 50 km de Harpers Ferry. (Pour plus d'informations, vous pouvez appeler le poste de *rangers* au © 301-739-4200.) **Greenbrier State Park**, sur la Route 40 E. depuis la Route 66, propose 165 emplacements et des aires de loisir en plein air autour d'un lac. (© 301-791-4767 ou 888-432-2267. Ouvert Mai-Oct. Emplacement 20 $, avec raccordement 25 $.)

▐ RESTAURANTS

Les touristes affamés disposant d'un budget limité auront du mal à trouver de quoi se restaurer à Harpers Ferry. La plupart des restaurants sont chers et font partie des hôtels et des Bed & Breakfast. Idéale pour les fans de fast food, la **Route 340** regroupe plusieurs chaînes de restaurants signalées par de grands panneaux au bord de la route. En face du Hillside Motel, le **Cindy Dee Restaurant**, 19112 Keep Tryst Rd., à l'angle de la Route 40, fait frire tant de poulets (5 $) que la graisse pourrait à elle seule bloquer toutes vos artères. En revanche, le gâteau maison fourré aux pommes (2,50 $) est délicieux. (© 301-695-8181. Ouvert tlj 7h-21h.) Les restaurants du quartier historique, surtout autour de High St. et de Potomac St., servent surtout à déjeuner et se vident au dîner. Pour une cuisine variée et des soirées animées, le petit **Shepherdstown**, à 18 km au nord de Harpers Ferry, fait quasiment office de métropole culinaire agitée dans ces contrées reculées. Depuis Harpers Ferry, prenez la Route 340 S. sur 3,2 km jusqu'à la Route 230 N, ou, à vélo, longez le chemin de halage du canal C & O sur 21 km. Au milieu de l'architecture coloniale d'E. German St. se trouve le **Mecklinburg Inn**, 128 E. German St., qui organise d'amusantes soirées rock au cours desquelles la bière Rolling Rock est à 1,75 $. Scène ouverte (*open mic*) tous les mardis 21h-24h. (© 876-2126. *Happy hour* Lu-Ve 16h30-18h30. Interdit aux moins de 21 ans après 17h. Ouvert Lu-Je 15h-0h30, Ve. 15h-1h30, Sa. 13h-2h et Di. 13h-0h30.)

◉ VISITES

Les places de stationnement sont inexistantes en ville. Il faut donc laisser sa voiture au *visitors center* et prendre un bus gratuit jusqu'au centre-ville ou marcher 20 mn. Le bus s'arrête dans **Shenandoah St.**, où s'alignent des ateliers reconstitués du XIXe siècle et des personnages en costume d'époque pour vous accueillir. Le **Harpers Ferry Industrial Museum**, sur Shenandoah St., présente les techniques utilisées pour exploiter l'énergie des fleuves Shenandoah et Potomac. Il explique aussi le rôle joué par la ville comme terminus de la première ligne ferroviaire du pays. **Black Voices from Harpers Ferry**, à l'angle de High St. et de Shenandoah St., raconte la vie de la communauté afro-américaine de la région, de l'esclavage à nos jours et met en scène des esclaves enchaînés qui donnent leur avis sur John Brown et son attaque de l'arsenal fédéral. La **Civil War Story** voisine, sur High St., explique également l'importance stratégique de la ville pour les armées de l'Union et de la Confédération pendant la guerre de Sécession. L'achat d'un billet est parfois réclamé à l'entrée de certains édifices, mais le *Lower Town Trail Guide* fourni par le parc de Harpers Ferry facilitera votre exploration. Les *rangers* vous proposent des visites guidées de la ville d'une heure ou de 45 mn gratuites (en été, tlj 10h30-16h). De plus, le parc organise parfois des démonstrations de combat sur le champ de bataille voisin, des défilés, et autres reconstitutions historiques du passé de Harpers Ferry (appelez le ✆ 535-6298 pour connaître le programme).

Le **John Brown Museum**, sur Shenandoah St., juste derrière High St., est le site historique le plus intéressant de la ville. Une vidéo de 30 mn explique le déroulement puis les répercussions morales et politiques de l'intrusion de John Brown dans l'arsenal fédéral. La partie de l'**Appalachian Trail** qui passe en ville gravit des escaliers très raides et aboutit à **Upper Harpers Ferry**, qui possède moins de sites à visiter mais plus de légendes historiques à découvrir. Prévoyez 45 mn pour atteindre la **Harper's House**, maison restaurée de Robert Harper, fondateur de la ville, et **St. Peter's Church**, sur laquelle, pour la protéger, un astucieux pasteur avait hissé le drapeau anglais en pleine guerre de Sécession.

🏔 ACTIVITÉS DE PLEIN AIR

Après vous être immergé dans le tumultueux passé de Harpers Ferry, sans doute aurez vous envie de profiter pleinement de la nature qui l'environne. Le **Maryland Heights Trail**, randonnée la plus célèbre de la ville, offre des vues splendides sur les Blue Ridge Mountains, longe des falaises escarpées qui défient les alpinistes les plus expérimentés et présente des vestiges de forts remontant à la guerre de Sécession. Plus boisés, les 6 km du **Loudon Heights Trail** partent de la ville basse (*Lower Town*), depuis l'Appalachian Trail. Ces deux sentiers nécessitent un peu plus de trois heures de marche. Le **Bolivar Heights Trail**, riche en histoire, part de l'extrémité nord de Whitman Ave. Il suit l'une des lignes de front de la guerre de Sécession, où Stonewall Jackson et ses troupes confédérées l'emportèrent, et permet de voir des objets liés au conflit (une batterie de trois canons par exemple). Sa longueur (1,8 km) ne réclame pas trop d'efforts. Les **Appalachian Trail Conference**, 799 Washington St., à l'angle de Washington St. et de Jackson St., distribuent à leurs membres des catalogues remplis de bons de réduction sur le matériel de randonnée, éditent des guides de randonnée, donnent des renseignements sur les sentiers et mettent à la disposition des randonneurs une boîte postale. (✆ 535-6331. Ouvert de fin mai à Oct. Lu-Ve 9h-17h et Sa-Di 9h-16h, de Nov. à la mi-mai Lu-Ve 9h-17h. Carte de membre 30 $, étudiants et personnes âgées 25 $.)

River & Trail Outfitters, 604 Valley Rd., au croisement de la Route 340, à Knoxville, dans le Maryland, loue des canoës, des chambres à air de camion, des rafts et propose des excursions avec guide. La navigation sur les eaux tranquilles de la Shenandoah River, activité plus calme, coûte 15 $. (✆ 301-695-5177. Canoë 55 $ la journée, rafting 55-60 $ par personne, enfant 40 $, chambre à air 32 $ la journée.) On peut acheter une chambre à air pour la journée chez **Butt's Tubes, Inc.**, sur la Route 671 par la Route 340, qui vous la rachète une fois votre descente terminée. (✆ 800-836-9911. Ouvert Lu-Ve 10h30-15h, dernier passage de la navette à 17h. Sa-Di 10h-16h, dernier passage à 18h. 5-20 $.) Pour les randonnées à cheval, voyez avec **Elk Mountain Trails** (✆ 301-834-8882).

NEW RIVER GORGE   📧 304

Malgré son nom, New River est l'une des plus vieilles rivières du monde. Elle se fraye un chemin étroit à travers les Appalaches en creusant des gorges à pic dont la hauteur moyenne dépasse les 300 mètres. Ces parois abruptes restèrent vierges de toute présence humaine jusqu'en 1873, date à partir de laquelle des industriels asséchèrent la région pour récupérer du charbon et du bois. Les mines de charbon étant aujourd'hui désaffectées, la nature reprend ses droits et une flore naturelle abondante se développe à nouveau dans les gorges.

🚾 INFORMATIONS PRATIQUES. Greyhound fait halte à Beckley, 105 Third Ave. (✆ 253-8333. Ouvert Lu-Ve 7h-12h et 13h-20h30, Sa. 7h-12h et 15h-20h30, Di. 7h-9h et 16h-20h30). **Amtrak** dessert Prince et Hinton, sur la Route 41 N. (✆ 253-6651.

Trains Di., Me. et Ve. Ouvert Di., Me. et Ve. 10h30-19h, Je. et Sa. 7h-14h30.) Pour louer des vélos, adressez-vous au **Ridge Rider Mountain Bikes**, 103 Keller Ave., près de la US 19, à Fayetteville (© 574-2453 ou 800-890-2453. Ouvert tlj 9h-18h, 25 $ la demi-journée, 35 $ la journée).

⚑ HÉBERGEMENT. Vous trouverez des motels bon marché près de la I-77 à Beckley (45-60 $) et des chambres d'hôtes ou de petits chalets disséminés dans Fayetteville. Appelez le © 800-225-5982 pour des renseignements sur l'hébergement. **Whitewater Inn**, la bien nommée, à l'angle de l'Appalachian Dr. et de la US 19, possède des chambres petites mais propres à des prix abordables. (© 574-2998. Chambre 30-45 $.) Le **Canyon Ranch** (© 574-3111 ou 574-4111), par Gatewood Road, en prenant le Cunard Access menant à la rivière, propose quatre chambres avec air conditionné et salle de bains commune. La plupart des entreprises de rafting possèdent leur propre terrain de camping, auxquels s'ajoutent quatre terrains publics. Le plus central, **Babcock State Park**, Route 41 au sud de la US 60, à 25 km à l'ouest de Rainelle, est le plus grand camping public de la région et possède 26 emplacements ombragés (© 438-3004 ou 800-225-5982, emplacement 13 $, avec électricité 17 $). Sur Ames Heights Rd., à 800 m au nord du New River Gorge Bridge, le **Mountain State Campground**, privé, propose des emplacements pour les tentes, dotés de plates-formes (sur demande) et de bungalows sommaires pour six personnes (© 574-0947. Séjour de deux nuits minimum. Ouvert Avr-Oct. Emplacement 6-7 $. Bungalow 60 $.)

◙ VISITES. A l'endroit où la Route 19 franchit la rivière, à l'extrémité nord du parc, le **New River Gorge Bridge** (le deuxième pont le plus haut des Etats-Unis) surplombe la gorge à hauteur de Canyon Rim. Le *visitors center* offre un beau panorama, mais si vous vous sentez l'âme d'un aventurier, descendez les escaliers qui mènent au promontoir du niveau inférieur. Vous serez face à un spectacle grandiose tout en ayant fait un peu d'exercice, ce qui ne gâche rien.

Surmontant la New River d'une hauteur de 267 m, son arche d'acier serait la plus étendue du monde. Le **"jour du pont"** (**Bridge Day**, © 800-927-0263, le 3ᵉ samedi d'octobre), les fondus du sport extrême sautent à l'élastique ou en parachute du haut de son arche (Inscriptions au © 707-793-2273 ou sur le www.newrivercvb.com. 60 $. 300 participants maximum.) Pour un aperçu aérien plus long, vous pouvez effectuer des **survols en avion** de la gorge (10 $) depuis l'aérodrome de Fayetteville, à 3 km au sud de la ville. Des mineurs retraités vous guident lors de la visite de la **Beckley Exhibition Coal Mine**, à 32 km au sud de Fayetteville, au New River Park, à Beckley. Découvrez l'industrie minière en prenant place dans des wagonnets, tractés par une motrice des années 1930, qui parcourent 50 m de galeries souterraines. La température chute à 15 °C dans les tunnels : emportez un vêtement chaud. (© 256-1747. Ouvert Avr-Oct tlj 10h-17h30. Tarif 9 $, personnes âgées 8 $, enfants 4-12 ans 6 $, gratuit pour les moins de 4 ans qui n'ont pas peur du noir). La **balade à cheval** est un autre moyen de découvrir la gorge. Contactez **River Trail Rides, Inc.**, qui propose toute l'année des balades de 2h30, des promenades au coucher du soleil ou des excursions de nuit. (© 888-742-3982. A partir de 39 $).

⚐ ACTIVITÉS DE PLEIN AIR. Désormais, dans le cadre du **New River Gorge National Park**, la protection des lieux est assurée et les activités qu'on peut y mener (pêche, escalade, canoë, VTT, rafting) sont intelligemment contrôlées. La région a en effet vu ses industries de matières premières sinistrées ces dernières décennies et s'efforce de mettre en valeur son abondance de rapides, allant de la classe I à la classe V. Un service téléphonique (© 800-225-5982) vous met en contact avec l'une ou l'autre des vingt entreprises qui opèrent sur la New River ou la Gauley River, juste à côté. Vous pouvez également vous procurer une brochure à l'office de tourisme, **Fayetteville County Chamber of Commerce**, 310 Oyler Ave. (© 465-5617), à Oak Hill. **USA Raft**, à l'angle de la Route 16 et de la Route 19, à Fayetteville, propose les descentes les moins chères (© 800-346-7238. New River : Di-Ve 48 $, Sa. 58 $. Gauley River : partie supérieure 55-65 $, partie inférieure 66-76 $).

Bien que ces rapides de renom attirent la plupart des touristes, les nombreux sentiers pédestres du parc comblent les marcheurs et leur font apprécier la rivière à sa juste valeur. Les plus intéressants sont le **Kaymoor Trail**, de 3,2 km et le **Thurmond Minden Trail**, de 5,5 km. Kaymoor part au sud du pont, de Fayette Station Rd., et passe devant les anciens fours à coke de Kaymoor, un ancien village minier abandonné en 1962. Thurmond Minden, à gauche à partir de la Route 25 avant Thurmond, offre des vues sur la New River et Thurmond. Les alpinistes en quête de défis à relever pourront se mesurer au **Endless Wall** (ou "paroi sans fin"), qui s'étend vers le sud-est le long de la New River. L'accès est possible par un sentier depuis le parking du Canyon Rim Visitors Center. Il existe quatre **Visitors Centers** : **Canyon Rim** (℃ 574-2115), à l'angle de la Route 19, près de Fayetteville, à l'extrémité nord du parc, **Grandview** (℃ 763-3145), sur la Route 9, près de Beckley, **Hinton** (℃ 466-1597), sur la Route 20, et **Thurmond** (℃ 465-8550), sur la Route 25, près de la I-19. Grandview attire beaucoup de visiteurs en mai, époque de la floraison des rhododendrons. Sinon, la plupart s'arrêtent à Canyon Rim, où l'on fournit les renseignements les plus complets. (Canyon Rim et Grandview ouverts Juin-Août tlj 9h-20h et Sep-Mai 9h-17h. Hinton ouvert Juin-Août tlj 9h-17h et Sep-Mai Sa-Di 9h-17h. Thurmond ouvert tlj 9h-17h.)

FORÊT FÉDÉRALE DE MONONGAHELA ⧆ 304

L'immense **forêt fédérale de Mammoth Monongahela**, qui s'étend à l'est de l'Etat, est très fréquentée par les amateurs de kayak, les pêcheurs à la mouche et les spéléologues, et abrite des daims, des ours, des oies sauvages et de magnifiques grottes calcaires. Plus de 500 emplacements de camping et plus de 1000 km de sentiers pédestres tortueux et sauvages attirent dans ce petit paradis les amoureux de la nature, qui peuvent y jouir d'une paix et d'un silence que les hordes de touristes n'ont pas encore trop troublés. Les routes de Monongahela s'insinuent à travers une végétation superbe et luxuriante mais la beauté de la **Route 39**, entre Marlinton et Goshen, en Virginie, après la Maury River, surpasse toutes les autres. Pour plus de variété, sortez de la US 219 en prenant Denmar Rd. puis Locust Creek Rd. à droite pour un circuit de 16 km qui passe devant des okapis et des bisons, une prison et une vieille église de campagne pour s'achever par un pont étroit adjacent au pont couvert de 1888 qui traverse Locust Creek. La **Highland Scenic Hwy.** (ou Route 150) passe à proximité du *nature center* et s'étend sur 70 km depuis Richmond jusqu'à la US 219, à 11 km au nord de Marlinton. Même si vous êtes tenté d'admirer les splendeurs naturelles de la forêt, n'oubliez pas de regarder la route, sinueuse et souvent noyée dans le brouillard.

Le *nature center* propose une exposition très instructive sur la faune de la forêt, notamment le serpent à sonnette, mais organise également des visites gratuites des **Cranberry Glades** le week-end (Juin-Août Sa-Di 14h). Le sentier **Cow Pasture Trail** parcourt les clairières sur 10 km, permettant d'apercevoir les restes d'un camp de prisonniers allemands datant de la Seconde Guerre mondiale et des barrages de castors. Dans ce secteur, deux courtes balades ont beaucoup de succès : le magnifique chemin de **High Rocks Trail**, qui part de la Highland Scenic Hwy., et le splendide sentier de 3,2 km qui mène aux chutes **Hills Creek Falls** en partant de la Route 39/55, au sud du Cranberry Mountain Nature Center. *Ne laissez aucun objet de valeur dans votre véhicule, car il y a souvent des voleurs dans cette zone.*

Si vous avez plusieurs jours devant vous, vous pouvez aller marcher, faire du vélo ou du ski de fond sur une partie du **Greenbrier River Trail**, une excursion de 120 km le long d'un sentier à 1 % de déclivité menant de Cass à North Caldwell (départ sur la Route 38, qui part de la US 60). Bordé de plusieurs points d'accès et de campings, ce chemin offre de nombreux points de vue et présente sans doute la plus grande concentration de papillons en Virginie Occidentale. Vous pouvez vous procurer des cartes au bureau du **Watoga State Park** (℃ 799-4087), à Marlinton. Pour goûter aux joies de la descente, rendez-vous à **Canaan Valley**, sur les 54 chemins de la station de **Snowshoe**, juste à l'extérieur de la National Forest. (℃ 572-1000. Ouvert Nov-Avr tlj 8h30-22h. Forfait remontée 38 $, étudiants et personnes âgées 30 $, Sa-Di 44 $. Location de skis 26 $, enfants 18 $). En été, c'est le VTT qui prend la relève. Les **pêcheurs** peuvent lancer leurs lignes dans les rivières Williams et Cranberry, riches en truites. **Elk River** (*℃* 572-3771 ou 572-4173), à côté de la Route 219 à Slatyfork, vend toute sorte d'articles de pêche. Les sentiers qui s'enfoncent dans la National Forest partent de la porte du magasin. Le spécialiste qui tient la boutique organise, tout au long de l'année, des sorties de pêche à la mouche et s'occupe d'un Bed & Breakfast rustique (45-85 $ la nuit).

La forêt est divisée en six secteurs qui possèdent tous un terrain de camping et une aire de loisirs. Des *stations* (ou postes de *rangers*) sont installés près de la Route 39 au nord de Marlinton et dans les localités de Bartow et de Potomack (ouvert Lu-Ve 8h-16h30). Le **Supervisor's Office**, 200 Sycamore St., à Elkins, vous fournit une liste complète des terrains et des tarifs, ainsi que des informations sur la chasse et la pêche (*℃* 636-1800. Ouvert Lu-Ve 8h-16h45). Les emplacements aménagés coûtent 5 $, mais le camping sauvage est gratuit. Si vous voulez vous enfoncer dans la forêt, décrivez votre itinéraire au **Cranberry Mountain Nature Center**, au croisement de la Route 150 et de la Route 39/55 (*℃* 653-4826. Ouvert Avr-Nov tlj 9h-17h.) Le **camping de Cranberry**, dans le secteur de Gauley, à 21 km de Ridgewood, au 76 Forest Rd., vous propose des emplacements à 6 $, ainsi que des chemins qui traversent les tourbières. La plupart des transports en commun de la région vont à White Sulphur Springs, à l'extrémité sud de la forêt. Les bus **Greyhound** déposent les passagers le long de la Route 60, vers la forêt, mais pas dans l'autre sens (*℃* 800-231-2222 pour l'horaire et les tarifs). Les trains **Amtrak** font halte Di., Me. et Ve. au 315 W. Main St., en face du Greenbrier. Il est également possible de demander à descendre à Alderson Di., Me. et Ve. Trains pour Washington, D.C. (depuis White Sulphur Springs 61 $, depuis Alderson 72 $) et pour Charlottesville (depuis White Sulphur Springs 34 $, depuis Alderson 38 $).

CENTRE ATLANTIQUE

LA NOUVELLE-ANGLETERRE

Berceau de l'Amérique anglo-saxonne, cœur de la politique américaine, haut lieu de l'enseignement depuis des siècles, la Nouvelle-Angleterre était déjà le centre de la vie intellectuelle et politique du pays avant même la formation des Etats-Unis. C'est aussi une terre de culture : d'innombrables écrivains, musiciens, historiens, poètes ont vécu, étudié ou travaillé en Nouvelle-Angleterre.

Ce pays qui rappelle par bien des côtés la vieille Europe n'était de prime abord guère clément pour les *Pilgrim Fathers*, les premiers colons venus d'Angleterre. Des massifs montagneux d'un côté et une côte austère de l'autre, un climat imprévisible, un sol peu fertile, des hivers rigoureux, ce coin des Etats-Unis n'avait rien d'une terre promise. Ces conditions naturelles difficiles, avec l'avènement du tourisme, sont devenues autant d'atouts. Le Vermont est le paradis du ski l'hiver, Cape Cod et les îles océaniques sont des destinations privilégiées l'été. Les paysages souvent rudes mais magnifiques attirent toute l'année randonneurs, cyclotouristes et amoureux de la nature. Les couleurs chatoyantes dont se parent les forêts pendant l'été indien, au début de l'automne, sont célèbres dans le monde entier.

MAINE

Le plus vaste Etat de la Nouvelle-Angleterre, qui longe la frontière du Canada, offre un visage différent de ses voisins. Depuis le Viking Leif Eriksson, que l'histoire désigne comme le premier Européen à avoir foulé le sol du Nouveau Continent, le Maine n'a guère changé. A l'époque, les orignaux parcouraient les verdoyantes étendues sauvages, le cri du *Maine coon* (gros chat originaire de la région) résonnait dans les montagnes et d'innombrables homards arpentaient le fond de l'océan. Les

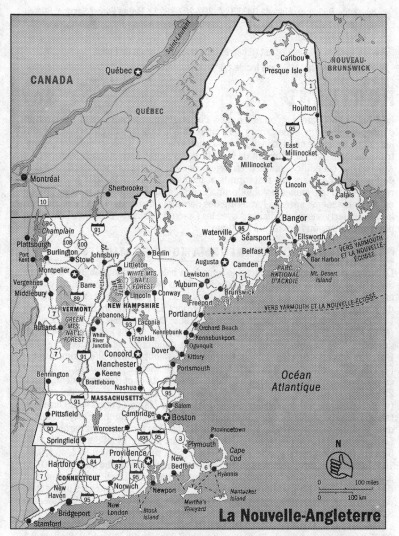

La Nouvelle-Angleterre

forêts couvrent toujours près de 90 % de l'Etat, soit plus que la surface totale du reste de la Nouvelle-Angleterre, au sud. Le Maine est peu urbanisé : on peut faire des kilomètres sans rencontrer âme qui vive. La majeure partie de la population vit sur la côte, au paysage sévère et déchiqueté.

🛈 INFORMATIONS PRATIQUES

Capitale : Augusta.

Informations touristiques : **Maine Tourism Information**, 325B Water St., Hallowell (© 207-623-0363 ou 888-624-6345, www.visitmaine.com). Adresse postale : P.O. Box 2300, Hallowell 04347. **Bureau of Parks and Lands**, State House Station n° 22 (rez-de-chaussée du Harlow Building), Augusta 04333 (© 207-287-3821). **Maine Forest Service**, Bureau of Forestry, State House Station n° 22 (premier étage du Harlow Building), Augusta 04333 (© 207-287-2791).

Fuseau horaire : Heure de l'Est (6 heures de moins que l'heure de Paris).

Abréviation postale : ME. **Taxe locale** : 6 %.

PORTLAND ☎ 207

Le 4 juillet 1866, alors qu'on célébrait à Portland l'anniversaire de la Déclaration d'Indépendance, un jeune garçon qui s'amusait le long des quais alluma accidentellement un incendie qui détruisit les trois quarts de la ville. Celle-ci dut être reconstruite, lançant avec le bâtiment de l'Old Port Exchange l'architecture victorienne. Aujourd'hui, cet édifice contraste étrangement avec le caractère jeune et dynamique de Portland. Les bars, les restaurants et les cafés situés près de la jetée sont le rendez-vous d'une jeunesse volubile qui s'éparpille ensuite dans les rues, en groupe ou par deux, même après la fermeture des derniers rideaux de fer. A l'extérieur de la ville, un ferry assure des liaisons avec les Casco Bay Islands. A Sebago Lake, vous pourrez bronzer ou faire du ski nautique.

✦ 🛈 ORIENTATION ET INFORMATIONS PRATIQUES

Le centre-ville de Portland s'étend le long de la baie en suivant **Congress St.**, entre State St. et Pearl St. Le quartier de l'**Old Port (Vieux Port)**, autour de Commercial St. et de Fore St., se trouve à quelques blocks au sud. La plupart des centres d'intérêt de la ville sont regroupés dans ces deux quartiers. La **I-295** (embranchement de la I-95) constitue la limite ouest du centre-ville. **Bus : Concord Trailways**, 100 Sewall St. (© 828-1151). Destinations : Boston (11 dép/j, durée 2h, 17 $) et Bangor (4 dép/j, durée 2h, 21 $). Les bus n° 5 et n° 3 peuvent vous conduire de la gare au centre-ville. Bureaux ouverts tlj 5h30-20h30. **Greyhound/Vermont Transit**, 950 Congress St. (© 772-6587), est installé à la limite ouest de la ville. *Soyez prudent la nuit dans ce quartier.* Destinations : Boston (9 dép/j, durée 2h, 15 $) et Bangor (6 dép/j, durée 2h30-3h30, 19 $). **Ferry : Prince of Fundy Cruises**, P.O. Box 4216, 468 Commercial St. (© 800-341-7540, 800-482-0955 ou 775-5616 depuis le Maine). Ferrys vers Yarmouth (au sud de la Nouvelle-Ecosse) au départ du Portland International Ferry Terminal, dans Commercial St., près du Million Dollar Bridge. Les ferrys de nuit partent à 21h. Le trajet dure 11h. On peut y louer des cabines. Mai-mi-Juin et mi-Sep-fin Oct : 60 $, 5-14 ans 30 $, voiture 80 $, vélo 7 $. Fin Juin-mi-Sep, respectivement 80 $, 40 $, 98 $, 10 $. Réservation fortement conseillée. **Transports en commun : Metro Bus** (© 774-0351) assure des liaisons dans le centre-ville comme en banlieue. Les lignes fonctionnent de 6h à 19h. Tarif 1 $, gratuit pour les moins de 5 ans. Accès à toutes les lignes avec un seul ticket. **Informations touristiques : Visitors Information Bureau**, 305 Commercial St. (© 772-5800), au niveau de Center St. Ouvert Lu-Ve 8h-18h et Sa-Di 10h-18h. 15 Oct-15 Mai : Lu-Ve 9h-17h et Sa-Di 10h-17h. **Internet : JavaNet Café**, 37 Exchange St. (© 773-2469. Ouvert Lu-Je 7h30-23h, Ve. 7h30-23h, Sa. 8h-23h et Di. 8h-21h. 8 $ l'heure.) **Bureau de poste** : 400 Congress St. (© 871-8426). Ouvert Lu-Ve 8h-19h et Sa. 9h-13h. **Code postal** : 04117.

🏠 HÉBERGEMENT

On peut se loger à bon compte dans la ville, mais cela n'empêche pas les prix de flamber durant la saison estivale. En empruntant la sortie n° 8 de la I-95, vous pourrez toujours tenter votre chance au **Super 8** ou dans l'un ou l'autre des hôtels pour petits budgets qui jalonnent cette route. (© 854-1881. Chambre simple autour de 35-60 $.) Elégant mais sommaire, l'**Oak Leaf Inn**, 51A Oak St., a converti plusieurs de ses suites en dortoirs pour 4-6 personnes. Il accueille les voyageurs perdus à la recherche de la Portland Youth Hostel, qui n'existe plus. (© 773-7882. Cuisine, laverie. Serviettes et draps compris. 20 lits au total. Réservation fortement conseillée. Dortoir 22 $, non-adhérents 27 $.) **The Inn at St. John**, 939 Congress St., n'est pas situé dans un quartier particulièrement attrayant mais possède une décoration de première classe. (© 773-6481 ou 800-636-9127. Petit déjeuner continental inclus. Cuisine, laverie et garage à vélos. Parking et appels locaux gratuits. Certaines chambres possèdent une salle de bains. Chambre simple ou double à partir de 55 $, Ve-Di 65 $, en hiver 50 $.) **Wassamki Springs**, 56 Saco St., à Scarborough, est le terrain de camping le plus proche de Portland. Suivez Congress St. vers l'ouest sur une dizaine de kilomètres (elle prend successivement les noms de Route 22 puis de County Rd.) avant de tourner à droite dans Saco St. Emplacements confortables avec en prime une plage de sable très fréquentée par les Winnebagos (tribu indienne), qui trouvent un coin entre les plages privées du bord du lac. (© 839-4276. Douches gratuites et sanitaires. Ouvert Mai-mi-Oct. Réservation conseillée 2 semaines à l'avance, surtout Juil-Août. Emplacement 21 $ pour 2 personnes, raccordement complet 23-25 $, 4 $ par personne supplémentaire, 2 $ de plus si vous voulez jouir de la vue sur le lac.)

⬛ RESTAURANTS

Le port de la ville est le paradis des amateurs de fruits de mer, mais Portland propose également une cuisine plus terrestre ou encore végétarienne. Très apprécié de la jeunesse locale, **Federal Spice**, 225 Federal St., se trouve à proximité immédiate de Congress St. Les plats sont d'inspiration asiatique, antillaise ou sud-américaine, mais dans tous les cas fortement épicés et à moins de 6 $. (© 774-6404. Ouvert Lu-Sa 11h-21h.) **Gilbert's Chowder House**, 92 Commercial St., est le meilleur restaurant de poissons et de fruits de mer de la ville. Un grand bol de *chowder* (un consommé de fruits de mer) servi avec une boule de pain constitue un repas à lui seul (6 $). Les soirs d'été, la terrasse au bord de l'eau se révèle être l'un des endroits les plus agréables de la ville. (© 871-5636. Ouvert Di-Je 11h-21h et Ve-Sa 11h-22h. Oct-Mai : horaire variable.) Les pizzas et les tartes bio de la **Flatbread Company**, 72 Commercial St., sont faites maison : c'est sain et délicieux (7,75-13,50 $). Asseyez-vous et profitez de la vue sur l'océan tandis qu'on cuira votre plat dans un énorme four en argile. (© 772-8777. Ouvert Lu-Je 11h30-22h et Ve-Sa 11h30-22h30. En hiver : Lu-Je 11h30-21h30 et Ve-Sa 11h30-22h.)

⬛ VISITES

Les attractions les plus intéressantes de Portland ne sont pas situées dans la ville elle-même mais dans ses environs, le long de la côte ou sur les îles magnifiques que l'on rejoint par ferry. **Casco Bay Lines**, situé sur le State Pier, à l'angle de Commercial St. et de Franklin St., dessert toute l'année les îles environnantes : c'est la plus ancienne compagnie de ferrys des Etats-Unis. Des **ferrys** partent quotidiennement toutes les heures pour **Peaks Island**, toute proche. (© 774-7871. Environ 1 dép/h Lu-Sa de 5h45 à 22h30, aller-retour 5,25 $.) Sur l'île, vous pouvez louer des vélos chez **Brad's Recycled Bike Shop**, 115 Island Ave. (© 766-5631. Location 5 $ l'heure, 8,50 $ jusqu'à 3h, 12 $ la journée.) Si la "petite reine" ne vous tente pas, rabattez-vous sur **Long Island** et sa plage tranquille. Les ferrys de Casco Bay Line assurent les liaisons avec l'île 10 fois par jour. De Long Island, vous pourrez ensuite explorer d'autres îles (même tarif que pour Peaks Island). Attention : il est difficile d'en faire plus de deux par jour. **Two Lights State Park**, qui s'étend au-delà du Million Dollar Bridge dans State St., en longeant la Route 77 jusqu'à Cape Elisabeth, est un lieu de pique-nique et de détente idéal. L'endroit est souvent désert. (© 799-5871. Entrée 2 $.)

Si vous préférez le plancher des vaches, Portland ne vous laissera pas pour autant sans ressources. Le **Portland Museum of Art**, 7 Congress Sq., à l'intersection de Congress St., de High St. et de Free St., recèle des œuvres d'artistes américains comme John Singer Sargent et Winslow Homer. (© 775-6148 ou 800-639-4067. Ouvert Juin-mi-Oct, Lu-Me et Sa-Di 10h-17h, Je-Ve 10h-21h. Entrée 6 $, personnes âgées et étudiants 5 $, 6-12 ans 1 $. Entrée gratuite Ve. 17h-21h.) Plus bas se trouve la **maison Wadsworth-Longfellow**, 489 Congress St., un musée consacré à l'histoire sociale et littéraire des Etats-Unis de la fin du XVIIIᵉ au début du XXᵉ siècle ainsi qu'à la vie du poète Henry Longfellow, qui vécut dans cette demeure. (℅ 879-0427. Musée ouvert Juin-Oct, tlj 10h-17h30. La galerie et la boutique du musée sont également ouvertes Nov-Mai, Me-Sa 12h-16h. Entrée 6 $, personnes âgées 5 $, 6-18 ans 2 $. Le prix du billet donne un droit d'entrée au musée historique voisin et à ses expositions tempo-raires. Visites guidées toutes les 30-40 mn.)

🎵 📷 SPECTACLES ET SORTIES

La saison estivale de Portland, consacrée au théâtre et aux concerts, témoigne d'une vie culturelle jeune et animée. Des affiches annonçant les différents spectacles sont placardées dans toute la ville, mais le *visitors bureau* reste le meilleur endroit où se renseigner (voir **Informations pratiques**, précédemment). Le **Portland Symphony** donne des concerts renommés dans toute la région. (℅ 842-0800. Réduction de 50 % pour les étudiants.) Le *Casco Bay Weekly* et *FACE*, journaux gratuits disponibles un peu partout, vous fourniront toutes les informations utiles sur les concerts de jazz, de blues et sur la vie nocturne à Portland.

L'**Old Port Festival** (℅ 772-6828), qui se tient traditionnellement le premier dimanche de juin entre Federal St. et Commercial St., peut attirer jusqu'à 50 000 personnes. L'après-midi, vous pouvez également assister aux **Noontime Performance Series**, des concerts qui ont lieu sur Portland's Monument Sq. et Congress Sq. (℅ 772-6828, fin Juin-Août). Si vous souhaitez vous imprégner de la mentalité du coin, venez supportez l'équipe professionnelle de basket, les **Portland's Seadogs**, qui jouent en division régionale d'avril à mi-septembre au **Hadlock Field** de Park Ave. Après les matchs du dimanche, les enfants peuvent utiliser le terrain (réservation ℅ 879-9500, 4-6 $, moins de 17 ans 2-5 $).

Le soir, le quartier du Vieux Port autour de **Fore St.**, entre Union St. et Exchange St., est particulièrement agréable. L'endroit, surnommé le "Strip", abrite de charmantes (bien qu'assez touristiques) "échoppes" et des pubs non moins agréables. Chez **Brian Boru**, 57 Center St., l'atmosphère est plutôt feutrée. Goûtez les *nachos* maison (5 $). Le dimanche, les pintes de bière à 2 $ sont servies toute la journée. (℅ 780-1506. Ouvert tlj 11h30-1h.) **Gritty MacDuff's**, 396 Fore St., brasse sa propre bière, assez douce et très prisée dans la région : vous ne regretterez pas vos 3 $ la pinte. Deux ou trois fois par semaine, l'ambiance s'anime au son des concerts de *bluegrass* et de jazz. (℅ 772-2739. Entrée libre. Ouvert tlj 11h30-1h.) Si vous recherchez l'ambiance d'un pub anglais, vous la trouverez à deux pas, au **Three Dollar Dewey's**, 241 Commercial St. Vous aurez l'embarras du choix avec 100 sortes de bières (36 bières pression 3-3,50 $), à accompagner d'un *chili con carne* (3,50 $ l'assiette) ou plus simplement de pop-corn. (℅ 772-3310. Ouvert Lu-Sa 11h30-24h et Di. 12h-1h.) Le **Dry Dock Restaurant & Tavern**, 84 Commercial St., est l'endroit idéal où boire un verre en bonne compagnie. Ce bar en plein air offre une belle vue sur le rivage. (℅ 774-3550. Ouvert tlj 11h-1h.)

LA CÔTE DU MAINE

A vol d'oiseau, la côte du Maine, entre Kittery et Lubec, s'étend sur 365 km. Mais elle est tellement découpée qu'il faudrait parcourir sur 5600 km toutes les criques et les caps qui la composent ! La **US 1**, avec ses deux voies sinueuses qui longent la côte, vous mènera de port en port. C'est d'ailleurs le seul itinéraire praticable pour rejoindre la plupart des villes au nord de Portland. En été, la circulation est plutôt dense : prenez patience et n'hésitez pas à vous arrêter pour une séance de dégusta-tion de homards. D'innombrables enseignes en bois rouge représentent ce délicieux crustacé sont visibles sur les bords des routes. De là, vous pouvez vous rendre dans l'arrière-pays par les petites routes ou gagner les îles grâce à de très nombreux bacs.

Informez-vous au **Maine Information Center** (© 207-439-1319), situé à Kittery, à 5 km au nord du pont qui relie le Maine à Portsmouth, dans le New Hampshire. (Ouvert tlj 8h-18h ; mi-Oct-Juin 9h-17h.) Les bus **Greyhound**, qui circulent sur la I-95 entre Portland et Bangor, assurent la liaison avec la ville côtière de Brunswick et permettent de rejoindre Boston. En revanche, la plupart des sites touristiques de la côte ne sont pas desservis par les bus : il vous faudra une voiture ou un vélo.

AU SUD DE PORTLAND   ☞ 207

OLD ORCHARD BEACH

Ce royaume de la ringardise et des buveurs de bière d'âge mûr s'étend à 15 km au sud de Portland par la US 1 (ou empruntez la sortie n° 5 sur la I-95 et suivez les panneaux). Le joyau (en toc) placé au centre de cette couronne de sable se nomme **Wonderland Arcade**. Les montagnes russes n'ont rien d'extraordinaire pour les amateurs de grands frissons, mais l'atmosphère de carnaval bon enfant est agréablement anachronique. Le parking coûte 3 \$ et une chambre double dans l'un des multiples hôtels du front de mer ou des motels d'East Grand Ave. revient à 40 \$ environ.

KENNEBUNK

Plus poétiques (mais plus chers) qu'Old Orchard, la ville de Kennebunk et son port, **Kennebunkport**, à 13 km à l'est sur la Route 35, sont des lieux de villégiature très appréciés des écrivains et des artistes. Kennebunkport acquit la notoriété à ses dépens lorsque l'ancien Président George Bush y installa sa résidence d'été. Des livres rares et précieux sont exposés dans les nombreuses librairies qui bordent la US 1, au sud de Kennebunk. La ville elle-même abrite de nombreuses galeries d'art. Une journée entière et la fortune d'une vie suffiraient tout juste pour explorer tous ces endroits. Plus effrayante que le caractère uniformément cossu de la ville, la croisière-spectacle de deux heures **Maritime Productions' Chilling and Unusual Theater Cruise** met en scène des histoires "vraies" de phares hantés, de bateaux fantômes et de cannibalisme qui se sont produites autrefois ou de nos jours au large de la Nouvelle-Angleterre. (© 967-4938 ou 967-5595. 2 dép/j de la marina, dans Ocean Ave. Croisière à 15h30, 26 \$, personnes âgées 24 \$, enfants 22 \$. Croisière au coucher du soleil à 18h30, 30 \$ pour tous.) Le **Schooner Eleanor**, gréé d'un mât de près de 17 m, propose une expérience de navigation moins inquiétante de deux heures. (© 967-8809. Départ d'Arundel Wharf, Ocean Ave. 38 \$. Téléphonez pour réserver et connaître l'horaire.) L'office de tourisme **Kennebunk-Kennebunkport Chamber of Commerce**, 17 US 100/Western Ave. (© 967-0857), à Kennebunkport, diffuse gracieusement une brochure où sont décrites les principales curiosités de la région. (Ouvert tlj 9h-18h ; hors saison 9h-17h.)

OGUNQUIT

Au sud de Kennebunk, sur la US 1, la commune d'Ogunquit, nom indien signifiant "endroit magnifique en bord de mer", est bordée de plages qui comptent parmi les plus belles de la région. Ogunquit rassemble la plus importante communauté gay de la Nouvelle-Angleterre, surtout en été. Arrêtez-vous à l'office de tourisme **Ogunquit Welcome Center and Chamber of Commerce**, sur la US 1. (© 646-2939. Ouvert Lu-Je 12h-17h, Ve. 9h-20h et Sa. 10h-18h. Début Sep-fin Mai : tlj 9h-17h.) A l'écart du tourisme de masse qui s'impose l'été dans la région, le **Rachel Carson National Wildlife Refuge**, sur la Route 9, à moins d'un kilomètre de la US 1, est un parc naturel très bien entretenu. Un sentier balisé serpente à travers des marais salants qui abritent plus de 200 espèces d'oiseaux. (© 646-9226. Ouvert Lu-Ve 8h-16h30 et Sa-Di 10h-14h. Hors saison : Lu-Ve 8h-16h30. Sentier ouvert tlj du lever au coucher du soleil. Entrée gratuite.) Non loin, à Wells, la **Wells Reserve at Landholm Farm**, à l'intersection de la US 1 et de la Route 9, s'étend sur un large domaine de prairies et de plages. Elle organise des visites guidées consacrées aux oiseaux et aux fleurs sauvages de l'estuaire. (© 646-1555. Ouvert mi-Janv-Avr et Nov-mi-Déc. Lu-Ve 10h-16h, Mai-Oct : Lu-Sa 10h-16h et Di. 12h-16h.) A proximité de la réserve, accessible par un chemin soumis aux bourrasques, **Perkins Cove** draine des tribus entières de touristes en short dans ses boutiques de sculptures en coquillages. Distants d'une vingtaine de mètres dans Oar Weed Road, les deux restaurants à l'enseigne de **Barnacle Billy's** ont opté pour une judicieuse division du travail : l'un propose ses spécialités de homards, l'autre, plus récent et à la gamme de services plus complète, propose une carte variée. (© 646-5575. Tous deux sont ouverts tlj 12h-21h30.) Quand le temps l'autorise, les balades à vélo permettent de découvrir au mieux les falaises du Maine, loin de la cohue estivale. **Wheels and Wares**, sur la US 1, à la limite des communes de Wells et d'Ogunquit, loue des VTT. (© 646-5774. 20 $ la journée, 25 $ les 24h. Ouvert Lu. et Ma. 10h-21h, Me-Di 9h-19h.) A quelques kilomètres vers le sud, **Moody** offre des possibilités d'hébergement qui sont parmi les plus économiques de la région.

MOUNT DESERT ISLAND   ☎ 207

Malgré son nom, Mount Desert Island n'a rien d'une île déserte. Sa pensionnaire la plus célèbre pour les francophones est sans doute Marguerite Yourcenar, qui s'y était installée à la fin de sa vie. En été, l'île grouille de touristes attirés par ses forêts denses et ses paysages alpins : il faut dire qu'une bonne moitié de Mount Desert Island fait partie de l'Acadia National Park, le premier parc naturel de Nouvelle-Angleterre qui abrite quelques-uns des derniers milieux marins, montagneux et forestiers protégés de tout le littoral. Bar Harbor constitue de loin le secteur le plus fréquenté et le plus tape-à-l'œil de Mount Desert Island. Jadis lieu de villégiature de la haute bourgeoisie, la ville accueille aujourd'hui une clientèle beaucoup plus hétéroclite, les gens fortunés s'étant, quant à eux, réfugiés dans les bourgades plus retirées de Northeast Harbor et de Seal Harbor. Néanmoins, la ville continue, hélas, à pratiquer des prix exorbitants.

🔅 🔢 ORIENTATION ET INFORMATIONS PRATIQUES. Mt. Desert Island ressemble à une pince de homard de 22 km de long sur 19 km de large. **Bar Harbor** et **Seal Harbor** sont situées dans sa partie orientale, sur la Route 3. Vers le sud, sur la Route 198, à proximité de l'une des "branches" de la pince, se trouve **Northeast Harbor**. De l'autre côté, une fois franchi le détroit de Somes, s'étend **Southwest Harbor**, sur la Route 102, dont la pêche et les chantiers navals suffisent à assurer la prospérité sans qu'il soit nécessaire de sacrifier au tourisme. En traversant Bar Harbor, la **Route 3** prend le nom de **Mt. Desert St.** Avec **Cottage St.**, elle constitue le principal axe est-ouest de la ville. La **Route 102**, quant à elle, sillonne la partie occidentale de l'île. **Bus : Concord Trailways** (© 942-8686 ou 888-741-8686, service assuré mi-Juin-début Sep) dessert Bangor (4 dép/j, durée 1h30, 25 $) et Boston (2 dép/j, durée 4h30, 57 $) au départ de Bar Harbor depuis le Village Green, depuis le 195 Main St. et le terminal des Bay Ferries. **Ferry : Beal & Bunker** (© 244-3575, ouvert fin Juin-Sep, tlj 8h-16h30, téléphonez pour connaître l'horaire d'hiver) part de Northeast Harbor sur les quais municipaux à destination de Cranberry Island (6 dép/j, durée 20 mn, 10 $, moins de 12 ans 5 $). Les **Bay Ferries** (© 888-249-7245), à Bar Harbor, assurent la traversée jusqu'à Yarmouth, en Nouvelle-Ecosse. (1-2 dép/j, durée 2h45, 55 $, 5-12 ans 25 $, personnes âgées 50 $, voiture 95 $, vélo 25 $. Réservation conseillée, frais 5 $. Le tarif pour une voiture ne comprend pas ses occupants.) **Location de vélos : Bar Harbor Bicycle Shop**, 141 Cottage St. (© 288-3886. VTT 10 $ les 4h, 15 $ la journée. Casque, antivol et carte routière inclus. Réduction de 20 % pour une location de 5 jours et plus. Carte bancaire ou permis de conduire en caution. Ouvert tlj 8h-20h ; Sep-Juin 9h-18h.) **Location de canoës : National Park Canoe Rentals**, à l'extrémité nord de Long Pond, non loin de la Route 102, à Pond's End (© 244-5854), ou sur la jetée au bout de West St., à Bar Harbor (© 288-0007). Location de kayaks uniquement à Long Pond, ouvert mi-Mai-mi-Oct, tlj 8h-17h. Site de West St. ouvert tlj 9h-17h. Canoë 22 $ les 4h, 32 $ la journée. Kayak biplace 25 $ la demi-journée, 45 $ la journée.

Informations touristiques : Acadia National Park Visitors Center, à 5 km au nord de Bar Harbor, sur la Route 3. (© 288-4932 ou 288-5262. Ouvert mi-Avr-mi-Juin et 15 Sep-fin Oct, tlj 8h-16h30 ; mi-Juin-mi-Sep 8h-18h.) Les **Park Headquarters** (© 288-3338), à 5 km à l'ouest de Bar Harbor, sur la Route 233, fournissent des informations touristiques hors saison. Ouvert toute l'année Lu-Ve 8h-16h30. **Office de tourisme : Bar Harbor Chamber of Commerce**, 93 Cottage St. (✆ 288-5103. Ouvert Lu-Ve 8h-17h et Sa-Di 12h-17h. En hiver : Lu-Ve 8h-16h.) L'office de tourisme **Mount Desert Island Regional Chamber of Commerce**, sur la Route 3, est à l'entrée de Thompson Island (✆ 288-3411). Le même immeuble accueille l'**Acadia National Park Information Center** (✆ 288-9702). Ces deux bureaux sont ouverts Juil-Août, tlj 9h-20h ; 15 Mai-Juin 10h-18h et Sep-15 Oct 9h-18h. **Assistance téléphonique : Downeast Sexual Assault Helpline** (SOS Viol), ✆ 800-228-2470. 24h/24. **Urgences : Acadia National Park Law Enforcement**, ✆ 288-3369. **Bureau de poste** : 55 Cottage St. (✆ 288-3122). Ouvert Lu-Ve 8h-16h45 et Sa. 9h-12h. **Code postal** : 04609.

⌂ HÉBERGEMENT. Des hôtels grandioses aux prix non moins grandioses témoignent encore de l'époque où l'île était un lieu de villégiature pour une poignée de *happy few*. Vous trouverez néanmoins quelques établissements abordables, en particulier sur la **Route 3**, au nord de Bar Harbor. L'île ne manque pas non plus de campings, situés en général le long des **Routes 198** et **102**, plus loin à l'ouest de la ville. L'auberge de jeunesse **Bar Harbor Youth Hostel (HI-AYH)**, 27 Kennebec St., est très bien située, derrière l'église épiscopalienne de St. Saviour. Ses deux vastes dortoirs peuvent accueillir 20 personnes. Salle commune avec télévision et piano, cuisine équipée, projections de films toutes les semaines et pâtisseries gratuites. Tout cela compense les deux seules douches et l'extinction des feux à 23h. (✆ 288-5587. Draps 2 $. Fermeture 9h-17h. Pas de réservation. Ouvert mi-Juin-Sep. Dortoir 12 $, non-adhérents 15 $.) **Mt. Desert Island YWCA**, 36 Mt. Desert St., près du centre de Bar Harbor. Réservé aux femmes. Vastes parties communes, cuisine équipée, laverie et accès Internet. (✆ 288-5008. Ouvert tlj 9h-21h. Hors saison : Lu-Ve 9h-16h. Réservez longtemps à l'avance. Chambre simple avec salle de bains commune 30 $, chambre double 50 $. Solarium équipé de 7 lits à 20 $. Tarifs respectifs pour un séjour d'une semaine : 90 $/150 $/65 $. Caution de 25 $.) **White Birches Campground**, Southwest Harbor, dans Seal Cove Rd., à 2 km à l'ouest de la Route 102. Une soixantaine d'emplacements ombragés qui permettent de s'écarter un peu des coins les plus touristiques. (✆ 244-3797. Douches chaudes, salles de bains, laverie et piscine accessibles gratuitement. Réservation conseillée, surtout pour Juil-Août. Ouvert tlj mi-Mai-mi-Oct. Se présenter entre 8h et 20h. 20 $ jusqu'à 4 personnes, 24 $ avec raccordement complet, 120-144 $ la semaine, 4 $ par personne supplémentaire.)

Les **Acadia National Park Campgrounds** comprennent le **Blackwoods**, situé à 8 km au sud de Bar Harbor, sur la Route 3. Plus de 300 emplacements boisés, tous occupés en été. Mais lorsque la foule quitte les lieux, la forêt autour du camping retrouve son charme et la vie sauvage réapparaît. (✆ 288-3274, réservation ✆ 800-365-2267. Réservation conseillée en été. 15 Mars-fin Oct 18 $, gratuit 15 Déc-15 Mars. Accueil des groupes possible.) Le **Seawall**, sur la Route 102A, sur la côte ouest de l'île, à 7 km au sud de Southwest Harbor, se trouve à 10 mn de marche de l'océan. Le site est un peu plus rustique, avec des sanitaires mais pas de branchements électriques. (✆ 244-3600. Douche 1 $ les 6 mn. Accueil ouvert fin Mai-Sep, tlj 7h15-21h. Premier arrivé, premier servi. Emplacement 12 $, avec véhicule 18 $.)

▯ RESTAURANTS. Pour regarder un film tout en engloutissant quelques parts de pizza, rendez-vous chez ♥ **Reel Pizza**, 33 Kennebec Place, au bout de Rodick St., près de Main St. Cet établissement, à la fois cinéma et pizzeria, diffuse quatre films tous les soirs pour 5 $ et propose des pizzas originales (8,50-18 $), comme la "fantastic voyage", composée de saumon fumé, de poivrons rouges grillés et de crème d'artichaut. (✆ 288-3828. Ouvert tlj de 17h jusqu'à la fin du dernier film.) Les murs et les plafonds de **Freddie's Route 66 Restaurant**, 21 Cottage St., à Bar Harbor, sont recouverts de plaques minéralogiques kitsch, de voitures suspendues et d'écrans de télévision diffusant *Casper, le gentil fantôme*, en noir et blanc. Le *burger Cadillac* vaut bien ses 9 $. Tourtes aux fruits de mer 15 $. (✆ 288-3708. Ouvert mi-Mai-mi-Oct, tlj 11h-15h30 et 16h30-22h.) **Beal's**, près de Main St., à l'extrémité de Clark Point Rd., à Southwest Harbor, sert le homard au meilleur prix, à déguster sur les tables de pique-nique de la terrasse qui surplombe la jetée.

Choisissez votre crustacé dans un vivier (10-13 $ la pièce), Beal's se charge du reste. (© 244-7178 ou 800-245-7178. Ouvert mi-Mai-début Sep, tlj 9h-20h. La vente de fruits de mer se poursuit tout au long de l'année tlj 9h-17h. Horaire variable en fonction de la météo.) **The Colonel's Deli Bakery and Restaurant**, dans Main St., à Northeast Harbor, prépare des sandwichs tellement énormes que vous aurez du mal à les avaler (6-10 $). Un seul d'entre eux vous fournira de quoi dîner à moindres frais dans le parc national. (© 276-5147. Ouvert mi-Avr-Oct, tlj 6h30-21h.)

■ **VISITES.** Le **Mt. Desert Oceanarium**, situé à l'extrémité de Clark Pt. Rd., à Southwest Harbor, près de Beal's, vous donnera une vision très complète du monde marin. Animée d'un souci pédagogique, l'exposition séduira les enfants et même les parents. (© 244-7330. Ouvert 15 Mai-fin Oct, Lu-Sa 9h-17h. Entrée valable sur les trois sites 13 $, 4-12 ans 10 $.) Depuis Bar Harbor, il existe de nombreuses possibilités d'excursions en bateau. La **Bar Harbor Whale Watcher Co.**, 1 West St., organise différentes excursions. (© 288-2386. Ouvert Mai-Oct. Réservation conseillée. Observation des baleines et des macareux 35-45 $, 5-15 ans 20 $, moins de 5 ans 8 $. Parties de pêche et observation des phoques respectivement 18 $/15 $/5 $. Faites-vous préciser l'horaire par téléphone.) **Wildwood Stables**, dans Park Loop Rd., à Seal Harbor, organise des balades à cheval et en calèche. (© 276-3622. Promenade d'une heure 13,50 $, personnes âgées 12,50 $, 6-12 ans 7 $, 2-5 ans 4 $, promenade de 2h respectivement 17,50 $/16,50 $/8 $/5 $. Réservation conseillée.)

■ ■ **SORTIES ET SPECTACLES.** La plupart des endroits où aller après dîner se concentrent à Bar Harbor. Vous pourrez vous offrir une petite douceur au **Ben and Bill's Chocolate Emporium**, 66 Main St., à côté de Cottage St., qui se flatte de proposer 50 parfums de glaces différents, toutes faites maison, dont la glace "parfumée" (et ce n'est pas une blague) au homard (3-4 $ le cornet, bon courage !). Les 125 g de caramels à 2,75 $, en tout cas, sont délicieux. (© 288-3281. Ouvert mi-Fév-Janv, tlj 9h-24h.) Une véritable frénésie dansante s'empare tous les soirs du **Geddy's Pub**, 19 Main St., dont le décor rustique est constitué de panneaux en bois usés par les intempéries, de plaques d'immatriculation défoncées et de têtes d'élans. Concerts jusqu'à 22h30 : ensuite, les tables disparaissent pour laisser place à la piste de danse, animée par un DJ. Les plats sont servis jusqu'à 21h30 et les pizzas (10 $) jusqu'à 22h. Entrée gratuite. (© 288-5077. Ouvert Avr-Oct, tlj 11h30-0h30. En hiver : horaire variable.) Les insulaires préfèrent généralement le **Lompoc Café & Brew Pub**, 36 Rodick St., à côté de Cottage St., moins touristique. On y boit de la *Bar Harbor Real Ale* brassée sur place en écoutant du jazz, du blues, de la musique celte, du folk ou du rock, le tout *live*, naturellement. Concerts le vendredi et le samedi soir, karaoké le jeudi, entrée gratuite. (© 288-9392. Ouvert Mai-Oct, tlj 11h30-1h. En hiver : horaire variable.) Le **Criterion Theater**, situé dans Cottage St., de style Art déco, projette des films en été. (© 288-3441. Deux séances par soir. Billets en vente une demi-heure avant le début du spectacle. Prix 7 $, personnes âgées 6 $, moins de 12 ans 4,50 $, balcon 7,75 $.)

ACADIA NATIONAL PARK ☎ 207

Les 15 600 hectares accidentés et rocheux de l'Acadia National Park, au bord de l'océan, sont ombragés de forêts de pins, plus denses à mesure que vous vous éloignez du littoral. Le terrain côtier, déchiqueté, est sillonné par des ruisseaux envahis de fougères et par près de 200 km de chemins de randonnée et de pistes. Le milliardaire John D. Rockefeller, cavalier émérite, craignant que l'île ne finisse par être envahie de voitures, finança les pistes qui la parcourent. Elles sont maintenant accessibles aux VTT.

Avec ses vues sur Long Pond, le lac Echo et la tour de guet qui en couronne le sommet, la piste **Beech Mountain** (1 km) convient parfaitement aux randonneurs débutants. **Precipice Trail**, un des sentiers les plus fréquentés et les plus épuisants, est fermé entre juin et fin août pour faciliter la nidification des faucons pèlerins. Soyez prêt à utiliser les échelles en fer, nécessaires pour franchir les collines et les saillies qui terminent ce sentier sinueux. Vous pouvez emprunter soit le **Cadillac**

Mountain North (7 km), soit le **South Ridge** (12 km), ou encore monter tranquillement en voiture jusqu'au sommet par la **route goudronnée**. Si vous désirez contempler le ❤ **lever du soleil** avant tous les Américains, gravissez les 465 m de Cadillac
Mountain à l'aube (4h-4h30 en été). Vous vous trouverez alors au point culminant
de la côte Est de l'Amérique du Nord.

A 7 km au sud de Bar Harbor, sur la Route 3, la **Park Loop Rd.** longe la côte au-
dessus de falaises de granit fouettées par les vagues. A mi-marée, la mer s'engouffre
dans le **Thunder Hole** avec un bruit assourdissant et de grandes gerbes d'écume. L'été,
on peut se baigner dans les eaux tièdes du **lac Echo** ou de **Sand Beach**, sous l'œil
attentif des sauveteurs.

L'entrée du parc est payante : 10 $ la semaine pour les voitures, 5 $ pour les
marcheurs ou les cyclotouristes. Les personnes âgées peuvent se procurer une carte
d'accès permanent pour 10 $. Le guide officiel du parc intitulé *Biking and Hiking
Guide to the Carriage Roads* (6 $) est disponible au *visitors center* et dans les
librairies. Il vous évitera de vous perdre sur certains itinéraires tortueux, tout en
offrant d'utiles conseils de sécurité. Si vous voulez passer la nuit dans le parc ou à
proximité (et nous vous le conseillons !), voir **Hébergement**, Mt. Desert Island, p. 289.

LA CÔTE NORD DU MAINE   🖅 207

Tout comme au sud, la côte au nord de Portland offre des paysages magnifiques de
plages balayées par le vent et bordées de forêts. Seule ombre au tableau, l'hébergement est plutôt cher dans la région. Choisissez le camping ou, s'il le faut,
contentez-vous de traverser la région. Celle-ci est, hélas, mal desservie par les transports en commun. La US 1 est la seule possibilité pour voyager dans le nord du
Maine. Si vous disposez d'une voiture, vous jouirez, le long de cette route, d'une vue
imprenable sur la côte du Maine. Mais n'espérez pas faire de vitesse : lors des week-
ends pluvieux, la circulation autour de Freeport devient très difficile.

FREEPORT

A 35 km au nord de Portland par la I-95, Freeport tire sa gloire d'avoir jadis été la
"ville natale" de l'Etat du Maine. C'est ici que l'acte par lequel le Maine se séparait
du Massachusetts a été officiellement paraphé en 1820. L'événement s'est passé à la
Jameson Tavern, 115 Main St., juste à côté du L.L. Bean, un restaurant auréolé de
souvenirs historiques. De nos jours, Freeport est surtout connue pour regorger de
magasins d'usine (*factory outlets*) : il y en a plus d'une centaine. Le plus ancien est
le magasin Maine Hunting Shoes, sorte d'équivalent américain du catalogue
Manufrance, fondé par **L.L. Bean** en 1912. On y vend absolument de tout, des vêtements les plus chic jusqu'à l'équipement de camping le plus rustique. La marque a
même donné son nom à un style vestimentaire dont l'équivalent "français" serait
"gentleman farmer". Elle équipe aujourd'hui la jeunesse américaine avec ses sacs à
dos garantis à vie. Le **magasin d'usine**, 11 Depot St. (✆ 552-7772), derrière Nine West
Shoes, vous permettra de réaliser d'excellentes affaires. Ouvert tlj 9h-22h ; Janv-
fin Mai 9h-21h. Le **magasin de détail**, 95 Main St. (✆ 865-4761), s'étend sur plusieurs
étages et reste ouvert 24h/24, 365 jours par an. Le vaste choix proposé et l'ambiance
qui y règne pourraient en une minute transformer le plus "costume-cravate" des
citadins en un baroudeur fin prêt pour l'aventure.

CAMDEN

L'été, les amateurs de voile se pressent à Camden, charmant port situé à 160 km au
nord de Portland, pour mouiller leurs yachts dans Penobscot Bay. Les croisières sont
hors de portée des visiteurs normalement fortunés. Toutefois, si vous y tenez, l'office
de tourisme **Rockport-Camden-Lincolnville Chamber of Commerce**, installé sur les quais,
derrière la Cappy's Chowder House, vous indiquera les plus abordables. Il vous
donnera également la liste des rares chambres chez l'habitant où vous pourrez vous
loger au meilleur prix. (✆ 236-4404 ou 800-223-5459 si vous n'appelez pas depuis le
Maine. Ouvert Lu-Ve 9h-17h, Sa. 10h-17h et Di. 10h-16h. Mi-Oct-mi-Mai : fermé Di.)

Camden Hill State Park, un camping situé à 2 km au nord de la ville, sur la US 1, offre des prestations moins coûteuses, mais il est presque toujours complet en juillet et août, à moins que vous ne preniez la précaution d'arriver avant 14h. Ce coin paisible en bord de mer est le point de départ d'une quarantaine de kilomètres de sentiers. L'un d'eux vous conduira au sommet du Mt. Battie, qui offre une belle vue sur le port. (*©* 236-3109, réservation *©* 800-332-1501 ou 287-3824. Emplacement 17 $. Utilisation des installations pour les non-campeurs 2 $ la journée. Douches gratuites. Ouvert 15 Mai-15 Oct.) Les gens de chez Maine Sports, sur la US 1, à Rockport, un peu au sud de Camden, enseignent, pilotent, louent et vendent toutes sortes de véhicules en état de naviguer. On ne vous louera un kayak que si vous avez déjà une expérience dans ce domaine. Néanmoins, les visites guidées sont ouvertes à tous. (*©* 236-8797. Ouvert tlj 8h-21h ; Sep-Mai 9h-18h. Visite du port 35 $, durée 2h. Location individuelle 30-45 $, pour 2 personnes 40-60 $ selon qu'il s'agit d'un kayak de mer ou de lac. Possibilité de passer la nuit dans les îles environnantes, renseignez-vous.) Le **Maine State Ferry Service** (*©* 800-491-4883), à 8 km au nord de Camden, à Lincolnville, assure des liaisons en ferry avec Islesboro Island (7-9 dép/j, durée 20 mn, dernier départ de l'île à 16h30, aller-retour 4,50 $, vélo 4 $, voiture 13 $ avec le chauffeur, parking 4 $). La compagnie possède également une agence sur la US 1, à Rockland, 517A Main St., d'où partent les bateaux à destination de North Haven, de Vinalhaven et de Matinicus. (*©* 596-2202. Tarifs et horaire peuvent changer selon les conditions climatiques.)

L'APPALACHIAN TRAIL S'étirant sur près de 3500 km depuis le mont Katahdin, dans le Maine, jusqu'à Springer Mountain, en Géorgie, l'Appalachian Trail (ou "AT") suit la chaîne des Appalaches. Son accès est libre, mais on ne peut l'arpenter qu'à pied. Ce chemin traverse 14 Etats, huit forêts fédérales et six parcs nationaux. De manière générale, le sentier est très facile d'accès car, d'un bout à l'autre, plusieurs routes le traversent, excepté dans ses 160 km les plus au nord. Diverses sections du sentier permettent d'effectuer de belles promenades d'un ou deux jours, mais environ 2500 randonneurs tentent de le parcourir sur toute sa longueur chaque année. Pour ces derniers, des refuges sont disposés tout au long de l'AT, à environ une journée de marche l'un de l'autre. Ces abris sommaires ont trois côtés et fonctionnent sur le principe du "premier arrivé, premier servi". Les marcheurs profitent des nombreuses rivières et des villes avoisinantes pour faire le plein d'eau et de nourriture. Le sentier est balisé sur toute sa longueur par des marques blanches, tracées sur les rochers ou les arbres, alors que les marques bleues indiquent les sentiers annexes. Plusieurs publications peuvent vous aider à préparer votre expédition. Pour en obtenir la liste, ainsi que tout autre renseignement, contactez le Center for AT Studies, P.O. Box 525, Hot Springs, NC 28743. (*©* fax 704-622-7601, www.trailplace.com, **e-mail** atcenter@trailplace.com. Ouvert Lu-Sa 10h-22h.)

SEARSPORT

Capitale des antiquaires de l'Etat du Maine, Searsport, située sur la US 1, à 72 km au sud de Bar Harbor, présente un visage moins commercial que Camden et Freeport. Les collectionneurs invétérés ou les simples amateurs chinent dans les innombrables magasins, à la recherche de trésors anciens et coloniaux. Un séjour à la **Searsport Penobscot Bay Hostel (HI)**, 132 W. Main St./US 1, mérite à lui seul qu'on s'attarde dans cette petite ville du bord de mer. Cette propriété coloniale, ancien port d'attache d'un capitaine au long cours transformée ensuite en Bed & Breakfast, est aujourd'hui une auberge de jeunesse spacieuse, agréable et conviviale. (*©* 548-2506 ou 877-334-6783. Ouvert mi-Avr-fin Oct, tlj 8h-10h et 17h-22h. Fermeture des portes à 22h. 10 lits. Dortoir 15 $, 18 $ pour les non-adhérents, chambre double 40-50 $ par personne.) Chaque édifice du village du XIXᵉ siècle, dont le **Penobscot Marine Museum**, met en évidence un aspect différent de la vie en Nouvelle-Angleterre au temps des colons. L'ancienne mairie, l'église congrégationaliste et la demeure historique de Jeremiah Merithew sont toutes regroupées le long de **Church St.**, à côté de la US 1. (© 548-2529. Ouvert fin Mai-mi-Oct, Lu-Sa 10h-17h et Di. 12h-17h. Entrée 6 $, personnes âgées 5 $, 6-15 ans 2 $, familles 14 $.)

NEW HAMPSHIRE

Le New Hampshire présente deux visages : d'un côté celui des paysages montagneux et de la beauté naturelle des White Mountains, de l'autre celui d'un temple du commerce, avec ses boutiques détaxées, ses pièges à touristes et ses magasins de vins et spiritueux qui bordent la plupart des routes principales. Première colonie à proclamer son indépendance à l'égard de l'Angleterre, le New Hampshire a conservé son charme libertaire et sauvage, résumé par sa devise : "Vivre libre ou mourir !"

ⓩ INFORMATIONS PRATIQUES

Capitale : Concord.

Informations touristiques : **Office of Travel and Tourism**, P.O. Box 856, Concord 03302 (© 603-271-2666 ou 800-386-4664, www.visitnh.gov). **New Hampshire Parks and Recreation**, © 271-3556. Le **Fish and Game Department**, 2 Hazen Dr., Concord 03301 (© 603-271-3421), donne toutes précisions sur la réglementation de la pêche et de la chasse et le prix des permis. Le **US Forest Service**, 719 North Main St., Laconia 03246 (© 603-528-8721), est ouvert Lu-Ve 8h-16h30.

Fuseau horaire : Heure de l'Est (6 heures de moins que l'heure de Paris).

Abréviation postale : NH. **Taxe locale** : 8 % sur les chambres et les repas.

PORTSMOUTH ☎ 603

Bien que le littoral du New Hampshire soit le plus petit de tous les Etats-Unis, avec seulement 20 km de côtes en bordure de l'Atlantique, la région sait tirer le meilleur parti de cette position sur l'océan. Autrefois capitale coloniale, Portsmouth est la plus agréable des villes côtières situées au nord de Boston. La plupart de ses bâtiments datent du XVIIIᵉ siècle, et même, pour certains, du milieu du XVIIᵉ siècle. En dépit de sa petite taille, Portsmouth dispose d'une vie culturelle exceptionnelle... à des prix tout aussi remarquables. Ici, l'Histoire est l'attraction principale, les poissons et les crustacés sont incontournables et une pinte de bière locale après le dîner est le sport national.

ⓩ INFORMATIONS PRATIQUES

Portsmouth est située à 90 km au nord de Boston, au croisement de la US 1, de la US 1A et de la I-95. La ville se visite de préférence à pied et nous vous conseillons de garer votre voiture dans l'un des parkings bon marché (50 ¢ l'heure) du centre-ville. State St. traverse la ville selon un axe nord/sud et coupe Pleasant St. et Fleet St. **Bus** : **Vermont Transit/Greyhound**, 1 Market Sq. (© 436-0163), assure des liaisons entre Boston et Portsmouth (4 dép/j, durée 1h15, 13 $). **Transports en commun : Seacoast Trolley** (© 431-6975) circule l'été, toutes les heures 10h-17h, 17 arrêts dans Portsmouth et sa proche banlieue (tarif 2 $). **Blue Star Taxi** : © 436-2774. **Office de tourisme : Greater Portsmouth Chamber of Commerce**, 500 Market St. (© 436-1118), en dehors du centre-ville. Ouvert l'été Lu-Me 8h30-17h, Je-Ve 8h30-19h et Sa-Di 10h-17h. Le reste de l'année : Lu-Ve 8h30-17h. **Hôpital : Portsmouth Regional Hospital** (© 433-4006), à quelques kilomètres de la ville, 333 Borthwick Ave. **Bureau de poste** : 80 Daniel St. (© 431-1300). Ouvert Lu-Ve 7h30-17h30 et Sa. 8h-12h. **Code postal** : 03801.

★☼ HÉBERGEMENT ET RESTAURANTS

Portsmouth n'est pas le meilleur endroit où passer la nuit si votre budget est serré. Comme l'hébergement en ville est très cher, essayez les habituels motels impersonnels installés au bord de la US 1A, au sud de Portsmouth. Une autre solution plus agréable consiste à camper au **Camp Eaton**, à York Harbor, dans le Maine, à environ 25 km au nord de Portsmouth par la Route 1. Bien que les emplacements boisés restent chers, la vue sur le littoral et les salles de bains immaculées font passer la pilule. (© 207-363-3424. Emplacement pour 2 personnes 20-32 $.) Vous pouvez néanmoins vous offrir une folie et rester à Portsmouth même pour profiter de la vie nocturne animée et éviter de conduire tard le soir.

Portsmouth offre maintes possibilités de restauration, notamment les nombreux établissements de qualité qui bordent Market St., mais leurs prix ne sont malheureusement pas conçus pour le voyageur économe... ♥ **The Friendly Toast**, 121 Congress St., à un block et demi de Market Sq., fait figure de référence locale et expose des objets des années 1950 d'une rare laideur, comme des membres de mannequins, des romans de gare, du mobilier en formica et des œuvres d'art d'un mauvais goût affirmé. Le "mission burrito" (6,25 $) se révélera-t-il "mission impossible", comme la plupart des plats du menu (6-7 $) trop copieux pour en venir à bout ? Petit déjeuner servi toute la journée. (© 430-2154. Ouvert Lu-Je 7h-23h, ouverture *non-stop* Ve. 7h-Di. 21h.) Les clients un peu éméchés du pub voisin se traînent jusqu'au **Gilly's Lunchcart**, 175 Fleet St., pour déguster des hot-dogs, des hamburgers et des sandwichs servis tard dans la nuit, et ce tous les jours de la semaine. En accompagnement, optez pour des frites (1,25 $) ou des bâtonnets de fromage frits au piment (3 $). Ouvert Lu-Sa 11h30-2h30 et Di. 16h-2h30.

☼ ☐ VISITES ET SORTIES

Le Portsmouth moderne utilise son passé colonial comme argument commercial. Le meilleur exemple est certainement le quartier de **Strawberry Banke**, à l'angle de Marcy St. et de Hancock St. Lorsque les premiers colons s'installèrent ici, en 1630, la bourgade fut baptisée Strawberry Banke, et ce n'est qu'en 1653 qu'elle adopta le nom de Portsmouth. Le **musée** présente un ensemble de plusieurs dizaines de bâtiments originaux de la période antérieure à 1653. Pour y accéder, suivez les panneaux qui vous mènent vers le port à travers un labyrinthe de charmantes boutiques. (© 433-1100. Ouvert mi-Avr-fin Oct, tlj 10h-17h. Entrée 12 $, personnes âgées 11 $, 7-17 ans 8 $, billets valables 2 jours.) De l'autre côté de la rue, dans un méandre de la Piscataqua River, s'étend **Prescott Park**. Ses jardins bien entretenus sont idéaux pour pique-niquer : ils offrent de l'ombre, des fontaines et un certain répit dans la dure vie du voyageur à petit budget. Si vous préférez les visites plus techniques, allez visiter le **USS Albacore**, un sous-marin d'études scientifiques qui fut construit au chantier naval de Portsmouth. (© 436-3680. Ouvert Mai-Oct, tlj 9h30-17h. En hiver : horaire variable. Entrée 5 $, plus de 62 ans 3,50 $, 7-17 ans 2 $.) Pour vous faire une bonne frayeur, rien de tel que **Gravestones by Dusk**, une visite d'une heure dans le North Cemetery. Le "cimetière nord", l'un des plus anciens de Portsmouth, abrite les squelettes de certains des personnages les plus importants de la ville. (© 436-5096. Ouvert Avr-Oct. Visites tlj. 10 $ par personne. Horaire variable, appelez pour réserver.)

LES STATIONS DE SKI
DU NEW HAMPSHIRE   ☒ 603

Les divers massifs des White Mountains vous offrent de nombreuses possibilités de pratiquer le ski. **Ski New Hampshire** est un service qui vous fournit des informations sur cinq stations de ski des White Mountains et se charge également d'effectuer vos réservations (© 745-8101 ou 800-937-5493, www.skinh.com. P.O. Box 517, Lincoln NH 03251). Les hivers sont longs en Nouvelle-Angleterre, et il est généralement possible de skier de novembre à avril, bien que les changements de temps puissent parfois modifier complètement les conditions.

A North Conway, près de la limite de l'Etat, **Cranmore** offre 39 pistes de ski et un grand choix de magasins. En été, la station attire sa clientèle grâce au camp de vacances pour enfants (Children's Summer Camp) et à son *half pipe* (une piste en U permettant aux *snowboarders* d'accomplir des figures) de 106 m de long. Les pistes ouvrent fin novembre. Le Wild Cherry Grand Prix Tubing Center est la nouveauté de cette année. (© 800-786-6754. Remontées mécaniques 29 $, 6-12 ans 15 $. Ouvert Lu-Ve 9h-16h et Sa-Di 8h30-16h.) Située le long de la US 302 près de North Conway, la station d'**Attitash** est onéreuse mais dispose de 68 pistes de ski réparties sur deux massifs montagneux (20 % faciles, 47 % intermédiaires et 33 % difficiles) et de 10 ha de clairières. Les activités estivales sont nombreuses : VTT, équitation, sports en eau vive, escalade, trampoline et une piste de ski d'été. (© 374-2368. Remontées mécaniques week-end/semaine/vacances 48 $/42 $/50 $, enfants 30 $/27 $/30 $. Piste de ski d'été ouverte 10h-18h, 10 $ la descente, 16 $ les deux. En été, forfait journée multiactivité 24 $, 2-7 ans 10 $.)

A la sortie de Pinkham Notch, sur la Route 16, **Wildcat Mountain**, du haut de ses 1200 m, offre une vue magnifique sur le massif des White Mountains. La station compte 44 pistes (25 % faciles, 40 % intermédiaires, 35 % difficiles). Possibilité d'utiliser les télécabines l'été pour 9 $. (© 888-754-9453. Remontées mécaniques week-end/semaine 49 $/39 $, 13-17 ans et plus de 65 ans 39 $/34 $, 6-12 ans 29 $/27 $.) A 5 km à l'est de Lincoln par la Route 112, les 43 pistes de **Loon Mountain** sont moins fréquentées car la station ne vend qu'un nombre limité de forfaits. Dès que le temps le permet, l'environnement se prête agréablement au vélo et à l'équitation. La station accueille les *Highland Games* tous les ans pendant la troisième semaine de septembre. (© 745-8111. Remontées mécaniques week-end/semaine 47 $/40 $, adolescents 41 $/33 $, enfants 29 $/25 $.) Enfin, à la sortie de la I-93, dans le Franconia Notch State Park, se trouve **Cannon Mountain**. Les prix pour accéder à ses 42 pistes (30 % faciles, 30 % intermédiaires, 40 % difficiles) sont légèrement inférieurs à ceux pratiqués par les autres stations de la région. En été, randonnée, vélo et natation permettent aux sportifs de garder la forme tandis que d'autres préfèrent emprunter le téléphérique Aerial Tramway (voir p. 299) jusqu'au sommet. (© 823-5563. Remontées mécaniques week-end/semaine 42 $/30 $, moins de 20 ans 35 $/30 $, enfants et personnes âgées 27 $/20 $.)

WHITE MOUNTAINS   🖃 603

Les 310 000 hectares de montagnes couvertes de forêts des White Mountains sont gérés par le US Forest Service. Elles constituent un environnement idéal pour les activités de plein air. Aux nombreux sports d'hiver qu'on peut pratiquer dans la région s'ajoutent la randonnée et le camping tout au long de l'année, le canoë, le kayak et la pêche lorsqu'il fait plus chaud. Le site est parsemé de terrains de camping situés en pleine nature, à proximité de lacs et de rivières. La White Mountain National Forest compte également des dizaines de merveilles géologiques. Cette forêt sert de refuge à des espèces animales impressionnantes, notamment l'élan ou l'ours noir qui surprennent parfois les randonneurs.

▄ TRANSPORTS

Les paysages visibles lors du voyage vers les White Mountains ne sont qu'un avant-goût des panoramas à couper le souffle qui vous attendent au sommet. **Bus : Concord Trailways** (© 228-3300 ou 800-639-3317) dessert, au départ de la gare routière de Boston, Concord (14 dép/j, 12 $), Conway (1 dép/j, 26 $) et Franconia (1 dép/j, 27 $). La ligne Boston-Vermont de **Vermont Transit** (© 800-451-3292) fait escale au terminal Trailways de Concord, 30 Stickney Ave. (4 dép/j, 12,50 $). L'**Appalachian Mountain Club (AMC)** dispose d'un **service de navettes** (© 466-2727) reliant divers endroits de la région. N'hésitez pas à consulter *The Guide*, qu'il publie : vous y trouverez une carte

NOUVELLE-ANGLETERRE

des trajets et les heures d'ouverture. Il est toujours recommandé, et dans certains cas impératif, de préciser à l'avance les endroits où vous souhaitez vous arrêter. (Service assuré début Juin-début Oct, tlj 8h-16h. Prix 8 $, non-membres AMC 9 $.)

⊞✦🎵 ORIENTATION ET INFORMATIONS PRATIQUES

Les White Mountains peuvent sembler intimidantes au voyageur qui les aborde pour la première fois. L'immense forêt est bordée d'une dizaine de villes distinctes et plusieurs stations de ski commerciales y sont implantées. Les sites les plus intéressants de la région se regroupent dans trois zones : **Pinkham Notch**, le centre populaire de la région, **Franconia Notch Area**, au nord-ouest de la *National Forest* (forêt nationale) et **North Conway**, une ville animée qui marque l'entrée des White Mountains. **Informations touristiques** : **White Mountain Attraction Center**, P.O. Box 10, N. Woodstock 03262 (🕾 745-8720), à la sortie n° 32 de la I-93. (Ouvert tlj 8h30-17h30.) Le centre distribue une carte extrêmement utile de la région des White Mountains. Vous pouvez également en trouver dans les kiosques d'information de la ville. On trouve des **US Forest Service Ranger Stations** (postes de *rangers*) le long des routes nationales qui traversent la forêt. Vous y trouverez toutes les informations utiles sur l'état et le tracé des sentiers de randonnée, ainsi qu'un guide gratuit consacré aux **équipements dont dispose l'arrière-pays**. Postes : **Androscoggin** (🕾 466-2713), sur la Route 16, à 8 km au sud de l'embranchement avec la US 2 à Gorham, **Ammonoosuc** (🕾 869-2626), dans Trudeau Rd., à Bethlehem, sur la US 302, à l'ouest de la US 3, et **Saco** (🕾 447-5448), à Conway, sur la Kancamangus Highway, à 100 m de la Route 16. (Postes ouverts tlj 8h-16h30, celui d'Ammonoosuc est fermé Sa-Di.) Pour avoir des informations sur les sentiers pédestres et les conditions météorologiques, appelez le **Pinkham Notch Visitors Center** (🕾 466-2721, réservation 🕾 466-2727), à 15 km au nord de Jackson, sur la Route 16, à Gorham. Ce centre, dirigé par l'AMC, vous permettra de trouver un hébergement sur place et propose toute une documentation, notamment des guides et des cartes des sentiers de randonnée, ainsi que du matériel de camping. (Ouvert tlj 6h30-22h.)

🏕 CAMPING

Le US Forest Service gère plus de 20 **terrains "officiels"** : six d'entre eux sont accessibles directement en voiture depuis la Kancamagus Hwy., les autres sont disséminés parmi les chemins de randonnée. Ils disposent, en général, de sanitaires et de bois de chauffage. (Emplacements 12-16 $. Réservation 🕾 877-444-6777. Les voitures garées au camping n'ont pas besoin d'autorisation de parking. Frais de changement ou d'annulation de réservation 10 $. Réservation conseillée 2 semaines à l'avance, surtout Juil-Août.) Le camping est moins cher ou gratuit dans les nombreux **terrains** de l'arrière-pays, qui sont uniquement accessibles par les chemins de randonnée. Renseignez-vous auprès du **US Forest Service** (🕾 528-8721), ou consultez la petite brochure (gratuite) de l'AMC, *Backpacker Shelters, Tentsites, Campsites, and Cabins in the White Mountains*. Le camping est interdit (tout comme les feux de camp) au-delà de la zone boisée (soit au-dessus de 1300 m d'altitude), à moins de 70 m d'un sentier et de 400 m des routes, des chalets, des abris forestiers, des aires de campement, des lacs et des cours d'eau. Ces dispositions peuvent varier en fonction de l'état de la forêt. Renseignez-vous auprès du US Forest Service avant de planter votre tente. Une **autorisation de parking** valable une semaine (5 $) est nécessaire pour garer sa voiture au début d'une piste dans la forêt.

🏠 HÉBERGEMENT

Le siège de l'**Appalachian Mountains Club (AMC)** est situé au cœur des montagnes, au Pinkham Notch Visitors Center. L'AMC gère un ensemble de huit refuges répartis le long de l'Appalachian Trail et distants chacun d'environ une journée de marche. Vous devez apporter votre sac de couchage ou vos draps. Le dîner et le petit déjeuner sont compris dans le prix de la nuit. (Lit plus deux repas 66 $, 44 $ pour les enfants.

Réductions pour les membres de l'AMC.) De juin à mi-octobre, possibilité de repas. En dehors de cette période, il est possible d'utiliser les cabanes mais aucune restauration n'est prévue. (Tarif 18 $, 20 $ si vous n'êtes pas membre. Téléphonez pour réserver.) Le club possède deux **refuges** accessibles en voiture dans les White Mountains : le **Joe Dodge Lodge** (voir **Pinkham Notch**, p. 297) et le **Crawford Hostel**, qui se résume à quelques bâtiments sommaires et isolés sur fond de paysage montagneux, à l'est de Bretton Woods, sur la US 302. La salle principale de l'auberge comprend une modeste cuisine et une bibliothèque, et la réception vend quelques articles, dont des guides des sentiers, des sucreries et du matériel de premiers secours. L'auberge dispose de 24 lits, souvent occupés. Réservez donc longtemps à l'avance. (© 278-5170, réservation par AMC © 466-2727. Sanitaires et douches propres. Apportez un sac de couchage ou des draps et de quoi manger. Extinction des feux à 21h30. Prix 18 $, 20 $ si vous n'avez pas la carte AMC.)

▲ ACTIVITÉS DE PLEIN AIR

Si vous avez l'intention de vous attarder dans la région, et notamment si vous envisagez de faire beaucoup de randonnée, investissez dans le précieux *AMC White Mountain Guide* (22 $), en vente dans la plupart des librairies et des centres d'information touristique. Il comporte des cartes très complètes et décrit avec précision tous les sentiers : vous pourrez ainsi savoir exactement où vous êtes en toutes circonstances. Munissez-vous toujours, même en été, de vêtements qui protègent de la pluie, du vent et du froid. Attention aux taons et aux escadrilles de moustiques, surtout en juin. Prévoyez du répulsif. Avec la marche, le VTT permet d'explorer sereinement ces montagnes. La plupart des sites sont accessibles à vélo et certains endroits possèdent des pistes aménagées pour les vététistes. Consultez les cartes et le guide *The White Mountain Ride Bike* (13 $), les guides des pistes cyclables édités par le US Forest Service, que vous trouverez dans les offices de tourisme, ou encore *30 Bicycle Tours in New Hampshire* (13 $), en vente dans les librairies de la région ou dans les magasins de sport. Pour louer des vélos, adressez-vous au **Great Glen Trails Outdoor Center** (© 466-2333), juste au nord de Mt. Washington Auto Rd., sur la Route 16. Vélo pour adulte 20 $ la demi-journée, 30 $ la journée. Ouvert tlj 9h-17h.

Pour découvrir la forêt sans trop d'efforts, suivez en voiture la route touristique ♥ **Kancamagus Scenic Highway**, qui relie les villes de Lincoln et de Conway. Comptez au moins une heure pour parcourir ses 56 km, plus si vous décidez de vous arrêter en chemin pour pique-niquer face à un beau point de vue. Pensez à vous procurer un **National Forest parking pass** (autorisation de parking dans le parc, 5 $, valable une semaine) si vous prévoyez de laisser votre voiture au départ d'un sentier ou aux abords d'une aire de pique-nique. Faites le plein d'essence à Lincoln ou à North Woodstock (vous ne trouverez plus de station-service pendant 50 km), puis partez en direction de l'est sur la route appelée Kanc (officiellement la Route 112, bien indiquée), qui dévoile de magnifiques panoramas jusqu'à Conway.

PINKHAM NOTCH

Pinkham Notch, la *notch* (que les termes de "faille" ou de "gorge" ne décrivent qu'imparfaitement) du New Hampshire située le plus à l'est, s'étend au pied du mont Washington (1917 m), le plus haut sommet du Nord-Est des Etats-Unis. La station est presque plus connue sa proximité avec le sommet que pour la beauté de ses paysages, ce qui explique la présence de nombreux touristes. Le **Pinkham Notch Visitors Center**, principal point de départ pour les excursions et principal bureau d'information de l'AMC dans les White Mountains, se trouve sur la Route 16, entre Gorham et Jackson. Pour y accéder depuis le sud, prenez la sortie n° 35 sur la I-93 S. pour rejoindre la US 3 vers le nord. Vous croiserez ensuite la Route 302 que vous suivrez jusqu'à l'est avant d'emprunter la Route 16 vers le nord.

Le sentier de randonnée **Tuckerman's Ravine Trail**, dont le point de départ est situé juste derrière le *visitors center* de Pinkham Notch, vous conduira, en quatre ou cinq heures de marche (comptez-en autant pour le retour) au sommet du mont

Washington. Soyez prudent. Chaque année, il s'y produit au moins un accident mortel. Des orages terribles peuvent éclater à tout moment, même au cours d'une journée magnifique. Au sommet, la température n'a jamais dépassé 22 °C et elle est en moyenne de -3 °C. De même, la vitesse *moyenne* du vent y est de 57 km/h et des rafales ont atteint le chiffre incroyable de 372 km/h ! Le mont Washington est de loin l'endroit le plus venteux des Etats-Unis. Cela dit, l'ascension vaut la peine car les paysages sont superbes. Le **Lion's Head Trail** est un peu moins impressionnant, avec un sentier plus stable mais des conditions toujours difficiles. On peut aussi aller au sommet en voiture, par la **Mount Washington Auto Road**. Cette route (payante) se transforme en simple piste par endroits, mais ses 13 km de virages vous conduiront quand même jusqu'au sommet. Là, vous obtiendrez gratuitement l'autocollant qui proclame : "Cette voiture a fait l'ascension du mont Washington." Effet garanti à votre retour. La route part de Glen House, sur la Route 16, juste au nord du *visitors center*. (© 466-3988. Route ouverte Juin-Sep, tlj 7h30-18h ; Mai-Juin et Sep-Oct 8h30-17h. Voiture et conducteur 17 $, 6 $ par passager, 5-12 ans 4 $, personnes âgées 2 $.) Vous pouvez aussi faire l'**ascension guidée en minibus** (22 $, 5-12 ans 10 $, ce prix comprenant un exposé d'une trentaine de minutes sur la faune et la flore locales). Le sommet, souvent embrumé, est assez avare de jolies vues. Vous y trouverez un **snack-bar**, qui sert à des prix raisonnables des sandwichs (2-4 $) et des boissons (1-2 $) (© 466-3347, ouvert fin Mai-mi-Oct, tlj 8h-18h), ainsi que le **musée** de l'**Observatoire du mont Washington**. (© 466-3388. Ouvert fin Mai-mi-Oct, tlj 9h-19h.)

Dans la montagne, le mieux est de dormir dans les chalets gérés par l'AMC, comme le **Joe Dodge Lodge**, juste derrière le *visitors center* de Pinkham Notch. Les lits sont confortables. Le petit déjeuner et le dîner, savoureux et copieux, sont inclus dans le prix du séjour. Le chalet compte 100 lits, et la cuisine n'est pas en libre-service : tous les repas sont préparés et servis par le personnel. Après les repas, vous pourrez vous reposer dans la grande bibliothèque. (47 $, enfants 32 $, sans la carte AMC 51 $, enfants 35 $. Hors saison 44 $, enfants 30 $, sans la carte AMC 48 $, enfants 32 $. Pas de réservation.) A deux heures de marche par le sentier Tuckerman Ravine Trail, vous atteindrez **Hermit Lake Shelter**, un refuge qui peut accueillir 72 personnes dans 8 abris et sur trois aires de camping. Les salles de bains n'ont pas de douches. (La nuit revient à 8 $. Procurez-vous une carte d'accès de nuit au *visitors center*.) **Carter Notch Hut** se trouve à l'est du *visitors center*, à 7 km de marche par le sentier **Brook Trail** (longueur totale 30 km) et possède 40 lits ainsi qu'une cuisine équipée d'un réchaud à gaz. A moins de 3 km du sommet du mont Washington, on trouve les **Lakes of the Clouds**, le plus grand (90 places), le plus haut et le plus fréquenté des refuges de l'AMC. En cas d'affluence, 6 places supplémentaires sont disponibles au sous-sol, qu'on peut réserver depuis un autre chalet. (© 466-2727 18 $ par personne, sans la carte AMC 20 $.) Réservation conseillée pour tous les chalets de l'AMC.

LA RÉGION DE LA FRANCONIA NOTCH ☞ 603

La Franconia Notch est située dans la partie nord-ouest de la forêt nationale des White Mountains, mais elle n'en fait pas officiellement partie : ce parc fédéral appartient à l'Etat du New Hampshire, qui en assure également la gestion. Creusée par des glaciers depuis 400 millions d'années, la Franconia Notch n'est pas seulement un site géologique intéressant. On vient y admirer ses hautes falaises de granit, ses chutes d'eau, ses immenses étendues boisées et son célèbre rocher dont la forme évoque un vieil homme (on l'appelle *Old Man of the Mountain*). Cette curiosité géologique orne d'ailleurs jusqu'aux panneaux d'autoroute du New Hampshire.

▐ **INFORMATIONS PRATIQUES.** Presque tous les principaux sites de la région sont accessibles par la I-93. ❤ **The Flume**, un sentier qui vous mènera jusqu'à des gorges prodigieuses enserrées entre des parois de granit, est la première étape incontournable de la Franconia Notch (sortie n° 1 de Parkway sur la I-93). Les parois couvertes de mousse s'élèvent à 30 m et la promenade vous entraînera sous des ponts couverts vieux de plusieurs siècles, en passant par les chutes Avalanche, hautes de 14 m. Au

Flume Visitors Center (© 745-8391, www.flumegorge.com), vous pourrez assister gratuitement à la projection d'un film d'une quinzaine de minutes, qui vous familiarisera avec le paysage et la géologie de la région. Profitez-en pour acheter les billets pour la balade. (Adultes 8 \$, 6-12 ans 5 \$. Ouvert Mai-Oct, tlj 9h-17h ; Juil-Août 9h-17h30.) Au nord, à l'intérieur du parc, une **piste de VTT** de 15 km part également du *visitors center* et longe la I-93.

⌂ 🍴 HÉBERGEMENT ET RESTAURANTS. La splendeur de la région ravira tous les campeurs. Le **Lafayette Place Campground** est blotti au cœur de la Franconia Notch. Depuis le camping, le sentier de randonnée **Pemi Trail** serpente pendant 3km à travers le parc fédéral. Après avoir traversé de superbes paysages, il mène tout droit à un bon point d'observation de l'*Old Man of the Mountain*. (© 823-9513. Douches payantes automatiques, une centaine d'emplacements pour 2 personnes 16 \$, 8 \$ par personne supplémentaire, pas de supplément pour les enfants. L'endroit étant très prisé, il faut réserver au moins 2 semaines à l'avance. Ouvert mi-Mai-mi-Oct, en fonction du climat.) Si vous cherchez un peu plus d'intimité, essayez le **Fransted Campground**, à 5 km au nord des gorges par la Route 18. Son altitude moins élevée lui permet de profiter d'un peu plus de chaleur. (© 823-5675. Douches, salles de bains, emplacements familiaux 18-22 \$. Ouvert Mai-mi-Oct.) Outre les campings, la **Woodstock Inn & Station** peut aussi vous héberger, plus confortablement, certes, mais pour un prix bien plus élevé : les chambres commencent à 87 \$. (© 745-3951. Petit déjeuner compris. Accès au jacuzzi et à la salle de sport.) Même si les prix de l'hôtel ne sont pas dans vos moyens, vous apprécierez à coup sûr le menu extrêmement varié de la **Woodstock Inn Brewery**, juste à côté. Il comprend des salades et des sandwichs aussi traditionnels que ça (6-8 \$), de la cuisine mexicaine ou encore des fruits de mer. Le **Polly's Pancake Parlor**, Route 117, à Sugar Hill, à 3 km de la sortie n° 38 de la I-93, est installé dans une accueillante cabane qui a choisi comme emblème la feuille d'érable. On vous y proposera 6 *pancakes* pour 6 \$, ou à volonté pour 11 \$. Le restaurant est également intéressant en raison de sa situation : la salle domine en effet le mont Washington. (© 823-5575. Ouvert Avr. et Nov., Sa-Di 7h-14h. Mai-Oct : tlj 7h-15h.)

◙ VISITES. La Franconia Notch, la plus à l'ouest d'une série de goulets, est surtout connue pour l'**Old Man of the Mountain**. Ce rocher, haut de 15 m environ, évoque un vieil homme vu de profil. Il se compose de cinq grosses pierres qui font saillie au sommet d'une falaise de 400 m de haut. Nathaniel Hawthorne l'évoque dans son récit *The Great Stone Face* (1850). Le rocher orne désormais les plaques d'immatriculation des voitures, devenant ainsi le véritable symbole de l'Etat. La sortie conduisant au "vieil homme" est clairement signalée, et 10 mn de marche le long du sentier indiqué vous mèneront sur les berges de **Profile Lake**, qui présente la meilleure vue sur le bon vieux grand-père. Le Great Cannon Cliff, qui domine de plus de 300 m la gorge entre Mount Lafayette et Cannon Mountain, n'attire pas seulement les amoureux de beaux paysages. Un téléphérique, le ❤ **Cannon Mountain Aerial Tramway**, parcourt plus de 600 m en 7 mn et permet à ses 80 passagers de photographier les plus belles vues sur la Franconia Notch tout au long de l'ascension. Un *Play All Day Pass* (forfait valable une journée, 22 \$, enfants 18 \$) donne accès au tramway ainsi qu'à la plage et permet de louer un vélo ou un bateau pendant 1h. (© 823-8800. Ouvert Mai-Oct, tlj 9h-16h30 ; Juil-Août 9h-17h. Billet 8 \$, aller-retour 10 \$, 6-12 ans 6 \$.) Juste à côté de l'arrêt du téléphérique se trouve le **New England Ski Museum**. Idéal pour les estivants qui attendent avec impatience le retour de la neige sur les pistes du Nord-Est, ce musée abrite une impressionnante collection d'objets en rapport avec le ski. (© 823-7177. Ouvert fin Mai-début Oct, tlj 9h-17h. Déc-Mars : Lu-Ma et Ve-Di 9h-17h. Entrée gratuite.) Plutôt que d'emprunter le téléphérique, les alpinistes confirmés peuvent faire l'ascension de la falaise par les voies d'escalade "Sticky Fingers" (doigts poisseux) ou "Meat Grinder" (hachoir à viande). Entre les sorties n° 1 et n° 2 de la I-93, un embranchement vous mène jusqu'à la cascade **The Basin**, sur la Pemigewasset River. Elle se jette dans une retenue naturelle, dont les bords, polis par le sable, sont tellement réguliers qu'on croirait y voir l'action de l'homme. C'est l'une des principales curiosités du parc. Accès handicapés. Pendant les chaudes journées d'été, la plage (surveillée) d'**Echo Lake**, à la sortie n° 3 de la I-93, vous permet de prendre un bain rafraîchissant, mais la foule est bien souvent au rendez-vous. Vous pouvez vous baigner même lorsque le surveillant de plage n'est pas en service. (© 823-5563. Plage surveillée mi-Juin-Sep, tlj 10h-17h30. Entrée 3 $, gratuit pour les moins de 12 ans et les plus de 65 ans.)

⛰ RANDONNÉES. De nombreux sentiers sillonnent la montagne, de part et d'autre de la faille : ce sont autant d'invitations à de magnifiques excursions. Mais il faut s'attendre à un temps peu clément, surtout au-dessus de 1500 m. Le **Lonesome Lake Trail**, relativement facile, conduit sur plus de 3 km du camping de Lafayette Place à **Lonesome Lake**, où se trouve le refuge d'été de l'AMC le plus à l'ouest (voir **Informations pratiques**, p. 299). Le **Greenleaf Trail** (4 km), qui part du parking de l'Aerial Tramway, et l'**Old Bridle Path** (5 km), au départ de Lafayette Place, sont réservés aux randonneurs plus ambitieux : l'un et l'autre conduisent au refuge Greenleaf de l'AMC, tout proche du sommet du Mt. Lafayette, d'où l'on a une vue plongeante sur Echo Lake. Les couchers de soleil y sont magnifiques. Depuis Greenleaf, prenez la direction de l'est, sur 12 km, le long de **Garfield Ridge**, pour rejoindre le **Galehead**, le plus reculé des chalets de l'AMC. De là, les itinéraires d'excursions sont suffisamment nombreux pour vous occuper plusieurs jours. Une place de camping sur Garfield Ridge coûte 5 $.

AUX ENVIRONS DE LA FRANCONIA : LOST RIVER (LA RIVIÈRE PERDUE)

Située à 10 km à l'ouest de Woodstock par la Route 112, en dehors du parc fédéral, ♥ **Lost River** est une gorge qui présente un ensemble de grottes et de formations rocheuses. La réserve s'occupe également d'un jardin naturel très riche et d'un musée de la sylviculture. La balade dans la gorge fait à peine 1,5 km, mais peut prendre un certain temps : chacune des grottes aux noms insolites (comme le *Lemon Squeeze*, ou "presse-citron") est ouverte à l'exploration, pour ceux qui ont assez d'agilité (et de volonté) pour s'y faufiler. (© 745-8031. Entrée 8,50 $, 6-12 ans 5 $. Ouvert Mai-Oct, tlj 9h-17h, derniers billets vendus 1h avant la fermeture.)

NORTH CONWAY ET CONWAY   ☎ 603

La proximité des stations de ski en hiver, ses magnifiques feuillages d'automne et la possibilité de randonner ou de faire les magasins tout au long de l'année font de North Conway l'une des destinations de vacances les plus populaires du New Hampshire. Dans les **magasins d'usine** (*outlet stores*) le long de la Route 16, on trouve des vêtements de marque comme Banana Republic, J. Crew, Liz Claiborne et Brooks Brothers, autant de griffes célèbres aux Etats-Unis qui attirent une clientèle avide de bonnes affaires. A quelques kilomètres au sud se trouve la ville de Conway, qui possède moins de boutiques touristiques mais d'excellents restaurants et lieux d'hébergement.

▮ INFORMATIONS PRATIQUES. De nombreux magasins louent le matériel dont vous pouvez avoir besoin. Pour le ski en hiver et le VTT en été, allez chez **Joe Jones** à North Conway, dans Main St., au niveau de Mechanic St. Un autre magasin se trouve à quelques kilomètres au nord de la ville sur la Route 302. (© 356-9411. Ensemble chaussures, skis et bâtons 18 $ la journée, 35 $ les deux jours. Matériel pour le ski de fond 15 $/26 $. Snowboards 20 $/38 $. Ouvert Juil-Août, tlj 9h-21h. Sep-Nov et Avr-Juin : Di-Je 10h-18h et Ve-Sa 9h-18h.) **Eastern Mountain Sports** (**EMS**), juste au nord de Main St., dans l'Eastern Slope Inn, donne des brochures sur les activités de la région. Le magasin vend aussi du matériel de camping et vous pouvez louer des tentes (2 personnes 15 $ la journée, 20 $ les 3 jours, 4 personnes 20 $ la journée, 25 $ les 3 jours) et des sacs de couchage (10 $ la journée, 15 $ les 3 jours), ainsi que d'autres équipements. Les vendeurs peuvent vous indiquer des endroits où pratiquer l'alpinisme et la randonnée à North Conway et proposent en outre leurs propres cours d'été d'escalade. (© 356-5433. Ouvert Juin-Sep, Lu-Sa 8h30-21h et Di. 8h30-18h. Oct-Mai : tlj 8h30-18h.)

⊓ HÉBERGEMENT. La ♥ White Mountains Hostel (HI-AYH), 36 Washington St., est située au cœur de Conway, à proximité des White Mountains. (Washington St. se trouve entre la Route 153 et la Route 16.) Elle est gérée et tenue très propre par une équipe particulièrement sympathique, respectueuse de l'environnement. Les 43 lits confortables (avec draps et oreillers) sont répartis sur plusieurs étages. Cuisine et accès Internet. Laverie 3 $. (© 447-1001 ou 800-909-4776, *extension* 51. 19 $, 22 $ pour les non-adhérents. Le prix comprend un petit déjeuner léger. Chambre privative 45-48 $. Réception 7h-10h et 17h-22h. Libérer la chambre avant 10h. Réservation conseillée à la belle saison. Ouvert Déc-Oct.) L'auberge située au superbe **Cranmore Mt. Lodge**, 859 Kearsarge Rd., dispose de 40 lits. Bien qu'elle se situe à plusieurs kilomètres du centre-ville de North Conway, elle compense l'éloignement par ses nombreux équipements et un site splendide. L'établissement met à la disposition de ses hôtes une salle de jeux, une piscine, un jacuzzi et un étang peuplé de canards. Des sentiers de randonnée parcourent le terrain. Le petit déjeuner complet offert pour chaque nuit supplémentaire compense l'étroitesse des lits et la finesse des matelas. La télévision par câble, le four à micro-ondes et le réfrigérateur sont à la disposition de la clientèle. Pensez à emporter une couverture chaude pour vous protéger du froid qui sévit durant la nuit. (© 356-2044 ou 800-356-3596. 17 $, linge et serviettes fournis contre un petit supplément. Se présenter entre 15h et 21h. Libérer la chambre avant 11h.)

⊡ RESTAURANTS. Horsefeathers, dans Main St., à North Conway, sert des *burgers* pour environ 7 $ et un choix de plats (y compris végétariens) moyennant quelques dollars de plus. (© 356-2687. Cuisine ouverte tlj 11h30-23h45, bar ouvert jusqu'à 1h.) De l'autre côté de la rue, à côté de l'Olympia Sports, le **Morning Dew**, 2686 Main St., fournit en caféine une grande partie de la population locale. Ce distributeur automatique propose des *bagels*, des jus de fruits et le journal du jour en plus d'une vaste gamme de cafés (1-2,50 $) et de thés. (© 356-9366. Ouvert tlj 7h-21h.) Laissez-vous tenter par un sachet de bonbons au **Zeb's Country Store**, qui propose également toutes sortes d'articles fabriqués exclusivement en Nouvelle-Angleterre, du pur sirop d'érable aux souvenirs tels que des panneaux en bois ou des têtes d'élans. (© 356-9294. Ouvert 15 Juin-Déc 9h-22h. Horaire variable le reste de l'année.) Plus loin au sud, à **Conway**, des tons pastel roses, verts et violets annoncent le **Cafe Noche**, 147 Main St., qui sert une cuisine mexicaine authentique, agrémentée d'un large éventail de plats végétariens. Les airs de musique mexicaine filtrent jusqu'à la terrasse, ombragée par un érable géant et des parasols multicolores. Les habitués du lieu vous recommanderont la *Montezuma pie* (sorte de lasagnes mexicaines, 7,25 $) ou le *burger* végétarien (4,25 $). Attention tout de même avec les chips et les sauces à volonté. (© 447-5050. Ouvert Di-Je 11h30-21h et Ve-Sa 11h30-21h30.)

VERMONT

Aucun autre Etat des Etats-Unis ne mérite autant son nom que le Vermont. L'origine en remonte à Samuel de Champlain, envoyé par Louis XIII en Amérique du Nord, qui en 1609 baptisa la région, dans son français natal, "vert mont", devenu en américain *green mountains*. De fait, la chaîne des Green Mountains est l'ossature du Vermont : elle le traverse sur toute sa longueur du nord au sud et occupe également une bonne partie de sa largeur. Depuis quelques années, le Vermont est devenu la terre d'élection des citadins stressés en mal de nature. Un fossé s'est ainsi creusé entre le Vermont traditionnel et le Vermont des boutiques à la mode. Par bonheur, le premier semble avoir pris le dessus, et les 30 forêts, 80 parcs et 74 400 hectares de la gigantesque Green Mountain National Forest demeurent intacts.

🔢 INFORMATIONS PRATIQUES

Capitale : Montpelier.

Informations touristiques : **Vermont Information Center**, 134 State St., Montpelier 05602 (℡ 802-828-3237, www.travel-vermont.com). Ouvert Lu-Ve 8h-20h. **Departement of Forests, Parks and Recreation**, 103 S. Main St., Waterbury 05676 (℡ 802-241-3670). Ouvert Lu-Ve 7h45-16h30. **Vermont Snowline** (bulletin d'enneigement, ℡ 802-229-0531), fonctionne 24h/24 Nov-Mai.

Fuseau horaire : Heure de l'Est (6 heures de moins que l'heure de Paris).

Abréviation postale : VT. **Taxe locale** : 5 %, 9 % sur la restauration et l'hébergement.

STATIONS DE SKI DU VERMONT ☎ 802

L'hiver venu, les skieurs envahissent le Vermont pour profiter du domaine skiable, l'un des meilleurs du Nord-Est, qui devient le paradis des vététistes et des marcheurs en été et en automne. Les villes entourant chacune des montagnes ont basé leur économie sur cette avalanche annuelle, et proposent donc un large choix de logements. Pour plus de renseignements, contactez **Ski Vermont**, 26 State St., P.O. Box 368, Montpelier 05601 (℡ 223-2439, fax 229-6917, www.skivermont.com, ouvert Lu-Ve 7h45-16h45). Vous pouvez aussi obtenir des informations utiles auprès du Vermont Information Center (voir **Informations pratiques**, précédemment). Il est possible d'acheter des forfaits moins chers hors saison (avant mi-décembre et après mi-mars).

Au nord de Stowe sur la Route 108 W. se trouve **Smuggler's Notch**, récemment élue meilleure station de ski des Etats-Unis par *SKI Magazine*. Ses trois massifs montagneux et ses 67 pistes (dont la plus difficile de tout l'Est du pays) en font une destination hivernale très prisée. Mais cette station sait aussi attirer la clientèle tout au long de l'année grâce à ses forfaits "tout compris" avantageux et à ses excursions à pied ou en canoë l'été. (℡ 644-8851 ou 800-451-8752. Remontées mécaniques 44 $ en semaine, 48 $ le week-end, enfants 32 $/34 $. Formule 5 nuits + 5 jours de remontées mécaniques à partir de 95 $ la journée pour un adulte en hiver.) La station familiale de **Stowe Mountain Resort** propose des forfaits de remontées mécaniques pour 54 $ la journée. 59 % des pistes sont de difficulté intermédiaire (16 % faciles et 25 % difficiles). En revanche, les activités estivales peuvent se révéler plus techniques : parcours de golf, base de loisirs, VTT et ski d'été (8 $ la descente, 6-12 ans et personnes âgées 7 $). Il y a aussi une aire de skate-board avec un tremplin. (℡ 253-3000 ou 800-253-4754. Forfait journée multiactivité 15 $, enfants et personnes âgées 12 $. Forfait demi-journée 8 $, enfants et personnes âgées 6,50 $.) Située dans la ville de West Dover, à l'ouest de Brattleboro par la Route 100, **Mt. Snow** possède 134 pistes (20 % faciles, 60 % intermédiaires, 20 % difficiles) et 26 remontées, une neige artificielle de très grande qualité et le premier espace de snowboard du Nord-Est. En été, les vététistes se régaleront sur ses 72 km de chemins. (℡ 800-245-7669. Ouvert mi-Nov-fin Avr, Lu-Ve 9h-16h et Sa-Di 8h-16h. Forfait week-end 52 $, semaine 49 $, 13-19 ans 46 $/44 $, personnes âgées et moins de 13 ans 33 $/31 $.) A l'intersection de la US 4 et de la Route 100 N., à Sherburne, les sept sommets et les 205 pistes de **Killington** permettent à la station d'avoir la plus longue saison de ski de tout l'est des Etats-Unis (de mi-octobre à début juin) et aux skieurs, quel que soit leur niveau, de trouver les pistes les plus variées de toute la Nouvelle-Angleterre. On y pratique également le snowboard et le patin à glace l'hiver, ainsi que la randonnée et le VTT l'été. (℡ 422-3333 ou 800-621-6867. Forfait 56 $, 13-18 ans 49 $, 6-12 ans 26 $.) Située dans le nord de l'Etat et accessible par la I-91, **Burke** est une station dont les prix des forfaits sont parmi les plus raisonnables du Vermont. 30 % des pistes sont faciles, 40 % intermédiaires et 30 % difficiles. En été, vous pouvez y pratiquer presque toutes les activités de plein air, de l'escalade à la pêche, en passant par la randonnée ou le VTT, sur les quelque 320 km de sentiers à votre disposition. (℡ 626-3305. Forfait Sa-Di 42 $, 13-18 ans 37 $, moins de 13 ans 28 $. Forfait Lu-Ve 25 $, hors saison 20 $.) A Jay, sur la

Route 242, le sommet de **Jay Peak** est à cheval sur la frontière américano-canadienne, au nord-est du Vermont. La station connaît les plus importantes précipitations de neige de la Nouvelle-Angleterre. Des pistes noires parmi les plus difficiles de tout l'est des Etats-Unis et de nombreuses possibilités de skier dans les bois attirent à Jay Peak les amateurs de sensations fortes (63 pistes, dont 40 % difficiles). En été, nombreuses possibilités pour pratiquer la pêche ou le VTT. (© 988-2611 ou 800-451-4449. Forfait 49 $, moins de 15 ans 37 $, après 14h45 12 $.)

Autres stations : **Stratton** (© 297-2200 ou 800-787-2886, 90 pistes et 12 remontées mécaniques), sur la Route 30 N. à Bondville, et **Sugarbush** (© 583-2381 ou 800-537-8427, 112 pistes, 18 remontées, 4 sommets). Les principales stations de ski de fond sont **Trapp Family Lodge**, à Stowe (voir p. 308), **Mountain Meadows**, à Killington (© 775-7077, 105 km de pistes) et à **Woodstock** (© 457-1100, 65 km de pistes).

BURLINGTON   ☞ 802

Nichée entre le lac Champlain et les Green Mountains, Burlington, la ville principale du Vermont, a réussi à marier son cadre naturel à son ambiance citadine. Siège de cinq *colleges* (universités), dont l'université du Vermont (UVM), la ville baigne dans une ambiance jeune et non-conformiste, où les boutiques de vêtements à la mode voisinent avec les marchands de perles, tout en restant harmonieuse et équilibrée. Flânez le long de Church St. ou dînez à l'une de ses nombreuses terrasses de café pour goûter à cet heureux mélange de bourgeoisie et d'esprit contestataire, véritable piment de cette cité tranquille.

◢ INFORMATIONS PRATIQUES

Train : **Amtrak**, 29 Railroad Ave., Essex Jct. (© 879-7298), à 8 km à l'est du centre de Burlington, sur la Route 15. Trains à destination de New York (1 dép/j, durée 9h45, 59 $) et de White River Junction (1 dép/j, durée 2h, 16 $). Gare ouverte tlj 8h30-12h et 20h-21h. Navettes CCTA pour le centre-ville Lu-Ve 2 dép/h de 5h55 à 18h05 et Sa. de 6h45 à 19h40. **Bus** : **Vermont Transit**, 345 Pine St. (© 864-6811 ou 800-451-3292), au niveau de Main St. Destinations : Boston (5 dép/j, durée 4h45, 46,50 $), Montréal (4 dép/j, durée 2h30, 19 $), White River Junction (5 dép/j, durée 2h, 15 $), Middlebury (3 dép/j, durée 1h, 7,50 $) et Albany (3 dép/j, durée 4h45, 35 $). Gare routière ouverte tlj 5h30-19h30. **Transports en commun** : **Chittenden County Transit Authority** (**CCTA**, © 864-2282). Il est très facile de parcourir le centre-ville à pied et les bus CCTA assurent des liaisons fréquentes et fiables avec les environs. Gare centrale au coin de Cherry St. et de Church St. Correspondances pour Shelburne et quelques autres destinations. 2 dép/h Lu-Sa de 6h15 à 21h20 selon les itinéraires. Tarif 1 $, personnes âgées, handicapés et moins de 18 ans 50 ¢, gratuit pour les moins de 5 ans. **Location de vélos** : **Ski Rack**, 85 Main St. (© 658-3313 ou 800-882-4530). VTT 10 $ l'heure, 16 $ les 4h et 22 $ la journée. Casque et antivol compris. *Rollerblades* 10 $ les 4h, 14 $ la journée. Carte bancaire obligatoire. Ouvert Lu-Je 10h-19h, Ve. 10h-20h, Sa. 9h-18h et Di. 11h-17h. **Office de tourisme** : **Lake Champlain Regional Chamber of Commerce**, 60 Main St., Route 100. (© 863-3489. Ouvert Lu-Ve 8h30-17h et Sa-Di 9h-17h. Oct-Mai : fermé Sa-Di.) **Bureau de poste** : 11 Elmwood Ave., à l'angle de Pearl St. (© 863-6033. Ouvert Lu-Ve 8h-17h et Sa. 8h-13h.) **Code postal** : 05401.

◤ HÉBERGEMENT

Sur simple demande, l'office de tourisme vous fournira une liste complète des possibilités d'hébergement de la région. Vous trouverez facilement des Bed & Breakfast aux environs de Burlington. Les hôtels abordables et les chambres d'hôtes sont regroupés dans **Shelburne Rd.**, au sud du centre-ville. **Mrs. Farrell's Home Hostel (HI-AYH)** est à 5 km du centre par North Ave. et accessible par les transports en commun. Demandez votre chemin après avoir réservé ou confirmé. Cette auberge familiale est faite pour les voyageurs souffrant du mal du pays. En adéquation avec l'esprit hippie de la ville, des posters sur tous les sujets, des déchets nucléaires à la cuisine végétarienne, ornent les murs et lui donnent l'atmosphère d'un havre de paix, de justice et d'harmonie. L'établissement compte six lits, répartis entre un sous-sol propre et confortable et une charmante véranda. Si l'endroit est complet, Mrs. Farrell vous orientera vers un hébergement de secours. (✆ 865-3730. Petit déjeuner léger compris. Draps 1 $. 17,50 $ par personne, 20,50 $ pour les non-adhérents. Accès handicapés partiel.) Le camping **North Beach Campsites**, dans Institute Rd., à 3 km au nord de la ville par North Ave., dispose d'une belle vue. Il permet d'accéder à l'une des plages du lac Champlain. Prenez la Route 127 vers North Ave. ou la ligne de bus "North Ave." à la gare routière principale de Pine St. (✆ 862-0942 ou 800-571-1198. 137 emplacements. 20 $, 24 $ avec électricité, 27 $ avec raccordement complet. Douche 25 ¢ les 5 mn. L'accès à la plage est gratuit pour les campeurs, 5 $ pour les non-campeurs, mais elle ferme à 21h. Ouvert Avr-mi-Oct.) **Shelburne Campground**, dans Shelburne Rd., à 1,5 km au nord de Shelburne et à 8 km au sud de Burlington par la Route 7, est un autre terrain de camping. Les bus en direction de Shelburne s'arrêtent tout près. (✆ 985-2540. Piscine, laverie et douches. Emplacements pour 2 personnes 19 $, avec eau et électricité 21 $, raccordement complet 27 $, 5 $ par personne supplémentaire. Ouvert Mai-Oct.) Pour d'autres terrains de camping, voir **Champlain Valley**, p. 305.

▮ RESTAURANTS

Church Street Marketplace et les rues adjacentes abritent environ 85 restaurants qui font de Burlington un vrai paradis pour les gourmets. Dans cette ville de 40 000 habitants, on peut passer plusieurs semaines sans manger deux fois à la même adresse. Nul besoin d'être "stone" ni d'être un elfe pour apprécier la cuisine de ❤ **Zabby and Elf's Stone Soup**, 211 College St. Ce café spécialisé dans les plats végétariens vous donnera un aperçu de la cuisine locale, avec comme mots d'ordre : familial, copieux et sain. Les sandwichs faits de pain frais et les généreux plats chauds végétariens, à commander aux différents comptoirs, sont parfaits à emporter (5 $). Même s'ils contiennent peu de vitamines, les délicieux desserts (1,25 $) complètent harmonieusement un repas de légumes. (✆ 862-7616. Ouvert Lu-Ve 7h-19h et Sa. 8h-17h. Les cartes bancaires ne sont pas acceptées.) Le décor clair et aéré et l'ambiance un peu prétentieuse du **Liquid Energy Cafe**, 57 Church St., rappellent un café californien. Le personnel et les clients nonchalants s'intègrent parfaitement à la froideur de l'atmosphère. Préparation de *smoothies* (milk-shakes) élaborés à base d'ingrédients originaux (3-5 $) et de remèdes miracles. Pour guérir votre acné ou votre asthme, vous pouvez concocter votre propre mixture. (✆ 860-7666. Accès Internet gratuit. Ouvert Lu-Je 7h-20h, Ve. 7h-21h, Sa. 9h-21h et Di. 9h-18h.) **Ben and Jerry's**, 36 Church St., est considéré comme le lieu de naissance de la célèbre compagnie américaine (voir p. 309) même si le véritable berceau se situait au 169 Cherry St., dans une ancienne station-service qui a malheureusement brûlé. Les glaces sont toujours aussi irrésistibles. (✆ 862-9620. Ouvert Avr-Nov, Di-Je 11h-23h et Ve-Sa 11h-24h. Déc-Mars : Di-Je 11h-22h et Ve-Sa 11h-23h. 2-3 $ le cornet.) **Sweetwater's**, 120 Church St., est réputé pour ses hauts plafonds et ses peintures murales. L'endroit est très apprécié pour ses soupes (3-3,50 $) et ses sandwichs (6-7 $). L'été, dénichez une place en terrasse. Vous pourrez ainsi goûter à l'animation de Church St. Marketplace. (✆ 864-9800. Ouvert Lu-Sa 11h30-2h et Di. 10h30-24h. Repas servi Lu-Sa jusqu'à 1h et Di. jusqu'à 23h.)

◉ VISITES

Le **Shelburne Museum**, à Shelburne, à 11 km au sud de Burlington, est en réalité un parc où ont été reconstituées des habitations traditionnelles des pionniers américains. On y admire 37 exemples de constructions (dont un magasin du XIXe siècle et une boutique d'apothicaire) provenant de toutes les régions de Nouvelle-Angleterre, un pont couvert en provenance de Cambridge (Massachusetts), un phare et des habitations des années 1950. Ne ratez pas non plus les toiles de Degas, Cassatt, Manet, Monet, Rembrandt et Whistler. Billets valables deux jours consécutifs :

NOUVELLE-ANGLETERRE

il vous faudra du temps pour tout voir. (© 985-3346. Ouvert mi-Mai-Oct, tlj 10h-17h. Entrée 17,50 \$, 6-14 ans 7 \$. Horaire variable Oct-Mai. Certains édifices sont fermés l'hiver.) A 8 km plus au sud, sur la US 7, vous pourrez acheter des graines de fleurs dans la boutique de la **Vermont Wildflower Farm**, où se trouve également un jardin de fleurs sauvages sur 2,4 ha. (© 425-3641. Ouvert Avr-Oct, tlj 10h-17h. Entrée 3 \$. Hors saison, entrée 1,50 \$.)

Les amateurs d'histoire préféreront **South Willard St.** et son atmosphère victorienne, siège du **Champlain College** et de l'**université du Vermont**, fondée en 1797. Deux parcs ravissants invitent à la flânerie : **City Park Hall**, en plein centre, et **Battery Street Park**, sur le lac Champlain, un peu plus excentré. Pour naviguer sur le lac, même la nuit, **Burlington Community Boathouse**, en bas de College St., au bord du lac, loue des canots. (© 865-3377. Ouvert mi-Mai-mi-Oct, tlj 24h/24. Location 6h-24h. Dériveurs 25-35 \$ l'heure.) Vous pourrez faire une croisière sur le lac Champlain à bord du **Spirit of Ethan Allen**, en partant du hangar à bateaux situé au bout de College St. Les commentaires viennent compléter les vues très proches de la célèbre **Thrust Fault**, une merveille géologique invisible autrement. (© 862-8300. Départ fin Mai-15 Oct, tlj à 10h, 12h, 14h et 16h. Prix 9,90 \$, 3-11 ans 4,65 \$. Une croisière d'une heure part au coucher du soleil. Dép. Di-Je à 18h30. Prix 11 \$, 3-11 ans 5,70 \$.) Au nord-est de Burlington, sur la Route 127, se trouve l'**Ethan Allen Homestead**, consacré au fondateur de l'Etat du Vermont, Ethan Allen. Vous pourrez visiter le chalet construit par ce héros de la guerre d'Indépendance dans le Winooski Valley Park. (© 865-4556. Ouvert mi-Mai-mi-Juin, tlj 13h-17h. Juin-mi-Oct : Lu-Sa 10h-17h et Di. 13h-17h. Dernière visite à 16h15. Entrée 4 \$, personnes âgées 3,50 \$, 5-17 ans 2 \$, familles 12 \$.)

♫ ▌ SPECTACLES ET SORTIES

NOUVELLE-ANGLETERRE

L'université du Vermont (UVM) et les facultés voisines entretiennent l'atmosphère animée de la ville. Le quartier piétonnier autour de l'ancienne halle, **Church St. Marketplace**, attire une population jeune ainsi que des artisans qui vendent leurs productions. Procurez-vous un exemplaire (gratuit) du journal *Seven Days* pour découvrir la vie culturelle de Burlington. L'été, le **Vermont Mozart Festival** (© 862-7352 ou 800-639-9097) propose des concerts de musique classique dans des lieux insolites : granges, fermes ou même en pleine nature. A l'occasion du **Discover Jazz Festival** (© 863-7992) se produisent, dès les premiers jours de juin, plus de 1000 musiciens. Certaines représentations sont gratuites. Location possible pour le festival Mozart et pour le festival de jazz au **Flynn Theater Box Office**, 153 Main St. (© 863-5966, ouvert Lu-Ve 10h-17h et Sa. 11h-16h). Enfin, le **Champlain Valley Folk Festival** (© 800-769-9176) se déroule début août. **Nectar's**, 188 Main St., propose une cuisine bon marché comme ce succès local, les frites au jus de viande (3-5 \$), et de la musique *live* tous les soirs. (© 658-4771. Ouvert Lu-Ve 5h45-2h, Sa. 7h30-1h et Di. 7h30-2h. Entrée gratuite.) Le **Red Square**, 136 Church St., est l'un des endroits les plus fréquentés de la vie nocturne. Les musiciens jouent parfois dans la rue quand il y a trop de monde. (© 859-8909. Entrée gratuite.)

▌ EXCURSION DEPUIS BURLINGTON : CHAMPLAIN VALLEY

Le **lac Champlain**, long de 160 km, s'étend entre les Green Mountains du Vermont et les Adirondacks de l'Etat de New York. On l'appelle souvent "la côte ouest du Vermont". Vous pouvez le découvrir en empruntant un pont ou en embarquant sur un ferry. La petite croisière offre des vues splendides. **Lake Champlain Ferry**, installé sur les quais, à l'extrémité de King St., permet d'effectuer la traversée de Burlington à Port Kent, dans l'Etat de New York. (© 864-9804. Durée 1h. Fin Juin-Août : 12-14 dép/j de 8h à 19h30. Mi-Mai-fin Juin et 1er Sep-15 Oct : 9 dép/j de 8h à 18h35. Tarif 3,50 \$ par personne, 6-12 ans 1,25 \$, voiture 13,25 \$.) La même compagnie assure également une liaison entre Grand Isle et Plattsburg (Etat de New York) et, à 20 km au sud de Burlington, entre Charlotte (Vermont) et Essex (Etat de New York). (2,50 \$ par personne, 6-12 ans 50 ¢, avec une voiture 7 \$.)

Le **Mt. Philo State Park**, sur la Route 7, à 25 km au sud de Burlington, dispose d'un agréable terrain de camping et offre des points de vue magnifiques sur la vallée de Champlain. Vous pouvez prendre le bus Vermont Transit au sud de Burlington à destination de Vergennes, par la US 7. (℃ 425-2390 ou 800-658-1622. 7 emplacements, sans raccordement 12 $. 3 cabanons à 15 $. Accès 2 $ par personne, 4-14 ans 1,50 $. Ouvert mi-Mai-mi-Oct.) Les marais du **Missisquoi National Wildlife Refuge** s'étendent à l'extrémité nord du lac, près de Swanton (Vermont), le long de la Route 78. Toujours vers le nord du lac, le **Burton Island State Park** est un terrain de camping accessible uniquement par ferry, au départ du Kill Kare State Park, situé à 55 km au nord de Burlington et à 5 km au sud-ouest de la US 7, près de St. Albans Bay. (℃ 524-6353 ou 800-252-2363. Ouvert fin Mai-début Sep, tlj 8h-20h. Horaire par téléphone. 4 $.) 19 emplacements (13 $) et 26 cabanons (19 $ et 4 $ par personne supplémentaire). Le parc de **Grand Isle**, à proximité immédiate de la US 2, au nord de Keeler Bay, dispose également d'un camping. (℃ 372-4300. 123 emplacements pour 4 personnes à 13 $, 3 $ par personne supplémentaire. 34 cabanons à 17 $, 4 $ par personne supplémentaire, et un bungalow à 34 $. Ouvert mi-Mai-mi-Oct. Réservation fortement conseillée, particulièrement durant les week-ends d'été.)

MIDDLEBURY ☎ 802

A la différence de nombreuses villes du Vermont qui, apparemment, n'aiment pas trop se voir associées à leurs universités, Middlebury a toujours eu pour la sienne, *Middlebury College*, les yeux de Chimène. Il est vrai que les étudiants insufflent une énergie nouvelle à la ville. De cette union est née une atmosphère où tradition et dynamisme, histoire et vie nocturne se complètent parfaitement.

▪ INFORMATIONS PRATIQUES

Middlebury s'étend le long de la US 7, à 70 km au sud de Burlington. Les bus de la compagnie **Vermont Transit** s'arrêtent à la station Exxon, 16 Court St., à l'ouest de Main St. (℃ 388-4373, ouvert Lu-Sa 6h-21h et Di. 7h-21h). Destinations : Burlington (3 dép/j, durée 1h, 7,50 $), Rutland (3 dép/j, durée 1h30, 7,50 $), Albany (3 dép/j, durée 3h, 28 $) et Boston (3 dép/j, durée 6h, 43 $). L'**Addison County Transit Resources** assure un service de navettes depuis la station-service jusqu'aux environs immédiats de Middlebury (℃ 388-1946). Le centre-ville se visite très bien à pied, mais si vous préférez rouler, le **Bike Center**, 74 Main St. (℃ 388-6666), loue des vélos à partir de 15 $ la journée. (Ouvert Lu-Sa 9h30-17h30.) Le personnel de l'office de tourisme **Addison County Chamber of Commerce**, 2 Court St. (℃ 388-7951), installé dans une demeure historique, le *Gamaliel Painter House*, saura vous renseigner sur la région. (Ouvert Lu-Ve 9h-17h, horaire réduit le week-end en été.) **Internet : Isley Public Library** (bibliothèque municipale), 75 Main St. (℃ 388-4095. Ouvert Lu., Me. et Ve. 10h-18h, Ma. et Je. 10h-20h, Sa. 10h-16h.) **Bureau de poste** : 10 Main St. (℃ 388-2681. Ouvert Lu-Ve 8h-17h et Sa. 8h-12h30.) **Code postal** : 05753.

▪ HÉBERGEMENT

A Middlebury, se loger entre quatre murs et à l'abri des moustiques n'est pas donné. A moins d'avoir un portefeuille bien garni, vous devrez vous éloigner du centre, parfois de plusieurs kilomètres, si vous prévoyez de rester longtemps. Le **Sugar House Motor Inn**, juste au nord de Middlebury, sur la Route 7, dispose de chambres de motel classiques avec appels locaux illimités. Réfrigérateur, micro-ondes et télévision par câble. (℃ 388-2770. Réservez longtemps à l'avance. Le prix des chambres commence à 60 $, mais le propriétaire acceptera peut-être de marchander hors saison.) A la limite sud de Middlebury, le **Greystone Motel**, sur la Route 7, à 3 km au sud du centre-ville, offre 10 chambres sans prétention mais à la décoration récente, avec télévision par câble et réfrigérateur. (℃ 388-4935. Petit déjeuner compris. Réservation conseillée. Chambre simple 55 $, chambre double Nov-Avr 75 $, Mai-Oct 95 $.) Plus on s'éloigne de Middlebury, plus les prix baissent. Le **Branbury State Park** est situé en bordure du lac Dumore. Pour y accéder, suivez vers le sud la US 7 sur 12 km, puis la Route 53 sur 7 km. Vous y trouverez des terrains de frisbee et des emplacements de camping idylliques. (© 247-5925. Ouvert fin Mai-mi-Oct. 40 emplacements à 13 $, cabanons à 19 $. Location de canoë 5 $ l'heure, 30 $ la journée, pédalo 5 $ la demi-heure. Douche 25 ¢ les 5 mn.) Le **River's Bend Campground**, à 3 km au nord de Middlebury, à New Haven, dans Dog Team Rd., qui part de la Route 7, est un camping bien tenu près de la rivière (comme son nom l'indique), mais il est difficile à trouver. (© 388-9092 ou 888-505-5159. 65 emplacements pour 2 personnes avec eau et élec-tricité 22 $, emplacement près de la rivière 26 $. Au-delà de 2 personnes, 10 $ par adulte. Pêche, natation et aire de pique-nique 4 $. Location de canoë 6 $ l'heure. Douche 25 ¢ les 5 mn.)

◖◗ ▨ RESTAURANTS ET SORTIES

La plupart des bons restaurants de Middlebury sont chers. Toutefois, grâce à la présence permanente d'une population d'étudiants, il reste possible de manger pour un prix raisonnable. Chez **Noonie's Deli**, dans l'immeuble Marbleworks, juste derrière Main St., vous trouverez d'excellents sandwichs (le pain est cuit sur place) à 4 $ ou 5 $. (© 388-0014. Ouvert Lu-Sa 8h-20h.) Les étudiants se retrouvent chez **Mister Up's**, dans Bakery Ln., à côté de Main St., qui propose un menu copieux comprenant des sandwichs (6-7 $) et un buffet de salades très varié. (© 388-6724. Ouvert Lu-Sa 11h30-24h et Di. 11h-24h.) Décoré de nombreux cactus, **Amigos**, 4 Merchants Row, prépare des *fajitas*, *burritos* et autres classiques de la cuisine mexicaine. Musique *live* Ve-Sa. (© 388-3624. Ouvert Lu-Je et Di. 11h30-21h, Ve-Sa 11h30-22h. Le bar ferme au plus tard à 24h, en fonction de l'animation.) Les oiseaux de nuit feraient bien d'aller faire un tour à l'**Angela's Pub**, 86 Main St. : que ce soit au son des concerts, du juke-box ou des soirées karaoké, il y a toujours de l'animation jusque tard dans la nuit. (© 388-0002. Ouvert Ma-Ve 16h-2h et Sa. 18h30-1h.)

◖ VISITES

Au **Vermont State Craft Center**, à Frog Hollow, sont exposées et vendues des œuvres d'artistes de la région. (© 388-3177. Ouvert Lu-Je 9h30-17h30, Ve-Sa 9h-18h et Di. 11h-17h.) Juste derrière le centre-ville se trouve le **Marbleworks Memorial Bridge**, un pont duquel vous aurez une vue splendide sur les anciens moulins, aujourd'hui en ruine, qui fournissaient autrefois son énergie à la ville. Le **Middlebury College** accueille des manifestations culturelles toute l'année. Au centre culturel (**Arts Center**), situé juste en dehors de la ville, vous pourrez assister à des concerts de grande qualité. Appelez le bureau de location (**box office**) de l'université pour connaître le programme culturel. (© 443-6433. Ouvert Sep-Mai, Ma-Sa 12h-16h et 1h avant le début du spectacle.) Des visites du campus universitaire sont organisées à partir de l'**Admissions Office**, Emma Willard Hall, dans S. Main St. (© 443-3000. Visites Sep-fin Mai, tlj à 9h et 13h. Juil-Août : visite supplémentaire à midi. Des guides sont en vente sur place.) Vous n'avez pas de quoi vous payer une bière ? L'**Otter Creek Brewery**, 793 Exchange St., à 1 km au nord de la ville, propose des dégustations gratuites. (© 800-473-0727. Visites tlj à 13h, 15h et 17h.) A 25 km à l'est du campus de Middlebury College, le **Middlebury College Snow Bowl** offre aux amateurs de glisse une quinzaine de pistes et de remontées mécaniques. (© 802-388-4356.)

STOWE ☏ 802

L'élégant village de Stowe s'étend sur un flanc du Mount Mansfield, le point culmi-nant du Vermont (1318 m). Il se flatte d'être l'une des meilleures stations de ski des Etats-Unis et de valoir largement ses concurrentes européennes les plus chic. La station est en proie à une véritable fascination pour le cadre de vie autrichien, ce qui pourrait expliquer la prolifération de chalets et de restaurants semblant tout droit sortis du Tyrol qui bordent la route à flanc de montagne.

⁊ INFORMATIONS PRATIQUES. Stowe se situe à 19 km au nord de la sortie n° 10 de la I-89, elle-même à 43 km au sud-ouest de Burlington. Les pistes de ski s'étendent le long de la **Route 108 (Mountain Rd.)**, au nord-ouest de la ville. Les bus **Vermont Transit** (© 244-7689 ou 800-872-7245, ouvert tlj 5h-21h) ne vont pas plus loin que le **Depot Beverage**, 1 River Rd., à Waterbury, à 16 km de Stowe. **Peg's Pick-up DBA Stowe Taxi** (© 253-9490) peut vous conduire jusqu'à Stowe pour moins de 20 $, mais mieux vaut appeler avant. Le **Stowe Trolley** (© 253-7585) relie, selon un horaire assez irrégulier, les principaux sites du village. (L'hiver, 1 dép/20 mn de 8h à 10h et de 14h à 16h20, 1 dép/h de 11h à 13h et de 17h à 22h. Tarif 1 $, carte hebdomadaire 10 $. En été, circuits commentés de 1h15 Lu., Me. et Ve. à 11h, au prix de 5 $.) **Informations touristiques** : **Stowe Area Association** (© 253-7321 ou 800-247-8693), dans Main St. (Ouvert Lu-Ve 9h-20h et Sa-Di 10h-17h. Fin Avr-début Mai : fermé Sa-Di.) **Bureau de poste** : 105 Depot St. (© 253-7521), près de Main St. (ouvert Lu-Ve 7h15-17h et Sa. 9h-12h). **Code postal** : 05672.

⁋ HÉBERGEMENT. Il existe de nombreuses raisons de vouloir séjourner au **Snow Bound Lodge**, 645 S. Main St. Facile d'accès, il se trouve à environ 800 m de l'intersection des Routes 100 et 108. De plus, les petits déjeuners maison et la conversation enjouée des sympathiques propriétaires, un couple de personnes âgées, sauront redonner de l'énergie aux voyageurs les plus fatigués. (© 253-4515. 10 lits. 20 $.) Le **Foster's Place**, Mountain Rd., offre des dortoirs avec une cuisine commune, un salon, une salle de jeux et un jacuzzi/sauna. L'hôtel occupe les anciens locaux d'une école récemment rénovés. (© 253-9404. Chambre simple avec salle de bains commune Juil-Août 39 $, avec salle de bains privée 49 $, chambre quadruple 69 $. Réservation conseillée.) Le **Smuggler's Notch State Park**, 7248 Mountain Rd./Route 108, à 15 km à l'ouest de Stowe, après la Mt. Mansfield Hostel, joue la simplicité et dispose de douches chaudes, d'emplacements de camping et de petits bungalows. (© 253-4014. Ouvert fin Mai-mi-Oct. Emplacement pour 4 personnes 12 $, 3 $ par personne supplémentaire jusqu'à 8. Bungalow 18 $, 4 $ par personne supplémentaire. Séjour minimum de 2 jours. Réservation conseillée.) Le **Gold Brook Campground**, sur la Route 100, à 2,5 km au sud du centre-ville, est le seul camping ouvert tout au long de l'année à Stowe. (© 253-7683. Douches, laverie, lancer de fer à cheval. Emplacement pour 2 personnes 18 $, avec raccordement 20-29 $, 5 $ par personne supplémentaire.)

⧉ RESTAURANTS. Le ❤ **Depot Street Malt Shoppe**, 57 Depot St., vous renvoie quelques décennies en arrière. Des fanions d'équipes de sport et des 45 tours en plastique recouvrent les murs tandis que les grands classiques du rock'n'roll résonnent jusqu'aux oreilles des clients installés à la terrasse. Le prix d'un coca-cola du style des années 1950, à la vanille ou à la cerise, a suivi l'inflation, mais les tarifs restent raisonnables (plats 3-6 $). (© 253-4269. Ouvert tlj 11h30-21h.) Le **Mac's Deli**, dans S. Main St., à l'intérieur du Mac's Stowe Grocery Store, près de l'intersection de la Route 100 et de la Route 108, est un endroit pratique où s'arrêter pour prendre un sandwich (3 $) ou un *sub* (sandwich long, 4 $) à emporter. En effet, ce *deli* a d'excellents sandwichs, mais pas de sièges. En hiver, optez pour un grand bol de soupe brûlante (2,40 $). (© 253-4576. Ouvert Lu-Sa 7h-21h et Di. 7h-20h.) Le **Sunset Grille and Tap Room**, 140 Cottage Club Rd., jouxtant Mountain Rd., est le rendez-vous des "sportifs" avec ses 20 postes de télévision (dont 3 écrans géants), son billard américain et ses tables d'*air hockey* (il faut taper dans le palet qui glisse sur un coussin d'air). Le restaurant adjacent propose des plats cuits au barbecue. (© 253-9281. Ouvert tlj 11h30-24h. Bar ouvert 11h30-2h.) L'ambiance de pub qui règne dans **The Shed**, 1859 Mountain Rd., en fait un lieu nocturne très prisé. Le bar sert six bières maison assez fortes et propose des opérations spéciales du lundi au vendredi, par exemple la pinte à 2,50 $ tous les mardis soir (© 253-4364).

⧫ ACTIVITÉS DE PLEIN AIR. Stowe dispose de deux domaines skiables : **Stowe Mountain Resort** (© 253-3000 ou 800-253-4754) et **Smuggler's Notch** (© 664-8851 ou 800-451-8752. Voir **Stations de ski du Vermont**, p. 302.) A proximité se trouvent les meilleures pistes de ski de fond de la région, dans le cadre sonore et animé du **Von Trapp Family Lodge**, situé dans Luce Hill Rd., à 3 km de Mountain Rd. Evitez d'y séjourner si vous n'avez pas d'oncle milliardaire : les prix peuvent grimper jusqu'à

845 $ en haute saison. On peut néanmoins y louer du matériel ou prendre des cours sur les pistes de ski de fond sans se ruiner. (© 253-8511 ou 800-826-7000. Forfait pour le ski de fond 14 $, location de skis 16 $, leçons 14-40 $ l'heure. Le forfait de l'école de ski regroupe les trois pour 35 $, réductions pour les enfants.) **A.J.'s Ski and Sports**, au départ de Mountain Rd., loue des équipements de ski pendant l'hiver, des VTT et des *rollerblades* le reste de l'année. (© 253-4593. Equipement complet de ski alpin 24 $ la journée, 46 $ les 2 jours, de ski de fond 12 $/22 $ et de surf 24 $ la journée. Réduction de 20 % sur une réservation. VTT ou *rollerblades* 7 $ l'heure, 16 $ la demi-journée, 24 $ la journée, casque compris. Ouvert tlj 9h-18h. En hiver : Di-Je 8h-20h et Ve-Sa 8h-21h.)

En été, le rythme frénétique de Stowe se calme un peu et les prix baissent. **Action Outfitters**, 2160 Mountain Rd., comblera votre soif d'activité avec des VTT (6 $ l'heure, 14 $ la demi-journée, 20 $ la journée) ou des *rollerblades* (respectivement 6 $, 12 $ et 18 $). Action loue aussi des canoës pour 20 $ la demi-journée et 30 $ la journée, gilet de sauvetage, pagaies et remorque compris. (© 253-7975. Ouvert Lu-Ve 9h-17h et Sa-Di 9h-17h30.) La **piste artificielle** de Stowe, avec ses 9 km de long, est idéale pour le ski de fond en hiver et le VTT, le patinage ou la promenade en été. Elle commence juste derrière l'église et son tracé est, en gros, parallèle à Mountain Rd. Avant de vous engager sur cette piste, faites un tour au **Shaw's General Store**, 54 Main St., en face de l'église. Vous y trouverez tout ce qu'on peut imaginer, jusqu'aux chaussures fabriquées dans la région même (© 253-4040, ouvert tlj 9h-17h).

Chez **Fly Rod Shop**, sur la Route 100, à 5 km au sud de Stowe, les **amateurs de pêche à la mouche** loueront cannes et moulinets (10 $ la journée) et se procureront le permis de pêche obligatoire (38 $ l'année, 25 $ la semaine, 11 $ la journée). Le propriétaire vous montrera comment fixer votre mouche, à moins que vous ne choisissiez de prendre des cours gratuits sur son étang privé. (© 253-7346 ou 800-535-9763. Ouvert Avr-Oct, Lu-Ve 9h-18h, Sa. 9h-17h et Di. 10h-16h ; en dehors de la saison de pêche Lu-Ve 9h-17h, Sa. 9h-16h et Di. 10h-16h.) Si vous préférez faire du canoë, allez chez **Umiak**, Route 100, à 1,5 km au sud du centre-ville. Ce magasin (dont le nom vient du mot inuit qui signifie "kayak") loue des *umiaks* et des canoës en été. Il propose aussi une balade d'une journée sur la rivière pour 35 $. (© 253-2317. Location du matériel et transport jusqu'à la rivière inclus. Ouvert Avr-Oct, tlj 9h-18h. En hiver : horaire variable. Location de kayak 10 $ l'heure, 20 $ les 4h, canoë 15 $ l'heure, 30 $ les 4h.) Enfin, **The Nordic Barn at Topnotch**, 4000 Mountain Rd., dans une vieille grange rouge, organise des promenades à cheval d'une heure à travers les bois et les torrents. Les débutants sont les bienvenus. (© 253-8585. Promenade fin Mai-Nov, tlj à 11h, 13h et 15h. Prix 30 $. Réservation obligatoire.)

UNE VISITE QUI NE LAISSE PAS DE GLACE

En 1978, Ben Cohen et Jerry Greensfield, deux étudiants ayant appris par correspondance à fabriquer des crèmes glacées, décidèrent de créer leur propre boutique dans une station-service reconvertie. Aujourd'hui, les glaces Ben & Jerry's, qui s'exportent dans le monde entier, font le régal de tous les petits Américains et la **Ben and Jerry's Ice Cream Factory**, sur la Route 100, à quelques kilomètres au nord de Waterbury, est la Mecque des gourmands. Consacrez vingt minutes à faire le tour des installations : vous y humerez le doux parfum de la réussite, celle de deux hommes qui ont créé des glaces telles que "Lemongrad" pour les Russes et "Economic Chunk" pour Wall Street. La visite raconte l'histoire de l'entreprise et met en lumière les initiatives qui lui ont valu la réputation d'être à l'avant-garde sur le plan social (une part des profits est reversée à des œuvres de charité). Et bien sûr, vous ne terminerez pas la visite sans une séance de dégustation, miam ! (© 882-2586. *Visites tlj Nov-Mai toutes les 30 mn 10h-17h, Juin toutes les 20 mn 9h-17h, Juil-Août toutes les 10 mn 9h-20h, Sep-Oct toutes les 15 mn 9h-18h. Entrée 2 $, personnes âgées 1,75 $, gratuit pour les moins de 12 ans.*)

ENVIRONS DE STOWE : ROUTE 100... PAS ENCORE RASSASIÉ ?

Alors, c'est que vous n'avez pas encore fait une indigestion de glaces **Ben & Jerry's**. Ne vous en faites pas ! La Route 100 au sud de Stowe est un véritable festival culinaire. En partant du Ben & Jerry's, remontez au nord en direction de Stowe. La première halte de ce périple gastronomique est le **Cabot Annex Store** (© 244-6334). Vous pouvez vous y régaler de délicieuses truffes au chocolat et du meilleur cheddar du Vermont (ouvert tlj 9h-18h). La dégustation de cheddar est gratuite, mais préparez-vous à débourser du *cash* pour les chocolats et gardez une petite place pour la **Cold Hollow Cider Mill**. En plus de la boisson alcoolisée aux pommes, vous pouvez acheter d'autres gourmandises à base de cidre, comme les beignets à la confiture (44 ¢). Si votre budget est très léger, guettez les dégustations gratuites de cidre et les échantillons de caramel dans l'immeuble voisin. (© 244-8771. Appelez pour connaître les heures de fabrication du cidre. Magasin ouvert tlj 8h-18h.) Le dernier arrêt de cette odyssée culinaire est tout aussi riche en calories. Préparez-vous à un feu d'artifice de produits dérivés de l'érable chez **Stowe Maple Products**, à la fois musée de la sève de l'érable et confiserie. La récolte du sirop d'érable se déroule en mars-avril, mais Stowe Maple Products vend ses marchandises toute l'année (© 253-2508, ouvert tlj 8h-18h).

WHITE RIVER JUNCTION   ☎ 802

White River Junction correspond à l'intersection des I-89 et I-91. C'est de là que partent la plupart des bus qui desservent le Vermont. **Vermont Transit** (© 295-3011 ou 800-552-8737, bureau ouvert tlj 7h-21h), sur la US 5, derrière la station Mobil, à 1,5 km au sud du centre-ville de White River Junction, assure des liaisons avec New York (3 dép/j, durée 7h30, 56 $), Burlington (4 dép/j, durée 2h, 17 $) et Montréal (4 dép/j, durée 5h, 42 $), ainsi qu'avec d'autres villes, plus petites, à une fréquence moins soutenue. **Amtrak** (© 295-7160, bureau ouvert tlj 9h-12h et 17h-19h), dans Railroad Rd., à hauteur de N. Main St., dessert une fois par jour New York (durée 7h30, 65 $), Essex Junction (près de Burlington, durée 2h, 25 $), Montréal (durée 4h30, 39 $) et Philadelphie (durée 9h, 76 $).

Il y a peu d'attractions touristiques à White River Junction. Si vous cherchez une chambre, la meilleure solution, pour ne pas dire la seule, est l'**Hotel Coolidge (HI-AYH)**, 17 S. Main St., en face de la locomotive à vapeur du Boston and Maine. Depuis la gare routière, tournez à droite sur la US 5, descendez la colline et franchissez deux feux de signalisation (1,5 km). Cette petite auberge propose 26 lits dans des chambres en dortoir bien entretenues. (© 295-3118 ou 800-622-1124. Dortoir 19 $, non-adhérents 29 $.) Pour manger rapidement, arrêtez-vous au **Polkadot Restaurant**, 1 N. Main St. Il s'agit d'un authentique *diner*, avec sandwichs au comptoir (2-5 $) ou repas complets en salle. (© 295-9722. Ouvert Lu. 5h-14h et Ma-Di 5h-19h.) Juste à l'est de l'intersection, sur la Route 4, en face de la station Texaco, **Four Aces Diner**, avec ses bardeaux rouges et ses juke-box des années 1950, sert des hamburgers à 4-6 $. (© 603-298-6827. Ouvert Lu. 5h-15h, Ma-Sa 5h-20h et Di. 7h-15h.)

Le **Vermont Welcome Center**, 100 Railroad Rd., dans le bâtiment de la gare Amtrak, à côté de la locomotive à vapeur, vous confiera les secrets (pas vraiment croustillants) de la région (© 295-6200, généralement ouvert Ma. et Je. matin). **Bureau de poste** : 195 Sykes Mt. Ave. (© 296-3246. Ouvert Lu-Ve 7h30-19h et Sa. 7h30-12h.) **Code postal** : 05001.

ENVIRONS DE WHITE RIVER JUNCTION : LEBANON, NEW HAMPSHIRE

Si vous cherchez à passer le temps agréablement en attendant votre bus à White River Junction, visitez le quartier historique de Lebanon, situé à la frontière du New Hampshire, à la sortie n° 18 de l'I-89. Il contraste avec l'agitation qui règne dans les magasins du quartier commerçant de West Lebanon, accessible depuis la sortie n° 19. Vous y trouverez de quoi vous restaurer, vous reposer ou vous détendre. Dès l'entrée de la ville, un grand espace vert vous accueille, le **Coburn Park**, qui se prête parfaitement aux promenades et invite à une petite flânerie dans les environs. Les plus fatigués peuvent prendre un bus de la compagnie **Advance Transit** (℗ 802-295-1824), qui transporte gratuitement les passagers dans le centre historique. Si vous voulez manger un morceau près du parc, la trattoria italienne **Sweet Tomatoes**, 1 Court St., propose des pizzas cuites au feu de bois, des spécialités grillées au barbecue et des plats de pâtes pour environ 10 $. (℗ 603-448-1711. Ouvert pour le déjeuner Lu-Ve 11h30-14h, pour le dîner Di-Je 17h-21h et Ve-Sa 17h-21h30.) Quant à l'hébergement, le choix est limité. Il est préférable de se contenter de l'une des chaînes de motels près de la sortie n° 18. L'**office de tourisme** (*Chamber of Commerce*), 1 School St. Village House, au début du parc, fournit des informations sur les centres d'intérêt et sur les manifestations qui se déroulent en ville. **Bureau de poste** : 11 East Park. (℗ 603-448-2348. Ouvert Lu-Ve 6h-18h et Sa. 6h-14h30.) **Code postal** : 03766.

BRATTLEBORO   ☏ 802

Les façades de brique typiquement coloniales qui bordent Main St. abritent plus de magasins de sport que de raison. Mais cette présence massive s'explique par le fait que Brattleboro constitue une excellente base pour explorer le sud des Green Mountains ou le fleuve Connecticut. Octobre est la meilleure période, bien qu'également la plus chère, pour visiter cette partie du Vermont, car les couleurs des arbres sont alors fantastiques. Le principal intérêt de Brattleboro est la beauté naturelle de ses sites, en particulier le long de la rivière. La région se visite aisément en canoë : rendez-vous au **Vermont Canoe Touring Center**, dans Putney Rd., à 1,5 km au nord de la ville, pour en louer. (℗ 257-5008. Ouvert fin Mai-début Sep, tlj 9h-20h. Le reste de l'année, prenez rendez-vous par téléphone. Canoë 10 $ l'heure, 15 $ les 2 heures, 20 $ la demi-journée, 30 $ la journée.) Le **Brattleboro Museum and Art Center**, installé dans l'ancienne gare désaffectée de Union Railroad, en bas de Main St., expose une collection d'œuvres d'art contemporain variée et renouvelée en permanence. (℗ 257-0124. Ouvert mi-Mai-Nov, Ma-Di 12h-18h. Entrée 3 $, étudiants et personnes âgées 2 $, gratuit pour les moins de 12 ans.) La **Gallery Walk**, visite guidée gratuite, à pied, des nombreuses galeries d'art de Brattleboro, a lieu le premier vendredi de chaque mois.

Les hôtels bon marché, tels que les chaînes **Super 8** et **Motel 6**, abondent sur la Route 9 (chambres simples généralement 49-69 $). Les établissement privés offrent tout de même des tarifs plus intéressants. Un motel tout simple, le **Molly Stark Motel**, se trouve à 6 km à l'ouest sur la Route 9. (℗ 254-2440. Chambre simple à partir de 40 $ en hiver, 55 $ en été.) Le **Fort Dummer State Park** se trouve sur la US 5, à 3 km au sud de la ville : tournez à gauche dans Fairground Ave., juste avant l'échangeur de la I-91, et continuez dans South Main St. à droite qui devient Old Guilford Rd. Ce parc, qui porte le nom du premier pionnier Européen s'étant installé dans le Vermont, ne fait pas étalage de ses avantages. Pourtant, il dispose d'emplacements de camping avec foyers de feux de camp, de tables de pique-nique, d'équipements sanitaires, de sentiers de randonnée, d'un terrain de jeux et d'un cabanon accessible aux handicapés. (℗ 254-2610. Accès au camping dans la journée 2 $, 1,50 $ pour les enfants. 2,50 $ la brassée de bois. Réservation possible. Douche chaude 25 ¢ les 5 mn. 51 emplacements à 12 $, 4 $ par personne supplémentaire. 10 chalets à 18 $, 4 $ par personne supplémentaire.) Le **Molly Stark State Park**, sur la Route 9, à 25 km à l'ouest de la ville, est un peu isolé et offre des prestations comparables à celles de Fort Dummer. Emplacement pour camping-cars sans raccordement 11 $. (℗ 464-5460. Ouvert Mai-mi-Oct.)

A 1,5 km au nord de la ville par la Route 5, en face du Vermont Canoe Touring Center, dans Putney Rd., le **Marina Restaurant** surplombe la West River. Exposé à une brise fraîche et profitant d'une belle vue, il reste néanmoins sans prétention. Essayez l'assiette de crevettes et de frites (5,75 $) ou le poulet cajun *rajun* (6 $) et vous comprendrez pourquoi les habitués en raffolent. (℗ 257-7563. Musique *live* Di. 15h-18h et Me. 19h-22h. Ouvert Lu-Sa 11h30-22h et Di. 11h-21h en été. En hiver : horaire variable.) Pour déguster des fruits, des légumes ou du cidre de la région, faites votre marché aux **Farmers Markets** (marchés fermiers, ℗ 254-9567), soit dans Main St.

NOUVELLE-ANGLETERRE

(Me. 11h-14h), soit sur la Route 9, à 3 km à l'ouest de la ville (Sa. 9h-14h). Dans la soirée, rock, blues, *R'n'B* et reggae sont au programme du **Mole's Eye Café**, situé au sous-sol du 4 High St., à l'angle de Main St. Avec des plats typiques des pubs américains, tous à moins de 7 $, le Mole's Eye est plus un bar qu'un café. (*©* 257-0771. Concert Ve. et Sa. à 21h. Entrée Ve-Sa 4 $. Ouvert Lu-Je 16h-1h et Ve-Sa 11h30-1h.)

Le *Montréaler*, un train de la compagnie ferroviaire **Amtrak** (*©* 254-2301) en provenance de New York et de Springfield (Massachusetts), s'arrête à Brattleboro, derrière le musée de Vernon St. Un départ par jour à destination de New York (durée 6h, 50 $) et de Washington, D.C. (durée 9h45, 79 $). Les bus **Greyhound** et **Vermont Transit** (*©* 254-6066) s'arrêtent sur le parking derrière la station Citgo, près de la sortie n° 3 de la I-91, dans Putney Road (ouvert Lu-Ve 8h-16h et Sa-Di 8h-15h20). Les bus desservent New York (4 dép/j, durée 5h, 41 $), Burlington (5 dép/j, durée 3h30, 31 $), Montréal (4 dép/j, durée 6h30, 59 $) et Boston (2 dép/j, durée 3h, 25-31,50 $). Procurez-vous le *Brattleboro Main Street Walking Tour*, un plan détaillé de la ville ainsi que des brochures sur les activités de plein air à l'**office de tourisme** (*Chamber of Commerce*), 180 Main St. (*©* 254-4565. Ouvert Lu-Ve 8h30-17h.) En été et en automne, un **kiosque d'information** (*©* 257-1112), sur la Town Common, à hauteur de Putney Rd., fonctionne tlj 9h-17h. **Bureau de poste** : 204 Main St. (*©* 254-4110. Ouvert Lu-Ve 7h30-17h30 et Sa. 8h-13h.) **Code postal** : 05301.

MASSACHUSETTS

Le Massachusetts, siège de certaines des plus prestigieuses universités américaines, estime être, non sans raison, le centre intellectuel du pays. De 1636, date de la création de Harvard (la première université des Etats-Unis), jusqu'à nos jours, ce petit Etat a attiré pléthore d'intellectuels et d'hommes de lettres. Il offre aujourd'hui l'embarras du choix au visiteur féru d'art ou de culture. Boston, "berceau de la liberté", qui s'est ensuite proclamée "centre du monde", est devenue une métropole multiethnique où le coût de la vie est plutôt élevé. A l'automne, les Berkshire Mountains, à l'ouest de l'Etat, attirent des milliers de randonneurs. Et, de Nantucket à Northern Bristol, la côte qui séduisit voilà trois siècles les premiers colons nord-américains est toujours aussi belle.

🛈 INFORMATIONS PRATIQUES

Capitale : Boston.

Informations touristiques : **Office of Travel and Tourism**, 10 Park Plaza (Transportation Building), Boston 02202 (*©* 617-727-3201 ou 800-447-6277 pour obtenir un guide, www.mass-vacation.com). Cet organisme vous enverra gracieusement le *Getaway Guide*, une brochure très complète. Ouvert Lu-Ve 8h45-17h.

Fuseau horaire : Heure de l'Est (6 heures de moins que l'heure de Paris).

Abréviation postale : MA. **Taxe locale** : 5 %, 0 % sur les vêtements et sur certains produits alimentaires.

BOSTON ☎ 617

A l'instar de nombreuses métropoles américaines, Boston illustre bien les limites du "melting-pot". Groupes ethniques, religieux, économiques et politiques s'y mélangent parfois difficilement. En raison de son étendue géographique limitée et des différences extrêmes entre les quartiers de la ville, les contrastes sont rapidement repérables. Royaumes des entreprises, les gratte-ciel du Financial District sont visibles depuis les rues sinueuses du North End. Seul le parc de Boston Common sépare le quartier huppé de Beacon Hill du plus grand quartier chinois des Etats-Unis. Le South End, secteur branché accueillant une communauté gay grandissante, côtoie les quartiers beaucoup moins bourgeois de Roxbury et de Dorchester. Curieusement, les habitants de Boston ressentent tous l'importance des frontières séparant (et parfois divisant) chaque quartier. En empruntant le *Freedom Trail*, vous revivrez certains des plus anciens épisodes de l'histoire des Etats-Unis. En revanche, en parcourant les rues des différents secteurs de Boston, vous découvrirez une métropole en perpétuelle évolution où le passé a moins d'importance et d'intérêt que la vie et les passions des 800 000 habitants de la ville.

■ ARRIVÉES ET DÉPARTS

Avion : Logan International Airport (© 561-1800, Métro : ligne bleue, station Airport), dans East Boston. La **Massport Shuttle** (navette) assure une liaison gratuite entre les terminaux et la station de métro Airport. Les navettes **US Shuttles** (© 877-748-8853) partent toutes les 30 mn vers plusieurs endroits dans le centre-ville de Boston (24h/24, réservation nécessaire 24h à l'avance). Vous pouvez également passer par la mer avec les **Airport Water Shuttles**, qui relient l'aéroport au Rowe's Wharf, près du New England Aquarium, (1 dép/15 mn Lu-Ve de 6h à 20h, 1 dép/30 mn Ve. de 8h à 23h, Sa. de 10h à 23h et Di. de 10h à 20h, 10 $). Les **City Water Taxis** partent de l'aéroport vers d'autres destinations (Avr-15 Oct 1 dép/10 mn tlj de 7h à 19h). En **taxi**, le trajet de l'aéroport au centre-ville revient entre 15 et 20 $, en fonction de la circulation.

Train : Amtrak (Métro : ligne rouge, station South Station). Service régulier à destination de New York (durée 5h, 44-65 $), Washington, D.C. (durée 9h, 62-87 $), Philadelphie (durée 7h, 53-80 $) et Baltimore (durée 8h30, 62-87 $).

Bus : Les deux gares routières principales se situent aux stations South Station (ligne rouge) et Back Bay (ligne orange). **Greyhound** assure la liaison avec New York (2 dép/h, durée 4h30, 34 $), Washington, D.C. (1 dép/h, durée 10h, 52 $), Philadelphie (1 dép/h, durée 7h, 46 $) et Baltimore (1 dép/h, durée 10h, 52 $). **Vermont Transit** (© 800-862-9671) dessert les destinations au nord de Boston : Burlington, dans le Vermont (6 dép/j, durée 5h, 45 $), Portland, dans le Maine (8 dép/j, durée 2h30, 24 $) et Montréal (6 dép/j, durée 8h, 52 $). **Bonanza** (© 720-4110) part quotidiennement pour Providence, dans le Rhode Island (16 dép/j, 8,75 $), Newport, dans le Rhode Island (5 dép/j, 15 $) et Woods Hole, dans le Massachusetts (11-15 dép/j de 8h à 22h, durée 1h45, 15 $). **Plymouth & Brockton St. Railway** (© 508-746-0378) relie South Station à Cape Cod. Pour Provincetown (5 dép/j, durée 3h15, 21 $). Les bus **Peter Pan Trailways** (© 800-343-9999) vont jusqu'à Springfield (13 dép/j, 18 $), Albany, dans l'Etat de New York (3 dép/j, 25 $) et New York (21 dép/j, 34 $).

▣ TRANSPORTS

Transports en commun : Massachusetts Bay Transportation Authority (MBTA, © 722-3200 ou 222-5000). Le **métro**, connu sous le nom de **T** (prononcez "ti"), comme *tube*, se compose de 4 lignes : la rouge (*red*), la verte (*green*, séparée en 4 lignes B, C, D et E), la bleue (*blue*) et l'orange (*orange*). Des plans fort utiles sont disponibles dans les centres d'information et les stations du métro. Les lignes fonctionnent tlj 5h30-0h30. Tarif 1 $, personnes âgées 25 ¢, moins de 12 ans 40 ¢. Le réseau de **MBTA Bus** est plus dense que celui du métro, dans le centre comme en banlieue. Tarif 75 ¢, personnes âgées 15 ¢. Horaire disponible dans de nombreuses stations de métro, dont celles de Park St. et de Harvard Sq. Le **MBTA Commuter Rail** rejoint la banlieue et North Shore, au départ de North Station et des stations de métro de Porter Sq., Back Bay et South Station. Le prix des billets varie de 1 $ à 5,75 $ en fonction de la zone. Un **visitors pass** existe pour le métro et les bus. Il coûte 6 $ la journée, 11 $ les 3 jours et 22 $ les 7 jours.

Taxi : Checker Taxi (© 536-7008). **Boston Cab** (© 536-5010).

Location de voitures : Dollar Rent-a-Car (© 634-0006 ou 800-800-4000) possède de nombreuses agences, notamment dans l'**aéroport de Logan**. Ouvert 24h/24. Age minimum : 21 ans. Carte bancaire obligatoire. Moins de 25 ans : supplément de 20 $ par jour. Réduction de 10 % pour les membres de l'AAA.

✦ ORIENTATION

Le **centre-ville** (*downtown*) de Boston se trouve sur une péninsule baignant dans les eaux protectrices du port. Depuis sa construction en 1630, il ne s'est pas agrandi et se concentre toujours sur moins de 8 km², mais de nombreux quartiers éloignés de la presqu'île s'y sont ajoutés. Le **North End**, qui, vous l'aurez deviné, se trouve au nord (et à l'est), entre le centre-ville et l'océan, est situé sur la péninsule de Shawmut. La **Fitzgerald Expressway (I-93)** sépare le North End du centre. Cette autoroute orientée nord/sud traverse Boston en longeant la côte et s'avère très pratique pour entrer dans la ville et en sortir. Mais les touristes préféreront sans doute participer à l'anarchie qui règne dans le centre-ville en raison de la restauration de la I-93. Le projet, surnommé "Big Dig" (le grand chantier), est en cours de réalisation depuis des années et son coût atteint des milliards de dollars. Le quartier du North End est séparé de **Charlestown** par la Charles River. **Chinatown** et le **Theater District** sont situés au sud-ouest du centre-ville. **Tremont St.**, qui va du Theater District au South End (voir plus loin), constitue l'axe principal de ces deux quartiers. A l'ouest du parc verdoyant de Boston Common, les *brownstones* (bâtiments en grès brun) de **Back Bay** ont été bâtis sur d'anciens marécages. Les routes parallèles de **Beacon St.**, **Commonwealth Ave.** et **Boylston St.** relient l'est à l'ouest en passant par Back Bay. La **Mass. Pike (I-90)** sépare les quartiers de Back Bay et du **South End**, pour continuer vers l'ouest de l'Etat. Au sud-ouest du South End se trouve **Jamaica Plain**. Enfin, le **Fenway** longe la Charles River jusqu'à l'ouest de Back Bay.

QUARTIERS

Le **centre-ville** (*downtown*) constitue le centre historique et financier de Boston, même si, dans le domaine de la culture, d'autres quartiers rivalisent avec lui. Les restaurants et les magasins pratiquent des prix élevés, contrairement aux musées et aux monuments, qui représentent une richesse historique inégalée aux Etats-Unis. Le **North End** compte une forte communauté italienne. La visite de ce petit quartier peut s'effectuer à pied sans problème, même s'il est facile de se perdre dans le labyrinthe de ses rues. Vous y trouverez les meilleurs plats cuisinés et les meilleures pâtisseries. **Charlestown**, de l'autre côté de la rivière, près de Cambridge, abrite la frégate USS Constitution et un grand nombre de bons restaurants. Le quartier a bénéficié au cours des dernières années de l'apport profitable de nouveaux capitaux.

Le quartier très concentré de **Chinatown** vous permettra de goûter une cuisine chinoise authentique. Certains restaurants restent ouverts jusqu'à 3 ou 4 heures du matin, heures inconcevables dans les autres *districts*. Au concours des noms de quartiers les moins originaux, le **Theater District** arrive en bonne place. Autrefois, Tremont St. comptait beaucoup plus de théâtres qu'aujourd'hui, mais bon nombre ont survécu. C'est ici également que vous trouverez les bars chic et chers (cela mérite un petit effort vestimentaire !). Le quartier bourgeois de **Back Bay** constitue le second centre-ville de Boston. Les magasins onéreux et à la mode bordent **Newbury St.** Si vous préférez être à couvert, le centre commercial de **Copley Place** est fait pour vous. Le quartier abrite également le **John Hancock Observatory** et un nombre impressionnant de bars et de restaurants branchés.

Le **South End** renferme de nombreuses galeries et détient aussi son lot de restaurants, de bars et de boîtes de nuit, la plupart attirant surtout les communautés gay et lesbienne. **Jamaica Plain** mérite bien un petit crochet en direction du sud. Ici, les espaces verts règnent en maîtres (surtout l'Arnold Arboretum) et la cuisine mexicaine est inégalable. C'est aussi là que se trouve la brasserie Sam Adams Brewery.

NOUVELLE-ANGLETERRE

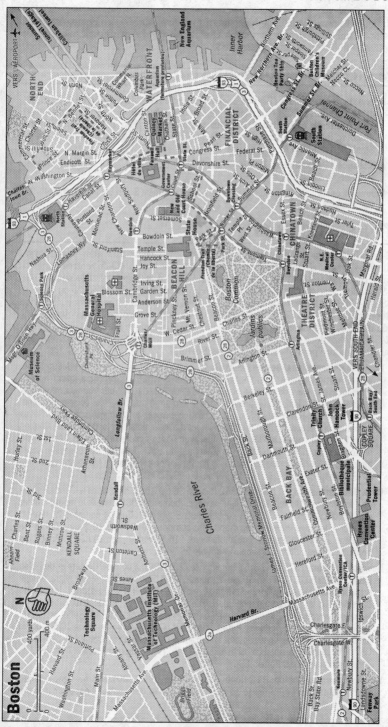

NOUVELLE-ANGLETERRE

Enfin, le **Fenway** accueille le Museum of Fine Arts (musée des Beaux-Arts), qui compte l'une des collections artistiques les plus en vue. Le quartier est animé par les boîtes de nuit situées dans **Lansdowne St.**

🔓 INFORMATIONS PRATIQUES

Informations touristiques : Greater Boston Convention and Visitors Bureau, 2 Copley Pl., n° 105 (© 536-4100). Métro : ligne verte, station Copley, à Back Bay. Ouvert Lu-Ve 8h30-17h. **Boston National Historic Park Visitor's Center**, 15 State St. (© 242-5642), près de l'Old State House, dans le centre-ville. Métro : ligne orange ou ligne bleue, station State. Ouvert tlj 9h-17h.

Assistance téléphonique : Rape Hotline (SOS Viol), © 492-7273. **Gay and Lesbian Helpline**, © 267-9001.

Bureau de poste : 25 Dorchester Ave. (© 267-8162), derrière South Station. Ouvert 24h/24. **Code postal :** 02205.

🏠 HÉBERGEMENT

Il est difficile de se loger à bas prix dans Boston. Vous devez absolument vous organiser à l'avance si vous voulez vous loger pendant la période de rentrée universitaire (septembre) ou celle de la remise des diplômes (mai-juin). Des services de réservation, gratuits comme le **Central Reservation Service** (© 800-332-3026 ou 617-569-3800) et le **Hotel Reservation Network** (© 800-964-6835) ou payants comme les **Boston Reservations** (© 332-4199, 5 $), proposent de trouver pour vous des chambres à prix réduits, même pendant les périodes très chargées comme la ruée qui a lieu à Boston début octobre pour l'observation des feuillages des arbres. Comptez 12,45 % de taxe supplémentaire pour les chambres dans Boston.

Hostelling International-Boston (HI-AYH), 12 Hemenway St. (© 536-9455). Métro : ligne verte, station Hynes/ICA. Depuis la station de métro, tournez à gauche dans Massachusetts Ave. (Mass. Ave.), puis à droite dans Boylston St. Vous trouverez Hemenway St. un block plus loin, sur la gauche. Casiers fermant à clé, placards, cuisine et laverie. Possibilité d'entreposer ses affaires. Bornes pour envoyer du courrier électronique. Salles de bains communes. Caution de 10 $ pour les draps, à récupérer lors du départ. Caution de 5 $ pour le cadenas. Pièce d'identité avec photo nécessaire. Ouvert 24h/24. Se présenter entre 12h et 22h. Libérer la chambre avant 11h. Réservation conseillée. Accès handicapés. Dortoir (mixte ou non) de 6 lits 24 $, non-adhérents 27 $. Chambre double 72 $, non-adhérents 78 $.

Back Bay Summer Hostel (HI-AYH), 512 Beacon St. (© 353-3294), dans le Danielsen Hall de l'université de Boston. Métro : ligne verte, station Hynes/ICA. Depuis le métro, tournez à droite dans Mass. Ave., puis à gauche dans Beacon St. Cuisine équipée, TV, laverie. Sacs de couchage interdits, les draps sont compris. Caution de 10 $ pour la clé. Se présenter avant 12h. Libérer la chambre avant 11h. Ouvert environ 10 Juin-15 Août (hors période scolaire). Chambre simple et double 29-54 $.

Beantown Hostel, 222 Friend St., 2ᵉ étage (© 723-0800), à côté de Hooters et de l'**Irish Embassy Hostel**, 232 Friend St., au-dessus de l'Irish Embassy Pub. Métro : ligne orange ou ligne verte, station North Station. Avec Fleet Center à votre droite, descendez Causeway St. et tournez à gauche dans Friend St. La réception des deux auberges de jeunesse se trouve au Beantown. Dortoirs (mixtes ou non) de 6-12 lits. Buffet gratuit Di. et Ma. à 20h à l'**Irish Embassy Pub**. Casier 50 ¢. Caution pour les draps 10 $ (sac de couchage et draps personnels interdits). Cuisine à l'Irish Embassy, laverie à la Beantown. Libérer la chambre avant 10h. Couvre-feu à 1h45. Réservation conseillée. Dortoir 22 $. Accès handicapés par Portland St.

YMCA of Greater Boston, 316 Huntington Ave. (© 536-7800). Métro : ligne orange, station Mass. Ave. Prenez la sortie de derrière et descendez l'escalier jusqu'à

Huntington Ave. Equipements de plongée, piscine, laverie. Dortoirs classiques, la majorité sans air conditionné. Salles de bains communes. Caution pour la clé 5 $. Réception 24h/24 pendant l'été. Libérer la chambre avant 11h. 8 chambres réservées aux hommes disponibles Sep-Mai. Chambre simple 42 $, non-adhérents 45 $, chambre double 58 $, non-adhérents 65 $, chambre triple 81 $. Séjour de 10 nuits au maximum. Age minimum 18 ans. Accès handicapés.

YWCA Berkeley Residence, 40 Berkeley St. (© 375-2524). Métro : ligne orange, station Back Bay. A 3 mn à pied de la station de métro. Cet hôtel qui ressemble à une auberge de jeunesse n'accepte que les femmes. Les chambres sont équipées d'un lit, d'une commode, d'un bureau et d'une armoire. Chaque étage dispose de deux salles de bains communes spacieuses. Petit déjeuner inclus. Laverie sur place. Réception 24h/24. Chambre simple 65 $, chambre double ou triple 100 $. Réduction sur les séjours de plus de 14 nuits.

The Buckminster, 645 Beacon St. (© 236-7050 ou 800-727-2825), à côté du Fenway Park. Métro : ligne verte B, C ou D, station Kenmore. Construit en 1903, cet établissement propose un hébergement chic de style ancien pour les touristes qui ne regardent pas à la dépense. Salle de bains privée, TV, téléphone. Parking à proximité (20 $ la nuit). Se présenter avant 15h. Libérer la chambre avant 11h. Chambre simple 109-129 $, chambre double 139-169 $, suite de plusieurs chambres 189-239 $. Accès handicapés.

The Farrington Inn, 23 Farrington Ave. (© 787-1860), Allston Station. Métro : ligne verte B, station Harvard Ave. De Commonwealth Ave., tournez à droite dans Harvard Ave. et dépassez le croisement avec Brighton Ave. : Farrington Ave. est une petite rue sur la droite. Le Farrington loue des chambres simples, doubles et des appartements à la semaine. Les appartements comprennent salon, cuisine et salle de bains. La plupart des chambres disposent d'une douche, d'une cuisine, d'une télévision et de l'air conditionné. Appels locaux et parking gratuits. Réception tlj 8h-18h. Réservation conseillée en été. Sep-Déc environ 450 $ la semaine, Janv-Août environ 350 $ la semaine.

▣ RESTAURANTS

Le temps est loin où Boston méritait son surnom de Beantown ("Haricotville") : la cuisine de la ville ne se résume plus aujourd'hui aux simples plats de haricots et de cabillaud. Les bistrots à la mode et les restaurants asiatiques ou ethniques en tout genre en ont pris possession. Vous y trouverez de tout, des traditionnels fast-foods graisseux et barbecues aux pubs accueillants. Quelle que soit votre envie, *chowder* ou *cheeseburger*, *dim sum* ou *pad thai*, vous trouverez votre bonheur.

DANS LE CENTRE-VILLE (DOWNTOWN)

❤ **Blossoms Cafe**, 99 High St. (© 423-1911), au niveau de Federal St. Métro : ligne rouge, station South Station. Depuis la station de métro, traversez la I-93 pour atteindre Summer St., tournez à droite dans High St. et traversez Federal St. Ce café propose des salades à l'assaisonnement maison, des soupes, des sandwichs, des pizzas et des plats épicés. Les prix sont étonnamment bas pour le Financial District. Les sandwichs sont à moins de 5 $ et aucun plat ne coûte plus de 7 $. Ouvert Lu-Ve 7h-15h30. Déjeuner 11h30-15h. Paiement en espèces uniquement mais vous trouverez des distributeurs automatiques à tous les coins de rue. Accès handicapés.

❤ **Sultan's Kitchen**, 72 Broad St. (© 728-2828). Métro : ligne orange ou ligne bleue, station State. Depuis le métro, prenez State St. en direction du fleuve. A la deuxième intersection, tournez à droite dans Broad St. puis continuez jusqu'à Custom House St. Cette modeste façade bleue abrite l'un des meilleurs restaurants turcs de la côte Est. Essayez les célèbres sandwichs *taramasalata* (6,50 $) ou *Swooning Imam* (l'Imam qui se pâme, 6,75 $), plat typique à base d'aubergines. Ouvert Lu-Ve 11h-17h et Sa. 11h-15h.

Durgin Park, 340 North Market St. (© 227-2038). Métro : ligne verte ou ligne bleue, station Government Center. Dépassez la mairie (*City Hall*) et poursuivez jusqu'à North Market St., à gauche de Quincy Market. Durgin, qui sert les plats typiques de la Nouvelle-Angleterre depuis 1827, n'a pas changé son menu d'un pouce. Vous y trouverez donc toujours ses côtes de porc (deux découpes : 16 $ et 18 $), son *Yankee pot roast* (sorte de pot-au-feu), ses pains au maïs, ses haricots cuits au four et sa fameuse tarte sablée aux fraises, pour n'en citer que quelques-uns. Plat principal 8-18 $. Ouvert Lu-Sa 11h30-22h et Di. 11h30-21h, déjeuner 11h30-14h30. Accès handicapés.

Country Life Vegetarian, 200 High St. (℃ 951-2685), mais l'entrée principale se trouve dans Broad St. Métro : ligne bleue ou ligne orange, station State. Prenez la sortie State St., tournez à gauche dans Atlantic Ave., à droite dans High St. (passez sous le pont de la I-93) puis suivez les panneaux bleu et jaune indiquant le self-service. Buffet à volonté de succulents plats végétariens. Parmi les spécialités, on trouve les *BBQ chickettes* et le *stir-fry* (légumes sautés) thaï. Buffet du déjeuner 7 $, buffet du dîner 8 $, Di. brunch 9 $. Ouvert tlj 11h30-15h, Di. et Ma-Je 17h-20h. Brunch Di. 10h-15h.

DANS LE NORTH END

La "petite Italie" de Boston est l'endroit qu'il vous faut si vous cherchez de la cuisine italienne authentique. Pour siroter un expresso tout en regardant passer les Bostonien(ne)s, rendez-vous au **Caffè Paradiso**, 225 Hanover St. (℃ 742-1768, ouvert tlj 6h30-2h) ou au **Caffè Vittoria**, 296 Hanover St. (℃ 227-7606, ouvert Lu-Ve 8h-24h et Sa-Di 13h-0h30). Et pour des pâtisseries à emporter, essayez **Mike's Pastry**, 300 Hanover St. (℃ 742-3050, ouvert tlj 9h-21h) ou **Modern Pastry**, 257 Hanover St. (℃ 523-3783, ouvert en été Di-Je 8h-22h et Ve-Sa 8h-23h, en hiver Di-Je 8h-21h et Ve-Sa 8h-22h).

Monica's, 143 Richmond St. (℃ 227-0311). Métro : ligne verte ou ligne orange, station Haymarket. Traversez la Fitzgerald Expwy. en direction de Cross St. et de Hanover St., tournez à droite dans Cross St. puis à gauche dans Hanover St. et prenez la première à droite. Les quatre frères Iturralde ont su mettre à profit leurs origines italienne, argentine et basque pour créer en un tour de main des plats italiens. Des figues et du *prosciutto* (jambon) présentés sur un assortiment de légumes verts ne constituent qu'un exemple de ce que vous propose Monica. Plats de pâtes 15-18 $. Ouvert Lu-Sa 17h30-22h30 et Di. 16h-22h.

Artú, 6 Prince St. (℃ 742-4336), à l'angle de Hanover St. Métro : ligne verte ou ligne orange, station Haymarket. Traversez la Fitzgerald Expwy. en direction de Cross St. et de Hanover St., tournez à droite dans Cross St. puis à gauche dans Hanover St., et longez deux blocks avant de tourner à droite dans Prince St. Cette *rosticerria-trattoria* simple mais délicieuse propose un grand choix d'entrées (3-12 $), de salades, de plats et de desserts italiens traditionnels, le tout servi généreusement. Les habitants de Boston s'arrachent les légumes grillés en entrée (5,25 $) et le *panini* à l'agneau rôti (déjeuner uniquement, 5 $). Le soir, plats à partir de 9,50 $. Ouvert tlj 11h30-22h30. Déjeuner servi jusqu'à 16h.

À CHINATOWN

Non seulement vous mangerez à Chinatown de l'excellente cuisine chinoise, mais en plus c'est le seul endroit à Boston où vous pourrez avoir un repas complet jusqu'à 3 ou 4h du matin. Vous ne vous ruinerez pas en dégustant un brunch chinois traditionnel composé de spécialités à la vapeur, le *dim sum* ("plaisir du cœur"), chez **Chau Chow City**, 83 Essex St. (℃ 338-8158) ou **China Pearl**, 9 Tyler St. (℃ 426-4338), par exemple.

♥ **Penang**, 685-691 Washington St. (℃ 451-6373). Métro : ligne orange, station Chinatown ou ligne orange et ligne rouge, station Downtown Crossing. Même s'il se considère malais, ce restaurant propose un assortiment de cuisines indienne, cantonaise et thaï. Le pain *roti canai* avec une sauce au curry (3 $) est divin. Les copieuses soupes de nouilles (4-6 $) sont idéales pour ceux dotés d'un gros appétit mais d'un petit porte-monnaie. Le service est impeccable et le personnel se fait une joie d'aider les clients déconcertés à choisir. Plat 6-14 $. Ouvert Di-Je 11h30-23h30 et Ve-Sa 11h30-24h.

East Ocean City, 25-29 Beach St. (℃ 542-2504). Métro : ligne orange, station Chinatown. Dans Washington St., dirigez-vous vers le sud puis tournez à gauche dans Beach St. et à droite dans Harrison Ave. : le restaurant estsur votre droite. Les serveurs en smoking s'empressent de servir les nombreux clients, essentiellement des émigrés de Hong Kong qui avalent leurs plats de riz agrémentés de bœuf, de poulet, de fruits de mer ou de légumes (7-9 $) ou s'émer-veillent devant les crevettes sautées (12 $). Ouvert Di-Je 11h-3h et Ve-Sa 11h-4h.

Dong Khanh, 83 Harrison Ave. (© 426-9410). Métro : ligne orange, station Chinatown. Dans Washington St., dirigez-vous vers le sud puis tournez à gauche dans Beach St. et à droite dans Harrison Ave. : le restaurant est sur votre droite. Les spécialités vietnamiennes traditionnelles, comme le *pho dac biet* (soupe de nouilles au bœuf, 4,50 $) et les plats de riz accompagnés de viande ou de légumes (4-5 $), sont délicieuses. Ouvert tlj 9h-22h. Paiement en espèces uniquement.

À BACK BAY

❤ **The Pour House Bar and Grill**, 907 Boylston St. (© 236-1767), à hauteur de Hereford St. Métro : ligne verte B, C ou D, station Hynes/ICA. Tournez à gauche dans Mass. Ave. puis tout de suite à gauche dans Boylston St. Marchez pendant un block, le restaurant se trouve sur la gauche. Si vous décidez de vous restaurer ici, vous ne serez pas ruiné : le plat le plus cher est à 7 $. Petit déjeuner très bon marché. L'impressionnant menu propose le *burger* Massachusetts (classique) et le Hawaiian (sauce *teriyaki*, à l'ananas), tous entre 3,25 $ et 4,50 $. Le samedi entre 18h et 22h, soirée "Burger Mania" pendant laquelle tous les *burgers* sont à moitié prix. Après 20h, interdit aux moins de 21 ans. Ouvert tlj 8h-2h. Petit déjeuner 8h-11h, brunch Sa-Di 8h-15h. Dîner servi jusqu'à 22h. Accès handicapés.

Trident Booksellers and Café, 338 Newbury St. (© 267-8688). Métro : ligne verte B, C ou D, station Hynes/ICA. Sortez dans Mass. Ave. et tournez à droite dans Newbury St. Le restaurant se trouve à quelques blocks sur la droite. Un paradis de la cuisine bio. Vous pourrez y déjeuner d'un *burger* végétarien ou d'une salade (7-8 $) ou y siroter un milk-shake (*smoothie*, 3-5 $) au jus de fruits frais. Si vous lisez l'anglais, vous profiterez d'un choix de livres et de revues très intéressants. Le soir, on y sert de délicieux desserts (4 $). Ouvert tlj 9h-24h.

Emack and Bollo's, 290 Newbury St. (© 739-7995). Métro : ligne verte B, C ou D, station Hynes/ICA. Tournez à droite dans Newbury St., le restaurant se trouve sur votre droite, peu après la première intersection. Classé n° 1 pour ses *smoothies* (milk-shakes) par le *Boston Magazine*, cet établissement est incontournable lors des journées chaudes et humides. Rafraîchissez-vous avec une limonade rose (2,50 $) ou donnez-vous un coup de fouet avec l'étonnamment riche *energizer smoothie* (4,50 $). Ouvert tlj 11h-23h30.

DANS LE SOUTH END

Le South End est en train de rapidement devenir le quartier le plus en vogue sur la scène culinaire bostonienne, surtout dans les environs de Tremont St. Malheureusement, ce secteur est assez éloigné du métro. Vous devrez donc gambader depuis la station Back Bay des lignes verte et orange.

❤ **Bob the Chef's**, 604 Columbus Ave. (© 536-6204), près de Northampton St. Métro : ligne orange, station Mass. Ave. Depuis la station de métro, tournez à droite dans Mass. Ave., parcourez un block, puis tournez à droite dans Columbus Ave. et passez encore un block. Situé en face de l'ancien immeuble de la NAACP (Association pour la défense des droits civiques des Noirs), l'endroit était autrefois le rendez-vous des militants pour les droits civils, qui réclamaient l'égalité des Noirs avec les Blancs dans les lieux publics et devant la justice. Bob s'est depuis payé un nouvel intérieur, mais l'esprit n'a pas changé. Ses *collard greens* (blettes, 2,50 $) et son célèbre poulet rôti ou au barbecue (9-10 $) vous fondent littéralement dans la bouche. Plats avec 2 garnitures 9-14 $. Concerts de jazz Je-Sa 19h30-24h (entrée 3-5 $). Buffet à volonté pour le brunch Di. 11h-15h (16 $, moins de 12 ans 11 $). Ouvert Ma-Me 11h30-22h, Je-Sa 11h30-24h et Di. 11h-21h.

Addis Red Sea, 544 Tremont St. (© 426-8727). Métro : ligne orange, station Back Bay. Prenez la sortie Columbus St. et tournez à gauche dans Dartmouth St. Après quatre blocks, tournez à gauche dans Tremont St. et remontez la rue sur trois blocks. Le meilleur restaurant éthiopien de Boston vous initiera aux joies de manger sans ustensiles. Commencez avec le délicieux *Ye-Miser Selatta* (lentilles avec tomates, oignons et piment, 7 $). En plat principal, choisissez entre du poisson, du poulet, du bœuf, de l'agneau ou des plats végétariens (8-12 $). Attention à ne pas vous appuyer sur la *mesob* ("table" en amharique) : elle est très fragile. Ouvert Lu-Ve 17h-23h et Sa-Di 12h-23h.

NOUVELLE-ANGLETERRE

Le Gamin Cafe, 550 Tremont St. (© 654-8969), au niveau de Waltham St. Métro : ligne orange, station Back Bay/South End. Prenez la sortie qui donne dans Columbus Ave., tournez à droite puis tout de suite à gauche dans Dartmouth St. Continuez le long de cette rue pendant quatre petits blocks, tournez à gauche dans Tremont St. et continuez sur trois blocks. Installé dans une grotte à l'ambiance romantique en plein cœur de la rue branchée de Tremont St., le Gamin attire chaque soir une foule de locaux et de touristes venus goûter les crêpes savamment préparées, toutes accompagnées d'une salade de mesclun bio. Ouvert tlj 8h-24h.

DANS LE FENWAY

Près de l'université de Boston et de Kenmore Sq., vous trouverez quelques établissements bon marché qui servent jusque tard. Quelques bons restaurants et bars sont également regroupés autour du Symphony Hall.

❤ **Betty's Wok & Noodle Diner**, 250 Huntington Ave. (© 424-1950), en face du Symphony Hall. Métro : ligne verte E, station Symphony. Le décor de ce nouveau restaurant chic vous plongera dans les années 1950. En revanche, la cuisine latino-asiatique d'une grande fraîcheur est tout ce qu'il y a de plus moderne. Plats à partir de 8 $. Pour le déjeuner, goûtez le sandwich cubain composé de chips au yucca (7 $). La file d'attente est plus longue les soirs de concerts au Symphony Hall. Pour l'éviter, allez-y après 20h. Ouvert Ma-Je 12h-22h et Ve-Sa 12h-23h.

Delihaus, 476 Commonwealth Ave. (© 247-9712). Métro : ligne verte B, C ou D, station Kenmore. A la fermeture des boîtes de nuit, les étudiants sont irrésistiblement attirés par la délicieuse cuisine bien riche, la musique punk et les heures de fermeture tardives du Delihaus. *Pancake* 4 $, bière 3,50 $ (un peu plus pour les bières belges), patates douces frites avec une sauce au raifort 5 $. Ouvert Lu-Ve 11h-2h et Sa-Di 9h-2h.

DANS JAMAICA PLAIN

En matière de restauration, Jamaica Plain offre les meilleures affaires de la ville et une cuisine ethnique très variée. Vu la concentration de végétariens habitant le quartier, beaucoup d'établissements s'adressent plus particulièrement à cette clientèle "herbivore".

❤ **Bella Luna**, 405 Centre St. (© 524-6060). Métro : ligne orange, station Jackson Sq. Tournez à droite et descendez Centre St. sur environ 12 blocks. Le restaurant se trouve sur votre droite. Vous viendrez à Bella Luna pour admirer les œuvres originales qui ornent aussi bien les murs que vos assiettes. La saveur des pizzas *Full Moon* (pistou, basilic, artichauts et tomates, 8-16 $) et *Stavros Special* (feta, olives noires et champignons, 6-12 $) réjouiront les végétariens tout comme les carnivores. Ouvert Lu-Me 11h-15h et 17h-22h, Je-Ve 11h-15h et 17h-23h, Sa. 11h-23h et Di. 12h-22h. Accès handicapés.

Centre St. Cafe, 669 Centre St. (© 524-9217), au niveau de Seaverns St. Métro : ligne orange, station Green St. Prenez à gauche dans Green St. puis à droite dans Centre St. L'établissement se trouve sur votre droite. Un paradis pour les végétariens : le menu, insolite, est essentiellement composé d'aliments biologiques ou issus de productions locales. Les non-végétariens peuvent ajouter des crevettes (4 $) ou du poulet (2,50 $) à leurs plats. Déjeuner 6-10 $, dîner 7-16 $. Ouvert Lu-Ve 11h30-15h et 17h-22h, Sa-Di 9h-15h et 17h-22h. Accès handicapés.

Acapulco Mexican Restaurant, 424 Centre St. (© 524-4328). Métro : ligne orange, station Stony Brook. Tournez à gauche, descendez Boylston St. et tournez de nouveau à gauche dans Centre St. L'établissement se trouve sur votre gauche. L'Acapulco se targue de concocter des recettes mexicaines authentiques comme la *sopapilla* (beignet au sucre et à la cannelle, 3,50 $) et le *tamal* (crêpe de maïs garnie de pommes de terre et de poulet, 3,25 $) ainsi que des plats tex-mex plus classiques (*burritos* et *tacos* pour environ 8 $). Ouvert Lu-Me 16h-22h, Je. 12h-22h, Ve. 12h-23h et Sa-Di 13h-23h.

◎ VISITES

LE FREEDOM TRAIL

La meilleure façon de s'initier à l'histoire de Boston est de suivre le tracé rouge du *Freedom Trail* (chemin de la liberté), long de 4 km. Le FT passe par la plupart des hauts lieux historiques de la ville. Mais liberté ne rime pas forcément avec gratuité : certains monuments sont payants. Si vous voulez tout voir, munissez-vous de quelques billets verts. Le National Park Service organise à partir du **Visitors Center** des visites guidées gratuites pour les monuments du *Trail* dont l'entrée est libre. *(Visitors Center : ✆ 536-4100. Métro : ligne rouge ou ligne verte, station Park St. Ouvert Lu-Sa 8h30-17h et Di. 9h-17h. Les visites guidées commencent au bureau du National Park Service, 15 State St., en face de l'entrée de l'Old State House. Visites au printemps et en automne Lu-Ve à 14h, Sa-Di à 10h, 11h, 14h et 15h, en été tlj à 10h, 11h, 13h, 14h et 15h. Inscriptions 30 mn avant le départ.)*

Le *Freedom Trail* part d'un autre **Visitors Center**, situé dans le grand parc de **Boston Common** *(métro : ligne rouge ou ligne verte, station Park St.)*, où vous pourrez trouver des plans gratuits corrects ou en acheter de plus détaillés. *(Ouvert Lu-Sa 8h30-17h et Di. 9h-17h.)* Le *Trail* monte d'abord vers le **Robert Gould Shaw and 54th Regiment Memorial**, dans Beacon St. Ce monument honore la mémoire du premier régiment noir de l'armée fédérale à avoir combattu pendant la guerre de Sécession, et celle de son général, originaire de Boston. Le film *Glory* a immortalisé cet épisode de l'histoire américaine. Le *Trail* traverse ensuite la rue pour atteindre la splendide **State House**. *(✆ 727-3676. Visites guidées gratuites Lu-Ve 10h-15h30. Ouvert Lu-Ve 9h-17h, Sa. et jours fériés 10h-16h. Les visites guidées commencent au Doric Hall, au 1er étage.)* Il se dirige ensuite vers la **Park Street Church**, longe l'**Old Granary Burial Ground**, où reposent John Hancock, Samuel Adams et Paul Revere, avant d'arriver au **King's Chapel and Burial Ground**, dans Tremont St. Cette chapelle, le plus ancien lieu de culte anglican, fut fondée en 1686. *(Chapelle : ✆ 227-2155. Ouvert en été, tlj 9h30-16h. Au printemps et en automne : Lu. et Ve-Sa 10h-16h. En hiver Sa. 10h-14h ou sur rendez-vous. Messes unitariennes Me. à 12h15 et Di. à 11h. Cimetière ouvert tlj 8h-15h30, en hiver 8h-15h.)*

J'SUIS SNOB, C'EST VRAIMENT L'SEUL DÉFAUT QUE J'GOBE

Les expressions typiques du Massachusetts vous surprendront certainement. Pas de panique, la plupart des Américains ne les comprennent pas non plus ! Voici quelques conseils pour vous adapter à ce nouveau langage. Si vous cherchez le métro, *subway* en anglais, demandez où se trouve le "T" (prononcez "ti"). En voiture, habituez-vous aux noms de rues inhabituels comme "Mass.-ave." ou "Comm.-ave.". Et si vous avez envie d'un milk-shake, demandez un "frappé". Pour la prononciation, la solution est simple : prenez votre accent le plus "british" et n'oubliez surtout pas d'omettre les "r". En effet, à Boston, on ne va pas au "park" mais au "pahk", on ne roule pas en "car" (voiture) mais en "kah" et les "Saturday" (samedi) deviennent des "sadadi". C'est tellement plus chic, da'ling !

L'**Old South Meeting House** servit de lieu aux premières rencontres qui devaient, plus tard, être à l'origine de la **Boston Tea Party**, prélude à la guerre d'Indépendance. *(✆ 482-6439. Ouvert en été tlj 9h30-17h, en hiver 10h-16h. Entrée 3 $, étudiants et personnes âgées 2,50 $, gratuit pour les moins de 6 ans.)* L'étape suivante vous mènera à l'**Old State House**, un musée qui fut autrefois le siège du gouvernement britannique à Boston. *(20 Washington St. ✆ 720-1713. Ouvert tlj 9h-17h. Entrée 3 $, personnes âgées et étudiants 2 $, 6-18 ans 1 $.)* Le sentier passe ensuite devant le site du **Massacre de**

Boston (le 5 mars 1770, un affrontement entre troupes anglaises et colons fit cinq morts parmi les manifestants) et traverse **Faneuil Hall**, une ancienne salle de réunion transformée en un vaste centre commercial. Des conférences sont organisées dans le Great Hall, au premier étage, lorsque la mairie ne s'en sert pas pour donner une réception. *(Hall ouvert tlj 9h-17h, l'entrée se fait à l'arrière du bâtiment, par les portes centrales.)* Puis vous pénétrez dans le quartier du North End, où se trouve votre prochaine étape : la **maison de Paul Revere**. *(19 North Sq. © 523-2338. Ouvert mi-Avr-Oct, tlj 9h30-17h15 ; Nov-mi-Avr 9h30-16h15. Entrée 2,50 $, étudiants et personnes âgées 2 $, 5-17 ans 1 $.)* Passez ensuite à l'**Old North Church**, où Robert Newman, un ami de Revere, accrocha des lanternes pour prévenir les rebelles de Charlestown de l'arrivée des troupes anglaises. *(193 Salem St. © 523-6676. Ouvert en été tlj 9h-18h, en hiver 9h-17h. Di. services religieux à 9h, 11h et 16h.)* Dans le **Copp's Hill Burial Ground**, où reposent de nombreux Bostoniens de l'ère coloniale, et notamment Prince Hall, qui fonda, après avoir été esclave puis soldat, la première école de Boston pour les enfants noirs, vous avez une jolie vue sur l'église d'Old North.

Le *Trail*, ici, approche de son terme : il franchit Charlestown Bridge pour atteindre le **USS Constitution**, un navire récemment rénové datant de la guerre de 1812 contre l'Angleterre, et son musée. *(© 426-1812. Ouvert tlj de 9h30 jusqu'à 10 mn avant le coucher du soleil. Visites gratuites toutes les 30 mn 9h30-15h30.)* Ultime étape du chemin de la liberté, **Bunker Hill Monument** est une immense colonne commémorative de la bataille de Bunker Hill, premier engagement de la guerre d'Indépendance, le 17 juin 1775. En réalité, l'obélisque se dresse sur Breed's Hill, bastion des colons pendant la bataille. Bunker Hill est à environ 800 m. Le sommet offre une vue splendide sur la ville, mais il faut la mériter : l'escalier compte 294 marches. *(Ouvert tlj 9h-16h30.)* Pour retourner à Boston, repassez le pont et suivez le tracé rouge dans l'autre sens, prenez la ligne orange du métro à la station Community College près de Bunker Hill ou montez dans l'un des **ferrys du port** *(Harbor Ferries)* à quai près du *Constitution*. *(Les ferrys relient Lovejoy Wharf, à côté du Fleet Center, à Boston Long Wharf, près du New England Aquarium à Charlestown Navy Yard, non loin du USS Constitution. 1 dép/20 mn de 6h30 à 11h10 et de 15h10 à 18h30, 1 dép/h de 11h10 à 15h10. Sa-Di 1 dép/30 mn de 10h à 18h. Prenez votre billet sur le bateau. 1 $, 5-11 ans 50 ¢.)*

LE CENTRE-VILLE (DOWNTOWN)

Downtown représente le centre historique et financier de Boston. Il est souvent le premier et le seul quartier visité par les touristes. Ancien et moderne se côtoient dans cette minimétropole où les gratte-ciel dominent les édifices coloniaux et où le métro gronde près des rues en pavés ronds. Au milieu des trois principaux *districts* du centre-ville (**Government Center**, **Downtown Crossing** et le **Financial District**) s'étend l'immense parc de **Boston Common**, fréquenté par une population hétéroclite, des jeunes cadres dynamiques aux hippies, venue profiter du soleil.

GOVERNMENT CENTER. La sortie de la station de métro Government Center, sur les lignes verte et bleue, donne sur une vaste place en brique rouge qui s'étend autour du **JFK Building** et du **City Hall** (hôtel de ville). Ce dernier est un énorme bâtiment de béton construit par l'architecte I.M. Pei, célèbre en France pour avoir conçu la pyramide du Louvre. L'hôtel de ville a été bâti de façon à représenter symboliquement la structure du gouvernement : émergeant de la place, les briques du niveau inférieur entourent les bureaux ouverts au public, tandis que les étages les plus hauts sont réservés aux élus. A l'origine, la place devait servir de lieu de rassemblement. A part quelques concerts, elle est surtout fréquentée par les passants qui circulent de la station de métro au marché extérieur très animé de **Quincy Market**. N'hésitez pas à marcher un peu jusqu'à l'**Holocaust Memorial** : il comporte six tours de verre lumineuses de 16 m de haut rendant hommage à toutes les victimes, juives ou non, de l'Holocauste. Les tours ressemblent à des cheminées et représentent les six plus grands camps de concentration. Force, beauté et recueillement émanent de ces édifices gravés de six millions de numéros, de témoignages de survivants et de faits relatant la tragédie. Le monument est propice à une réflexion encore plus profonde dès la nuit tombée. Pour vous y rendre, passez l'hôtel de ville puis tournez à gauche dans Congress St.

DOWNTOWN CROSSING. Concentré autour de **Washington St.**, Downtown Crossing est le quartier idéal pour faire de rapides emplettes ou de bonnes affaires (mais sûrement pas les deux à la fois). Au cœur de la zone commerçante de Washington St. se trouve le royaume de la chasse aux bonnes occasions, **Filene's Basement**. Le magasin propose de nombreuses et importantes réductions sur la plupart des marques haut de gamme. Depuis l'arrivée des centres commerciaux, les boutiques indépendantes et les grands magasins chic, qui attiraient autrefois les habitants des environs jusqu'à Boston pour faire leurs courses, ont cédé la place aux chaînes commerciales. Néanmoins, Downtown Crossing reste une destination de shopping en plein air très pratique.

DES FAUCONS QUI NE PENSENT QU'À ÇA

Depuis 1987, la **Custom House Tower** abrite le nid d'un couple de faucons pèlerins, dans le cadre du programme de réintroduction de l'espèce dans le Massachusetts. Le faucon pèlerin est considéré comme l'oiseau le plus rapide au monde, capable de plonger sur une proie à plus de 320 km/h. Autrefois très répandu en Nouvelle-Angleterre, ce rapace fut proche de l'extinction dans les années 1950 en raison du pesticide DTT. Ces deux faucons pèlerins, connus comme les plus vieux de la région et sans doute comme les plus féconds, ont pondu 64 œufs et élevé 36 oisillons. On peut souvent les apercevoir survoler le centre-ville. Grâce aux efforts déployés pour la survie de ce rapace, celui-ci ne figure plus, depuis 1999, sur la liste nationale des espèces en voie de disparition.

LE QUARTIER FINANCIER (FINANCIAL DISTRICT). L'élégante **Custom House Tower**, d'une hauteur de 150 m, fut le premier gratte-ciel de Boston. Son architecture ancienne contraste nettement avec les tours voisines plus ternes du Financial District. Le petit **belvédère d'observation**, situé au dernier étage de la tour, offre une vue impressionnante sur le port et le centre-ville et permet d'admirer les **faucons pèlerins** qui nichent au sommet. *(3 McKinley Sq. © 310-6300. Métro : ligne orange ou ligne bleue, station State. Descendez State St. en direction du port jusqu'à India St. Visites gratuites au belvédère d'observation tlj à 10h et 16h.)* Le **Batterymarch Building** fut le premier édifice de la ville construit dans le style Art déco (il abrite aujourd'hui l'hôtel Wyndham). La différence de couleur sur la façade, plus foncée à la base et plus claire au sommet, caractéristique du style, accentue l'impression de grandeur du bâtiment. *(60 Batterymarch St., à l'angle de Broad St.)*

BOSTON COMMON. Délimité par Beacon St., Boylston St. et Tremont St., le parc de **Boston Common** s'est successivement transformé, au cours des siècles, en lieu de rassemblement, de commémoration et de spectacle, en terrain d'entraînement militaire, en gibet public où l'on châtiait et enterrait les malfaiteurs, et en pâturage pour les vaches et les moutons. En 1728 y fut construite la première allée piétonne bordée d'arbres et au XIXe siècle, époque où l'engouement pour la réalisation de parcs inspira les Américains, des allées, des statues, des plaques, des fontaines et des portes furent créées. Aujourd'hui, vous pouvez pique-niquer en compagnie des écureuils et des pigeons, barboter en été dans le **Frog Pond** (l'étang aux grenouilles... qui n'a plus de grenouilles) ou patiner sur ses eaux gelées en hiver, regarder un vieux film gratuit en plein air sur écran géant lors du **Classic Film Festival** et, enfin, vous cultiver pendant les représentations des pièces de **Shakespeare** données gratuitement sur le Bandstand (kiosque) fin juin. Les événements à venir sont affichés au **Visitor Information Center**. *(© 635-2147 pour les informations concernant le patin à glace. Métro : ligne verte ou ligne rouge, station Park Street. Le Classic Film Festival se déroule sur les pelouses du Parade Grounds, Ma. à la tombée de la nuit Juin-Août.)*

LE FRONT DE MER (WATERFRONT). Le **quartier du front de mer**, délimité par Atlantic St. et Commercial St., s'étend le long du port, de South Station jusqu'au North End. Flânez sur les quais, notamment Commercial Wharf, Lewis Wharf ou Museum Wharf, pour admirer le port et humer l'air de la mer. Le **New England Aquarium**, installé sur le Central Wharf, ravira les petits comme les grands. Vous pourrez voir des manchots, des tortues de mer géantes et quantité d'autres animaux marins s'ébattre dans 750 000 litres d'eau et plus de 70 aquariums. Des otaries se donnent en spectacle au *Discovery*, une plate-forme flottante amarrée le long de l'Aquarium. Celui-ci organise aussi des sorties pour observer les phoques du port et les loutres de mer. L'ouverture d'un nouveau cinéma IMAX est prévue pour l'automne 2001. *(© 973-5200 ou 973-0223. Métro : ligne orange ou ligne bleue, station State. Depuis le métro, suivez les panneaux en vous dirigeant vers le port. Ouvert Sep-Juin, Lu-Ve 9h-17h et Sa-Di 9h-18h. Juil-Août : Lu-Ma et Ve. 9h-18h, Me-Je 9h-20h, Sa-Di 9h-19h. Entrée 12,50 $, personnes âgées 10,50 $, 3-11 ans 6,50 $, réduction de 1 $ Me. 16h-20h.)* Si vous n'êtes pas très intéressé par la guerre d'Indépendance à Boston, le **Boston Tea Party Ship and Museum**, sur le pont de Congress St., vous fera changer d'avis. Le musée est provisoirement fermé et devrait rouvrir à l'hiver 2002. *(© 338-1773. Métro : ligne rouge, station South Station. Descendez Atlantic Ave. jusqu'à Congress St. et tournez sur le pont. Ouvert au printemps et en automne tlj 9h-17h, en été 9h-18h. Entrée 8 $, étudiants 7 $, enfants 4 $.)*

LE NORTH END. Du côté est de Boston s'étend le **North End** *(métro : ligne verte ou ligne orange, station Haymarket)*, le plus ancien quartier résidentiel de Boston. C'est aujourd'hui un quartier italien qui regorge de balcons fleuris, de drapeaux vert-blanc-rouge, de pâtisseries aux effluves délicieux, de crèches, de restaurants siciliens et d'églises catholiques, dont la plus célèbre est l'**Old St. Stephen's Church**, exemple parfait du style colonial cher à l'architecte Charles Bulfinch. *(24 Clark St., près de Hanover St. © 523-1230. Ouvert tlj de 7h au coucher du soleil et pendant les messes.)* En bas de la même rue, les beaux jardins fleuris et parfumés de **Peace Gardens** sont une invitation à s'évader du brouhaha du North End.

CHINATOWN. A deux blocks de South Station et au sud-ouest de Boston Common, l'entrée dans **Chinatown** est matérialisée, du côté de Beach St., par un porche et d'immenses chiens Fu. On y voit partout des cabines téléphoniques en forme de pagodes et des lanternes chinoises. C'est l'endroit rêvé si vous aimez la cuisine asiatique, et de nombreux restaurants restent ouverts jusqu'à 2 ou 3h du matin, mais *évitez de vous promener seul la nuit dans ce quartier*. Dans Chinatown, deux fêtes sont organisées chaque année. La première, **New Year** (le nouvel an chinois), a lieu en général un dimanche de février : danse du dragon, feux d'artifice, pétards et démonstrations de kung-fu sont au programme. La seconde, **August Moon Festival**, se tient en l'honneur de deux amants mythiques, à l'époque de la pleine lune, généralement le deuxième ou le troisième dimanche du mois d'août. *(Métro : ligne orange, station Chinatown.)*

BACK BAY. Le quartier chic de Back Bay ne vit le jour qu'en 1857, date à laquelle les urbanistes comblèrent les marécages nauséabonds qui s'étendaient de Beacon Hill à Brookline. Les **jardins publics**, qui marquèrent le début du programme d'aménagement, délimitent le quartier à l'est. **Copley Square**, entouré de **Trinity Church**, construite par H.H. Richardson, et de la majestueuse **Boston Public Library** (bibliothèque municipale), constitue le cœur de Back Bay. Non loin de là, la **John Hancock Tower** domine l'église de style néogothique **New Old South Church**. Qu'elle soit appréciée ou méprisée des habitants, la **Prudential Tower**, dans Huntington Ave., constitue dans les deux cas une référence architecturale. Enfin, depuis Copley Sq. partent **Huntington Ave.**, **Commonwealth Ave.**, agrémentée de sculptures, et **Boylston St.**, parallèle à la très chic **Newbury St.**

LES JARDINS PUBLICS. De l'autre côté de Boston Common, dans Charles St., un écriteau coulé dans le bronze (qui porte les mots *Make Way for Ducklings*, titre d'un livre pour enfants) montre le chemin des **jardins publics**. Des **Swan Boats** (bateaux-cygnes qui s'utilisent comme des pédalos) y glissent sur un paisible étang à l'ombre des saules pleureurs. *(Métro : ligne verte, station Arlington. Location 3 $ les 15 mn.)*

COPLEY SQUARE. Les pelouses verdoyantes et les fontaines gracieuses de Copley Sq. sont entourées de tous côtés par des monuments notoires. *(Métro : ligne verte, station Copley.)* L'observatoire John Hancock est situé au 60e étage de la **John Hancock Tower**, qui en compte 62. Du haut de ses 241 m, ce gratte-ciel est le plus haut de toute la Nouvelle-Angleterre. La vue sur Boston et ses environs est époustouflante. *(© 572-6429. Ouvert Lu-Sa 9h-22h. Avr-Oct : également Di. 9h-22h. Nov-Mars : également Di. 9h-17h. Entrée 6 $, personnes âgées et 5-17 ans 4 $, gratuit pour les moins de 5 ans.)* Au milieu de Copley Square se dresse la **Trinity Church**, de style roman, érigée entre 1872 et 1877 par l'architecte H.H. Richardson, incontestablement à l'apogée de sa carrière. Le charme du cloître et de la cour intérieure est peut-être dû au fait qu'ils sont difficiles à trouver (l'entrée se trouve dans Clarendon St.). Créée le 3 avril 1848, la **Boston Public Library** fut l'une des premières grandes bibliothèques municipales gratuites des Etats-Unis. A première vue, elle ressemble davantage à un musée d'art qu'à un centre de lecture et d'études public. Elle rassemble de véritables trésors artistiques au 2e étage, dans la galerie Sargent, du nom du peintre qui a réalisé la peinture murale de la salle, John Singer Sargent. *(© 536-5400. Ouvert Lu-Je 9h-21h et Ve-Sa 9h-17h. Visites guidées gratuites sur l'art et l'architecture de la bibliothèque Lu. à 14h30, Ma. et Je. à 18h, Ve-Sa à 11h. Oct-Mai : Di. à 14h.)*

NEWBURY ST. ET BOYLSTON ST. Les gens riches et branchés se retrouvent tous dans la rue la plus luxueuse de la ville, **Newbury St.**, pour voir et être vu (si possible en train de dépenser). Sur la zone qui s'étend d'Arlington St. à Mass. Ave., on compte plus de 40 restaurants, quelque 100 magasins, 40 galeries d'art et près de 100 salons de coiffure. Les magasins les plus chic sont regroupés du côté des jardins publics (Public Gardens), dans Newbury St. Parallèle à celle-ci, **Boylston St.** est la plus "modeste" de ces deux artères commerçantes. Vous y trouverez des bars assez bon marché et des petits magasins plus abordables. *(Métro : ligne verte, stations Arlington, Copley ou Hynes/ICA.)*

COMMONWEALTH AVENUE. Cette avenue de 67 m de large fait penser à un boulevard parisien. Bordée de magnifiques maisons de ville, elle est séparée en son centre par une promenade piétonne de 30 m de large, entourée d'arbres. Commonwealth Ave. est l'un des joyaux de l'**Emerald Necklace** (collier d'émeraudes) de Boston, réseau de jardins et de parcs qui entourent la ville. Le projet fut imaginé par l'architecte Frederick Law Olmsted. Le nom de la ligne de métro Green (vert) est d'ailleurs inspiré de ce programme. La renommée du parc provient surtout des sculptures qui ornent presque chaque intersection. Elles représentent des anciens présidents, des hommes d'Etat progressistes ou encore le Viking **Leif Eriksson** qui, selon certains historiens du XIXe siècle, serait venu explorer les terres du Sud sur lesquelles sont aujourd'hui bâties Boston et Cambridge. *(Métro : ligne verte, station Arlington.)*

JAMAICA PLAIN. Jamaica Plain offre une image aux antipodes du Boston habituel : des places de parking à foison, une bonne cuisine mexicaine et Mère Nature à chaque coin de rue pour veiller sur vous. Même s'il s'agit de l'espace vert le plus étendu de la ville, couvrant plus de 106 ha, la verdure luxuriante de l'**Arnold Arboretum**, 125 Arborway, reste inconnue de nombreux habitants de Boston. L'arboretum abrite l'un des plus importants ensembles d'arbres, de vignes, d'arbustes et de fleurs d'Amérique du Nord. Grâce aux nombreuses variétés d'espèces à fleurs, vous êtes assuré d'observer des floraisons à n'importe quelle période de l'année. Le **Lilac Sunday** se tient le 2e ou le 3e dimanche de mai. C'est à cette période que les 500 pieds de lilas de l'Arboretum sont en fleur. *(Métro : ligne orange, station Forest Hills. © 524-1718. Ouvert tlj de l'aube à la tombée de la nuit. Don 1 $.)* Lorsque Frederick Law Olmsted imagina son réseau d'espaces verts autour de Boston (Emerald Necklace), il y inclut la **Jamaica Pond**, entre Perkins St. et Park Dr., dans Jamaicaway. Cet étang de 48 ha provenant d'un ancien glacier est le plus grand de Boston. Les sentiers aménagés autour du plan d'eau constituent un endroit idéal pour le jogging ou les balades. Le hangar à bateaux datant de plus de cent ans loue de petites embarcations pour vos loisirs. *(Métro : ligne orange, station Green St. © 635-7383.)* Pour finir votre visite du sud de

Boston par une touche "éducative", rendez-vous à la ♥ **Sam Adams Brewery**, 30 Germania St. Vous apprendrez tout ce que vous avez toujours voulu savoir sur la fabrication de la bière. Au cours de la visite de 40 mn, vous goûterez l'orge, sentirez le houblon frais de Bavière et pénétrerez dans la brasserie d'origine de Sam Adams, le clou étant, à la fin, l'apprentissage de la dégustation de bière, pour les plus de 21 ans seulement. *(Métro : ligne orange, station Stony Brook. ℂ 368-5000. Visites Je. à 14h, Ve. à 14h et 17h30, Sa. à 12h, 13h et 14h. Don 1 $.)*

🏛 MUSÉES

♥ **Museum of Fine Arts (MFA)**, 465 Huntington Ave. (ℂ 267-9300), dans le Fenway. Métro : ligne verte E, station Museum. C'est le plus célèbre musée de Boston. Il renferme des collections exceptionnelles de céramiques orientales, d'art égyptien et nubien, de tableaux impressionnistes et d'art américain. Les célèbres portraits inachevés de George et de Martha Washington, entrepris par Gilbert Stuart en 1796, méritent un coup d'œil. Ouvert Lu-Ma 10h-16h45, Me-Ve 10h-21h45 et Sa-Di 10h-17h45. Entrée 12 $, étudiants et personnes âgées 10 $, 7-17 ans 5 $ Lu-Ve jusqu'à 15h, gratuit le reste du temps. Réduction de 2 $ Je-Ve après 17h, gratuit Me. après 16h. Des tarifs spéciaux sont pratiqués pour la galerie Gund.

♥ **Isabella Steward Gardner Museum**, 280 Fenway (ℂ 566-1401), à quelques centaines de mètres du MFA. Métro : ligne verte, station Museum. La collection particulière de Mrs. Gardner, d'une richesse incontestable, n'a rien perdu depuis un siècle. Le palais néovénitien dans lequel le musée est installé mérite autant d'attention que les trésors qu'il abrite, et les parfums qui émanent du jardin intérieur justifient à eux seuls le prix du billet d'entrée. Ouvert Ma-Di 11h-17h. Entrée Ma-Ve 10 $, Sa-Di 11 $, personnes âgées 7 $, étudiants Ma. et Je. 5 $, Me. 3 $, gratuit pour les moins de 18 ans.

♥ **John F. Kennedy Presidential Library** (ℂ 929-4500), Columbia Point, juste à côté de la I-93, à Dorchester. Métro : ligne rouge, station JFK/UMass. Au métro, prenez la navette gratuite "JFK" jusqu'à la bibliothèque (1 dép/20 mn de 8h à 17h). Ce monument impressionnant, de couleur blanche (encore une œuvre due à I.M. Pei), est dédié "à tous ceux qui, à travers l'art de la politique, sont en quête d'un monde nouveau et meilleur". Il abrite notamment des salles d'exposition qui retracent la carrière du président Kennedy, depuis sa campagne électorale jusqu'à son assassinat. Ouvert tlj 9h-17h. Entrée 8 $, personnes âgées et étudiants 6 $, 13-17 ans 4 $, gratuit pour les moins de 12 ans.

Museum of Science (ℂ 723-2500), Science Park, au bord de la Charles River. Métro : ligne verte, station Science Park. Entre autres sujets d'émerveillement : la plus grande "machine à éclairs" du monde, un centre d'activités interactives et des présentations d'animaux vivants. Le musée renferme le **Hayden Planetarium** (projection de films, conférences, spectacles laser) et le **Mugar Omni Theater** (projection de films scientifiques sur un écran OmniMax en forme de dôme haut de 4 étages). Hall des expositions ouvert tlj 9h-17h. 5 Juil-début Sep : Sa-Je 9h-19h et Ve. 9h-21h. Entrée aux collections 10 $, enfants et personnes âgées 7 $. Entrée au planétarium, au spectacle laser et à l'Omni 7,50 $ chacun, enfants et personnes âgées 5,50 $. Ma-Me après 19h réduction de 2,50 $ pour les projections à l'Omni Theater.

Children's Museum, 300 Congress St. (ℂ 426-8850), dans le quartier du front de mer. Métro : ligne rouge, station South Station. Quel que soit leur âge, les enfants peuvent librement manipuler toutes sortes d'objets et apprendre en s'amusant. Ouvert Lu-Je et Sa-Di 10h-17h, Ve. 10h-21h. Entrée 7 $, personnes âgées et 2-15 ans 6 $, moins de 2 ans 2 $. Tarif réduit pour tous (1 $) Ve. 17h-21h.

Institute of Contemporary Art (ICA), 955 Boylston St. (ℂ 266-5152), à Back Bay. Métro : ligne verte B, C ou D, station Hynes/ICA. C'est le musée d'art avant-gardiste de Boston. Il attire les plus grands artistes contemporains, tout en assurant avec énergie la promotion de ceux qui restent méconnus. Expositions novatrices qui se renouvellent toutes les 8 semaines. On peut aussi voir des œuvres expérimentales dans les domaines du théâtre et du cinéma. Ouvert Me. et Sa-Di 12h-17h, Je. 12h-21h, Ve. 12h-19h. Entrée 6 $, étudiants et personnes âgées 4 $, gratuit pour les moins de 12 ans. Entrée libre Je. 17h-21h. Deux entrées pour le prix d'une avec la carte AAA.

🎭 SPECTACLES

Certaines publications comme le *Boston Phoenix*, *Stuff@Night* et le *Boston Globe* (dans la rubrique "Calendar"), et des sites Internet tels que http://ae.boston.com et http://boston.city-search.com fournissent le programme des manifestations culturelles. Pour acheter des billets pour la plupart des événements de la région, contactez **Bostix** (© 723-5181), **Ticketmaster** (www.ticket-master.com) ou **NEXT** (© 423-6000). Le prix des billets peut être très élevé mais il existe des moyens de payer moins cher. Les billets *rush* pour étudiants sont bradés une heure avant le début de nombreux spectacles. Bostix vend **les billets restants à moitié prix** le jour même de la représentation. Certaines salles recrutent des **volontaires** pour distribuer les programmes ou placer les spectateurs pendant moins d'une heure en échange de billets à prix réduits, parfois même gratuits. Renseignez-vous auprès de chaque salle de spectacles pour obtenir des informations sur les réductions de billets.

THÉÂTRE

En matière de théâtre, Boston est connue pour son caractère expérimental. De nombreux spectacles effectuent leur "rodage" ici avant de se produire à Broadway. Les plus grands théâtres sont concentrés dans le Theater District. (Métro : ligne verte, station Boylston.) Le **Wang Center**, étape obligée des tournées à grand succès comme *Le Fantôme de l'Opéra* ou *Miss Saigon*, accueille également tous les ans à Noël *Casse-Noisette*. C'est au **Charles Playhouse** que vous assisterez aux deux pièces qui sont depuis le plus longtemps à l'affiche à Boston. Très divertissantes, elles valent la dépense. Le **Blue Man Group** fascine un public de tous âges à l'aide de percussions, de musique, de peintures, de lumières, de strass, de guimauves et… de rouleaux de papier-toilette. (© 800-258-3626. Billets 39-49 $, billets *rush* pour étudiants 25 $.) **Shear Madness** met en scène le mystère farfelu d'un meurtre. (© 426-5225. Billets 34 $, billets *rush* pour étudiants 29 $.) La **Huntington Theater Company**, 264 Huntington Ave. (© 266-0800), dans le Fenway, est un théâtre respecté jouant des pièces classiques ou contemporaines de qualité. Si vous préférez assister à des œuvres plus avant-gardistes, consultez le programme du **Boston Center for the Arts**, 539 Tremont St. (© 426-2748), dans le South End.

MUSIQUE ET DANSE CLASSIQUES

Le **Symphony Hall**, 301 Mass. Ave., est la demeure du mondialement célèbre **Boston Symphony Orchestra (BSO)** et de son petit frère, au cœur plus léger, le **Boston Pops**. (© 266-1492, la saison du BSO court d'octobre à avril, avec des concerts Ma., Je. et Sa. soir, Ve. après-midi et quelquefois Ve. soir. Billets 22-67 $. Des *rush tickets*, places de dernière minute, sont mis en vente Ma. et Je. à 17h, Ve. à 21h. Billets pour les répétitions Me. soir et Je. matin 12 $. La saison du Pops court de mai à juillet, concerts Ma-Di soir. Balcon 14-34 $, orchestre 36-53 $. Concerts gratuits à Hatch Shell, sur l'Esplanade, début juillet.) Le **Boston Ballet** (© 695-6950) se produit au Wang Center. La compagnie est réputée pour son interprétation annuelle de *Casse-Noisette*, qu'elle présente durant 6 semaines d'affilée, attirant plus de 140 000 personnes.

SPORTS

Vous pouvez voir jouer les **Red Sox**, l'équipe locale de base-ball, au **Fenway Park**, le plus petit et le plus ancien des terrains de base-ball des ligues nationales. (© 482-4769 pour acheter des billets. *Bleacher* ("virage") 14 $, *grandstand* ("tribune") 28 $, *field box* ("loge") 45 $.) Si vous êtes fan de basket ou de hockey, rendez-vous au **Fleet Center**, 50 Causeway St. Ce gigantesque complexe de loisirs a remplacé le Boston Garden en 1995. Il dispose de 20 000 places et programme aussi bien des concerts que de la lutte ou du patinage artistique. C'est aussi là que se produisent les fameux basketteurs des **Boston Celtics** et les non moins fameux hockeyeurs des **Boston Bruins**. (℃ 624-1750. Guichet ouvert en été Lu-Ve 10h-17h, pendant la saison sportive tlj 10h-19h. Billet pour les Celtics 10-140 $, pour les Bruins 20-140 $.)

Le **marathon de Boston** se déroule en avril. Les 42 km de course partent d'Hopkinton pour finir à Copley en passant par la longue montée surnommée "Heartbreak Hill" ("colline des cœurs brisés"… au sens propre !). Organisé traditionnellement le jour de Patriot's Day depuis plus de cent ans, le marathon de Boston attire des milliers de coureurs du monde entier, encouragés par autant de spectateurs rassemblés sur les trottoirs. Pas besoin de billets, il suffit de se présenter le jour même. Depuis 1965, la **Head of the Charles Regatta**, la course d'aviron la plus importante du monde à se dérouler en une seule journée, est le rendez-vous de milliers de rameurs et de fêtards qui descendent la Charles River. La course a lieu le troisième week-end d'octobre.

Si un club de billard peut être qualifié de tape-à-l'œil, c'est bien le **Boston Billiard Club**, 126 Brookline Ave. (℃ 536-7665), dans le Fenway. **Jillian's**, 145 Ipswich St., au bout de Lansdowne St., dispose de 55 tables de billard ainsi que d'une salle de jeux vidéo à l'étage. (℃ 437-0300. 2 personnes 10 $ l'heure, 4 personnes 14 $ l'heure.)

▓ SORTIES

Avant de partir faire la fête dans les rues de Boston, il vous faut savoir quelques petites choses. Premièrement, la quasi-totalité des établissements exigent que vous ayez **plus de 21 ans, pièce d'identité avec photo** à l'appui, pour pouvoir rentrer. Deuxièmement, **tout ferme à 2h du matin** : "jusqu'au bout de la nuit" est une expression qui n'a pas cours à Boston la puritaine (bien que quelques restaurants à Chinatown restent ouverts jusqu'à 3 ou 4h). Faites le calcul et vous verrez que le métro s'arrête deux bonnes heures avant le dernier verre, prévoyez donc un peu de liquide supplémentaire pour vous payer le taxi jusqu'à la maison. Si vous aimez les **boîtes de nuit**, dirigez-vous vers Lansdowne St., à Kenmore Sq. ou vers Boylston St., dans le Theater District. Vous pourrez également assister à de fabuleux **concerts**, allant de la musique folklorique irlandaise au jazz et au rhythm'n'blues.

BOÎTES DE NUIT

Avalon, 15 Lansdowne St. (℃ 262-2424). Métro : ligne verte B, C ou D, station Kenmore. En face du Fenway Park, à côté d'autres boîtes. Celle-ci se démarque par sa décoration excentrique. La large piste de danse est entourée de trois bars. House et techno sont au programme. Interdit aux moins de 19 ans, le samedi il faut avoir plus de 21 ans. Di. soirée gay. Entrée 10-15 $. Ouvert tlj 22h-2h.

Axis, 13 Lansdowne St. (℃ 262-2437). Métro : ligne verte B, C ou D, station Kenmore. Le jeudi soir, les DJ internationaux sont invités en bas, tandis que des DJ locaux font danser l'étage. Les soirées "Spin Cycle" du vendredi sont dédiées à la techno et à la house. Sa. soirée "X-nights" (réservé aux plus de 21 ans, entrée 10 $). Entrée 19-21 ans 15 $, plus de 21 ans 12 $. Ouvert tlj 22h-2h.

Karma, 11 Lansdowne St. (℃ 617-421-9595). Métro : ligne verte B, C ou D, station Kenmore. La piste de danse associée à la scène confère à cet établissement un style intimiste, comparé aux autres boîtes de nuit immenses. Les artistes qui s'y sont produits, de Dido à Eddie Vedder, montrent que Karma a su exploiter cette ambiance douillette. Vous serez entouré d'étudiants branchés. Ve. soirée *drum'n'bass*, Sa. et Je. soirée house. Réservé aux plus de 19 ans. Entrée 8-15 $. Ouvert Je-Sa 22h-2h.

Envy, 25 Boylston Pl. (℃ 542-3689). Métro : ligne verte, station Boylston. Traversez la rue et tournez à droite puis prenez la première à gauche. Gigantesque boîte de nuit aux murs décorés par un artiste de films hollywoodiens. Le DJ passe des classiques des années 1970 et 1980 revisités à la sauce techno. Tenue correcte exigée. Bière 3,50-4 $, cocktails 5-6 $. Entrée Me. 15 $, Ve-Sa 5 $. Ouvert Ve-Sa et un Me. sur deux 21h-2h.

BARS ET PUBS

The Bell in Hand, 45 Union St. (© 617-227-2098), dans *Downtown*. Métro : ligne orange ou ligne bleue, station State. Prenez à gauche dans Congress St., à droite dans North St. et de nouveau à gauche dans Union St. L'établissement se trouve sur votre droite. Véritable labyrinthe, ce bar se vante de détenir la plus vieille licence autorisant la vente d'alcool en ville. Il se caractérise par trois bars, des groupes interprétant des chansons connues et appréciées (Me-Di), sa bière locale produite par la brasserie Sam Adams (3,75 $) et une clientèle plutôt agréable. Ouvert tlj jusqu'à 2h.

Cactus Club, 939 Boylston St. (© 236-0200), dans Back Bay. Métro : ligne verte, station Hynes/ICA. Traversez l'autopont en direction du Convention Center. L'établissement se trouve une rue plus loin, sur votre gauche. Cette discothèque accueille une clientèle un peu inhibée, mais qui ne snobe pas pour autant les jeunes cadres dynamiques qui partagent la piste. L'ambiance un peu froide serait-elle due aux *margaritas* (5 $) trop fraîches ? Les plus audacieux achèteront leurs boissons au format "Big Bowl" (11 $) avec plusieurs pailles, dans l'espoir de rencontrer un(e) nouvel(le) ami(e), voire plusieurs, avec qui partager. Ouvert tlj 11h30-2h.

Delux Cafe, 100 Chandler St. (© 338-5258), dans le South End. Métro : ligne orange, station Back Bay. Tournez à gauche dans Darmouth St., puis prenez la première rue à gauche. L'établissement se trouve sur votre droite, après Clarendon St. Le Delux Cafe pourrait se résumer à un seul mot : bizarre. Un temple dédié à Elvis côtoie un sapin de Noël en plastique, et de vieux tubes accompagnent la diffusion d'épisodes de Scoubidou. Boisson 2,50-3,75 $. Ouvert Lu-Sa 17h-1h, dîner servi jusqu'à 23h30. Paiement en espèces uniquement.

Wonder Bar, 186 Harvard Ave. (© 351-2665), au niveau de Commonwealth Ave., dans Allston. Le Wonder Bar cherche à vous en mettre plein la vue : concert de jazz tous les soirs, salon (avec velours) et tenues plus que correctes (pas de tennis, pas de couvre-chef, pas de jeans usés). L'ambiance bat son plein tard le soir. Bière 3,75 $, vin 5-7 $. Jazz *live* tous les soirs à 21h30. Bar ouvert tlj 17h-2h. Salon ouvert Je-Sa 22h30-2h.

Sunset Grill and Tap, 130 Brighton Ave. (© 254-1331), à Allston. Métro : ligne verte B, station Harvard Ave. Depuis la station de métro, prenez à droite en descendant Brighton Ave. Le bar se trouve juste en face de Pho Pasteur. Un des plus grands choix de bières du pays (plus de 400, dont 112 à la pression) et une sélection qui change toutes les deux semaines : le Sunset est le paradis des amateurs de houblon. Bière à partir de 3,50 $ la pinte. Di-Ma 23h30-1h soirée *Midnight Madness* : buffet de hors-d'œuvre à volonté pour toute commande de 2 verres au minimum. Ouvert tlj 11h30-1h.

CONCERTS

❤ **Harper's Ferry**, 158 Brighton Ave. (© 254-9743), à Allston. Métro : ligne verte B, station Harvard Ave. Descendez Brighton Ave. sur le trottoir de gauche. Incontournable pour les fans de blues, Harper's Ferry est le club préféré de Bo Didley. Concerts de rhythm'n'blues tous les soirs dans une atmosphère détendue, au milieu de nombreuses tables de billard et d'une clientèle locale. Bière 3-4 $, musique *live* tous les soirs à 21h30. Entrée 2-10 $. Ouvert tlj 13h-2h.

Wally's Café, 427 Mass. Ave. (© 424-1408), près de Colombus Ave., dans le South End. Prenez le bus n° 1 ou le métro : ligne orange, station Mass. Ave. Fondé en 1947, Wally's est le plus ancien club de jazz de Boston, et il s'améliore toujours avec le temps. La bière (2,75 $, 3,75 $ pendant les concerts) coule à flots. Concerts de blues Lu. 21h-2h, de jazz Ma-Me et Ve-Sa 21h-2h et de *latin jazz* Je. 21h-2h. Interdit aux moins de 21 ans. Ouvert Lu-Sa 9h-2h et Di. 12h-2h.

BARS GAY ET LESBIENS

Pour tout savoir de la vie nocturne gay et lesbienne, procurez-vous un exemplaire de *Bay Windows*, disponible dans de nombreux magasins du South End. Tous les bars et restaurants du **South End** accueillent à bras ouverts la communauté gay, certains recherchant même uniquement cette clientèle (désolé mesdames, il s'agit en général d'établissements réservés aux garçons). **The Eagle**, 520 Tremont St. (© 542-4494), attire une clientèle masculine mûre. **The Fritz**, 26 Chandler St. (© 482-4428), est un bar sportif gay très fréquenté. Une clientèle variée de jeunes cadres dynamiques gay occupent les bars vidéo du **Moonshine** et du **Satellite Lounge** au Club Cafe, 209 Columbus Ave. (© 536-0966). **Jacque's**, 71 Broadway (© 426-8902), est le plus ancien bar gay de Boston, dont les spectacles de drag-queens et la musique *live* attirent de nombreux transsexuels. Dans le Fenway, le bar favori de la clientèle jean/cuir, le **Ramrod**, a récemment ouvert une autre salle consacrée aux plaisirs terrestres hors-cuir : **The Machine** (© 266-2986). Si vous voulez guincher, allez à l'**Avalon Sundays** (voir p. 328) pour une soirée pleine de folie et de séduction. Le **Chaps**, bar feutré l'après-midi, se transforme les vendredi et samedi soir en **Vapor**, 100 Warrenton St. (© 695-9500), lorsqu'une foule de gays et de lesbiennes vient *groover* sous les spots et sur de la house et de la *dance*. Cependant, ♥ **Axis Mondays** (voir p. 328) reste sans doute le plus apprécié. Les hétéros comme les homos se pressent sur la piste de danse au son des derniers tubes choisis par l'un des meilleurs DJ de la région. A 0h30, distraction assurée avec le spectacle lubrique des drag-queens : langage cru, costumes somptueux et tout ce qu'il faut pour une vraie "attitude" sont au rendez-vous !

CAMBRIDGE 🖅 617

Dès l'époque coloniale, Cambridge devint un centre intellectuel. L'université de Harvard, la première du pays, remonte à 1636. Elle abrite également plusieurs troisièmes cycles parmi les plus anciens des Etats-Unis. Le MIT (Massachusetts Institute of Technology) est né à Boston en 1861, avant d'émigrer à Cambridge en 1916, devenant la deuxième institution universitaire d'importance de la ville. Aujourd'hui, la personnalité de Cambridge tient au contraste (pas toujours amical) que forment les étudiants avec le reste de la population : l'atmosphère et les saveurs des quartiers en témoignent. Le très *high-tech* MIT, avec ses laboratoires de biotechnologie et ses centres de recherche informatique, irradie jusqu'à Kendall Sq., embourgeoisant progressivement Central Sq. De l'autre côté de la ville, Harvard Sq. offre des bâtiments géorgiens, de remarquables librairies, des cafés et des musiciens de rue.

🛈 INFORMATIONS PRATIQUES

Cambridge est seulement à dix minutes en métro du centre de Boston. L'artère principale de la ville, **Massachusetts Ave.** ("Mass. Ave."), est parallèle à la ligne rouge du métro, dont les stations sont situées sur les places qui longent l'avenue. La station **Kendall Sq./MIT** dessert ainsi le MIT, situé de l'autre côté du Longfellow Bridge. Le métro passe ensuite par **Central Sq.**, **Harvard Sq.** et **Porter Sq.** Procurez-vous l'excellent *Old Cambridge Walking Guide*, qui vous permettra, pour 2 $, de visiter la ville par vos propres moyens. **Bureau de poste** : 125 Mt. Auburn St., mais sa localisation est variable, en raison de travaux de construction. Suivez les panneaux dans Mt. Auburn St., à l'ouest de Harvard Sq. (© 876-9280. Ouvert Lu-Ve 7h30-18h et Sa. 7h30-15h. Distributeur de timbres Lu-Ve 7h-18h30 et Sa. 7h-15h30.) **Code postal** : 02138.
Si votre budget **logement** est limité, mieux vaut faire l'aller-retour dans la journée et dormir à Boston (voir p. 316).

🍴 RESTAURANTS

La cuisine de Cambridge semble un microcosme du monde, du Portugal à l'Espagne, de l'Afghanistan à l'Algérie. Au ♥ **Charlie's Kitchen Bar and Grill**, 10 Eliot St., le menu change en fonction des tendances. Occasionnellement fréquenté par des branchés sarcastiques en quête de kitsch, ce restaurant propose un double *cheeseburger* à 5 $ qui pourrait bien devenir le composant habituel de votre alimentation. Demandez les frites à la bière. (© 492-9646. Ouvert Di-Me 12h-0h30 et Je-Sa 12h-1h30.) Pour un déjeuner sur le pouce, le **Campo dei Fiori**, 1350 Mass. Ave., dans Holyoke Center Arcade, a tout ce qu'il faut : goûtez leur délicieux *pane romano*. Le service au comptoir, généralement rapide malgré la foule, en fait une alternative originale aux éternels fastfoods. (✆ 354-3805. *Pane romano* 3-4,50 $, sandwichs 4-6 $. Ouvert Lu-Ve 8h-20h et Sa. 11h-18h.) Si vous êtes rassasié de cuisine européenne, rendez-vous chez **Pho Pasteur**, 35 Dunster St., dans le Garage. Vous y trouverez une cuisine vietnamienne traditionnelle comprenant de nombreuses *pho* (soupes) et des plats à base de poulet et de nouilles. (✆ 864-4100. Ouvert Di-Me 11h-22h et Je-Sa 11h-23h.) Vous pouvez également essayer le **Spice**, 24 Holyoke St., pour goûter de délicieux *pad thaï* (8 $) et autres plats thaï. (✆ 868-9560. Ouvert Lu-Je 11h30-15h et 17h-22h, Ve. 11h30-15h et 17h-23h, Sa-Di 12h-22h30.) Autorisez-vous une petite douceur après dîner chez ♥ **Herrell's Ice Cream**, 15 Dunster St. Les inconditionnels de glaces auront le choix entre 2500 assortiments différents, notamment les *frozen yogurts* ou les options *no-moo* ("sans meuh") pour les végétaliens. Tous les parfums, les caramels et la chantilly sont préparés sur place. Pour déguster votre trésor, installez-vous dans l'arrière-salle voûtée et décorée de peintures murales aquatiques. (Ouvert tlj 12h-24h.) Pour les petits creux de fin de soirée, le ♥ **Pinocchio's**, 74 Winthrop St., connu des étudiants de Harvard sous le sobriquet affectueux de "Noch's", vous servira de brûlantes pizzas à la sicilienne. Garnitures de toutes sortes : tomates et basilic, épinards et *pepperoni*. (✆ 876-4897. Ouvert Lu-Sa 11h-1h et Di. 14h-24h. Part environ 2 $.)

◉ VISITES

Le **Massachusetts Institute of Technology (MIT)** est un centre de recherche de pointe dans le domaine scientifique. Les visites guidées du campus permettent d'apprécier particulièrement la chapelle, œuvre d'Eero Saarinen, et l'impressionnante collection de sculptures qui ornent les parcs. Prendre contact avec la **MIT Information**. (77 Mass. Ave. ✆ 253-1875. Métro : ligne rouge, station Kendall/MIT. Ouvert Lu-Ve 9h-17h. Visites Lu-Ve à 10h et 14h, départ dans le hall d'entrée.) Le **MIT Museum** renferme une collection de règles à calcul et présente de magnifiques expositions de photos, notamment les célèbres œuvres de Harold Edgerton. (265 Mass Ave. ✆ 253-4444. Ouvert Ma-Ve 10h-17h et Sa-Di 12h-17h. Entrée 3 $, personnes âgées et étudiants 1 $, gratuit pour les moins de 5 ans.)

Reconnaissable à ses bâtiments de brique rouge recouverts de lierre, l'**université de Harvard**, située plus bas dans Mass. Ave. quand on vient de Boston, si elle accueille de nombreux prix Nobel et des étudiants du monde entier, sait également faire la fête. Au **Harvard Events and Information Center**, au Holyoke Center, dans Harvard Sq., vous trouverez des guides gratuits sur l'université et ses musées et vous pourrez participer à une visite guidée du campus (durée 1h). Une carte plus détaillée de Harvard est disponible pour 1 $. (1350 Mass. Ave. ✆ 495-1573. En été, visites Lu-Sa à 10h, 11h15, 14h et 15h15, Di. à 13h30 et 15h. Sep-Mai : Lu-Ve à 10h et 14h, Sa. à 14h.) L'université s'étend autour de **Harvard Yard**, une oasis de verdure au cœur de Cambridge. La **Harris Elkins Widener Memorial Library** est la plus grande bibliothèque universitaire du monde. Elle contient 4,5 millions de livres et les 13,5 millions de livres que possède l'université. Les visiteurs ne sont pas admis à l'intérieur. Juste à l'extérieur de la porte nord du Yard se trouve l'extravagant **Memorial Hall**, à la décoration chargée, qui ressemble à une grande cathédrale. Il a été érigé en hommage aux soldats ayant étudié à Harvard et qui sont morts durant la guerre de Sécession.

Le plus connu des musées de Harvard, le **Fogg Art Museum**, rassemble d'innombrables œuvres d'art, qui vont des jades de la Chine ancienne à des photographies contemporaines en passant par la plus vaste collection de tableaux d'Ingres hors de France. De l'autre côté de la rue se dresse l'**Arthur M. Sackler Museum**, d'aspect moderne. Il abrite des collections d'art ancien asiatique et islamique. Le troisième musée de Harvard consacré aux arts est le **Busch-Reisinger Museum**, au premier étage du Fogg Art Museum, où vous pouvez admirer des collections d'art décoratif, de peinture et de sculpture d'Europe du Nord et centrale. Le musée est particulièrement riche en toiles d'expressionnistes allemands. (Fogg Art Museum et Arthur M. Sackler Museum 32 Quincy St., Busch-Reisinger Museum 485 Broadway. ✆ 495-9400

pour les trois musées. Tous sont ouverts Lu-Sa 10h-17h et Di. 13h-17h. Entrée 5 $,
étudiants 3 $, personnes âgées 4 $, gratuit Me., Sa. matin et pour les moins de 18 ans.
Accès handicapés par Prescott St.) Un peu plus bas que le Fogg Art Museum, le
Carpenter Center, construit en forme de piano par Le Corbusier, expose aussi bien des
travaux de professionnels que d'étudiants, notamment de remarquables photos. Il
accueille l'imposante collection de films de **Harvard Film Archive**. Programmes disponibles à l'entrée. (24 Quincy St. ✆ 495-3251. Ouvert Lu-Sa 9h-23h et Di. 12h-23h,
pendant l'année scolaire tlj 9h-23h. Séances généralement 6 $, étudiants et personnes
âgées 5 $, gratuit pour les moins de 8 ans.) Le **Botanical Museum** est l'un des
nombreux **musées d'histoire naturelle** que compte Harvard. Il attire une foule importante venue admirer la collection de "fleurs de verre" (fidèles copies de plus de
840 espèces végétales). (24 Oxford St. ✆ 495-3045. Ouvert Lu-Sa 9h-17h et Di. 13h-
17h. Entrée 5 $, étudiants et personnes âgées 4 $, 3-13 ans 3 $. Le billet donne accès
à tous les musées d'histoire naturelle de Harvard.)

La **maison Longfellow** a été classée monument historique. Cette maison restaurée
servit de quartier général à l'armée américaine au début de la guerre d'Indépendance.
Elle fut plus tard la résidence du poète Henry Wadsworth Longfellow, qui lui a donné
son nom. (105 Brattle St. ✆ 876-4491.) Le ♥ **Mt. Auburn Cemetery** se trouve à 1,5 km
sur la route qui part de l'extrémité de Brattle St. C'est le premier cimetière des Etats-
Unis qui est en même temps un jardin botanique. Il s'étend sur 69 ha, où reposent
entre autres Louis Agassiz, Charles Bulfinch, Dorothea Dix, Mary Baker Eddy et
H.W. Longfellow. Les riverains prétendent que c'est l'endroit idéal pour observer
les oiseaux. La tour centrale offre une vue spectaculaire sur Boston et sur
Cambridge. (580 Mt. Auburn St. ✆ 547-7105. Ouvert tlj 8h-19h, la tour ferme 1h avant.
Serre accessible Lu-Sa 8h-16h. Entrée libre. Accès handicapés.)

🎭 🎬 SPECTACLES ET SORTIES

Quand il fait beau, des artistes de rue, allant des chanteurs traditionnels des Andes
aux magiciens, investissent le moindre recoin de Harvard Sq. et de **Brattle St.**, toute
proche. L'**American Repertory Theater** (ART), 64 Brattle St., installé dans le Loeb
Drama Center, donne des représentations de fin novembre à début juin. (✆ 547-
8300. Location Lu. 11h-17h, Ma-Di 10h-17h et jusqu'au début du spectacle les jours
de représentations. Billets 25-55 $, billets *rush* pour étudiants en vente une demi-
heure avant le spectacle à 12 $, payables en espèces seulement, réduction de 5 $
pour les personnes âgées.)

Harvard Sq. est très animée les soirs de week-ends en été, mais le restant de
l'année, les étudiants, diplômés ou non, se réfugient dans les bars pour se réchauffer
en buvant quelques verres. Paradis de ceux qui souhaitent faire la tournée des bars,
Central Sq. reste un quartier peu connu des touristes. C'est ici que vous assisterez aux
meilleurs concerts de la ville.

On vient au ♥ **Cantab Lounge**, 738 Mass. Ave., pour écouter les "gloires" locales :
Little Joe Cook et les Thrillers occupent la scène du jeudi au samedi à grand renfort
de blues et de rock des années 1950. (✆ 354-2685. Ma. concerts de *bluegrass*, Di. et
Me. concerts de folk ou de blues, Ve. soirée *slam* (lecture de poésie). Entrée Me-Di
3-8 $. Ouvert Di-Me 8h-1h et Je-Sa 8h-2h.) **The Cellar**, 991 Mass. Ave., à Central Sq., est
peuplé de piliers de bar qui se prennent pour Hemingway et d'étudiants qui s'enca-
naillent loin de Harvard Sq. Whisky-citron et gin tonic servis dans des pintes (Di-Je
3 $, Ve-Sa 4 $). (✆ 876-2580. Ouvert tlj jusqu'à 1h. Bière Pilsner 3 $.)

Le **Middle East**, 472 Mass. Ave., dans Central Sq., est le paradis des amateurs de
nouvelles tendances musicales. Ses concerts, parmi les meilleurs de la région de
Boston, attirent une clientèle jeune. (✆ 864-3278 ou 492-5162. Entrée pour les deux
étages environ 5-8 $. La plupart des spectacles sont réservés aux plus de 18 ans.
Ouvert Di-Me 9h-1h et Je-Sa 9h-2h. Billets en prévente par Middle East Box Office et
Ticketmaster. Bière en bouteille 3,50 $.) Pour encore plus de concerts, allez au **Club
Passim**, 47 Palmer St. Le club présente des artistes folk nouveaux ou plus connus
jouant dans une petite salle de 125 places. Cet établissement souterrain au sol recou-

vert de briques vous fera revivre l'époque où Joan Baez se produisait sur cette scène et où Bob Dylan passait aux entractes. (© 492-5300. Ma. soirée karaoké. Concerts tous les soirs à 20h. Entrée 5-12 $. Ouvert tlj 11h-23h. Ne sert pas d'alcool.)

SALEM ☎ 978

Connue pour avoir été le siège, à la fin du XVIIe siècle, d'une chasse à la sorcellerie aussi hystérique que cruelle, Salem ne fait pas grand-chose pour se libérer de ce stéréotype. Le **Witch Museum** présente avec force techniques modernes une version mélodramatique, mais instructive et détaillée, du procès des sorcières. Le musée propose également une exposition intéressante sur le rôle de bouc émissaire à travers les âges. (19 1/2 Washington Sq. N., © 745-1692. Ouvert tlj 10h-19h ; Sep-Juin 10h-17h. Entrée 6 $, personnes âgées 5,50 $, 6-14 ans 4 $.) Au **Witch Trials Memorial**, à hauteur de Charter St., de simples pierres gravées commémorent les victimes des procès.

Le ❤ **Peabody Essex Museum**, à l'angle d'Essex St. et de Liberty St., évoque le rôle majeur joué naguère par ce port dans la pêche à la baleine et le commerce océanique. Le billet comprend également l'accès à quatre demeures historiques de Salem. (© 800-745-4054, informations enregistrées © 745-9500. Ouvert Lu-Sa 10h-17h et Di. 12h-17h. Nov-Mai : fermé Lu. Entrée 10 $, étudiants et personnes âgées 8 $, gratuit pour les moins de 17 ans.) Construite en 1668, la Turner-Ingersoll Mansion, plus connue sous le nom de **The House of the Seven Gables** (la maison aux sept pignons), est devenue "la deuxième maison la plus célèbre des Etats-Unis" peu après la publication du roman gothique éponyme de Hawthorne. (54 Turner St. © 744-0991. Ouvert Lu-Sa 10h-17h et Di. 12h-17h. Entrée 8 $, 6-17 ans 5 $. Visites guidées uniquement.)

Le **Salem Visitors Center**, 2 New Liberty St. (© 740-1650), distribue gratuitement des plans de Salem et dispose de toilettes publiques, d'une présentation historique et d'une boutique de souvenirs. (Ouvert en été, tlj 9h-18h, en hiver 9h-17h.) Salem est située à 35 km au nord de Boston. On s'y rend par le train de banlieue Rockport/Ipswich au départ de North Station (© 617-722-3200, 3,50 $), par les bus n° 450 ou n° 455 depuis Haymarket (2,25 $), ou en voiture par la I-95 ou la US 1 N. jusqu'aux Routes 128 et 114.

LEXINGTON ☎ 781

"Ne bougez pas. Ne tirez pas les premiers. Mais s'ils veulent la guerre, c'est ici qu'elle commencera", aurait déclaré le capitaine John Parker à ses miliciens le 19 avril 1775. On ne saura jamais qui a tiré le premier, mais il est en revanche certain que l'Indépendance américaine a effectivement commencé dans le centre de Lexington (Mass. Ave.). La bataille a eu lieu de l'autre côté de la rue, sur Battle Green, d'où la Minuteman Statue (statue du milicien) veille toujours sur Lexington. L'ordre fatidique fut donné dans la **Buckman Tavern**, 1 Bedford St., quartier général des miliciens à l'aube du combat décisif. A proximité, la **maison Hancock-Clarke**, 36 Hancock St., et la **Munroe Tavern**, 1332 Mass. Ave., ont également joué un rôle important dans le déclenchement de l'insurrection. (Buckman : © 862-5598. Hancock-Clarke : © 861-0928. Munroe : © 674-9238. Maison Hancock et tavernes ouvertes Avr-Oct, Lu-Sa 10h-17h et Di. 13h-17h. Tarif 4 $ le site, 6-16 ans 2 $. Billet combiné : 10 $.) Les trois sites bénéficient de visites guidées de 30 mn toute la journée sans interruption. Jetez aussi un œil à l'exposition consacrée à la guerre d'Indépendance au **Museum of Our National Heritage**, 33 Marrett Rd./Route 2A, qui met l'accent sur l'histoire et la vie quotidienne du peuple américain. (© 861-6559, ouvert Lu-Sa 10h-17h et Di. 12h-17h. Entrée libre. Accès handicapés.) La **Wilson Farm**, 10 Pleasant St., domaine agricole de 13 ha, satisfera même les plus difficiles avec ses fruits et ses légumes frais, sans oublier ses 30 variétés de pains et de pâtisseries maison. (© 862-3900. Ouvert Lu. et Me-Ve 9h-20h, Sa. 9h-19h, Di. 9h-18h30. Téléphonez pour connaître l'horaire d'hiver.)

La route qui relie Boston à Lexington est facile. Remontez tout droit Mass. Ave., au départ de Boston ou de Cambridge, ou suivez en vélo le **Minuteman Commuter Bike Trail**, piste cyclable qui rejoint directement le centre de Lexington (accès dans

Mass. Ave. à Lexington, par Arlington St. ou Alewife, à Cambridge). Le bus MBTA n° 62 assure, plusieurs fois par jour, la liaison de Cambridge (Alewife Station) à Lexington (tarif 75 ¢). Une remarquable maquette avec panneau explicatif de la bataille de Lexington orne le **Visitors Center**, 1875 Mass. Ave., derrière la Buckman Tavern. (© 862-2480. Ouvert Avr-Oct, tlj 9h-17h ; hors saison 10h-16h.)

CONCORD   ☎ 978

Siège de la deuxième bataille de la guerre d'Indépendance, Concord est aussi célèbre pour son passé militaire que pour avoir été, au XIXᵉ siècle, un des principaux centres intellectuels des Etats-Unis. Le **Concord Museum**, 200 Lexington Rd., à l'angle du Cambridge Turnpike, en face de la maison du XIXᵉ siècle de Ralph Waldo Emerson, a été récemment rénové. Il abrite une reconstitution du bureau du philosophe R.W. Emerson, ainsi que la lanterne dont se servit Paul Revere pour avertir les rebelles de l'arrivée des troupes anglaises. Des salles chronologiques, avec une collection très complète d'arts décoratifs, vous conduisent à travers les trois siècles d'histoire de Concord. (© 369-9763. Ouvert Lu-Sa 9h-17h et Di. 12h-17h. Janv-Mars : Lu-Sa 11h-16h et Di. 13h-16h. Entrée 7 $, personnes âgées et étudiants 6 $, moins de 18 ans 3 $, familles 16 $.) En bas de la rue du Concord Museum se trouve l'**Orchard House**, 399 Lexington Rd., foyer de la célèbre et multitalentueuse famille Alcott, où Louisa May Alcott écrivit *Les Quatre Filles du Dr. March*. (© 369-4118. Ouvert Lu-Sa 10h-16h30 et Di. 13h-16h30. Nov-Mars : Lu-Ve 11h-15h, Sa. 10h-16h30 et Di. 13h-16h30. Entrée 7 $, personnes âgées et étudiants 6 $, 6-17 ans 4 $, familles 16 $. Visite guidée uniquement.) Un peu plus bas, vous découvrirez **Wayside**, 455 Lexington Rd., l'ancienne maison des Alcott et des Hawthorne. (© 369-6975. Ouvert Mai-Oct, Lu-Je 10h-17h. Prix 4 $, gratuit pour les moins de 17 ans. Visite guidée seulement.) Aujourd'hui, Emerson, Hawthorne, Alcott et Thoreau reposent tous sur "Author's Ridge" ("la crête des écrivains"), au cimetière **Sleepy Hollow**, sur la Route 62, à trois blocks du centre-ville.

Au-delà de l'**Old North Bridge**, vous verrez l'endroit d'où a été tiré "le coup de feu qui résonna dans le monde entier", selon le vers d'Emerson (*Concord Hymn*, 1837). Du parking, vous pouvez rejoindre à pied (5 mn) le **North Bridge Visitors Center**, 174 Liberty St., où vous pourrez en apprendre plus sur l'histoire de la ville, particulièrement sur son implication dans la guerre d'Indépendance. (© 369-6993. Ouvert Avr-Oct, tlj 9h-17h ; en hiver 9h-16h.) Le **Minuteman National Historical Park**, parcouru par le **Battle Road Trail**, long de 9 km, possède un impressionnant **Visitors Center** qui met en scène des reconstitutions et qui offre une présentation multimédia du "Chemin vers la Révolution". (Sur la Route 2A, entre Concord et Lexington. © 781-862-7753. Ouvert Avr-Nov, tlj 9h-17h ; en hiver 9h-16h.) Une nuit passée à Concord risque de vous ruiner. Vous avez la possibilité de parcourir 20 km pour dormir à l'auberge de jeunesse familiale et isolée **Friendly Crossways Hostel and Conference Center**, 247 Littleton County Rd., à Littleton. Installée dans la campagne du Massachusetts, au milieu de 16 ha de jardins, de forêts et de champs de maïs, cette magnifique et immense demeure permet d'échapper à l'animation (et à l'aspect commercial) de la Nouvelle-Angleterre. Les repas pris sous forme de buffet (petit déjeuner 5 $, déjeuner 10 $, dîner 15 $) sont servis dans la salle à manger. Les résidents peuvent également utiliser la cuisine. (© 456-9386 ou 456-3649. Draps 5 $. Se présenter entre 8h et 10h ou entre 17h et 23h. Après 22h, sonnez à la résidence privée du propriétaire. Libérer la chambre avant 10h. 50 lits, 12-17 $, 3 $ supplémentaires pour les non-adhérents.) Littleton et Concord, au nord de Boston, sont tous deux accessibles par des trains de banlieue au départ de **North Station**. (© 722-3200. Billet 2,50 $, personnes âgées et 5-11 ans 1,25 $.)

ENVIRONS DE CONCORD : WALDEN POND

En 1845, Thoreau se retira à 3 km au sud de Concord "pour vivre dans la réflexion et n'être plus confronté qu'à l'essentiel de la vie" (mais le poids de la dure réalité de sa vie était de temps à autre allégé par les petits plats de sa maman, qui vivait non loin de sa cabane). Il y écrivit son célèbre *Walden*. La **Walden Pond State Reservation**, sur la Route 126, au bord d'un lac, est désormais un site protégé, devenu une sorte de base de loisirs : pique-nique, baignades et promenades sur l'étang sont autorisés. Malgré la foule qui l'envahit l'été, l'endroit demeure agréable. Le camping, les animaux domestiques et les "innovations en matière d'équipement aquatique" ne sont pas acceptés. (© 369-3254. Ouvert tlj 7h-20h. Parking 2 \$.) S'il y a trop de monde, prenez la Route 62 vers l'est, à partir du centre de Concord, en direction de l'un des autres repaires de Thoreau, le **Great Meadows National Wildlife Refuge**, dans Monsen Rd. (© 443-4661. Ouvert tlj du lever au coucher du soleil. Entrée libre.)

PLYMOUTH ☎ 508

Quoi qu'en disent les manuels scolaires américains, ce n'est pas à Plymouth que les Pilgrim Fathers ont posé pour la première fois le pied sur le sol du Nouveau Monde. Ils avaient d'abord accosté à Provincetown, qu'ils quittèrent rapidement car la terre y était trop pauvre. **Plymouth Rock** lui-même n'est qu'un rocher dont les dimensions minuscules déçoivent. En outre, il n'est pas certain que les colons aient vraiment débarqué à cet endroit-là. En tout cas, Plymouth Rock est devenu, pendant la guerre d'Indépendance, le symbole de la liberté. Le rocher a changé trois fois de place et il a été fortement dégradé par les touristes, avant d'être installé sous l'extravagant portique de Water St., dans North St. Pour mettre fin à ces actes de vandalisme, il est désormais placé sous surveillance.

A 5 km au sud de la ville par la Route 3A, le parc d'attractions de la ❤ **Plimoth Plantation** reproduit le cadre de vie des premiers colons. Au **Pilgrim Village**, des acteurs en costumes jouent des villageois vaquant à leurs travaux quotidiens tels que William Bradford les a décrits en 1627, tandis que le **Wampanoag Summer Encampment** est une reconstitution d'un village d'Amérindiens de la même époque. La plantation envoie un historien en Angleterre chaque été afin d'obtenir de nouvelles informations sur chacun des Pères pèlerins. (© 746-1622. Ouvert Avr-Nov, tlj 9h-17h. Entrée 20 \$, 6-12 ans 12 \$.) Le **Mayflower II** a été construit dans les années 1950 pour recréer l'atmosphère du premier. Il est amarré le long de Water St. (Ouvert Avr-Nov, tlj 9h-17h. Entrée pour le seul *Mayflower* 8 \$, 6-12 ans 6 \$. Entrée combinée 22 \$, étudiants et personnes âgées 20 \$, 6-12 ans 14 \$.) Le plus ancien musée du pays toujours debout, **Pilgrim Hall Museum**, 75 Court St., abrite des objets d'artisanat, des meubles, des livres, des tableaux et des armes de l'époque des premiers colons. (© 746-1620. Ouvert Fév-Déc, tlj 9h30-16h30. Entrée 5 \$, personnes âgées 4,50 \$, 5-17 ans 3 \$, familles 14 \$.) Vous éviterez les hordes touristiques et vous mêlerez à la population locale au **Wood's Seafood Restaurant**, Town Pier. Sandwich au poisson avec frites 4 \$, mais les prix varient selon la marée. (© 746-0261. Ouvert Juin-Août, tlj 11h-21h ; Sep-Mai 11h-20h30.) Retrouvez le présent à la **Sean O'Toole's Public House**, 22 Main St., où les concerts se déroulent dans une ambiance de pub irlandais. (© 746-3388. Ouvert tlj 16h30-0h30.) Le **Plymouth Visitors Information Center**, 130 Water St., pourra vous fournir des renseignements. (© 747-7525 ou 800-872-1620. Ouvert Avr-Mai, tlj 9h-17h ; Juin 9h-18h ; Juil-Août 9h-21h ; Sep-Nov 9h-17h.)

CAPE COD ☎ 508

De Cape Cod, Henry David Thoreau a déclaré un jour : "Désormais ces rivages sont complètement ignorés des gens du monde, et sans doute ne les attireront-ils plus jamais." Ce jugement était pour le moins hasardeux. En 1602, lorsque Bartholomew Gosnold, le navigateur anglais qui devait créer la colonie de Jamestown, débarqua sur cette presqu'île du sud-est du Massachusetts, il la baptisa *Cape Cod* en l'honneur de toutes les morues (*cods*) qu'il y avait pêchées. Depuis quelques dizaines d'années, les touristes ont supplanté le poisson mais la presqu'île a conservé son nom. Cette petite bande de terre offre des paysages variés : longues plages où rien n'arrête le regard, marais salants, forêts de feuillus, profonds lacs d'eau douce creusés par les glaciers et dunes balayées par le vent. Le **Cape Cod National Seashore** est chargé de protéger ces paysages naturels de tous les appétits commerciaux. Doté d'un excellent réseau hôtelier, Cape Cod est le lieu rêvé pour une escapade en bord de mer. C'est également la voie d'accès privilégiée à **Martha's Vineyard** et à **Nantucket**, deux îles magnifiques. Les ferrys partant de Falmouth, Woods Hole et Hyannis se rendent à Martha's Vineyard. Pour Nantucket, départ de Hyannis. Voir **Martha's Vineyard** (p. 341) et **Nantucket** (p. 344) pour plus de détails.

✚ 🔢 ORIENTATION ET INFORMATIONS PRATIQUES

La toponymie du Cap peut induire en erreur et appelle quelques précisions. **Upper Cape** renvoie à la partie de Cape Cod qui est à la fois la plus proche du continent, la plus construite et la plus développée. A mesure que vous vous éloignez du continent, vous traversez "down Cape" avant d'atteindre **Lower Cape**. Le National Seashore englobe une grande partie de cette zone. Cape Cod ressemble à un bras replié dont **Woods Hole** serait l'aisselle, **Chatham** le coude et **Provincetown** le poing fermé. Ne sous-estimez pas les durées moyennes de trajet au sein du Cap. Relier le pont de Sagamore à Provincetown peut prendre entre 2 et 4h. Quitter le Cap s'avère parfois également difficile : l'endroit attire des milliers de familles le week-end, et les retours du dimanche soir peuvent être un véritable enfer (jusqu'à 6h de trajet !).

Si vous vous sentez d'humeur sportive, le vélo est le meilleur moyen de sillonner Cape Cod et ses vallonnements. Procurez-vous, au US Park Service, la carte des pistes cyclables (gratuite) ou achetez le *Cape Cod Bike Book*, plus détaillé (3 $, en vente dans toutes les bonnes librairies du Cap). Les 215 km du **Boston-Cape Cod Bikeway** relient Boston à Provincetown, à l'extrémité de la péninsule. Si vous voulez les parcourir à vélo, achetez une carte des pistes cyclables de ce secteur (en vente dans quelques librairies et dans la plupart des magasins de cycles). Les pistes qui parcourent l'une ou l'autre des rives du **Cape Cod Canal** comptent parmi les plus pittoresques du pays, tout comme les 40 km du **Cape Cod Rail Trail** qui relient Dennis à Wellfleet. Vous trouverez des coupons de réduction valables dans les restaurants, les lieux de visite et de distraction du Cap dans *The Official 2002 Guide to Cape Cod* ou dans *Cape Cod Best Read Guide*, disponibles dans la plupart des centres d'information.

HYANNIS   ☎ 508

Tatouée au milieu du bras que forme Upper Cape et rendue célèbre par les Kennedy, qui passaient leurs vacances sur la plage toute proche de Hyannisport, la petite ville de Hyannis ne présente pas le visage qu'on attend d'elle. Il s'agit davantage d'un carrefour routier et ferroviaire ou d'un site touristique que d'une véritable retraite pour milliardaires. C'est de là que partent les ferrys à destination des îles ainsi que les bus qui desservent le reste du Cap. Des visites guidées en *duckmobile* (véhicule amphibie) vous montreront la terre ferme comme la mer, et la compagnie Cape Cod Central Railways organise des visites à travers les plus beaux paysages de Hyannis et ses environs. Si vous avez un après-midi de libre, allez faire un tour au **JFK Museum**, 397 Main St. (☎ 790-3077, ouvert Lu-Sa 10h-16h et Di. 13h-16h) et au **Edna Hibel Museum of Art**, 337 Main St. (☎ 778-7877).

L'**Heritage House**, 259 Main St., est l'endroit idéal pour séjourner à Hyannis. Cet hôtel jouit d'un emplacement central et dispose d'une piscine extérieure et d'une piscine couverte. (☎ 775-7000. Chambre 45-169 $.) Hyannis compte un grand nombre de restaurants à tous les prix. **Mainstreet Seafood & Grill**, 462 Main St. (☎ 771-8585), se targue de préparer "le meilleur *chowder* de Cape Cod". La ville est bordée de quelques belles plages, notamment **Kalmus Park**, dans Ocean St., à Hyannisport, très appréciée des véliplanchistes. **Orrin Keyes**, dans Sea St., attire davantage les habitants de la région. **Veteran's Park Beach**, à côté d'Ocean St., s'adresse plus particulièrement aux familles. Les trois plages sont surveillées par des sauveteurs. Elles sont équipées de parkings (Lu-Ve 8 $, Sa-Di 10 $), de bains publics, de snack-bars et d'aires de pique-nique, et sont aménagées pour les handicapés. La compagnie **Plymouth & Brockton** (☎ 771-6191) assure cinq liaisons quotidiennes entre Boston et Provincetown, avec des correspondances d'une demi-heure à la **Hyannis Bus Station**,

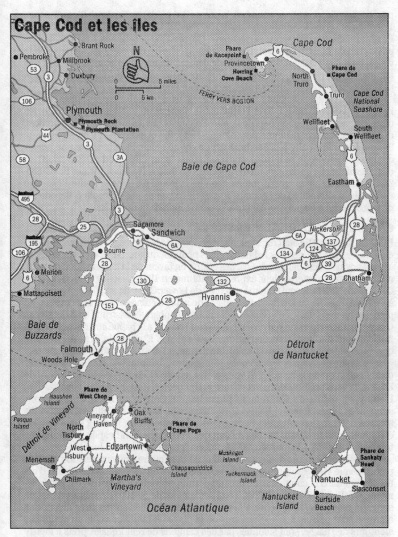

Cape Cod et les îles

17 Elm St. A part Boston (durée 1h45, 14 $) et Provincetown (durée 1h30, 10 $), les bus desservent aussi Plymouth, Barnstable, Yarmouth, Eastham, Wellfleet et Truro. Les bus **Bonanza** (© 800-556-3815) relient New York en passant par Providence, dans le Rhode Island (7 dép/j, durée 6h, 29 $).

SANDWICH   ☎ 508

Sandwich, la plus ancienne ville de Cape Cod, est aussi l'une des plus charmantes. La spécialité locale est le verre soufflé : la Boston & Sandwich Glass Company, fondée en 1825, jouit d'une grande renommée. On peut voir les souffleurs de verre donner forme à leurs œuvres à partir d'une goutte de sable en fusion au **Pairpoint Crystal**, 851 Sandwich Rd., à la frontière entre Sandwich et Sagamore. (© 888-2344. Ouvert Lu-Ve 9h-18h, Sa. 10h-18h et Di. 11h-18h. Le soufflage de verre se termine à 16h. Entrée libre.) Pour admirer l'imposante collection de pièces anciennes que possède la ville, promenez-vous (sur la pointe des pieds) au **Sandwich Glass Museum**, 129 Main St., dans le Sandwich Center. (© 888-0251. Ouvert Avr-Déc, tlj 9h30-17h. Fév-Mars : Me-Di 9h30-16h. Fermé Janv. Entrée 3,50 \$, 6-12 ans 1 \$.) Les jardins paysagers de la **Heritage Plantation of Sandwich**, Grove St., méritent à eux seuls la visite, bien que la plantation possède également un manège datant de 1912 et des automobiles anciennes. (© 888-3300. Ouvert mi-Mai-mi-Oct, tlj 10h-17h. Entrée 9 \$, personnes âgées 8 \$, 6-18 ans 4,50 \$. Accès handicapés.)

Sandwich compte de nombreux Bed & Breakfast de qualité, dont la **Captain Ezra Nye House** (© 888-6142, 90-125 \$) et l'**Isaiah Jones Homestead** (© 888-9648, 99-160 \$), les deux logements les moins chers de la ville. Fréquenté par les locaux, la **Tavern** propose des repas à des prix raisonnables (dîner 7-15 \$). Si vous disposez d'un moment de liberté, faites une halte à la **Sandwich Art Galery**, 153 Main St., qui abrite une remarquable collection de peintures impressionnistes du Cape Cod (© 833-2098), et dégustez un scone en sirotant un thé délicieux au **Dunbar Tea Shop**, 1 Water St. (© 833-2485). Sandwich se trouve à l'intersection de la Route 6A et de la Route 130, à une vingtaine de kilomètres de Hyannis. L'arrêt de la compagnie **Plymouth & Brockton** le plus proche est à Sagamore, à 5 km à l'ouest le long de la Route 130.

CAPE COD NATIONAL SEASHORE

En 1825, la presqu'île était déjà tellement endommagée par les hommes que la municipalité de Truro exigea des habitants qu'ils plantent du gourbet et qu'ils interdisent à leurs bovins d'accéder aux dunes. Les efforts en faveur de la conservation du patrimoine naturel trouvèrent leur expression ultime en 1961, avec la création du **Cape Cod National Seashore**, qui couvre l'essentiel de Lower Cape, du sud de Provincetown à Chatam. Près de 50 km de vastes plages de sable s'étendent sans interruption au pied des hautes falaises d'argile et des imposants phares construits au XIXe siècle. Grâce aux défenseurs de l'environnement, cette région a échappé aux ravages de l'affairisme qui défigure tant de régions côtières des Etats-Unis. Il suffit de faire quelques pas pour se retrouver en pleine nature, à l'écart des plages surpeuplées.

La plupart des vacanciers se posent une question épineuse : faut-il se baigner dans l'océan ou dans la baie ? Si vous aimez le vent et les vagues, allez au bord de l'océan, si vous préférez des eaux calmes et tranquilles, c'est la baie qui vous séduira. L'eau y est d'ailleurs légèrement plus chaude. Côté sécurité, six plages sont surveillées : **Coast Guard** et **Nauset Light** à Eastham, **Marconi** à Wellfleet, **Head of the Meadow** à Truro, **Race Point** et **Herring Cove** à Provincetown. Herring Cove dispose d'équipements facilitant l'accès à l'eau des personnes handicapés. (Parking sur toutes les plages 7 \$ la journée, 20 \$ la saison, gratuit mi-Sep-fin Juin.)

Pour stationner près d'une autre plage, il vous faudra une autorisation municipale. Chaque ville a sa propre politique, mais exige en général un justificatif d'hébergement dans la commune. Le prix du permis, en vente à la mairie, est généralement de 5-10 \$ la journée, de 20-25 \$ la semaine et de 50-100 \$ la saison. Avant de songer à resquiller, téléphonez à la mairie concernée : les autres aires de parking autorisé sont parfois à des kilomètres de la plage, et la police veille au grain. Les alentours des plages sont sillonnés par des camions de remorquage, prêts à mettre votre véhicule à la fourrière à la moindre infraction. Quand il fait beau, les parkings sont pleins dès 11h ou même avant. La meilleure solution est souvent de louer un vélo, d'autant que la plupart des plages sont gratuites pour les cyclistes et les piétons. Les dunes du Cap, toujours menacées par l'érosion, se trouvent à Wellfleet et à Truro. **Cahoon Hollow Beach**, avec ses dunes spectaculaires qui ressemblent à des falaises, et **Duck Harbor Beach**, qui surplombe la baie, sont particulièrement belles.

Des 11 **nature trails** (sentiers nature) de bord de mer, le **Great Island Trail**, à Wellfleet, est peut-être le plus plaisant. Il décrit une boucle de 13 km à travers des forêts de pins et des marais herbeux, longeant une crête d'où l'on voit la baie et Provincetown. L'**Atlantic White Cedar Swamp Trail** est un chemin de randonnée de 2 km qui traverse des eaux marécageuses sous le couvert d'arbres immenses, au départ de Marconi Station, au sud de Wellfleet. Le **Buttonbush Trail**, long de 480 m, démarre du Salt Pond Visitors Center (voir plus loin). Le guide en braille fourni et une corde permettent aux non-voyants de le suivre. Vous disposez également de trois **bike trails** (pistes cyclables) dans le parc : Nauset Trail (2,5 km), Head of the Meadow (3 km) et Province Land Trail (8 km). Au très facile d'accès **National Seashore's Salt Pond Visitors Center**, à Salt Pond, à la sortie de la Route 6, dans Eastham, vous pourrez assister à une projection (toutes les demi-heures) d'un film de 10 mn. Musée gratuit et très intéressant sur l'histoire naturelle et humaine de Cape Cod. (℡ 255-3421. Ouvert tlj 9h-17h ; Sep-Juin 9h-16h30.) Le **camping** est interdit à l'intérieur du parc national. Vous obtiendrez des permis de pêche et des autorisations de faire du feu au *visitors center*.

PROVINCETOWN ☏ 508

A Provincetown, Cape Cod s'achève et cède la place à l'océan. Les deux tiers de la superficie de "P-Town", comme on l'appelle, sont classés en zone protégée par le National Seashore. La portion habitée de la ville se trouve à côté du port, vers le sud. Cet ancien village baleinier a bien évolué et accueille aujourd'hui une importante communauté gay et lesbienne. Provincetown est loin d'être bon marché, mais il existe néanmoins des hébergements pour les petits budgets. Commercial St., l'artère principale de la ville, est bordée de galeries, de boutiques de gadgets et de restaurants à la mode. Elle est également le théâtre de défilés et de *drag shows* (spectacles de travestis).

ⓘ INFORMATIONS PRATIQUES

The Plymouth & Brockton Street Railway (℡ 771-6191) affrète des bus qui rejoignent un omnibus à Hyannis. Celui-ci vous emmènera à Provincetown (durée 3h15, 23 $, aller-retour 45 $). **Bay State Cruises** (℡ 487-9284 ou 617-748-1428) assure la liaison par ferry classique ou à grande vitesse avec Boston. (Durée 3h. Billet 18 $, personnes âgées 15 $, 5-14 ans 14 $. Les ferrys à grande vitesse fonctionnent fin Mai-début Oct, durée 2h, 28 $.) **Boston Harbor Cruises** fait la liaison en 1h30 grâce à ses hydroglisseurs. (℡ 617-227-4321. Billet 25 $, aller-retour 45 $, personnes âgées respectivement 21 $ et 38 $, 4-12 ans respectivement 19 $ et 34 $.) Pour vous déplacer dans Provincetown, Herring Cove Beach et North Truro, prenez le bus **The Shuttle**. (℡ 385-8326 ou 800-352-7155, message enregistré ℡ 385-4163. 1 dép/20 mn fin Juin-mi-Sep tlj de 7h15 à 0h15. Mi-Sep-mi-Oct, uniquement à Provincetown. Billets en vente dans le bus ou à l'office de tourisme, voir plus loin. Tarif 1 $, personnes âgées, handicapés et moins de 17 ans 50 ¢, gratuit pour les moins de 6 ans, forfait une journée 3 $, carnet de tickets 25 % de réduction.) Location de vélos chez **Ptown Bikes**, 42 Bradford St. (℡ 487-8735). Antivol et cartes fournis avec chaque location de vélo de plage ou de VTT. (Ouvert tlj 9h-19h. 3,50 $ l'heure, durée minimum 2h, 10-17 $ la journée, 69 $ la semaine. Casque 1 $ la journée, 5 $ la semaine.) Le personnel de l'office de tourisme **Provincetown Chamber of Commerce**, 307 Commercial St. (℡ 487-3424), est particulièrement accueillant. (Ouvert Juin-Sep, tlj 9h-16h ; horaire réduit hors saison.) Vous obtiendrez des renseignements sur le National Seashore au **Province Lands Visitors Center**, Race Point Rd., près de la Route 6. (℡ 487-1256. Ouvert tlj 15 Mai-Sep. 3 séances/j 9h-17h.)

🏠 HÉBERGEMENT

La plupart des hôtels de Provincetown sont très chers. La solution la plus économique reste la merveilleuse auberge de jeunesse de Truro, à 16 km, ou celle plus lointaine d'Eastham. Cependant, il est possible que vous ne souhaitiez pas conduire la nuit, surtout après une soirée animée à Provincetown. Il existe heureusement quelques possibilités de logement à des prix relativement abordables. En outre, ceux-ci dégringolent hors saison. A quelques minutes de marche du centre-ville, dans un quartier assez calme, se trouve **The Outermost Hostel**, 28 Winslow St., à 100 m à peine du Pilgrim Monument. 30 lits plus très jeunes entassés dans cinq chalets à

15 $ la nuit, usage de la cuisine et parking compris. (© 487-4378. Draps 3 $. Caution pour la clé 10 $. Réception tlj 8h-9h30 et 17h30-21h30. Libérer la chambre avant 9h30. Pas de couvre-feu. Réservation conseillée pour les week-ends et Juil-Août.) Le **Cape Codder**, 570 Commercial St., vous accueille dans un décor typique de Cape Cod (mobilier en rotin tressé) et dispose d'une plage privée. La chambre n° 16 a vue sur la plage. Les salles de bains communes sont propres et les baignoires vieillottes rendent l'endroit encore plus pittoresque. (© 487-0131. Chambre simple ou double 45-70 $, 30-60 $ hors saison, 5 $ par personne supplémentaire. Petit déjeuner continental et parking compris en saison.) La **Dunham House Bunk and Brew**, 3 Dyer St., dispose de cinq chambres (qui portent des noms tirés de cases du Monopoly américain) situées dans la maison de l'arrière-grand-père de Jack, l'actuel propriétaire. Le "Brew" de l'enseigne se réfère au café et à la bière, mais, amis de moins de 21 ans, attention : Jack ne vous servira que le premier. (© 487-3330. Chambre avec salle de bains commune 39-74 $.) A l'époque où le grand peintre réaliste Edward Hopper voulut peindre une maison d'hôte, il porta son intérêt sur ce qui est aujourd'hui la **Sunset Inn**, 142 Bradford St., et il s'en inspira pour son tableau *Rooms for Tourists* (chambres pour touristes). La demeure n'a que très peu changé depuis. La lumière à l'intérieur de la maison, qu'il sut si bien rendre, est toujours un réconfort pour les voyageurs éreintés. (© 487-9810 ou 800-965-1801. Parking gratuit. Chambre 69-79 $, avec salle de bains 112-149 $. Petit déjeuner continental compris.) Le **Dune's Edge Campground**, 386 Route 6, à East End, dispose de 100 emplacements ombragés situés dans un environnement idyllique. (© 487-9815. Emplacement 28 $, avec raccordement partiel 34 $. Réception Juil-Août 8h-22h ; Mai, Juin et Sep. 9h-20h.)

▶ RESTAURANTS

Les restaurants classiques coûtent assez cher à Provincetown. La partie ouest de Commercial St., située près de MacMillian Wharf et du centre commercial Aquarium, offre un grand choix de fast-foods qui voisinent avec des bancs et des tables de pique-nique. Pour un pique-nique de gourmet, dirigez-vous vers **Angel Foods**, 467 Commercial St., à East End. (© 487-6666. Ouvert 8h-22h, horaire réduit hors saison.) Le **Mayflower Family Dining**, 300 Commercial St., propose des plats bon marché depuis 1921. Il n'y a pas de quoi s'extasier sur la qualité ni sur la quantité de la cuisine, mais dans un environnement réputé pour ses prix élevés, il reste un bon compromis. Essayez le *fish and chips* (8,50 $), le gâteau de crabe (10 $) ou encore le homard (le moins cher de la ville, environ 12 $ les 630 g). (© 487-0121. Ouvert Avr-Nov, tlj 11h30-22h. Paiement en espèces uniquement.) Le **Spiritus**, 190 Commercial St., sert d'excellentes pizzas à la farine complète. C'est également une galerie d'art ainsi qu'un point de vente de café et de crèmes glacées très animé. (© 487-2808. Ouvert Avr-Oct, tlj 12h-2h. Part de fromage 2 $.) Le **Cafe Crudite**, 338 Commercial St., est un restaurant à l'ambiance décontractée où l'on déguste de savoureuses spécialités végétariennes, végétaliennes ou macrobiotiques comme une délicieuse salade grecque (7,25 $), des sandwichs aux crudités sans œufs (6 $), beaucoup de plats à base de tofu et des plats du jour au déjeuner et au dîner. (© 487-6237. Déjeuner Ve-Lu 11h30-16h, dîner à partir de 17h30.) Le **Cafe Edwige**, 333 Commercial St., sert des toasts grillés d'un seul côté (*French toasts*) à se damner, accompagnés de fruits frais. (© 487-4020. Petit déjeuner tlj 8h-13h, dîner 18h-22h. Ouvert Mai-Oct.)

◉ ♫ VISITES ET ATTRACTIONS

Le front de mer de Provincetown vous permet de profiter de balades spectaculaires. Juste en face de Snail Rd., en traversant la Route 6, un sentier inattendu vous conduit à d'immenses **dunes de sable** ondulantes. Parmi elles, vous trouverez les cabanons dans lesquels les écrivains Tennessee Williams, Norman Mailer et John Dos Passos ont écrit tant de pages. Depuis Race Point Rd., vous pouvez rejoindre les **plages du National Seashore**, ainsi que plusieurs **sentiers de randonnée** et **pistes cyclables**.

Le **Visitors Center** propose des visites guidées quotidiennes et gratuites pendant l'été. A l'extrémité ouest de Commercial St., la jetée de **Breakwater Jetty**, longue de 2 km, vous emporte loin de la foule jusqu'à une péninsule cachée bordée de plages interminables, des ruines d'un fort de la guerre de Sécession et de deux phares.

Contrairement à l'idée couramment répandue, c'est à Provincetown, et non à Plymouth, qu'ont débarqué en 1620 les Pères pèlerins en exode. Ils la quittèrent au bout de deux semaines, dans l'espoir de trouver un sol plus fécond. Le **Pilgrim Monument** et le **Provincetown Museum**, sur High Pole Hill, juste au nord du centreville, commémorent cette halte de 17 jours. (© 487-1310. Ouvert Avr-Nov, tlj 9h-17h ; Juil-Août 9h-19h. Entrée 6 $, 4-12 ans 3 $.) **The Provincetown Art Association and Museum** se trouve dans le quartier de l'East End. Il fut fondé en 1914, pendant la grande époque de Provincetown, et servait de havre saisonnier pour des peintres et d'autres artistes. Le musée abrite un jardin de sculptures enchanteur. (460 Commercial St. © 487-1750. Ouvert Juil-Août, tlj 12h-17h et 20h-22h ; Avr-Sep horaire réduit. Entrée 3 $, enfants et personnes âgées 1 $.)

Les téléobjectifs ont désormais remplacé les harpons pour chasser la baleine. Les **whale-watching cruises** (promenades en mer pour observer les baleines) font partie des divertissements les plus appréciés de P-Town. Les compagnies assurent que dans 99 % des cas on aperçoit effectivement des cétacés et vous offrent le voyage si ce n'est pas le cas. La promenade de 3h coûte généralement 19 $, mais vous trouverez facilement des coupons de réduction dans les journaux locaux et à l'office de tourisme. **Cape Cod Whale Watch** (© 487-4079 ou 800-559-4193), **Dolphin Fleet** (© 349-1900 ou 800-826-9300) et **Portuguese Princess** (© 487-2651 ou 800-422-3188) partent de MacMillian Wharf.

⬛ SORTIES

La vie nocturne de Provincetown est presque entièrement dédiée aux homosexuels, sans en exclure pour autant ceux qui ne le sont pas. La plupart des boîtes de nuit et des bars, dans Commercial St., font payer 5 $ l'entrée et ferment à 1h. L'entrée est généralement réservée aux plus de 21 ans, mais certains établissements ne sont pas très regardants concernant les papiers d'identité. L'**Antro**, 258 Commercial St., derrière le Ben & Jerry's, est un cocktail de musique *live*, de spectacles et de techno après 22h30. (© 487-8800. Entrée 15 $ pour les spectacles de 20h30 et 22h, 5 $ après les spectacles. Ouvert tlj Mai-Oct.) Animé et bondé, le **Governor Bradford**, 312 Commercial St., propose un karaoké spécial drag-queen tous les soirs, ne fait pas payer l'entrée et sert de la bière à 3 $. (© 487-2781. Ouvert tlj 11h30-1h, la cuisine ferme à 23h.) Le **Vixen**, 336 Commercial St., s'adresse plutôt aux femmes avec des spectacles aux affiches prestigieuses et une piste de danse très animée (© 487-6424, ouvert tlj 17h-1h). **Steve's Alibi**, 291 Commercial St., est un bar fréquenté par les habitants du quartier, qu'ils soient gays ou hétéros. L'ambiance détendue et les petites tables serrées les unes contre les autres favorisent la conversation et les rencontres. (© 487-2890. Entrée 5-10 $, spectacle chaque soir à horaire variable. Ouvert tlj 11h-1h.) Le **Crown and Anchor**, 247 Commercial St., est pourvu de deux cabarets, d'un bar dans le hall, d'un bar "Wave Video", avec table de billard et jeux vidéo, et d'une piste de danse qui accueille parfois des *circuit parties*, ces grandes soirées organisées par la communauté gay en été. (© 487-1430. Spectacles de cabaret 15 $, tous les soirs à 19h, 20h30 et 21h. Ouvert tlj 12h-1h.)

MARTHA'S VINEYARD   🖪 508

Cela fait longtemps que les Indiens de la tribu des Wampanoags considèrent cette île comme la leur, bien avant sa "découverte" en 1602 par Bartholemew Gosnold. Ils conservent encore la partie sud-ouest (la plus rurale) de leurs terres d'origine. Dans les années 1800, l'île prospéra grâce aux pêcheurs de baleines et aux marins. Vers 1960, elle fut le paradis des hippies libérés. Aujourd'hui, ceux-ci ont pris de l'âge mais apprécient toujours la possibilité de pratiquer le nudisme sur les plages de

Vineyard. La dernière décennie a été le témoin d'une augmentation incroyable du niveau de vie et de la population… mais en été seulement. Si l'économie de l'île dépend essentiellement du tourisme estival, ses habitants restent perplexes face au développement de l'urbanisation, qui entraîne une hausse des prix immobiliers et cause des dommages à un écosystème fragile. Pourtant, la beauté naturelle inégalée de Vineyard attire toujours les jeunes mariés, les célébrités et même les présidents et les personnalités royales. Pour découvrir les plus beaux coins de l'île, prévoyez de rester plus d'une journée. Il est préférable d'utiliser une voiture, même si les transports en commun sont un peu plus développés que sur l'île voisine de Nantucket.

7 INFORMATIONS PRATIQUES. Les bus **Bonanza** (© 800-751-8800) s'arrêtent au Ferry Terminal de Woods Hole et assurent des liaisons, *via* Bourne, à destination de Boston (11-15 dép/j de 8h à 22h, durée 1h45, 21 $) et de New York (6 dép/j, début Sep-fin Juin 5 dép/j, durée 6h, 49 $). **Ferry** : La **Steamship Authority** (© 477-8600 ou 693-9130) organise 24 départs quotidiens vers Vineyard Haven (toute l'année de 7h à 21h30, durée 45 mn) et Oak Bluffs (Mai-Oct, tlj de 10h45 à 18h15, durée 45 mn). Tarif 5,50 $, 5-12 ans 2,75 $, vélo 3 $, voiture 52 $. Oct-Mai : voiture 31 $. Réservez plusieurs semaines à l'avance en été pour les voitures. **Transports en commun** : Les navettes de **Martha's Vineyard Regional Transit Authority (VTA)** fonctionnent l'été et relient la plupart des villes de l'île. Ces navettes assurent également les trajets à l'intérieur de certaines villes. Des plans et les horaires (disponibles aux terminaux des ferrys) détaillent les 11 lignes, dont la plus populaire, qui relie South Beach à Edgartown. (© 627-7448 pour des informations enregistrées ou © 693-4633 pour des informations complémentaires. Billets 75 ¢ par ville. La plupart des bus sont équipés de porte-vélos.) Les navettes d'**Island Transport** (© 693-1589) complètent la couverture avec des trajets entre ou à l'intérieur de Vineyard Haven, Oak Bluffs et Edgartown. (Fin Juin-début Sep : 1 dép/15-30 mn tlj de 6h à 0h30. Fin Mai-fin Juin et début Sep-début Oct : 1 dép/30 mn Di-Je de 8h à 18h30 et Ve-Sa de 8h à 23h30. D'Oak Bluffs à Vineyard Haven ou Edgartown 2,25 $.) **Location de vélos** : **Martha's Bike Rental** (© 693-6593), à l'angle de Beach St. et de Beach Rd., à Vineyard Haven. 12 $ la journée pour un vélo trois vitesses, 18 $ la journée pour un VTT ou un VTC. (Ouvert Juin-Août, tlj 8h-18h ; mi-Mars-Mai et Sep-Nov 9h-17h.) **Taxi** : **AdamCab**, © 693-3332 ou 281-4462. **Office de tourisme** : **Martha's Vineyard Chamber of Commerce**, Beach Rd., à Vineyard Haven. (© 693-0085. Ouvert Lu-Ve 9h-17h.) **Bureau de poste** : Beach Rd., à Vineyard Haven. (© 693-2815. Ouvert Lu-Ve 8h30-17h et Sa. 9h30-13h.) **Code postal** : 02568.

⌂ HÉBERGEMENT. L'hébergement bon marché est d'une extrême rareté sur l'île. L'office de tourisme fournit la liste des auberges et des chambres d'hôtes. La réservation est conseillée partout en juillet-août, tout particulièrement le week-end. La **Martha's Vineyard Hostel (HI-AYH)**, Edgartown-West Tisbury Rd., à West Tisbury (© 693-2665), offre les 78 lits les moins chers de l'île. L'auberge dispose d'une cuisine, d'un grill, d'une table de ping-pong et d'un terrain de volley-ball. Les draps sont fournis, mais vous devez apporter votre serviette. (Prix 19 $, non-adhérents 22 $. Accès Internet. Vélo 15 $ la journée. Casier 75 ¢. Ouvert Avr-début Nov, tlj 7h30-22h. Dortoirs et cuisine ouverts 7h30-10h et 17h-22h. Participation aux travaux ménagers demandée. Réservation indispensable.) L'**Attleboro House**, 42 Lake Ave., à Oak Bluffs, possède 11 petites chambres de charme, notamment grâce au papier peint, aux dessus-de-lit colorés, aux miroirs et aux chaises ornant les pièces. Toutes les chambres disposent d'un auvent. (© 693-4346. Se présenter avant 13h. Libérer la chambre avant 11h. Chambre double avec salle de bains commune 89-95 $, suite 115-200 $. Personne supplémentaire 15-25 $.) Une demeure de style victorien abrite la **Nashua House**, 30 Kennebec Ave., à Oak Bluffs, très bon compromis pour ceux qui recherchent plus d'intimité que n'en proposent les auberges de jeunesse. (© 693-0043. Se présenter avant 14h. Libérer la chambre avant 11h. Chambre simple ou double avec salle de bains commune 59-109 $. Personne supplémentaire 20 $.) Le **Martha's Vineyard Family Campground** (© 693-3772), à 2 km de Vineyard dans Edgartown Rd., possède 185 emplacements de camping ombragés dans une forêt de chênes. Epicerie, laverie, aire de loisirs et salle de jeux. (Réception tlj 8h-21h, au printemps et en automne 8h30-10h30 et 17h-20h. Se présenter avant 14h. Libérer la chambre avant 12h. Emplacement pour deux 34 $, 10 $ par personne supplémentaire, 2-18 ans 3 $. Bungalow de 4-6 lits 90-100 $. Les motos et les animaux sont interdits.)

▐ RESTAURANTS. Restaurants et "sandwicheries" bon marché abondent à Vineyard, plus particulièrement à Vineyard Haven et à Oak Bluffs. Partout dans l'île, des baraques vendent des palourdes, des crevettes et des frites, en général pour un minimum de 15 $. On peut acheter des produits frais auprès des exploitants agricoles : leurs stands (**farm stands**) sont indiqués sur la carte gratuite diffusée par l'office de tourisme. ♥ **The Newes From America**, 23 Kelley St., à Edgartown, sert des plats typiques de pub dans un décor de taverne de l'époque coloniale avec placards en bois et lanternes. (✆ 627-4397. Ouvert tlj 11h30-24h. Cuisine ouverte Di-Me 11h30-22h et Je-Sa 11h30-23h. Sandwichs 6-8 $, *fish and chips* 9,50 $, bière 3,50 $.) **Louis'**, 350 State Rd. (✆ 693-3255), à Vineyard Haven, prépare de la cuisine italienne à emporter qui ne vous ruinera pas. Essayez les pâtes fraîches à la bolognaise (6 $) ou les *calzone* aux légumes (5,50 $). Ouvert Lu-Sa 11h-20h30 et Di. 16h-20h30. Pizza au fromage 8,75-16,75 $. La **Black Dog Bakery**, dans Water St., à Vineyard Haven, vous propose un assortiment de délicieuses pâtisseries et de pains originaux (40 ¢-3,25 $), mais par pitié, ne venez pas grossir les rangs des innombrables touristes qui ont déjà acheté le sweat-shirt de la boulangerie ! (✆ 693-4786. Ouvert en été, tlj 5h30-19h.) **Mad Martha's**, 117 Circuit Ave., à Oak Bluffs, est une véritable institution insulaire. Excellentes glaces à la crème ou au yaourt faites maison. Les 26 parfums, s'ils ne brillent pas par leur originalité, sont tous très bons. (✆ 693-9151. Ouvert en haute saison uniquement, tlj 11h-23h. 3 $ les 2 boules.) Il existe d'autres points de vente sur l'île : 7 N. Water St., à Edgartown (✆ 617-627-8761) et 8 Union St., à Vineyard Haven (✆ 617-693-5883).

▐ VISITES. Il serait dommage de visiter l'île à toute vitesse. Prenez le temps d'explorer l'intérieur, d'aller sur la plage et de suivre l'un des grands sentiers pédestres. Les 140 ha de paysages variés du **Felix Neck Wildlife Sanctuary**, dans Edgartown-Vineyard Haven Rd., offrent cinq chemins de randonnée qui se dirigent tous vers la mer. Il y a aussi une petite salle d'exposition. (✆ 627-4850. Ouvert Juin-Sep, Lu-Sa 8h-16h et Di. 10h-15h. Oct-Mai : Ma-Sa 8h-16h et Di. 10h-15h. 3 $, personnes âgées et moins de 12 ans 2 $.) La **Menemsha Hills Reservation**, près de North Rd., à Menemsha, offre 6,5 km de sentiers le long de la côte accidentée du détroit de Vineyard jusqu'à l'un des points culminants de l'île. Le **Cedar Creek Tree Neck**, sur la côte ouest, s'étend sur 100 ha autour d'Indian Hill Rd., parcourus par nombre de sentiers. Le parc de **Long Point**, dans West Tisbury, compte 256 ha et englobe les rives de l'étang Tisbury Great Pond.

Deux des plus belles plages de Martha's Vineyard, **South Beach**, à l'extrémité de Katama Rd., à 5 km au sud d'Edgartown, et **State Beach**, dans Beach Rd., entre Edgartown et Oak Bluffs, sont gratuites et ouvertes au public. Le site de South Beach est propice au surf. Le courant sous-marin peut parfois s'avérer dangereux. State Beach, plus calme et plus chaude, a servi de décor au tournage des *Dents de la mer* de Steven Spielberg. Allez admirer les plus beaux couchers de soleil de l'île depuis **Aquinnah** ou **Menemsha Town Beach**.

Chicama Vineyards, dans State Rd., à West Tisbury, propose des visites gratuites et des dégustation de vin. (✆ 693-0309. Ouvert fin Mai-début Oct, Lu-Sa 11h-17h et Di. 13h-17h. Mi-Oct-mi-Mai : Lu-Sa 13h-16h. Visites de 25 mn fin Mai-début Oct, Lu-Sa à 12h, 14h et 16h, Di. à 14h et 16h.) **Oak Bluffs**, à 5 km à l'ouest de Vineyard Haven dans Beach Rd., est la plus "jeune" des communes de l'île. En parcourant **Trinity Park**, près du port, vous verrez les célèbres "Gingerbread Houses" (de petites maisons en bois, de style victorien, minutieusement peintes dans des tons pastel) ainsi que le **Flying Horses Carousel**, dans Circuit Ave., le plus vieux manège du pays (1876), avec ses 20 chevaux de bois construits à la main. Attrapez l'anneau de cuivre et gagnez un tour gratuit. (✆ 693-9481. Ouvert mi-Juin-Août, tlj 10h-22h. Pâques-mi-Juin et Sep-Oct : horaire variable. 1 $ le tour.) Vous pouvez également faire un tour à la **Dreamland Game Room**, en face du manège (✆ 693-5163, ouvert en été, tlj 10h-23h). **Aquinnah**, à 35 km au sud-ouest d'Oak Bluffs, est tout simplement le plus beau site naturel de toute la Nouvelle-Angleterre. La tribu des Wampanoags venait souvent en aide aux marins dont les navires avaient fait naufrage contre les vertigineuses falaises de **Gay Head Cliffs**, au-dessus desquelles se dresse l'un des cinq phares de l'île. **Menemsha** et **Chilmark**, un peu au nord-est d'Aquinnah, bénéficient d'une situation privilégiée. Chilmark affirme être le seul port de pêche de l'île. En tout cas, les touristes peuvent lancer leur ligne depuis la jetée. **Vineyard Haven** n'a guère d'intérêt : vous y trouverez davantage de magasins de souvenirs que de jolies maisons.

NANTUCKET ☎ 508

Nantucket fut jadis le plus grand port baleinier du monde : *Moby Dick* d'Herman Melville s'inspire d'un véritable accident de pêche qui survint ici. Aujourd'hui, il est d'usage de faire référence à Nantucket comme la petite sœur conservatrice de Martha's Vineyard. L'affluence touristique grandissante a poussé les insulaires à lutter efficacement pour préserver les richesses naturelles de leur île : plages couvertes de dunes, fleurs sauvages resplendissantes, rues en pavés ronds et sentiers cyclistes impressionnants. Plus de 36 % du territoire de Nantucket est protégé. Le touriste devine les néons des enseignes des supermarchés sur l'autre rive, à une vingtaine de kilomètres. Bien que Nantucket soit surtout habité par des gens aisés, vous n'aurez pas besoin de cambrioler une banque pour y passer un agréable séjour. Il n'y a qu'une seule ville sur l'île, où accostent les ferrys. L'auberge de jeunesse se trouve à quelques kilomètres au sud de celle-ci.

ⓘ INFORMATIONS PRATIQUES

A Hyannis, deux compagnies de ferrys, chacune à deux blocks de la gare routière, font le trajet jusqu'à Nantucket. Elles proposent à la fois des bateaux plutôt lents (environ 2h) et d'autres plus rapides (1h). **Hyline** (© 778-2600) exploite des **ferrys** express à destination de Straight Wharf, à Nantucket. (Bateaux lents : en été 5 dép/j, en hiver 3 dép/j, 13,50 $, 5-12 ans 6,75 $. Bateaux rapides : toute l'année 6 dép/j, 33 $, 5-12 ans 25 $.) **Steamship Authority** (© 477-8600) dessert Steamboat Wharf à Nantucket. (Bateaux lents : 4-6 dép/j de 7h à 20h30, 13 $, 5-12 ans 6,50 $. Bateaux rapides : 6 dép/j, 23 $, 5-12 ans 17,25 $.) Ces deux compagnies demandent un supplément de 5 $ par vélo. **Nantucket Regional Transit Authority** (© 228-7025) gère les cinq lignes de bus qui desservent l'île. Le départ du bus pour **Sconset** et **Surfside** (où se trouve l'auberge de jeunesse) est situé à l'angle de Main St. et de Washington St., près du lampadaire. Le bus pour **Miacomet** part de l'angle de Washington St. et de Salem St. (à un block de Straight Wharf). A destination de **Madaket** et de **Jetties Beach**, le bus part de Broad St., en face du Peter Foulger Museum. (1 dép/30 mn de 7h à 23h30. Bus pour Surfside : 1 dép/40 mn de 10h à 17h20. Tarif 50 ¢-1 $, personnes âgées 25-50 ¢, gratuit pour les moins de 6 ans.) **Location de vélos** : **Young's Bicycle Shop** (© 228-1151), Steamboat Wharf, loue des VTT et des VTC (avec un panier pour pique-niquer) pour 25 $ la journée et 90 $ la semaine. Réduction de 5 $ si vous ramenez le vélo avant 17h le jour même. Vélos d'enfants 15 $ la journée et 65 $ la semaine. (Ouvert tlj 9h-18h, en hiver 9h-17h.) Vous pourrez vous procurer des plans de bus, leurs horaires et des *pass* valables plusieurs jours au **Visitors Center**, 25 Federal St. (© 228-0925. Ouvert tlj 9h-17h30.) La meilleure solution est de louer des vélos. Trois **pistes cyclables** bordées de fleurs sauvages vous conduiront le long de plages abritées par les dunes : Madaket Beach (8 km), Surfside Beach (4 km) et Siasconset (9 km).

🏠 HÉBERGEMENT

A l'exception de l'auberge de jeunesse et de quelques hôtels abordables, les lieux d'hébergement sont chers. Si l'auberge ne vous convient pas pour cause d'absence de salle de bains privée ou de manque d'originalité, téléphonez au **Nantucket Accommodations Bureau**, Fort Dennis Dr. (© 228-9559), pour connaître la liste des logements bon marché et des chambres à louer, toujours plus agréables que la plupart des hôtels du continent. C'est à vélo que la **Nantucket Hostel (HI-AYH)**,

31 Western Ave., est le plus facilement accessible : elle est à 5,5 km de la ville, au bout du chemin "Surfside Beach Path". (© 228-0433. 49 lits répartis dans 3 chambres, cuisine équipée. 19 $, non-adhérents 22 $. Draps et serviettes fournis. Se présenter entre 17h et 22h. Chambres inaccessibles entre 10h et 17h. Extinction des feux à 23h. Réservation indispensable.) Le **Nesbitt Inn**, 21 Broad St., non loin de Steamboat Wharf, est l'un hôtels les moins chers de Nantucket, et son cadre victorien est ravissant. Petit déjeuner compris. (© 228-2446. Salle de bains commune. Chambre simple 75 $, chambre double à deux lits 85 $, chambre double avec un grand lit 95 $, réduction de 10 $ Oct-Avr. Réception tlj 7h-22h. Se présenter avant 12h. Libérer la chambre avant 11h. Réservation indispensable.)

🍴 RESTAURANTS

A moins d'y mettre le prix, vous ne trouverez pas de restaurant digne de ce nom à Nantucket : comptez 15 à 20 $ pour un plat classique. Pour contenter à la fois votre palais, votre estomac et votre porte-monnaie, la meilleure solution se trouve dans les deux "sanwicheries" de la ville. Vous pouvez aussi vous concocter un sandwich avec vos propres ingrédients après une visite à l'**A&P Supermarket**, juste à droite de Straight Wharf. (© 938-3468. Ouvert Lu-Sa 17h-21h et Di. 7h-19h.) **Henry's** est le premier établissement que vous rencontrerez en descendant du ferry sur Steamboat Wharf. Il propose des sandwichs plutôt traditionnels, chauds ou froids (4-5 $). Pas de surprise, mais Henry connaît son affaire. Salades du jardin 4-8 $. (© 228-0123. Ouvert Mai-mi-Oct, tlj 9h-22h. Paiement en espèces uniquement.) **Mac's Place**, 6 Harborview Way, à Children's Beach, sert des petits déjeuners complets (8 $ au maximum) sur une terrasse qui domine la plage. Vous pouvez déguster un *doughnut* frais à 60 ¢ les pieds dans le sable. (© 228-3127. Ouvert Juin-Sep, tlj 7h-17h. Cuisine ouverte jusqu'à 14h. Paiement en espèces uniquement.)

👁 VISITES

Si vous voulez faire une magnifique promenade à vélo, sortez de Nantucket Town, prenez vers l'est dans Milestone Rd. et tournez à gauche dans le premier chemin qui vous semblera prometteur. Si vous préférez une journée calme à la plage, **Dionis Beach** et **Jettles Beach** sont toutes deux bordées par des dunes impressionnantes (Jetties est également la plage la plus proche de la ville, donc *a priori* la plus peuplée). Pour de vastes étendues désertes qui incitent à la promenade, dirigez-vous vers les plages de **Siasconset** et de **Wauwinet**. Celles de **Nobadeer** et de **Cisco**, quant à elles, se prêtent bien au surf. La **Nantucket Island Community Sailing** vous invite à louer un kayak de mer. La navigation n'est permise que dans les eaux protégées du détroit de Nantucket, mais si vous traversez le port en direction de l'une des plages isolées de la péninsule de Coatue, vous pourrez y pique-niquer tranquillement. (Kayak simple 15 $ l'heure, kayak double 25 $ l'heure.) Si vous préférez pêcher, **Barry Thurston's**, au coin de Candle St. et de Washington St., loue des cannes et des moulinets et dispense ses conseils aux débutants. (© 228-9595. Equipement complet 20 $ les 24h. Ouvert Avr-Déc, tlj 8h-18h.)

Le fascinant **Nantucket Whaling Museum** fait revivre l'ancienne communauté des pêcheurs de baleines grâce à quantité d'expositions et de débats sur les baleines et les méthodes de pêche. Le **Peter Foulger Museum**, juste à côté, présente une exposition spéciale autour du baleinier *Essex*, qui fut attaqué par une baleine. Son équipage est resté à flotter dans le Pacifique Sud durant des mois. L'histoire de l'*Essex* est censée avoir inspiré celle de *Moby Dick*. Les deux musées sont situés en face de Steamboat Wharf. (Whaling Museum : © 228-1736, Broad St., à Nantucket Town. Ouvert fin Mai-début Oct, Lu-Sa 10h-17h et Di. 12h-17h. Foulger Museum : © 228-1894, Broad St. Ouvert fin Avr-Mai et Oct. tlj 11h-16h. Entrée pour les deux musées 12 $, 7-17 ans 8 $, gratuit pour les moins de 7 ans, *pass* familial 35 $. Le billet est valable pour sept sites historiques, ainsi que pour la visite de 1h30 qui a lieu Juin-Oct, Lu-Sa à 10h30 et 14h30. Mai : Lu-Sa à 10h30.)

L'OUEST DU MASSACHUSETTS

LES BERKSHIRE MOUNTAINS 🕿 413

Célèbres pour leurs événements culturels en été, les riches couleurs de leurs forêts en automne et le ski en hiver, les Berkshire Mountains sont depuis longtemps une destination très prisée des New-Yorkais et des Bostoniens à la recherche d'un havre de détente. Les montagnes sont constellées de villes typiques de la Nouvelle-Angleterre. Ici règnent les confiseries, les petites épiceries, les routes de campagne aux superbes paysages, mais aussi les plus anciennes universités, avec leurs cités estudiantines et leurs musées.

◼ 🛂 ORIENTATION ET INFORMATIONS PRATIQUES

Le secteur des Berkshire Mountains occupe approximativement le tiers occidental du Massachusetts. Il est délimité au nord par la Route 2 (le Mohawk Trail) et l'Etat du Vermont, et au sud par le Massachusetts Turnpike et l'Etat du Connecticut. **Peter Pan Bus Lines** (✆ 800-343-9999) affrète des bus au départ de South Station, à Boston, vers Springfield, où vous pouvez prendre une correspondance avec un bus **Bonanza** vers Williamstown (dép. à 10h, durée 4h, 33 $). **Informations touristiques : Berkshire Visitors Bureau**, 2 Berkshire Common, Plaza Level, à Pittsfield. (✆ 443-9186 ou 800-237-5747. Ouvert Lu-Ve 8h30-17h.) Un **guichet d'information** (ouvert Lu-Ve 9h-17h) se trouve sur le côté est du rond-point de Pittsfield. Les 12 parcs d'Etat et les forêts du Berkshire County couvrent plus de 40 000 ha et offrent de nombreuses possibilités de camping et de randonnée. Pour en savoir plus, passez aux **Region 5 Headquarters**, 740 South St., à Pittsfield. (✆ 442-8928. Ouvert Lu-Ve 8h-17h.)

NORTH ADAMS

Autrefois grand pôle industriel (il passait plus de 100 trains par jour sous le très moderne Hoosac Tunnel), North Adams a décliné pendant de nombreuses années, jusqu'à l'arrivée d'un nouveau musée d'art. En effet, c'est en reconvertissant les anciennes usines que la ville a connu une reprise économique. Ouvert il y a deux ans, le ♥ **Mass. MoCA** (musée d'Art contemporain du Massachusetts), 87 Marshall St., est le plus grand centre consacré aux arts plastiques et aux arts du spectacle des Etats-Unis. Exposée dans 27 vieux bâtiments d'usine, la collection du musée présente de nombreux médias. (✆ 662-2111. Ouvert Juin-Oct, tlj 10h-18h. Nov-Mai : Me-Lu 11h-17h. Entrée 8 $, 6-16 ans 3 $. Nov-Mai 6 $, personnes âgées 4 $, 6-16 ans 2 $.) Le **Contemporary Artists Center**, 189 Beaver St. (Route 8 N.), présente également d'étonnantes œuvres d'art moderne. (✆ 663-9555. Ouvert Me-Sa 11h-17h et Di. 12h-17h. Entrée libre.)

Vous pouvez aussi visiter le **Western Gateway**, dans Furnace St., un itinéraire de délestage de la Route 8. Il s'agit d'un musée du chemin de fer, qui est également l'un des cinq Heritage State Parks (parcs d'Etat consacrés au patrimoine) du Massachusetts. (✆ 663-6312. Ouvert tlj 10h-17h. Entrée libre, don suggéré.) A moins d'un kilomètre au nord du centre-ville par la Route 8 se trouve le **Natural Bridge State Park**, un pont naturel de marbre blanc formé au cours de la dernière période glaciaire. (✆ 663-6392 Mai-Oct ou 663-6312 Nov-Avr. Ouvert fin Mai-mi-Oct, tlj 9h-17h. 2 $ par véhicule.) Il y a un autre **Visitors Center** dans Union St. (Routes 2 et 8), à l'est de la ville (ouvert 10h-16h).

WILLIAMSTOWN

Dès votre arrivée, les collines boisées qui entourent Williamstown vous feront signe de les rejoindre. La **Hopkins Memorial Forest** s'étend sur 910 ha où vous pouvez vous promener ou faire du ski de fond gratuitement. Pour vous y rendre, empruntez la Route 7 N. (North St.), tournez à gauche dans Bulkley St., suivez-la jusqu'au bout, puis prenez Northwest Hill Rd. sur votre droite (✆ 597-2346). Pour louer des vélos, des après-ski ou des skis de fond, allez chez **Mountain Goat**, 130 Water St. (✆ 458-8445).

Au **Williams College**, la deuxième plus ancienne université de l'Etat (après Harvard), les professeurs doivent faire face à la concurrence des superbes montagnes pour capter l'attention de leurs étudiants et leur éviter une déconfiture auprès de leurs rivaux d'**Amherst College** (voir p. 348). Vous pouvez vous procurer un plan du magnifique campus au service des inscriptions (*Admissions Office*), 988 Main St., à l'intérieur de Mather House. (© 597-2211. Ouvert Lu-Ve 8h30-16h30. 2 à 6 visites guidées par jour Lu-Ve toute l'année. Juin-Nov : 1 ou 2 visites Sa.) L'un des joyaux les plus exquis entourant l'université de Williams est le **Williams College Museum of Art**, 15 Lawrence Hall Dr., n° 2, qui regroupe des œuvres d'art, sculptures, peintures et photos, du Moyen Age à nos jours. (© 597-2429. Ouvert Ma-Sa 10h-17h et Di. 13h-17h. Entrée libre. Accès handicapés.)

Situé à moins d'un kilomètre du kiosque d'information le long de South St., le **Clark Art Institute**, 225 South St., présente une collection d'œuvres européennes et américaines du XIVe au XVIe siècle. (© 458-2303. Ouvert Juil-Août, tlj 10h-17h. Sep-Juin : Ma-Di 10h-17h. Pour les expositions permanentes, Nov-Juin et Ma. entrée libre. Juil-Oct 5 \$, gratuit pour les étudiants et les moins de 18 ans. Visites guidées Juil-Août tlj à 15h. Accès handicapés.) En été, ne manquez pas le ❤ **Williamstown Theater Festival** (© 597-3400). De nombreux acteurs et actrices connus ont déjà honoré ce festival de leur présence. (Guichet ouvert Juin-Août, Ma-Sa de 11h à l'entracte de la première représentation du soir et Di. 11h-16h.) Les représentations ont lieu du mardi au dimanche sur la scène principale (33-43 \$), sur la scène Nikos (environ 20 \$ sauf le vendredi après-midi 3 \$) ou au Free Theater.

A Williamstown, vous trouverez plusieurs motels abordables à l'est de la ville, sur la Route 2. L'accueillant **Maple Terrace Motel**, 555 Main St./Route 2, dispose de chambres claires avec la télévision par câble ainsi qu'un réfrigérateur et vous offre une piscine chauffée et le petit déjeuner continental. (© 458-9677. Chambre double Nov-Mai 51-81 \$, Juin-Oct 73-118 \$. Réception tlj 8h-22h30. Se présenter avant 13h. Libérer la chambre avant 11h.) Le **Chimney Mirror Motel**, 295 Main St., est confortable, moins cher, mais aussi plus austère. (© 458-5202. Air conditionné, petit déjeuner. Chambre simple 65-75 \$, en hiver 45 \$. Chambre double 95-105 \$, en hiver 60 \$.) Pour vous restaurer à prix raisonnable, arrêtez-vous au **Papa Charlie's**, 28 Spring St., dont chaque plat porte le nom d'un acteur ou d'une actrice célèbre. Essayez un *Dick Cavett* ou un *Olympia Dukakis* (pita garni de feta, avocat, tomates et assaisonnement). (© 458-5969. Ouvert Lu-Je 8h-21h, Ve-Sa 8h-22h et Di. 9h-20h. Paiement en espèces uniquement.) **Lickety Split**, dans Spring St., sert des glaces de la maison Herrell's et propose des prix très intéressants pour le déjeuner (quiche 3 \$, sandwich 5 \$). Très fréquenté en début d'après-midi. (Ouvert Mai-Oct, tlj 11h30-22h ; Nov-Avr 11h30-16h. Déjeuner servi jusqu'à 15h. Paiement en espèces uniquement.)

LENOX

L'un des plus grands trésors du Berkshire County se cache à **Tanglewood**, la fameuse résidence d'été du **Boston Symphony Orchestra**. Tanglewood se trouve au sud par la Route 7, ou un peu à l'ouest de Lenox Center par la Route 183 (West St.). De Ray Charles à Wynton Marsalis en passant par James Taylor, la programmation des concerts est éclectique, mais ce qui rend Tanglewood célèbre, ce sont ses récitals de musique classique de portée internationale. Achetez un billet, apportez votre pique-nique et allez sur la pelouse écouter vos airs favoris sous les étoiles ou dans la chaleur d'un dimanche après-midi. Les concerts de musique de chambre ont lieu le jeudi soir et le *Boston Pops* (un *pops* est un orchestre symphonique qui joue de la musique classique grand public ou des arrangements d'airs populaires) donne trois concerts estivaux. Les jeunes musiciens du Tanglewood Music Center, un institut de formation de premier ordre, donnent des concerts tout au long de l'été. L'été s'achève par un **festival de jazz** qui se déroule lors du week-end du Labor Day, le premier lundi de septembre. (© 637-5165. Concerts symphoniques fin Juin-début Sep, Ve. à 20h30 avec prélude à 18h, Sa. à 20h30 et Di. à 14h30. Billet 17-88 \$, chaise sur la pelouse 14-17 \$. Si vous possédez une carte d'étudiant, renseignez-vous sur les réductions. Chaise sur la pelouse gratuite pour les moins de 12 ans.

NOUVELLE-ANGLETERRE

Répétitions ouvertes au public Sa. à 10h30. Appelez pour connaître le programme.)

Qualifié de "délicat château français se reflétant dans un étang du Massachusetts" par Henry James, **The Mount**, 2 Plunkett St., à l'intersection sud de la Route 7 et de la Route 7A, fut le foyer d'**Edith Wharton**. La maison de la célèbre romancière du début du siècle, lauréate du prix Pulitzer en 1920 pour *Le Temps de l'innocence*, a été récemment restaurée et propose des visites guidées, des événements spéciaux ainsi que des conférences. (© 637-1899. Ouvert fin Mai-Oct, tlj 9h-17h. Entrée 7,50 $, personnes âgées 7 $, 13-18 ans 5 $, 6-12 ans 3 $, gratuit pour les moins de 6 ans.) La **Shakespeare & Company**, 70 Kemble St. (Route 7A), se produit au nouveau Founders Theatre. Vous assisterez à d'excellentes représentations de pièces de Shakespeare et d'auteurs natifs du Berkshire, comme Edith Wharton ou Henry James. (© 637-3353. Fin Mai-fin Oct 10-100 $.) Le **Pleasant Valley Wildlife Sanctuary,** géré par l'association de conservation de la nature Audubon Society Sanctuary, couvre 600 ha de verdure traversés par 11 km de sentiers, parfaits pour une balade. (© 637-0320. Ouvert Juil-Sep.)

FIVE COLLEGE AREA
(SECTEUR DES CINQ CAMPUS)　　　🖹 413

Pour maintenir l'activité économique d'un magasin ou d'un musée, il suffit de choisir soit un site touristique, soit une localité fréquentée par des étudiants. Et ces derniers, dans le cas de la **Five College Area**, sont près de 30 000. Ce secteur tient son nom des cinq universités prestigieuses qui enseignent les arts libéraux (peinture et sculpture) à Amherst, Northampton et South Hadley. La région possède toutes les caractéristiques d'une ville étudiante : de délicieux restaurants adaptés aux finances des jeunes, des musées d'art étonnants, des pistes cyclables et de multiples parcs.

AMHERST

Fondé par Noah Webster en 1821, l'**Amherst College**, situé à proximité de l'intersection des Routes 9 et 116, était à l'origine réservé aux jeunes garçons pourvus de grandes capacités mais de peu de moyens. Aujourd'hui, cette université est devenue une institution d'arts libéraux mixte de haut niveau à l'architecture classique de toute beauté, qui comprend notamment une remarquable chapelle de style néoclassique. Mais l'attrait de ce campus ne se limite pas à l'élégance de ses bâtiments et de ses jardins. Le **Wildlife Sanctuary**, situé à l'est des courts de tennis, compte de nombreux sentiers de randonnée et de jogging. Le Norwottuck Rail Trail, chemin de 11 km adapté aux coureurs comme aux cyclistes, traverse le Bird Sanctuary (sanctuaire des oiseaux) avant d'atteindre la Connecticut River.

Le **Mead Art Museum**, bâti près de Stearns Steeple, du côté est de la cour principale, abrite une impressionnante collection permanente de 12 000 œuvres d'art issues de la Renaissance en Europe et de l'art primitif américain. (© 542-2335. Ouvert Sep-mi-Mai, Ma-Me et Ve-Di 10h-16h30, Je. 10h-21h. Mi-Mai-Août : Ma-Di 13h-16h. Entrée gratuite.) Une visite d'Amherst ne serait pas complète sans un hommage à **Emily Dickinson**. La propriété familiale se trouve au 280 Main St. Née dans cette maison le 10 décembre 1830, elle y passa la majeure partie de sa vie et y composa près de 1800 poèmes. (© 542-8161. Parc ouvert tlj 10h-17h. Maison ouverte dans le cadre de visites guidées uniquement. Visite 5 $, personnes âgées et étudiants 4 $, 6-18 ans 3 $, gratuit pour les moins de 6 ans.)

Bay Rd., juste à côté d'Atkins Farms, vous mène à la troupe de théâtre **Hampshire Shakespeare**, créatrice du festival "Shakespeare sous les étoiles" (Shakespeare Under the Stars), qui se déroule de fin juin à début août. Les représentations ont lieu à Hartsbrook School. Depuis la Route 9 E., tournez en direction du sud sur la Route 47 puis à gauche dans Bay Rd. Roulez pendant 1,5 km, l'école se trouve sur la droite. (© 548-8118. Représentation 12 $, personnes âgées et étudiants 9 $, enfants 6 $.) L'**Amherst Brewing Co.**, 24-36 N. Pleasant St., sert des bières et des collations dans un cadre élégant. Au dîner, vous pourrez choisir par exemple le *fish and chips* (9,50 $) ou le *jambalaya* (13 $). (© 253-4400. Pinte 4 $, boissons diverses 5-6 $. Musique *live* Je-Di. L'Amherst Jazz Orchestra s'y produit tous les 1er et 3e lundis du mois. Ouvert tlj 11h-1h. Cuisine ouverte jusqu'à minuit.) **Antonio's**, 31 N. Pleasant St., à Amherst, est qualifié de capitale de la pizza dans le Nord-Est par les habitants d'Amherst (1,50-3 $ la part). (✆ 253-0808. Ouvert tlj 10h-1h.)

Le **Country Belle Motel**, 329 Russel St., est un hébergement à la fois pratique et économique. Il se trouve sur la Route 9 à Hadley, entre Northampton et Amherst. Ce motel accueillant est équipé d'une piscine en plein air, de la télévision par câble et de l'air conditionné. On peut en outre rejoindre facilement la piste cyclable de Norwottuck. (✆ 586-0715, Nov-Avr 50 $, Mai-Déc 60-80 $.)

NORTHAMPTON

Construit à la fin du XIXe siècle, le **Smith College**, dans College Ln., à côté de Main St., dans le centre-ville de Northampton, est devenu l'une des institutions pour femmes les plus importantes et les plus renommées du pays. La fortune léguée à Sophia Smith, dont elle hérita à l'âge de 65 ans, permit d'acheter le terrain, de construire les premiers bâtiments et de faire fonctionner l'institution. L'idée de Mrs. Smith était "de donner les moyens et les équipements nécessaires aux personnes de (son) sexe pour accéder au même enseignement que celui proposé aux jeunes garçons dans les universités". Le campus se compose d'élégants édifices en bois et en brique bâtis à flanc de colline et dominant le centre-ville. La visite du magnifique jardin botanique de la **maison Lyman Plant** vaut à elle seule un arrêt sur le campus. (✆ 585-2740. Ouvert tlj 8h30-16h. Entrée gratuite.) Il est très facile de se déplacer à pied ou à vélo dans l'ensemble du complexe. Pour mieux connaître Northampton, faites un tour au **Historic Northampton**, 46 Bridge St., qui abrite plus de 10 000 photographies, manuscrits et œuvres d'art allant du XVIIe au XXe siècle. (✆ 584-6011. Ouvert Ma-Ve 10h-16h et Sa-Di 12h-16h. Visites guidées Sa-Di 12h-16h.)

Les billets pour les représentations importantes qui se déroulent au **Calvin Theater & Performing Arts Center**, 19 King St. (✆ 586-0851), coûtent généralement 28-45 $. Parmi les récentes productions, on pouvait voir Emmylou Harris, l'Alvin Ailey Dance Theater, Arlo Guthrie et Wynton Marsalis. L'**Academy of Music**, 274 Main St. (✆ 584-8435), au pied de la colline du Smith College, est le lieu idéal pour regarder un bon film américain ou étranger. Ce beau bâtiment accueille des spectacles de qualité, cinématographiques ou non. Pour les films à faible diffusion, détendez-vous dans l'un des fauteuils du **Pleasant St. Theater**, 27 Pleasant St. (✆ 586-5828).

L'hôtel **Best Western of Northampton**, 117 Conz St., sur la Route 5, à la sortie n° 18 de la I-91, est équipé de la télévision par câble, d'un réfrigérateur dans chaque chambre, d'un jacuzzi et d'une piscine extérieure. Petit déjeuner compris. (✆ 586-1500. En été, chambre 89-139 $, en hiver, chambre 69-99 $. Gratuit pour les moins de 15 ans. Certaines chambres sont accessibles aux handicapés.) Au **Paul & Elizabeth's Natural Foods Restaurant**, 150 Main St., dans Thornes Market, les délicieux petits pains de froment qui accompagnent les plats du jour sont une bonne raison de s'arrêter. Vous y trouverez également un grand choix de plats au déjeuner et au dîner. Si les kebabs de tofu grillés (11 $) vous semblent trop risqués, essayez l'un des nombreux plats de fruits de mer ou de pâtes (8,50-14 $). (✆ 584-4832. Ouvert Di-Je 11h30-21h et Ve-Sa 11h30-21h45.) La **Pizzeria Paradiso**, 12 Crafts Ave., utilise un four traditionnel en brique et au feu de bois pour cuire les pâtes fines et croustillantes de ses pizzas. (✆ 586-1468. Ouvert tlj 17h-22h30.)

SPRINGFIELD

La ville est située au sud-est de l'intersection entre la I-90 et la I-91, cette dernière étant le principal axe nord/sud de la région. Il n'est pas nécessaire de vous y attarder. Le **Greater Springfield Convention and Visitors Bureau**, dans le bâtiment de Tower Sq., au 1500 Main St. (✆ 787-1548, ouvert Lu-Ve 9h-17h), peut vous aider à trouver un logement. Les hôtels bon marché se trouvent dans West Springfield, au niveau des sorties n° 13A et n° 13B de la I-91. **Peter Pan Bus Line**, 1776 Main St. (✆ 781-3320, gare routière ouverte 5h30-21h45), assure la liaison vers Boston (16 dép/j, durée 2h, 20 $) et New York (16 dép/j, durée 3h30, 32 $). **Amtrak**, 66 Lyman St. (fonctionne 5h-0h45), dessert New York (7 dép/j, durée 3h30, 36 $) et Boston (2 dép/j, 2h30, 21 $).

RHODE ISLAND

En dépit de sa taille minuscule (c'est le plus petit Etat américain), le Rhode Island a toujours été avant-gardiste. Il fut le premier à proclamer son indépendance vis-à-vis de la Grande-Bretagne et à adopter des lois antiesclavagistes. Roger Williams, le fondateur de l'Etat, fut proscrit du Massachusetts en 1636 pour ses vues religieuses trop tolérantes. On peut bien sûr traverser en trois quarts d'heure cet Etat qui fait 47 km dans sa plus grande largeur, mais ce serait dommage, car ses 650 km de côtes tourmentées méritent qu'on s'y attarde. Vous traverserez de charmants et élégants hameaux qui exhalent le charme le plus pur de la Nouvelle-Angleterre.

⁊ INFORMATIONS PRATIQUES

Capitale : Providence.

Informations touristiques : **Department of Tourism**, 1 West Exchange St., Providence 02903 (℡ 401-222-2601 ou 800-556-2484, www.visitrhodeisland.com). Ouvert Lu-Ve 8h30-16h. **Division of Parks and Recreation**, 2321 Hartford Ave., Johnston 02919 (℡ 401-222-2632). Ouvert Lu-Ve 8h30-16h.

Fuseau horaire : Heure de l'Est (6 heures de moins que l'heure de Paris).

Abréviation postale : RI. **Taxe locale** : 7 %.

PROVIDENCE ☏ 401

Tout comme Rome, Providence est construite sur sept collines, où sont installées autant d'universités. Etudiants, enseignants, artistes côtoient en permanence une importante population d'ouvriers et de fonctionnaires. Cette communauté confère à Providence, aux trottoirs pavés et aux constructions de style colonial, une ambiance universitaire. La ville compte plus de librairies ou de cafés qu'il n'en faut, et, autour des campus, restaurants et boutiques bon marché fleurissent. En revanche, les hôtels peu chers, eux, sont difficiles à trouver, mais la petite taille de Providence en fait une ville que l'on peut aisément parcourir à pied. La couleur locale doit beaucoup aux constantes allégations sur la corruption des autorités municipales. Par exemple, Buddy Cianci, le maire actuel, a fait de la prison pendant son mandat, alors qu'il était en liberté surveillée après avoir agressé celui qu'il soupçonnait d'être l'amant de son épouse, dont il était séparé. Il a récemment fait l'objet de nouvelles accusations de corruption.

◢★⁊ ORIENTATION ET INFORMATIONS PRATIQUES

Le quartier des affaires se trouve dans le centre, délimité à l'ouest par la **I-95**, au sud par la **I-195**, à l'est par la rivière Providence et au nord par le State Capitol. L'université **Brown** et la **Rhode Island School of Design (RISD)** sont installées au sommet d'une colline assez raide, à 10 mn à pied à l'est du centre-ville. **Train** : **Amtrak** se trouve dans un bâtiment d'une blancheur éclatante, au 100 Gaspee St., derrière le State Capitol, à 10 mn à pied de Brown et du centre-ville. (℡ 727-7379 ou 800-872-7245. Gare ouverte tlj 5h-23h, guichet ouvert 5h-21h45.) Trains à destination de Boston (11 dép/j, durée 1h, 17-19 $, 4 trains à grande vitesse Acela par jour, durée 30 mn) et de New York (12 dép/j, durée 4h, 44-63 $, 4 trains Acela par jour, durée 3h15). **Bus** : **Greyhound**, 102 Fountain St., dans le centre-ville de Providence (℡ 454-0790, gare ouverte tlj 6h30-20h30), dessert Boston (12 dép/j, durée 1h, Lu-Ve 7,50 $, Sa-Di 8,50 $) et New York (13 dép/j, durée 5h, Lu-Ve 22 $, Sa-Di 24 $). **Bonanza**, 1 Bonanza Way, sortie n° 25 de la I-95 (℡ 751-8800, gare ouverte tlj 4h30-23h), assure de fréquentes liaisons avec Boston (18 dép/j, durée 1h, 9 $) et New York (6 dép/j, durée 4h, 37 $). **Rhode Island Public Transit Authority (RIPTA)**, 265 Melrose St. (℡ 781-9400, ouvert Lu-Ve 7h-19h et Sa.

8h-18h), tient un **kiosque d'information** sur Kennedy Plaza où les employés vous aideront à organiser vos déplacements (itinéraires et horaire) et vous fourniront des plans du réseau de bus. Liaisons à destination de Newport (1,25 $) et d'autres localités. (Les bus fonctionnent tlj 5h-24h, l'horaire dépend des trajets. Tarif 25 ¢-5 $, tarif de base 1,25 $. Dans Providence même, généralement 50 ¢.) **Taxi : Yellow Cab** (© 941-1122) vous fournira des taxis dans Providence et ses environs.

Informations touristiques : Providence/Warwick Convention and Visitors Bureau, 1 Sabin St., dans le centre-ville. (© 274-1636 ou 800-233-1636. Ouvert Lu-Sa 9h-17h.) Auprès de la **Providence Preservation Society**, 21 Meeting St., au pied de College Hill, vous obtiendrez des informations détaillées sur l'histoire de la ville. (© 831-7440. Ouvert Lu-Ve 9h-17h.) Les places de parking le long des rues sont rares et les contractuelles sont nombreuses. **Metropark** (© 274-9290) possède plusieurs parkings en ville, dont un au 28 Pine St. **Bureau de poste :** 2 Exchange Terrace. (© 421-4361. Ouvert Lu-Ve 7h30-17h30 et Sa. 8h-14h.) **Code postal :** 02903.

▛ HÉBERGEMENT

Les prix des hôtels en ville sont élevés. A la fin de l'année universitaire, au moment de la remise des diplômes (de fin mai à début juin), il est particulièrement difficile de trouver une chambre. Tentez votre chance à 16 km au sud, sur la I-95 en direction de Warwick/Cranston, où il existe plusieurs motels bon marché.

L'**International House of Rhode Island**, 8 Stimson Ave., près de Hope St. et du campus de Brown, aux allures de maison de verre, dispose de trois dortoirs confortables mais souvent pleins. La réservation est nécessaire et doit se faire longtemps à l'avance. Cuisine équipée, salle de bains privée, TV et réfrigérateur. (© 421-7181. Chambre simple 50 $, étudiants 35 $, chambre double 60 $/45 $, réduction de 5 $ pour les séjours de 5 nuits et plus. De nombreux visiteurs étrangers y séjournent pour plusieurs semaines. Réception Lu-Ve 9h30-17h.) Le **Town 'n' Country Motel**, à 5 km de Providence par la Route 6, à Seekonk, dans le Massachusetts, dispose de chambres propres et confortables. (© 336-8300. Chambre simple 44 $, chambre double 50 $.) Il n'y a pas de terrain de **camping** à moins de 30 mn en voiture du centre-ville. L'un des plus proches, **Colwell's Campground**, à Coventry, dispose de 75 emplacements avec douches et raccordement, au bord du Flat River Reservoir. De Providence, prenez la I-95 vers le sud jusqu'à la sortie n° 10, puis suivez la Route 117 vers l'ouest, pendant 15 km, jusqu'à Peckham Ln. (© 397-4614. Se présenter entre 9h et 19h. Emplacement 14 $, avec électricité 16 $.)

▛ RESTAURANTS

Trois quartiers de Providence comptent plusieurs bons restaurants : **Atwells Ave.** dans le quartier italien, sur Federal Hill, à l'ouest du centre-ville, **Thayer St.**, sur College Hill, vers l'est, qui abrite des restaurants exotiques et des lieux originaux fréquentés par les étudiants, et enfin **Wickenden St.**, dans la partie sud-est de la ville, où vous trouverez toutes les cuisines du monde à petit prix. **Geoff's Superlative Sandwiches**, 163 Benefit St., fabrique 102 variétés de sandwichs, chacune baptisée d'un nom créatif. En guise de dessert, piochez donc un ou deux pickles dans l'énorme tonneau sur le chemin de la sortie. (© 751-2248. Sandwichs 4-6 $. Ouvert Lu-Ve 8h-21h et Sa-Di 10h-21h.) Taillez une bavette avec les habitants de Providence au **Seaplane Diner**, 307 Allens Ave., à 5 mn du centre-ville, près de la I-195. Ce *diner* classique vous servira, rapidement et à bon prix, des petits déjeuners et des déjeuners comme à la maison. (© 941-9547. Ouvert Lu-Ve 5h-15h, Sa. 5h-13h et Ve-Sa 24h-4h.) La cordialité de **Loui's Family Restaurant**, 286 Brook St., lui a valu la faveur de tous les étudiants de la RISD. Récemment, ils se sont même mobilisés pour sauver l'établissement, menacé par l'expansion de l'université de Brown. Essayez le *Henry Hample* (3 $), un sandwich mixte végétarien à l'aubergine, ou consultez les affiches au-dessus du comptoir pour connaître les spécialités du jour. (© 861-5225. Ouvert tlj 6h-15h.) Si l'envie vous prend de manger italien, rendez-vous chez **Original**

Riccotti's, 133 Atwells Ave., sur Federal Hill. Connu pour son sandwich mixte géant de 75 cm de long (13,50 $), ce restaurant est intéressant à partir de deux personnes. (℃ 621-8100. Ouvert Lu-Ve 8h-20h et Sa. 10h-20h.)

👁 VISITES

Bien qu'il n'expose qu'un petit nombre d'œuvres provenant de la fameuse école d'art du même nom, le ♥ **RISD Museum of Arts** présente, dans un espace petit mais agréable, de belles collections d'art égyptien, indien, médiéval et romain, des toiles impressionnistes et un immense bouddha japonais du XIIᵉ siècle. (224 Benefit St. ℃ 454-6500. Ouvert Ma-Di 10h-17h. Entrée 5 $, personnes âgées 4 $, étudiants 2 $, 5-18 ans 1 $. Gratuit 3ᵉ Je. de chaque mois, 17h-21h, et dernier Sa.) Les plus intéressants sites historiques de Providence sont rassemblés dans le quartier de **College Hill**, vieux de 350 ans. L'université **Brown**, créée en 1764, est encore installée dans de beaux bâtiments du XVIIIᵉ siècle. C'est le point de départ idéal pour une visite du Providence historique. Son bureau des inscriptions *(Office of Admissions)* se trouve dans un monument historique, la maison **Carliss-Bracket**, qui a autrefois hébergé l'inventeur de l'ascenseur. De là, vous pouvez suivre une visite guidée d'une heure, gratuite, du campus. (45 Prospect St. ℃ 863-2378. Ouvert Lu-Ve 8h-16h. Départs Lu-Ve à 10h, 11h, 13h, 15h et 16h.) Non content d'avoir fondé le Rhode Island, Roger Williams a également créé en 1638 la première **First Baptist Church of America**, dont les bâtiments actuels, rarement surpeuplés, datent de 1775. (75 N. Main St. ℃ 454-3418. Ouvert Lu-Ve 10h-12h et 13h-15h, Sa. 10h-12h. Entrée libre.) Du haut de la colline, vous aurez une belle vue sur le **Rhode Island State Capitol**, surmonté d'un dôme de marbre blanc dont la caractéristique est d'être dépourvu de soutènement. (℃ 222-2357. Ouvert Lu-Ve 8h30-16h30. Visites guidées gratuites Lu-Ve à 10h et 11h. Réservez votre place. Des brochures gratuites disponibles en salle 220 permettent d'effectuer la visite seul.)

John Quincy Adams, l'un des premiers présidents des Etats-Unis, l'avait surnommée "la demeure privée la plus belle et la plus élégante" du continent. La **John Brown House Museum** est l'ancienne résidence de l'aventurier-révolutionnaire du Rhode Island, mais n'est plus aujourd'hui aussi "privée" qu'à l'époque : les circuits touristiques amènent chaque jour une véritable foule sur son parvis. (52 Power St. ℃ 331-8575. Ouvert Ma-Sa 10h-17h et Di. 12h-16h. Prix 6 $, personnes âgées et étudiants 4,50 $, 7-17 ans 3 $.) En 1793, Samuel Slater construisit la première usine américaine alimentée par de l'énergie hydraulique grâce à des plans rapportés clandestinement d'Angleterre. Les machines fonctionnent encore dans trois bâtiments historiques du **Slater Mill Historic Site** de Pawtucket. (67 Roosevelt Ave. ℃ 725-8638. Ouvert Juin-Nov, Lu-Sa 10h-17h et Di. 13h-17h. Déc-Mai : Sa-Di 13h-17h. Visites guidées pratiquement toutes les deux heures. Entrée 7 $, personnes âgées 6 $, 6-12 ans 5,50 $.)

🎵 🎭 SPECTACLES ET SORTIES

Dans la section "Week-end" du *Providence Journal* du vendredi ou dans le *Providence Phoenix*, vous trouverez les programmes des cinémas, des théâtres et des boîtes de nuit. La **Trinity Repertory Company**, qui jouit d'une réputation nationale, est installée au 201 Washington St. Les étudiants peuvent y bénéficier de *rush tickets* à 12 $ deux heures avant les représentations. (℃ 351-4242. Tarif normal 32-42 $.) Pour davantage de paillettes, le **Providence Performing Arts Center**, 220 Weybosset St., accueille, outre des concerts, des comédies musicales de Broadway. (℃ 421-2787. Guichet ouvert Lu-Ve 10h-18h et Sa. 12h-17h.) Au **Cable Car Cinema and Cafe**, 204 S. Main St., vous pouvez assister à la projection de films d'art et d'essai, souvent étrangers. Cadre sympathique où les fauteuils traditionnels sont remplacés par des canapés. Les festivals qui ont parfois lieu le week-end et qui présentent les travaux des étudiants de Brown et du RISD sont de petits bijoux cinématographiques (℃ 272-3970, billet 7,50 $).

Les amateurs de base-ball iront voir jouer les **Pawtucket Red Sox**, la *farm team AAA* des Red Sox de Boston. (Les équipes de base-ball des petites villes, qui jouent généralement en ligue régionale, sont appelées *farm teams* parce qu'elles servent de pépinières de joueurs aux grands clubs nationaux qui "s'approvisionnent" auprès d'elles. AAA est l'équivalent français de *trois-étoiles*, en référence au système de cotation des entreprises sur les marchés financiers.) Saison Avr-Août au **McCoy Stadium** de Pawtucket, 1 Columbus Ave. (✆ 724-7300. Place en loges 8 $, entrée simple 5 $, personnes âgées et moins de 13 ans 4 $.)

Les étudiants de Brown ou de la RISD se retrouvent pour danser toute la nuit dans l'un des nombreux clubs de la ville. Vous pourrez approcher les artistes locaux à l'**AS220**, 115 Empire St., entre Washington St. et Westminster St., tout à la fois café-bar, galerie d'art et salle de concerts ou de spectacles d'improvisation. (✆ 831-9327. Ouvert Lu-Ve 10h-1h, Sa. 13h-17h et 19h-1h, Di. 19h-1h. Entrée 3-5 $.) Gays et hétéros se retrouvent au **Gerardo's**, 1 Franklin Sq., où les DJ laissent parfois la place au karaoké dans une salle décorée de néons roses et bleus. (✆ 274-5560. Prix d'entrée variable. Ouvert Di-Je 16h-1h et Ve-Sa 16h-2h.)

NEWPORT   ☎ 401

Newport est la ville de l'argent-roi. Après s'être enrichie dans le commerce des esclaves, elle est devenue le lieu de villégiature de l'élite américaine : on y trouve certaines des plus luxueuses demeures des Etats-Unis. Newport attire les riches amateurs de beaux bateaux de plaisance. Si vous ne faites pas partie de cette catégorie, ne dédaignez pas la ville pour autant : les festivals de jazz et de folk qui y ont lieu l'été valent le détour.

▟ INFORMATIONS PRATIQUES

Avant de débuter votre visite, rendez-vous au **Newport County Convention and Visitors Bureau**, 23 America's Cup Ave. (✆ 845-9123 ou 800-976-5122, www.gonewport.com), dans le Newport Gateway Center (ouvert Di-Je 9h-17h et Ve-Sa 9h-18h). **Bus** : **Bonanza** (✆ 846-1820) assure des liaisons au départ du Center, tout comme **Rhode Island Public Transit Authority (RIPTA)** (voir p. 350). Location de vélos chez **Ten Speed Spokes**, 18 Elm St. (✆ 847-5609. VTT 5 $ l'heure, 25 $ la journée. Carte bancaire et pièce d'identité avec photo obligatoires. Ouvert Lu-Je 10h-18h, Ve-Sa 9h-18h et Di. 11h-17h.) **Bureau de poste** : 320 Thames St. (✆ 847-2329. Ouvert Lu-Ve 8h30-17h et Sa. 9h-13h.) **Code postal** : 02840.

▟ HÉBERGEMENT

On trouve essentiellement des chambres d'hôtes à Newport. Avec un charme suranné mais des prix très actuels, elles vous accueilleront dans une ambiance intime. Si vous acceptez de partager la salle de bains et de vous passer de vue sur la mer, vous pourrez trouver une chambre double pour 75 $: il n'y a pratiquement pas de chambre simple. Pour les week-ends d'été, il est prudent de réserver au moins deux mois à l'avance. En semaine, le meilleur choix est le **Newport Gateway Hotel**, 31 W. Main Rd., à la limite de Middletown. Il propose des chambres doubles propres et confortables avec air conditionné et télévision par câble, à quelques minutes du front de mer de Newport. (✆ 847-2735. Di-Je 45-95 $, Ve-Sa 125-195 $, séjour de 2 nuits au minimum, 15 $ par personne supplémentaire.) Un peu avant sur la route, vous trouverez un deuxième établissement qui conviendra aux voyageurs au budget limité, **Motel 6**, 249 J.T. Connel Hwy. Depuis Newport, empruntez Broadway jusqu'à Middletown, tournez à gauche dans W. Main St., puis suivez Connelton Hwy. pendant 2,5 km. (✆ 848-0600 ou 800-466-8356. Chambre simple 55-56 $, chambre double 56-62 $, 3 $ par personne supplémentaire.) Il existe un terrain de camping à la **Fort Getty Recreation Area**, sur Conanicut Island, d'où l'on rejoint facilement le Fox Hill

Salt Marsh, un site particulièrement propice à l'observation des oiseaux. (℃ 423-7264, réservation ℃ 423-7211. Emplacement pour tente 20 $. Emplacement pour camping-car 25 $. Douches et plage. Réservation conseillée un à deux mois à l'avance. Emplacements pour tentes fin Mai-Oct uniquement.)

▶ RESTAURANTS

En dépit des apparences, il est possible de prendre un repas à Newport pour un prix raisonnable. La majorité des restaurants se trouvent le long de **Thames St.**, où les marchands de glaces abondent. De savoureux et copieux petits déjeuners, comme le "Portuguese Sailor" (chorizo et œufs, 5 $), sont préparés sous vos yeux chez **Franklin Spa**, 229 Spring St. (℃ 847-3540. Ouvert Lu-Me 6h-14h, Je-Sa 6h-15h et Di. 7h-13h30.) Bons fruits de mer chez **Flo's Clam Schack**, Route 138A/Aquidneck Ave., de l'autre côté d'Easton Beach. Vous pouvez aussi déguster des palourdes accommodées de plusieurs manières (en friture 11 $) près d'un langoustier en piteux état. (℃ 847-8141. Ouvert Di-Je 11h-21h et Ve-Sa 11h-22h. Hors saison : horaire variable.) **Dry Dock Seafood**, 448 Thames St., propose des fruits de mer simplement passés à la friture. (℃ 847-3974. Plat 7-15 $, poisson du jour cuit au four 9 $. Ouvert tlj 11h-21h. Hors saison : fermé Lu.) Au **Mel's Cafenlo**, 25 Broadway St., vous pourrez partager un brunch avec les gens du coin, parcourir les journaux et apprécier des plats qui vous changeront des fruits de mer. (℃ 849-6420. Ouvert tlj 6h-15h.)

◉ VISITES

C'est un certain George Noble Jones qui a lancé la ville de Newport en y construisant en 1839 la première villa de vacances. La surenchère a donné lieu à une véritable floraison de somptueuses propriétés. Cinq de ces villas se trouvent dans Bellevue Ave., au sud de la ville. Vous pourrez les apercevoir en compagnie des guides de la **Preservation Society of Newport**. Billets en vente dans toutes ces somptueuses demeures, les *mansions*. (424 Bellevue Ave. ℃ 847-1000. Ouvert Lu-Ve 9h-17h. *Mansions* ouvertes Lu-Ve 10h-17h. 10-15 $, 6-17 ans 4 $. Possibilité d'entrée combinée.) Ne manquez surtout pas **The Marble House** ("la maison de marbre"), construite pour 11 millions de dollars en 1892 comme cadeau de 39e anniversaire à la femme de William K. Vanderbilt, Alva. C'est une grande demeure de marbre, aux murs tendus de soie ou recouverts d'or massif dans les chambres. (℃ 847-1000. Ouvert Avr-Oct, Lu-Ve 10h-17h. Janv-Mars : Sa-Di 10h-16h. Entrée 9 $, 6-17 ans 4 $.) Le père de Williams Mayes, un célèbre pirate de la mer Rouge, ouvrit la **White Horse Tavern**, à l'angle de Marlborough St. et de Farewell St., en 1687 : c'est aujourd'hui le plus ancien débit de boissons des Etats-Unis qui soit encore ouvert. Vous pourrez également y manger pour un prix digne des plus impitoyables voleurs (30 $), mais les bières sont autour de 3-4 $. (℃ 849-3600. Ouvert Me-Lu 11h30-14h30 pour le déjeuner et tlj 18h-22h pour le dîner.) De même, la plus ancienne synagogue du pays, la magnifique **Touro Synagogue**, de style géorgien, remonte à 1763. (85 Touro St. ℃ 847-4794. Visites guidées uniquement, toutes les 30 mn. Entrée libre. Ouvert fin Mai-fin Juin, Lu-Ve 13h-14h30 et Di. 11h-14h30. Début Juil-début Sep : Di-Ve 10h-16h30. Hors saison : horaire variable.) Les mordus de tennis ne manqueront pas le **Tennis Hall of Fame**, où sont organisés des tournois sur gazon. Ce panthéon possède également le plus grand musée du tennis au monde. (194 Bellevue Ave. ℃ 849-3990. Ouvert tlj 9h30-17h. 8 $, étudiants et personnes âgées 6 $, moins de 17 ans 4 $, familles 20 $.) A 13 km au nord de Newport, à Portsmouth, le **Green Animals Topiary Garden**, Cory's Lane, abrite 21 arbustes sculptés en forme de girafes et de lions. (℃ 683-1267. Ouvert Mai-Oct, tlj 10h-17h. Entrée 10 $, 6-17 ans 4 $.)

Les magnifiques plages de Newport sont aussi fréquentées que la ville elle-même. La plus courue est **Easton's Beach**, appelée aussi First Beach, dans Memorial Blvd. (℃ 848-6491. Ouvert fin Mai-début Sep, Lu-Ve 9h-21h et Sa-Di 8h-21h. Parking 8 $, Sa-Di 10 $. Avant 10h en été, 6 $.) Pour une agréable promenade en bord de mer, empruntez le **Cliff Walk**, un sentier de 5,6 km qui longe le littoral est de Newport. Partez d'Easton Beach ou à mi-chemin du sentier à la hauteur de Narragansett Ave. **Fort Adams State Park**, au sud de la ville dans Ocean Dr., à 4 km du *visitors center*, dispose de douches, d'aires de pique-nique et de deux jetées pour la pêche. (*©* 847-2400. Parc ouvert du lever au coucher du soleil.) D'autres plages agréables se trouvent le long de Little Compton et de Narragansett Ave., ainsi qu'entre Watch Hill et Point Judith. Détails dans l'*Ocean State Beach Guide*, disponible gratuitement au *visitors center*.

🎵 SORTIES

De juin à fin août, Newport offre un festival aux amateurs de musique classique, un autre aux amateurs de jazz, un troisième aux amateurs de musique folk et un dernier aux cinéphiles. Le **Newport Jazz Festival** est le plus ancien de tous les festivals de jazz. C'est également le plus célèbre. Il a accueilli Duke Ellington, Count Basie et bien d'autres sur la pelouse du Fort Adams State Park. Apportez votre transat et une glacière pleine de boissons fraîches. (*©* 847-3709. Du 9 au 11 août en 2002. Billet 40 $ la journée, moins de 12 ans 15 $.) Au même endroit, le folk est à l'honneur (Bob Dylan, Joan Baez et les Indigo Girls s'y sont produits) à l'occasion du **Newport Folk Festival**. (*©* 847-3709. Du 2 au 4 août en 2002. Billet 40 $, moins de 12 ans 15 $.) Le **Newport Music Festival** attire deux semaines durant des pianistes, des violonistes et des interprètes classiques du monde entier, dans les salles de bal ou sur les pelouses des propriétés privées. (*©* 846-1133. Location *©* 849-0700. Du 12 au 28 juillet en 2002. Guichet ouvert tlj 10h-17h. Billets 33-38 $.)

Un grand nombre de pubs et de boîtes de nuit bordent Thames St., faisant de cette rue le point le plus branché de la ville dès la nuit tombée. **One Pelham East**, 274 Thames St., accueille des groupes de rock. (*©* 847-9460. Concerts tous les soirs. Prix d'entrée variable. Ouvert Lu-Ve 15h-1h et Sa-Di 13h-1h.) Au **Newport Blues Café**, 286 Thames St., vous entendrez du blues qui bouge tous les soirs de la semaine. (*©* 841-5510. Ouvert 18h-1h. Dîner 18h-22h. Concerts à partir de 21h30. Prix d'entrée variable. Pour les étrangers, seul le passeport est accepté.) Le **Jane Pickens Theater**, 49 Touro St., diffuse des films d'art et d'essai. (*©* 846-5252. Billet 7 $, personnes âgées 4 $.) En face, l'**Opera House Cinema**, 19 Touro St., passe davantage de films grand public. (*©* 847-3456. Billet 7 $, enfants 4 $.)

📍 ENVIRONS DE NEWPORT : BLOCK ISLAND

Située à une quinzaine de kilomètres au sud-est de Newport, **Block Island** est un paradis sauvage dominé par le vent et le sable. Le nom originel de l'île est "Manisses", qui signifie "île du petit dieu" en Mohegan. Un quart de cette île magnifique est déjà protégé, et les défenseurs de l'environnement espèrent que cette surface doublera bientôt. Cette île de 55 km^2 n'est pas aussi bien connue que ses grandes sœurs du Massachusetts, Martha's Vineyard et Nantucket. Toutefois, l'été venu, de nombreux visiteurs viennent se mêler à la population locale. **Interstate Navigation Co.** (*©* 783-4613) assure toute l'année une liaison par **ferry** entre Block Island et le Galilee Pier, à Point Judith. (8-9 dép/j, durée 1h15. Sep-Juin, horaire variable. 8,40 $, 5-11 ans 4,60 $, voiture sur réservation 26,30 $, conducteur et passagers non compris, vélo 2,30 $.) Pendant l'été, liaison également avec New London, dans le Connecticut (mi-Juin-mi-Sep, Sa-Je 1 dép/j, Ve. 2 dép/j, durée 2h, 15 $, 5-11 ans 9 $). Les **Viking Lines** (*©* 631-668-5709) assurent également une liaison quotidienne pendant l'été avec Montauk, à Long Island (1 dép/j à 9h, durée 1h45, 25 $, 5-12 ans 10 $).

Le camping est interdit sur l'île. Contentez-vous donc d'une excursion d'une journée, à moins que vous ne teniez à dépenser au moins 60 $ pour une chambre d'hôte. La plupart des restaurants abordables sont situés à Old Harbor, là où accoste le ferry. On en trouve également à New Harbor, 1,5 km à l'intérieur des terres. Vous trouverez chez **Old Harbor Bike Shop**, à gauche en débarquant du ferry, à peu près tout ce qui peut se louer sur deux ou quatre roues. (*©* 466-2029. VTT 5-8 $ l'heure, 20-30 $ la journée, vélomoteurs 32 $/80 $. Chevrolet 80 $ la demi-journée, 140 $ la journée, âge minimum 21 ans, carte bancaire obligatoire. Ouvert mi-Mai-mi-Oct, tlj

8h30-19h.) L'office de tourisme **Block Island Chamber of Commerce** (*© 466-2982) est installé sur le quai où accoste le ferry, à Old Harbor, Drawer D, dans un bureau situé derrière le Finn's Fish Market. (Ouvert en été tlj 9h-17h, hors saison horaire variable.) **Indicatif téléphonique** : 401.

CONNECTICUT

Le Connecticut est le troisième plus petit Etat des Etats-Unis (après le Rhode Island et le Delaware). C'est une sorte de patchwork de centres industriels (comme Hartford et New Haven), de villages typiques de Nouvelle-Angleterre et de magnifiques forêts. Cette diversité a séduit des hôtes aussi célèbres que Mark Twain, Harriet Beecher-Stowe, Noah Webster et Eugene O'Neill. Elle a inspiré des artistes, peintres ou musiciens. C'est ici que sont nées l'école impressionniste américaine et la comédie musicale. Le Connecticut est aussi le siège de la première faculté de droit des Etats-Unis, maintenant intégrée au sein de l'université de Yale. Malgré cette vie intellectuelle très riche, les habitants savent aussi apprécier des distractions plus légères, dans cet Etat qui vit naître la sucette et le cirque à trois pistes de spectacles (Barnum). D'ailleurs, le plus grand casino d'Amérique est installé dans le Connecticut.

⚡ INFORMATIONS PRATIQUES

Capitale : Hartford.

Informations touristiques : **Connecticut Vacation Center**, 865 Brook St., Rocky Hill 06067 (*© 800-282-6863, www.ctbound.org). Ouvert Lu-Ve 9h-16h30.

Fuseau horaire : Heure de l'Est (6 heures de moins que l'heure de Paris).

Abréviation postale : CT. **Taxe locale** : 6 %.

HARTFORD ☎ 860

Même s'il s'agit de la capitale mondiale des assurances, la ville a autre chose à offrir aux touristes qu'une protection multirisques. Elle possède d'excellents musées et théâtres, une vie artistique et culturelle intense ainsi que la seule auberge de jeunesse de tout le Connecticut et du Rhode Island. Comme Mark Twain, illustre habitant de Hartford, l'a si bien dit : "De toutes les villes magnifiques qu'il m'ait été donné de voir, celle-ci est la plus belle."

⚡ INFORMATIONS PRATIQUES

Hartford se trouve à l'intersection de la I-91 et de la I-84. Situé sur Union Place, dans le nord-est de la ville, entre Church St. et Asylum St., **Amtrak** (*© 727-1778) fait circuler des trains vers le sud et vers le nord (bureau ouvert Lu-Ve 6h-19h30 et Sa-Di 6h30-19h30). Toujours sur Union Place, **Greyhound** (ouvert tlj 5h45-22h) relie par bus Hartford à New York (34 dép/j, durée 2h30, 20 $) et à Boston (14 dép/j, durée 2h30, 21 $). **Informations touristiques** : **Greater Hartford Convention and Visitors Bureau**, 1 Civic Center Plaza, 2ᵉ étage (*© 728-6789 ou 800-446-7811, ouvert Lu-Ve 9h-16h30) et **Old State House**, 800 Main St., où vous trouverez un accès Internet gratuit. (*© 522-6766. Ouvert Lu-Ve 10h-16h et Sa. 11h-16h.) Le **Connecticut Transit's Information Center**, à l'angle de State St. et de Market St., distribue avec parcimonie des informations très utiles (*© 525-9181, ouvert Lu-Ve 7h-23h). **Parking** : Le **Hilton Lot**, à l'angle de Ford St. et de Pearl St. (*© 244-2077), jouit d'un emplacement central. **Taxi** : **Yellow Cab** (*© 666-6666). **Bureau de poste** : 141 Weston St. (*© 524-6074. Ouvert Lu-Ve 7h-18h et Sa. 7h-15h.) **Code postal** : 06101.

📍🏠 HÉBERGEMENT ET RESTAURANTS

L'excellente auberge de jeunesse **Mark Twain Hostel (HI-AYH)**, 131 Tremont St., propose un hébergement de qualité près du centre-ville (✆ 523-7255, 18 $, non-adhérents 20 $, réception tlj 9h-22h). Tremont St. se trouve après la maison de Mark Twain, dans Farmington Ave., et est desservie par tous les bus allant vers l'ouest qui portent la mention "Farmington Ave." Située en plein centre-ville, la **YMCA**, 160 Jewell St., près du Bushnell Park, dispose de chambres de style dortoir à des prix raisonnables ainsi que d'une salle de sport, d'une piscine et de courts de *racquetball*, version américaine du squash, qui se joue sur un terrain plus grand, avec des raquettes plus longues et une balle plus grosse... (✆ 246-9622. Caution de 5 $ pour la clef. Interdit aux moins de 18 ans. Pièce d'identité obligatoire. Se présenter entre 7h30 et 22h. Libérer la chambre avant 12h. Pas de réservation. Chambre simple 19 $, avec salle de bains privée 24 $.) On trouve plusieurs restaurants regroupés dans le centre-ville, sur un périmètre relativement restreint. Le **Municipal Cafe**, 485 Main St., à hauteur d'Elm, est très fréquenté et plutôt convivial. Idéal pour le déjeuner. Si vous échappez à l'alligator en bois qui trône à l'entrée, vous pourrez profiter de délicieux plats entre 4 et 6 $. (✆ 278-4844. Ouvert tlj 10h-14h30.) **Black-Eyed Sally's BBQ & Blues**, 350 Asylum St., propose une cuisine locale bon marché. La philosophie de la maison est qu'il n'y a rien de pire qu'un sandwich grillé au barbecue sans sauce. (✆ 278-7427. Ouvert Lu-Me 11h30-22h, Je. 11h30-23h, Ve. 11h30-24h, Sa. 17h-24h et Di. 17h-21h. Concerts de blues Je-Sa.)

🎨 VISITES

Le ❤ **Wadsworth Atheneum**, 600 Main St., expose de remarquables collections d'art baroque et contemporain. Le musée possède notamment l'un des trois Caravage qu'on puisse voir dans tout le pays. (✆ 278-2670. Ouvert Ma-Di 11h-17h. Entrée 7 $, personnes âgées et étudiants 5 $, 6-17 ans 3 $. Entrée libre Je. toute la journée et Sa. avant 12h. Téléphonez pour obtenir des informations sur les visites guidées et les conférences.) Œuvre de l'architecte Charles Bulfinch, l'**Old State House**, 800 Main St., est reconnaissable à son dôme doré. Ce monument construit en 1796 a servi de siège au gouvernement de l'Etat jusqu'en 1878. Des acteurs en costumes d'époque accueillent aujourd'hui les touristes dans l'édifice. Un hall abrite des expositions artistiques temporaires et un musée de "curiosités". (✆ 522-6766. Ouvert Lu-Ve 10h-16h et Sa. 11h-16h.) Les amateurs de littérature américaine ne manqueront à aucun prix la visite de la maison de **Mark Twain**, 351 Farmington Ave., ni celle de la maison de **Harriet Beecher-Stowe**, 71 Forest St., deux demeures situées tout près l'une de l'autre, dans la partie ouest de la ville, dans Farmington Ave. : elles reflètent toutes deux de manière colorée la vie et l'époque de ces auteurs. A partir de l'Old State House, prenez n'importe quel bus vers l'ouest indiquant "Farmington Ave." Une visite passionnante de la maison de Mark Twain, pleine de coins et de recoins, rappelle de manière poignante son existence courageuse et les drames familiaux qu'il a traversés. C'est là qu'il a écrit son chef-d'œuvre, *Les Aventures de Huckleberry Finn*. Harriet Beecher-Stowe, installée à Nook Park, vécut dans le charmant cottage voisin, de 1873, après la publication de *La Case de l'oncle Tom*, jusqu'à sa mort. (Maison de Mark Twain : ✆ 247-0998. Ouvert Lu-Sa 9h30-17h et Di. 12h-17h. Janv-Avr et Nov. : fermé Ma. Entrée 9 $, personnes âgées 8 $, 13-18 ans 7 $, 6-12 ans 5 $. Maison de Stowe : ✆ 522-9258. Ouvert Juin-début Oct, Lu-Sa 9h30-16h30 et Di. 12h-16h30. Hors saison : fermé Lu. Entrée 6,50 $, personnes âgées 6 $, 6-16 ans 2,75 $.)

🎭 SPECTACLES

Le centre-ville de Hartford compte un quartier en pleine expansion entièrement dédié aux arts et aux divertissements, qui s'étend sur 20 blocks : l'**Arts & Entertainment District**. La troupe régionale **Hartford Stage Company**, 50 Church St., déjà récompensée par un *Tony Award* (l'équivalent des "Molières" français), met en scène des pièces classiques ou contemporaines. (© 527-5151. Billet 25-55 $. Téléphonez pour connaître les heures de représentation.) Le **TheaterWorks**, 233 Pearl St., privilégie les pièces américaines récentes, assez éloignées des spectacles typiques de Broadway. (© 527-7838. Billet 18-25 $, représentations Ma-Sa à 20h et Di. à 14h30.) **The Bushnell**, 166 Capitol Ave., présente un éventail de divertissements plus large. C'est dans cette salle que se produit l'orchestre symphonique de la ville, ainsi que sa compagnie de danse et celle d'opéra. (© 987-5900. Guichet ouvert Lu-Sa 10h-17h et Di. 12h-16h.)

NEW HAVEN ☏ 203

New Haven souffre d'être à la fois une ville universitaire et une ville industrielle sur le déclin. La communauté estudiantine et la classe ouvrière cohabitent difficilement. Alors que New Haven s'enfonce dans la décrépitude, Yale vient d'entreprendre la rénovation de ses bâtiments néogothiques et de remplacer ses trottoirs en ciment par des trottoirs de brique, nettement plus chic. Le quartier qui entoure l'université profite de ce dynamisme, matérialisé par de nombreux cafés, bars et librairies fréquentés par les étudiants.

🛈 INFORMATIONS PRATIQUES

New Haven se trouve à 65 km de Hartford, à l'intersection de la I-95 et de la I-91. La ville est découpée en neuf carrés. Entre l'Université de Yale et l'hôtel de ville, le **Green** (où se tenait jadis la vie publique) est une échappatoire aux tensions qui peuvent régner ailleurs. *Dès que la nuit tombe, il vaut mieux rester dans le centre-ville ou sur le campus. Les autres quartiers sont beaucoup moins sûrs.* Les trains **Amtrak** partent de Union Station (© 773-6178, guichet ouvert 6h30-22h), dans Union Ave., à la sortie n° 1 de la I-91, une gare qui vient d'être rénovée. Trains pour New York (13 dép/j, durée 1h30, 41 $), Boston (8 dép/j, durée 2h30, 33 $), Washington, D.C. (3 dép/j, durée 6h, 69 $) et Mystic (6 dép/j, durée 1h15, 23 $). Egalement au départ de Union Station, les bus **Greyhound** (© 772-2470, billetterie ouverte tlj 6h15-20h) circulent fréquemment à destination de New York (11 dép/j, durée 2h30, 20 $), de Boston (13 dép/j, durée 4h, 29 $) et de Providence (13 dép/j, durée 2h30, 19,50 $). **Metro Taxi**, © 777-7777. **Informations touristiques** : **Greater New Haven Convention and Visitors Bureau**, 59 Elm St. (© 777-8550, ouvert Lu-Ve 8h30-17h) et 350 Long Wharf Rd. **Internet** : **New Haven Public Library** (bibliothèque municipale), 133 Elm St. Accès gratuit 30 mn par jour avec une pièce d'identité. (© 946-8130. Ouvert Lu-Je 9h-21h, Ve-Sa 9h-17h et Di. 13h-17h. Juil-Août : fermé Sa-Di.) **Bureau de poste** : 50 Brewery St. (© 782-7000. Ouvert Lu-Ve 8h-18h et Sa. 8h-13h.) **Code postal** : 06511.

🏠 HÉBERGEMENT

Les logements bon marché sont rares à New Haven. En outre, la demande se fait particulièrement pressante vers la mi-octobre (*Yale Parents Weekend*) et au début du mois de juin (*commencement*, ou cérémonie de remise des diplômes). Vous trouverez des motels bon marché à **Milford**, à 16 km au sud en empruntant la I-95. L'**Hôtel Duncan**, 1151 Chapel St., dans le centre-ville, à proximité de Yale, possède le plus ancien ascenseur du Connecticut et dispose de chambres équipées d'une télévision par câble. En outre, il a l'honneur discutable d'avoir accueilli un certain John Hinckley qui, à l'époque, traquait sans répit la jeune Jodie Foster. C'était à l'automne 1980 : quelques mois plus tard, il tirait sur le Président Reagan. (© 787-1273. Chambre simple 44 $, chambre double 60 $, suite avec réfrigérateur 70 $. Réservation conseillée Ve-Di.) Les 58 chambres du **Motel 6**, 270 Foxton Blvd., vous attendent à la sortie n° 8 de la I-91. (© 469-0343 ou 800-466-8356. 56 $ par personne, 6 $ par personne supplémentaire.) Le **Hammonasset Beach State Park**, à 20 mn en voiture à l'est par la I-95 N., sortie n° 62, à Madison, est un terrain de camping de 558 emplacements situé dans un très beau cadre. (© 245-1817. Réception mi-Mai-Oct 8h-23h. Emplacement 12 $.)

RESTAURANTS

Si vous voulez déguster une excellente cuisine italienne traditionnelle, allez faire un tour dans Wooster St., à Little Italy, à 10 mn à l'est du centre-ville. Les meilleures pizzas de New Haven sortent du four en brique de chez ❤ **Pepe's**, 157 Wooster St. Goûtez leur tourte aux palourdes à la sauce rouge ou blanche pour 9 $. (*©* 865-5762. Ouvert Lu. et Me-Je 16h-22h, Ve-Sa 11h30-23h, Di. 14h30-22h.) Les condiments sont bannis de chez **Louls' Lunch**, 263 Crown St. Ces *burgers* (3,50 $), cuits verticalement sur de véritables grils en fonte, sont trop bons pour que vous utilisiez de la moutarde ou du ketchup. (*©* 562-5507. Ouvert Ma-Me 11h-16h et Je-Sa 11h-2h.) Les restaurants indiens dominent dans le quartier au sud-ouest du centre-ville, vers Howe St. Le buffet à volonté (6 $) de l'**India Palace**, 65 Howe St., est certainement le moins cher de la ville. (*©* 776-9010. Ouvert jusqu'à 22h30, déjeuner servi Lu-Ve 11h30-15h.) **Claire's Corner Copia**, 1000 Chapel St., qui s'est vu décerner le titre de meilleur restaurant végétarien de la ville par le *Connecticut Magazine*, sert des plats végétariens copieux et des plats casher à tendance italienne, mexicaine et moyen-orientale. (*©* 562-3888. Ouvert Lu-Ve 8h-21h et Sa-Di 8h-22h.)

VISITES

C'est sur le campus de l'université de Yale que se trouvent les principaux musées et sites touristiques de la ville. Les bâtiments du campus sont de style gothique, caractéristique de nombreuses universités de la côte est, et géorgien. Nombre d'entre eux sont décorés de moulures aux motifs complexes, et certains possèdent même des gargouilles. Le **Yale Visitors Center**, 149 Elm St., fait face au *Green*. (*©* 432-2300. Ouvert Lu-Ve 9h-16h45 et Sa-Di 10h-16h. Visites guidées gratuites Lu-Ve à 10h30 et à 14h, Sa-Di à 13h30. Durée 1h15.) Prenez le temps de flâner dans l'ancien campus, plein de charme, délimité par Chapel St., College St., Elm St. et High St., avant d'admirer Connecticut Hall, le vétéran des édifices de l'université. Un block au nord, de l'autre côté d'Elm St., la bibliothèque **Sterling Memorial Library**, 120 High St., est conçue comme un véritable monastère, jusqu'aux cabines téléphoniques elles-mêmes, qui ont la forme d'un confessionnal. L'architecte de la **Belnecke Rare Book and Manuscript Library**, un bâtiment plutôt massif, décida de se passer de fenêtres. Cette construction moderne plutôt étonnante fut recouverte de marbre du Vermont, assez fin pour être translucide. L'édifice abrite des ouvrages précieux, parmi lesquels une bible de Gutenberg et une vaste collection des écrits de William Carlos Williams. (121 Wall St. *©* 432-2977. Ouvert Lu-Ve 8h30-17h et Sa. 10h-17h. Août : fermé Sa.)

La **Yale University Art Gallery**, 1111 Chapel St., à l'angle de York St., ouverte depuis 1832, se prétend le musée universitaire des beaux-arts le plus ancien du continent américain. Elle abrite plus de 100 000 œuvres provenant du monde entier, dont des peintures de Monet et de Picasso. (*©* 432-0600. Ouvert Sep-Juil, Ma-Sa 10h-17h et Di. 13h-18h. Entrée libre.) Le **Peabody Museum of Natural History**, 170 Whitney Ave., à hauteur de la sortie n° 3 de la I-91, est orné de fresques signées Rudolph F. Zallinger (un lauréat du prix Pulitzer) représentant l'aspect du continent nord-américain avant l'arrivée des pionniers européens. A voir également, une tortue de trois tonnes datant de 100 millions d'années et une momie reposant dans la "maison de l'éternité". (*©* 432-5050. Ouvert Lu-Sa 10h-17h et Di. 12h-17h. Entrée 5 $, personnes âgées et 3-15 ans 3 $.)

SPECTACLES ET SORTIES

En parcourant *The Advocate* (gratuit), vous vous tiendrez au courant de ce qui se passe dans New Haven. Le **Schubert Theater**, 247 College St., accueille des spectacles de Broadway comme *Kiss me Kate*. (*©* 562-5666 ou 800-228-6622. Location Lu-Sa 10h-17h et Di. 11h-15h.) Le **Yale Repertory Theater**, 1120 Chapel St., dont certains élèves comme Meryl Streep, Glenn Close et James Earl Jones ont fait une brillante carrière, produit toujours d'excellents spectacles. (*©* 432-1234. Ouvert Lu-Ve

10h-17h. Billet 20-39 $, billets *rush*, c'est-à-dire de dernière minute, en vente à moitié prix le jour de la représentation et réservés aux étudiants.) L'été, des **concerts** ont lieu sur le *Green* (© 946-7821), notamment ceux du **New Haven Symphony** (© 865-0831, location © 776-1444 Lu-Ve 10h-17h). Pendant les deux dernières semaines de juin, New Haven accueille l'**International Festival of Arts & Ideas**, un festival extravagant mêlant théâtre, musique, arts plastiques, danse et "idées". (La plupart des spectacles sont gratuits. Appelez le © 888-278-4332 pour plus d'informations.)

Toad's Place, 300 York St., une salle où se sont produits Bob Dylan, les Stones et George Clinton, le pape du *P-funk*, offre toujours de bons concerts. (© 562-5694, informations enregistrées © 624-8623. Location tlj 11h-18h, billets en vente au bar après 20h. Bar ouvert Di-Je 20h-1h et Ve-Sa 20h-2h, fermé lorsqu'il n'y a pas de spectacle.) Le **Bar**, 254 Crown St., est un endroit à la mode qui compte un billard américain, un salon, une piste de danse qui fait parfois office de scène de théâtre, des bières brassées sur place et un four à pizzas en brique. C'est *le* bar où se donne rendez-vous la communauté gay tous les mardis. (© 495-8924. Ouvert Di-Ma 17h-1h, Me-Je 11h30-14h30 et 17h-1h, Ve. 11h30-2h, Sa. 17h-2h.)

MYSTIC ET LA CÔTE DU CONNECTICUT ☞ 860

A l'époque d'Herman Melville et de Richard Henry Dana (écrivain américain, 1815-1882, qui interrompit ses études à Harvard pour devenir marin et publia en 1840 un récit de son voyage jusqu'au cap Horn), la côte du détroit de Long Island bruissait de l'activité des ports. Les tavernes sombres et humides, les marins tatoués, les récits de voyage… tout cela appartient désormais au passé. Aujourd'hui, une autre sorte d'amoureux de la mer remplissent les hôtels : les plaisanciers enthousiastes et les simples vacanciers à la recherche d'une belle balade le long du littoral se dirigent en masse vers la côte. **Mystic Seaport**, à moins de 2 km au sud de la sortie n° 90 de la I-95, sur la Route 27, concourt à faire revivre le passé avec ses 7 ha de village reconstitué et un parc de navires uniquement en bois, parmi lesquels le fameux bateau négrier l'*Amistad*, dont la reproduction fut terminée en 1999. (© 572-5315. Ouvert Avr-Oct, tlj 9h-17h ; Nov-Mars 10h-16h. Entrée 16 $, personnes âgées 15 $, 6-12 ans à 8 $. Audioguide 3,50 $.) Et pour quelques dollars de plus, **Sabino Charters** vous propose de naviguer pendant 1h30 en bateau à vapeur sur la **Mystic River**. (© 572-5351. Mi-Mai-début Oct, départ tlj à chaque heure de 11h à 16h, durée 30 mn. Prix 5 $, 6-12 ans 4 $.) Phoques, pingouins, pieuvres, requins et dauphins sont les vedettes de l'un des meilleurs aquariums du Nord-Est, le **Mystic Marinelife Aquarium**, 55 Coogan Blvd., à la sortie n° 90 de la I-95. (© 572-5955. Ouvert tlj 9h-17h ; Juil-début Sep 9h-18h. Prix 15 $, personnes âgées 14 $, 3-12 ans 10 $.) **The Denison Pequotsepos Nature Center**, 109 Pequotsepos Rd., à 1 km à l'est du centre-ville, se situe loin de la foule des touristes. Vous pourrez y observer les oiseaux à loisir, à travers 15 km de sentiers. (© 536-1216. Centre ouvert Lu-Sa 9h-17h et Di. 10h-16h. Parc ouvert du lever au coucher du soleil. Entrée 6 $, personnes âgées 5 $, 6-12 ans 4 $.)

Au **Sea Breeze Motel**, 812 Stonington Rd./Route 1, à 8 km au nord de Mystic, les vastes chambres disposent de l'air conditionné et de la télévision par câble. (© 535-2843. Chambre simple 49 $, Ve-Sa 99 $. Chambre double 99 $, Ve-Sa 129 $. Réductions importantes en hiver.) Non loin de Mystic se trouve le **Seaport Campground**, sur la Route 184, à 5 km au nord, par la Route 27. (© 536-4044. Emplacement 28 $, avec eau et électricité 32 $, 5 $ par personne supplémentaire, réduction de 10 % pour les personnes âgées. Ouvert tlj mi-Avr-mi-Nov.) **Mystic Pizza**, 56 W. Main St., sert sa "recette secrète" de pizza depuis 1973. Le film du même nom, qui lança Julia Roberts en 1988, contribua à la popularité de ce restaurant sur place ou à emporter, plein de vie mais parfois trop touristique. (© 536-3737 ou 536-3700. Part de pizza 2 $, petite pizza 5,25 $, grande pizza 9,75 $. Ouvert tlj 10h-23h.) Si vous recherchez des spécialités de fruits de mer consistantes, ne manquez pas le **Cove Fish Market**, avec son comptoir de plats à emporter typiques de la

Nouvelle-Angleterre, situé à 1,5 km à l'est du centre-ville, dans Old Stonington Rd. (© 536-0061. Ouvert mi-Mai-début Sep, Lu-Je 11h-19h et Ve-Di 11h-20h. Marché aux poissons ouvert toute l'année 9h-18h.) **Traders Jack's**, 14 Holmes St., un bar de nuit populaire à proximité du centre-ville, sert des bières américaines à 2,75 \$. *Happy hour* Lu-Ve 16h30-18h30. (© 572-8550. Entrée gratuite. Repas servis 17h-24h. Pour les boissons, dernière commande Di-Je à 1h et Ve-Sa à 2h.)

Le **Mystic Tourist and Information Center**, Building 1d, à Old Mystick Village, non loin de la Route 27, fournit des informations sur les visites et les possibilités d'hébergement dans la région. (© 536-1641. Ouvert Lu-Sa 9h-18h et Di. 10h-17h.) Les hôtels de Mystic sont plutôt chers et, si vous avez l'intention d'y séjourner, prenez la précaution de réserver longtemps à l'avance. **Bureau de poste** : 23 E. Main St. (© 536-8143. Ouvert Lu-Ve 8h-17h et Sa. 8h30-12h30). **Code postal** : 06355.

NOUVELLE-ANGLETERRE

LES GRANDS LACS

LES INCONTOURNABLES DES GRANDS LACS

GASTRONOMIE. Le "fromage" du Wisconsin, la pizza de Chicago (p. 407), le *pasty* (tourte à la viande) de la Haute Péninsule du Michigan (p. 397) et le *fishboil* (bouillon de poisson) du comté de Door, dans le Wisconsin (p. 434), sont quelques-unes des spécialités culinaires régionales.

ACTIVITÉS DE PLEIN AIR. Canoë et kayak sont très populaires dans la partie septentrionale des Grands Lacs, et Grand Traverse Bay (p. 395) est un lieu de villégiature particulièrement prisé.

POINTS DE VUE. Grimpez au sommet du Log Slide, dans le Minnesota (p. 399), ou de Dune Climb, dans le Michigan (p. 392), et vous ne voudrez jamais en redescendre.

ROUTES PANORAMIQUES. Dans le Michigan, longez la rive du lac Michigan par la US 31 et la Route 119 (p. 395), empruntez Brockway Mountain Dr. (p. 400) ou les chemins de terre du Pictured Rocks National Lakeshore (p. 399). Dans le Minnesota, suivez la Route 61 N. à partir de Duluth, le long des berges du lac Supérieur (p. 453).

L'immense réserve d'eau douce des Grands Lacs est un héritage de la dernière ère glaciaire. Au début du quaternaire, de gigantesques glaciers originaires du nord du continent creusèrent de titanesques dépressions. Ils laissèrent derrière eux, en fondant, une myriade de petits lacs et cinq mers intérieures, bordées de vastes étendues boisées au sol fertile. De fait, la région des Grands Lacs concentre aujourd'hui 15 % des réserves d'eau douce de la planète et constitue un inestimable réseau de transport fluvial.

Le lac Supérieur, la plus grande réserve d'eau douce du monde, est un havre de paix. Ses rives abritent l'une des dernières populations de loups des Etats-Unis. Le lac Michigan, avec ses dunes de sable fin, est un lieu idéal pour pratiquer la voile ou la pêche sous-marine. Le lac Erié, encore très pollué il y a quelques années, fait désormais l'objet d'une protection vigilante et retrouve lentement sa beauté originelle. Le lac Huron fut le premier des Grands Lacs découverts par les Européens. En dépit de ses attraits, il a subi un développement moins soutenu que les quatre autres lacs. L'Ontario, enfin, le petit dernier de la famille, a une superficie environ deux fois supérieure à celle de la Corse. La région attire tous les amoureux de terres vierges.

Mais les souris des villes ne sont pas en reste : Minneapolis et Saint Paul sont de vraies métropoles et soutiennent la comparaison avec les autres grandes cités nord-américaines. Sans parler bien sûr de Chicago qui, avec son site splendide, l'architecture unique de ses gratte-ciel, une scène musicale de renommée internationale et une tradition culinaire bien établie, reste l'attraction première d'un séjour dans la région des Grands Lacs.

OHIO

Les glaciers qui façonnèrent les Grands Lacs aplanirent la partie nord de l'Etat, créant des plaines cultivables aujourd'hui couvertes de champs de maïs et de soja. La moitié sud, épargnée par les glaciers, est constituée de collines boisées s'étendant

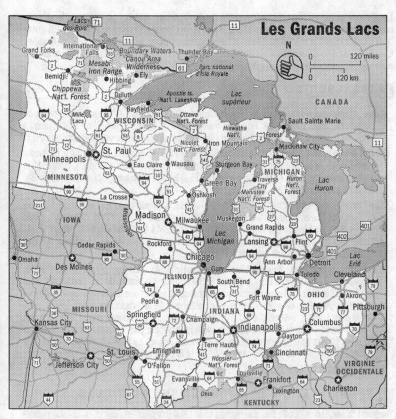

Les Grands Lacs

à perte de vue. La ressemblance frappante entre les villes de Cincinnati, Cleveland et Colombus, ajoutée à une succession ininterrompue de fermes et de chaleureuses bourgades (à l'image d'Oberlin), confère à l'Ohio son statut représentatif par excellence du mode de vie américain.

ⓔ INFORMATIONS PRATIQUES

Capitale : Columbus.

Informations touristiques : State Office of Travel and Tourism, 77 S. High St., *29th fl.* (28ᵉ étage), Columbus 43215 (ℰ 614-466-8844, www.ohiotourism.com). Ouvert Lu-Ve 8h-17h. **Ohio Tourism Line** (renseignements touristiques par téléphone) : ℰ 800-282-5393. **Division of Parks and Recreation**, Fountain Sq., Columbus 43224 (ℰ 614-265-7000).

Fuseau horaire : Heure de l'Est (6 heures de moins que l'heure de Paris).

Abréviation postale : OH. **Taxe** : 5,75 %.

CLEVELAND ☏ 216

En dépit de son morne paysage industriel, Cleveland est une ville qui gagne à être connue. La municipalité a lancé une grande entreprise de rénovation et d'amélioration du cadre de vie. Le "Rock and Roll Hall of Fame" a ouvert ses portes, et trois stades flambant neufs restaurent une image jadis synonyme d'abandon urbain.

Le rêve de cette vieille cité industrielle de devenir une métropole culturelle semble aujourd'hui sur le point de se réaliser. Mais reste, pour Cleveland, à relever un autre défi : celui d'offrir des structures d'hébergement pour le voyageur à petit budget. Celui-ci devra se débrouiller en attendant l'ouverture, prévue en 2003, d'une nouvelle auberge de jeunesse dans le centre-ville.

▮ TRANSPORTS

Avion : Cleveland Hopkins International Airport (℃ 265-6030), à 16 km au sud-ouest du centre-ville, dans Brook Park. Prenez la navette du RTA, ligne n° 66X ("*Red Line*"), jusqu'à Terminal Tower (1,50 $), dans le centre-ville. Un taxi pour le centre-ville vous coûtera 20 $.

Train : Amtrak, 200 Cleveland Memorial Shoreway N.E. (℃ 696-5115), en face du Brown Stadium, à l'est de l'hôtel de ville. Destinations : **New York** (1 dép/j, durée 12h, 104-128 $), **Chicago** (3 dép/j, durée 7h, 75-92 $) et **Pittsburgh** (2 dép/j, durée 3h, 33-40 $). Ouvert 24h/24.

Bus : Greyhound, 1465 Chester Ave. (℃ 781-1841), à l'angle de la E. 14th St., à 7 blocks de Terminal Tower. Près des arrêts de bus RTA. Destinations : **New York** (12 dép/j, durée 9h-14h, 83 $), **Chicago** (16 dép/j, durée 5h15-7h30, 44 $), **Pittsburgh** (12 dép/j, durée 2h30-4h30, 24 $) et **Cincinnati** (12 dép/j, durée 4h30-6h30, 40 $). La plupart des bus allant vers l'est effectuent un arrêt à Pittsburgh.

Transports en commun : Regional Transit Authority (RTA), 315 Euclid Ave. (℃ 621-9500, serveur vocal au 781-4271, ouvert Lu-Ve 6h30-18h30). Un réseau de bus connecté à celui des trains Rapid Transit dessert pratiquement toute la ville et ses faubourgs. Service de jour 5h-24h. Les horaires de nuit sont fournis par téléphone. Le tarif des trains est de 1,50 $, celui des bus de 1,25 $, l'express coûte 1,50 $ et la ligne circulaire autour du centre 50 ¢. Le forfait d'une journée coûte 4 $. Avant de quitter le bus, n'oubliez pas de demander au chauffeur un billet gratuit pour la correspondance (*transfer ticket*). La **Waterfront Line** dessert le Science Center, le Rock and Roll Hall of Fame et le quartier des Flats.

Taxi : Americab, ℃ 429-1111.

▮▮ ORIENTATION ET INFORMATIONS PRATIQUES

Terminal Tower, dans **Public Sq.**, partage la ville en deux parties : est et ouest. La numérotation des rues alignées sur un axe nord/sud part de la Terminal Tower, et est précédée de la mention E. (est) ou W. (ouest) selon leur situation par rapport à la tour. Par exemple, la E. 18th St. est le 18e block à l'est de la tour. Pour vous rendre à Public Square depuis la **I-90** ou la **I-71**, prenez la sortie Ontario Ave./Broadway. A partir de la **I-77**, prenez la sortie de la 9th St., puis Euclid Ave., qui conduit directement à Public Sq. **The Flats**, l'ancien noyau industriel de la ville, qui s'étend sur les deux rives de la rivière Cuyahoga et **Coventry Rd.**, dans Cleveland Heights, servent de pôles d'attraction aux restaurants et à la vie nocturne.

Informations touristiques : Cleveland Convention and Visitors Bureau, Tower City Center (℃ 621-4110 ou 800-321-1001), au rez-de-chaussée de la Terminal Tower, sur Public Square. Ouvert Lu-Ve 10h-16h.

Internet : Cleveland Public Library (bibliothèque municipale), 525 Superior Ave. (℃ 623-2904). Accès limité à 15 mn. Ouvert Lu-Sa 9h-18h et Di. 13h-17h, fermé Di. en été.

Assistance téléphonique : Rape Crisis Line (SOS Viol), ℃ 619-6192 ou 619-6194. 24h/24.

Bureau de poste : 2400 Orange Ave. (℃ 443-4494 ou 443-4096 après 17h). Ouvert Lu-Ve 7h-20h30 et Sa. 8h30-15h30. **Code postal** : 44101. **Indicatifs téléphoniques** : 216, 440 et 330 en banlieue. 216 pour les adresses qui suivent, sauf indication contraire.

▮ HÉBERGEMENT

Les taxes d'hébergement dans les hôtels (non incluses dans les tarifs indiqués ci-dessous) s'élèvent à 14,5 %. Se loger à bon marché n'est donc pas chose aisée

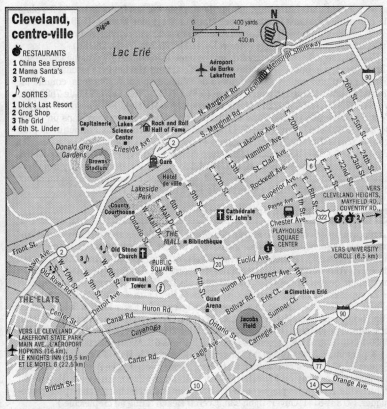

Cleveland, centre-ville

🍎 RESTAURANTS
1 China Sea Express
2 Mama Santa's
3 Tommy's

♪ SORTIES
1 Dick's Last Resort
2 Grog Shop
3 The Grid
4 6th St. Under

(les *"budget" motels* font payer au moins 60 $ la chambre). Si vous connaissez à l'avance le jour de votre arrivée, **Cleveland Private Lodgings**, P.O. Box 18557, Cleveland 44118 (*©* 321-3213, appelez Lu-Ve 9h-12h ou 15h-17h), peut vous trouver un logement aux abords de la ville pour 45 $ seulement. (Comptez entre deux et trois semaines pour obtenir une confirmation écrite, un peu moins par e-mail.) Les prix pratiqués en banlieue ou à proximité de l'aéroport sont plus avantageux mais il faut disposer d'un véhicule. Vous pouvez aussi pousser vers le sud, jusqu'au **Cuyahoga Valley National Park** (voir p. 368), où vous trouverez à vous loger en auberge de jeunesse ou en camping. Situé après la sortie n° 235 de la I-71, à 24 km au sud-ouest de la ville, le **Motel 6**, 7219 Engle Rd. (*©* 440-234-0990), offre des chambres propres et confortables avec air conditionné et télévision par câble (chambre simple 46 $, Ve-Sa 56 $, chambre double 52 $/62 $). Près de l'aéroport, le **Knights Inn**, 22115 Brookpark Rd., accessible par la sortie n° 9 de la I-480, propose des chambres de motel standard. Prenez deux fois à droite après l'autoroute (*©* 440-734-4500, chambre simple 45 $, chambre double 55 $, 21 ans au minimum).

🍴 RESTAURANTS

Pour satisfaire une irrésistible envie de corned-beef chaud (on ne sait jamais…), il suffit de pousser la porte de l'un des nombreux *delis* du centre-ville. Mais Cleveland a bien autre chose à offrir à votre palais. Si vous recherchez une cuisine plus élaborée, des produits diététiques ou un cadre insolite, faites un tour du côté de **Coventry Rd.**, dans le quartier de Cleveland Heights. Les cafés et restaurants italiens se regroupent dans Little Italy, autour de **Mayfield Rd.** Les fruits de mer et les plats de pub abondent dans le **quartier des Flats**. Le **West Side Market**, 1979 W. 25th St. (℡ 771-8885), au niveau de Lorain Ave., permet de s'approvisionner en produits frais, en viande et en fromage (ouvert Lu. et Me. 7h-16h, Ve-Sa 7h-18h).

Chez **Tommy's**, 1824 Coventry Rd., au sommet de la colline qui domine University Circle (prenez le bus n° 9X en direction de l'est, vers Mayfield et Coventry Rd.), le personnel, plutôt cool, vous mitonnera de délicieux plats végétariens, comme un *falafel* et une part de tarte au fromage (5 $). (℡ 321-7757. Ouvert Lu-Je 7h30-22h, Ve-Sa 7h30-23h et Di. 9h-22h.) **Mama Santa's**, 12305 Mayfield Rd., dans Little Italy, à l'est de University Circle, vous servira des plats siciliens copieux dans un cadre sobre. (℡ 231-9567. Ouvert Lu-Je 11h-22h45 et Ve-Sa 11h-23h45. Fermeture la plus grande partie du mois d'août. Lasagnes et *cavatelli* aux boulettes de viande 7 $.) Pour déguster de la bonne cuisine chinoise dans le centre-ville à des prix abordables, rendez-vous au **China Sea Express**, 1507 Euclid Ave. Pour le déjeuner, vous y trouverez notamment un buffet à volonté à 5,75 $ avec soupe et salade ainsi qu'un choix d'autres plats. (℡ 861-0188. Ouvert Di-Je 11h-21h et Ve-Sa 11h-22h.)

🎦 📙 VISITES ET SPECTACLES

La rénovation du centre-ville atteste des efforts de modernisation de Cleveland entrepris par la municipalité, qui l'a pompeusement baptisé *Remake of the Lake* (ou "le lac nouvelle formule"). Le **Rock and Roll Hall of Fame** offre un aperçu déroutant de l'univers du rock. Vous entendrez des centaines de morceaux d'anthologie tout en lisant la biographie de leurs interprètes. Ne manquez pas l'uniforme de scout de Jim Morrison et les capes croulant sous les paillettes d'Elvis. (1 Key Plaza. ℡ 781-7625. Ouvert tlj 10h-17h30, Me. 10h-21h. Entrée 15 $, personnes âgées et 9-11 ans 11,50 $. 5 $ Me. après 18h.) Son voisin immédiat, le **Great Lakes Science Center**, renferme un invraisemblable bric-à-brac de gadgets. (601 Erieside Ave. ℡ 694-2000. Ouvert Di-Je 9h30-17h30 et Sa. 9h30-18h45. Entrée 8 $, personnes âgées 7 $, 3-17 ans 6 $. Avec projection IMAX entrée 11 $, personnes âgées 10 $ et 3-17 ans 8 $. Parking pour le Hall of Fame et le Science Center 7 $.) Le **Cleveland Lakefront State Park**, accessible par Lake Ave., par Cleveland Memorial Shoreway ou Lakeshore Blvd., s'étend sur 22 km de rivage. Proche du centre-ville, il offre des plages et des endroits particulièrement agréables pour pique-niquer. (℡ 881-8141. Ouvert tlj 6h-23h. Everett Beach ferme au crépuscule.)

University Circle, à environ 6 km du centre-ville, ne regroupe pas moins de 75 établissements culturels. L'excellent **Cleveland Museum of Art** expose des œuvres d'art de la Renaissance jusqu'à l'époque contemporaine, ainsi que de belles toiles d'impressionnistes français et américains. (11150 East Blvd. ℡ 421-7340. Ouvert Di. 10h-17h, Ma., Je. et Sa. 10h-18h, Me. et Ve. 10h-21h. Entrée gratuite.) Dans les environs, le **Cleveland Museum of Natural History** renferme quelques pièces uniques de paléontologie, dont le seul crâne existant du terrifiant tyrannosaure pygmée (*Nanatyrannus*), ainsi qu'un impressionnant mastodonte de l'Ohio. (1 Wade Oval Dr. ℡ 231-4600. Ouvert Lu-Sa 10h-17h et Di. 12h-17h. Entrée 6,50 $, étudiants, personnes âgées et 7-18 ans 4,50 $, 3-6 ans 3,50 $.) Parcouru de ruisseaux, l'agréable **Cleveland Botanical Garden** offre un refuge particulièrement régénérant à l'écart de la jungle urbaine. (11030 East Blvd. ℡ 721-1600. Ouvert Avr-Oct jusqu'au coucher du soleil.) Le **Cleveland Orchestra**, l'un des meilleurs orchestres du pays, se produit au Severance Hall. (11001 Euclid Ave. ℡ 231-7300. Guichet ouvert Sep-Mai, Lu-Ve 9h-18h et Sa. 10h-18h, billets à partir de 25 $.)

📷 SORTIES

Les **Cleveland Indians** (℡ 420-4200) jouent de la batte de base-ball au **Jacobs Field**, 2401 Ontario St. Les billets sont difficiles à obtenir, et vous n'aurez sans doute d'autre choix que de vous rabattre sur la **visite guidée** de 1h du stade. (℡ 241-8888. 2 visites par heure. Mai-Sep : Lu-Sa 10h-14h. Juin-Août : Di. 12h-14h30 quand l'équipe ne l'utilise pas. 6 $, personnes âgées et moins de 15 ans 4 $.) Les basketteurs des **Cleveland**

Cavaliers (© 420-2000) jouent sur le terrain de la **Gund Arena**, 1 Center Ct. (Nov-Avr), à l'instar de l'équipe féminine des **Cleveland Rockers** (Juin-Août).

Le **Playhouse Square Center**, 1519 Euclid Ave., à 10 mn de marche de Terminal Tower, est le deuxième centre culturel des Etats-Unis par la taille (© 771-4444). A l'intérieur, le **State Theater** accueille d'octobre à juin le **Cleveland Opera** (© 575-0900) et le prestigieux **Cleveland Ballet** (© 426-2500). La **cinémathèque de Cleveland** (© 421-7450), au Museum of Art, projette des films d'avant-garde ou des films étrangers pour 6 $.

L'essentiel de la vie nocturne se déroule dans le secteur des **Flats**. Le **Dick's Last Resort**, 1096 Old River Rd., accueille en soirée des groupes qui font bouger les foules du jeudi au samedi sur des reprises de tubes des années 1950, 1960, 1970 et 1980. Le dimanche, un orchestre de swing prend la relève. (© 241-1234. Ouvert Lu-Je 11h-1h, Ve-Sa 11h-2h et Di. 10h-23h.) Le **6th St. Under**, 126 W. 6th St., accueille des *jam-sessions* (impros) de jazz et de *R'n'B* dans l'un des lieux les plus agréables du centre-ville. (© 589-9313. Concerts Je-Sa. Ouvert Ma-Je 17h-0h30, Ve. 17h-2h30, Sa. 21h-2h30 et Di. 20h30-2h30.) Les inconditionnels de rock et de *grunge* font le plein de décibels au **Grog Shop**, 1765 Coventry Rd., à Cleveland, qui attire des groupes d'envergure régionale, voire nationale. (© 321-5588. Ouvert Lu-Sa 19h-2h et Di. 14h-2h.) Les gays et les lesbiennes fréquentent **The Grid**, 1281 W. 9th St., pour son bar confortable et sa piste de danse ultramoderne. (© 623-0113. Strip-tease masculin Me. et Ve-Di. Ouvert Lu-Sa 17h-2h30 et Di. 16h-2h30.) Les dernières nouvelles des groupes et des boîtes parsèment les journaux *Scene* et *Free Times*. Le *Gay People's Chronicle* et le bihebdomadaire *Out Lines*, disponibles dans les établissements gay, font le point sur l'actualité gay et lesbienne.

▓ EXCURSIONS DEPUIS CLEVELAND

CEDAR POINT AMUSEMENT PARK

Le Cedar Point Amusement Park (prenez la US 6 puis la sortie pour Sandusky, à plus de 100 km à l'ouest de Cleveland) s'est récemment vu décerner le titre envié de "meilleur parc d'attractions du monde" par le magazine *Amusement Today*. Ses montagnes russes, les plus vertigineuses et les plus rapides du monde, et sa toute nouvelle **Millennium Force** (100 m, 145 km/h) assurent en effet aux amateurs de poussées d'adrénaline de tout premier ordre. Les plus jeunes peuvent même expérimenter le grand frisson sur le *training coaster*, ou grand huit d'entraînement. Ne manquez pas le spectacle laser patriotique qui illumine le ciel tous les soirs d'été à 22h. (© 419-627-2350 ou 800-237-8386. Ouvert Juin-Août, tlj 10h-23h. Horaire variable Sep-début Oct. Entrée 39 $, personnes âgées 23 $, enfants de moins de 4 ans ou de moins de 1,20 m 15 $. Parking 7 $.)

SPECTACLES AQUATIQUES ET INVENTIONS

Le **Marine Park** de **Six Flag**, à Aurora, à 50 km au sud de Cleveland par la Route 43, propose des spectacles aquatiques, dont un avec des requins (*Shark Encounter*) et d'autres avec des pingouins. Et pour mieux fusionner avec ces représentations, vous apprécierez les bonnes vieilles projections d'eau qui vont avec. Rires assurés. (1100 Sea World Dr. © 330-995-2121. Ouvert mi-Juin-fin Août, tlj 10h-22h ; mi-Mai-mi-Juin 10h-19h ; fin Août-fin Oct 10h-20h. Adultes et plus de 1,20 m 40 $, moins de 1,20 m 20 $. Parking 8 $.) Mettez vos petites cellules grises au travail à l'**Inventure Place** et au **National Inventor's Hall of Fame**, à 55 km au sud de Cleveland, à Akron. Les adultes y arpenteront plusieurs étages d'exposition consacrés aux inventeurs célèbres, tandis que les enfants et ceux qui sont restés jeunes d'esprit trouveront leur bonheur aux ateliers d'invention situés au rez-de-chaussée. (221 S. Broadway. © 762-6565 ou 800-968-4332. Ouvert Ma-Sa 9h-17h et Di. 12h-17h. Sep-Mars : Me-Sa 9h-17h et Di. 12h-17h. Entrée 7,50 $, personnes âgées, étudiants et enfants 6 $.)

FOOTBALL HALL OF FAME

Si vous êtes un fan de football américain, vous pouvez vous rendre au **Pro Football Hall of Fame**, à environ 100 km au sud de Cleveland, à Canton. Prenez la sortie n° 107A au carrefour entre les la I-77 et la US 62. Vous y verrez entre autres la tenue et le casque d'O.J. Simpson, ancienne vedette du football américain qui défraya la chronique judiciaire. (2121 George Halas Dr. N.W. © 330-456-8207. Ouvert tlj 9h-20h ; début Sep-fin Mai 9h-17h. Entrée 12 $, personnes âgées 8 $, 6-14 ans 6 $.)

CUYAHOGA VALLEY NATIONAL PARK   ☎ 330

A quelque 15 km au sud de Cleveland se trouve la limite nord de l'étonnant parc national de **Cuyahoga Valley**. D'abord classé zone nationale de détente (National Recreation Area) par le Congrès en 1974, il est devenu parc national en l'an 2000. La **Cuyahoga River** parcourt les épaisses forêts et les terres cultivées du parc sur 35 km, croisant sur son chemin des écuries, des aqueducs et des moulins. Cette rivière prit feu lors du terrible pic de pollution qui frappa Cleveland il y a quelques décennies. Le mieux est de partir à la découverte du parc à pied ou à vélo. Le sentier de randonnée **Ohio & Erie Canal Towpath Trail** traverse quant à lui des forêts ombragées et longe les nombreuses écluses qui fonctionnaient à la grande époque du canal. Vous trouverez des vélos à louer pour 5 $ de l'heure chez **Century Cycles**, 1621 Main St., à Peninsula. (© 657-2209. Ouvert Lu-Je 10h-20h, Ve-Sa 10h-18h et Di. 10h-17h.) Dans le **Hale Farm & Village**, 2686 Oak Hill Rd., à 3 km au sud de Peninsula, des artisans et des fermiers recréent le mode de vie rustique des habitants de la région en 1848. (© 666-3711. Ouvert Juin-Oct, Lu-Sa 10h-17h et Di. 12h-17h. 12 $, personnes âgées 10 $, 3-12 ans 7 $.) Le **Beaver Marsh** formait autrefois une zone d'écoulement naturel, jusqu'au jour où des castors y construisirent un barrage, le transformant ainsi en un marais florissant. Le train constitue un autre moyen de visiter le parc. La ligne de chemin de fer **Cuyahoga Valley Scenic Railroad** propose plusieurs excursions le long de la rivière au départ de Peninsula, d'Independence et d'Akron. (© 657-2000. Fermé en Janv. 11-20 $, personnes âgées 10-18 $, enfants 7-12 $. Téléphonez pour réserver.) Enfin, le parc offre quelques animations saisonnières. En été, le **Cleveland Orchestra** interprète des concerts en soirée au **Blossom Music Center**, 1145 W. Steels Corners Rd., à Cuyahoga Falls, quelques kilomètres au sud du parc. (© 920-8040. Place assise sur la pelouse 20-50 $.) En hiver, les **stations de ski Boston Mills** et **Brandywine** (© 467-2242) sont équipées de 16 remontées mécaniques, de rampes de surf et de pistes de ski nocturne des deux côtés de la Cuyahoga.

Que vous visitiez Cleveland ou le parc national, la ♥ **Stanford House Hostel (HI-AYH)**, 6093 Stanford Rd., à Peninsula, est le meilleur endroit pour vous loger. Construite en 1843 par George Stanford, cette auberge de jeunesse spacieuse était autrefois une ferme. Sentiers pédestres et pistes cyclables à proximité. Prenez la sortie n° 12 de la I-80, tournez à droite dans Boston Mills Rd., roulez pendant environ 8 km puis tournez à droite dans Stanford Rd. (© 467-8711. Téléphonez pour réserver. Séjour de 7 nuits au maximum. Draps 2 $. Laverie 1,75 $. Se présenter entre 17h et 22h. Libérez la chambre avant 9h. Couvre-feu à 23h. Dortoirs de 4 lits, quelques chambres familiales et individuelles. Dortoir 14 $, moins de 18 ans 7 $.) Le **Tamsin Park**, 5000 Akron-Cleveland Rd., 5 km au sud de Boston, à Peninsula, est le seul **terrain de camping** des environs. (© 656-2859. Ouvert Mai-1er Oct. Emplacement 24 $, avec raccordements 30 $.)

Le village de Peninsula constitue le centre du parc. C'est ici que sont installés la plupart des restaurants. Le **Fisher's Cafe and Pub**, 1607 Main St., sert de délicieux *pancakes* et propose des formules petit déjeuner entre 3 et 6 $. (© 657-2651. Ouvert Lu-Je 8h-22h, Ve-Sa 8h-24h et Di. 8h-21h.) **Tommy's Drive-In & Dairy Whip**, 1208 Aurora Rd., à quelques kilomètres à l'est du parc, à Macedonia, vous servira son délectable *Tommyburger* (avec une sauce maison), accompagné d'onctueux milk-shakes à 1,50 $. (© 467-1004. Ouvert en été Lu-Sa 11h-22h et Di. 12h-22h ; au printemps et en automne, fermeture à 21h.) Le parc compte trois offices de tourisme, dont le **Happy Days Visitor Center**, Route 303, près de la Route 8, à Peninsula, construit pendant la grande dépression, dans les années 1930, et non en hommage à une série-culte. (© 650-4636. Ouvert tlj 8h-17h. Fermé Lu-Ma en hiver.) **Bureau de poste** : 1921 Bronson Ave., à côté de la Route 303, à Peninsula. (© 657-2500. Ouvert Lu-Ve 8h-17h et Sa. 8h-12h.) **Code postal** : 44264.

COLUMBUS

⚡ 614

Une croissance économique rapide, le développement spectaculaire de sa périphérie et des "découpages" électoraux inavouables ont permis à la population de Columbus de dépasser celle de Cincinnati et de Cleveland. High St., l'axe de circulation principal, part des imposants immeubles de bureaux du centre-ville et traverse le quartier animé des galeries d'art du Short North pour déboucher sur l'université de l'Ohio (OSU), la plus grande université américaine, avec plus de 60 000 étudiants. Columbus incarne une Amérique tranquille, sans sirènes hurlantes, sans paillettes, une Amérique simple, propre et presque naïve. La banlieue de Bexley a d'ailleurs inspiré le décor de la série télévisée *Family Ties*, mettant en scène les (relatives) tribulations d'une famille modèle.

FOU DE BŒUF Quand R. David Thomas était petit, il adorait Gontran, le fameux personnage du dessin animé *Popeye*, qui dévorait goulûment des hamburgers comme s'il s'agissait de simples petits fours. Cette irrésistible gloutonnerie fit l'effet d'un révélateur pour le futur géant du fast-food. Né en 1932, Dave Thomas passa sa petite enfance à Atlantic City et quitta l'école après la seconde pour poursuivre ses rêves culinaires. En 1969, il ouvrit le **premier restaurant Wendy's** à Columbus. De là, les taches de rousseur et les nattes auburn de sa fille se répandirent à travers les Etats-Unis à la vitesse d'un feu de broussailles. Aujourd'hui, Wendy's est une chaîne de fast-food internationale et Dave Thomas un multimillionnaire qui apparaît, hamburger à la main, dans ses propres spots publicitaires, et n'a pas oublié ses origines modestes. Il aime encore à s'éclipser pendant les réunions du conseil d'administration pour dévorer vite fait un... ou trois hamburgers.

⚡ 🄽 ORIENTATION ET INFORMATIONS PRATIQUES

Conçue d'emblée comme une capitale, Columbus a été dessinée sur le modèle d'un quadrillage classique avec rues à angles droits. High St., qui va du nord au sud, et Broad St., d'est en ouest, sont les deux axes majeurs de cette grille. Les bus **Greyhound**, 111 E. Town St. (✆ 221-2389 ou 800-231-2222), partent du centre-ville pour Cincinnati (13 dép/j, durée 2h, 17 $), Cleveland (12 dép/j, durée 3h, 18 $) et Chicago (7 dép/j, durée 7-10h, 47,50 $). La **Central Ohio Transit Authority (COTA)**, 177 S. High St. (✆ 228-1776, ouvert Lu-Ve 8h30-17h30), sillonne toute la ville jusqu'à 23h ou minuit, selon l'itinéraire (1,10 $, express 1,50 $). Pour un **taxi Yellow Cab**, téléphonez au ✆ 444-4444. Le **Greater Columbus Visitors Center** occupe le premier étage du City Center Mall, 111 S. 3rd St., dans le centre-ville. (✆ 221-6623 ou 800-345-4386. Ouvert Lu-Ve 8h-17h.) **Bureau de poste** : 850 Twin Rivers Dr. (✆ 469-4521. Ouvert Lu-Ve 7h-20h et Sa. 8h-14h.) **Code postal** : 43216.

🄷 🄲 HÉBERGEMENT ET RESTAURANTS

L'auberge de jeunesse **Heart of Ohio Hostel (HI-AYH)**, 95 E. 12th Ave., à un block de l'université, est équipée de façon remarquable (avec un piano notamment) et met des vélos à la disposition de ses clients. La direction offre la nuitée à toute personne capable de fournir une prestation musicale d'une heure au minimum. (✆ 294-7157. Dortoir 14 $, 17 $ pour les non-adhérents, 4 nuits 50 $. Réception 7h30-9h30 et 17h-22h. Dortoirs inaccessibles 9h30-17h.) Pour des chambres propres à des prix raisonnables, essayez le **Motel 6**, 5910 Scarborough Dr., à 20 mn du centre-ville par la I-70, sortie n° 110A (✆ 755-2250, chambre simple 37-45 $, 6 $ par adulte supplémentaire). Vous trouverez d'autres motels standard dans les environs.

On trouve dans High Street d'excellents restaurants bon marché. Le **J&G Diner**, 733 N. High St., sert des gaufres consistantes (4 $) et des omelettes "hippie" ou "rabbi" (7 $) au milieu de peintures représentant Cendrillon vêtue de vert. (✆ 294-

LES GRANDS LACS

1850. Ouvert Lu-Ve 10h-22h et Sa-Di 9h-22h.) **Bernie's Bagels and Deli**, 1896 N. High St., propose des sandwichs à base de produits naturels pour 3-5 $. (© 291-3448. Ouvert Lu-Sa 10h-2h et Di. 17h-2h.) C'est dans le restaurant coloré de **La Bamba**, 1980 N. High St., que vous pourrez consommer un *burrito* "plus gros que votre tête" pour 5,65 $. Si vous n'y croyez pas, vous trouverez la preuve sur le mur : la tête de chaque joueur de l'équipe de football américain de l'université est remplacée par un *burrito*. (© 294-5004. Ouvert Ma-Sa 11h-3h et Di-Lu 11h-24h.)

🌀 VISITES

L'**université de l'Ohio (OSU)** est située à 3 km au nord du centre-ville. Sur le campus, le **Wexner Center for the Arts**, dans N. High St., au niveau de la 15th Ave., fut le premier édifice public conçu par l'architecte contemporain controversé Peter Eisenman. Quatre galeries y présentent au public œuvres d'art, films, musique et danse d'avant-garde, et des espaces sont aménagés pour y pratiquer de la danse, de la musique et des représentations théâtrales. (© 292-3535. Ouvert Ma-Me et Ve-Sa 10h-18h, Je. 10h-21h, Di. 12h-18h. Entrée 3 $, personnes âgées et étudiants 2 $, gratuit Je. 17h-21h. Accès handicapés.) Le **Columbus Museum of Art** abrite pour sa part œuvres impressionnistes et peintures contemporaines européennes. (480 E. Broad St. © 221-6801. Ouvert Ma-Me et Ve-Di 10h-17h30, Je. 10h-20h30. Entrée 6 $, étudiants et personnes âgées 4 $, gratuit pour les moins de 5 ans et Je. 17h-20h30.) Découvrez d'innombrables expériences de physique amusante au **Center of Science and Industry (COSI)**. (333 W. Broad St. © 288-2674. Ouvert tlj 10h-17h. Entrée 12 $, personnes âgées 10 $, 2-12 ans 7 $. Accès handicapés.) A plusieurs blocks à l'est se situe le premier "maillon" de la chaîne de fast-food **Wendy's** (voir encadré **Fou de bœuf**). Juste à côté se trouve la maison où James Thurber passa son enfance, la **maison Thurber**, décorée de caricatures réalisées par le célèbre dessinateur du *New Yorker*. (77 Jefferson Ave., près de Broad St., un block à l'ouest de la I-71. © 464-1032. Ouvert tlj 12h-16h. Entrée gratuite. Visite guidée payante Di. 2 $, étudiants et personnes âgées 1,50 $.)

Au sud de Capitol Square, le **German Village**, fondé en 1843, a bénéficié du plus important plan de restauration financé par des fonds privés jamais entrepris aux Etats-Unis. Le village allemand est composé de belles maisons en brique et de brasseries à l'ancienne. A la **Schmidt's Sausage Haus**, les orchestres Schnickel-Fritz Schnapps et Squeezin'n'Wheezin' vous feront danser sur des airs de polka à partir de 19h. Entre les danses, dégustez un plat de saucisses maison (8,50 $) apporté par un serveur en culotte de peau. (240 E. Kossuth St. © 444-6808. Polka Me-Je à 19h et Ve-Sa à 20h en été. Pas de concerts Me. en hiver. Ouvert Di-Lu 11h-21h, Ma-Je 11h-22h et Ve-Sa 11h-23h.) Des échantillons gratuits de *fudge* (caramel) sont distribués par la **Schmidt's Fudge Haus**, un block à l'ouest de la Sausage Haus (horaire d'ouverture indiqué au © 444-9217). Téléphonez ou faites un tour à la **German Village Society Meeting Haus** pour en savoir plus (588 S. 3rd St., © 221-8888, ouvert Lu-Ve 9h-16h et Sa. 10h-14h). Renseignez-vous sur l'**Oktoberfest**, laquelle se tient pour d'obscures raisons en septembre.

📻 SORTIES

Procurez-vous les quatre journaux hebdomadaires, *The Other Paper*, *Columbus Alive*, *The Guardian* et *Moo* (disponibles dans de nombreux restaurants et commerces) pour obtenir les derniers échos de la vie culturelle de Columbus. Affiliée aux New York Yankees, l'équipe de deuxième division (*minor league*) de base-ball des **Clippers** dispute le championnat d'avril à début septembre (© 462-5250, billets 5-8 $). Si vous aimez l'art contemporain, faites un tour à l'excentrique **Gallery V**, 694 N. High St. (© 228-8955), qui accueille des peintures, des sculptures et des œuvres réalisées à partir de matériaux hors du commun. (Ouvert Ma-Me et Ve-Sa 12h-18h, Je. 12h-21h, en hiver Ma-Sa 11h-17h.)

Si vous faites une overdose d'art, Columbus dispose du remède miracle : le rock'n'roll. Les groupes de musique sont la principale attraction de la ville. Le weekend, pratiquement tous les bars accueillent des concerts. **Newport**, 1722 N. High St.

(© 228-3580, billets 5-40 $), reçoit des groupes de renommée nationale. Son cocktail "martini-chocolat" et son ambiance animée font du **Union Station Video Cafe**, 630 N. High St., un endroit très prisé. (© 228-3740 ou 228-3546. Concerts Di. à 18h. Bière 2,50-3,50 $. Ouvert tlj 11h-2h30.) A quelques blocks au sud de ce haut lieu de branchitude s'étend le **Brewery District**, ancien quartier de l'industrie métallurgique reconverti aujourd'hui dans les brasseries.

▓ ENVIRONS DE COLUMBUS

A une heure de route au sud de Columbus, la région de **Chillicothe** (TCHILL-i-cowzi) vaut assurément le détour. Le site du **Hopewell Culture National Historical Park** rassemble 23 tertres funéraires répartis sur 5 hectares. Un petit musée s'efforce d'expliquer l'origine de ces sépultures. (16062 Route 104. © 740-774-1126. Musée ouvert tlj 8h30-18h ; Sep-Mai 8h30-17h. Le parc est ouvert de l'aube au crépuscule. Entrée 4 $ par voiture, 2 $ par piéton.) De mi-juin à début septembre, l'amphithéâtre de la Sugar Loaf Mountain, à l'extrémité nord de Chillicothe par la Route 23, présente **Tecumseh**, une tragédie qui relate le destin funeste du chef shawnee du même nom. Une visite des coulisses vous est proposée toutes les heures de 14h à 17h pour vous expliquer certains "trucs" utilisés dans le spectacle, notamment la façon dont les cascadeurs plongent la tête la première d'une falaise de plus de 6 mètres de haut. (Spectacle Lu-Sa à 20h. Lu-Je : billet 14 $, Ve-Sa : 16 $. Moins de 10 ans 6 $ tlj. Visite 3,50 $, enfants 2 $.) Vous pouvez planter votre tente au **Scioto Trail State Park**, à 16 km au sud de Chillicothe, près de la US 23, et y **camper** face au lac Stuart. (© 740-663-2125. Emplacement 9 $, 13 $ avec électricité.)

CINCINNATI ☞ 513

Le poète américain Longfellow la surnomma "la ville-reine de l'Ouest". Mais sa fondation par des marchands de cochons allemands lui valut le sobriquet moins flatteur de "Porkopolis". Séparée de l'Etat du Kentucky par l'Ohio River, la ville de Cincinnati fait penser, par son ambiance et parfois son accent, à une ville du Sud. Son ballet de danseuses étoiles, son zoo de renommée internationale et sa spécialité unique de *chili* en font l'un des pôles d'attraction de la région, drainant des touristes du monde entier.

▐ TRANSPORTS

Avion : **Greater Cincinnati International Airport** (© 859-767-3151), dans l'Etat du Kentucky, à 20 km au sud de Cincinnati par la I-75, la I-71 ou la I-74. Les navettes **Jetport Express** (© 859-767-3702) desservent le centre-ville (12 $, 16 $ aller-retour). Vous pouvez également faire appel à la **Transit Authority of Northern Kentucky (TANK)** (© 859-331-8265) pour d'autres informations sur les transports.

Train : **Amtrak**, 1301 Western Ave. (© 651-3337), à la gare Union Terminal. Destinations : **Indianapolis** (1 dép/j, durée 4h, 19-35 $) et **Chicago** (1 dép/j, durée 8-9h, 19-36 $). Ouvert Lu-Ve 9h30-17h et Ma-Di 23h-6h30. *Evitez le quartier au nord de la gare, et particulièrement Liberty St.*

Bus : **Greyhound**, 1005 Gilbert Ave. (© 352-6012), juste après l'intersection d'E. Court St. avec Broadway. Destinations : **Louisville**, Kentucky (10 dép/j, durée 2h, 21 $), **Cleveland** (10 dép/j, durée 4-6h, 40 $) et **Columbus** (11 dép/j, durée 2h, 17 $). Ouvert 24h/24.

Transports en commun : **Cincinnati Metro** et **TANK**, tous deux au Bus Stop, dans le Mercantile Center, 115 E. 5th St. (© 621-9450, ouvert Lu-Ve 8h-17h). La plupart des bus partent non loin de Government Square, à l'angle de la 5th St. et de Main St., et couvrent la périphérie. Billets 65 ¢ en hiver, 50 ¢ en été, 80 ¢ aux heures de pointe en hiver, suppléments pour la banlieue. Les horaires et toute autre information s'obtiennent auprès des bureaux de la compagnie.

Taxi : **Yellow Cab**, © 241-2100.

✦ ⓘ ORIENTATION ET INFORMATIONS PRATIQUES

Le quartier des affaires se concentre autour de **Fountain Sq.**, à l'angle de la **5th St.** et de **Vine St.** Les rues transversales sont numérotées et divisées en East ou West, Vine St. servant de point de référence. L'**université de Cincinnati** s'étend à partir de Clifton, au nord de la ville. Le **Cinergy Field**, le **Serpentine Wall** et le **Riverwalk** bordent le fleuve Ohio, qui marque la frontière avec l'Etat du Kentucky.

Informations touristiques : Cincinnati Convention and Visitors Bureau, 300 W. 6th St. (© 621-2142 ou 800-246-2987). Ouvert Lu-Ve 9h-17h. L'**Information Booth** de Fountain Sq. dispose d'un choix plus limité. Ouvert Lu-Sa 9h-17h.

Assistance téléphonique : Rape Crisis Center (SOS Viol), 216 E. 9th St. (© 872-9259), dans le centre-ville, 24h/24. **Gay/Lesbian Community Switchboard** (© 591-0222).

Bureau de poste : 525 Vine St. (© 684-5667), situé dans le Skywalk. Ouvert Lu-Ve 8h-17h et Sa. 8h-13h. **Code postal** : 45202. **Indicatif téléphonique** : 513. 859 pour les banlieues situées dans le Kentucky. 513, sauf indication contraire.

▌ HÉBERGEMENT

On trouve peu de lieux d'hébergement pour les petits budgets dans le centre de Cincinnati. Sharonville, à environ 50 km au nord de Cincinnati (prenez la I-75), offre des motels bon marché dans Chester Rd. A environ 19 km au sud de la ville, d'autres lieux d'hébergement économiques bordent la I-75, autour de la sortie n° 184. Plus près encore, les motels de Central Pkwy. et de Hopple St. offrent d'autres possibilités à des prix relativement abordables. Le **Knights Inn-Cincinnati/South**, 8048 Dream St., à Florence, dans le Kentucky, juste à la sortie n° 180 de la I-75, propose des chambres rénovées style "chevaliers de la Table ronde" ainsi qu'un service sympathique. (© 859-371-9711. TV par câble, air conditionné, piscine à l'extérieur. Chambre simple 36-40 $, chambre double 40-45 $. Interdit aux moins de 21 ans.) A 10 mn du centre-ville et de l'université de Cincinnati, le **Budget Host Town Center Inn**, 3356 Central Pkwy., à la sortie n° 3 de la I-75, est un petit motel qui dispose d'une piscine, de l'air conditionné et de la télévision par câble, le tout dans des chambres un peu vieillottes mais confortables. (© 283-4678 ou 800-283-4678, chambre simple 45-60 $, chambre double 50-65 $.) A 40 km à l'est de la ville, près de la boucle formée par la I-275, le **Stonelick State Park** dispose de 115 emplacements situés à la pointe du lac Stonelick et offre une alternative appréciable après les prix exorbitants de Cincinnati. (© 625-6593. Emplacement 11 $, avec électricité 15 $.)

▌ RESTAURANTS

La plus grande contribution de Cincinnati à la gastronomie nationale est son *chili*. Mais pas celui qu'on croit. Ce nom exotique renvoie en vérité à de simples spaghettis garnis de viande hachée, d'oignons émincés, de haricots rouges, de fromage… et d'un ingrédient secret qui donne tout son charme à ce plat mystérieux.

Skyline Chili, un peu partout. Nombreux établissements dans toute la ville, notamment au 643 Vine St. (© 241-2020), près de la 7th St. Le *chili* servi par cette chaîne est meilleur qu'ailleurs. Cela fait des années que l'on cherche à en connaître l'ingrédient secret. Certains pensent au chocolat, mais le curry semble plus probable. 5,55 $ le *5-way large chili* (cinq variations sur le thème du *chili*), 1,25 $ le *cheese coney* (hot-dog). Ouvert Lu-Ve 10h30-20h et Sa. 11h-16h.

Ulysses, 209 W. McMillan (© 241-3663), à Clifton. Ce microscopique restaurant végétarien, resté scotché à l'ère hippie, attire des foules de végétariens en délire de toute la ville. Les *smoothies* aux fruits (milk-shakes, 1,75 $) sont acides et rafraîchissants, mais vous pouvez vous rabattre sur le *chili* végétarien (2,75 $). Ouvert en été Lu-Sa 11h-20h, en hiver 11h-21h.

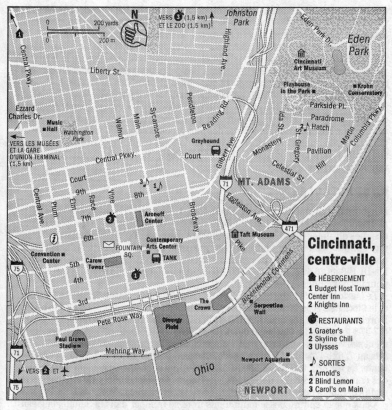

Cincinnati, centre-ville

🏠 HÉBERGEMENT
1 Budget Host Town Center Inn
2 Knights Inn

🍎 RESTAURANTS
1 Graeter's
2 Skyline Chili
3 Ulysses

♪ SORTIES
1 Arnold's
2 Blind Lemon
3 Carol's on Main

House of Sun, 35 E. 7th St. (℅ 721-3600), entre Vine St. et Walnut St. Une cuisine chinoise consistante et bon marché attire ici les affamés des environs. Essayez la formule déjeuner, qui comprend une soupe et un plat accompagnés de riz en friture, le tout pour 5,25 $. Ouvert Lu-Sa 11h-21h30.

Graeter's, 41 E. 4th St. (℅ 381-0653), entre Walnut St. et Vine St., dans le centre, ainsi que 15 autres adresses en ville. Depuis 1870, Graeter's fait la joie des gourmands en proposant des glaces parsemées d'énormes pépites de chocolat. Cornet avec pépites de chocolat à partir de 1,75 $. Ouvert Lu-Ve 7h-18h et Sa. 7h-17h.

🔍 VISITES

Le centre-ville gravite autour de la **Tyler Davidson Fountain**, au croisement de la 5th St. et de Vine St., une fontaine du XIXe siècle richement ornée et un lieu idéal pour l'ethnologie urbaine. Allez visiter les jardins luxueux de la **Procter and Gamble Plaza**, à l'est de Fountain Square, ou promenez-vous le long de **Fountain Square South**, un complexe commercial et un centre d'affaires relié par tout un réseau d'allées aériennes. La plateforme panoramique de **Carew Tower**, sur la place, offre la plus belle vue sur la ville.

Non loin de la fontaine, le **Contemporary Arts Center**, au 1er étage du Mercantile Center, près de Walnut Street, jouit d'une excellente réputation au sein de la communauté artistique du pays. (115 E. 5th St. ℅ 721-0390. Ouvert Lu-Sa 10h-18h et Di. 12h-17h. Entrée 3,50 $, personnes âgées et étudiants 2 $, gratuit Lu. Accès handicapés.) Toujours dans le centre, le **Taft Museum**, à l'extrémité est de la 4th St., possède une très belle collection d'émaux peints ainsi que des œuvres de Rembrandt et de Whistler. (316 Pike St. © 241-0343. Ouvert Lu-Sa 10h-17h et Di. 13h-17h. Entrée 4 $, personnes âgées et étudiants 2 $, gratuit pour les moins de 18 ans et pour tous Me. et Di.)

L'**Eden Park**, au nord-est, offre un havre de paix proche de la ville avec ses collines aux douces ondulations, sa pièce d'eau et ses centres culturels. Prenez le bus n° 49 pour Eden Park Drive (ouvert tlj 6h-22h). Les collections du **Cincinnati Art Museum**, situé à l'intérieur du parc, embrassent 5000 ans d'histoire, des antiquités du Proche-Orient aux portraits des champions de base-ball locaux par Andy Warhol. (© 721-5204. Ouvert Ma-Sa 10h-17h et Di. 12h-18h. Entrée 5 $, personnes âgées et étudiants 4 $, gratuit pour les moins de 18 ans. Sa. prix libre. Gratuit mi-Juin-début Sep.) Le tout proche **Krohn Conservatory**, l'une des plus grandes serres du monde ouvertes au public, recrée un environnement luxuriant de forêt tropicale et offre aux regards son jardin-vivarium de papillons. (© 421-5707. Ouvert tlj 10h-17h. Gratuit, dons bienvenus. Accès handicapés.)

🎭 SPECTACLES

Les journaux gratuits *City Beat*, *Everybody's News* ou *Downtowner* vous informent sur les événements culturels de la ville. Les communautés regroupées le long des rues abruptes de **Mt. Adams** constituent un quartier bohème et actif. Juché sur une colline boisée, l'amphithéâtre **Playhouse in the Park**, 962 Mt. Adams Circle, propose un grand choix de pièces dramatiques. (© 421-3888. Spectacles mi-Sep-Juin, Ma-Di. Billets 26-40 $, billets à 13,50 $ pour les étudiants 15 mn avant le spectacle et pour les personnes âgées 2h avant.)

Le **Music Hall**, 1243 Elm St. (© 721-8222), accueille le **Cincinnati Symphony Orchestra** et le **Cincinnati Pops Orchestra** (© 381-3300) de septembre à mai (16,50-63 $ le billet). L'orchestre prend ses quartiers d'été (Juin-Juil) à **Riverbend**, près de Coney Island (17-37 $ le billet). Le **Cincinnati Opera** (© 888-533-7149, billets 12-90 $) pousse également ses vocalises au Music Hall. Pour connaître les programmes, appelez **Dial the Arts** au © 621-4744. La **Cincinnati Ballet Company** (© 621-5219) se produit à l'**Aronoff Center for the Arts**, 650 Walnut St. (© 241-7469), qui accueille également les tournées des comédies musicales de Broadway. (Ballets Oct-Mai. Billets 12-47 $, 9-40 $ en matinée. Billets pour les spectacles 15-65 $. Accès handicapés.)

Ceux que la culture laisse indifférents iront se tremper dans la Sunlite, la gigantesque piscine du **Coney Island Amusement Center**, 6201 Kellogg Ave. Prenez la I-275 jusqu'à la sortie "Kellogg Avenue". (© 232-8230. Piscine ouverte tlj 10h-20h, manèges en fonction Lu-Ve 12h-21h et Sa-Di 11h-21h. Accès à la piscine seule 12 $, 4-11 ans 10 $, personnes âgées 8 $, aux manèges seuls 7 $, 4-11 ans 5 $, aux deux 17 $/15 $/13 $.)

A Mason, à 40 km au nord de Cincinnati (prenez la I-71 jusqu'à la sortie n° 24), vous trouverez le **Paramount's Kings Island**. Ce parc d'attractions comporte une tour Eiffel factice et un gigantesque parc aquatique, ainsi que les plus grandes montagnes russes en bois du monde, **The Beast**, littéralement "la bête", qui couvrent de leurs tentacules 14 hectares et deux zones postales. (© 573-5800 ou 800-288-0808. Ouvert fin Mai-fin Août, Di-Ve 9h-22h et Sa. 9h-23h. Entrée 40 $, personnes âgées et 3-6 ans 20 $. Parking 6 $. Accès handicapés.) Les fans de base-ball pourront encourager les **Reds** (© 421-7337, billets 5-28 $) et les fans de football américain les **Bengals** (© 621-3550, billets 35-50 $) au **Cinergy Field**, 201 E. Pete Rose Way.

🍴 SORTIES

Mt. Adams, à l'est de la ville, domine (littéralement) la vie nocturne de Cincinnati, avec ses nombreux bars et cafés ouverts jusqu'à des heures tardives. Des jouets anciens décorent l'intérieur du **Blind Lemon**, 936 Hatch St., au niveau de Saint Gregory St. Des groupes de blues et de rock acoustique s'y produisent. (© 241-3885. Entrée gratuite. Bière locale 2 $. Concert Lu-Sa à partir de 21h30, Di. à partir de 19h. Ouvert Lu-Je 17h-2h30, Ve. 16h-2h30 et Sa-Di 15h-2h30.) Faites un bond dans le passé chez **Arnold's**, 210 E. 8th St., entre Main St. et Sycamore St., dans le centre-ville. Cette taverne du XIXe siècle est la plus ancienne de la ville. Le bar en lambris dispense une bière pression aussi simple que goûteuse (3 $) et sert des plats (pâtes et sandwichs 4-13 $). Après 21h, Arnold's vous invite à écouter du ragtime, du *bluegrass* et du swing. (© 421-6234. Ouvert Lu-Ve 11h-1h et Sa. 16h-1h.) **Carol's on Main**, 825 Main St., s'efforce d'insuffler chaleur et caractère dans le centre-ville de Cincinnati. Attirant comédiens et jeunes cadres trentenaires par wagons entiers, ce bar-restaurant doit en grande partie sa renommée à son excellente cuisine (salade *Cock-a-Noodle-Do* 8,50 $) et à ses horaires d'ouverture tardifs. (© 651-2667. Bar ouvert Di. 16h-1h30, Lu-Ma 11h30-1h30, Me-Ve 11h30-2h30 et Sa. 16h-2h30.)

INDIANA

Tandis qu'au sud, au pied des Appalaches, les champs de maïs s'étendent à perte de vue, au nord les cheminées des usines crachent leur fumée au-dessus des eaux du lac Michigan. Malgré un surnom officiel un peu pompeux (le "carrefour de l'Amérique", dû, en partie, au développement de ses transports en commun), l'Indiana est un Etat modeste et tranquille, dans lequel les fermes se succèdent les unes après les autres, et où les grandes villes sont rares. Les habitants de l'Indiana sont réputés pour leur solide bon sens. Ainsi, le corps législatif de l'Etat décida un jour de révolutionner les mathématiques en déclarant que désormais "π" ne vaudrait plus 3,14159 mais 3, par souci de simplicité… A propos de Révolution, signalons Robert Owen (1771-1858), qui tenta de fonder une colonie communiste à New Harmony. Entreprise qui n'eut pas le succès escompté…

🔢 INFORMATIONS PRATIQUES

Capitale : Indianapolis.

Informations touristiques : **Indiana Division of Tourism**, 1 N. Capitol Ave., n° 700, Indianapolis 46204 (© 800-289-6646, www.state.in.us/tourism). **Division of State Parks**, 402 W. Washington St., n° W-298, Indianapolis 46204 (© 317-232-4125).

Fuseau horaire : Véritable casse-tête. En général, heure de l'Est (6 heures de moins que l'heure de Paris). Près de Gary dans le nord-ouest et d'Evansville dans le sud-ouest : heure des Prairies (7 heures de moins que l'heure de Paris). Seules les régions proches de Louisville dans le Kentucky et de Cincinnati dans l'Ohio observent le changement d'heure par économie d'énergie. Heure de l'Est, sauf indication contraire.

Abréviation postale : IN. **Taxe locale** : 5 %.

INDIANAPOLIS   ☞ 317

Tout semble paisible dans cette tranquille métropole typique du Midwest bordée de vastes champs de maïs. Même au pied des gratte-ciel du centre-ville, où les habitants travaillent et font leurs courses pendant la journée, le temps semble s'écouler lentement au rythme des saisons… jusqu'au mois de mai. Là, 350 000 spectateurs envahissent la ville pour assister aux 500 *miles* d'Indianapolis. Et, lorsque les pilotes mettent les gaz sous les feux des projecteurs, c'est tout Indianapolis qui s'enflamme.

🔯 ORIENTATION ET INFORMATIONS PRATIQUES

La ville est construite en cercles concentriques, avec au centre un bouquet de gratte-ciel suivis de bâtiments plus modestes. Le centre d'Indianapolis est juste au sud du **Monument Circle**, à l'intersection de **Washington St. (US 40)** et de **Meridian St.** Washington St. divise la ville du nord au sud et Meridian Street d'est en ouest. La **I-465** fait le tour de la ville et permet d'accéder au centre-ville. La **I-70** traverse la ville d'est en ouest et passe à côté du circuit automobile. Des zones de stationnement pourvues de parcmètres abondent autour du centre-ville. **Avion : Indianapolis International Airport** (© 487-7243), à 11 km au sud-ouest du centre-ville par la I-465, à la sortie n° 11B. Pour se rendre dans le centre-ville, prenez le bus n° 8 "West Washington" ou un taxi (17 $). **Train : Amtrak**, 350 S. Illinois St. (© 263-0550), derrière Union Station. Les trains vont d'est en ouest seulement. Destinations : Chicago (1 dép/j, durée 5h, 18-34 $) et Cincinnati (1 dép/j, durée 3h, 19-34 $). Ouvert tlj 7h-14h30 et 23h-6h30. **Bus : Greyhound**, 350 S. Illinois St. (© 267-3071). Destinations : Chicago (12 dép/j, durée 4h, 33 $), Cincinnati (4 dép/j, durée 3-7h, 21 $) et Bloomington (2 dép/j, durée 1h, 16 $). Ouvert 24h/24. **Transports en commun : Indy Go**, 209 N. Delaware St. (© 635-3344). Bureau ouvert Lu-Ve 8h-18h et Sa. 9h-16h. 1 $, gratuit pour les moins de 6 ans. **Taxi : Yellow Cab** (© 487-7777). **Informations touristiques : L'Indianapolis City Center**, 201 S. Capitol Ave. (© 237-5200 ou 800-323-4639), sur la Pan Am Plaza, possède une maquette de la ville très utile. Internet 1 $ les 5 mn. Ouvert Lu-Ve 10h-17h30, Sa. 10h-17h et Di. 12h-17h. **Assistance téléphonique : Rape Crisis Line** (SOS Viol), © 800-221-6311. **Gay/Lesbian Switchboard**, © 251-7955. **Bureau de poste :** 125 W. South St. (© 464-6376), en face de la gare Amtrak. Ouvert Lu-Me et Ve. 7h-17h30, Je. 7h-18h. **Code postal :** 46206. **Fuseau horaire :** Heure des Prairies (7 heures de moins que l'heure de Paris).

▗ ARRÊT AU STAND

Les motels bon marché sont regroupés le long de la I-465, à 8 km du centre-ville. Si vous souhaitez assister à l'*Indy 500*, faites vos réservations un an à l'avance, et attendez-vous pendant tout le mois de mai à une incroyable flambée des prix. **Fall Creek YMCA**, 860 W. 10th St. (© 634-2478), au nord du centre-ville. Les chambres sont petites et équipées du strict minimum, mais vous y trouverez une piscine, une salle de sport et des machines à laver. Parking gratuit. 87 chambres, pour hommes seulement. 25 $ la chambre simple, 30 $ avec salle de bains, 77 $/87 $ la semaine. Caution pour la clé 5 $. **Motel 6**, 6330 Debonair Lane (© 293-3220), accessible par la sortie n° 16A de la I-465. Chambres propres et claires, équipées de l'air conditionné et de la télévision par câble. Chambre simple 35-40 $, chambre double 41-46 $. **Dollar Inn**, 6331 Crawfordsville Rd. (© 248-8500), près de la I-465, à la sortie n° 16A. Les chambres, sans être luxueuses, sont correctes et équipées de la télévision par câble (dont la chaîne cinéma HBO). Un bon rapport qualité-prix. Chambre simple 26-31 $, chambre double 31 $. Caution pour la clé 2 $. Libérez la chambre avant 11h. Réservé aux plus de 21 ans. **Indiana State Fairgrounds Campgrounds**, 1202 E. 38th St. (© 927-7520). Prenez le bus n° 4 ou n° 39 depuis le centre-ville. Si vous souhaitez être proche de la nature, allez planter votre tente plus loin : les 170 emplacements sont recouverts de gravier et occupés par des camping-cars. 16 $ l'emplacement, 19 $ avec raccordement complet. Plein surtout au moment de la *State Fair* (foire de l'Etat).

▗ RAVITAILLEMENT

Au **City Market**, 222 E. Market St., situé dans un bâtiment restauré du XIXᵉ siècle, vous trouverez des produits de ferme, des spécialités culinaires de différents pays et des bibelots de toutes sortes. Et comme les Etats-Unis n'ont jamais assez de centres commerciaux, le gigantesque **City Centre**, 49 West Maryland St. (© 681-8000), construit récemment, accueille de nombreux restaurants et comptoirs de vente à emporter. **Bazbeaux Pizza**, 334 Massachusetts Ave. (© 636-7662) et 832 E. Westfields Blvd. (© 255-5711), est la pizzeria préférée des habitants d'Indianapolis. La *pizza Tchoupitoulas* est un chef-d'œuvre cajun (pour 2 personnes, 12 $). Vous pouvez composer vous-même vos propres pizzas (5,75 $) à partir de 53 ingrédients différents. Les deux établissements sont ouverts Lu-Je 11h-22h, Ve-Sa 11h-23h et Di. 16h30-22h. **The Abbey**, 771 Massachusetts Ave. (© 269-8426), est un café-sandwicherie populaire qui possède une autre enseigne au 923 Indiana Ave. Installez-vous sur une chaise en velours capitonnée et sirotez un cappuccino (2,25 $). Ouvert Di. 11h-24h, Lu-Je 8h-24h, Ve. 8h-1h et Sa. 11h-1h.

👁 TOURS DE CHAUFFE

Près du centre-ville, le **White River State Park** possède un canal, récemment restauré, où les habitants aiment se promener. Vous pourrez aussi y faire du vélo ou vous accorder une sieste réparatrice sur la rive. Pour les amateurs de sports nautiques, sachez qu'il est possible de louer un pédalo au **Central Canal Rental** (© 634-1824). Le **Visitors Center** se situe dans le parc, dans une vieille station de pompage. (801 W. Washington Ave. © 233-2434 ou 800-665-9056. Ouvert Lu-Ve 8h30-19h, Sa. 10h-19h et Di. 12h-19h.) L'**Eiteljorg Museum of American Indian and Western Art** abrite une impressionnante collection d'œuvres d'art occidental et amérindien. (500 W. Washington St. © 636-9378. Ouvert Ma-Sa 10h-17h et Di. 12h-17h. Egalement en été Lu. 10h-17h. Entrée 6 \$, personnes âgées 5 \$, étudiants munis de leur carte et enfants 3 \$. Visite guidée tlj à 13h.) Bien que loin du centre-ville, l'**Indianapolis Museum of Art** vaut le détour. Entouré d'un très beau parc de 53 hectares sillonné de sentiers, on y trouve des pavillons d'art et un jardin botanique, l'Eli Lily, une serre et un théâtre. (1200 W. 38th St. © 923-1331. Ouvert Ma-Me et Ve-Sa 10h-17h, Je. 10h-20h30, Di. 12h-17h. Gratuit. Expositions temporaires 5 \$.) Un majestueux dôme décoré de vitraux orne l'intérieur en marbre de la **State House**, entre Capitol St. et Senate St., près de W. Washington St. Des brochures explicatives sont à votre disposition à l'intérieur. (© 233-5293, ouvert tlj 8h-16h30, le rez-de-chaussée est ouvert seulement Sa-Di, 2-4 visites guidées de 1h par jour Lu-Ve. Une brochure est à votre disposition pour effectuer la visite par vous-même.) Vous pourrez admirer un autre genre de mammifères au **zoo d'Indianapolis**, qui possède l'un des plus grands aquariums du monde avec baleines et dauphins. (1200 W. Washington St. © 630-2001. Ouvert tlj 9h-17h ; Sep-Mai 9h-16h. Entrée 9,75 \$, personnes âgées 7 \$, 3-12 ans 6 \$, parking 3 \$.) Les loups et les bisons se promènent (presque) librement sous l'œil des scientifiques au **Wolf Park**, dans Jefferson St., à **Battle Ground**. Les loups, qui hurlent en permanence, redoublent leurs cris certaines nuits à la pâle lumière de la lune… (Au nord d'Indianapolis, à 1h de route par la I-65. © 765-567-2265. Ouvert Mai-Nov, Ma-Di 13h-17h, ouvert plus tard pour les soirées "hurlements" Ve-Sa à 19h30. Ma-Sa entrée 4 \$, 6-13 ans 3 \$, Di. entrée 5 \$, 6-13 ans 3 \$.)

🏎 POLE POSITION

Pendant l'année, le circuit d'**Indianapolis Motor Speedway** attend son heure tandis que des touristes font le tour de la piste (4 km) en bus. (4790 W. 16th St., accessible par la I-465, sortie "Speedway". Bus n° 25. © 481-8500. Visites tlj 8h-16h quand il n'y a pas de compétitions. 3 \$, 6-15 ans 1 \$.) Tout près, le **Speedway Museum** abrite le *Hall of Fame* d'Indy. (© 484-6747. Ouvert tlj 9h-17h, entrée 3 \$, 6-15 ans 1 \$.) La passion des Américains pour les bolides atteint son paroxysme durant les **500 Miles d'Indianapolis**. Pendant un mois, la ville est en effervescence : défilés, spectacles et animations sont partout (© 636-4556 pour en savoir plus). Les festivités débutent avec les essais qui ont lieu pendant deux week-ends de la mi-mai et culminent lorsque le coup de pistolet fatidique donne le départ de l'**Indianapolis 500**, le dimanche précédant le *Memorial Day* (journée du souvenir, dernier lundi de mai). Les billets sont vendus un an à l'avance, dès le lendemain de la fin de la course, et disparaissent en une semaine. Début août, **Brickyard 400** organise des courses de stock-cars (NASCAR) sur la piste (© 800-822-4639 pour obtenir des bons de commande pour tous les événements sportifs).

🍴 POUR FAIRE LE PLEIN

Le **Walker Theatre**, 617 Indiana Ave., à 15 mn à pied au nord-ouest du centre-ville, fut érigé en 1927 en l'honneur de madame Walker, une esthéticienne noire qui devint la première *businesswoman* américaine millionnaire. (© 236-2087. Ve. 18h-22h, 5 \$.) L'endroit accueille toutes les deux semaines les musiciens du **Jazz on the Avenue**.

Paisible dans la journée, le quartier de **Broad Ripple** (à 10 km au nord du centre-ville, autour de College Ave. et de la 62nd St.) devient à la nuit tombée le rendez-vous des fêtards. Dans les environs de Broad Ripple Avenue, chaussées, bars et boîtes ne désemplissent pas avant 1h du matin en semaine et 3h du matin le week-end. Le **Monkey's Tale** (© 253-2883), 925 E. Westfield Blvd., est l'endroit idéal pour rencontrer des amis d'un soir et réentendre d'anciennes mélodies sur le juke-box. Son voisin, le **Jazz Cooker**, prend toute sa mesure lorsque le Dick Liswell Trio s'y lance dans un concert de blues (Ve-Sa à 22h). L'**Average Joe's Sports Pub**, 814 Broad Ripple Ave. (© 253-5844), est un bar traditionnel avec ses cinq tables de billard et ses bières à 2,75 $ (ouvert Lu-Ve 17h-3h, Sa. 18h-3h et Di. 18h-24h). Les amateurs d'humour se retrouvent au **Crackers Comedy Club**, 6281 N. College Ave., à l'angle de Broad Ripple Ave. (© 255-4211, spectacles Ma-Sa, Lu. soirée "amateurs"). Quand les clubs ferment leurs portes, allez déguster des *tacos* (2,50 $) et des *burritos* (4,50 $) à la **Paco's Cantina**, 723 Broad Ripple Ave. (© 251-6200, ouvert 24h/24).

BLOOMINGTON ☎ 812

Les collines environnantes servent de toile de fond à l'institution majeure de Bloomington : l'université de l'Indiana (IU). C'est autour d'elle que la ville a grandi, faute, pour son sol trop calcaire, de pouvoir développer ses propres cultures comme les autres villes de l'Etat. Il y règne donc une ambiance très estudiantine avec ses corollaires : vie nocturne dynamique, cafés, bars, galeries d'art, sans oublier les manifestations sportives en tout genre, au premier rang desquelles le basket-ball. Un environnement qui permet à la ville de soutenir très honorablement la comparaison avec Indianapolis, sa grande voisine septentrionale.

■ ▮ **ORIENTATION ET INFORMATIONS PRATIQUES.** Bloomington se trouve au sud d'Indianapolis par la Route 37. **N. Walnut St.** et **College St.** sont les principales artères nord/sud de la ville. Les bus **Greyhound**, 219 W. 6th St. (© 332-1522, gare ouverte Lu-Ve 9h-17h et Sa-Di 12h-16h), relient Bloomington à Chicago (2 dép/j, durée 5h, 52 $) et à Indianapolis (2 dép/j, durée 1h, 16 $). **Bloomington Transit** possède un réseau de sept lignes. Le service n'est pas fréquent. Renseignements au © 332-5688 (tarif : 75 ¢, personnes âgées et 5-17 ans 35 ¢). Vous pouvez appeler un **taxi Yellow Cab** en composant le © 336-4100, les tarifs sont variables. Le **Visitors Center**, situé au 2855 N. Walnut St. (© 334-8900 ou 800-800-0037), permet d'effectuer les appels locaux gratuitement. (Ouvert Mai-Oct, Lu-Ve 8h30-17h, Sa. 9h-16h et Di. 10h-15h. Nov-Avr : Lu-Ve 8h30-17h et Sa. 10h-15h. Brochures disponibles 24h/24.) **Internet** : **Monroe County Public Library** (bibliothèque municipale), 303 E. Kirkwood Ave. (© 349-3050, ouvert Lu-Je 9h-21h, Ve. 9h-18h, Sa. 9h-17h et Di. 13h-17h). **Bureau de poste** : 206 E. 4th St. (© 334-4030), deux blocks à l'est de Walnut St. (ouvert Lu. et Ve. 8h-18h, Ma-Je 8h-17h30, Sa. 8h-13h). **Code postal** : 47404. **Fuseau horaire** : Heure des Prairies (7 heures de moins que l'heure de Paris).

▮ **HÉBERGEMENT.** Les hôtels bon marché sont concentrés autour du carrefour de N. Walnut St. et de la Route 46. A côté de l'université, le **College Motor Inn**, 509 N. College Ave., propose de jolies chambres confortablement meublées, avec télévision par câble (© 336-6881, chambre simple à partir de 45 $, chambre double à partir de 50 $). Le **Motel 6**, 1800 N. Walnut St., dispose de chambres propres et spacieuses, d'un accès gratuit à la chaîne câblée cinéma HBO, et d'une piscine en extérieur. (© 332-0820. Chambre simple Di-Je 36 $, Ve-Sa 40 $, chambre double Di-Je 42 $, Ve-Sa 46 $.) Le **Paynetown State Recreation Area**, à 16 km au sud-est du centre-ville par la Route 446, dispose d'emplacements au beau milieu des champs. Le camping se trouve en bordure du lac Monroe, avec une rampe d'accès à l'eau et de nombreux départs de sentiers. Vous pourrez également louer des bateaux. (© 837-9490. Emplacement sommaire 7 $, avec douche 12 $, électricité 15 $. 5 $ par véhicule, 3 $ pour les véhicules immatriculés dans l'Indiana.)

▮ **RESTAURANTS.** Le **Downtown Square** (ou "The Square") de Bloomington est richement doté en restaurants végétariens, en librairies et en charmantes boutiques. La plupart sont situés dans un périmètre de deux blocks sur Kirkwood Ave., près de College St. et de Walnut St. Le ❤ **Snow Lion**, 113 S. Grant St., juste à côté de

Kirkwood Ave., est tenu par le neveu du dalaï-lama, et est l'un des rares restaurants tibétains du pays. Vous ferez un repas inoubliable en accompagnant le dîner *Momo* (7 $) de thé au beurre rance (1,50 $). (© 336-0835. Ouvert tlj 11h-22h.) **The Laughing Planet Cafe**, 322 E. Kirkwood Ave., vous sert toutes sortes de plats issus de l'agriculture biologique locale, dont un fameux *burrito* à 4 $ (© 323-2233, ouvert tlj 11h-21h). Faites comme les *Hoosiers* (surnom des habitants de l'Indiana), rendez-vous au **Jimmy John's**, 430 E. Kirkwood Ave., qui prétend confectionner les "meilleurs sandwichs au monde". (© 332-9265. Ouvert Lu-Me et Di. 10h30-24h, Je-Sa 10h30-4h.)

■ **SORTIES.** Pour bon nombre d'étudiants américains, la bière et le rock alternatif sont les deux seules vraies nourritures terrestres. Ceux de l'université de l'Indiana ne font pas exception. Paré pour la bataille, **The Crazy Horse**, 214 W. Kirkwood Ave., aligne un effectif de 80 bières différentes. (© 336-8877. Ouvert Lu-Me 11h-1h, Je-Sa 11h-2h et Di. 12h-24h.) Les "stars" de l'université se retrouvent chez **Nick's**, 423 E. Kirkwood Ave., pour s'entraîner aux jeux à boire. (© 332-4040. Bières 2-3 $. Ouvert Lu-Sa 11h-2h et Di. 12h-24h.) Le **Bluebird**, 216 N. Walnut St., fait venir des groupes des environs (© 336-2473, ouvert Lu-Sa 21h-3h). Le **Rhino's**, 325 ¹/₂ S. Walnut St., laisse accéder les moins de 21 ans à sa scène et à sa piste de danse (© 333-3430). Le **Bullwinkle's**, 201 S. College Ave., attire une clientèle gay avec ses *drag shows* (Lu. et Me.) et sa *dance music* (© 334-3232, ouvert Lu-Ve 19h-3h).

■ **VISITES.** Le **Tibetan Cultural Center** organise des séances de méditation et fournit des informations sur la culture du Tibet (3655 Snoddy Rd., © 334-7046, jardin ouvert Sa-Di 12h-16h, centre ouvert Di. 12h-15h). La merveille architecturale qu'est l'**Art Museum** de l'université de l'Indiana contient de très belles collections d'art oriental et africain. (E. 7th St. © 855-5445. Ouvert Ma-Sa 10h-17h et Di. 12h-17h. Entrée gratuite.) Juste à côté, le **Mathers Museum of World Cultures**, 416 N. Indiana St., à proximité de la E. 8th St., propose des expositions d'archéologie ainsi que des idiophones et des chordophones. Attardez-vous notamment sur l'exposition très vivante consacrée au carnaval en Amérique du Sud (© 855-6873, ouvert Ma-Ve 9h-16h30 et Sa-Di 13h-16h30). Découvrez et goûtez lors d'une dégustation gratuite la quinzaine de vins de l'**Oliver Winery**. Les habitants de la région semblent avoir un faible pour le vin de mûre. (8024 N. State Rd. 37. © 876-5800 ou 800-258-2783. Ouvert Lu-Sa 10h-18h et Di. 12h-18h.)

MICHIGAN

Placé en orbite géostationnaire dans une navette spatiale, un habitant du Michigan n'aurait aucun mal à reconnaître sa terre d'élection : avec ses 5000 km de côtes qui longent quatre des Grands Lacs, l'Etat est considéré, à juste titre, comme "le plus visible depuis l'espace". La partie sud du Michigan, très industrialisée, semble enserrer la région dans une gigantesque mitaine, alors que la partie nord de la péninsule a su conserver sa beauté originelle. On y trouve des élans, des loups et de nombreux lieux de villégiature. Autrefois en pleine expansion, la célèbre industrie automobile locale connaît désormais un reflux et laisse son vaste littoral composé de milliers de lacs d'eau douce reprendre lentement ses droits.

■ INFORMATIONS PRATIQUES

Capitale : Lansing.

Informations touristiques : **Michigan Travel Bureau**, 333 S. Capitol Ave., Suite F, Lansing 48909 (© 888-784-7328 ou 800-543-2937, www.michigan.org). **Department of Parks and Recreation**, Information Services Center, P.O. Box 30257, Lansing 48909 (© 517-373-9900). L'accès d'un véhicule à un parc d'Etat nécessite un permis (*motor vehicle permit*), qui coûte 4 $ la journée ou 20 $ l'année. Appelez le © 800-447-2757 pour réserver un emplacement dans n'importe quel camping des parcs d'Etat.

Fuseau horaire : Heure de l'Est (6 heures de moins que l'heure de Paris), excepté dans une partie ouest de la péninsule nord qui se trouve dans le fuseau des Prairies (7 heures de moins que l'heure de Paris). Heure de l'Est, sauf indication contraire.

Abréviation postale : MI. **Taxe locale** : 6 %.

DETROIT   ☞ 313

Longtemps perçue comme le "vilain petit canard" des grandes villes américaines, Detroit est condamnée à aller de l'avant. Il est vrai que son lourd passé de ville ouvrière s'est entaché d'une crise sociale dont *Motown* (surnom donné à la ville) se serait bien passée. Dans les années 1960, de violentes émeutes raciales entraînè-rent l'exode de la population blanche et aisée vers les banlieues. Certains quartiers devinrent de véritables villes fantômes. Detroit compte aujourd'hui moitié moins d'habitants qu'en 1967. Vers la fin des années 1970, la crise de l'automobile, avec son cortège de chômeurs, acheva de mettre Detroit à genoux. Depuis, celle qui fut l'orgueilleuse capitale mondiale de l'automobile panse ses plaies et tente de se redresser, comme en témoignent les cinq gratte-ciel étincelants du Renaissance Center. Une partie du centre-ville retrouve même les faveurs du public pour ses boutiques et ses espaces verts. Une politique touristique un tantinet racoleuse fait l'inventaire des merveilles de Detroit : de beaux musées, une grande richesse ethnique et une architecture certes un peu délabrée (et noircie par les fumées) mais qui témoigne d'une incontestable grandeur passée.

☞ TRANSPORTS

Avion : Detroit Metropolitan Airport (✆ 942-3550 ou 800-351-5466), 3 km à l'ouest du centre-ville par la I-94 puis Merriman Rd., à Romulus. **Checkered Sedan** (✆ 800-351-5466) propose pour 36 $ un service de taxis à destination du centre-ville.

Train : Amtrak, 11 W. Baltimore St. (✆ 873-3442), à l'angle de Woodward Ave. Destinations : **Chicago** (3 dép/j, durée 6h, 19-50 $) et **New York** (1 dép/j, durée 16h, 72-135 $). Ouvert tlj 5h45-23h30. Pour les liaisons avec le Canada, vous devrez passer par **VIA Rail**, 298 Walker Rd., Windsor, Ontario (✆ 519-256-5511 ou 800-561-3949), de l'autre côté de la rivière, au Canada. Destination : **Toronto** (5 dép/j, durée 4h, 74 $ canadiens, 40 % de réduction pour les détenteurs de la carte ISIC).

Bus : Greyhound, 1001 Howard St. (✆ 961-8011). *Le quartier est dangereux la nuit.* Destinations : **Chicago** (8 dép/j, durée 5h30, 24 $), **Cleveland** (9 dép/j, durée 4h, 20 $) et **Ann Arbor** (5 dép/j, durée 1h, 7 $). Gare ouverte 24h/24, guichets ouverts 6h-0h30.

Transports en commun : Detroit Department of Transportation (DOT), 1301 E. Warren St. (✆ 933-1300). Un réseau sûr de transports en commun dessert le centre, mais le service en banlieue reste très limité. De nombreux bus s'arrêtent à minuit. Tarif : 1,25 $, 25 ¢ la correspondance. La **DOT Attractions Shuttle** (✆ 259-8726) conduit les visiteurs vers les sites les plus touristiques du centre entre 10h et 17h45. Billet valable toute la journée 5 $. **People Mover**, 150 Michigan Ave. (✆ 962-7245 ou 800-541-7245), est un service de tramways ultramodernes et surélevés qui fait le tour du quartier des affaires, le Central Business District, en une boucle de 4,5 km. Le panorama en vaut la peine. Circule Lu-Je 7h-23h, Ve. 7h-24h, Sa. 9h-24h et Di. 12h-20h. Tarif : 50 ¢. Le **Southeastern Michigan Area Regional Transit (SMART)** (✆ 962-5515 ou 223-2100) dessert la banlieue. Tarif : 1,50 $, 25 ¢ la corres-pondance. Plan du réseau disponible gratuitement au rez-de-chaussée de l'immeuble de la First National Bank, 600 Woodward Ave. Service 4h-24h (dépend du trajet).

Taxi : Checker Cab, ✆ 963-7000.

◀▶ ORIENTATION ET INFORMATIONS PRATIQUES

Detroit borde la rivière Detroit, qui relie le lac Erié au lac Saint Clair. Au sud, la ville de **Windsor**, dans l'**Ontario**, est accessible par un tunnel situé à l'ouest du Renaissance

Detroit, centre-ville

⌂ HÉBERGEMENT
1 Country Grandma's Home Hostel
2 Shorecrest Motor Inn
3 University of Windsor

🍎 RESTAURANTS
1 Cyprus Taverna
2 Lafayette Coney Island
3 Xochimilco

Center (péage 2,50 $) ou par le pont Ambassador. Detroit est une ville assez oppressante — on y a tourné *Robocop* — mais les rues sont sûres dans la journée, tout comme le réseau de tramways People Mover. La voiture règne sur les déplacements dans Detroit, où les quartiers chauds succèdent sans crier gare aux endroits plus policés. Les autres transports en commun sont assez inefficaces et peu sûrs.

Les rues de Detroit forment un damier. Les **Mile Roads** vont d'est en ouest et sont les principales artères de la ville. **Eight Mile Rd.** marque la limite entre la ville et sa banlieue nord. **Woodward Ave.** se dirige vers le nord-ouest à partir du centre-ville, divisant le centre et les faubourgs en "east side" (côté est) et "west side" (côté ouest). **Gratiot Ave.** s'élance vers le nord-est du centre-ville, tandis que **Grand River Ave.** va vers l'ouest. La **I-94** et la **I-75** traversent le centre-ville. En dépliant le *Detroit Metro Visitor's Guide*, vous découvrirez un très bon plan de la ville.

Informations touristiques : Detroit Convention and Visitors Bureau, 211 W. Fort St. (© 202-1813 ou 800-338-7648). Ouvert Lu-Ve 8h30-17h.

Assistance téléphonique : Crisis Hotline (© 224-7000, 24h/24). **Sexual Abuse Helpline** (SOS Viol, © 876-4180, 24h/24).

Association de gays et lesbiennes : Triangle Foundation of Detroit, © 537-3323. **Between the Lines**, © 248-615-7003. **Affirmations**, 195 W. 9 Mile Rd., 48220 (© 248-398-7105), à Ferndale, dispose d'une importante librairie et de documentation sur les sorties pour les gays.

Bureau de poste : 1401 W. Ford St. (© 226-8304). Ouvert 24h/24. **Code postal** : 48233.

Indicatifs téléphoniques : 313, 810, 248 (au nord) ou 734 (au sud-ouest). 313, sauf indication contraire.

⌨ HÉBERGEMENT

Les environs de Detroit fourmillent de motels. Ceux des alentours de l'aéroport, à **Romulus**, peuvent être assez onéreux, tandis que les établissements le long de **E. Jefferson Ave.**, près du centre-ville, tournent au miteux. Pour un bon rapport qualité-prix, orientez vos recherches vers Telegraph Rd., près de la I-94, à l'ouest de la ville. Si le taux de change vous est favorable, tentez votre chance à Windsor, au Canada, juste de l'autre côté de la frontière. Le *Detroit Metro Visitor's Guide* classe les chambres en fonction de leur emplacement et des prix pratiqués.

❤ **Country Grandma's Home Hostel (HI-AYH)**, 22330 Bell Rd. (© 734-753-4901), dans New Boston, à 10 km au sud de la I-94 par la I-275, à mi-chemin entre Detroit et Ann Arbor. Prenez la sortie n° 11B, tournez à droite, puis tout de suite à droite sur Bell Rd. Quoique inaccessible par les transports en commun, cette auberge de jeunesse de 6 lits vaut le détour pour son confort et son hospitalité. Usage de la cuisine et parking gratuits. Dortoir 11 $, 14 $ pour les non-adhérents. Réservation par téléphone (profitez-en pour demander le chemin de l'auberge). Accès handicapés.

Shorecrest Motor Inn, 1316 E. Jefferson Ave. (© 568-3000 ou 800-992-9616), aussi proche du centre-ville que possible pour un budget limité. Chambres avec air conditionné et réfrigérateur. Chambre simple 69 $, chambre double 89 $. Caution pour la clef 5 $. Réservation recommandée. Accès handicapés.

University of Windsor, 401 Sunset Ave. (© 519-973-7074), à Windsor, juste après le pont Ambassador, loue des chambres de début mai à fin août. Les équipements universitaires sont en libre accès. Chambre simple 32 $ canadiens, 19 $ canadiens pour les étudiants munis d'une carte, chambre double 40 $ canadiens. Accès handicapés.

Motel 6, 32700 Barrington Rd. (© 248-583-0500), à 24 km au nord du centre-ville par la I-75, à Madison Heights, tout près de 12 Mile Rd. Chambres immenses, bien tenues, avec appels locaux gratuits et chaîne cinéma HBO. Chambre simple 43 $, chambre double 49 $. Réservation recommandée.

Pontiac Lake Recreation Area, 7800 Gale Rd. (© 248-666-1020), à Waterford, à 45 mn au nord-ouest du centre-ville. Prenez la I-75 jusqu'à la Route 59 W.; puis à droite en direction du nord vers le lac Will et enfin à gauche dans Gale Rd. Vastes emplacements boisés dans les collines, à 6 km du lac. 176 emplacements avec électricité à 11 $, accès véhicule 4 $.

▉ RESTAURANTS

Bien que de nombreux restaurants du centre-ville se soient établis en banlieue, on trouve encore des tables bon marché dans la ville. **Greektown** (à l'arrêt de tramway "Greektown People Mover") rassemble des restaurants grecs et d'excellentes boulangeries dans Monroe Street, près de Beaubien Street. Dans le quartier polonais de **Hamtramck** (*Ham-TRAM-eck*), au nord-est de Detroit, vous dégusterez des spécialités d'Europe centrale (dont les fameux *pierogi*, sortes de raviolis fourrés à la viande, au fromage ou aux champignons) dénichées le long de Joseph Campau Ave. L'**Eastern Market**, un espace de 4 ha entièrement consacré aux produits fermiers, au coin de Gratiot Ave. et de Russell St., fera le bonheur des voyageurs à petit budget qui souhaitent remplir leur cabas (℅ 833-1560, ouvert Sa. 4h-17h).

Lafayette Coney Island, 118 W. Lafayette Blvd (℅ 964-8198). Sans doute le restaurant le plus célèbre de Detroit. On y sert des *coney dogs* (hot-dogs à la viande hachée agrémentés de "sauce secrète") pour 2,10 $, et des frites au *chili* et au fromage pour 2,85 $. Apportez vos pastilles digestives. (Ouvert Lu-Je 7h30-4h, Ve-Sa 7h30-5h et Di. 9h30-4h.)

Xochimilco, 3409 Bagley St. (℅ 843-0129). Etablissement incontournable du quartier mexicain de Detroit. En attendant (jamais très longtemps) qu'une table se libère, les curieux peuvent faire un tour dans les marchés animés et les magasins qui bordent la rue. Les spécialités de la maison (*enchiladas et burritos*) sont bon marché (5-8 $), copieuses et délicieuses. Ouvert tlj 11h-2h.

Cyprus Taverna, 579 Monroe St. (℅ 961-1550), au cœur de Greektown. Une des meilleures adresses pour la cuisine grecque. Décoration raffinée et lumière tamisée. Plats 9-13 $. Ouvert Di-Je 11h-2h et Ve-Sa 11h-4h.

◉ ▉ VISITES ET ACTIVITÉS DE PLEIN AIR

A Detroit, l'art ne se confine pas aux musées poussiéreux, comme le prouve le **Heidelburg Project**, conçu par l'artiste et activiste Tyree Guyton, qui a réuni sur tout un block un amalgame sans cesse changeant de tissus à pois et d'objets trouvés. Depuis Mt. Elliott St., entre la I-94 et E. Jefferson Ave., prenez Heidelberg St. direction ouest et suivez les pointillés. Pour les amoureux des livres, **John K. King Used and Rare Books**, à deux pas du Lodge Freeway, abrite plus d'un million d'ouvrages répartis sur quatre niveaux. (901 W. Lafayette Blvd. ℅ 961-0622. Ouvert Lu-Sa 9h30-17h30.)

Vous ne manquerez pas d'entendre ces rugissements qui s'élèvent depuis le fin fond de la banlieue. Ils proviennent en fait des dinosaures animatroniques du très complet **Detroit Zoological Park**, à Royal Oak, juste à la sortie de la Route 696 pour Woodward. La nouvelle attraction en est le National Amphibian Conservation Center (Centre national de protection des amphibiens), le plus important du genre en Amérique du Nord, rejointe en 2002 par la plus importante présentation d'ours polaires en captivité. Ne résistez pas au plaisir d'aller vous nicher dans la verrière d'observation au milieu de l'exposition consacrée aux chiens de prairie. (℅ 248-398-0900. Ouvert Avr-Oct, tlj 10h-17h ; Nov-Mars 10h-16h. Ouvert jusqu'à 18h Di. mi-Mai-Août, et jusqu'à 20h Me. fin Juin-fin Août. Entrée 7,50 $, 2-18 ans et personnes âgées 5,50 $, gratuit pour les moins de 2 ans. Parking 3 $.)

A 24 km au nord de Detroit, dans la banlieue bourgeoise de Bloomfield Hills, le campus de **Cranbrook** abrite des jardins publics, une école des beaux-arts et plusieurs musées, dont le meilleur est sans conteste le **Cranbrook Institute of Science**, destiné plus particulièrement aux familles, avec ses expositions temporaires qui s'efforcent d'apprendre en amusant. (39221 N. Woodward Ave. ℅ 248-645-3209 ou 877-462-7262. Ouvert Sa-Je 10h-17h et Ve. 10h-22h. Entrée 7 $, enfants, personnes âgées et étudiants 4 $.)

Belle Isle (℅ 852-4078), à 5 km du centre par le pont McArthur, est le plus grand parc insulaire urbain des Etats-Unis, et l'un des meilleurs endroits où échapper un temps à l'activité fiévreuse de Detroit. On y trouve un conservatoire, un parc naturel, un aquarium et un petit zoo. (Accès tlj 6h-22h, les attractions sont ouvertes de 10h à 17h. Entrée 2 $, zoo 3 $, 2-12 ans 1 $.)

🏛 MUSÉES

💚 **Detroit Institute of Arts**, 5200 Woodward Ave. (℃ 833-7900). L'un des meilleurs musées du pays. Il renferme notamment un *Autoportrait* de Van Gogh et l'immense peinture murale de Diego Rivera intitulée *Detroit Industry*, une œuvre qui ne voyagera sans doute jamais. Ouvert Me-Ve 11h-16h et Sa-Di 11h-17h, le 1er Ve. de chaque mois 11h-21h. Don suggéré de 4 $, enfants et étudiants 1 $.

Henry Ford Museum & Greenfield Village, 20900 Oakwood Blvd., sur la I-94, près de Dearborn. (℃ 982-6100. Informations 24h/24 au ℃ 271-1620.) Prenez le bus SMART n° 200 ou n° 250. Plus qu'un tribut à l'automobile, à l'aéronautique et aux transports urbains, cet endroit offre un panorama de l'Amérique du XXe siècle. Vous y verrez la limousine dans laquelle le président J.F. Kennedy fut assassiné, et le fauteuil de théâtre dans lequel Abraham Lincoln fut mortellement blessé. Juste à côté du musée, plus de 80 édifices provenant des quatre coins des Etats-Unis ont été reconstruits au **Greenfield Village**. Visitez également l'atelier des frères Wright, pionniers de l'aviation, et le laboratoire de Thomas Edison. Les deux musées sont ouverts tlj 9h-17h. Entrée 12,50 $ pour le musée ou le village, personnes âgées 11,50 $, 5-12 ans 7,50 $. Billet combiné valable pour 2 jours consécutifs 24 $, 23 $ pour les personnes âgées, 15 $ pour les 5-12 ans.

Automotive Hall of Fame, 21400 Oakwood Blvd. (℃ 240-4000). Il expose (dans un cadre quelque peu grandiloquent) les voitures qui marquèrent leur époque, et offre une visite guidée interactive à travers l'histoire de l'industrie automobile. Ouvert Juin-Oct, tlj 10h-17h. Nov-Mai : Ma-Di 10h-17h. Entrée 6 $, personnes âgées 5,50 $, 5-12 ans 3 $.

Museum of African-American History, 315 E. Warren St. (℃ 494-5800). Ce musée retrace l'histoire des Afro-Américains au travers d'expositions consacrées à la période de l'esclavage et à la culture afro-américaine actuelle. Ouvert Ma-Di 9h30-17h. Don suggéré de 5 $, 3 $ pour les moins de 13 ans.

Motown Historical Museum, 2648 W. Grand Blvd. (℃ 875-2264). Il conserve pieusement le souvenir des débuts de la prestigieuse maison de disques du même nom. Au sous-sol, visitez les studios où les Jackson Five, Marvin Gaye, Smokey Robinson ou Diana Ross ont enregistré leurs succès. Le musée se situe à l'est de Rosa Park Boulevard, à 1,5 km environ à l'ouest de Lodge Freeway (Route 10). Prenez le bus "Dexter Avenue". Ouvert Di-Lu 12h-17h et Ma-Sa 10h-17h. Entrée 6 $, moins de 12 ans 3 $.

🎭 SORTIES

Récemment restauré, le quartier des théâtres, aux alentours de Woodward Ave. et de Columbia St., connaît un véritable essor. Le **Fox Theater**, 2211 Woodward Ave., à proximité du Grand Circus Park, propose des spectacles de grande qualité (pièces de théâtre, spectacles comiques et comédies musicales) et des shows de Broadway. Le Fox abrite également la plus grande salle de cinéma du pays (capacité 5000 personnes), idéale pour les films à grand spectacle. (℃ 983-3200. Guichets ouverts Lu-Ve 10h-18h. Billets 25-100 $. Moins de 10 $ la séance de cinéma.) Le **State Theater**, 2115 Woodward Ave., accueille les concerts des grands noms (℃ 961-5450, renseignements sur les spectacles au ℃ 810-932-3643). Le lieu se transforme en boîte de nuit géante à l'occasion de la soirée **Ignition**, qui fait appel aux DJ d'une station de radio locale pour animer des soirées de *dance* alternative (entrée à partir de 5 $, Sa. 22h-2h). L'**Orchestra Hall**, 3711 Woodward Ave., près de Parsons St., présente les concerts du Detroit Symphony Orchestra. (℃ 962-1000. Location ouverte au ℃ 576-5111 Lu-Ve 9h-17h. Billets demi-tarif 1h30 avant le concert pour les étudiants sur présentation de leur carte et pour les personnes âgées.) Le meilleur jazz de la ville imprègne les alentours de **Harmony Park**, près de l'Orchestra Hall. L'hebdomadaire gratuit *Metro Times* dresse une liste complète des différents événements et spectacles.

Pour savoir où sortir le soir, procurez-vous le journal gratuit *Orbit*, que l'on trouve dans les magasins de disques et les restaurants. *Between the Lines*, également gratuit, vous donnera les bonnes adresses pour les lesbiennes, les gays et les bisexuels. Si vous êtes amateur de musique alternative et souhaitez assister à des concerts, adressez-vous au **St. Andrews Hall**, 431 E. Congress St., qui accueille des groupes alternatifs locaux et nationaux. (℗ 961-6358. Concerts Ve-Di. Achat des billets à l'avance possible par Ticketmaster. Entrée 7-10 \$.) La boîte de nuit **Shelter**, qui se trouve au sous-sol, attire une foule de jeunes branchés les soirs où il n'y a pas de concert. Les plus jeunes peuvent passer la frontière pour aller boire un verre sur **Ouellette Ave.**, à Windsor (voir plus bas), dans l'Ontario, où l'âge minimum légal pour consommer de l'alcool est de 19 ans.

Les nombreux festivals de Detroit attirent des millions de visiteurs. Lors de ses deux premières éditions, le ♥ **Detroit Electronic Music Festival** (℗ 393-9200, www.demf.org) a connu un tel succès qu'il fait aujourd'hui figure d'institution pour le centre-ville. Plus d'un million de *ravers* se sont en effet massés sur Hart Plaza lors des deux premiers week-ends de *Memorial Day* au cours desquels il fut organisé. Le week-end du *Labor Day* (1er lundi de septembre), les amateurs de jazz se précipitent sur les berges de la rivière pour assister pendant 4 jours au **Ford Detroit International Jazz Festival** (℗ 963-7622). Il s'agit du plus grand festival gratuit de jazz aux Etats-Unis. Plus de 70 groupes s'y réunissent, et l'on trouve à la World Food Court des montagnes de plats provenant de tous les pays du monde. A la **Michigan State Fair** (℗ 369-8250), la plus vieille foire d'Etat du pays, à hauteur d'Eight Mile Road et de Woodward Ave., têtes de bétail, œuvres d'art et cuisinières émérites se rassemblent pour dix jours de folie, deux semaines avant le *Labor Day* (voir plus haut). A partir de la mi-juin, le **Freedom Festival**, organisé conjointement avec la ville de Windsor, au Canada, fête pendant deux semaines l'amitié qui unit les deux pays. Le plus grand feu d'artifice d'Amérique du Nord éclate au-dessus de la Detroit River (℗ 923-7400). Quant au **Detroit's African World Festival** (℗ 494-5853), ses rythmes reggae, jazz, gospel et blues attirent plus d'un million de personnes sur la Hart Plaza le troisième week-end d'août.

Si vous aimez le sport, Detroit ne vous décevra pas. Au cœur de l'été, les joueurs de l'équipe de base-ball des **Tigers** rugissent au récent **Comerica Park**, 2100 Woodward Ave. (℗ 471-2255. Billets 8-35 \$.) Quant à l'équipe de football américain des **Lions**, après avoir labouré le terrain du **Pontiac Silverdome**, 1200 Featherstone Rd., elle sévit dans le nouveau stade de **Ford Field** (℗ 800-616-7627, billets 15-35 \$). Les hockeyeurs des Red Wings, champions du monde 1997 et 1998, martyrisent le palet dans la **Joe Louis Arena**, 600 Civic Center Dr. (℗ 645-6666. Sep-Avr. Billets 20-40 \$.) A 30 mn de Detroit, à Auburn Hills, les basketteurs des **Pistons** font crisser le parquet du **Palace of Auburn Hills**, 2 Championship Dr. (℗ 377-0100. Billets 10-60 \$.)

⚡ ENVIRONS DE DETROIT : WINDSOR, ONTARIO, AU CANADA ☞ 519

Rivaliser avec une métropole aussi importante que Detroit n'est pas une mince affaire. Pourtant, Windsor s'en accommode avec brio. La ville a su développer des centres d'intérêt culturels et naturels et les combiner à une vie nocturne très animée, contrastant ainsi avec les bâtiments abandonnés que l'on rencontre fréquemment sur l'autre rive. Si de nombreux habitants du Michigan viennent faire leurs courses dans les centres commerciaux et peuplent les bars de la ville, c'est parce que celle-ci a su, mieux que ses voisines américaines, gérer le déclin de l'industrie automobile. Bien sûr, ils sont également attirés par les taux de change favorables et l'âge légal de consommation d'alcool moins élevé que celui des Etats-Unis (19 ans). La population de Windsor n'en est que plus cosmopolite et attrayante.

La collection d'art contemporain dont dispose cette petite cité industrielle est digne de celle d'une grande métropole. Déambulez dans le "musée sans murs" du **Windsor Sculpture Garden**, au sein d'un espace vert qui longe la rivière sur 10 km, à cheval sur les parcs Assumption et Centennial, entre Ambassador Bridge et Curry Ave. Les visiteurs tomberont sous le charme de l'œuvre de l'Inuit Pauta Saila intitulée *Dancing (Polar) Bear* (l'ours polaire dansant). (② 253-2300. Ouvert tlj de l'aube à la tombée de la nuit. Entrée gratuite.) **The Art Gallery of Windsor**, 401 Riverside Dr. West, constitue l'autre principal lieu culturel de la ville. Cette galerie présente des expositions temporaires des plus grands artistes canadiens modernes. (② 977-0013. Ouvert Ma-Je 11h-19h, Ve. 11h-21h et Sa-Di 11h-17h. Entrée gratuite.) Pour admirer des sites naturels, dirigez-vous vers le **Point Pelee National Park of Canada**, 407 Robson St., Leamington, Ontario, 70 km au sud-est de la ville. Ce parc national donne l'occasion d'observer de nombreux oiseaux et papillons. (② 322-2365. Ouvert Avr. et Sep-mi-Oct, tlj 6h-21h30 ; mi-Oct-Mars 7h-18h30 ; Mai 5h-21h30. Entrée 3,25 $ canadiens, personnes âgées 2,40 $ canadiens, étudiants 1,60 $ canadiens, famille 8,55 $ canadiens. Visites guidées d'observation des papillons en septembre, 20 $ avec un tee-shirt en cadeau.) Les habitants de la région viennent de loin pour dîner au ♥ **Tunnel Bar-B-Q**, 58 Park St. East., face à la sortie du tunnel, réputé depuis plusieurs années pour ses *ribs* (travers de porc), soi-disant les meilleurs de toute l'Amérique du Nord. Vous pourrez y déguster un plat de *half-strip rib* pour 14 $ canadiens. (② 258-3663. Ouvert Di-Je 8h-2h et Ve-Sa 8h-4h.)

Le reste des bars et des restaurants se trouve concentré le long de Ouelette Ave. (prononcez *OH-let*), dans le centre-ville. L'**Aar-D-Vark Blue Cafe**, 89 University Ave. W., est géré par la même famille depuis deux générations. Cet établissement surpasse les clubs de blues traditionnels de Chicago. (② 977-6422. Concerts Ma-Di. Ouvert Lu-Ve 12h-2h, Sa. 16h-2h et Di. 19h-2h.) Les branchés qui ont la bougeotte préféreront les dernières nouveautés house ou les percussions que passe la discothèque **Amsterdam**, 26 Pelissier St. Tous les vendredis, elle accueille un DJ différent. Certains viennent même d'Europe. (② 977-7232. Entrée Ve-Sa après 0h30 5 $ canadiens. Ouvert tlj 18h-2h.) Ceux qui ont les poches pleines de pièces peuvent passer au **Windsor Casino**, 377 Riverside Dr. Les trois étages de jeux, ouverts tous les jours 24h/24, avalent un maximum de monnaie. (Réservations ② 800-991-8888, renseignements ② 800-991-7777. Réservé aux plus de 19 ans.)

La Société nationale des chemins de fer canadiens, **VIA Rail**, 298 Walker Rd. (② 256-5511 ou 800-561-3949, guichet pour les billets ouvert Lu-Sa 5h15-21h et Di. 6h-21h), assure la liaison avec Toronto (durée 4h, 5 dép/j, 79 $ canadiens, 40 % de réduction avec la carte ISIC). La compagnie de bus **Transit Windsor**, 3700 North Service Rd. E., dessert l'ensemble de la ville. (② 944-4111. Billet 2,15 $ canadiens, étudiants 1,50 $ canadiens.) **Taxi : Veteran's Cab**, ② 256-2621. **Informations touristiques : The Convention and Visitors Bureau of Windsor, Essex County & Pelee Island**, 333 Riverside Dr. W., n° 103. (② 255-6530 ou 800-265-3633, www.city.windsor.on.ca/cvb. Ouvert Lu-Ve 8h30-16h30.) **Bureau de poste :** Dans le centre-ville, à l'angle de Park St. et d'Ouelette Ave. (② 253-1252, ouvert Lu-Ve 8h-17h). **Code postal :** N9A 4K0.

ANN ARBOR ⓔ 734

Cette ville doit son nom à Ann Rumsey et Ann Allen, deux épouses de pionniers qui, selon la légende, aimaient s'asseoir sous une tonnelle de vigne (*arbor*). Depuis, les descendants des pionniers n'ont pas fait que se prélasser sous la tonnelle, et Ann Arbor a fait son chemin. En 1837, l'université du Michigan est venue s'y installer. Cette vénérable institution est un *college* très en vogue où gauchistes, écolos, futurs yuppies et Américains moyens s'efforcent d'étudier côte à côte.

■■ ☑ ORIENTATION ET INFORMATIONS PRATIQUES

Les rues d'Ann Arbor quadrillent la ville de façon très nette, excepté Packard St. et Detroit St. **Main St.** divise la ville d'est en ouest et **Huron St.** la coupe suivant un axe nord/sud. Le campus central de l'**université du Michigan (U of M)**, où se concentrent les restaurants et les bars, se situe 4 blocks à l'est de Main St., au sud de E. Huron St. (à 5 mn à pied du centre-ville). Les nombreux parcmètres n'empêchent pas forcément la municipalité d'appliquer une politique d'amendes féroce. Les sens uniques et les impasses non signalées peuvent parfois rendre pénible la conduite aux abords du campus. **Train** : **Amtrak**, 325 Depot St. (© 994-4906). Destinations : Chicago (durée 5h, 37-43 \$) et Detroit (durée 1h, 13-15 \$). Guichets ouverts tlj 7h-23h. **Bus** : **Greyhound**, 116 W. Huron St. (© 662-5511). Destinations : Detroit (4 dép/j, durée 1h-1h30, 9-10 \$), Chicago (5 dép/j, durée 6h, 29-31 \$) et Grand Rapids (3 dép/j, durée 2-4h, 19 \$). Guichets ouverts Lu-Sa 8h-18h30, Di. 8h-9h et 12h-18h30. **Transports en commun** : **Ann Arbor Transportation Authority (AATA)**, 331 S. 4th Ave. (© 996-0400 ou 973-6500). Service dans Ann Arbor et quelques villes voisines. Les bus fonctionnent Lu-Ve 6h45-22h45 et Sa-Di 8h-18h15. Billets : 75 ¢. Personnes âgées et étudiants 35 ¢. Gare ouverte Lu-Ve 7h30-21h et Sa. 12h-17h30. Le **Nightride** d'AATA (© 663-3888) propose un service nocturne de transport en porte-à-porte Lu-Ve 23h-6h et Sa-Di 19h-6h. Téléphonez pour appeler une navette et comptez de 5 à 45 mn d'attente. 2 \$ par personne. La **Commuter Transportation Company** (© 941-9391 ou 800-488-7433) offre un service de navettes fréquent entre Ann Arbor et l'aéroport de Detroit. Départ d'Ann Arbor entre 5h et 19h. Retour entre 7h et 24h, 24 \$. 48 \$ l'aller-retour. Comptez 65-75 \$ le trajet pour 4 personnes en porte-à-porte en réservant 48h à l'avance. **Informations touristiques** : **Ann Arbor Convention and Visitors Bureau**, 120 W. Huron St. (© 995-7281 ou 800-888-9487), à l'angle d'Ashley St. Ouvert Lu-Ve 8h30-17h. **Assistance téléphonique** : **Sexual Assault Crisis Line** (SOS Viol), © 483-7273, 24h/24. **U. Michigan Sexual Assault Line** (idem), © 936-3333, 24h/24. **SOS Crisis Line**, © 485-3222, 24h/24. **U. Michigan Gay/Lesbian Referrals**, © 763-4186, Lu-Ve 9h-17h. **Bureau de poste** : 2075 W. Stadium Blvd. (© 665-1100. Ouvert Lu-Ve 7h30-17h). **Code postal** : 48103.

▗ HÉBERGEMENT

La présence de nombreux hommes d'affaires et de supporters sportifs rend les hôtels, les motels et les Bed & Breakfast d'Ann Arbor relativement onéreux. Il est conseillé de réserver, en particulier pendant l'année scolaire. Pour vous loger à bon prix, cherchez des motels en banlieue ou à **Ypsilanti**, à 8 km au sud-est de la ville, le long de la I-94. Situé juste au sud de la I-94, dans les faubourgs d'Ann Arbor, l'éternel **Motel 6**, 3764 S. State St., loue des chambres bien tenues et confortables (© 665-9900, chambre simple 46-56 \$, chambre double 52-62 \$). L'**Hotel Embassy**, 200 E. Huron St., à l'angle de la 4th Ave. et à deux pas du campus, propose des chambres propres, au cœur de l'action (© 662-7100, chambre simple 59 \$, caution de 3 \$ pour la clé). Avec sept campings dans un rayon de 30 km, vous n'aurez aucun mal à planter votre tente. Tentez votre chance à la **Pinckney Recreation Area**, 8555 Silver Hill, Pinckney (© 426-4913), ou à la **Waterloo Recreation Area**, 16345 McClure Rd., à Chelsea (© 475-8307). Ces deux campings disposent d'emplacements sommaires (6 \$) et tout confort (14 \$) et perçoivent un droit d'accès de 4 \$ par véhicule.

▗ RESTAURANTS

Si vous voulez vous restaurer à bon compte, mettez le cap sur le quartier étudiant : les restaurants jouent des coudes le long de **State St.** et de **S. University St.** D'autres, plus haut de gamme, bordent **Main St.** Vous pouvez acheter des produits fermiers au **Farmers Market**, 315 Detroit St., près de Kerrytown. (© 994-3276. Ouvert Mai-Déc, Me. et Sa. 7h-15h. Janv-Avr : Sa. 8h-15h.) ♥ **Zingerman's Deli**, 422 Detroit St., sert des spécialités d'Europe centrale et d'excellents sandwichs (6-12 \$). (© 663-3354. Ouvert tlj 7h-22h.) Pour un repas encore plus complet, essayez les portions pantagruéliques de **Casey's Tavern**, 304 Depot St., face à la gare ferroviaire. Le *Caesar Steak Sandwich* (8 \$) séduit autant les gens du coin que les voyageurs de passage. (© 665-6775. Ouvert Lu-Je 11h-23h et Ve-Sa 11h-24h.) Dans cette ville qui a vu naître la chaîne Domino's, la **Pizza House**, 618 Church St., est considérée comme la meilleure pizzeria d'Ann Arbor. (© 995-5095. Ouvert tlj 10h30-4h30. Pizzas 7-22 \$.) Les végétaux tremblent de toutes leurs feuilles à la simple mention du nom de **Seva**, 314 E. Liberty St., repaire végétarien de longue date à Ann Arbor. Sa décoration chaude et simple s'accorde parfaitement à la carte, qui vous propose aussi bien des spécialités mexicaines que des légumes sautés au *wok* et moult autres délices végétariens. (© 662-

1111. Plats principaux 7-10 $. Ouvert Lu-Je 10h-21h, Ve. 10h30-22h, Sa. 9h-22h et Di. 10h-21h.) **Krazy Jim's Blimpy Burger**, 551 S. Division St., près du campus, est très apprécié des étudiants pour ses hamburgers délicieux à 1,70 $ qui reviennent moins cher que les ingrédients eux-mêmes (© 663-4590, ouvert tlj 11h-22h).

👁 🎵 VISITES ET SPECTACLES

Son statut de grande ville universitaire est le principal atout d'Ann Arbor. Le **University of Michigan Museum of Art (UMMA)**, 525 S. State St., à l'angle de S. University St., abrite une petite collection d'œuvres d'art provenant des quatre coins du monde, rehaussée de deux Picasso. (© 764-0395. Ouvert Ma-Me et Ve-Sa 10h-17h, Je. 10h-21h, Di. 12h-17h. Entrée gratuite.) Le **University of Michigan Exhibit Museum of Natural History**, 1109 Geddes Ave., à l'angle de Washtenaw Ct., comprend un assortiment de squelettes de dinosaures, ainsi que des expositions de zoologie, d'astronomie et de géologie. On y trouve également un planétarium, où l'on peut contempler les astres le week-end. (© 764-0478. Ouvert Lu-Sa 9h-17h et Di. 12h-17h. Planétarium 3 $, personnes âgées et enfants 2 $. Musée gratuit.) En dehors de l'université, l'**Ann Arbor Hands-On Museum**, 219 E. Huron St., propose des expositions interactives pour les enfants de tous âges, sollicitant leurs cinq sens. (© 995-5437. Ouvert Ma-Sa 10h-17h et Di. 12h-17h. Entrée 6 $, personnes âgées, étudiants et enfants 4 $.) De nombreux artistes de la région exposent leurs créations sur l'**Artisans' Market**, 315 Detroit St., au même endroit que le Farmer's Market (Mai-Déc, Di. 11h-16h). Il est presque impossible de se procurer des billets pour les matchs de football américain disputés par l'équipe des **Wolverine** de l'université du Michigan dans leur stade d'une capacité de 115 000 spectateurs. Vous pouvez néanmoins tenter votre chance auprès du bureau des sports en composant le © 764-0247.

En été, le départ en vacances des dizaines de milliers d'étudiants donne lieu à une fête. Fin juillet, un flot de curieux envahit la ville pour admirer le travail de près de 600 artistes au cours de l'**Ann Arbor Summer Art Fair** (© 995-7281). Quant à l'**Ann Arbor Summer Festival** (© 647-2278), on s'y presse de mi-juin à début juillet pour assister à des spectacles comiques, de danse et de théâtre et pour écouter du jazz, de la country ou du classique. Des séances de cinéma en plein air (**Top of the Park**) complètent les festivités en haut du parking de Fletcher St., à côté du bâtiment des Health Services (Sécurité sociale). Le service téléphonique **County Events Hotline** (© 930-6300) fournit des informations sur tous ces événements.

Pour vous informer sur les concerts de musique classique, contactez la **University Musical Society**, dans la Burton Memorial Clock Tower, entre N. University St. et Thouper St. (© 764-2538 ou 800-221-1229. Billets 10-55 $. Ouvert Lu-Ve 10h-17h et Sa. 10h-13h.)

🖼 SORTIES

Les mensuels *Current, Agenda, Weekender Entertainment* et l'hebdomadaire *Metrotimes*, tous gratuits et disponibles dans les restaurants, chez les disquaires, etc., répertorient les manifestations du moment. Les informations destinées aux gays et aux lesbiennes sont dans *OutPost* ou *Between the Lines*. **The Blind Pig**, 208 S. 1st St., est le meilleur endroit en ville pour assister à des concerts. Il accueille des groupes de reggae, de rock et de blues. (© 996-8555. Age minimum 19 ans. Entrée 5-15 $. Ouvert tous les soirs jusqu'à 2h.) Le **Bird of Paradise**, 207 S. Ashley St., propose des concerts de jazz tous les soirs et reçoit des grands noms Ve. et Sa. (© 662-8310. Entrée 3-5 $.) **The Nectarine**, 516 E. Liberty St., est une boîte branchée réputée pour sa *dance*. Le mardi et le vendredi, soirées gay. (© 994-5436. Ouvert Ma-Sa jusqu'à 2h.) Le paisible **Ashley's**, 338 S. State St., maintient plus de 60 bières sous pression. (© 996-9191. Ouvert tous les soirs jusqu'à 2h.) **Conor O'Neill's**, 318 S. Main St., accueille aussi bien les gens du coin que les étudiants dans une ambiance de pub irlandais (© 665-2968, ouvert tlj 11h-2h). La clientèle afflue au **Del Rio**, 122 W. Washington Hts., au niveau d'Ashley St., où l'on sert des hamburgers, de la cuisine mexicaine et quelques plats végétariens à des prix abordables. Concert de jazz gratuit le dimanche soir. (© 761-2530. Ouvert tous les soirs jusqu'à 1h45, jazz jusqu'à 21h30. Paiement en espèces uniquement.) Si le sport vous passionne, rejoignez l'équipe de tournage de la chaîne ESPN au **Touchdown Cafe Grill & Bar**, 1220 S. University St., sur le campus, pour y siroter de la bière et soutenir le *quarterback* de la fac via d'énormes écrans de télévision (© 665-7777, ouvert tous les soirs jusqu'à 2h).

GRAND RAPIDS ☎ 616

Vivant autrefois du commerce de la fourrure comme nombre de petites villes des Etats-Unis, Grand Rapids aura tout essayé, avec plus ou moins de bonheur, pour se distinguer de ses voisines. Alors que d'autres villes peaufinaient leur cachet pour attirer les visiteurs, Grand Rapids se lança dans le béton et les gratte-ciel. S'efforçant surtout de plaire au monde des affaires, cette cité a peu de chose à offrir aux touristes, mais elle sert de plaque tournante des transports pour tout l'ouest du Michigan.

■ ■ **ORIENTATION ET INFORMATIONS PRATIQUES.** La plupart des rues de Grand Rapids sont tracées selon une grille. **Division St.** divise la ville d'est en ouest et **Fulton St.**, orientée est/ouest, sépare la partie nord du sud de la ville. **Greyhound**, 190 Wealthy St. (© 456-1709, gare ouverte tlj 6h45-22h), dessert Detroit (4 dép/j, durée 3h30, 19-23 $), Chicago (3 dép/j, durée 4h30, 27-29 $) et Ann Arbor (1 dép/j, durée 3h, 18-21 $). **Amtrak**, 507 Wealthy St., à l'angle de Market St., dessert le sud et l'ouest, ainsi que Chicago (1 dép/j, durée 4h, 32-46 $, 58 $ l'aller-retour). La gare, qui ne vend pas de billets, n'ouvre qu'au passage des trains. Les bus de la **Grand Rapids Transit Authority (GRATA)**, 333 Wealthy St. S.W. (© 776-1100), sillonnent le centre-ville et ses faubourgs Lu-Ve 5h45-23h15, Sa. 6h30-21h30 et Di. 8h-19h45. Billet 1,25 $, personnes âgées 60 ¢, forfait de 10 trajets 9 $. **Taxi : Veterans Taxi**, © 459-4646. Pour des informations générales sur la ville, rendez-vous au **Grand Rapids-Kent County Convention and Visitors Bureau**, 134 Monroe Center (© 459-8287 ou 800-678-9859, ouvert Lu-Ve 9h-19h) ou à la **West Michigan Tourist Association**, 1253 Front Ave. (© 456-8557 ou 800-442-2084, ouvert Lu-Je 8h30-17h, Ve. 8h30-18h et Sa. 9h-13h). En cas de nécessité, prenez contact avec **Suicide, Drug, Alcohol and Crisis Line**, au © 336-3535, 24h/24. **Internet** : Accès gratuit à la **Grand Rapids Public Library** (bibliothèque municipale), 1100 Hynes Ave. S.W., Suite B (© 988-5400, ouvert Lu-Je 9h-21h et Ve-Sa 9h-17h30, en été Di. 13h-17h). **Bureau de poste** : 225 Michigan St. N.W. (© 532-2109. Ouvert Lu-Ve 8h-17h30 et Sa. 9h-12h30.) **Code postal** : 49503.

■ **HÉBERGEMENT.** La plupart des motels bon marché sont regroupés à l'angle de Division St. et de la 28th St. **The Grand Rapids Inn**, 250 28th St. S.W., dispose de chambres fonctionnelles et très bon marché. (© 452-2131. Chambre simple à partir de 33 $, chambre double à partir de 40 $.) Les hommes peuvent profiter de la **YMCA**, 33 Library St. N.E., dans le centre-ville (© 222-9626, 26 $ la première nuit, 15 $ la nuit supplémentaire, pas de réservation). A seulement 20 km au nord-est du centre-ville, les **Grand Rogue Campgrounds**, 6400 W. River Dr., proposent des emplacements boisés au bord de la rivière. Prenez la Route 131 vers le nord jusqu'à Comstock Park (sortie n° 91), puis tournez à gauche dans W. River Dr. et continuez sur 6 km. (© 361-1053. 20 $, avec raccordement 26 $.)

■ ■ **RESTAURANTS ET SORTIES.** Le restaurant mexicain le plus apprécié de la ville est le **Beltline Bar and Café**, 16 28th St. S.E. Le *burrito* en sauce, spécialité de la maison, est à partir de 5 $. (© 245-0494. Ouvert Lu-Ma 7h-24h, Me-Sa 7h-1h et Di. 12h-22h30.) La ♥ **Four Friends Coffeehouse**, 136 Monroe Center (© 456-5356), sert un excellent choix de cafés (à partir de 1 $), des muffins encore chauds (1,25 $) et de délicieux sandwichs (3 $) dans une ambiance bohème. (Concerts Ve. et Sa. pendant l'année universitaire. Ouvert Lu-Je 7h-22h, Ve. 7h-24h et Sa. 8h-24h. Sep-Mai : fermeture à 23h.) Pour déguster de bons hamburgers (6 $), des steaks et des bières brassées "à la main" (3,50 $ la pinte), descendez à la **Grand Rapids Brewing Company**, 3689 28th St. S.E. (© 285-5970. Restaurant ouvert Lu-Je 11h-22h, Ve-Sa 11h-23h et Di. 12h-22h. Bar ouvert Lu-Je 11h-24h et Ve-Sa 11h-1h.)

Pour tout connaître des événements et des distractions nocturnes qu'offre la ville, procurez-vous un exemplaire gratuit d'*On the Town* ou d'*In the City*, disponibles un peu partout. Le quartier d'Eastown accueille l'essentiel de la scène musicale de la ville, où la *dance* semble régner sans partage. **Diversions**, 10 Fountain St. N.W., est un lieu endiablé où vous pourrez laisser libre cours sur la piste à vos enchaînements les plus personnels. (© 451-3800. Karaoké Me. et Sa. à 22h. Entrée habituellement 5 $, gratuit pour les plus de 21 ans. Ouvert tlj 20h-2h, piste de danse accessible dès 22h.)

◙ **VISITES.** Le **Public Museum of Grand Rapids** (272 Pearl St. N.W., © 456-3977) renferme le plus grand squelette de baleine du monde (23 m), un antique manège regroupant 50 animaux et un planétarium. (Ouvert Lu-Sa 9h-17h et Di. 12h-17h. Entrée 6 $, personnes âgées 5 $, 3-17 ans 2,50 $. Planétarium 2 $.) Dans la plus grande serre du Michigan, les **Frederik Meijer Gardens**, plus de 100 statues en bronze sont disséminées dans un jardin tropical de plus de 28 hectares. Des travaux d'agrandissement, d'un coût de 12,8 millions de dollars, et la copie d'une statue de cheval de Léonard de Vinci atteignant une hauteur de 3 étages ont été accomplis lors des célébrations du nouveau millénaire. (3411 Bradford St., à l'angle de Beltline St. © 957-1580. Ouvert Lu-Me et Ve-Sa 9h-17h, Je. 9h-21h et Di. 12h-17h. Sep-Mai : Lu-Sa 9h-17h et Di. 12h-17h. Entrée 6 $, personnes âgées 5 $, étudiants 4 $, enfants 2,50 $.) Vous pourrez satisfaire votre goût pour l'architecture à la **maison Meyer May**, 450 Madison Ave. S.E., une bâtisse conçue par Frank Lloyd Wright dans son fameux style tout en avancées. (© 246-4821. Ouvert Ma. et Je. 10h-14h et la plupart des Di. 13h-17h. Entrée gratuite.)

LA CÔTE DU LAC MICHIGAN

Les cargos qui ont autrefois contribué à la prospérité de Chicago sillonnent toujours la côte, mais ils sont à présent infiniment moins nombreux que les bateaux de plaisance. Avec ses dunes de sable blanc et fin, ses eaux poissonneuses, ses vergers florissants au printemps et son manteau de neige hivernal, la côte est du lac Michigan a, en effet, des allures de paradis pour vacanciers. La côte s'étend vers le nord, de l'Indiana jusqu'au pont Mackinac, sur plus de 500 km. L'extrémité sud se trouve à deux heures à peine du centre de Chicago.

⊠ INFORMATIONS PRATIQUES

La majorité des attractions de la région se trouvent dans les petites villes côtières, regroupées autour de Grand Traverse Bay, au nord. **Traverse City**, à l'extrémité sud de la baie, détient le titre envié de "capitale mondiale de la cerise". Quant aux pêcheurs, ils font des miracles en lançant leur ligne le long des rivières Au Sable et Manistee. Toutefois, aucune de ces merveilles ne réussira à voler la vedette à la véritable star du coin : le savoureux caramel *Mackinac Island fudge* (aussi appelé "fudgies", voir **Mackinac Island**, p. 394), vendu dans les boutiques de l'île et des alentours. La US 31 court du nord au sud le long de la côte est. De nombreuses routes sillonnent la côte et permettent de mieux l'explorer (suivez les panneaux verts marqués "Lake Michigan Circle Tour"). Le prix du logement près du lac peut être exorbitant. Pour des prix plus abordables, il faut s'éloigner de la côte. La **West Michigan Tourist Association**, 1253 Front Ave. N.W. (© 456-8557 ou 800-442-2084), à Grand Rapids, fournit des renseignements sur la région (ouvert Lu-Je 8h30-17h, Ve. 8h30-18h et Sa. 9h-13h).

LA CÔTE SUD

HOLLAND ⊠ 616

Fondée en 1847 par des dissidents religieux néerlandais, Holland est restée fidèle à sa mère patrie. Située à 48 km au sud-ouest de Grand Rapids par la I-196, la cité a su faire fructifier son héritage culturel, avec toutefois une pointe de mauvais goût. Ces "vestiges" sont visibles sous leur meilleur jour en mai, à l'époque de la floraison des tulipes. Petit mais très intéressant, le **Holland Museum**, 31 W. 10th St., abrite quelques collections de porcelaine et de meubles de l'ancienne patrie, ainsi que des expositions consacrées à l'histoire de la ville. (© 392-9084. Ouvert Lu., Me. et Ve-Sa 10h-17h, Je. 10h-20h, Di. 14h-17h. Entrée 3 $, étudiants et personnes âgées 2 $.) Les **Veldheer Tulip Gardens**, 12755 Quincy St., à hauteur de la US 31, abritent des tulipes dont la récolte pourrait rendre jaloux le marché aux fleurs d'Amsterdam. (© 399-1900. Ouvert tlj 8h-18h. Entrée 5 $.) La **DeKlomp Wooden Shoe and Delftware Factory** adjacente "chausse" les touristes de souvenirs de bois ou de porcelaine. (© 399-1900. Ouvert Lu-Ve 8h-18h et Sa-Di 9h-17h. Entrée gratuite.) Un village hollandais reconstruit à l'identique ou presque, le **Dutch Village**, 12350 James St., près de la US 31, offre l'aspect d'un golf miniature géant de 25 trous, sans les trous. (© 396-1475. Ouvert fin Avr-mi-Oct, tlj 9h-17h. L'horaire peut varier pendant l'été. Entrée 6,50 $, 3-11 ans 5 $.) DeZwaan, le seul moulin à vent hollandais du pays en état de marche, laisse tourner ses ailes sur **Windmill Island**, au coin de Lincoln Ave. et de la 7th St., dans le centre-ville. (© 355-1030. Ouvert Mai-Oct, tlj, horaire variable : téléphonez avant la visite. Entrée 5,50 $, 5-12 ans 2,50 $, gratuit pour les moins de 5 ans.)

Le **Blue Mill Inn**, 409 US 31, à l'angle de la 16th St., loue la chambre simple (correcte) à partir de 52 $ et la chambre double à partir de 64 $ (© 392-7073 ou 888-258-3140, tarifs réduits hors saison). Le **Holland State Park**, 2215 Ottawa Beach Rd., 13 km à l'ouest de Holland, dispose de 306 emplacements avec quelques arbres, nichés entre le lac Macatawa et le lac Michigan (© 399-9390 ou 800-447-2757, emplacement 15 $, accès véhicule 4 $). Les bus **Greyhound**, 171 Lincoln Ave. (© 396-8664), relient Holland à Detroit (2 dép/j, durée 4h, 26-28 $), Chicago (3 dép/j, durée 4h, 27-29 $) et Grand Rapids (3 dép/j, durée 35 mn, 9-10 $). Au même endroit, un train **Amtrak** passe une fois par jour à destination de Chicago (durée 3h, 31 $). Réservez votre billet de train à l'avance : il n'y a pas de guichet Amtrak dans la gare (gare ouverte Lu-Ve 7h-11h et 12h30-16h30). **Informations touristiques : Holland Convention and Visitors Bureau**, 76 E. 8th St., dans le centre-ville (© 394-0000 ou 800-506-1299, ouvert Lu-Ve 8h-17h, Mai-Oct également Sa. 10h30-15h).

GRAND HAVEN ☎ 616

L'une des plus belles plages de la rive est du lac Michigan, Grand Haven, offre au voyageur fatigué l'insouciance d'une station balnéaire, au sable si fin que les constructeurs automobiles l'utilisent pour le moulage des pièces de moteurs. La ville se trouve à environ 55 km à l'ouest de Grand Rapids par la I-96. Le centre-ville, à taille humaine, séduit les touristes notamment grâce à sa promenade du bord de lac. Au cœur de Grand Haven, **Washington St.** est bordée de restaurants et de magasins fréquentés par des vacanciers désinvoltes. La **Musical Fountain** (fontaine musicale), au bout de Washington St., orchestre son déferlement d'eau et ses lumières au rythme d'une musique différente chaque soir. (© 842-4910 ou 842-2550. Fonctionne Juin-Août, vers 21h30.)

Le ♥ **Khardomah Lodge**, 1365 Lake Ave., est une auberge de jeunesse haut-de-gamme, disposant d'immenses salles communes et de chambres décorées avec goût. Son caractère typiquement américain, son service chaleureux et la proximité de la plage en font l'un des meilleurs établissements bon marché sur les rives du lac Michigan. (© 842-2990. Cuisine et salles de bains communes. Chambre double 58 $, 10 $ par personne supplémentaire. Réservation vivement recommandée.) Vous adorerez camper au pittoresque **Grand Haven State Park**, 1001 Harbor Dr. (© 847-1309 ou 800-447-2757. Ouvert début Avr-Oct. Emplacement 15 $ plus 4 $ de permis d'utilisation du site et de raccordement électrique.) **Informations touristiques : Grand Haven Area Visitors Bureau**, 1 S. Harbor Dr., à l'angle de Washington St. (© 842-4499 ou 800-303-4096, ouvert en été Lu. 9h30-17h, Ma-Ve 8h30-17h et Sa. 10h-14h).

LA CÔTE CENTRALE

MANISTEE ☎ 231

Le charme victorien de **Manistee** a bien du mal à rivaliser avec les trois superbes curiosités naturelles qui entourent la ville. Le lac Michigan attire les plaisanciers, les baigneurs et les amateurs de plage, tandis que les pêcheurs apprécient les eaux poissonneuses du lac Manistee. La Manistee National Forest, quant à elle, s'étend sur le pourtour de la ville pour la plus grande joie des randonneurs, des cyclistes et des campeurs.

Les motels relativement bon marché sont nombreux dans les environs. Le chaleureux **Riverside Motel**, 520 Water St., dispose d'un embarcadère et de grandes chambres avec vue sur le lac (© 723-3554, chambre simple en été 69-99 $, chambre double 69-109 $, en hiver chambre simple 29-69 $, chambre double 35-79 $, réservation recommandée). Vous pourrez vous sentir comme chez vous dans l'un des immenses studios équipés d'une kitchenette du **Traveller's Motel**, 5606 Eight Mile Rd., à 23 km au nord de Manistee, à Onekama, à deux pas de la Route 22. (© 889-4342. Chambre simple 45 $, chambre double 60 $, studio avec kitchenette pouvant contenir jusqu'à 6 personnes 80 $. Tarifs d'hiver : chambre simple 32 $, chambre double 42 $, studio 55 $.)

Pour tout savoir sur les randonnées et la location de canoës, contactez la **Manistee Ranger Station**, 412 Red Apple Rd., au sud du centre-ville par la US 31 (© 723-2211, ouvert Lu-Ve 8h-17h et Sa-Di 8h30-17h). Si vous souhaitez recourir aux services d'un guide pour pêcher en lac ou en rivière, adressez-vous à la Manistee Area Charterboat Organization (© 889-5815). A 50 km plus au sud, le **Lake Michigan Car Ferry** (© 800-841-4243) effectue des allers-retours entre Ludington et Manitowoc, dans le Wisconsin, et permet de gagner aisément les sites et villes majeurs de cet Etat. (Durée 4h. 2 rotations par jour fin Juin-Août. Une rotation au printemps et en automne. 38 $ la traversée, personnes âgées 35 $, 5-15 ans 17 $, 46 $ de supplément par voiture. Réservation recommandée.) L'office de tourisme se trouve à la **Manistee Economic Council and Chamber Alliance (MECCA)**, 50 Filer St., dans l'immeuble Briny, Suite n° 224 (© 723-4325), et distribue des brochures sur les curiosités locales (ouvert Lu-Ve 8h-17h30).

SLEEPING BEAR DUNES   ☞ 231

Les Sleeping Bear Dunes reposent le long de la côte ouest de la presqu'île Leelanau, à plus de 30 km de Traverse City par la Route 72. Selon une légende indienne, les gigantesques dunes de sable sont en fait une mère ourse endormie, attendant que ses petits (les Manitou Islands) aient fini de traverser le lac à la nage pour fuir un incendie de forêt. Chacun de ces "oursons" est doté d'une personnalité propre : alors que le South Manitou est petit et plus civilisé, le rude North Manitou demeure vaste et indompté. La paisible bourgade d'**Empire** fait office de seuil pour le **Sleeping Bear Dunes National Lakeshore**, qui comprend les îles Manitou ainsi que 40 km de terre ferme sur le continent. Situé près des boutiques du quartier historique de Fishtown, le **Manitou Island Transit** (© 256-9061), à Leland, navigue plusieurs fois par jour vers l'île de South Manitou et s'aventure cinq fois par semaine en juillet et en août jusqu'à North Manitou. (Enregistrement à 9h15, aller-retour 22 $, moins de 12 ans 13 $. Horaires Mai-Juin et Sep-Nov par téléphone.) Après avoir obtenu un **permis**, on peut **camper** sur les deux îles. Les voitures sont interdites. (5 $, plus un forfait obligatoire de 7 $ pour 7 jours, permis disponible au *visitors center*.)

Vous pouvez devenir le roi des dunes à **Dune Climb**, à 8 km au nord d'Empire par la Route 109. Depuis ce point, une randonnée technique de 4 km vous permet d'accéder au lac Michigan dans toute sa splendeur. Vous pouvez aussi admirer le paysage en voiture le long de la route panoramique **Pierce Stocking Scenic Drive** (11 km), qui part de la Route 109, juste au nord d'Empire, pour aboutir au sommet d'une véritable falaise de sable de 150 m de haut qui plonge dans les eaux tièdes en contrebas (ouvert mi-Mai-mi-Oct, tlj 9h-22h). Pour obtenir des cartes et des informations sur les nombreux sentiers de randonnée, les pistes de ski de fond ou les parcours de VTT, contactez le **National Parks Service Visitors Center**, 9922 Front St. (© 326-5134), à Empire (ouvert tlj en été 9h-18h, mi-Sep-mi-Juin 9h-16h).

Les Sleeping Bear Dunes disposent de quatre **campings**. DH Day (© 334-4634), à Glen Arbor, propose 83 emplacements sommaires (10 $). **Platte River** (© 325-5881 ou 800-365-2267), à Honor sur la côte sud, offre 179 emplacements et est équipé de douches (14 $, 19 $ avec électricité). Deux autres **campings** moins chers sont situés **dans des lieux plus reculés**, accessibles par des sentiers de 2,5 km. (Réservation inutile. Le permis requis est disponible au *visitors center* ou dans les autres campings moyennant 5 $.) La Platte River (à l'extrémité sud) et la Crystal River (près de Glen Arbor, à l'extrémité nord) sont idéales pour faire du canoë ou de la "chambre à air". **Crystal River Outfitters**, 6249 Western Ave./Route 22 (© 334-7490), près de Glen Arbor, propose des excursions en kayak pour des durées variant de 1h à 4h (12,50-20 $ par personne). **Riverside Canoes**, 5042 Scenic Highway/Route 22, à Platte River Bridge (© 325-5622), loue aux moins téméraires toutes sortes de jouets flottants (chambre à air ou *inner tube* 4-6 $ l'heure, 11-13 $ les 2h, canoë 25-29 $, kayak 16 $).

TRAVERSE CITY   ☎ 231

La ville doit son nom aux trafiquants de fourrures français qui effectuaient la "Grand Travers(é)e" entre Leelanau et la péninsule d'Old Mission. Traverse City offre à l'estivant son lot de plages et de cerises (50 % des cerises du pays sont produites dans les environs). L'été, à Grand Traverse Bay, on se baigne et on fait du bateau ou de la plongée sous-marine. Dans les environs, vous n'aurez aucun mal à trouver des plages gratuites et facilement accessibles. Les superbes rives du lac rendent les balades à vélo très agréables. La piste cyclable **TART** longe sur 13 km l'est et l'ouest de la baie de Grand Traverse, et une boucle de 48 km fait le tour de la péninsule d'Old Mission, un peu au nord de la ville, vous offrant de chaque côté de magnifiques points de vue sur la baie. Le magasin **McLain Cycle and Fitness**, 750 E. 8th St., loue des vélos et renseigne sur les pistes cyclables. (© 941-7161. 15 $ la journée, 30 $ le week-end. Ouvert Lu-Sa 9h-18h et Di. 11h-16h.)

La plupart des autres curiosités de la région de Traverse City ont trait à sa production fruitière. Chaque année, le **National Cherry Festival** (© 947-4230), organisé la première semaine de juillet, ponctue la récolte de concerts, de fêtes et… de tartes aux cerises. Dans cinq vergers, durant les 15 premiers jours de juillet, vous pourrez cueillir vos cerises vous-même, par exemple aux **Amon Orchards**, 16 km à l'est de Traverse City par la US 31 (© 938-9160, ouvert 9h-18h, 1,25 $ la livre de cueillette, manger pendant la cueillette ne coûte rien). L'amateur de fruits plus fermentés souhaitera sans doute se rendre dans l'un des nombreux domaines viticoles de la région. Le **Château Grand Traverse**, 12239 Center Rd., à 13 km au nord de Traverse City par la Route 37, propose visites et dégustations gratuites. (© 223-7355 ou 800-283-0247. Visites toutes les heures de 12h à 16h en été. Ouvert Juin-Août, Lu-Sa 10h-19h et Di. 12h-18h. Mai et Sep-Oct : Lu-Sa 10h-18h et Di. 12h-18h. Nov-Avr : Lu-Sa 10h-17h et Di. 12h-17h.)

Les motels sont alignés le long d'East Front Street (US 31), mais il est quasiment impossible de trouver une chambre à moins de 50 $ durant les mois d'affluence estivale. L'université **Northwestern Michigan Community College**, 1701 E. Front St., halls *west* et *east*, offre des lits parmi les moins chers de la ville. (© 995-1409. Draps 9 $. Chambre simple 31 $, chambre double 40 $, appartement avec salle de bains 55 $. Ouvert début Juin-Août. Réservation recommandée plusieurs semaines à l'avance.) Si vous préférez communier avec la nature (ou en tout cas avec 300 autres campeurs), le **Traverse City State Park**, 1132 US 31 N., 3 km à l'est de la ville, propose 344 emplacements ombragés, séparés de la plage uniquement par la rue (© 922-5270 ou 800-447-2757, emplacement avec raccordement 15 $, 4 $ par véhicule). Front St., dans le centre-ville, offre d'alléchantes perspectives culinaires. **Poppycock's**, 128 E. Front St., propose des sandwichs gastronomiques (végétariens ou non) pour 5-7 $. (© 941-7632. Ouvert en été Lu-Je 11h-22h, Ve-Sa 11h-22h30 et Di. 12h-21h. En hiver : Lu-Je 11h-21h et Ve-Sa 11h-22h.) Le **U & I Lounge**, Front St., côté centre-ville, est le bar le plus animé alentour, ce que justifie en partie l'excellente bière locale que l'on y sert. (© 946-8932. Ouvert Lu-Sa 11h-2h, cuisine ouverte jusqu'à 1h35, Di. 12h-2h, cuisine ouverte jusqu'à 1h15.) Pour en savoir plus sur les manifestations et les distractions qu'offre la ville, procurez-vous l'hebdomadaire *Northern Express*, disponible dans tous les kiosques de la ville.

LES GRANDS LACS

Les bus **Indian Trails** et **Greyhound**, 3233 Cass Rd. (© 946-5180), relient Traverse City à Detroit (3 dép/j, durée 9h, 37-41 $) et à la péninsule nord *via* Saint Ignace (1 dép/j, durée 3h, 18 $). La **Bay Area Transportation Authority** (© 941-2324) gère un service de transport à la demande sur simple appel (tarif 2 $, personnes âgées 1 $, service Lu-Sa 6h-1h30 et Di. 8h-1h30. Mieux vaut les prévenir 24h à l'avance.) **Informations touristiques : Traverse City Convention and Visitors Bureau**, 101 West Grandview Pkwy./US 31 N. (© 947-1120 ou 800-872-8377, ouvert tlj 9h-18h). **Bureau de poste** : 202 S. Union St. (© 946-9616, ouvert Lu-Ve 8h-17h). **Code postal** : 49684.

LA CÔTE NORD

DÉTROIT DE MACKINAC 📖 231

Tant que vous vous trouvez sur le territoire de la Grande Tortue (c'est ainsi que les Indiens appellent la région), ne parlez jamais de "mackinAC". Car Mackinac et Mackinaw se prononcent de la même façon : "mackinOW". Le **fort colonial Michilimackinac** surveille toujours le détroit qui sépare le lac Michigan du lac Supérieur. Pourtant, la seule invasion que connaisse **Mackinaw City**, la ville qui entoure le fort, est celle des touristes. L'**Historic Mill Creek** (à 6 km au sud de Mackinaw City par la Route 23), le fort Michilimackinac et le **fort Mackinac** (sur l'île Mackinac, voir plus bas) forment les trois parcs des State Historic Parks. (© 436-4100. Ouvert mi-Juin-début Sep, tlj 9h-18h ; début Sep-Oct et Mai-mi-Juin 10h-17h. Entrée 8 $ par parc, 6-17 ans 5 $, 20 $ pour toute la famille.) Long de 8 km, le **Mackinac Bridge** (ou *Mighty Mac*, le "puissant Mac"), qui relie Mackinaw City à Saint Ignace, sur la péninsule nord, est le plus grand pont suspendu du monde. Chaque année, la **Labor Day Bridge Walk**, une fête traditionnelle, mérite le détour : le gouverneur du Michigan prend la tête d'un cortège composé de centaines de pèlerins qui partent de Mackinaw City pour se rendre à Saint Ignace en franchissant le Mackinac Bridge.

Les meilleures affaires en matière d'hébergement se trouvent de l'autre côté du Mackinac Bridge en s'éloignant du rivage le long de la I-75 Business Loop à Saint Ignace. Situé sur le front de lac, à 5 mn des docks, le **Harbor Light Motel**, 1449 State St. (sur la I-75), loue des chambres meublées à neuf, avec télévision par câble. Joignez-vous aux autres voyageurs pour une veillée au coin du feu sur la plage. (© 906-643-9439. Chambre simple 45 $, chambre double 47 $.) De retour à Mackinaw City, les campeurs peuvent s'arrêter à l'énorme **Mackinac Mill Creek Campground**, à plus de 5 km au sud de la Route 23. La plupart des 600 emplacements sont situés près du lac. (© 436-5584. 15 $ la place, 17,50 $ avec tous les raccordements. Bungalow 40 $.) Au **Wilderness State Park**, 18 km à l'ouest sur Wilderness Park Drive, chaque emplacement est équipé d'une douche et de l'électricité. (© 436-5381. 15 $, bungalow pour 4-8 personnes 40 $, dortoir pour 20 personnes 55 $, permis requis de 4 $.)

Pour les déplacements en dehors de la ville, les bus d'**Indian Trails** (© 517-725-5105 ou 800-292-3831) effectuent un arrêt facultatif au restaurant Big Boy, dans Nicolet Ave. Un bus part vers le nord et un autre vers le sud tous les jours. Achetez les billets à la station suivante. Vous pouvez vous procurer des informations touristiques essentielles concernant l'hébergement, les restaurants et les hauts lieux des environs au **Michigan Department of Transportation Welcome and Travel Information Center** (© 436-5566), dans Nicolet Ave., à la sortie n° 338 de la I-75. (Service de réservation gratuit. Ouvert tlj 8h-18h ; Sep-mi-Juin 9h-17h.)

MACKINAC ISLAND 📖 231

La cossue Mackinac Island, située à 16 mn de ferry du "continent", a longtemps été considérée comme la cousine huppée de Mackinaw City. L'interdiction des voitures sur l'île Mackinac et la prolifération des chevaux qui en a résulté imprègnent aujourd'hui l'atmosphère de ce haut lieu touristique d'une senteur chevaline, sans manquer pour autant d'y ajouter une touche "snob". Néanmoins, les visiteurs arrivent en masse sur l'île, pour profiter de son charme côtier délicieusement suranné.

Les sites les plus fréquentés sont le **fort Mackinac** (✆ 436-4100, ouvert mi-Juin-mi-Août, tlj 9h30-18h30 ; mi-fin Août 9h30-17h, entrée 8 $, 6-17 ans 5 $, gratuit pour les moins de 6 ans), les magnifiques maisons victoriennes et les plages, idéales pour la balade. Les connaisseurs ne manqueront pas de remarquer le parfum caractéristique du *Mackinac fudge*, le caramel local, vendu dans des boutiques disséminées dans toute l'île et sur les rives du lac Michigan (7 $ la boîte d'une livre). Des promenades un peu partout dans l'île, dont l'itinéraire croise des merveilles architecturales, à l'image du luxueux Grand Hôtel. (Promenade ✆ 906-847-3325. Tlj 9h-17h. 15 $, 4-11 ans 7,50 $.) Des balades à cheval (25 $ l'heure) sont également possibles au départ de plusieurs écuries dans l'île.

Le meilleur moyen de visiter l'île en échappant à la foule est sans doute le vélo. De nombreuses boutiques de location bordent Main St., près du quai des ferrys (4 $ l'heure). Couvrant 80 % de l'île, le **Mackinac Island State Park** est ceinturé par une route de 13 km qui longe la côte et sur laquelle il est possible de se promener à sa guise à pied ou à vélo.

Le trajet par ferry en direction de l'île est rapide et agréable, et vous permettra surtout de jouir d'une vue spectaculaire sur le Mackinac Bridge. Trois compagnies de **ferrys** desservent l'île depuis Mackinaw City et Saint Ignace avec des horaires qui se chevauchent, mais les liaisons avec Saint Ignace sont moins fréquentes. **Shepler's** (✆ 800-828-6157) assure la liaison la plus rapide. Les catamarans affrétés par **Arnold Transit Co.** (✆ 847-3351 ou 800-542-8528) constituent un moyen amusant de rejoindre l'île. En été, un ferry part de Mackinaw City toutes les 30 mn de 8h à 23h (15,50 $ l'aller-retour, moins de 16 ans 7,50 $, 6,50 $ par vélo). Les prix pratiqués sur l'île sont exorbitants, aussi nous vous recommandons de loger sur le "continent". Si vous désirez manger sur place, **Mighty Mac** sert une cuisine abordable et de qualité, avec d'énormes hamburgers de 250 gr à moins de 4 $ (✆ 847-8039, ouvert tlj 8h-20h).

Procurez-vous l'inestimable *Mackinac Island Locator Map* (1 $) et le *Discover Mackinac Island* (2 $), disponibles à l'office de tourisme (**Mackinac Island Chamber of Commerce**, ✆ 906-847-3783 ou 800-454-5257), dans Main St. (Ouvert en été tlj 8h-19h ; Oct-Mai 9h-17h.)

ROUTE PANORAMIQUE : NORTHERN MICHIGAN SHORE DRIVE

C'est un paysage ponctué de cerisiers, de rivages paisibles et de villages lacustres que vous découvrirez en parcourant l'itinéraire de la rive nord du Michigan. Autrefois utilisé comme route commerciale par les Indiens et les marchands de fourrures français, il permet aujourd'hui d'explorer les terres du Michigan dans toute leur diversité.

La US 31 s'enfonce vers le nord sur une centaine de kilomètres. Elle part de Traverse City pour atteindre Petoskey, où elle cède la place à la sinueuse Route 119 qui parcourt les cinquante derniers kilomètres jusqu'à Cross Village. Comptez environ trois heures pour faire honneur à cette excursion, en vous arrêtant en chemin pour admirer les merveilles naturelles ou créées par l'homme. La route est bien entretenue mais il vous faudra redoubler de prudence en arrivant sous l'impressionnant **"tunnel d'arbres"** (*Tunnel of Trees*) de la Route 119 qui s'étend sur quarante-trois kilomètres, de Cross Village à Harbor Springs. Cette partie de la route est très étroite et comporte une série de virages serrés, obligeant les conducteurs à réduire leur vitesse et à augmenter leur vigilance. Profitez de cette allure plus lente pour vous imprégner du paysage.

A une vingtaine de kilomètres de l'animation de Traverse City se trouve la ville endormie d'**Acme**, entourée de champs de cerisiers. 35 km au nord d'Acme et à l'ouest de Barnes Park Road, vous entrez dans le village de **Torch Lake**, dont la **Grand Traverse Bay**, dans le **Barnes County Park**, abrite des plages isolées et immaculées. Au nord d'Atwood, la route est de nouveau bordée de cerisiers ; lors de la récolte des cerises, cette région est considérée comme la plus productive.

L'entrée de **Charlevoix** est marquée par des collines ondulées et des maisons à l'architecture élaborée. Cette petite ville lacustre occupe la langue de terre située entre le lac Michigan et le lac Charlevoix. Aujourd'hui, cette ville, havre de yachts et d'un certain art de vivre, attire beaucoup plus de touristes qu'au début du siècle dernier, lorsque Ernest Hemingway, résident à l'époque, le choisit pour toile de fond à certaines histoires de Nick Adams. La population triple à la période estivale. L'office de tourisme **Charlevoix Chamber of Commerce**, 408 Bridge St. (© 547-2101), dispense toutes les informations touristiques touchant tant au golf qu'au bateau ou au shopping (en été Lu-Sa 9h-18h, en hiver Lu-Ve 9h-17h). Dans cette station balnéaire, les chambres bon marché sont plutôt rares, mais le **Colonial Motel**, 6822 US 31 S., reste la meilleure option, avec café gratuit, air conditionné et télévision par câble. (© 547-6637. Chambre simple 38-60 $, chambre double 48-70 $, tarifs réduits hors saison. Ouvert Mai-Oct.) Les campeurs qui savent se passer de douche ou d'électricité peuvent s'installer sur l'un des 90 emplacements du **Fisherman's Island State Park** situés au bord du lac Michigan, sur Bells Bay Rd., à 8 km au sud de Charlevoix par la US 31 (© 547-6641 ou 800-447-2757, emplacement sommaire 6 $, 4 $ par véhicule). C'est aussi à partir de Charlevoix que vous pouvez accéder à **Beaver Island**. Située à 2h15 de ferry de la rive, c'est l'île habitée la plus éloignée de toute la région des Grands Lacs. Ses 137 km^2 offrent de nombreuses possibilités de randonnée, d'excursion en bateau, de balade à vélo et de baignade. Le **ferry** part en face du 102 Bridge St. 1-3 dép/j. Aller-retour 31 $, 5-12 ans 15,50 $, 12 $ par vélo. Renseignements complémentaires au © 547-2311 ou au 888-446-4095. **Office de tourisme : Beaver Island Chamber of Commerce**, © 448-2505.

PETOSKEY ☎ 231

A 30 km au nord de Charlevoix sur le continent, Petoskey est un lieu de villégiature un peu plus grand que les précédents et qui doit sa notoriété à ses coraux, fossilisés le long du rivage à l'époque où l'océan baignait encore cette contrée. Autre lieu de résidence d'Hemingway, Petoskey rend hommage à l'écrivain par le biais d'une dédicace présentée au **Little Traverse History Museum**, 100 Depot Ct., dans le centre-ville, en bordure du lac. (© 347-2620. Ouvert en été Lu-Ve 10h-16h et Sa-Di 13h-16h, entrée 1 $.) Non loin de là, à côté de la US 31 en direction du nord, le **Sunset Park Scenic Overlook** est l'endroit rêvé pour admirer un coucher de soleil.

Les chambres les moins chères de la ville se trouvent dans l'accueillant **North Central Michigan College**, 1515 Howard St., qui loue des chambres simples à l'intérieur d'appartements. (© 348-6611, réservations au © 348-6612. Chambre simple 30 $, chambre double 40 $, suite pour 4 personnes 70 $, draps fournis, réservation recommandée. Paiement en espèces ou chèques de voyage.) Si la vie de dortoir n'est pas à votre goût, les grandes chaînes ont pignon sur rue au croisement de la US 31 et de la US 131. Dans le **Gaslight District** de Petoskey, pile à hauteur de la US 31 dans le centre-ville, des boutiques proposent des objets artisanaux et des plats de la région. Au cœur du quartier, le **Roast and Toast Cafe**, 309 E. Lake St., sert des plats de pâtes et de poulet pour 7-10 $ dans un cadre nautique (© 347-7767, ouvert tlj en été 7h-21h30, en hiver 7h-20h). Au **City Park Grill**, 432 E. Lake St., une élégante demeure datant de 1910 et chère à Hemingway, vous pourrez commander des sandwichs (6-8 $). (© 347-0101. Spectacle Me-Sa à 22h. Entrée 2-3 $. Ouvert Di-Je 11h30-22h et Ve-Sa 11h30-23h. Bar ouvert plus tard.)

Quoique se trouvant 32 km à l'est de Petoskey, dans un bois perdu juste à la sortie d'Indian River, la **Cross in the Woods**, 7078 Route 68 (© 238-8973), vaut le détour. Là, un jésus de bronze de 9 m crucifié sur une croix de 16,50 m (la plus haute du monde) offre une vision tourmentée et imposante, révélatrice du culte voué par les Américains au gigantisme.

LA HAUTE PÉNINSULE ☎ 906

Située de l'autre côté du lac Michigan, au nord-est du Wisconsin, la Haute Péninsule (Upper Peninsula) couvre l'un des territoires les plus sauvages et les plus beaux du monde. En 1837, c'est à contrecœur que le Michigan accepta d'hériter de cette immense "terre en friche", au terme du marché de dupes passé avec le Congrès dans le but d'accéder au rang d'Etat. Pourtant, dès le début, les Etats-Unis tirèrent le meilleur parti de ce territoire, déboisant d'énormes pans de forêts pour alimenter les cheminées de Chicago. Depuis le début du XXe siècle, cependant, les forêts sont protégées et séduisent les passionnés de nature.

La plus grande ville de la Haute Péninsule, **Marquette**, ne compte que 24 000 habitants. La région est un lieu rêvé pour la pêche, le camping, les randonnées et la motoneige, bref pour tous ceux qui souhaitent s'échapper du monde moderne. Les marcheurs apprécieront les nombreux sentiers de randonnée. Le **North Country Trail**, qui relie New York au Dakota du Nord, traverse le Michigan sur plus de 1000 km. Contactez la **North Country Trail Association**, 49 Monroe Center N.W., Suite 200B, Grand Rapids 49503 (© 616-454-5506), pour de plus amples informations sur cette piste. L'automne, avec son feuillage aux couleurs chatoyantes, est la meilleure saison pour les promenades. L'hiver appartient aux skieurs et aux motoneiges. Après le dégel, une demi-douzaine de rivières attirent les amateurs de canoë. Ceux qui veulent céder à l'appel des rapides doivent contacter la **Michigan Association of Paddlesport Providers**, P.O. Box 270, Wellston, MI 49689 (© 616-862-3227).

En dehors des villes touristiques, les chambres de motel coûtent au minimum 24 $. La péninsule ne regroupe pas moins de 200 **campings**, en incluant ceux situés dans les deux forêts nationales (réservations au © 800-447-2757). Dormez bien collé à votre chien, à votre conjoint(e) ou à qui vous voudrez, ou alors apportez des couvertures supplémentaires, car, la nuit, la température peut chuter jusqu'à 4 ou 5 °C, même en plein mois de juillet. Pour de la cuisine régionale, essayez le **fish-fry** du vendredi soir : des buffets à volonté de perches et d'autres poissons des lacs sont servis dans presque tous les restaurants de la ville. La spécialité régionale est le **pasty** (PASS-ti), une tourte à la viande importée au XIXe siècle par des mineurs de Cornouailles (Grande-Bretagne).

TAÏAUT ! TAÏAUT ! Etalée sur 2 semaines à la fin du mois de novembre, la saison de la chasse au cerf (*Deer Season*) peut sembler peu de chose à l'insouciant voyageur. Mais, dans cette partie du pays, c'est un événement d'une importance capitale. Le jour de l'ouverture, nombre d'écoles de la Haute Péninsule et du nord de la Basse Péninsule sont fermées, du fait de l'absentéisme important des élèves et des étudiants. La radio diffuse alors en boucle la chanson *The Second Week of Deer Camp* (*La deuxième semaine au bivouac de chasse*), et les tenues orange des Nemrod (couleur voyante choisie pour limiter les risques d'accident de chasse) fleurissent dans chaque bar et taverne de la région. Alors, amis des animaux, un conseil : évitez toute polémique si vous voyagez dans la région à cette époque, ces gens sont armés...

🛈 INFORMATIONS PRATIQUES

Les **Welcome Centers** surveillent les six principales routes menant à la Haute Péninsule : **Ironwood**, 801 W. Cloverland Dr. (© 932-3330, ouvert Juin-Août, tlj 8h-18h, en hiver 8h-16h), **Iron Mountain**, 618 S. Stephenson Ave. (© 774-4201, ouvert Juin-Août, tlj 7h-17h, en hiver 8h-16h), **Menominee**, 1343 10th Ave. (© 863-6496, ouvert Juin-Août, tlj 8h-17h, en hiver 8h-16h), **Marquette**, 2201 US 41 S. (© 249-9066, ouvert tlj 9h-18h), **Sault Ste. Marie**, 943 Portage Ave. W. (© 632-8242, ouvert Juin-Sep, tlj 8h-18h ; Oct-Mai 9h-17h) et enfin **St. Ignace**, sur la I-75 N., juste au nord du Mackinac Bridge (© 643-6979, ouvert Juin-Août, tlj 8h-18h ; Sep-Mai 9h-17h). Procurez-vous l'inestimable brochure *Upper Peninsula Travel Planner* publiée par l'**Upper Peninsula Travel and Recreation Association** (© 800-562-7134, joignable Lu-Ve 8h-16h30). Le **US Forestry Service**, dans la **Hiawatha National Forest**, 2727 N. Lincoln Rd., Escanaba 49829 (© 786-4062), vous aidera à organiser un séjour en pleine nature.

SAULT SAINTE MARIE
ET L'EST DE LA HAUTE PÉNINSULE

Le trafic fluvial est l'activité majeure de Sault (prononcez "SOU") Sainte Marie, dont les écluses attirent autant l'attention des touristes que des résidents potentiels. La rivière Sainte Marie relie (et sépare) le lac Huron et le lac Supérieur. Autrefois, le dénivelé entre ces deux étendues atteignait 6,40 m sur une distance de 1600 m, ce qui la rendait impraticable en bateau. La première écluse de Sault Sainte Marie fut construite en 1855, ouvrant à la région des perspectives industrielles qui la menèrent à une relative prospérité économique. Aujourd'hui les plus empruntées au monde, les quatre écluses voient passer plus de 12 000 navires par an, qui descendent graduellement au passage d'une série de caissons. Vous pourrez observer en détail l'opération grâce au **Soo Locks Boat Tour**. Ces visites d'une durée de 2h partent du 1157 Portage Ave. et du 515 E. Portage Ave. (© 632-6301 ou 800-432-6301 pour les horaires. Ouvert mi-Mai-mi-Oct. 17 $, 13-18 ans 14,50 $, 4-12 ans 7,50 $, gratuit pour les moins de 4 ans.) Le **Locks Park Historic Walkway** longe la rivière sur plus d'un kilomètre et vous permettra de voir de près des *supertankers* longs de plus de 300 m empruntant les écluses.

Sur le rivage, à l'extrémité de Johnston St., le **Museum Ship Valley Camp**, un cargo à vapeur construit en 1917, est devenu le grand musée maritime des Grands Lacs. Il abrite le **Marine Hall of Fame**. (© 632-3658. Ouvert Juil-Août, tlj 9h-21h ; mi-Mai-Juin et Sep-mi-Oct 10h-18h. Entrée 7,25 $, enfants 3,75 $.) Un aperçu différent et plus sauvage de la "Soo" vous récompensera si vous prenez, en direction de l'Ontario, l'**International Bridge**, long de plus de 3 km (péage 1,50 $). Même si la partie canadienne de la Sault Sainte Marie est plus vaste et davantage urbanisée que son pendant américain, elle offre un accès plus direct aux étendues sauvages. L'**Agawa Canyon Train Tour** organise une excursion d'une journée entière dans le Nord pittoresque, qui vous fera pleinement comprendre le sens de l'expression "habitat clairsemé". (Départ du Station Mall, 129 Bay St. © 800-242-9287. Service début Juin-fin Oct. Tarifs d'été : 56 $ canadiens, personnes âgées 48 $ canadiens, 5-18 ans 18 $ canadiens, moins de 5 ans 13 $ canadiens. Les prix flambent de concert avec la couleur des arbres en automne : 75 $ canadiens l'excursion, 5-18 ans 45 $ canadiens, moins de 5 ans 20 $ canadiens.)

Pour vous loger, la meilleure affaire de la région se trouve juste de l'autre côté du pont, dans l'Ontario, au Canada. L'**Algonquin Hotel (HI-C)**, 864 Queen St. E. (© 705-253-2311), à moins de 1,5 km du pont, vous propose des chambres privatives dans une atmosphère accueillante. (Chambre simple 21,25 $ canadiens, non-adhérents 28 $ canadiens, chambre double 33 $ canadiens, non-adhérents 39,60 $ canadiens.) Côté américain, les gîtes les plus avantageux sont tous regroupés sur la I-75. Si vous avez absolument besoin de la proximité des écluses, le **Mid City Motel**, 304 E. Portage Ave., se trouve à l'ombre de la curieuse Tower of History, une tour de guet parée de dignité (© 632-6832, chambre simple 36-48 $, chambre double 45-58 $). Juste en contrebas de la route, rassasiez-vous d'un *Paul Bunyan burger* (7 $) chez **The Antlers**, 804 E. Portage St. Amis des animaux, attention, les murs ont des oreilles (et surtout des têtes : ours, cerf et sanglier… © 632-3571, ouvert tlj 11h-22h30).

Un peu plus à l'ouest de la ville, la portion est de la **Hiawatha National Forest**, peu fréquentée, et la sympathique ville de **Paradise** sont deux autres hauts lieux de l'est de la Haute Péninsule. Au **Tahquamenon Falls State Park** (© 492-3415), 15 mn à l'est de Paradise, vous pourrez louer des **canoës** (10 $ la demi-journée) et des **canots** (12 $ par personne) aux Lower Falls, ou jouir d'un point de vue sur les chutes de 15 m de haut d'Upper Falls (interdit aux suicidaires qui voudraient emprunter les chutes dans un tonneau). Au nord de Tahquamenon gisent par le fond plus de **300 épaves de bateaux**, protégées par la réserve sous-marine de Whitefish Point, qui permettent aux plongeurs aventureux de partir en quête de trésors engloutis.

CENTRE DE LA PÉNINSULE

La partie ouest de la **Hiawatha National Forest** s'étend sur la majeure partie du centre de la péninsule, offrant de très nombreuses activités de plein air et de nombreux terrains de **camping** au confort limité. (Emplacement 7-11 \$. Toilettes rudimentaires, pas de douche. Premier arrivé, premier servi.) **Rapid River** accueille le poste de *rangers* de cette partie de la forêt sur la Route 2. Au nord, **Munising**, sur la Route 28, donne accès à la forêt et à l'incontournable **Pictured Rocks National Lakeshore**, où les eaux saturées de cuivre, de manganèse et d'oxyde de fer ont peint sur les falaises des bandes multicolores. La **Pictured Rocks Boat Cruise**, au départ du débarcadère de Munising, offre une vue imprenable sur ces falaises. (© 387-2379, durée environ 3h, visite 24 \$, 6-12 ans 10 \$, gratuit pour les moins de 6 ans. Tarifs variables.) Si vous souhaitez plutôt vous débrouiller par vos propres moyens, sachez que diverses éminences, accessibles à pied ou en voiture, parsèment le parc et offrent des panoramas impressionnants. La forêt et le "Lakeshore" se partagent un **Visitors Center**, © 387-3700, à l'intersection de la Route 28 et de la Route 58, à Munising. (Ouvert mi-Mai-mi-Oct, tlj 8h-18h, le reste de l'année Lu-Sa 9h-16h30.) Depuis Munising, la Route 58 (une route non goudronnée et souvent cahoteuse) serpente le long du lac, longeant points de départ pour randonnées pédestres et terrains de camping. Des pneus de rechange peuvent s'avérer nécessaires si vous prévoyez d'explorer la Hiawatha Forest de fond en comble. Si vous préférez emprunter une route goudronnée (mais moins spectaculaire) pour effectuer le trajet de Munising à Grand Marais, prenez la Route 28 vers l'est, avant d'obliquer au nord sur la Route 77.

Au sein du parc, les visiteurs sont récompensés à la vue de la magnifique cascade rocheuse de **Miner's Falls**, 16 km à l'est de Munising, à la sortie de la Route 58. Suivez la route sur environ 3 km jusqu'au point de vue du ♥ **Miner's Castle Overlook**, qui surplombe la falaise et s'ouvre sur un panorama inégalable de roches multicolores et d'eaux d'un bleu limpide à perte de vue. À 32 km de Miner's Castle par la Route 58, vous pourrez vous promener, observer les oiseaux ou ramasser des galets le long de la rive à **Twelve Mile Beach** (emplacements de camping en gestion libre 10 \$, eau non potable). Pour ponctuer votre périple d'un peu de fantaisie, effectuez une visite dans le petit parc à thème **Da Yooper's Tourist Trap** (piège à touristes de Yooper), 490 N. Steel St., 20 km à l'ouest de Marquette par la US 41. Situé en bord de route, il expose du matériel gigantesque en tout genre : fusils et tronçonneuses sont dignes de paraître dans le *Livre Guinness des Records*. (© 800-628-9978. Ouvert Lu-Je et Sa. 9h-20h, Ve. 9h-21h, Di. 9h-19h.) Allez admirer le lac Supérieur du haut du **Log Slide** (un glissoir pour faire descendre les arbres abattus), 8 km à l'ouest de Grand Marais par la Route 58 et, si vous avez envie de jouer au pingouin, baignez-vous dans l'eau glacée.

Si vous décidez de ne pas recourir aux bons offices de Twelve Mile Beach (voir plus haut), des **permis de camping sauvage** pour 1 à 6 personnes (15 \$) sont disponibles auprès du **Visitors Center** de Munising ou de **Grand Sable** (© 494-2660), 3 km à l'ouest de Grand Marais par la Route 58 (ouvert mi-Mai-début Oct, tlj 9h-19h). Pour les non-campeurs, les **Poplar Bluff Cabins**, Star Route Box 3118, proposent des chambres avec cuisine et vue sur le lac. Prenez la Route 28 pendant 20 km à l'est de Munising, puis la Route 94 sur 10 km au sud de Shingleton. (© 452-6271. Cottage 40-50 \$ la nuit, à partir de 200 \$ la semaine. Usage gratuit de bateaux sur le lac.)

LA PRESQU'ÎLE DE KEWEENAW

En 1840, le minéralogiste Douglas Houghton découvrait la présence de gisements de cuivre sur la presqu'île de Keweenaw, un territoire en forme de doigt recourbé au nord-ouest de la Haute Péninsule. Immédiatement, une "ruée vers le cuivre" s'en-suivit, ruée qui fut à l'origine de la prospérité de la région. Quand, vers 1969, les mines s'épuisèrent, la terre fut laissée à l'abandon. Aujourd'hui, grâce à une politique de reboisement et aux aides gouvernementales, Copper Country (le pays du cuivre) est devenu un site touristique très apprécié. Six mètres de neige tombent chaque année sur les immenses pins, les plages de galets et les basses montagnes de Keweenaw. L'hiver, les touristes font du ski, de la motoneige ou des randonnées à raquettes. L'été, ils admirent le splendide rivage verdoyant.

Le très accidenté **Porcupine Mountain Wilderness State Park** (℡ 885-5275 ou 800-447-2757), que l'on appelle affectueusement *The Porkies* ou "les Gorets", enserre le lac Supérieur à la base de la Péninsule. A 13 km à l'intérieur du parc, sur la Route 107, le **Lake of the Clouds** se fraie un chemin entre des falaises abruptes et des montagnes, et offre une impressionnante vue plongeante sur la vallée de la Big Carp River, en contrebas. Le parc dispose également d'emplacements de camping (9-14 $ munis de toilettes et de douches, électricité à Union, emplacements sommaires 6 $), de bungalows rustiques (32 $ pour 2-8 personnes, réservation exigée) et de sentiers de randonnée dans l'**Old Growth Forest**, la plus grande étendue de forêt restée intacte entre les montagnes Rocheuses et les Adirondacks. Le **Visitors Center**, près de l'intersection de la Route 107 et de South Boundary Rd. (dans le parc), fournit des **permis de camper** valables dans tous les parcs du Michigan (ouvert tlj en été 10h-18h).

Les villes jumelles de **Houghton** et **Hancock** relient les *Porkies* au reste de Keweenaw. Vous pourrez planter votre tente au **McLain State Park** (℡ 482-0278), à 13 km au nord de Hancock par la Route 203. Ce dernier borde une plage de 3 km et se repère à son phare impressionnant (emplacement avec électricité 14 $, permis de 4 $ exigé pour tout véhicule). Depuis le parc, la US 41 file droit vers le nord à travers Keweenaw. De loin le circuit le plus spectaculaire menant à l'extrémité de la péninsule, le grandiose ♥ **Brockway Mountain Drive** (10 km), entre Eagle Harbor et Copper Harbor, est le moyen rêvé pour toucher au sublime. Situé à 450 m au-dessus du niveau de la mer, son point culminant donne sur des panoramas du lac Supérieur et des forêts environnantes dignes d'une carte postale. Le circuit est accessible par la Route 26 depuis la US 41.

A **Copper Harbor**, la ville la plus septentrionale du Michigan, la **Keweenaw Adventure Company**, 145 Gratiot St. (℡ 289-4303), accomplira vos rêves d'aventure en vous proposant des sorties en kayak (initiation de 2h30 : 26 $), des locations de vélo (25 $ la demi-journée, 35 $ la journée) et de nombreuses autres activités.

ILLINOIS

La "terre de Lincoln" est partagée entre deux modes de vie diamétralement opposés : l'animation urbaine du centre de Chicago d'un côté, de l'autre l'existence rurale des vastes fermes que l'on rencontre dans le reste de l'Etat. D'abord connu pour son sol fertile, l'Illinois s'est diversifié avec l'arrivée d'industries importantes qui ont encore accentué ces différences. Le corps législatif s'efforce donc de concilier les intérêts contradictoires des citadins et des fermiers. Passerelle entre l'Est et l'Ouest, l'Etat compte quelques villes sophistiquées disséminées en bordure de lac et perdues parmi des milliers d'hectares de prairies du Midwest. Toutes les caractéristiques propres aux Etats-Unis sont regroupées dans un seul Etat, tant du point de vue des paysages que de la mentalité. Ce ne sont pas les touristes qui s'en plaindront.

▉ INFORMATIONS PRATIQUES

Capitale : Springfield.

Informations touristiques : **Illinois Office of Tourism** (℡ 800-226-6632, www.enjoyillinois.com). **Springfield Office of Tourism**, 109 N. 7th St., Springfield 62701 (℡ 800-545-7300).

Fuseau horaire : Heure des Prairies (7 heures de moins que l'heure de Paris).

Abréviation postale : IL. **Taxes locales** : De 6,25 % à 8,75 % selon la ville.

CHICAGO ☞ 312

Pelotonnée le long des berges sud du lac Michigan (seul frein topographique à son développement), Checagon (qui signifie "terre où poussent des oignons sauvages" en langue indienne) n'était encore, il y a deux siècles à peine, qu'une zone marécageuse. Ce n'est qu'après 1850, notamment grâce à l'arrivée du chemin de fer, que Chicago vit se multiplier parcs à bestiaux, chambres frigorifiques et dépôts de marchandises. Ce fameux "abattoir de l'Amérique" dépeint par de nombreux écrivains attira des millions d'immigrants et d'esclaves libérés. Quelques belles fortunes se bâtirent tandis que des milliers de rêves se brisèrent. La ville devint bientôt tristement célèbre pour ses élus locaux corrompus par le crime organisé. Ainsi, la *Windy City* ("cité venteuse") fut-elle baptisée de la sorte aussi bien pour le vent que brassaient ses édiles que pour ses bourrasques glacées (la température avoisine couramment les -15 °C en hiver). Aujourd'hui, le passé en demi-teinte de la ville est éclipsé par son extrême diversité culturelle et ethnique. Berceau de l'architecture américaine moderne (c'est ici que sont nés les premiers gratte-ciel) et de l'*Electric Blues*, Chicago possède aussi l'université qui emploie le plus de prix Nobel. Son aéroport, O'Hare, est le plus grand du monde. Enfin, le nom Chicago reste associé à d'autres références célèbres d'intérêt très variable, selon les goûts : Ernest Hemingway, Al Capone et son gang, le magazine *Playboy*, la fameuse *deep-dish pizza*, les chewing-gums *Wrigley* et Oprah Winfrey.

◤ ARRIVÉES ET DÉPARTS

Avion : **O'Hare International Airport** (✆ 773-686-2200), accessible par la I-90. Un avion décolle toutes les minutes de cet aéroport, le plus grand du monde. Le trajet du centre-ville à l'aéroport peut prendre jusqu'à deux heures lorsque le trafic est dense. La ligne bleue du **Rapid Train** fait la navette entre l'Airport El Station (l'arrêt du métro aérien El) et le centre-ville (durée 40 mn-1h, 1,50 $). Le deuxième aéroport, **Midway Airport** (✆ 773-767-0500), sur la rive ouest de South Side, offre souvent des vols moins chers (quoique moins fréquents). Pour aller dans le centre, prenez la ligne orange du El à l'arrêt Midway. **Airport Express** (✆ 888-284-3826) relie O'Hare (1 dép/5-10 mn, durée 45 mn-1h, de 6h à 23h30, 20 $) et Midway (1 dép/10-15 mn, durée 30-45 mn, de 6h à 22h30, 15 $) aux hôtels du centre-ville.

Train : **Amtrak**, Union Station, 225 S. Canal St. (✆ 558-1075), près d'Adams St., à l'ouest du Loop, est l'échangeur ferroviaire national d'Amtrak. Le plus simple est de s'y rendre en bus : les bus n° 1, n° 60, n° 125, n° 151 et n° 156 y marquent tous un arrêt. Autrement, prenez le El jusqu'à State St. et Adams St. puis marchez pendant 7 blocks vers l'ouest en empruntant Adams St. Destinations : **Milwaukee** (5 dép/j, durée 1h30, 20 $), **Detroit** (3 dép/j, durée 8h, 37-42 $) et **New York** (2 dép/j, durée 19h, 106-131 $). La gare est ouverte de 6h15 à 22h et les guichets de 6h à 21h. Consigne 1 $ la journée.

Bus : **Greyhound**, 630 W. Harrison St. (✆ 408-5980), entre Jefferson Ave. et Desplaines Ave. Prenez le El jusqu'à Linton, ou les bus n° 60, 125, 156 ou 157 jusqu'au terminal. La gare est LE grand carrefour routier du centre des Etats-Unis, et la maison-mère de plusieurs petites sociétés qui desservent également le Midwest. Destinations : **Detroit** (6 dép/j, durée 6-7h, 27-29 $), **Milwaukee** (13 dép/j, durée 2h, 14 $), **St. Louis** (9 dép/j, durée 5-7h, 33 $) et **Indianapolis** (9 dép/j, durée 3h30-4h30, 29-31 $). La gare et les guichets sont ouverts 24h/24.

▤ TRANSPORTS

Transports en commun : La **Chicago Transit Authority (CTA)**, 350 N. Wells St., *7th floor* (6ᵉ étage) (✆ 836-7000 ou 888-968-7282), gère un réseau performant de trains, de lignes de métro et de bus. Le **métro aérien** (certaines voies sont en fait souterraines), **elevated rapid transit train system**, appelé le **El**, circule dans le Loop. Le El fonctionne 24h/24, mais les services de nuit ne s'illustrent ni par leur fréquence ni par la sécurité qu'ils offrent aux passagers. Conclusion : préférez les heures d'affluence. Certains bus ne fonctionnent pas toute la nuit. Contactez CTA pour les horaires et le réseau. Les plans CTA sont disponibles dans beaucoup de stations et au Water Tower Information Center. Ne montez pas dans un train au hasard : beaucoup sont des express et une même voie accueille des trains ayant des destinations différentes. Le billet de train et le ticket de bus coûtent 1,50 $, avec un supplément de 25 ¢ pour un express. N'oubliez pas de demander la correspondance (30 ¢) au chauffeur de bus ou à l'arrêt du El, ce qui vous permettra de faire deux autres trajets pendant les 2 heures qui suivent. Achetez ou ajoutez de la valeur à vos **transit cards** (à partir de 3 $ pour 2 trajets, 13,50 $ pour 10 trajets, 16,50 $ pour 10 trajets+correspondances) à tous les guichets CTA, ainsi que dans certains musées et supermarchés. CTA propose aussi aux touristes des *pass* valables de un à plusieurs jours, disponibles dans les aéroports et les gares Amtrak : *pass* de un jour 5 $, de deux jours 9 $, de trois jours 12 $ et de cinq jours 18 $. Tous les Sa. de mi-Juin à mi-Oct, un train, le **Loop Tour Train**, parcourt gratuitement le Loop en 40 mn. Il part à 12h15, 12h55, 13h35 et 14h15. Les billets sont à retirer au Chicago Office of Tourism (voir **Informations pratiques**, plus bas).

Taxi : Yellow Cab, ✆ 829-4222. **Flash Cab**, ✆ 773-561-1444.

Location de voitures : Dollar Rent-a-Car (✆ 800-800-4000), aux aéroports O'Hare et à Midway. 26 $ la journée, 170 $ la semaine. Supplément de 15 $ par jour pour les moins de 25 ans.

METRA, 547 W. Jackson Blvd. (✆ 836-7000), fournit des plans gratuits et gère un vaste réseau de trains de banlieue avec 11 lignes et 4 stations dans le centre-ville (ouvert Lu-Ve 8h-17h, 2-6,60 $ selon la distance).

PACE (✆ 836-7000) est la société de bus desservant la banlieue. De nombreuses navettes, peu chères ou gratuites, parcourent le Loop. Vous trouverez des brochures et les horaires un peu partout.

✦ ORIENTATION

Chicago s'est développée sur toute la partie nord-est de l'Illinois, longeant la rive sud-ouest du lac Michigan sur 46 km. La ville est au centre d'un réseau de lignes ferroviaires, aériennes et routières. Un bon plan est nécessaire pour s'orienter dans Chicago. Vous pourrez vous en procurer un à l'office de tourisme et dans toutes les gares du Chicago Transit Authority (CTA).

Bien qu'elle soit tentaculaire, la ville repose sur un plan logique et il est plutôt facile de s'y repérer et de s'y déplacer, que ce soit en voiture ou par les transports en commun. Ces derniers ont l'avantage d'être très rapides. Le **Loop** est le quartier des affaires du centre-ville, et le cœur du réseau des transports publics. Il est délimité par la rivière Chicago au nord et à l'ouest, le lac Michigan à l'est, et Roosevelt Rd. au sud. Le système de numérotation des rues commence au croisement de State St. et de Madison St., chaque *mile* correspond à environ 800 numéros. Les directions que nous vous indiquons partent en général du centre-ville. Au sud du Loop, les numéros des rues est/ouest vont croissant lorsque l'on se dirige vers le sud. De nombreux quartiers ethniques sont regroupés dans cette partie de la ville (voir **Quartiers**, ci-après), mais évitez de vous aventurer au-delà, dans le difficile South Side. La majorité des meilleures adresses de la ville en matière de restaurants et de sorties nocturnes se concentrent dans les premiers kilomètres carrés immédiatement au nord du Loop. **Lake Shore Dr.**, sorte d'autoroute touristique (respectez la limitation de vitesse à 45 *miles*/h), fait la liaison nord/sud en contournant le lac Michigan.

Evitez autant que possible de conduire (et de stationner) en ville. Les touristes qui ne restent qu'une journée peuvent laisser leur voiture 24h dans un des parkings des faubourgs proches des stations de métro (1,75 $). Il en existe une demi-douzaine. Pour plus de précisions, appelez CTA (voir plus loin). Les parkings du centre-ville coûtent le plus souvent de 8 à 15 $ la journée. Pour trouver les meilleurs emplacements, dirigez-vous vers les aires de stationnement situées à l'est du South Loop, de l'autre côté du canal par rapport à la Sears Tower.

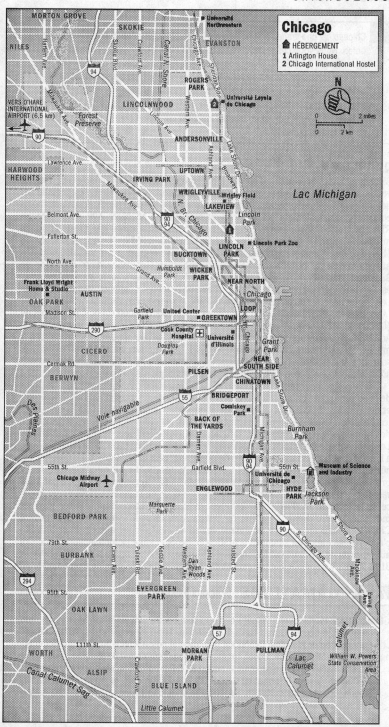

Chicago

HÉBERGEMENT
1 Arlington House
2 Chicago International Hostel

Chicago est une grande métropole avec les problèmes inhérents aux grandes métropoles. Nous vous conseillons de rester dans les limites désignées sur les cartes touristiques. A côté des zones comme celles de Hyde Park ou de l'université, les quartiers du sud du Loop et de l'ouest, qu'ils soient industriels ou résidentiels, peuvent ne pas être très sûrs. La nuit tombée, essayez d'éviter les alentours de **Cabrini Green** (délimité par W. Armitage Ave. au nord, W. Chicago Ave. au sud, Sedgwick à l'ouest et Halsted à l'est), qui est un quartier vraiment dangereux bien qu'il soit représenté sur les cartes touristiques.

QUARTIERS

L'ensemble impressionnant d'enclaves différentes qui forme la "Windy City" (la cité venteuse) lui vaut son surnom de "ville de quartiers". Au nord du Loop, LaSalle Dr. délimite approximativement à l'ouest le quartier chic de **Near North**, dont l'activité se concentre principalement le long de **Magnificent Mile** sur Michigan Ave., entre Chicago River et Oak St. **River North**, caractérisé par ses restaurants à la mode et sa vie nocturne animée, s'étend entre N. Clark St., au nord du Loop, et l'ouest de Michigan Ave. Le secteur résidentiel de **Gold Coast** se trouve sur N. Lakeshore Dr. entre Oak St. et North Ave. Au nord-ouest de Gold Coast, le quartier de **Bucktown-Wicker Park**, à l'intersection de North Damen Ave. et de Milwaukee Ave., est l'endroit idéal où passer la soirée et abrite de nombreux cafés artistiques en vogue. Les "branchés" se retrouvent sur **Lincoln Park**, autour du croisement de N. Clark St., Lincoln Ave. et Halsted St. Au nord, vers les numéros 3000 de N. Clark St. et de N. Halsted St., Lincoln Park se transforme en **Lakeview** (quartier gay regroupant de nombreux restaurants, bars et discothèques) avant de devenir **Wrigleyville** autour des numéros 4000. Enfin, en descendant N. Clark St. sur 8 km, au nord de Foster Ave. se trouve **Andersonville**, centre historique de la communauté suédoise mais qui connaît actuellement une vague d'immigration en provenance d'Asie et du Moyen-Orient.

Les zones sud et ouest comportent d'autres quartiers ethniques animés. Le cœur de la communauté chinoise bat à l'extérieur du Loop, au croisement de Cermak Rd. et de Wentworth Ave. La communauté allemande s'est dispersée dans la ville, mais les *beer halls* (bars à bière), les restaurants et les commerces situés à proximité des numéros 3000 et 4000 de N. Lincoln Ave. rappellent leur origine germanique. Les habitants de **Greektown** ont déménagé en banlieue, mais du côté de S. Halsted St., à l'ouest du Loop, on trouve encore de nombreux restaurants grecs. Le quartier est sûr et très actif jusqu'à la fermeture des restaurants, il vaut mieux éviter de s'y promener ensuite. La toute proche **Little Italy** a été littéralement happée par l'**université de l'Illinois (UIC)**. Pourtant, quelques vestiges de l'ancien quartier sont apparents le long de W. Taylor St. à l'ouest du campus. Les communautés juive et indienne ont élu domicile autour de Devon Ave., entre Western Ave. et la rivière Chicago. Quant au quartier de **Pilsen**, au sud du centre-ville, autour de la 18th St., c'est un petit Mexique à lui tout seul. Une envie de cuisine polonaise vous conduira aux abords de Bucktown, le long de N. Milwaukee Ave. entre les blocks 2800 et 3100. Après Varsovie, Chicago est la ville où l'on compte le plus de Polonais.

▓ INFORMATIONS PRATIQUES

Informations touristiques : Chicago Office of Tourism, 78 E. Washington St. (℗ 744-2400 ou 800-226-6632). Ouvert Lu-Ve 10h-18h, Sa. 10h-17h et Di. 12h-17h. Le **Chicago Cultural Center Welcome Center** est situé dans le même édifice au 77 E. Randolph St., à l'angle de Michigan Ave. Ouvert aux mêmes horaires que l'office de tourisme. Vous pouvez également vous rendre un peu plus au nord, 163 E. Pearson St., au niveau de Michigan Ave., au **Chicago Visitor Information Center** (℗ 744-2400), dans la Water Tower Pumping Station. Ouvert Lu-Ve 9h30-19h, Sa. 10h-19h et Di. 11h-18h. En bordure du lac, le **Navy**

Chicago, centre-ville

HÉBERGEMENT
1 Arlington House (HI-AYH, AAIH)
2 Cass Hotel
3 Chicago Int'l Hostel
4 Eleanor Residence
5 Hostelling International (HY-AYH)
6 Hotel Wacker
7 International House

SORTIES
1 Buddy Guy's Legends

RESTAURANTS
1 The Berghoff
2 Billy Goat's Tavern
3 Ed Debevic's
4 Frontera Grill
5 Gold Coast Dogs
6 Heaven on Seven
7 Lou Malnati's
8 Lou Mitchell's
9 Pizzeria Due
10 Pizzeria Uno
11 The Original Gino's East

N
0   300 yards
0   300 m

LES GRANDS LACS

North Ave.
Second City
VERS (1,5 km)
Chicago Historical Society
VERS LINCOLN PARK (1,5 km) ET (8 km)
International Museum of Surgical Science
Burton Pl.
W. Schiller St.
La Salle St.
N. Lake Shore Dr.
Goethe St.
Division St.
Elm St.
Cedar St.
Bellevue Pl.
Oak St. Beach
Oak St.
Washington Square
Walton St.
Delaware Pl.
John Hancock Bldg. et observatoire
Ancien château d'eau
Pearson St.
Chicago Ave.
Superior St.
Museum of Contemporary Art
Outer Harbor
Locust St.
Huron St.
Erie St.
Ontario St.
Ohio St.
Grand Ave.
Illinois St.
W. Hubbard St.
St. Clair St.
Fairbanks Ct.
Michigan Ave.
Wabash Ave.
State St.
Dearborn St.
Clark St.
La Salle St.
Franklin St.
Wells St.
Orleans St.
Sedgwick St.
Hudson Ave.
Larabee St.
Kingsbury St.
Olive Park
Ohio St.
Jetée maritime
Merchandise Mart
Kinzie St.
Chicago
E. North Water St.
Wacker Dr.
S. Water St.
E. Lake St.
Chicago Theater
State of Illinois Center
Goodman Theatre
Lake St.
Randolph St.
Hôtel de ville
Washington St.
Daley Plaza
Madison St.
Office de tourisme
E. Randolph Dr.
Lac Michigan
Monroe Harbor
Northwestern Station
Monroe St.
Union Station
Sears Tower et observatoire
Board of Trade
Carson Pirie Scott Shop
E. Monroe Dr.
Art Institute of Chicago
Grant Park
Petrillo Music Shell
Adams St.
Jackson Blvd.
E. Jackson Dr.
Chicago Architecture Foundation
Van Buren St.
Chicago Board of Options Exchange
Congress Parkway
Bibliothèque Harold Washington
Columbia College
Congress Dr.
Buckingham Fountain
Chicago Harbor
Harrison St.
E. Balbo Ave.
E. Balbo Dr.
W. Polk St.
VERS LA GARE ROUTIÈRE ET GREEKTOWN (3 km)
E. 8th St.
Spertus Museum of Judaica
E. 9th St.
E. 11th St.
Roosevelt Rd.
Columbus Dr.
Field Museum of Natural History
John G. Shedd Aquarium
Solidarity Dr.
Adler Planetarium
E. 13th St.
W. 14th St.
E. 14th St.
Indiana Ave.
Soldier Field
Burnham Park Harbor
S. Lake Shore Dr.
VERS ET LE MUSEUM OF SCIENCE & INDUSTRY
Canal St.
Clinton St.
S. Wells St.
Clark St.
State St.
Wabash St.
Michigan Ave.
Chicago bras sud
290
Wacker Dr.

Pier Info Center, 600 E. Grand Ave. (© 595-7437), est ouvert Di-Je 10h-22h et Ve-Sa 10h-12h. L'**International Visitors Center**, 520 N. Michigan Ave. (© 645-1836), aide les touristes étrangers à établir un itinéraire de visite. N'hésitez pas à les contacter.

Assistance téléphonique : Crisis Line, © 800-866-9600. **Rape Crisis Line** (SOS Viol), © 847-872-7799. Tous deux en service 24h/24.

Pour les gays et les lesbiennes : Gay and Lesbian Hotline/Anti-Violence Project, © 871-2273. **Gay and Lesbian Hotline**, © 773-929-4357. Toutes deux en service 24h/24. Pour obtenir des informations sur les manifestations, les bars et les discothèques gay de Chicago, procurez-vous un exemplaire du *Windy City Times* ou du *Gay Chicago* à la librairie **Unabridged Books**, 3251 N. Broadway, à Lakeview (© 773-883-9119).

Hôpitaux : Northwestern Memorial Hospital, 251 E. Huron St., près de Michigan Ave. (© 908-2000), service des urgences à côté, au 250 E. Erie St. (© 926-5188). Plus loin se trouve le (célèbre) **Cook County Hospital**, 1835 W. Harrison St. (© 633-6000). Ouvert 24h/24. Les fans de la série *Urgences* qui seraient tentés d'y faire un pèlerinage peuvent prendre le train de banlieue Congress A jusqu'à l'arrêt Medical Center (centre médical) mais risquent fort d'être déçus... Si les scènes extérieures sont effectivement tournées à Chicago, l'essentiel de la série est filmé dans les studios de la Warner, à Los Angeles...

Internet : Accès gratuit à la **Chicago Public Library** (bibliothèque municipale). Le bâtiment principal se trouve au 400 S. State St., au niveau de Congress Pkwy. Ouvert Lu. 9h-19h, Ma. et Je. 11h-19h, Me. et Ve-Sa 9h-17h, Di. 13h-17h.

Bureau de poste : 433 W. Harrison St. (© 654-3895), à hauteur de la Chicago River. Parking gratuit. Ouvert 24h/24. **Code postal :** 60607. **Indicatif téléphonique :** 312 (centre-ville) ou 773 (ailleurs dans Chicago), 708, 630 ou 847 (en dehors des limites de la ville). Dans le texte : 312, sauf indication contraire.

🔐 HÉBERGEMENT

Il y a forcément quelque part dans Chicago une chambre bon marché qui n'attend que vous. Si vous avez une voiture, les motels, le long de **Lincoln Ave.**, pratiquent des prix très abordables. Les chaînes de motels, à environ une heure de voiture du centre, sont certes peu pratiques et onéreuses (à partir de 35 $) mais vous dépanneront en cas d'arrivée tardive. **Chicago Bed and Breakfast**, P.O. Box 14088, Chicago 60614 (© 773-248-0005 ou 800-375-7084), propose des chambres à des prix variés dans toute la ville et sa périphérie. Ces Bed & Breakfast ne disposent généralement pas d'un parking, en revanche la plupart sont desservis par les transports en commun. (Séjour de 2 nuits au minimum. Chambre simple à partir de 75 $, chambre double 85 $. Réservation nécessaire.) La plupart des lieux d'hébergement à Chicago font payer une taxe hôtelière de 15 %.

AUBERGES DE JEUNESSE

❤ **Hostelling International-Chicago (HI-AYH)**, 24 E. Congress Pkwy. (© 360-0300), au niveau de Wabash St. dans le Loop. Prenez la ligne Orange du El jusqu'à l'arrêt State & Van Buren. Partez en direction de l'est jusqu'à Wabash St. puis prenez la première à droite et marchez sur un pâté de maison jusqu'à Congress St. Dans une cité où les auberges de jeunesse sont légion, ce grand établissement récent et bien aménagé règne en maître. Son emplacement permet d'accéder facilement aux principaux musées. *Soyez prudent le soir dans les rues désertées du Loop.* Centre pour étudiants, centre de spectacle, bibliothèque, cuisine, laverie. Toutes les chambres sont équipées de l'air conditionné. Dortoir 19-20 $, non-adhérents 22-23 $. Réservation recommandée.

Eleanor Residence, 1550 N. Dearborn Pkwy. (© 664-8245). *Réservé aux femmes de plus de 18 ans.* Extrêmement bien située près du Lac Michigan, de Lincoln Park et de la Gold Coast. Une salle commune, un hall d'entrée majestueux et des chambres très propres. Chambre simple 65 $, petit déjeuner et dîner compris. Réservez au moins un jour à l'avance. Une nuit d'avance est exigée.

Chicago International Hostel, 6318 N. Winthrop St. (© 773-262-1011). Prenez le métro de Howard St. direction nord jusqu'à la station Loyola, puis descendez Sheridan Rd. vers le sud sur trois blocks jusqu'à Winthrop St. et marchez encore un demi-block. Chambres sans chichi, ensoleillées et propres. Quartier plutôt sûr dans la journée, à proximité du lac, des plages et du fantastique Heartland Cafe, 7000 Glenwood Ave. (© 773-465-8005). *La nuit, ne vous aventurez pas seul dans les alentours*. Parking gratuit. Draps fournis. Cuisine, laverie. Pour prendre une chambre, présentez-vous entre 7h et 10h ou entre 16h et 24h. Fermé 10h-16h. Couvre-feu à 2h. Dortoir 25 $, chambre double 35 $, avec salle de bains 40 $. Casiers 1 $. Caution pour la clé 5 $.

Arlington House, 616 W. Arlington Pl. (© 773-929-5380 ou 800-467-8355), non loin de Clark St. au nord de Fullerton, dans le quartier de Lincoln Park. L'ambiance conviviale et l'excellente situation des lieux sont des atouts déterminants pour cette immense auberge de Lincoln Park. Dortoirs propres et engageants. Certaines chambres privatives sont cependant parfois mal tenues et ne valent pas leur prix. Les abords de l'auberge sont relativement sûrs, et proches des restaurants et des hauts lieux de la vie nocturne. Cuisine, laverie, salle de télévision. Dortoir 19,50 $, chambre privative avec salle de bains commune 41 $, avec salle de bains privée 51 $. Réservation recommandée.

HÔTELS ET CHAMBRES D'HÔTES

Cass Hotel, 640 N. Wabash Ave. (© 787-4030 ou 800-227-7850), juste au nord du Loop. Prenez le El jusqu'à la station State St. Bien placée (à proximité du Magnificent Mile) et pratiquant des prix raisonnables, cette auberge fraîchement rénovée est une halte adaptée aux besoins des voyageurs au budget serré. Vous pourrez vous lier d'amitié avec les autres clients, accoudé au bar aménagé dans les lieux. Le petit déjeuner à 2 $ servi dans la cafétéria est vraiment une bonne affaire. Parking (26 $ la journée). Laverie. Chambre simple à partir de 79 $, chambre double à partir de 84 $. Caution pour la clé 5 $. Réservation recommandée. Accès handicapés.

International House, 1414 E. 59th St. (© 773-753-2270), Hyde Park, près de Lake Shore Dr. Prenez l'Illinois Central Railroad depuis la station Michigan Ave. (trajet 20 mn environ) ou le METRA South Shore Line jusqu'à la 59th St. puis marchez un demi-block vers l'ouest. Cette auberge fait partie de l'université de Chicago. *Ne sortez pas des limites du campus la nuit car le quartier peut s'avérer dangereux*. Etudiants seulement. Vastes parties communes bourdonnantes d'activité estudiantine, et chambres simples spacieuses avec salle de bain commune. Cuisine et laverie. Court de tennis, salle de jeu, salle de musculation, cafétéria. Les draps sont fournis. Chambre 38 $. Réservation par numéro de carte bancaire.

Hotel Wacker, 111 W. Huron St. (© 787-1386), au niveau de N. Clark St. Une grande enseigne verte (jadis en néons) permet de le trouver facilement. Petites chambres bien aménagées, à des prix raisonnables. Air conditionné, TV, téléphone. Réception ouverte 24h/24. Chambre simple 50 $, chambre double 65 $. Caution de 5 $ pour les clés et les draps. Accès handicapés.

▣ RESTAURANTS

L'un des principaux attraits de Chicago réside dans son vaste éventail culinaire, allant de la pizza au sandwich *po'boy* (au mélange de légumes et de viande ou de fruits de mer). Pour un choix plus étendu, le magazine mensuel *Chicago* contient un guide complet des restaurants, classés par prix, par spécialité et par qualité. Ce magazine mensuel est disponible dans les offices de tourisme et les kiosques à journaux.

PIZZERIAS

Les pizzas à pâte épaisse de Chicago sont réputées dans le monde entier. Essayez la pizza ordinaire gratinée au fromage ou bien la pizza aux ingrédients farcis dans la pâte (*stuffed pizza*). Un régal !

♥ **Lou Malnati's**, 439 N. Wells St. (© 828-9800), à l'angle de Hubbard dans le centre-ville. Le nom n'est peut-être pas aussi connu que la fameuse chaîne Uno's, mais les pizzas sont tout aussi délicieuses. Véritable institution à Chicago depuis 30 ans, cette chaîne régionale décorée sur le thème du sport propose de succulentes spécialités à pâte épaisse. Un service postal de livraison existe. Vous pouvez toujours essayer d'expédier l'une de ces créations à votre grand-tante du Cantal. Il existe sept autres adresses en ville et dans les environs. Pizza 5-20 $. Ouvert Lu-Je 11h-23h, Ve-Sa 11h-24h et Di. 12h-22h.

Pizzeria Uno, 29 E. Ohio St. (℗ 321-1000), et sa sœur cadette **Due**, 619 N. Wabash Ave. (℗ 943-2400). Cette pizzeria ressemble à beaucoup d'autres et pourtant elle est unique, car c'est ici que naquit la célèbre *deep-dish pizza* (à pâte épaisse). L'histoire a un prix : file d'attente interminable et la pizza demande 45 mn de préparation. Les pizzas pour une personne (5 $) vous demanderont moins de patience (25 mn). Chez Due (plus haut dans la rue), c'est comme chez Uno's, avec plus de place et une terrasse. Uno est ouvert Lu-Ve 11h30-1h, Sa. 11h30-2h et Di. 11h30-23h30. Due est ouvert Di-Je 11h-1h30, Ve-Sa 11h-2h.

The Original Gino's East, 633 N. Wells St. (℗ 988-4200), à l'angle d'Ontario, dans le centre-ville. Amenez votre marqueur pour laisser une trace de votre passage sur les murs abondamment décorés et chargés d'histoire de ce haut lieu de la *deep-dish*. Pizza 9-23 $. En semaine, formule déjeuner avec minipizza 4 $. Ouvert tlj 11h-23h.

THE LOOP

La plupart des meilleurs restaurants de Chicago, qu'ils servent de la cuisine cajun ou des spécialités allemande, s'alignent dans les rues du Loop.

♥ **Lou Mitchell's**, 565 W. Jackson Blvd. (℗ 939-3111), deux blocks à l'ouest de la Sears Tower. *Diner* de style rétro qui sert incontestablement les meilleurs petits déjeuners de la ville depuis 75 ans. Pensez à abandonner votre régime au vestiaire et laissez-vous tenter par une délicieuse omelette (6-8 $) ou une tasse du "meilleur café du monde" (1,50 $). Ne vous laissez pas impressionner par les files d'attente. Les clients sont relativement vite placés et les femmes reçoivent en cadeau une boîte de caramels *Milk Duds*, histoire de prendre leur mal en patience. Paiement en espèces uniquement. Ouvert Lu-Sa 5h30-15h, Di. 7h-15h.

Heaven on Seven, 111 N. Wabash Ave. (℗ 263-6443). Au 6e étage du Garland Building. Vous entrez en pays cajun comme l'indiquent la décoration (Mardi Gras et autre Vaudou) et la variété des sauces, épicées pour la plupart. L'attente est longue, mais qu'importe : le *jambalaya* est fantastique (6 $, plats 9-11 $) ! Ouvert Lu-Ve 8h30-17h et Sa. 10h-15h.

Billy Goat's Tavern, 430 N. Michigan Ave. (℗ 222-1525). Au sous-sol en bas de Michigan Ave. L'entrée en contrebas, en face du building du *Chicago Tribune*, ressemble à une station de métro. Les serveurs de ce bar-restaurant sont tellement grognons qu'ils ont inspiré des sketches comiques à la télé américaine. Cheeseburgers étonnamment bons 2,50 $. Ouvert Lu-Ve 6h-2h, Sa. 10h-3h et Di. 11h-2h.

Gold Coast Dogs, 418 N. State St. (℗ 527-1222), au niveau de Hubbard St. Le hot-dog est sacré à Chicago, mais uniquement lorsqu'il est préparé façon *Second-City* : à savoir croulant sous une véritable salade de condiments, oignons, tomates, etc. Gold Coast Dogs est considéré comme l'un des meilleurs établissements de hot-dog par les habitants de Chicago. Hot-dog à partir de 2 $. Ouvert Lu-Ve 7h-22h et Sa-Di 11h-20h.

The Berghoff, 17 W. Adams St. (℗ 427-3170). Prenez le El jusqu'à l'arrêt Adams. A midi, cette taverne à l'allemande, peu éclairée, est bondée de *traders*. Cet établissement fait figure d'institution à Chicago depuis plus d'un siècle. Passez outre l'onéreuse salle de restaurant, et dirigez vous vers la partie "café", laquelle tient en réalité davantage du bar. *Bratwurst* (saucisse allemande) à 4,50 $, chope de bière maison à 3 $. Ouvert Lu-Je 11h-21h, Ve. 11h-21h30 et Sa. 11h-22h.

RIVER NORTH

River North abrite certains des restaurants les plus en vogue ainsi que les pizzerias "institutionnelles" de Chicago (voir **Pizzerias**, ci-dessus).

♥ **Frontera Grill**, 455 N. Clark St. (℗ 661-1434), entre Illinois et Hubbard. Prenez la ligne Rouge du El jusqu'à l'arrêt Grand/State. Frontera offre sans doute l'une des cuisines mexicaines les plus authentiques de la région, et se distingue des nombreuses chaînes Tex-Mex de *tacos* et de *burritos*. Les plats (7-22 $) varient souvent mais ne déçoivent jamais. L'attente habituelle de 2h pour avoir une table sera plus supportable si vous commandez des petites collations au bar (à partir de 3 $). Déjeuner : ouvert Ma-Je 11h30-14h30 et Sa. 10h30-14h30. Dîner : ouvert Ma. 17h20-22h, Me-Je 17h-22h et Ve-Sa 17h-23h. Réservation acceptée pour les groupes de 5 personnes ou plus.

Ed Debevic's, 640 N. Wells St. (✆ 664-1707), au niveau d'Ontario, en face d'Original Gino's East Pizza. Décoré dans le style années 1950, ce restaurant de type *diner* n'a pas peur du kitsch. La salle bleue turquoise et le DJ diffusant des tubes de l'époque ne sont pas spécialement adaptés aux dîners calmes et romantiques en tête-à-tête. Vous y trouverez cependant de délicieux hamburgers (7 $) et milk-shakes (4 $). L'établissement n'a pas, non plus, peur du ridicule. Leur devise vous met en garde : "Plus vous laissez de pourboire, plus nous serons aimables". Ouvert Di-Je 11h-22h et Ve-Sa 11h-24h.

CUISINE SUDISTE AU SUD DU LOOP

La zone du centre-ville qui s'étend entre Jackson St. et Roosevelt St. correspond au South Loop, spécialisé dans la cuisine bon marché des Etats du Sud du pays, comme les *ribs* (selon les cas, il peut s'agir de travers de porc sauce barbecue, ou de bœuf), le poulet frit et les légumes. Ces spécialités se retrouvent dans le quartier de South Side. Il est recommandé aux touristes d'être prudents au sud du Loop, notamment à la nuit tombée.

♥ Army & Lou's, 422 E. 75th St. (✆ 773-483-6550), dans South Side. Les clients viennent de toute la ville pour déguster l'une des meilleures cuisines sudistes disponible au pays des *Yankees* du Nord. Dans ce cadre chic, vous aurez droit à du poulet frit avec deux accompagnements pour 9 $, et des légumes variés avec jambon cuit pour 8 $. Ouvert Lu. et Me-Di 9h-22h.

Dixie Kitchen & Bait Shop, 5225 S. Harper St. (✆ 773-363-4943), installé au fond d'un parking, à côté de la 52nd St. dans Hyde Park. Ce nouveau restaurant est en passe de devenir l'un des hauts lieux culinaires de la ville. Beignets de tomates vertes (4,25 $) et sandwichs *po' boy* à l'huître (8 $) figurent parmi les spécialités proposées. Poisson-chat frit 10 $, bière vaudou noircie 2 $. Ouvert Lu-Je et Di. 11h-22h, Ve-Sa 11h-23h.

The Smokedaddy, 1804 W. Division St. (✆ 773-772-6656), à l'ouest du Loop, dans Wicker Park. Les succulentes *ribs* (8 $), les sandwiches végétariens (5,50 $) et au porc grillé au barbecue (5,50 $), justifient l'enseigne lumineuse (un "Wow" d'exclamation) choisie par le propriétaire pour illustrer les délices proposés. Ouvert Lu., Ve. et Sa. 11h30-1h, Ma-Je 17h-1h, Di. 11h30-1h. Concert de blues tous les soirs.

CHINATOWN

Là encore, ce quartier offre de multiples possibilités de se restaurer. Pour vous y rendre, prenez la ligne rouge jusqu'à Cermak/Chinatown. *Attention à ne pas vous aventurer trop au sud de Cermak St. à la nuit tombée.*

Hong Min, 221 W. Cermak Rd. (✆ 842-5026). L'attention est portée sur la nourriture (épicurienne) et non sur le décor (spartiate). Le *dim sum* et les huîtres fraîches attirent chaque jour la clientèle locale. Poisson à la sauce aigre-douce 8 $. Ouvert Di-Je 10h-2h et Ve-Sa 10h-3h. *Dim sum* Lu-Ve 10h-15h et Sa-Di 10h-16h.

Three Happiness, 209 W. Cermak Rd. (✆ 842-1964). Il en existe deux, mais celui-ci est le plus petit et aussi le plus populaire. Plat de poulet autour de 7 $. Ouvert tlj 9h-2h.

GREEKTOWN

♥ The Parthenon, 314 S. Halsted St. (✆ 726-2407). Le personnel parle grec, les peintures murales et les tableaux vous transportent en Méditerranée et les plats sont succulents. La *Greek Feast* est un assortiment familial de plats (15 $) allant du *saganaki* (fromage de chèvre corsé) au baklava (pâtisserie au miel et aux amandes). Ouvert tlj 11h-1h.

Rodity's, 222 S. Halsted St. (© 454-0800), entre Adam St. et Jackson Blvd. L'un des restaurants grecs les moins chers (plats du jour à moins de 9 $). Rodity's prépare des portions de *spanakopita* (7,75 $) plus que généreuses, ainsi que d'autres régals à la grecque. Ouvert Di-Je 11h-24h et Ve-Sa 11h-1h.

LINCOLN PARK

❤ **Cafe Ba-Ba-Reeba !**, 2024 N. Halsted St. (© 935-5000), pile au nord d'Armitage. Une façade colorée qui ne passe pas inaperçue. L'expansif Ba-Ba-Reeba comble ses clients de *tapas* inégalables (3-8 $) et de consistantes paellas. (10-15 $ par personne. Et à ce prix, vous pourrez ramener chez vous ce que vous n'aurez pas mangé !) Si vous aimez regarder passer les gens, la terrasse en plein air vous fournira un des meilleurs points d'observation de la ville. Verre de sangria 3,50 $. Réservation recommandée. Ouvert pour déjeuner Sa. et Di. 12h-17h, pour dîner Di-Je 17h-22h et Ve-Sa 17h-24h.

❤ **Potbelly Sandwich Works**, 2264 N. Lincoln Ave. (© 773-528-1405), entre Belden et Webster. Ce restaurant porte bien son nom (*Potbelly* signifie "bedaine") puisque les clients bedonnants semblent avoir abusé des nombreux sandwichs italiens de ce *deli* décontracté, décoré d'un poêle lui aussi ventripotent et égayé par un pianiste. Subs (sandwichs longs) énormes et délicieux 4 $. Ne manquez pas les *smoothies* (boisson glacée à base de lait et de fruits congelés mixés) au yoghourt (2,45 $). Ouvert tlj 11h-23h. Téléphonez pour connaître les autres adresses en ville.

Penny's Noodle Shop, 950 W. Diversey Ave. (© 773-281-8448), dans Sheffield. Ce restaurant sans prétention est l'un des moins chers de la ville. Il propose des plats de nouilles asiatiques savoureux et copieux (à moins de 6 $), quelle que soit l'heure. Pas de réservations. Asseyez-vous au comptoir ou préparez-vous à attendre. Ouvert Di. et Ma-Je 11h-22h, Ve-Sa 11h-22h30.

Crêpe de Paris, 2433 N. Clark St. (© 773-404-1300). Idéal pour un petit déjeuner tardif, ce petit café fait également office de crêperie parisienne proposant de délicieuses compositions sucrées, notamment les crêpes dégoulinantes de Nutella (5-7 $). Nombreuses options végétariennes. Crêpes pour le déjeuner ou le dîner 4-7 $. Ouvert Di-Je 10h-22h et Ve-Sa 10h-23h.

ANDERSONVILLE

Kopi, A Traveller's Cafe, 5317 N. Clark St. (© 773-989-5674), près de Foster St. à Andersonville. A 10 mn de marche de la station El de Berwyn, à quatre blocks vers l'ouest en empruntant Berwyn. Ainsi que vous l'apprendrez vite, "Kopi" signifie (vraiment bon) café en indonésien. On peut à loisir, tout en sirotant un café, feuilleter un des ouvrages de son importante bibliothèque de guides de voyages (vous y trouverez notamment bon nombre de Let's Go). Expresso 1,50 $. Concert Lu. et Je. soir. Ouvert Lu-Je 8h-23h, Ve. 8h-24h, Sa. 9h-24h et Di. 10h-23h.

Ann Sather, 929 W. Belmont Ave. (© 773-348-2378). Prenez la ligne rouge du El jusqu'à l'arrêt Belmont. Spécialisé dans la cuisine suédoise authentique, ce restaurant attire de nombreux clients au petit déjeuner, grâce à ses fameux et consistants *cinnamon rolls* (viennoiserie à la cannelle, 4 $). Les fidèles affirment qu'une fois qu'on les a goûtés, on ne peut plus s'en passer, mais aucune étude officielle n'a encore été menée à ce sujet ! Ouvert Di-Je 7h-22h et Ve-Sa 7h-23h. Téléphonez pour connaître les autres adresses en ville.

BUCKTOWN/WICKER PARK

Kitsch'n on Roscoe, 2005 W. Roscoe St. (© 773-248-7372), au niveau de Damen Ave., dans Roscoe Village. Ambiance kitsch pour cet établissement très fréquenté à l'heure du petit déjeuner et du déjeuner. Il propose notamment une délicieuse "Kitsch-n Sink Omelette" et un panier-repas "Jonny's Lunch Box" comprenant une soupe, un sandwich, un fruit et un café. Chaque table est affublée d'un thème. Choisissez Star Trek par exemple ! Repas 3-12 $. Ouvert pour le petit déjeuner et le déjeuner Ma-Ve 7h30-14h, Sa-Di 9h-15h. Ouvert pour le dîner Di. et Ma-Ve 17h-21h, Sa. 17h-22h.

Zoom Kitchen, 1646 N. Damen Ave. (© 773-278-7000). Rendez-vous dans ce décor futuriste pour déguster des sandwichs frais (4-6 $) préparés comme vous les aimez. Le personnel très accueillant n'hésite pas à garnir généreusement vos assiettes de légumes choisis parmi les piles géantes présentées derrière le comptoir. Ouvert Lu-Sa 11h-22h et Di. 10h-20h.

◎ VISITES

Chicago est une mine inépuisable de curiosités à découvrir : grands musées, ruelles anciennes, plages, parcs, gratte-ciel… la liste est longue. Les brochures touristiques et les visites commentées en bus dans le centre-ville ne vous dévoileront qu'une partie des charmes de la cité. Comme l'a dit un jour un historien de l'art réputé : "nul ne pourra connaître Chicago sans se servir de ses pieds".

LE LOOP

Le jour où la vache de Mrs. O'Leary renversa une lampe à pétrole et déclencha le **grand incendie de 1871**, le centre de Chicago fut réduit en cendres. Avec la volonté farouche de conjurer le sort, les habitants reconstruisirent une cité plus grande et plus belle, et en firent l'une des concentrations les plus denses de trésors architecturaux au monde. Le centre-ville, à l'étroit entre la Chicago River et le lac Michigan, n'avait d'autre direction pour croître que le ciel : le résultat vous en mettra plein les yeux.

VISITES GUIDÉES. Vous pourrez découvrir ce musée urbain en participant à un **walking tour**, une visite à pied organisée par la **Chicago Architectural Foundation**. Deux visites à pied de 2h sont proposées. La première est consacrée aux anciens gratte-ciel, la seconde aux plus récents. Elles partent de la librairie-boutique de souvenirs de la fondation. Apprenez à reconnaître "l'arche" de Louis Sullivan, "la fenêtre de Chicago" et les gratte-ciel révolutionnaires de Mies van der Rohe. *(224 S. Michigan Ave. © 922-8687. Une visite 12 $, 18 $ pour les deux.)*

CHICAGO BOARD OF TRADE. Si vous préférez explorer le Loop par vous-même, vous pourrez assister aux échanges frénétiques de produits agricoles du Midwest dans le cadre de la plus vieille et la plus grande bourse aux denrées de la planète : le Chicago Board of Trade. Pour une visite guidée, contactez le **Visitors Office**, *5th floor* ou 4e étage. *(141 W. Jackson Blvd. © 435-3590. Ouvert Lu-Ve 8h-14h. Visites Lu-Ve à 9h15 et toutes les 30 mn 10h-12h30. Gratuit.)*

SEARS TOWER. Quelques blocks à l'ouest de Jackson, la **Sears Tower** est incontestablement la référence architecturale la plus caractéristique de Chicago. Construite en 1973, la tour est d'abord occupée par le grand magasin de vente au détail Sears-Roebuck, d'où son nom. Sa hauteur de 443 m en fait le second bâtiment du monde par la hauteur après les tours jumelles Petronas de Kuala-Lumpur, en Malaysie. Elle a de quoi impressionner, et pourtant, peu réalisent qu'environ 40 000 km de tuyauterie parcourent l'ensemble du bâtiment. Par temps clair, les touristes qui se rendent au promontoire du 103e étage peuvent apercevoir les trois Etats frontaliers ainsi que le deuxième gratte-ciel le plus haut de la ville, l'Amoco Building. *(233 S. Wacker Dr., entrée sur Jackson St. © 875-9696. Ouvert tlj 10h-22h. Oct-Avr 10h-20h. Entrée 9,50 $, personnes âgées 7,75 $, enfants 6,75 $. Prévoyez environ 1h d'attente.)*

LA PLAZA. Le **Bank One Building and Plaza** s'élève à deux blocks au nord-est, à l'angle de Clark St. et de Monroe St. La façade concave, agencée en facettes semblables à celles d'un diamant, de l'un des plus grands édifices bancaires au monde produit un effet fascinant. Au niveau du sol, l'éclatante mosaïque de Chagall, *Les Quatre Saisons*, s'aligne sur le block, et délimite un lieu de pique-nique et de concerts populaire. L'œuvre murale offre un spectacle fabuleux de nuit, lorsqu'elle est éclairée par un jeu d'ampoules colorées. A l'angle de Clark St. et de Washington St., deux blocks plus au nord, les clochers du **Chicago Temple**, l'église la plus haute du monde, s'élancent vers le ciel. *(77 W. Washington St. © 236-4548. Visites guidées Lu-Ve à 14h, Sa-Di à 9h30 et 12h.)*

STATE STREET. L'angle de State St. et de Madison St. forme la plus célèbre inter-section de la ville, mais aussi son principal axe de partage. Le building **Carson Pirie Scott** de Louis Sullivan, l'un des trois architectes emblématiques de l'école de Chicago, est orné d'une exquise dentelle de fer forgé et de l'immense Chicago Window, "la fenêtre de Chicago". Autre chef-d'œuvre de Sullivan, l'**Auditorium Building** est situé à plusieurs blocks vers le sud à l'angle de Congress et de Michigan. L'acoustique y est parfaite et la décoration superbe de complexité.

AUTRES SPLENDEURS ARCHITECTURALES. Le **Monadnock Building**, 53 W. Jackson Blvd., construit par les architectes Burnham et Root, mérite le détour pour ses travées en saillie, faites de roche alternant pourpre et marron dans un ensemble empreint de sérénité. Au sud-est, le **Sony Fine Arts Theater** projette des films d'art et d'essai et des films étrangers actuels dans le grandiose **Fine Arts Building**. *(418 S. Michigan Ave., ℂ 939-2119. Ouvert Lu-Je, billet 8,25 $, étudiants 6 $, 5 $ pour les personnes âgées, les enfants et en matinée.)* En 1988, la ville organisa un concours qui avait pour but de réaliser un bâtiment en l'honneur du défunt maire. Le résultat fut le **Harold Washington Library Center**, paradis pour les chercheurs et régal pour les amateurs d'architecture postmoderniste. La construction de la bibliothèque a coûté 144 millions de dollars. *(400 S. State St. ℂ 747-4300. Visites Lu-Sa à 12h et 14h, Di. à 14h. Ouvert Lu-Je 9h-19h, Ve-Sa 9h-17h et Di. 13h-17h.)* Dans la partie nord du Loop, au carrefour de Clark St. et Randolph St., le **State of Illinois Building**, quadrilatère urbain conçu par Helmut Jahn en 1985 est l'une des plus récentes créations architecturales de la ville. Prenez l'ascenseur jusqu'en haut où vous aurez une vue saisissante (et gratuite) de l'atrium, des étages circulaires et des centaines d'employés qui s'y affairent.

SCULPTURE. Outre ses chefs-d'œuvre architecturaux, Chicago s'enorgueillit d'une des plus grandes collections nationales de sculptures en plein air. A chaque coin de rue, on découvre une nouvelle folie abstraite, et partir à pied pour observer les sculptures d'extérieur assemblées sur le Loop est le plus sûr moyen de passer un après-midi inoubliable. La sculpture d'acier de Picasso (baptisée simplement du nom de l'artiste) au pied du **Daley Center Plaza**, à l'angle de Washington St. et de Dearborn St., est un symbole officieux de Chicago, quoique nul ne sache vraiment ce qu'elle représente *(ℂ 443-3054 pour plus d'informations).* Juste en face, de l'autre côté de Washington St., trône la sculpture *Chicago* de Joan Miró, don "voluptueux" de l'artiste à la municipalité *(69 W. Washington St.).* Trois rues au sud sur Dearborn, dans Adams, le *Flamingo* d'Alexander Calder se dresse en face de la Federal Center Plaza. Cette statue rouge en partie mobile est l'une des nombreuses œuvres de Calder que l'on peut voir dans Chicago, parmi lesquelles figure également *The Universe*, qui tournoie dans le hall de la Sears Tower.

NEAR NORTH

TRIBUNE TOWER. Le quartier le plus luxueux de la ville est situé au-dessus du Loop, le long du lac, juste après le pont Michigan. Un concours international très controversé dans les années 1920 fut à l'origine de la **Tribune Tower**, un gratte-ciel de style gothique flamboyant érigé juste au nord du pont. Le journal le plus vendu de Chicago, *The Chicago Tribune*, y a ses locaux. Des citations exaltant la liberté de la presse ornent les murs du hall d'entrée. *(435 N. Michigan Ave.)*

LE MART. Le Merchandise Mart (entrée sur N. Wells St. ou sur Kinzie St., au nord du fleuve) est le plus grand magasin-entrepôt du monde : 25 étages et 17 km de couloirs s'étendant sur deux blocks. Ce complexe est tellement grand qu'il dispose de son propre code postal ! Les deux premiers niveaux sont dévolus à un centre commercial sans grand intérêt. Le reste du bâtiment contient des *showrooms* privés de mobilier de bureau ou d'intérieur. **Tours at the Mart** en organise des visites. *(ℂ 312-644-4664. Bus n° 114, durée 2h, visites Je. et Ve. 13h30. 12 $, personnes âgées 10 $, étudiants 9 $.)*

NAVY PIER. Enorme, clinquant et toujours animé, le Navy Pier, situé à l'est de Grant Park sur le lac Michigan, fait vivre l'esprit du carnaval 365 jours par an. Il ne s'agit pas d'une petite jetée, mais d'un débarcadère long de 1,5 km, sur lequel on trouve pêle-mêle un pavillon pour les concerts, des restaurants, des boîtes de nuit, des bateaux pour touristes, une spectaculaire grande roue, un jardin minéral avec des palmiers et un cinéma OmniMax. *Ça*, c'est l'Amérique... Vous pouvez louer un **vélo** pour vous promener dans les rues de la ville. *(600 E. Grand Ave. Prenez la ligne rouge du El jusqu'à Grand/State, et prenez la correspondance pour le trolley bus gratuit menant au débarcadère. Location tlj Juin-Sep 8h-23h, Mai 8h-20h, Avr. et Oct. 10h-19h, 9 $ l'heure, 36 $ la journée.)*

MAGMILE. L'éclatant Magnificent Mile de Chicago est une rangée de magasins luxueux le long de N. Michigan Ave. entre la Chicago River et Oak St. Pour votre carte bancaire, cet endroit risque d'être un véritable triangle des Bermudes. Quelques-uns des magasins, **Banana Republic** et **Crate & Barrel** par exemple, ont été conçus par les plus grands architectes du pays, et valent le détour. Les environs abritent également l'un des rares **Virgin Megastores** du pays. La **Chicago Water Tower** (assez austère) et la **Pumping Station** se cachent parmi les magasins chic à l'angle de Michigan Ave. et de Pearson Ave. Construites en 1867, elles furent les seules des alentours qui résistèrent au grand incendie de Chicago, en 1871. La Pumping Station abrite la présentation d'un spectacle multimédia sur Chicago (*Here's Chicago*) et un centre d'information (voir **Informations pratiques**, plus haut). Juste en face, le **Water Tower Place**, premier centre commercial urbain des Etats-Unis, est rempli de magasins de luxe. A un block au nord, le **John Hancock Building** (troisième de la ville en hauteur), lance en défi au ciel l'éclat noir de sa structure de verre et d'acier.

OLD TOWN. Les cloches (antérieures au grand incendie) de l'**église St. Michael** résonnent à 1,5 km au nord de MagMile, dans **Old Town**, un quartier réaménagé où l'on trouve des galeries d'art éclectiques, des commerces et des night-clubs Imprégnez-vous de l'atmosphère architecturale en vous promenant autour de W. Menomonee St. et de W. Eugenie St. Début juin, l'**Old Town Art Fair** attire des artistes et des artisans de tout le pays. *(Prenez le bus n° 151 jusqu'à Lincoln Park, puis marchez vers le sud en empruntant Clark St. ou Wells St.)*

NORTH SIDE

LINCOLN PARK. Les rénovations urbaines ont fait de **Lincoln Park**, un quartier situé juste à l'ouest du parc qui porte le même nom, un lieu de résidence très prisé des gens aisés. Délimité au sud par Armitage Ave. et au nord par Diversey Ave., Lincoln Park s'étire au bord du lac avec ses agréables parcs et ses débarcadères. De nombreux cafés et librairies s'égrènent le long des rues bordées d'arbres de ce quartier très animé le soir. Certains des meilleurs clubs et restaurants de Chicago ont élu domicile autour de Clark St., de Lincoln Ave. et de N. Halsted St.

LAKEVIEW. Au nord de Diversey Ave., dans N. Clark St., les rues de Lincoln Park deviennent très variées et se fondent dans la communauté de Lakeview, autour des blocks portant les numéros 3000. Dans cette "capitale gay" autoproclamée de Chicago, de grandes surfaces côtoient de petits marchés et des boutiques de vêtements d'occasion. D'imposants immeubles et des hôtels surgissent entre de petites maisons vieillissantes et les gargotes polonaises voisinent avec les restaurants coréens qui jouxtent les cafés mongols ou les bars mexicains. En bref, un pot-pourri ethnique typiquement américain.

WRIGLEYVILLE. Aux environs des numéros 4000 des blocks de N. Clark St., Lakeview donne sur **Wrigleyville**. Même si l'équipe de base-ball des **Chicago Cubs** n'a remporté aucune des *World Series* depuis 1908, les habitants de Wrigleyville restent farouchement fidèles à leur équipe locale. Le petit terrain de base-ball recouvert de lierre, à l'angle de Clark St. et à l'est de Graceland, le **Wrigley Field**, est l'institution la plus célèbre du North Side. Un pèlerinage s'impose pour les fans de base-ball ou pour ceux des *Blues Brothers* qui souhaiteraient visiter la fausse adresse des deux compères. Des visites guidées de ce terrain historique sont organisées lorsque les *Cubs* sont absents. Appelez le © 773-404-2827 pour en obtenir le détail. Le long de Clark St., aussi bien du côté de Lakeview que de Wrigleyville, les restaurants, bars sportifs et clubs abondent. Explorez le quartier, faites du lèche-vitrines devant les magasins funk, de style années 1970, et les brocantes.

Pour changer des activités nocturnes traditionnelles, pourquoi ne pas faire un bowling, l'un des passe-temps favoris des habitants du Middle West, à **Southport Lanes & Billiards** ? Ce club de bowling ouvert il y a plus de 75 ans est l'un des derniers à faire encore appel à des quilleurs pour remettre les quilles en place après un *strike* dévastateur. *(3325 N. Southport Ave., près de N. Clark St. ✆ 773-472-1601. Ouvert 24h/24. Prix d'une partie variable. Pourboires bienvenus.)* Si vous recherchez une ambiance encore plus bruyante, essayez le **Diversey Rock-n-Bowl**, où les "athlètes" ingurgitent des bières avant de lancer leurs boules sur des airs de rock assourdissants. *(2211 W. Diversey Ave. ✆ 773-227-5800. Ouvert 24h/24.)*

NEAR WEST SIDE

De nombreuses ethnies à la vie animée sont représentées dans le Near West Side, délimité à l'est par la Chicago River et à l'ouest par Ogden Ave. **Greektown** et **Little Italy** attirent tout Chicago dans une célébration culinaire (voir **Restaurants**, plus haut).

HULL HOUSE. La principale attraction "non-comestible" du Near West Side réside à quelques blocks d'Halsted St. L'activiste Jane Addams a consacré sa vie à la maison historique **Hull House**. Cette demeure témoigne du rôle que Chicago a joué dans les mouvements réformistes de la fin du XIXe siècle. Même si elle n'offre plus de services sociaux, la maison a été transformée en musée après une délicate restauration. *(800 S. Halsted St. Prenez la ligne bleue du El jusqu'à Halsted/U of I, ou le bus n° 8 "Halsted". ✆ 413-5353. Ouvert Lu-Ve 10h-16h et Di. 12h-17h. Gratuit.)*

SUD DU LOOP

HYDE PARK ET L'UNIVERSITÉ DE CHICAGO. A 12 km au sud du Loop, le long du lac, le très beau campus de l'**université de Chicago** domine le quartier de **Hyde Park**. Ancien fief de la communauté artistique de Chicago, cette zone est devenue depuis les années 1950 une sorte de camp retranché pour intellectuels au milieu d'un univers de ghettos. La police de l'université patrouille avec vigilance dans le quartier, délimité au nord par la 51st St., à l'est par Lakeshore Drive, au sud par la 61st St., à l'ouest par Cottage Grove. Mieux vaut ne pas s'aventurer au-delà de ces limites, même en plein jour. Le Lakeside Burnham Park, à l'est du campus, est relativement sûr en plein jour mais dangereux la nuit. L'impressionnant **Oriental Institute**, le **Museum of Science and Industry** (voir **Musées**, p. 415) et le **DuSable Museum of African-American History** sont tous à l'intérieur ou à la limite de Hyde Park. *(A partir du Loop, prenez le bus n° 6 "Jefferson Express" ou la ligne "Electric" du METRA depuis la station de Randolph St., vers le sud jusqu'à la 59th St.)*

ROBIE HOUSE. Sur le campus, la fameuse ♥ **Robie House** de Frank Lloyd Wright se fond dans les arbres. Une œuvre représentative de son style "prairie", un concept qui tentait d'intégrer l'habitat à la nature. Ses lignes horizontales abritent aujourd'hui les bureaux de l'université. *(5757 S. Woodlawn Ave. à l'angle de la 58th St. ✆ 708-848-1976. Visites Lu-Ve 11h-15h et Sa-Di 11h-15h30. Entrée 8 $, plus de 64 ans et 7-18 ans 7 $.)*

PULLMAN. En 1885, George Pullman, l'inventeur du wagon-lit, voulait créer l'environnement de travail parfait, celui qui permettrait aux employés de sa Palace Car Company d'être "en meilleure santé, plus heureux et plus productifs". De ces louables intentions naquit une ville : **Pullman**. Construite à 23 km au sud-est du cœur de Chicago, elle fut considérée comme une ville modèle jusqu'à ce que des licenciements suivis d'expulsions déclenchent un mouvement social en 1894. L'agitation s'empara bientôt de toute la communauté pour culminer avec une grève gigantesque qui sonna le glas des conceptions urbanistiques de Pullman. Le bâtiment central de la ville est l'**Hotel Florence** qui, aujourd'hui, abrite un musée et une boutique de souvenirs. *(11111 S. Forrestville Ave. ✆ 773-785-8181. Si vous êtes motorisé, suivez la I-94 jusqu'à la 111th St. En train, prenez l'Illinois Central Gulf Railroad jusqu'à la 111th St. et Pullman ou la ligne "Rock Island" du METRA jusqu'à la 111th St.)* L'**Historic Pullman Foundation Visitors Center** organise des visites guidées. *(11141 S. Cottage Grove Ave. ✆ 773-785-3111. Les visites partent de l'hôtel le premier dimanche de chaque mois, Mai-Oct, à 12h30 et à 13h. 5 $, étudiants et personnes âgées 4 $.)*

OUEST DU LOOP

OAK PARK. En lice pour le titre de plus étonnante banlieue des Etats-Unis, la somptueuse ville d'Oak Park s'étend à 16 km à l'ouest du centre-ville par la I-290, le long de Harlem St. *(I-290 W. jusqu'à Harlem St.)* Afin de traduire son rêve d'intégrer l'architecture à la nature, Wright fit construire 25 maisons et bâtiments plus spectaculaires les uns que les autres, lesquels parsèment désormais le district historique d'Oak Park. Ne manquez pas la ❤ **Frank Lloyd Wright House and Studio**, qui servit à l'architecte de résidence et de bureau d'étude, et dont le style, tant intérieur qu'extérieur, offre un spectacle sans égal. *(951 Chicago Ave. ✆ 708-848-1976. Ouvert tlj 10h-17h. Visite de la maison de 45 mn Lu-Ve à 11h, 13h et 15h, Sa-Di toutes les 20 mn 11h-15h30. Visite d'une heure des autres maisons avec un plan et une cassette audio fournis tlj 10h-15h30. Visite guidée des maisons Mars-Nov Sa-Di toutes les heures 11h-16h, Déc-Fév Sa-Di toutes les heures 12h-14h. 9 $ chaque visite, pour les personnes âgées et les moins de 18 ans 7 $. Billet combinant visites intérieures et visites extérieures 14 $, 10 $ pour les personnes âgées et les moins de 18 ans.)* Visitez l'ancienne maison d'un autre grand nom américain, Ernest Hemingway. Toute au long de l'année, les admirateurs de l'écrivain au **Ernest Hemingway Birthplace and Museum** s'y rendent pour participer aux nombreuses manifestations organisées en hommage à ce romancier si charismatique. *(Maison natale : 339 N. Oak Ave. Musée : 200 N. Oak Park Ave. ✆ 708-848-2222. Je., Ve. et Di. 13h-17h, Sa. 10h-17h. Ticket combiné 6 $, personnes âgées et moins de 18 ans 4,50 $.)* Le **Visitors Center** propose guides, plans, visites de la maison et des environs, ainsi que des renseignements se rapportant à l'histoire locale. *(158 Forest Ave. ✆ 708-848-1500 ou 888-625-7275. Prenez la ligne verte du El en direction de Harlem.)*

🏛 MUSÉES

Tous les plus grands musées de Chicago ouvrent leurs portes gratuitement au moins un jour par semaine. Dans les "Big Five" (les cinq premiers de la liste), vous trouverez de tout tandis que quelques collections plus modestes sont consacrées à des thèmes plus spécifiques. Lake Shore Drive a été détourné autour de Grant Park, pour créer le site de Museum Campus comprenant le Field Museum, l'Adler Planetarium et le Shedd Aquarium. Une navette gratuite est à votre disposition pour vous rendre dans chaque musée. Si vous projetez d'aller visiter les "Five", avant de vous rendre sur la terrasse d'observation de la Sears Tower, il vous sera possible de faire des économies en achetant un CityPass à moitié-prix. Celui-ci vous permettra de mener vos visites, tout en bénéficiant de coupons de réduction dans le cadre de vos achats et de vos sorties au restaurant. (33,75 $, personnes âgées 25 $, 3-11 ans 22,25 $. Disponible dans tous sites inclus dans le forfait.)

❤ **The Art Institute of Chicago**, 111 S. Michigan Ave. (✆ 443-3600), dans Grant Park à hauteur de Adams St. Empruntez la ligne verte, marron, mauve, ou orange du réseau El, jusqu'à Adams. Le plus important musée d'art de la ville. Ici, vous pourrez plonger dans quatre millénaires d'art chinois, africain, européen et d'ailleurs. On y trouve l'une des plus belles collections d'impressionnistes et de postimpressionnistes du monde. Visite guidée tlj à 14h, incluant le célébrissime *American Gothic* de Grant Wood (1891-1942). Ne manquez pas non plus le tableau de Georges Seurat intitulé *Un dimanche après-midi à l'île de la Grande Jatte.* Ouvert Lu. et Me-Ve 10h30-16h30, Ma. 10h30-20h, Sa-Di 10h-17h. Entrée 10 $, personnes âgées, étudiants et enfants 6 $. Gratuit pour les moins de 6 ans et Ma. pour tous.

❤ **Field Museum of Natural History** (musée d'histoire naturelle), 1400 S. Lake Shore Dr. (✆ 922-9410), à l'angle de Roosevelt Rd., dans Grant Park. Prenez le bus n° 146 depuis State St. Sue, le plus grand squelette de tyrannosaure jamais exhumé préside cette excellente série d'expositions géologiques, anthropologiques, botaniques et zoologiques. Parmi les autres pièces maîtresses de ce musée, citons les momies égyptiennes, la salle des Indiens d'Amérique et celle des pierres précieuses. Ouvert tlj 8h-17h, Sep-Mai 9h-17h. Entrée 8 $, étudiants, personnes âgées, enfants 3-11 ans 4 $. Gratuit pour les moins de 3 ans et Me. pour tous. Parking 7 $ la journée.

❤ **Shedd Aquarium**, 1200 S. Lake Shore Dr. (✆ 939-2438), dans Grant Park. Le plus grand aquarium intérieur du monde : plus de 6600 espèces de poissons d'eau douce et d'eau de mer répartis dans 206 bassins. L'océanorium regroupe des bélougas, des dauphins, des phoques et d'autres mammifères marins, dans un immense bassin qui semble se jeter dans le lac Michigan. Au rez-de-chaussée, des pingouins défendent âprement leurs nids des assiduités de leurs dresseurs. Ouvert tlj 9h-18h, Je. jusqu'à 22h, océanorium jusqu'à 20h, Sep-Mai Lu-Ve 9h-17h, Sa-Di 9h-18h. Les animaux sont nourris Lu-Ve à 11h, 14h et 15h. Billet combiné pour l'aquarium et l'océanorium 15 $, personnes âgées et enfants 3-11 ans 11 $. Lu. l'aquarium est gratuit et l'entrée à l'océanorium coûte 6 $, personnes âgées, 5-17 ans 5 $. Visite guidée de l'océanorium 3 $.

Museum of Science and Industry, 5700 S. Lake Shore Dr. (✆ 773-684-1414), à hauteur de la 57th St. Pour vous y rendre, prenez, dans Hyde Park, le bus n° 6 "Jeffrey Express" jusqu'à la 57th St., ou la ligne South Shore du METRA jusqu'à 57th St. A voir, le module d'Apollo 8, une mine de charbon grandeur nature, et un Boeing 727 suspendu. Projections sur écran géant OmniMax (horaires et tarifs par téléphone). Ouvert tlj 9h30-17h30. Entrée 9 $, personnes âgées 7,50 $, enfants 3-11 ans 5 $. Billet combiné pour la séance OmniMax 15 $, personnes âgées 12,50 $, enfants 3-11 ans 10 $. Gratuit Je. (sauf OmniMax). Parking 7 $ la journée.

The Adler Planetarium, 1300 S. Lake Shore Dr. (✆ 922-7827), sur le Museum Campus, dans Grant Park. Découvrez le poids que vous feriez sur la planète Mars, prenez connaissance des dernières nouvelles de l'espace et admirez les instruments de mesure et d'exploration des plus vieux astronomes. Mais surtout, à ne manquer sous aucun prétexte, l'époustouflant *skyshow* du planétarium. Ouvert Juin-Août, Sa-Me 9h-18h et Je-Ve 9h-21h. Sep-Mai : Lu-Ve 9h-17h et Sa-Di 9h-18h. Entrée 5 $, personnes âgées et 4-17 ans 4 $. Gratuit Ma. et Je. *Skyshow* tlj toutes les heures 5 $.

The Museum of Contemporary Art, 220 E. Chicago Ave. (✆ 280-2660), à un block à l'est de Michigan Ave., prenez le bus n° 66 "Chicago Ave." Nouveau venu dans la famille des grands musées de Chicago, le MCA expose ses collections permanentes et accueille des expositions temporaires d'art contemporain dans son hall d'exposition ultramoderne. Téléphonez pour savoir si la vaste collection de mobiles de Calder est accessible. Sinon, Warhol, Javer et Nauman comptent parmi les noms les plus connus d'une longue liste d'artistes dont vous pourrez contempler les œuvres. Ouvert Ma. 10h-20h et Me-Di 10h-17h. Entrée 8 $, étudiants et personnes âgées 5 $, gratuit pour les moins de 12 ans. Gratuit Ma.

Museum of Holography, 1134 W. Washington Blvd. (✆ 226-1007), juste à l'ouest du Loop. Ce musée non conventionnel permet d'approcher le monde fascinant des hologrammes. Les images holographiques des personnages célèbres sont étonnantes. Ouvert Me-Di 12h30-17h. Entrée 2,50 $.

Spertus Institute of Jewish Studies, 618 S. Michigan Ave. (✆ 322-1747), dans le centre-ville, près de Harrison, prenez la Red Line du El jusqu'à Harrison. Au rez-de-chaussée, vous pouvez examiner une fabuleuse collection de reliques provenant de synagogues du monde entier. A noter aussi l'émouvant mémorial de l'Holocauste. Ouvert Di-Me 10h-17h, Je. 10h-20h et Ve. 10h-15h. La salle des objets anciens est ouverte Di-Je 13h-16h30. Entrée 5 $, étudiants, personnes âgées et enfants 3 $. Entrée gratuite Ve.

Terra Museum of American Art, 664 N. Michigan Ave. (✆ 664-3939), à la hauteur d'Erie St. Une des rares galeries entièrement consacrées à l'art américain, de l'époque coloniale à nos jours, avec un intérêt tout particulier porté à l'impressionnisme américain du XIXe siècle. Ouvert Ma. 10h-20h, Me-Sa 10h-18h et Di. 12h-17h. Entrée 7 $, personnes âgées 3,50 $, étudiants munis de leur carte, moins de 12 ans et enseignants gratuit. Gratuit Ma. et le 1er Di. de chaque mois. Visites guidées gratuites Ma-Ve à 12h et 18h, Sa-Di à 12h et 14h.

International Museum of Surgical Science, 1524 N. Lake Shore Dr. (✆ 642-6502), à l'angle de North Ave. La statue d'un chirurgien soutenant son patient blessé orne l'entrée de ce musée unique en son genre. Vous pourrez y déplorer à loisir le départ du docteur

Ross de la série *Urgences* (sensée se dérouler à Chicago), et rendre un émouvant hommage à l'histoire de la chirurgie. Ouvert Ma-Sa 10h-16h. Entrée 5 \$, personnes âgées et étudiants 3 \$.

🔼 ACTIVITÉS DE PLEIN AIR

De nombreux parcs se trouvent entre Chicago même et le lac Michigan. Dès que le soleil darde ses rayons, une nuée de promeneurs, d'adeptes du roller et de skateboarders investissent les rives du lac. Les deux plus grands parcs, **Lincoln** et **Grant**, sont à proximité du centre-ville. **Lincoln Park**, qui s'étend sur 8 km le long du lac au nord de la ville, ressemble à un parc anglais vallonné du XIXe siècle : sentiers sinueux, bosquets et espaces verts asymétriques. Le **Lincoln Park Zoo** est un endroit agréable pour faire une promenade (ouvert tlj 10h-17h, en été Sa-Di jusqu'à 19h, gratuit). Le **Lincoln Park Conservatory** abrite sous sa serre des écosystèmes aussi divers que le désert aride et la jungle tropicale (② 742-7736, ouvert tlj 9h-17h, gratuit).

Grant Park, couvrant 14 blocks à l'est de Michigan Ave., ressemble, lui, à un jardin à la française de la même époque : de larges promenades bordent des parterres symétriques, bien ordonnés, agrémentés en leur centre d'une fontaine. Le Grant Park Concert Society propose en été des concerts gratuits dans le parc au **Petrillo Music Shell** (520 S. Michigan Ave. ② 742-4763). Des lumières colorées illuminent la **fontaine Buckingham**, tous les soirs de 21h à 23h. Dans la partie nord, les plages **Lincoln Park Beach** et **Oak St. Beach** attirent baigneurs et adeptes du bronzage. Les endroits rocheux sont interdits d'accès. Même si elles sont surveillées de 9h à 21h30, les plages sont mal famées lorsque la nuit tombe. Appelez le **Chicago Park District** pour de plus amples informations (② 747-2200).

Emprunter **Lake Shore Drive** par une belle journée ensoleillée est un véritable enchantement. Cette longue avenue part du quartier de Hyde Park, au sud, et remonte toute la ville jusqu'au nord en longeant le lac Michigan, vous offrant ainsi de superbes points de vue tout au long du chemin. A la fin, Lake Shore Dr. prend le nom de Sheridan Rd. et serpente alors à travers les pittoresques faubourgs nord de la ville. Un peu plus haut se trouve **Evanston**, une ville universitaire (abritant l'université Northwestern), riche et animée, connue pour ses parcs et ses boîtes de nuit. Dans le quartier huppé de **Wilmette**, la ❤ **Baha'i House of Worship**, 100 Linden Ave., à l'angle de Sheridan Rd., est surmonté d'un dôme à neuf facettes de style proche-oriental imitant le temple de Haïfa en Israël. C'est là un des sanctuaires du bahaïsme, un culte qui se veut une synthèse des principales religions du monde. (② 847-853-2300. Ouvert tlj 10h-22h, Oct-Mai 10h-17h. Services religieux Lu-Sa à 12h15 et Di. à 13h15).

Les parcs de ❤ **Indiana Dunes State Park** (parc national de dunes) et de **National Lakeshore** (rives du lac) se trouvent à 45 mn à l'est de Chicago sur la I-90. Les magnifiques plages de dunes du parc national qui bordent le lac Michigan sont bondées pendant les mois d'été, lorsque les citadins fuient le rythme frénétique de Chicago pour profiter d'une baignade ou d'un bain de soleil. Les plus aventureux peuvent randonner dans les dunes, les bois ou les marais. Vous trouverez des informations sur le parc national au **Visitors Center**, 1600 N. 25 East, à Chesterton (② 219-926-1952). Pour les informations concernant le National Lakeshore, adressez-vous au *visitors center* correspondant, 1100 N. Mineral Springs Rd., à Porter (② 219-926-7561).

🔲 SPECTACLES ET ATTRACTIONS

Pour être au courant des derniers événements culturels de Chicago, procurez-vous un exemplaire des hebdomadaires gratuits *Chicago Reader* ou *New City* qui paraissent le jeudi. Ils sont disponibles dans de nombreux bars, magasins de disques et restaurants. Le *Reader* s'intéresse à tous les grands spectacles en précisant horaires et prix. Le magazine *Chicago* répertorie les clubs, les spectacles de danse, les pièces de théâtre, les concerts et les opéras. L'édition du vendredi du

Chicago Tribune contient une rubrique complète sur les événements musicaux, théâtraux et culturels de la ville. *Gay Chicago* donne tous les détails sur la vie de la communauté gay de la région.

THÉÂTRE

Chicago est l'un des foyers théâtraux les plus dynamiques d'Amérique du Nord, et on trouve de tout dans les 150 théâtres de la ville, de la comédie musicale aux spectacles comiques. Les théâtres du centre-ville sont concentrés au nord du Loop et autour de Michigan Ave. et de Madison Ave. Des théâtres de quartier, plus petits, sont disséminés un peu partout dans la ville.

La plupart des places de théâtre sont chères, mais vous pouvez vous procurer des billets à moitié prix le jour de la représentation au **Hot Tix Booths**, 108 N. State St. ou au 5e étage du 700 N. Michigan Ave., à condition de vous y présenter en personne (✆ 977-1755, ouvert Lu-Ve 10h-19h, Sa. 10h-18h et Di. 12h-17h). **Ticketmaster** vend également des tickets pour de nombreuses représentations. Renseignez-vous sur les réductions accordées aux personnes âgées, aux étudiants et aux enfants auprès des théâtres de Chicago (✆ 559-1212). Les théâtres "Off Loop", sur le North Side, produisent des pièces inédites, dont les billets ne dépassent habituellement pas les 18 $.

❤ **Steppenwolf Theater**, 1650 N. Halsted St. (✆ 335-1888), est l'un des théâtres les plus connus. C'est ici que Gary Sinise et le génial John Malkovich ont fait leurs débuts. Ils y passent encore régulièrement. Billets 40 $ Di-Je, 45 $ Ve-Sa, demi-tarif après 17h Ma-Ve, après 12h Sa-Di. Guichets ouverts Di-Lu 11h-17h, Ma-Ve 11h-20h et Sa. 11h-21h.

Goodman Theatre, 200 S. Columbus Dr. (✆ 443-3800), présente des créations originales de qualité. Billets environ 18-40 $, demi-tarif après 18h ou après 12h pour les spectacles en matinée. Guichets ouverts Lu-Ve 10h-17h, 10h-20h les soirs de spectacle, généralement Sa-Di.

Shubert Theater, 22 W. Monroe St. (✆ 977-1700), accueille les productions à grand spectacle de Broadway en tournée. Billets 15-70 $. Location ouverte Lu-Sa 10h-18h.

Annoyance Theatre, 3747 N. Clark St. (✆ 773-929-6200), à Wrigleyville. Pièces originales qui se moquent de la culture pop. Requiert souvent la participation des spectateurs. Billets (5-10 $) vendus juste avant le spectacle, habituellement à 20h ou à 21h.

Bailiwick Repertory, 1225 W. Belmont Ave. (✆ 773-327-5252), dans le Theatre Bldg. Abrite une scène principale et un espace réservé à des œuvres expérimentales. Billets à partir de 10 $. Guichets ouverts Me. 12h-18h, Je-Di de 12h à l'heure de la représentation.

CAFÉS-THÉÂTRES

Chicago possède de nombreux cafés-théâtres. Le plus célèbre, ❤ **Second City**, 1616 N. Wells St. (à l'angle de North Ave., dans Old Town), théâtre d'avant-garde, parodie les habitants et les politiciens de Chicago. Second City a accueilli Bill Murray et les regrettés John Candy, John Belushi et Gilda Radner, parmi d'autres. Presque chaque soir, le spectacle est suivi d'une séance d'improvisation (✆ 642-8189). **Second City Etc.**, juste à côté, propose également des spectacles comiques au 1608 N. Wells St. (✆ 642-6514. Spectacles pour les deux cafés-théâtres Lu-Je à 20h30, Ve-Sa à 20h et 23h, Di. à 20h. Billet 15 $. Les guichets des deux cafés-théâtres sont ouverts tlj 10h30-22h. Réservation recommandée. En semaine, si vous vous présentez une heure avant le spectacle, vous avez de bonnes chances d'avoir une place). Vous pouvez assister à de très bons spectacles d'improvisation au **Comedy Sportz**, 2851 N. Halsted St. (✆ 773-549-8080, spectacles Ve-Sa à 20h et 22h30).

DANSE, MUSIQUE CLASSIQUE ET OPÉRA

L'**Auditorium Theatre**, 50 E. Congress Pkwy. (✆ 922-2110, location ouverte Lu-Ve 8h30-17h), produit des ballets, des comédies, et des pièces de théâtre. D'octobre à mai, le **Chicago Symphony Orchestra**, dirigé par Daniel Barenboïm, joue dans le **Symphony Center**, 220 S. Michigan Ave. (✆ 294-3333). Le **Ballet Chicago** fait des entrechats dans de nombreuses salles de la ville (✆ 251-8838, billets 12-45 $). Le **Lyric Opera of Chicago** se produit de septembre à mars au **Civic Opera House**, 20 N. Wacker Dr. (✆ 332-2244).

Alors que tous les spectacles proposés par ces institutions risquent de vous coûter une petite fortune, le **Grant Park Music Festival** permet de goûter gratuitement aux joies de la musique classique, de mi-juin à fin août. Le Grant Park Symphony Orchestra, très apprécié, joue plusieurs soirs par semaine au Petrillo Music Shell dans Grant Park (habituellement Me-Di, les horaires varient : appelez le ℂ 552-8500 pour en savoir plus).

FESTIVALS

La ville fête l'été en grande pompe. Le festival **Taste of Chicago** se déroule pendant huit jours lors des célébrations du 4-Juillet, jour de la fête nationale aux Etats-Unis. Soixante-dix restaurants proposent leurs spécialités pendant que la foule se trémousse sur des accords de groupes connus (entrée gratuite, des tickets-repas sont disponibles pour 50 ¢ l'un). Les feux d'artifice du Taste sont les plus importants et les plus populaires de Chicago. Pendant la première semaine de juin a lieu le **Blues Festival**. Le **Chicago Gospel Festival** chante en chœur à la mi-juin et Nashville débarque dans la ville pour le **Country Music Festival** fin juin. A la fin de l'été, ne manquez pas le festival de musique latino, **¡Viva Chicago!** et surtout le **Chicago Jazz Festival** qui se déroule le week-end du Labor Day (1er lundi de septembre). Tous les festivals ont lieu au Grant Park Petrillo Music Shell. Contactez la **Mayor's Office Special Events Hotline** (ℂ 744-3370) pour avoir des précisions sur ces six événements gratuits.

Dans la banlieue nord de Highland Park, le **Ravinia Festival**, connu dans toute la région, dure de fin juin à début septembre (ℂ 847-266-5100). L'orchestre symphonique de Chicago, des troupes de ballets, des musiciens de jazz et de folk et des acteurs se produisent tout au long des 14 semaines. (Spectacles Lu-Sa à 20h, Di. à 19h. 8 $ l'emplacement sur la pelouse, 15-35 $ les autres billets.) Certains soirs, l'entrée est gratuite aux concerts du **Chicago Symphony Orchestra** pour les étudiants munis de leur carte. Renseignez-vous à l'avance. Un aller-retour en train (METRA) coûte environ 7 $. Le festival organise un service de bus pour 12 $. Le trajet simple dure 1h30.

SPORTS

L'équipe des **Cubs** joue au base-ball au **Wrigley Field**, 1060 W. Addison St., à l'angle de Clark St., à Wrigleyville. Ce terrain, qui est l'un des rares du pays à restituer le charme des compétitions d'antan, vaut absolument la visite (ℂ 773-404-CUBS, www.cubs.com, billets 10-22 $). Les **White Sox**, l'autre équipe de Chicago, jouent au South Side dans le tout nouveau **Comiskey Park**, 333 W. 35th St. (billets 12-24 $, ℂ 674-1000). Les **Bears** jouent au football américain au **Soldier Field Stadium**, entre McFetridge Dr. et S. Lakeshore Dr. (ℂ 708-615-2327). Les **Blackhawks**, joueurs de hockey, et la prestigieuse équipe de basket des **Bulls** (sans Michael Jordan) se produisent au **United Center**, 1901 W. Madison St., juste à l'ouest du Loop. (Pour les Blackhawks, ℂ 455-4500, billets 25-100 $. Les Bulls, ℂ 943-5800, billets 30-450 $.) Pour les événements sportifs à venir, appelez **Sports Information** au ℂ 976-4242. Pour les billets, contactez **Ticketmaster** (les Bulls et les Blackhawks au ℂ 559-1212, les White Sox au ℂ 831-1769 et les Cubs au ℂ 773-404-CUBS).

▨ SORTIES

"Sweet home Chicago" s'enorgueillit de tous les musiciens de blues qui se sont produits dans la ville. Les clubs de jazz, de folk, de reggae et de musique punk palpitent dans tout **North Side**. Dans **Bucktown/Wicker Park**, à l'ouest de Halsted Street, au nord-ouest de Chicago, bars et boîtes restent ouverts tard la nuit. Des artistes de fortune jouent de la musique dans les nombreux bars autour de l'intersection entre **Rush St.** et **Division St.** Rempli de bars, de cafés et de bistros, **Lincoln Park** est le territoire des célibataires en chasse et des jeunes couples homosexuels ou hétéros. Le cœur de la culture gay bat dans **N. Halsted St.**, entre les numéros 3000 et 4500. Les bars et les boîtes de nuit y sont parmi les plus festifs et les plus originaux de Chicago. Si vous recherchez une ambiance un peu plus débridée, allez dans un des nombreux clubs de **River North**, de Riverwest et sur Fulton St.

LES GRANDS LACS

BARS ET SALLES DE BLUES

- ❤ **The Green Mill**, 4802 N. Broadway Ave. (© 773-878-5552). Réseau El : ligne rouge, arrêt Lawrence. Créé comme bar clandestin pendant la Prohibition, ce club de jazz authentique attire les couche-tard qui envahissent les lieux à la fermeture des autres clubs. Les apprentis mafieux peuvent s'installer dans l'ancien fauteuil d'Al Capone. N'hésitez pas à veiller pour assister gratuitement aux séances de jazz improvisées qui suivent le spectacle principal tous les week-ends. Entrée 5-8 $. Ouvert tlj jusqu'à 4h.

- **The Hideout**, 1354 W. Wabansia Ave. (© 773-227-4433). Réseau El : ligne marron, arrêt Clybourn & North, West Town. Niché dans un parking de camions municipaux, ce club est le repaire des initiés des groupes de rock produits sous des labels indépendants. Certains week-ends ont lieu des spectacles pour enfants qui s'adressent aux familles qui n'ont plus souvent l'occasion de sortir écouter du rock. Grâce à un accord passé avec une grande maison de disques, le club accueille des groupes montants d'*alternative-country* à ne pas manquer. Entrée 5-10 $ Ma-Ve. Ouvert Lu. 20h-2h, Ma-Ve 16h-2h, Sa. 19h-3h.

- **B.L.U.E.S.**, 2519 N. Halsted St. (© 773-528-1012). Prenez le El jusqu'à Fullerton, puis le bus "Fullerton" (en direction de l'est). On y est à l'étroit, mais la musique est ce qui se fait de mieux. Son succès a mené à la création de **B.L.U.E.S. etc.**, 1124 W. Belmont Ave. (© 773-525-8989). Prenez le El jusqu'à l'arrêt Belmont puis marchez trois blocks vers l'ouest sur Belmont Ave. Beaucoup des grandes pointures du blues et du jazz, dont Albert King, Bo Diddley, Dr. John et Wolfman Washington, y ont joué. Concert tous les soirs de 21h à 1h30. Réservé aux plus de 21 ans. Lu-Je 6-8 $, Ve-Sa 8-10 $. Tarifs valables pour les deux clubs.

- **Buddy Guy's Legends**, 754 S. Wabash Ave. (© 427-1190), dans le centre-ville. Buddy lui-même s'y est produit en janvier 2002 mais il lui arrive également de passer à l'improviste lorsqu'il n'est pas en tournée. Le reste du temps, des vedettes du blues, et d'autres en passe de l'être, se produisent pour la plus grande joie du public massé dans ce lieu plein d'âme. Entrée Di-Me 8 $, Je. 7 $, Ve-Sa 12 $. Blues Lu-Je 17h-2h, Ve. 16h-2h, Sa.17h-3h et Di. 18h-2h. Réservé aux plus de 21 ans.

- **Metro**, 3730 N. Clark St. (© 773-549-0203), à Wrigleyville. Un haut lieu du rock alternatif et de la pop. Des groupes de la région s'y produisent chaque Di. Il faut avoir plus de 18 ans, certaines soirées sont parfois sans limite d'âge. Entrée 5-12 $, et bien plus pour les groupes renommés.

- **Wild Hare & Singing Armadillo Frog Sanctuary**, 3530 N. Clark St. (© 773-327-4273), entre Addison St. et Roscoe St., à Wrigleyville. Prenez le El jusqu'à Addison. Les chanteurs de *roots reggae* communient avec un public constitué de rastas et de jeunes cadres dynamiques venus écouter la parole de Jah dans une atmosphère détendue. Entrée gratuite jusqu'à 21h30. Entrée 5-8 $ Me-Di, Me. gratuit pour les filles. Ouvert Di-Ve jusqu'à 2h et Sa. jusqu'à 3h.

- **Checkerboard Lounge**, 423 E. 43rd St. (© 773-624-3240), dirigez vous sur King Drive, ou prenez un taxi. Un vrai bar blues tel que l'on peut se l'imaginer. Le Checkerboard est le plus intime et le plus authentique bar blues de toute la ville. La clientèle est constituée d'habitants du quartier en accord parfait avec l'esprit du lieu. Entrée 5-7 $, Ouvert Lu-Ve 13h-2h.

BOÎTES DE NUIT

- ❤ **Funky Buddha Lounge**, 728 W. Grand Ave. (© 666-1695, réseau El : ligne bleue, arrêt Chicago), dans West Town, à l'ouest de River North. Discothèque et salon très branchés et éclectiques où les musiques hip-hop et funk se mêlent dans un décor extravagant de léopard, de velours et de charmants Bouddhas. Di. soirée gay. Entrée 10-20 $. Ouvert Lu-Me 22h-2h, Je-Ve 21h-2h, Sa. 21h-3h et Di. 18h-2h.

- ❤ **Berlin**, 954 W. Belmont Ave. (© 773-327-7711). Réseau El : lignes rouge ou marron, arrêt Belmont, dans Lakeview. Tous les styles se retrouvent au Berlin, haut lieu de la vie nocturne gay de Chicago. La foule s'agite sur des rythmes *house* et *dance*, et les soirées à thème sont nombreuses : concours de drag-queens, soirée disco, soirée "The Artist" (du chanteur anciennement connu sous le nom de Prince), etc. Me. soirée filles. Plus de 21 ans. Entrée Ve-Sa après minuit 5 $. Ouvert Lu-Ve jusqu'à 4h, Sa. jusqu'à 5h.

Smart Bar, 3730 N. Clark St. (✆ 773-549-4140), au rez-de-chaussée du club Metro. Le DJ mixe punk, techno, hip-hop et house. Plus de 21 ans. Entrée 5-9 $. Gratuit pour ceux qui ont assisté à un concert au Metro. Horaires d'ouverture variables (en général vers 22h). Fermeture vers 4h le week-end.

Crobar Night Club, 1543 N. Kingsbury St. (✆ 413-7000). Réseau El : ligne rouge, station North & Clybourn. Ambiance caverneuse éclairée à la bougie pour cette discothèque qui attire une clientèle jeune tout de cuir vêtue dansant dans des cages ou sur la piste au rythme de la *house*. Soirée gay gaie Di. Entrée 5-20 $. Ouvert Me., Ve. et Di. 22h-4h, Sa. 22h-5h.

SPRINGFIELD   ☎ 217

Springfield, ou "la ville chérie par Lincoln", doit beaucoup à son célèbre ancien citoyen. En 1837, Abraham Lincoln fit de Springfield la nouvelle capitale de l'Etat. Véritable centre de la vie politique américaine à l'époque, la petite ville fut le siège en 1858 des virulents débats entre Lincoln, abolitionniste, et Stephen Douglas, partisan de l'extension de l'esclavage aux nouveaux Etats de l'Union, tous deux candidats à la présidentielle de 1860. "Abe" Lincoln finira par l'emporter. Bien que cette glorieuse époque ait sombré dans l'oubli, la ville continue de vouer un véritable culte au 16e président des Etats-Unis, vainqueur des armées sudistes lors de la guerre de Sécession (1861 à 1865).

⁊ INFORMATIONS PRATIQUES

Springfield est desservie par **Amtrak** (✆ 753-2013), à l'angle de la 3rd St. et de Washington St., près du centre-ville. Les trains vont à Chicago (3 dép/j, durée 3h30, 21-44 $) et à St. Louis (3 dép/j, durée 2h, 19-31 $). Gare ouverte tlj 6h-21h30. La gare **Greyhound** (✆ 800-231-2222) se trouve au 2351 S. Dirksen Pkwy., à l'est de la ville. Bus pour Chicago (6 dép/j, durée 5h, 40 $), Indianapolis (2 dép/j, durée 7h, 49 $), St. Louis (4 dép/j, durée 2h, 26 $) et Bloomington (1 dép/j, durée 1h, 12,75 $). Gare ouverte Lu-Ve 8h-12h et 14h-20h, Sa-Di 8h-12h et 14h-16h. **Springfield Mass Transit District**, 928 S. 9th St. (✆ 522-5531), a des navettes qui font le tour de la ville. Prenez des plans à leurs guichets, dans la plupart des banques et à l'Illinois State Museum. (En service Lu-Sa 6h-18h. Tarif : 75 ¢, personnes âgées 35 ¢, correspondances gratuites.) Le **trolley system** du centre-ville (✆ 528-4100) se charge de transporter les touristes jusqu'aux huit sites historiques de la ville. Le forfait à 10 $ vous permet de descendre du bus et de remonter autant de fois que vous le souhaitez (personnes âgées 9 $, enfants 5-12 ans 5 $), tandis que le billet à 5 $ fait le même trajet mais ne vous autorise pas à descendre (Me-Di 9h-16h). Pour le **taxi**, **Lincoln Yellow Cab** (✆ 523-4545). **Informations touristiques : Springfield Convention and Visitors Bureau**, 109 N. 7th St. (✆ 789-2360 ou 800-545-7300, ouvert Lu-Ve 8h-17h). **Internet : Lincoln Library** (bibliothèque municipale), 326 S. 7th St. (✆ 753-4900, ouvert Lu-Je 9h-21h, Ve. 9h-18h, Sa. 9h-17h et Sep-Mai également Di. 12h-17h). **Bureau de poste :** 411 E. Monroe St. (✆ 788-7470, ouvert Lu-Ve 8h-16h30), à l'angle de Wheeler St. **Code postal :** 62701.

⋔ ⅃ HÉBERGEMENT ET RESTAURANTS

On trouve des logements bon marché aux abords de la I-55 et de la US 36 sur Dirksen Pkwy., mais les bus qui s'y rendent sont peu fréquents. Les hôtels plus luxueux du centre-ville risquent d'être archicomplets les jours où siège le corps législatif. Renseignez-vous au *visitors bureau* pour trouver un forfait avantageux le week-end. Faites vos réservations le plus tôt possible pour les week-ends en période de vacances et lors de la **State Fair** (au mois d'août). Prenez le bus n° 3 "Bergen Park" jusqu'à Milton St. et Elm St., puis marchez quelques blocks vers l'est pour vous rendre au **Dirksen Inn Motel/Shamrock Motel**, 900 N. Dirksen Pkwy. (✆ 523-5302). Cet hôtel possède des chambres propres et agréables, aux lits confortables, munies de réfrigérateurs (réception 8h-22h, toutes les chambres sont à 30 $). Au **Mister Lincoln's Campground**, 3045 Stanton Ave. (✆ 529-8206), près de Stevenson Dr. (prenez le bus n° 10), les douches

sont gratuites (emplacement 16 $, avec raccordement 21 $, bungalow avec air conditionné 25 $). Réception ouverte tlj 8h-20h, en hiver 8h-18h. Trouver un restaurant qui
propose une cuisine intéressante est un exercice difficile à Springfield. Toutefois,
l'historique Route 66 peut receler quelques bonnes rencontres culinaires, comme le
Cozy Drive-In, 2935 S. 6th St. (© 525-1992). Ce *diner*, transmis de père en fils, est rempli
de souvenirs sur la route légendaire vers l'Ouest américain et affiche sans complexes
sa nostalgie de la bonne cuisine américaine bien grasse. La spécialité maison est le
Cozy Dog à 1,50 $ seulement (ouvert Lu-Sa 8h-20h).

◉ VISITES

Springfield se consacre corps et âme au culte d'Abraham Lincoln. Garez votre voiture
et marchez d'un site à l'autre, sur les pas du grand homme (au propre comme au
figuré). La plupart des sites commémorant la vie du 16e président des Etats-Unis
sont gratuits (renseignements au © 800-545-7300). Le **Lincoln Home Visitors Center**, à
Jackson, projette un film de 19 mn sur "le Springfield de M. Lincoln" et délivre des
tickets gratuits pour aller visiter la **Lincoln Home**, 426 S. 7th St., la seule maison qu'il
ait jamais possédée et qui est aussi l'endroit le plus visité de Springfield. Elle se trouve
entre la 8th St. et Jackson St., dans un quartier du XIXe siècle entièrement restauré,
plein de trottoirs de planches bancales et de fillettes jouant au cerceau. (© 492-4241.
Des visites de 10 mn sont organisées toutes les 5 à 10 mn au départ de la maison.
Ouvert Avr-Sep tlj 8h-18h. Arrivez tôt si vous voulez éviter la foule.) Dans la première
rue à gauche, en face du centre commercial, se trouve un magnifique édifice en pierre
calcaire, l'**Old State Capitol**. C'est là qu'en 1858, Lincoln prononça sa fameuse et émouvante prophétie "House Divided" (la maison fissurée), affirmant qu'un gouvernement
à la fois abolitionniste et esclavagiste risquait l'implosion. C'est également au State
capitol qu'eut lieu le débat épique opposant Douglas à Lincoln (© 785-7961, ouvert tlj
Mars-Oct 9h-17h, Nov-Fév 9h-16h, dernière visite 1h avant la fermeture, dons bienvenus). Le cimetière d'Oak Ridge, au nord de la ville, abrite le **tombeau des Lincoln**,
1500 Monument Ave. Abraham Lincoln, sa femme Mary Todd et trois de leurs fils y
reposent (© 782-2717, ouvert tlj Mars-Oct 9h-17h, Nov-Fév 9h-16h).

Si vous commencez à en avoir assez de ce "Lincolnland", rendez-vous à la **maison
Dana-Thomas**, 301 E. Lawrence Ave., à six blocks au sud de l'Old State Capitol.
Construite en 1902, cette maison étonnante et très bien préservée fut l'un des
premiers bâtiments conçus par Frank Lloyd Wright dans son style "prairie" et a
conservé certains éléments du mobilier d'origine. (© 782-6776. Des visites d'une
heure sont organisées toutes les 15-20 mn. Ouvert Me-Di 9h-16h. Don suggéré 3 $.) Si
vous êtes sensible au mythe, très américain, de la route et notamment de la Route 66,
il faut rendre visite au **Shea's**, 2075 Peoria Rd. (© 522-0475), une boutique dédiée à cet
univers avec toutes sortes d'objets : des pompes à essence, des panneaux de signalisation ou encore des plaques d'immatriculation (ouvert Ma-Ve 7h-16h et Sa. 7h-12h).

WISCONSIN

Le Wisconsin abrite de vastes terres plates et glacées, parsemées de quelque 15 000
lacs. Ce rude territoire fut découvert par les trappeurs français. Plus tard, des
mineurs creusèrent de nombreuses galeries dans les collines pendant la "ruée" vers
le plomb, héritant alors du surnom de "badgers" (blaireaux). La région fut ensuite
défrichée par des colons scandinaves. Plus tard, lorsque les forêts furent décimées,
une vague de cultivateurs allemands s'y installa. Célèbre pour son industrie laitière,
comparable sur ce point à notre Normandie ("America's Dairyland"), avec ses
bonnes grosses vaches, ses déluges de crème et de lait, le Wisconsin est aussi l'Etat
de la bière avec ses tavernes munichoises et ses champs d'orge. De nombreuses
fêtes célèbrent les différentes communautés de Madison et Milwaukee et vous
n'échapperez pas aux soirées bières.

ⓘ INFORMATIONS PRATIQUES

Capitale : Madison.

Informations touristiques : **Division of Tourism**, 123 W. Washington St., P.O. Box 7976, Madison 53707 (② 608-266-2161 ou 800-432-8747, www.tourism.state.wi.us).

Heure locale : Heure des Prairies (7 heures de moins que l'heure de Paris).

Abréviation postale : WI. **Taxe locale** : 5 à 5,5 %, selon le comté.

MILWAUKEE   🖃 414

Milwaukee est l'une des villes les plus germaniques d'outre-Atlantique. C'est un peu le Munich américain, avec quelques siècles d'art et de culture en moins, mais un sens aigu de l'hospitalité (*Gemütlichkeit*). Chaque week-end d'été, les communautés issues de l'immigration des XIXe et XXe siècles se relaient pour mettre la ville en fête. L'ambiance qui règne dans ses 1500 bars n'a rien à envier à celle des pubs les plus chaleureux de Dublin ou à celle des tavernes enjouées de Bavière. Ici, la bière et l'amitié coulent à flots. Outre son ambiance festive, Milwaukee offre aux visiteurs des musées de grande classe, de très beaux exemples d'architecture allemande et de jolies berges le long du lac Michigan.

▐ TRANSPORTS

Avion : **General Mitchell International Airport**, 5300 S. Howell Ave. (② 747-5300). Desservi par le bus n° 80 qui part de la 6th St. dans le centre (30 mn). **Limousine Service** (② 769-9100 ou 800-236-5450, 24h/24) dessert la plupart des hôtels du centre-ville. Réservation nécessaire. 10 $ le trajet, 18 $ l'aller-retour.

Trains : **Amtrak**, 433 W. St. Paul Ave. (② 271-0840), au coin de la 5th St. Relativement sûr pendant la journée, un peu moins la nuit. Destinations : **Chicago** (6 dép/j, durée 1h30, 20 $) et **Saint Paul** (1 dép/j, durée 6h30, 45-98 $). Guichets ouverts Lu-Sa 5h30-22h et Di. 7h-22h.

Bus : **Greyhound**, 606 N. 7th St. (② 272-2156), à proximité de W. Michigan St., dans le centre-ville, à trois blocks de la gare. Destinations : **Chicago** (16 dép/j, durée 2-3h, 14 $) et **Minneapolis** (6 dép/j, durée 7-9h, 49 $). Gare ouverte 24h/24. Guichets ouverts tlj 6h30-23h30. **Coach USA Milwaukee** (② 262-544-6503 ou 262-542-8861), dans la gare Greyhound, dessert le sud-est du Wisconsin. **Badger Bus**, 635 N. James Lovell St. (② 276-7490 ou 608-255-1511), juste en face, conduit à Madison (6 dép/j, durée 1h30, 10 $). Ouvert tlj 6h30-22h. *Quartier mal famé la nuit.*

Transports en commun : **Milwaukee County Transit System**, 1942 N. 17th St. (② 344-6711). Service efficace dans la ville. La plupart des lignes fonctionnent de 5h à 0h30. Tarif : 1,50 $, personnes âgées et enfants 75 ¢. Forfait hebdomadaire 11 $. Plans du réseau distribués gratuitement à la bibliothèque ou à l'office de tourisme du Grand Avenue Mall. Appelez pour obtenir les horaires. Le **Trolley** (② 344-6711) parcourt le centre historique de la ville, et dessert les festivals et les brasseries. Billet 50 ¢, personnes âgées 25 ¢. Circule Juin-Août Lu-Je 6h30-22h, Ve. 6h30-24h, Sa. 10h-24h, Di. 10h-18h. Appelez pour obtenir les horaires d'hiver.

Taxi : **Veteran**, ② 291-8080. **Yellow Taxi**, ② 271-6630.

▐ ⓘ ORIENTATION ET INFORMATIONS PRATIQUES

Le plus fort de l'animation de Milwaukee se déroule dans la partie est du centre-ville, située entre **Lake Michigan St.** et la 10th St. Les numéros augmentent vers le nord et le sud à partir de **Wisconsin Ave.**, la principale artère orientée d'est en ouest. La plupart des rues nord/sud sont numérotées, dans un ordre croissant lorsque l'on va vers l'ouest à partir du lac Michigan. Les **Interstates** font une boucle autour de

Milwaukee : la **I-43 S.** mène à Beloit, et la **I-43 N.** à Green Bay. La **I-94 E.** rejoint directement Chicago, la **I-94 W.** file sur Madison, puis continue vers Minneapolis-Saint Paul, la **I-794** coupe le centre de Milwaukee en deux et la **I-894** (voie de contournement du centre-ville) relie la ville à l'aéroport.

Informations touristiques : Greater Milwaukee Convention and Visitors Bureau, 400 W. Wisconsin Ave., installé dans le vestibule du Midwest Express Center (℘ 273-7222 ou 800-554-1448). Ouvert Lu-Ve 9h-17h. En été, ouvert également Sa. 9h-14h et Di. 11h-15h.

Assistances téléphoniques : Crisis Intervention : ℘ 257-7222. **Rape Crisis Line** (SOS Viol) : ℘ 542-3828. Ces deux services fonctionnent 24h/24. **Gay People's Union Hotline :** ℘ 562-7010. Disponible tlj 19h-22h.

Bureau de poste : 345 W. St. Paul Ave. (℘ 800-272-8777), au sud du centre *via* la 4th Ave., près de la gare Amtrak. Ouvert Lu-Ve 7h30-20h. **Code postal :** 53201.

⌐ HÉBERGEMENT

Les logements du centre-ville ont tendance à être un peu chers. Si vous avez une voiture, essayez l'une des deux auberges de jeunesse de la ville. **Bed and Breakfast of Milwaukee** (℘ 277-8066) peut vous trouver des chambres dans les Bed & Breakfast des alentours (à partir de 55 $).

Milwaukee Summer Hostel (HI), McCormick Hall sur le campus de l'université Marquette, 1530 W. Wisconsin Ave. (℘ 288-3232 ou 961-2525). Prenez le bus n° 10 ou le n° 30 pour descendre Wisconsin Ave. et arrêtez-vous sur la 16th St. Idéalement située, cette auberge de jeunesse ouverte récemment dispose de toutes le confort "universitaire" : laverie, accès Internet gratuit, pas de couvre-feu et parking à proximité (3,50 $). Ouvert de Juin à mi-Août. Arrivée 8h-11h et 17h-22h. Dortoir 17 $, non-adhérents 20 $. Chambre privative avec salle de bains 55 $, 60 $ pour les non-adhérents.

University of Wisconsin at Milwaukee (UWM), Sandburg Halls, 3400 N. Maryland Ave. (℘ 229-4065 ou 299-6123). Prenez le bus n° 30 vers le nord jusqu'à Hartford St. Pratique pour sortir le soir et pour aller dans les restaurants situés à l'est. Laverie, cafétéria, appels locaux gratuits. Appartements propres et corrects avec salle de bains, divisés en chambres simples et doubles. Chambre simple avec salle de bains commune 33 $, chambre double 60 $. Réservation nécessaire au moins deux jours à l'avance. Ouvert de Juin à mi-Août.

Wellspring Hostel (HI-AYH), 4382 Hickory Rd. (℘ 675-6755), Newburg, prenez au nord la I-43, puis la Route 33 vers l'ouest en direction de Newburg et sortez à Main St. Hickory Rd. coupe Main St. à Newburg au nord-ouest de la rivière Milwaukee. Le cadre charmant vaut les 45 mn de route si vous aimez la nature. L'auberge est située dans une ferme, le long d'une rivière. 25 lits, cuisine et sentiers nature. Réception ouverte tlj 8h-20h. Dortoir 15 $, 18 $ pour les non-adhérents. 40 $ la chambre privative avec salle de bains. Draps 3 $. Réservation indispensable.

Motel 6, 5037 S. Howell Ave. (℘ 482-4414), près de l'aéroport par la I-894, dans un immeuble rénové à 15 mn du centre-ville. Toutes les navettes qui partent de l'aéroport vous déposeront non loin. Chambres spacieuses avec air conditionné et TV par câble. Piscine. Chambre simple 44 $, chambre double 50 $, Sa-Di chambre simple 50 $, chambre double 56 $.

⌐ RESTAURANTS

Milwaukee est réputée pour la qualité de sa cuisine et pour sa **bière**. L'influence germanique y est particulièrement marquée, et les soiffards des environs s'enorgueillissent d'accompagner leur bière de la meilleure *Wurst* (saucisse) de ce côté de l'Atlantique. Dans un style plus local, les habitants profitent des eaux poissonneuses du lac Michigan voisin pour réaliser leur plat préféré : le **Friday night fish fry** (une friture de poissons). Les gourmands seront aussi agréablement surpris par l'une des spécialités de cet État réputé pour ses produits laitiers (on le surnomme le *Dairy State*), la **frozen custard**, en fait une crème glacée extrêmement crémeuse que les autochtones s'acharnent à appeler aussi *French ice cream*.

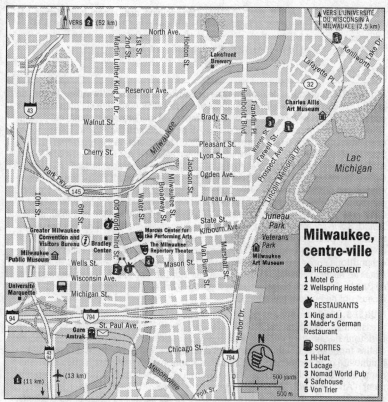

Milwaukee,
centre-ville

🏠 HÉBERGEMENT
1 Motel 6
2 Wellspring Hostel

🍎 RESTAURANTS
1 King and I
2 Mader's German Restaurant

🛍 SORTIES
1 Hi-Hat
2 Lacage
3 Nomad World Pub
4 Safehouse
5 Von Trier

Les restaurants allemands parsèment pratiquement toutes les rues de la ville, en particulier dans le centre, où la plupart pratiquent des prix exorbitants et cultivent un style "vieille Europe". Les influences polonaise et serbe dominent dans le **South Side**, et vous pouvez déguster de bons plats mexicains à **Walker's Point**, du côté de National et de la 5th St. Dans l'**East Side**, les restaurants sont un peu plus cosmopolites. Le **Water St. Entertainment District** abrite de nombreux restaurants pour tous les goûts. Le projet de Riverwalk, qui a coûté 13 millions de dollars, a permis de faire revivre le quartier de Water St. En vous dirigeant au nord de Riverwalk vers **Old World Third St.**, vous pourrez savourer les meilleures bières brassées sur place.

Leon's, 3131 S. 27th St. (© 383-1784). Tout droit sorti du film *Grease*. On vous y servira une des meilleures *frozen custard* de la ville. 1,25 $ les 2 boules. 1,10 $ le hot-dog. Ouvert Di-Je 11h-24h, Ve. 11h-0h30 et Sa. 11h-1h.

Casablanca, 730 W. Mitchell St. (© 383-2363), dans South Side. Les végétariens seront comblés par l'exceptionnel buffet à volonté qui propose *falafel* et taboulé pour le déjeuner (5 $), dans cette petite devanture calme de style oriental. Les amateurs de protéines animales ne seront pas en reste, grâce aux délicieux chiche-kebabs (5-7 $). Plats 5-10 $. Buffet pour le déjeuner Ma-Ve 11h-14h. Ouvert Ma-Sa 11h-21h et Di. 12h-18h.

Mader's German Restaurant, 1037 N. Old World Third St. (© 271-3377), dans le centre-ville. L'une des adresses préférées des gens du cru. Les *schnitzels* (escalopes de veau) et *schaumtorte* (sorte de gâteaux à la bière) sont à la hauteur de leur prix. La décoration, marquée par une succession d'armures le long des différents couloirs, est supposée évoquer la Bavière de jadis. Plats à partir de 12 $. Ouvert Lu. 11h30-21h, Ma-Je 11h30-22h, Ve-Sa 11h30-23h et Di. 10h30-21h. Mieux vaut réserver.

King and I, 823 N. 2nd St. (② 276-4181). Ce restaurant, dont le nom fait référence à la comédie musicale *Le Roi et moi* (avec Deborah Kerr et Yul Brynner, voir aussi le récent remake *Anna et le roi*), sert une cuisine thaï dans un cadre élégant. Buffet à midi (6,50 $). Plats 9 $. Ouvert Lu-Ve 11h30-22h, Sa. 17h-23h et Di. 16h-21h.

◉ VISITES

BRASSERIES. Même si de nombreuses brasseries ont quitté Milwaukee, le nom de la ville évoque toujours la bière. Aucune visite ne serait complète si l'on n'allait voir comment celle-ci se fabrique. La ♥ **Miller Brewery** est une brasserie géante qui produit 43 millions de tonneaux de bière par an, dont la *Milwaukee's Best*. Elle propose des visites gratuites d'une heure avec trois dégustations au *biergarten*. (*4251 W. State St. ② 931-2337. 2 visites, voire 3 les jours d'affluence, par heure, Lu-Sa 11h-15h30, horaires d'hiver par téléphone. Les moins de 18 ans doivent être accompagnés d'un adulte. Carte d'identité exigée.*) **The Lakefront Brewery**, à côté de Pleasant St., produit à l'année cinq bières différentes et d'autres faites à partir des produits agricoles saisonniers, par exemple la *pumkin beer*, à la citrouille, ou la *cherry lager*, à la cerise. (*1872 N. Commerce St. ② 372-8800. Visites Ve. à 15h30, Sa. à 13h30, 14h30 et 15h30, et Di. à 12h30. 3 $ le gobelet en plastique, 5 $ la visite avec chope-souvenir.*) Une des brasseries maison les plus renommées de l'État, la **Sprecher Brewing**, se trouve à 8 km au nord de la ville sur la I-43, puis vers l'est sur Port Washington St. Vous y recevrez quatre échantillons après une heure de visite. (*701 W. Glendale St. ② 964-2739. Visites Lu-Ve toutes les heures 13h-16h, Sa. toutes les 30 mn 13h-15h. Entrée 2 $, gratuit pour les moins de 21 ans. Réservation obligatoire.*) La plupart des brasseries accordent des réductions à ceux qui ne boivent pas d'alcool.

MUSÉES. Plusieurs musées de choix enrichissent la ville. Récemment agrandi, l'impressionnant ♥ **Milwaukee Art Museum**, sur le front de lac dans le centre-ville, vaut le détour ne serait-ce que par son architecture novatrice. Le bâtiment est hérissé d'ailes mobiles semblables aux voiles d'un navire, qui permettent de contrôler la luminosité et la température de l'édifice. Y sont exposés de l'art haïtien et germanique du XIXᵉ siècle ainsi que des sculptures et des peintures américaines, notamment d'Andy Warhol. (*700 N. Art Museum Dr. ② 224-3200. Ouvert Ma-Me et Sa. 10h-17h, Je. 12h-21h et Ve. 10h-21h. 6 $ l'entrée, 4 $ pour les personnes âgées et les étudiants, gratuit pour les moins de 12 ans.*) Au **Milwaukee Public Museum**, à l'angle de la N. 8th St., un des premiers et des plus beaux musées d'histoire naturelle du pays, de nombreuses expositions étonneront les visiteurs : des ossements de dinosaures, la réplique d'une forêt subtropicale humide du Costa Rica et la reconstitution d'un village de la vieille Europe. (*800 W. Wells St. ② 278-2700 ou informations enregistrées au ② 278-2702. Ouvert tlj 9h-17h. Entrée 6,50 $, personnes âgées, étudiants munis de leur carte et 4-17 ans 4 $. Amphithéâtre IMAX 4 $. Parking.*) Le **Charles Allis Art Museum** abrite une très belle collection d'antiquités provenant notamment d'Asie du Sud-Est, dans un manoir à l'atmosphère étonnamment intime. (*1801 N. Prospect Ave., à l'angle de Royal Avenue, à 1 block au nord de Brady. ② 278-8295. Prenez les bus n° 30 ou n° 31. Ouvert Me-Di 13h-17h. Entrée 3 $, étudiants et personnes âgées 2 $, gratuit pour les enfants.*)

PARCS. Plus connu sous le nom de "The Domes", le **Mitchell Park Horticultural Conservatory**, au niveau de la 27th St., a reconstitué un désert et une forêt subtropicale humide, et présente des expositions saisonnières sous trois immenses dômes en verre. (*524 S. Layton Ave. ② 649-9830. Ouvert tlj 9h-17h. Entrée 4 $, 2,50 $ pour les personnes âgées, les étudiants et les 6-17 ans, gratuit pour les moins de 6 ans. Prenez le bus n° 10 à l'ouest jusqu'à la 27th St., puis le bus n° 27 vers le sud jusqu'à Layton.*) Les **Boerner Botanical Gardens**, dans le Whitenall Park, entre Grange St. et Rawsen St., dans les faubourgs de Hales Corners, sont recouverts d'un immense tapis de fleurs et accueillent des concerts le jeudi soir. (*5879 S. 92nd St. ② 425-1130. Ouvert mi-Avr-Oct, tlj 8h-19h. Parking 3,50 $.*) Les parcs du comté sont pour la plupart situés le long du lac et offrent plusieurs aires de repos gratuites, ainsi que des sentiers de randonnée.

AUTRES VISITES. Le nirvana des *bikers*, **Harley-Davidson,** propose une visite d'une heure qui entretiendra la flamme de votre dévotion pour ces montures légendaires. *(11700 W. Capitol Dr. © 342-4680. Visites Avr-Août Lu-Ve à 9h30, 11h et 13h, Déc-Mai Lu., Me., et Ve. à 9h30, 11h et 13h. Téléphonez avant de venir : les ateliers ferment parfois en été. Réservations exigées pour les groupes de plus de 6 personnes. Port de chaussures fermées obligatoire.)* Les patineurs sur glace font boucles et sauts au **Pettit National Ice Center,** à côté du champ de foire *(state fairgrounds).* Foyer de l'équipe nationale de patinage de vitesse, le Pettit comporte plusieurs pistes de patinage et de hockey. *(500 S. 84th St. © 266-0100. Téléphonez pour obtenir les horaires d'ouverture des pistes. Entrée 5 $, personnes âgées et enfants 4 $. Location de patins 2,50 $.)*

🎵 SPECTACLES ET ATTRACTIONS

Le **Marcus Center for the Performing Arts,** 929 N. Water St., un bâtiment moderne en pierre blanche en face du Père Marquette Park, de l'autre côté de la rivière, est le plus grand lieu de rassemblement artistique des environs, et abrite le **Milwaukee Symphony Orchestra,** le **Milwaukee Ballet** et la **Florentine Opera Company.** *(© 273-7121. Concerts de musique classique 17-52 $, spectacles de danse 13-62 $ et opéras 15-80 $. Billets demi-tarif pour le ballet et les concerts pour les étudiants et les personnes âgées qui se présentent le jour du spectacle.)* Tout l'été, le Peck Pavilion abrite le festival **Rainbow Summer,** qui propose des concerts gratuits à l'heure du déjeuner. Jazz ou *bluegrass* sont au programme. *(© 273-7121, Lu-Ve 12h-13h15.)* Le **Milwaukee Repertory Theater,** 108 East Wells St., présente des créations d'avant-garde, en plus d'un répertoire classique, de Sep. à Mai. *(© 224-1761. Billet 8-30 $. Les étudiants et personnes âgées arrivant une demi-heure avant le spectacle paient demi-tarif.)*

L'équipe de base-ball des **Milwaukee Brewers** joue au tout récent et convertible **Miller Park,** près de l'échangeur entre la I-94 et la Route 41 *(© 902-4000 ou 800-933-7890, possibilité de visiter : téléphonez pour vous tenir informé des horaires),* alors que les basketteurs des **Milwaukee Bucks** occupent le **Bradley Center,** 1001 N. 4th St., dans le centre-ville *(© 227-0500).*

La période estivale voit fleurir à Milwaukee une profusion de festivals gratuits et de concerts. Chaque soir, vous pouvez assister à un concert gratuit. Téléphonez au **Visitors Bureau** au *©* 273-7222 pour connaître le lieu et l'heure. Tous les jeudis d'été, **Cathedral Park Jazz** propose des concerts gratuits dans la **Cathedral Square Park** à East Town. Ils ont lieu sur N. Jackson St., entre Wells St. et Kilbourn St. *(© 272-0993).* Dans le Père Marquette Park, sur la partie des berges comprise entre State St. et Kilbourn St., **River Flicks** projette gratuitement des films tous les jeudis soir du mois d'août *(© 270-3560).*

Les habitants de Milwaukee investissent les rues longtemps à l'avance pour assister à la 💗 **Great Circus Parade** *(© 356-8341)* à la mi-juillet, une reconstitution des défilés de cirque du début du XXᵉ siècle avec des animaux dressés, des acrobates, des acteurs costumés et 65 chariots d'époque. **Summerfest,** le plus grand festival de la ville, dure plus de 11 jours de fin Juin à début Juil. Le train-train quotidien s'arrête alors, remplacé par un pot-pourri de concerts, de spécialités culinaires et d'objets artisanaux. *(© 273-3378 ou 800-273-3378 en dehors de Milwaukee. Entrée Lu-Je 9 $, Ve-Di 10 $.)* Début août, la **Wisconsin State Fair** a lieu sur le champ de foire. Concours de la meilleure tourte, courses, expositions et feux d'artifice s'enchaînent dans l'allégresse, sur pas moins de 12 sites *(© 266-7000 ou 800-884-3247, entrée 7 $, personnes âgées 5 $, enfants 7-11 ans 3 $).*

Des festivals "ethniques" se déroulent presque tous les week-ends d'été. Les plus populaires sont la **Polish Fest** *(© 529-2140)* et l'**Asian Moon** *(© 481-9829),* tous deux à la mi-juin, la **Festa Italiana** *(© 223-2193)* à la mi-juillet, **Bastille Days** *(© 271-7400),* autour du 14 juillet pour célébrer la fête nationale française, la **German Fest** *(© 464-9444)* fin juillet, l'**Irish Fest** *(© 476-3378)* à la mi-août, la **Mexican Fiesta** *(© 383-7066)* fin août, l'**Indian Summer Fest** *(© 774-7119)* début septembre et enfin l'**Arabian Fest** *(© 342-1120)* à la mi-septembre (L'entrée à la plupart des festivals coûte 7 $, gratuit pour les moins de 12 ans, d'autres sont gratuits mais font payer les repas.) Procurez-vous un exemplaire gratuit du magazine hebdomadaire *Downtown Edition* pour tout savoir sur les festivals et les autres événements.

▓ SORTIES

La nuit tombée, il y a toujours quelque chose à faire à Milwaukee. Il règne sur **Water St.**, entre Juneau Ave. et Highland Ave., une certaine animation nocturne avec plusieurs bars plutôt chic. A la limite de **North Ave.**, sur la rive est, à proximité du campus de l'université, il y a également des bars et des night-clubs regroupés autour du croisement avec **North Farwell St.** L'endroit qui bouge le plus est certainement **Brady St.**, qui s'étend d'est en ouest entre Farwell St. et le fleuve, et où s'alignent bars et cafés. Le **sud de la 2nd St.** est également très à la mode, pour ses boîtes éclectiques et ultratendance, qui comprennent des clubs *dance*, des bars à sports, des salons (*lounges*), et les meilleurs bars gay de la ville.

- ♥ **Safehouse**, 779 N. Front St. (② 271-2007), en face du Pabst Theater dans le centre-ville. Entrez vous réchauffer dans un monde d'espions, de musiques de *James Bond* et de boissons aux noms sulfureux comme "Rahab la courtisane". L'aventure commence par un briefing dans l'entrée avec Moneypenny. Votre mission, si vous l'acceptez, sera d'y passer un bon moment. 2,75 $ la bière pression, cocktails maison à partir de 5 $. Entrée 1-3 $. Ouvert Lu-Je 11h30-1h30, Ve-Sa 11h30-2h et Di. 16h-24h.

- **Hi-Hat**, 1701 Brady St. (② 225-9330), trois blocks à l'ouest de Farwell Ave. La boîte de jazz qui monte. Lu-Me swing, jazz et autres se succèdent au balcon tandis que, dans la salle en dessous, les oiseaux de nuit jazzophiles frémissent d'aise. Pas de frime, pas d'obligation vestimentaire, pas de droit d'entrée. Pour le moment. Le brunch du dimanche est très prisé des gens du coin. Bière 2-6 $. Ouvert tlj 16h-2h, Di. 10h-15h pour le brunch.

- **Nomad World Pub**, 1401 E. Brady St. (② 224-8111), en bas de la rue dans laquelle se trouve Hi-Hat. Ici, la télé ne diffuse que deux programmes : les matchs de l'équipe de football américain des *Green Bay Packers* et les rencontres de cricket. La loi de l'Etat du Wisconsin favorise le football américain, mais les nombreux expatriés préfèrent assister aux parties de cricket. Tout comme les clients, les bières sont, elles aussi, étrangères. Ouvert Di-Je 16h-2h et Ve-Sa 16h-2h30.

- **Von Trier**, 2235 N. Farwell Ave. (② 272-1775), près de Brady St. Allemand jusque dans les moindres détails, Von Trier est un bar à bières bondé, doté d'une agréable terrasse. Des sculptures sur bois élaborées, un bar imposant en chêne et des *steins* (chopes à bière en céramique d'une capacité d'un litre) posés sur les murs créent une ambiance idéale pour savourer des bières fortes. La maison propose une bière allemande arrosée de gin tout aussi allemand pour 5 $. A consommer avec modération ! Bière à partir de 2 $. Ouvert Di-Je 16h-2h et Ve-Sa 16h-2h30.

- **Lacage**, 801 S. 2nd Ave. (② 383-8330). Clientèle gay âgée de 20 à 30 ans, mais tout le monde est le bienvenu. Une foule bigarrée se retrouve en effet dans ce qui est le plus grand pub de la ville. DJ tous les soirs. Le vendredi et le samedi, la piste se divise en deux avec d'un côté les danseurs, de l'autre un spectacle de drag-queens. Pourquoi ne pas venir avec une perruque ? Entrée Me. 2 $, Je. 3 $, Ve-Sa 5 $. Ouvert Di-Je 21h-2h, Ve-Sa jusqu'à 2h30.

MADISON   ☎ 608

Les habitants de Madison appellent leur ville "l'isthme". Pour ceux qui auraient oublié leurs cours de géographie de primaire, il s'agit d'une langue étroite de terre reliant deux blocs de terre plus importants. En d'autres termes, c'est un emplacement bien peu commode pour construire une ville. Le développement de Madison est en grande partie dû au juge James Doty qui, en 1836, parvint à amadouer les législateurs pour qu'ils déplacent la capitale de l'Etat sur la petite bande de terre resserrée entre les lacs Menona et Mendota. Le siège du gouvernement de l'Etat

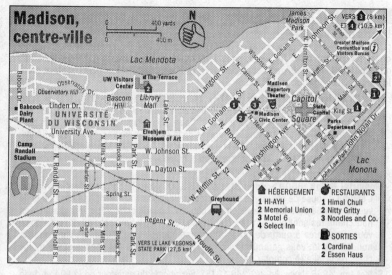

Madison, centre-ville

Lac Mendota

Observatory Hill
Observatory Dr.
Babcock Dr.
UW Visitors Center
The Terrace
Langton St.
Bascom Hill
Library Mall
Lake St.
Babcock Dairy Plant
Linden Dr.
UNIVERSITÉ DU WISCONSIN
University Ave.
Elvehjem Museum of Art
Camp Randall Stadium
W. Gorham St.
W. Johnson St.
N. Mills St.
N. Brooks St.
N. Park St.
W. Dayton St.
W. Mifflin St.
N. Bassett St.
Spring St.
Greyhound
Regent St.
S. Randall St.
S. Charter St.
S. Mills St.
S. Brooks St.
S. Park St.
Proudfit St.
VERS LE LAKE KEGONSA STATE PARK (27,5 km)

James Madison Park
N. Johnson St.
Wisconsin Ave.
E. Gorham St.
N. Carroll St.
N. Hamilton St.
E. Mifflin St.
N. Pinckney St.
VERS (8 km)
ET (10,5 km)
Greater Madison Convention and Visitors Bureau
Madison Repertory Theater
Capitol
State Capitol
King St.
Square
Madison Civic Center
W. Washington Ave.
W. Main St.
Henry St.
S. Broom St.
Parks Department
S. Hamilton St.
John Nolan Dr.
John Law Park
Lac Monona

HÉBERGEMENT
1 HI-AYH
2 Memorial Union
3 Motel 6
4 Select Inn

RESTAURANTS
1 Himal Chuli
2 Nitty Gritty
3 Noodles and Co.

SORTIES
1 Cardinal
2 Essen Haus

(*State Capitol*) et l'université sont ainsi construits a proximité l'un de l'autre, conférant à la ville une ambiance unique qui mêle la culture et la vivacité des étudiants au caractère solennel et austère du gouvernement du Middle West. Les deux lacs permettent à Madison d'offrir de nombreuses plages propices à la baignade et aux activités nautiques. Pour couronner le tout, les sentiers qui longent les rives sont parfaits pour courir ou faire du roller.

ORIENTATION

Les principaux centres d'intérêt de Madison se concentrent autour du State Capitol, siège du gouvernement de l'Etat, et de l'université du Wisconsin. L'artère piétonne **State St.**, qui relie ces deux institutions, est le cœur de la ville. Vous y trouverez un choix varié de restaurants, de magasins, de bars et discothèques. Les extrémités nord-est et sud-ouest de l'isthme regroupent des centres commerciaux, des chaînes de fast-food et de motels. Elles sont reliées par **Washington Ave.**, prolongement de la **US 151**, et axe majeur de la localité. Les autoroutes **I-90** et **I-94** fusionnent pour traverser la ville puis partent chacune d'un côté. La I-94 E. rejoint Milwaukee puis Chicago. La I-94 W. fait la jonction avec Minneapolis-Saint Paul. La I-90 E. mène tout droit à Chicago en passant par Rockford, dans l'Illinois. Quant à la I-90 W., elle se dirige vers Albert Lea, dans le Minnesotta.

INFORMATIONS PRATIQUES

Greyhound, 2 S. Bedford St. (© 257-3050), dessert Chicago (8 dép/j, durée 3-5h, 21-33 $) et Minneapolis (3 dép/j, durée 6h, 39-41 $). Les **Badger Bus** (© 255-6771) partent du même endroit à 22h. **Madison Metro Transit System**, 1101 E. Washington Ave. (© 266-4466), offre un service efficace de transports à travers la ville, le campus universitaire et les proches banlieues (1,50 $). Le **Greater Madison Convention and Visitors Bureau**, 615 E. Washington Ave. (© 255-2537 ou 800-373-6376), donne toute sorte de renseignements touristiques (ouvert Lu-Ve 8h-17h). **Internet : Madison Public Library** (bibliothèque municipale), 201 W. Mifflin St. (© 266-6300, ouvert Lu-Me 8h30-21h, Je-Ve 8h30-18h et Sa. 9h-17h). **Taxi : Union Cab**, © 242-2000. **Bureau de poste :** 3902 Milwaukee St., à l'angle de la Route 51 (© 246-1249, ouvert Lu. 7h30-19h, Ma-Ve 7h30-18h et Sa. 8h30-14h). **Code postal :** 53714.

⛏ HÉBERGEMENT

Le prix des chambres des nombreux motels situés le long de Washington Ave.
(US 151), près du croisement avec la I-90, démarrent à 40 $ en semaine et grimpent
de façon spectaculaire les week-ends. Du State Capitol, le bus A parcourt les 8 km
qui séparent les motels de Washington Ave. et le centre-ville. Les prix montent dans
le centre-ville : comptez environ 60 $.

Hostelling International-Madison (HI-AYH), 141 S. Butler St. (✆ 441-0144), près de State
St. Cette auberge récente bénéficie d'un emplacement idéal pour les voyageurs désireux
de faire des rencontres et de sortir le soir. Cadre accueillant et confortable, chambres
impeccables. Ouvert toute l'année. Horaires de la réception 8h-11h et 17h-21h. 24 lits,
34 entre juin et août. Cuisine, laverie, accès Internet. Dortoir 16 $, non-adhérents 19 $,
chambre privative 35 $, 38 $ pour les non-adhérents. Réductions pour les motards, les
familles et les groupes de cinq personnes ou plus.

Memorial Union, 800 Langdon St. (✆ 265-3000), sur le campus de l'université.
L'endroit dispose de chambres spacieuses et élégantes qui offrent à la fois une belle
vue sur la ville et le lac. Télévision par câble, air conditionné et parking gratuit. Les
huit chambres sont souvent réservées jusqu'à un an à l'avance, aussi renseignez-
vous. Chambres à partir de 60 $. Sans prétention, les **cafétérias de l'université**,
non loin de là, vous garantiront les repas les plus rapidement servis et les moins
chers de la ville (à compter de 5-8 $).

Select Inn, 4845 Hayes Rd. (✆ 249-1815), aux abords du carrefour de la I-94 et de la
US 151, propose de grandes chambres avec TV par câble, air conditionné et jacuzzi.
Chambre simple à partir de 42 $, chambre double à partir de 47 $, Sa-Di chambre simple
52 $, chambre double 57 $. Petit déjeuner continental compris.

Motel 6, 1754 Thierer Rd. (✆ 241-8101), derrière le restaurant Denny's, est une valeur sûre
avec air conditionné et TV par câble. Chambre simple à partir de 42 $, chambre double
à partir de 48 $.

Les **campeurs** peuvent se diriger vers le sud pendant 20 mn en empruntant la I-90
jusqu'à Stoughton, où le **Lake Kegonsa State Park**, 2405 Door Creek Rd. (✆ 873-9695),
possède des emplacements agréables situés sur un terrain boisé, à moins d'un kilomètre de la plage. Douches, toilettes. Emplacement 9 $, tarifs plus élevés le week-
end. Permis de parking 7 $ la journée.

🍽 RESTAURANTS

On trouve de bons restaurants un peu partout dans Madison, avec une plus forte
concentration du côté de l'université et du State Capitol. **State St.** comprend de
nombreux établissements bon marché, aussi bien franchisés que typiquement locaux.

Himal Chuli, 318 State St. (✆ 251-9225). Ce restaurant népalais a pignon sur rue dans
State St. On vous y proposera entre autres du *tarkari*, du *dal*, et du *bhat*. En clair :
des plats végétariens et de la soupe de lentilles (3 $). Plat de viande 8-10 $, ouvert
tlj 11h-20h.

Nitty Gritty, 223 N. Frances St. (✆ 251-2521), près de State St. Très fréquenté par les
étudiants, ce grill à l'ambiance décontractée célèbre chaque jour des dizaines d'anniver-
saires à grand renfort de ballons et de bière gratuite (uniquement pour la personne qui
prend un an de plus). Il est impératif de ne pas prévoir une belle tenue pour l'occasion.
Plat 3-7 $. Ouvert Lu-Je 11h-2h, Ve-Sa 11h-2h30 et Di. 17h-24h.

Noodles and Co., 232 State St. (✆ 257-6393), à l'angle de Johnson St., propose un large
éventail de plats de pâtes toutes succulentes et bon marché. Ici, les nouilles sautées au
pad thai voisinent avec le Stroganoff et les macaronis au fromage typiques du Wisconsin
(plat 3-6 $). Ouvert Lu-Je 11h-21h, Ve-Sa 11h-22h et Di. 12h-20h.

👁🎵 VISITES ET SPECTACLES

CENTRE-VILLE. Avec son statut de capitale de l'Etat et une vie universitaire florissante, l'isthme ne manque pas d'intérêt. Bâti dans un style Renaissance romaine, l'imposant **State Capitol** (Assemblée de l'Etat), dans Capitol Sq., en plein centre-ville, arbore de magnifiques fresques sur ses plafonds. Il possède également l'unique dôme en granit des Etats-Unis. (© 266-0382. Ouvert tlj 6h-20h. Visites guidées gratuites. Départ au rez-de-chaussée devant le bureau d'information, Lu-Sa toutes les heures 9h-11h et 13h-15h, Di. 13h-15h.) Tous les samedis matin de fin Avr. à début Nov., le State Capitol accueille de nombreux visiteurs pour le marché fermier (*Farmers Market*) hebdomadaire qui, en quelques années, est devenu une des principales attractions de la région. Avec ses nombreux magasins de disques et de vêtements excentriques, il règne sur **State St.**, seule allée piétonnière de Madison, une atmosphère typique de fac américaine. Le **Madison Civic Center**, 211 State St., accueille de nombreux spectacles et expositions dans le Oscar Mayer Theatre, en particulier le **Madison Symphony Orchestra** (© 257-3734. Billets à partir de 20 $. Guichet ouvert Lu-Ve 11h-17h30 et Sa. 11h-14h. La saison s'étend de fin août à mai.) L'édifice accueille aussi les expositions temporaires d'art moderne du **Madison Art Center** (© 257-0158. Ouvert Ma-Je 11h-17h, Ve. 11h-21h, Sa. 10h-21h et Di. 13h-17h. Gratuit.) Le **Madison Repertory Theatre**, situé lui aussi dans le *Civic Center*, propose de la musique et des pièces de théâtre classiques ou contemporaines (© 266-9055, les heures des spectacles varient, billets 6,50-22 $). Les étudiants de l'**université du Wisconsin (UW)**, à l'extrémité sud-ouest de State St., passent une bonne partie de leur temps sur **Union Terrace**. Le week-end, en été, des concerts gratuits se déroulent sur cette rive du magnifique lac, et l'hiver, la fête se poursuit, mais à l'intérieur.

UNIVERSITÉ DU WISCONSIN. L'université compte quelques musées de qualité. L'un des plus réputés de l'Etat est le musée d'art **Elvehjem Museum of Art** (prononcez *ELvi-hem*). Il détient une collection remarquable de pièces de monnaie et de vase de la Grèce antique, plusieurs galeries de peinture américaine et européenne et des objets décoratifs datant de 2300 av. J.-C. (800 University Ave. © 263-2246. Ouvert Ma-Ve 9h-17h et Sa-Di 11h-17h. Entrée gratuite.) L'université produit également sa propre marque de glaces, Babcock, à l'usine **Babcock Dairy Plant**. Une plate-forme d'observation permet aux visiteurs d'assister à la préparation de leur parfum favori. (1605 Linden Dr., près de Charter St. et d'Observatory Dr. © 262-3045. Magasin ouvert Lu-Ve 9h30-17h30 et Sa. 10h-13h30.) Faisant également partie de l'université, les jardins **Olbrich Botanical Gardens** et le **Bolz Conservatory** abritent un nombre incalculable de plantes. Dans la serre, des oiseaux volent librement au-dessus des cascades et des plantes tropicales. (3330 Atwood Ave. © 246-4550. Les jardins sont ouverts tlj 8h-20h. Sep-Mai Lu-Sa 10h-16h et Di. 13h-17h. Gratuit. La serre est ouverte Lu-Sa 10h-16h et Di. 10h-17h. Entrée 1 $, gratuit Me. et Sa. 10h-12h, ainsi que pour les moins de 5 ans.) Les botanistes apprécieront le **University Arboretum**, sur la I-94, avec sa boucle de près de 10 km qui encercle un site protégé de 480 ha. (1207 Seminole Hwy. © 263-7888. Ouvert Lu-Sa 7h-22h et Di. 10h-22h.) Vous obtiendrez de plus amples informations sur les attractions de l'université au **UW Visitors Center**, à l'angle d'Observatory Dr. et de N. Park St., à l'ouest du Memorial Union.

EN DEHORS DE LA VILLE. Les plus beaux sites de Madison sont assez éloignés de l'isthme. A 45 mn à l'ouest de la ville, au niveau de la US 14, se trouve la **House on the Rock**, une maison de plusieurs étages à la forme très particulière construite sur une colonne de rochers. Ce complexe de 16 ha rassemble des jardins, la maison dont les pièces sont recouvertes de moquette à longues mèches du sol au plafond et le plus grand manège du monde, composé de 269 animaux dont pas un n'est un cheval. (5754 Route 23, dans Spring Green. © 935-3639. Ouvert tlj 9h-19h. Entrée 19,50 $, enfants 7-12 ans 11,50 $, 4-6 ans 5,50 $.) A 15 km au nord de cette maison dans les rochers, vous pouvez visiter **Taliesin**, demeure et école construites par le célèbre Frank Lloyd

Wright, sur la Route 23, dans Spring Green, au milieu d'hectares de prairies. Renseignez-vous auprès du **Visitors Center** à propos des visites guidées. *(Route 23, à l'angle de la Route C. ℰ 588-7900. Ouvert Mai-Oct tlj 8h30-17h30. Prix variables. Téléphonez pour connaître les horaires et les tarifs.)*

BARABOO, CAPITALE DE L'ÉTRANGE Le plus

grand chapiteau du monde est à Baraboo, dans le Wisconsin. Et à demeure. A 32 km au nord-ouest de Madison, le long de la rivière Baraboo, une portion de berge a été consacrée par la State Historical Society à la célébration de l'endroit où le célèbre **cirque des frères Ringling** prenait jadis ses quartiers d'hiver. Le **Circus World Museum**, à Baraboo, organise toute une série d'événements : spectacles sous le chapiteau, parades dans les rues, etc. *(426 Water St., ℰ 356-8341. Ouvert en été tlj 9h-18h ; mi-Juil-mi-Août 9h-21h. Grande parade à 11h, 15h30, et 19h30. Entrée 15 $, personnes âgées 13 $, enfants 5-11 ans 8 $.)* Si la vision de chevaux empanachés vous fait bâiller, sachez que Baraboo n'a pas que cela à vous offrir. Le **fantastique jardin de sculptures du Dr. Evermore** se trouve juste au sud de Baraboo par la Route 12. Là, des vestiges de l'ère industrielle trouvent une seconde jeunesse sous le feu du chalumeau du bon docteur. L'œuvre principale est une imposante et extravagante structure, à la fois palais et fusée, inscrite au livre *Guinness des records* comme étant la plus grosse sculpture faite d'objets de récupération du monde.

▲ ACTIVITÉS DE PLEIN AIR

Les nombreux parcs et rivages de Madison offrent un large éventail d'activités de plein air. Il existe 13 magnifiques **plages** municipales, idéales pour la baignade ou les balades au bord des deux lacs (appelez le ℰ 266-4711 pour en savoir plus). Le **vélo** est sans doute le meilleur moyen de découvrir l'isthme et les parcs environnants. **Budget Bicycle Center**, 1230 Regent St. (ℰ 251-8413) loue tous types de moyens de locomotion à deux roues (7-15 $ la journée). Pour un pique-nique ou une balade réussie, rendez-vous au **Picnic Point**. Accessible par une petite marche depuis University Bay Dr., ce lieu offre de belles vues sur le campus. Pour en savoir plus sur les autres parcs urbains, adressez-vous au **Parks Department**, 215 Martin Luther King Jr. Blvd., dans le bâtiment municipal de Madison. (ℰ 266-4711. Bureau ouvert Lu-Ve 8h-16h15. Parc ouvert tlj de 4h à la tombée de la nuit. Entrée gratuite dans tous les parcs de Madison.)

▣ SORTIES

Alimentée par la présence de quelque 40 000 étudiants, la vie nocturne de Madison est aussi animée qu'éclectique. Des bars et des boîtes parsèment l'isthme, en particulier le long de **State St.** et de la **US 151**.

Essen Haus, 514 E. Wilson St. (ℰ 255-4674), au niveau de la US 151. Ce bar et grill allemand animé accueille des orchestres de polka et une clientèle turbulente coiffée d'énormes chapeaux. Incroyable choix de bières (à partir de 1,50 $). Ouvert Ma-Je 15h-2h, Ve-Sa 15h-2h30 et Di. 15h-23h.

Cardinal, 418 E. Wilson St. (ℰ 251-0080), près de Essen Haus. Salsa cubaine et autres soirées à thème viennent pimenter la vie nocturne de Madison. Renommé pour son public aussi varié qu'original, le Cardinal est le club *dance* le plus animé de toute la ville. Entrée 4-5 $, horaire variable (téléphonez à l'avance). Habituellement ouvert Di-Je jusqu'à 2h, Ve-Sa jusqu'à 2h30.

Rainbow Room, 131 W. Main St. (ℰ 251-5838), près du State Capitol. Le Rainbow est le lieu de prédilection de la communauté gay de Madison. Des strip-teaseurs s'y produisent le jeudi soir. DJ ou concerts le week-end. Entrée gratuite. Ouvert Di-Je 10h-2h et Ve-Sa 10h-2h30.

DOOR COUNTY ☎ 920

Avec sa côte de 400 km de long, ses dix phares, son rivage rocheux, ses plages de sable fin, la région de Door County a tout d'un littoral océanique. L'aspect même du lac Michigan, dont les vagues viennent s'abattre contre les falaises battues par les vents de la côte est, renforce cette impression. Dotée de vergers de pommes et de cerises ainsi que de très beaux paysages que l'on peut parcourir à vélo, Door County attire pendant toute la saison estivale de nombreux vacanciers venus de tout le Midwest. En dépit de son indéniable succès en tant que destination touristique, le Door est parvenu a ne pas tomber dans le clinquant mercantilisme qui dépare tant d'autres sites de villégiature. Il est donc conseillé de réserver, et pas seulement dans les hôtels, avant de vous rendre dans un des 12 villages de la région, particulièrement les week-ends et en juillet-août. Dans cette région, les températures, même en juillet, peuvent chuter jusqu'à 6 °C la nuit. Habillez-vous en conséquence.

■▪▌ ORIENTATION ET INFORMATIONS PRATIQUES

Le Door County commence au nord de **Sturgeon Bay**, où les Routes 42 et 57 convergent puis se séparent à nouveau, la Route 57 longeant la côte est de la péninsule, la Route 42 la côte ouest. La côte occidentale de la péninsule, qui borde Green Bay, offre des températures plus agréables et une ambiance plus "bohème". Elle est aussi plus chère. La côte orientale, plus froide et meilleur marché, comprend la majeure partie du parc de la péninsule. Dans le sens sud/nord, situées le long de la Route 42, **Egg Harbor**, **Fish Creek**, **Sister Bay**, **Ephraim** et **Ellison Bay** sont les plus grandes villes du comté. Les transports en commun s'arrêtent à **Green Bay**, à 80 km au sud-est de Sturgeon Bay. **Greyhound** a une station au 800 Cedar St. (℃ 432-4883. Ouvert Lu-Ve 6h30-17h, Sa-Di 6h30-6h50, 10h-12h et 15h30-17h10.) 3 dép/j pour Milwaukee, 20 $. Reservez votre billet au moins 24h avant le départ. L'**office de tourisme** (**Door County Chamber of Commerce**), 6443 Green Bay Rd. (℃ 743-4456 ou 800-527-3529), sur la Route 42/57 à l'entrée de Sturgeon Bay, vous conseillera sur les visites à faire dans la région (ouvert Avr-Oct Lu-Ve 8h30-17h, Sa-Di 10h-16h, Nov-Mars Lu-Ve 8h30-16h30). **Bureau de poste** : 359 Louisiana St., à l'angle de la 4th St., à Sturgeon Bay (℃ 743-2681, ouvert Lu-Ve 8h30-17h et Sa. 9h30-12h). **Code postal** : 54235.

▐ HÉBERGEMENT ET CAMPING

Les complexes hôteliers et les motels rustiques, tous très chers (60 $ et même plus en été), sont légion le long des Routes 42 et 57. En juillet-août, réservez le plus tôt possible. Le **Century Farm Motel**, 10068 sur la Route 57, à 5 km au sud de Sister Bay, possède des bungalows de deux petites pièces (construits des propres mains du grand-père du propriétaire dans les années 1920, et toujours solides) avec air conditionné, TV, salle de bains privative et réfrigérateur. (℃ 854-4069. Bungalow 45-60 $, ouvert de mi-Mai à mi-Oct.) Un millier de poupées Barbie, 600 mannequins articulés, 35 voitures et une foule de nains de jardin vous accueillent au **Chal-A Motel**, 3910 Route 42/57, à 5 km au nord du pont de Sturgeon Bay. Les chambres y sont spacieuses et accueillantes. (℃ 743-6788. Juil-Août chambre simple 49 $, chambre double 59 $. Nov-mi-Mai 29 $ la chambre simple, 34 $ la chambre double. Mi-Mai-Juin 34 $ la chambre simple, 39 $ la chambre double.) Le **Luil-Abi Motel**, 7928 Egg Harbor Rd. (Route 42) dans Egg Harbor, est pratique et sans prétentions. Les clients sont installés dans des chambres spacieuses, ont accès à un patio et à un jacuzzi couvert et se voient offrir le café. (℃ 868-3135. Ouvert de Mai à mi-Oct. Chambre double 50-84 $, selon la saison. Suite équipée d'un minibar avec boissons alcoolisées et réfrigérateur 62-95 $.) A l'exception du **Whitefish Dunes State Park**, tous les **parcs d'Etat** de la région disposent de terrains de camping (10 $ l'emplacement, Ve-Sa 12 $). Un permis véhicule est obligatoire (7 $ la journée, 25 $ l'année, 3 $ l'heure). Le **Peninsula State Park**, à côté du village de Fish Creek sur la Route 42, dispose du plus grand terrain de camping, de 30 km de rivage, et offre un panorama spectaculaire depuis l'Eagle Tower ainsi que 27 km de sentiers de randonnée. (℃ 868-3258. 469 emplacements avec douches et toilettes. Terrain de golf.) Réservez longtemps à l'avance (6 mois) ou inscrivez-vous en personne sur la liste d'attente pour l'un des 70 sites "sans réservation". Relativement peu fréquenté, le **Potawatomi State Park**, 3740 Park Dr., à Sturgeon Bay, juste à la sortie de la ville, non loin de la Route 42/57, juste avant le pont, propose 125 emplacements dont 19 ne nécessitent pas de réservation (© 746-2890). Le **Newport State Park** est un parc naturel protégé situé à la pointe de la péninsule, à 12 km d'Ellison Bay sur la Route 42. Bien que les véhicules soient autorisés, les emplacements ne sont accessibles qu'à pied (© 854-2500, 16 emplacements, 3 sans réservation). Le site intact du **Rock Island State Park** dispose de 40 emplacements isolés sur Washington Island (© 847-2235. Ouvert mi-Avr-mi-Nov).

⬛ RESTAURANTS ET BARS

Beaucoup de gens viennent au Door County simplement pour goûter le **fishboil**, qu'affectionnaient au XIXᵉ siècle les bûcherons d'origine scandinave. La recette est surprenante : des pommes de terre, des oignons et du *whitefish* (poisson à chair blanche) sont jetés dans une marmite placée au-dessus d'un feu de bois. Pour retirer l'huile qui recouvre le bouillon, le chef renverse, à l'instant propice, de l'essence sur le feu. Il en résulte une énorme boule de flammes qui fait déborder le chaudron. On laisse ensuite mijoter quelque temps encore. Ce qui sort de ce chaudron du diable surprendra agréablement les amateurs de poisson. On termine généralement le repas par une tourte à la cerise, autre spécialité confectionnée à partir des fameuses cerises de la péninsule de Door. Les meilleurs *fishboils* du comté sont préparés par **The Viking Grill**, à Ellison Bay. (© 854-2998, de mi-Mai à Oct. toutes les 30 mn 16h30-20h, 13,25 $ le *fishboil*, 9,75 $ pour les moins de 12 ans, ouvert 6h-22h.)

Les spécialités de Door ne se résument pas au *fishboil*. Le **White Gull Inn**, 4225 Main St. à Fish Creek, est le meilleur endroit où prendre un petit-déjeuner dans la péninsule, et vous y fondrez pour les délicieux pains perdus fourrés à la cerise (6 $), servis dans le cadre d'une coquette auberge campagnarde (© 868-3517. Ouvert tlj 7h30-21h. Déjeuner à partir de 6 $, dîner à partir de 18 $. Réservation exigée pour dîner.) **Al Johnson's Swedish Restaurant**, 700-710 Bayshore Dr., au centre de Sister Bay, sur la Route 42, sert de l'excellente cuisine suédoise (plats à partir de 9 $), même si le patron se croit obligé, pour l'imagerie populaire, de faire brouter ses chèvres sur le toit couvert d'herbe du restaurant. (© 854-2626. Ouvert tlj 6h-21h, en hiver 7h-20h.) La ♥ **Bayside Tavern**, sur la Route 42 à Fish Creek, propose un chili "mondialement célèbre" (*Bob's World Famous*, 4 $). Le soir, ce restaurant se transforme en bar plein à craquer où l'on donne des concerts les lundi et samedi (entrée 6 $), et où la scène est ouverte au public le jeudi (© 868-3441, ouvert Di-Je 11h-2h et Ve-Sa 11h-2h30).

Participez au jeu préféré des clients du **Husby's Food & Spirits**, sur la Route 42, à l'entrée de Sister Bay par le sud, qui consiste à lancer des dollars au plafond. Grand choix de bières (incluant des imports à partir de 2,50 $), et un menu allant des plats mexicains aux poissons frits. (© 854-2624. Ouvert Lu-Je 11h-2h, Ve-Sa 11h-2h30 et Di. 9h-2h.) Il vous suffira de traverser la rue pour vous rendre au **Sister Bay Bowl and Supper Club**. A la vue des généreuses portions de poulet, des plats de poissons, des sandwichs et du bowling à six pistes, vous comprendrez pourquoi l'endroit est particulièrement prisé de la population locale. (© 854-2841. Ouvert tlj 11h30-14h et 17h-22h, en hiver 11h30-14h et 17h-19h. Plats à partir de 5 $, bowling à partir de 3 $.)

⬛ VISITES

La plupart des sites de Door County's sont situés sur la côte ouest, la plus fréquentée. Au bas de la péninsule, Sturgeon Bay abrite l'étonnant **Door County Maritime Museum**, 120 N. Madison St. dans le centre-ville. Ce musée vous relate l'histoire de la construction navale et du transport maritime dans la région à l'aide de navires anciens et d'expositions interactives. (© 743-5958. Ouvert Mai-Oct tlj 9h-18h, Nov-Avr 10h-17h. Entrée 3 $.) Tout près, le **Door County Historical Museum**, à l'angle de la 4th Ave. et de

Michigan St., explique l'origine de quelques-unes des traditions de la région comme le *fishboil*, les vergers de cerisiers et l'industrie de la pêche (© 743-5809. Ouvert Mai-Oct, tlj 10h-16h30. Don suggéré 2 $).

Déjà primée, la **Door Peninsula Winery**, 5806 Route 42, à Sturgeon Bay, vous convie à goûter l'un des 30 vins de fruits de la région. (© 743-7431 ou 800-551-5049. Visites et dégustations de 15 à 20 mn, en été tlj 9h-18h. Hors saison 9h-17h.) La pièce de théâtre qui bat tous les records de Door County, *Lumberjacks in Love*, est jouée dans le parc pendant l'**American Folklore Theatre** (© 869-2329, 11 $, 13-19 ans 6,50 $, 6-12 ans 3,50 $). Au nord du Peninsula State Park, sur la Route 42, entre Fish Creek et Ephraim, vous pourrez voir deux films, confortablement installé dans votre voiture et pour une somme modique, au fabuleux ♥ **Skyway Drive-In**. (© 854-9938. Double projection habituelle 6 $, enfants 6-11 ans 3 $. Téléphonez pour obtenir le programme des séances.)

La ville portuaire de **Green Bay**, située à 80 km au sud de Sturgeon Bay, au pied de la péninsule de Door, abrite l'équipe de football américain des Green Bay Packers. A moins que vous ne connaissiez l'un de ses membres, sachez qu'il est très difficile d'obtenir des billets pour les matchs. Vous pouvez vous consoler en visitant le stade et le musée voisin. (© 496-5719. Billets 32-39 $.) Le **Packer Hall of Fame**, 855 Lombardi Ave., en face du stade, est le temple dédié à cette équipe et des milliers de fidèles viennent chaque année rendre hommage à leurs héros. Le "Hall" organise aussi une visite du stade. (© 499-4281. Ouvert tlj 9h-17h. Visites du stade de Lambeau Field Juin-Août uniquement, durée 1h30, 8 $, moins de 15 ans 5,50 $.)

▨ ACTIVITÉS DE PLEIN AIR

EAST SIDE

Le vélo est le meilleur moyen d'apprécier les 400 km de côte de Door County. Demandez une carte de randonnée à vélo gratuite dans les offices de tourisme. **Whitefish Dunes State Park**, non loin de la Route 57, est sillonné de sentiers pour randonneurs à vélo, à pied ou à ski, qui serpentent au milieu des dunes de sable fin. Le parc est une réserve naturelle (ouvert tlj 8h-20h, permis véhicule journalier de 7 $ nécessaire). Au nord, sur Cave Point Rd., près de la Route 57, le **Cave Point County Park** offre les plus beaux panoramas sur la côte accidentée de la péninsule (ouvert tlj 6h-21h, gratuit).

A 8 km au nord de Cave Point, dans la paisible bourgade de Jacksonport, le **Lakeside Town Park** déroule une large plage de sable au-delà de laquelle on trouve un parc ombragé et une aire de jeux (ouvert tlj 6h-21h, gratuit). Un autre haut lieu naturel de l'East Side s'étend à 5 km au nord, dans la tranquille **Baileys Harbor**. Là, les vagues et le vent ont façonné des kilomètres de dunes qui sinuent le long de la rive. Au **Ridges Sanctuary**, au nord de Baileys Harbor près de la Route Q, un très beau sentier mène à travers une trentaine des crêtes du parc, offrant un excellent point d'observation ornithologique et conduisant à une forêt boréale unique, à **Toft's Point** (© 839-2802, *Nature Center* ouvert tlj 9h-16h, entrée 2 $). Sur Ridges Rd., la plage de sable généralement peu fréquentée de **Baileys Harbor Ridges Beach**, attenante au Ridges Sanctuary, est idéale pour s'adonner aux plaisirs de la baignade en toute tranquillité. Juste après les corniches, à l'écart de la Route Q, le **Cana Island Lighthouse** émerge du lac. Ce phare, sans doute l'un des plus photographiés de la région, est accessible en empruntant l'étroite bande de sable qui se dégage à marée basse ou en pataugeant dans les eaux glaciales du lac à marée haute. (Accessible depuis Cana Island Rd., à côté de la Route Q. Pas de téléphone. Pas d'aménagements. Ouvert tlj 10h-17h. Entrée gratuite.)

WEST SIDE

Si la quantité d'attractions offertes par le West Side est plus réduite, celles-ci n'en valent pas moins le détour. Au **Peninsula State Park**, dans Fish Creek, les vacanciers louent des bateaux ou font du vélo sur la route qui longe le rivage sur 30 km. Dans le parc, **Nicolet Beach** est le lieu de rendez-vous des plaisanciers et des adeptes du bronzage. En haut des 110 marches de la **Eagle Tower**, à un peu plus de 1,5 km de la plage, vous apercevez par beau temps la berge opposée du lac Michigan, par-delà les eaux de Green Bay (ouvert tlj 6h-23h, permis véhicule exigé 3 $ l'heure). Pile en face de l'entrée du parc, **Nor Door Sport and Cyclery**, 4007 Route 42, loue toutes sortes de vélos et d'équipements de sports d'hiver (© 868-2275, à partir de 3 $ l'heure, de 10 $ la journée, skis de fond 9 $ la journée).

POW WOW On trouve, dans tout le Midwest, et de façon plus dispersée dans le reste du pays, des centaines de petites nations, communément appelées réserves indiennes. Nombre de clichés circulent sur les conditions de vie dans les réserves ainsi que sur les gens qui les habitent, et beaucoup d'Américains considèrent aujourd'hui celles-ci comme des foyers du jeu, où les casinos poussent comme des champignons. Au lieu de dépenser votre argent dans une maison de jeu, vous avez la possibilité de mettre à profit votre visite dans une réserve en participant à une fête dans le pur style *Native American* ("Indien authentique" pourrait-on dire). La plupart des réserves organisent deux Pow Wow par an et ces événements sont l'occasion d'un formidable mélange de fête et de rituel religieux, tant pour les participants que pour les spectateurs car, comme le déclarait un jeune danseur : "Le Pow Wow, c'est comme une famille." En général, ces festivités se déroulent lors d'un week-end et s'étalent sur quatre jours, pour un prix variant de 5 à 10 $, incluant le camping gratuit. Des camions préparent une cuisine savoureuse pour un prix dérisoire. A des prix tout aussi bas, vous pouvez aussi acheter des objets artisanaux. Pour plus de renseignements sur la réserve **Menominee**, à Keshena, appelez le © 715-799-3341. Pour connaître les programmes des autres réserves, vous pouvez soit passer aux bureaux locaux des autorités tribales, soit appeler le numéro ci-dessus, soit vous procurer le journal de l'une des réserves ou encore le magazine international *Indian Country Today*.

APOSTLE ISLANDS   ☎ 715

Il y a quelques siècles, des trappeurs français, croyant dénombrer 12 îles sur cette partie du lac Supérieur, les baptisèrent immédiatement les îles des apôtres. 21 de ces îles au large du Wisconsin, ainsi que 20 km de côtes sur le continent, sont désormais protégées. Formés par les glaciers, ces îlots étaient autrefois le terrain d'une activité navale importante, à l'époque du commerce de la fourrure. Témoins de ce passé industriel glorieux, des phares se dressent encore sur six des îles. De nos jours, les vacanciers et randonneurs de tous niveau affluent pour visiter les cavernes, camper sur les falaises en grès et cueillir des baies sauvages.

▟ INFORMATIONS PRATIQUES. Toutes les excursions sur les îles des Apôtres partent de la tranquille ville de **Bayfield** (686 habitants), au nord-ouest du Wisconsin sur la côte du lac Supérieur. **Bay Area Rural Transit (BART)**, 300 Industrial Park Rd., à 34 km au sud par la Route 13 à Ashland (© 682-9664), propose une navette pour Bayfield (4 dép/j, Lu-Ve 7h-17h, 1,80 $ le trajet, 1,50 $ pour les étudiants, 1,10 $ pour les personnes âgées). L'**office de tourisme** (**Bayfield Chamber of Commerce**), 42 S. Broad St. (© 779-3335 ou 800-447-4094), est ouvert Lu-Sa 8h-17h et Di. 10h-14h. Le **National Lakeshore Headquarters Visitors Center**, 410 Washington Ave. (© 779-3398), informe sur les randonnées et les terrains de camping. En outre, il vend des **permis de camper** pour les îles (15 $ pour 2 semaines consécutives, ouvert tlj 8h-18h, mi-Sep-mi-Mai Me-Di 8h-16h30). Pour connaître les dernières **prévisions météorologiques** (le temps est très changeant), composez le © 682-8822. **Bureau de poste** de Bayfield : 22 S. Broad St. (© 779-5636. Ouvert Lu-Ve 9h-16h30 et Sa. 9h-11h). **Code postal** : 54814.

┏ HÉBERGEMENT. En été, les hébergements bon marché sont rares à Bayfield. Il est recommandé de réserver un mois à l'avance pour juillet et août. Vous disposez cependant du **Seagull Bay Motel**, sur la S. 7th St. à Bayfield, à proximité de la

Route 13, qui possède de grandes chambres propres (et non-fumeur) avec TV par câble et vue sur le lac (℗ 779-5558, chambre à partir de 65 $, 35 $ de mi-Oct à mi-Mai). **Lakeside Lodging**, au sud de la Route 13, propose des chambres avec entrée privative, salle de bains et patio. Le petit déjeuner continental est compris. (℗ 779-5545. Ouvert de mi-Mai à mi-Oct. Chambre 65 $. Réservation un mois à l'avance vivement conseillée pour l'été.) **Dalrymple Park**, à 400 m au nord de la ville sur la Route 13, dispose de 30 emplacements dans les pins près du lac (pas de douches, gestion libre, 12 $ l'emplacement, pas de réservation). **Apostle Islands Area Campground**, à 800 m au sud de Bayfield sur la County Road J, près de la Route 13, a des emplacements bien équipés dont quelques-uns donnent sur les îles. (℗ 779-5524. 13 $ l'emplacement, 17 $ avec raccordement, 22 $ avec raccordement, tout-à-l'égout et câble, 24 $ avec vue sur les îles. Réservation conseillée un mois à l'avance pour Juil-Août.) Si vous souhaitez loger dans une **pension de famille** ou *guest house* (à partir de 35 $), renseignez-vous auprès de l'office de tourisme (*Chamber of Commerce*).

◪ **RESTAURANTS. Maggie's**, 257 Manypenny Ave., prépare des hamburgers (6 $) et d'autres plats délicieux dans un cadre décoré de flamants roses, rappelant davantage les îles de Key West, en Floride, que celles des Apôtres (℗ 779-5641. Ouvert Di-Je 11h-22h et Ve-Sa 11h-23h). Pour explorer la cuisine locale et toutes les sortes de tartes qu'elle a à offrir, passez au **Gourmet Garage**, au sud de Bayfield sur la Route 13 (℗ 779-5365, ouvert tlj 9h-18h). Le **Greunke's Restaurant**, 17 Rittenhouse Ave., à l'angle de la 1st St., sert des petits déjeuners très consistants et pas chers du tout (4-6 $) et, le soir, le fameux *fishboil*. (℗ 779-5480. Ouvert Lu-Sa 6h-22h et Ve-Di 7h-21h30. *Fishboil* Me-Di 18h30-20h, 11 $, enfants 6 $.) **Egg Toss Cafe**, 41 Manypenny Ave., propose une grande variété de sandwichs et de petits déjeuners, servis dans un patio (℗ 779-5181, ouvert tlj 6h-14h). Offrez une cure à votre estomac au **Wild By Nature Market**, 100 Rittenhouse Ave., où de grandes allées de produits bio (en gros ou conditionnés pour une valeur de 4-5 $) vous attendent. (℗ 779-5075. Ouvert tlj 9h-18h.)

◑ ▥ **VISITES ET ACTIVITÉS DE PLEIN AIR.** Même si Bayfield et l'île de Madeline (voir plus loin) font de l'ombre aux 21 autres îles, ces dernières n'en possèdent pas moins un charme qui leur est propre. Les carrières de grès des îles Basswood et Hermit, ainsi que les camps abandonnés par les bûcherons et les pêcheurs sur certaines îles, rappellent la rude époque des pionniers. Les **phares** restaurés sur les îles Sand, Raspberry, Michigan, Outer et Devil offrent tous une vue spectaculaire sur le paysage environnant. Des **grottes marines**, creusées par l'action corrosive du vent et des eaux, ponctuent les rivages de plusieurs îles. Certaines, sur Devil's Island, sont même suffisamment grandes pour être visitées en bateau. Les trois heures de la croisière organisée par **Apostle Islands Cruise Service** permettent de visiter tous ces sites sans trop dépenser, comme c'est le cas avec d'autres compagnies. De fin Juin à début-Sep, la compagnie gère un service de ferrys qui vont d'île en île pour déposer campeurs et amateurs de phares. (℗ 779-3925 ou 800-323-7619. La croisière dans tous l'archipel part de Bayfield City Dock de mi-Mai à mi-Oct, tlj à 10h. 25 $, 14 $ pour les enfants.) La meilleure **plage** du continent est **Bay View Beach** qui se trouve au sud de Bayfield, le long de la Route 13, près de Sioux Flats. Cherchez un sentier à peine visible sur la gauche à 12 km de la ville. Vu la fraîcheur de l'eau, se **baigner** dans le lac Supérieur requiert une volonté peu commune. Pour vous déplacer hors des sentiers battus, à vélo ou en kayak, passez chez **Trek and Trail**, à l'angle de Rittenhouse et de Broad St. (℗ 800-354-8735. Vélo 5 $ l'heure, 20 $ la journée, location d'un kayak pour 4h 20 $, équipement compris. Avant de vous lancer, vous devrez suivre un cours de sécurité, 50 $.)

Bayfield n'est pas seulement le point de départ pour les îles, c'est également une ville qui produit d'excellentes pommes. Le premier week-end "entier" d'octobre se tient l'**Apple Festival**, dont les foires de rue attirent jusqu'à 40 000 visiteurs. Allez cueillir des pommes dans les vergers de la **Bayfield Apple Company**, sur County J, près du carrefour de Betzold Rd., à moins que vous ne jetiez votre dévolu sur leurs délicieuses confitures (℗ 779-5700 ou 800-363-4526, ouvert Mai-Janv tlj 9h-18h).

MADELINE ISLAND 🖹 715

Il y a quelques siècles de cela, la tribu Ojibwe venant de l'Atlantique débarquait sur Madeline Island à la recherche de la *megis shell*, une lumière dans le ciel qui était censée apporter prospérité et santé. Aujourd'hui, l'île a gardé sa simplicité et des milliers de vacanciers viennent s'y ressourcer et apprécier ses plages dorées et propres.

Le **Madeline Island Motel**, sur Col. Woods Ave., en face du débarcadère des ferrys, dispose de patios privatifs, ainsi que de chambres propres portant chacune le nom d'un personnage lié à l'histoire de l'île. (✆ 747-3000. De mi-Juin à Sep., chambre double 95 $, Oct-Mai 60 $.) Les hôtels sont rapidement complets en été, aussi faites vos réservations bien à l'avance. Madeline Island a deux terrains de camping. **Big Bay Town Park**, à 10 km de La Pointe près de Big Bay Rd., est situé à proximité de Big Bay Lagoon (✆ 747-6913, 10 $ l'emplacement, 13 $ avec électricité, pas de réservation). De l'autre côté de la lagune, **Big Bay State Park** loue 55 emplacements rudimentaires. (✆ 747-6425, bureau à Bayfield : ✆ 779-4020, réservations au ✆ 888-475-3386, emplacement 10-12 $, permis véhicule 7 $ la journée, frais de réservation 4 $.) Laissez-vous rassasier par la bonne et saine cuisine de **Tom's Burned Down Cafe**, 1 Middle Rd., même s'il ne s'agit que d'un bar amélioré avec terrasse. Sur le mur, vous trouverez les réponses aux nombreuses questions que vous vous posez : "1.Oui, il y a eu un incendie, 10 ans auparavant" et "2. Le store se lève au printemps et redescend à l'automne". (✆ 747-6100. Ouvert tlj 10h-2h. Sandwich 7 $, pizza 9 $.)

Madeline Island n'est traversée que par cinq rues, aussi est-il facile d'y circuler. L'**office de tourisme** (**Madeline Island Chamber of Commerce**) (✆ 747-2801 ou 888-475-3386), sur Middle Rd., peut vous renseigner (ouvert Lu-Sa 8h-16h). Les ferrys de la **Madeline Island Ferry Line** (✆ 747-2051 ou 747-6801) font la navette entre Bayfield et La Pointe, sur Madeline Island. (20 mn de traversée. En été, départ tlj toutes les 30 mn 9h30-18h, toutes les heures 6h30-9h30 et 18h-23h. 4 $. 2 $ pour les 6-11 ans. 1,75 $ par vélo, 9,25 $ par voiture, conducteur non compris. Mars-Juin et Sep-Déc, les ferrys sont moins fréquents et les prix chutent.) En hiver, une route est dégagée sur la glace et la compagnie de ferrys propose des traversées en **traîneaux à voile**. A La Pointe, vous pouvez louer un vélomoteur chez **Motion to Go**, 102 Lake View Pl., à un block de l'embarcadère des ferrys. (✆ 747-6585. 17,50 $ l'heure, 65 $ la journée, pour un VTT 7 $ l'heure, 26 $ la journée. Ouvert Juil-Août, tlj 8h-20h ; Mai-Juin 8h30-19h, Sep-mi-Oct 9h-19h.) Le **bureau de poste** de La Pointe (✆ 747-3712), est juste à côté de l'embarcadère (ouvert Lu-Ve 9h-16h20, Sa. 9h30-12h50). **Code postal** : 54850.

MINNESOTA

Au XIXe siècle, des immigrants venus d'Allemagne et de Scandinavie forcèrent les tribus indigènes à leur céder les terres fertiles qui forment aujourd'hui l'Etat du Minnesota. Ces pionniers développèrent une importante activité commerciale au sud de l'Etat, conservant ainsi au nord son aspect sauvage. Avec de vastes étendues de forêts et 14 000 lacs, cette partie du Minnesota réjouira les visiteurs qui ont gardé une âme de trappeur. Les efforts qui ont été faits pour préserver ces beautés naturelles ont permis au public d'acquérir une conscience accrue du patrimoine naturel du Minnesota, et de redécouvrir la culture des Ojibwe, toujours présents dans la région.

🛈 INFORMATIONS PRATIQUES

Capitale : Saint Paul.

Informations touristiques : **Minnesota Office of Tourism**, 100 Metro Sq., 121 7th Pl. E., Saint Paul 55101. (✆ 800-657-3700. www.exploreminnesota.com). Ouvert Lu-Ve 8h-17h.

Fuseau horaire : Heure des Prairies (7 heures de moins que l'heure de Paris).

Abréviation postale : MN. **Taxe locale** : 6,5 %.

MINNEAPOLIS
ET SAINT PAUL   ☏ 612

Enfant de la région, Garrison Keillor écrivit un jour que "la différence entre Saint Paul et Minneapolis était la même qu'entre un pain de seigle et un pain d'épice". Dotée d'un vieux fonds catholique irlandais, Saint Paul, autrefois connue pour ses entrepôts de bateaux à vapeur et aujourd'hui pour sa cathédrale et son capitole, fait figure d'enfant sage comparée à Minneapolis la Scandinave, avec ses gratte-ciel et sa vie nocturne agⁱ⁺ée. La ville a vu naître quelques grands noms de la scène rock dont Prince et Soul Asylum. Que de chemin parcouru depuis l'époque de ses scieries et de ses minoteries. Malgré ces divergences, les *twins cities* (villes jumelles) partagent un même amour du théâtre et des arts, qui rendent l'agglomération dans son ensemble extrêmement dynamique et agréable à vivre.

⬛ TRANSPORTS

Le centre-ville de Minneapolis se trouve à environ 16 km de l'ouest du centre-ville de Saint Paul, via la **I-94**. La **I-35** (voie rapide nord/sud) se divise en deux, la **I-35 W.** desservant Minneapolis et la **I-35 E.** Saint Paul. La **I-494** mène à l'aéroport et au Mall of America, alors que la **I-394** conduit au centre-ville de Minneapolis depuis les faubourgs ouest.

Avion : Twin Cities International Airport, à 15 mn au sud des deux villes sur la Route 5 (✆ 726-5555), à l'angle de la I-494 à Bloomington. Pour Minneapolis, prenez le bus n° 7 jusqu'à Washington Ave. Pour Saint Paul, prenez le bus n° 54. Les navettes d'**Airport Express** (✆ 827-7777) vous déposent dans le centre-ville et devant certains hôtels, toutes les 30 mn environ. Elles fonctionnent de 6h à 24h. 10 $ pour Saint Paul, 13 $ pour Minneapolis.

Train : Amtrak, 730 Transfer Rd. (✆ 651-644-1127 ou 800-872-7245), sur la rive est près de University Ave. S.E., entre les deux villes. Depuis la gare, le bus n° 7 va à Saint Paul tandis que le n° 16 relie les deux centres-villes. Trains pour **Chicago** (1 dép/j, durée 8h, 58-101 $) et **Milwaukee** (1 dép/j, durée 6h, 51-93 $). Ouvert tlj 6h30-23h30.

Bus : Greyhound : à Minneapolis, 590 Hawthorne Ave. (✆ 371-3325), au niveau de la 9th St. N., dans le centre-ville. A Saint Paul, 166 W. University Ave. (✆ 651-222-0507), à deux blocks à l'ouest du State Capitol. Bus pour **Chicago** (11 dép/j, durée 9-12h, 49-52 $) et **Milwaukee** (8 dép/j, durée 6-9h, 44-47 $). Les deux lignes sont au départ des gares de Minneapolis et de Saint Paul. Gare de Minneapolis ouverte tlj 5h30-1h. Gare de Saint Paul ouverte tlj 6h15-21h.

Transports en commun : Metropolitan Transit Commission, 560 6th Ave. N. (✆ 373-3333). Les principales lignes arrêtent pour majorité le service à 0h45, mais certains bus circulent 24h/24. Tarif 1,75 $ aux heures de pointe (Lu-Ve 6h-9h et 15h30-18h30), 1,25 $ autrement. Réduction de 50 ¢ pour les 6-12 ans et les personnes âgées, handicapés 75 ¢. Supplément de 50 ¢ pour l'express, en dehors des heures de pointe. Le bus n° 16 relie les deux centre-ville 24h/24 (trajet 50 mn). L'express n° 94 (b, c ou d) est plus rapide (30 mn).

Taxi : Yellow Taxi, ✆ 824-4444 à Minneapolis, ✆ 651-222-4433 à Saint Paul.

⬛⬛ ORIENTATION ET INFORMATIONS PRATIQUES

Les rues à sens unique abondent dans les deux centres-villes et le quadrillage des rues tend à s'incurver, ce qui rend l'orientation selon les points cardinaux plus difficile que dans la plupart des villes américaines. Nous vous recommandons d'acheter un plan, et de vous montrer attentif.

Informations touristiques : Minneapolis Convention and Visitors Association, 40 S. 7th St. (✆ 661-4700), près de Hennepin Ave., dans le centre commercial City Center Skyway (ouvert Lu-Ve 10h-19h, Sa. 10h-18h et Di. 12h-18h). **St. Paul Convention and Visitors Bureau**, 175 W. Kellogg Blvd., Suite 502 (© 800-627-6101), dans le RiverCenter. Ouvert Lu-Ve 8h30-17h.

Assistance téléphonique : Crisis Line, © 340-5400. 24h/24. **Rape/Sexual Assault Line** (SOS Viol et agression sexuelle), © 825-4357. 24h/24. **Gay-Lesbian Helpline** : © 822-8661 ou 800-800-0907. Lu-Ve 12h-24h et Sa. 16h-24h. **Gay-Lesbian Information Line** : © 822-0127. Lu-Ve 14h-22h et Sa. 16h-22h.

Internet : Minneapolis Public Library (bibliothèque municipale), 300 Nicollet Mall, dans le centre (© 630-6000). Ouvert Lu-Je 9h-21h, Ve. 9h-18h, Sa. 10h-18h.

Bureau de poste : A Minneapolis, 100 S. 1st St. (© 349-6388), au coin de Marquette Ave., sur le front de rivière. Ouvert Lu-Ve 7h-23h et Sa. 9h-13h. **Code postal** : 55401. A Saint Paul, 180 E. Kellogg Blvd. (© 651-293-3268). Ouvert Lu-Ve 8h-18h et Sa. 8h30-13h. **Code postal** : 55101. **Indicatif téléphonique** : Minneapolis 612, Saint Paul et la banlieue à l'est 651. Banlieues sud-ouest 952, banlieues sud-est 763. Dans le texte, 612, sauf si précisé.

■ HÉBERGEMENT

Les deux villes abondent en logements bon marché et sans prétention. Les *visitors centers* détiennent une liste très pratique des **Bed & Breakfast** (sans les tarifs). Le **University of Minnesota Housing Office** (© 624-2994) répertorie les chambres qui peuvent être louées à la journée (15-60 $) ou à la semaine. La portion de la I-494 située au croisement de la Route 77, à proximité du Mall of America, est bordée de motels franchisés à moindre coût (à partir de 40 $). Le parc d'Etat le plus proche possédant un terrain de camping est le **Hennepin Park**. Il est à 40 km de la ville. Les campings privés les plus proches sont à 25 km à l'extérieur des agglomérations.

❤ **City of Lakes International House**, 2400 Stevens Ave. S., Minneapolis (© 871-3210), au sud du centre-ville près de l'Institute of Arts. Prenez les bus n° 10, n° 17, ou n° 18 de Nicollet Mall jusqu'à l'arrêt 24th St., puis marchez sur deux blocks vers l'est pour arriver à Stevens Ave. Depuis l'aéroport, prenez le bus n° 7 en direction du centre-ville, puis empruntez la correspondance avec les bus ci-dessus. Cette auberge de jeunesse bien tenue a une forte ambiance communautaire. Cuisine, TV, casiers, parking, accès Internet. Location de vélos (4-6 $ la nuit). Dortoir 18 $, étudiants et étrangers 16 $. Chambre simple 38 $ (il n'y en a que deux). Draps 2 $, serviette 1 $. Caution de 20 $ pour la clef. Réception tlj 9h-12h et 18h30-24h. Libérez la chambre avant 11h. Réservation vivement recommandée.

Evelo's Bed and Breakfast, 2301 Bryant Ave., South Minneapolis (© 374-9656), très proche d'Hennepin Ave., à 15 mn à pied du centre-ville. Prenez le bus n° 17 dans le centre-ville jusqu'à Bryant Ave. Les sympathiques propriétaires de cette maison de style victorien disposent de trois chambres confortables au mobilier classieux. Chambre simple 55 $, chambre double 75 $. Réservation et arrhes exigées.

Kaz's Home Hostel (© 822-8286), dans South Minneapolis. Moquette claire bien épaisse, multiples photos de famille, chien et hôtes accueillants : dans cette auberge, tout est réuni pour que vous vous sentiez chez vous. Cuisine et laverie. Serviettes 1 $. Les enfants ne sont pas admis. Téléphonez pour réserver et savoir comment y aller. Libérer la chambre avant 9h. Chambres inaccessibles 9h-17h. Couvre-feu 23h. Deux lits dans une grande chambre au 1er étage 10 $.

Hotel Amsterdam, 828 Hennepin Ave. (© 288-0459), entre la 8th St. et la 9th St., dans le centre-ville de Minneapolis. Relativement calme malgré son emplacement au-dessus de la discothèque **Saloon** très populaire, cet hôtel chaleureux propose des chambres confortables et un accès facile aux activités et sites du centre-ville. Les communautés bi, gay, lesbienne et transsexuelle sont particulièrement bienvenues. Réservations préférables. Chambre simple à partir de 33 $, chambre double à partir de 38 $.

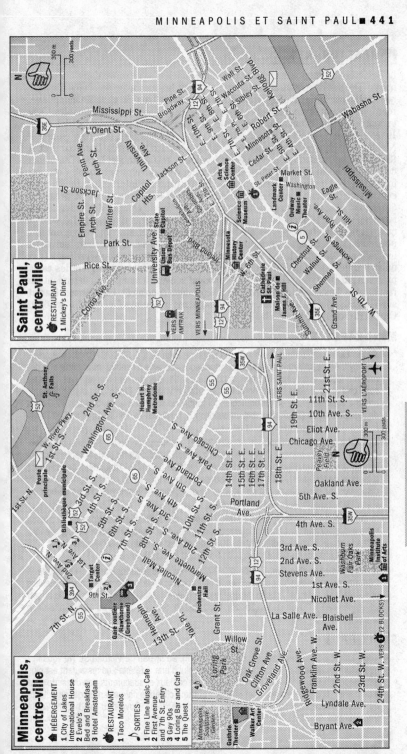

Saint Paul, centre-ville

🍴 RESTAURANT
1 Mickey's Diner

Minneapolis, centre-ville

🏠 HÉBERGEMENT
1 City of Lakes International House
2 Evelo's Bed and Breakfast
3 Hotel Amsterdam

🍴 RESTAURANT
1 Taco Morelos

♪ SORTIES
1 Fine Line Music Cafe
2 First Avenue and 7th St. Entry
3 Gay 90s
4 Loring Bar and Cafe
5 The Quest

LES GRANDS LACS

▲ RESTAURANTS

Le caractère cosmopolite et érudit des villes jumelles se retrouve dans leur gastronomie. De grands restaurants chic se partagent les rues avec des cafés plus intimistes. **Uptown** Minneapolis, autour du croisement de Lake St. et de Hennepin Ave., regroupe de nombreux bars et restaurants agréables aux prix raisonnables. Dans le centre-ville de Minneapolis, les cafés et magasins du **Warehouse District**, sur la 1st Ave. entre la 8th St. et Washington Ave., et de **Nicollet Mall**, la zone piétonne de Nicollet Ave., attirent autant les gens du coin que les touristes. Dans Saint Paul, **Grand Ave.**, entre Lexington et Dale, est bordée de restaurants et bars à l'ambiance décontractée. Au sud du centre-ville, Nicollet Ave. devient **Eat Street**. Cette rue longue de 17 blocks est le royaume de la gastronomie internationale. En plein centre-ville de Saint Paul, le quartier de **Lowertown**, le long de Sibley St. près de la 6th St., est le nouveau cœur de la vie nocturne. Près du campus de l'université de Minneapolis, entre les deux *downtowns*, **Dinkytown**, sur la rive est du fleuve et le quartier de **Seven Corners** dans **West Bank**, sur Cedar Ave., sur l'autre rive, ont tout pour satisfaire les étudiants. Pour accéder à l'un de ces deux quartiers, suivez les indications à la sortie de la I-94 indiquant East Bank (rive est) ou West Bank (rive ouest). Dans les Villes jumelles, nombreux sont ceux qui privilégient les **cafés**, présents partout (voir p. 439) et qui proposent souvent à manger, au détriment des restaurants. Les cuisiniers trouveront des produits frais au **St. Paul Farmers Market**, sur Wall St., entre la E. 4th St. et la 5th St., dans le centre-ville. (© 651-227-6856. Ouvert fin Avr-mi-Nov, Sa. 6h-13h.)

MINNEAPOLIS

❤ **Chino Latino**, 2916 Hennepin Ave., à l'angle de Lake St. (© 824-7878), dans Uptown. Une myriade de paillettes dorées suspendues vous accueille à l'entrée, mais prenez garde : dans ce restaurant spécialisé dans la cuisine asiatique et sud-américaine, vous ne serez servi que si vous vous armez de patience. Très en vogue, le Chino Latino est fréquenté par une clientèle jeune super branchée qui raffole de son bar à la sauce *satay* (7-9 $) et de l'assiette *pu pu* (28 $, pour tout un bataillon !). Ouvert Lu-Ve 16h30-1h et Sa-Di 11h-1h. Réservation vivement recommandée.

Bryant Lake Bowl, 810 W. Lake St. (© 825-3737), au niveau de Bryant St., près d'Uptown. Construit dans les années 1930, ce bowling qui fait aussi cabaret et bar propose curieusement une cuisine délicieuse et bon marché. Le "BLB Scramble" (petit déjeuner composé d'œufs et de légumes), les raviolis, les soupes et les sandwiches garantissent aux clients distingués qu'ils n'entameront pas leur partie de bowling le ventre vide. Partie de bowling 3 $. Plat à partir de 4 $. Ouvert tlj 8h-1h.

Taco Morelos, 14 26th St. W. (© 870-0053), au niveau de Nicollet Ave. Vous pourrez tester votre espagnol dans cet authentique restaurant mexicain. Essayez les *Three amigos enchiladas* (avec trois sauces différentes, 10 $) ou régalez-vous de leurs délicieux tacos (2 $ l'un). Plats à partir de 6 $. Ouvert Di-Je 9h-22h et Ve-Sa 9h-2h.

Mud Pie, 2549 Lyndale Ave. S. (© 872-9435, www.mudpiefoods.com), à l'angle de la 26th St., dans Uptown. Cet établissement propose tout un échantillon de plats végétariens et végétaliens avec une touche mexicaine ou moyen-orientale. Ne manquez pas le *burger* végétarien (7 $). Ouvert Lu-Je 11h-23h, Ve. 11h-24h, Sa. 10h-24h et Di. 10h-23h. *Brunch* le week-end, 10h-14h.

SAINT PAUL

❤ **Cafe Latte**, 850 Grand Ave. (© 651-224-5687), au niveau de Victoria St. Ne vous fiez ni aux tarifs pratiqués ni au cadre qui rappelle celui d'une cafétéria : ce restaurant est plus gastronomique qu'il n'en a l'air. Les repas sont copieux et succulents, les desserts sont à se pâmer. Les deux étages sont occupés par une clientèle chic affamée qui se délecte du poulet sauce *chili* (5 $) et du cake à la tortue (4 $). Ouvert Lu-Je 9h-23h, Ve-Sa 9h-24h et Di. 9h-22h.

Mickey's Diner, 36 W. 7th St. (© 651-698-0259), à l'angle de Peter St. Etablissement des années 1930 inscrit au registre national des monuments historiques. La cuisine est à la hauteur de son passé glorieux et servie dans un décor de chrome et de vinyle. Steak et œufs à partir de 6 $, *pancakes* 2,50 $. Ouvert 24h/24.

☕ CAFÉS

Seattle exceptée, il n'existe aucune autre ville où les cafés font autant partie intégrante de la vie nocturne, notamment dans le quartier de Uptown Minneapolis, où leur caractère unique et original les rend aussi populaires que les plus grand bars. Le mieux est d'y aller le ventre vide car la plupart d'entre eux proposent des plats très bon marché.

❤ **Uncommon Grounds**, 2809 Hennepin Ave. S. (© 872-4811), à l'angle de la 28th St., dans Uptown. Cet établissement qui se déclare la "BMW des cafés" utilise une recette secrète pour préparer les thés et cafés les plus savoureux de la région. Il affiche sa différence par son espace non fumeur doté de petits isoloirs à banquettes de velours et agrémenté d'une musique relaxante. *Espresso* 1,30 $, thé glacé 4,50 $, *Turtle Mocha* 3,20 $, *Zoom* 1,65 $. Ouvert Lu-Ve 17h-1h et Sa-Di 10h-1h.

Pandora's Cup and Gallery, 2516 Hennepin Ave., au niveau de la 25th St., dans Uptown. L'un des derniers chouchous en date des habitants, ce café figure également parmi les plus animés. Ses deux étages accueillent un nombre impressionnant de jeunes branchés autour de la vingtaine qui sirotent leur express (1,35-2 $) tout en se jetant sur les "PB&J sammiches" (2 $) et les amuse-gueules au gingembre gratuits. Boisson à base de café 1,35-4,50 $. Sandwich 2-5 $. Vous devez consommer au moins pour 1 $. Ouvert tlj 7h-1h.

Plan B Coffeehouse, 2727 Hennepin Ave. (© 872-1419), entre la 27th St. et la 28th St. Etablissement de premier ordre. Ne vous fiez pas aux dictionnaires poussiéreux qui occupent le bureau du fond. La conversation animée, les œuvres d'art et le mobilier disparate sont des plus actuels. Essayez le "tripper's revenge" (3,75 $). Ouvert Di-Je 8h-24h et Ve-Sa 8h-1h.

Muddy Waters, 2401 Lyndale Ave. S. (© 872-2232), à l'angle de la 24th St., dans Uptown. Les tables en lino et les chaises en vinyle de cette "cantine de la caféine" évoquent peut-être une salle enfumée des années 1950, mais la musique, la mosaïque élégante, les cafés délicieux et le personnel "piercé" en font un lieu de toute dernière mode. Moka, céréales et spaghettis (servis avec un demi-*bagel*, 4 $) ne sont qu'un aperçu du menu très varié qui vous est proposé. Ouvert Di-Je 7h-1h et Ve-Sa 8h-1h.

👁 VISITES

MINNEAPOLIS

LACS ET RIVIÈRES. Située dans la contrée des 10 000 lacs, Minneapolis peut se vanter d'en posséder un certain nombre. Le **lac Calhoun**, au bout de Lake St., au sud du lad des Iles, est le plus grand du lot, et un véritable paradis pour plaisanciers. Des hordes d'adeptes du roller et de coureurs le longent, excepté aux jours les plus froids. Bordé de majestueuses résidences, le serein **lac des Iles** (Lake of the Isles) est l'endroit rêvé pour observer les oies canadiennes. Situé juste au sud-est du lac Calhoun par Sheridan St., le **lac Harriet** permet de faire du pédalo et accueille parfois des concerts nocturnes gratuits en été. La ville entretient 45 km de pistes cyclables autour des trois lacs. **Calhoun Cycle Center**, à trois blocks à l'est du lac Calhoun, loue des vélos pour explorer les sentiers. (*1622 W. Lake St. © 827-8231. 15-20 $ la demi-journée, 24-32 $ la journée entière. Carte bancaire et permis de conduire demandés. Ouvert Lu-Je 10h-20h, Ve-Sa 9h-21h et Di. 9h-20h.*) A l'extrémité nord-est du lac Calhoun, le **Minneapolis Park and Recreation Board** loue des canoës et des canots (*© 370-4964, canoë 6 $ l'heure, canot 11 $ les 4 heures, ouvert tlj 10h-20h, caution de 10 $*).

Les deux villes doivent leur essor au fleuve Mississippi que vous pouvez admirer de plusieurs endroits. A proximité de Portland Ave., dans le centre-ville, le pont **Stone Arch Bridge** offre une vue imprenable sur les chutes de **St. Anthony Falls**. L'**office** de tourisme (*Visitors Center*) d'**Upper St. Anthony Lock and Dam**, au coin de Portland Ave. et de West River Pkwy., donne l'occasion d'observer le fonctionnement des écluses qui permettent aux gros navires d'accéder à la ville (*© 651-332-5336, observatoire ouvert mi-Mars-mi-Déc, tlj 9h-22h*). A quelques kilomètres en aval du fleuve, allez au **Minnehaha Park** (à proximité de l'aéroport, prenez le bus n° 7 sur Hennepin Ave. dans le centre-ville) où vous pourrez voir les chutes bien plus impressionnantes de **Minnehaha Falls**, immortalisées par le poème épique de Longfellow *Song of Hiawatha* (donne sur Minnehaha Ave., au sud de Godfrey Pkwy.).

MUSÉES. Les lacs ne constituent qu'un premier aperçu des attraits de Minneapolis, dont les habitants et les hôtes de passage ne manquent pas d'occupation durant les six mois (au bas mot) d'un hiver implacable. Le **Minneapolis Institute of Arts**, au sud du centre-ville, présente une splendide collection d'œuvres d'art internationales. On y trouve entre autres la *Lucrèce* de Rembrandt, et l'une des copies antiques par lesquelles nous connaissons *Doryphore* de Polyclète, représentant un homme aux proportions parfaites. (*2400 3rd Ave. S. © 870-3131. Prenez le bus n° 9. Ouvert Ma-Me et Sa. 10h-17h, Je-Ve 10h-21h et Di. 12h-17h. Gratuit.*) L'autre musée, le mondialement renommé ❤ **Walker Art Center**, à quelques blocks au sud-ouest du centre-ville, abrite des œuvres de Lichtenstein, de Rothko, et d'Andy Warhol, ainsi que des expositions temporaires consacrées à des périodes précises. (*725 Vineland Pl., près de Lyndale Ave. © 375-7622. Ouvert Ma-Me et Ve-Sa 10h-17h, Je. 10h-21h, Di. 11h-17h. Entrée 6 $, étudiants, 12-18 ans et personnes âgées 4 $. Gratuit Je. et le premier Sa. de chaque mois.*) Près du musée, le plus grand parc urbain de sculptures des Etats-Unis, le **Minneapolis Sculpture Garden**, contient des douzaines de sculptures, au milieu d'arbres et de fleurs, dont le fameux **Spoonbridge and Cherry** (pont en forme de cuiller surmonté d'une "cerise") et le **Cowles Conservatory**, qui recèle une grande variété de plantes, ainsi qu'un poisson sculpté par Gehry. (*Jardins ouverts tlj 6h-24h, conservatoire ouvert Ma-Sa 8h-20h, Di. 10h-17h. Gratuit.*) Frank Gehry est également le créateur de l'un des édifices les plus originaux et controversés de la ville, le **Weisman Art Museum**, sur la rive est du campus. Ce bâtiment à l'architecture métallique indescriptible est en fait le premier jet du célèbre musée Guggenheim de Bilbao. Ne manquez pas la collection d'art moderne abritant des œuvres de O'Keeffe et de Hartley. (*333 E. River Rd. © 625-9494. Ouvert Ma., Mer. et Ve. 10h-17h, Je. 10h-20h, Sa-Di 11h-17h. Entrée gratuite.*) Pour trouver une solution à tous vos maux, faites une halte au **Museum of Questionable Medical Devices** (musée du matériel médical intriguant), au nord du fleuve près des chutes de St. Anthony. L'équipement complet de phrénologie (la phrénologie étudie le caractère d'un individu d'après la forme de son crâne) est l'une des pièces maîtresses de cette collection. (*201 Main St. S.E. © 379-4046. Ouvert Ma-Je 17h-21h, Ve-Sa 12h-21h et Di. 12h-17h. Don exigé.*)

SAINT PAUL

ARCHITECTURE. Le patrimoine historique et architectural de Saint Paul est un de ses atouts majeurs. Vous en prendrez pleinement conscience en arpentant **Summit Ave.**, la plus longue rangée de maisons victoriennes des Etats-Unis. Ces maisons furent construites sur une ancienne voie ferrée. On peut y voir la demeure du romancier **Francis Scott Fitzgerald** (*599 Summit Ave., résidence privée*), et celle du **gouverneur**, devenue la demeure du plus célèbre ex-catcheur de l'Etat, le gouverneur Jesse "The Body" Ventura. (*1006 Summit Ave. © 651-297-2581. Visites guidées gratuites Mai-Oct, Ve. 13-15h. Réservation exigée.*) Dans Summit Ave., vous verrez aussi la magnifique demeure du magnat de l'industrie ferroviaire **James J. Hill**, où sont organisées des visites guidées de 1h15 toutes les 30 mn. (*240 Summit Ave. © 651-297-2555. Ouvert Me-Sa 10h-15h30. 5 $, 4 $ pour les personnes âgées, 3 $ pour les 6-15 ans. Réservation préférable.*) Le **State Capitol** (Assemblée de l'Etat), surmonté par des chevaux dorés, est installé à l'angle de Cedar St. et d'Aurora St. Il posséderait la plus vaste coupole de marbre dépourvue de soutènement au monde. (*© 651-296-3962. Visites guidées toutes les heures Lu-Ve 9h-16h, Sa. 10h-15h et Di. 13h-15h. Ouvert Lu-Ve 9h-17h, Sa. 10h-16h et Di. 13h-16h.*) Dominant le State Capitol dans Summit Ave. s'élève la **Cathédrale**

St. Paul, réplique en plus modeste de la basilique Saint-Pierre de Rome. *(239 Selby Ave. ☎ 651-228-1766. Messe Lu-Ve à 7h30 et 17h15, uniquement le matin Ve., Sa. à 8h et 19h, Di. à 8h, 10h, 12h et 17h. Visites Lu., Me. et Ve. à 13h, gratuit.)*

VISITES HISTORIQUES. Bordant le fleuve, l'excellent et novateur ♥ **Minnesota History Center** abrite trois galeries proposant 10 expositions interactives retraçant l'histoire du Minnesota. *(345 Kellogg Blvd. W. ☎ 800-657-3773. www.mnhs.org. Ouvert Me-Sa 10h-17h, Je. 10h-20h, Di. 12h-17h, Juil-Août ouvert aussi Lu. 10h-17h. Accès gratuit.)* Le **Landmark Center**, dans le centre-ville, est un bâtiment flanqué de multiples tours et tourelles. Construit en 1894, il était le siège de la cour fédérale. Aujourd'hui, il abrite une collection de pianos, une salle de concerts et quatre salles de tribunal reconstituées. *(75 W. 5th St. ☎ 651-292-3228. Ouvert Lu-Me et Ve. 8h-17h, Je. 8h-20h, Sa. 10h-17h, Di. 13h-17h. Visites guidées gratuites Je. à 11h et Di. à 13h.)* S'étendant juste en face, le **Rice Park** est l'endroit idéal pour une balade ou un pique-nique.

DISTRACTIONS. Dans la ville de banlieue de Apple Valley, le **Minnesota Zoo** permet d'observer des animaux de la région ou plus exotiques dans leur habitat naturel. Ne manquez pas les singes des neiges et baladez-vous sur les Northern Trails. *(13000 Zoo Blvd. Prenez la Route 77 S. jusqu'à la sortie indiquant le zoo puis suivez les panneaux. ☎ 952-431-9200 ou 952-432-9000. Ouvert Juin-Août, Lu-Sa 9h-18h, Di. 9h-20h. Sep. : tlj 9h-18h. Oct-Mai : 9h-16h. Entrée 8 $, personnes âgées 5 $, enfants de 3 à 12 ans 4 $, moins de 3 ans gratuit.)* A Shakopee, le parc d'attractions de **Valleyfair** a de quoi impressionner même les plus courageux. Il compte cinq montagnes russes et la toute nouvelle Power Tower qui vous fait dégringoler de plus de dix étages. *(1 Valleyfair Dr. Prenez la Route 169 en direction du sud jusqu'à la Route 101 W. ☎ 952-445-7600 ou 800-386-7433. Ouvert Juin-Août tlj. Horaire variable, souvent entre 10h et 22h mais téléphonez avant de vous y rendre. Entrée 29 $, personnes âgées et enfants de moins de 1,20 m, 9 $.)*

🎵 SPECTACLES

Classées juste après New York pour le nombre de théâtres par habitant, les *twin cities* offrent pléthore de représentations et de concerts. La majorité des parcs accueillent en été des concerts nocturnes gratuits. Il existe également de nombreux concerts de musique rock, pop ou classique, de quoi satisfaire toutes les sensibilités. Pour vous tenir informé, procurez-vous gratuitement *City Pages*.

THÉÂTRE

Acclamé pour son répertoire mêlant classicisme et avant-garde, le ♥ **Guthrie Theater**, 725 Vineland Pl., Minneapolis, juste à côté du Walker Art Center et à proximité de Hennepin Ave., a acquis une réputation mondiale. *(☎ 377-2224. Saison Avr-Nov, représentations aussi en Déc. Guichets ouverts Lu-Ve 9h-20h, Sa. 9h-20h et Di. 10h-19h. Billets 16-44 $. Réduction de 5 $ aux étudiants et aux personnes âgées. Billet pris 15 mn avant le spectacle 12,50 $, la file d'attente débute entre 1h et 1h30 avant le spectacle.)* Les spectacles de Broadway en tournée se produisent généralement au **Historic State Theatre**, 805 Hennepin Ave. dans le centre-ville ou au **Orpheum Theatre**, de l'autre côté de la rue, au 910 Hennepin Ave. N. (Appelez le ☎ 673-0404 pour réserver vos places pour les spectacles de Broadway et Ticketmaster au ☎ 989-5151 pour toutes les autres représentations.) Les enfants et leurs parents iront au **Children's Theater Company**, à l'angle de la 3rd Ave. et de la 24th St., près du Minneapolis Institute of Arts, qui présente des pièces de premier plan. *(☎ 874-0400. Saison Sep-Juin. Guichets ouverts Lu-Sa 9h-17h, les horaires peuvent légèrement varier en été. Billets 18-27 $, personnes âgées, étudiants et enfants 12-21 $. Billet acheté 15 mn avant le spectacle 8 $.)* L'ingénieux **Théâtre de la Jeune Lune** (en français dans le texte), 105 1st St. N., accueille dans un ancien entrepôt des productions sortant des sentiers battus et généralement encensées par la critique. *(☎ 332-3968, guichet de location ☎ 333-6200. Ouvert Lu-Ve 10h-18h. Billet 10-28 $.)* Le **Brave New Workshop**, 3001 Hennepin Ave., dans Uptown, présente des comédies satiriques et des improvisations dans un cadre intimiste. *(☎ 332-6620. Guichets ouverts Lu-Ve 9h30-17h, Sa. 10h-23h et Di. 12h-17h. Billets 14-20 $.)*

LA FIÈVRE ACHETEUSE A 10 mn au sud du centre-ville, le centre commercial Mall of America est le plus grand des Etats-Unis. Entre ses murs, on trouve une grande roue, des montagnes russes, un minigolf et plus de 3 km de magasins. Vous pourrez y voir les familles américaines profiter pleinement de leur week-end en dépensant leur argent dans des centaines de magasins spécialisés, dans le multiplexe, l'aquarium, ou le parc d'attraction, avant de s'attabler dans l'un des innombrables restaurants de la *food court*. Attention, le lèche-vitrines peut avoir des effets dévastateurs sur votre portefeuille... et sur vos jambes. (*60 E. Broadway, à Bloomington, ℂ 883-8800. Ouvert Lu-Ve 10h-21h30, Sa. 9h30-21h30 et Di. 11h-19h. Prenez la I-35 E. vers le sud jusqu'à la I-494 W., puis la sortie "24th Ave.")*

MUSIQUE

Tous les styles de musique sont à l'affiche dans les cités jumelles, de l'opéra au hip-hop, en passant par la polka et le rock alternatif. Le festival **Sommerfest** rend hommage à la musique viennoise en juillet et en août, grâce à la maestria du **Minnesota Orchestra**. Il se déroule à l'**Orchestra Hall**, 1111 Nicollet Mall, dans le centre-ville de Minneapolis. (*ℂ 800-292-4141*. Guichets ouverts Lu-Sa 10h-18h. Billets 15-50 $, 10 $ pour les étudiants qui se présentent 30 mn avant la représentation.) A côté, sur la **Peavey Plaza**, dans Nicollet Mall, des concerts gratuits se donnent en soirée. L'orchestre **St. Paul Chamber Orchestra**, le **Schubert Club** et la **Minnesota Opera Company** se produisent tous au **Ordway Music Theater** de Saint Paul, 345 Washington St., qui accueille aussi les tournées de Broadway. (*ℂ 651-224-4222*. Guichets ouverts Lu-Ve 9h-17h, Sa. 10h-17h et Di. 11h-17h. Billets 20-55 $.) Situé en dehors de la ville, à Chanhassen, le célèbre studio **Paisley Park** de l'artiste anciennement connu sous le nom de **Prince**, l'enfant prodige de Minneapolis, attire des groupes du monde entier.

SPORTS

Le **Hubert H. Humphrey Metrodome**, 900 S. 5th St., dans le centre-ville de Minneapolis, accueille les **Minnesota Twins** (*ℂ 375-7450*), l'équipe de base-ball des villes jumelles, et les **Minnesota Vikings** (*ℂ 333-3865*), l'équipe de football américain. Les **Timberwolves** jouent au basket dans le **Target Center**, 600 1st Ave. (*ℂ 337-0900*), entre la 6th St. et la 7th St., dans le centre-ville de Minneapolis. L'équipe de hockey des **Wild** joue de nouveau au plus haut niveau, c'est-à-dire en NHL, et s'entraîne au **St Paul's RiverCentre** (*ℂ 651-222-9453*). Enfin, le football (*soccer*) est représenté en ligue mineure par les **Thunder** au **National Sports Center**, situé dans la ville de banlieue de Blaine (*ℂ 785-3668*).

FESTIVALS

D'innombrables festivals célèbrent la venue de l'été, ou réchauffent les cœurs transis par l'hiver. Durant les 10 jours de fin janvier et début février, se tient le carnaval d'hiver, ou **St. Paul Winter Carnival**, à proximité du State Capitol. Vous y verrez des sculptures de glace, des séances de pêche sur banquise, des défilés et des concours de patinage. En juillet se déroule pendant 12 jours le **Fringe Festival** qui propose de nombreuses et audacieuses pièces de théâtre à travers toute la ville (billets 4-5 $). Le 4-Juillet devient pour Saint Paul le **Taste of Minnesota**, à grand renfort de feux d'artifice, et de concerts, dans un déploiement impressionnant de stands proposant des spécialités culinaires locales ou exotiques. Juste après la fête nationale débute le **Minneapolis Aquatennial**, avec ses concerts, ses défilés et ses expositions d'œuvres d'art, à la gloire des plus fameux des lacs. Les festivités s'étalent sur neuf jours. Le premier week-end d'août, l'excellente **Uptown Art Fair** investit le carrefour de Hennepin et Lake, attirant pour l'occasion des milliers de badauds. De fin août à début septembre, durant les deux semaines précédant *labor day*, tout le monde en ville converge à la **Minnesota State Fair**, la plus grande foire du pays, qui se tient à l'angle de Snelling St. et de Como St. Vous y trouverez un condensé des spécialités de la région, à base de produits laitiers et de poissons des lacs notamment. (© 651-642-2200. 5 $, personnes âgées et enfants 5-12 ans 4 $, gratuit pour les moins de 5 ans).

SORTIES

Les jeunes sont les véritables piliers des clubs et des bars des *twin cities*. Ici, la musique postpunk est reine : **Soul Asylum**, **Hüsker Dü** et le meilleur groupe de *pub-rock* du monde, les **Replacements**, ont joué ici avant de devenir des stars (ou presque). La vie nocturne sous ses formes les plus diverses bat son plein dans le **Warehouse District**, sur Hennepin Ave. (dans le centre-ville), à **Dinkytown**, autour de l'université du Minnesota, et de l'autre côté du fleuve sur la rive ouest, **West Bank** (bordée à l'ouest par la I-35 W. et au sud par la I-94), surtout sur **Cedar Ave.** On vous demandera souvent une pièce d'identité, même pour acheter des cigarettes. Gardez-la toujours sur vous. Il est possible de boire un verre au dernier étage du **Mall of America** (voir encadré **La fièvre acheteuse**) en soirée, lorsque l'endroit retrouve un semblant de quiétude.

- ❤ **Loring Bar and Cafe**, 1624 Harmon Pl. (© 332-1617), à l'angle de Hennepin Ave. près de la I-94. Le style affecté du Loring émane peut-être de son personnel un peu bohème ou de ses arbres décorés de lampions à l'intérieur d'une salle drapée de velours et d'objets en tout genre. Concerts, ambiance théâtrale et patio extérieur idéal pour voir et être vu, répondent parfaitement aux exigences de la clientèle distinguée. Bière à partir de 4 $, vin 4,50 $. Plat 9 $. Entrée pour les concerts 3-5 $. Ouvert tlj 9h-1h.

- **The Quest**, 110 5th St. N. (© 359-0915), entre la 1st Ave. N. et la 2nd Ave. N. dans le Warehouse District. Prince fut un temps propriétaire de cette discothèque qui lui rend encore aujourd'hui hommage en passant de la musique funk dans un décor aux fenêtres *purple* (pourpres) protégeant de la Purple Rain. Le public est jeune et vient danser au rythme des concerts de salsa le lundi et de prestations de DJ *house*. Entrée 5-10 $, horaires variables, téléphonez au préalable.

- **Ground Zero**, 15 4th St. N.E. (© 378-5115), près d'Hennepin Ave., juste au nord du fleuve, met les danseurs en cage mais pour qu'ils s'y déchaînent, et organise des soirées à thèmes particulièrement lestes, réservées aux plus aventureux. Soirée *bondage* Je. et Sa. Ouvert Lu., Me. et Di. jusqu'à 1h, Ma. et Je. jusqu'à 2h, Ve-Sa jusqu'à 3h.

- **First Avenue and 7th St. Entry**, 701 1st Ave. N. (© 332-1775), dans le centre-ville, propose plusieurs soirs par semaine les meilleurs concerts de la région. First Avenue est l'endroit où les trentenaires viennent faire la fête. Musique allant du *grunge* au hip-hop. Entrée 6-10 $, 10-30 $ les soirs de concert. Ouvert Lu-Ve 20h-2h et Sa-Di 19h-3h.

- **Fine Line Music Cafe**, 318 1st Ave. N. (© 338-8100), dans le Warehouse District. Les musiciens eux-mêmes aiment se fondre dans le public venu écouter les groupes, locaux ou nationaux, de folk, de blues, de rock et de jazz qui se produisent sur la scène sans jamais se la jouer. Entrée 6-8 $. Ouvert tlj 20h-1h. Concerts tous les soirs à 21h.

- **The Gay 90s** (© 333-7755), dans Hennepin Ave., à l'angle de la 4th St., s'est classé n° 7 au hit-parade des bars américains qui consomment le plus d'alcool. Cet immense complexe de plusieurs étages accueille des milliers de noctambules (principalement lesbiennes et gay, même si le public hétéro demeure nombreux). Spectacles de drag-queen au dernier étage Me-Di. Ouvert Lu-Sa 8h-1h et Di. 10h-1h.

DULUTH ▶ 218

La ville de Duluth a tout pour plaire. Ses habitants sont charmants, ses parcs sont propres, vous pouvez vous promener dans les rues en toute sécurité et sa situation géographique est excellente. Les voyageurs de passage à Duluth peuvent s'attendre à bien manger, à trouver des lieux d'hébergement relativement bon marché et à être au cœur d'une vie portuaire intense. Ses 75 km d'installations portuaires en font en effet le plus important port en eau douce d'Amérique du Nord. D'ailleurs, des navires battant 60 pavillons différents y sont amarrés. La ville a récemment fait restaurer un appontement en ruine pour en faire le centre touristique de Canal Park, le long de Lake St. Depuis, bars, musées, théâtres et microbrasseries ont investi les anciennes usines et les gares de marchandises. Mais Duluth a gardé des vestiges de sa prospérité parmi lesquels l'imposante demeure Gleensheen qui domine la colline.

RAPACES SUR LA VILLE De par sa situation géographique et les importants courants d'air ascendants qui dominent dans la région, Duluth est une ville particulièrement appréciée des oiseaux migrateurs. Ainsi, fin août, fin septembre ou fin octobre, il peut passer en une seule journée jusqu'à 10 000 rapaces au-dessus de Hawk Ridge, un peu à l'ouest de la ville. Ces oiseaux répugnent à survoler une étendue d'eau aussi immense que celle du lac Supérieur et Duluth constitue pour eux une bonne alternative. Le 15 septembre 1978 fut une journée record : 31 831 buses passèrent au-dessus de la ville au cours de leur migration vers le sud. Pour aller les admirer, rendez-vous à la Hawk Ridge Nature Reserve, dans Skyline Parkway. Pensez à vous munir de jumelles et d'un ouvrage d'ornithologie, si vous le pouvez.

ℹ INFORMATIONS PRATIQUES

Les bus **Greyhound**, 4926 Grand Ave. (© 722-5591), s'arrêtent à 5 km à l'ouest du centre-ville. Prenez le bus n° 1 "Grand Ave. Zoo" dans le centre-ville. Seule destination : Minneapolis (3 dép/j, durée 3h30, 19-20 $). On peut acheter des billets tlj 6h30-17h45. Les bus de la **Duluth Transit Authority**, 2402 W. Michigan St. (© 722-7283), sillonnent toute la ville (1 $ le ticket aux heures de pointe Lu-Ve 7h-9h et 14h30-18h, 50 ¢ aux heures creuses). **Port Town Trolley** (© 722-7283), avant tout destiné aux touristes, sillonne la ville. (Fonctionne fin Mai-début Sep, tlj 11h-19h. 50 ¢.) **Informations touristiques** : **Convention and Visitors Bureau**, 100 Lake Place Dr. (© 722-4011), à Endion Station dans Canal Park (ouvert Lu-Ve 8h30-17h) et **Summer Visitors Center** (© 800-438-5884), à Vista Dock sur Harbor Dr. (ouvert mi-Mai-mi-Oct tlj 8h30-19h, horaires très variables dans la pratique). **Assistance téléphonique : 24-Hour Crisis Line** (© 726-1931). **Bureau de poste** : 2800 W. Michigan St. (© 723-2555, ouvert Lu-Ve 8h-17h, Sa. 9h-13h). **Code postal** : 55806.

🏠 HÉBERGEMENT

A la belle saison, les prix des motels montent en flèche et les chambres se remplissent. Réservez le plus tôt possible. Le **College of St. Scholastica**, 1200 Kenwood Ave., sortie n° 258 de la I-35 N., loue des lits dans de grandes chambres calmes. Appels locaux gratuits, cuisine et laverie. (© 723-6000 ou 800-447-5444, demandez à parler au *housing director*, directeur du logement. Chambre simple 21 $, chambre double 40 $, réservations recommandées. Ouvert de début Juin à mi-Août.) Des motels aux prix raisonnables sont situés le long de London Rd., à l'ouest du centre-ville. Vous pouvez par exemple essayer le **Chalet Motel**, 1801 London Rd., à environ 3 km de la partie ouest du centre-ville, qui vous proposera des chambres correctes, décorées de personnages fantastiques d'inspiration médiévale. (© 728-4238 ou 800-235-2957. Avr-Sep Sa-Di chambre simple 55 $, chambre double 68 $, Lu-Ve 45 $ la chambre simple, 58 $ la chambre double. Tarifs réduits en hiver.) Situé à quelques kilomètres au sud de la ville, le chaleureux **Duluth Motel**, 4415 Grand Ave., accueille les touristes dans des chambres bien tenues et bon marché. (© 628-1008. En été à partir de 35 $, 25 $ en hiver.) Dans un style résolument plus rustique, **Jay Cooke State Park**, au sud-ouest de Duluth à la sortie n° 242 de la I-35, attire les familles et les voyageurs grâce à ses perspectives de randonnée, de ski de fond, et de motoneige. Il possède en outre un terrain de camping de 83 emplacements à l'abri des troncs imposants de la St. Louis River

Valley. (© 384-4610, réservations au 800-246-2267. Ouvert tlj 9h-21h. Fermeture du parc à 22h. Emplacement rudimentaire 7 $, avec douche 12 $, 15 $ avec électricité. 4 $ le permis véhicule. Réservation recommandée, moyennant 7,25 $ de frais.)

RESTAURANTS ET SORTIES

Le **Fitger's Brewery Complex**, 600 E. Superior St., et **Canal Park**, au sud du centre-ville le long de Lake Ave., abritent de nombreux restaurants agréables dont la **Brewhouse**, dans le Fitger's Brewery Complex, qui sert de la bière et des plats de pub. (© 726-1392. Concerts Ve. et Sa., entrée 1-2 $. Ouvert tlj 11h-1h, on ne sert plus à manger après 22h. Bière brune *Big Boat Oatmeal Stout* à partir de 2,75 $.) La place **DeWitt-Seitz Marketplace**, au milieu de Canal Park Dr., offre des restaurants un peu plus chers qui satisferont tous les goûts. Le personnel sympathique du **Blue Note Cafe**, 357 Canal Park Dr., prépare de délicieux sandwichs (5-7 $) et desserts (3,25 $) dans un décor de café chic. (© 727-6549. Ouvert Lu-Je 9h-22h, Ve-Sa 9h-23h et Di. 9h-20h.) Le **Grandma's Sports Garden**, installé dans une ancienne fonderie de tuyaux de Canal Park, est le centre de la vie nocturne avec un restaurant, un bar et une immense piste de danse. (© 722-4724, restaurant ouvert Juin-Août tlj 11h-22h, Sep-Mai tlj 11h30-22h. Club ouvert tlj 11h30-1h, dancing Me-Sa soir.) Allez vivre un moment de fantaisie, dans n'importe lequel des clubs tendance de Tower Ave. de l'autre côté du fleuve, à Superior (Wisconsin). Le **Hall of Fame**, 1028 Tower Ave., passe toute sorte de musiques. (© 715-394-4225. Ouvert tlj jusqu'à 2h. Bière 2,50 $.)

VISITES ET SPECTACLES

Les gens viennent avant tout à Duluth admirer le magnifique lac Supérieur. La plupart des touristes vont directement dans le quartier de **Canal Park** et regardent les bateaux partir après qu'ils ont franchi le pont ♥ **Aerial Lift Bridge** qui se lève de 41 m en 1 mn, dans un concert de cornes de brume, facilitant l'accès au plus grand port intérieur d'Amérique. D'autres choisissent la terrasse panoramique **Ore Docks Observation Platform**, à l'angle de la 35th Ave. et de Superior St., dans le centre-ville, pour assister au ballet des énormes navires. Appelez le service téléphonique **Boatwatcher's Hotline** (© 722-6489) pour connaître les heures de passage des navires. Le spectacle bat son plein en fin d'après-midi. Dans Canal Park, le **Lake Superior Maritime Visitors Center** propose des expositions sur le commerce maritime du lac (© 727-2497, ouvert tlj 10h-21h). Le début (ou la fin) de la magnifique promenade **Duluth Lakewalk** (5 km) se situe également dans le quartier de Canal Park.

Dans la périphérie nord de la ville se trouve **Glensheen**, 3300 London Rd. La visite de cette demeure de style Jacques 1er (1603-1625), qui comporte 39 pièces, vous fournira un aperçu d'une des plus grandes périodes de prospérité qu'ait connu Duluth. (© 726-8863 ou 888-454-4536. Ouvert Mai-Oct 9h30-16h, l'horaire pouvant varier hors saison. Visite 8,75 $, personnes âgées et 12-15 ans 7 $, enfants 6-11 ans 4 $. Réservation recommandée.) Autre témoin du passé naval de Duluth, le **William A. Irvin** est le bateau à vapeur le plus visité des Grands Lacs. Il est amarré sur les quais du centre-ville. (© 722-7876 Mai-Oct ou 722-5573 toute l'année. Ouvert Mai, tlj 10h-16h. Juin-Août : Di-Je 9h-18h et Ve-Sa 9h-20h. Sep-mi-Oct : Di-Je 10h-16h et Ve-Sa 10h-18h. Visite 6,50 $, étudiants et personnes âgées 5,50 $, enfants 3-12 ans 4 $.) De l'autre côté de l'Aerial Lift Bridge, **Park Point** dispose de plages de sable, de parcs, et d'excellents sites de baignade, à déconseiller toutefois aux frileux. Le **Willard Munger State Trail**, qui relie West Duluth au parc d'Etat Jay Cooke, permet de faire du vélo ou du roller sur 22 km tout en admirant la beauté du paysage. Vous pouvez louer des bicyclettes au **Willard Munger Inn**, 7408 Grand Ave. (© 624-4814 ou 800-982-2453. Vélos à partir de 10 $ la demi-journée, 13 $ la journée entière, rollers 10 $ la demi-journée, 14 $ la journée.)

Le tout nouveau ♥ **Great Lakes Aquarium**, 353 Harbor Dr., est le seul aquarium du monde constitué entièrement d'eau douce. Il vous fait découvrir la fascinante faune aquatique du Lake Superior et propose de nombreuses expositions interactives. (© 740-3474. Ouvert fin Mai-Sep, Lu-Je 9h-21h et Ve-Di 9h-18h. Téléphonez pour connaître les horaires des autres périodes. Entrée 11 $, personnes âgées 9 $, enfants de 4 à 7 ans 6 $, gratuit pour les moins de 4 ans.) Les passionnés d'histoire préféreront le **Karpeles Manuscript Library Museum**. Ce musée remarquable conserve les documents originaux du *Bill of Rights* (dix premiers amendements ajoutés à la Constitution américaine en 1791 et garantissant notamment la liberté de culte et de réunion), de l'abolition de l'esclavage (13e amendement de la Constituti n américaine) ainsi que la partition du *Messie* de Haendel. (© 728-0630. Ouvert Juin-Août, tlj 12h-16h. Sep-Mai : Ma-Di 12h-16h. Entrée gratuite.) La vie culturelle de Duluth rayonne à partir de l'ancienne gare, convertie en complexe culturel appelé **The Depot**, 506 W. Michigan St. On y trouve quatre groupes de spectacles vivants et plusieurs musées. (© 727-8025. Ouvert Juin-Août, tlj 9h30-18h. Sep-Mai : Lu-Sa 10h-17h et Di. 13h-17h. Entrée pour tous les musées avec promenade en tramway 8,50 $, familles 23,50 $, enfants 3-11 ans 5,25 $.)

CHIPPEWA NATIONAL FOREST   ⴲ 218

C'est dans la **Chippewa National Forest** que les aigles chauves (les *bald eagles* à tête blanche, symbole de Etats-Unis) sont les plus nombreux à venir se reproduire. De mi-mars à novembre, vous pourrez admirer leur vol majestueux au-dessus du Mississippi, entre Cass Lake et le lac Winnie. Une partie de la forêt nationale s'étend sur le territoire de la réserve **Leech Lake Indian Reservation**, qui abrite les 4560 membres de la tribu Ojibwe, quatrième tribu amérindienne des Etats-Unis par la taille. Après avoir délogé les Sioux de la région au XVIIIe siècle, les Ojibwas (venus de la façade atlantique, et appelés à tort Chippewas) ont été à leur tour spoliés par les colons européens un siècle plus tard, et forcés à s'installer dans des réserves telles que celle-ci.

Les terrains de camping sont nombreux, bon marché et de qualité variable. Pour des renseignements concernant les campings de la forêt, qui comptent plus de 400 emplacements gratuits, contactez le Forest Office (voir plus haut). A la lisière ouest de la forêt, des campings privés bordent la Route 71. Les bungalows du **Stony Point Resort**, 8724 Stoney Point Camp Trail N.W., à 11 km à l'est de la ville par la Route 200, puis à 6,5 km au nord par Onigum Rd., peuvent loger jusqu'à 12 personnes. (© 547-1665 ou 800-338-9303. Ouvert Mai-Sep. A partir de 156 $ la journée pour un bungalow de quatre personnes avec air conditionné.) Vous pouvez également camper à côté, au **National Forest Campground**, qui constitue une alternative meilleur marché (© 877-444-6777, emplacements en gestion libre 18 $).

La petite ville de **Walker**, au sud-ouest du parc, offre un point de départ idéal pour explorer la forêt. Des informations sur les différentes activités sont disponibles à l'office de tourisme **Leech Lake Area Chamber of Commerce**, sur la Route 371, dans le centre-ville (© 547-1313 ou 800-833-1118, ouvert Mai-Sep Lu-Ve 9h-17h, Sa. 10h-15h, en hiver Sa. 10h-13h), et au **Forest Office**, à l'est du centre-ville, toujours sur la Route 371 (© 547-1044, ouvert Lu-Ve 7h30-16h30). Les bus **Greyhound** vont de Minneapolis à Walker (1 dép/j, durée 5h30, 35 $). Ils s'arrêtent en route au restaurant Hardee's du centre-ville (© 214-849-8966). Achetez votre billet au conducteur. Départ quotidien en direction des *twin cities* à 12h30. **Bureau de poste** de Walker au 602 Michigan Ave. (© 547-1123, ouvert Lu-Ve 9h-16h et Sa. 9h-13h30). **Code postal** : 56484.

LES IRON RANGE   ⴲ 218

Les montagnes des Iron Range offrent un paysage vallonné parsemé de lacs. D'après une légende indienne, les lacs indiquent les traces de pas du géant Mesabi. Et, lorsqu'il fut las de piétiner les environs, le colosse s'assoupit. La terre le recouvrit lentement et le relief épousa les courbes de son corps. Les Indiens croyaient jadis que le géant se réveillerait après un hiver sans neige. Durant l'hiver 1890, pas un flocon ne tomba. Morphée ne desserra pas son étreinte mais, troublante coïncidence, c'est précisément à la fin de cet hiver sans neige que la terre des environs livra aux hommes son secret : les mines de fer cachées dans ses entrailles. Cette découverte fut à l'origine d'une véritable ruée de mineurs dans la région. Leurs excavations formèrent des cavernes de couleur rouille tout le long de la frontière avec le Canada. La Route 169, qui part de Grand Rapids à 200 km plus au nord et va jusqu'à Ely, passe devant ces mines et traverse une nature restée à l'état sauvage. Plus de la moitié du fer des Etats-Unis provient de cette région. Malgré la fermeture des anciennes mines au profit des techniques modernes d'extraction du minerai de fer, les habitants de Iron Range continuent de célébrer fièrement ce glorieux passé industriel à grands renforts d'expositions en tous genres.

CHISOLM

A la sortie n° 38 de la Route 169, la petite localité de **Chisolm** fait revivre son histoire liée au fer au **Ironworld Discovery Center**, W. Route 169 au niveau de la Route 73. Ce centre, à la fois parc d'attractions et musée, conduit les groupes de visiteurs, transformés en mineurs pour l'occasion, à la découverte d'anciens équipements et d'un puits de mine obsolète. (© 254-3321 ou 800-372-6437. Ouvert mi-Juin-mi-Sep, tlj 9h30-17h. Centre de recherches généalogiques ouvert toute l'année Lu-Ve 8h-16h30. Entrée 9 \$, personnes âgées 7 \$, étudiants de moins de 18 ans 7 \$ et gratuit pour les moins de 6 ans.) En sortant, vous ne pourrez manquer la **Iron Ore Miner Statue**, statue de 26 m de hauteur rendant hommage aux mineurs des Iron Range.

EVELETH

Iron Range pourrait aussi être appelé Hockey Range, du nom de la seconde activité importante de la région, le hockey sur glace. Patrie du **US Hockey Hall of Fame**, 801 Hat Trick Ave., Eveleth, située à 16 km à l'est de Chisolm sur la Route 53, attire les fans de hockey de tout le pays. Le Hall of Fame s'attache plus précisément aux prouesses olympiques et universitaires et rend hommage aux joueurs américains de l'un des sports de frappe les plus difficiles du monde. (© 744-5167 ou 800-443-7825. Ouvert Lu-Sa 9h-17h et Di. 10h-15h. Entrée 6 \$, personnes âgées et 13-17 ans 5 \$, enfants 6-12 ans 4 \$, gratuit pour les mois de 6 ans.) Autre preuve de l'importance du hockey dans la ville, la **crosse de hockey géante** (33 m de longueur !), située à l'angle de Grant St. et de Monroe St., est accessible en suivant les panneaux indiquant "Big Stick".

SOUDAN

Pour ceux qui éprouveraient le besoin de creuser encore plus profond, rendez-vous dans la commune de Soudan, à 80 km au nord de Chisolm sur la Route 169. Le ♥ **Soudan Underground Mine State Park**, à côté de la Route 1, propose une excursion inoubliable qui vous plongera, à bord d'un ascenseur ou "cage" à grande vitesse, dans les entrailles de la Terre à 800 m de profondeur. Surnommé la "Cadillac des mines souterraines", ce parc offre des visites guidées par d'anciens mineurs à la retraite et leurs familles. Les touristes embarquent dans un train pour parcourir près d'1,5 km de tunnels qui leur permettront d'imaginer la vie sinistre et difficile des mineurs des Iron Range. Prévoyez des chaussures solides et une veste, il ne fait jamais guère plus de 10 °C dans les souterrains. (© 753-2245. Parc ouvert Juin-Août tlj 9h-18h. Départ des visites toutes les 30 mn de 10h à 16h. Entrée 6 \$, enfants 5 à 12 ans 4 \$, gratuit pour les moins de 5 ans. Permis d'entrée du véhicule dans le parc 4 \$.) Juste à côté, le terrain de camping **McKinley Park Campground** loue des emplacements semi-privés qui surplombent le très beau Vermilion Lake (© 753-5921, 12 \$ l'emplacement, 16 \$ avec raccordement, location de canoës et de pédalos 4 \$ l'heure).

ELY

Porte d'entrée permettant d'explorer les voies fluviales de la **Boundary Waters Canoe Area Wilderness** (voir **Boundary Waters**, p. 454) et des Iron Range, la plaisante ville d'**Ely** possède, en plus de ses attractions, de nombreux magasins d'équipement. Pour en savoir plus sur les loups qui peuplent les rives du lac Supérieur, faites un tour au **International Wolf Center**, directement au nord du centre-ville, au 1396 Route 169, qui possède trois loups gris. Il délivre également les permis d'accès à la BWCAW. Les expositions vous renseignent sur le comportement et l'habitat naturel de ces prédateurs. (© 365-4695. Ouvert Mai-Juin et Sep-Oct tlj 9h-17h ; Juil-Août 9h-19h ; Nov-Avr Ve-Di 10h-17h. Entrée 5,50 $, personnes âgées 5 $, 6-12 ans 2,75 $. Téléphonez pour savoir quand vous pourrez observer les loups.) **Stony Ridge Resort**, 60 W. Lakeview Pl., à l'angle de Shagawa Rd., possède quelques emplacements de camping-cars, des bungalows, et des endroits où planter votre tente. (© 365-6757. Emplacements pour camping-car ou tente 15 $ avec électricité, eau et douches. Bungalow d'une chambre 65 $ en semaine. Location de canoës 15 $ la journée.)

VOYAGEURS NATIONAL PARK   ☎ 218

Le Voyageurs National Park est à cheval entre le Minnesota et l'Ontario et n'est quasiment accessible que par bateau. Il doit son nom aux trappeurs canadiens français qui traversaient naguère la région. Un détour par cet endroit superbe vous plongera au cœur d'une nature à l'état brut. Le parc recouvre un véritable labyrinthe lacustre, qui serpente entre des îles boisées, sous le couvert d'une forêt dense et sombre. La région n'a pratiquement pas changé depuis le XVIIIᵉ siècle. Des loups, des ours, des daims et des orignaux peuplent en nombre les futaies. Ainsi que les trappeurs d'autrefois, vous pourrez vous aussi vous déplacer en canoë, pour rejoindre au nord votre lieu de campement. Comme lors de toute excursion en pleine nature, il est essentiel d'observer quelques précautions. N'oubliez pas de faire bouillir l'eau pendant au moins deux minutes avant de la boire. Certains poissons ont un taux de mercure élevé. Il y a aussi des tiques porteuses de la maladie de Lyme. Soyez donc prudent. (Pour plus de précisions, voir **Santé**, p. 36.)

La plupart des terrains de camping du parc ne sont accessibles qu'en bateau. Les campings accessibles en voiture se trouvent à l'extérieur du parc, dans la forêt d'Etat **Wooden Frog** (© 757-3274), à 6 km du *Kabetogama Visitors Center*, sur la Route 122 (62 emplacements rudimentaires à 9 $, douches au bureau 3 $), et à **Ash River** (© 757-3489), à 5 km du *visitors center* par la Route 129 (9 $ l'emplacement rudimentaire). Pour rejoindre un cadre boisé sans avoir à vous frotter à la nature sauvage, prenez la Route 129 sur 16 km en partant de la Route 53 jusqu'à l'**Ash Trail Lodge**, qui dispose de spacieux bungalows, d'un bar restaurant, et vous offre le luxe de maintenir un semblant de vie sociale dans un décor pourtant sauvage et reculé (© 374-3131 ou 800-777-4513, 3 chambres à 50 $). **International Falls**, surnommée "la glacière de la nation" présente d'autres options d'hébergement, ainsi que quelques sites intéressants situés hors du parc. La Route 53, à International Falls, est bordée de motels. Le **Tee Pee Motel**, 1501 2nd Ave., à l'angle de la Route 53, propose des chambres accueillantes, avec TV par câble, réfrigérateur et air conditionné (© 283-8494, chambre simple 39 $, chambre double 60 $). A 5 mn d'International Falls, **International Voyageurs RV Campground**, près de la Route 53 au sud de la ville, propose des emplacements corrects, avec douches et laverie (© 283-4679, 9 $ l'emplacement pour deux personnes, 18 $ avec raccordement complet, 2 $ par personne supplémentaire, gratuit pour les moins de 12 ans).

On peut gagner le parc depuis les lacs **Crane**, **Rainy** ou **Kabetogama** (du sud-est au nord-ouest) et par la **Ash River**, tous situés à l'est de la Route 53. On peut aussi passer par **International Falls**, à l'extrémité nord de la Route 53, juste au-dessous de Fort Frances en Ontario (Canada). Le **State of Minnesota Travel Information Center**, au croisement de la Route 53 et de la Route 11, dans le centre-ville d'International Falls, tient à votre disposition toutes les informations nécessaires à votre périple (© 285-7623, ouvert Lu-Sa 8h-18h et Di. 9h-15h). A l'intérieur du parc, vous trouverez trois autres **Visitors Centers**. Celui du lac **Rainy** (© 286-5258) est à 20 km à l'est d'International Falls au bout de la Route 11 (ouvert mi-Mai-Sep, tlj 9h-17h. Oct-mi-Mai : Me-Di. 9h-16h30). Pour celui de **Ash River** (© 374-3221), prenez la Route 129 pendant 13 km après l'intersection avec la Route 53, puis allez vers le nord pendant 6 km (ouvert mi-Mai-Sep, tlj 9h-17h). Celui du lac **Kabetogama** (© 875-2111) est à 1,5 km au nord de la Route 122. Suivez alors les indications (ouvert mi-Mai-Sep, tlj 9h-17h).

AU COMMENCEMENT ÉTAIT LE MISSISSIPPI

Près de Chippewa se trouve la **source du Mississippi**, dans le **Lake Itasca State Park**, à une cinquantaine de kilomètres à l'ouest de la Chippewa National Forest sur la Route 200. Bien plus qu'un simple abri bon marché où passer la nuit, l'auberge de jeunesse ❤ **Mississippi Headwaters Hostel (HI-AYH)** est une véritable résidence de vacances. Son emplacement au sein du parc attire autant les voyageurs que les habitants de la région. Elle reste ouverte tout l'hiver pour accueillir les skieurs de randonnée. (℃ 266-3415. *Laverie, cuisine, plusieurs salles de bains. Draps 2-4 $. Permis d'entrée du véhicule dans le parc 4 $. Chambres individuelles disponibles. Certains week-ends, séjour de 2 nuits minimum. Se présenter Di-Je 17h-22h, Ve-Sa 17h-23h. Libérer la chambre Lu-Ve avant 10h, Sa-Di avant 12h. Dortoir 15-17 $, non-adhérents 18-20 $.*) Le **bureau du parc** (*park office*), accessible depuis l'entrée nord en descendant la County Rd. 122, informe sur les possibilités de camping. (℃ 266-2100. Bureau ouvert Lu-Ve 8h-16h30 et Sa-Di 8h-16h. Mi-Oct-Avr Lu-Ve 8h-16h30. En dehors de ces horaires, appelez le *ranger*.)

ROUTE PANORAMIQUE : NORTH SHORE DRIVE

Vaste et mystérieux, le lac Supérieur façonne le paysage du nord-est du Minnesota avec ses rives déchiquetées, taillées dans un ancien glacier, et son étendue apparemment interminable. Des points de vue panoramiques longeant la côte nord permettent d'admirer les falaises abruptes qui se jettent dans les eaux changeantes du lac. Les imposantes formations rocheuses des **Sawtooth Mountains**, couvertes d'immenses bouleaux, dominent majestueusement le lac Supérieur.

La rive nord du lac Supérieur s'étend sur plus de 1000 km de Duluth à Sault Sainte Marie, en Ontario, Canada. La **Route 61** (ou encore North Shore Dr.), qui longe la côte sur 240 km de Duluth à Grand Portage, donne aux visiteurs un aperçu rapide des magnifiques paysages qui bordent le lac. Dans la plupart des petites villes dédiées à la pêche d'agrément situées le long du lac, il y a un *visitors center*. Le **R.J. Houle Visitor Information Center** (℃ 834-4005 ou 800-554-2116) de la spectaculaire **Two Harbors**, à 34 km de Duluth sur la Route 61, dispose d'un guide des lieux d'hébergement, ainsi que d'informations diverses sur toutes les villes du Minnesota bordant la rive nord du lac (ouvert Di-Je 10h-16h, Ve-Sa 9h-19h. Mi-Oct-Mai : Me-Sa 9h-13h). Les bungalows, les cottages et les luxueux *resorts* le long de la route se remplissent vite à la belle saison. N'oubliez pas de réserver au plus tôt, et d'apporter des vêtements chauds car les températures peuvent chuter jusqu'à 4 °C la nuit en plein été.

Les points forts de la Route 61 sont les panoramas exceptionnels qui s'ouvrent sur les falaises découpées tombant à pic dans l'immense étendue d'eau. De nombreux parcs d'Etat bordent la route et offrent de nombreux accès aux rives du lac ainsi qu'à quelques sites remarquables. A 32 km au nord-est du centre d'information, vous pourrez admirer les cinq chutes d'eau de **Gooseberry Falls**. Si vous vous sentez d'humeur aventureuse et souhaitez les voir de plus près, rien ne vous empêchera d'escalader les abords des chutes moyennes ou basses (℃ 834-3855, *visitors center* ouvert tlj 9h-19h, parc ouvert tlj 8h-22h). Vous pourrez même **camper** à côté (emplacement sommaire avec douche 12 $, permis véhicule obligatoire 4 $).

En continuant la route sur 13 km, vous arrivez au **Split Rock Lighthouse**. Ce phare témoigne de la grande période industrielle du lac et permet aux touristes de grimper au sommet d'une colline de 40 m de hauteur d'où ils jouissent d'une vue imprenable sur le lac et sa région. (℃ 226-6372. Ouvert mi-Mai-mi-Oct, tlj 9h-19h. Téléphonez pour connaître l'horaire d'hiver. Entrée 6 $, personnes âgées 5 $, enfants 6-12 ans 4 $.) La Route 61 devient plus sinueuse à mesure qu'elle pénètre dans la **Lake Superior National Forest** (Forêt nationale du lac Supérieur) et traverse d'innombrables rivières en direction de **Tofte**, dont le paysage est dominé par

Carlton Peak, haut de 465 m. Plus reposants, les bungalows en pin de **Cobblestone Cabins**, à 3 km au nord de Tofte, non loin de la Route 61, sont proches d'une plage de galets. Ils disposent de kitchenettes et d'un sauna qui fonctionne au feu de bois. (℘ 663-7957. Bungalows à partir de 40 $. Ouvert Mai-Oct.)

GRAND MARAIS

Proche de l'extrémité nord de la route panoramique longue de 240 km, cette station de pêche et ancien havre pour artistes vaut le détour, en plus d'être un bon point de chute pour manger et dormir. **Nelson's Traveler's Rest**, sur la Route 61, à 800 m à l'ouest de Grand Marais, loue des bungalows bien équipés avec vue sur le lac. (℘ 387-1464 ou 800-249-1285, bungalow simple à partir de 35 $, bungalow double à partir de 49 $. Ouvert de mi-Mai à mi-Oct, téléphonez à l'avance.) Vous pouvez aussi camper au bord du lac, sur un des emplacements boisés et tranquilles du **Grand Marais Recreation Area RV Park-Campground**, près de la Route 61, à Grand Marais. (℘ 387-1712 ou 800-998-0959. Emplacement sommaire 15 $, avec eau et électricité 18 $, bureau ouvert 6h-22h. Le prix inclut l'utilisation de la piscine municipale.)

Bon marché et populaire auprès des pêcheurs, le **South of the Border Cafe**, 4 W. Route 61, à Grand Marais, sert de copieux petits déjeuners toute la journée (moins de 4 $) et des plats très consistants. Le *Bluefin herring sandwich* (au hareng frit) vous coûtera 2,75 $ (℘ 387-1505, ouvert tlj 5h-14h). Pour le dessert, passez au **World's Best Doughnuts**, à l'angle de Wisconsin et de Broadway. (℘ 387-1345. Ouvert fin Mai-mi-Oct, tlj de 7h30 jusqu'à épuisement du stock survenant en général vers 16h. 50 ¢ le beignet.) L'office de tourisme **Grand Marais Chamber of Commerce**, sur N. Broadway, près de la Route 61 à Grand Marais, vous renseignera sur la Boundary Waters Canoe Area Wilderness ou BWCAW (℘ 387-2524 ou 888-922-5000, ouvert Lu-Sa 9h-17h).

BOUNDARY WATERS. Grand Marais est aussi l'antichambre du **Boundary Waters Canoe Area Wilderness (BWCAW)**, une réserve sauvage s'étendant sur 600 000 ha de lacs, de voies d'eau et de forêts. Sachez que la BWCAW régule l'accès au parc de façon très stricte. Téléphonez donc avant de vous déplacer (permis pour la journée gratuit, permis pour camper 10 $ par personne et par nuit). La **Gunflint Ranger Station**, à 1,5 km au sud de Grand Marais, délivre le permis indispensable pour pénétrer dans la BWCAW. (℘ 877-550-6777. Ouvert Juin-Sep, tlj 6h-20h. Oct-Avr : 8h-16h30 et Mai 6h-18h.) La seule route qui traverse la réserve est un sentier goudronné de 100 km, le **Gunflint Trail** (County Rd. 12), qui part de la Route 61 et se dirige vers le nord-ouest. Des lieux d'hébergement et des magasins d'équipement s'entassent le long de cette unique trace de la civilisation. Au **Bear Track Outfitting Co.**, 2011 W. Route 61, en face de la Gunflint Ranger Station, vous pourrez louer des canoës ou des kayaks et acheter le nécessaire pour camper. (℘ 387-1162. Canoë 24 $ la journée, avec tout le nécessaire, kayak 32 $ la journée.)

L'auberge de jeunesse **"Spirit of the Land" Island Hostel (HI-AYH)**, située sur une île du lac Seagull, au bout du Gunflint Trail, dispose de bungalows bien entretenus. L'auberge est administrée par **Wilderness Canoe Base**, association chrétienne, qui propose des circuits en canoë et diverses expéditions l'été. De Grand Marais, contactez-les pour qu'ils viennent vous chercher en bateau. (℘ 388-2241 ou 800-454-2922. Cuisines équipées, toilettes extérieures. 16 $ le lit, 18 $ pour les non-adhérents, Ve-Sa 18 $ le lit, 20 $ pour les non-adhérents. Sacs de couchage 5 $, sac à viande 3 $. Repas 4-6 $. Douche chaude gratuite, 3 $ le sauna. Location de canoës 10 $ la demi-journée, 18 $ la journée. Location de raquettes en hiver. Fermé Nov-Déc.)

LE SUD

> **LES INCONTOURNABLES DU SUD**
>
> **CUISINE.** Vous dégusterez l'un des meilleurs barbecues sudistes au Dreamland, à Mobile, dans l'Alabama (p. 542). La Nouvelle-Orléans, en Louisiane (p. 556), est la capitale de la cuisine cajun, délicieusement relevée. Enfin, pour l'élévation spirituelle (et surtout gustative), n'oublions pas la "soul food", la cuisine traditionnelle du Sud, dignement représentée par Nita's Place, à Savannah, en Géorgie (p. 532).
>
> **MUSIQUE.** Ne manquez pas le Tennessee, où se trouve l'Olympe de la musique country : Nashville (p. 469). De leur côté, les fidèles du King se doivent de faire le pèlerinage jusqu'à Graceland (p. 486).
>
> **LUTTE POUR LES DROITS CIVIQUES.** Le Martin Luther King Center, à Atlanta, en Géorgie (p. 519), et le Birmingham Civil Rights Institute, en Alabama (p. 539), sont particulièrement émouvants.
>
> **CHARME ET ÉLÉGANCE DU VIEUX SUD.** Les villes de Charleston, en Caroline du Sud (p. 504), et de Savannah, en Géorgie (p. 530), ont su, plus que toutes autres, préserver le mode de vie antérieur à la guerre de Sécession.

Dans les années 1860, les différences régionales engendrèrent le conflit le plus sanglant de l'histoire des Etats-Unis. Le sentiment d'appartenance aux Etats-Unis s'est homogénéisé depuis, mais les disparités entre Nord et Sud perdurent, tant dans la mémoire que dans la vie quotidienne. Si les habitants du Nord font référence à la "guerre de Sécession", on parle ici, sur un ton provocateur, de la "guerre entre les Etats". Loin des capitales commerciales (Atlanta, Nashville, Charlotte et La Nouvelle-Orléans), les gens du Sud continuent de mener une vie plus paisible et plus conviviale que leurs voisins du Nord.

Peut-être le point commun le plus fort entre les régions du Sud est-il l'extrême division raciale léguée par l'histoire : elles portent encore, en effet, le lourd fardeau de l'esclavage, et le mouvement pour les droits civiques des années 1950 et 1960 est trop récent pour être consigné dans les livres d'histoire. Parallèlement, ces tensions raciales ont fait naître de grands noms de la littérature comme William Faulkner et presque tous les genres musicaux américains : gospel, blues, jazz, country, rhythm'n'blues et rock'n'roll.

Même s'il reste économiquement moins puissant que le Nord, le Sud se distingue du reste des Etats-Unis aussi bien par son architecture, sa cuisine et sa langue que par sa population, qui reflètent une histoire et une culture spécifiques, marquées par les influences amérindienne, française, espagnole, anglo-saxonne et africaine. La variété des paysages constitue l'autre attrait d'une région qui compte des montagnes sauvages, des marais, des plaines fertiles et de superbes plages.

KENTUCKY

Pour les Américains, le Kentucky est réputé pour ses duels, ses querelles et l'esprit opiniâtre de ses premiers pionniers (comme le célèbre Daniel Boone). Pourtant, avec ses collines verdoyantes, cet Etat offre aujourd'hui un visage paisible. Pour l'apprécier, il suffit de prendre le temps de s'asseoir face à un petit verre de bourbon local ou face à une assiette de *burgoo* (ragoût de viande épicé), sur fond de musique *bluegrass*. De nos jours, le tempérament belliqueux des habitants ne se manifeste

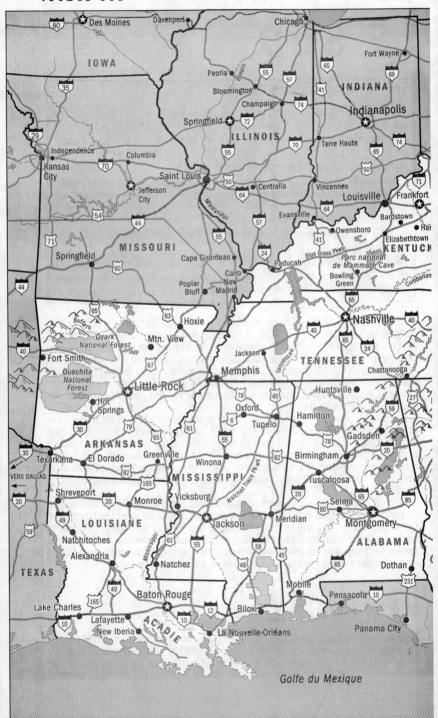

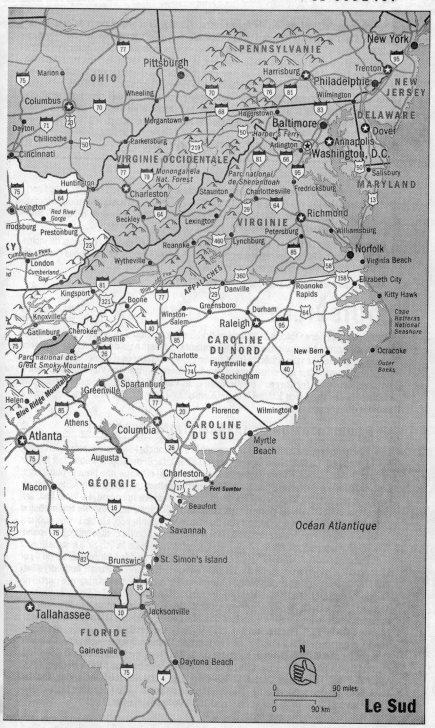

Le Sud

plus guère qu'au volant, où ils font preuve d'un goût marqué pour la course de vitesse. Ce n'est pas un hasard si la Corvette, seule voiture de sport 100 % américaine, est née ici. Mais le cheval jouit d'un respect au moins égal : le Kentucky Derby, qui se tient chaque année à Louisville, est la course équestre la plus prestigieuse des Etats-Unis. Une autre ville connue des passionnés d'équitation, Lexington, est un des hauts lieux de l'élevage de chevaux de course. Dans l'est de l'Etat, les forêts sauvages des Kentucky Highlands, qui conservent la trace des premiers sentiers qu'empruntaient les trappeurs sur la route de l'Ouest, sont aujourd'hui protégées au sein de la réserve naturelle Daniel Boone National Forest.

⚡ INFORMATIONS PRATIQUES

Capitale : Frankfort.

Office de tourisme : **Kentucky Department of Travel**, 500 Mero St., 21ᵉ étage (*22nd floor*), Frankfort 40601 (℗ 502-564-4930 ou 800-225-8747, www.kentuckytourism.com). **Kentucky State Parks**, 500 Mero St., 9ᵉ étage (*10th floor*), Frankfort 40601 (℗ 800-255-7275, www.kystateparks.com).

Fuseau horaire : Le Sud est majoritairement aligné sur l'heure de l'Est (6 heures de moins que l'heure de Paris). Les régions à l'heure des Prairies (7 heures de moins que l'heure de Paris) sont toujours indiquées dans ce chapitre.

Abréviation postale : KY. **Taxe locale** : 6 %.

LOUISVILLE ☎ 502

Située sur la rivière Ohio, à la frontière du Nord et du Sud, Louisville (nom plus ou moins prononcé à la française par ses habitants) présente un double visage. De son passé industriel, la ville a hérité d'un paysage de cheminées d'usine, d'abattoirs et d'entrepôts en ruine qui contrastent avec les beaux quartiers victoriens et leurs édifices ornés de fer forgé. Chaque année, la ville accueille la plus prestigieuse course de chevaux des Etats-Unis, le Kentucky Derby. Celle-ci a lieu le premier samedi du mois de mai.

✷⚡ ORIENTATION ET INFORMATIONS PRATIQUES

Les principales routes inter-Etats traversant la ville sont la **I-65** (voie rapide nord/sud), la **I-71** et la **I-64**. La **Watterson Expressway** (ou **I-264**), facilement accessible, fait le tour de la ville, tandis que la **Gene Snyder Freeway** (ou **I-265**) effectue une boucle plus large. Le centre-ville est délimité par **Main St.** et par **Broadway** qui coupent la ville d'est en ouest, et par **Preston Hwy.** et la **19th St.** qui sont orientées nord/sud. Le **West End**, au-delà de la 20th St., passe pour un quartier peu fréquentable. **Louisville International Airport** (℗ 368-6524) est à 15 mn au sud du centre-ville par la I-65. Un taxi vous coûtera 13-15 $. Vous pouvez aussi prendre le bus n° 2 en direction du centre-ville. **Greyhound**, 720 W. Muhammad Ali Blvd. (℗ 561-2805), est à l'angle de la 7th St. Destinations : Indianapolis (9 dép/j, durée 1h15, 17,50 $), Cincinnati (10 dép/j, durée 2h, 19,50 $) et Chicago (7 dép/j, durée 5h, 38 $). La gare est ouverte 24h/24. **Transit Authority River City (TARC**, ℗ 585-1234) est un réseau complet de bus qui dessert la majeure partie de l'agglomération. Les bus circulent tlj 5h-23h30. (Tarif 75 ¢. 1 $ Lu-Ve 6h30-8h30 et 15h30-17h30.) Deux lignes de tramway gratuites desservent Main St. et la 4th St., dans le centre-ville, de 8h à 17h. **Taxi** : **Yellow Cab** (℗ 636-5511). **Location de vélos** : **Highland Cycle**, 1737 Bardstown Rd. (℗ 458-7832. Ouvert Lu-Ve 9h-17h30 et Sa. 9h-16h30. A partir de 3,25 $ l'heure, 12 $ la journée.) **Informations touristiques** : **Louisville Convention and Visitors Bureau**, à l'angle de la 3rd St. et de Market St. (℗ 584-2121. Ouvert Lu-Sa 8h30-17h et Di. 12h-16h.) **Assistance téléphonique** : **Rape Hotline**, (SOS Viol) ℗ 581-7273 et **Crisis Center**, ℗ 589-4313. Lignes en service 24h/24. **Gay/Lesbian Hotline**, ℗ 454-7613. Service tlj 18h-22h. **Bureau de poste** : 1420 Gardner Ln. (℗ 454-1766. Ouvert Lu-Ve 7h30-19h et Sa. 7h30-15h.) **Code postal** : 40213.

LE SUD

HÉBERGEMENT

Les hôtels du centre de Louisville sont faciles d'accès, mais assez chers. Essayez plutôt les motels meilleur marché le long de la **I-65** près de l'aéroport ou de l'autre côté de la rivière, à **Jeffersonville**. **Newburg** (à 10 km) dispose également de lieux d'hébergement abordables. Pour vous loger pendant la semaine du Derby, réservez de six mois à un an à l'avance et préparez-vous à y mettre le prix. Le *visitors bureau* peut vous aider dans vos démarches à partir du 13 mars.

Le **Motel 6**,accessible par la sortie n° 117 de la I-65, se trouve à environ 30 mn en voiture du centre-ville et à quelques minutes de l'aéroport. Ce motel propose des chambres propres et confortables. Facile à trouver, il est proche de Bardstown et des centres d'intérêt des environs. (© 543-4400. Chambre simple 37 $, chambre double 42 $.) Les chambres du **Super 8**, 927 S. 2nd St., sont sommaires. Une navette assure la liaison avec l'aéroport sur demande. (© 584-8888. Chambre simple 53 $, chambre double 58 $. Certaines chambres sont accessibles aux handicapés.) Le camping **KOA**, 900 Marriot Dr., de l'autre côté de la rivière depuis le centre, dispose d'emplacements en dur. Pour vous y rendre, suivez la I-65 vers le nord en passant le pont et prenez la sortie n° 1. (© 282-4474. Emplacement pour 2 personnes 23 $, avec raccordement 28 $. Personne supplémentaire 4 $, moins de 18 ans 2,50 $. Bungalow pour 2 personnes 35 $. Epicerie, terrain de jeux, accès gratuit à la piscine, minigolf et lac pour pêcher. Moins cher mi-Nov-mi-Mars.)

RESTAURANTS

Les restaurants de Louisville offrent une table très variée, mais les bons repas à prix modique sont rares dans le centre-ville. **Bardstown Rd.** réunit de nombreux cafés et bars-restaurants qui proposent de la cuisine locale et exotique. **Frankfort Ave.** se dote progressivement de restaurants et de cafés huppés. Pour le déjeuner, les établissements de **Theater Sq.**, entre Broadway et la 4th St., dans le centre, sont d'un bon rapport qualité-prix. ♥ **Twice Told**, 1604 Bardstown Rd., le plus ancien café de Louisville, est toujours un lieu cool après toutes ces années. Lecture de poèmes, spectacles comiques, concerts de jazz ou de blues commencent tous les soirs à 21h mais venez plus tôt si vous voulez goûter au plat de *portobella* à 5,75 $. (© 456-0507. Ouvert Lu-Je 12h-24h, Ve. 12h-1h et Sa. 9h-1h. Karaoké Ma. Spectacles Lu-Sa à 21h. Certains sont gratuits, pour les autres, le droit d'entrée peut atteindre 10 $.) La théière géante qui trône devant **Lynn's Paradise Cafe**, 984 Barrett Ave., indique l'un des établissements phare de Louisville. Il sert une cuisine délicieuse dans un décor entièrement dédié à l'enfance, depuis les poupées en plastique sur les tables jusqu'aux œuvres des bambins qui décorent les murs. Le soir, les prix grimpent rapidement : venez plutôt le matin ou pour le déjeuner si votre budget est limité. (© 583-3447. Ouvert Ma-Di 7h-22h.) **Mark's Feed Store**, 1514 Bardstown Rd., a remporté un prix pour son barbecue que vous pourrez déguster au milieu de grandes pancartes publicitaires en métal qui vantent de la nourriture pour animaux. (© 459-6275. Sandwichs 4-5 $, barbecue au dîner moins de 8 $. Dessert gratuit Lu. après 16h. Ouvert Di-Je 11h-22h et Ve-Sa 11h-23h.)

IL N'Y A PAS QUE LE CHEVAL DANS LA VIE

Le **Highlands "strip"**, une artère qui longe Baxter/Bardstown, est délimité par Broadway et Trevilian Way au sud. Ce quartier vivant, où cohabitent cafés, pizzerias, antiquaires et magasins de disques, vaut le coup d'œil (bus n° 17 et n° 23). Non loin de là, l'**American Printing House for the Blind**, 1839 Frankfort Ave., gère un petit musée très intéressant sur le développement du braille et d'autres systèmes de lecture moins connus destinés aux non-voyants. (© 895-2405. Ouvert Lu-Ve 9h-16h30. Visites guidées à 10h et 14h. Entrée gratuite.) Plus au sud, sur le campus de l'université de Louisville, le **J.B. Speed Art Museum**, 2035 S. 3rd St., abrite une vaste collection de peintures flamandes et néerlandaises, de tapisseries de Hollande, d'œuvres de la

LE SUD

Renaissance italienne, d'art contemporain et de sculptures. Bus n° 2 ou n° 4. (© 634-2700. Ouvert Ma-Me et Ve. 10h30-16h, Je. 10h30-20h, Sa. 10h30-17h, Di. 12h-17h. Entrée libre. Parking 1,50 $ l'heure.)

Un authentique bateau à aubes, la **Belle of Louisville** est amarré au niveau de la 4th St. et de River Rd. (© 574-2355. Des croisières de 2h partent de Riverfront Plaza Juin-début Sep. Téléphonez pour connaître l'horaire et les prix.) La plus grande batte de base-ball du monde (36,50 m) est apposée sur le mur de la **Hillerich and Bradsby Co. (Louisville Slugger Factory and Museum)**, 800 W. Main St. C'est ici que sont fabriquées les battes Louisville Slugger, bien connues des Américains et des amateurs de ce sport. Vous pouvez visiter l'atelier où sont conçus les instruments des meilleurs professionnels du pays, et regarder un film nostalgique. Vous aurez même droit à une batte miniature à la fin de la visite. (© 588-7228. Ouvert Lu-Sa 9h-17h. Avr-Nov : également ouvert Di. 12h-17h. Tarif 6 $, personnes âgées 5 $, enfants 3,50 $.)

Vous pouvez aussi visiter le **Harlan Sanders Museum** et les **Kentucky Fried Chicken International Headquarters**, 1441 Gardiner Ln., en sortant de la Watterson Expwy., au niveau de Newburg Rd. Il s'agit du "quartier général international" de la chaîne de fast-food Kentucky Fried Chicken. Une pièce regroupe des objets ayant appartenu au colonel Sanders, père fondateur de la célèbre chaîne KFC, ainsi que son bureau et un film. Le colonel au costume blanc popularisa le poulet frit grâce à sa recette secrète aux 11 épices et aromates. (© 874-1000. Ouvert Lu-Ve 8h-17h. Entrée libre.)

⬛ PARTANT, PLACÉ OU GAGNANT

Chaque année, le premier samedi du mois de mai, se déroule la plus prestigieuse course de chevaux des Etats-Unis, le **Kentucky Derby**, connu également sous le nom de **Run for the Roses**. Cette course attire pendant une semaine plus d'un demi-million de spectateurs déchaînés. Lorsque les chevaux prennent le départ, toute la ville retient son souffle pendant les "deux minutes de sport les plus excitantes au monde". Et chacun rêve d'empocher une partie des 15 millions de dollars de paris engagés chaque année pendant le Derby. Même en dehors de la période du Kentucky Derby, allez visiter l'hippodrome de **Churchill Downs**, 700 Central Ave., à 5 km au sud du centre. Prenez le bus n° 4 pour Central Ave. Les deux flèches, les jardins et l'immense piste valent le détour, même si vous ne pariez pas. (© 636-4400. Courses fin Avr-Nov. Heures et prix variables. Visites guidées possibles avec le Kentucky Derby Museum. 2 $, personnes âgées 1 $, gratuit pour les moins de 13 ans.)

Les 64 tonnes de feux d'artifice du **Thunder over Louisville**, le plus grand spectacle de pyrotechnie en Amérique du Nord, annoncent le début du **Kentucky Derby Festival**. Pendant deux semaines, il sert de cadre à de multiples manifestations : courses de montgolfières et de bateaux à vapeur, concerts et défilés. Mais tout ça n'est qu'un prélude au déchaînement final : 80 000 *mint juleps* (whisky glacé à la menthe) sont consommés durant les courses du **Run for the Roses**, qui se tient le premier samedi de mai. La liste d'attente pour obtenir un billet pour le Derby peut être longue (jusqu'à dix ans !). Mais rassurez-vous : le matin du Derby, des billets sont en vente (35 $) pour des places debout en tribune ou sur le terrain. Faites cependant la queue aussi tôt que possible pour obtenir une bonne place avant les 125 000 autres spectateurs. Le **Kentucky Derby Museum**, à la porte 1 (*Gate One*) de Churchill Downs, organise des visites du stade et présente une projection représentative de la course sur écran à 360°, des séquences de toutes les courses enregistrées (dont le record de 1973), une simulation de courses pour s'entraîner au pari et des tuyaux pour vous aider à choisir un "crack". (© 637-1111. Ouvert Lu-Sa 9h-17h et Di. 12h-17h, dernière visite guidée à 16h15. Tarif 7 $, personnes âgées 6 $, 5-12 ans 3 $, gratuit pour les moins de 5 ans.)

🎵 🎭 SPECTACLES ET SORTIES

Leo, hebdomadaire gratuit disponible dans la plupart des restaurants du centre-ville ou au *visitors bureau*, vous renseignera sur toutes les sorties et les manifestations culturelles. Tout est bien qui finit bien au **Kentucky Shakespeare Festival** (© 583-8738) qui se déroule à Central Park et au zoo pendant les mois de juin et de juillet (spectacle à 20h, entrée libre). **The Louisville Palace** (© 583-4555), 625 S. 4th Ave., est l'un des 15 derniers "théâtres atmosphériques". Allez-y à la fois pour son intérieur baroque espagnol outrancier et pour les reprises des pièces de Broadway, les spectacles comiques ou les grands noms de la musique qui viennent se produire ici.

Les boîtes de nuit se concentrent dans Baxter Ave., près de Broadway. **Phoenix Hill Tavern**, 644 Baxter Ave., accueille sur ses quatre scènes (dont une en plein air et une autre sur le toit) des groupes de blues, de rock ou de reggae. (© 589-4957. Entrée 2-5 \$. Ouvert Me-Je et Sa. 20h-3h30, Ve. 17h-3h30.) Les gays se retrouvent à **The Connection**, 120 Floyd St., entre Main St. et Market St. Ce club noir et blanc tout en miroirs a aménagé quatre espaces sous le même toit. Les différents bars accueillent diverses soirées à thème et ont un horaire différent, mais au moins deux sont ouverts après 22h Lu-Sa. (© 585-5752. Entrée 2-5 \$. Ouvert Lu-Me 17h-2h et Je. 17h-4h. *Dance Bar* ouvert Je-Sa 22h-4h. Salle de spectacle ouverte Ve-Sa 22h30-3h30.)

DES MILLIONS EN LINGOTS Fort Knox, situé à 45 km au sud de Louisville, abrite la réserve nationale de lingots d'or. La sécurité est telle que les touristes n'ont pas d'autre choix que de passer, au loin, en voiture. Pour ceux qui voudraient tenter un hold-up, la meilleure solution est de se rendre au **Patton Museum** afin d'examiner la reconstitution utilisée dans le film *Goldfinger*. Le musée, au nord de Fort Knox, près de la US 31 W., retrace l'histoire des blindés et expose un grand nombre de chars que vous pourrez approcher sans danger. (© 624-3812. Ouvert Mai-Sep, Lu-Ve 9h-16h30 et Sa-Di 10h-18h. Oct-Juin : Sa-Di 10h-16h30. Entrée gratuite.)

⚡ ENVIRONS DE LOUISVILLE

BARDSTOWN

La deuxième plus ancienne ville du Kentucky, à 20 km à l'est sur la Route 245, après la sortie n° 112 de la I-65, est surtout connue comme "la capitale mondiale du bourbon". En 1791, le révérend baptiste Elijah Craig laissa un peu trop longtemps sur le feu les planches de chêne qu'il utilisait pour fabriquer un tonneau à whisky. Homme économe, il décida malgré tout de s'en servir et c'est dans ce tonneau aux planches calcinées que naquit le bourbon. 90 % du bourbon national vient du Kentucky et 60 % de celui-ci est distillé dans les comtés de Nelson et de Bullitt. Au **Jim Beam's American Outpost**, à 25 km à l'ouest de Bardstown, en sortant de la Route 245 à Clermont, un maître distillateur, Booker Noe, petit-fils de Jim Beam, commente un film sur le bourbon. Jim Beam propose des dégustations gratuites (Lu-Sa) et offre de la citronnade, du café et des bonbons au bourbon. (© 543-9877. Ouvert Lu-Sa 9h-16h30 et Di. 13h-16h. Entrée gratuite.) La **Maker's Mark Distillery**, à 30 km au sud-est de Bardstown en suivant les panneaux depuis le centre-ville, sur la Route 52 E., à Loretto, propose des visites guidées. Des bouteilles de bourbon sont en vente à la boutique de cadeaux tous les jours sauf le dimanche. Vous pouvez tremper vous-même vos achats dans la fameuse cire rouge qui constitue la marque de fabrique de l'entreprise. (© 865-2099. Visites guidées Lu-Sa toutes les heures 10h30-15h30, Di. toutes les heures 13h30-15h30. Entrée libre.) L'**Oscar Getz Museum of Whiskey History**, dans Spalding Hall, 114 N. 5th St., offre une vision fascinante de la boisson la plus populaire du Kentucky et explique les différentes contributions de l'Etat à l'histoire de l'alcool, notamment du fait de la farouche prohibitionniste Carry Nation. (© 348-2999. Ouvert Mai-Oct, Lu-Sa 9h-17h et Di. 13h-17h. Nov-Avr : Ma-Sa 10h-16h et Di. 13h-16h.) **Informations touristiques : Bardstown Visitors Center**, 107 E. Stephen Foster Ave. (© 348-4877 ou 800-638-4877. Ouvert Lu-Ve 8h-18h, Sa. 9h-18h et Di. 11h-15h. Oct-Mars : Lu-Sa 8h-17h.)

LE SUD

MAMMOTH CAVE

Des centaines de grottes et d'étroites galeries sillonnent le ♥ **Mammoth Cave National Park**, à 128 km au sud de Louisville depuis la I-65, puis à l'ouest sur la Route 70. Mammoth Cave est le plus grand réseau de tunnels souterrains du monde : plus de 520 km au total. La première visite guidée eut lieu en 1816. A l'origine, les guides étaient les esclaves chargés d'extraire le salpêtre dans les grottes, avant leur fermeture en raison du séisme de New Madrid en 1811. Aujourd'hui, ce sont les *rangers* du parc qui accompagnent les visites. En été, les mordus de spéléologie peuvent effectuer le circuit "Wild Cave Tour" de 6 heures (âge minimal 16 ans, 35 \$). Les moins passionnés se contenteront d'effectuer la promenade historique de 2 heures (8 \$, personnes âgées 4 \$, 6-12 ans 5 \$). Si vous êtes pressé, vous pouvez opter pour la visite non guidée intitulée "Discovery Tour" (3,50 \$, personnes âgées et 6-12 ans 2 \$). Des circuits d'1h30 sont prévus pour les handicapés (7 \$). Les grottes demeurent à la température frisquette de 12 °C et le parc dispose également de sentiers de randonnée en surface. (*Visitors center* : © 758-2328 ou 800-967-2283. Ouvert tlj 7h30-19h ; hors saison 8h-18h. Réservation conseillée.) Le camping Headquarters, près du *visitors center*, est équipé de sanitaires. (© 800-967-2283. Emplacement 14 \$. Douche en été 2 \$. Réservation conseillée.) Vous pouvez obtenir des permis pour le **camping sauvage** au *visitors center*. Les bus **Greyhound** vont jusqu'à **Cave City**, juste à l'est de la I-65 sur la Route 70. **Fuseau horaire** : Heure des Prairies (7 heures de moins que l'heure de Paris).

BOWLING GREEN

Les fans d'automobile viennent en masse se recueillir sur le lieu de naissance légendaire de *la* voiture de sport américaine : la Corvette. L'exhaustif **National Corvette Museum**, 350 Corvette Dr., non loin de la I-65, sortie n° 28, vous permet d'admirer de nombreuses Corvette, depuis le modèle original de 1953, tout de chrome et d'acier, jusqu'aux voitures conceptuelles futuristes. Les expositions changent constamment. (© 800-538-3883. Ouvert tlj 8h-17h. Entrée 8 \$, 6-16 ans 4,50 \$, personnes âgées 5 \$.) Pour voir un peu plus d'action, visitez l'usine **General Motors Corvette Assembly Plant**, à côté de la I-65, sortie n° 28, où les Corvette de la cinquième génération sortent de la chaîne de montage. Avec un peu de chance, vous pourrez monter à bord de l'un des modèles flambant neufs et être le premier à faire rugir son moteur. (© 270-745-8419. Visites guidées Lu-Ve à 9h et 13h. Gratuit.) **Fuseau horaire** : Heure des Prairies (7 heures de moins que l'heure de Paris).

LEXINGTON   ☏ 859

Au début des années 1800, Lexington était considérée comme "l'Athènes de l'Ouest" : les richesses produites par les exploitations de tabac et de chanvre aidèrent à en faire le centre culturel le plus dynamique de l'ouest des Appalaches, entraînant la construction de grandes demeures près du centre-ville. Aujourd'hui, la principale ressource de Lexington provient de l'élevage des chevaux. Les fermes dont sont issus les meilleurs chevaux de course du monde se trouvent autour de la ville, au cœur du "Bluegrass Country", les fameuses plaines de l'est du Kentucky. En ville, l'université du Kentucky (UK) maintient haut le flambeau de la culture.

▊ TRANSPORTS

Avion : **Blue Grass**, 4000 Versailles Rd. (© 255-7218), au sud-ouest du centre-ville. Les hôtels luxueux du centre mettent des navettes à disposition de leurs clients mais il n'y a pas de transports en commun vers l'aéroport. Un taxi jusqu'au centre-ville coûte environ 20 \$.

Bus : **Greyhound**, 477 New Circle Rd. N.W. (© 299-0428. Ouvert Lu-Ve 7h30-23h et Sa-Di 7h30-18h.) Destinations : **Louisville** (4 dép/j, durée 2h, 16-17 \$), **Cincinnati** (7 dép/j, durée 1h30, 18-19 \$) et **Knoxville** (4 dép/j, durée 4h, 41-44 \$).

Transports en commun : Lex Tran, 109 W. London Ave. (© 253-4636). Les bus partent du Transit Center, 220 E. Vine St., au sein du vaste block entre Limestone St. et Rose St., généralement 15 mn avant et après le début de chaque heure. Ils desservent l'université et la banlieue. La plupart des lignes fonctionnent de 6h à 24h. Tarif 1 $, 6-18 ans 80 ¢, personnes âgées et handicapés 50 ¢. Correspondance gratuite. Les jours de course, Lex Tran met en place une navette à 1 $ vers Keeneland.

Taxi : Lexington Yellow Cab, © 231-8294.

ORIENTATION ET INFORMATIONS PRATIQUES

La **New Circle Rd.** (bretelle de contournement Route 4/US 60) contourne la ville et croise la plupart des routes qui partent du centre. **High St.**, **Vine St.** et **Main St.**, orientées est/ouest, et **Limestone St.** et **Broadway**, nord/sud, sont les artères les plus pratiques du centre-ville. On rencontre de nombreux sens interdits assez déroutants autour du centre-ville et de l'université.

Informations touristiques : Lexington Convention and Visitors Bureau, 301 E. Vine St. (© 233-7299 ou 800-845-3959, www.visitlex.com). Ouvert l'été Lu-Ve 8h30-17h, Sa. 10h-17h et Di. 12h-17h. Hors saison : fermé Di.

Assistance téléphonique : Crisis Intervention, © 253-2737 ou 800-928-8000. **Rape Crisis** (SOS Viol), © 253-2511 ou 800-656-4673. Les deux services fonctionnent 24h/24.

Hôpitaux : St. Joseph East Hospital, 150 N. Eagle Creek Dr. (© 268-4800). **Lexington Women's Diagnostic Center**, 1701 Bobolink Dr. (© 277-8485).

Internet : Lexington Public Library (bibliothèque municipale), 140 E. Main St. (© 231-5500), près de Limestone St. Ouvert Lu-Je 9h-21h et Di. 13h-17h.

Bureau de poste : 210 E. High St. (© 254-6156). Ouvert Lu-Ve 8h-17h et Sa. 9h-12h. **Code postal :** 40507.

HÉBERGEMENT

La forte concentration d'élevages de chevaux de la région de Lexington fait monter le prix des hôtels. Les moins chers sont en périphérie, dans New Circle Rd. ou près de la I-75. Le *visitors bureau* peut vous aider à trouver une chambre. (© 233-1221 ou 800-848-1224. Ouvert Lu-Ve 8h30-17h, Sa. 10h-17h et Di. 12h-17h.)

Catalina Motel, 208 W. New Circle Rd. (© 299-6281). Prenez Broadway en direction du nord et tournez à gauche dans New Circle Rd. Chambres spacieuses et propres avec air conditionné et télévision par câble. Piscine. Appels locaux gratuits. Chambre simple 30 $, chambre double 40 $.

Microtel, 2240 Buena Vista Dr. (© 299-9600), près de la I-75 au niveau de la sortie Winchester Rd. (Route 60). Prenez le bus n° 7. Chambres de motel agréables et lumineuses. Air conditionné, TV par câble. Chambre simple Di-Je 45 $, Ve-Sa 52 $, chambre double respectivement 52 et 56 $.

Kentucky Horse Park Campground, 4089 Ironworks Pike (© 259-4257 ou 800-370-6416), à 16 km au nord du centre-ville par la I-65, sortie n° 120. Très bon camping avec laverie, douches, terrains de basket, piscine et des possibilités de raccordement à un modem. Une simple étendue dénudée pour les tentes, mais des places de camping-car à l'ombre, sur l'herbe. Séjour de 2 semaines au maximum. Emplacement Avr-Oct 13 $, avec raccordement 18 $, personnes âgées 15,50 $. Nov-Mars 11 $/14 $/12 $.

RESTAURANTS ET SORTIES

❤ **Alfalfa Restaurant**, 557 S. Limestone St., en face de l'université, propose un menu de spécialités exotiques et de plats végétariens et végétaliens différent tous les jours. La cuisine est toujours excellente et bon marché. Dîner 7-14 $. Soupes et salades consistantes 2,50-7,50 $. Concerts gratuits de jazz, de folk, etc. Ma-Sa de 20h à 22h. (© 253-0014. Ouvert Lu. 11h-14h, Ma-Je 11h-14h et 17h30-21h, Ve-Sa 10h-14h et 17h30-

22h, Di. 10h-14h.) ♥ **Ramsey's** possède cinq restaurants dans la région de Lexington, mais si vous voulez l'original, il vous faudra aller au 496 E. High St., à Woodland. Vous y mangerez la cuisine traditionnelle du Sud, grasse à souhait. Que les végétariens soient prévenus : même les légumes sont cuits avec du porc. Plat principal 8-10 $. Sandwichs 6-8 $. (✆ 259-2708. Ouvert Lu-Ma 11h-23h, Me-Ve 11h-1h, Sa. 10h-1h et Di. 10h-23h. *Happy hour* 16h-19h.) Au **Parkette Drive-In**, 1230 E. New Circle Rd., les plats bon marché viennent jusqu'à votre voiture dans le plus pur style des années 1950. Quelques tables à l'intérieur pour les personnes sans véhicule vous plongeront tout autant dans l'ambiance rétro. (✆ 254-8723. Ouvert Lu-Je 11h-23h, Ve-Sa 11h-24h et Di. 11h-22h.)

La vie nocturne de Lexington surprend pour une ville de cette taille, mais il lui manque un véritable centre. Les quartiers qui bougent le plus se trouvent autour de Main St., à l'ouest de Limestone St. et à l'extrémité est de l'université. Pour savoir ce qui se passe, parcourez la rubrique "Weekender" de l'édition du vendredi du journal *Herald-Leader* ou procurez-vous un exemplaire gratuit d'*Ace*. **The Bar**, 224 E. Main St., un bar-discothèque très en vogue, est particulièrement populaire auprès de la communauté homosexuelle. (✆ 255-1551. Entrée Ve. 4 $, Sa. 5 $. Bar ouvert Lu-Sa 16h-1h. Discothèque ouverte Ma-Je 23h-1h, Ve. 22h-1h et Sa. 22h-3h30.) Le **Lynagh's Pub and Club**, à University Plaza, au croisement de Woodland St. et d'Euclid St., près de l'université, est un bar de quartier sans prétention à la clientèle sympathique. Le club contigu donne des concerts. (Pub : ✆ 255-1292. Ouvert Lu-Sa 11h-1h et Di. 12h-23h. Entrée 3-15 $. Club : ✆ 255-6614. Pub et club ouverts Ma-Sa 16h-21h pour le billard et les fléchettes, 21h-1h pour la musique.)

◉ VISITES

VISITES CITADINES. Pour fuir le climat étouffant du Sud, les planteurs se construisirent de superbes résidences d'été dans la région plus tempérée de Lexington. Les plus belles d'entre elles se trouvent près du centre-ville, à l'est, autour de **Gratz Park**, près de l'ancienne bibliothèque municipale. De beaux porches, des tourelles de bois, et des treilles tapissées de rosiers distinguent ces vieilles demeures des maisons plus récentes qui les entourent. La **maison Hunt Morgan** se dresse au bout du parc, en face du Carnegie Literacy Center, dans la W. 2nd St. Construite en 1814 par John Wesley Hunt, "le premier millionnaire à l'ouest des monts Allegheny" (!), la maison vit naître Thomas Hunt Morgan qui reçut le prix Nobel en 1933 pour ses travaux sur la génétique. Le membre de la famille qui a laissé le souvenir le plus pittoresque fut le général sudiste John Hunt Morgan : selon la légende, poursuivi par des soldats nordistes, il gravit le perron à cheval, entra dans la maison, se pencha pour embrasser sa mère et ressortit par la porte de derrière sans être descendu de sa monture. *(201 N. Mill St. ✆ 233-3290 ou 253-0362. Visites guidées Ma-Sa 10h-16h et Di. 14h-17h, au quart de chaque heure. 5 $, étudiants 3 $. Pendant la semaine qui précède Halloween, des "visites hantées" de Gratz Park commencent ici tous les soirs : il s'agit de courtes visites centrées sur les nombreux habitants d'outre-tombe qui peuplent le voisinage.)* Les curieuses et brillantes créations du bijoutier hollywoodien George W. Headley sont exposées au **Headley-Whitney Museum**. A l'intérieur du musée se trouve l'extravagante "Shell Grotto", une ancienne écurie dont Headley a garni l'intérieur de milliers de coquillages. *(4435 Old Frankfort Pike. ✆ 255-6653. Ouvert Ma-Ve 10h-17h et Sa-Di 12h-17h. Fermé Janv. Entrée 6 $, étudiants 4 $, personnes âgées 5 $.)*

VISITES ÉQUESTRES. Les haras de Lexington comptent parmi les plus beaux des Etats-Unis. Procurez-vous-en la liste au *visitors bureau*, qui pourra également vous aider à organiser des visites. Les écuries de **Three Chimneys Farm**, à Old Frankfort Pike, à 6,5 km de la I-64 et à 13,5 km de New Circle Rd., sont réputées pour les champions qui y furent dressés. *(✆ 873-7053. Visites sur réservation uniquement. Prévoyez un pourboire de 5-10 $ pour le guide.)* Le **Kentucky Horse Park**, à 16 km au nord, sortie n° 120 de la I-75, près d'Ironworks Pike, mérite une visite pour son musée et ses possibilités équestres. Le dernier week-end d'avril, le parc accueille le concours d'équitation Rolex comptant pour les qualifications en équipe nationale, la US Equestrian Team. *(4089 Ironworks Pkwy. © 233-4303. Ouvert mi-Mars-Oct, tlj 9h-17h. Nov-mi-Mars : Me-Di 9h-17h. Entrée 12 $, 7-12 ans 6 $, Nov-Mars 9 $/5,50 $. Spectacles équestres et circuits en calèche compris. Promenade à cheval de 45 mn supplément de 13 $, balade en poney supplément de 4 $. Parking 2 $. Accès handicapés.)* En avril, le **Keeneland Race Track**, à l'ouest par la US 60, est la dernière course préparatoire au prestigieux Kentucky Derby. Ce champ de courses possède peut-être l'offre la plus avantageuse de la ville en ce qui concerne le petit déjeuner : pour environ 4 $, vous pourrez vous restaurer aussi pleinement que dans une cafétéria et, si vous êtes chanceux, vous aurez l'occasion de discuter avec un jockey ou un propriétaire de cheval. *(4201 Versailles Rd. © 254-3412 ou 800-456-3412. Courses Oct. et Avr. Départ à 13h. Billet 2,50 $. Séances d'entraînement ouvertes au public mi-Mars-Nov 6h-10h. Petit déjeuner tlj 5h30-11h sauf les 2 premières semaines de février.)*

⚡ EXCURSIONS AUTOUR DE LEXINGTON

WHITE HALL

A la sortie n° 95 de la I-75, on peut visiter **White Hall**, une élégante maison de style géorgien qui fut habitée par l'antiesclavagiste Cassius M. Clay (à ne pas confondre avec le célèbre boxeur), cousin du sénateur Henry Clay. Cassius Clay était célèbre non seulement pour ses positions en faveur de l'abolition de l'esclavage, mais également pour son habitude de tirer au canon sur les collecteurs des impôts. Il a également publié un livre sur les meilleures méthodes de combat au couteau, un domaine dans lequel il avait une certaine expérience personnelle. *(© 623-9178. Visites guidées uniquement, durée 45 mn. Ouvert Avr-Oct, tlj 9h-17h30, dernière visite à 16h30. Début Sep-Oct : Me-Di uniquement. Entrée 5 $, moins de 13 ans 2,50 $, gratuit pour les moins de 6 ans.)*

BEREA

Plus au sud, **Berea**, sortie n° 76 ou n° 77 de la I-75, est la capitale de l'artisanat local. Même si les magasins chers et très touristiques prédominent, la ville n'a rien perdu de son charme. A **Churchill Weavers**, 100 Churchill Dr., par la US 25, vous pouvez visiter l'atelier de tissage et voir l'un des derniers exemplaires du métier à main. *(© 986-3127. Atelier ouvert Lu-Ve 9h-12h et 12h30-16h.)* **Berea College**, en plein centre-ville, est une université connue depuis toujours pour sa politique progressiste. Déjà en 1855, date de sa création, avant la guerre de Sécession, l'établissement enseignait aux femmes afro-américaines. De nos jours, les étudiants sont affectés à différentes tâches au lieu de payer des frais de scolarité. Beaucoup d'entre eux aident à tenir la **Boone Tavern**, 100 Main St. Si vous ne voulez pas dépenser une fortune pour déjeuner, arrêtez-vous dans ce bel établissement chic. Les déjeuners commencent à 6 $ et le soir, les prix vont de 13 à 25 $ *(© 985-3700 ou 800-366-9358)*. Pour obtenir des informations sur les centres d'intérêt de Berea, adressez-vous à la **Tourist and Convention Commission**, 201 N. Broadway. *(© 986-2540 ou 800-598-5263. Ouvert Lu-Sa 9h-17h et Di. 13h-17h.)*

ROUTE PANORAMIQUE : KENTUCKY HEARTLAND

Un voyage le long de la Kentucky Heartland Drive vous plongera dans l'histoire du Kentucky et vous permettra au passage d'admirer quelques paysages magnifiques. Cette route touristique part de S. Broadway, à Lexington, et se termine à Harrodsburg. A peine 8 km au sud de New Circle Rd., la bousculade et l'animation des rues interminables disparaissent pour laisser place aux pâturages verdoyants et aux kilomètres de clôtures qui longent la US 68. Le trajet dure entre 45 mn et 1h.

Vous êtes au cœur de la région des chevaux : certains pur-sang qui broutent le long de la route ont plus de valeur que les voitures qui les dépassent. Le haras le plus célèbre du secteur est **Almahurst Farm**, à 15 km au sud de Lexington, indiqué par un panneau sur le bord de la route. Le domaine fut donné à un certain James Knight en remerciement des services rendus à la nation pendant la guerre d'Indépendance. Depuis, le haras a élevé quelques chevaux de course légendaires. 8 km plus loin, la route pénètre dans les **gorges de la Kentucky River**. Les corniches de calcaire recouvertes de lierre vous conduisent jusqu'au clou de l'excursion : la rivière Kentucky.

Deux sites historiques marquent la fin du périple. Le premier, le **village shaker de Pleasant Hill**, se trouve à environ 45 km de Lexington. Les Shakers appartenaient à une secte religieuse florissante au début du XIXᵉ siècle dans tout le Kentucky. Le vœu de célibat qu'ils prononçaient les mena irrémédiablement à leur disparition. Le village fut abandonné en 1910, mais les bâtiments ont été conservés comme témoignage de l'histoire. Des visites libres ou guidées et des démonstrations artisanales vous y sont proposées. Le village organise aussi des **excursions en bateau** sur la Kentucky River. (✆ 734-5411 ou 800-734-5611. Ouvert tlj 9h30-17h30. 10 $, 12-17 ans 5,50 $, 6-11 ans 3,50 $. Avec la promenade en bateau 14 $/7,50 $/4,50 $. Oct-Mars : prix moins élevés et heures d'ouverture restreintes. Accès handicapés.)

A moins de 13 km au sud du village se trouve le site historique de **Harrodsburg**, "la plus ancienne colonie anglaise permanente à l'ouest des monts Allegheny". Pour vous plonger dans l'atmosphère de l'époque du fort Harrod, l'**Old Fort Harrod State Park**, au croisement de College St. avec Lexington St., met en scène une reconstitution historique avec des artisans vêtus de costumes du XVIIIᵉ siècle. Le parc est une réplique du fort, construit en 1774. Le **Visitors Center**, 103 Main St., à l'intersection de la US 68 et de Main St., dispense des informations et un guide des visites locales. (✆ 734-2364 ou 800-355-9192. Ouvert Lu-Ve 9h-17h. Mi-Juin-Oct : également Sa. 10h-15h.)

TO BE OR NOT TO BE BOURBON

Tous les bourbons sont des whiskies, mais tous les whiskies ne sont pas des bourbons. Qu'est-ce qui rend donc le bourbon si spécial ? Le secret réside dans sa fabrication, codifiée par le gouvernement des Etats-Unis. Pour qu'un alcool puisse porter l'appellation bourbon, il doit remplir six conditions : 1. Il doit avoir vieilli dans un fût de chêne blanc n'ayant jamais servi avant, et dont l'intérieur a été noirci à la flamme (en revanche, le scotch doit vieillir dans de vieux fûts). 2. Il doit vieillir au moins deux ans dans ce même tonneau. 3. Il doit être distillé à partir d'un mélange contenant 51 % de maïs au minimum. 4. On ne doit pas le distiller au-delà de 80°. 5. On ne doit pas le mettre en fût à plus de 63,5°. 6. Il ne doit contenir ni additif, ni conservateur.

DANIEL BOONE
NATIONAL FOREST ☞ 606

La réserve naturelle de Daniel Boone National Forest couvre 270 000 ha des montagnes et des vallées des Kentucky Eastern Highlands. Au cœur de cette superbe forêt de marronniers, de chênes, de pins et de ciguë, le promeneur découvre des lacs limpides, des cascades et d'extraordinaires ponts naturels. C'est ici le pays du pâturin (une plante qui constitue une grande partie de la végétation des bonnes prairies), où les amoureux de la nature viennent retrouver tout l'enchantement et toute la beauté des anciens Appalaches. Certaines rumeurs rapportent même que le creux des vallées abriterait des plantations clandestines de marijuana, dont la récolte serait, dit-on, la plus fructueuse de tout le Kentucky.

🚩 **INFORMATIONS PRATIQUES.** La forêt fédérale est divisée en six *districts*, gérés chacun par une équipe de *rangers*. Les bureaux de chaque *district* accueillent les visiteurs et distribuent des brochures et des cartes de randonnée. Parmi les sentiers de randonnée, signalons la **Sheltowee Trace**, le plus important de la forêt (433 km). Sheltowee est le nom que les Indiens Shawnees avaient donné au pionnier Daniel Boone, et qui signifie (de façon assez énigmatique) "Grosse Tortue". Le **Stanton Ranger**

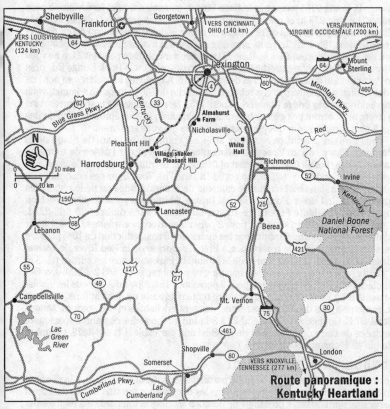

Route panoramique :
Kentucky Heartland

District, 705 W. College Ave., Stanton (✆ 663-2852), vous fera découvrir les **gorges de la Red River** (Red River Gorge) et un pont naturel simplement appelé **Natural Bridge** (ouvert Lu-Ve 8h-16h30). Au nord, dans le **Morehead Ranger District**, 2375 KY 801 S. (✆ 784-6428), à 3 km au sud de la Route 60, se trouve un lac souterrain, le **Cave Run Lake**. Pour tout renseignement, contactez la **Morehead Tourism Commission**, 150 E. First St., Morehead 40351 (✆ 784-6221). Au sud, le **London Ranger District** (✆ 864-4163), qui a son bureau sur la US 25 S., comprend notamment le Laurel River Lake, non loin des chutes de Cumberland Falls. Le **Visitors Center** de Laurel River Lake (✆ 878-6900 ou 800-348-0095) se trouve à la sortie n° 41 de la I-75 (ouvert Lu-Sa 9h-17h et Di. 10h-14h). Pour des informations générales sur le parc, contactez le **Forest Supervisor**, 1700 Bypass Rd., Winchester (✆ 745-3100). Les bus **Greyhound** desservent plusieurs localités du parc au départ de Lexington : Morehead (1 dép/j, durée 1h30, 14-15 \$), London (3 dép/j, durée 1h45, 18-19 \$) et Corbin (4 dép/j, durée 2h, 20-21 \$).

STANTON RANGER DISTRICT

Le *district* de Stanton Ranger est divisé en deux parties par la Mountain Parkway. Cette route offre un accès direct aux deux principales visites du *district* : le **Natural Bridge State Resort Park** et la **Red River Gorge Geological Area**. Au sud de la Moutain Pkwy., le **Natural Bridge**, accessible par la Route 11, est à voir impérativement. Le sentier de 1200 m qui y mène est assez dur mais le spectacle offert par la vue, libre de toute balustrade, vaut bien cet effort. Continuez un peu plus loin pour avoir une vue du pont lui-même. Le secteur des **gorges de la Red River** est un des plus variés du point de vue géologique et écologique. Un circuit de 52 km (de la Route 77 E.

LE SUD

jusqu'à la Route 715) passe par le **Nada Tunnel**, un ancien tunnel ferroviaire à sens unique, long de 275 m et creusé à même le roc (frissons garantis !) et par la **Gladie Historic Site Log House**, qui offre un aperçu de la vie des bûcherons au début du XXᵉ siècle (ouvert 10h-18h). La route serpente à travers la montagne et la forêt, empruntant des ponts pittoresques à souhait. Si conduire sur une piste pendant 2 km ne vous effraie pas, allez voir le superbe **Rock Bridge**, en descendant la Rock Bridge Rd., près de l'intersection de la Route 175 et de la Route 15. A quelques kilomètres au nord de Rock Bridge, après une marche relativement facile de 500 m jusqu'au sommet, vous parviendrez au **Sky Bridge** (depuis la Route 715). Les centaines de noms gravés dans la pierre ne pourront pas gâcher la sensation magique que vous éprouverez au-dessus des à-pics vertigineux et des gorges verdoyantes qui vous entourent.

Vous pouvez atteindre ces deux sites en empruntant la sortie Slade de la Mountain Pkwy., où un **kiosque d'information rouge**, géré par l'office de tourisme **Natural Bridge/Powell County Chamber of Commerce**, fournit des informations uniquement le week-end (© 663-9229, ouvert Sa-Di 10h-17h). Vous ferez des économies en restant dormir dans les terrains de camping de Natural Bridge ou de la région des gorges de la Red River. Près de Natural Bridge, **Whittletown** possède 40 places bien ombragées et **Middle Fork** offre 46 emplacements sans ombre. (© 663-2214. Emplacement 8,50 $ en semaine, pour 2 personnes avec raccordement 16 $. 1 $ par adulte supplémentaire. Gratuit pour les moins de 16 ans, réduction de 10 % pour les personnes âgées. Pas de réservation.) Près des gorges de la Red River, le **Koomer Ridge Campground**, Route 15, près de la Mountain Parkway entre les sorties n° 33 et n° 40, dispose d'emplacements de camping bien ombragés. (© 663-2852. Mi-Avr-Oct emplacement 10 $, emplacement pour 2 personnes 15 $. Nov-mi-Avr : tous les emplacements 5 $.) Vous pouvez planter votre tente n'importe où dans la forêt, tant que vous restez à plus de 500 m des routes, des sentiers balisés et des sources. **Abner's Motel**, 87 E. College Ave., sortie n° 22 à Stanton, propose des chambres spacieuses équipées de l'air conditionné et de la télévision par câble. (© 663-4379. Chambre simple 36 $, chambre double 45 $.)

LONDON RANGER DISTRICT

Le secteur du **lac Laurel River** se prête particulièrement à la randonnée, à la pêche et au bateau. Il est possible de **camper** dans les deux vastes terrains boisés du Forest Service au bord du lac, à proximité de pontons aménagés, tous deux accessibles par la Route 193. Le camping **Grove** dispose de 56 emplacements et celui de **Holly Bay** de 94 emplacements. (© 877-444-6777. Emplacement 7 $, 10 $ pour 2 personnes, avec emplacement pour véhicule 10 $, 15 $ pour 2 personnes, avec raccordement à l'eau et à l'électricité 15 $, 25 $ pour 2 personnes. Réservation conseillée.) Si vous voulez voir les chutes géantes **Cumberland Falls** (surnommées les "Niagara du Sud") à 30 km à l'ouest de Corbin sur la Route 90, essayez de passer la nuit dans le parc d'Etat qui entoure les chutes. Le camping est indiqué depuis la Route 90. (© 528-4121. Ouvert Avr-Oct. 50 emplacements. Emplacement 8,50 $, personnes âgées 7,20 $. Emplacement pour camping-car respectivement 14 $ et 12 $.) A la pleine lune, vous pourrez peut-être voir l'étrange arc-en-ciel de nuit créé par la rencontre des rayons de lune et des vapeurs de la cascade. L'agence **Sheltowee Trace Outfitters**, à Whitley City sur la Route 90, à 8 km à l'est du parc, organise des excursions de rafting d'une durée de 7 heures sur les rapides de classe III de la région. (© 800-541-7238. 51 $, 6-12 ans 40,25 $. Ouvert 9h-16h30. Equipement, guide et déjeuner compris. Les excursions sur des portions plus tranquilles de la rivière coûtent 16 $ par personne.)

CUMBERLAND GAP

S'étirant du Maine à la Géorgie, la chaîne des Appalaches a longtemps constitué un obstacle majeur pour les premiers colons américains. C'est en suivant les chemins empruntés par les bisons que les Amérindiens ont découvert une faille naturelle dans la montagne, le Cumberland Gap. En 1775, un pionnier, Daniel Boone, entre dans l'histoire des Etats-Unis en franchissant le premier les Appalaches à travers cette faille. Cette piste, le Wilderness Trail, ouvre alors l'Ouest à la colonisation.

Aujourd'hui, le **Cumberland Gap National Historic Park**, accessible du Kentucky par la US 25 E. ou de la Virginie par la US 58, englobe quelque 8000 ha que se partagent le Kentucky, la Virginie et le Tennessee. Le **Visitors Center** (℡ 606-248-2817), situé sur la US 25 E. à Middleboro, dans le Kentucky, présente un film de 10 mn et un court diaporama sur l'histoire du Cumberland Gap, ainsi qu'un petit musée qui retrace l'histoire de la faille et son importance dans l'histoire américaine. (Parc et centre ouverts tlj 8h-18h ; hors saison 8h-17h.) Le **terrain de camping** du parc, sur la US 58 en Virginie, dispose de 160 emplacements et de douches chaudes (emplacement 10 $, avec l'électricité 15 $). Le **camping sauvage** est possible moyennant un permis gratuit disponible au *visitors center*. Non loin du **Pinnacle Rock** (à 6,5 km du *visitors center*), vous pourrez admirer un magnifique panorama sur la Virginie, le Kentucky et le Tennessee.

TENNESSEE

Des Great Smoky Mountains aux plaines fertiles du Mississippi, le pays du whisky Jack Daniel's et d'Elvis Presley se prête aux stéréotypes aussi facilement qu'il les dément. Les amoureux de cet Etat, qui fut le dernier à rejoindre les sudistes lors de la guerre de Sécession et le premier à réintégrer l'Union, expriment souvent leur sentiment à son égard par une chanson (Dolly Parton, le Grateful Dead, etc.). Le Tennessee vit de son industrie, spécialisée dans la production de machines-outils, de composants électroniques… et de bibles. Mais l'âme de cette région, c'est bien entendu la musique.

⬛ INFORMATIONS PRATIQUES

Capitale : Nashville.

Informations touristiques : **Tennessee Dept. of Tourist Development**, 320 6th Ave., Nashville (℡ 741-2159, www.state.tn.us/tourdev). Ouvert Lu-Ve 8h-16h30. **Tennessee State Parks Information**, 401 Church St., Nashville (℡ 800-421-6683).

Fuseau horaire : Le Tennessee vit à l'heure de l'Est (6 heures de moins que l'heure de Paris) et parfois à l'heure des Prairies (7 heures de moins que l'heure de Paris). Les localités à l'heure des Prairies sont signalées dans ce chapitre.

Abréviation postale : TN. **Taxe locale** : 6-8 %.

NASHVILLE   📧 615

Francis Nash, aujourd'hui tombé dans l'oubli, est l'un des quatre héros américains de l'Indépendance à avoir laissé son nom à une ville, avec Washington, Wayne et Knox (la notoriété du premier ayant seule franchi l'Atlantique). Quelle qu'ait été la valeur de Francis Nash, elle ne pouvait qu'être éclipsée par la musique country, qui a fait connaître Nashville dans le monde entier. Grande, éclectique et volontairement hétérogène, la ville ne se résume pas au Country Music Hall of Fame, un musée à la gloire de la country. Nashville est aussi surnommée la "Wall Street du Sud", du fait de la vitalité de son activité financière. Siège de l'église baptiste du Sud, elle accueille également des centres artistiques et des établissements d'enseignement comme l'université Fisk et l'université Vanderbilt.

LE SUD

⬛ TRANSPORTS

Avion : **Metropolitan** (℡ 275-1675), à 13 km au sud du centre-ville. Une **navette** de l'aéroport (℡ 275-1180) dessert les principaux grands hôtels (11 $, aller-retour 17 $). Un trajet en bus vers le centre-ville coûte 1,55 $ avec une correspondance possible. Un taxi pour le centre coûte 20 $.

Bus : Greyhound, 200 8th Ave. S. (© 255-3556), au niveau de Broadway, dans le centre-ville. Le quartier est mal fréquenté mais la gare routière est accueillante. Destinations : **Memphis** (6 dép/j, durée 4h, 27-29 $), **Chattanooga** (5 dép/j, durée 2h30, 18-19 $), **Birmingham** (7 dép/j, durée 3h30, 26-28 $) et **Knoxville** (7 dép/j, durée 3h30, 22-24 $). Ouvert 24h/24.

Transports en commun : Metropolitan Transit Authority (MTA) (© 862-5950). Les bus (assez rares, 1 dép/h) circulent selon un horaire variable en fonction des lignes, mais aucun ne fonctionne Lu-Ve avant 5h30 ni après 23h15. Service moins fréquent Sa-Di. Billet 1,45 $, correspondances 10 ¢.

Taxi : Nashville Cab, © 242-7070. **Music City Taxi**, © 262-0451.

Location de voitures : Thrifty, 414 11th Ave. N. (© 248-8888), dans le centre-ville. 33 $ la journée, 25 ans au minimum avec une carte bancaire.

■ ★ 🛈 ORIENTATION ET INFORMATIONS PRATIQUES

Pour une ville américaine, les rues de Nashville sont relativement imprévisibles : sens uniques aléatoires, rues en courbe… Les noms changent aussi sans prévenir : **Broadway**, la principale artère est/ouest, se transforme en **West End Ave.** juste à la sortie du centre-ville au croisement de la I-40. Dans le centre-ville, les avenues, qui sont numérotées, sont orientées nord/sud parallèlement à la Cumberland River. **James Robertson Pkwy.**, qui forme une courbe dans la partie nord de la ville, devient **Main St.** de l'autre côté de la rivière puis **Gallatin Pike** et **McGavock St.** à l'extrémité sud. *Le quartier situé au sud de Broadway, entre la 2nd Ave. et la 7th Ave., ainsi que le secteur au nord de James Robertson Pkwy. passent pour être dangereux la nuit.*

Office de tourisme : Nashville Visitors Bureau, 501 Broadway (© 259-4747), dans le Gaylord Entertainment Center (anciennement Nashville Arena), sur James Robertson Pkwy., sortie n° 84 de la I-65. Ouvert tlj 8h30-19h ; hors saison 8h30-17h30.

Assistance téléphonique : Crisis Line, © 244-7444. **Rape Hotline** (SOS Viol), © 256-8526. Les deux lignes sont ouvertes 24h/24. **Gay and Lesbian Switchboard**, © 297-0008. Service disponible 18h-21h.

Hôpital : Metro General Hospital, 1818 Albion St. (© 341-4000).

Internet : Nashville Public Library (bibliothèque municipale), 615 Church St. (© 862-5800), entre la 6th Ave. et la 7th Ave. Ouvert Lu-Je 9h-20h, Ve. 9h-18h, Sa. 9h-17h et Di. 14h-17h.

Bureau de poste : 901 Broadway (© 255-3613), près de Union Station. Ouvert Lu-Ve 7h30-18h et Sa. 9h-14h. **Code postal :** 37202.

Fuseau horaire : Heure des Prairies (7 heures de moins que l'heure de Paris).

🛏 HÉBERGEMENT

Les chambres ne manquent pas à Nashville, mais elles sont chères, surtout l'été. Réservez longtemps à l'avance. Les motels bon marché se concentrent autour de **W. Trinity Ln.** et de **Brick Church Pike**, près de la I-65. Vous trouverez des hôtels très bon marché dans le coin de **Dickerson Rd.** et de **Murfreesboro**, mais les alentours sont peu engageants, dans le meilleur des cas. Plus proche du centre, dans un quartier tout aussi peu attractif, quelques motels sont rassemblés dans **Interstate Dr.**, juste après le Woodland St. Bridge. **The Cumberland Inn**, 150 W. Trinity Ln., sortie n° 87A de la I-65 N. au nord du centre-ville, propose des chambres accueillantes avec air conditionné. Service de laverie. (© 226-1600 ou 800-704-1028. Chambre simple 30 $, chambre double 35 $.) Les chambres spacieuses du **Knights Inn**, 1360 Brick Church Pike, à la sortie n° 87B de la I-65, offrent un cadre idéal pour se reposer après une journée de randonnée : air conditionné, télévision par câble et, en prime, on vous offre le café et les *doughnuts*. (© 226-4500 ou 800-843-5644. Chambre simple 30 $,

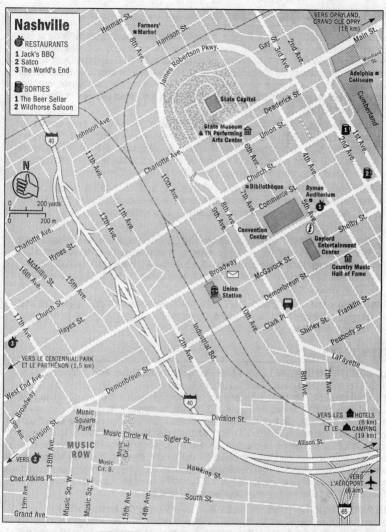

Nashville

🍎 RESTAURANTS
1 Jack's BBQ
2 Satco
3 The World's End

🍺 SORTIES
1 The Beer Sellar
2 Wildhorse Saloon

VERS OPRYLAND,
GRAND OLE OPRY
(16 km)

Herman St.
Farmers'
Market
Harrison St.
Gay St.
2nd Ave.
3rd Ave.
Main St.
8th Ave.
Woodland St.
James Robertson Pkwy.
Adelphia
Coliseum
State Capitol
Deaderick St.
Cumberland
Johnson Ave.
State Museum
& TN Performing
Arts Center
Union St.
1st Ave.
2nd Ave.
11th Ave.
Charlotte Ave.
10th Ave.
Church St.
6th Ave.
4th Ave.
Bibliothèque
7th Ave.
Commerce St.
Ryman
Auditorium
5th Ave.
12th Ave.
8th Ave.
9th Ave.
Shelby St.
Charlotte Ave.
Hynes St.
Convention
Center
Gaylord
Entertainment
Center
16th Ave.
McMillin St.
15th Ave.
Broadway
McGavock St.
Country Music
Hall of Fame
17th Ave.
Church St.
Hayes St.
Union
Station
Demonbreun St.
VERS LE CENTENNIAL PARK
ET LE PARTHÉNON (1,5 km)
10th Ave.
Clark Pl.
Shirley St.
Franklin St.
West End Ave.
Broadway
Demonbreun St.
12th Ave.
Industrial Bd.
Peabody St.
LaFayette
Division St.
8th Ave.
7th Ave.
VERS LES 🏨 HOTELS
(6 km)
ET LE 🏕 CAMPING
(19 km)
Music
Square
Park
Music Circle N.
Sigler St.
Allison St.
MUSIC
ROW
Music
Cir. E.
VERS 2
18th Ave.
Division St.
Music
Cir. S.
Hawkins St.
VERS
L'AÉROPORT
(8 km)
Chet Atkins Pl.
19th Ave.
Grand Ave.
Music Sq. W.
Music Sq. E.
15th Ave.
14th Ave.
South St.

N
0 200 yards
0 200 m

LE SUD

chambre double 38 $, le week-end respectivement 35 $ et 41 $.) **The Liberty Inn**,
2400 Brick Church Pike, sortie n° 87B de la I-65, est également agréable, puisque
chacune de ses chambres dispose de la télévision par câble, de l'air conditionné et de
douches spacieuses. (© 228-2567. Chambre simple ou double 30-36 $. Accès handi-
capés.) Deux terrains de camping sont installés près du parc d'attractions
Opryland USA. **Nashville Holiday Travel Park**, 2572 Music Valley Dr., dispose d'un site
boisé pour les tentes et d'emplacements de camping-car très proches les uns des
autres. (© 889-4226 ou 800-547-4480. Emplacement pour 2 personnes 21 $, avec l'eau
et l'électricité 33 $, raccordement complet 41 $, personne supplémentaire de plus de
11 ans 4 $.) **Opryland KOA**, 2626 Music Valley Dr., dispose d'une piscine et propose
des concerts en été. (© 889-0286. Emplacement 23 $, avec raccordement 36 $.
Bungalow avec air conditionné et électricité : 1 chambre 40 $, 2 chambres 49 $.)

▷ RESTAURANTS

L'une des spécialités de Nashville est le **Goo-Goo Cluster** (cacahuètes, noix de pécan, chocolat, caramel et *marshmallow*), en vente dans presque tous les magasins. Remarquez d'ailleurs que "Goo" correspond aux initiales du Grand Ole Opry, temple de la musique country de Nashville. La cuisine traditionnelle aime les variations sur les thèmes du gras et du sucré : poulet frit ou au barbecue, *pecan pie*, etc. Les adresses bon marché ne manquent pas dans la **21st Ave.**, **West End Ave.** et **Elliston Pl.**, près de Vanderbilt.

♥ **Loveless Cafe**, 8400 Route 100 (✆ 646-9700 ou 800-889-2432). Cette adresse est incontournable à Nashville si vous voulez goûter la cuisine traditionnelle de la région. Régalez-vous de *biscuits* maison, renommés dans tout le pays, ainsi que de jambon de pays (10 $) ou de poulet frit (11 $), tout en appréciant la bonne vieille hospitalité du Sud. Ouvert Lu-Ve 8h-14h et 17h-21h, Sa-Di 8h-21h. Réservation conseillée.

SATCO (San Antonio Taco Company), 416 21st Ave. S. (✆ 327-4322). Nombreux plats tex-mex et bières dans ce restaurant fréquenté par les étudiants. *Fajitas* 1,50 $, *tacos* 1 $, grande assiette d'assortiments 5 $. Bière 2 $ ou pichet pour 6 verres 10 $. Ouvert Di-Me 11h-24h et Je-Sa 11h-1h.

Jack's Bar-B-Que, 416 Broadway (✆ 254-5715). Si l'enseigne lumineuse représentant des cochons ailés ne suffit pas à vous faire entrer, la perspective de portions de porc bien tendre sera peut-être plus convaincante. Sandwichs 3-4 $, assiettes 7-11 $. Ouvert Lu-Je 10h30-22h, Ve-Sa 10h30-23h et Di. 12h-20h. Hors saison : Lu-Me 10h30-15h, Je. 10h30-22h et Ve-Sa 10h30-23h.

The World's End, 1713 Church St. (✆ 329-3480). Bar-restaurant gay, spacieux et aéré. *Burgers* et salades 5-8 $. Bière 2,50 $. Ouvert Ma-Je et Di. 16h-0h30, Ve-Sa 16h-1h30. *Happy hour* tous les soirs jusqu'à 20h.

◉ VISITES

LE COUNTRY MUSIC HALL OF FAME. Le quartier de **Music Row**, berceau de l'industrie du disque de Nashville, s'étend autour de Division St. et de Demonbreun St., entre la 16th Ave. et la 19th Ave. S. Il est délimité au sud par Grand Ave. *(Prenez le bus n° 3 pour la 17th Ave. et marchez en direction du sud.)* Le nouveau **Country Music Hall of Fame**, chante les louanges des stars de la musique country, de Jimmie Rodgers à Dolly Parton, avec leur faste étudié, leur accent nasillard, leur pistolet à la ceinture, leur costume brodé et leurs bottes de cowboy en technicolor. La Cadillac en or 24 carats d'Elvis scintille sous les projecteurs tandis que des vidéos et des bornes d'écoute vous font découvrir des extraits musicaux. *(222 5th Ave. S. ✆ 416-2001. Ouvert tlj 10h-18h. Juin-Août : Je. 10h-22h. Entrée 15 $, 6-15 ans 8 $, gratuit pour les moins de 6 ans.)*

LE PARTHÉNON. Le "joyau" de Nashville vous attend au **Centennial Park**, à 15 mn de marche le long de West End Ave. en direction de l'ouest lorsqu'on vient de Music Row : il s'agit d'une réplique grandeur nature du **Parthénon**. Initialement érigé dans le cadre d'une exposition temporaire pour le Tennessee Centennial en 1897, le Parthénon connut un tel succès qu'il fut reconstruit pour durer plus longtemps que son modèle antique. Dans les galeries du rez-de-chaussée se trouve la **Cowan Collection of American Paintings**, une collection assez hétéroclite de tableaux américains du XIXe siècle et du début du XXe siècle. *(✆ 862-8431. Ouvert Ma-Sa 9h-16h30 et Di. 12h30-16h30. Avr-Oct : fermé Di. Entrée 3,50 $, 4-7 ans et personnes âgées 2 $. Accès handicapés.)*

LE TENNESSEE STATE CAPITOL. Le siège du parlement du Tennessee est un édifice néoclassique au sommet de la colline dans Charlotte Ave., près du centre-ville. On peut y visiter, entre autres, la tombe de James Knox Polk, le 11e président des Etats-Unis. *(✆ 741-1621. Ouvert tlj 9h-16h. Visites guidées toutes les heures Lu-Ve 9h-11h et 13h-15h. Pas de visites guidées Sa-Di. Entrée libre. Accès handicapés.)*

LA VAN VECHTEN GALLERY. La Carl Van Vechten Gallery de l'**université Fisk** regroupe une partie de la collection privée d'Alfred Stieglitz et de Georgia O'Keeffe. Des photographies remarquables de Stieglitz côtoient des œuvres de Picasso, de Renoir et d'autres artistes. *(A l'angle de Jackson St. et de D.B. Todd Blvd., près de Jefferson St. © 329-8543. Ouvert Ma-Ve 10h-17h, Sa. 13h-17h et Di. 13h-17h pendant l'année scolaire. Entrée gratuite, mais les dons sont acceptés. Accès handicapés.)*

LE CHEEKWOOD MUSEUM. Pour une bouffée d'air frais, gagnez le **Cheekwood Botanical Garden and Museum of Art**, à 11 km au sud-ouest de la ville, dans Forest Park Dr., entre la Route 100 et Belle Meade Blvd. Les jardins soigneusement entretenus offrent un calme appréciable complété par les belles collections d'œuvres du XIXe siècle du musée. Ce dernier abrite également des expositions temporaires d'art contemporain de grande qualité. *(© 356-8000. Bus n° 3 "West End/Belle Meade" du centre jusqu'à Belle Meade Blvd. et Page Rd. Ouvert Ma-Sa 9h30-16h30 et Di. 11h-16h30. Entrée 10 $, personnes âgées 8 $, étudiants et 6-17 ans 5 $.)*

LA BELLE MEADE MANSION. A proximité du Cheekwood Museum, vous pouvez visiter une plantation de 1853, la **Belle Meade Mansion**, dite "la reine des plantations du Tennessee" : changement de rythme assuré après l'agitation des néons et des amplis qui prévaut à "Music City". Belle Meade abrita également le premier haras de pur-sang des Etats-Unis et eut l'honneur de recevoir huit présidents américains. Les mauvaises langues racontent que le président William Howard Taft, qui pesait plus de 160 kg, resta coincé dans la baignoire. En prévision de sa seconde visite, les propriétaires firent installer une douche aux proportions plus importantes. *(5025 Harding Rd. © 356-0501 ou 800-270-3991. Ouvert Lu-Sa 9h-17h et Di. 11h-17h. Entrée 10 $, personnes âgées 8,50 $, 6-12 ans 4 $. 2 visites par heure. Dernière visite à 16h. Le rez-de-chaussée de la demeure est accessible aux handicapés.)*

L'HERMITAGE. La gracieuse maison d'Andrew Jackson (7e président des Etats-Unis), l'**Hermitage**, sortie n° 221A de la I-40, avec ses nombreux meubles originaux, se prête également à une pause tranquille de quelques heures loin de la bousculade du centre-ville. Le prix d'entrée comprend un film de 16 mn, l'accès à un petit musée, la visite de la maison, de Tulip Grove Mansion et de l'église. *(4580 Rachel's Ln. © 889-2941. Ouvert tlj 9h-17h. Entrée 10 $, étudiants et personnes âgées 9 $, 6-12 ans 5 $, famille 30 $. Tous les sites, à l'exception du sentier extérieur et du premier étage de la demeure elle-même, sont accessibles aux handicapés.)*

▓ SPECTACLES

Le plus vieux programme de radio américain est encore diffusé depuis le **Grand Ole Opry (GOO)**, 2804 Opryland Dr., à la sortie n° 11 de Briley Pkwy. Ce lieu mythique propose aussi des concerts et un musée où vous pourriez voir une foule de trésors, comme le costume de Randy Travis (un chanteur guitariste de country qui connut le succès à Nashville dans les années 1980) et la voiture de sport de Marty Robbin. (© 889-6611. Musée ouvert Lu-Je 10h-17h, Ve. 10h-20h et Sa. 10h-22h. Entrée libre. Concerts Ve. à 19h30, Sa. à 18h30 et 21h30. Entrée 25 $, consultez l'édition du vendredi du *Tennessean* pour connaître les artistes au programme. Visites Ve-Sa 10h30-14h30. 8,65 $, 4-11 ans 4 $. Réservation par téléphone.) Autrefois foyer de la fameuse émission de radio Opry et lieu de prédilection d'artistes légendaires comme Hank Williams et Patsy Cline, le **Ryman Auditorium**, 116 5th Ave. N., accueille aujourd'hui des concerts presque tous les soirs et ouvre ses portes aux visiteurs pendant la journée. (© 889-3060. Ouvert à la visite 9h-16h. 8 $, 4-11 ans 4 $. Horaire et prix des spectacles variables.) C'est au **Tennessee Performing Arts Center**, à l'angle de Deaderick St. et de la 6th Ave. N., que se produisent le Nashville Symphony, le Nashville Opera et le Nashville Ballet et où ont lieu d'autres manifestations hautement culturelles. (© 782-4000. Billets © 255-2787.) La liste complète de tous les concerts figure dans les journaux gratuits *Nashville Scene* et *Rage*, disponibles dans la plupart des établissements de la région. Adressez-vous au *visitors bureau* pour les adresses gay et lesbiennes.

LE SUD

Deux nouvelles équipes affiliées à une ligue dominent le monde du sport de Nashville. Les **Tennessee Titans** de la Ligue nationale de football (National Football League) jouent à l'**Adelphia Coliseum**, 460 Great Circle Rd., séparé du centre-ville par la rivière. (© 565-4000. Billets 12-52 \$.) Les **Nashville Predators** de la Ligue nationale de hockey (National Hockey League) jouent au **Gaylord Entertainment Center**, 501 Broadway. (Informations © 770-2000. Guichet © 770-2040. Billets 10-95 \$.)

▣ SORTIES

La vie nocturne dans le centre-ville se concentre sur Broadway et dans la 2nd Ave., où Hard Rock Cafe et autres Planet Hollywood attirent les touristes en masse. Trouver à stationner pendant l'été, d'autant plus lorsqu'un match a lieu au Gaylord Entertainment Center, relève de l'exploit et peut vous revenir très cher. Près de Vanderbilt St., les étudiants se déchaînent dans les nombreuses salles de concerts d'**Elliston Pl.**

❤ **Bluebird Café**, 4104 Hillsboro Rd. (© 383-1461), à Green Hills. Réputé pour ses concerts country, blues ou folk. Le chanteur de country Garth Brooks débuta ici, avant de dépasser Michael Jackson en termes de vente et de liquider, lors d'un concert, les 65 000 places du Texas Stadium de Dallas en 1h30, battant ainsi le record de Paul McCartney. Pour occuper une table, il vous faudra débourser au minimum 7 \$ de consommations (boisson ou repas). Premiers concerts à 19h, entrée payante à partir de 21h30 environ (4-10 \$). Entrée libre Di. Réservation recommandée Ma-Sa. Ouvert tlj de 17h30 à la fin du concert (généralement entre 23h et 1h).

Wildhorse Saloon, 120 2nd Ave. N. (© 902-8211). Immense *dancing* country qui accueille l'émission de danse de TNN. N'oubliez pas vos bottes et votre chapeau de cow-boy pour danser le *two step*. Cours de danse Lu-Ve 18h-21h et Sa-Di 14h-21h. Entrée 4-6 \$ après 19h. Ouvert Di-Je 11h-1h et Ve-Sa 11h-3h. Concerts Je-Sa.

The Beer Sellar, 107 Church St. (© 254-9464). Ce bar vous accueille dans une salle souterraine tranquille, idéale pour se détendre. Vous pouvez choisir parmi 50 bières pression (2,50-4,50 \$) et 135 bières en bouteille. *Happy hour* Lu-Ve 14h-19h. Ouvert tlj 14h-3h.

KNOXVILLE ☎ 865

Ville de pionniers fondée peu après l'indépendance américaine, Knoxville (du nom du ministre de la Guerre de George Washington, Henry Knox) accueillit l'Exposition universelle de 1982 qui attira 10 millions de visiteurs. Ancienne capitale du Tennessee, bordée par les grands lacs artificiels de la Tennessee Valley Authority, Knoxville peut constituer une agréable excursion d'une journée à partir des Smoky Mountains. La présence des 26 000 étudiants de l'université du Tennessee (UT) contribue à la vitalité de sa vie nocturne.

▣ INFORMATIONS PRATIQUES

Le centre-ville s'étire au nord de la rivière **Tennessee**. Il est bordé par **Henley St.** et par le **World's Fair Park** à l'ouest. Les bus **Greyhound**, 100 E. Magnolia Ave. (© 522-5144, ouvert 24h/24), au niveau de Central St., desservent Nashville (6 dép/j, durée 3h, 22-24 \$), Chattanooga (3 dép/j, durée 2h, 14-15 \$) et Lexington (6 dép/j, durée 4h, 39-41 \$). *Évitez ce quartier la nuit.* **Transports en commun : KAT** (© 637-3000). Les bus circulent Lu-Ve de 6h15 à 18h15 ou plus tard, selon le trajet. Le Sa., ils partent à 7h15, quelques lignes fonctionnent également le Di. (billet 1 \$, correspondances 20 ¢). Deux **lignes de tramway gratuites** traversent la ville : la bleue dessert le centre-ville et l'est, et l'orange relie le centre-ville et l'ouest au parc et à l'université (ligne bleue 6h-18h20, ligne orange 7h-18h). **Informations touristiques : Gateway Regional Visitors Center**, 900 Volunteer Landing (© 971-5550), le long de la rivière du côté sud-est de la ville, qui abrite également un petit musée. (Ouvert Lu-Sa 9h-17h et Di. 13h-17h.) **Internet :** Lawson McGhee Library, 500 W. Church Ave. (© 215-8750. Ouvert Lu-Je 9h-20h30 et Ve. 9h-17h30. Sep-Mai : également Sa-Di 13h-17h.) **Bureau de poste :** 501 Main St. (© 525-4683. Ouvert Lu-Ve 7h30-17h30.) **Code postal :** 37901.

LE SUD

⌕ HÉBERGEMENT

De nombreux motels relativement bon marché bordent la **I-75** et la **I-40**, juste à l'extérieur de la ville. La **Knoxville Hostel**, 404 E. 4th St., propose non seulement des chambres propres, une cuisine, une laverie et une salle commune confortable mais aussi le petit déjeuner et l'accès à Internet gratuits. *Soyez prudent dans ce quartier le soir. Si vous arrivez à la gare routière Greyhound, téléphonez à l'auberge pour qu'on vienne vous chercher.* (℡ 546-8090. Utilisation gratuite du téléphone. Pas de fermeture la nuit. Réception 8h-16h. Dortoir 15 \$.) S'il y a de la place, les femmes ne seront pas déçues par la **YWCA**, 420 W. Clinch St., au niveau de Walnut St. Cet établissement propre et sympathique est situé au cœur du centre-ville, et vous pourrez rejoindre à pied la plupart des sites de Knoxville. (℡ 523-6126. Petit dortoir avec salle de bains commune au bout du couloir, 12 \$. Appelez à l'avance Lu-Ve 9h-17h.) Bien qu'il ne s'agisse pas d'une charmante réplique de l'une de ces maisons en duplex d'Edimbourg, le **Scottish Inns**, 301 Callahan Rd., sortie n° 110 de la I-75, dispose quand même de chambres propres et accueillantes avec air conditionné et télévision par câble, ainsi que d'une piscine à l'extérieur. Les appels locaux sont gratuits. (℡ 689-7777, fax 688-7749. Chambre simple 30 \$, chambre double 33 \$. Le week-end respectivement 31 \$ et 37 \$.) Vous pouvez camper au **Yogi Bear's Jellystone Park Campground**, 9514 Diggs Gap Rd., sortie n° 117 de la I-75, plus proche de la ville que les autres campings. Vous y trouverez une piscine, un restaurant, une laverie, une salle de jeux, le tout dans une ambiance de dessin animé. (℡ 938-6600 ou 800-238-9644. Emplacement avec eau et électricité 18 \$, avec raccordement complet 25 \$.)

UN PETIT PENDU NUCLÉAIRE ? Enveloppée de mystère et totalement coupée du monde extérieur, la ville d'Oak Ridge fut fondée en 1942 dans le seul but d'héberger la conception de bombes atomiques dans le cadre du projet Manhattan. Oak Ridge, à 32 km de Knoxville par les Routes 62 ou 162, fut ouverte au public en 1949 et abrite l'**American Museum of Science and Energy**. Ce musée est consacré à la "personnalisation de la science et de la technologie". Il remplit assez bien son objectif, grâce à l'excellente exposition interactive sur l'évolution de la technologie de l'énergie (notamment un jeu informatisé de "pendu nucléaire"). Cependant, certains s'inquiéteront peut-être du manque d'informations quant à la manière dont la science et la technologie ont été "personnalisées" aux habitants d'Hiroshima et de Nagasaki en 1945. Pour les passionnés de l'énergie nucléaire, le musée organise également une excursion en bus autour du premier réacteur nucléaire américain à avoir fonctionné à pleine capacité, et autour de la centrale Y-12, autrefois top secrète, où fut produit l'uranium utilisé pour la tristement célèbre bombe atomique "Little Boy", qui dévasta le Japon. *(300 S. Tulane Ave. ℡ 576-3200. Ouvert Ma-Sa 9h-17h et Di. 13h-17h. Entrée 3 \$, plus de 65 ans et 6-17 ans 2 \$, gratuit pour les moins de 6 ans. Accès handicapés.)*

⌖ RESTAURANTS

The Strip (la partie de Cumberland Ave. qui longe le campus) compte de nombreux bars et restaurants fréquentés par des étudiants. **Market Sq.**, une place piétonne agréable et animée, à l'est du World's Fair Park, regroupe des fontaines et des restaurants à l'ombre, mais ces derniers ferment souvent très tôt le soir. **Old City**, un autre quartier commerçant, s'étend vers le nord à partir de Central St. et de Jackson St. et reste animé plus tard que Market Sq. **The Tomato Head**, 12 Market Sq., propose de délicieuses pizzas (22 cm de diamètre 6-18,25 \$), des sandwichs (4,25-6 \$) et de nombreux plats végétariens (℡ 637-4067, ouvert Lu. 11h-15h, Ma-Je 11h-22h et Ve-Sa 11h-23h). **Calhoun's on the River**, 400 Neyland Dr., toujours très prisé, prétend servir les meilleurs *ribs* des Etats-Unis. Venez vérifier par vous-même (10-16 \$) ou

LE SUD

prenez un sandwich (7 $) à la viande. (✆ 673-3355. Ouvert Lu-Je 11h-22h30, Ve-Sa 11h-23h et Di. 11h-22h.) Le **Crescent Moon Cafe**, 705 Market St., dans une allée entre Church Ave. et Cumberland Ave., prépare une cuisine délicieuse, aussi profitable à votre portefeuille qu'à votre santé. Les plats du jour au déjeuner et les sandwichs coûtent 6,25 $, avec un accompagnement. (✆ 637-9700. Ouvert Lu-Ve 8h-10h et 11h-14h15. Dîner sur réservation, le premier vendredi de chaque mois.)

⊚ VISITES

Ne manquez surtout pas le ♥ **Museum of Appalachia**, à Norris, à 26 km au nord de Knoxville par la I-75, sortie n° 122. Ce "musée" est en fait un village avec ses maisons, ses granges, un "Hall of Fame" consacré aux célébrités locales, une exposition de tympanons (un instrument à corde), des enclos pour le bétail et même la cabane où Samuel Langhorne Clemens, plus connu sous le nom de Mark Twain, fut conçu. Riche en anecdotes, en outils et ustensiles ménagers d'époque, ce musée réussit parfaitement à rendre hommage à cette culture unique des Appalaches (des machines agricoles aux panneaux routiers évangéliques) sans qu'on ait pour autant l'impression d'assister à un spectacle. (✆ 494-7680 ou 494-0514. Ouvert Sep-Mai, tlj 8h-17h ; Juin-Août 8h-20h. Concerts Avr-Déc 9h30-17h. Entrée 7 $, 6-15 ans 4 $, famille 17 $, réduction pour les personnes âgées et les membres de l'AAA.) Pour un avant-goût des traditions des Appalaches, visitez le **Farmer's Market**, à 24 km du centre-ville par la I-640, sortie n° 8. (✆ 524-3276. Ouvert Lu-Sa 10h-18h et Di. 12h-18h.)

La visite intitulée **Cradle of Country Music Tour** (berceau de la musique country) va jusqu'à l'extrémité est du centre-ville. Vous croiserez, entre autres, le théâtre de la première apparition en public de Roy Acuff et l'hôtel où le légendaire Hank Williams, qui posa les bases du rock'n'roll avant de sombrer dans l'alcoolisme, passa la dernière nuit de sa vie. Cartes et informations sont disponibles au *visitors center*. Puisqu'il s'agit d'une visite non guidée, n'hésitez pas à vous arrêtez à tous les endroits qui vous intéressent. Si vous souhaitez pique-niquer, vous apprécierez le **Krutch Park** (en face de Market Sq.), une minuscule oasis verte parfaitement entretenue, au cœur de la ville. Une plus grande surface de verdure vous attend au **Ijams Nature Center**, à 3 km à l'est du centre-ville, en passant le Gay St. Bridge. (2915 Island Home Ave. ✆ 577-4717. Parc ouvert tlj de 8h au crépuscule. Musée ouvert Lu-Ve 9h-16h, Sa. 12h-16h et Di. 13h-17h. Entrée libre.)

Le **World's Fair Park** a subi d'importants travaux. Parmi les nouveautés figurent un grand espace vert allant jusqu'à la rivière et un agrandissement considérable du Convention Center. La "sphère du soleil" dorée, visible de presque toute la ville, continue de ravir les visiteurs. Le **Knoxville Museum of Art**, dans le parc, abrite des expositions temporaires de qualité, ainsi qu'une intéressante collection permanente. (1050 World's Fair Park Dr. ✆ 525-6101. Ouvert Ma-Je et Sa. 10h-17h, Ve. 10h-21h, Di. 12h-17h. Entrée libre, mais les dons sont acceptés. Droit d'entrée pour certaines expositions.) Le **Women's Basketball Hall of Fame**, 700 Hall of Fame Dr., retrace l'histoire des femmes au sein du basket-ball et suscite un vif intérêt pour la scène actuelle du basket féminin. (✆ 633-9000. Ouvert Juin-Août, Lu-Sa 9h-20h. Sep-Mai : Lu-Je 10h-18h, Ve-Sa 10h-20h et Di. 12h-18h. Entrée 8 $, personnes âgées et 6-15 ans 6 $, gratuit pour les moins de 6 ans. Accès handicapés.) A proximité, le **James White Fort** conserve encore certaines parties de la palissade construite en 1786 par le fondateur de Knoxville, James White. Une visite explicative vous donne également un aperçu de la vie dans la région au XVIIIᵉ siècle. (205 E. Hill Ave. ✆ 525-6514. Visites guidées en continu jusqu'à 15h30. Ouvert Lu-Sa 9h30-16h30. 5 $, personnes âgées et membres de l'AAA 4,25 $, 5-12 ans 2 $.)

♫ ◙ SORTIES ET SPECTACLES

D'excellentes équipes sportives évoluent à l'université du Tennessee, notamment une équipe de **football américain** et une équipe de **basket-ball féminin**. Téléphonez au ✆ 974-2491 pour réserver vos places. D'avril à fin septembre, c'est au tour des **Knoxville Smokies**, l'équipe de base-ball, d'occuper le terrain. (✆ 637-9494. Billets 6-9 $.)

En avril, Knoxville est en pleine floraison pour accueillir le **Dogwood Arts Festival** (© 637-4561). En perspective : beaucoup de cuisine, d'amusement, de visiteurs et… d'arbres (du 11 au 27 avril 2003). C'est dans la vieille ville (*Old City*) que se concentre l'essentiel de la vie nocturne. Tout un monde de musique et de lumières vous attend à la discothèque **Fiction**, 214 W. Jackson Ave. (© 525-3675. Entrée 3-8 $. Ouvert Lu. et Ve-Sa 22h-3h.) Le **Rainbow Club**, 133 S. Central St., bar gay chic, propose une *happy hour* tous les soirs 17h-19h. (© 522-6610. Concerts Lu-Me et Ve. Entrée payante le week-end. Ouvert tlj 17h-3h.) Enfin, le **Tennessee Theatre**, 604 S. Gay St., diffuse de vieux films classiques et accueille des groupes (© 522-1174). Pour savoir tout ce qui se passe en ville, procurez-vous un exemplaire gratuit de *Metro Pulse*.

GREAT SMOKY MOUNTAINS   ☎ 865

Des collines de la Caroline du Nord aux vallées du Tennessee, le Great Smoky Mountains National Park est le plus vaste parc naturel de l'est des Etats-Unis. Il s'étend sur plus de 200 000 ha et englobe une partie des Appalaches, avec des crêtes culminant à 2000 m. Ours noirs, sangliers, cerfs, marmottes, dindons sauvages et loups évoluent dans ce cadre de vie. On y compte également plus de 1500 espèces de fleurs. Au printemps, les montagnes se parent de fleurs sauvages et d'azalées. En juin et en juillet, les rhododendrons fleurissent, tandis que dès la mi-octobre les flancs des montagnes, couverts de belles forêts, prennent des teintes automnales splendides. Malheureusement, la région n'a pas été épargnée par la pollution. Il y a cinquante ans, du haut de Newfound Gap, la vue portait en moyenne jusqu'à 150 km. Aujourd'hui, la dégradation de la qualité de l'air a réduit la visibilité à 25 km environ.

ℹ INFORMATIONS PRATIQUES

Débutez l'exploration du parc par une visite à l'un des deux **Visitors Centers** : **Sugarlands** (© 436-1291), dans Newfound Gap Rd., à 3,5 km au sud de Gatlinburg, dans le Tennessee, près des bureaux du parc, présente un film de 20 mn retraçant l'histoire et les caractéristiques du parc, ainsi qu'une exposition sur la faune et la flore des Great Smoky Mountains. Du côté du parc situé en Caroline du Nord, **Oconaluftee** (© 828-497-1900 ou 828-497-1904), à 6 km au nord de Cherokee, accueille le Moutain Farm Museum, constitué de bâtiments historiques qui ont été déplacés à travers le parc et préservés depuis les années 1950. (Tous les centres d'information sont ouverts tlj 8h-19h, avec un horaire variable hors saison.) La Route 441, également appelée Newfound Gap Rd., est la seule qui relie le Tennessee et la Caroline du Nord au sein du parc. Le *Smokies Guide* (25 ¢) détaille les différents circuits du parc, les conférences, les activités et les métamorphoses naturelles qui ponctuent chaque saison.

> **Bus** : **East Tennesse Human Resource Agency (ETHRA)**, 298 Blair Bend Rd., à Loudon (© 800-232-1565), assure la liaison entre Knoxville et les autres villes de la région. Fonctionne Lu-Ve 8h-16h30. Téléphonez au moins 48h avant tout voyage. Billet à partir de 2 $.
>
> **Informations** : © 436-1200 (tlj 8h30-16h30).

🏠🍴 HÉBERGEMENT ET RESTAURANTS

Les prix des **motels** qui jalonnent les Routes 441 et 321 diminuent à mesure que l'on s'éloigne du parc. On trouve également quelques petits motels à Cherokee et à Gatlinburg. Les prix varient beaucoup en fonction de la saison. Les motels de Cherokee sont les moins chers (à partir de 35 $) mais ceux de Gatlinburg sont les plus agréables (à partir de 45 $). Les prix ont tendance à augmenter le week-end. A Cherokee, le **Gateway Inn**, 2418 Route 441, au sud de la ville, propose des chambres pratiques, quoiqu'un peu miteuses, à des prix imbattables. (© 828-497-3777. TV, air conditionné, chauffage. Chambre simple 25 $, chambre double 29 $.) Dans le Tennessee, le **Scenic Motel**, 8254 Route 73, à Townsend, dispose de chambres agréables équipées de l'air conditionné, de la télévision, d'un réfrigérateur et d'un micro-ondes, et ce à quelques minutes seulement du parc. (© 864-448-2300. Chambre 20-140 $.) Le **Bell's Wa-Floy Retreat**, 3610 East Pkwy., se trouve à 16 km à l'est de Gatlinburg par la Route 321. Depuis Gatlinburg même, prenez le trolley vers l'est (25 ¢) jusqu'au terminus. De là, effectuez à pied les 8 km qui vous séparent de Wa-Floy. Ce lieu de retraite religieuse dispose d'une piscine, de courts de tennis et d'un lieu de méditation. (© 436-5575. Se présenter avant 22h. Adhérents HI-AYH 15 $ la première nuit, non-adhérents 25 $, les nuits suivantes respectivement 12 $ et 25 $, réservation obligatoire.)

Dix terrains de **camping** parsèment le parc, chacun dotés d'emplacements pour tentes, de quelques espaces pour camping-car, d'eau, de tables et de sanitaires (ni douche ni raccordement électrique). **Smokemont**, **Elkmont** et **Cades Cove** acceptent les réservations de mi-mai à fin octobre. (Emplacement 14-17 $, frais d'annulation 10 $.) Ailleurs, les premiers venus sont les premiers servis (emplacement 12-14 $). L'été, tous les campements facilement accessibles doivent être réservés au moins huit semaines à l'avance. (© 800-365-2267, code pour le parc : GRE. Ouvert 10h-22h.) Le **camping sauvage** est possible uniquement sur réservation. Vous pouvez obtenir une **autorisation** gratuite au *visitors center* (© 436-1231, bureau ouvert tlj 8h-18h).

Pour goûter à la véritable cuisine du Tennessee, rendez-vous chez ❤ **Smokin' Joe's Bar-B-Que**, 8215 Route 73, près de l'intersection avec la US 321 à Townsend. Avec ses succulentes viandes qui ont longuement mijoté, accompagnées de spécialités maison comme les haricots blancs BBQ, Joe est sans conteste le meilleur restaurant du coin. (© 448-3212. Les repas sont servis avec deux accompagnements, du pain et une sauce au choix. Sandwichs 2,50-4,50 $. Généralement ouvert Di-Je 11h-21h et Ve-Sa 11h-22h. Hors saison, horaire variable.) Les énormes portions de la délicieuse cuisine familiale du **Jernigan's Country Restaurant**, sur la US 19, près du croisement avec Acquoni Rd., satisferont les plus affamés. (© 497-2307. Ouvert tlj 7h-15h. Fermé Me. en hiver.) **Hearth and Kettle**, Route 321, à Townsend, sert des plats entre 9 et 15 $, ainsi que des sandwichs à 4-8 $ et des assiettes comprenant un sandwich et un accompagnement. (© 448-6059. Ouvert tlj 7h-21h30.)

⚠ ACTIVITÉS DE PLEIN AIR

RANDONNÉE

Quelque 1500 km de sentiers de randonnée et 272 km de routes serpentent à travers le parc. Les *rangers* des *visitors centers* sont là pour vous aider à organiser un itinéraire sur mesure. Le parc national des Smoky Mountains est renommé pour ses **chutes d'eau** phénoménales : beaucoup de chemins de randonnée parmi les plus populaires du parc s'achèvent par des vues impressionnantes sur ces chutes. D'autres endroits aussi beaux mais moins fréquentés, car inaccessibles par la Route 114, **Cosby** et **Cataloochee**, sont situés à l'est du parc. Pour **camper hors des espaces aménagés**, il vous faudra être en possession d'un permis, gratuitement délivré par les *visitors centers*. Ce permis est également nécessaire pour randonner hors des sentiers balisés. *Où que vous alliez, emportez de l'eau et ne donnez pas à manger aux ours.*

Rainbow Falls (9 km, durée 4h). Randonnée parfois relativement facile mais exténuante à certains moments, parmi les plus prisées du parc. Elle mène à la cascade la plus haute du site.

Laurel Falls (4 km, durée 2h). Balade très facile du côté du parc situé dans le Tennessee. Elle suit un sentier pavé qui traverse une série de cascades pour parvenir à une chute d'eau de 18 m.

Ramsay Cascades (13 km, durée 5h). Randonnée ardue dont le point de départ se trouve dans la zone de Greenbrier. Les cascades atteignent 30 m de haut.

Chimney Tops (6,5 km, durée 2h). Ascension assez raide qui vous mène au sommet des rochers, à près de 1500 m, où le panorama est à couper le souffle.

Andrews Bald (5,7 km, durée 2h). Sentier assez facile en descente qui conduit au sommet d'une colline dégarnie offrant de très belles vues sur la partie sud du parc.

Charles Bunion (13 km, durée 4h). Randonnée difficile qui suit l'Appalachian Trail et la frontière entre les deux Etats. Les vues sont magnifiques.

VÉLO

Les promenades à vélo sont autorisées sur la plupart des routes du parc, à l'exception de la **Roaring Fork Motor Nature Trail**. **Foothills Parkway** et **Cades Cove** (voir p. 480) constituent les meilleurs itinéraires pour les cyclistes. Le parc n'offre pas de sentiers pour **VTT**, mais les vélos peuvent circuler sur certains chemins de terre comme le **Gatlinburg Trail** et l'**Oconaluftee River Trail**. Possibilité de **louer des vélos** près de Cades Cove. Pour plus de renseignements, appelez le ℂ 448-9034.

PÊCHE

On recense quarante espèces de poissons dans les rivières et les torrents du parc. Seule la pêche à la truite de ruisseau (que l'on trouve uniquement dans les Smokies) est interdite dans l'enceinte du parc, en raison d'importants programmes de réintroduction dans son habitat. Tous les pêcheurs à la ligne âgés de plus de 12 ans (plus de 15 ans en Caroline du Nord) doivent posséder un **permis de pêche** valide délivré par les Etats du Tennessee ou de la Caroline du Nord. Vous ne pourrez pas vous procurer de permis à l'intérieur du parc. Renseignez-vous auprès des offices de tourisme locaux (*Chamber of Commerce*) pour connaître les conditions d'obtention d'un permis. La pêche est autorisée dans les eaux fluviales des Smokies toute l'année, de 30 mn avant le lever du soleil jusqu'à 30 mn après son coucher.

ÉQUITATION

Plus de 800 km de sentiers sont accessibles aux cavaliers. Il existe cinq ranchs équestres dans le parc : **Anthony Creek**, **Big Creek**, **Cataloochee**, **Roundbottom** et **Towstring**. Réservation nécessaire (ℂ 800-362-2267, http://reservations.nps.gov). Les écuries **Cades Cove Riding Stables** proposent des randonnées d'une heure ainsi que des promenades dans une charrette de foin ou en attelage. (ℂ 448-6286. Ouvert tlj 9h-17h. Circuit de 1h à cheval 15 $, circuit de 25-30 mn en attelage 7 $. 1 dép/30 mn. Circuit de 2h en charrette de foin 8 $, dép. Lu-Ve à 19h.) **Smokemont Riding Stables**, côté Caroline du Nord, organise également des balades à cheval. (ℂ 828-497-2373. Ouvert tlj 9h-16h30. Circuit de 1h 15 $, circuit de 2h 35 $.)

◪ ENVIRONS DES SMOKY MOUNTAINS : LA RÉSERVE CHEROKEE

Située à la bordure sud-est du parc, la **Cherokee Indian Reservation** abrite plusieurs musées, boutiques et attractions, ainsi que l'inévitable casino. Trois attractions historiques tranchent agréablement après des kilomètres de consumérisme rampant. De mai à octobre, la réserve propose une visite guidée de l'**Ocunaluftee Indian Village**, la reconstitution d'un village indien du milieu du XVIIIᵉ siècle. (ℂ 828-497-2315. Ouvert 15 Mai-25 Oct, tlj 9h-17h30. Entrée 12 $, 6-13 ans 5 $.) Vous en saurez plus sur le style de vie, les légendes et l'histoire cherokee en visitant le **Museum of the Cherokee Indian**, Drama Rd., qui donne sur la Route 441. (ℂ 828-497-3481. Ouvert Lu-Sa 9h-20h et Di. 9h-17h. Entrée 8 $, 6-13 ans 5 $. Réductions pour les membres de l'AAA.) **"Unto these Hills"** est un spectacle en plein air qui retrace l'histoire des Cherokees et qui se conclut par une émouvante reconstitution de la "piste des Larmes" lorsque les Indiens Cherokee durent quitter leurs terres pour se rendre dans des réserves en 1838. (ℂ 828-497-2111. Mi-Juin-Août à 20h30, spectacle en première partie à 19h45.) Le **Cherokee Visitors Center**, 498 Tsali Blvd., fournit des informations. Suivez les panneaux depuis les Routes 441 ou 19. (ℂ 800-438-1601. Ouvert Lu-Ve 7h45-17h et Sa-Di 8h45-17h30.) Tentez votre chance au **Harrah's Cherokee Casino**, 777 Casino Dr. (ℂ 828-497-8866 ou 877-811-0777. Interdit aux moins de 21 ans. Ouvert tlj 24h/24.) **Smoky Mountain Jamboree**, US 441 N., au niveau d'Acquoni Rd., accueille des concerts de country, de *bluegrass*, de rock'n'roll et de gospel, mais l'alcool y est interdit. (© 497-5521. Ouvert Juin-Oct, Ma-Sa. Spectacles à partir de 20h. Guichet ouvert à partir de 18h. Billet 12,50 $, gratuit pour les moins de 13 ans accompagnés d'un adulte.)

Le **Nantahala Outdoor Center (NOC)** se trouve au 13077 US 19 W., à 20 km au sud-ouest de Bryson City, en Caroline du Nord, un peu au sud du parc des Great Smoky Mountains. Vous y trouverez à la fois des logements bon marché et d'exaltantes activités en pleine nature. (© 888-662-1662. Lit dans une cabane simple avec douche, cuisine et laverie 14 $. Téléphonez à l'avance.) Les **expéditions en raft** organisées par le NOC coûtent cher, mais vous pouvez aussi louer un miniraft pour descendre la Nantahala River. (Bateau semi-rigide Di-Ve 19 $, Sa. 22 $. Bateau gonflable individuel Di-Ve 31 $, Sa. 34 $. Bateau gonflable pour 2 personnes Di-Ve 24 $, Sa. 27 $. Les participants doivent peser plus de 27 kg. Tarif de groupe. Plus cher le week-end en Juil-Août. Le prix comprend l'acheminement vers le site et tout l'équipement nécessaire.) Si vous n'êtes pas intéressé par les sports en eau vive, vous pouvez emprunter un tronçon des 3450 km du sentier **Appalachian Trail**, ou encore louer un **VTT** à partir de 30 $ (© 888-662-1662, *extension* 600). Là encore, le personnel du NOC peut vous aider à planifier votre journée d'excursion.

ROUTE PANORAMIQUE : CADES COVE LOOP DRIVE

La route panoramique de Cades Cove Loop commence à 38 km (ou 40 mn en voiture) de Newfound Gap Rd., près du *visitors center* de Sugarlands. De mai à septembre, entre 7h et 10h le mercredi et le samedi, la route est fermée à la circulation afin de laisser la voie libre aux vététistes. L'intérêt principal de cette boucle à sens unique réside dans les bâtiments en pierre et en bois qui la bordent, remontant, pour certains, aux années 1820. La route donne notamment accès à de nombreuses résidences privées, à trois églises dont la simplicité fait toute la beauté (l'église méthodiste fut construite en 115 jours pour 115 $), à l'atelier d'un maréchal-ferrant et à une scierie. Près de ceux-ci se trouve le **Cades Cove Visitors Center** (ouvert Mai-Août 9h-19h, horaire variable le reste de l'année). Tous les édifices historiques ont été conservés à peu près dans l'état où ils étaient lorsque le gouvernement fédéral acheta les terres de Cades Cove en 1927, incitant les 500 habitants à déménager. Des brochures détaillant chaque bâtiment et le vallon en général sont disponibles au centre d'information situé au départ de la route (1 $).

Nombreux sont ceux qui passent un certain temps à s'émerveiller devant la **faune** : les cerfs sont omniprésents et quelques randonneurs auront la chance d'apercevoir un ours noir. En revanche, les sangliers, les loutres de rivières sauvages et les dindons importés d'Europe, ainsi que la marmotte d'Amérique, qui occupent également le vallon, sont plus difficiles à rencontrer. Conducteurs pressés, sachez qu'il arrive fréquemment que plusieurs voitures s'arrêtent au milieu de la route, tous passagers dehors avec leurs appareils photo rivés sur un animal qui a daigné se montrer. Cela peut augmenter considérablement la durée du trajet. Il n'existe aucun moyen de contourner ces embouteillages, sauf si vous vous trouvez par hasard à l'intersection de l'une des deux routes qui traversent la vallée. En été, comptez entre 1h30 et 3h pour parcourir les 18 km de la route touristique.

Pour éviter les bouchons ou vous rapprocher de l'expérience vécue par nos ancêtres, vous pouvez opter pour l'**équitation**. Location de chevaux au début de la boucle, en face du bureau des *rangers*. (© 448-6286. Ouvert Mars-Nov 9h-17h. Circuit de 1h avec guide 15 $, promenade en charrette de foin 6-8 $. 1 dép/j sauf Ma. et Je. Balade en *buggy* 7 $.) Vous trouverez, au même endroit, des **vélos** à louer. (© 448-9034. Ouvert Juin-Août, Ma. et Je-Di 9h-19h, Lu. et Me. 7h-19h, pas de location après 16h30. Ouvert Mai et Sep., tlj 9h-17h, pas de location après 14h30. 3,25 $ l'heure.)

POUR RIRE À GORGE (TRÈS) DÉPLOYÉE Au milieu des collines du Tennessee, Dollywood, reconstitution d'un village américain imaginaire des montagnes orientales du Tennessee, domine Pigeon Forge. Imaginé et créé par la chanteuse de country Dolly Parton, elle-même connue pour ses reliefs généreux, ce monde abrite des artisans au travail qui se mêlent aux 30 manèges et attractions, sur un fond permanent de musique country *live*. Si elle déclare vouloir préserver la culture des montagnes du Tennessee, Dolly souhaite également vous voir revenir : le mot d'ordre du parc est "créer des souvenirs que l'on a envie de revivre". (*1020 Dollywood Ln. © 428-9488. Ouvert toute l'année, mais l'horaire change constamment. Mi-Juin-mi-Août, tlj 9h-21h. Entrée 31 $, plus de 59 ans 26 $, 4-11 ans 22 $. L'été, si vous arrivez après 15h, vous pouvez revenir gratuitement le lendemain. Vous trouverez des bons de réduction dans les offices de tourisme, les restaurants et les motels.*)

CHATTANOOGA ☎ 423

À mesure que vous approchez de Chattanooga par la route, vous comprenez rapidement quel est le principal centre d'intérêt de la ville. Des panneaux indiquant les Ruby Falls sont implantés régulièrement dans un périmètre de 100 km. La ville elle-même fait l'objet d'une promotion publicitaire intense et à volonté clairement commerciale. En haute saison, les touristes affluent dans le centre-ville. Et si certains d'entre eux regrettent les prix bien moins élevés et les sites de montagne plus rustiques du parc national, Chattanooga, autrefois connue pour sa desserte ferroviaire, conserve néanmoins un certain charme.

▊ INFORMATIONS PRATIQUES

Chattanooga est à cheval sur la frontière qui sépare le Tennessee et la Géorgie, à l'intersection de la I-24/59 et de la I-75. Les bus **Greyhound**, 960 Airport Rd. (© 892-1277, gare routière ouverte 6h-22h), desservent Atlanta (8 dép/j, durée 2h, 18-19 $), Nashville (5 dép/j, durée 3h30, 18-19 $) et Knoxville (4 dép/j, durée 2h, 14-15 $). Les bus de la **Chattanooga Area Transportation Authority (CARTA)** sillonnent la ville de 5h à 23h. (© 629-1473. Billet 1 $, correspondance 20 ¢. Enfants 50 ¢, correspondance 10 ¢.) **Informations touristiques** : **Visitors Center**, 2 Broad St., à côté de l'aquarium. (© 756-8687 ou 800-322-3344. Ouvert tlj 8h30-17h30.) **Internet** : **Public Library** (bibliothèque municipale), 1001 Broad St., près de la 10th St. (© 757-5103. Ouvert Lu-Je 9h-21h et Ve-Sa 9h-18h. Sep-Mai : également Di. 14h-18h.) **Bureau de poste** : 900 Georgia Ave., entre Martin Luther King Blvd. et la 10th St. (© 267-1609. Ouvert Lu-Ve 7h30-17h30.) **Code postal** : 37402.

▊▊ HÉBERGEMENT ET RESTAURANTS

Les motels bon marché se concentrent le long des grands axes qui mènent en ville, et dans **Broad St.**, au pied de Lookout Mountain. **Holiday Trav-l-Park**, 1709 Mack Smith Rd., à Rossville, à 800 m de la I-75, sortie East Ridge, est un terrain de camping qui comprend quelques attractions sur le thème de la guerre de Sécession. (© 706-891-9766 ou 800-693-2877. Laverie, piscine. Emplacement pour 2 personnes 17 $, avec eau et électricité 21 $, raccordement complet 23 $. Bungalow 36 $, personne supplémentaire 2 $.) Deux lacs voisins, **Chickamauga** et **Nickajack**, sont dotés d'autres terrains de camping. Si vous aimez les légumes, allez au ♥ **Pickle Barrel**, 1012 Market St., dans le centre-ville, où vous mangerez de succulents sandwichs, comme le hamburger aux haricots noirs, plutôt épicé (5,25 $). Quand il fait beau, la terrasse découverte est très agréable. (© 266-1103. Ouvert Lu-Sa 11h-3h et Di. 12h-3h. Interdit aux moins de 21 ans après 21h, sauf accompagnés par les parents.)

LE SUD

⊙ 🎵 VISITES ET SORTIES

Le petit quartier entre la 10th St. et la rivière, dans le centre-ville de Chattanooga, est plein d'établissements touristiques, de commerces et de restaurants. Le **Tennessee Aquarium**, 1 Broad St. (Ross's landing), est l'un des plus grands aquariums des Etats-Unis. Il abrite notamment la première colonie de tortues d'eau au monde, 7000 autres animaux et une salle de cinéma IMAX. (℃ 800-322-3344. Ouvert Lu-Je 9h-18h et Ve-Di 9h-20h. Oct-Avr : tlj 10h-18h. Entrée 13 \$, 3-12 ans 7 \$. Entrée au cinéma IMAX 7,25 \$/5 \$. Entrée combinée 17 \$/10 \$.) Plus discret, l'**International Towing and Recovery Hall of Fame and Museum**, 401 Broad St., abrite une salle remplie de dépanneuses rutilantes, rendant ainsi hommage à leur inventeur méconnu, originaire de Chattanooga. (℃ 267-3132. Ouvert Lu-Ve 10h-16h30 et Sa-Di 11h-17h. Entrée 4 \$, personnes âgées et 5-18 ans 3 \$, gratuit pour les moins de 6 ans.) Le **Chattanooga Regional History Museum**, 400 Chestnut St., explique le rôle joué par la ville dans l'épisode de la *piste des Larmes* ainsi que pendant la guerre de Sécession. (℃ 265-3247. Ouvert Lu-Ve 10h-16h30 et Sa-Di 11h-16h30. Entrée 4 \$, personnes âgées 3,50 \$, enfants 3 \$.) Longeant la rivière, la **promenade Riverwalk** relie l'aquarium au **Bluff Art District**, un petit quartier plein de boutiques huppées et de cafés chic, qui rayonne autour du **Hunter Museum of Art**, 10 Bluff View. Le musée abrite la plus importante collection de peinture américaine de tous les Etats du Sud. (℃ 267-0968. Ouvert Ma-Sa 10h-16h30 et Di. 13h-16h30. Entrée 5 \$, étudiants 3 \$, personnes âgées 4 \$, 3-11 ans 2,50 \$. Accès handicapés.) A la mi-juin, le bord de la rivière devient payant pendant 9 soirées, à l'occasion du **Riverbend Festival**, qui accueille de bons concerts. (℃ 265-4112. 23-30 \$.)

Un funiculaire vertigineux, l'**Incline Railway** (9 \$, 3-12 ans 4,50 \$), emmène ses passagers le long d'une pente à 72,7° jusqu'à **Lookout Mountain**, d'où l'on peut apercevoir, par temps dégagé, jusqu'à six Etats. (Prenez S. Broadway ou les bus n° 15 ou n° 31 et suivez les panneaux. Ouvert Juin-Août, tlj 8h30-21h15 ; Sep-Mai 9h-17h15. Accès handicapés.) Le décor naturel du sentier de randonnée de **Rock City Gardens** est formé de vastes paysages et de boyaux rocheux mais également d'ajouts résolument moins champêtres : le chemin est maintenant bordé de boutiques stratégiquement placées et se termine dans une grotte décorée d'elfes multicolores et de diaporamas à l'ambiance surnaturelle. (℃ 706-820-2531. Ouvert Juin-Août, tlj 8h30-20h ; Sep-Mai 8h30-18h. Entrée 12 \$, 3-12 ans 6,50 \$.) Quelque 300 m plus loin dans la montagne, les ♥ **Ruby Falls**, des cavernes et des chutes d'eau de 45 m de haut accompagnées de jeux de lumière et d'effets sonores, ajoutent une touche très Disney à l'ensemble de la visite. (℃ 821-2544. Ouvert tlj 8h-20h. Visite de 1h. Entrée 11,50 \$, 3-12 ans 5,50 \$.)

Pour connaître le programme des réjouissances, consultez l'hebdomadaire gratuit *Outlook*, disponible dans de nombreux restaurants et boutiques. Les **Chattanooga Lookouts**, la *farm team* de l'équipe de base-ball des Cincinnati Red's, joue au tout nouveau **BellSouth Park**, au croisement de la 2nd St. et de Chestnut St. (les équipes de base-ball des petites villes sont appelées *farm teams* parce qu'elles servent de pépinières de joueurs aux grands clubs nationaux qui "s'approvisionnent" auprès d'elles). (℃ 267-2208 ou 800-852-7572. Billets 4-8 \$, personnes âgées et moins de 12 ans 2 \$.)

🛡 ENVIRONS DE CHATTANOOGA : CHICKAMAUGA CREEK

Les voies ferrées qui ont immortalisé Chattanooga dans la chanson du folklore "Chattanooga Choo Choo" ont joué un rôle stratégique lors de la guerre de Sécession. C'est à **Chickamauga Creek**, à environ 5 km au-dessus de la frontière avec la Géorgie sur la US 27, qu'eut lieu à l'automne 1863 l'un des combats les plus meurtriers. Chickamauga a été la première zone militaire de la nation, établie dans le but de développer les études sur la guerre. Par conséquent, les événements de la bataille sont détaillés de façon impressionnante sur d'innombrables plaques disséminées dans le parc. Le **Visitors Center** se trouve sur la US 27. (℃ 706-866-9241. Ouvert tlj 8h-

17h45, hors saison 8h-16h45. Vidéo de 26 mn diffusée toutes les heures. Entrée 3 $, personnes âgées et enfants 1,50 $. Location d'un audioguide, au plus tard 3h avant la fermeture : 3 $ plus caution de 20 $. Parc ouvert jusqu'à la tombée de la nuit.)

MEMPHIS   ⛅ 901

Memphis est une sorte de lieu saint musical, surtout pour les fans d'Elvis. Au siècle dernier, la ville a vu naître les principaux courants musicaux américains, notamment le rock'n'roll et la soul. De nombreux touristes se rendent en pèlerinage à Memphis pour visiter Graceland, l'ancienne demeure du King mais aussi la maison la plus kitsch du pays. Outre Graceland, Memphis offre de nombreux "monuments" de la musique et les clubs de blues très renommés qui bordent Beale St. perpétuent la tradition. Ici, tous les ingrédients traditionnels du Sud sont réunis (délicieux barbecues, demeures anciennes et parcs soignés) pour passer un bon séjour sur le thème de la musique.

▬ TRANSPORTS

Avion : Memphis International Airport, 2491 Winchester Rd. (✆ 922-8000), au sud de la boucle sud que forme la I-240. Un taxi pour le centre coûte 22 $ (négociez à l'avance). Les bus à destination et en provenance de l'aéroport reviennent à 1,10 $, mais le service est irrégulier et le trajet compliqué pour ceux qui n'y sont pas habitués.

Train : Amtrak, 545 S. Main St. (✆ 526-0052), au coin de Calhoun Ave., au sud du centre-ville. Le quartier a très mauvaise réputation, mais la ligne de tramway de Main St. va jusqu'à la gare. Destinations : **La Nouvelle-Orléans** (1 dép/j, durée 8h30, 44-86 $), **Chicago** (1 dép/j, durée 10h30, 84-150 $) et **Jackson** (1 dép/j, durée 4h30, 30-59 $).

Bus : Greyhound, 203 Union Ave. (✆ 523-1184), non loin de la 4th St., dans le centre-ville. *Quartier mal famé le soir.* Destinations : **Nashville** (13 dép/j, durée 4h, 27-29 $), **Chattanooga** (4 dép/j, durée 9h, 37-39 $) et **Jackson** (7 dép/j, durée 4-5h, 29-31 $). Ouvert 24h/24.

Transports en commun : Memphis Area Transit Authority (MATA), au coin d'Auction Ave. et de Main St. (✆ 274-6282). Réseau complet desservant la plupart des villes alentour, mais service très irrégulier. Les deux arrêts principaux du centre-ville se trouvent à l'intersection de Front St. et de Jefferson St., et de la 2nd St. et de Madison Ave. Les principaux itinéraires passent par Front St., la 2nd St. et la 3rd St. Service Lu-Ve à partir de 5h30 et Sa-Di à partir de 6h. Dernier passage entre 18h et 24h, selon le trajet. Tarif 1,10 $, correspondances 10 ¢. Des **tramways** restaurés du XIXe siècle (gérés par la MATA) circulent dans Main St. Lu-Je 6h-24h, Ve. 6h-1h, Sa. 9h30-1h, Di. 10h-18h et le long de Riverfront Lu-Je 6h30-24h, Ve. 6h30-1h, Sa. 9h30-1h, Di. 10h-18h. Tarif 50 ¢, personnes âgées 25 ¢, Lu-Ve 11h-13h30 25 ¢, gratuit pour les moins de 5 ans. Forfait 2 $ la journée, 5 $ les 3 jours.

Taxi : Memphis manque de taxis, l'attente est parfois longue. **City Wide**, ✆ 324-4202.

▬▬ ORIENTATION ET INFORMATIONS PRATIQUES

Dans le centre-ville, les avenues numérotées sont orientées nord/sud et les avenues qui portent un nom, est/ouest. **Madison Ave.** sépare le nord du sud de la ville. Deux grandes artères, **Poplar Ave.** et **Union Ave.**, traversent le cœur de la ville en partant de l'est, tandis que la **2nd St.** et la **3rd St.** sont les principaux axes nord/sud du centre-ville. La **I-240** et la **I-55** entourent Memphis. **Bellevue Blvd.** devient **Elvis Presley Blvd.** et mène tout droit à Graceland, tandis que le très beau quartier de **Midtown** se trouve à l'est du centre-ville.

Assistance téléphonique : Gay/Lesbian Switchboard, ✆ 324-4297. Service disponible tlj 19h30-23h.

Hôpital : Baptist Memorial Hospital, 899 Madison Ave. (✆ 227-2727).

Informations touristiques : **Tennessee Welcome Center**, 119 Riverside Dr. (© 543-6757), au niveau de Jefferson St. Ouvert 24h/24. La **Blue Suede Brigade** qui sillonne la ville, pourra répondre à toutes vos questions.

Internet : **Cossitt-Goodwin Public Library** (bibliothèque municipale), 33 S. Front St. (© 526-1712), près de Monroe Ave. Ouvert Lu-Ve 10h-17h.

Bureau de poste : 555 S. 3rd St. (© 521-2559). Ouvert Lu-Ve 8h30-17h30 et Sa. 10h-14h. **Code postal** : 38101.

Fuseau horaire : Heure des Prairies (7 heures de moins que l'heure de Paris).

▐ HÉBERGEMENT

Quelques motels du centre-ville pratiquent des prix raisonnables. Sinon, vous trouverez à vous loger plus loin, du côté de Graceland, dans **Elvis Presley Blvd.** et dans **Brooks Rd.** Si vous comptez vous rendre en ville à l'occasion de l'anniversaire de la naissance du King (8 janvier) ou de sa mort (15 août), ainsi que pendant le festival de Memphis in May, réservez de 6 mois à 1 an à l'avance.

Memphis Hostel, 340 W. Illinois St. (© 942-3111), sortie n° 12C depuis la I-55. Située dans le bâtiment du Days Inn Riverbluff, l'auberge de jeunesse est composée de chambres équipées de lits superposés. Il y manque l'ambiance familiale (et la cuisine) qui caractérise la plupart des auberges, mais trouver un logement aussi bon marché (15 $ la nuit) près du centre-ville et du Mississippi est miraculeux.

Days Inn Riverbluff, 340 W. Illinois St. (© 948-9005), sortie n° 12C depuis la I-55. Un établissement agréable dans un bel environnement (quoiqu'un peu délabré) à côté du Mississippi et proche du centre. TV par câble, air conditionné, café, *doughnuts* et journaux. Chambre à partir de 45 $, 33 $ grâce à certains prospectus distribués au *visitors center*.

American Inn, 3265 Elvis Presley Blvd. (© 345-8444), sortie n° 5B depuis la I-55. Vous tomberez sous le charme des chambres spacieuses et des photos d'Elvis qui couvrent tous les murs du hall. TV par câble, air conditionné. Chambre simple 30 $, chambre double 40 $.

Memphis/Graceland KOA, 3691 Elvis Presley Blvd. (© 396-7125), adjacent à Graceland, ce qui peut compenser l'absence d'intimité de ce camping. Piscine, laverie et navette gratuite jusqu'à Beale St. Emplacement pour 1-2 personnes 21 $, avec raccordement 32 $. Bungalow avec air conditionné 37 $, 4 $ par personne supplémentaire.

Memphis South Campground, 460 Byhalia Rd. (© 662-429-1818), à Coldwater, dans le Mississippi, à 32 km au sud de Memphis. Prenez la sortie n° 280 de la I-55. Agréables terrains verdoyants. Piscine et laverie. Emplacement pour tente 12 $, avec eau et électricité 15 $, avec raccordement complet 17 $, 2 $ par personne supplémentaire. Réception ouverte tlj 8h-10h et 16h-20h.

▐ RESTAURANTS

A Memphis, le barbecue est roi. La ville organise d'ailleurs un **championnat mondial de la cuisine au barbecue** au mois de mai. De manière générale, on mange bien à Memphis. Vous aurez tout le loisir de découvrir les spécialités traditionnelles du Sud comme le poulet frit, le *catfish* (poisson-chat), les *chitlins* (tripes) et les *grits* (gruaux de maïs).

Rendezvous, 52 2nd St. (© 523-2746), derrière Downtown Alley. Une véritable légende locale servant de copieuses portions de *ribs* (12-15 $) et des sandwichs moins chers (3-6 $). L'attente peut parfois se prolonger. Ouvert Ma-Je 16h30-22h30 et Ve-Sa 11h-23h30.

Tops Bar-B-Que, 1286 Union Ave. (© 725-7527). Si vous cherchez un bon barbecue, servi rapidement et de façon simple, mettez le cap vers la cheminée fumante du Tops. Un sandwich avec deux accompagnements revient à 4,25 $. Ouvert tlj 8h30-23h45.

The North End, 346 N. Main St. (© 526-0319), au niveau de Jackson St., dans le centre-ville. Restaurant spécialisé dans les *tamales*, le riz sauvage, les pommes de terre garnies et la cuisine créole (3-12 $). La *Hot fudge pie* (tarte au caramel chaud), surnommée *sex*

Memphis, centre-ville

🏠 HÉBERGEMENT
1 American Inn
2 Days Inn Riverbluff
3 Memphis/Graceland KOA
4 Memphis Hostel

🍴 RESTAURANTS
1 Huey's
2 The Map Room
3 The North End
4 RendezVous
5 Tops Bar-B-Que

🍺 BAR
1 Newby's

♪ CONCERTS
1 B.B. King's Blues Club
2 Elvis Presley Memphis
3 This Is It!
4 Rum Boogie Cafe

N

0   100 yards
0   100 m

The Pyramid

AMTRAK

North Parkway

Front St.

Overton Ave.

Jackson Ave.

Main St.

2nd St.

3rd St.

40

Market Ave.

Cook Convention Center

Exchange Ave.

State Office Building

Poplar Ave.

Mississippi

Memphis Belle

Wolf

Mud Island Park

Monorail et passerelle

Hôtel de ville

Civic Center

Washington Ave.

Adams Ave.

4th St.

River Museum

Amphithéâtre

Jefferson Davis Park

Riverside Dr.

Front St.

Confederate Park

Jefferson Ave.

VERS LE VICTORIAN VILLAGE (800 m)

COURT SQUARE

Center Ln.

Court Ave.

Main St. Mall ■

2

2nd St.

Madison Ave.

Front St. Deli

"Downtown Alley"

4

1

Union Ave.

AutoZone Stadium

Monroe Ave.

Peabody Hotel

Gayoso Ave.

Rufus Thomas Bd.

VERS LE SUN STUDIO, LE PINK PALACE MUSEUM, LE BROOKS MUSEUM OF ART,

Center for Southern Folklore ■

4th St.

5

ET 1

Beale St.

Peabody Pl.

51

Riverside Dr.

Tom Lee Park

Orpheum

2

1

3

4

Handy Park

W.C. Handy Museum

Statue d'Elvis A. Schwab

Beale St.

Tennessee St.

Wagner St.

Front St.

Linden Ave.

Rock 'n' Soul Museum

Lt. George W. Lee Ave.

Robert Church Park

Maison Hunt-Phelan

VERS GRACELAND, LE MEMPHIS INT'L AIRPORT, LE NATIONAL ORNAMENTAL METAL MUSEUM,
1 2 4 ET 3

Main St.

Vance Ave.

Pontotoc Ave.

Mulberry St.

2nd St.

Linden Ave.

Danny Thomas Blvd.

Talbot Ave.

Pontotoc Ave.

Huling Ave.

National Civil Rights Museum

St. Martin St.

Hernando St.

Vance Ave.

64

Nettleton Ave.

Abel St.

4th St.

70

Butler Ave.

Butler Ave.

79

Main St.

2nd St.

Butler Ave.

Mississippi Blvd.

Calhoun Ave.

AMTRAK

St. Paul Ave.

St. Paul Ave.

LE SUD

on a plate (3,75 $), vous enverra vraiment au septième ciel ! La liste des bières est impressionnante : bières américaines à partir de 2,75 $ et bières importées à partir de 3,50 $. *Happy hour* tlj 16h-19h. Concerts à partir de 22h le week-end. Ouvert tlj 11h-3h.

The Map Room, 2 S. Main St. (✆ 543-8686). Ici, le client a la délicieuse sensation que tout est au ralenti : hommes d'affaires, voyageurs et néohippies se prélassent sur les canapés pour lire ou siroter un "latea". Si vous en avez assez des tendances plutôt carnivores des restaurants de Memphis, essayez un sandwich *pimento-and-cheese* (piment et fromage 3,50 $). Concerts tous les jours. Ouvert 24h/24.

Huey's, 77 S. 2nd St. (✆ 527-2700), dans le centre-ville. Huey's remporte le titre des meilleurs *burgers* (4 $) de Memphis depuis 1984. Ouvert Lu-Sa 11h-3h et Di. 12h-3h. Concerts Di. 16h.

P and H Café, 1532 Madison Ave. (✆ 726-0906). Les initiales signifient *Poor and Hungry* (pauvre et affamé). Les plats au gril attirent les étudiants et les habitants du quartier, qui viennent aussi pour les charmantes serveuses et le décor kitsch. La semaine de l'anniversaire de la mort d'Elvis (*Death Week*), en août, P and H organise une soirée dansante, le *Dead Elvis Ball*. Ouvert Lu-Ve 11h-3h et Sa. 17h-3h.

🔘 VISITES

GRACELAND : LE SANCTUAIRE. Qu'elle vous fasse rire ou pleurer, **Graceland**, 3763 Elvis Presley Blvd., l'ancienne résidence d'**Elvis Presley**, ne vous laissera pas indifférent. Prenez la I-55 vers le sud jusqu'à la sortie n° 5B ou le bus n° 13 "Lauderdale". Rendez les armes devant la bousculade touristique, les méthodes de contrôle de la foule et la visite audioguidée, tout cela largement nappé de mercantilisme à l'américaine. Vous n'êtes pas près d'oublier les plafonds miroirs, les murs moquettés, les meubles en fausse fourrure et les tons jaune et orange choisis par le King en 1974. Ne manquez pas la visite du **Trophy Building** (maison des trophées) où sont exposés, par centaines, les disques d'or et de platine remportés par l'artiste. Le King et sa famille sont enterrés à côté, dans les **Meditation Gardens**. (✆ 332-3322 ou 800-238-2000. *Les week-ends d'été, comptez 1 ou 2h d'attente. Guichet ouvert Lu-Sa 9h-17h et Di. 10h-16h. Nov-Fév : fermé Ma. Les attractions restent ouvertes 2 heures après la fermeture du guichet. Entrée 16 $, étudiants et personnes âgées 14,40 $, 7-12 ans 6 $.*)

ELVIS TOUJOURS... Si vous êtes un fan invétéré, visitez les attractions, toutes relatives à Elvis, qui vous attendent en face de sa maison. L'**Elvis Presley Automobile Museum** conserve une centaine d'**Elvis-mobiles** roses et violettes, ainsi qu'un bataillon de voiturettes de golf et de jouets motorisés. Pendant ce temps, des extraits des 31 films d'Elvis sont projetés dans un drive-in. Séance toutes les 30 mn. (*7 $, étudiants et personnes âgées 6,30 $, enfants 3 $.*). Un film gratuit de 20 mn, *Walk a Mile in My Shoes*, qui contient des séquences de spectacles donnés par Elvis, met en parallèle ses débuts et ses dernières années. Amusez-vous à compter combien de kilos le King a pris entre les deux. **Elvis's Airplanes**, vous l'aurez deviné, présente les deux avions d'Elvis : le *Lisa-Marie* (le prénom de sa fille), avec un lit tapissé de daim bleu et des ceintures de sécurité plaquées or, et le petit Jetstar *Hound Dog II* (*6 $, personnes âgées 5,40 $, enfants 3 $*). Le **Sincerely Elvis** est tourné vers la vie privée de la star : on y voit les livres qu'il a lus, les chemises qu'il a portées, les postes de télévision sur lesquels il tira et des films personnels tournés avec sa femme Priscilla (*5 $, personnes âgées 4,50 $, enfants 2,50 $*). Le **Platinum Tour Package** propose un forfait pour la maison et toutes les attractions (*25 $, étudiants et personnes âgées 22,50 $, 7-12 ans 12 $*). Toutes sont accessibles aux handicapés, excepté les avions et deux pièces de la maison.

Chaque année, pendant la semaine du 15 août (date de la mort d'Elvis), des millions de fans viennent célébrer **Elvis Week**, une longue commémoration, avec notamment un pèlerinage à son collège et une veillée aux chandelles. Les journées autour de la date de sa naissance (**Elvis Presley Birthday Tribute**, 8 janvier) sont également des temps forts pour ses fans.

BLUES STORY. Bien avant que Sam Phillips et le studio Sun ne lancent Elvis, Jerry Lee Lewis et Roy Orbison, Beale Street était déjà le berceau du blues. Récemment obligé de quitter Beale St. à cause du consumérisme ambiant, le ♥ **Center for Southern Folklore** célèbre la culture folklorique locale par des expositions, des concerts et une exubérance généralisée. *(119 Main St. © 525-3655. Centre ouvert Di-Je 11h-19h et Ve-Sa 11h-23h. Déjeuner Lu-Ve 11h-14h. Expositions gratuites. Concerts environ 5 $.)* Appelez le centre pour toute information sur le **Music and Heritage Festival**, qui occupe Beale St. le week-end du Labor Day (premier lundi de septembre). Gospel, country, blues et jazz accompagnent des troupes de danse et des stands d'artisanat. *(© 525-3655. Ouvert 11h-23h. Entrée gratuite.)* L'histoire musicale de Memphis n'est pas uniquement celle du blues : la ville connut les succès soul du label Stax et ceux du groupe de rock Big Star. Pour savoir dans quelle mesure tous ces éléments musicaux se sont influencés mutuellement et ont pesé sur la culture américaine en général, ne manquez pas le ♥ **Rock'n'Soul Museum**. De nombreux objets artisanaux sont exposés et, surtout, la visite audioguidée compte une centaine de chansons diffusées dans leur intégralité, des grands classiques du blues à la bande originale de *Shaft* par Isaac Hayes. *(145 Lt. George W. Lee Ave., un block au sud de Beale St. © 543-0800. Ouvert tlj 10h-18h. Entrée 8,50 $, personnes âgées 7,50 $, 5-17 ans 5 $. Accès handicapés.)* Le **studio Sun**, célèbre studio d'enregistrement pourvu d'une seule et unique salle, est un autre lieu mythique du rock. C'est là que fut remarqué Elvis, que Jerry Lee Lewis enregistra *Great Balls of Fire* et que Carl Perkins interpréta *Blue Suede Shoes*, son titre le plus connu. *(706 Union Ave. © 521-0664. Visites guidées de 30 mn, toutes les demi-heures. Ouvert tlj 10h-18h. Entrée 8,50 $, gratuit pour les moins de 12 ans. Réduction pour les membres de l'AAA. Quelques souvenirs gratuits sont disponibles dans la boutique située à l'étage. Accès handicapés.)* Le **Full Gospel Tabernacle** de la légende de la soul music, **Al Green**, se trouve aussi à Memphis. Le service religieux du dimanche se caractérise par des chants, de la danse, des transes et même parfois des exorcismes. *(787 Hale Rd. © 396-9192. Service Di. 11h-14h30, il est malvenu d'arriver tard et de partir tôt.)*

MUD ISLAND. Cette île sur le Mississippi, reliée à la ville par monorail, rassemble un musée consacré au Mississippi, un bombardier B-17 *Memphis Belle* de la Seconde Guerre mondiale et une promenade qui reconstitue le cours du fleuve Mississippi. **Visites gratuites** du bombardier et de la reconstitution plusieurs fois par jour. Au **Mississippi River Museum**, également sur l'île, vous pourrez revivre l'histoire du fleuve depuis 10 000 ans grâce à des vidéos, des objets artisanaux et des répliques grandeur nature de bateaux à vapeur, de cuirassés et de cafés. *(Le monorail part du 125 Front St. © 576-7241 ou 800-507-6507. Ouvert tlj 10h-19h15 ; début Sep-fin Mai, Ma-Di 9h-16h15. Musée 8 $, personnes âgées 6 $. Accessible aux handicapés.)*

ENCORE DES MUSÉES. Le ♥ **National Civil Rights Museum** occupe le **Lorraine Motel**, au niveau de Calhoun Ave., où fut assassiné Martin Luther King Jr. Ce musée est consacré à l'histoire de la lutte pour l'égalité des Noirs américains. Films, photographies, documentaires et reconstitutions grandeur nature retracent les étapes du mouvement de lutte pour les droits civiques. *(450 Mulberry St. © 521-9699. Ouvert Juin-Août, Lu-Sa 9h-18h et Di. 13h-18h. Sep-Mai : Lu-Sa 9h-17h et Di. 13h-17h. Entrée 8,50 $, étudiants avec carte et personnes âgées 7,50 $, 4-17 ans 6,50 $.)* Quatre édifices contigus composent le **Brooks Museum of Art**. Ce musée accueille des collections aussi variées que son architecture à l'extrémité sud-ouest du parc d'Overton, à l'est du centre-ville. *(1934 Poplar Ave. © 544-6200. Ouvert Ma-Ve 10h-16h, 1er Me. de chaque mois 10h-20h, Sa. 10h-17h et Di. 11h30-17h. Entrée 5 $, personnes âgées 4 $, étudiants 2 $. Gratuit Me. Accès handicapés.)* Au sud du centre-ville, le **National Ornamental Metal Museum**, seule institution de ce type aux Etats-Unis, présente des œuvres en métal composées par des artistes contemporains. A l'arrière du musée se trouve un forgeron en activité et un jardin de sculptures qui donne sur la rivière. *(374 Metal Museum Dr., sortie n° 12C de la I-55. © 774-6380. Ouvert Ma-Sa 10h-17h et Di. 12h-17h. Entrée 4 $, personnes âgées 3 $, étudiants 2 $.)*

Le **Pink Palace Museum and Planetarium** présente diverses expositions dans un ensemble étrangement fascinant : tête réduite (avec la formule), histoire de la ville, cirque mécanique miniature de la taille d'une chambre et l'incontournable cinéma IMAX. Le musée contient également une reproduction de la première épicerie self-service au monde, qui vit le jour à Memphis sous l'enseigne de Piggly-Wiggly. Les étagères sont encore approvisionnées en articles séchés ou en conserves datant de 1916. Le musée même se trouve dans un bâtiment de marbre rose, conçu à l'origine comme logement du fondateur de la chaîne Piggly-Wiggly, Clarence Saunders. Après avoir perdu toute sa fortune en bourse, il renonça à cette demeure. *(3050 Central Ave. ✆ 320-6362. Ouvert Lu-Je 9h-16h, Ve-Sa 9h-21h et Di. 12h-18h. Entrée 7 $, personnes âgées 6,50 $, 3-12 ans 4,50 $. Projections au cinéma IMAX respectivement 6,50 $, 6 $ et 5 $. Spectacles au Planetarium respectivement 3,50 $, 3 $ et 3 $. Billets combinés possibles. Accès handicapés.)*

LA DANSE DES CANARDS William Faulkner disait que "le Mississippi lui-même passe par le hall du Peabody Hotel", au cœur de Memphis. Chaque jour à 11h et à 17h, le concierge de l'hôtel déroule le tapis rouge pour une troupe de canards. Après avoir quitté leurs luxueuses suites, ces canards prennent l'ascenseur avec l'aide d'un assistant qui leur est entièrement dévoué, et traversent les lieux en se dandinant sur l'air de *Stars and Stripes Forever* ou de *King Cotton March* par John Phillip Sousa. *(149 Union Ave. ✆ 529-4000.)*

LE MEMPHIS HISTORIQUE. Memphis possède quelques jolies maisons décorées. Le **Victorian Village** est un rassemblement de demeures du XIXe siècle, à différents stades de restauration, installées au croisement d'Orleans St. et d'Adams Ave. Deux maisons sont ouvertes au public : les **maisons Mallory-Neeley** et **Woodruff-Fontaine**. *(Village ouvert Lu-Sa 10h-16h et Di. 13h-16h. Dernière visite à 15h30. Mallory-Neeley : 652 Adams Ave. ✆ 523-1484. Fermé Lu. et Janv-Fév. Woodruff-Fontaine : 680 Adams Ave. ✆ 526-1469. Fermé Ma. Entrée pour chaque maison 5 $, personnes âgées 4 $, étudiants 3,50 $. Accès groupé pour les deux maisons respectivement 9 $, 7,50 $ et 5,50 $. Certaines maisons sont accessibles aux handicapés.)* **A. Schwab** est un magasin géré par la même famille depuis 1876. Un "musée" d'objets insolites et poussiéreux (dont des potions, des élixirs et des poudres vaudoues) occupe la mezzanine. C'est là qu'Elvis acheta certains de ses costumes les plus excentriques. *(163 Beale St. ✆ 523-9782. Ouvert Lu-Sa 9h-17h. Visite guidée gratuite sur demande.)*

PARCS ET JARDINS. Memphis possède de nombreux parcs, tous très différents. Des fleurs sauvages et plus de 57 variétés de roses s'épanouissent au **Memphis Botanical Garden**, dans Audubon Park, qui donne dans Park Ave. *(750 Cherry Rd. ✆ 685-1566. Ouvert Mars-Oct, Lu-Sa 9h-18h et Di. 11h-18h. Nov-Fév : Lu-Sa 9h-16h30 et Di. 11h-16h30. 4 $, personnes âgées et étudiants 3 $ et 6-17 ans 2 $. Gratuit Ma. après-midi.)* En face, les **Dixon Galleries and Garden** révèlent des pelouses impeccables et une collection d'art européen dont des œuvres de Renoir, de Degas et de Monet. *(4339 Park Ave. ✆ 761-2409. Ouvert Ma-Sa 10h-17h et Di. 13h-17h. Entrée 5 $, personnes âgées 4 $, gratuit pour les étudiants. Lu. seuls les jardins sont ouverts et le prix d'entrée est réduit de moitié. Ma., gratuit pour les personnes âgées.)* Le **Lichterman Nature Center**, dans East Memphis, est un site naturel de 27 ha de forêt, qui abrite des animaux, des sentiers de randonnée et une aire de pique-nique. *(5992 Quince Rd. ✆ 767-7322. Ouvert Lu-Je 9h-16h, Ve-Sa 9h-17h et Di. 12h-17h. Le guichet ferme 30 mn avant le parc. Entrée 6 $, personnes âgées 5,50 $, 3-12 ans 4,50 $, gratuit Ma. 13h-16h.)*

♫ SORTIES

LE BLUES DE BEALE ST.

La chanson *Beale Street Blues*, composée par W.C. Handy en 1917, affirme qu'ici "les affaires ne s'arrêtent jamais, sauf si quelqu'un est tué". Beale St. a beaucoup changé depuis l'époque de Handy. Aujourd'hui, cette rue touristique est flanquée d'un Hard Rock Cafe et le commerce semble être devenu la valeur première. Cependant, la zone située entre la 2nd St. et la 4th St. attire toujours autant les amateurs de concerts de blues et très peu de clubs ferment la nuit. Tous les vendredis soirs, un bracelet acheté 10 $ vous donne accès à n'importe quel club de cette zone. Vous pouvez faire quelques économies en commandant une boisson à l'un des nombreux stands qui bordent Beale St. tout en profitant des musiciens de blues et des acrobates qui donnent leurs spectacles dans la rue. Les clubs de blues les plus animés vivent au rythme de la nuit. Renseignez-vous auprès du personnel du **Center for Southern Folklore** (voir p. 487), véritable mine d'information locale. La brochure gratuite *Memphis Flyer* et la section "Playbook" du journal *Memphis Commercial Appeal* du vendredi matin vous renseignent également sur ce qui se passe en ville.

B.B. King's Blues Club, 143 Beale St. (℃ 524-5464 ou 800-443-0972). B.B. King fait encore quelques apparitions dans ce club qui réunit jeunes et moins jeunes, touristes et habitants de la ville et, occasionnellement, une ou deux célébrités. Buvez une bière (3,25 $) en essayant un des plats du menu (7-18 $). Entrée 3-7 $. Lorsque B.B. King en personne vient jouer, 35-100 $. Ouvert Lu-Ve 16h30-1h et Sa-Di 11h-0h30.

Elvis Presley Memphis, 126 Beale St. (℃ 527-6900). Le restaurant, géré par Graceland, vous initiera au "régime" spécial Elvis, c'est-à-dire des sandwichs au beurre de cacahuète frit et à la banane (5,75 $). Ouvert Di-Je 11h-24h et Ve-Sa 11h-1h. Un spectacle commence entre 20h30 et 21h30. Di. brunch au son du gospel.

This Is It !, 167 Beale St. (℃ 527-8200). Beaucoup plus petit que ses homologues aux grands noms, ce club rappelle l'ambiance de la Beale St. d'autrefois. Entrée Je-Sa 5 $. Ouvert Lu-Ma 17h-1h, Me-Je 17h-2h, Ve-Sa 17h-4h et Di. 19h-1h. Concerts à partir de 20h30.

Rum Boogie Café, 182 Beale St. (℃ 528-0150). L'ambiance est chaleureuse, le blues local et la clientèle essentiellement touristique. Jetez un œil aux guitares qui pendent du plafond, et à l'enseigne originale de la maison de disques Stax. Les musiciens jouent à partir de 21h30. Ouvert Di-Je 8h30-0h20 et Ve-Sa 9h30-1h30.

LA VIE NOCTURNE EN DEHORS DE BEALE ST.

Si vous cherchez des clubs qui sortent un peu des sentiers battus, essayez le **Wild Bill's**, 1580 Vollintine Rd., qui perpétue la tradition des boîtes musicales en libre-service. (℃ 726-5473. Concerts Ve-Di, il vaut mieux arriver après 23h. Entrée Ve-Di 5 $. Ouvert Lu-Je 7h-23h et Ve-Sa de 7h jusque tard dans la nuit.) **J. Wags Lounge**, 1268 Madison Ave., est un bar gay ouvert 24h/24 qui a servi de décor à *Larry Flynt* (℃ 725-1909, DJ Ve-Sa). Ambiance estudiantine garantie dans le coin de **Highland St.**, près de l'**université de Memphis**, avec des bars comme le **Newby's**, 539 S. Highland St. (℃ 452-8408. *Happy hour* 16h-19h. Ouvert tlj 15h-3h. Concerts Me-Sa vers 22h30. Entrée 3-10 $.)

SORTIES

L'imposant **Orpheum Theater**, 203 S. Main St., projette des films classiques le vendredi à 19h15 pendant l'été, en recréant l'atmosphère des dernières séances d'autrefois, avec orgue et dessin animé. Dans ce vieux théâtre, dont le charme tient à des lustres de près de 5 m de haut et à de grandes orgues, se donnent parfois des concerts ou des spectacles de Broadway. (℃ 525-3000. Films 6 $, personnes âgées et étudiants 5 $. Concerts et spectacles 15-45 $. Guichet ouvert Lu-Ve 9h-17h et avant le spectacle.) **Memphis In May** (℃ 525-4611) organise tout le mois de mai des concerts, des expositions artistiques, le concours du plus gros mangeur et autres manifestations sportives. Les **Memphis Redbirds** (℃ 721-6000) jouent au base-ball à Autozone Park, dans le centre-ville. (Place 5-15 $, réduction pour les personnes âgées et les moins de 14 ans.)

LE SUD

◪ EXCURSIONS AUTOUR DE MEMPHIS

SHILOH NATIONAL MILITARY PARK

Le matin du 6 avril 1862, tandis qu'elle était stationnée dans les bois et les champs entourant Shiloh, l'armée du Tennessee, sous les ordres du général Grant, fut surprise par les troupes confédérées commandées par le général A.S. Johnston. Dans les deux jours qui suivirent, on assista à la plus importante concentration d'artillerie qu'on ait jamais vue en Amérique du Nord. Le *visitors center* du parc vous remettra une brochure explicative sur le parcours de 15 km que vous effectuez en voiture et passe une vidéo de 25 mn toutes les 30 mn. Pour vous rendre à Shiloh depuis Memphis, empruntez la US 64 E. jusqu'à la US 45 S. puis suivez les panneaux. (© 689-5275. Entrée 2 $, gratuit pour les moins de 16 ans, familles 4 $. *Visitors center* ouvert tlj 8h-17h. Parc ouvert jusqu'à la tombée de la nuit.)

LE DELTA DU MISSISSIPPI

Au sud de Memphis, la US 61 rejoint Vicksburg en traversant les marais et les plaines du delta du Mississippi, région où le coton était autrefois roi et dont le blues est originaire. La vie reste encore difficile à **Clarksdale**, dans le Mississippi, à 110 km au sud de Memphis, lieu de naissance de nombreux musiciens célèbres auxquels les festivals et les musées de la ville rendent maintenant hommage. Le **Delta Blues Museum**, 1 Blues Alley, expose des photographies et des objets rares comme l'une des guitares de B.B. King et une guitare fabriquée par les membres du groupe ZZ Top à partir d'une planche de bois provenant de la maison de Muddy Waters. (© 662-627-6820. Ouvert Lu-Ve 9h-17h. Entrée 6 $.) A 32 km au nord, sur la US 49, de l'autre côté de la rivière, se trouve **Helena**, dans l'Arkansas. C'est ici qu'était programmée en 1941 la légendaire émission radiophonique King Biscuit Time, avec son animateur vedette Sonny Boy Williamson qui présentait les chanteurs et musiciens en direct. Le premier week-end d'octobre, la ville accueille le **King Biscuit Blues Festival**, le festival de blues gratuit le plus important du Sud des Etats-Unis. Le **Delta Cultural Center**, 141 Cherry St., propose une exposition sur le contraste entre les terres riches et les habitants pauvres, qui caractérise si bien la culture de la région. (© 870-338-4350 ou 800-358-0972. Ouvert Lu-Sa 10h-17h et Di. 13h-17h. Entrée gratuite.)

CAROLINE DU NORD

La Caroline du Nord est divisée en trois régions distinctes. A l'ouest, les régions montagneuses des Appalaches restent très rurales. Le centre de l'Etat, autour du *Research Triangle* (Triangle de la recherche), est une région dynamique marquée par sa concentration en matière grise. Les villes de la côte Est ont pour leur part conservé une certaine culture balnéaire. Les beautés naturelles de l'Etat, relativement épargné par l'industrialisation, comptent parmi ses meilleurs atouts. Si vous êtes pressé (ce qui vous mettra en décalage avec une grande partie de la Caroline du Nord), le mieux est de vous contenter des paysages situés aux extrémités de l'Etat, dans les montagnes des Appalaches et les Outer Banks.

◪ INFORMATIONS PRATIQUES

Capitale : Raleigh.

Informations touristiques : **Department of Commerce, Travel and Tourism**, 301 N. Wilmington St., Raleigh 27601-2825 (© 919-733-4171 ou 800-847-4862, www.visitnc.com). **Department of Natural Resources and Community Development**, Division of Parks and Recreation, 1615 Mail Service Ctr., Raleigh 27699 (© 919-733-4181).

Fuseau horaire : Heure de l'Est (6 heures de moins que l'heure de Paris).

Abréviation postale : NC. **Taxe locale** : 6 %.

LE RESEARCH TRIANGLE ☎ 919

Le "Triangle", un concept né dans les années 1950 avec la création du *Research Triangle Park* (le Triangle de la recherche) où de nombreux prix Nobel travaillent sans relâche pour des dizaines d'entreprises de biotechnique ou de high-tech, est une région essentiellement étudiante. **Raleigh**, la capitale de l'Etat, est centrée autour de l'université de Caroline du Nord (NC State). Cette ville historique a récemment rénové ses attractions touristiques. **Durham**, autrefois grande productrice de tabac, se consacre aujourd'hui à la médecine. Elle abrite nombre d'hôpitaux et de cliniques spécialisés dans la lutte contre le cancer. Elle est également connue pour sa tolérance à l'égard des homosexuels. La plus ancienne université publique américaine, constituée en 1789, l'université de Caroline du Nord (UNC), se trouve à **Chapel Hill**, où la vitalité des groupes de musique locaux témoigne du dynamisme du campus. La plupart des boutiques de la ville se sont d'ailleurs spécialisées dans la vente de tee-shirts aux couleurs de l'UNC.

◪ TRANSPORTS

Avion : Raleigh-Durham International Airport (✆ 840-2123, www.rdu.com), à 16 km des centres-ville de Raleigh et de Durham, sur la US 70. Le trajet en taxi jusqu'au centre-ville de Raleigh ou de Durham coûte environ 27 $.

Train : Amtrak, 320 W. Cabarrus St. (✆ 833-7594), à Raleigh, à 4 blocks à l'ouest du Civic Center. Destinations : **Washington, D.C.** (2 dép/j, durée 6h, 43-78 $) et **Richmond** (2 dép/j, durée 3h30, 28-50 $). Ouvert 24h/24.

Bus : Greyhound dispose d'une gare à Raleigh et à Durham. A **Raleigh**, 314 W. Jones St. (✆ 834-8275). Destinations : **Durham** (9 dép/j, durée 40 mn, 6,50 $), **Chapel Hill** (4 dép/j, durée 1h20, 10 $) et **Charleston**, en Caroline du Sud (2 dép/j, durée 7h30, 59 $). Ouvert 24h/24. A **Durham**, 820 W. Morgan St. (✆ 687-4800), à un block de Chapel Hill St., dans le centre-ville, à 4 km au nord-est de l'université de Duke. Destinations : **Chapel Hill** (4 dép/j, durée 25 mn, 8 $) et **Washington, D.C.** (6 dép/j, durée 6h, 50 $). Ouvert tlj 7h30-21h30. La gare routière de **Chapel Hill** n'est plus en service, mais des bus de la région du Triangle continuent à prendre et à déposer les passagers devant l'ancien bâtiment, au coin de Franklin St. et de Columbia St. Billets en vente à la gare suivante sur la ligne.

Transports en commun : Capital Area Transit, Raleigh (✆ 828-7228). Les bus circulent du lundi au samedi. Billet 75 ¢, correspondances gratuites. **Durham Area Transit Authority (DATA)**, Durham (✆ 683-3282). La plupart des itinéraires partent du centre-ville à l'angle de Morgan St. et de Main St. sur le *loop* circulaire. Service quotidien. L'horaire varie en fonction du trajet. Service restreint le dimanche. Billet 75 ¢, personnes âgées, moins de 18 ans et handicapés 35 ¢, correspondances gratuites, gratuit pour les enfants mesurant moins de 1,10 m. **Chapel Hill Transit**, Chapel Hill (✆ 968-2769). Les bus circulent de 5h40 à 20h. Bureau ouvert Lu-Ve 4h45-22h. Billet 75 ¢, navette gratuite sur le campus.

Taxi : Cardinal Cab, ✆ 828-3228.

◪ INFORMATIONS PRATIQUES

Informations touristiques : Raleigh Visitors Center, 301 N. Blount St. (✆ 733-3456). Ouvert Lu-Ve 8h-17h, Sa. 10h-17h et Di. 13h-17h. **Durham Convention Center and Visitors Bureau**, 101 E. Morgan St. (✆ 800-446-8604). Ouvert Lu-Ve 8h30-17h et Sa. 10h-14h. **Office de tourisme : Visitor Info Center and Chapel Hill Chamber of Commerce**, 104 S. Estes Dr. (✆ 967-7075). Ouvert Lu-Ve 9h-17h.

Assistance téléphonique : Rape Crisis (SOS Viol), ✆ 403-6562, 24h/24.

Bureaux de poste : A **Raleigh**, 311 New Bern Ave. (✆ 828-5902). Ouvert Lu-Ve 8h-17h30 et Sa. 8h-12h. **Code postal :** 27611. A **Durham**, 323 E. Chapel Hill St. (✆ 683-1976). Ouvert Lu-Ve 8h30-17h. **Code postal :** 27701. A **Chapel Hill**, 125 S. Estes Dr. (✆ 967-6297). Ouvert Lu-Ve 8h30-17h30 et Sa. 8h30-12h. **Code postal :** 27514.

┌┐ HÉBERGEMENT

Vous trouverez les hôtels bon marché de Raleigh dans Capital Blvd., à environ 4 km au nord-est de la ville et à 1,5 km environ du périphérique 440 (*440 beltline*). Le meilleur rapport qualité-prix de toute la région du Triangle est sans doute le **Carolina-Duke Motor Inn**, Guess Rd., à la sortie de la I-85. Chambres propres et à bon prix avec air conditionné. Accès à la piscine et service de blanchisserie. Télévision par câble, appels locaux, navette vers le Duke Medical Center (campus principal) et le V.A. Hospital et petit déjeuner continental gratuits. Un arrêt de bus DATA se trouve de l'autre côté de la rue. (© 286-0771 ou 800-438-1158. Chambre simple 40 $, chambre double 48 $, personne supplémentaire 3 $, membres de l'AAA 10 % de réduction. Accès handicapés.) A Raleigh, optez pour le **Regency Inn**, 300 N. Dawson St. Télévision par câble, air conditionné et café. (© 828-9081, fax 821-0654. Chambre simple 44 $, chambre double 48 $.) Vous aurez sûrement plus de mal à trouver un logement bon marché à Chapel Hill. Le **Red Roof Inns**, 5623 Chapel Hill Blvd., à l'intersection de la US 15-501 et de la I-40, propose des chambres standard. Accès handicapés, appels locaux gratuits, télévision par câble et air conditionné. (© 489-9421, fax 489-8001. Chambre simple 47-53 $, chambre double 54-59 $, personne supplémentaire 4 $.) Le meilleur camping est la **Falls Lake State Recreation Area**, à environ 19 km au nord de Raleigh, près de la Route 98. Réservez une ou deux semaines à l'avance si vous comptez rester plus de 7 jours. Ouvert toute l'année. (© 676-1027. Emplacement 12 $, avec raccordement 17 $.)

┌┐ RESTAURANTS

Autour de chacune des grandes universités se trouvent des restaurants abordables et intéressants. A Raleigh, **Hillsborough St.**, en face de l'université de Caroline du Nord, est bordée de nombreux restaurants et de boulangeries bon marché. Même chose pour **Franklin St.**, à Chapel Hill (celle-ci offre la plus grande diversité) et pour la **9th St.**, à Durham. Le ♥ **Skylight Exchange**, 405 ½ W. Rosemary St., à Chapel Hill, dont l'entrée se trouve dans une allée près de Rosemary St., à un block de Franklin St., est à la fois un café et un magasin de disques et de livres d'occasion. Vous y trouverez également un grand choix de sandwichs (3-8 $) et, surtout, la légendaire tasse de café à 50 ¢. (© 933-5550. Concerts Lu-Sa à 21h. Ouvert tlj 11h-23h.) Le ♥ **Ramshead Rath-Skeller**, 157 ½ E. Franklin St., à Chapel Hill, est une légende locale. La décoration originale du "Rat" voit défiler les habitants de la Caroline du Nord depuis 1948. (© 942-5158. Sandwichs à moins de 8 $. Repas 6-17 $. Ouvert Lu-Me 11h-14h30 et 17h-21h, Je. 11h-14h30 et 17h-21h30, Ve. 11h-14h30 et 17h-22h, Sa. 11h30-22h30, Di. 11h30-21h.) A Raleigh, **Big Ed's**, 220 Wolfe St., dans City Market, attire les clients grâce à sa cuisine familiale déjà récompensée. Citons notamment les *biscuits* ou les viandes et légumes cuits à la façon "campagnarde". (© 836-9909. Ouvert Lu-Ve 7h-14h et Sa. 7h-12h. Assiettes bien garnies environ 6 $.) A Durham, **Elmo's Diner**, 776 9th St., sert un petit déjeuner tout au long de la journée pour 5 $. (© 416-3823. Ouvert Di-Je 6h30-22h et Ve-Sa 6h30-23h.)

◉ VISITES

RALEIGH. Au cours des dernières années, Raleigh s'est rapidement développé, au point qu'il a fallu construire une route pour contourner l'ancienne route qui contournait la ville ! Mais le centre-ville a su préserver son caractère d'ancienne commune de Caroline du Nord avec, en prime, quelques attractions touristiques dignes d'intérêt. Face au State Capitol se trouvent le **North Carolina Museum of History** et le **Museum of Natural Sciences** qui présente "Willo, le dinosaure avec un cœur". Il s'agit d'un fossile de dinosaure rare doté d'une concrétion de fer dans la cage thoracique.

LE SUD

(Museum of History : 5 E. Edenton St. © 715-0200. Ouvert Ma-Sa 9h-17h et Di. 12h-17h. Entrée gratuite. Museum of Natural Sciences : 11 W. Jones St. © 733-7450. Ouvert Lu-Sa 9h-17h et Di. 12h-17h. Entrée gratuite.) Le quartier autour de **Moore Square**, à quelques rues du State Capitol, regroupe les jeunes artistes branchés. Les magasins, les cafés et les bars sont concentrés dans **City Market**, à côté de Moore Square.

CHAPEL HILL. Chapel Hill et sa voisine Carrboro sont indissociables de l'**université de Caroline du Nord**. Le **Smith Center** de l'université accueille aussi bien des événements sportifs que des concerts. Jusqu'en 1975, les astronautes s'entraînaient à la navigation spatiale au **Morehead Planetarium** de l'université, qui change ses spectacles plusieurs fois par an et abrite un petit musée. *(250 E. Franklin St. © 549-6863. Ouvert Lu-Sa 10h-17h et 19h-21h45, Di. 12h30-17h et 19h-21h45. Entrée 4,50 $, étudiants, personnes âgées et enfants 3,50 $. Expositions gratuites.)*

DURHAM. Les principaux centres d'intérêt de Durham sont liés à la famille Duke et à leur héritage, notamment l'**université de Duke**, séparée en deux campus, Est *(East)* et Ouest *(West)*. La **Duke Chapel** de style néogothique, achevée au début des années 1930, se dresse fièrement au milieu du campus Ouest. Ses vitraux sont composés de plus d'un million de pièces. Elle est ornée de plusieurs statues représentant des figures chrétiennes ou locales. *(© 684-2572. Ouvert Sep-Mai, tlj 8h-22h ; Juin-Août 8h-20h. Entrée gratuite. Visites libres possibles.)* Non loin de là, dans Anderson St., les **Sarah P. Duke Gardens** s'étendent sur plus de 20 ha. Des plantes originaires de la région ou importées s'épanouissent dans ce jardin verdoyant et ombragé, agrémenté d'étangs et d'une tonnelle recouverte de vignes. *(© 684-3698. Ouvert tlj de 8h à la tombée de la nuit. Entrée gratuite.)* De l'autre côté se trouve le **Duke Homestead and Tobacco Museum**. Comme son nom l'indique, il retrace l'histoire de la famille Duke et de l'industrie du tabac. Ce musée, où l'odeur n'est pas des plus agréables, offre l'une des rares occasions de voir de vieilles publicités pour les cigarettes et vous fait découvrir tout ce que vous avez toujours voulu savoir sur la culture du tabac. *(2828 Duke Homestead Rd., à côté de Guess Rd. © 477-5498. Ouvert Avr-Oct, Lu-Sa 9h-17h et Di. 13h-17h. Nov-Mars : Ma-Sa 10h-16h et Di. 13h-16h. Entrée gratuite. Téléphonez pour faire une visite guidée de la propriété des Duke.)* Les **Durham Bulls** sont une équipe de base-ball devenue célèbre grâce au film *Bull Durham* (*Duo à trois* en français). Ils jouent toujours dans le stade où fut tourné le film. *(© 687-6500. Pour plus d'informations, visitez le site www.durhambulls.com.)*

🎵📷 SPECTACLES ET SORTIES

C'est à Chapel Hill que la vie nocturne est la plus riche en terme de musique. De nombreux clubs organisant des concerts sont regroupés vers l'extrémité ouest de Franklin St., lorsque la rue devient Main St., dans la ville voisine de Carrboro. **Cat's Cradle**, 300 E. Main St., à Carrboro, est la principale salle de spectacles de la région. Elle accueille un large éventail d'événements locaux et nationaux, Kool Keith et L7 s'y étant produits récemment. *(© 967-9053. Horaire des représentations variable. En général, les billets coûtent autour de 10 $.)* A proximité, le **Local 506**, 506 W. Franklin St., met en avant les groupes indépendants et le bon vieux rock'n'roll. *(© 942-5506. Réservé aux plus de 21 ans. Billet environ 5 $.)* **Gotham**, 306 W. Franklin St., n° H, en face de Rosemary St., offre une ambiance plus proche d'une boîte de nuit. Ses publicités affirment que les "soirées gay et lesbiennes de la région sont les plus chaudes de tout le Triangle". *(© 967-2852. Téléphonez pour connaître l'horaire d'ouverture.)* La vie nocturne à Raleigh et à Durham est plus tranquille. **ComedySportz**, 204 Wolfe St., dans le quartier de City Market, à Raleigh, accueille une troupe de café-théâtre qui transforme la soirée en événement sportif : l'équipe locale, les Hillborough Malamutes, sont sur tous les fronts ! *(© 829-0822. Ve. à 20h30, Sa. à 16h45, 19h30 et 21h45. Billet 10 $.)*

CHARLOTTE ☎ 704

Charlotte, la troisième ville du pays dans le secteur bancaire et la plus grande ville des deux Etats de Caroline réunis, ne semble pas hantée par les traces du passé. Les quartiers chic reluisants s'animent avec charme et énergie et l'excellent Discovery Place, les clubs et les bars luxueux ainsi que les équipes sportives bien classées n'ont de cesse d'attirer les touristes. Pourtant, ce vernis moderne laisse transparaître des bribes du passé. A l'écart de Stonewall St., à la limite du centre-ville de Charlotte, on peut apercevoir plusieurs escaliers en béton, sous l'autopont de la I-277. Ils ne mènent plus nulle part, mais avant la destruction du quartier noir de Brooklyn dans les années 1960, ces escaliers menaient aux porches de petites maisons. Aujourd'hui, ce contraste avec les quartiers huppés de Charlotte rappelle tristement qu'un "renouvellement urbain" comporte toujours son lot de victimes.

⚡ INFORMATIONS PRATIQUES

Pour circuler, vous avez le choix entre les trains **Amtrak**, 1914 N. Tryon St. (℃ 376-4416), et les bus **Greyhound**, 601 W. Trade St. (℃ 372-0456), dont les deux gares sont ouvertes 24h/24. **Charlotte Transit**, 901 N. Davidson St. (℃ 336-3366), gère des bus locaux (billet 1 $, 1,40 $ pour la banlieue, correspondances gratuites). Dans les quartiers chic, **Center City Circuit** affrète des navettes gratuites. Appelez le ℃ 332-2227 pour plus de renseignements. **Info Charlotte**, 330 S. Tryon St. (℃ 331-2720 ou 800-722-1994), met à votre disposition un parking gratuit dans la 2nd St. (Ouvert Lu-Ve 8h30-17h, Sa. 10h-16h et Di. 13h-16h.) **Assistance téléphonique : Rape Crisis** (SOS Viol), ℃ 375-9900. **Gay/Lesbian Switchboard**, ℃ 535-6277. Services disponibles Di-Je 18h30-22h. **Bureau de poste**, 201 N. McDowell St. (℃ 333-5135. Ouvert Lu-Ve 7h30-18h et Sa. 9h-13h.) **Code postal** : 28204.

🏠 HÉBERGEMENT ET RESTAURANTS

Les motels bon marché de Charlotte sont concentrés autour de la I-85 : à la sortie n° 41 près de Sugar Creek Rd., à la sortie n° 33 près de l'aéroport et à la sortie n° 7 près de la I-77, non loin de Clanton St. Le **Continental Inn**, 1100 W. Sugar Creek Rd., propose des chambres immaculées et accueillantes. (℃ 597-8100. Air conditionné et TV par câble. Chambre simple 36 $, chambre double 40 $, le week-end respectivement 40 $ et 45 $.) Au sud de la ville, le **Motel 6**, 3430 Vardell Ln., sortie n° 7 de la I-77, possède des chambres propres, classiques et bien situées, équipées de la télévision par câble. Air conditionné, laverie, piscine et appels locaux gratuits. (℃ 527-0144 ou 800-466-8356. Chambre simple 35 $, 40 $ le week-end, personne supplémentaire 6 $.)

Deux secteurs au sud des quartiers chic offrent des possibilités très intéressantes en matière de restauration. Le quartier de North Davidson ("NoDa"), autour de la 36th St., abrite une petite communauté artistique au sein d'immeubles historiques. Au sud du centre-ville, le quartier de **Dilworth** abrite un grand nombre de restaurants servant de tout, de la cuisine exotique à la pizza classique, le long d'East Blvd. et de South Blvd. Pour les végétariens, le **Talleys Green Grocery and Café**, 1408-C East Blvd., est une épicerie fine qui vend de la nourriture diététique et biologique ainsi que des sandwichs au comptoir pour moins de 6 $. (℃ 334-9200. Ouvert Lu-Sa 7h30-21h et Di. 10h-19h.) A l'est du centre, **Antony's Caribbean Cafe**, 2001 E. 7th St., mettra un peu de piment dans votre séjour grâce à ses plats délicieux et sa décoration pleine de couleurs. (℃ 342-0749. Téléphonez pour connaître l'horaire d'ouverture.) L'enseigne de **Bill Spoon's Barbecue**, 5524 South Blvd., indique : "Nous faisons cuire le cochon entier, c'est ce qui fait la différence". Et c'est vrai. En plus des barbecues typiques de la région, ce restaurant comblera les voyageurs les plus affamés avec un sandwich au porc pour seulement 3,20 $. (℃ 525-8865. Ouvert Lu-Ve 10h30-15h.) Le **Charlotte Regional Farmer's Market**, 1801 Yorkmont Rd., vend des produits locaux, des pâtisseries et des objets d'artisanat tout au long de l'année. (℃ 357-1269. Ouvert Ma-Sa 8h-18h. Mai-Août : également Di. 12h30-18h.)

⊙ VISITES

La plupart des musées de Charlotte se concentrent à l'intersection de Tryon St. et de Trade St., au cœur du centre-ville. Le plus vaste et le plus connu de tous est le **Discovery Place**, 301 N. Tryon St., qui attire les foules avec son musée interactif de la science et de la technologie, son cinéma OmniMax, son simulateur de vol et son planétarium. (© 372-6261 ou 800-935-0553. Ouvert Lu-Sa 9h-18h et Di. 13h-18h. Hors saison, le musée ferme à 17h. Entrée pour une attraction 7,50 $, personnes âgées 6,50 $, 6-12 ans 6 $, 3-5 ans 5 $. Entrée pour le cinéma et le musée respectivement 12 $, 11 $, 10 $ et 8 $.) Très bien organisé, le **Mint Museum of Craft and Design**, 220 N. Tryon St., présente un large éventail d'expositions, allant des meubles aux poteries en passant par la haute technologie. Le billet d'entrée est également valable pour le **Mint Museum of Art**, 2730 Randolph Rd., de l'autre côté de la ville, spécialisé dans les arts visuels et décoratifs américains. (© 337-2000 pour les deux musées. Ouverts Ma-Sa 10h-17h et Di. 12h-17h. Mint Museum of Art ouvert Ma. 10h-22h. Entrée 6 $, étudiants et personnes âgées 5 $, 6-17 ans 3 $.) Tentez votre chance au **Museum of the New South**, à l'angle de College St. et de la 7th St., consacré à l'histoire de la région de Charlotte et du Piedmont appalachien (© 333-1887).

♪ ▧ SPECTACLES ET SORTIES

Charlotte est une ville sportive. Les équipes de basket des **Hornets** (masculine) et des **Stings** (féminine) se produisent au **Coliseum** (© 357-4700). Les **Panthers** de la National Football League jouent à l'Ericsson Stadium (© 358-7538). L'équipe des **Charlotte Knights** donnent des matchs de base-ball d'avril à juillet au Knights Castle, à la sortie n° 88 de la I-77 S. (© 364-6637, billets 5 $, personnes âgées et enfants 3,50 $).

Pour connaître le détail de la vie nocturne, des événements culturels et des spectacles qui se déroulent à Charlotte, consultez les pages gratuites de *Creative Loafing*, disponible dans certains restaurants et magasins, ou les pages E & T de l'édition du vendredi du *Charlotte Observer*. **Amos' Southend**, 1423 S. Tryon St., s'éveille chaque soir au son de la musique et dispose de billards américains et de tables de baby-foot. (© 377-6874. Entrée 5-12 $. Ouvert tlj 21h-2h.)

CAROLINA MOUNTAINS

Les crêtes acérées et le relief vallonné du sud des Appalaches constituent les Carolina Mountains, qui comptent parmi les plus beaux paysages du sud-est des Etats-Unis. Une population diversifiée d'universitaires, de skieurs, de fermiers et d'artistes s'est installée dans la région. Le High Country, qui mérite bien son nom, entre Boone et Asheville, à 160 km au sud-ouest, comprend les hautes terres des Blue Ridge Mountains. La route Blue Ridge Parkway (voir p. 273), l'attraction principale du site, serpente à travers les montagnes. Elle part du nord de la Virginie pour rejoindre le sud de la Caroline du Nord. De cette route, vous pourrez admirer de nombreux panoramas à couper le souffle, notamment les jours de pluie, lorsque les sommets sont enveloppés de brume. Plus au sud se trouve le parc national des Great Smoky Mountains (voir p. 477).

BOONE   ☎ 828

Nichée au creux des gigantesques montagnes du High Country, la ville de Boone tire son nom du pionnier Daniel Boone. Les touristes y viennent pour les attractions comme le Mast General Store, le Tweetsie Railroad et les incontournables magasins d'antiquités. Toute l'année, la ville doit sa vitalité aux étudiants de l'Appalachian State University (ASU). Le spectacle **Horn in the West** met en scène les grands moments de la guerre d'Indépendance dans le sud des Appalaches. Le spectacle se tient dans un amphithéâtre de plein air situé près de Boone par la Route 105. (© 264-2120. Spectacles Juin-Août, Ma-Di à 20h. Tarif 12 $, moins de 12 ans 6 $, tarifs de groupe sur demande, réduction de 1 $ pour les membres de l'AAA et les personnes âgées.

LE SUD

Réservation recommandée.) **An Appalachian Summer** est un festival qui a lieu au mois de juillet et qui regroupe des spectacles musicaux, artistiques, dramatiques et chorégraphiques de haut niveau, organisé par l'ASU. (℡ 800-841-2787. Spectacle 12-24 $.)

Les amateurs de ski alpin pourront dévaler les pistes du plus grand réseau de sports d'hiver du Sud-Est. **Appalachian Ski Mountain** est accessible par la Route 221/321. (℡ 800-322-2373. Remontées mécaniques 23 $, Sa-Di 35 $.) **Ski Beech**, 1007 Beech Mt. Pkwy., se trouve non loin de la Route 184, à Banner Elk. (℡ 800-438-2093. Remontées mécaniques 28 $, Sa-Di 45 $.) **Ski Hawknest**, 2058 Skyland Dr., est dans la ville de Seven Devils. (℡ 888-429-5763. Remontées mécaniques 22 $, Sa-Di 39 $.) **Sugar Mountain** est à Banner Elk *via* la Route 184. (℡ 898-4521. Remontées mécaniques 30 $, Sa-Di 47 $.) Les tarifs des remontées mécaniques sont variables, mieux vaut appeler les stations pour connaître les réductions et les forfaits possibles. En hiver, **Boone AppalCart** (voir plus loin) fait circuler une navette gratuite pour Sugar Mountain et Ski Beech. Appelez le ℡ 800-962-2322 pour le **bulletin météo** des pistes.

Les 8 km de route qui mènent à la **Grandfather Mountain**, accessible par la Route 221, offrent une vue incomparable de toute la région de High Country. (℡ 800-468-7325. Montagne accessible au public tlj 8h-19h, entrée interdite après 18h. Nov-Mars : 8h-17h, entrée interdite après 16h, selon les conditions météorologiques.) Au sommet, un parc privé abrite un pont suspendu à 1600 m de haut, un musée et un petit zoo (entrée 12 $, personnes âgées 11 $, 4-12 ans 6 $, gratuit pour les moins de 4 ans). Pour marcher ou camper sur la Grandfather Mountain, il vous faut un **permis**, vendu à l'entrée du parc ou dans divers magasins de la région, y compris au **Mast General Store**, 630 W. King St., dans le centre-ville de Boone. (℡ 262-0000. Ouvert Lu-Sa 10h-18h et Di. 13h-18h.) A 11 km au sud sur la Route 321, **Blowing Rock** ("le rocher qui souffle") réjouit les touristes avec ses courants d'air inhabituels. (℡ 828-295-7111. Ouvert Avr-Déc, tlj 8h30-19h. Janv-Fév : Sa-Di selon le temps. Tarif 4 $, 6-11 ans 1 $.)

La région regorge de motels et de Bed & Breakfast assez chers qui fonctionnent avec la clientèle des familles américaines en vacances. Toutefois, en cherchant bien, vous trouverez quelques chambres et campings plus abordables. Le **Boone Trail Motel**, 275 E. King St./US 421, au sud du centre-ville, est bien situé et ses chambres, sans être luxueuses, ont le mérite d'être propres. (℡ 264-8839. Chambre simple 30-40 $, chambre double 30-60 $, l'hiver respectivement 21 $ et 25 $ pour les moins chères de chaque catégorie.) Le long de la Blue Ridge Pkwy., près de Boone, le **Julian Price Campground**, *mile* 297, dispose de beaux emplacements pour tentes et pour camping-cars sans raccordement (12 $). Les emplacements autour du Loop A sont au bord d'un lac. (℡ 963-5911. Ouvert Mai-Oct.) Les voyageurs affamés se dirigeront vers **Our Daily Bread**, 627 W. King St., pour de délicieux sandwichs, des salades et des plats végétariens à 3-7 $. (℡ 264-0173. Ouvert Lu-Ve 8h-18h, Sa. 11h-17h et Di. 12h-17h.)

Boone AppalCart, 274 Winklers Creek Rd. (℡ 264-2278), gère les bus locaux sur trois lignes principales : la rouge, Lu-Ve 7h30-23h et Sa. 8h30-17h, la verte Lu-Ve 7h-23h et Sa. 9h-17h et la bleue Lu-Ve 7h30-18h. Billet 50 ¢. Si vous désirez effectuer une correspondance, prévenez le chauffeur au moment de monter. Le **North Carolina High Country Host Visitors Center**, 1700 Blowing Rock Rd., donne des renseignements. (℡ 264-1299 ou 800-438-7500. Ouvert Lu-Sa 9h-17h et Di. 9h-15h.) Les randonneurs pourront se procurer dans toutes les librairies le livre *100 Favorite Trails* (3,50 $) qui comprend de très bonnes cartes. **Bureau de poste** : 1544 Blowing Rock Rd. (℡ 264-3813. Ouvert Lu-Ve 8h30-17h et Sa. 8h30-12h.) **Code postal** : 28607.

ASHEVILLE ☏ 828

Les montagnes coiffées de brume, les vallées profondes et les cascades spectaculaires constituent l'écrin superbe de cette toute petite ville de Caroline du Nord. Ce cadre magnifique n'avait pas échappé aux nantis et Asheville accueillit dans les années 1920 les Carnegie, les Vanderbilt, les Mellon et autres dignes représentants de l'élite financière de la côte Est. Le Biltmore Estate et le Grove Park Inn sont les témoins de cette clientèle fortunée. De nos jours, le mélange de *dreadlocks*, de peintres sur soie et d'adeptes de la cuisine végétarienne donne un nouveau souffle à la ville, qui offre toute l'année une vie nocturne animée et de nombreux festivals. Si la population d'Asheville est plutôt décontractée, la ville continue de porter une attention presque fanatique à la conservation de ses vestiges. L'atmosphère proprette qui règne dans le centre-ville contribue à faire de cet endroit un havre bienvenu pour se reposer des rigueurs des étendues sauvages de la Caroline du Nord.

🚌 INFORMATIONS PRATIQUES. Bus : Greyhound, 2 Tunnel Rd. (© 253-8451), à 3 km à l'est du centre-ville, près du Beaucatcher Tunnel. Destinations : Charlotte (5 dép/j, durée 2h30-5h, Lu-Je 26 \$, Ve-Di 28 \$), Knoxville (5 dép/j, durée 2h, 25-27 \$), Atlanta (1 dép/j, durée 6h45, 32-34 \$) et Raleigh (5 dép/j, durée 8h-12h, 49-52 \$). Ouvert tlj 8h-21h. **Transports en commun** : **Asheville Transit System**, 360 W. Haywood St. (© 253-5691). Les bus desservent uniquement la ville. Procurez-vous l'horaire et les itinéraires à l'office de tourisme ou allez à l'**Asheville Transit Center**, 49 Coxe Ave., en face du bureau de poste, pour attendre les correspondances ou demander des renseignements. Billet 75 ¢, correspondances 10 ¢. Réduction pour les personnes âgées, les handicapés et sur les billets combinés. Les petits trajets en centre-ville sont gratuits. **Office de tourisme** : **Chamber of Commerce**, 151 Haywood St., accessible par la I-240, sortie n° 4C, au nord-ouest du centre-ville. (© 800-257-1300, www.ashevillechamber.org. Ouvert Lu-Ve 8h30-17h30 et Sa-Di 9h-17h.) **Bureau de poste** : 33 Coxe Ave., à l'angle de Patton Ave. (© 271-6420. Ouvert Lu-Ve 7h30-17h30 et Sa. 9h-13h.) **Code postal** : 28802.

🏠 HÉBERGEMENT. Les lieux d'hébergement les moins chers se trouvent dans **Tunnel Rd.**, à l'est du centre. Les tarifs sont un peu plus élevés et les motels moins nombreux dans **Merrimon Ave.**, au nord du centre-ville. Les plus luxueux des hôtels bon marché sont groupés autour de Biltmore Estate, dans **Hendersonville Ave.**, dans la partie sud du centre-ville. De pittoresques petits chalets vous attendent au **Log Cabin Motor Court**, 330 Weaverville Hwy., à 10 mn au nord du centre-ville. Télévision par câble, laverie et piscine. Certains chalets ont des cheminées et des kitchenettes, mais aucun ne dispose de l'air conditionné. (© 645-6546. Chambre simple à partir de 32 \$, chambre double à partir de 53 \$, 5 \$ par personne supplémentaire.) L'**In Town Motor Lodge**, 100 Tunnel Rd., très bon marché, propose de vastes chambres tout près du centre-ville. Toutes disposent de l'air conditionné et de la télévision par câble. Piscine. Demandez une chambre avec un balcon. (© 252-1811. Chambre simple Di-Je 32 \$, Ve-Sa 44 \$. Chambre double 36 \$/48 \$.) Le camping **Powhatan**, dans Wesley Branch Rd., à 19 km au sud-ouest d'Asheville par la Route 191, est le terrain le plus proche de la forêt nationale de Psigah. Il dispose de sites ombragés près d'un lac à truites de 4 ha, entouré de sentiers de randonnée et d'aires de baignade. (© 670-5627. Ouvert Avr-31 Oct. Les portes ferment à 23h. Emplacement 14 \$. Pas de raccordement.) **Bear Creek RV Park and Campground**, 81 S. Bear Creek Rd., dispose d'une piscine, d'une laverie, d'épiceries et d'une salle de jeux. Prenez la sortie n° 47 de la I-40 et suivez les panneaux. (© 800-833-0798. Emplacement pour tente 20 \$, avec eau et électricité 22 \$, pour camping-car avec raccordement complet 26-31 \$.)

🍴 RESTAURANTS ET SORTIES. Les fast-foods classiques se trouvent dans **Tunnel Rd.** et **Biltmore Ave.** Le **Western North Carolina Farmers Market** (© 253-1691), à l'intersection de la I-40 et de la Route 191, vend des produits frais et de l'artisanat (ouvert Avr-Oct, tlj 8h-18h ; Nov-Mars 8h-17h). Les sympathiques serveurs du **Laughing Seed Café**, 40 Wall St., derrière Patton Ave., vous proposent des plats végétariens et végétaliens. Le brunch du dimanche est particulièrement populaire, et ce n'est pas sans raison… (© 252-3445. Ouvert Lu. et Me-Je 11h30-21h, Ve-Sa 11h30-22h, Di. 10h-21h. Salades 2,50-8 \$ et sandwichs 4-7 \$.) Pour une atmosphère un peu plus branchée, rendez-vous au **Beanstreets**, 3 Broadway St., pour une tasse de café, ou encore des sandwichs ou des omelettes à moins de 5,50 \$. (© 255-8180. Ouvert Lu-Me 7h30-18h, Je-Ve 7h30-24h, Sa. 7h-24h et Di. 9h-16h.)

Vous ne vous ennuierez pas à Asheville, le soir. Dans le centre-ville, et surtout vers l'extrémité sud-est, autour du croisement entre Broadway St. et College St., vous pourrez choisir entre écouter de la musique, manger un morceau ou voir un film. Pour ceux qui sont à la recherche d'un endroit un peu plus "européen", ❤ **Old Europe**, 18 Battery Park Ave., près de Wall St., fait office de pâtisserie et de bar. Les gâteaux sont faits maison par le chef hongrois. (℡ 252-0001. Cookies à moins de 1 $, pâtisseries à moins de 4 $, bière 3 $.) Chaque dimanche soir, de juin à septembre, **The New Ebony Bar & Grill**, 19 Eagle St., déplace la fête dans la rue. Fermée à la circulation, Eagle St. est alors investie par des groupes de musiciens, de joyeux danseurs et de spectateurs sur des chaises pliantes. (℡ 645-0305. Ouvert tlj de 17h jusque tard dans la nuit.) Le cinéma **Fine Arts Theater**, 36 Biltmore Ave., projette des films indépendants et d'art et d'essai. (℡ 252-1537. Billet 6,50 $, matinées et personnes âgées 5 $.) Pour couronner votre soirée, goûtez l'une des 42 bières pression à 3 $ du populaire **Barley's Taproom**, 42 Biltmore Ave. Des billards américains vous attendent à l'étage. (℡ 255-0504. Concerts Ma., Je. et Di. Ouvert Lu-Sa 11h30-2h et Di. 12h-24h.)

Vos nuits d'été devraient être pleines de songes, grâce au **Montford Amphitheater**, qui propose des pièces de **Shakespeare** dont l'entrée est gratuite (℡ 254-4540, représentations Juin-Août Ve. et Di. à 19h30 dans l'amphithéâtre Hazel Robinson). Pendant le dernier week-end de juillet, vous pouvez faire la fête dans la rue avec des milliers de personnes au cours de la plus importante kermesse de toute la Caroline du Nord, le **Bele Chere Festival** (℡ 259-5800). L'hebdomadaire gratuit *Mountain Express* et *Community Connections*, une publication gay gratuite, vous donneront la liste des divers spectacles.

◩ **VISITES.** La prétentieuse **Biltmore Estate**, 1 North Pack Sq., à trois blocks au nord de la sortie n° 50 de la I-40, fut construite dans les années 1890 pour la famille Vanderbilt, sur le modèle des châteaux de la Loire. Cette demeure reste la plus grande maison privée des Etats-Unis et la visite peut prendre la journée en période d'affluence : tâchez d'arriver tôt. L'accès aux jardins et aux caves à vin de Biltmore (dégustation pour les plus de 21 ans uniquement) est compris dans le prix d'entrée. (℡ 274-6333 ou 800-543-2961. Ouvert tlj 9h-17h. Entrée 33 $, 10-15 ans 25 $, handicapés 24 $. Nov-Déc 2-3 $ supplémentaires. Cave à vin ouverte Lu-Sa 11h-19h et Di. 12h-19h.) De magnifiques paysages floraux vous attendent (gratuitement) aux **Botanical Gardens**, 151 Weaver Blvd. (℡ 252-5190), et au **North Carolina Arboretum**, par la sortie n° 2 de la I-26 ou par la sortie n° 47 de la I-40 (℡ 665-2492). Tous deux sont ouverts de l'aube au crépuscule.

Quatre musées sont réunis à **Pack Place**, dans le centre-ville : l'Asheville Art Museum, le YMI Culture Center, le Health Adventure et le Colburn Gem and Mineral Museum. Vous pouvez acheter des billets pour les quatre musées sur Park Place. L'**Asheville Art Museum** (℡ 253-3227) expose des œuvres d'artistes américains du XXe siècle. Faites un tour d'horizon de l'art afro-américain au **YMI Culture Center** (℡ 252-4614), trouvez l'harmonie avec votre corps au **Health Adventure** (℡ 254-6373), et allez voir tout ce qui brille (et qui n'est pas forcément de l'or) au **Colburn Gem and Mineral Museum**. (℡ 254-7162. Tous sont ouverts Ma-Sa 10h-17h, l'Art Museum et le Health Adventure également Di. 13h-17h, le Colburn Gem and Mineral Museum Juin-Oct également Di. 13h-17h. Entrée pour chaque musée 4 $, personnes âgées, étudiants et 4-15 ans 3 $. Entrée pour les quatre musées respectivement 12 $ et 9 $.)

Le **Thomas Wolfe Memorial**, entre Woodfin St. et Walnut St., célèbre l'un des auteurs américains du début du XXe siècle qui eut le plus d'influence sur la littérature moderne des Etats-Unis (Jack Kerouac, entre autres). Une exposition à l'office de tourisme présente la vie de Thomas Wolfe et son impact sur les autres écrivains. Vous pourrez découvrir et voir un film biographique fascinant. La maison d'enfance de l'auteur de *L'Ange exilé* est actuellement fermée suite à un incendie, mais des visites autour de la demeure sont toujours organisées. (℡ 253-8304. Ouvert Avr-Oct, Lu-Sa 9h-17h et Di. 13h-17h. Nov-Mars : Ma-Sa 10h-16h et Di. 13h-16h. Visites guidées toutes les heures, à la demie de chaque heure. 1 $, étudiants 50 ¢.) *Le Dernier des Mohicans* a été tourné dans le magnifique **Chimney Rock Park**, situé à 40 km au sud-est d'Asheville, sur la Route 74A. Le parc doit son nom à un rocher haut de 800 m. Une fois arrivé à la base du rocher, empruntez l'ascenseur ou montez à pied pour atteindre le sommet, qui vous offre une vue jusqu'à 120 km à la ronde. (℡ 625-9281 ou 800-277-9611. Le guichet qui délivre les billets est ouvert tlj 8h30-17h30, en hiver 8h30-16h30. Le parc reste ouvert 1h30 après la fermeture du guichet. Entrée 11 $, 6-12 ans 5 $. En hiver, entrée 7 $, 6-12 ans 4 $.)

LE SUD

LA CÔTE DE LA CAROLINE DU NORD

Surnommées les *"barrier islands"* par les habitants du continent, ces îles servent effectivement à les protéger des colères de l'Atlantique. L'histoire de la côte de la Caroline est aussi mouvementée que les ouragans qui viennent frapper ses plages. C'est ici que la première tentative anglaise pour coloniser l'Amérique du Nord s'acheva en 1590 avec la disparition de la colonie fondée par sir Walter Raleigh à Roanoke Island. Plus tard, la côte gagna le surnom de "cimetière de l'Atlantique" : plus de 600 navires ont chaviré sur les rives méridionales des Banks. Mais les mêmes rafales qui coulèrent ces bateaux permirent au premier aéroplane mécanique de prendre son envol en 1903, avec l'aide des frères Wright. Aujourd'hui ce sont encore les vents qui président à la plupart des activités de plein air : le deltaplane, le parapente, la planche à voile et le cerf-volant de notre enfance.

LES OUTER BANKS ☞ 252

Au nord, les Outer Banks affichent un sentiment de luxe qui s'estompe à mesure qu'on s'éloigne vers le sud, où règne une ambiance tranquille et agréable. Les trois villes contiguës de Kitty Hawk, Kill Devil Hills et Nags Head se situent sur la moitié nord de Bodie Island, riche en magasins et en embouteillages, comme toutes les stations balnéaires très fréquentées. Les touristes se font plus rares lorsqu'on descend la Route 12 vers le sud. Ocracoke Island, malgré son succès grandissant auprès des visiteurs, conserve le charme des petits villages.

✴ ORIENTATION

Les Outer Banks constituent quatre bandes de sable qui s'étirent sur la moitié de la côte de la Caroline du Nord. Au nord, **Bodie Island** est accessible par la US 158 et sert de point de départ à la plupart des voyageurs. Sur une grande partie de Bodie Island, la Route 12 (aussi appelée "Beach Road") et la US 158 (surnommée "the Bypass") restent parallèles jusqu'à l'extrémité nord du parc **Cape Hatteras National Seashore**. Après quoi, la Route 12 continue vers le sud, jusqu'à **Hatteras Island**, reliée à Bodie par un pont, et qui s'étend sur plusieurs kilomètres de sable. **Ocracoke Island**, l'île la plus au sud, est reliée à Hatteras Island et aux villes du continent par le ferry. Le parc comprend Hatteras, Ocracoke et l'extrémité sud de Bodie Island. **Roanoke Island**, la seule des quatre îles à ne pas être sur la côte Atlantique, se trouve entre Bodie et le continent sur la US 64 et comprend la ville de **Manteo**. Les adresses sur Bodie Island sont déterminées par leur distance en *miles* à partir du Wright Memorial Bridge. **Les transports en commun sont inexistants.** Nags Head et Ocracoke sont éloignées de 122 km. Le relief plat favorise la marche à pied et la bicyclette, mais la forte circulation sur Outer Banks incite à la prudence. Vous y passerez certainement plus de temps que prévu.

🛈 INFORMATIONS PRATIQUES

Ferry : Des **ferrys gratuits** relient Hatteras et Ocracoke, tlj de 5h à 24h. La traversée dure 40 mn. Des **ferrys payants** desservent Ocracoke (℡ 800-345-1665) de Cedar Island (℡ 800-856-0343, durée 2h15), à l'est de New Bern sur la Route 12, près de la US 70, et de Swan Quarter (℡ 800-773-1094, durée 2h30), sur la US 264. Tarif 1 $, 10 $ par voiture (réservez), 2 $ par cycliste. Téléphonez pour l'horaire.

Taxi : Beach Cab (℡ 441-2500) dessert Bodie Island et Manteo.

Location de vélos : **Pony Island Motel** (℡ 928-4411), sur Ocracoke Island. 2 $ l'heure, 10 $ la journée. Ouvert tlj 8h-22h.

Informations touristiques : Outer Banks Visitors Bureau, 704 S. Route 64 (℡ 473-2138 ou 800-446-6262), à Manteo, vous fournira des informations sur toutes les îles, sauf Ocracoke. Ouvert Lu-Ve 8h30-18h et Sa-Di 12h-16h, par téléphone uniquement. **Cape**

Hatteras National Seashore Information Centers : Whalebone Junction (℡ 441-6644), Route 12 près de l'entrée nord du parc. Ouvert Avr-Nov, tlj 9h-17h. **Bodie Island** (℡ 441-5711), Route 12 au niveau du phare de Bodie Island. Ouvert Juin-Août, tlj 9h-18h ; Sep-Mai 9h-17h. **Ocracoke Island** (℡ 928-4531), près du terminal des ferrys à l'extrémité sud de l'île. Ouvert Avr-Nov, tlj 9h-18h ; Sep-Mai 9h-17h. **Hatteras Island** (℡ 995-4474), Route 12 au niveau du phare de Cape Hatteras. Ouvert tlj 9h-18h ; hors saison 9h-17h.

Internet : Dare County Library (bibliothèque municipale, ℡ 441-4331), 400 Mustian St., à Kill Devil Hills, Bypass 158. Ouvert Lu. et Je-Ve 9h-17h30, Ma-Me 10h-19h, Sa. 10h-16h.

Bureau de poste : 3841 N. Croatan Hwy., à Kitty Hawk (℡ 261-2211), *mile* 4 Bypass 158. Ouvert Lu-Ve 9h-16h30 et Sa. 10h-12h. **Code postal :** 27949.

■ HÉBERGEMENT ET RESTAURANTS

La plupart des motels sont situés au bord de la **Route 12** sur Bodie Island. Pour plus de tranquillité, envisagez de dormir plus au sud, à **Ocracoke**. Sur les trois îles, les tarifs hôteliers sont plus élevés de fin mai à début septembre. Réservez 7 à 10 jours à l'avance pour un séjour en semaine et au moins 1 mois à l'avance pour le week-end. Les *rangers* recommandent aux campeurs de se munir de piquets de tente extra-longs, à cause de la terre meuble, et de tentes équipées de moustiquaires très fines. Un insecticide et un répulsif puissants pourront également se révéler utiles. Il est interdit de dormir sur la plage, sous peine d'amende.

BODIE ISLAND

Outer Banks International Hostel (HI-AYH), 1004 Kitty Hawk Rd., est très certainement la meilleure affaire des îles du nord. Depuis la Route 158, dirigez-vous vers le sud dans The Woods Rd. (au deuxième feu rouge après le pont Wright Memorial), continuez jusqu'au bout de la route puis tournez à droite dans Kitty Hawk Rd. Cette auberge de jeunesse propre et accueillante est dotée de 40 lits, de deux cuisines communes, de l'air conditionné, du chauffage, de terrains de volley-ball et de jeux de palets. (℡ 261-2294. Dortoir 15 $, non-adhérents 18 $. Chambre privative pour 1 personne 30 $/35 $, pour 2 personnes 40 $/50 $. Emplacement pour tente 12 $, personne supplémentaire 6 $. Location de tente 6 $.) Le **Nettlewood Motel**, *mile* 7, Beach Rd., propose de grandes chambres claires et confortables, avec un accès à une plage de sable privée et tranquille. Piscine, télévision, air conditionné, chauffage et réfrigérateur. Les chambres doubles sont équipées d'une cuisine. (℡ 441-5039. 15 Juin-25 Août chambre simple 50 $, chambre double 72 $, 25 Mai-14 Juin et 26 Août-29 Sep 41 $/52 $, 1ᵉʳ Janv-24 Mai et 30 Sep-31 Déc 33 $/38 $.)

Totuga's Lie, *mile* 11, Beach Rd., sert des plats de fruits de mer d'influence caraïbe et des grillades dans un cadre décontracté. "Carib Burger" à 7 $ ou poulet à la jamaïcaine servi avec du riz et des haricots pour 9 $. Les desserts sont préparés chaque jour sur place. (℡ 441-7299. Me. soirée sushis. Pas de réservation, préparez-vous à attendre. Ouvert Di-Je 11h30-24h et Ve-Sa 11h30-1h.) Pour une cuisine traditionnelle, mais avec une touche stylée, arrêtez-vous au **Flying Fish Cafe**, *mile* 10 Bypass 158. Vous y trouverez une combinaison des cuisines américaine et méditerranéenne, servie dans un cadre à la classe toute naturelle. Pour les mange-tôt, les plats sont à moins de 10 $ avant 18h. (℡ 441-6894. Ouvert tlj 17h-22h.)

MANTEO

Entre le magasin 7-11 et la station-service BP sur la US 64, le cadre du **Scarborough Inn** laisse deviner son charme romantique, en dépit d'un service des plus impersonnels. Les meubles anciens et les pergolas plaident en sa faveur. (℡ 473-3979. Air conditionné, réfrigérateur, four à micro-ondes et mise à disposition gratuite de vélos. Chambre simple ou double 15 Mai-15 Sep 60-65 $, 16 Mars-14 Mai et 16 Sep-30 Nov 45-50 $, 1ᵉʳ Déc-15 Mars 35-40 $.)

Laissez-vous tenter par une choucroute sur la plage chez **The Weeping Radish**, en face du Scarborough Inn. "Le Radis Pleureur", la plus ancienne microbrasserie des Etats-Unis, propose une cuisine allemande authentique et une bière brassée selon les exigences de la *Reinheitsgebot* (ou "loi pour la pureté") de 1516, qui en limitait les ingrédients au nombre de quatre : du malt, du houblon, de la levure et de l'eau (3,50 $ les 50 cl). Vous devinerez sans mal le thème du miniparc d'attractions voisin. (© 473-1157. Visites de la microbrasserie tlj à 16h, visites supplémentaires en haute saison. Ouvert tlj 11h30-21h, bar ouvert jusqu'à 22h.) Les piétons déambulent sur **Manteo Waterfront**, dont les rues bordées d'arbres et de restaurants invitent à la flânerie. Le **Full Moon Cafe** domine le front de mer et offre une vue sur le navire *Elizabeth II*. Large éventail de sandwichs (6-9 $) et de *wraps* (sandwichs roulés en pita, 6-8 $), avec plusieurs options végétariennes. (© 473-6666. Ouvert tlj 16h30-21h.) En descendant Queen Elizabeth Ave. vous trouverez **Poor Richard's Sandwich Shop**. Les sandwichs (3-5 $) y sont plus classiques mais le cadre est clair et relaxant. (© 473-3333. Ouvert Lu-Ve 8h-20h et Sa. 11h-15h.)

HATTERAS ET OCRACOKE

L'♥ **Ocracoke Island Wayfarer Hostel**, 125 Lighthouse Rd., combine la chaleur d'un Bed & Breakfast avec les prix et le service d'une auberge de jeunesse. Le bâtiment immaculé et accueillant se tient dans une rue calme et bordée d'arbres. Après avoir pris la Route 12 vers le sud, tournez à gauche au niveau de l'Island Inn : l'auberge sera sur votre gauche. (© 928-3411. Réception 9h-11h et 16h-21h. Vélos mis à disposition, air conditionné, cuisine, 2 vérandas. Dortoir 19 $, chambre privative 39 $.) Les boiseries dans les chambres propres et claires du **Sand Dollar Motel**, non loin de la Route 12, leur donnent l'allure de cabanons de plage. (© 928-5571. Tournez à droite à la boutique de souvenirs du Pirate's Chest, encore à droite au Back Porch Restaurant, puis à gauche à l'Edwards Motel. Réfrigérateur, air conditionné, chauffage, piscine et petit déjeuner continental compris. Chambre avec 1 lit double 70 $, chambre avec 2 lits doubles 75 $. Hors saison, tarif variable. Ouvert Avr-fin Nov.) Avec son comptoir le long du mur de Styron's General Store (fondé en 1920), à l'angle de Lighthouse Rd. et de Creek Rd. à Ocracoke, le **Cat Ridge Deli** est spécialisé dans la cuisine à tendance thaïlandaise, mais sert aussi des *wraps* (sandwichs roulés en pita) autour de 6 $. (© 928-3354. Ouvert Lu-Sa 11h-19h et Di. 11h-17h.) Si vous voulez admirer l'océan, **Jolly Roger**, sur Silver Lake Harbor, près de la Route 12, est le seul restaurant d'Ocracoke situé en front de mer. Respirez le bon air marin tout en dégustant les poissons pêchés le jour même (prix du marché) ou des sandwichs (4-8 $).

CAPE HATTERAS NATIONAL SEASHORE

Trois terrains de camping proches de la Route 12 sont ouverts de mi-avril à début octobre : **Oregon Inlet**, à la pointe sud de Bodie Island, **Frisco**, là où Hatteras Island forme un angle, et **Ocracoke**, au centre de l'île d'Ocracoke. **Cape Point**, à Buxton, ouvre de fin mai à début septembre. Tous les quatre disposent de sanitaires, d'eau courante et de grils. Ocracoke est le plus proche de l'océan, avec des emplacements à quelques mètres de l'eau. Frisco est entouré de dunes et de buttes. Les places d'Ocracoke (17 $) peuvent être réservées de mi-mai à début septembre (© 800-365-2267, http://reservations.nps.gov). Tous les autres emplacements (17 $) fonctionnent suivant le principe du premier arrivé, premier servi. La liste des emplacements disponibles dans les quatre campings est affichée à Whalebone Junction. Pour tout renseignement, appelez le **Cape Hatteras National Seashore** (© 473-2111).

🎫 🏔 VISITES ET ACTIVITÉS DE PLEIN AIR

Le **Wright Brothers National Memorial**, *mile* 8, US 158, marque l'endroit où les frères Orville et Wilbur Wright effectuèrent le premier vol à propulsion de l'histoire. (© 441-7430. Ouvert Juin-Août, tlj 9h-18h, l'hiver 9h-17h. L'office de tourisme présente des expositions et des maquettes de leurs avions. 2 $ par personne, 4 $ par voiture.) Kitty Hawk Aero Tours propose des survols des alentours d'une durée de 30 mn. (© 441-4460. Tarif 29-39 $ par personne.)

Les amateurs de déserts et l'enfant qui sommeille en vous apprécieront le **Jockey's Ridge State Park**, *mile* 12 sur la US 158, où **Kitty Hawk Kites** prend les apprentis pilotes de deltaplane sous son aile. Les leçons pour débutants, qui comprennent un vol, commencent à 65 $ (© 441-4124 ou 877-359-8447). Si vous préférez le plancher des vaches, vous pouvez faire l'ascension des plus grandes dunes de sable de la côte Est. La quantité de sable pourrait remplir 6 millions de camions. (Parc © 441-7132. Ouvert tlj 8h-20h45. Horaire variable hors saison. Entrée gratuite.)

CONSTRUITS POUR BOUGER ? Les phares, bâtis afin de prévenir les bateaux à l'approche des côtes dangereuses, symbolisent généralement la sécurité et la stabilité face aux courants changeants qui les entourent : ce sont des points fixes dans une mer sans cesse en mouvement. Ils sont également très imposants et très lourds. Sachant cela, il peut sembler surprenant que les 62 m de haut du phare de Cape Hatteras aient été déplacés sur près d'un kilomètre à l'été 1999. Ce déplacement, prévu depuis longtemps afin de préserver le phare des ravages de l'érosion, a été effectué en 23 jours seulement. Ayant depuis fait face à deux ouragans, il semble aussi solide qu'à l'origine. Mais au train où vont les choses, il devra faire l'objet d'un nouveau déplacement dans une centaine d'années.

Roanoke Island est riche en références historiques et culturelles. Situé face au Manteo Waterfront, le **Roanoke Festival Park** (suivez les panneaux depuis l'autoroute), dont les participants portent des costumes du XVIe siècle, possède un musée interactif qui séduira les enfants, et la réplique d'un navire marchand britannique, l'*Elizabeth II*. Le "II" signifie qu'il est le deuxième du nom, mais c'est bien d'après Elisabeth Ire qu'il a été baptisé. (© 475-1500. Parc ouvert tlj 9h-19h, bateau 10h-18h. Hors saison, horaire variable. Entrée 8 $, étudiants 5 $.) En été, les étudiants en art de la North Carolina School for the Arts se retrouvent au pavillon externe du parc pour y donner des représentations (participation suggérée : adultes 5 $, étudiants et personnes âgées 3 $). Le **Fort Raleigh National History Site**, à coté de la US 64, propose plusieurs attractions. La pièce de théâtre **Lost Colony** y est présentée depuis 1937, ce qui lui vaut le titre de pièce la plus ancienne jouée en extérieur aux Etats-Unis sans discontinuer. Elle retrace l'histoire de la première colonie anglaise installée en Amérique, mystérieusement disparue en 1590. (© 473-3414 ou 800-488-5012. Spectacles Juin-Août Lu-Sa à 20h30. Billet 16 $, personnes âgées 15 $, moins de 11 ans 8 $.) Les chemins verdoyants des **Elizabethan Gardens** dévoilent des parterres de fleurs bien entretenus, de vieilles statues et des fontaines. (© 473-3234. Ouvert tlj 9h-20h. Horaire variable hors saison. Entrée 5 $, personnes âgées 4,50 $, 6-18 ans 1 $, gratuit pour les moins de 5 ans accompagnés d'un adulte.) Situé à 1,5 km à l'ouest de la US 64, dans Airport Rd., à 5 km au nord de Manteo, le **North Carolina Aquarium** présente l'environnement aquatique de la région, depuis la plaine côtière jusqu'au Gulf Stream. (© 473-3493. Ouvert Juin-Août, tlj 9h-19h ; hors saison 9h-17h. Entrée 4 $, personnes âgées 3 $, 6-17 ans 2 $.) Vous pouvez acheter un billet combiné donnant accès à l'aquarium, aux jardins et au Festival Park à l'entrée de l'un des sites pour 14 $ (adulte) ou 6 $ (6-18 ans). Représentation de la pièce *Lost Colony* comprise : 28 $/14 $.

ROUTE PANORAMIQUE :
CAPE HATTERAS NATIONAL SEASHORE

Deux rivages pour le prix d'un ! C'est ce qui vous attend si vous empruntez les 110 km de digue de **Cape Hatteras National Seashore**. L'un s'ouvre sur l'océan Atlantique et l'autre fait face à la baie de Pamlico Sound, vers le continent. Le parc bénéficie d'un paysage unique composé de dunes, d'arbres chétifs et de quelques marais. En allant vers le sud, de Hatteras à Ocracoke, vous serez entouré d'eau à l'infini et vous longerez des plages magnifiques et en grande partie désertes, des deux côtés du littoral.

La **Route 12** est l'artère principale du parc. Cette route goudronnée à deux voies part de l'entrée nord, là où se trouve le centre d'information de Whalebone Junction, pour rejoindre la ville d'Ocracoke. Seul un petit passage doit être effectué en ferry (40 mn, gratuit). Comptez 2h30 de trajet pour relier Whalebone à Ocracoke.

Tous les principaux sites du parc sont clairement indiqués et accessibles depuis la Route 12. A ne pas manquer, les trois **phares** des Outer Banks, situés sur les îles de Bodie, Hatteras et Ocracoke. Le plus haut des trois, mais aussi d'Amérique du Nord, est le phare de Cape Hatteras, construit en 1870 et qui compte 257 marches. En été, vous pouvez monter jusqu'à son sommet de 10h à 18h. Les **épaves de bateaux**, visibles depuis la rive le long de la Route 12, rappellent aux visiteurs que les phares n'ont pas seulement un rôle décoratif. Face au phare, sur la plage de Coquina de Bodie Island, vous apercevrez la goélette *A. Barnes*. Pour connaître les événements journaliers proposés par les petits offices de tourisme situés à côté de chaque phare, procurez-vous un exemplaire gratuit d'*In The Park*.

Le littoral du parc possède également une faune très riche. Vous pouvez en avoir un aperçu au **Pea Island National Wildlife Refuge**, à la pointe nord de Hatteras Island. A côté du **Visitors Center** (℡ 473-1131) démarre le **Charles Kuralt Nature Trail**, un sentier qui traverse les marais et offre la possibilité aux randonneurs d'entrevoir des mainates religieux, des pélicans et le serpent originaire des marais salants de Caroline. (Le *visitors center* ouvre, en général, tlj 9h-16h en été. Hors saison, uniquement le week-end. Les plages du National Wildlife Refuge ferment à la nuit tombée.) Plus au sud, le **Pony Pasture**, toujours sur la Route 12, à Ocracoke, abrite un troupeau de chevaux caractéristiques de l'île.

CAROLINE DU SUD

Le chauvinisme de la Caroline du Sud peut sembler quelque peu excessif. Inspiré par le drapeau de l'Etat, le logo du palmier nain est omniprésent et vous le retrouverez sur les casquettes, les bouteilles ou à l'arrière des voitures sous forme d'autocollant. Certains tirent leur fierté des plages inégalables du Grand Strand, d'autres de l'élégance aristocratique de Charleston. Columbia possède une remarquable richesse artistique et culturelle, que, contrairement aux autres métropoles du "nouveau Sud", ni la pollution ni la circulation automobile ne viennent ternir. La Caroline du Sud fut le premier Etat à se détacher de l'Union et cet héritage sécessionniste, aujourd'hui assagi, est utilisé comme argument commercial pour attirer les touristes. Ces dernières années, la Caroline du Sud a défrayé la chronique en refusant d'enlever, malgré les controverses, le drapeau confédéré qui surplombe le siège de la législature. En juillet 2000, l'assemblée a accepté de déplacer le drapeau : il ne trône plus au sommet du dôme, mais désormais sur la pelouse. Quoi qu'il en soit, la NAACP (Association pour la défense des droits civiques des Noirs) projette de boycotter l'Etat tant que la bannière n'aura pas totalement disparu.

⬛ INFORMATIONS PRATIQUES

Capitale : Columbia.

Informations touristiques : **Department of Parks, Recreation, and Tourism**, Edgar A. Brown Bldg., 1205 Pendleton St., n° 106, Columbia 29021 (℡ 803-734-1700, www.travelsc.com). **US Forest Service**, 4931 Broad River Rd., Columbia 29210 (℡ 803-561-4000).

Fuseau horaire : Heure de l'Est (6 heures de moins que l'heure de Paris).

Abréviation postale : SC. **Taxe locale** : 5 %, 6 % à Charleston.

LE SUD

CHARLESTON ☎ 843

Avant la guerre de Sécession, Charleston devait sa richesse aux plantations de riz et de coton. Les nombreux musées, les demeures historiques et le patrimoine architectural de la ville témoignent parfaitement de cette "gloire" passée. Capitale culturelle 300 ans durant, Charleston est aussi indolente que l'accent traînant de ses habitants. Certaines des demeures coloniales les plus célèbres du Sud se trouvent dans la ville, tandis que deux vénérables institutions, le College of Charleston, fondé en 1770, et The Citadel, une prestigieuse école militaire qui forme des élèves officiers (exclusivement masculins) créée en 1842, lui apportent une touche de jeunesse et d'excentricité. Les calèches qui résonnent dans les rues pavées, les demeures coloniales, les superbes plages et quelques-uns des meilleurs restaurants du sud-ouest des Etats-Unis vous feront comprendre pourquoi Charleston figure souvent en tête sur la liste des destinations américaines.

▅ TRANSPORTS

Train : Amtrak, 4565 Gaynor Ave. (✆ 744-8264), à 13 km à l'ouest du centre-ville. Destinations : **Richmond** (2 dép/j, durée 6h45, 82-124 $), **Savannah** (2 dép/j, durée 1h45, 23-35 $) et **Washington, D.C.** (2 dép/j, durée 9h30, 110-166 $). Ouvert tlj 6h-22h.

Bus : Greyhound, 3610 Dorchester Rd. (✆ 747-5341, appelez le ✆ 800-231-222 pour connaître l'horaire et les tarifs), au nord de Charleston. *Evitez ce quartier la nuit.* Destinations : **Myrtle Beach** (1 dép/j, durée 2h30, 22-24 $), **Savannah** (2 dép/j, durée 2h45, 22-24 $) et **Charlotte** (2 dép/j, durée 4h30, 39-41 $). Le bus **CARTA** "Dorchester/Waylyn" relie la ville à la gare. Le retour se fait par le bus "Navy Yard, 5 Mile Dorchester Rd."

Transports en commun : CARTA, 36 John St. (✆ 724-7420). Billet 75 ¢, personnes âgées et handicapés 25 ¢. Billet valable 1 journée 2 $, valable 3 jours 5 $. **Downtown Area Shuttle (DASH)** gère 5 lignes de tramway autour du centre-ville, qui fonctionnent tlj 8h-23h. Horaire disponible au *visitors center*.

Location de vélos : The Bicycle Shoppe, 280 Meeting St. (✆ 722-8168), entre George St. et Society St. Tarif 4 $ l'heure, 15 $ la journée. Ouvert Lu-Sa 9h-19h et Di. 13h-17h.

Taxi : Yellow Cab, ✆ 577-6565.

✴ ▶ ORIENTATION ET INFORMATIONS PRATIQUES

Le quartier historique d'**Old Charleston** est à la pointe sud de la péninsule, au-dessous de **Calhoun St. Meeting St.**, **King St.** et **East Bay St.** sont les principales artères qui traversent la ville du nord au sud. Le secteur qui s'étend au nord du *visitors center* est plutôt dégradé et assez peu intéressant. La **Savannah Hwy./US 17** traverse la péninsule, se dirigeant au sud vers Savannah et au nord vers Mt. Pleasant et Myrtle Beach, par deux ponts imposants. Les places de stationnement payant ne manquent pas, pas plus que les contractuels chargés de distribuer les contraventions.

Assistance téléphonique : Crisis Line (SOS détresse), ✆ 744-4357 ou 800-922-2283. Conseils, renseignements et orientation médicale. Soutien aux adolescents : ✆ 747-8336. Fonctionne Lu-Ve 16h-20h. **People Against Rape** (SOS Viol), ✆ 745-0144 ou 800-241-7273. Fonctionne 24h/24.

Informations touristiques : Charleston Visitors Center, 375 Meeting St. (✆ 853-8000 ou 800-868-8118, www.charlestoncvb.com), en face du Charleston Museum. Ouvert 1er Avr-31 Oct 8h30-17h30 ; 1er Nov-31 Mars 8h30-17h.

Bureau de poste : 83 Broad St. (✆ 577-0690). Ouvert Lu-Ve 9h-17h et Sa. 10h-12h. Vous y trouverez également un joli petit musée de la poste. **Code postal** : 29402.

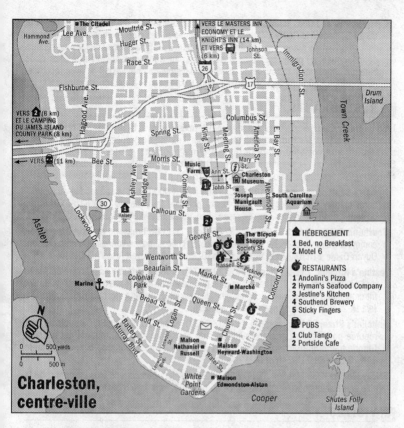

Charleston, centre-ville

HÉBERGEMENT
1 Bed, no Breakfast
2 Motel 6

RESTAURANTS
1 Andolini's Pizza
2 Hyman's Seafood Company
3 Jestine's Kitchen
4 Southend Brewery
5 Sticky Fingers

PUBS
1 Club Tango
2 Portside Cafe

HÉBERGEMENT

Les chambres de motel dans le centre historique sont chères. Les motels bon marché se trouvent à quelques kilomètres de la ville près des sorties n° 209, n° 210 et n° 211 de la I-26 W., au nord, ou de l'autre côté de la rivière Ashley sur la US 17 S., à Mt. Pleasant (cette option se révèle peu pratique pour les visiteurs non motorisés).

Bed, No Breakfast, 16 Halsey St. (© 723-4450). Le seul lieu d'hébergement vraiment bon marché d'où vous pouvez rejoindre le centre-ville à pied. Cette demeure historique abrite deux chambres d'hôtes. Chambre 65-95 $.

Masters Inn Economy, 6100 Riverside Ave. (© 744-3530 ou 800-633-3434), à la sortie n° 211B de la I-26, à 18 km du centre-ville. Chambres spacieuses avec air conditionné et télévision par câble. Piscine, appels locaux gratuits et laverie. En semaine, chambre simple 37 $, chambre double 43 $, Sa-Di 43 $/50 $.

Seagrass Inn, 2355 Aviation Ave. (© 744-4900), derrière la Waffle House. Les chambres sont bien tenues et confortables, avec la télévision par câble, l'air conditionné et une piscine. Chambre simple à partir de 40 $.

Motel 6, 2058 Savannah Hwy. (© 556-5144), à 6,5 km de la ville. Le motel est propre et agréable mais excentré et souvent complet. Chambre simple 40 $, personne supplémentaire 6 $.

LE SUD

Campground at James Island County Park, ✆ 795-9884 ou 800-743-7275. Prenez la US 17 S. jusqu'à la Route 171 et suivez les panneaux. Les emplacements de ce camping sont grands, mais manquent d'ombre. Le beau parc de 6,5 ha dispose de lacs, de sentiers de randonnée, de pistes cyclables et d'un petit parc aquatique. Location de vélos et de bateaux. Emplacement pour tente 19 $, emplacement sommaire 13 $, avec raccordement complet 25 $. Réduction de 10 % pour les personnes âgées.

⬛ RESTAURANTS

La cuisine de Charleston est l'une des meilleures du pays. Beaucoup de restaurants cherchent à attirer les touristes fortunés, mais il existe de nombreux établissements s'adressant aux voyageurs à petit budget. Vous pourrez y goûter les spécialités du Sud-Est, barbecues et poissons frais, qui ont fait la réputation de la cuisine du *Low Country*. N'hésitez pas à vous balader pour trouver le restaurant qui vous fera envie.

Hyman's Seafood Company, 215 Meeting St. (✆ 723-6000). Grâce soit rendue au propriétaire, qui parvient à servir 15 à 25 sortes de poissons frais chaque jour (7-15 $), cuisinés de sept façons différentes. Pas de réservation, soyez prêts à attendre. Ouvert tlj 11h-23h.

Southend Brewery, 161 E. Bay St. (✆ 853-4677). Cette brasserie de trois étages sait comment attirer la clientèle : délicieuses côtes grillées, pizzas variées et bières maison. Ouvert Di-Me 11h30-22h30 et Je-Sa 11h30-23h30. Bar ouvert jusqu'à 1h.

Jestine's Kitchen, 251 Meeting St. (✆ 722-7224). Si vous aviez une grand-mère originaire du Sud des Etats-Unis et propriétaire d'un restaurant, ce serait sans doute celui-ci. Poulet frit croustillant et succulent accompagné de deux plats de légumes frais 8 $. Ouvert Ma-Je 11h-21h30, Ve-Sa 11h-22h et Di. 11h-21h.

Andolini's Pizza, 82 Wentworth St. (✆ 722-7437), au niveau de King St. Cette pizzeria est réputée pour figurer parmi les meilleures du Sud. Chez Andolini, tout est fait maison. Grande tourte au fromage à pâte fine 11 $. Pizza *calzone* à partir de 5 $. Ouvert Lu-Je 11h-23h, Ve-Sa 11h-24h et Di. 12h-22h.

Sticky Fingers, 235 Meeting St. (✆ 853-7427). Déclaré barbecue le plus savoureux de la ville en plusieurs occasions. Sandwich au porc 6 $. *Ribs* 12-26 $. Ouvert tlj 11h-22h.

⬛ VISITES

Les maisons coloniales, les bâtiments historiques, les églises et les jardins de Charleston peuvent se visiter à pied, en voiture, en bus, en trolley ou en calèche. **City Market**, dans le centre-ville, près de Meeting St., est un marché situé dans un bâtiment restauré du XIXe siècle (ouvert tlj environ 9h-17h).

PLANTATIONS ET JARDINS. Les **Magnolia Plantation and Gardens**, vieux de 300 ans, sont de loin les plantations les plus majestueuses de Charleston. On y visite 20 ha de jardins (900 variétés de camélias, 250 espèces d'azalées) aménagés grâce à la fortune ahurissante de la famille Drayton. Vous pourrez vous perdre dans un labyrinthe de haies ou louer des bicyclettes ou des canots pour explorer la réserve d'oiseaux et les marais voisins. *(Sur la Route 61, à 16 km de la ville par la US 17. ✆ 571-1266 ou 800-367-3517. Ouvert tlj 8h-17h30. Entrée 10 $, adolescents 8 $, 6-12 ans 5 $. Visite de la maison 16 $/14 $/11 $. Sentier de randonnée 15 $/12 $/8 $. Jardin de marécage 5 $, 6-12 ans 3 $. Location de canots ou de vélos 3 $ les 3h.)* En continuant la route, vous trouverez la plantation bien entretenue de **Middleton Place**, qui comprend des écuries, des jardins et une demeure. *(Route 61, à 22 km au nord-ouest du centre-ville. ✆ 556-6020. Ouvert tlj 9h-17h. Entrée 15 $, personnes âgées 14 $, 6-12 ans, 7 $. Jardins et écuries 23 $. Réduction pour les membres de l'AAA.)* Les **Cypress Gardens** sont encore plus éloignés mais valent le déplacement. Vous prendrez vous-même les rames de la barque pour sillonner ces marais inquiétants peuplés d'alligators. *(3030 Cypress Gardens Rd. ✆ 553-0515. Ouvert Fév-Déc, tlj 9h-17h.)*

CHARLESTON MUSEUM ET DEMEURES HISTORIQUES. Le **Charleston Museum**, en face du *visitors center*, est le plus ancien musée des Etats-Unis. *(360 Meeting St. © 722-2996. Ouvert Lu-Sa 9h-17h et Di. 13h-17h. Entrée 8 $, enfants 4 $.)* Vous pouvez acheter un billet combiné comprenant l'entrée au Charleston Museum et aux deux demeures historiques proches du musée, qui datent toutes deux du XVIIIᵉ siècle : les **maisons Heyward-Washington** et **Joseph Manigault**. Cela dit, ce n'est pas la peine de visiter les deux maisons : vous ferez des économies en vous limitant à l'une d'entre elles. *(Heyward-Washington : 87 Church St. © 722-0354. Joseph Manigault : 350 Meeting St. © 723-2926. Les deux sont ouvertes Lu-Sa 10h-17h et Di. 13h-17h. Visite du musée et d'une maison 12 $, visite du musée et des deux maisons 18 $. Visite d'une maison 8 $, 3-12 ans 4 $.)* Les **maisons Nathaniel Russell** et **Edmundston-Alston** se ressemblent beaucoup : datant du XIXᵉ siècle, elles sont toutefois moins bien rénovées que les deux indiquées précédemment. *(Nathaniel Russell : 51 Meeting St. © 723-1623. Ouvert Lu-Sa 10h-17h et Di. 14h-17h. Entrée 7 $, gratuit pour les moins de 6 ans. Edmundston-Alston : 21 E. Battery St. © 772-7171. Ouvert Di-Lu 13h30-16h30 et Ma-Sa 10h-16h30. Entrée 8 $, gratuit pour les moins de 6 ans.)*

PATRIOT'S POINT ET FORT SUMTER. Embarquez sur quatre bateaux militaires, dont un sous-marin et l'impressionnant porte-avions *Yorktown*, au **Patriots' Point Naval and Maritime Museum**, le plus grand musée maritime du monde. *(De l'autre côté de la Cooper River, à Mt. Pleasant. © 884-2727. Ouvert Avr-Sep, tlj 9h-18h, les bateaux ferment à 19h30 ; Oct-Mars 9h-17h, les bateaux ferment à 17h30. Entrée 12,50 $, personnes âgées 11 $, 6-11 ans 6 $, gratuit pour les moins de 6 ans.)* **Fort Sumter Tours** organise des visites en bateau du site historique de Fort Sumter, au départ de la marina (partiellement accessible aux handicapés, depuis la marina uniquement), non loin de Lockwood Blvd. ou de Patriot's Point. *(© 881-7337. 1-3 dép/j depuis chaque point de départ. Durée 2h15, dont 1h au Fort. Tarif 11 $, personnes âgées 10 $, 6-11 ans 6 $, gratuit pour les moins de 6 ans.)*

PLAGES. De l'autre côté du James Island Bridge et de la US 171, à environ 30 km au sud-est de Charleston, la plage de **Folly Beach** est très populaire parmi les étudiants de The Citadel, du College of Charleston et de l'université de Caroline du Sud. L'**Isle of Palms** attire une foule plus hétéroclite et s'étend sur des kilomètres, jusqu'à **Sullivan's Island**, beaucoup moins fréquentée. Pour vous y rendre, traversez le Cooper River Bridge, roulez pendant 16 km sur la Hwy. 17 N., puis prenez l'embranchement sur la droite vers Isle of Palms. *(Folly Beach © 588-2426. Isle of Palms © 886-3863.)*

SOUTH CAROLINA AQUARIUM. Ce tout nouvel aquarium est rapidement devenu la principale attraction de Charleston. Si l'entrée est un peu chère, les expositions, en revanche, sont très bien conçues et très intéressantes. Vous y découvrirez la faune aquatique qui occupe la région, que ce soit dans les marais, les marécages ou l'océan. *(Au bout de Calhoun St. sur la Cooper River, dominant le port. © 720-1990, wwwscaquarium.org. Ouvert Juil-Août, tlj 9h-19h ; Nov-Fév 10h-17h ; Mars-Juin et Sep-Oct 9h-17h. Entrée 14 $, 13-17 ans et personnes âgées 12 $, 4-12 ans 7 $.)*

BULL ISLAND. Si vous voulez fuir la civilisation, prenez le ferry à destination de Bull Island, une île de 2000 ha au large de Charleston. Le bateau est souvent escorté par des dauphins qui batifolent dans des eaux classées parmi les plus propres de la planète. L'île compte 278 espèces d'oiseaux et 25 km de sentiers de randonnée. *(© 881-4582. Le trajet en ferry dure 30 mn et le départ s'effectue de Moore's Landing, 8 km à l'est de la US 17, entre Mt. Pleasant et Awendaw. Mars-Nov dép. Ma. et Je-Sa à 9h et 12h30, retour à 12h et 16h. Déc-Fév dép. Sa. à 10h, retour à 15h. Aller-retour 30 $, moins de 12 ans 15 $.)*

🎵 🎭 SPECTACLES ET SORTIES

La présence de nombreux étudiants et le flux constant des touristes garantissent à Charleston une vie nocturne animée. Avant de sortir, consultez un exemplaire gratuit du *City Paper*, disponible dans les boutiques et les restaurants de la ville, pour

avoir la liste des concerts et d'autres manifestations. De grands groupes se produisent tous les soirs sur la scène principale de la **Music Farm**, 32 Ann St. (© 853-3276).
Non loin de là, au 39 John St., le **Club Tango** (© 577-2822), dans l'allée se trouvant
entre John St. et Houston St., séduit les amateurs d'acrobatie une fois la nuit tombée.
Portside Cafe, 462 King St., propose une ambiance plus détendue avec patio extérieur, concerts tous les soirs et plats mêlant les saveurs du Sud à la nouvelle cuisine
(sandwichs à moins de 7 $ et barbecues à partir de 8 $.) (© 722-0409. Ouvert Lu-Sa
11h-16h et 17h-22h). De fin mai à début juin, Charleston vit au rythme du **Spoleto
Festival USA**, le festival artistique le plus complet du pays : musique, théâtre, danse
et opéra sont à l'honneur. (© 722-2764. Billets 10-75 $.)

■ EXCURSION DEPUIS CHARLESTON : BEAUFORT

Si vous tendez bien l'oreille dans les îles côtières du sud-est de la Caroline du Sud,
vous entendrez parler un langage très musical. Au cours de la période esclavagiste, les
Européens mêlèrent leurs cultures à celles des esclaves africains, ce qui produisit le
Gullah, une fusion unique de langage, de cuisine, d'art et de religion. A la fin de la
guerre de Sécession, le Gullah disparut presque entièrement des Etats du Sud, excepté
dans les basses terres reculées de Caroline du Sud. Aujourd'hui, des ponts vous
permettent d'accéder facilement à cette région et à sa culture si particulière. St. Helena
est considérée comme le centre du Gullah, surtout grâce aux efforts du **Penn Center**
(© 838-8545), Martin Luther King Jr. Dr., non loin de la US 21, qui fut la première école
du Sud pour esclaves libérés. C'est lors d'une retraite spirituelle au Penn Center que
Martin Luther King écrivit son célèbre discours "I have a dream…" Le centre œuvre
pour la préservation de la culture et du patrimoine de la région par les expositions
du **York W. Bailey Museum**. (© 838-2474. Ouvert Lu-Sa 11h-16h. Entrée 4 $, enfants 2 $.)
   La meilleure manière de faire connaissance avec le Gullah est de participer au
Gullah 'n' Geechie Tour, dirigé par Kitty Greene, activiste de la communauté, histo-
rienne, érudite et spécialiste de la région. Plus qu'une balade touristique, il s'agit
d'une véritable immersion dans la culture gullah. Tous les aspects en sont abordés :
langue, religion, art, vie familiale et cuisine. Au cours de la visite, vous verrez la
praise house qui servit, 300 ans durant, de centre religieux aux esclaves qui
travaillaient dans les plantations locales. (© 838-7516 ou 838-3758. Visite de 2h au
départ du 847 Sea Island Parkway, à St. Helena, Lu-Ve à 9h45, 13h45 et 16h30, Sa. sur
rendez-vous. Tarif 17 $, enfants 12 $. Réservation obligatoire.)
   L'un des sites les plus curieux de Caroline du Sud est le **Kingdom of Oyotunji**, un
village africain yoruba situé à Sheldon, à 16 km au nord de Beaufort par la Hwy. 17.
Ce temple pour prêtres africains, vieux de 30 ans, est dirigé par un roi africain autoproclamé et ses nombreuses épouses. La visite guidée est menée avec sincérité et
conviction et mérite bien les 5 $ que vous devrez débourser. Prenez rendez-vous pour
obtenir une audience avec le roi. (© 846-8900. Ouvert de 10h à la tombée de la nuit.)
   L'aristocratique Beaufort accueille le joyeux **Gullah Festival** (fin mai) et se régale
lors du **Shrimp Festival** (festival de la crevette, mi-octobre). La ville est située à une
centaine de kilomètres de Savannah et de Charleston, sur la Hwy. 21, à 24 km au
sud de la I-95, sortie n° 33. Depuis le **Greater Beaufort Visitors Center**, 1106
Carteret St., St. Helena se trouve à 8 km au sud, en empruntant la Hwy. 210. (© 986-
5400. Ouvert tlj 9h-17h30.) Les bus **Greyhound**, 1307 Boundary Rd., vont à Savannah.
(© 524-4646. 4 dép/j, durée 1h, 11,50-12,50 $.)

COLUMBIA ☏ 803

Peu après la guerre d'Indépendance, les habitants de l'intérieur des terres de la
Caroline du Sud exercèrent des pressions sur les aristocrates de Charleston afin de
transférer la capitale au cœur de l'Etat, sur la plantation du colonel Thomas Taylor,
au bord de la rivière Congaree. Comme prévu, Columbia prit rapidement de l'importance, mais fut brûlée par les troupes du général Sherman au cours de la guerre
de Sécession. Cependant, Columbia a su s'arracher à l'ombre envahissante de ce

passé tragique et s'épanouir grâce à une communauté artistique active, à des édifices historiques qui célèbrent la diversité de son héritage et à une vie nocturne animée, dans le quartier situé près de la rivière Congaree. Dans sa prospérité, la ville est aidée par l'université de Caroline du Sud (USC), qui lui apporte sa richesse culturelle.

▚ ▟ ORIENTATION ET INFORMATIONS PRATIQUES

La ville a la forme d'un carré. Elle est bordée par Huger St. (orientée nord/sud), Harden St. (orientée nord/sud), Blossom St. (orientée est/ouest) et Calhoun St. (orientée est/ouest). **Assembly St.** est la principale artère nord/sud du centre-ville. **Gervais St.** traverse le centre d'est en ouest. La rivière Congaree délimite la ville à l'ouest.

Avion : **Columbia Metropolitan Airport**, 3000 Aviation Way (© 822-5000), à l'ouest de Columbia. Un taxi pour le centre coûte environ 13-15 $. **Train** : **Amtrak**, 850 Pulaski St. (© 252-8246). Destinations : Miami (1 dép/j, durée 15h, 68-168 $), Washington, D.C. (1 dép/j, durée 10h, 70-138 $) et Savannah (1 dép/j, durée 2h30, 24-47 $). Ouvert tlj 10h-17h30 et 23h-6h45. **Bus** : **Greyhound**, 2015 Gervais St. (© 256-6465), au niveau de Harden St. Destinations : Charlotte (5 dép/j, durée 1h30, Lu-Je 15 $, Ve-Di 16 $), Atlanta (9 dép/j, durée 5h, 43-46 $) et Charleston (3 dép/j, durée 2h30, 22-24 $). **Atlantic Express** gère un service public de bus dans Columbia, circulant entre 5h30 et minuit. La plupart des lignes partent des dépôts de la société de transport, situés à l'angle de Sumter St. et de Laurel St., et à l'angle d'Assembly St. et de Taylor St. (© 271-9019. Appelez pour connaître l'horaire. Billet 75 ¢, personnes âgées et handicapés 25 ¢, gratuit pour les moins de 6 ans. Correspondances gratuites.) **Informations touristiques** : **Columbia Metropolitan Convention and Visitors Bureau**, 801 Lady St., possède des cartes et fournit des informations. (© 254-0479. Ouvert Lu-Ve 8h30-17h et Sa. 10h-16h. Horaire variable en hiver.) Pour des renseignements concernant l'université de Caroline du Sud, adressez-vous au **University of South Carolina Information Desk**, 937 Assembly St. (© 777-0169 ou 800-922-9755. Ouvert Lu-Ve 8h30-17h et Sa. 9h30-14h. Fournit des autorisations de stationnement aux touristes.) **Bureau de poste** : 1601 Assembly St. (© 733-4643. Ouvert Lu-Ve 7h30-18h.) **Code postal** : 29202.

L'ABC DU COCHON Les gens du Sud ont toujours trouvé des façons intéressantes de cuisiner toutes les parties du porc. Les *chitlins* sont des tripes de porc lavées et bouillies, puis frites et assaisonnées. Le *hogmau* est de l'estomac de cochon qu'on fait mijoter dans un bouillon avant de l'accommoder. Dans tous les Etats du Sud, vous verrez sur les comptoirs des salles de billard des bocaux contenant des pieds de porc macérés dans du vinaigre. Et, si vous êtes pressé, vous pouvez toujours vous rabattre sur un sandwich d'oreille de porc.

▟ HÉBERGEMENT

Les lieux d'hébergement bon marché se trouvent, en général, à bonne distance du centre-ville. Mais le **Masters Inn**, 613 Knox Abbot Dr., est l'exception qui confirme la règle : dans cet hôtel bien situé, vous serez à quelques minutes du centre-ville en voiture. Empruntez Blossom St. qui devient Knox Abbot Dr. de l'autre côté de la rivière Congaree. Appels locaux et café du matin gratuits, piscine et télévision par câble. (© 796-4300. Chambre simple 33-35 $, chambre double 35-37 $.) Les autres motels bon marché bordent la I-26, la I-20 et la I-77, qui entourent la ville. Le **Knights Inn**, 1987 Airport Blvd., propose des chambres avec réfrigérateur, four à micro-ondes, télévision par câble, air conditionné, appels locaux gratuits et accès à la piscine. (© 794-0222. Chambres simple et double Di-Ve 35 $, Ve-Sa 39 $. Réduction de 10 % pour les personnes âgées.) Les 550 ha du **Sesquicentennial State Park** comprennent un lac où on peut se baigner et pêcher, proche d'un centre de nature, de pistes cyclables et de sentiers de randonnée, ainsi que 87 emplacements boisés avec eau et électricité. Les transports en commun ne desservent pas le parc : prenez la I-20 jusqu'à la Two Notch Rd./Route 1, sortie n° 17 et continuez vers le nord-est pendant 5 km. (© 788-2706. Ouvert Avr-Oct 7h-21h ; Nov-Mars 7h-18h. Emplacement 16 $. Entrée 1,50 $ par personne.)

RESTAURANTS

Quand vous aurez goûté le barbecue de **Maurice's Piggle Park**, 800 Elmwood Ave. et 1600 Charleston Hwy., vous comprendrez sans difficulté pourquoi le restaurant détient le record du monde de "ventes de grillades au barbecue en une seule journée". Le *Big Joe*, sandwich de porc cuit au barbecue agrémenté d'une sauce à base de moutarde est le véritable "cochon aux œufs d'or" de Maurice (4,50 $). (© 256-4377. Ouvert Lu-Sa 10h-22h.) **Groucho's**, 611 Harden St., est un *deli* new-yorkais fréquenté par les étudiants depuis 60 ans. Les sauces qui recouvrent les énormes sandwichs (6 $) sont des spécialités maison. (© 799-5708. Ouvert Lu-Sa 11h-16h et Di. 12h-16h. Juin-Août : fermé le dimanche.) Le **Rosewood Market**, 2803 Rosewood Dr., est une épicerie spécialisée dans la cuisine végétarienne, agrémentée d'un comptoir qui rappelle celui d'un *deli*. Une petite portion de barbecue au tofu revient à 2,50 $. Vous pouvez également choisir parmi les desserts parfumés aux jus de fruits. (© 765-1083 ou 888-203-5950. Ouvert Lu-Sa 9h-21h et Di. 10h-18h.) Au **Columbia State Farmers Market**, 1001 Bluff Rd., en face du stade de football américain, vous trouverez tous les produits de la Caroline du Sud, dans toute leur splendeur, brute et inaltérée. (© 737-4664. Ouvert Lu-Sa 6h-21h et Di. 13h-19h.)

VISITES

Plus de 2000 animaux en liberté peuplent le parc du **Riverbanks Zoo and Gardens**, l'un des dix plus célèbres zoos des Etats-Unis, sur la I-26 au niveau de Greystone Blvd., au nord-ouest du centre-ville. Il possède plusieurs reconstitutions grandeur nature : une forêt tropicale, un désert, un fond sous-marin, une ferme du Sud et une volière. Des gorilles et des koalas sont récemment venus grossir les rangs du zoo. (© 779-8717. Ouvert Lu-Ve 9h-16h et Sa-Di 9h-17h. Entrée 7,25 $, étudiants 6 $, personnes âgées 5,75 $, 3-12 ans 4,75 $.)

Des étoiles de bronze marquent l'emplacement des impacts des canons nordistes sur les murs de la **State House**, située entre Sumter St., Assembly St. et Gervais St. Les législateurs ont dépensé plus de 70 millions de dollars pour redonner à ce bâtiment sa beauté passée. (© 734-2430. Ouvert Lu-Ve 9h-17h, Sa. 10h-17h et le premier dimanche de chaque mois 13h-17h. Entrée libre.) De l'autre côté de Sumter St. depuis la State House, se trouve la partie la plus verdoyante du campus de l'université de Caroline du Sud, la **Horseshoe**. A l'intersection de Bull St. et de Pendleton St., le **McKissick Museum**, au sommet de la Horseshoe, est consacré aux traditions populaires de la Caroline du Sud et du Sud-Est dans les domaines scientifique, musical, historique et artistique. (© 777-7251. Ouvert Juin-Août, Lu-Ve 9h-16h et Sa-Di 13h-17h. Entrée gratuite.) Vous pourrez voir de nombreux objets en bon état datant de la guerre de Sécession au **South Carolina Confederate Relic Room and Museum**, 301 Gervais St. Ce musée s'est récemment installé dans le State Museum. (© 898-4921. Téléphonez pour connaître l'horaire. Entrée libre.) Deux résidences du XIXe siècle, la **Robert Mills Historic House and Park** et la **Hampton-Preston Mansion**, 1616 Blanding St., à trois blocks à l'est de Sumter St., ont réussi à échapper aux ravages de la campagne du général Sherman pendant la guerre de Sécession. Ces deux demeures, joliment restaurées et meublées de nombreuses antiquités, présentent un véritable intérêt architectural. (© 252-1770. Visites guidées Ma-Sa toutes les heures 10h15-15h15 et Di. 13h15-16h15. Entrée 4 $, étudiants 2,50 $, gratuit pour les moins de 5 ans. Les billets s'achètent au Mills House Museum Shop.)

LE SECRET DE LA VIE Ignorés du reste du monde, les secrets de la sagesse et de la prospérité sont en fait cachés à **Elberton**, en Géorgie ("la capitale mondiale du granit"), à 240 km de Columbia. En 1980, "un groupe d'Américains à la poursuite de l'âge de la raison" envoya un gros chèque à une compagnie minière locale, accompagné d'instructions précises. Ainsi, au sommet d'une colline située à 13 km de la ville, plusieurs gigantesques plaques de granit répondent aux questions les plus brûlantes que se pose l'humanité. En anglais, en russe, en chinois, en hébreu, en swahili et en grec, ces "pierres philosophiques" recommandent à l'humanité de se reproduire de manière raisonnable, de s'unir dans un nouveau langage de vie, de faire en sorte que la population mondiale n'excède pas 500 millions d'habitants et de résoudre ses différends dans le cadre d'un tribunal universel. Pour éviter toute confusion, sur chacune de ces nouvelles tables de loi, l'inscription "Que ces pierres vous guident" est gravée en écriture cunéiforme babylonienne, en grec classique, en sanscrit et en hiéroglyphes égyptiens.

■ SORTIES

La vie nocturne de Columbia se concentre autour du quartier très estudiantin de **Five Points** (à l'intersection de Harden St. et de Devine St.) et de celui de **Vista** (Gervais St., avant la Congaree), qui attire une foule un peu plus âgée. Les étudiants se retrouvent au **Knock Knock Club**, 634 Harden St., dont le décor (mais pas la carte !) rappelle l'époque de la Prohibition. (© 799-1015. Ouvert Lu-Ve 17h-5h et Sa-Di 19h-2h.) On les retrouve devant un verre jusque tard dans la nuit au **Jungle Jim's**, 724 Harden St. (© 256-1390. Ouvert Lu-Ve 17h-3h et Sa-Di 19h-2h.) Dans le quartier de Vista, l'**Art Bar**, 1211 Park St., réunit une foule variée autour de robots en plastique à taille humaine qui décorent les murs. (© 929-0198. Ouvert Lu-Ve de 20h jusque tard et Sa-Di 20h-2h.) **The Alley Cafe**, 911 Lady St., sert des repas ou des boissons à la florissante communauté lesbienne de la ville, dans une ambiance ouverte à tous. (© 771-277. Ouvert Ma-Ve 17h-23h et Sa. 17h-2h.) L'hebdomadaire *Free Time* donne tous les détails de la vie nocturne de Columbia. *In Unison*, également hebdomadaire, recense toutes les adresses gay.

MYRTLE BEACH ET LE GRAND STRAND ☎ 843

Chaque été, des millions de motards en Harley-Davidson et d'habitants du Sud au volant de leur camping-car envahissent Myrtle Beach, faisant de cette ville la seconde destination estivale la plus fréquentée du pays. Pendant les vacances de Pâques et à partir de début juin, la plage attire une foule exubérante d'étudiants venus s'éclater. Le reste de l'année, des familles, des joueurs de golf ou des fous de shopping fréquentent assidûment les boutiques, les parcs d'attractions et les restaurants à thème de la ville, quelquefois de mauvais goût. Le reste des 100 km de littoral (Grand Strand) est beaucoup plus calme. Au sud de Myrtle Beach, Murrell's Inlet, un port pittoresque bien fourni en fruits de mer, et Pawley's Island sont des villes principalement résidentielles. Les maisons blanches à colonnes de style XVIIIᵉ siècle se dressant au milieu de plantations de riz et d'indigotiers, témoignent du passé de Georgetown, qui fut autrefois une ville portuaire stratégique.

■ ■ **ORIENTATION ET INFORMATIONS PRATIQUES.** La plupart des centres d'intérêt se trouvent sur la **Route 17/Kings Hwy.**, qui se scinde ensuite en une voie principale (*Business Route*) et une voie de contournement (*Bypass*), à 6 km au sud de Myrtle Beach. **Ocean Blvd.** longe l'océan, flanqué de part et d'autre par des rangées interminables de motels bon marché. Les numéros des avenues se répètent après la 1st Ave., au centre de la ville, et vous devrez donc faire attention à la dénomination

"North" (nord) ou "South" (sud) des différentes artères. Evitez également de confondre **Myrtle Beach** avec **North Myrtle Beach**, qui se ressemblent beaucoup. La **Route 501** va vers l'ouest en direction de la Conway et de la **I-95**. Détail important pour les amateurs de bonnes affaires, on y trouve des magasins d'usine (*factory outlets*). Sauf mention contraire, les adresses du Grand Strand concernent Myrtle Beach. **Bus : Greyhound**, 511 7th Ave. N. (② 448-2471. Ouvert Lu-Ve 7h-18h45 et Sa-Di 10h-18h45.) Destination : Charleston (1 dép/j, durée 2h30, 22-24 \$). **Transports en commun : Costal Rapid Public Transit (CRPTA)**, 1418 3rd Ave., offre un service limité. L'horaire et le plan des lignes sont disponibles à l'office de tourisme ou dans les boutiques des environs. (② 488-0865. Service tlj 6h-2h30. Trajet local 1,10-2,10 \$.) **Location de vélos : The Bike Shoppe**, 711 Broadway, près de Main St. (② 448-5335. Ouvert Lu-Ve 8h-18h et Sa. 8h-17h. Vélo 10 \$ la journée, 5 \$ la demi-journée. VTT 20 \$ la journée, 10 \$ la demi-journée.) **Office de tourisme : Myrtle Beach Chamber of Commerce**, 1200 N. Oak St., parallèle à Kings Hwy., au niveau de la 12th N. (② 626-7444 ou 800-356-3016. Ouvert tlj 8h30-17h.) **Minigolf** : partout. **Bureau de poste** : 505 N. Kings Hwy., au niveau de la 5th Ave. N. (② 626-9533. Ouvert Lu-Ve 8h30-17h et Sa. 9h-13h.) **Code postal** : 29577.

⚑ HÉBERGEMENT. Des centaines de motels sont alignés dans Ocean Blvd., ceux du côté de la mer affichant des prix plus élevés que leurs voisins d'en face. Vous trouverez des motels bon marché sur la Route 17. Les prix s'effondrent d'octobre à mars : il est alors possible de marchander le prix d'une chambre dans un hôtel luxueux du bord de mer autour de 20-30 \$. Un moyen simple et économique de trouver des chambres bon marché consiste à appeler le **Myrtle Beach Hospitality Reservation Service**, 1551 21st Ave. N., n° 20. (② 626-9970 ou 800-626-7477. Ouvert Mai-Août, Lu-Ve 8h30-19h ; Sep-Avr 8h30-17h.) Le **Sea Banks Motor Inn**, 2200 S. Ocean Blvd., face à la mer, offre des chambres avec de grandes fenêtres, une laverie, une piscine, un accès à la plage et la télévision par câble. (② 448-2434 ou 800-523-0603. Chambre simple 45 \$, chambre double 68 \$, mi-Sep-mi-Mars 20-26 \$/26-31 \$.) Le **Huri Rock Motel**, 2010 S. Ocean Blvd., propose des chambres propres et spacieuses avec accès à la piscine et au jacuzzi. (② 626-3531 ou 888-487-5762. Les moins de 25 ans ne sont pas autorisés à louer une chambre simple. Chambre simple 45 \$, chambre double 54-75 \$. Hors saison, les prix peuvent descendre jusqu'à 22 \$/25 \$.) **David's Landing**, 2708 S. Ocean Blvd., dispose de grands appartements modernes d'une ou deux pièces. (② 626-8845 ou 800-561-3504. Location autorisée pour les plus de 25 ans uniquement. Juin-Août 45-75 \$, Sep-Mai 25-40 \$.) Le **Huntington Beach State Park Campground**, à 5 km au sud de Murrell's Inlet sur la US 17, est situé dans un cadre naturel dépaysant : une lagune, des marais salants et, bien sûr, la plage. Des alligators s'approchent parfois à quelques mètres des emplacements. (② 237-4440. Ouvert tlj 6h-22h, hors saison 6h-18h. Emplacement pour tente Avr-Oct 12 \$, Nov-Mars 9,50 \$. Raccordement complet 26 \$/21 \$. Utilisation des équipements pendant la journée 4 \$.) Le **Myrtle Beach State Park Campground**, à 5 km au sud de la ville par la US 17, est plus peuplé et moins attrayant que le terrain de camping Huntington, mais une piscine, une plage, des possibilités de pêche et des sentiers de randonnée entourent ses 350 emplacements. Douches et laverie à proximité. (② 238-5325. Réception ouverte tlj 8h-17h. Emplacement 22 \$. Bungalow pour 4-8 personnes 440 \$ la semaine. Utilisation des équipements pendant la journée 2 \$.)

☖ RESTAURANTS. Les motards affamés n'hésitent pas à quitter l'autoroute pour faire un détour par le Grand Strand, qui compte plus de 1800 restaurants servant tous les styles de cuisines dans tous les cadres imaginables. De grands établissements de type familial *all-you-can-eat* (buffet à volonté) vous attendent à chaque coin de rue. La **Route 17** abonde en grills (*steakhouses*) et en fast-foods, tandis que les meilleurs fruits de mer sont à **Murrell's Inlet**. Les murs sont couverts de plaques d'immatriculation et le sol de pelures de cacahuètes au **River City Cafe**, 404 21st Ave. N. Refusant d'adhérer à un certain formalisme américain, cet établissement cultive un côté un peu louche : vous pouvez lire les signatures des clients enthousiastes tout en avalant un *burger* ou en buvant une bière. (② 448-1990. Ouvert tlj 11h-22h.) Alors que de nombreux restaurants du complexe Broadway at the Beach privilégient les décors à la qualité des plats, **Benito's**, à l'extrémité nord-est de celui-ci, se distingue par ses délicieuses pizzas cuites dans un four en pierre (5-15 $), ses *calzones* (6-7 $) et ses plats de pâtes (9-12 $). (© 444-0006. Ouvert tlj 11h-22h30.) Oubliez votre régime en mangeant l'un des énormes sandwichs (4-8 $) de chez **Dagwood's Deli**, 400 11th Ave. N. Ils sont tous préparés avec du pain frais et servis accompagnés de condiments et de chips. (© 448-0100. Ouvert Lu-Sa 11h-21h.)

🎦 🎭 **VISITES ET SORTIES.** Le boulevard et toute la longueur de la plage s'appellent le "Strand". C'est l'endroit idéal où se livrer à une activité peu coûteuse et dont on ne se lasse pas : observer la foule des vacanciers. Le soir, le *cruising* (une combinaison de drague à l'américaine et de virée entre copains qui consiste à déambuler au volant de sa voiture, de préférence l'autoradio à tue-tête, pour mater et se faire mater) est un *must*. A tel point que c'est désormais interdit la nuit. Des panneaux sur le trottoir indiquent non sans humour : "Il est interdit de passer ici plus de deux fois en deux heures". Pendant ce temps, familles, jeunes mariés, étudiants et touristes se regroupent dans l'unique but de profiter de la vie balnéaire à l'américaine. Vous trouverez des coupons de réduction partout, ce qui devrait vous éviter de payer le prix fort dans quasiment toutes les attractions de Myrtle Beach. Procurez-vous un exemplaire du *Sunny Day Guide*, du *Myrtle Beach Guide* ou de *Strand Magazine*.

Le colossal **Broadway at the Beach**, à l'intersection de la Route 17, la voie de contournement, et de la 21st Ave. N., est un immense complexe dont la mission est de stimuler et de distraire. En plus de cinémas, d'un parc aquatique, d'un minigolf, de promenades, de restaurants à thème, de discothèques et de 100 magasins, vous trouverez également le **Butterfly Pavilion** (© 839-4444), abritant plus de 40 espèces de papillons en quasi-liberté, et le **Ripley's Aquarium** (© 916-0888 ou 800-734-8888) où requins et raies évoluent au-dessus des visiteurs. (Ouvert tlj 9h-23h. Entrée 15 $, 5-11 ans 9 $, 2-4 ans 3 $.) Enfin, l'**Alligator Adventure**, Barefoot Landing, Route 17 à North Myrtle Beach, avec plus de 800 alligators, vient s'ajouter à la liste des établissements pratiquant le voyeurisme animal. (© 361-0789. Ouvert tlj 9h-22h. Entrée 12 $, personnes âgées 10 $, 4-12 ans 8 $.)

A Myrtle Beach, il y a plus de trous de **minigolf** que d'habitants. Les parcours les plus élaborés sont regroupés sur Kings Hwy. Pour les amateurs de vitesse et de sensations fortes, le **NASCAR Speedpark** comprend 7 pistes de kart différentes, chacune proposant des vitesses et des difficultés variées. (© 918-8725. Tarif 25 $, durée illimitée, moins de 13 ans 11 $.) Les **Brookgreen Gardens**, plus propices au recueillement, sont situés sur la Route 17, en face du Huntington Beach State Park, au sud de Murrell's Inlet. Les 3680 ha de jardin abritent une importante collection d'œuvres de sculpteurs américains, exposées parmi d'imposants chênes. (© 235-6001. Ouvert tlj 9h30-17h. Entrée 8,50 $, 6-12 ans 4 $.)

Si vous cherchez un endroit où passer la soirée, **Celebrity Square** vous facilite la tâche en proposant 10 discothèques, chacune offrant un style de boisson et de musique différent. Les **Club Millennium 2000**, 1012 S. Kings Hwy. (© 445-9630), et **2001**, 920 Lake Arrowhead Rd. (© 449-9434), vous transportent dans une odyssée dansante plus audacieuse.

GÉORGIE

Entre le sud rural et l'urbanisme galopant d'Atlanta au nord, la Géorgie présente un double visage au contraste saisissant. Mais l'Etat parvient tout de même à composer avec ses différentes identités. La capitale cosmopolite, Atlanta, a vu naître deux produits qui ont envahi la planète : le Coca-Cola et CNN, dirigée par Ted Turner. Savannah, quant à elle, s'obstine à garder intacte son atmosphère antérieure à la guerre de Sécession. Et si Athens l'universitaire a donné naissance aux "grands" groupes de musique, la "Gold Coast" continue de couler des jours paisibles dans une atmosphère balnéaire. La Géorgie, pleine de contradictions, fut la "patrie" de deux présidents américains : Plains, la ville natale de Jimmy Carter, et Warm Springs, qui fut la résidence d'été de Franklin D. Roosevelt, reposent toutes deux sur la glaise rouge de cet Etat. La Géorgie, fleurie au printemps, chaude l'été, douce en automne, saura vous accueillir dans la grande tradition d'hospitalité qui fait le charme du Sud.

▊ INFORMATIONS PRATIQUES

Capitale : Atlanta.

Informations touristiques : Department of Industry and Trade, Tourist Division, 285 Peachtree Center Ave., Atlanta 30303 (✆ 404-656-3590 ou 800-847-4842, www.georgia.org), dans la Marriot Marquis 2 Tower, 9ᵉ étage (*10th floor*). Ouvert Lu-Ve 8h-17h. **Department of Natural Resources**, 205 Butler St. S.E., n° 1352, Atlanta 30334 (✆ 404-656-3530 ou 800-864-7275). **US Forest Service**, 1800 N.E. Expwy., Atlanta 30329 (✆ 404-248-9142). Ouvert Me-Di 11h-19h30.

Fuseau horaire : Heure de l'Est (6 heures de moins que l'heure de Paris).

Abréviation de l'Etat : GA. **Taxe locale** : 4 % à 7 %, selon le comté.

ATLANTA   ☏ 404

Atlanta a le vent en poupe. La ville attire en nombre croissant la frange la plus jeune et la plus dynamique de la population américaine et parvient à marier cosmopolitisme et convivialité. Même si elle ne se hausse pas encore au niveau de Los Angeles ou de New York, Atlanta continue de prendre de l'importance grâce aux grandes compagnies et aux événements sportifs qu'elle accueille, ainsi qu'à une vague de nouveaux arrivants. L'afflux d'Américains du Nord et de Californie, cet Etat qui abrite la troisième communauté gay des Etats-Unis et une grande diversité ethnique, concourt à faire d'Atlanta la capitale du Sud tout entier. Réputée pour son dynamisme économique, Atlanta abrite les sièges sociaux de 400 des 500 plus grandes entreprises américaines, comme Coca-Cola, Delta Airlines, U.P.S. ou CNN. Dix-neuf institutions culturelles ou universitaires américaines y sont également implantées comme Georgia Tech, Morehouse College, Spelman College ou l'université d'Emory. Il vous suffit de vous balader dans Atlanta pour découvrir un monde apparemment infini de boutiques, de restaurants à la mode et de magnifiques demeures historiques.

▊ ARRIVÉES ET DÉPARTS

Atlanta s'étend sur dix comtés du quart nord-ouest de l'Etat, à l'intersection de la I-75, de la I-85 et de la I-20. La **I-285** (appelée "the Perimeter") fait le tour de la ville.

Avion : Hartsfield International Airport (✆ 530-2081 pour toute information générale, sur les vols ou les services internationaux, www.atlanta-airport.com), au sud de la ville. MARTA (voir **Transports en commun**) est le moyen le plus pratique pour gagner le centre-ville : trajet de 15 mn qui part de l'aéroport toutes les 8 mn, tlj 5h-1h (1,75 $). **Atlanta Airport Shuttle** (✆ 524-3400) propose un service de navettes qui relie l'aéroport au centre-ville et dessert plus de 100 destinations différentes dans la région (1 dép/15 mn, tlj 7h-23h, 14 $ pour le centre-ville). Un taxi pour le centre coûte 20 $.

Train : Amtrak, 1688 Peachtree St. N.W. (✆ 881-3062), à 5 km au nord du centre, au coin de la I-85 ou à 1,5 km au nord de Ponce de León, dans Peachtree St. Prenez le bus MARTA n° 23 à la station Arts Center pour rejoindre la gare ferroviaire. Destinations : **New York** (1 dép/j, durée 19h, 107-191 $) et **La Nouvelle-Orléans** (1 dép/j, durée 10h30, 50-89 $). Ouvert tlj 7h-21h30.

Bus : Greyhound, 232 Forsyth St. S.W. (✆ 584-1728), en face de la station MARTA Garnett. Destinations : **New York** (14 dép/j, durée 18-23h, 93-98 $), **Washington, D.C.** (12 dép/j, durée 15h, 75-79 $) et **Savannah** (6 dép/j, durée 5h, 45 $). Ouvert 24h/24.

Agglomération d'Atlanta

DORAVILLE
CHAMBLEE
TUCKER
DRUID HILLS
Université d'Emory
Stone Mountain
Centennial Olympic Park
Bedford Pine Park
DOWNTOWN
VERS SIX FLAGS, GEORGIE
Aéroport
Amtrak
VERS BUCKHEAD
Peachtree St.
LIGNE NORD-SUD
Monroe Dr.
Beverly Rd.
Montgomery Dr.
William Breman Jewish Heritage Museum
Center for Puppetry Arts
N5/Arts Center
High Museum of Art
Woodruff Arts Center
Jardin botanique
Piedmont Ave.
W. Peachtree St.
14th St.
Piedmont Park
Spring St.
10th St.
N4/Midtown
Maison de Margaret Mitchell
8th St.
Argonne
7th St.
6th St.
5th St.
Georgia Institute of Technology
4th St.
3rd St.
Monroe Dr.
N3/North Ave.
Fox Theatre
Ponce de Léon Ave.
Grant Field et Bobby Dodd Stadium
North Ave.
VERS DECATUR ET VIRGINIA HIGHLAND
Linden
Bedford Pine Park
Pine St.
Exhibition & SciTrek Museum
Tech Pkwy.
Hunicutt St.
Parker St.
Mills St.
Alexander St.
W. Peachtree Pl.
Jones Ave.
Marietta St.
Luckie St.
Curran
N2/Civic Ctr.
Civic Center
Ralph McGill Blvd.
Baker
Harris
Highland Ave.
Centennial Olympic Park
N1/Peachtree Ctr.
Peachtree Center
Freedom
VERS LE CARTER CENTER (1,5 km)
International Blvd.
High Museum of Art Folk Art & Photography Galleries
Ellis St.
John Wesley Dobbs Ave.
MLK National Historic Site
Georgia Dome
Philips Arena
CNN Center
Auburn
APEX
Sweet Auburn Curb Market
W2/Vine City
Five Points
Edgewood Ave.
Coca Cola Pl.
VERS LITTLE FIVE POINTS
W1/Omni/Dome
Under-ground
World of Coca-Cola
E1/Georgia State
Decatur St.
Université de Clark Atlanta
Greyhound
Hôtel de ville
State Capitel
E2/M.L. King Memorial
Cimetière Oakland
Fair St.
S1/Garnett
Dept. of Archives and History
Memorial Dr.
Woodward Ave.
Ashby St.
Peters St.
Whitehall
LIGNE NORD-SUD
Fulton St.
Central Ave.
Pryor St.
Logan St.
Grant Park
Wren's Nest
Maison Hammond
Capitol Ave.
Fraser St.
Hill St.
Turner Field
Cyclorama
Zoo d'Atlanta
Abernathy Blvd.
S2/West End
VERS Aéroport

Lignes MARTA

N11
N10
N9
N8
LIGNE NORD
N7/Buckhead
N6
NE10/Doraville
NE9/Chamblee
LIGNE NORD-EST
NE8
NE7
VOIR CARTE CI-CONTRE
N5
N4
N3
N2
N1
E7/Avondale
E6/Decatur
LIGNE EST
LIGNE OUEST
W6 W5 W4 W3 W2 W1
E1 E2 E3 E4 E5
P4
S1 Five Points
S2/West End
S3
S4
S5
S6
LIGNE SUD
S7/Aéroport

Atlanta, centre-ville

🏠 HÉBERGEMENT
1 Atlanta Midtown Manor
2 Youth Hostel (HI)

🍎 RESTAURANTS ET BARS
1 The Big Red Tomato
2 The Flying Biscuit
3 Mary Mac's Tea Room
4 Nickiemoto's
5 Outwrite
6 The Varsity
7 Zocalo's

🍷 BAR
1 Après Diem

N
0 — 1000 yards
0 — 1 km

▐ TRANSPORTS

Transports en commun : Metropolitan Atlanta Rapid Transit Authority (MARTA, ℰ 848-4711, informations sur l'horaire Lu-Ve 6h-23h et Sa-Di 8h-22h). Les trains et les bus, propres et dans lesquels il n'y a pas foule, vous conduiront sans embûche jusqu'aux principaux sites touristiques d'Atlanta. Les métros circulent Lu-Ve 5h-1h, Sa-Di et jours fériés 6h-0h30 dans la plupart des quartiers. L'horaire des bus varie. Tarif 1,75 $ (faites l'appoint ou achetez un jeton aux machines automatiques des stations). Correspondances gratuites. Forfait hebdomadaire illimité 13 $. Vous pouvez vous procurer un plan des transports au **MARTA Ride Store**, à la station de métro Five Points, dans le centre-ville, à l'aéroport ou à la station Lenox. La majorité des trains, bus et stations sont accessibles aux handicapés (ascenseurs).

Taxi : Atlanta Yellow Cab, ℰ 521-0200. **Checker Cab,** ℰ 351-1111.

Location de voitures : Atlanta Rent-a-Car, 3185 Camp Creek Pkwy. (ℰ 763-1110), sur la I-285 à 5 km à l'est de l'aéroport. Il existe dix autres agences, dont celles du 2800 Campelton Rd. (ℰ 344-1060) et du 3129 Piedmont Rd. (ℰ 231-4898). 25 $ la journée, franchise de 100 *miles* par jour, 24 ¢ par *mile* au-delà. Age minimal 21 ans avec une carte bancaire.

▐ ORIENTATION

S'orienter dans Atlanta, dont les artères principales sont disposées à la manière des rayons d'une roue, se révèle être un casse-tête même pour les habitants de longue date. Sur la centaine de rues portant le nom de **Peachtree St.**, une seule est une grande artère nord/sud. Les autres rues nord/sud sont **Spring St.** et **Piedmont Ave.** Depuis l'est, **Moreland Ave.** traverse la ville sur toute sa longueur en passant par les quartiers de Virginia Highland, de Little Five Points (L5P) et d'East Atlanta. Parmi les grandes artères orientées est/ouest, on compte **Ponce de León Ave.** et **North Ave.** Se diriger dans Atlanta demande une parfaite maîtrise des différents moyens de déplacement : la marche, les transports en commun ou encore la voiture. La ville est plus un conglomérat de banlieues qu'une métropole au sens européen. Les quartiers périphériques de Buckhead, de Virginia Highland et de Little Five Points sont plus facilement accessible en voiture, mais une fois arrivé, les rues bordées de restaurants et de bars incitent plutôt à la promenade. Cependant, les principaux centres d'intérêt d'Atlanta sont situés dans le centre-ville et sont bien desservis par le réseau MARTA.

LES QUARTIERS

Le centre-ville d'Atlanta s'étend autour des stations de métro de **Peachtree Center** et de **Five Points**. La plupart des touristes vont faire leurs achats au **Peachtree Center Mall** et dînent dans la zone souterraine de l'**Underground Atlanta**. Le centre-ville abrite également le **Centennial Olympic Park** et reçoit les plus importantes manifestations culturelles et sportives. Au sud-ouest du centre-ville, **West End**, le plus ancien quartier de la ville, apparaît chargé d'histoire. Sa population est en majorité afro-américaine. Depuis Five Points, dirigez vous vers le nord-est pour atteindre le quartier de **Midtown** (de Ponce de León Ave. à la 17th St.), où se trouvent les principaux musées d'art d'Atlanta et le **Piedmont Park**. A trois stations de métro de Five Points, à l'intersection de Euclid Ave. et de Moreland Ave., s'étend le quartier de **Little Five Points (L5P)**, bastion de l'art et de la contre-culture. **Virginia Highlands**, plus résidentiel et huppé, situé à l'est de Midtown et de Piedmont Park, attire les jeunes cadres et les étudiants. Le **Buckhead**, un quartier chic au nord de Midtown, dans Peachtree St. (station de métro Buckhead), accueille des boutiques de design et des discothèques.

🛂 INFORMATIONS PRATIQUES

Informations touristiques : Atlanta Convention and Visitors Bureau, 233 Peachtree St. N.E., (✆ 521-6600 ou 800-285-2682, www.atlanta.com), Peachtree Center, n° 100, dans le centre-ville. Ouvert Lu-Ve 8h30-17h. **Informations enregistrées** au ✆ 222-6688. Le **Visitors Center**, 65 Upper Alabama St. (✆ 521-6688), distribue cartes et brochures. Situé au dernier étage de l'Underground Atlanta, à la station de métro Five Points. Ouvert Lu-Sa 10h-18h et Di. 12h-18h. Les visites Gray Line partent du *visitors center* Ma-Sa à 9h et 13h30, Lu. à 13h30. Tarif 35 $, 6-12 ans 30 $.

Organisation gay et lesbienne : The Atlanta Gay and Lesbian Center, 159 Ralph McGill Blvd. n° 600 (✆ 523-7500, www.aglc.org). Consultez aussi les *Gay Yellow Pages* (✆ 829-6454).

Assistance téléphonique : Rape Crisis Counseling (SOS Viol), ✆ 616-4861. Fonctionne 24h/24.

Bureau de poste : Phoenix Station (✆ 521-2963), au coin de Forsythe St. et de Marietta St., à un block de la station de métro Five Points. Ouvert Lu-Ve 9h-17h. **Code postal** : 30301. **Indicatif téléphonique** : 404 à l'intérieur du périmètre formé par la I-285, 770 depuis ailleurs. Composez le 404, sauf indication contraire. Composez les dix chiffres dans tous les cas dans la zone d'Atlanta.

🛏 HÉBERGEMENT ET CAMPING

Atlanta Hostel, 223 Ponce de León Ave. (✆ 875-9449), à Midtown. A partir de la station de métro North Ave., sortez dans Ponce de León Ave., à environ trois blocks à l'est du coin de Myrtle St. ou prenez le bus n° 2 et demandez au chauffeur de s'arrêter devant l'auberge de jeunesse. Chambres de type résidence universitaire correctes. Café et *doughnuts* gratuits le matin. Sacs de couchage interdits, mais couvertures fournies. Laverie, billard, cuisine et accès Internet. Draps 1 $, consigne à bagages 1 $. Casiers gratuits. Dortoir 18 $, chambre privative 39-49 $.

Masters Inn Economy, 3092 Presidential Pkwy. (✆ 770-454-8373 ou 800-633-3434), près de Chamblee Tucker Rd., sortie n° 94 de la I-85 à Doraville. Grandes chambres avec lits *king size*, appels locaux gratuits, TV par câble et piscine. Chambre simple 40 $, Ve-Sa 44 $. Chambre double 44 $, Ve-Sa 49 $.

Motel 6, 2820 Chamblee Tucker Rd., à Doraville (✆ 770-458-6626), sortie n° 94 de la I-85. Grandes chambres impeccables avec appels locaux gratuits, café offert le matin et air conditionné. Séjour gratuit pour les personnes de moins de 18 ans accompagnées de leurs parents. Chambre simple 46 $, personne supplémentaire 6 $.

Atlanta Midtown Manor, 811 Piedmont Ave. N.E. (✆ 872-5846 ou 800-724-4387). Trois demeures victoriennes situées dans une allée ombragée, au centre d'Atlanta. Chambres soignées pourvues d'un mobilier à l'ancienne. Laverie, air conditionné, TV, appels locaux, cafés et beignets gratuits. Des places de parking sont réservées et gratuites. Comptez un supplément pour avoir une salle de bains privée. Pris d'assaut en été, réservation recommandée. Chambre simple 79 $, chambre double 99 $.

Stone Mountain Family Campground (✆ 770-498-5710), sur la US 78 (voir p. 522). Superbes emplacements, dont un tiers au bord du lac. Location de vélos, spectacle laser gratuit et accès Internet. Séjour de deux semaines au maximum. Emplacement 20-26 $, avec raccordement complet 30-35 $. Droit d'entrée 6 $ par voiture.

🍴 RESTAURANTS

De la cuisine russe aux spécialités éthiopiennes, Atlanta offre un large choix. Mais il serait dommage de passer à côté de la *soul food*, qui est une spécialité locale. Essayez le poulet frit, les *ribs*, les *black-eyed peas* (pois au beurre noir), l'*okra*, la *sweet-potato pie* (tourte à la patate douce), les légumes à la moutarde en bouillon (*pot likker*), dans lesquels on trempe un morceau de *cornbread* et le *peach cobbler*. Pour un petit déjeuner économique (60 ¢), goûtez les délicieux beignets au sucre glace de **Krispy Kreme Doughnuts**, une institution locale. La fabrique, 295 Ponce de León Ave. N.E. (✆ 876-7307), fonctionne continuellement et vous laisse observer le travail au travers des vitres situées à l'arrière du bâtiment. (Ouvert Di-Je 5h30-24h et Ve-Sa 24h/24. Service au volant ouvert 24h/24.)

BUCKHEAD

Dans cet univers de strass et de diamants qu'est Buckhead, vous trouverez à manger pour des prix raisonnables au supermarché **Kroger**, 3330 Piedmont Rd. N.E., dans le centre commercial Piedmont Peachtree Crossing. Le stand des produits frais propose entre autres des sandwichs (3-5 $) et des plats de poulet préparés (6 $).

❤ **Fellini's Pizza**, 2809 Peachtree Rd. N.E. (✆ 266-0082), accueille les clients affamés à l'ombre des stores jaunes sur sa terrasse spacieuse agrémentée d'une fontaine. Il existe quatre autres adresses à Atlanta, notamment au 909 Ponce de León Ave. (✆ 873-3088). Parts de pizza 1,45 $, 40 ¢ par ingrédient supplémentaire. Tourtes 8,50-12,50 $. Ouvert Lu-Sa 11h30-2h et Di. 12h30-24h.

East Village Grille, 248 Buckhead Ave. N.E. (✆ 233-3345). Situé en plein cœur de la vie nocturne de Buckhead, ce restaurant est une valeur sûre. Il ravitaille les personnes un peu éméchées jusque tard dans la nuit (formules petit déjeuner à 3 $). Cuisine ouverte Lu-Ve 11h-24h et Sa-Di 11h-2h. Bar ouvert tlj 11h-4h.

BUFORD HIGHWAY

Little Szechuan, 5091-C Buford Hwy. (✆ 770-451-0192), sortie n° 25 de la I-285. Au centre du quartier métissé de Buford Hwy., ce restaurant chinois propose de copieux plats du jour pour le déjeuner (6 $). Ouvert Lu. et Me-Sa 11h30-21h30, Di. 12h-21h30.

Pho Hoa, 5150 Buford Hwy., n° C-120 (✆ 770-455-8729), sortie n° 25 de la I-285. La soupe de nouilles vietnamienne *pho* est un plat sain qui suffit à vous caler pour le déjeuner ou le dîner. Ouvert tlj 10h-22h.

MIDTOWN

Tortillas, 774 Ponce de León Ave. (✆ 892-0193). Le rendez-vous des étudiants. Cuisine mexicaine savoureuse et très bon marché. Terrasse à l'étage. Grand choix de *burritos* (à partir de 3 $). *Tacos* au poulet 1,75 $. Ouvert Di-Je 11h-22h et Ve-Sa 11h-23h.

The Varsity, 61 North Ave. N.W. à l'angle de Spring St. (✆ 881-1707), au croisement de la I-85. Prenez le métro jusqu'à la station North Ave. Il s'agit du plus grand *drive-in* au monde, inventeur des méthodes tayloristes de préparation de la nourriture. Réputé pour ses *onion rings*, les plus gras du Sud, et les 3 km de hot-dogs vendus chaque jour. Tout est à 2 $ environ. Ouvert Di-Je 9h-23h30 et Ve-Sa 9h-0h30.

Mary Mac's Tea Room, 224 Ponce de León Ave. (✆ 876-1800), au croisement de Myrtle St. Prenez le bus Georgia Tech vers le nord. Ambiance années 1940 avec d'excellents *cinnamon rolls* (petits pains à la cannelle, 3,75 $ la douzaine après 17h). S'efforce de "maintenir la tradition d'hospitalité du Sud". Les plats et leur garniture (9 $) changent tous les jours. Ouvert Lu-Sa 11h-20h30 et Di. 11h-15h. Paiement en espèces uniquement.

10TH ST.

Zocalo's, 187 10th St. (✆ 249-7576). Ce restaurant mexicain est idéal pour les gourmets au budget limité. Dîner frais et authentique à partir de 8,75 $. Ouvert Lu-Je 11h30-14h30 et 17h30-23h, Ve-Sa 11h30-24h, Di. 8h30-22h.

Nickiemoto's, 990 Piedmont Ave. (✆ 253-2010). Si vous aimez les sushis, vous êtes certain de vous régaler chez Nickiemoto. Assiettes variées à partir de 10,50 $. Ouvert Lu-Je 11h30-23h, Ve. 11h30-24h, Sa. 12h-24h et Di. 14h-23h.

Outwrite Bookstore & Coffeehouse, 991 Piedmont Ave. (© 607-0082). Les mannequins à perruques bariolées de la vitrine de ce café-librairie gay et lesbien vous invitent à déguster toute sorte de cafés et de sandwichs dans une atmosphère chic et détendue. Profitez des tables et des chaises accueillantes. Ouvert Di-Je 9h-23h et Ve-Sa 9h-24h.

Big Red Tomato Bistro, 980 Piedmont Rd. (© 870-9881). Un restaurant spécialisé dans la cuisine italienne à l'ambiance chaleureuse et romantique. Plats 8-20 $. Ouvert Di-Ma 17h30-22h, Me-Je 17h30-23h et Ve-Sa 17h30-24h.

The Flying Biscuit, 1001 Piedmont Ave. (© 874-8887). Comme son nom l'indique, cet établissement est voué à la cause des *biscuits* (petits pains à base de fécule). Les fans de *breakfast* engloutiront le pain grillé parfumé à l'orange (6 $). Petit déjeuner servi toute la journée. Ouvert tlj 7h-23h.

VIRGINIA HIGHLAND

Fontaine's Oyster House, 1026 1/2 N. Highland Ave. (© 872-0869). Bienvenue dans un univers où l'huître est reine. Vous pouvez les déguster crues à la demi-douzaine (5 $) ou rôties de huit façons différentes (8-15 $). N'hésitez pas à "dévorer" un morceau d'alligator bien juteux. Ouvert Lu. et Me-Ve 10h30-4h, Ma. 16h-4h, Di. 10h30-24h. Le restaurant ferme à minuit, 23h30 le dimanche.

Panita Thai Kitchen, 1043 Greenwood Ave. (© 888-9228), près de N. Highland. Abandonnez-vous sous les treillages recouverts de vigne de ce charmant restaurant qui propose une cuisine thaï authentique. Repas végétariens à partir de 11 $, plats au poulet ou au canard à partir de 12 $, repas gastronomique à partir de 16 $. Ouvert tlj 12h-24h.

Everybody's, 1040 N. Highland Ave. (© 873-4545). Prétend préparer les meilleures pizzas d'Atlanta. La très originale pizza-salade consiste en une montagne de légumes verts et de poulet sur un lit de pizza (10,75 $), qui peut aisément nourrir deux personnes. Ouvert Lu-Je 11h30-23h, Ve-Sa 11h30-1h et Di. 12h-22h30.

Majestic Food Shop, 1031 Ponce de León Ave. (© 875-0276), au coin de Cleburne St. Si "l'ethnoscopie" (observation de vos contemporains) est votre occupation favorite et que vous êtes quelque peu insomniaque, alors cette adresse est pour vous car c'est ici qu'échouent les noctambules de Highlands et de L5P. Des videurs physionomistes pratiquent une sélection à l'entrée pour éviter que l'endroit ne soit trop bondé les vendredi et samedi soirs. Le Majestic propose "une cuisine faite pour se régaler", sous la forme de hamburgers (2 $), de *grits* (gruaux de maïs, 1,15 $) et d'autres plats semblablement roboratifs. Ouvert 24h/24.

Manuel's Tavern, 602 N. Highland Ave. (© 525-3447), un restaurant très populaire entre L5P et Virginia Highlands. Les représentants du parti démocrate en ont fait leur cantine depuis longtemps, et Jimmy Carter y fait un tour de temps à autre pour savourer un hamburger (5,50 $) et siroter une bière. Ouvert Lu-Sa 11h-2h et Di. 11h-24h.

LITTLE FIVE POINTS

La Fonda Latina, 1150 Euclid Ave. (© 577-8317). Dans un décor de feuilles de palmier en néon et de murs colorés, vous pourrez goûter le sandwich cubain (6,25-7 $) ou une *quesadilla* de 25 cm de haut (5-7 $). Ouvert Lu-Je 11h30-23h, Ve-Sa 11h30-24h et Di. 12h30-23h.

Bridgetown Grill, 1156 Euclid Ave. (© 653-0110). Essayez le porc aux mangues avec haricots noirs, riz et bananes frites (13 $) dans une ambiance colorée. Ouvert Lu-Je 11h45-22h et Ve-Sa 11h45-23h.

◉ VISITES

QUARTIER DE SWEET AUBURN

Les sites touristiques d'Atlanta sont éloignés les uns des autres mais valent souvent l'effort nécessaire pour s'y rendre. La maison natale, l'église et la tombe du révérend Martin Luther King Jr. sont réunies au sein des neuf hectares du ❤ **Martin Luther**

LE SUD

King Jr. National Historic Site. Le **Visitors Center** expose des photographies, des vidéos et des extraits de discours afin de retracer la vie de Luther King et le combat pour les droits civiques. *(450 Auburn Ave. N.E., station de métro : King Memorial. © 331-5190. Ouvert tlj 9h-18h.)* Le *visitors center* organise des visites de la **maison natale** du célèbre leader noir, départ au 501 Auburn Ave. Arrivez tôt pour vous inscrire, les réservations ne sont pas acceptées *(© 331-5190).* En face du *visitors center* se tient l'**Ebenezer Baptist Church**, l'église où Martin Luther King fut pasteur de 1960 à 1968. *(407 Auburn Ave., © 688-7263. Ouvert Juin-Août, tlj 9h-18h ; Sep-Mai 9h-17h.)* La **tombe** de Martin Luther King se trouve près d'un bassin miroitant, à côté du **Martin Luther King Center for Nonviolent Social Exchange**. Prenez le bus n° 3 à partir de Five Points. Ce centre abrite également une collection d'effets personnels de Martin Luther King, un survol de la vie de Gandhi, son modèle, et une exposition sur Rosa Parks, l'une des premières femmes à avoir combattu la ségrégation. *(449 Auburn Ave. N.E., © 331-5190. Ouvert Juin-Août, tlj 9h-18h ; en hiver 9h-17h.)* Dans tout le quartier de Sweet Auburn, des plaques signalent les exemples d'architecture et rendent hommage aux anciens résidents de ce vieux quartier afro-américain. Tous les sites sont gratuits.

CENTRE-VILLE ET ALENTOUR

De mars à novembre, l'**Atlanta Preservation Center** organise des visites à pied de six quartiers célèbres de la ville, y compris Druid Hills, où fut tourné *Miss Daisy et son chauffeur*. *(537 Peachtree St. N.E., © 876-2041. Entrée 5 $, étudiants et personnes âgées 3 $.)*

GRANT PARK. Dans le Grant Park, juste au sud du cimetière Oakland (Oakland Cemetery) et de Cherokee Ave., se trouve un **Cyclorama** vieux de 116 ans. Cette immense peinture murale circulaire de 14,5 m sur 106 m relate la bataille d'Atlanta de 1864. Depuis 1893, date de sa création, elle donne le vertige aux spectateurs, qui se tiennent sur une plate-forme tournante. *(800 Cherokee Ave. S.E. © 624-1071. Depuis Five Points, prenez le bus n° 31 ou le n° 97. Ouvert Juin-Sep, tlj 9h30-17h30 ; Oct-Mai 9h30-16h30. Entrée 5 $, personnes âgées 4 $, 6-12 ans 3 $.)*

ZOO D'ATLANTA. À côté du parc, le zoo accueille des dragons de Komodo, un éléphant artiste-peintre, Allen l'orang-outan et deux pandas géants de Chengdu. Ses pensionnaires les plus récents sont un gorille argenté et un tigre de Sumatra. Une partie du zoo permet aux enfants de caresser de jeunes animaux. *(800 Cherokee Ave. S.E. © 624-5856 ou 624-5600. Depuis Five Points, prenez le bus n° 31 ou le n° 97. Ouvert Avr-Oct, Lu-Ve 9h30-16h30 et Sa-Di 9h30-17h30. Nov-Mars, tlj 9h30-16h30. Entrée 15 $, personnes âgées 11 $, 3-11 ans 10 $.)*

WORLD OF COCA-COLA. A deux blocks du State Capitol, le bâtiment World of Coca-Cola rappelle les modestes débuts de la célèbre boisson et s'efforce de retracer les étapes de sa conquête du monde. Cette ode à la culture Coca comprend des expositions croulant sous les pubs, les slogans et les articles de presse sur la célèbre boisson. Une réplique de buvette et un serveur indiquant la préparation de la boisson complètent cette visite distrayante. Pour finir, les visiteurs sont invités à goûter 46 sortes de boissons du monde entier. *(55 Martin Luther King Jr. Dr. © 676-5151. Ouvert Juin-Août, Lu-Sa 9h-18h et Di. 11h-18h ; Sep-Mai Lu-Sa 9h-17h et Di. 12h-18h. Entrée 6 $, personnes âgées 4 $, 6-12 ans 3 $.)*

UNDERGROUND ATLANTA. Adjacent au bâtiment Coca-Cola, le centre commercial Underground Atlanta, récemment restauré, consiste en un ensemble de rues souterraines bordées de boutiques, de restaurants et de bars aux façades de style victorien. Descendez-y par l'entrée située près de la station de métro Five Points. *(© 523-2311. Magasins ouverts Juin-Sep, Lu-Sa 10h-21h30 et Di. 11h-19h ; Oct-Mai Lu-Sa 10h-21h et Di. 12h-18h. Bars et restaurants restent ouverts plus tard.)*

CNN. L'architecture moderne, voire futuriste, prédomine dans le quartier des affaires d'Atlanta, **Five Points District**. Si vous souhaitez pénétrer au cœur de **Turn Broadcasting System**, rendez-vous à l'angle de Techwood Dr. et de Marietta St. p suivre une visite guidée de la chaîne CNN. Ce **Cable News Network (CNN) Studio T**

vous permettra d'assister à des programmes en direct et de connaître les coulisses de la production et des effets spéciaux. (© 827-2300. Visites guidées de 45 mn toutes les 10-15 mn. Ouvert tlj 9h-18h. Tarif 8 $, personnes âgées 6 $, 5-12 ans 5 $.) Vous pouvez assister en direct à l'émission de débats CNN Talk Back (Lu-Ve à 15h, prenez le MARTA vers l'ouest jusqu'à la station Omni/Dome/GWCC au coin de W1, entrée libre).

LE FA-BULLEUX DESTIN DU DR PEMBERTON

En 1886, le chimiste John Smyth Pemberton met au point une poudre prétendument destinée à soulager les pires maux de tête. La vieille légende du Sud raconte qu'un jour, un client est entré dans une pharmacie et a demandé à l'employé de mélanger cette poudre à de l'eau gazeuse pour qu'il puisse l'avaler sur le champ, tant sa migraine était forte. Cette mixture, dont le secret est toujours aussi bien gardé et qui n'a pas changé depuis plus d'un siècle, marqua la naissance du Coca-Cola.

JEUX OLYMPIQUES. Malgré le tragique attentat perpétré durant les jeux Olympiques de 1996, le **Centennial Olympic Park**, voisin de CNN et du Georgia World Congress Center, enchante petits et grands avec sa **Fountain of Rings**. (4 spectacles de 20 mn par jour à 12h30, 15h30, 18h30 et 21h.)

CARTER RESIDENTIAL CENTER. Ce charmant musée au nord de Little Five Points retrace la carrière politique de Jimmy Carter, ancien cultivateur de cacahuètes en Géorgie, au travers d'expositions comme de films intéressants et parfois drôles. Attenant au musée, la **Jimmy Carter Library**, l'une des dix bibliothèques présidentielles du pays, archive les documents historiques de l'administration Carter. (441 Freedom Pkwy. © 331-0296. Prenez le bus n° 16 jusqu'à Cleburne Ave. Musée ouvert Lu-Sa 9h-16h45 et Di. 12h-16h45. Parc ouvert au public tlj 6h-21h. Entrée 5 $, personnes âgées 4 $, gratuit pour les moins de 16 ans.)

WEST END

HISTOIRE AFRO-AMÉRICAINE. Le plus vieux quartier d'Atlanta, le **West End**, date de 1835. Remontez le temps dans le domaine des maisons familiales avec le **Wren's Nest**, la résidence de l'auteur Joel Chandler Harris (1848-1908), créateur du personnage d'Oncle Remus, esclave noir plein d'astuce. Le Wren's Nest vous fera découvrir la vie des classes moyennes au début du siècle. La pièce la plus intéressante de la maison est la chambre de Harris, qui est restée inchangée depuis sa mort. Des conteurs captivants divertissent petits et grands. Prenez le bus n° 71 depuis la West End Station (S2). (1050 R.D. Abernathy Blvd. © 753-7735. Ouvert Ma-Sa 10h-14h. Entrée 7 $, personnes âgées et adolescents 5 $, 4-12 ans 4 $.) Autre visite possible, la **maison Hammonds**, qui présente une remarquable collection d'arts afro-américain et haïtien. (503 Peeples St. S.W. © 752-8730. Ouvert Ma-Ve 10h-18h et Sa-Di 13h-17h. Entrée 2 $, enfants, étudiants et personnes âgées 1 $.) Bâtie en 1910 par l'ancien esclave Alonzo F. Herndon, la maison **Herndon Home** est de style Art nouveau. Herndon, un éminent coiffeur qui fut également le fondateur de l'Atlanta Life Insurance Co., devint le plus riche Noir américain d'Atlanta au début du siècle. (587 University Place N.W. Prenez le bus n° 3 à la station Five Points jusqu'au coin de Martin Luther King Jr. Dr. et de Maple St., longez le premier block vers l'ouest, tournez à droite dans Walnut St. et continuez sur un block. © 581-9813. Ouvert Ma-Sa 10h-16h. Visites guidées toutes les heures, dernière visite à 16h. Entrée 5 $, étudiants 3 $, "Community Day" Me. : les dons sont acceptés.)

MIDTOWN

SCITREK. Près de Piedmont Park (voir **Activités de plein air**, plus loin), le musée **SciTrek (Science and Technology Museum of Atlanta)**, qui rassemble plus de 150 expositions interactives pour tous les âges, est l'un des meilleurs musées scientifiques des Etats-Unis. (395 Piedmont Ave. N.E., © 522-5500. Prenez le métro jusqu'à Civic Center et

LE SUD

marchez trois blocks vers l'est dans Ralph McGill Blvd., puis tournez à gauche dans Piedmont Ave. Ouvert Ma-Sa 10h-17h et Di. 12h-17h. Entrée 7,50 $, personnes âgées, étudiants et 3-17 ans 6 $.)

MARGARET MITCHELL. Située à l'angle de la 10th St. et de Peachtree St., juste à côté de la station de métro Midtown, la **maison de Margaret Mitchell** et le **Gone With the Wind Movie Museum** ont rouvert en 1997 après deux incendies d'origine criminelle. Vous pouvez y voir l'appartement dans lequel Margaret Mitchell a écrit *Autant en emporte le vent*, sa machine à écrire de l'époque, ainsi que des exemplaires dédicacés par l'auteur. Le musée porte sur la version cinématographique. Entre autres objets provenant du tournage, on peut y contempler "Tara", le portrait de Scarlett (Vivian Leigh) sur lequel, dans le film, Rhett Butler (Clark Gable) jette son cocktail... On voit encore la tache ! *(990 Peachtree St. © 249-7015. Ouvert tlj 9h30-17h. Entrée 12 $, personnes âgées et étudiants 9 $, 6-17 ans 5 $. Visite guidée d'une heure toutes les 10 mn jusqu'à 16h30.)*

WOODRUFF ARTS CENTER. Si vous êtes assoiffé de culture, ceci est pour vous. Juste à l'ouest de Piedmont Park, le complexe Woodruff Arts Center abrite le **High Museum of Art**, une structure de verre, d'acier et de porcelaine blanche, œuvre de l'architecte Richard Meier. Ce musée comprend l'un des nombreux portraits de Marilyn Monroe réalisés par Andy Warhol et plusieurs expositions temporaires récentes ont amené des œuvres célèbres de Picasso, de Rockwell et de Michel-Ange. *(Woodruff Arts Center : 1280 Peachtree St. N.E. © 733-4200. Station de métro Arts Center, sortie Lombardy Way. High Museum of Art : © 733-4400. Ouvert Ma-Sa 10h-17h et Di. 12h-17h. Entrée 8 $, personnes âgées et étudiants avec carte 6 $, 6-17 ans 4 $.)* Les **Folk Art & Photography Galleries**, à un block au sud de la station Peachtree Center, sont une annexe du musée et abritent des galeries d'art populaire et de photographie. *(30 John Wesley Dobbs Ave. N.E. © 577-6940. Ouvert Lu-Sa 10h-17h et le premier Je. de chaque mois 10h-20h. Entrée gratuite.)*

LE WILLIAM BREMAN JEWISH HERITAGE MUSEUM. A la même station de métro, le William Breman Jewish Heritage Museum présente une exposition très émouvante sur l'Holocauste. Une exposition fait revivre l'histoire de la communauté juive d'Atlanta, de 1845 à nos jours. *(1440 Spring St. N.W. © 873-1661. Depuis la station de métro Arts Center, remontez vers le nord jusqu'à la 18th St. Ouvert Lu-Je 10h-17h, Ve. 10h-15h et Di. 13h-17h. Entrée 5 $, étudiants et personnes âgées 3 $, gratuit pour les moins de 7 ans.)*

LE CENTER FOR PUPPETRY ARTS. Situé face au Jewish Heritage Museum, le Center for Puppetry Arts produit des spectacles de marionnettes et organise des ateliers de création. Vous y découvrirez également l'histoire de ces pantins à travers le monde et serez invité à essayer de manipuler plusieurs modèles, notamment quelques personnages de Jim Henson, le créateur du cultissime *Muppet Show*. *(1404 Spring St. N.W. © 873-3391. Ouvert Ma-Sa 9h-17h et Di. 11h-17h. Guichet ouvert également Lu. Entrée 8 $, étudiants, enfants et personnes âgées 7 $. Spectacle 7,75 $, étudiants, enfants et personnes âgées 6,75 $. Atelier pour les plus de 5 ans 5 $.)*

LE FERNBANK MUSEUM OF NATURAL HISTORY. Le Fernbank Museum of Natural History, près de Ponce de León Ave., présente, entre autres attractions, des statues de dinosaures grandeur nature, un cinéma IMAX et des fossiles conservés dans des roches calcaires. *(767 Clifton Rd., © 929-6300. Prenez le bus n° 2 aux stations North Ave. ou Avondale. Ouvert Lu-Sa 10h-17h et Di. 12h-17h. Musée 12 $, étudiants et personnes âgées 11 $, 3-12 ans 10 $. Cinéma 10 $/9 $/8 $. Billets combinés 17 $/15 $/13 $.)* A proximité, à l'angle de Ponce de León Ave. et de Clifton Rd., le **R.L. Stanton Rose Garden** abrite plus de 1300 variétés de roses qui fleurissent du printemps au mois de décembre.

BUCKHEAD

En traversant **Buckhead** (au nord de Midtown et du Piedmont Park, *via* Peachtree St., près de W. Paces Ferry Rd.), vous découvrirez le "Beverly Hills" d'Atlanta, qui accueille les majestueuses demeures des magnats de Coca-Cola et d'autres dirigeants d'entreprise. Vous pouvez également y trouver de très bonnes enseignes pour boire un verre et dîner dans ce quartier, notamment autour de l'intersection de W. Paces Ferry St. et de Peachtree St. Ce secteur regorge de boîtes de nuit, de bars et de restaurants fréquentés par la jeunesse d'Atlanta. L'une des plus belles résidences néoclassiques du vieux Sud, la **résidence du gouverneur**, est entourée de magnifiques jardins. *(391 W. Paces Ferry Rd. © 261-1776. Visites gratuites Ma-Je 10h-11h30.)* Dans le même quartier, l'**Atlanta History Center/Buckhead** regroupe un ensemble de musées et de demeures historiques. L'**Atlanta History Museum** retrace l'histoire de la ville depuis sa fondation. La galerie consacrée à la guerre de Sécession représente équitablement les troupes nordistes et sudistes. La galerie d'art populaire, quant à elle, mise sur la culture du Sud, du gruau de maïs au banjo. Vous pouvez également visiter la **Swan House**, une maison construite selon le style anglo-palladien en 1928, et la **Tullie Smith Farm**, une ferme coloniale de 1845. *(130 W. Paces Ferry Rd. N.W. © 814-4000. Ouvert Lu-Sa 10h-17h30 et Di. 12h-17h30, dernière entrée à 16h30. Entrée 10 $, étudiants et personnes âgées 8 $, 6-17 ans 5 $. Les visites des maisons représentent chacune un supplément de 1 $.)*

🏞 ACTIVITÉS DE PLEIN AIR

Au cœur de Midtown, **Piedmont Park** est une source intarissable d'amusement et d'activités gratuites. Il accueille le Dogwood Festival, un festival artistique qui a lieu au printemps, et le Jazz Festival en mai. En juin, le parc vit au rythme du **Gay Pride Festival** et le 4 juillet, 55 000 personnes s'y retrouvent pour participer au plus important demi-marathon du monde. Chaque été, Turner Broadcasting et la chaîne HBO s'associent pour présenter une fois par semaine "Screen on the Green", une série de projections de films sur la pelouse (derrière le *visitors center*). Au nord, le vaste parc s'étend autour des 24 ha du jardin botanique **Atlanta Botanical Garden**, 1345 Piedmont Ave. N.E. Il compte des jardins paysagers, une forêt de 6 ha traversée de sentiers et un jardin d'enfants interactif sur le thème de la santé. (© 876-5859. Métro : Lindburgh Center, bus n° 31. Ouvert Ma-Di 9h-19h ; en hiver Ma-Di 9h-18h. Entrée 7 $, personnes âgées 5 $, étudiants et 6-12 ans 4 $.) Le **Dorothy Chapman Fuqua Conservatory** abrite des centaines d'espèces de plantes tropicales rares. (Prenez le bus n° 36 depuis la station Arts Center ou le bus n° 31 depuis Five Points le dimanche. Ouverture à 10h.)

Une excursion au **Stone Mountain Park**, à 26 km à l'est sur la US 78, vous permettra de découvrir un étonnant monument à la gloire des confédérés, creusé dans le plus grand monolithe de granit du monde. Ce "mont Rushmore du Sud" s'élève à plus de 250 m et présente les héros sudistes Jefferson Davis, Robert E. Lee et Stonewall Jackson. La randonnée le long du **Confederate Hall Trail** (2,5 km) vous offre des vues superbes sur Atlanta. La colline est entourée d'un parc d'attractions à thème historique, qui couvre près de 1300 ha. Superbe spectacle laser tous les soirs d'été à 21h30, gratuit. (© 770-498-5690. Prenez le bus n° 120 "Stone Mountain" à la station MARTA Avondale. Les grilles du parc sont ouvertes tlj 6h-24h. Les attractions fonctionnent tlj 10h-20h, hors saison 10h-17h. Entrée 7 $ par voiture. Autres attractions 5,50-7 $.)

🎭 SPECTACLES

Pour ne manquer aucun événement à Atlanta, achetez un *pass* de transport en commun MARTA (voir **Informations pratiques**, p. 517) et procurez-vous l'une des publications gratuites sur les concerts et les manifestations. *Creative Loafing*, *Music Atlanta*, le *Hudspeth Report* ou la rubrique "Leisure" dans l'édition du vendredi de l'*Atlanta Journal and Constitution* vous donneront tous les renseignements. En été, les parcs de la ville accueillent des concerts gratuits.

Le complexe **Woodruff Arts Center** (voir **Midtown**, p. 521) regroupe l'Atlanta Symphony, l'Alliance Theater Company, l'Atlanta College of Art et le High Museum of Art. **Atlantix**, 65 Upper Alabama St., propose des billets de dernière minute à moitié prix pour des spectacles de danse, de théâtre, des concerts, etc. (© 770-772-5572. Station de métro Five Points. Pas de vente par téléphone, il faut se déplacer. Ma.

11h-15h, Me-Sa 11h-18h et Di. 12h-15h.) Le stade **Phillps Arena**, 100 Techwood Dr., accueille des concerts, l'équipe de basket des **Atlanta Hawks** et l'équipe de hockey des **Atlanta Thrashers** (© 878-3000 ou 800-326-4000). En 2002, Atlanta organise le tournoi de basket-ball masculin "Final Four", et en 2003 celui des femmes de la ligue NCAA. L'équipe de base-ball des **Atlanta Braves** se produit au **Turner Field**, 755 Hank Aaron Dr., où une bouteille de Coca sur la partie gauche du terrain célèbre chaque *home run* de l'équipe locale par une salve de feux d'artifice. (© 522-7630. Station de métro West End, ou prenez le bus n° 105. Location par Ticketmaster au © 800-326-4000. Billet 5-15 $, places en haut du stade à 1 $ les jours de match.) Des visites du stade d'une heure permettent de jeter un coup d'œil aux loges privées à 200 000 $. (© 614-2311. Les jours de match Lu-Sa 9h30-12h. Les autres jours Lu-Sa 9h30-16h et Di. 13h-16h. Hors saison : Lu-Sa 10h-14h. Tarif 7 $, enfants 4 $, gratuit pour les moins de 3 ans.). Enfin, vous pourrez voir évoluer l'équipe de football améri- cain des **Atlanta Falcons** au **Georgia Dome**, où s'est déroulé le Superbowl 2000 et qui comporte le plus grand dôme soutenu par des câbles du monde. Visites sur rendez- vous. (© 223-8600. Station de métro Omni/Dome, près du World Congress Center. Ouvert Lu-Ve 8h30-17h. Tarif 2 $, personnes âgées et 3-12 ans 1 $.

Six Flags Over Georgla, 7561 Six Flags Rd. S.W., à l'angle de la I-20 W., l'un des plus grands parcs d'attractions à thème des Etats-Unis, propose notamment le "Georgia Scorcher" (l'express de Géorgie) qui dévale les montagnes russes à près de 90 km/h. Découvrez les deux nouvelles montagnes russes : "Acrophobia", qui comprend une descente vertigineuse de 60 m, et "Dejavu", qui vous entraîne d'avant en arrière le long des rails. Prenez le bus n° 201 "Six Flags" à la station Hamilton Homes. (© 770-948-9290. Ouvert mi-Mai-Août, Lu-Ve 10h-21h et Sa. 10h-22h, de façon irrégulière le reste de l'année. Forfait 1 journée 41 $, personnes âgées et enfants 20,50 $, forfait 2 jours respectivement 51,50 $ et 31 $.)

▓ SORTIES

La vie nocturne animée d'Atlanta manque d'un véritable épicentre. Mais heureuse- ment, elle n'a pas non plus de limites : les jeunes font la fête jusqu'aux premières heures de l'aube. C'est à eux que s'adressent les bars et les boîtes de nuit qui, à **Buckhead**, bordent Peachtree Rd. et Buckhead Ave. Le quartier de **Midtown**, plus cher, est aussi plus "glamour". Les lieux alternatifs de **Five Points** accueillent motards et gothiques, tandis que **Virginia Highland** et le nouveau quartier en vogue d'**East Atlanta** rassemblent toutes les influences imaginables.

BARS ET PUBS

Lu Lu's Balt Shak, 3057 Peachtree Rd. (© 262-5220). Détendez-vous avec un bocal de *margarita* (2,6 litres) au cœur de la vie nocturne jeune et populaire de Buckhead. Ouvert Ma-Ve 17h-4h et Sa. 17h-3h.

Rock Bottom Brewery, 3242 Peachtree Rd. N.E. (© 264-0253). Des barils de bières en acier immaculé dans des vitrines accueillent les clients dans ce pub décoré avec goût, loin du chahut de Buckhead. Vous apprécierez une pinte de Hooch Pilsner ou d'Iron Horse Stout avec votre pizza (8-10 $) ou un autre plat (8-15 $). Ouvert Lu-Je 11h30-24h, Ve-Sa 11h30-1h et Di. 11h30-23h.

Apres Diem, 931 Monroe Dr. (© 872-3333), dans Midtown, propose à sa clientèle branchée, majoritairement internationale et gay, une cuisine délicieuse présentée avec élégance et 12 sortes de cafés. Ouvert Di-Je 11h30-24h et Ve-Sa 11h30-2h.

Masquerade, 695 North Ave. N.E. (© 577-8178, pour les concerts appelez le © 577-2007), occupe un moulin de la fin du XIXe siècle. Le bar se divise en trois niveaux : le "paradis" où les anges planent sur de la musique *live* jouée par des groupes en tournée, le "purgatoire", un pub plus décontracté avec billard américain, et l' "enfer", un chaudron où résonne aussi bien de la techno que des *big bands* dans le style années 1940. Une piste de danse à ciel ouvert complète l'ensemble. Des groupes de *metal* et de punk jouent dans la salle de 4000 places. Ouvert Me-Di 20h-4h. Entrée 3-8 $ ou plus, selon le groupe. Interdit aux moins de 18 ans.)

Blind Willie's, 828 N. Highland Ave. N.E. (© 873-2583), présente tour à tour des concerts de blues, de *zydeco* et de folk. Musique *live* généralement à partir de 22h. Entrée 5-10 $. Ouvert Di-Je 20h-2h, Ve. 20h-3h et Sa. 20h-2h30.

The Vortex, 438 Moreland Ave. (© 688-1828), dans le quartier de Little Five Points. De nombreux motards garent leur deux-roues devant leur bar favori, réputé pour préparer les meilleurs hamburgers de la ville. Ouvert Lu-Sa 11h-2h et Di. 11h-24h.

9 Lives Saloon, 1174 Euclid Ave. (© 659-2760), sur l'intersection principale de Little Five Points. Si vous osez braver la foule souvent bruyante rassemblée devant ce bar et les videurs "piercés" qui gardent l'entrée, vous passerez la soirée dans le "seul club rock'n'roll d'Atlanta". Concerts Me-Sa. Le bar vous invite à "choisir vous-même votre poison". Ouvert Ma-Je 16h-4h, Sa. 24h-3h et Di. 24h-12h.

Flatiron, 520 Flat Shoals Ave. (© 688-8864), témoigne de la vogue croissante d'East Atlanta : son ambiance, ses musiciens... Le slogan de l'établissement est : "Si vous aimez ce pays, vous adorerez ce bar". Ouvert Di-Je 11h-2h et Ve-Sa 11h-3h.

Fountainhead Lounge, 485 Flat Shoals Ave. S.E. (© 522-7841). Si les rues d'East Atlanta vous semblent désertes, c'est parce que tout le monde se retrouve dans ce lieu à la mode. Les plus fatigués pourront se reposer sur les rares divans près du bar ou profiter des tables dans la petite salle à l'étage, mais en règle générale vous resterez debout comme le reste de la clientèle branchée. DJ Ve-Sa. Ouvert Lu-Sa 19h-3h.

BOÎTES DE NUIT

Pour passer une soirée chaude à Atlanta, tout *nightclubber* qui se respecte fait au moins un tour au **Backstreet** (voir plus loin).

Chaos, 3067 Peachtree Rd. N.E. (© 995-0064). L'une des plus grandes (et des plus récentes) boîtes de nuit de Buckhead, Chaos a su éviter de sombrer dans l'esprit commercial de mauvais goût que connaissent certaines de ses voisines. Lu. hip-hop, autres soirs variétés et techno. Entrée 10 $ pour les hommes (5 $ avec un bon de réduction), gratuit pour les femmes. Ouvert Lu-Ve 21h-4h et Sa. 21h-3h.

Tongue & Groove, 3055 Peachtree Rd. N.E. (© 261-2325). Une foule internationale fréquente cet établissement qui, contrairement à d'autres, n'essaie pas d'en mettre plein la vue. Me. soirée latino, Je. *house*, Ve. hip-hop avec entrée gratuite pour les filles, Sa. soirée "Euro". Entrée Me. et Ve. 5 $, Sa. 10 $, gratuit pour les filles jusqu'à minuit. Ouvert Me-Sa 21h-4h et Di. 11h30-2h.

The Riviera, 1055 Peachtree St. N.E. (© 607-8050). A l'image de sa clientèle issue de Midtown, le "Riv" est animé, tape-à-l'œil et fier. C'est l'endroit qui bouge le plus à Atlanta. Pour vous reposer après une bonne session sur la piste de danse, vous pouvez faire une partie de billard américain ou de jeux vidéo. Concerts fréquents. Entrée 15 $. Ouvert tlj 22h-6h.

VIE NOCTURNE GAY ET LESBIENNE

La majeure partie de la communauté gay d'Atlanta se rassemble autour de **Midtown** et au nord d'**Ansley Sq.** (près de Piedmont Ave. et Monroe Dr.). Pour connaître le programme des événements à "Hotlanta", consultez le journal gratuit *Southern Voice*, disponible partout.

Blake's, 227 10th St. (© 892-5786). La communauté masculine de Midtown se retrouve dans ce bar sympathique, où les mots d'ordre sont "voir et être vu". Très apprécié également des jeunes lesbiennes. Ouvert tlj 15h-2h.

Burkhart's, 1492 Piedmont Ave. N.E. (© 872-4403), sur Ansley Sq., est l'autre lieu de prédilection des homosexuels. La drague y est plus présente mais l'ambiance est un peu moins prétentieuse que chez Blake's. Thés dansants avec cuisine gratuite Di. Ouvert Lu-Ve 16h-4h, Sa. 14h-3h et Di. 14h-24h.

Backstreet, 845 Peachtree St. N.E. (℗ 873-1986) est le club gay le plus populaire d'Atlanta, mais aussi l'antre de tous ceux qui aiment faire la fête jusqu'au bout de la nuit. Avec une grande piste de danse, plusieurs balcons, trois bars et un patio à l'étage, cet énorme complexe est un royaume merveilleusement diabolique de sons et de lumières. Carte de membre semestrielle obligatoire 10 $. Entrée Ve-Sa 5 $. Ouvert tlj 24h/24.

HELEN ⛏ 706

Quand l'industrie principale d'une ville se meurt et que le tourisme stagne, il existe une solution originale : rénover les édifices en les remaniant et adopter le nom de "village bavarois" ! Dans les années 1960, quatre femmes d'affaires de Helen ont transformé ce qui n'était jusqu'alors qu'un paisible village de bûcherons en une "petite Allemagne" de Géorgie. Une balade dans le centre-ville, avec ses *biergarten* et ses rues pavées, donne le change au touriste éberlué : grâce à des normes de construction draconiennes, la moindre gargote à hamburgers s'intègre au style architectural de la ville. Après vous être gavé de *wiener Schnitzel*, allez brûler vos calories superflues en explorant les environs : la rivière Chattahoochee, le sentier de randonnée Appalachian Trail et le Unicoi State Park. *Willkommen !*

En vous promenant le long de Main St., à Helen, vous découvrirez **Charlemagne's Kingdom**, une reproduction de l'Allemagne comprenant plus de 6000 maquettes peintes à la main. (℗ 878-2200. 8808 N. Main St. Ouvert 11h-18h. Entrée 5 $, 6-12 ans 2,50 $.) Le principal intérêt de Helen est d'être située à proximité de paysages parmi les plus beaux de Géorgie. Nichées au cœur de la Chattahoochee National Forest, à 8 km par la Route 356, les superbes cascades jumelles appelées **Anna Ruby Falls** rugissent avec toute la puissance de la nature. (℗ 878-3574. Ouvert l'été 9h-20h ; hors saison 9h-18h. 2 $ par voiture.) Au cœur de la National Forest, à quelques kilomètres de l'Appalachian Trail, se dresse **Brasstown Bald**, le plus haut sommet de Géorgie. 800 m de pente raide vous conduisent à un poste d'observation d'où, par temps dégagé, vous pourrez voir les sommets de montagnes situées dans quatre Etats différents. Prenez la Route 75, puis tournez à gauche sur la Route 180. (℗ 896-2556. Ouvert Avr-Mai, Sa-Di 10h-17h30. Juin-Nov : tlj 10h-18h. Parking 3 $.) Chez **Wildewood Outfitters**, diverses formules de rafting sur la Chattahoochee vous sont proposées. (7272 S. Main St. ℗ 865-4451 ou 800-553-2715. Informations sur le rafting 9h-14h, en été uniquement. Magasin ouvert Lu-Sa 10h-18h et Di. 12h-18h. La dernière expédition part à 14h. A partir de 16 $, transport compris.) Devenez le énième touriste à descendre la Chattahoochee en chambre à air avec le **Cool River Tubing**, situé derrière le *welcome center*. (℗ 878-3665 ou 800-896-4595. Ouvert Juin-Août, tlj 10h-18h, si le climat le permet. Gratuit pour les moins de 6 ans.) Comme toute ville allemande qui se respecte, Helen accueille des milliers de visiteurs lors de la plus longue fête de la bière, "**The World's Longest Oktoberfest**", qui se déroule de mi-septembre à fin novembre (℗ 878-1619).

La plupart des touristes louent des bungalows de montagne ou des chalets, mais on trouve, le long de Main St., toutes les chaînes nationales de motels. Sinon, le **Alpine Village Inn**, 1005 Edelweiss St., vous propose une solution plus sympathique, dans quatre bungalows installés côté jardin avec TV par câble, cookies gratuits et petit déjeuner continental (℗ 800-844-8466, chambre simple ou double 49-69 $). En suivant la Route 356 sur 3 km, vous arrivez au **Unicoi State Park**, où vous trouverez un camping offrant 84 emplacements situés à flanc de montagne ou au bord d'un lac. (℗ 800-573-9659. Emplacement 14 $, avec eau et électricité 18 $, raccordement complet 20 $. Parc ouvert 24h/24.) ❤ **Fred's Famous Peanuts**, 17 Clayton Rd., sert des cacahuètes grillées ou séchées et la spécialité de Fred, les cacahuètes frites façon cajun (2,50 $ le grand sac), tous les jours du printemps à l'automne. (℗ 878-3124. Ouverture saisonnière, horaire variable.) A l'**Alt Heidelburg**, White Horse Sq., c'est la *Mutti* (maman) du patron qui supervise la préparation des *Schnitzels*, les fameuses escalopes de veau viennoises. (℗ 878-2986. Ouvert tlj 11h30-21h.)

Helen se trouve à une centaine de kilomètres au nord-est d'Atlanta, sur les contre-forts des montagnes de la Chattahoochee National Forest. Pour vous y rendre depuis la I-85, empruntez la I-985 N., sortez à la US 129 N., puis suivez la Route 75 jusqu'en ville. Presque toutes les curiosités de la ville sont accessibles à pied à partir de l'**Alpine Helen/White County Convention and Welcome Center**, 726 Brücken Strasse. (✆ 800-858-8027. Ouvert Lu-Sa 9h-17h et Di. 12h-16h.) **Bureau de poste** : Au croisement de S. Main St. et de Brücken Strasse. (✆ 878-2422. Ouvert Lu-Ve 8h30-17h et Sa. 8h30-12h.) **Code postal** : 30545.

ATHENS   ☎ 706

On attend beaucoup d'une ville dont le nom évoque le célèbre Parthénon. Pourtant, l'Etat de Géorgie s'est efforcé de donner à cette bourgade au milieu des collines un petit air bohème. En 1795, un groupe de législateurs y fonda la première université publique des Etats-Unis, l'université de Géorgie (UGA). Cette université a donné des couleurs à une ville sinon un peu endormie. Pendant l'année scolaire, 30 000 étudiants occupent le petit centre-ville pour y prendre du bon temps. Et même en été, on en dénombre encore environ 10 000. L'étendue de l'université, ses ressources et son influence ont donné au centre-ville une ambiance artistique, une scène musicale prolifique, la fièvre du football américain et une vie nocturne animée.

⁊ INFORMATIONS PRATIQUES

Située à 112 km au nord-est d'Atlanta, Athens est accessible par la I-85 *via* la US 316, qui elle-même rejoint la US 29. L'**Athens-Ben Epps Airport**, 1010 Ben Epps Dr. (✆ 549-5783), à 6 km du centre-ville, est un petit aéroport de banlieue : il est plus simple d'atterrir à Atlanta et d'emprunter l'une des **navettes** (✆ 800-354-7874) desservant Athens et ses environs pour 30 $. Les bus **Greyhound**, 220 W. Broad St. (✆ 549-2255), desservent Atlanta (3 dép/j, durée 2h, 17 $). La gare est ouverte Lu-Ve 7h30-21h15, Sa-Di 7h30-14h30 et 19h-21h15. Les bus de l'**Athens Transit System** (✆ 613-3430) partent toutes les 30 mn à l'heure pile vers le centre-ville, la UGA et les quartiers résidentiels environnants. Pour les emprunter, repérez les panneaux "The Bus". L'horaire est disponible au *welcome center* et à l'*information center* dans Washington St. Tarif 1 $, personnes âgées 50 ¢, 6-18 ans 75 ¢. A deux blocks au nord du campus de la UGA, le **Welcome Center**, 280 E. Dougherty St. (✆ 353-1820), occupe la Church-Waddle-Brumby House, la plus ancienne résidence de la ville. (Ouvert Lu-Sa 10h-18h et Di. 12h-18h.) Le **Visitors Center** de la UGA, à l'intersection de College Station Rd. et de River Rd., sur le campus, diffuse des informations sur les centres d'intérêt de l'université. (✆ 542-0842. Ouvert Lu-Ve 8h-17h, Sa. 9h-17h et Di. 13h-17h.) Vous trouverez une assistance téléphonique en appelant **Helpline Georgia** (✆ 800-338-6745) ou **Community Connection** (✆ 353-1313). **Bureau de poste** : 575 Olympic Dr. (✆ 800-275-8777. Ouvert Lu-Ve 8h30-18h.) **Code postal** : 30601.

⸙ HÉBERGEMENT

La plupart des motels abordables d'Athens bordent **W. Broad St.**, également connue sous le nom d'Atlanta Highway (US 78), à quelques kilomètres du centre-ville. Les hôtels augmentent leurs tarifs à l'automne, lorsque des matchs de football américain se déroulent le week-end. Si vous souhaitez un logement de qualité mais que votre budget est limité, ne cherchez plus : **Hawk's Nest Hostel**, à environ 15 mn au sud du centre-ville, propose un petit "bungalow" privé à côté du bâtiment principal. Le propriétaire peut vous conseiller sur les endroits en vogue ou ceux à éviter. (✆ 769-0563. Téléphonez pour réserver et connaître l'itinéraire. 10 $, bungalow 18 $.) Le **Downtowner Motor Inn**, 1198 S. Milledge Ave. (✆ 549-2626), propose des chambres de style années 1970 à prix raisonnables, près du campus. Air conditionné, petit déjeuner continental et TV par câble. Quelques chambres disposent d'un réfrigérateur et d'un four à micro-ondes. (Chambre simple 42-45 $, chambre double 50 $, personne supplémentaire 2 $. Réduction pour les personnes âgées et les membres de l'AAA.) Le **Pine Lake RV Campground**, Route 186, à 20 km d'Athens par la Route 441, à Bishop, propose des emplacements munis de tous les raccordements et des lacs pour les amateurs de pêche. (℄ 769-5486. Emplacement pour tente 16,50 $, avec raccordement complet 19,50 $. Ouvert de 8h au coucher du soleil. Accès handicapés.)

▐ RESTAURANTS

Toute ville universitaire possède son lot de restaurants originaux, bon marché et délicieux : Athens ne fait pas exception. Simple, le **Weaver D.'s**, 1016 E. Broad St., est la gargote la plus appréciée de la ville. Tout le monde adore ses poulets frits ou cuits au barbecue (environ 6 $). L'inscription à l'entrée, "Automatic For the People", expression favorite du patron, Dexter Weaver, aurait inspiré le titre de l'album de 1992 du groupe R.E.M. (℄ 353-7797. Ouvert Lu-Ve 11h-18h.) Le **Wilson's Soul Food**, 351 N. Hull St., propose une cuisine familiale sous forme de buffet. Essayez les *ribs*, les blettes et les muffins. Un repas complet revient à 6-7 $ environ. (℄ 353-7289. Ouvert Lu-Je 8h-16h, Ve. 8h-17h30 et Sa. 8h-15h.) **The Grit**, 199 Prince Ave., est peut-être le meilleur restaurant d'Athens. Cuisine saine, équilibrée et excellents brunchs le week-end. Des plats mexicains, orientaux ou italiens ajoutent une touche d'exotisme au menu. Les *samosas* aux légumes à 5,25 $ sont une valeur sûre de la carte végétarienne. Tous les plats coûtent entre 3 $ et 6 $. (℄ 543-6592. Ouvert Lu-Ve 11h-22h, Sa-Di 10h-15h pour le brunch et 17h-22h pour le dîner.) Pour finir, dégustez une glace à 50 ¢ à la **Hodgson's Pharmacy**, 1220 S. Milledge Ave., un des derniers endroits à pratiquer des prix aussi bas. (℄ 543-7386. Ouvert Lu-Sa 9h-19h et Di. 14h-19h.)

▐▐ VISITES ET SPECTACLES

La UGA occupe beaucoup d'espace en ville, et ses attractions gratuites sont la première raison de la visiter. Vous pouvez vous promener dans l'agréable **North Campus** (cartes gratuites disponibles au *visitors center* de l'université) ou découvrir l'une des plus grandes institutions culturelles de l'Etat, le **Georgia Museum of Art**, 90 Carlton St., dans le Performing and Visual Arts Complex. Il abrite une collection de plus de 8000 œuvres d'art et des expositions temporaires tout au long de l'année. (℄ 542-4662. Ouvert Ma. et Je-Sa 10h-17h, nocturne Me. jusqu'à 21h, Di. 13h-17h. Entrée libre.) Les plantes des **State Botanical Gardens of Georgia**, 2450 S. Milledge Ave., sont réputées combattre le diabète, l'épilepsie et la grippe. 8 km de sentiers à travers les jardins grandioses vous aideront déjà à entretenir votre forme. (℄ 542-1244. Ouvert Oct-Mars, tlj 8h-18h ; Avr-Sep 8h-20h. *Visitors center* ouvert Ma-Sa 9h-16h30 et Di. 11h30-16h30. Entrée gratuite.) Pour une découverte approfondie de la ville, effectuez le **Classic City Tour**, une visite en bus (10 $, durée 1h30) qui relate l'histoire des maisons coloniales, de la guerre de Sécession et de l'université de Géorgie. Le **Historic Interiors Tour**, quant à lui, vous fait visiter l'intérieur des plus belles maisons d'Athens. (℄ 353-1820 ou 208-8687 pour réserver. Les visites partent du *welcome center* tous les jours. Visite en bus gratuite, dép. à 14h. Visite des maisons 20 $, dép. 16h.)

Même si le passé sportif de la Géorgie ne vous passionne pas, après une excursion au célèbre **Butts-Mehre Heritage Hall**, 1 Selig Circle, vous deviendrez rapidement supporter de l'équipe des Bulldogs. (℄ 404-542-9094. Ouvert Lu-Ve 8h-17h et Di. 14h-17h. Entrée gratuite.) Ne manquez pas de vous rendre au ♥ **Collegiate Tennis Hall of Fame**, près de Butts-Mehre, dans le complexe de tennis Dan Magill. Légendaire entraîneur de l'équipe de tennis de l'université et "parrain du tennis à l'université", c'est Dan Magill en personne qui conduit les visites personnalisées. (℄ 542-8064 ou téléphonez au *visitors center* de l'université pour programmer une visite. Gratuit.) Vous pouvez visiter la **maison Taylor-Grady**, 634 Prince Ave. (℄ 549-8688), la plus ancienne demeure de style néoclassique d'Athens. Les 13 colonnes doriques sont censées représenter les 13 colonies à l'origine des Etats-Unis. (Ouvert Lu-Ve 10h-13h et 14h30-17h. Entrée 3 $.) Une légende d'Athens raconte que W.H. Jackson, professeur à l'université, décréta que le chêne à l'angle de Dearling St. et de Finley St. était son propre propriétaire ainsi que celui de son ombre. **"L'arbre qui est son propre propriétaire"** est mort en 1942 mais non sans s'être assuré une descendance par l'intermédiaire de l'un de ses glands. Le **Morton Theater**, 195 W. Washington St., fut le premier théâtre des Etats-Unis à avoir pour propriétaires et directeurs des Noirs américains. Bien sûr, le prix des billets n'est plus ce qu'il était en 1910, mais il reste tout de même peu élevé (© 613-3770, 5-15 $).

■ SORTIES

La vie nocturne d'Athens se concentre sur trois blocks, au nord du campus. Consultez l'hebdomadaire gratuit *Flagpole Magazine*, disponible dans les restaurants de la ville, pour être au courant des spectacles et des sorties. Les fans de R.E.M. peuvent effectuer le pèlerinage au **40 Watt Club**, 285 W. Washington St. (© 549-7871), qui accueillit leurs débuts, et où d'autres tentent aujourd'hui de suivre le même chemin. (Ouvert tlj 10h-3h. Entrée 5-12 $.) **The Globe**, 199 N. Lumpkin St. (© 353-4721), est un lieu à la mode chez les étudiants. Le grand bar cuivré offre 100 sortes de bières. (Ouvert Lu-Ma 16h-1h et Me-Sa 16h-2h.) Le **Jittery Joe's**, 1210 S. Milledge Rd., est né de la transformation au début des années 1990 d'une vieille station-service Shell en un café élégant et sophistiqué. L'atmosphère détendue est propice aux conversations tardives. (© 208-1979. Ouvert Lu-Je 6h30-24h, Ve. 6h30-1h, Sa. 8h30-1h et Di. 8h30-24h.) Dans le quartier de Five Points, le café **Sons of Italy**, 1573 S. Lumpkin St., aligne ses tables en terrasse, devant le bar extérieur. (© 543-2516. Ouvert Lu-Sa 11h-2h et Di. 11h-24h.) Le festival **Athfest**, à la mi-juillet, attire des dizaines de groupes locaux qui jouent dans le centre-ville (© 548-1973, 10 $ la journée, 15 $ les 2 jours).

OKEFENOKEE SWAMP (MARAIS D'OKEFENOKEE) ■ 912

L'**Okefenokee National Wildlife Refuge** s'étend sur près de 160 000 ha au sud-est de la Géorgie. Créée en 1937 afin de préserver les marécages, cette réserve naturelle jouit d'une grande diversité écologique : alligators, poissons-chats et perches peuplent les criques, les rivières et les lacs, tandis que l'ours noir et les cerfs de Virginie occupent les prairies de ce territoire appelé "terre qui tremble" par les Indiens. Seuls quelques sentiers du site sont praticables pour les randonneurs. Pour découvrir la faune et la flore aquatiques, il est préférable de louer un canoë ou de suivre une visite guidée en bateau. La pêche est autorisée. Une route panoramique d'environ 15 km parcourt la réserve, offrant la possibilité d'observer la vie sauvage grâce à de petits sentiers et des points de vue. Certains auront peut-être la chance d'apercevoir le pic à cocarde rouge, l'une des espèces du parc en voie de disparition. (Réserve ouverte tlj de 30 mn avant le lever du soleil jusqu'à 19h30. 5 $ par véhicule.)

Le site compte trois entrées, chacune ayant son intérêt propre. A l'**entrée est**, qui est l'accès principal, à 17,5 km au sud-ouest de Folkston en quittant la Route 121/23, effectuez un bref arrêt au **Richard S. Bolt Visitors Center** pour vous procurer des cartes des sentiers de randonnée et obtenir des informations sur les espèces naturelles (© 496-7836, ouvert tlj 9h-17h). Des guides bien informés et sympathiques proposent des promenades en bateau d'une heure sur le Suwanee Canal, accessible depuis cette même entrée. (© 496-7156 pour les promenades. 10,50 $, 5-11 ans 6,75 $. Location de canoë 22 $.) L'**entrée ouest** se trouve au niveau de Stephen C. Foster State Park, 27 km à l'est de Fargo, non loin de la Hwy. Spur 177. Le billet d'entrée de 5 $ est valable 7 jours et pour les deux entrées.

L'**Okefenokee Swamp Park** comprend l'**entrée nord**, à 13 km au sud de Waycross par la US 1. Ce parc privé permet aux "marins d'eau douce" d'accéder aux marais. Le ticket d'entrée donne droit à une excursion en train d'une heure à travers les terres humides. Vous aurez l'occasion d'entrevoir en toute sécurité des alligators, des loutres et autres créatures habitant les marécages. Le Nature Center, situé dans l'enceinte du parc, organise des conférences et abrite un petit musée consacré à Walt Kelly, le créateur de la bande dessinée *Pogo*, dont l'action se déroule dans les marais d'Okefenokee. (© 283-0583. Ouvert tlj 9h-17h30. Entrée 10 $, personnes âgées et 5-11 ans 9 $. Promenade en bateau de 1h 18 $, selon la disponibilité des guides et le niveau de l'eau. Promenade en canoë 16 $.)

L'**Okefenokee Pastimes Campground** est bien situé, juste en face de l'entrée est, sur la Route 121. Il offre plusieurs sentiers de randonnée ainsi qu'une galerie exposant des artistes régionaux. (© 496-4472. Emplacement sommaire 12 $, personne supplémentaire 5 $. Raccordement complet 18 $, personne supplémentaire 3 $. Bungalow 45 $, avec salle de bains 60 $.) Le **Stephen C. Foster State Park**, à l'entrée ouest, est le seul camping installé dans l'enceinte de la réserve. (© 637-5274. Fév-Juin emplacement 13 $, raccordement complet 15 $. Juin-Fév 16 $/18 $.) La ville de Waycross, à proximité de l'entrée nord, compte quelques motels bon marché le long de la US 1. Juste à côté de la US 1/23, à l'opposé du Okefenokee Swamp Park, se trouve le camping **Laura S. Walker State Park** (depuis la US 1/23, tournez à gauche sur la Route 177 et roulez pendant 6,5 km.) Vous y trouverez un parcours de golf (18 trous) ainsi que de nombreux équipements pour passer la nuit. Un grand lac situé au beau milieu offre la possibilité aux campeurs de se baigner… à condition de payer 2 $. (© 287-4900 ou 800-864-7275 pour réserver. Fermé à partir de 22h pour ceux qui ne restent pas camper. Emplacement pour tente 13 $, raccordement complet 15 $. Emplacement au bord de l'eau 16 $.)

ENVIRONS D'OKEFENOKEE SWAMP : L'ÎLE DE CUMBERLAND

A 80 km des marais d'Okefenokee, se trouve le joyau des îles côtières de Géorgie. La réserve fédérale **Cumberland Island National Seashore**, sur l'île de Cumberland, comprend 28 km de marais salants, de forêt de chênes verts et de dunes de sable entourant des sentiers et d'anciennes demeures décrépies. Le National Park Service autorise seulement 300 personnes par jour à visiter l'île. Vous pourrez donc arpenter ces belles plages toute la journée sans rencontrer âme qui vive. Réservation par téléphone obligatoire. (© 912-882-4335. Ouvert Lu-Ve 10h-16h.) L'unique solution pour atteindre l'île de Cumberland est un **ferry** qui part de St Mary's, sur le continent, au bout de la Route 40. (Durée de la traversée : 45 mn. Mars-Nov Di-Ma 2 dép/j, Me-Sa 3 dép/j. Déc-Fév : Je-Lu 2 dép/j. Tarif 16 $, moins de 12 ans 11 $.)

Non loin de là, **St. Mary's**, arrivée en tête du classement des petites villes américaines établi par le magazine *Money*, vous donne la possibilité de séjourner près de Cumberland. A environ 5 km du centre, le **Cumberland Kings Bay Lodges**, 603 Sand Bar Dr., dispose de mini-appartements confortables pour 1-4 personnes. Chaque appartement est équipé d'un réfrigérateur, d'une cuisinière et d'un micro-ondes. (© 800-831-6664 ou 912-882-8900. Petit déjeuner compris. Laverie au rez-de-chaussée. Chambre simple 30 $, chambre double 40-50 $. Réduction pour les personnes âgées.)

SAVANNAH   ☏ 912

En février 1733, le général James Oglethorpe et une troupe disparate de 120 colons fondèrent l'Etat de Géorgie à Tamacraw Bluff, au bord de la Savannah. Pendant la guerre de Sécession, le général Sherman s'y arrêta lors de sa campagne de dévastation du Sud. La ville se rendit sans combattre, préservant ainsi ses élégantes demeures pour la postérité. Sherman envoya d'ailleurs un télégramme à Lincoln lui offrant la ville comme cadeau de Noël. La réaction du général Sherman peut se comprendre au regard des jolies boutiques et maisons anciennes entourées par la floraison printanière. Mais avec l'effondrement du prix du coton au début du XXe siècle, une partie des belles demeures et des magasins de Savannah furent loués à bas prix ou tombèrent en ruine. Longtemps épargnée par les touristes, Savannah fait aujourd'hui l'objet d'une "Forrest Gump mania", focalisée sur un certain banc de Chippewa Square. Le best-seller de John Berendt adapté au cinéma par Clint Eastwood, *Minuit dans le jardin du bien et du mal*, attire également de nombreux amateurs de littérature et cinéphiles dans cette ville du Sud au charme incontestable.

✦ ⑦ ORIENTATION ET INFORMATIONS PRATIQUES

A deux pas de l'Atlantique, Savannah est comme son nom l'indique située à l'embouchure de la rivière **Savannah**, qui coule au nord de la ville le long de la frontière avec la Caroline du Sud. La ville s'étire au sud des falaises qui surplombent la rivière. Le quartier historique, **Downtown Historic District**, délimité par East Broad St., Martin Luther King Jr. Blvd., Gwinnett St. et la rivière, peut se parcourir à pied. *Faites attention à ne pas trop vous attarder au sud de Gwinnett St., le quartier historique fait rapidement place à un endroit souvent dangereux.* **Tybee Island**, la plage de Savannah, à 29 km à l'est, à l'intersection de la US 80 et de la Route 26, est un agréable but d'excursion pour la journée. La meilleure période pour visiter la ville se situe au début du printemps, quand Savannah apparaît sous son meilleur jour. **Train : Amtrak**, 2611 Seaboard Coastline Dr. (✆ 234-2611). Destination : Charleston (2 dép/j, durée 1h30, 18-35 $). Ouvert Sa-Je 4h30-12h15 et 17h-0h45, Ve. 4h30-0h45. **Bus : Greyhound**, 610 W. Oglethorpe Ave. (✆ 232-2135), près de Fahm St. Destinations : Jacksonville (12 dép/j, durée 2h30, 22 $), Charleston (2 dép/j, durée 3h, 24 $) et Atlanta (5 dép/j, durée 6h, 67 $). Ouvert 24h/24. **Transports en commun : Chatham Area Transit (CAT**, ✆ 233-5767), près du tribunal du comté de Chatham (County Court House). Les bus circulent tlj 7h-23h. Tarif 75 ¢, personnes âgées 37 ¢, pas de correspondances, *pass* 12 $ la semaine. La navette CAT dessert le quartier historique (Lu-Sa 7h-21h et Di. 9h40-17h, gratuit). **Informations touristiques : Visitors Center**, 301 Martin Luther King Jr. Blvd. (✆ 944-0460), à l'angle de Liberty St., dans une ancienne gare réaménagée. Centrale de réservation pour les hôtels et les auberges de jeunesse des environs (✆ 877-728-2662). Le forfait parking (5 $) permet d'utiliser de façon illimitée toutes les places de stationnement payantes de la ville pendant deux jours. Ouvert Lu-Ve 8h30-17h et Sa-Di 9h-17h. **Bureau de poste :** 2 N. Fahm St. à l'angle de Bay St. (✆ 235-4619. Ouvert Lu-Ve 7h30-18h et Sa. 9h-15h.) **Code postal :** 31402.

⌂ HÉBERGEMENT

Les motels du centre-ville se concentrent près du quartier historique, du *visitors center* et de la gare Greyhound. Pour les personnes motorisées, **Ogeechee Rd. (US 17)** offre plusieurs options bon marché. La **Savannah International Youth Hostel (HI-AYH)**, 304 E. Hall St., occupe une demeure victorienne dans le quartier historique. (✆ 236-7744. Accès Internet. Dortoir 18 $, chambre privative 35 $. Draps 1 $. Vélo 10 $. Séjours de 3 nuits au maximum, en principe. Réception 7h-10h et 17h-23h. Prévenez si vous comptez arriver plus tard. Les portes ferment de 10h à 17h. Fermé Déc-Fév.) Le **Thunderbird Inn**, 611 W. Oglethorpe Ave., est l'une des adresses les moins chères du centre-ville. Le modeste bâtiment recèle de très jolis meubles. (✆ 232-2661. Di-Je chambre simple 40 $, Ve-Sa 50 $. Eventuelle réduction de 5 % si vous réservez en mentionnant Let's Go.) Les chambres du **Motel 6**, 4071 Route 17, à Richmond Hill, à 32 km au sud du centre-ville, disposent de la TV par câble, de l'air conditionné, des appels locaux gratuits et d'une laverie. (✆ 756-3543 ou 800-466-8356. Chambre simple Di-Je 34 $, Ve-Sa 35 $. 6 $ par adulte supplémentaire.) Le **Skidaway Island State Park**, à 21 km au sud-est de la ville, par Diamond Causeway, n'est pas desservi par les transports en commun. Depuis le centre-ville, suivez Liberty St. vers l'est jusqu'à ce qu'elle devienne Wheaton St. Tournez à droite dans Waters Ave. et suivez-la jusqu'à Diamond Causeway. Salles de bains, douches chaudes, eau et électricité. (✆ 598-2300 ou 800-864-7275. Ouvert tlj 7h-22h. Se présenter avant 22h. Emplacement 16 $, avec raccordement complet 18 $.) **Fort McAllister State Park**, à la sortie n° 90 de la I-95, dispose d'emplacements boisés avec eau et électricité, certains avec vue sur la mer. Camping situé sur Savage Island, une île entourée de marécages. (© 727-2339. Emplacement pour tente 13 $, avec raccordement complet 15 $. Parking 2 $. Bureau ouvert tlj 8h-17h, camping ouvert 7h-22h. Se présenter avant 22h.)

■ RESTAURANTS

Nita's Place, 129 E. Broughton St. S'il ne vous fallait qu'une raison pour venir à Savannah, ce serait ce restaurant. Des lettres enthousiastes de clients satisfaits sont d'ailleurs glissées sous le verre des plateaux de table. Mais concentrez-vous plutôt sur ce qu'il y a dans votre assiette et expérimentez le pouvoir revigorant de la *soul food*. Le ragoût de courge, un délice inexprimable que l'on pourrait tout aussi bien manger en dessert, devrait suffire à vous convertir. (© 238-8233. Ouvert Lu-Je 11h30-15h, Ve-Sa 11h30-15h et 17h-20h.) **Wall's BBQ**, 515 E. York Ln., dans une petite rue entre York St. et Oglethorpe St., est un établissement petit et discret qui se résume à un comptoir, quelques tables, de fantastiques côtes de porc (4,50-12 $) et des sandwichs de viande grillée au barbecue (4,50 $). Ne manquez pas la spécialité maison : des crabes grillés au poivre et à la moutarde (3 $). (© 232-9754. Ouvert Je-Sa 11h-21h.) **Mrs. Wilkes Boarding House**, 107 W. Jones St., est une authentique institution du Sud. On s'assoit autour d'une table en compagnie d'inconnus qui se révèlent en général charmants, pour goûter à l'ambiance et à la cuisine, toutes deux familiales. Le poulet frit, les haricots et les *biscuits* maison ont un grand succès, mais ne partez surtout pas avant le dessert ! (© 232-5997. Ouvert Lu-Ve 8h-9h et 11h-15h.) **Clary's Café**, 404 Abercorn St., un petit restaurant familial ouvert depuis 1903, est réputé pour son brunch du week-end. Gaufre au malt à 4 $. (© 233-0402. Ouvert Lu-Ma et Je-Ve 7h-16h, Me. 7h-17h, Sa-Di 8h-16h30.) Le **Voo-Doo Cafe**, 321 Habersham St., propose pour le petit déjeuner et le déjeuner des plats (*wraps*, salades ou pâtes) à moins de 10 $. La terrasse donne sur Troup Sq. (© 447-1999. Ouvert Lu-Ve 10h30-15h30 et Sa-Di pour le brunch 8h30-15h30.)

◉ VISITES

D'élégantes demeures antérieures à la guerre de Sécession et des arbres assaillis par la vigne vierge entourent la plupart des 21 places de la ville, marquées par une atmosphère très "vieux Sud". Pour les voir, n'hésitez pas à recourir aux nombreuses **visites** organisées en bus, en minibus ou en calèche au départ du *visitors center* (départs toutes les 10-15 mn, 13-15 $). Parmi les édifices anciens de Savannah, deux maisons méritent une attention particulière : la **maison Davenport**, 324 E. State St., sur Columbia Square, et la **maison Owens-Thomas**, 124 Abercom St., à une rue d'Oglethorpe Square. La maison Davenport, sur l'emplacement de laquelle on avait envisagé de construire un parking, fut sauvée de la destruction en 1955. Des visites guidées du rez-de-chaussée ont lieu toutes les 30 mn et l'on vous laisse explorer le deuxième étage à votre rythme. (Davenport : © 236-8097. Ouvert Lu-Sa 10h-16h et Di. 13h-16h. Entrée 7 $, moins de 18 ans 3,50 $, gratuit pour les moins de 7 ans. Dernière visite à 16h. Owens-Thomas : © 233-9743. Ouvert Lu. 12h-17h, Ma-Sa 10h-17h et Di. 14h-17h. Entrée 8 $, personnes âgées 7 $, étudiants 4 $, 6-12 ans 3 $. Dernière visite à 16h30.) La **maison Green Meldrim**, 1 W. Macon St., au coin de Madison Sq., est une maison néogothique où le général Sherman logea durant la guerre de Sécession. (© 233-3845. Ouvert Ma. et Je-Ve 10h-16h, Sa. 10h-13h. Entrée 5 $, étudiants 2 $. Visites toutes les 30 mn, dernière visite 30 mn avant la fermeture.)

Celles dont le mot d'ordre est "toujours prêtes" se doivent de faire un pèlerinage à la **Juliette Gordon Low Girl Birthplace**, près de Wright Square, la maison natale de la fondatrice des Guides américaines, les *Girl Scouts*. Cette dernière naquit en 1860 le jour de Halloween, ce qui explique sans doute la tradition scout qui consiste à vendre des biscuits en faisant du porte-à-porte. La maison contient une collection d'objets relatifs au mouvement scout. (142 Bull St., © 233-4501. Ouvert Lu-Ma et Je-Sa 10h-16h, Di. 12h30-16h30. Entrée 8 $, étudiants 5 $.) Le parcours **Negro Heritage Trail Tour**, 502 E. Harris St., permet de visiter les sites historiques liés à la culture noire américaine, comme la première "église baptiste africaine", qui servait de refuge aux esclaves en fuite. (© 234-8000. Durée 2h. Départ des visites au *visitors center* tlj à 13h et 15h. Tarif 15 $, étudiants et moins de 13 ans 9 $.)

Les quatre forts de Savannah servirent autrefois à protéger la ville des attaques espagnoles et anglaises. Le plus intéressant d'entre eux, le **Fort Pulaski National Monument**, fut démoli en partie par les premiers canons de l'Union lors de la guerre de Sécession. (© 786-5787, à 24 km à l'est de Savannah près de l'intersection de la US 80 et de la Route 26. Ouvert tlj 9h-17h, horaire étendu en été. Le *visitors center* ferme à 17h. Entrée 2 $, gratuit pour les moins de 16 ans.)

MINUIT DANS LE JARDIN DU BIEN ET DU MAL

Un antiquaire réputé et mondain, une scandaleuse et flamboyante drag-queen, les membres très collet monté d'une association féminine, une âme mélancolique en possession d'une fiole remplie d'un poison assez puissant pour décimer toute la population de la ville... voici quelques-uns des personnages qui ont captivé les lecteurs du livre de John Berendt *Minuit dans le jardin du bien et du mal*. L'intrigue, originale, tourne autour d'un crime qui s'est produit dans la Mercer House, une vénérable et élégante demeure située sur Monterey Square. S'agit-il d'un meurtre ou d'un acte de légitime défense ? Dans ce jardin luxuriant, jonché de tombes anciennes, les vieilles passions perdurent et les indices se font rares. Bien que la haute société de la ville se soit estimée calomniée par ce roman à succès, l'affluence touristique a augmenté de 46 %. Une boutique de souvenirs **"The Book" Gift Shop**, 127 E. Gordon St. (© 233-3867), au niveau de Calhoun Square, un fan-club et des visites guidées ont même fait leur apparition. Et Clint Eastwood a tourné un film tiré du roman, avec Kevin Spacey et John Cusack.

Savannah est en fête à la mi-avril lors du festival **Annual NOGS Tour of Hidden Gardens of Historic Savannah**, au cours duquel les jardins privés de la ville sont ouverts au public. Avant même cette cure de verdure, dès le mois de mars, le vert, couleur de l'Irlande, est à l'honneur pendant les cinq jours de la **St. Patrick's Day Celebration on the River** (© 234-0295). La bière coule alors à flots dans les rues, en prélude à l'**Annual St. Patrick's Day Parade**, l'une des plus importantes des Etats-Unis (© 233-4904, 10h15). Le journal gratuit *Creative Leafing*, disponible dans les boutiques et les restaurants, fait le point sur les dernières nouvelles et les distractions locales.

■ SORTIES

Le bord de la rivière (River St.) offre de nombreuses possibilités de repas bon marché dans une ambiance de pub. **Kevin Barry's Irish Pub**, 117 W. River St., reçoit des groupes de musique irlandaise. (© 233-9626. Concerts Me-Sa à partir de 20h30. Entrée 2 $. Ouvert Lu-Ve 14h-3h, Sa. 11h30-3h et Di. 12h30-2h.) **The Warehouse Bar and Grill**, 18 E. River St., sert la bière "la plus fraîche et la moins chère de la ville". Pression à partir de 1,50 $. (© 234-6003. Ouvert Lu-Sa 11h-15h et Di. 12h-2h.) **Wet Willies**, 101 E. River St., sert des repas simples et des daiquiris glacés (4-6 $) dans une ambiance cordiale. (© 233-5650. Ouvert Di-Je 11h-1h et Ve-Sa 11h-2h.) Les étudiants se retrouvent généralement au **City Market**, qui rassemble des boutiques et des restaurants et des bars. L'un des plus réputés est le **Malone's Bar and Grill**, 27 Barnard St., qui propose soirées dansantes et concerts du mercredi au dimanche. Le rez-de-chaussée abrite une salle de jeux, et la techno et le rap résonnent à l'étage les vendredi et samedi soirs. (© 234-3059. Ouvert Lu-Sa 11h-3h et Di. 11h-2h. *Happy hour* 16h-20h. Restaurant ouvert jusqu'à 1h. Interdit aux moins de 18 ans.) Les joueurs apprécieront les dix nouvelles tables de billard américain et les 80 sortes de bières du **B&B Billiards**, 411 W. Congress St. (© 233-7116. Ouvert Lu-Sa 16h-3h. Billard gratuit Ma. et Je.) Lady Chablis, l'un des personnages de *Minuit dans le* *jardin du bien et du mal* (voir encadré), se produit souvent au **Club One**, 1 Jefferson St., près du City Market, à l'angle de Bay St., une adresse réputée auprès des gays, des lesbiennes et de l'ensemble des tenants d'une culture "alternative". (© 234-1124. Entrée 3-10 \$. Ouvert Lu-Sa 17h-3h et Di. 17h-2h.) **The Velvet Elvis**, 127 W. Congress St., reconnaissable à la couronne géante en vitrine et à ses murs couverts de souvenirs du King, accueille de nombreux groupes de styles variés du mercredi au samedi soir. (© 236-0665. Entrée 3-5 \$. Ouvert Lu-Sa 18h30-3h.)

ALABAMA

Le "cœur de Dixie" (*Heart of Dixie*, autrement dit le cœur du Sud, surnom de cet Etat) a bien évolué depuis les années 1960, époque à laquelle le gouverneur George Wallace s'était férocement dressé contre le mouvement de lutte pour les droits civiques des Afro-Américains. L'Alabama s'efforce aujourd'hui de marquer ses distances vis à vis de ce douloureux passé de défenseur de la ségrégation en adoptant une image plus moderne. Ce désir de réconciliation prend la forme de musées, de statues et de sites rendant hommage à ceux-là mêmes qui furent l'objet de tant de haine 30 ans plus tôt. Au-delà de son histoire troublée, l'Etat a par ailleurs beaucoup à offrir : la cuisine du Sud, les fêtes et de superbes jardins se mêlent pour former le visage de l'Alabama d'aujourd'hui.

◼ INFORMATIONS PRATIQUES

Capitale : Montgomery.

Informations touristiques : Alabama Bureau of Tourism and Travel, 401 Adams Ave., Montgomery 36104 (© 334-242-4169 ou 800-252-2262, www.touralabama.org). Ouvert Lu-Ve 8h-17h. **Division of Parks**, 64 N. Union St., Montgomery 36104 (© 800-252-7275). Ouvert tlj 8h-17h.

Fuseau horaire : Heure des Prairies (7 heures de moins que l'heure de Paris).

Abréviation de l'Etat : AL. **Taxe locale** : 4 %, plus taxe du comté.

MONTGOMERY   ☎ 334

Montgomery, la première capitale des confédérés, joua un rôle déterminant dans l'histoire du "vieux Sud" (l'ancienne "Maison Blanche" de la Confédération trône toujours dans le centre-ville). C'est aussi le lieu de naissance du mouvement pour les droits civiques. En 1955, les autorités arrêtèrent une couturière noire du nom de Rosa Parks, qui avait refusé de céder son siège de bus à un Blanc. Un pasteur du nom de Martin Luther King Jr. répliqua en appelant au célèbre boycott des transports. Cet acte fonda le mouvement de protestation non violent visant à obtenir l'égalité des droits entre Blancs et Noirs, qui transforma radicalement l'Amérique. Aujourd'hui, les monuments les plus visités de Montgomery sont les endroits où s'est déroulée cette lutte.

◼◼ ORIENTATION ET INFORMATIONS PRATIQUES

Le centre-ville de Montgomery répond à un plan parfaitement géométrique. Madison Ave. et Dexter Ave. sont les principales artères est/ouest. Union St. et Decatur St. traversent la ville du nord au sud. A l'ouest du centre-ville, la **I-65**, orientée nord/sud, rejoint la **I-85** qui forme la limite sud de Montgomery. **Bus** : **Greyhound**, 950 W. South Blvd. (© 286-0658), à la sortie n° 168 de la I-65. Destinations : Mobile (8 dép/j, durée 3h, 31 \$), Atlanta (6 dép/j, durée 4h, 29-31 \$) et Tuskegee (6 dép/j, durée 45 mn, 9,50 \$). Ouvert 24h/24. **Transports en commun** : **Downtown Area**

Runabout Transit (DART), les bus locaux circulent 6h-18h, tarif 1,50 $, pas de corres-pondances. **Taxi : Yellow Cab**, © 262-5225. **Informations touristiques : Visitors Center**, 300 Water St. (© 262-0013) dans Union Station. Ouvert Lu-Sa 8h30-17h et Di. 12h-16h. **Assistance téléphonique : Council Against Rape** (SOS Viol), © 286-5987. 24h/24. **Bureau de poste** : 135 Catoma St. Ouvert Lu-Ve 7h30-17h30 et Sa. 8h-12h. **Code postal** : 36104.

LA MARCHE DE SELMA À MONTGOMERY

En 1964, à Selma, seuls 1 % des électeurs potentiels noirs étaient inscrits sur les listes électorales. Les Etats du Sud entravaient l'inscription des Noirs sur les listes électorales en leur faisant passer un examen et en leur faisant payer une taxe. Pour protester contre cet état de fait, les activistes du mouvement pour les droits civiques organisèrent, en 1965, une marche vers le State Capitol, à l'issue funeste. Celle-ci fut réprimée à coups de matraque par les troupes chargées du "maintien de l'ordre", accompagnées de leurs chiens. Battus mais pas abattus, les manifestants tentèrent à nouveau leur chance, encou-ragés cette fois par des personnalités telles que Joan Baez, Sammy Davis Jr., Harry Belafonte, Lena Horne et Mahalia Jackson, qui se groupèrent derrière Martin Luther King. La seconde marche fut également refoulée, mais la troisième fois fut la bonne. Ce périple de 87 km entre Selma et Montgomery s'acheva sans violence et Martin Luther King, fatigué, déclara que cette manifestation avait été "la plus grande marche jamais faite dans le Sud contre le siège du pouvoir". Six mois plus tard, le Congrès adopta le Voters Rights Act, qui allait interdire aux Etats d'imposer des conditions préa-lables à l'inscription des Noirs sur les listes électorales.

██ HÉBERGEMENT ET RESTAURANTS

Les personnes en voiture n'auront aucun mal à trouver un gîte dans South Blvd., à la sortie n° 168 de la I-65. Cet axe est bordé de nombreux établissements abordables, mais évitez les moins chers qui sont parfois sordides. Le confortable ♥ **Town Plaza**, 743 Madison Ave., à l'angle de N. Ripley St., près du *visitors center*, récemment restauré, propose des chambres très bien équipées : air conditionné, TV, appels locaux gratuits et réfrigérateur. (© 269-1561. Chambre simple 26 $, chambre double 32 $.) **The Inn South**, 4243 Inn South Ave., tout proche de la I-65 dans W. South Blvd., offre des chambres joliment décorées et un hall orné d'un double escalier et de lustres. (© 288-7999 ou 800-642-0890. Petit déjeuner continental, appels locaux gratuits, TV par câble. Chambre simple 29 $, Sa-Di 34 $. Chambre double 36 $, personne supplémentaire 2 $. Accès handicapés.) Les campeurs, quant à eux, se dirigeront vers le **Fort Toulouse Jackson Park**, Ft. Toulouse Rd., à 19 km au nord de Montgomery par la US 231, qui offre 39 emplacements sommaires, avec des raccor-dements à l'eau et à l'électricité, dans une belle forêt où se dressait un fort français construit en 1763. Certains emplacements sont au bord de la rivière Coosa. (© 567-3002. Réception tlj 8h-17h. Réservez au moins deux semaines à l'avance au prin-temps et en automne. Emplacement pour tente 11 $, avec raccordement complet 14 $. Réduction de 3 $ pour les personnes âgées.)

♥ **Martin's**, 1796 Carter Hill Rd., au coin de Mulberry St., un restaurant populaire et sympathique, prépare de succulents poulets frits accompagnés de trois garnitures de légumes pour 7 $. (© 265-0757. Ouvert Lu-Ve 11h-15h et 16h-19h45, Di. 10h45-13h45.) Les étudiants de la ville se régalent des *burritos* entourant une garniture à choisir parmi 20 légumes différents (5,50-8,50 $) chez **El Reys**, 1031 East Fairview. (© 832-9688. Ouvert Lu-Sa 11h-22h et Di. 16h-22h.) **Chris'**, 138 Dexter Ave., le plus vieux restaurant de la ville (qui fait aussi marchand de journaux), prépare les hot-dogs comme personne. Le "special" (2 $) est accompagné de moutarde, d'oignons, de choucroute et de sauce chili. (© 265-6850. Ouvert Lu-Je et Sa. 10h-19h, Ve. 10h-20h.)

LE SUD

Si vous avez un petit creux, gagnez de ce pas le **Montgomery State Farmers Market**, 1655 Federal Dr., au coin de Coliseum Blvd., près de la base aérienne Gunter Air Force, et achetez-vous un sac de pêches à 2,50 $. (℃ 242-5350. Ouvert tlj 7h-17h.)

👁 VISITES

Le **Rosa Parks Library and Museum** vient d'ouvrir ses portes au 251 Montgomery St. Vous pourrez y assister à une présentation multimédia novatrice, retraçant l'épisode du 1er décembre 1955 au cours duquel Rosa Parks refusa de céder son siège dans le bus à un Blanc. (℃ 241-9615. Ouvert Lu-Ve 9h-17h et Sa. 9h-15h. Entrée 5 $, moins de 12 ans 3 $.) Maya Lin, l'architecte du Vietnam Memorial à Washington, D.C. (voir p. 243), est également l'auteur du dernier monument en date de Montgomery, le **Civil Rights Memorial**, 400 Washington Ave., en face du Southern Poverty Law Center. Le monument extérieur, une plaque de marbre circulaire où coule de l'eau, rend hommage à la mémoire des 40 hommes, femmes et enfants qui périrent dans la lutte contre la ségrégation raciale. (℃ 264-0286. Ouvert 24h/24. Entrée libre. Accès handicapés.) La flamme de l'activisme et de la foi des Afro-Américains brûle encore dans la **Dexter Avenue King Memorial Baptist Church**, 454 Dexter Ave., bâtie il y a 112 ans. Dans cette église où il prêcha pour la première fois, Martin Luther King et d'autres leaders du mouvement des *Civil Rights* organisèrent en 1955 le boycott des bus de Montgomery. Les peintures murales du sous-sol illustrent le rôle du pasteur King au sein de son mouvement au cours des années 1950 et 1960 (℃ 263-3970).

Le **Hank Williams Museum**, 118 Commerce St., célèbre la mémoire de la plus grande légende de la musique country. Hank Williams est ainsi le sujet d'une exposition comprenant ses costumes, la Cadillac 1952 dans laquelle il mourut et divers autres objets. L'âme flamboyante et tourmentée de ce farceur grimaçant s'est finalement éteinte alors qu'il avait 29 ans, soufflée par l'abus d'alcool et de drogue. (℃ 262-3600. Ouvert Lu-Sa 9h-18h et Di. 13h-16h. Entrée 5,25 $, moins de 12 ans 1,50 $.) **Old Alabama Town**, 301 Columbus St., au coin de Hull St., abrite la reconstitution d'un quartier historique du XIXe siècle. Parmi les 40 édifices anciens, on remarque entre autres la cabane d'un pionnier, une épicerie de 1892, une école et une ancienne église noire américaine. Des guides avertis fournissent de précieuses informations sur les sites. (℃ 240-4500. Entrée 7 $, personnes âgées 6,10 $, étudiants et 6-18 ans 3 $. Guichet ouvert Lu-Sa 9h-15h, les édifices sont ouverts jusqu'à 16h30.) La simplicité de la façade du **State Capitol**, à l'intersection de Bainbridge St. et de Dexter Ave., dissimule une remarquable décoration intérieure. Sur le perron, une étoile de bronze marque l'endroit où Jefferson Davis prononça son serment de (seul) président de la Confédération. (℃ 242-3935. Ouvert Lu-Ve 9h-17h et Sa. 9h-16h. Entrée gratuite. Possibilité de visites guidées.) La **First White House of the Confederacy**, 644 Washington Ave., ou première Maison Blanche de la Confédération, contient le mobilier d'origine du temps de la présidence de Jefferson Davis (1861-1865) ainsi que de nombreux objets ayant appartenu à celui-ci. (℃ 242-1861. Ouvert Lu-Ve 8h-16h30. Entrée gratuite.)

Occupant une autre maison restaurée, le **Francis Scott and Zelda Fitzgerald Museum**, 919 Felder Ave., près de Carter Hill Rd., renferme quelques manuscrits originaux de l'écrivain américain, ainsi que des peintures de son épouse. (℃ 264-4222. Ouvert Me-Ve 10h-14h et Sa-Di 13h-17h. Entrée gratuite.) Le **Montgomery Museum of Fine Arts**, 1 Museum Dr., abrite une collection de toiles et de dessins des XIXe et XXe siècles, ainsi que "Artworks", un studio artistique et une galerie interactive pour les enfants. (℃ 244-5700. Ouvert Ma-Me et Ve-Sa 10h-17h, Je. 10h-21h, Di. 12h-17h. Entrée gratuite, dons bienvenus.)

🎵 SORTIES

Les amateurs de théâtre pourront assister au célèbre **Alabama Shakespeare Festival** mis en scène au **State Theater**, dans un parc privé de 100 ha, le **Wynton M. Blount Cultural Park**. En voiture, prenez East Blvd. pendant 15 mn vers le sud-est du centre-ville, ou la sortie n° 6 de la I-85 puis Woodmere Blvd. Le théâtre monte également des tragédies et des pièces actuelles. (℃ 271-5353 ou 800-841-4273. Billet 25-30 $, répétition publique 21 $. Guichet ouvert Lu-Sa 10h-18h et Di. 12h-16h, jusqu'à 21h le soir des représentations.) Si vous êtes d'humeur à prolonger la soirée, allez écouter du blues et boire une bière au **1048** (Ten Forty-eight), 1048 E. Fairview Ave., près de Woodley Ave. (℃ 834-1048. L'entrée est généralement gratuite. Ouvert tlj 16h-2h, concerts tlj à 22h30.) Le *Montgomery Advertiser* du jeudi donne le programme des réjouissances nocturnes.

⚡ ENVIRONS DE MONTGOMERY

TUSKEGEE

Même après la Reconstruction (la période qui succéda à la guerre de Sécession et pendant laquelle l'ex-Confédération réintégra peu à peu l'Union), les Etats du Sud continuèrent à pratiquer la ségrégation raciale. **Booker T. Washington**, un ancien esclave, déclara que les Noirs parviendraient à combattre la répression et le racisme par la formation professionnelle. Ainsi, le programme de l'université fondée par Washington, le Tuskegee Institute, enseignait des tâches pratiques comme l'agriculture et la charpenterie et prévoyait de faire participer les étudiants à la construction des bâtiments du campus. Aujourd'hui, l'**université de Tuskegee**, orientée vers un enseignement plus académique, occupe 160 bâtiments répartis sur 600 hectares. Les édifices de l'ancien institut de Washington abritent un monument historique national. (Appelez le ℃ 727-8347 pour une visite.) Sur le campus s'élève le **George Washington Carver Museum**, qui présente des expositions et projette des documentaires. L'artiste, enseignant et scientifique George Washington Carver devint directeur du département d'agriculture de Tuskegee, et y découvrit maintes utilisations de la cacahuète, notamment la graisse d'essieu et le beurre de cacahuète. (℃ 727-32000. Ouvert tlj 9h-17h. Entrée libre.) En face du campus, dans Old Montgomery Rd., vous tomberez sur **The Oaks**, une version restaurée de la demeure de Washington. Chaque brique de la maison a été posée par les étudiants en une seule année, entre 1899 et 1900. Elle fut la première du comté de Macon à bénéficier de l'électricité. Téléphonez au musée pour programmer une visite (tlj 10h-16h). Pour se rendre à Tuskegee, suivez la I-85 en direction d'Atlanta et prenez la sortie vers la Route 81 S. Tournez à droite au croisement de la Route 81 et d'Old Montgomery Rd., sur la Route 126, ou prenez simplement la sortie n° 32 et suivez les panneaux. Les bus **Greyhound** (℃ 727-1290) desservent également Tuskegee depuis Montgomery (6 dép/j, durée 45 mn, 8-9 $).

SELMA

Cette petite localité du Sud est devenue tristement célèbre par deux événements qui s'y sont produits à une centaine d'années d'intervalle. Bastion des armées confédérées (l'arsenal de Selma produisait les deux tiers des munitions du Sud pendant les dernières années de la guerre), elle tombe aux mains des Nordistes à l'automne 1865, assurant à ces derniers une victoire décisive. Un siècle plus tard, la ville fait à nouveau parler d'elle lors de la lutte pour les droits civiques. Les affrontements entre les manifestants et les troupes fédérales sur le pont de Pettus Bridge font 65 blessés, dont 17 sont transférés à l'hôpital (Voir **La marche de Selma à Montgomery**, p. 535). Le **National Voting Rights Museum & Institute**, 1012 Water Ave., expose des souvenirs liés au Voting Rights Act, signé en 1965. Le premier week-end de mars, l'Institut sponsorise le Bridge Crossing Jubilee, marche commémorative de la manifestation de 1965, accompagnée de musique, de récits d'histoires vécues et d'expositions artistiques. (℃ 418-0800. Ouvert Ma-Ve 9h-17h et Sa. 10h-15h. Entrée 4 $, étudiants 2 $.) La **Brown Chapel AME Church and King Monument**, 410 Martin Luther King St., servait de lieu de réunion pendant la guerre de Sécession. (℃ 874-7897. Visite possible sur rendez-vous Lu-Sa 10h-16h et Di. 13h-16h.) Le *visitors center* fournit un itinéraire pour se rendre aux autres sites relatifs à la guerre de Sécession dans Selma. **The Old Depot Museum**, 4 Martin Luther King St., retrace l'histoire de la ville en présentant des objets actuels et anciens, certains datant de milliers d'années, à l'époque des premiers habitants de la région. (© 874-2197. Ouvert Lu-Sa 10h-16h. Entrée 4 $, personnes âgées 3 $, étudiants 2 $.)

Le centre-ville de Selma est délimité par **Jeff Davis Ave.** au nord et l'**Alabama River** au sud. La **US 80**, qui devient **Broad St.**, arrive directement en ville. Les bus de la compagnie **Greyhound**, 434 Broad St. (© 874-4503, ouvert tlj 6h45-22h45), desservent Montgomery (6 dép/j, durée 1h, 12 $). **Informations touristiques** : **Visitors Center**, 2207 Broad St. (© 875-7485. Ouvert tlj 8h-20h.) **Bureau de poste** : 1301 Alabama Ave. (© 874-4678. Ouvert Lu-Ve 8h-16h40 et Sa. 8h-12h.) **Code postal** : 36703.

BIRMINGHAM ☏ 205

Tout comme son homonyme anglais, Birmingham repose sur un sol riche en minerai de fer et de charbon, ce qui explique sa croissance phénoménale après la guerre de Sécession. "The Magic City" devint alors le premier centre industriel du Sud et la plus grande ville d'Alabama, ce qu'elle est toujours. Mais Birmingham rappelle surtout la résistance particulièrement violente qu'elle opposa au mouvement des droits civiques. Des leaders comme Martin Luther King ou Fred Shuttleworth ont mené des luttes importantes dans cette ville surnommée "Bombingham", à cause des douzaines de bombes qui l'ont ébranlée au début des années 1960. Malgré l'adversité, la communauté noire s'est développée. Aujourd'hui, Birmingham a tourné la page pour se concentrer sur la construction d'un important complexe de recherche médicale. La ville assume par ailleurs son passé. Quelques uns des monuments les plus émouvants et les plus évocateurs dédiés aux défenseurs de la cause de l'égalité des droits y ont été érigés.

■✚ ⓘ ORIENTATION ET INFORMATIONS PRATIQUES

Le système de quadrillage du centre-ville comporte des avenues orientées est/ouest et des rues coupant la ville du nord au sud. La seule exception est Richard Arrington Jr. Blvd., dont le nom logique devrait être la 21st St. Ce qui complique un peu les choses, c'est que le centre-ville forme en fait deux grilles, séparées par les voies de chemin de fer. Chaque avenue numérotée possède donc un côté nord (N.) et un côté sud (S.). La **I-65**, la **I-20/59** et la **Route 31** sont les grands axes routiers qui entourent la ville. Le quartier de Five Points et l'université d'Alabama sont situés au sud de la 6th Ave. S. Vous pouvez rejoindre Birmingham *via* plusieurs grandes autoroutes. La **I-20** vient d'Atlanta par l'est, la **I-65** va vers Nashville au nord et vers Mobile au sud et la **I-59**, qui vient de La Nouvelle-Orléans, rejoint la ville par le nord-est. **Train** : **Amtrak**, 1819 Morris Ave. (© 324-3033). Destinations : Atlanta (1 dép/j, durée 5h, 39 $) et La Nouvelle-Orléans (1 dép/j, durée 7h, 47 $). Gare ouverte 8h30-17h. **Bus** : **Greyhound**, 618 N. 19th St. (© 251-3210). Destinations : Montgomery (5 dép/j, durée 2h, 20 $), Mobile (6 dép/j, durée 6h-8h, 41 $), Atlanta (12 dép/j, durée 3h, 22-24 $) et Nashville (7 dép/j, durée 3h-4h30, 26 $). Ouvert 24h/24. **Transports en commun** : **Metropolitan Area Express**, ou **MAX**, et **Downtown Area Runabout Transit**, ou **DART**, © 521-0101. MAX : Service Lu-Ve 6h-18h. Tarif 1 $, correspondance 25 ¢. DART : Service Lu-Ve 9h-16h. Ticket 50 ¢.) **Taxi** : **Yellow Cab** (© 252-1131). **Informations touristiques** : **Greater Birmingham Convention and Visitors Bureau**, 2200 9th Ave. N., *1st floor* (rez-de-chaussée, © 458-8000 ou 800-458-8085, ouvert Lu-Ve 8h30-17h). **Assistance téléphonique** : **Crisis Center** (SOS détresse, © 323-7777), **Rape Response** (SOS Viol, © 323-7273). Les deux services sont disponibles 24h/24. **Gay Info Line**, © 362-8600. **Bureau de poste** : 351 24th St. N. (© 521-0302, ouvert Lu-Ve 6h-23h). **Code postal** : 35203.

♠ ⬛ HÉBERGEMENT ET RESTAURANTS

Les hôtels et motels bon marché sont nombreux dans l'agglomération de Birmingham, le long de plusieurs autoroutes. Plus vous vous rapprochez du centre-ville, plus les tarifs augmentent. Si vous préférez éviter les franchises, descendez au sympathique **Ranchhouse Inn**, 2127 7th Ave. S., au nord du quartier de Five Points. (② 322-0691. Chambre simple 40 \$, chambre double 45 \$. Accès handicapés.) Dans la partie est de la ville, le long de la I-20, le **Motel Birmingham**, 7905 Crestwood Blvd., propose des chambres confortables entourant un jardin bien aménagé. Air conditionné, TV par câble et piscine complètent le tout. (② 956-4440 ou 800-338-9275. Sortie n° 132 de la I-20, puis à gauche dans Crestwood Blvd. Chambre 1-4 personnes 45-55 \$.) L'**Oak Mountain State Park**, à 24 km au sud de Birmingham, à Pelham, accessible par la I-65 (sortie n° 246), est le plus grand parc d'État de l'Alabama avec ses 4000 ha boisés. Possibilités de promenades à cheval, golf et randonnée. Lac de 34 ha avec plages, pêche possible. (② 620-2527 ou 800-252-7275. Emplacement sommaire 10,50 \$, avec eau et électricité 14 \$, avec raccordement complet 16,50 \$. Parking 1 \$.)

La cuisine au barbecue est la spécialité locale et vous pourrez choisir parmi plus de 60 établissements différents. Les meilleurs endroits pour manger à prix raisonnables (et vous faire de nouveaux amis) sont à **Five Points South**, un vieux quartier pourvu de tramways près de l'université de Birmingham-Alabama, à l'intersection de la 6th Ave. S. et de la 20th St. S. Le **Jim 'N Nick's Barbecue**, 744 29th St. S., propose des sandwichs au poulet, au porc ou au bœuf rôtis au feu de bois à 3 \$. Terminez votre repas avec une savoureuse part de tarte maison. (② 323-7082. Ouvert Lu-Je 10h30-21h et Ve. 10h30-22h.) Le plus vieux grossiste de poisson frais de la ville est aussi un restaurant sans prétention, le **Fish Market Restaurant**, 611 Richard Arrington Jr. Blvd. S., où vous pourrez savourer leur pêche grillée, cuite au four ou au barbecue pour 5-8 \$. (② 322-3330. Ouvert Lu-Je 10h-21h et Ve-Sa 10h-22h.) En une petite vingtaine d'années, le restaurant ♥ **Hosle's Barbecue and Fish**, 321 17th St. N., dans le centre-ville, est devenu la référence en matière d'ailes de poulet, délicieuses et bon marché, de poissons-chats et autres spécialités du Sud. (② 326-3495. Ouvert Lu. 11h-20h, Ma-Je 11h-22h et Ve-Sa de 11h jusqu'au dernier client.)

🕓 VISITES

Les efforts de réconciliation de Birmingham avec son terrible passé se sont traduits par le développement du **Birmingham Civil Rights District**. Cet hommage au combat pour la liberté et l'égalité s'étend sur six blocks et son centre se trouve à l'intersection de la 16th St. et de la 6th Ave. N. Le bouleversant ♥ **Birmingham Civil Rights Institute** retrace la lutte nationale pour les droits civiques de 1950 à 1970, à travers le combat contre la ségrégation qui eut lieu en Alabama. Découvrez la vie de ceux qui ont traversé l'époque "Jim Crow" (auteur de lois racistes dans les années 1960). Les expositions inventives sont enrichies d'extraits de documentaires. L'institut organise des expositions sur l'état des droits de l'homme dans le monde entier et abrite un centre de documentation ouvert au public. (520 16th St. N. ② 328-9696. Ouvert Ma-Sa 10h-17h et Di. 13h-17h. Entrée 6 \$, personnes âgées 3 \$, étudiants 2 \$, gratuit pour les moins de 18 ans et le dimanche.) En face du Civil Rights Institute, l'église **Sixteenth Street Baptist Church** était le siège du mouvement pour les droits civiques de Birmingham. Quatre petites filles noires y trouvèrent la mort en septembre 1963, lors d'un attentat à la bombe perpétré par des Blancs partisans de la ségrégation. (1530 6th Ave. N. ② 251-9402. Visite Ma-Ve 10h-16h et Sa. sur rendez-vous uniquement. Don suggéré 2 \$.) Ces assassinats déclenchèrent de nombreuses protestations au **Kelly-Ingram Park**, au coin de la 6th Ave. et de la 16th St. Des sculptures commémorant les manifestations antiracistes jalonnent aujourd'hui ses pelouses.

Près du Kelly-Ingram Park, l'**Alabama Jazz Hall of Fame** est installé dans les locaux du Carver Theater. Des géants du jazz, comme Erskine Hawkins ou Sun Ra et son Intergalactic Arkestra, font l'objet de petites expositions. (1631 4th Ave. ② 254-2731. Ouvert Ma-Sa 10h-17h et Di. 13h-17h. Entrée libre.) L'**Alabama Sports Hall of Fame**, au coin de Civic Center Blvd. et de la 22nd St. N., retrace la carrière de célèbres sportifs américains, de Willie Mays à Carl Lewis. (② 323-6665. Ouvert Lu-Sa 9h-17h et Di. 13h-17h. Entrée 5 \$, personnes âgées 4 \$ et étudiants 3 \$.) Des vestiges du passé sidérurgique de Birmingham sont rassemblés au gigantesque **Sloss Furnaces National Historic Landmark**, adjacent au viaduc de la 1st Ave. N., accessible par la

32nd St. depuis le centre-ville. Ces hauts fourneaux fermés depuis 20 ans demeurent les seuls exemples de fours à minerai de fer du XXe siècle à être encore visibles à l'heure actuelle. Des spectacles de danse et de théâtre, ainsi que des concerts, y sont souvent organisés le soir. (℗ 324-1911. Ouvert Ma-Sa 10h-16h et Di. 12h-16h. Visites guidées gratuites Sa-Di à 13h, 14h et 15h.) Deux blocks plus loin, le **Birmingham Museum of Art**, le plus grand musée municipal d'art du sud des Etats-Unis, abrite plus de 18 000 pièces et un jardin de sculptures. (2000 8th Ave. N. ℗ 254-2565. Ouvert Ma-Sa 10h-17h et Di. 12h-17h, don suggéré 3,50 $.)

Si vous recherchez le calme et la verdure, allez vous promener dans les **Birmingham Botanical Gardens**, près de la US 31, un parc de 27 ha doté de beaux parterres de fleurs, d'élégants jardins japonais et d'une gigantesque serre. (2612 Lane Park Rd. ℗ 879-1227. Centre ouvert tlj 8h-17h. Jardins ouvert tlj de l'aube au crépuscule. Entrée gratuite.) Sinon, vous pouvez vous rafraîchir les idées dans les 28 ha de **Visionland**, un parc d'attractions à 25 km au sud-ouest de Birmingham, au croisement de la I-20 et de la I-459. (℗ 481-4750. Ouvert fin Mai-mi-Août, Lu-Ve 10h-20h, Sa. 10h-22h et Di. 12h-20h. Mi-Août-fin Oct : Sa. 10h-22h et Di. 12h-20h. Entrée 23 $, personnes âgées 15 $, enfants de moins d'1,20 m 18 $.)

♫ 🎬 SPECTACLES ET SORTIES

Classé monument historique, l'**Alabama Theater**, 1817 3rd Ave. N., un superbe immeuble rénové en 1927, accueille des projections de films et des spectacles 300 soirs par an. Son orgue, le Mighty Wurlitzer, joue un morceau avant chaque représentation. (℗ 252-2262. Film 6 $, personnes âgées et moins de 12 ans 5 $. Vous pouvez réserver par téléphone en passant par Ticketmaster au ℗ 715-6000 ou vous présenter aux guichets 1h avant le spectacle. Généralement, représentation à 19h et Di. à 14h.) En plus de la ligne d'information **Infoline** (℗ 251-0418), vous pouvez vous procurer un exemplaire gratuit de l'hebdomadaire *Birmingham Weekly*, ou du bi-hebdomadaire *black & white*, pour tout connaître sur les films, les pièces et la vie nocturne de la ville. Les mélomanes qui ont la bonne idée de visiter Birmingham à la mi-juin lors du festival **City Stages** peuvent écouter toute sorte de musique, de la country au gospel en passant par de grands groupes de rock. Ce festival de trois jours qui se déroule à Linn Park est également consacré à la gastronomie, à l'artisanat et aux activités pour les enfants. (℗ 251-1272. Forfait 18 $ la journée, 25 $ le week-end.)

La vie nocturne bat son plein autour de **Five Points South** (Southside). Les soirs de printemps et d'été, les terrasses se remplissent et la fontaine voit s'assembler de nombreux noctambules jusque tard dans la nuit. Tout au long de l'année, **The Nick**, 2514 10th Ave. S., que les habitants appellent "*the* place", se consacre au rock, comme l'indique clairement l'affiche à l'extérieur. (℗ 252-3831. *Happy hour* Lu-Ve 15h-21h. Musique *live* Me-Lu. Entrée 4-7 $. Généralement gratuit Lu. Ouvert Lu-Ve de 15h jusque tard et Sa. 20h-6h.) Les étudiants viennent écouter des groupes de reggae ou de rock indépendant à l'**Hippodrum**, 2007 Highland Ave. (℗ 933-6565. Horaire variable, concerts Ma-Sa. Les chevaux ne sont pas admis. Tarif en fonction du programme.)

▌ EXCURSIONS DEPUIS BIRMINGHAM

MOUNDVILLE. Lorsque les premiers colons arrivèrent à **Moundville**, à 95 km au sud-ouest de Birmingham sur la I-59/20, ils crurent avoir découvert une cité bâtie par une civilisation inconnue. Plus tard, des études archéologiques ont montré que les deux douzaines de tumuli plats en terre, le plus haut atteignant 17 m, étaient l'œuvre de la communauté du Mississippi qui avait déjà érigé les **Effigy Mounds** dans l'Iowa. Entre 1000 et 1500 de notre ère, le site constituait le lieu de cérémonies d'une cité de 10 000 personnes. L'usage de ces tumuli ainsi que les raisons exactes de la disparition de ce peuple restent inconnues. Pour vous rendre à Moundville depuis la I-59/20, prenez la sortie n° 71A qui vous mène sur la Route 69. Roulez pendant environ 20 km. (℗ 371-2572. Site ouvert tlj 8h-20h. *Visitors center* ouvert 9h-17h. Entrée 4 $, étudiants et moins de 16 ans 2 $.)

HUNTSVILLE. Située à 130 km au nord de Birmingham, Huntsville fut la première colonie anglophone d'Alabama. Elle accueillit aussi la convention qui décida de la constitution de l'Etat en 1819. A plus grande échelle, c'est ici qu'on décida d'installer, en 1950, le programme national de construction de fusées proposé à l'origine par Wernher von Braun. La réplique de la fusée Saturn V, de 110 m de hauteur, dressée au milieu du **US Space and Rocket Center**, est visible depuis des kilomètres à la ronde. Ce centre qui se veut un "parc d'attractions de l'univers" comprend plusieurs simulateurs de vol ainsi qu'un cinéma IMAX, et organise des visites guidées du Marshall Space Flight Center qui se trouve à proximité. (℃ 837-3400. Ouvert tlj 9h-18h ; hors saison 9h-17h. Entrée 15 $, 3-12 ans 11 $.)

Les motels bon marché et les chaînes de restaurants se regroupent dans **University Drive**, au nord-ouest du centre-ville. Le **Knights Inn**, 4404 University Dr., constitue une possibilité raisonnable. (℃ 864-0388. Chambre simple 33 $, chambre double 40-50 $. Les prix augmentent le week-end.) **Monte Sano State Park**, à l'est de Huntsville près de la US 431, propose des emplacements de camping agréables, au milieu de nombreux équipements de loisirs. (℃ 534-6589. Emplacement sommaire 10 $, avec l'eau et l'électricité 15 $, avec raccordement complet 16 $.) Des emplacements destinés aux **camping-cars** sont disponibles à côté du Space and Rocket Center (℃ 830-4987, emplacement avec raccordement complet 14 $). Pour vous restaurer dans le centre-ville, essayez le **Wild Rose Cafe**, 121 N. Side Square. Au déjeuner, cet établissement agréable sert de la bonne viande à 6 $ dans des assiettes en plastique, accompagnée de trois légumes. (℃ 539-3658. Ouvert Lu-Ve 7h-14h30.)

Les bus **Greyhound**, 601 Monroe St. (℃ 534-1681, gare ouverte 7h30-23h45) desservent Nashville (4 dép/j, durée 2h, 15-16 $), Birmingham (4 dép/j, durée 2h15, 16-17 $) et Memphis (4 dép/j, durée 7h, 46-49 $). Une **navette touristique**, destinée principalement à ceux qui souhaitent faire du shopping, relie toutes les heures le centre-ville au Space and Rocket Center, en effectuant plusieurs arrêts le long de University Dr. (Lu-Ve 6h-18h et Sa. 8h40-19h10. Tarif 1 $, *pass* pour une journée 2 $.) Le service de bus **Huntsville Shuttle** dessert 11 autres itinéraires et fonctionne tous les jours 6h-18h. (1 $, personnes âgées et moins de 7 ans 50 ¢, correspondances gratuites.) Pour plus d'informations sur ces deux services, appelez le ℃ 532-7433. **Taxi** : Huntsville Cab Co., ℃ 539-8288. **Informations touristiques** : **Visitors Center**, 700 Monroe St., dans le Von Braun Center. (℃ 533-5723. Ouvert Lu-Sa 9h-17h et Di. 12h-17h.) **Indicatif téléphonique** : 256.

MOBILE ☎ 251

Bob Dylan s'est plaint dans une chanson d'être resté coincé ici sur la route de Memphis, mais la ville, gouvernée successivement par les Français, les Espagnols et les Anglais, placée ensuite sous le drapeau de l'Alabama indépendant, puis sous la bannière confédérée et enfin sous celle des Etats-Unis, n'a pas manqué d'admirateurs. En toute logique, Mobile (prononcez "mo-bile") présente une grande diversité architecturale. Des maisons coloniales, des édifices de style Renaissance italienne, des forts espagnols et français, ainsi que des demeures d'aspect victorien bordent les rues fleuries d'azalées. La splendeur un peu fanée de certaines de ces habitations témoigne d'un passé relativement proche où le coton régnait en maître. Quoique située en Alabama, Mobile fait penser à une ville de Louisiane. On croirait parfois se trouver à La Nouvelle-Orléans, particulièrement lors de la fête du Mardi gras, heureusement dépourvue des hordes de touristes qui envahissent sa consœur cajun.

◪ ◨ ORIENTATION ET INFORMATIONS PRATIQUES

Le centre-ville borde la rivière Mobile. **Dauphin St.** et **Government Blvd. (US 90)**, qui devient **Government St.** au centre, sont les principales artères est/ouest. **Royal St.** et **Broad St.** sont orientées nord/sud. **Water St.** longe la baie dans le centre-ville avant de devenir la **I-10 Causeway**. **Frontage Rd.**, qui prend ensuite le nom de **Beltline**, longe quant à elle la I-65 à l'ouest du centre-ville. **Train** : **Amtrak**, 11 Government St. (℃ 432-

LE SUD

4052). Le train *Gulf Breeze* relie indirectement Mobile à New York, *via* Birmingham ou Atlanta qui sont accessibles grâce à une navette de bus. Destination : La Nouvelle-Orléans (3 dép/semaine, durée 2h30, 32 $). **Bus** : **Greyhound**, 2545 Government Blvd. (© 478-6089), au coin de Pinehill St., à l'ouest du centre-ville. Destinations : Montgomery (7 dép/j, durée 3h, 28 $), La Nouvelle-Orléans (8 dép/j, durée 2h30, 23 $) et Birmingham (5 dép/j, durée 6h, 37 $). Ouvert 24h/24. **Transports en commun** : **Mobile Transit Authority (MTA**, © 344-5656). Les principaux terminaux se trouvent à Bienville Sq., au parking de Royal St. et à l'Adams Mark Hotel. Service Lu-Ve 6h-18h, moins fréquent Sa. Tarif 1,25 $, personnes âgées et handicapés 60 ¢, correspondances 10 ¢. **Taxi** : **Yellow Cab**, © 476-7711. **Informations touristiques** : **Fort Condé Information Center**, 150 S. Royal St. (© 208-7304), dans une reconstitution du fort français près de Government St. Ouvert tlj 8h-17h. **Assistance téléphonique** : **Rape Crisis** (SOS Viol, © 473-7273), **Helpline** (SOS détresse, © 431-5111). Les deux services sont disponibles 24h/24. **Bureau de poste** : 250 Saint Joseph St. (© 800-275-8777. Ouvert Lu-Ve 7h-17h et Sa. 9h-12h.) **Code postal** : 36601.

🏠 HÉBERGEMENT

De nombreux hôtels bon marché bordent la I-65 sur la Beltline, depuis la sortie n° 5 (Spring Hill Rd.) jusqu'à la sortie n° 1 (Government Blvd.), ainsi que la Route 90, à l'ouest du centre-ville. **Family Inn**, 980 S. Beltline Rd., à l'angle de la I-65 et d'Airport Blvd., possède des lits fermes et offre piscine, TV par câble, petit déjeuner continental et appels locaux gratuits. (© 344-5500. Chambre simple 28 $, chambre double 40 $.) Dans le centre-ville, le **Budget Inn**, 555 Government St., propose des chambres dont l'aspect sévère est compensé par la télévision par câble et l'air conditionné. (© 433-0590, chambre simple 35 $, chambre double 40 $.) Le **I-10 Kampground**, 6430 Theodore Dawes Rd. E., s'étend à 12 km à l'ouest sur la I-10 (sortie n° 13, puis allez vers le sud). L'endroit est parfait si vous avez loué un camping-car. (© 653-9816 ou 800-272-1263. Emplacement pour camping-car avec raccordement complet 20 $, 1 $ par personne supplémentaire. Piscine, terrain de jeux pour les enfants et laverie.)

🍴 RESTAURANTS ET SORTIES

La situation géographique de Mobile influe sur sa gastronomie, qui combine avec bonheur fruits de mer et spécialités du Sud. ❤ **Wintzell's Oyster House**, 605 Dauphin St., véritable institution locale, prépare des huîtres sous douze formes différentes. Le repas vous sera offert si vous battez le record du plus gros mangeur d'huîtres en une heure, soit 21 douzaines et demie. (© 432-4605. *Happy hour* Lu-Ve 16h-19h. Amuse-gueule 25 ¢. Pichet de bière 4,25 $. Déjeuner 5-8 $. Ouvert Lu-Sa 11h-22h et Di. 12h-20h.) Les *ribs* de ❤ **Dreamland**, 3314 Old Shell Rd., sont inoubliables, et pas uniquement à cause des taches qu'ils laisseront sur votre tee-shirt. (© 479-9898. Ouvert Lu-Sa 10h-22h et Di. 11h-21h. Moitié d'une pièce de viande 9 $, demi-poulet 6,50 $. Pour vous mêler aux habitants de Mobile, rendez-vous au **Hayley's**, 278 Dauphin St., une adresse connue et très fréquentée. (© 433-4970. Ouvert tlj 15h-3h. Bière 2,50 $.) Ses 18 tables de billard, ses parties de fléchettes et ses hamburgers d'une demi-livre (4,50 $) font de **Solomon's**, 5753 Old Shell Rd., un bar très apprécié des étudiants. (© 344-0380. *Happy hour* tlj 11h-19h. Ouvert 24h/24.)

👁 VISITES

Les sites touristiques de Mobile se concentrent autour du centre-ville et de la baie. Trois quartiers historiques (DeTonti Sq., Dauphin St. et Church St.) encerclent le centre. Mobile se distingue par une grande variété architecturale héritée des diverses influences qui s'y sont exprimées. En particulier, les 27 demeures du **Church St. East Historic District** (quartier est) donne un aperçu assez complet des styles architecturaux ayant eu leur heure de gloire aux Etats-Unis, notamment les styles fédéral, néoclassique, *Queen Anne* et victorien. **Bay City Tours** organise une visite d'une heure dans le centre-ville, qui part du *visitors center* de Fort Condé. Téléphonez pour réserver. (© 479-9970. Visite guidée 12,50 $ par personne.)

Les demeures antérieures à la guerre de Sécession représentent l'essentiel de ce qu'il faut voir à Mobile. Dans le quartier appelé **DeTonti Historical District**, au nord du centre-ville, vous découvrirez la **Richards-DAR House Museum**, une demeure restaurée de style Renaissance italienne dotée de vitraux et de lustres rococo, sans oublier sa "dentelle" de fer forgé. (256 North Joachim St. © 208-7320. Ouvert Lu-Ve 11h-15h30, Sa. 10h-16h et Di. 13h-16h. Visite guidée 5 $, enfants 2 $, thé et biscuits offerts.) L'**Oakleigh Historical Complex**, 350 Oakleigh Place, un peu après Government St., à l'angle de George St., est l'une des plus belles demeures de Mobile avec son escalier en porte-à-faux. (© 432-1281. Visites guidées toutes les 30 mn, dernière visite à 15h30. Ouvert Lu-Sa 10h-16h. Entrée 5 $, étudiants et 12-18 ans 3 $, personnes âgées et membres de l'AAA 4,50 $, 6-11 ans 2 $.)

Le magazine *Southern Living* a classé les **Bellingrath Gardens** parmi les trois plus beaux jardins des Etats-Unis pour leurs parterres de roses luxuriants, leurs jardins asiatiques et leur promenade le long du bayou dans un parc de 360 ha. Prenez la sortie n° 15A sur la I-10. Vous pouvez également visiter le Bellingrath Museum Home. (12401 Bellingrath Gardens Rd. © 973-2217. Ouvert tlj de 8h au crépuscule. Jardins 8 $, 5-11 ans 5 $.) Le cuirassé **USS Alabama**, ancré au Battleship Park, à 4 km de la ville (accessible par la I-10), connut son heure de gloire pendant la Seconde Guerre mondiale, en prenant part à toutes les grandes batailles du Pacifique. Les nombreuses coursives et écoutilles vous permettent d'explorer le fier navire du haut jusqu'en bas. (© 433-2703. Ouvert tlj 8h-18h. Entrée 8 $, 6-11 ans 4 $, parking 2 $. Coupons de réduction de 25 % au *visitors center* de Fort Condé.) Dans le centre-ville, passez par la **Spanish Plaza**, au coin de Hamilton St. et de Government St., qui rend hommage à la ville jumelée avec Mobile (Málaga, en Espagne) et rappelle l'ancienne présence espagnole dans la ville.

Le calendrier festif de Mobile est particulièrement chargé en **février**. Les habitants attendent la floraison des azalées sur les 43 km de l'**Azalea Trail** en février et en mars (festival et course des azalées, © 334-473-7223), sans oublier le **Mardi gras** de Mobile, qui anime les rues à grand renfort de parades, chars et costumes à la mi-carême (les deux premières semaines de février). Le tricentenaire de Mobile tombe en 2002 : appelez le © 342-4386 pour connaître le programme des festivités tout au long de l'année. Le *Mobile Traveler*, disponible au *visitors center* de Fort Condé, propose une liste régulièrement mise à jour des réjouissances qui se déroulent dans la ville.

Le **Mobile Museum of Art**, entre Springhill Ave. et University Blvd., expose des œuvres d'art contemporain et à thèmes historiques. (*4850 Museum Dr. © 343-2667. Ouvert Ma-Di 10h-17h. Entrée gratuite.*) Ce musée possède une annexe dans le centre-ville. (*300 Dauphin St. © 694-0533. Ouvert Lu-Ve 8h30-16h30. Entrée gratuite.*) L'**Exploreum**, au coin de Government St. et de Water St., est un musée scientifique interactif destiné aux enfants. (© 208-6873. *Ouvert Juin-Août, Lu-Je 9h-20h, Ve-Sa 9h-21h et Di. 10h-17h. Sep-Mai : Lu-Je 9h-17h, Ve-Sa 9h-21h et Di. 10h-17h.*)

MISSISSIPPI

Le Mississippi symbolise plus que tout autre Etat le *"Deep South* ("le Sud profond"). Les extravagantes plantations de coton, dont la richesse s'est bâtie sur l'esclavage, ainsi que les tensions raciales et la ruine économique qui s'ensuivirent ont laissé ici des stigmates plus visibles qu'ailleurs. Au cours des années 1850, Natchez et Vicksburg comptaient parmi les cités les plus prospères du pays, mais la guerre de Sécession, avec le siège de Vicksburg et l'incendie de Jackson, ravagea l'Etat. Pendant les années 1960, le Mississippi sombra dans les conflits raciaux : face aux Noirs qui protestaient contre la ségrégation, toujours d'actualité à cette époque, les Blancs réagissaient en faisant régner la terreur. Malgré les souffrances qu'il a traversées, l'Etat peut se targuer d'avoir donné lieu à des pages glorieuses, le mot «pages» étant à prendre ici au sens littéral. Paradoxalement, c'est de l'un des Etats les moins alphabétisés qu'est né un remarquable patrimoine littéraire. Des écrivains comme William Faulkner, Eudora Welty, Tennessee Williams et Richard Wright viennent du Mississippi. Egalement natifs de l'Etat, des musiciens de blues comme Bessie Smith, W.C. Handy et B.B. King ont emprunté la "Blues Highway" et apporté leurs riffs à Memphis ou à Chicago, avant de conquérir le monde.

■ INFORMATIONS PRATIQUES

Capitale : Jackson.

Informations touristiques : **Division of Tourism**, P.O. Box 1705, Ocean Springs, MS 39566 (© 800-927-6378, www.visitmississippi.org). **Dept. of Parks** : P.O. Box 451, Jackson 39205 (© 800-467-2757).

Fuseau horaire : Heure des Prairies (7 heures de moins que l'heure de Paris).

Abréviation de l'Etat : MS. **Taxe locale** : 7 %.

JACKSON   ☞ 601

Jackson s'efforce d'effacer les crimes de son passé et l'image de coin perdu qui lui reste attachée. Un panneau publicitaire de la ville va jusqu'à affirmer que Jackson est devenue "ce que Rome était à l'Europe de la Renaissance"... Inutile de préciser qu'on est quand-même loin du compte ! Il faut néanmoins reconnaître que la capitale politique, culturelle et commerciale de l'Etat s'efforce d'offrir à ses concitoyens ce qu'il y a de meilleur. Les résidences cossues et les parcours de golf du nord de la ville incarnent le mode de vie des gens aisés du Sud, tandis que des terrains de camping ombragés, des réserves, des forêts nationales et des cimetières amérindiens vous attendent à seulement quelques minutes du centre-ville.

■ ■ ORIENTATION ET INFORMATIONS PRATIQUES

Le centre-ville, à l'ouest de la I-55 et au nord de la I-20, est bordé au nord par **Fortification St.**, et délimité au sud par **South St.** et à l'ouest par **Gallatin St.** L'artère nord/sud de **State St.** coupe la ville en deux. **Avion** : **Jackson Municipal Airport** (© 932-2859), à l'est du centre-ville par la I-20. **Train** : **Amtrak**, 300 W. Capitol St. (© 355-6350, ouvert tlj 9h30-19h). Destinations : Memphis (7 dép/semaine, durée 4h, 31 $) et La Nouvelle-Orléans (7 dép/semaine, durée 4h30, 17 $). **Bus** : **Greyhound**, 201 S. Jefferson (© 353-6342). Destinations : Montgomery (7 dép/j, durée 5h, 48-51 $), Memphis (8 dép/j, durée 4h, 26 $) et La Nouvelle-Orléans (4 dép/j, durée 4h30, 28 $). Ouvert 24h/24. *Ce quartier est dangereux la nuit.* **Transports en commun** : **Jackson Transit System (JATRAN)**. Le service est limité. L'horaire et les cartes des bus sont affichés sur la plupart des arrêts de bus et disponibles au siège de JATRAN, 1025 Terry Rd. (© 948-3840. Ouvert Lu-Ve 8h-16h30. Service Lu-Ve 5h-19h et Sa. 5h30-19h. Tarif 1 $, correspondances gratuites.) **Taxi** : **City Cab**, © 355-8319. **Informations touristiques** : **Convention and Visitors Bureau**, 921 N. President St., dans le centre-ville. (© 960-1891. Ouvert Lu-Ve 8h-17h.) **Assistance téléphonique** : **Rape Hotline** (SOS Viol), © 982-7273. Service disponible 24h/24. **Bureau de poste** : 401 E. South St. (ouvert Lu-Ve 7h-18h et Sa. 8h-12h). **Code postal** : 39205.

■ HÉBERGEMENT

Si vous êtes en voiture, gagnez les motels qui bordent la **I-20** et la **I-55**. Le **Sun 'n' Sand Motel**, 401 N. Lamar St., dans le centre-ville, vous fait remonter le temps jusqu'aux années 1960. La suite polynésienne vaut le coup d'œil. TV par câble et piscine. (© 354-2501. Chambre simple 35-40 $, 5 $ par personne supplémentaire.)

Le **Parkside Inn**, 3720 I-55 N., sortie n° 98B, près du centre-ville, n'est ni le plus propre, ni le plus récent motel du coin, mais c'est une bonne affaire. (✆ 982-1122. Piscine, TV par câble, appels locaux gratuits, four à micro-ondes et réfrigérateur. Chambre simple 29 $, chambre double 39 $.) Pour camper, dirigez-vous vers les **Timberlake Campgrounds**, en prenant la I-55 N. vers Eastland East (sortie n° 98B), puis à gauche après 9 km en direction d'Old Fannin Rd., avant de poursuivre votre route pendant encore 6 km. (✆ 992-9100. Piscine, jeux vidéo, terrain de basket, courts de tennis et terrain de jeux. 16 emplacements pour tente à 12 $, avec raccordement complet 17 $. Oct-Avr respectivement 10 $ et 13 $, réduction de 1 $ pour les personnes âgées. Bureau ouvert tlj 8h-17h.)

⚑⚑ RESTAURANTS ET SORTIES

Si, au cours de vos voyages, vous aimez retrouver le goût familier des hamburgers préparés dans les grandes chaînes de fast-food (après tout, on est aux Etats-Unis), foncez sans hésiter dans County Line Rd., entre la I-55 et la I-220, surnommée *"restaurant alley"* par les habitants. Mais, si vous préférez vous immerger dans l'ambiance de Jackson, alors le ♥ **George St. Grocery**, 416 George St., est l'endroit où aller. Rempli d'hommes politiques dans la journée et d'étudiants le soir venu, il propose un buffet du Sud à volonté pour 7,50 $. (✆ 969-3573. Concerts Ma-Sa 21h-2h. Restaurant ouvert Lu-Je 11h-21h, Ve. 11h-22h et Sa. 17h-22h.) Le **Keifer's**, 705 Poplar St., à côté de State St., à 3 km au nord du centre-ville, propose des *gyros* et des sandwichs à base de *pita* (4,50-5,50 $) dans un décor de plantes vertes. (✆ 355-6825. Ouvert Di-Je 11h-22h et Ve-Sa 11h-23h.) **Hal & Mal's Restaurant and Brew Bar**, 200 S. Commerce St., offre la possibilité d'entendre de la musique *live* dans un ancien entrepôt. (✆ 948-0888. Ve-Sa : entrée à partir de 5 $. Restaurant ouvert Lu. 11h-15h, Ma-Je 11h-22h et Ve. 11h-22h30. Bar ouvert Lu-Je jusqu'à 23h et Ve-Sa jusqu'à 1h.) Pour connaître les événements du week-end à Jackson, procurez-vous le *Clarion-Ledger* du jeudi.

◉ VISITES

Le **Mississippi Museum of Art** abrite une collection tournante d'œuvres locales ou internationales. (201 E. Pascagoula, à l'angle de Lamar St. ✆ 960-1515. Ouvert Lu. et Me-Sa 10h-17h, Ma. 10h-20h, Di. 12h-17h. Entrée 5 $, personnes âgées 4 $, étudiants 3 $, 6-17 ans 2 $.) Juste à côté, le **Russel C. Davis Planetarium** possède une salle de cinéma IMAX et présente un spectacle d'astronomie. (✆ 960-1550. L'horaire des spectacles est variable, téléphonez pour vous renseigner. Entrée 4,50 $, personnes âgées et moins de 12 ans 2,50 $, billet valable pour 2 spectacles 3,60 $/2 $.)

L'**Old State Capitol**, à l'intersection de Capitol St. et de State St., abrite un musée consacré à l'histoire mouvementée du Mississippi. (✆ 359-6920. Ouvert Lu-Ve 8h-17h, Sa. 9h30-16h30 et Di. 12h30-16h30. Entrée gratuite.) L'assemblée législative occupe actuellement le **New State Capitol**, achevé en 1903. Un vaste projet de restauration a permis de sauvegarder la grandeur de cet édifice de style Beaux-Arts. (400 High St., entre West St. et President St. ✆ 359-3114. Ouvert Lu-Ve 8h-17h. Visites non guidées. Entrée gratuite.) Faites un tour à la grandiose **résidence du gouverneur**, l'une des deux seules aux Etats-Unis à faire l'objet de visites alors qu'elle est habitée. (300 E. Capitol St. ✆ 359-3175. Visites Ma-Ve toutes les 30 mn 9h30-11h. Entrée gratuite.)

Le **Mississippi's Agriculture and Forestry Museum**, à moins d'1 km à l'est de la I-55, sortie n° 98B, offre un tableau fascinant de l'évolution des pratiques agricoles et de l'aménagement du territoire de l'Etat, depuis l'époque du "Roi Coton" en passant par l'exploitation du bois ou la pulvérisation d'insecticide sur les cultures. Au même endroit, le **National Agricultural Aviation Museum** expose l'avion qui sert actuellement à la pulvérisation. Le complexe abrite également plusieurs bâtiments restaurés et des outils agricoles. (1150 Lakeland Dr. ✆ 800-844-8687. Ouvert Lu-Sa 9h-17h et Di. 13h-17h. Fermé Di. début Sep-fin Mai. Entrée 4 $, personnes âgées 3 $, 6-18 ans 2 $, moins de 6 ans 50 ¢.)

VICKSBURG ☎ 601

Les collines verdoyantes de Vicksburg, baignées par le Mississippi, en firent une position stratégique idéale pendant la guerre de Sécession. La ville, défendue par le général confédéré Pemberton, finit par se rendre aux forces du général Ulysses S. Grant le 4 juillet 1863, après avoir vaillamment résisté à un bombardement de 47 jours. Pemberton dit avoir choisi cette date (l'anniversaire de l'Indépendance) en vue d'obtenir des conditions de capitulation honorables de la part de l'Union. Toutefois, les pertes affectèrent sévèrement la ville et Vicksburg refusa de célébrer la fête nationale du 4-Juillet jusqu'à la fin des années 1940. Aujourd'hui, Vicksburg est une paisible ville fluviale qui a fait du champ de bataille son principal site touristique. De grands parcs lui confèrent un charme rural et décontracté. Ses casinos au bord de l'eau longés par des allées pavées de brique semblent recréer avec succès un art de vivre depuis longtemps oublié.

⏃ INFORMATIONS PRATIQUES

La voiture est nécessaire pour profiter de Vicksburg convenablement. La gare routière, l'office de tourisme, le centre-ville et l'extrémité du grand parc militaire forment les limites de la ville. **Greyhound** (✆ 638-8389, ouvert tlj 7h-20h30) assure un service de bus depuis la gare située au 1295 S. Frontage Rd. en direction de Jackson (6 dép/j, durée 1h, 11,50 $). Le Tourist Information Center (✆ 636-9421 ou 800-221-3536), dans Clay St., en face du National Military Park (prenez la I-20 sortie n° 4 et prenez en direction de l'ouest), propose un plan détaillant les sites de Vicksburg. (Ouvert tlj 8h-17h. En hiver : Sa-Di 8h-16h.) **Bureau de poste**, 3415 Pemberton Blvd., près de la US 61 S. (✆ 636-1071. Ouvert Lu-Ve 8h-17h et Sa. 8h-12h.) **Code postal** : 39180.

⏃ HÉBERGEMENT

Il est facile de se loger à bon marché à Vicksburg. Une des meilleures affaires en ville est le **Hillcrest Motel**, 40 Route 80 E., tout près de la sortie n° 4 de la I-20. Les chambres, un peu fatiguées mais vastes et bien tenues, donnent accès à une piscine (✆ 638-1491, chambre simple 26 $, chambre double 32 $). Le **Beechwood Motel**, 4449 Clay St., à un block du Hillcrest, propose des chambres avec TV par câble, micro-ondes et réfrigérateur (✆ 636-2271, chambre simple 27 $, chambre double 35 $). La plupart des hôtels sont concentrés près du parc. N'envisagez pas de loger dans le centre-ville, à moins de choisir le **Relax Inn Downtown**, 1313 Walnut St. (✆ 631-0097, micro-ondes et réfrigérateur, chambre simple 35 $, chambre double 40 $). Le **Magnolia RV Park**, 211 Miller St., dispose de 68 emplacements avec raccordement pour camping-car, d'une piscine, d'une salle et d'un terrain de jeux. Dirigez-vous vers le sud dans Washington St. (I-20, sortie n° 1A) et prenez à gauche dans Rifle Range Rd. en direction de Miller St. (✆ 631-0388, emplacement 18 $, bureau ouvert 8h30-20h). Plus proche du parc militaire et de la route, se trouve le **Battlefield Kampground**, 4407 I-20 Frontage Rd., à côté de la sortie n° 4B (✆ 636-2025, emplacement 12 $, avec eau et électricité 15 $, avec raccordement complet 18 $).

⏃⏃ RESTAURANTS ET SORTIES

Le ❤ **Walnut Hills**, 1214 Adams St., propose un buffet "à volonté" (Di-Ve 11h-14h, 10 $) de poisson ou de steak avec accompagnement. (✆ 638-4910. Ouvert Lu-Ve 11h-21h et Di. 11h-14h.) Si vous êtes dans le centre-ville, prenez un bon repas de cuisine du Sud au **Burger Village**, 1220 Washington St., qui vous reviendra à 4,25-5,25 $ et où les *burgers* sont uniquement faits à partir de bœuf 100 % américain. (✆ 638-0202. Ouvert Lu-Sa 9h-18h.) **Red Carpet Washateria and Lanes**, 2904 Clay St., rassemble à la fois une piste de bowling, une salle de billard et une laverie. (✆ 631-0890. Laverie ouverte tlj 7h-21h. Pistes ouvertes Lu-Je 12h-23h, Ve-Sa 12h-1h et Di. 12h-22h. 2,50 $ la partie de bowling.) Les flambeurs trouveront sans doute les jeux plus excitants dans l'un des quatre **casinos** du bord du fleuve.

👁 VISITES

Vicksburg est un lieu de pèlerinage pour des milliers d'écoliers, de fanatiques de la guerre de Sécession, de descendants des soldats des armées de l'Union et de la Confédération. Des monuments et sites historiques jalonnent les 680 ha de pelouse du 💚 **Vicksburg National Military Park** et confèrent une petite touche sacrée à ces lieux. Le parc marque la limite nord-est de la ville. L'entrée et le **Visitors Center** se trouvent dans Clay St., à 1,5 km environ à l'ouest de la sortie n° 4B de la I-20. Pour le traverser, trois options s'offrent à vous. Vous pouvez soit visiter le parc en vous aidant du plan distribué à l'entrée, soit louer une cassette pour vous guider, soit demander à un guide de monter dans votre voiture et de vous emmener sur tous les sites. (© 636-0583. Centre touristique ouvert tlj 8h-17h. Parc ouvert tlj en été 7h-20h ; en hiver 7h-17h. Véhicule 4 $, cassette 5 $, CD 8 $, guide 25 $.) A l'intérieur du parc, ne manquez pas le **USS Cairo Museum**. Ce musée renferme un grand nombre d'objets récupérés à bord du vieux cuirassé nordiste coulé en 1862 et sorti de l'eau au début des années 1960. (© 636-2199. Ouvert tlj 9h30-18h ; hors saison 8h-17h. Entrée gratuite avec le billet pour le parc.) L'**Old Courthouse Museum** est un excellent musée sur la guerre de Sécession vue du côté sudiste. Pendant le siège de Vicksburg, en 1863, les troupes confédérées utilisaient la coupole de ce tribunal comme centre de transmissions et gardaient leurs prisonniers dans la salle d'audience à l'étage. (1008 Cherry St. © 636-0741. Ouvert Lu-Sa 8h30-17h et Di. 13h30-17h. Début Oct-début Avr : fermeture tlj à 16h30. Entrée 3 $, personnes âgées 2,50 $, moins de 18 ans 2 $.)

L'obsession de Vicksburg à l'égard de la guerre de Sécession n'occulte pas le reste et, si l'histoire n'est pas votre passion première, vous y trouverez certainement d'autres plaisirs. L'**Attic Gallery** impressionnerait n'importe quel amateur avec sa collection d'art contemporain du sud des Etats-Unis, et une exposition éclectique de verreries, de poteries, de livres et de bijoux. (1101 Washington St. © 638-9221. Ouvert Lu-Sa 10h-17h. Entrée libre.) L'une des plus belles demeures historiques de Vicksburg est la **maison Martha Vick**, ancienne résidence de la fille du révérend Newitt Vick, le fondateur de la ville. (1300 Grove St. © 638-7036. Ouvert Lu-Sa 9h-17h et Di. 14h-17h. Entrée 5 $, gratuit pour les moins de 12 ans.)

NATCHEZ   ☎ 601

Sur les treize millionnaires habitant l'Etat au tournant du XIXe siècle, onze possédaient des plantations de coton dans la région prospère de Natchez. Après la guerre de Sécession, le prix du coton s'effondra, entraînant le déclin des riches maisons coloniales. De nombreuses demeures ont néanmoins survécu et donnent aux visiteurs une occasion unique d'entrevoir l'élégance d'un passé révolu.

🛈 INFORMATIONS PRATIQUES

Les bus **Greyhound** partent de la gare routière **Natchez Bus Station**, 103 Lower Woodville Rd., près de la Route 61 (© 445-5291, ouvert Lu-Ve 8h-17h30, Sa. 8h-12h et 13h-17h, Di. 14h-17h), et assurent des correspondances pour Vicksburg (1 dép/j, durée 1h30, 16 $) et La Nouvelle-Orléans (2 dép/j, durée 4h30, 36 $). Le **Natchez Bicycling Center**, 334 Main St., loue des vélos avec panier, casque, antivol et kit de réparation. (© 446-7794. 15 $ les 4 heures, 20 $ la journée entière. Ouvert Ma-Ve 10h-17h30, Sa. 10h-15h et le reste du temps sur rendez-vous.) **Informations touristiques : Visitors Center**, 640 S. Canal St., près du US 84 Mississippi Bridge. (© 442-5849. Ouvert tlj 8h30-18h ; début Nov-Fév 8h30-17h.) **Bureau de poste** : 214 N. Canal St. (© 442-4361. Ouvert Lu-Ve 8h30-17h et Sa. 10h-12h.) **Code postal** : 39120.

🛏🍴 HÉBERGEMENT ET RESTAURANTS

Vous trouverez des chambres de qualité et bon marché à l'intersection de la **US 61** et de **Highland Blvd**. **Scottish Inns**, 40 Sergeant Prentiss Dr., dispose de chambres propres équipées d'un réfrigérateur et d'un four à micro-ondes. (© 442-9141 ou 800-

251-1962. Chambre simple 28 $, chambre double 40 $.) Proche du Mississippi Bridge et du *visitors center*, le **Natchez Inn**, 218 John Junkin Dr./US 84, propose des chambres austères mais propres, ainsi qu'une piscine, l'air conditionné, les appels locaux gratuits et la télévision par câble. (© 442-0221. Chambre simple 35 $, chambre double 40 $.) Les campeurs s'installeront sur le **terrain de camping** isolé du **Natchez State Park**, à moins de 15 km au nord de Natchez sur la US 61, à Stanton. (© 442-2658. 10 emplacements sommaires à 9 $, 50 emplacements avec eau et électricité à 13 $, avec raccordement complet 14 $, 10 $ pour les personnes âgées.)

Une multitude de cafés et de petits restaurants servent des repas à des prix tout à fait abordables. **Cock of the Walk**, 200 N. Broadway, est connu pour son filet de poisson-chat épicé (11 $) et son pain de maïs aux piments, servis dans une salle à manger de grand style. (© 446-8920. Ouvert tlj de 17h à environ 20h30.) Le **Pig Out Inn**, 116 S. Canal St., est spécialisé dans la cuisine au barbecue. Service rapide, sauce épicée servie en accompagnement. (© 442-8050. Sandwich 4 $, avec une boisson et un accompagnement 6,50 $. Ouvert Lu-Sa 11h-21h.) **Mammy's Cupboard**, 555 Highway 61, à 6 km au sud de la ville, sert une cuisine familiale (6-7,50 $) dont les plus beaux fleurons sont la tourte au poulet et les desserts (environ 2,50 $) dans une maison de campagne où veille une immense statue de Mammy, le stéréotype de la *black mamma* du sud des Etats-Unis (© 445-8957, ouvert Ma-Sa 11h-14h).

◎ VISITES

Natchez Pilgrimage Tours, 200 State St., au coin de Canal St., organise la visite des anciennes maisons restaurées. Prenez les horaires imprimés des circuits, les plans et les dépliants mis gratuitement à votre disposition, ou achetez le guide qui donne des détails historiques sur les demeures. Pilgrimage Tours vend des billets pour la visite de plusieurs d'entre elles. Pour un aperçu plus rapide de la ville et de l'extérieur des maisons, cette agence vend également des billets pour un tour en calèche de 35 mn ou un circuit en autobus climatisé de 55 mn. (© 446-6631 ou 800-647-6742. Ouvert Lu-Sa 9h-17h et Di. 12h30-17h. Brochure guide 5 $. Visite des maisons 6 $, enfants 3 $. Visite en calèche 10 $/5 $, visite en autobus 15 $/7,50 $. Appelez pour connaître le tarif et l'horaire saisonniers.) **Longwood**, 140 Lower Woodville Rd., la plus grande maison octogonale d'Amérique, se distingue par sa construction pleine de fantaisie. Toutefois, cet édifice de cinq étages n'a jamais été achevé. Les ouvriers, venus du nord du pays, abandonnèrent leurs travaux au début de la guerre de Sécession pour rejoindre les troupes de l'Union, laissant uniquement le sous-sol achevé et meublé. (© 442-5193. Visites guidées toutes les 30 mn, dernière visite à 16h30. Ouvert tlj 9h-17h.) **Stanton Hall**, 401 High St., en revanche, fut érigé sous la direction d'architectes et d'ouvriers de Natchez. Achevée en 1857, la demeure recèle encore des miroirs français, des manteaux de cheminée en marbre italien et de superbes lustres. (© 442-6282. Visite guidée toutes les 30 mn, dernière visite à 16h30. Ouvert tlj 9h-17h.)

Quelques siècles avant l'arrivée des Français, les Indiens Natchez s'étaient établis sur cette terre fertile. La venue des colons, si elle fit entrer les Natchez dans l'histoire littéraire à travers Chateaubriand (qui visite la région en 1791), déclencha surtout une guerre sans pitié qui se solda à terme par leur extermination. Le **Grand Village of the Natchez Indians**, 400 Jefferson Davis Blvd., près de la US 61 S., rend hommage à la tribu par le biais d'un musée consacré à son histoire et à sa culture, notamment à travers ses tertres funéraires. (© 446-6502. Ouvert Lu-Sa 9h-17h et Di. 13h30-17h. Entrée gratuite.) Le **Natchez Museum of Afro-American History and Culture** présente des expositions sur le ramassage du coton et sur la religion, l'éducation et la vie quotidienne des Afro-Américains de Natchez. (301 Main St., © 445-0728. Ouvert Ma-Sa 13h-16h30. Don requis 5 $, enfants 1 $.) Pour combiner histoire et nature, faites une balade en voiture sur la **Natchez Trace Parkway**, qui relie le nord de Natchez à Nashville, Tennessee. Cette route serpente sur 800 km à travers de belles forêts, des marécages et des paysages ombragés, tout en passant par des sites historiques et un superbe parc national.

LA VIGNE QUI A RAVAGÉ LE SUD C'est ainsi qu'est décrite la plante feuillue kudzu, qui semble recouvrir tout ce qui est immobile dans la région du *Deep South* : les arbres, les cabines téléphoniques, les bâtiments abandonnés et même des collines entières. La légende raconte que les mères inquiètes veillaient leurs enfants endormis toutes les nuits d'été, de peur que la vigne, capable de croître de 30 cm par jour, ne vienne les étouffer. Définie comme une "mauvaise herbe" et une "plante nuisible" pour sa tendance à faire table rase de la végétation d'origine, le kudzu possède néanmoins la faculté de transformer un paysage banal en un décor abstrait surréaliste et biomorphique. Considérations esthétiques mises à part, il est préférable de fermer la fenêtre avant d'éteindre les lumières...

OXFORD ☎ 662

Quand les explorateurs se dirigeant vers l'ouest décidèrent de construire cette ville pittoresque dans le nord du Mississippi, ils la nommèrent "Oxford" dans l'espoir d'obtenir du gouvernement de l'Etat qu'il y ouvre une université. Leur projet a réussi puisque c'est là qu'est établie l'université du Mississippi (*Ole Miss*). L'université fit parler d'elle au début des années 1960, lorsque James Meredith fut le premier étudiant noir à tenter de s'y inscrire. Le gouverneur de l'Etat, Ross Burnett, s'opposa ouvertement à la loi fédérale en excluant l'étudiant, jusqu'à l'intervention de la garde nationale. Mais Oxford est aussi et surtout "le petit timbre-poste de terre natale" de William Faulkner, qui, selon lui, "pouvait faire un sujet valable". L'œuvre qui en est issue est considérée comme l'une des plus grandes de la littérature américaine.

🛈 INFORMATIONS PRATIQUES

Oxford se trouve à 48 km à l'est de la I-55 par la Route 6 (prenez la sortie n° 243), à 88 km au sud de Memphis et à 225 km au nord de Jackson. Le **Tourism Info Center**, 111 Courthouse Sq., organise des visites à pied gratuites, avec audioguide, et possède des tonnes d'informations sur Faulkner. (✆ 800-758-9177. Ouvert Lu-Ve 9h-17h, Sa. 10h-16h et Di. 13h-16h.) La compagnie **Greyhound**, 2625 W. Oxford Loop (✆ 234-0094), fait circuler des bus à destination de Memphis (1 dép/j, durée 1h30, 19 $), de Nashville (1 dép/j, durée 9h, 59 $) et de La Nouvelle-Orléans (2 dép/j, durée 14h30, 79 $). **Internet** : Public Library (bibliothèque municipale), 401 Bramlett Blvd., au croisement de Jackson Ave. (✆ 234-5751. Ouvert Lu-Je 9h30-20h, Ve-Sa 9h30-17h30 et Di. 14h-17h.) **Bureau de poste** : 401 McElroy Dr. (✆ 513-4685. Ouvert Lu-Ve 9h-17h et Sa. 9h30-12h30.) **Code postal** : 38655.

🛏 HÉBERGEMENT

Vous pouvez passer une nuit douillette à l'**Oliver-Britt House Inn**, 512 Van Buren Ave.), un Bed & Breakfast sans prétention. Cette maison de la fin du XIXᵉ siècle possède cinq chambres, petites mais confortables. (✆ 234-8043. Petit déjeuner le week-end. Chambre 79-105 $, supplément de 10 $ Ve-Sa et supplément de 20 $ les week-ends de match de football américain.) L'**Ole Miss Motel**, 1517 E. University Ave., vous propose des chambres un peu fatiguées mais pittoresques (✆ 234-2424, chambre simple à partir de 32 $, chambre double à partir de 42 $). En dernier recours, adressez-vous aux motels qui longent la partie commerçante de Jackson Ave., près de la Route 6, au sud-ouest du centre-ville. A 37 km au nord de la ville, par la Route 7, se trouve le **Wall Doxy State Park**, une agréable oasis de verdure avec un grand lac et un camping. (✆ 252-4231. Emplacement avec eau et électricité 6 $. Emplacement pour camping-car avec évacuation 11 $. Bungalow 43-49 $ la nuit, séjour de 3 nuits au minimum. Entrée 2 $ par voiture, 50 ¢ par piéton ou cycliste.)

LE SUD

◑ ◨ RESTAURANTS ET SORTIES

Beaucoup de restaurants se trouvent à **Courthouse Sq.**, au croisement de Jackson Ave. et de Lamar Blvd. **Square Books**, 160 Courthouse Sq., est une librairie pleine de style comme on n'en trouve que dans le Sud : vous pourrez y lire des histoires à dormir debout tout en dégustant des pâtisseries (3 $) et du café (2 $), tranquillement installé sur un balcon qui donne sur le centre-ville. (© 236-2262. Ouvert Lu-Je 9h-21h, Ve-Sa 9h-22h et Di. 10h-18h.) Passez à la **Bottletree Bakery**, 923 Van Buren Ave., faire le plein de grands sandwichs *deli* et de pâtisseries. (© 236-5000. Ouvert Ma-Ve 7h-16h, Sa. 9h-16h et Di. 9h-14h.) **Ajax Diner**, 118 Courthouse Sq., propose des plats plus consistants : une viande accompagnée de deux variétés de légumes (6 $), ou sandwichs *po' boy* traditionnels à 5 $. (© 232-8880. Ouvert Lu-Sa 11h30-22h30.) Le soir, vous pouvez aller voir des concerts chez **Proud Larry's**, 211 S. Lamar St. (© 236-0050, entrée 5-7 $, Lu-Me et Di. concerts 22h-24h, Ve-Sa 22h-1h). Pour savoir ce qui se passe en ville, jetez un œil à l'hebdomadaire gratuit *Oxford Town*.

◉ VISITES

Faulkner est incontestablement l'enfant chéri du Sud et sa maison, **Rowan Oak**, reste l'attraction principale d'Oxford. Elle se trouve juste au sud du centre-ville dans Taylor Rd. L'écrivain, emballé par l'histoire de la demeure (elle appartenait à un général confédéré), l'acheta en 1930 et lui donna son nom de "sorbier des oiseleurs", un arbre symbole de paix et de sécurité. De plus, Faulkner fut séduit par le silence et la tranquillité de la propriété, cernée d'arbres et de pâturages, qui réunissait les conditions idéales pour son travail. Les grandes lignes de l'intrigue de son roman *Parabole* (en anglais *A Fable*), publié en 1954, sont inscrites au crayon sur les murs de son bureau. (© 234-3284. Ouvert Ma-Ve 10h-12h et 14h-16h, Sa. 10h-16h, Di. 12h-16h. Parc ouvert du lever au coucher du soleil. Visites non guidées gratuites.)

Outre Faulkner, les autres centres d'intérêt d'Oxford sont tous liés au deuxième symbole de l'intellectualisme du Sud : Ole Miss. Les trottoirs bitumés et les grands cèdres de la ville tâchent d'en faire un écrin digne du passionnant **Center for the Study of Southern Culture** (centre d'étude de la culture du sud des Etats-Unis, © 915-5993), dans le Barnard Observatory, à Ole Miss, où l'on peut se procurer des brochures sur des œuvres littéraires et où s'organisent de nombreux colloques, dont la toujours populaire **Faulkner Conference** qui se tient fin juillet ou début août. (Centre ouvert Lu-Ve 8h-17h. Entrée libre.) Si vous êtes fan de blues, vous allez vous régaler avec les 40 000 disques d'**Ole Miss Blues Archive**, Farley Hall, salle n° 340. (© 915-7753. Ouvert Lu-Ve 9h-17h. Entrée libre.) Les **University Museums**, dans University Ave., dans les locaux de l'université, présentent quatre collections principales allant de la poterie classique grecque aux instruments scientifiques du XIXe siècle. Vous découvrirez également une exposition de folklore du Sud et d'œuvres "avant-gardistes". (© 915-7073. Ouvert Ma-Sa 10h-16h30 et Di. 13h-16h. Entrée libre.)

LOUISIANE

En 1682, l'explorateur français René Robert Cavelier de La Salle descendit le Mississippi depuis les Grands Lacs et prit possession d'un immense territoire (2 100 000 km², soit quatre fois le territoire actuel de la France), qu'il baptisa "Louisiane", en l'honneur du roi Louis XIV. Le nom resta, mais la domination française fit place à celle de l'Espagne puis à celle de l'Angleterre. La Louisiane redevint française puis fut vendue par Napoléon à la jeune République américaine en 1803. Chaque règne successif attira un nouveau groupe de colons souvent en quête de tolérance… et d'une terre d'accueil. Les Espagnols arrivèrent des îles Canaries, les Acadiens français de Nouvelle-Ecosse s'y réfugièrent à la suite de l'invasion anglaise, et le rattachement aux Etats-Unis attira des Blancs et des esclaves affranchis des

Antilles. Cela ne doit pas faire oublier que les esclaves, justement, étaient nombreux dans les plantations de Louisiane. Les descendants de ces différentes populations forment aujourd'hui un peuple homogène marqué par une riche diversité culinaire, musicale et culturelle qui ne se retrouve nulle part dans les 49 autres Etats.

🚩 INFORMATIONS PRATIQUES

Capitale : Baton Rouge.

Informations touristiques : **Office de tourisme**, P.O. Box 94291, Baton Rouge 70804 (© 225-342-7317 ou 800-261-9144, www.louisianatravel.com). Ouvert Lu-Ve 8h-16h30. **Office of State Parks**, P.O. Box 44426, Baton Rouge 70804 (© 225-342-8111 ou 888-677-1400, www.crt.st.la.us). Ouvert Lu-Ve 9h-17h.

Fuseau horaire : Heure des Prairies (7 heures de moins que l'heure de Paris).

Abréviation de l'Etat : LA. **Taxe locale** : 8 %.

LA NOUVELLE-ORLÉANS ☏ 504

La Nouvelle-Orléans forme presque un pays à part entière. Fondée par Jean-Baptiste Le Mayne de Bienville en 1718, la ville fut cédée secrètement aux Espagnols en 1762 (les habitants mirent quatre ans avant de s'en rendre compte). Elle redevint française en 1800, mais fut vendue par Napoléon à la jeune République américaine en 1803, avec le reste de la Louisiane. En 1812, la Louisiane était admise dans

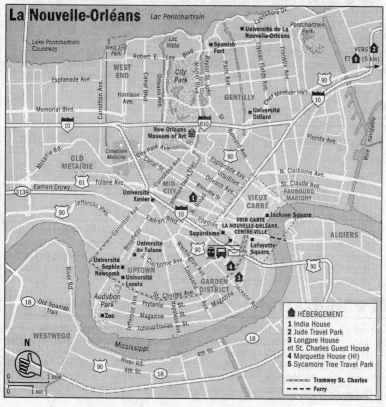

HÉBERGEMENT
1 India House
2 Jude Travel Park
3 Longpre House et St. Charles Guest House
4 Marquette House (HI)
5 Sycamore Tree Travel Park

▬▬▬ Tramway St. Charles
- - - Ferry

l'Union. De nos jours, les cours espagnoles, les vérandas victoriennes, le *jambalaya* acadien, le gombo des Caraïbes et les beignets français reflètent un multiculturalisme unique en son genre aux Etats-Unis. La Nouvelle-Orléans possède sa propre façon de cuisiner, un accent bien spécifique et une façon de faire de la musique bien à elle. Au début du XXᵉ siècle, ses musiciens ont même inventé un style musical qui se fit plus tard connaître sous le nom de… jazz.

Si New York est surnommée "la ville qui ne dort jamais", La Nouvelle-Orléans, surnommée *the Big Easy*, remporte haut la main le titre de "la ville qui n'arrête jamais de faire la fête". De jour comme de nuit, il s'y passe toujours quelque chose. Le seul frein à cette vivacité est le climat humide et chaud en été, dont l'effet languissant se fait sentir jusqu'à la nuit. Dès que la fraîcheur du soir s'installe, la ville se met à bouger, pour danser et boire jusqu'au petit matin. Fin février, la célébration du Mardi gras, qui s'étale sur un mois, est l'apothéose de l'atmosphère déjà festive de la ville.

ARRIVÉES ET DÉPARTS

Avion : Moisant International Airport (℅ 464-0831), à 24 km à l'ouest de la ville. Un taxi pour le Vieux Carré coûte 24 $ pour deux personnes et 10 $ par personne à partir de trois. **Louisiana Transit Authority**, 118 David Dr. (℅ 818-1077, bureau ouvert Lu-Ve 8h-16h) dessert Tulane Ave. jusqu'à l'angle avec Elk St. Service toutes les 15-30 mn Lu-Sa 5h30-17h40. Après 17h40, les bus s'arrêtent à l'angle de Tulane Ave. et de Carrollton Ave. (*mid-city*) jusqu'à 23h30 (1,50 $, faites l'appoint). Départ au niveau supérieur, près de la passerelle de sortie.

Train : Amtrak, 1001 Loyola Ave. (℅ 800-872-7245), au Union Passenger Terminal, à 10 mn de marche de Canal St. *via* Elk St. Destinations : **Houston** (3 dép/semaine, durée 8h, 50-89 $), **Jackson** (7 dép/semaine, durée 4h, 18-36 $) et **Atlanta** (7 dép/semaine, durée 12h, 50-89 $). Gare ouverte 24h/24, guichet ouvert Ma., Je. et Di. 6h15-23h, Lu., Me. et Ve-Sa 6h15-20h30.

Bus : Greyhound, 1001 Loyola Ave. (℅ 524-7571 ou 800-231-2222), au Union Passenger Terminal. Destinations : **Austin** (5 dép/j, durée 11h, 84 $) et **Baton Rouge** (9 dép/j, durée 2h, 11 $). Ouvert 24h/24.

TRANSPORTS

Transports en commun : Regional Transit Authority (RTA), 2817 Canal St. (℅ 248-3900. Ouvert Lu-Ve 8h-17h.) La plupart des bus passent par Canal St., au bout du Vieux Carré. Les bus et les tramways principaux circulent 24h/24. Tarif 1,25 $, personnes âgées et handicapés 40 ¢, correspondances 25 ¢. *Pass* 5 $ la journée, 12 $ les 3 jours, en vente dans les principaux hôtels des alentours de Canal St. Le bureau renseigne sur l'horaire des bus et les transports.

Taxi : Checker Yellow Cabs, ℅ 943-2411. **United Cabs**, ℅ 522-9771.

Location de vélos : French Quarter Bicycles, 522 Dumaine St. (℅ 529-3136) entre Decatur St. et Chartres St. Location 5 $ l'heure, 25 $ la journée, 87,50 $ la semaine. La location inclut l'antivol, le casque et une carte. Possibilité de louer des fauteuils roulants et des déambulateurs pour bébés. Vous devez avoir une carte bancaire ou laisser un dépôt en espèces de 200 $. Ouvert Lu-Ve 11h-19h et Sa. 10h-18h.

ORIENTATION

La plupart des centres d'intérêt de La Nouvelle-Orléans sont regroupés dans le centre-ville. Les rues principales suivent la courbe du **Mississippi**, d'où son surnom de *crescent city* (la ville en croissant). La toponymie locale révèle cette proximité permanente du fleuve et de l'eau en général : *lakeside* (côté lac) signifie le nord, en référence au **lac Ponchartrain**, et *riverside* (côté fleuve) désigne le sud. Le Mississippi "descend" les Etats-Unis du nord au sud, mais parvenu dans le sud de la Louisiane,

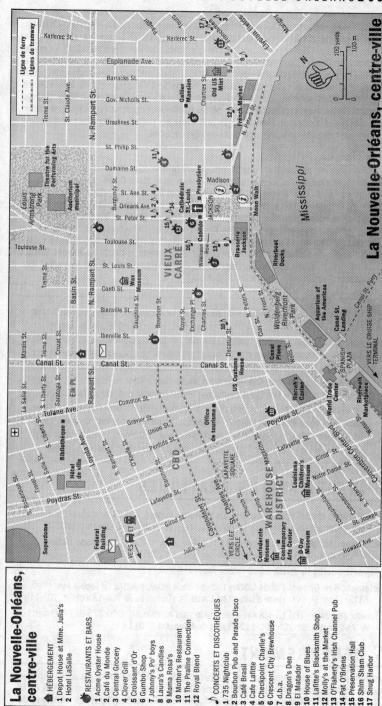

La Nouvelle-Orléans, centre-ville

La Nouvelle-Orléans, centre-ville

VERS LE CRUISE SHIP TERMINAL

🛏 HÉBERGEMENT
1 Depot House at Mme. Julia's
2 Hotel LaSalle

🍴 RESTAURANTS ET BARS
1 Acme Oyster House
2 Café du Monde
3 Central Grocery
4 Clover Grill
5 Croissant d'Or
6 Gumbo Shop
7 Johnny's Po' boys
8 Laura's Candies
9 Mama Rosa's
10 Mother's Restaurant
11 The Praline Connection
12 Royal Blend

🎵 CONCERTS ET DISCOTHÈQUES
1 735 Nightclub
2 Bourbon Pub and Parade Disco
3 Café Brasil
4 Cafe Lafitte
5 Checkpoint Charlie's
6 Crescent City Brewhouse
7 d.b.a.
8 Dragon's Den
9 El Matador
10 House of Blues
11 Lafitte's Blacksmith Shop
12 Molly's at the Market
13 O'Flaherty's Irish Channel Pub
14 Pat O'Briens
15 Preservation Hall
16 Shim Sham Club
17 Snug Harbor

LE SUD

il décrit une courbe jusqu'à couler d'est en ouest au niveau de La Nouvelle-Orléans : les habitants de la ville continuent néanmoins d'utiliser les termes de rive est (rive gauche) et de rive ouest (rive droite). Les quartiers résidentiels s'étendent à l'ouest, en amont du fleuve. Le centre-ville se trouve en aval. La ville s'étend surtout sur la rive est (gauche) du Mississippi mais, attention, "**The East**" se réfère en fait à la partie la plus orientale de la ville. **Stationner** à La Nouvelle-Orléans se révèle assez facile. Pour vous garer près du Vieux Carré, dirigez-vous vers le secteur résidentiel qui débute à Esplanade Ave., juste à l'est, où les rues sont dépourvues de parcmètres et de restrictions. Évitez de stationner la nuit dans les rues désertes. La nuit tombée, mieux vaut prendre un taxi ou le tramway St. Charles.

QUARTIERS

Les quartiers les moins densément peuplés, comme Algiers, sont installés sur la **West Bank**, la rive droite. Les touristes fréquentent le **Vieux Carré** (French Quarter), délimité par le fleuve, **Canal St.**, **Esplanade Ave.** et **Rampart St.**, dans le centre-ville situé sur l'autre rive. Les rues de ce quartier suivent un plan quadrillé, ce qui facilite le déplacement à pied. Le quartier résidentiel de **Garden District** (bordé par **St. Charles Ave.**, au nord, et **Magazine St.**, au sud), se caractérise par ses maisons élégantes. Le tramway **St. Charles Streetcar** (1,25 $), que vous pouvez prendre à l'arrêt situé à l'angle de Canal St. et de Carondelet St., dessert le **Central Business District** (CBD, ou centre-ville), le Garden District *via* St. Charles Ave. et **South Carrollton Ave.** (près des universités de Tulane et de Loyola).

La sécurité à La Nouvelle-Orléans Grâce au renforcement des forces de police et aux mesures prises pour rendre le tourisme plus sûr, La Nouvelle-Orléans est bien moins dangereuse qu'elle ne l'était jadis. Cependant, le taux de criminalité de la ville reste élevé : il est donc préférable d'éviter certains quartiers. Les risques varient rapidement d'une zone à l'autre, et le danger peut se manifester dans une rue voisine d'un site touristique. Le voisinage des immeubles situés directement au nord du Vieux Carré et au nord-ouest de Lee Circle peut être particulièrement dangereux. La nuit, évitez de vous promener seul(e), et restez dans les rues animées et bien éclairées. Essayez d'atténuer votre image de touriste (en bannissant par exemple les tee-shirts "I love New Orleans" de votre garde-robe) et faites en sorte de toujours savoir où vous allez. Enfin, évitez les parcs, les cimetières et les grands ensembles à la nuit tombée.

 INFORMATIONS PRATIQUES

Informations touristiques : New Orleans Welcome Center, 529 St. Ann St. (✆ 566-5031, www.neworleanscvb.com), sur Jackson Sq., dans le Vieux Carré. Ouvert tlj 9h-17h.

Assistance téléphonique : Cope Line (SOS détresse), ✆ 523-2673. **Rape Hotline** (SOS Viol), ✆ 483-8888. Ces deux services fonctionnent 24h/24.

Hôpital : Charity Hospital, 1532 Tulane Ave. (✆ 568-2311).

Internet : New Orleans Public Library (bibliothèque municipale), 219 Loyola Ave. (✆ 529-7323), à un block et demi à l'ouest de Canal St. (Ouvert Lu-Je 10h-18h et Sa. 10h-17h.)

Bureau de poste : 701 Loyola Ave., près de la gare routière. (✆ 800-275-8777. Ouvert Lu-Ve 7h-21h, Sa. 8h-20h et Di. 12h-17h.) **Code postal** : 70113.

▌ HÉBERGEMENT

Trouver une chambre bon marché et correcte dans le **Vieux Carré** est aussi difficile que de rester sobre un jour de Mardi gras. Heureusement, d'autres quartiers de la ville vous offriront des possibilités de logement. Il existe plusieurs **auberges de**

Jeunesse, ainsi que quelques chambres d'hôtes, près du **Garden District**. Pour le Mardi gras, les hôtels sont réservés jusqu'à un an à l'avance, comme pendant le Jazz Festival. A ces époques de l'année, des particuliers vous loueront des chambres, mais attention à ne pas vous faire avoir. Les tarifs ont tendance à baisser hors saison (la plus grande partie de l'été) et il est alors facile de négocier.

❤ **India House**, 124 S. Lopez St. (℡ 821-1904), au niveau de Canal St. Le caractère de cette auberge un peu bohème compense largement son relatif manque de propreté. Piscine et cuisine bien équipée. L'étang aux alligators situé derrière ne communique heureusement pas avec la piscine. Chambres-dortoirs spacieuses et confortables, ornées des œuvres d'art d'anciens clients. Les chambres doivent être libérées à 13h seulement, en prévision des lendemains de fête. Pas de couvre-feu ni de fermeture. Draps gratuits. Caution pour la clé 5 $. Dortoir 14 $ la nuit, jusqu'à 17 $ en haute saison.

❤ **Marquette House New Orleans International Hostel (HI-AYH)**, 2249 Carondelet St. (℡ 523-3014), dans le Garden District. L'auberge la plus propre et la plus calme de la ville. 176 lits confortables et neufs. Air conditionné, cuisines et salles d'étude accueillantes. Accès handicapés. Très silencieuse pour une auberge de jeunesse. Draps 2,50 $. Pas de couvre-feu, ni d'heure de fermeture. Alcool interdit. Caution pour la clé 5 $. Dortoir 16,50 $, non-adhérents 19,50 $. Chambre privative avec lit double et canapé-lit 50 $, 10 $ par personne supplémentaire au-delà de deux. Il est possible de louer à la semaine.

St. Charles Guest House, 1748 Prytania St. (℡ 523-6556). Dans un quartier tranquille près du Garden District et du tramway St. Charles. Cet ensemble de trois bâtiments abrite 38 chambres, dont 8 avec salle de bains commune. Agréable piscine avec terrasse. Petit déjeuner compris. Petites chambres simples sans air conditionné 25-45 $. Chambre avec 1 lit double ou 2 lits simples 45-85 $.

Depot House at Mme Julia's, 748 O'Keefe Ave. (℡ 529-2952), à 800 m du Vieux Carré, dans le CBD. Ce Bed & Breakfast propose des chambres simples mais confortables, pour 1 ou 2 personnes (65-75 $). Salles de bains communes. Petit déjeuner continental compris. Réservation nécessaire.

Longpre House, 1726 Prytania St. (℡ 581-4540). Cette maison vieille d'un siècle et demi, située à un block de St. Charles Ave. et à 25 mn à pied du Vieux Carré, a connu des jours meilleurs. Réception pour les dortoirs 8h-22h, à partir de 11h pour les chambres privatives. Café et linge gratuits. Pas de couvre-feu. Dortoir 12 $, en haute saison 16 $. Chambre simple ou double avec salle de bains commune 35 $, avec salle de bains privée 40 $.

Hotel LaSalle, 1113 Canal St. (℡ 523-5831 ou 800-521-9450), à 4 blocks de Bourbon St., dans le centre-ville. Confort sommaire mais hôtel bien tenu, avec TV et téléphone dans les chambres. Réception 24h/24. Petit déjeuner continental compris. Chambre simple 33 $, avec salle de bains 65 $. Chambre double 45 $/78 $.

St. Bernard State Park (℡ 682-2101), à 29 km au sud-est de La Nouvelle-Orléans. Sortez de la I-10 (sortie n° 246A), prenez à gauche la Route 46 sur 11 km, puis à droite la Route 39 sur 1,5 km. 51 emplacements avec eau et électricité à 12 $. Bureau ouvert tlj 7h-21h.

Jude Travel Park and Guest House, 7400 Chef Menteur Hwy./US 90 (℡ 241-0632 ou 800-523-2196), à l'est de l'intersection de la I-10 et de la US 90, sortie n° 240B. En prenant le bus n° 98 "Broad" qui passe devant les grilles du camping, vous récupérez le bus n° 55 "Elysian Fields" qui rejoint le centre-ville. Piscine, jaccuzzi, douches, laverie, surveillance 24h/24 et navette pour le Vieux Carré. 46 emplacements pour tentes et camping-cars à 20 $, 5 chambres d'hôtes disponibles. Les tarifs augmentent en haute saison.

Sycamore Tree Travel Park, 10910 Chef Menteur Hwy. (℡ 244-6611), à 5 km à l'est du croisement de la US 90 et de la I-10. On s'y rend de la même manière qu'au Jude Travel Park. Piscine, douches et laverie. Emplacement 14 $, avec raccordement complet 20 $.

📷 RESTAURANTS

Si les établissements du Vieux Carré vous semblent trop à la mode, trop touristiques ou trop chers, descendez **Magazine St.**, où cafés, brocantes et bouquinistes envahissent les trottoirs. Vous pouvez également prendre le tramway jusqu'au quartier de Tulane. Le French Market (marché français), entre Decatur St. et N. Peters St. dans la partie est du Vieux Carré, vend des légumes et des fruits frais mais à des prix un peu élevés.

À LA NOUVELLE-ORLÉANS, ON N'EST PAS QU'À JEUN

La Nouvelle-Orléans est une des villes au monde qui compte le plus de restaurants en proportion de sa population. Outre les restaurants ouvertement exotiques, la ville dispose d'un vaste choix de spécialités régionales, d'influences acadienne, espagnole, italienne, noire américaine et amérindienne. La cuisine **cajun** (acadienne), forte et épicée, se caractérise par de merveilleux mélanges d'ingrédients souvent surprenants. Le **jambalaya** (mélange de riz, de crevettes, d'huîtres et de jambon ou de poulet épicé) et le **gombo** africain (sorte de ragoût de poulet ou de poisson accompagné de riz) figurent sur presque tous les menus. Le petit déjeuner local se compose de *grits* (gruaux de maïs), d'œufs, de bacon et de *combread*. La **cuisine créole**, associant des spécialités espagnoles, françaises et antillaises, est connue pour ses haricots rouges au riz, ses **po' boys** (sandwichs baguette à la viande ou aux fruits de mer et aux légumes) et ses crevettes ou écrevisses à l'étouffée. Les meilleures pralines créoles (1,25 $) sont vendues chez **Laura's Candles**, 600 Conti St. (*© 525-3880, ouvert tlj 9h-19h*).

VIEUX CARRÉ

💗 **Café du Monde**, 800 Decatur St. (*© 525-4544*), près du *French Market*. Ce célèbre café de 1862, idéalement situé pour regarder les passants, n'a que deux choses à vous proposer : du café au lait (1,25 $) et de délicieux beignets chauds (1,25 $). Mais Dieu que ça fait du bien ! A ne rater à aucun prix. Ouvert 24h/24. Si vous appréciez leur café à la chicorée, leur boutique, le Café du Monde Gift Shop, 813 Decatur St. (*© 581-2914 ou 800-772-2927*), en vend à 4,60 $ les 425 g (15 *oz*). Ouvert tlj 9h30-18h.

Johnny's Po' boys, 511 St. Louis St. (*© 524-8129*). Evidemment, le *po' boy* est le choix incontournable dans cette institution du Vieux Carré, qui vous propose 40 variétés du fameux sandwich (4-7,50 $). Vous pouvez cependant aussi y manger une cuisine créole tout à fait correcte (*jambalaya* 4,25 $, gombo 6,25 $). Ouvert Lu-Ve 8h-16h30 et Sa-Di 9h-16h.

Gumbo Shop, 630 St. Peters St. (*© 525-1486*). A l'ombre d'un palmier, dégustez un bol d'acras aux fruits de mer ou de gombo andouille-poulet (7 $ chacun). *Po' boys* 5-8 $. Plats à partir de 10 $. L'attente peut être longue. Ouvert tlj 11h-23h.

Sabrina and Gabrielle's Secret Garden, 538 St. Philip St. (*© 524-2041*). La jolie cour et le service plaisant ajoutent au plaisir de dîner dans ce lieu romantique. Les spécialités créoles et cajun sont accompagnées d'une salade et d'une soupe (7-15 $). Ouvert Di-Je 17h30-22h et Ve-Sa 17h30-23h.

Central Grocery, 923 Decatur St. (*© 523-1620*), entre Dumaine St. et St. Philip St. C'est ici qu'a été inventée la *muffuletta*, sandwich créole à la charcuterie. Prenez-en un demi pour une personne (5 $) ou un entier pour deux (9 $). Ouvert Lu-Sa 8h-17h30 et Di. 9h-17h30.

Acme Oyster House, 724 Iberville St. (*© 522-5973*). Vous y goberez des huîtres fraîches écaillées sur place (4 $ les 6, 6,50 $ la douzaine) ou vous vous attablerez devant un *po' boy* (5-9 $) sur des nappes à carreaux. Ouvert Di-Je 11h-22h et Ve-Sa 11h-23h.

Croissant d'Or, 617 Ursulines St. (*© 524-4663*). On y trouve de bonnes pâtisseries françaises, des sandwichs et des quiches à des prix modiques. Moka (1,30 $) ou mousse au chocolat (1,50 $). Ouvert tlj 7h-17h.

Mama Rosa's, 616 N. Rampart St. (© 523-5546). Les habitués adorent ce restaurant italien. La pizza de Rosa a été classée parmi les meilleures des Etats-Unis par *People Magazine*. *Cheese pie* (quiche) de 35 cm de diamètre à 9 $. Ouvert Di-Je 11h-21h et Ve-Sa 11h-23h.

Royal Blend, 621 Royal St. (© 523-2716). Le jardin, calme, vous permet d'échapper à l'agitation de Royal St. Plus de 20 sortes de cafés chauds ou glacés, ainsi qu'une excellente sélection de thés : vous pouvez même le faire infuser vous-même. Des repas légers (croissants au jambon, quiches et salades) sont proposés pour 5-6 $. Pâtisseries 1-2 $. Ouvert Lu-Je 6h30-20h, Ve-Sa 7h-24h et Di. 7h-18h. Cybercafé à l'étage.

Clover Grill, 900 Bourbon St. (© 598-1010). Le Clover est ouvert 24h/24 depuis 1950 et propose des hamburgers délicieusement gras (à partir de 4 $). Les serveurs derrière le comptoir adorent divertir les clients et les flatter probablement dans l'intention, bien compréhensible, d'obtenir un pourboire plus important.

AUTOUR DU VIEUX CARRÉ

❤ **Camellia Grill**, 626 S. Carrollton Ave. (© 866-9573). Prenez le tramway St. Charles depuis le Vieux Carré jusqu'au secteur de Tulane. L'un des meilleurs snack-bars des Etats-Unis, apprécié des étudiants et ouvert tard. Omelette du chef à 7 $ ou sandwichs "repas complet" à 6-7 $. Il faut faire la queue les matins de week-end. Ouvert Lu-Je 9h-1h, Ve. 9h-3h, Sa. 8h-3h et Di. 8h-1h.

❤ **Franky and Johnny's**, 321 Arabella St. (© 899-9146), au sud-ouest du centre-ville, vers Tulane *via* Tchoupitoulas St. Petit restaurant modeste où vous pourrez goûter une soupe d'alligator (3 $ le bol), une tourte à l'écrevisse (4 $) et des écrevisses au court-bouillon (6-11 $ le kilo en saison, Fév-Juin). Ouvert Di-Je 11h-22h et Ve-Sa 11h-24h.

Taqueria Corona, 5932 Magazine St. (© 897-3974), entre State St. et Nashville St. L'un des meilleurs restaurants mexicains de la région. Bruyant mais intime. Excellents *burritos* servis chaud (3-7,25 $). Ouvert tlj 11h30-14h et 17h-21h30.

Tee Eva's, 4430 Magazine St. (© 899-8350). Les habitants du quartier se retrouvent chez Eva pour déguster des tourtes (*pies*) et une cuisine du bayou inimitable. Pralines créoles 2 $. *Snow balls* (250 g de confiserie) 1,50 $. Tourte à l'écrevisse 3 $, tourte à la patate douce et aux noix de pécan 2 $. Grandes tourtes (23 cm) 10-17 $, sur commande uniquement. Les spécialités de *soul food* pour le déjeuner (4-6 $) changent tous les jours. Ouvert tlj 11h-19h.

Joey K's Restaurant, 3001 Magazine St. (© 891-0997), au niveau de la 7th St. Les habitants se retrouvent dans ce sympathique petit restaurant de quartier, surtout au moment du déjeuner. On les comprend : *specials* à partir de 6 $, avec "potée créole", aubergine farcie et fruits de mer frits. Sandwichs 4,50-6 $ et bières 2,50 $. Ouvert Lu-Ve 11h-22h et Sa. 8h-22h.

Café Atchafalaya, 901 Louisiana Ave. (© 891-5271), près de Laurel St., accessible par le bus n° 11, descendez à "Magazine St.". Restaurant chaleureux au service décontracté servant une excellente cuisine rustique. Les plats simples à base de haricots rouges et de riz accompagnés de salade (6,50 $), ainsi que les beignets de tomates vertes servis en entrée (3,50 $) sont un vrai régal. Déjeuner Ma-Ve 11h30-14h et Sa-Di 8h30-14h, dîner Ma-Je 17h30-21h et Ve-Sa 17h30-21h30.

The Praline Connection, 542 Frenchmen St. (© 943-3943). Savoureuse *soul food*. Poulet et fruits de mer frits, crabe farci, ou encore *étouffées* (en français dans le menu) côtoient les plats du jour. Plat principal à partir de 9 $. Ouvert Di-Je 11h-22h30 et Ve-Sa 11h-24h.

Mother's Restaurant, 401 Poydras St. (© 523-9656), dans le centre-ville près de Tchoupitoulas St., à quatre blocks au sud-ouest de Bourbon St. On y sert des *po' boys* au rosbif et au jambon (7-10 $) et l'un des meilleurs *jambalayas* de la ville (7,25 $). Ouvert Lu-Sa 5h-22h et Di. 7h-22h.

The Trolley Stop Café, 1923 Charles Ave. (© 523-0090). Petit déjeuner servi 24h/24. Ce restaurant est constamment animé, notamment parce que les officiers de police de la ville en ont fait leur annexe. La plupart des plats, que ce soit pour le déjeuner ou pour le dîner, sont à moins de 5,50 $. Petit déjeuner 3,75-4,50 $.

◉ VISITES

VIEUX CARRÉ

Il est fortement recommandé de consacrer *au moins* une journée complète à la visite du *French Quarter* (c'est ainsi que les anglophones nomment le Vieux Carré). Ce quartier historique, le plus ancien de la ville, est réputé pour ses balcons de fer forgé, son architecture d'influence française, espagnole et créole, ainsi que pour son atmosphère festive. On y trouve également des magasins de livres et de disques d'occasion, des musées et pléthore de boutiques à touristes. **Bourbon St.** est remplie de bars touristiques, de boîtes de strip-tease et d'artistes de rue. Dans **Decatur St.**, vous trouverez des cafés et des bars plus tranquilles.

ROYAL STREET. A une époque, un tramway nommé "Désir" (*Desire*) traversait Royal St., qui offre aujourd'hui l'un des ensembles architecturaux les plus spectaculaires du Vieux Carré : peut-être le souvenir de Tennessee Williams et les images du fameux film avec Marlon Brando vous accompagneront-ils au long de votre promenade. A l'angle de Royal St. et de Saint Peters St. s'élève le bâtiment probablement le plus photographié de La Nouvelle-Orléans : la **maison LaBranche**, avec ses balcons ornés de feuilles et de glands de chêne en fer forgé qui s'étirent sur trois niveaux.

JACKSON SQUARE. Cette place, au cœur du Vieux Carré, s'étend autour de la statue équestre en bronze représentant le général Andrew Jackson, vainqueur de la bataille de La Nouvelle-Orléans contre les Anglais, en 1815, avant d'accéder à la présidence des Etats-Unis en 1829. C'est là que viennent se produire les artistes, les mimes, les musiciens, les voyants, les magiciens et les escrocs à la petite semaine, à l'ombre de la **cathédrale Saint-Louis**, la plus ancienne cathédrale des Etats-Unis à être toujours en service. *(Cathédrale ouverte tlj 6h30-18h30. Visites gratuites toutes les 15 à 20 mn Lu-Ve 9h-17h.)* Derrière la cathédrale se trouve le **St. Anthony's Garden**, ainsi nommé en mémoire du père Antonio de Sedella, qui consacra sa vie à aider les plus démunis. **Pirate's Alley** et **Père Antoine's Alley** bordent le jardin. D'après la légende, la première fut le lieu de rencontre secret entre le pirate français Jean Lafitte et Andrew Jackson, lorsqu'ils mirent sur pied une action commune qui allait permettre de repousser les Britanniques loin de La Nouvelle-Orléans. Pirate's Alley abrite également la **Faulkner House Books**, là où l'écrivain américain William Faulkner écrivit son premier roman (*Monnaie de singe*, 1926). La librairie est un véritable coffre aux trésors recelant des éditions originales de Faulkner et des livres reliés de différentes époques, en très bon état. *(624 Pirate's Alley. ℂ 524-2940. Ouvert tlj 10h-18h.)*

MARCHÉ FRANÇAIS. Créé en 1791, le Marché français est à quelques blocks de Jackson Sq. en allant vers l'océan, le long de N. Peter St. *(ℂ 522-2621. Ouvert tlj 9h-20h.)* Faites une halte au **Visitors Center** et procurez-vous une carte du quartier du marché. Il se trouve à Washington Artillery Park, non loin du **Café du Monde** (voir p. 556), qui marque l'entrée du marché. *(700 Decatur St. ℂ 596-3424. Ouvert tlj 8h30-17h.)* Au **Farmers Market**, inauguré en 1791, vous pouvez acheter des merveilles de la nature, telles que des fruits frais, des légumes, des fines herbes et des épices.

VISITES DU VIEUX CARRÉ. Le **Jean Lafitte National Historical Park and Preserve** organise des visites guidées à pied gratuites (durée 1h30). A 15h, des présentations quotidiennes illustrent différents aspects du quartier. *(419 Decatur St. ℂ 589-2636. Visites tlj à 9h30. Bureau ouvert tlj 9h-17h.)* Toutes les nuits sont magiques quand il s'agit de flâner sur la **Moon Walk**, une superbe promenade sur les rives du "puissant" Mississippi. *Evitez cependant de l'arpenter seul.*

AUTRES VISITES. A l'extrême sud-ouest du Vieux Carré, l'**Aquarium of the Americas** abrite un grand nombre de poissons et d'oiseaux marins. Parmi les 500 espèces répertoriées, vous verrez des pingouins, des tortues de mer en voie de disparition et de rarissimes alligators blancs. *(1 Canal St. ℂ 565-3033. Ouvert Mai-Août, tlj 9h30-19h ; Sep-Avr 9h30-18h. Entrée 13,50 $, personnes âgées 10 $, 2-12 ans 6,50 $.)* Le bateau à vapeur **Natchez** descend le Mississippi pour une croisière de 2h, accompagnée de jazz et entrecoupée de commentaires sur les rivages. Comme vous pouvez l'imaginer, le prix est élevé (16,75 $). Allez au *visitors center* pour obtenir deux billets au prix d'un. *(© 586-8777 ou 800-233-2628. Départ à 11h30 et 14h30 près de l'aquarium et en face de la Jackson Brewery.)*

AUTOUR DU VIEUX CARRÉ

FRONT DE MER. L'énorme complexe commercial de **Riverwalk** surplombe le port et s'étend le long du Mississippi *(ouvert Lu-Sa 10h-21h et Di. 11h-19h)*. Faites vos jeux au tout nouveau **Harra's New Orleans Casino**, situé là où Canal St. rejoint le fleuve. Profitez d'un Mardi gras permanent au milieu du joyeux tintement des pièces de monnaie. *(© 800-427-7247. Interdit aux moins de 21 ans. Ouvert 24h/24.)* Pour un beau panorama sur le fleuve Mississippi et un peu d'histoire afro-américaine, vous pourrez prendre le **Canal St. Ferry** qui vous mènera gratuitement à Algiers Point. Algiers abrita jadis de nombreux esclaves affranchis de La Nouvelle-Orléans. La vue sur la ville est particulièrement superbe à la nuit venue. *(Départs tlj 5h45-24h, toutes les 30 mn de l'extrémité de Canal St. Aller-retour 1 $ pour les voitures.)*

WAREHOUSE ARTS DISTRICT. Relativement récent, le Warehouse Arts District, presque à l'intersection de Julia St. et de St. Charles St., est formé d'anciens entrepôts rénovés abritant des galeries d'art contemporain. Chaque premier samedi du mois, les galeries organisent des soirées de vernissage très attendues. La plus importante, la **White Linen Night**, le premier samedi d'août, donne à des milliers de personnes l'occasion de revêtir leurs plus belles parures en lin blanc. Le **Contemporary Arts Center**, occupant un vieux bâtiment de brique à la façade de verre et de chrome, présente des œuvres pour le moins énigmatiques. L'architecture est intéressante et plus facile à apprécier. *(900 Camp St., © 528-3805. Ouvert Ma-Di 11h-17h. Entrée 5 $, étudiants et personnes âgées 3 $, gratuit pour les moins de 12 ans. Entrée libre le jeudi.)* Toujours dans le Warehouse District, vous trouverez la **New Orleans School of Glassworks and Printmaking Studio** (école de verrerie et de gravure). Dans l'atelier situé à l'arrière, vous pouvez observer les étudiants transformer, sous la houlette de leurs professeurs, des masses informes de verre fondu en vases et en sculptures. *(727 Magazine St. © 529-7277. Ouvert en été Lu-Ve 11h-17h. En hiver : Lu-Sa 11h-17h. Entrée libre.)* La **Jonathan Ferrara Gallery** accueille tous les ans en avril l'exposition "No Dead Artists : A Juried Exhibition of New Orleans Art Today" ("Interdit aux artistes morts : sélection d'œuvres d'art contemporain de La Nouvelle-Orléans"). Ferrara a été reconnu au niveau national pour son implication dans le programme de 1996 "Guns in the Hands of Artists" qui consistait à réaliser des œuvres d'art à partir d'armes à feu. *(841 Carondelet St. © 522-5471. Ouvert Ma-Sa 12h-18h. Entrée gratuite.)* Dans l'ouest du Warehouse District, le **Zeitgeist Multi-Disciplinary Arts Center** propose des films, des spectacles musicaux et des présentations artistiques. Sa mission : "plaire ou déplaire à chacun". Un exemple ? L'importante exposition sur l'art communiste organisée de mai à juin 2002. *(1724 Oretha Castle Haley Blvd., 4 blocks au nord de St. Charles St. © 525-2767. Téléphonez pour connaître les heures d'ouverture et le programme.)* A **Lee Circle**, à l'intersection de St. Charles St. et de Howard Ave., sur une colonne de marbre blanc haute de 18 m, se dresse une statue en bronze du général sudiste Robert E. Lee qui regarde droit vers le nord.

ST. CHARLES STREETCAR. Bien que la "Ville Croissant" tire l'essentiel de sa renommée du **Vieux Carré**, certains quartiers résidentiels valent également le coup d'œil. Sur les traces du tramway nommé "Désir", le tramway **St. Charles Streetcar** longe le Vieux Carré en passant par certains des plus beaux édifices de la ville, dont les élégantes demeures de **St. Charles Ave.** Les fans d'*Autant en emporte le vent* reconnaîtront sans problème la maison située à l'angle d'Arabella St. sur la droite, réplique exacte de Tara, la célèbre demeure de Scarlett (elle ne se visite pas). Les amateurs de luxe et de raffinement se rendront dans le quartier de **Garden District**, entre Jackson Ave. et Louisiana Ave., où les couleurs et les fers forgés des façades françaises, italiennes, espagnoles et américaines se marient harmonieusement au milieu de merveilleux jardins. On remarquera les maisons surélevées qui étaient ainsi protégées du sol marécageux de la ville.

AVANT DE MOURIR, LISEZ CECI... Mourir à La Nouvelle-Orléans a toujours posé un problème. La ville étant située à un peu plus d'un mètre au-dessous du niveau de la mer, le moindre trou dans la terre se remplit aussitôt d'eau. Autrefois, les cercueils flottaient littéralement dans les tombes tandis que les employés du cimetière tentaient de les enfoncer à l'aide de grandes perches de bois. On essaya alors de faire des trous dans les cercueils, de façon à ce qu'ils coulent, mais le spectacle du cercueil disparaissant dans un bruit infernal de glouglous se révéla trop pénible pour les familles des défunts. On abandonna donc l'inhumation pour construire de superbes mais sinistres tombeaux de marbre, qui se succèdent aujourd'hui sur des kilomètres dans les cimetières de la ville.

DEMEURES ET PLANTATIONS HISTORIQUES

La célèbre **Longue Vue House and Gardens**, accessible par Metairie Rd., est la réplique fidèle d'une grande plantation du Sud avec son mobilier d'époque et ses riches décorations. Les beaux jardins sculptés dans les règles de l'art topiaire (les arbres sont finement taillés) ont été dessinés en 1930. Prenez la sortie Metairie Rd. sur la I-10 et arrêtez-vous un instant devant le monument de 26 m de haut qui domine les tombes surélevées du **Metairie Cemetery**. Gram Parsons, la star du rock et de la country, est enterré dans le Garden of Memories. *(7 Bamboo Rd. ✆ 488-5488. Ouvert Lu-Sa 10h-16h30 et Di. 13h-17h. Visites toutes les heures. Entrée 10 $, personnes âgées 9 $, étudiants 5 $, gratuit pour les moins de 5 ans. Visites en français.)* **River Rd.**, qui suit la courbe du Mississippi sur la rive opposée, est bordée de plusieurs plantations du XIXe siècle. Procurez-vous la brochure *Great River Road Plantation Parade : A River of Riches* aux *visitors centers* de La Nouvelle-Orléans ou de Baton Rouge. Elle contient une carte et de bonnes explications sur les demeures. La visite de chaque maison privée doit être payée séparément, ce qui revient assez cher si l'on veut tout voir. Les demeures historiques suivantes sont classées dans l'ordre géographique, de La Nouvelle-Orléans à Baton Rouge.

HERMANN-GRIMA HISTORIC HOUSE, 820 St. Louis St. (✆ 525-5661). Cette maison a été construite en 1831 sur un plan d'inspiration française : vaste hall central, fenêtres à guillotine et parterres de fleurs. Tous les jeudis d'octobre à mai, les cuisiniers bénévoles préparent des repas d'après des recettes originales. Appelez pour plus de renseignements. Visites guidées toutes les 30 mn. Ouvert Lu-Ve 10h-16h, dernière visite à 15h30. Entrée 6 $, 8-18 ans 5 $.

GALLIER HOUSE MUSEUM, 1118-1132 Royal St. (✆ 523-5661). La résidence joliment restaurée de James Gallier Jr., le célèbre architecte de La Nouvelle-Orléans, fait revivre le goût et le mode de vie des grandes fortunes des années 1860. Visites toutes les 30 mn, dernière à 15h30. Ouvert Lu-Ve 10h-16h. Entrée 6 $, étudiants, personnes âgées et 8-18 ans 5 $, gratuit pour les moins de 8 ans.

SAN FRANCISCO PLANTATION HOUSE (✆ 535-2341 ou 888-322-1756), Route 44, à 3 km au nord de Reserve et à 67 km de La Nouvelle-Orléans, sur la rive est du Mississippi. Plantation parfaitement entretenue, construite en 1856 dans l'ancien style créole avec la salle de séjour à l'étage. Les couleurs de l'extérieur ne sont rien en comparaison de celles des plafonds. Visites Mars-Oct, tlj 10h-16h30 ; Nov-Fév 10h-16h. Entrée 8 $, 12-17 ans 4 $, 6-11 ans 3 $.

OAK ALLEY, 3645 Hwy. 18 (✆ 800-463-7350), entre Saint James St. et Vacherie St. Cette maison peinte en rose vif doit son nom à la magnifique allée bordée de 28 chênes régulièrement espacés et vieux de presque 300 ans. Les 28 colonnes de cette résidence de style néogrec font écho aux 28 chênes. Visites guidées toutes les 30 mn Mars-Oct, tlj 9h-17h30 ; Nov-Fév 9h-17h. Entrée 10 $, 13-18 ans 6 $, 6-12 ans 4 $.

HOUMAS HOUSE, 40136 Route 942 (© 888-323-8314), à Burnside, à peu près à mi-chemin de la route pour Baton Rouge sur la rive ouest du Mississippi. C'est là que fut tourné le film *Chut... chut... chère Charlotte*, de Robert Aldrich, avec Bette Davis et Olivia De Havilland. Superbes jardins à l'ombre de chênes moussus. Des Scarlett en crinoline plus vraies que nature vous accompagnent dans votre visite. Ouvert tlj 10h-17h ; Nov-Janv 10h-16h. Entrée 8 $, 13-17 ans 6 $, 6-12 ans 3 $.

NOTTOWAY (© 225-545-2730), Route 405, entre Bayou Goula et White Castle, à 29 km au sud de Baton Rouge, sur la rive sud (rive droite) du Mississippi. La plus grande propriété de tout le Sud avec 64 pièces, 22 colonnes, une grande salle de bal et un escalier à trois niveaux. C'est cette demeure que choisit d'abord David O. Selznick pour tourner *Autant en emporte le vent*, mais les propriétaires d'alors s'y opposèrent. Ouvert tlj 9h-17h. Entrée et visite guidée d'une heure 10 $, moins de 12 ans 4 $.

🏛 MUSÉES

D-Day Museum, 945 Magazine St. (© 527-6012). Fondé par l'historien Stephen Ambrose, ce musée présente une vision frappante, à travers des témoignages personnels, de la Seconde Guerre mondiale. Son documentaire sur les enjeux économiques et politiques de la guerre a reçu de nombreux prix. Ouvert tlj 9h-17h. Entrée 10 $, personnes âgées et étudiants 6 $, 5-17 ans 5 $.

Louisiana State Museum, P.O. Box 2448 (© 800-568-6968). Il s'agit en fait de cinq musées différents situés dans le Vieux Carré. L'**Old US Mint**, 400 Esplanade Ave., retrace l'histoire du jazz et la vie de grands musiciens comme Louis Armstrong. Le **Cabildo**, 701 Chartres St., retrace l'historique du Mardi gras. Le **Presbytère**, 751 Chartres St., plonge dans le passé de la Louisiane et expose le masque mortuaire de Napoléon. La **1850 House**, 523 St. Ann St., reconstitue, comme vous l'aviez peut-être deviné, une maison de ces années-là. **Mme John's Legacy**, 632 Dumaine St, présente des exemples d'architecture coloniale française ainsi qu'une exposition de peintres autodidactes de Louisiane. Les cinq musées sont ouverts Ma-Di 9h-17h. Old US Mint, Cabildo et Presbytère : 5 $, personnes âgées et étudiants 4 $. 1850 House et Mme John's Legacy : 3 $, personnes âgées et étudiants 2 $. Gratuit pour les moins de 13 ans dans tous les cas.

New Orleans Museum of Art (**NOMA**, © 488-2631), dans le City Park. Prenez le bus "Esplanade" depuis l'angle de Canal St. et de Rampart St. Ce beau musée contient des œuvres d'art des Amériques du Nord et du Sud, une petite collection d'art populaire, de riches parures de Fabergé et une belle collection de toiles françaises. Visites guidées gratuites à 11h et 14h. Ouvert Ma-Di 10h-17h. Entrée 6 $, personnes âgées et 3-17 ans 5 $.

Historic New Orleans Collection, 533 Royal St. (© 523-4662). Installé dans la superbe maison Merieult datant du XVIIIe siècle, ce centre de recherche vous apprendra tout ce qu'il faut savoir sur l'histoire de la Louisiane. Deux visites guidées : le "History Tour" explore le passé de La Nouvelle-Orléans tandis que le "Williams Residence Tour" montre le mobilier éclectique des fondateurs de la collection, le général Williams et son épouse. Quatre visites par jour (4 $). Galerie ouverte Ma-Sa 10h-16h30 (entrée gratuite).

Musée Conti Wax Museum, 917 Conti St. (© 525-2605). Un mélange bien dosé de faits historiques importants, d'anecdotes sensationnelles et de kitsch assumé. Parmi les incontournables, la section vaudou et la maquette du grenier de torture de Madame Lalaurie. Ouvert Lu-Sa 10h-17h30 et Di. 12h-17h30. Entrée 6,75 $, personnes âgées 6,25 $, moins de 17 ans 5,75 $.

Confederate Museum, 929 Camp St. (© 523-4522). Le plus vieux musée de l'État, installé dans un vieil immeuble de brique rouge, à l'ouest de Lee Circle, est exclusivement consacré à la guerre de Sécession. Vaste collection. Ouvert Lu-Sa 10h-16h. Entrée 5 $, personnes âgées et étudiants 4 $, moins de 12 ans 2 $.

LE SUD

New Orleans Pharmacy Museum, 514 Chartres St. (© 565-8027), dans le Vieux Carré. Cette boutique d'apothicaire fut ouverte en 1823. Elle présente une exposition de "médicaments miracles" du XIXᵉ siècle, de poudres vaudoues, ainsi qu'un jardin botanique toujours en activité.

Louisiana Children's Museum, 420 Julia St. (© 523-1357). Les enfants viennent apprendre en s'amusant et se trouvent placés dans diverses situations (vedette de télévision, conducteur de tramway ou client d'un supermarché). Les moins de 16 ans doivent être accompagnés d'un adulte. Ouvert Lu-Sa 9h30-16h30 et Di. 12h-16h30. Sep-Mai : fermé Lu. Entrée 6 $.

Louisiana Nature and Science Center (© 246-5672), dans le Joe Brown Memorial Park. Prenez la I-10 vers l'est jusqu'à la sortie n° 244 : le parc est près de Read Blvd. Des promenades, des expositions, un planétarium, des spectacles laser et 34 ha de réserve naturelle offrent une agréable échappatoire à la cohue du Vieux Carré. De Basin St., prenez le bus n° 64 "Lake Forest Express" (1,25 $). Ouvert Ma-Ve 9h-17h, Sa. 10h-17h et Di. 12h-17h. Entrée 4,75 $, personnes âgées 3,75 $, 4-13 ans 2,50 $.

🏔 ACTIVITÉS DE PLEIN AIR

Le tramway St. Charles continue son chemin jusqu'à **Audubon Park**, en face de l'**université de Tulane**. Dessiné par Frederick Law Olmsted, l'architecte de Central Park à New York, le parc Audubon est intéressant pour ses lagons, ses statues et ses étables mais il est surtout connu pour son célèbre **Audubon Zoo**, dont les marécages reconstitués abritent des alligators blancs, très rares. Une navette gratuite relie l'entrée du parc au zoo. (© 581-4629. Zoo ouvert tlj 9h30-17h ; en été Sa-Di jusqu'à 18h. Entrée 9 $, personnes âgées 5,75 $, 2-12 ans 4,75 $.)

Les superbes marais côtiers qui bordent le lac Salvador forment une partie du **Jean Lafitte National Historical Park**, appelée la **Barataria Preserve**, 7400 Barataria Blvd., au sud de La Nouvelle-Orléans. Prenez la voie principale 90 jusqu'à la Route 45. L'unique circuit pédestre organisé par le parc part tous les jours à 11h. (© 589-2330. Ouvert tlj 7h-17h, horaire étendu en été. *Visitors center* ouvert tlj 9h-17h. Entrée libre.) A proximité, d'innombrables croisières en bateau sont proposées. Les excursions **Cypress Swamp Tours** traversent les marais et viennent vous chercher à votre hôtel sans supplément, mais la croisière elle-même est sacrément chère. (© 581-4501 ou 800-633-0503. Visite de deux heures à 9h30, 11h30, 13h30 et 15h30. Appelez pour réserver. 22 $ par personne, 6-12 ans 12 $.)

🎭 SPECTACLES

THÉÂTRE

Le Petit Théâtre du Vieux Carré, 616 Saint Peters St., est l'un des théâtres historiques préférés de la ville. C'est le plus ancien des théâtres de quartier encore en activité aux Etats-Unis. Le bâtiment, construit en 1789, est la réplique de la résidence de Joseph de Pontalba, le dernier gouverneur espagnol de Louisiane. Le théâtre produit environ cinq pièces et comédies musicales par an, ainsi que quatre spectacles de divertissement pour enfants au "Children's Corner". (© 522-9958. Guichet ouvert Lu-Sa 10h30-17h30 et Di. 12h-17h. Billet environ 25 $.)

MUSIQUE

Uptown abrite des salles de bal cajun authentiques et des bars étudiants très populaires, tandis que le Marigny est le refuge des musiciens de la scène alternative locale. Pour savoir qui joue et où, consultez le journal gratuit *Off-Beat*, que l'on trouve dans de nombreux restaurants, ou l'édition du vendredi du *Times-Picayune*.

Né au début du siècle dans l'actuel **Armstrong Park**, le jazz traditionnel de La Nouvelle-Orléans continue de se faire entendre dans la toute petite salle un peu décrépie du **Preservation Hall**, 726 St. Peters St. Vous y entendrez le jazz dans sa plus pure expression. Avec seulement deux petits ventilateurs au plafond pour brasser l'air moite, la plupart des spectateurs tient tout juste un *set* : vous ne devriez pas avoir de mal à trouver une place. (© 522-2841 en journée, sinon composez le © 523-8939. Entrée 4 $. Nourriture et boissons interdites. Les portes n'ouvrent qu'à 20h, la musique commence à 20h30 pour se terminer vers minuit.)

L'accordéon, le violon, le *washboard*, le triangle et les percussions des groupes **cajun** et **zydeco** (musique aux accents de blues et de folk cajun) entraînent les novices comme les plus expérimentés dans des *two step* endiablés ou des valses langoureuses. Pour danser le "fais-dodo", la danse traditionnelle cajun, très énergique, il suffit de choisir un partenaire et de se laisser porter par le rythme. Les **Radiators**, un groupe local de renom, sont les rois du style rock-cajun-zydeco.

FESTIVALS

Le célébrissime carnaval du **Mardi gras** de La Nouvelle-Orléans, la plus grande fête de l'année, se déroule sur trois semaines avant le mercredi des Cendres. Parades, galas, bals et toutes sortes de festivités plus ou moins débridées envahissent les rues tandis que les touristes débarquent par avions entiers (les vols et les hôtels sont complets plusieurs mois à l'avance à cette période). Le commerce des perles, grande spécialité de La Nouvelle-Orléans, et autres "affaires du siècle", va bon train dans les rues : méfiez-vous des offres trop intéressantes pour être honnêtes. Le *Fat Tuesday*, le "Mardi gras" à proprement parler, tombe le 4 mars 2003, le 24 février 2004 et le 8 février 2005. Les plus grandes parades et le gros des festivités se situent pendant les deux semaines précédentes. Le **New Orleans Jazz and Heritage Festival** (du 25 avril au 2 mai 2003) attire 7000 musiciens des quatre coins des Etats-Unis. Des grands noms de la musique donnent régulièrement des concerts au cours de cette grande fête. Les concerts, joués sur 12 scènes, s'accompagnent d'un immense festival gastronomique et artisanal cajun. Les plus grandes vedettes se produisent le soir lors de concerts en bateau. Attirant de plus en plus de monde chaque année, ce festival est devenu, hélas, une grosse affaire commerciale (© 522-4786).

▧ SORTIES

A La Nouvelle-Orléans, la fête est et restera permanente, quel que soit le jour de la semaine. Toute l'année (c'est-à-dire même en dehors de la période du carnaval), Néo-Orléanais de souche et d'occasion convergent en soirée dans **Bourbon St.** pour flâner de bars en boutiques, et surtout de boîtes de nuit interlopes en peep-shows un peu miteux. A l'écart de ces lieux de débauche, les bars du quartier de Tulane, de Frenchmen St. à l'est du Vieux Carré, ou encore de Decatur St., entre St. Ann St. et Barracks St., apparaissent plus tranquilles.

Malgré les innombrables bars et clubs de jazz et de blues que compte le Vieux Carré, la vie nocturne de La Nouvelle-Orléans ne se limite pas à ce secteur. Lorsqu'ils en ont assez de Bourbon St., les habitants vont vers l'**université de Tulane**, *uptown* (au nord), ou dans le **Marigny**, le quartier qui monte, situé au nord-est du Vieux Carré. Vous pouvez vous procurer les magazines *Eclipse* et *Ambush*, qui s'intéressent aux activités de l'importante communauté gay de La Nouvelle-Orléans, chez **Faubourg Marigny Books**, 600 Frenchmen St. (© 943-9875, ouvert Lu-Ve 10h-20h et Sa-Di 10h-18h). Les adresses gay sont regroupées du côté de l'extrémité nord-est de Bourbon St., et St. Ann St. est également connue sous le nom de "**lavender line**" (la ligne mauve).

Les bars de La Nouvelle-Orléans restent ouverts tard et la plupart ne suivent pas d'horaire très strict. En général, ils ouvrent vers 11h et ferment aux alentours de 3h. Il existe de nombreux établissements où l'on sert de la bière et des *Hurricanes* (cocktails de jus de fruits et de rhum) à des prix plus modestes. *Tous les bars ci-après, sauf indication contraire, sont interdits aux moins de 21 ans.*

BARS

LE VIEUX CARRÉ

Pat O'Brien's, 718 Saint Peters St. (✆ 525-4823). Installé dans le premier théâtre espagnol des États-Unis, le bar le plus fréquenté du quartier français grouille de convives et d'étudiants allant du très joyeux au passablement éméché. C'est là que sont nés les délicieux (mais redoutables) cocktails *Hurricane*, que l'on peut acheter dans un verre souvenir (8 $, 6 $ sans le verre). Ouvert Di-Je 10h-4h et Ve-Sa 10h-5h.

Lafitte's Blacksmith Shop, 941 Bourbon St. (✆ 523-0066), au niveau de Philip St. Comme il se doit, l'un des plus vieux édifices de La Nouvelle-Orléans est un bar. Il fut bâti dans les années 1730 et, aujourd'hui encore, le bâtiment est encore éclairé à la bougie le soir. Baptisé en mémoire du héros-comploteur de la bataille de La Nouvelle-Orléans, ce bar vous permet de fuir la chaleur de la ville et de trouver une compagnie sympathique le soir. Bière 4 $. Ouvert 11h30-2h en semaine et 11h30-6h le week-end, piano *live* à partir de 20h.

Molly's at the Market, 1107 Decatur St. (✆ 525-5169). Les *Irish coffees* glacés de Molly (4,50 $) sont délicieux et connaissent une popularité bien légitime. La clientèle, des plus variée, reste des heures dans ce bar qui offre une agréable solution de repli dans ce quartier touristique. Ouvert tlj 10h-18h.

Crescent City Brewhouse, 527 Decatur St. (✆ 522-0571). Ce bar à bière, la seule microbrasserie de La Nouvelle-Orléans, vous propose uniquement ses cinq bières maison (4 $ la pinte, 5 $ les 70 cl). Murs vitrés et balcon vous permettent de voir si vous ne connaîtriez pas, par hasard, quelqu'un dans la salle. Concerts de jazz remarquables (18h-21h). Ouvert Di-Je 11h-22h et Ve-Sa 11h-24h.

O'Flaherty's Irish Channel Pub, 514 Toulouse St. (✆ 529-1317). Allez vous imprégner de culture irlandaise dans ce troquet qui se proclame lieu de rencontre de la diaspora celtique. Tendez l'oreille afin de guetter les conversations en gaélique, pendant que vous écoutez les cornemuses écossaises ou que vous regardez les danses irlandaises, et/ou que vous reprenez en chœur des chansons de l'île d'Emeraude. Musique à partir de 20h en semaine, 21h le week-end. Petit déjeuner irlandais Di. à partir de 8h. Entrée 2-10 $. Ouvert Lu-Ve 12h-2h et Sa-Di 12h-3h.

Jimmy Buffett's Margaritaville Cafe, 1104 Decatur St. (✆ 592-2565), au niveau de Ursulines St. Jimmy a fait ses débuts en chantant dans Bourbon St. Aujourd'hui, il vous propose de vous relaxer sur son "île en pleine ville" qui attire une clientèle hétéroclite de jeunes et de familles. Concerts tlj 15h-24h. Bar ouvert tlj 11h-24h. Restaurant ouvert tlj 11h-22h30.

AUTOUR DU VIEUX CARRÉ

Snug Harbor, 626 Frenchmen St. (✆ 949-0696), juste à l'est du Vieux Carré près de Decatur St. Spectacles tous les soirs à 21h et 23h. On y voit régulièrement des stars du jazz actuel, comme Charmaine Neville, Astral Project et Ellis Marsalis. L'entrée n'est pas donnée (12 $ à 18 $), mais la musique est authentique. Bar ouvert tlj 17h-1h. Restaurant ouvert Di-Je 17h-23h et Ve-Sa 17h-24h. Pas de limite d'âge.

F&M Patio Bar, 4841 Tchoupitoulas St. (✆ 895-6784), près de Napoleon Ave. Clientèle très hétérogène qui vient se restaurer après 18h de *fajitas* (4 $) et de *burgers* (5,25 $). Ouvert Lu-Je 18h-4h, Ve. 13h-6h, Sa. 15h-6h et Di. 20h-4h.

Café Brasil, 2100 Chartres St. (✆ 949-0851), non loin du Vieux Carré, au niveau de Frenchmen St. Des concerts de groupes appartenant à tous les genres musicaux réunissent une foule bigarrée et éclectique. Pas de limite d'âge. Entrée Ve-Sa après 23h 6-10 $. Ouvert tlj de 19h jusque tard dans la nuit.

Checkpoint Charlie's, 501 Esplanade Ave. (✆ 947-0979), dans le Marigny. Un antre *grunge*, encore mieux qu'à Seattle. Oubliez les idées reçues : ici la propreté est à l'honneur puisque vous pouvez non seulement assister à des concerts de rock tous les jours à partir de 22h30, mais aussi, sans changer de lieu, faire votre lessive ! Julia Roberts s'est assise sur ces machines pour le film *L'Affaire Pélican*. Bière 2,25 $. Entrée gratuite. On y mange 24h/24.

Carrollton Station, 8140 Willow St. (℡ 865-9190), au niveau de Dublin St. Un club de quartier intime et chaleureux, avec concerts de *rhythm'n'blues* et clientèle sympathique. Comme dit l'un des habitués : "Un bar qui a de la personnalité, tout comme ses clients". 12 bières à la pression (2-4 $) et presque 40 variétés de rhum. Musique Je-Sa à partir de 22h. Prix d'entrée variable. Ouvert tlj 15h30-2h.

d.b.a., 618 Frenchmen St. (℡ 942-3731), à côté de Snug Harbor. Ce bar très chic au décor en bois ramène l'ambiance de Manhattan en plein cœur de La Nouvelle-Orléans. Musique *live* deux ou trois soirs par semaine et dégustation de tequilas et de bières tous les mois. Ouvert Lu-Ve 17h-4h et Sa-Di 15h-5h.

Jimmy's, 8200 Willow St. (℡ 861-8200). Pendant l'année scolaire, c'est ici que les étudiants se retrouvent. Concerts occasionnels, opérations spéciales sur les boissons tous les jours. Ouvert tlj de 21h jusque tard dans la nuit.

Dragon's Den, 435 Esplanade Ave. (℡ 949-1750), au-dessus du Siam Cafe. Cet établissement à l'ambiance de fumerie d'opium se vante d'être un "club épicurien d'aide sociale". Concerts tlj à 22h30, Je. soirée *slam* (lecture de poésie) à 20h. La formule "deux saké chauds pour le prix d'un" du lundi est très populaire. Lu-Je entrée gratuite, Ve-Sa 6 $. Ouvert de 18h à l'aube. Repas servis jusqu'à 1h.

BOÎTES DE NUIT

LE VIEUX CARRÉ

House of Blues, 225 Decatur St. (℡ 529-2624). Complexe en pleine expansion avec une salle de concert agrémentée d'une piste de danse d'une capacité de 1000 personnes. Depuis le balcon qui fait office de bar, on a une vue imprenable sur l'ensemble. Prix d'entrée 5-10 $. La présence de grands artistes fait parfois monter les prix jusqu'à 30 $. Concerts tlj à 21h15. Etablissement uniquement accessible aux plus de 18 ans. Le restaurant est ouvert Di-Je 11h-23h et Ve-Sa 11h-24h.

735 Nightclub and Bar, 735 Bourbon St. (℡ 581-6740). Des basses puissantes font vibrer une foule hétéroclite et branchée jusque tard dans la nuit. Techno, *progressive house* et *trance* en bas, années 1980 à l'étage supérieur. Interdit aux moins de 18 ans. Entrée 5 $, moins de 21 ans 10 $. Ouvert Me-Di 22h-3h.

Shim Sham Club, 615 Toulouse St. (℡ 299-0666). Les trois derniers chiffres du numéro de téléphone devraient vous donner une idée de l'ambiance délicieusement infernale qui règne dans ce club : une diversité incroyable de concerts, des spectacles burlesques et des groupes perpétuant la tradition "strass et paillettes" du *glam rock* le samedi. Entrée gratuite avant 23h, ensuite droit d'entrée variable. Ouvert tlj 14h-6h.

AUTOUR DU VIEUX CARRÉ

❤ **Tipitina's**, 501 Napoleon Ave. (℡ 891-8477, 897-3943 pour le programme des concerts). Ce célèbre établissement draine les meilleurs groupes locaux ainsi que des stars comme The Neville Brothers, John Goodman ou Harry Connick Jr. Les musiciens jouent pratiquement au milieu du public. Profitez du dimanche soir (17h-21h) pour pratiquer quelques passes de "fais-dodo" acadien. Entrée 4-25 $. Interdit aux moins de 18 ans. Généralement, les concerts ont lieu Me-Di à partir de 22h30, mais appelez à l'avance pour les heures et les prix exacts.

The Red Room, 2040 St. Charles Ave. (℡ 528-9759). Swing, musique latino et rhythm'n'blues sont les piliers de cet établissement qui vous ramène au clinquant glamour des années 1930. Vous êtes dans l'un des clubs les plus chic et les plus feutrés de la ville, aussi mettez-vous sur votre trente-et-un, ou essayez de vous fondre dans le fastueux décor pourpre de l'endroit. Entrée 5-10 $. Ouvert 19h-2h, plus tard le samedi. Musique à partir de 21h. Interdit aux moins de 18 ans.

Maple Leaf Bar, 8316 Oak St. (℡ 866-9359), près de l'université de Tulane. Le temple du *zydeco* et de la musique cajun. Tout le monde y danse le *two step*. Patio couvert et agréable. Lecture de poésies le dimanche à 15h, entrée libre. Soirée dansante Di. à 21h et Lu-Sa à 22h30. Entrée 7 $. Ouverture tlj à 15h.

Mld City Lanes, 4133 S. Carrollton Ave. (© 482-3133), au coin de Tulane Ave. Piste de bowling la journée, puis boîte de nuit (mais vous pouvez continuer à tenter des *strikes*). C'est là que les Néo-Orléanais viennent écouter du *zydeco*, du blues et du rock. Concerts Ma-Me à 20h30, Je. à 21h30 et Ve-Sa à 22h. Entrée 5-7 $. Bowling 12 $ l'heure. Ouvert Ma-Je 12h-1h et Ve-Sa 12h-2h. Interdit aux moins de 18 ans.

El Matador, 504 Esplanade Ave. (© 569-8361). Une clientèle diversifiée et des styles musicaux variés font de cette boîte de nuit un établissement qui échappe au chahut alcoolisé des endroits plus touristiques. Entrée gratuite sauf exceptions. Spectacle de flamenco Sa. 19h30. Ouvert Lu-Je de 21h jusque tard et Ve-Di. de 16h jusque tout aussi tard.

VIE NOCTURNE GAY ET LESBIENNE

Cafe Lafitte in Exile, 901 Bourbon St. (© 522-8397). Ce bar gay, ancien refuge de l'écrivain Tennessee Williams, était autrefois installé dans l'actuel magasin Lafitte's Blacksmith. Il a déménagé en 1953, ce qui explique son nom "Lafitte en exil". L'ambiance est bonne 24h/24, mais incomparable pendant la *happy hour* de 16h à 21h.

Bourbon Pub & Parade Disco, 801 Bourbon St. (© 529-2107). Ce dancing gay organise un "thé dansant" le dimanche avec bière à volonté pour 5 $. Danse à l'étage, au Parade Disco, tous les soirs à partir de 22h. Ouvert 24h/24.

BATON ROUGE ☞ 225

Tirant son nom d'un cyprès qui marquait la frontière entre des tribus amérindiennes rivales, Baton Rouge s'est surtout développée en tant que capitale de la Louisiane. Pour les Américains, la ville fut d'ailleurs longtemps associée au gouverneur, sénateur et démagogue "Kingfish" Huey P. Long, le plus grand adversaire de Franklin D. Roosevelt. Mais cette ville portuaire est également influencée par l'Etat dans l'Etat que représente l'université de Louisiane (LSU). L'aspect plus terre à terre de Baton Rouge contraste avec la coquetterie de La Nouvelle-Orléans.

La mégalomanie pharaonique de Huey Long s'est traduite par la construction du **Louisiana State Capitol**, un superbe et gigantesque gratte-ciel dont la construction (1932) dura à peine 14 mois. Au bout du rez-de-chaussée, une plaque indique l'endroit où Huey Long s'est fait assassiner en 1935. La **plate-forme d'observation** du 26e étage (*27th floor*) offre une vue superbe sur les environs. (© 342-7317. Ouvert 8h-16h. Gratuit.) D'égale splendeur, l'**Old State Capitol**, 100 North Blvd., fait penser à une cathédrale, avec son escalier en colimaçon surmonté d'un dôme en vitrail. Il présente des expositions interactives autour de la politique. (© 342-0500 ou 800-488-2968. Ouvert Ma-Sa 10h-16h et Di. 12h-16h. Entrée 4 $, personnes âgées 3 $, étudiants 2 $. Réduction de 1 $ avec le dépliant du nouveau State Capitol.) La demeure créole restaurée dans la plantation coloniale de **Magnolia Mound Plantation**, 2161 Nicholson Dr., s'étend sur 6,5 ha et date de 1791. (© 343-4955. Ouvert Ma-Sa 10h-16h et Di. 13h-16h, dernière visite à 15h15. Entrée 8 $, personnes âgées et étudiants 6 $, 5-17 ans 3 $.) Le **LSU Rural Life Museum**, 4600 Essen Ln., dépeint la vie quotidienne dans la Louisiane des XVIIIe et XIXe siècles, avec des boutiques et des entrepôts reconstitués. En tout, ce sont 24 édifices qui s'étendent sur 4 ha, au milieu des lacs, des sentiers et des jardins d'azalées et de roses parfaitement entretenus des **Windrush Gardens**. (© 765-2437. Ouvert tlj 8h30-17h. Entrée 5 $, personnes âgées 4 $, 5-11 ans 3 $.)

Les lieux d'hébergement les plus abordables de Baton Rouge sont à l'extérieur de la ville. Parmi les meilleurs prix, le **Motel 6**, 2800 I-10 Frontage Rd., qui se trouve juste à l'ouest de Baton Rouge, de l'autre côté du Mississippi, près de la I-10 à Port Allen. (© 343-5945. Chambre simple 40 $, chambre double 46 $.) Le camping **KOA Campground**, 7628 Vincent Rd. (prenez la sortie Denham Springs sur la I-12), dispose de 110 emplacements bien entretenus, avec des installations sanitaires propres et une grande piscine. (© 664-7281 ou 800-562-5673. Emplacement pour tente 20 $, pour camping-car avec raccordement complet 27 $.) Dans le centre-ville, cafés et restaurants se concentrent dans la 3rd St. Près de LSU, à l'intersection de Highland Rd. et de Chimes St., vous pourrez vous restaurer à des prix abordables. Vous y trouverez aussi de nombreux bars. Le **Loule's Café**, 209 W. State St., sert de fabuleuses omelettes entre 5,25 et 11 $. (© 346-8221. Ouvert 24h/24.) **The Chimes**, 3357 Highland Rd., est un bar-restaurant comme on les aime, avec plus de 120 sortes de bières. Commencez votre repas avec une entrée d'alligator de Louisiane, mariné et frit, accompagné d'une sauce à la moutarde de Dijon (7 $) puis continuez avec une écrevisse à l'étouffée à 7 $. (© 383-1754. Ouvert Lu-Sa 11h-2h et Di. 11h-24h.) Non loin du centre-ville, la compagnie de bus **Greyhound**, 1253 Florida Blvd., à l'angle de la 13th St., assure des liaisons avec La Nouvelle-Orléans (8 dép/j, durée 2h, 10 $) et Lafayette (12 dép/j, durée 4h, 10 $). *Le quartier est mal fréquenté la nuit.* (© 333-3811 ou 800-231-2222. Gare et guichets ouverts 24h/24.) **Informations touristiques : State Capitol Visitors Center**, au rez-de-chaussée du State Capitol (© 342-7317, ouvert tlj 8h-16h30) et **Baton Rouge Convention and Visitors Bureau**, 730 North Blvd. (© 383-1825 ou 800-527-6843. Ouvert Lu-Ve 8h-17h.) **Bureau de poste** : 750 Florida Blvd., par River Rd. (© 800-275-8777. Ouvert Lu-Ve 7h30-17h et Sa. 8h-12h30.) **Code postal** : 70821.

NATCHITOCHES   ☞ 318

Natchitoches (prononcez NEK-eh-tich), la plus ancienne ville de Louisiane, fut construite en 1714 par les Français afin de faciliter les échanges commerciaux avec les Espagnols, installés au Mexique. Elle tire son nom des Indiens qui peuplaient la région avant l'arrivée des colons. Sa situation stratégique sur les rives de la Red River aurait dû faire de cette ville un port important, à l'image de La Nouvelle-Orléans. Pourtant, le destin, sous la forme d'un embouteillage de rondins, en a décidé autrement. La Red River a été déviée, laissant Natchitoches s'enliser. Aujourd'hui, le seul tronçon, d'une cinquantaine de kilomètres, qui subsiste de la Red River, forme le cœur de la Cane River National Heritage Area.

⚑ INFORMATIONS PRATIQUES

Le centre-ville de Natchitoches est organisé selon un quadrillage. **Front St.** longe la **Cane River** et, au-delà, les rues parallèles sont numérotées. La plupart des demeures et des plantations historiques se situent à une trentaine de kilomètres au sud de la ville, par la **Route 1 S.** Les bus de la compagnie **Greyhound**, 331 Cane River Shop Center (© 352-8341, ouvert Lu-Ve 8h-11h et 12h-16h) desservent La Nouvelle-Orléans (11 dép/j, durée 6h30, 48-51 $) et Houston (3 dép/j, durée 8-10h, 57-60 $). **Informations touristiques : Natchitoches Convention and Visitors Bureau**, 781 Front St. (© 352-8072 ou 800-259-1714. Ouvert Lu-Ve 8h-18h, Sa. 9h-17h et Di. 10h-16h.) **Bureau de poste** : 240 Saint Denis St. (© 352-2161. Ouvert Lu-Ve 8h-16h30 et Sa. 9h-23h.) **Code postal** : 71457.

⚑ HÉBERGEMENT

Vous ne pourrez pas dire que vous n'étiez pas prévenu : Natchitoches n'est pas une ville bon marché. En tant que "capitale des Bed & Breakfast" de Louisiane, cette localité compte de nombreuses chambres douillettes dans de vieilles demeures. Malheureusement, la plupart s'adressent aux budgets élevés. Si vous êtes prêt à dépenser sans compter, demandez au **Natchitoches Convention and Visitors Bureau** la liste des Bed & Breakfast les mieux classés de la ville. Pendant le Festival de Noël, le prix des chambres peut parfois tripler (même dans les motels) et les réservations s'effectuent plusieurs mois à l'avance.

Vous trouverez des motels meilleur marché à l'ouest de la ville, à l'intersection de la I-49 et de la **Route 6**. Le **Microtel Inn**, 5335 Route 6, propose l'un des meilleurs rapports qualité-prix. Les chambres toutes neuves sont bien meublées et équipées de l'air conditionné et de la TV par câble. Appels locaux gratuits, accès à la piscine et petit déjeuner compris. (© 214-0700 ou 888-771-7171. Chambre simple 46 $, chambre double 55 $. Réduction de 10 % pour les membres de l'AAA.) Les campeurs seront également comblés. Les 240 000 ha de forêt de la **Kisatchie National Forest** offrent la possibilité de vivre au milieu d'une nature extrêmement préservée. Sachez cependant que la plupart des routes sont en terre et mal indiquées, et que les terrains de camping sont difficiles à trouver et rudimentaires (2-3 $ la nuit). Rendez-vous d'abord au **Kisatchie Ranger District**, Route 6 W., 400 m après le Microtel Inn, pour vous procurer des cartes, des renseignements sur les campings et connaître les conditions qui s'appliquent à l'intérieur du parc. (✆ 352-2568. Ouvert Lu-Ve 8h-16h30.)

🅒 🅡 RESTAURANTS ET SORTIES

Si vous cherchez l'occasion de savourer une vraie cuisine familiale dans le centre-ville, le **Lasyone's**, 622 2nd St., est incontournable. La spécialité, la tourte à la viande, se consomme seule (2,50 $) ou accompagnée de crudités (à choisir au buffet) et de deux sortes de légumes (7 $). Formule déjeuner 5,25 $. (✆ 352-3353. Ouvert Lu-Sa 7h-19h.) A l'**Almost Home**, 5820 Route 1 N. Bypass, vous choisissez les plats et la quantité que vous souhaitez au buffet, spécialisé dans la cuisine cajun. Le prix est basé sur une viande et trois variétés de légumes (6 $). Le vendredi soir, le buffet de fruits de mer à volonté est à 10 $. (✆ 352-2431. Ouvert Lu-Sa 6h-14h30. Ve. buffet de fruits de mer 17h-21h.) Vous pourrez boire un verre en compagnie d'une clientèle sympathique et locale au **Pioneer Pub**, 812 Washington St., en face du *visitors center*. (✆ 352-4884. Concerts Je-Sa à partir de 21h. Ouvert tlj 11h30-2h.) Avec l'**université Northwestern**, située le long de la Route 6, Natchitoches possède son lot de bars d'étudiants.

🅔 🅙 VISITES ET SPECTACLES

Vous serez charmé par les rives de la Cane River, le long de **Front St.**, où vous pourrez vous prélasser dans des cafés aux arrière-salles anciennes établis dans les demeures historiques datant, pour certaines, du milieu du XIXᵉ siècle. Pour ne rien manquer de ce que la ville offre, vous pouvez la visiter à bord d'un tramway vert très confortable de la **Natchitoches Transit Company**, 100 Rue Beau Port. (✆ 356-8687. Téléphonez pour connaître les heures de départ. Visite d'une heure 8 $, personnes âgées 7 $, 3-12 ans 5 $.)

De nombreux sites touristiques se trouvent à l'extérieur de la ville. Pour observer la future génération de sacs à main et de ceintures, rendez-vous au ❤ **Bayou Pierre Gator Park & Show**, à 12 km de la Route 1 N., au nord de Natchitoches (cherchez le grand bus scolaire de la forme d'un alligator sur la Route 1). Ce parc, d'abord conçu comme refuge, accueille aujourd'hui les touristes et propose plusieurs attractions. Vous pourrez ainsi assister au repas de ces grands reptiles ou marcher sur des ponts suspendus au-dessus des marais. D'après le propriétaire, les alligators sont très réceptifs aux airs de musique country et cajun diffusés par les haut-parleurs. Jetez un œil au "plus grand couteau suisse du monde" dans le magasin. (✆ 354-0001 ou 877-354-7001. Ouvert mi-Avr-Oct, tlj 10h-18h. Téléphonez pour connaître l'horaire d'hiver, lors de l'hibernation des alligators. Entrée 6 $, 3-12 ans 4,50 $.) La Cane River est bordée de plusieurs plantations le long de la Route 1, au sud du centre-ville. La plantation **Melrose** (prenez la Route 1 vers le sud pendant environ 22 km puis tournez à gauche sur la Route 493) est unique : sa fondatrice était elle-même une ancienne esclave. Les écrivains William Faulkner, John Steinbeck et Sherwood Anderson y ont tous séjourné. Elle fut aussi la demeure de Clementine Hunter, une artiste de Louisiane connue pour ses peintures de style primitif. (✆ 379-0055. Ouvert tlj 12h-16h. Entrée 6 $, 13-17 ans 4 $, 6-12 ans 3 $.) La **maison Kate Chopin**, 32 km au sud sur la Route 1, abrite le Bayou Folk Museum. Cette propriété passionnera ceux qui s'intéressent aux débuts du mouvement féministe. En effet, Kate Chopin, auteur du roman controversé *L'Eveil* (1899), bravait les conventions en fumant le cigare ou en buvant de la bière dans cette petite bourgade tranquille du Sud. (✆ 379-2233. Ouvert Lu-Sa 10h-17h et Di. 13h-17h. Entrée 5 $, moins de 18 ans 3 $.)

S'il y a peu de chances de voir la neige tomber sur Natchitoches à Noël, vous pouvez être certain de la voir briller de mille feux lors de la **City of Lights** (Ville des lumières), une manifestation qui dure un mois (du 2 décembre 2002 au 3 janvier 2003). Les habitants consacrent des mois à installer quelque

300 000 ampoules, auxquelles répondent les flashs des 150 000 touristes venus s'agglutiner dans la ville tels des papillons de nuit. Le moment fort en est le **Festival of Lights**, le premier week-end de décembre, au cours duquel règne une ambiance de fête et de carnaval.

L'ACADIE

En 1713, la France dut céder l'Acadie à l'Angleterre. Ce territoire correspondait à peu près aux actuelles provinces maritimes du Canada (Nouvelle-Ecosse et Nouveau-Brunswick). L'antagonisme entre les premiers occupants français et le nouveau gouvernement anglais ne tarda pas à se transformer en conflit ouvert. En 1755, les Anglais déportèrent par bateaux les Acadiens : un tragique épisode connu sous le nom de *Grand Dérangement*. Sur les 10 000 Acadiens déportés, un tiers mourut de variole ou de faim sur les bateaux. Les survivants cherchèrent refuge le long de la côte Atlantique, dans le Massachusetts et la Caroline du Sud. Rejetés de toute part, ces catholiques francophones comprirent bien vite que seul le territoire français de Louisiane pouvait leur offrir la liberté. Les "Cajuns" (ce terme est en fait la transcription anglaise de *'Cadiens*, prononcé à l'acadienne) des paroisses de St. Martin, de Lafayette, d'Iberia ou encore de St. Mary sont tous descendants de ces colons.

Depuis, la culture acadienne de Louisiane a dû faire face à de nombreuses menaces. Dans les années 1920, le gouvernement de Baton Rouge adopta des lois obligeant les enfants cajun à parler anglais. Plus tard, à la suite des chocs pétroliers des années 1970 et 1980, les magnats du pétrole envisagèrent de faire du centre acadien de Lafayette le Houston de la Louisiane. Toutefois, les Cajuns ont toujours fièrement résisté à l'homogénéisation et, aujourd'hui, l'Etat est officiellement bilingue.

LAFAYETTE ☎ 337

Capitale incontestable de l'Acadie, Lafayette est le lieu rêvé pour suivre un régime d'écrevisses au court-bouillon ou pour danser le *two step* au son du violon et de l'accordéon. Quoique envahies par les chaînes de motels et les axes routiers résultant de la croissance de la ville, les racines cajun de Lafayette continuent de dominer le paysage, notamment dans la musique *zydeco*, qui y résonne tous les jours de l'année, et dans le parler local, empreint de locutions françaises.

✦ 🛈 ORIENTATION ET INFORMATIONS PRATIQUES

Lafayette se trouve à l'intersection des grandes routes de Louisiane. La **I-10** mène vers l'est à La Nouvelle-Orléans (218 km) et vers l'ouest à Lake Charles (122 km). La **US 90** relie New Iberia (42 km) et le bassin d'Atchafalaya au sud. La **US 167** va vers le nord jusqu'au centre de la Louisiane. La plus grande partie de la ville se trouve à l'ouest de l'**Evangeline Thruway (US 49)**, orientée nord/sud. La plupart des commerces se concentrent le long de Johnson St. (US 167) et d'Ambassador Caffery Pkwy. **Train : Amtrak**, 133 E. Grant St. Trois trains hebdomadaires à destination de : La Nouvelle-Orléans (durée 4h, 21 $), Houston (durée 5h30, 35 $) et San Antonio (durée 10h, 55 $). **Bus : Greyhound**, 315 Lee Ave. (✆ 235-1541). Destinations : La Nouvelle-Orléans (10 dép/j, durée 3h30, 17,50 $), Baton Rouge (12 dép/j, durée 1h, 11 $) et New Iberia (2 dép/j, durée 30 mn, 7,50 $). Ouvert 24h/24. **Transports en commun : Lafayette Bus System**, 1515 E. University Ave. (✆ 291-8570). Station principale à l'angle de Lee St. et de Garfield St. Service irrégulier Lu-Sa 6h30-18h30. Tarif 75 ¢, personnes âgées et handicapés 35 ¢, 5-12 ans 50 ¢. **Taxi : Yellow/Checker Cab Inc.**, ✆ 237-6196. **Hôpital : University Medical Center**, 2390 W. Congress St. (✆ 261-6000, ouvert 24h/24). **Informations touristiques : Lafayette Parish Convention and Visitors Commission**, 1400 N. Evangeline Thruway. (✆ 232-3808. Ouvert Lu-Ve 8h30-17h et Sa-Di 9h-17h.) Le **Conseil pour le développement du français en Louisiane (Codofil)**, 217 rue principale Ouest, Lafayette LA 7051 (✆ 262-5810), l'un des principaux organismes francophones de l'Etat, pourra vous mettre en contact avec des associations francophones. **Bureau de poste :** 1105 Moss St. (✆ 800-275-8777. Ouvert Lu-Ve 8h-17h30 et Sa. 8h-12h30.) **Code postal :** 70501.

🏠🍴 HÉBERGEMENT ET RESTAURANTS

Les adeptes des auberges de jeunesse peuvent directement se rendre à la **Blue Moon Guest House**, 215 E. Convent St., dans le centre-ville. Sur la I-10, prenez la sortie n° 103A, tournez à droite dans Johnston St. puis à gauche dans Convent St. L'auberge dispose de salles communes spacieuses, d'une terrasse et d'une cour. Cuisine, accès Internet et vélos disponibles. (✆ 654-1444. Se présenter entre 17h et 22h, libérer la chambre avant 10h. Consigne fermée 10h-17h. Dortoir 15 $, chambre privée 40-70 $.) Des hôtels bon marché bordent Evangeline Thwy. Le **Travel Host Inn South**, 1314 N. Evangeline Thruway, dispose de grandes chambres agréables avec TV par câble et piscine. (✆ 233-2090 ou 800-677-1466. Chambre simple 35 $, chambre double 41 $, petit déjeuner continental compris.) L'**Acadiana Park Campground**, 1201 E. Alexander St., accessible par Louisiana Ave., comprend 75 emplacements, des courts de tennis et un terrain de football (non américain), ce qui ne gâche rien. (✆ 291-8388. Bureau ouvert Sa-Je 8h-17h et Ve. 8h-20h. Emplacements avec raccordement complet 9 $.) Tout au bord d'un lac, le **KOA Lafayette**, à 8 km à l'ouest de la ville, par la sortie n° 97 de la I-10, possède plus de 200 emplacements et dispose d'un magasin, d'un minigolf et de deux piscines. Les bureaux sont ouverts tlj 7h30-20h30. (✆ 235-2739. Emplacement pour tente 19 $, avec eau et électricité 24,50 $, avec raccordement complet 26 $.)

Les restaurants cajun proposant des concerts et des pistes de danse sont nombreux mais, hélas ! assez chers. Au centre de Lafayette, vous trouverez **Chris' Po' boys**, 631 Jefferson St., où l'on sert des plateaux de fruits de mer (7-10 $) et, bien sûr, des *po' boys*, sandwichs créoles à moins de 6 $. (✆ 234-1696. Concerts Ve. Ouvert Lu-Je 10h30-20h30 et Ve. 10h30-21h.) Au **Judice Inn**, 3134 Johnston St., vous dégusterez de délicieux hamburgers, accompagnés d'une "sauce secrète" pour 2-3 $. (✆ 984-5614. Ouvert Lu-Sa 10h-22h.)

🎯 VISITES

En traversant le centre et le sud de la Louisiane, vous vous trouvez au beau milieu du plus grand marécage des Etats-Unis, l'Atchafalaya. L'**Atchafalaya Freeway** (portion de la I-10 située entre Lafayette et Baton Rouge) traverse 52 km de marais bordés de cyprès. Pour aller y "patauger" (prenez garde aux alligators), sortez à Henderson (sortie n° 115), tournez à droite, puis prenez tout de suite à gauche la Route 352 pendant 8 km et suivez les panneaux jusqu'au **McGee's Landing** qui organise quatre **excursions en bateau** par jour d'une durée de 1h30. (1337 Henderson Rd., ✆ 228-2384 ou 800-445-6681. Excursion à 8h, 10h, 13h et 15h. 12 $, personnes âgées et moins de 12 ans 10 $, gratuit pour les moins de 2 ans.) Nous conseillons aux personnes qui visitent Lafayette pour la première fois de commencer par le **Centre culturel acadien/Jean Lafitte National Park**, 501 Fisher Rd., qui projette un documentaire de 40 mn un peu trop mélodramatique, mais qui présente une exposition intéressante sur la culture et l'histoire cajun. (✆ 232-0789. Projection toutes les heures à l'heure juste de 9h à 16h. Ouvert tlj 8h-17h. Entrée gratuite.) La reconstitution d'un village acadien à **Vermillonville**, 1600 Surrey St., vous apprendra tout sur la musique, les arts, la cuisine et la danse de cette communauté. (✆ 233-4077 ou 800-992-2968. Ouvert tlj 10h-16h. Concert Sa-Di 13h-16h. Leçons de cuisine cajun tlj à 10h30, 12h30 et 13h30. Entrée 8 $, personnes âgées 6,50 $, 6-18 ans 5 $.) Le **village acadien** est composé de maisons cajun du XIXe siècle, qui abritent un éventail impressionnant d'objets ainsi que des expositions. Prenez la US 167 S., tournez à droite dans Ridge Rd. puis à gauche dans Broussard Ave., et suivez les panneaux. Le **Mississippi Valley Missionary Museum**, 200 Greenleaf Rd., expose des vestiges amérindiens. (✆ 981-2364 ou 800-962-9133. Ouvert tlj 10h-17h. Entrée 7 $, personnes âgées 6 $, enfants 4 $.) Le chêne du parvis de la **cathédrale Saint-Jean-Baptiste**, 914 St. John St., vieux de 450 ans, est l'un des plus grands des Etats-Unis. Ses branches gigantesques se déploient sur plus de 60 m, chacune pesant approximativement 72 tonnes.

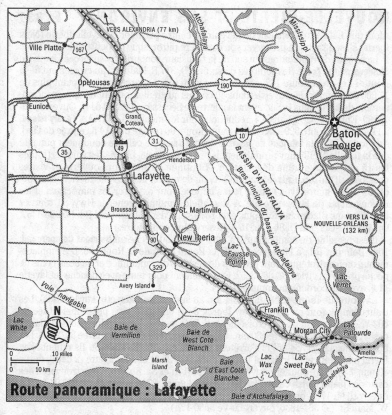

Route panoramique : Lafayette

🎵 SORTIES

Il serait dommage de visiter Lafayette sans profiter de ses nombreux concerts de musique locale. Les week-ends d'automne et de printemps, Lafayette accueille les concerts gratuits **Downtown Alive !**, consacrés à toutes les musiques, de la *new-wave* à la musique cajun et au *zydeco*. (© 291-5566. Avr-Juin et Sep-Nov, Ve. à 17h30. Musique 18h-20h30.) Le **Festival International de Louisiane** rend hommage aux racines francophones de la région. (© 232-8086. Téléphonez pour connaître les dates.) Le **Breaux Bridge Crawfish Festival**, qui se déroule dans la ville voisine de Breaux Bridge (à 16 km à l'est de Lafayette sur la I-10), est l'occasion d'assister à des courses de langoustes, à des concerts, ainsi qu'à un concours du plus gros mangeur de langoustes (© 332-6655, la première semaine de mai). Pour écouter la meilleure musique *zydeco* de la ville, procurez-vous un exemplaire de *The Times*, disponible gratuitement dans les restaurants et les stations-service. **Randol's**, 2320 Kaliste Saloom Rd., s'anime aux sons de la musique cajun et *zydeco* tous les soirs. Il fait également office de restaurant. (© 981-7080. Ouvert Di-Je 17h-22h et Ve-Sa 17h-23h.) **Grant St. Dance Hall**, 113 Grant St., accueille des groupes jouant tous les styles, du *zydeco* au Heavy Metal. (© 237-8513. Interdit aux moins de 18 ans. Entrée générale-lement 5-10 \$. Ouvert uniquement les soirs de spectacles, qui commencent à 22h.) Au **El Sid O's Blues and Zydeco**, 1523 Martin Luther King Dr., vous apercevrez peut-être le légendaire Buckwheat Zydeco. (© 318-235-0647. Ouvert Ve-Di 19h-2h.)

NOUVELLE-IBÉRIE ET SES ENVIRONS ☎ 337

Alors que Lafayette menaçait de devenir un centre pétrolier, Nouvelle-Ibérie (New Iberia) s'est attachée à préserver son caractère pittoresque de petite ville du bayou.

La plupart des plantations du sud de la Louisiane sont privées, mais celle baptisée **Shadows on the Teche** (les "ombres du serpent"), 317 E. Main St., au croisement de la Route 14 et de la Route 182, accueille les visiteurs. Les archives, comptant plus de 17 000 documents découvertes dans 40 coffres au grenier, offrent un aperçu incomparable de la vie dans le Sud avant la guerre de Sécession. (☎ 369-6446. Ouvert tlj 9h-16h30. Entrée 7 $, 6-11 ans 4 $, réduction pour les membres de l'AAA.) **Avery Island**, à 11 km de la Route 329, accessible par la Route 90 (péage de 50 ¢ à l'entrée de l'île), s'enorgueillit de la **fabrique de Tabasco Pepper Sauce**, le célèbre condiment pimenté que la famille McIlhenny produit depuis près d'un siècle. Les visites guidées (toutes les 15 mn) incluent une dégustation. (Boutique de souvenirs ouverte et visites possibles tlj 9h-16h. Entrée gratuite.) Avant de quitter la Nouvelle-Ibérie, une expédition d'une heure avec **Airboat Tour** s'impose pour explorer les marécages et les bayous du lac de Fausse Pointe. A Marshfield Landing. Prenez la Hwy. 86, tournez à droite dans Black Line Rd., puis encore à droite dans Marshfield Rd. (☎ 229-4457. Ouvert Fév-Oct, Ma-Di 8h-17h. 15 $. Réservation obligatoire.)

Il est possible de camper sur les rives du Bayou Teche au **Belmont Campground**, 1000 Belmont Rd., à l'intersection de la Route 31 et de la Route 86. Les emplacements, bien entretenus, sont proches de sentiers de randonnée et de bons coins de pêche près d'un vivier. (☎ 369-3252. Emplacement pour tente avec douches et laverie 11 $, avec raccordement complet 17 $.)

La Nouvelle-Ibérie est située à 34 km au sud-est de Lafayette sur la US 90. Les trains **Amtrak** font un arrêt à New Iberia, dans une gare sans personnel située au 402 W. Washington St., au croisement de Railroad St. Trois trains hebdomadaires desservent Lafayette (durée 30 mn, 4 $) et La Nouvelle-Orléans (durée 3h, 20 $). Les bus **Greyhound** (☎ 364-8571) s'arrêtent en ville au 1103 E. Main St. Ils relient New Iberia à La Nouvelle-Orléans (4 dép/j, durée 4h, 28 $) et à Lafayette (2 dép/j, durée 40 mn, 7 $). Gare routière ouverte Lu-Ve 8h-17h et Sa. 8h-12h. Vous trouverez des cartes à l'**Iberia Parish Convention and Visitors Bureau**, 2704 Route 14 (☎ 888-942-3742, ouvert tlj 9h-17h), ou à l'office de tourisme **Greater Iberia Chamber of Commerce**, 111 W. Main St. (☎ 364-1836, ouvert Lu-Ve 8h30-17h).

ARKANSAS

Les plaques d'immatriculation du coin annoncent : "L'Etat naturel". L'Arkansas doit ce qualificatif aux monts Ozark, aux eaux limpides de Hot Springs et aux centaines de kilomètres de route qui serpentent à travers de belles forêts de pins. Les disparités culturelles de l'Etat sont aussi nombreuses que sa géographie est variée. Le sud-est de l'Arkansas correspond à la région du delta du Mississippi, où règne le blues, tandis que les montagnes au nord sont le refuge d'une communauté soudée et sans prétention. Pourtant, l'Arkansas ne fait plus qu'un lorsqu'il s'agit de recevoir les voyageurs au sein de cette grande famille accueillante, dont fait partie l'ancien président Bill Clinton.

ⓘ INFORMATIONS PRATIQUES

Capitale : Little Rock.

Informations touristiques : **Arkansas Department of Parks and Tourism**, 1 Capitol Mall, Little Rock 72201 (☎ 501-682-1191 ou 800-628-8725, www.arkansas.com). Ouvert Lu-Ve 8h-17h.

Fuseau horaire : Heure des Prairies (7 heures de moins que l'heure de Paris).

Abréviation de l'Etat : AR. **Taxe locale** : 6 %.

LITTLE ROCK ☞ 501

Sa situation idéale, exactement au milieu de l'Etat le long de l'Arkansas River, a fait de Little Rock une ville commerciale de premier ordre au début du XIXe siècle. A cette époque, un rocher de quelques mètres de haut servait de repère aux bateaux remontant le fleuve. Les marins et les trafiquants, en s'installant à proximité, ne cherchèrent pas plus loin pour baptiser leur communauté. Ainsi naquit Petit Rocher. En 1957, Little Rock fut le théâtre de terribles affrontements raciaux. Le gouverneur ségrégationniste Orval Faubus, aidé des troupes de l'Etat, s'opposa violemment à l'inscription de neuf étudiants noirs à la Central High School, forçant le gouvernement fédéral à faire intervenir la garde nationale pour les protéger. Aujourd'hui, les tensions raciales se sont considérablement affaiblies, et Little Rock tente d'oublier peu à peu son passé en s'ouvrant au tourisme et en tournant le dos à un provincialisme étroit.

🛈 INFORMATIONS PRATIQUES

Little Rock se situe à l'intersection de la I-40 et de la I-30, à 225 km à l'ouest de Memphis. Dans le centre, les numéros des rues vont croissant d'est en ouest. Près du fleuve, Markham St. devient la 1st St., et Capitol St. la 5th St. La partie ouest de Markham St. s'appelle désormais Clinton Ave. **Bus : Greyhound**, 118 E. Washington St. (© 372-3007), de l'autre côté de la rivière, à North Little Rock (accessible par le bus n° 7 ou par le n° 18). Destinations : Saint Louis (1 dép/j, durée 8h30, 48 $), La Nouvelle-Orléans (5 dép/j, durée 13h30, 74 $) et Memphis (9 dép/j, durée 2h30, 22 $). **Train : Amtrak**, Union Station, 1400 W. Markham St. (© 372-6841), au coin de Victory St. (accessible par le bus n° 1 ou par le n° 8). Destinations : Saint Louis (durée 7h, 62-72 $), Dallas (durée 6h30, 69-80 $) et Malvern, près de Hot Springs (9 $). Ouvert Lu-Ve 9h-19h30, Ma. 15h30-1h30, Me-Je et Di. 6h-1h30, Ve-Sa 6h-16h. **Transports en commun : Central Arkansas Transit (CAT)**, © 375-1163. Le centre-ville comme les villes voisines sont desservis par un réseau assez complet de bus. Lu-Ve 6h-23h, horaire restreint le week-end. Tarif 1 $, personnes âgées 50 ¢, correspondance 10 ¢. La CAT gère également un réseau de tramways qui relient le quartier des affaires à River Market. (Lu-Ve 11h-14h. Tarif 25 ¢.) **Informations touristiques : Little Rock Convention and Visitors Bureau**, 400 W. Markham St. (© 376-4781), dans le Robinson Center, sur Broadway. Ouvert Lu-Ve 9h-17h. **Internet : Main Library** (bibliothèque principale), 100 Rock St., près du River Market. (© 918-3000. Ouvert Lu-Ma et Je. 9h-20h, Me. et Ve-Sa 9h-18h, Di. 13h-17h.) **Bureau de poste** : 600 E. Capitol St. (© 375-5155). Ouvert Lu-Ve 7h-17h30. **Code postal** : 72701.

🛏 HÉBERGEMENT

Les motels bon marché de Little Rock sont regroupés sur la I-30, au sud-ouest de la ville, et à l'intersection de la I-30 et de la I-40 au nord de la ville, à North Little Rock. **Master's Inn Economy**, 707 I-30 (© 372-4392 ou 800-633-3434), au coin de la 7th St. et de la I-30 (sortie n° 140), est l'un des quelques motels envisageables dans le centre-ville. Chambres spacieuses avec piscine et petit déjeuner compris. Chambre simple 35-42 $, chambre double 47 $, personne supplémentaire 4 $, gratuit pour les moins de 18 ans accompagnés d'un parent. Le **Cimarron Motel**, 10200 I-30 (© 565-1171), sortie n° 130, propose 33 chambres sommaires et une piscine. Chambre simple 30 $, chambre double 35 $. Caution pour la clé 5 $. Si vous désirez avant tout économiser de l'argent, le **King's Motel**, 10420 I-30 (565-1501), offre des chambres relativement confortables, mais pauvres en équipements. Chambre simple 25 $, chambre double 30 $. Caution de 5 $ pour la clé. Le **Campground Maumell Park**, 9009 Pinnacle Valley Rd. (© 868-9477), sur le fleuve Arkansas, dispose de 129 emplacements situés près du magnifique Pinnacle Mountain State Park. A partir de la I-430 N., prenez la Route 10 (sortie n° 9) à l'ouest sur 5 km, puis tournez à droite au niveau de Pinnacle Valley sur 5 km. Emplacement avec eau et électricité 15 $. Location de chaloupes 2 $, gratuit pour les usagers du camping.

■ ■ RESTAURANTS ET SORTIES

River Market, 400 E. Markham St., comprend des boutiques d'alimentation, des kiosques à café et des *delis*, où une grande partie de la population du centre-ville vient déjeuner. (© 375-2552. Ouvert Lu-Sa 7h-18h, mais de nombreuses boutiques ne sont ouvertes qu'à l'heure du déjeuner. Le marché aux légumes se tient en plein air les mardi et samedi de 7h à 15h.) Les bars et les restaurants de l'Arkansas ferment tôt le samedi, et les magasins cessent toute vente d'alcool à minuit, conformément à la loi. **Vino's**, 923 W. 7th St., au coin de Chester St, est la première microbrasserie de Little Rock et sert une cuisine italienne à prix raisonnables : pizza 1 $ la part, *calzone* à partir de 5 $. (© 375-8466. Ouvert Lu-Me 11h-22h, Je. 11h-24h, Ve. 11h-1h, Sa. 11h30-24h et Di. 13h-21h. Concerts Je-Sa.) **Juanita's**, 1300 S. Main St., sert une délicieuse cuisine mexicaine (plat du jour 6 $) et programme des concerts presque tous les soirs. Comptez 11-12 $ pour le dîner. (© 372-1228. Ouvert pour le déjeuner Lu-Sa 11h-14h30 et Sa. 11h-15h, pour le dîner Lu. 17h30-21h, Ma-Je 17h30-22h, Ve. 17h30-22h30 et Sa. 15h-22h30. Bar ouvert Lu-Ve de 11h jusqu'à la fermeture.)

■ VISITES

Les visiteurs pourront se rendre au légendaire **"little rock"** (petit rocher) à Riverfront Park, un agréable lieu de promenade le long de l'Arkansas. Lorsque vous vous trouvez sous le pont du chemin de fer, à l'extrémité nord de Louisiana St., regardez en bas : le rocher est sur la berge. Il est très abîmé par l'érosion et vous pourriez le manquer facilement. Le **State Capitol**, à l'extrémité ouest de Capitol St., est la réplique à une échelle réduite du Capitole de Washington, D.C. Lorsque le corps législatif n'est pas en session (c'est à dire la plupart du temps passé le printemps), le bâtiment et ses salles sont ouverts au public. (© 682-5080. Ouvert Lu-Ve 8h-18h et Sa-Di 10h-17h.) Dans le centre-ville, l'**Arkansas Territorial Restoration**, 200 E. 3rd St., relate la vie quotidienne de Little Rock au XIXe siècle. Des acteurs en costumes dévoilent les "trucs" de ceux qui vivaient alors à la frontière de l'Arkansas. (© 324-9351. Ouvert Lu-Sa 9h-17h et Di. 13h-17h. Entrée 2 $, personnes âgées 1 $, enfants 50 ¢. Visites toutes les heures à l'heure exacte sauf à 12h, dernière à 16h.) L'attraction principale de Little Rock se trouve à l'angle de la 14th St. et de Park St. La **Central High School** reste une école très fonctionnelle (et bien intégrée), c'est pourquoi elle est fermée au public. De l'autre côté de la rue, le **Visitors Center**, 2125 W. 14th St., a pris possession d'une ancienne station-service Mobil et abrite une exposition sur les neuf premiers étudiants noirs, les "Little Rock Nine". (© 374-1957. Ouvert Lu-Sa 10h-16h et Di. 13h-16h. Gratuit.) La construction de la **Clinton Presidential Library** a débuté l'an dernier et devrait se terminer fin 2003-début 2004. Située juste à côté du quartier de River Market, cette bibliothèque a pour objectif d'élargir les horizons de Little Rock. (© 370-8000 pour obtenir des renseignements ou effectuer un don à la fondation.)

HOT SPRINGS ☎ 501

Hot Spring a longtemps eu des problèmes avec le tourisme. En 1820, les citoyens de l'Arkansas demandèrent au gouvernement de protéger la région pour éviter qu'elle ne devienne trop commerciale, comme nombre d'autres villes d'eau. Outre les attrape-touristes que représentent certaines fermes d'alligators, une poignée de musées de cire et de magasins de souvenirs, la ville de Hot Springs se distingue surtout par ses sources chaudes. Lorsque vous vous serez baigné dans cette eau à 60 °C, vous comprendrez pourquoi tout le monde, des gangsters aux fédéraux, s'adonna à la fièvre des bains dans les années 1920, l'âge d'or de la ville.

⁊ INFORMATIONS PRATIQUES

Hot Springs se trouve à environ 30 mn de Little Rock par la I-30. La compagnie **Greyhound**, 229 W. Grand Ave. (© 623-5574), dans le centre-ville, affrète deux bus par jour vers Little Rock (durée 1h30, 13 $) et Dallas (durée 6h, 51 $). Gare routière ouverte Lu-Ve 8h-12h30 et 15h30-19h30, Sa. 8h-12h et 18h-19h15. **Informations touristiques** : **Visitors Center**, 629 Central Ave., dans le centre-ville, près de Spring St. (© 321-2277 ou 800-543-2284. Ouvert tlj 9h-17h.) **Bureau de poste** : 100 Reserve St., à l'angle de Central Ave. dans le bâtiment de la Federal Reserve. (© 623-8217. Ouvert Lu-Ve 8h-16h30 et Sa. 9h-13h.) **Code postal** : 71901.

⌂⌂ HÉBERGEMENT ET RESTAURANTS

A l'époque où les bains publics fonctionnaient, le gouvernement local offrait un bain gratuit à toute personne en mesure de prouver qu'elle était dans le besoin. Aujourd'hui, le traitement est différent. Cependant, Hot Springs reste une ville très bon marché en matière d'hébergement. Vous trouverez les prix les plus bas dans les traditionnels *motor inns* au nord et au sud de la ville, le long de la **Route 7**. Vérifiez bien la propreté et la sécurité des chambres avant de les louer, de nombreux motels étant plutôt délabrés. Le **Tower Motel**, 755 Park Ave., vous offre des chambres propres décorées de photos bucoliques. Appelez avant de vous y rendre, l'hôtel ferme quand il n'y a pas de clients. (© 624-9555. Chambre simple ou double 45-50 $. Paiement en espèces uniquement.) Le **Margarete Motel**, 217 Fountain St., à quelques minutes des sources et du parc national, offre des prix très intéressants sur les grandes chambres avec cuisine : n'oubliez pas vos ustensiles. (© 623-1192, Chambre simple 30 $, chambre double 45 $. Les prix augmentent légèrement fin Janv-mi-Avr.) Le terrain de camping le plus proche se trouve à **Gulpha Gorge** dans le **Hot Springs National Park**. Suivez la Route 70 (Grand Ave.) jusqu'à la sortie n° 70B, tournez à gauche et continuez sur 800 m au nord, le camping se trouve à gauche. (© 624-3383, *extension* 640 pour renseignements et urgences. Emplacement sommaire 8 $.) **Hot Springs KOA**, 838 McClendon Rd., sortie n° 4 de la Route 70, offre un service de navettes gratuites vers le centre-ville. (© 624-5912 ou 800-562-5903. Emplacement avec eau et électricité 23,50 $, avec raccordement complet 25,50 $.)

De nombreux restaurants bordent la rue qui mène aux établissements de bains. **Granny's Kitchen**, 362 Central Ave., propose une bonne cuisine rustique (assiette déjeuner à 5 $, dîner 6-10 $). Arrivez tôt pour déjeuner, car il y a souvent du monde. (© 624-6183. Ouvert tlj 7h-19h.) Juste en face de Bathhouse Row, le **Maggie's Pickle Cafe**, 414 Central Ave., propose des déjeuners succulents. Gardez un peu de place pour les fameux cornichons frits (3 $ les huit). Sandwichs 4-5 $. (© 623-4091. Ouvert Me-Di de 11h jusqu'à ce qu'il n'y ait plus de clients pour le déjeuner.) Les plus affamés rejoindront les habitants au **King's**, 3310 Central Ave., au sud de la ville. Il sert des plats chinois américanisés à des prix très bas. Buffet à volonté pour le déjeuner 5 $, pour le dîner 6 $. (© 318-1888. Buffet tlj 11h-14h30 et 17h-21h.)

◐ VISITES

Surgissant des entrailles de la terre depuis 4000 ans, les eaux chaudes arrosent Hot Springs avec un débit de plus de 3 millions de litres par jour. Que les bains commencent ! Les touristes peuvent remplir leurs bouteilles d'eau de source sur le parking du *visitors center* ou dans l'un des nombreux établissements. Beaucoup de gens en remplissent leur voiture à ras bord. A l'époque dorée de Hot Springs, tous les établissements qui bordent Central Ave., artère également surnommée *Bathhouse Row*, fonctionnaient à plein régime. Aujourd'hui, le **Buckstaff**, 509 Central Ave., propose encore bains et masseuses. (© 623-2308. Ouvert Lu-Sa 7h-11h45 et 13h30-15h. Nov-Mars : Sa. 7h-11h45. Bain 15 $, bain à remous 1,50 $ supplémentaire, massage 18 $.)

Au coin de la rue, vous trouverez le **Hot Springs Health Spa**, N. 500 Reserve, à l'angle avec Spring St. Cet établissement unique en son genre est le seul à accepter une clientèle mixte. Le maillot de bain est exigé. (© 321-9664. Ouvert tlj 9h-21h. Bain 13 $, massage 17,50 $ la demi-heure.) Le **Downtowner**, 135 Central Ave., est l'établissement le moins cher de la ville, offrant le massage avec le bain pour une qualité comparable aux autres. (© 624-5521 ou 800-251-1962. Bain 12,50 $, bain à remous 1,50 $ supplémentaire, massage 16 $. Ouvert Lu-Ma et Je-Ve 7h-11h et 13h30-15h15, Me. 7h-11h, Sa. 7h-11h et 14h-16h15.)

Immergez-vous dans la vie de la classe oisive du XXᵉ siècle au **Hot Springs National Park**. Il s'agit du seul parc national construit essentiellement dans une ville. Le **Fordyce Bathhouse Visitors Center** était autrefois un établissement très respecté de Bathhouse Row. Aujourd'hui, il propose des projections de 17 mn retraçant l'histoire de la région et du parc, déclaré réserve nationale par Andrew Jackson en 1832, bien avant l'existence du système de parcs nationaux. Les bains publics, en partie restaurés (il reste encore des taches rebelles provenant du traitement de la syphilis par le mercure), qui comprennent des instruments médicaux énigmatiques, sont ouverts librement 2h par jour. Renseignez-vous auprès de la réception pour les visites guidées. Un grand nombre de sentiers partent des bains publics pour traverser le parc, notamment la **Grand Promenade**, un itinéraire pavé de 15 mn sur lequel les visiteurs des années 1920 paradaient dans leurs beaux habits dernier cri, achetés à Saint Louis. Le **Visitors Center** se trouve au 369 Central Ave. (© 624-3383, *extension* 640. Ouvert tlj 9h-18h. La réception met à disposition des handicapés et des malvoyants un plan très pratique.)

Hot Springs est située dans une très belle région. Une croisière sur le lac Hamilton, à bord du **Belle of Hot Springs**, 5200 Central Ave., vous permettra d'admirer les sommets verdoyants des Ouachita Mountains ainsi que les belles demeures du bord du lac, au cours d'une excursion commentée d'1h30. (© 525-4438. Juin-Août 3 croisières par jour, Sa. 5 par jour. Sep-Mai : 2 croisières par jour. Appelez pour connaître l'horaire. 10 $, personnes âgées 8,50 $, 2-12 ans 5 $. Croisière pour le déjeuner ou le dîner avec supplément.) De la tour d'observation **Hot Springs Mountain Tower**, située dans le parc national (quittez Central Ave. pour prendre Fountain St. et suivez les panneaux), vous pourrez admirer un superbe panorama sur les montagnes et les lacs environnants. (© 623-6035. Ouvert mi-Mai-Août, tlj 9h-21h. Début Sep-Oct et Mars-mi-Mai : 9h-18h. Nov-Fév : 9h-17h. Entrée 5 $, personnes âgées 4 $, 5-11 ans 3 $.)

ROUTE PANORAMIQUE : ARKANSAS ROUTE 7

L'Arkansas n'est pas surnommé l'Etat naturel pour rien : la plupart des zones au nord et à l'est sont rurales et délimitées par les forêts nationales de Ouachita et Ozark. La route panoramique Arkansas Route 7, longue de plus de 250 km, traverse les deux forêts en reliant Hot Springs à Harrison. Elle constitue sans doute le meilleur itinéraire pour découvrir cette partie de l'Etat, caractérisée par un ciel d'un bleu profond et des airs de banjo diffusés à la radio. Considérée comme l'une des plus belles routes du pays, elle l'est d'autant plus à l'automne, lorsque le paysage revêt une parure multicolore.

La route part de Central Ave. à Hot Springs. Juste après la bourgade de Jessieville, elle pénètre dans la **Ouachita National Forest**. Les **rangers** de Jessieville, dont le poste se trouve du côté ouest de la route, peuvent vous fournir des informations utiles. Un petit sentier accessible aux handicapés est aménagé derrière leur centre. (© 501-948-5313. Ouvert Oct-Avr, Lu-Ve 8h-16h30. Mai-Sep : tlj.) Le principal chemin de randonnée de la forêt, le **Ouachita National Recreation Trail**, allant de l'est de l'Oklaoma au centre de l'Arkansas sur 307 km, croise la Route 7 au nord de Jessieville. Vous entrez ensuite dans 24 km de zones boisées très denses, développées en grande partie dans les années 1930 par le Civilian Conservation Corps. Cette partie de la route est très fréquentée en automne, période où l'observation des feuillages colorés se transforme en véritable rite local. Les départs de sentiers sont très bien indiqués. La forêt compte également onze stands de tir. A 64 km au nord de Hot Springs, la Route 7 traverse la Fourche LaFave River, sur laquelle fut construit un barrage en 1942 pour former le **Nimrod Lake**. Après la ville d'Ola, elle croise la Route 154 au carrefour formé

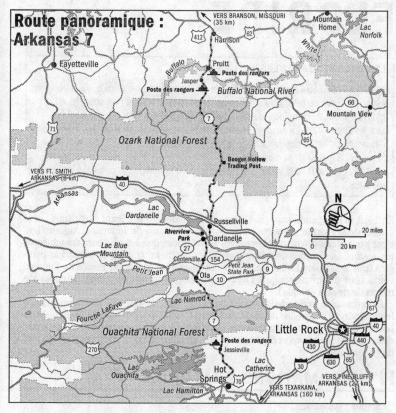

Route panoramique : Arkansas 7

VERS BRANSON, MISSOURI (35 km)
412
Harrison
62
Mountain Home
Lac Norfolk
White
Fayetteville
Buffalo
Pruitt
Poste des rangers
Jasper
Poste des rangers
Buffalo National River
7
66
Mountain View
71
Ozark National Forest
65
Booger Hollow Trading Post
VERS FT. SMITH, ARKANSAS (8 km)
40
Arkansas
Lac Dardanelle
Russellville
N
0   20 miles
0   20 km
Riverview Park
27
Dardanelle
Lac Blue Mountain
Centerville
154
Petit Jean State Park
9
Petit Jean
10
Ola
Lac Nimrod
67
Fourche LaFave
7
40
Ouachita National Forest
Little Rock
270
Poste des rangers
Jessieville
430
440
Lac Ouachita
Lac Catherine
630
65
Hot Springs
30
VERS PINE BLUFF, ARKANSAS (24 km)
70
Lac Hamilton
VERS TEXARKANA, ARKANSAS (160 km)

par la petite localité de Centerville. En tournant à droite sur la Route 154, vous ferez un superbe détour de 25 km jusqu'au **Petit Jean State Park**. (© 501-727-5441. Ouvert tlj 8h-22h.) Ce parc dispose d'installations attrayantes et vous permet de découvrir quelques trésors géologiques, dont les chutes isolées de Cedar Falls et une arche naturelle. Plusieurs sentiers donnent accès au sommet de Petit Jean Mountain.

De retour sur la Route 7, vous traversez le fleuve Arkansas à 13 km au nord de Centerville. Pour jouir d'une belle vue sur le barrage et sur le lac Dardanelle, tournez à gauche juste avant le pont au panneau indiquant **Riverview Park** et roulez pendant 2,5 km environ. Continuez en direction du nord et traversez Russellville, à l'intersection de l'autoroute et de la I-40. Près de 30 km au nord de Russellville, vous arrivez dans l'**Ozark National Forest**. Vous vous enfoncez au plus profond de l'Amérique, dans une région aux montagnes boisées et aux minuscules églises de campagne. L'unique poste de *rangers* se trouve sur la Route 7, dans la moitié nord de la forêt, à la sortie de Jasper. (© 501-968-2354. Ouvert Lu-Ve 8h-16h30.) La route quitte ensuite la forêt pour traverser le "**Grand Canyon**" de l'Arkansas. Elle redescend ensuite sur 10 km pour atteindre la ville de Jasper et le **Buffalo National River**, un parc national qui longe les falaises de calcaire et de grès surplombant la rivière sur toute sa longueur (240 km). Les *rangers* se trouvent à l'entrée du parc, à la **Pruitt Ranger Station**. Ils fournissent de nombreuses informations sur les activités nautiques. (© 870-741-5443. Ouvert généralement Mars-Sep Lu-Ve 9h-17h.) 20 km plus loin, la route se termine à regret dans la ville d'Harrison. De là, roulez pendant 55 km en direction du nord jusqu'à Branson, dans le Missouri.

LE SUD

FLORIDE

En 1513, le navigateur espagnol Ponce de León débarque à Saint Augustine, sur le littoral de la Floride, en quête d'une mythique fontaine de Jouvence. Aujourd'hui, c'est pour Disney World et les plages ensoleillées que les visiteurs franchissent les océans. Des hordes de retraités viennent profiter du climat de la Floride, peut-être tout aussi bénéfique que l'élixir fabuleux recherché par Ponce de León (il vécut tout de même jusqu'à l'âge de 61 ans, le double de l'espérance de vie moyenne de son époque).

La croissance rapide de la population et l'afflux d'un tourisme de masse menace les ressources naturelles de l'Etat : pièges à touristes et projets immobiliers envahissent des plages autrefois désertes. Toutefois, il est encore possible de dénicher des endroits préservés et d'admirer la beauté naturelle de l'immense parc naturel des Everglades.

⌷ INFORMATIONS PRATIQUES

Capitale : Tallahassee.

Informations touristiques : **Florida Division of Tourism**, 126 W. Van Buren St., Tallahassee 32399 (© 888-735-2872, www.flausa.com). **Division of Recreation and Parks**, 3900 Commonwealth Blvd. n° 506, Tallahassee 32399 (© 850-488-6131).

Fuseau horaire : Heure de l'Est (6 heures de moins que l'heure de Paris). L'ouest de la Floride est à l'heure des Prairies (7 heures de moins que l'heure de Paris).

Abréviation postale : FL. **Taxe locale** : 6 %.

SAINT AUGUSTINE   ☎ 904

Fondée en 1565 par l'aventurier espagnol Pedro Menéndez de Aviles après qu'il eut exterminé une colonie de huguenots français, Saint Augustine fut la première implantation européenne permanente aux Etats-Unis. Grâce à des efforts de conservation, la ville a préservé une partie de son patrimoine hispanique, aujourd'hui mis en valeur à l'américaine. La fierté de Saint Augustine réside davantage dans ses rues aux pavés ronds rappelant une petite ville de campagne et ses murs en calcaire coquillé (*coquina*) que dans ses plages immaculées. Autrefois repaire des requins de l'industrie de la finance, la cité attire aujourd'hui les touristes grâce à ses plages, ses golfs, son climat ensoleillé et sa joie de vivre légendaire. Oubliez les prix mirobolants des chirurgiens esthétiques de Los Angeles. Ici, l'accès à la jeunesse éternelle se chiffre à 5,75 \$, prix de l'admission à la célèbre fontaine de Jouvence.

La Floride

GÉORGIE

VERS TALLAHASSEE

Jacksonville

Osceola
National
Forest

St. Augustine

Suwannee

Santa Fe

St. John's River

Océan
Atlantique

VERS PANAMA
CITY BEACH

Gainesville

Ocala
National
Forest

Cedar
Keys

Ocala

Daytona Beach

Winter
Garden

Winter
Park

Titusville

NASA Kennedy
Space Center

Orlando

Cap Canaveral

Walt Disney
World

(péage)

Cocoa

Cocoa
Beach

Kissimmee

Melbourne

Clearwater

Tampa

Florida Turnpike

Baie de
Tampa

St. Petersburg

Manatee

Peace

Kissimmee

(péage)

Fort Pierce

Sarasota

Lac
Istokpoga

Lac
Okeechobee

West Palm
Beach

Palm Beach

Caloosahatchee

Fort Myers

Loxahatchee
National Wildlife
Refuge

Boca Raton

Coconut Creek

Réserve
d'Indiens
séminoles

Naples

Everglades Pkwy (péage)
(Alligator Alley)

Fort
Lauderdale

Big Cypress
National
Preserve

Tamiami Trail

Miami

Miami
Beach

Everglades
City

Shark Valley
Visitors Center

Baie de
Biscayne

Golfe du
Mexique

Parc national
des Everglades

Homestead

Florida City

Flamingo

Key Largo

Baie de Floride

Isla
Morada

Marathon

Florida Keys

Key West

Big Pine Key

▓ ⚡ ORIENTATION ET INFORMATIONS PRATIQUES

Saint Augustine a mis en place un système de transports en commun minimum en 2001. Pour 1 $, les bus du **Public Street Corner** prennent ou déposent les passagers quand ils le demandent (horaire et renseignements ✆ 823-4816). Heureusement, la plupart des visites intéressantes sont à une courte distance à pied des hôtels, des motels et des arrêts d'autobus. Les rues étroites, les sens uniques et les nombreux parcmètres peuvent rendre la conduite désagréable. Les principales artères est/ouest, **King St.** et **Cathedral Place**, traversent le cœur de la ville et se rejoignent au Bridge of Lions, le pont qui mène vers les plages. **San Marco Ave.**, autrement appelée **Avenida Menéndez**, coupe la ville du nord au sud. **Castillo Dr.** rejoint San Marco Ave. dans le centre-ville. **Saint George St.**, également orientée nord/sud, rassemble la plupart des magasins et des sites mais est interdite aux voitures. Les bus **Greyhound**, 100 Malaga St. (✆ 829-6401, station ouverte tlj 7h30-20h), desservent Jacksonville (5 dép/j, durée 1h, 9,50 $) et Daytona Beach (5 dép/j, durée 1h30, 12,50 $). Si la station est fermée, le chauffeur de bus accepte la monnaie. **Ancient City Taxi** (✆ 824-8161). Le **Visitors Center**, 10 Castillo Dr., à l'angle de San Marco Ave. Depuis la gare routière Greyhound, prenez Ribeira St. au nord sur 3 blocks, puis Orange St. à droite. Rendez-vous quatre blocks plus loin. Cet office de tourisme vous fournit des cartes de promenade et vous propose des circuits touristiques à prix réduit. (✆ 825-1000. Ouvert fin Mai-début Sep, tlj 8h-19h30 ; Oct-Avr 8h30-17h30.) **Bureau de poste** : 99 King St., au niveau de Martin Luther King Jr. Ave. (✆ 829-8716. Ouvert Lu-Ma et Je-Ve 8h30-17h, Me. 8h30-17h30, Sa. 9h-13h.) **Code postal** : 32084.

▓ HÉBERGEMENT

Dortoirs spacieux, très belles chambres individuelles, personnel efficace et emplacement idéal font de l'auberge de jeunesse ♥ **Pirate Haus**, 32 Treasury St., un lieu d'hébergement incontournable. Depuis la Route 16 E., tournez à gauche dans King St. puis encore à gauche dans Charlotte St. Parking. Les voyageurs épuisés par leur périple pourront se reposer dans la pièce commune animée et profiter des grands coffres à consignes, de l'accès à Internet et des délicieux *pancakes* figurant au menu du petit déjeuner. (✆ 808-1999 ou 877-466-3864. Air conditionné, casiers gratuits, caution de 5 $ pour la clé et les draps. Réception 8h-10h et 17h-22h, code de nuit pour les clients inscrits. Dortoir 12-15 $, 2 $ supplémentaires pour les non-adhérents. Chambre simple 34 $, gratuit pour les moins de 14 ans.) La **Sunrise Inn**, 512 Anastasia Blvd., est le meilleur motel parmi ceux qui longent la Route A1A. (✆ 829-3888. Air conditionné, télévision par câble, téléphone et piscine. Se présenter avant 10h et libérer la chambre également avant 10h. Chambre simple Di-Je 26 $ et Ve-Sa 32 $, chambre double à quadruple 32 $.) Juste au bout de la rue, le **Seabreeze Motel**, 208 Anastasia Blvd., possède des chambres propres avec air conditionné, réfrigérateur et piscine. (✆ 829-8122. Kitchenette, télévision par câble et appels locaux gratuits. Chambre simple Lu-Ve 35-40 $, Sa-Di 42 $. Chambre double 40 $, Sa-Di 45 $.) L'**American Inn**, 42 San Marco Ave., près du *visitors center*, propose de petites chambres dans un quartier proche des restaurants et des sites historiques. (✆ 829-2292. Télévision, air conditionné et piscine. Chambre simple 45 $, Sa-Di 55 $. Chambre double 55 $, Sa-Di 65 $.) La planche à voile, la pêche, la natation et le surf n'attendent que vous près du terrain de camping **Anastasia State Recreation Area**, sur la Route A1A, à 6,5 km au sud du quartier historique (139 emplacements). Depuis la ville, passez le Bridge of Lions et tournez à gauche juste après l'Alligator Farm. (✆ 461-2033. Ouvert tlj de 8h au coucher du soleil. Emplacement 17,50 $, avec raccordement électrique 19,60 $. Réservation pour le week-end recommandée au moins 2 mois à l'avance.)

🔲 🔳 RESTAURANTS ET SORTIES

Grâce au nombre de petits restaurants bon marché du quartier historique, déjeuner à Saint Augustine est un vrai plaisir. Parcourez **Saint George St.** et consultez les plats du jour mentionnés sur les ardoises à la devanture des restaurants. Déambulez dans la rue piétonne et laissez-vous guider par l'odeur d'un beignet ou d'un croissant. Au **Bunnery Bakery and Cafe**, 35 Hypolita St., de délicieux sandwichs, paninis et salades composées font autant la joie des habitants de la ville que des touristes. Le sandwich original et copieux au poulet et aux noix ne coûte pas plus de 5 $. (☎ 829-6166. Ouvert 8h-16h. Paiement en espèces ou par chèque uniquement.) On peut se refaire une santé au **Manatee Cafe**, 179 San Marco Ave., à proximité de la fontaine de Jouvence (*Fountain of Youth*). La cuisine y est préparée avec de l'eau filtrée et les produits sont certifiés 100 % biologiques. Découvrez quelques curiosités culinaires tel le savoureux *hummus pita reuben* (purée de pois chiches, 5,25 $). (☎ 826-0210. Ouvert Je-Ma 8h-16h.) Le **Scarlett O'Hara's**, 70 Hypolita St., à l'angle de Cordova St., propose des hamburgers énormes à 6 $ accompagnés de concerts le soir. (☎ 824-6535. *Happy hour* Lu-Ve 16h-19h. Entrée parfois 2 $. Ouvert tlj 11h30-0h30.) Les clients matinaux sont attirés par l'odeur alléchante des beignets, des pâtisseries chaudes et autres délices fumants de la boulangerie **Peterson Bakery**, 113 1/2 King St. (☎ 829-2964. Ouvert Lu-Ve 6h30-16h30 et Sa. 7h-16h30.)

Saint Augustine compte de nombreux bars, dont la plupart se trouvent sur la Route A1A, dans le quartier historique ou dans Anastasia Blvd. Procurez-vous le journal *Folio Weekly*, disponible dans la plupart des magasins d'alimentation, pour la liste complète des événements. Dans Saint George St., vous trouverez des concerts gratuits et des consommations bon marché. Dans le quartier restauré, le **Milltop**, 19 1/2 Saint George St., est un tout petit bar situé au-dessus d'un ancien moulin. Des musiciens de la région s'y produisent sur deux petites scènes. (☎ 829-2329. Musique tlj de 13h à la fermeture. Prix d'entrée variable. Ouvert Lu-Sa 11h-1h et Di. 11h-22h.) L'établissement branché **Oasis Deck and Restaurant**, 4000 Route A1A S./Beach Blvd., propose des spectacles tous les soirs. (☎ 471-3424 ou 471-2451. *Happy hour* 16h-19h. Ouvert tlj 6h-1h.) Films et cuisine bon marché vous attendent au **Pot Belly's**, 36 Granada St., en face du Lightner Museum (voir **Visites**, plus loin). Ce pub-traiteur-cinéma sert un éventail complet de plats diététiquement incorrects baptisés d'après des titres de films célèbres. Les places de cinéma coûtent 3,75 $ et les crèmes glacées sont divines. (☎ 829-3101. Les séances débutent aux alentours de 18h30 et de 20h45.)

👁 VISITES

ALLIGATORS. De l'autre côté du Bridge of Lions, la ❤ **St. Augustine Alligator Farm** permet aux touristes de faire connaissance avec ces grands reptiles. Le parc datant de plus d'un siècle est le seul au monde à abriter 23 espèces connues de crocodiliens. Ne manquez pas le spectacle du repas (pour les animaux, cela va de soi) qui a lieu pendant une heure tous les jours à 13h30. *(Route A1A S. ☎ 824-3337. Ouvert tlj 9h-18h, en hiver 9h-17h. Entrée 14,25 $, enfant 5-11 ans 8,50 $. Réductions pour les membres de l'AAA, de la CAA et les personnes âgées.)*

FONTAINE DE JOUVENCE. Une visite de Saint Augustine ne serait pas complète sans une excursion à la **fontaine de Jouvence** (*Fountain of Youth*) en empruntant la très belle Magnolia Drive. Cette légende motiva le voyage de Ponce de León vers le Nouveau Monde et lui permit de découvrir la Floride. Une visite guidée retrace en quelques minutes l'histoire des conquistadors espagnols. Pour bien comprendre l'importance historique du site, buvez une gorgée de ce liquide sulfureux en essayant d'oublier que l'eau coule désormais par un tuyau. *(11 Magnolia Ave. ☎ 829-3168 ou*

800-356-8222. Depuis San Marco Ave, prenez à droite dans Williams St. puis continuez jusqu'au bout dans Magnolia Ave. Ouvert tlj 9h-17h. Entrée 5,75 $, personnes âgées 4,75 $, enfants 6-12 ans 2,75 $.)

HÉRITAGE HISPANIQUE. Le **Spanish Quarter** (quartier espagnol) est un musée vivant qui vous fait partager la vie quotidienne d'une garnison. Des artisans et des villageois en costumes d'époque décrivent les coutumes de ce bastion de la colonisation espagnole. *(29 Saint George St. © 825-6830. Ouvert Di-Je 9h-18h et Ve-Sa 9h-19h. Entrée 6,50 $, étudiants et 6-18 ans 4 $, personnes âgées et membres de l'AAA 10 % de réduction.)* Dans la *Restored Area* (quartier restauré), jetez un coup d'œil aux autres maisons et boutiques du XVIIIe siècle. Le **Castillo de San Marcos National Monument** est la plus vieille forteresse des Etats-Unis, avec ses murailles de 4 m d'épaisseur construites en *coquina*, un matériau à base de coquillages. A l'intérieur du fort en forme d'étoile à quatre branches, vous trouverez, outre un pont-levis et des douves boueuses, un musée, une cour ceinte de corps de garde, les quartiers de la garnison, une prison, une chapelle et le canon apporté d'outre-Atlantique par les Espagnols. *(1 Castillo Dr., accessible depuis San Marco Ave. © 829-6506. Ouvert tlj 8h45-16h45. Entrée 4 $, gratuit pour les moins de 16 ans et les personnes âgées munies d'un Golden Eagle Passport, horaire des visites guidées par téléphone.)* A l'abri de l'agitation du centre historique, non loin de San Marco Ave., **La Leche Shrine and Mission of Nombre de Dios** est le lieu de naissance du catholicisme américain. C'est là que fut célébrée la première messe catholique aux Etats-Unis, il y a plus de 400 ans. Une croix en acier de 62 m de haut commémore la fondation de la ville par Pedro Menéndez de Aviles. *(27 Ocean St. © 824-2809. Ouvert Lu-Ve 8h-17h30 et Sa-Di 9h-17h. Messes Lu-Ve à 8h30, Sa. à 18h et Di. à 8h. Dons bienvenus.)*

SITES HISTORIQUES. Le quartier historique est centré autour de Saint George St., depuis les portes de la ville près du *visitors center* jusqu'au-delà de Cadiz St. et de l'*Oldest Store* au sud. Les **trains touristiques** (*Sightseeing Trains*) montrent les attractions principales de la ville. Vous pouvez monter et descendre à votre gré, les trains passent environ toutes les 15-20 mn. *(170 San Marco Ave. © 829-6545 ou 800-226-6545. Fonctionne de 8h30 à 17h. 20 arrêts. 12 $, 6-12 ans 5 $.)* L'originale **Ghostly Experience** (promenade fantomatique) vous fait frissonner en vous narrant la vie des esprits les plus connus de la ville. *(© 461-1009 ou 888-461-1009. Départ de la roue à eau Milltop tous les soirs à 19h45. 6 $, gratuit pour les moins de 6 ans. Réduction de 1 $ au visitors center.)* La plus ancienne ville des Etats-Unis s'enorgueillit de posséder les plus anciennes habitations du pays (logiquement). La maison **González-Alvarez** n'a cessé d'être occupée depuis sa construction au début du XVIIe siècle jusqu'en 1918, date de sa transformation en musée. *(14 Saint Francis St. © 824-2872. Ouvert tlj 9h-17h. Dernière entrée à 16h30. 5 $, étudiants 3 $, personnes âgées 4,50 $, familles 12 $.)* L'**Oldest Store Museum** réunit plus de 100 000 objets des XVIIIe et XIXe siècles, dont certains y étaient déjà en vente à sa construction. *(4 Artillery Lane. © 829-9729. Ouvert tlj 10h-16h. Entrée 5 $, enfants 6-12 ans 1,50 $.)*

HÔTELS RESTAURÉS. La visite du **Flagler College** est menée par des étudiants qui vous montrent la vie à l'université telle qu'elle devrait être. Abritée dans le **Ponce de Leon Hotel** restauré, l'école fut construite par Henry Flagler, le magnat de la Standard Oil et du chemin de fer. Cet hôtel fut pourvu en électricité par Edison lui-même. Les vitraux de la vaste salle de banquet furent décorés par Tiffany avant qu'il ne devienne célèbre et la pièce sert désormais de salle à manger aux étudiants. *(© 829-6481, extension 383. Visites de mi-mai à mi-août tlj à la demie 11h-16h. Entrée 4 $, gratuit pour les moins de 12 ans.)* En 1947, un éditeur de Chicago et amateur d'art, Otto Lightner, convertit l'Alcazar Hotel, en face de la rue, en musée, le **Lightner Museum**. On y trouve une riche collection de verreries, de vêtements anciens, ainsi que tout un bric-à-brac, comme des chopes de bière en forme de moine. Vous pourrez également entendre des concerts d'instruments du XVIIIe siècle tlj à 11h et à 14h. *(© 824-2874. Ouvert tlj 9h-17h. Dernière entrée à 16h30. 6 $, étudiants et 12-18 ans 2 $.)*

DAYTONA BEACH ☞ 386

Lorsque les jeunes organisaient des courses automobiles sur le sable dur des plages de Daytona Beach, ils associaient déjà les deux éléments essentiels qui allaient rythmer la vie de toute une ville : la vitesse et le sable. Daytona a largement contribué à la création de l'association américaine du sport automobile **NASCAR (National Association of Stock Car Auto Racing)** en 1947, et l'immense circuit de Daytona International Speedway accueille toujours plusieurs grandes compétitions chaque année. Si les 35 km de plages ne constituent plus un terrain de courses, ils restent l'âme de toute la communauté. Au cours des vacances de printemps, les étudiants prennent d'assaut la plage large de 150 m avant d'envahir les bars et les discothèques de la ville.

✈ ORIENTATION

Daytona Beach est à 85 km au nord-est d'Orlando et à 144 km au sud de Jacksonville. La **I-95** longe la côte et la barrière d'îlots. **Atlantic Ave. (Route A1A)** est une route panoramique qui relie Saint Augustine à Jacksonville. L'**International Speedway Blvd. (US 92)** divise la ville en deux parties, nord et sud, de l'océan à l'aéroport en passant par le centre-ville. Daytona Beach est un ensemble de petites villes qui se sont étendues et se sont réunies. Toutefois, soyez vigilant lorsque vous cherchez une adresse : les numéros des rues orientées nord/sud ne sont pas consécutifs d'une agglomération à l'autre. Pour éviter les embouteillages de la plage, tâchez d'arriver tôt (8h) et de repartir tôt (aux environs de 15h). Vous devrez payer 5 $ pour rouler sur la plage (accès autorisé 8h-19h, 3 $ après 15h) et vous en tenir à une vitesse de 10 mph (environ 15 km/h). Il est facile de trouver des places de parking gratuites tout au long de l'année, sauf en pleine saison, surtout pendant la *Speed Week*, la *Bike Week*, la *Biketoberfest* et les *Pepsi 400* (voir **Faites chauffer votre moteur**, plus loin) et pendant les vacances de printemps (généralement de mi-février à avril).

⛓ INFORMATIONS PRATIQUES

Train : Amtrak, 2491 Old New York Ave., à DeLand (℃ 734-2322, gare ouverte tlj 8h30-19h), à 39 km à l'ouest par la Route 92, relie Miami (2 dép/j, durée 7h, 84 $). Les bus **Greyhound** partent et arrivent au 138 S. Ridgewood Ave. (℃ 255-7076, gare routière ouverte tlj 7h-22h30), derrière l'ancien marché, à 6,5 km à l'ouest de la plage. Ils desservent Orlando (7 dép/j, durée 1h20, 9 $, Ve-Di 10 $) et Jacksonville (10 dép/j, durée 2h, 17 $, Ve-Di 18 $). **Votran County Transit Co.**, 950 Big Tree Rd., assure un service de bus locaux et de trolleys le long de la Route A1A entre Granada Blvd. et Dunlawton Ave. Tous les bus possèdent des porte-vélos. Sur les parties où la conduite est interdite, des trolleys transportent gratuitement les inconditionnels de la plage. (℃ 761-7700. Lu-Sa 6h-19h30 et Di. 7h-18h30. Le samedi, le trolley fonctionne jusqu'à minuit. Tarif 1 $, personnes âgées et 6-17 ans 50 ¢, correspondances gratuites, cartes des bus disponibles dans certains hôtels). **Taxi : Yellow Cab**, ℃ 255-5555. **Informations touristiques : Daytona Beach Area Convention and Visitors Bureau**, 126 E. Orange Ave., à City Island, dans les locaux de l'office de tourisme (*Chamber of Commerce*). (℃ 255-0415 ou 800-854-1234. Ouvert Lu-Ve 9h-17h.) **Rape Crisis and Sexual Abuse Line** (SOS Viol) : ℃ 254-4106, 24h/24. **Bureau de poste** : 220 N. Beach St. (Ouvert Lu-Ve 8h-17h et Sa. 9h-12h.) **Code postal** : 32115.

⛨ HÉBERGEMENT

Presque tous les hôtels de Daytona Beach bordent **Atlantic Ave. (Route A1A)**, côté plage ou côté rue. Les établissements à l'écart de la plage sont les moins chers. La ville pratique des prix différents selon les saisons : pendant les vacances de printemps et les week-ends de courses automobiles, même les hôtels économiques affichent des prix outranciers. Hors saison, les prix sont raisonnables : presque tous les motels en face de la mer vous feront payer 35 $ la chambre simple, ceux de l'autre côté de la rue 25 $. Le très accueillant **Camellia Motel**, 1055 N. Atlantic Ave., de l'autre côté de la rue depuis la plage, dispose de chambres confortables et claires avec téléphone, appels locaux gratuits, télévision par câble et air conditionné. La plupart d'entre vous se sentiront à l'aise : le propriétaire parle français, allemand, tchèque, slovaque et polonais. (© 252-9963. Chambre simple 35 $, chambre double 42 $, 10 $ par personne supplémentaire. Pendant les vacances de printemps, chambre simple 60 $, 10 $ par personne supplémentaire. Les chambres avec cuisine coûtent 10 $ de plus. Il est préférable de réserver.) Le **Streamline Hotel**, 140 S. Atlantic Ave. (Route A1A), à un block au nord de E. International Speedway Blvd., fait partie des motels les moins chers. Il est très bien situé (tout près de la promenade), mais les chambres sont assez rustiques. (© 258-6937. Caution pour la clé 5 $. Chambre simple 21 $, chambre double 24 $, 150-200 $ lors de certains événements. Pas de réservation.) Vivez, l'espace d'une nuit, une expérience unique au **Travelers Inn**, 735 N. Atlantic Ave., où "les automobiles sont reines et les hôtes des personnalités royales". Chacune des 22 chambres est décorée selon un thème différent, de Jimi Hendrix à la course automobile. (© 253-3501 ou 800-417-6466. Chambre pour une ou deux personnes, certaines plus grandes, 49 $. Les prix triplent pendant les courses.) Le **Tomoka State Park**, 2099 N. Beach St., à 13 km au nord de Daytona et à 1h10 de Disney World, dispose de 100 emplacements sous les palmiers. Vous y découvrirez les joies de la pêche en marais salant et pourrez profiter des sentiers de randonnée et du musée de sculptures. Prenez le bus n° 3 jusqu'à Domicilio et marchez 3 km vers le nord. (© 676-4050. Emplacement 11 $, avec raccordement électrique 13 $. Nov-Avr, 17 $, 19 $ avec raccordement. Réduction de 50 % pour les personnes âgées et les handicapés résidents de l'Etat. Entrée 3,25 $.) **Nova Family Campground**, 1190 Herbet St., à Port Orange, se situe au sud de Daytona Beach, à 10 mn du rivage. De la I-95, prenez la sortie n° 85 vers Dunlatown Ave. E. Tournez à gauche dans Clyde Morris Blvd. puis à droite dans Herbert St., ou bien prenez le bus n° 7 ou n° 15 depuis le centre-ville ou la plage. (© 767-0095. Réception tlj 8h-19h. Laverie et piscine. Emplacement 16 $, avec eau et électricité 20 $, raccordement complet 22 $. Les prix augmentent pendant les manifestations.)

◤ RESTAURANTS

L'un des restaurants de fruits de mer les plus célèbres (et sans doute des plus prisés) de la région, ♥ **Aunt Catfish's**, 4009 Halifax Dr., à l'angle de Dunlawton Ave., tout près du Port Orange Bridge sur le continent. Les formules déjeuner (*lunch specials*) pour ceux qui arrivent le plus tôt comprennent un buffet chaud et des salades pour moins de 8 $. Le *Boatsinker Pie* (4,50 $), un dessert au caramel incrusté de pépites de chocolat, a été glorifié par le célèbre magazine culinaire américain *Bon Appetit* (sic). (© 767-4768. Ouvert Lu-Sa 11h30-22h et Di. 9h-14h.) Le **B&B Fisheries**, 715 E. International Speedway Blvd., offre un très vaste choix de poissons et de fruits de mer. Faites votre choix parmi tous les poissons frais au déjeuner à partir de 3,25 $. (© 252-6542. Ouvert Lu-Ve 11h-20h30 et Sa. 16h-20h30. Vente à emporter Lu-Sa 11h30-20h30.)

◤ FAITES CHAUFFER VOTRE MOTEUR

Si vous vous lassez de la plage, faites un tour au célèbre circuit de course **Daytona International Speedway**, qui reçoit les Daytona 500 (généralement vers le 15 février). Que vous soyez amateurs ou non de sports automobiles, **Daytona USA**, 1801 W. International Speedway Blvd., propose de vous initier à la "Great American Race". Vous y trouverez une nouvelle piste de simulation, un cinéma IMAX retraçant l'histoire de Daytona et un programme amusant pour vous apprendre à commenter une course de la série NASCAR. La visite de la piste de Daytona, ou **Speedway Tour**, vous offre la chance exceptionnelle d'approcher de près les garages, les tribunes et les célèbres virages inclinés à 31°. Les plus passionnés n'hésiteront pas à débourser 99 $ pour vivre la **Richard Petty Driving Experience**, au cours de laquelle ils parcourront la piste à 232 km/h à bord d'une *stock-car*. (✆ 947-6800. Réservation de billets pour les courses NASCAR ✆ 253-7223. Ouvert tlj 9h-19h. 12 $, personnes âgées 10 $, enfants 6-12 ans 6 $. Visites tlj de 9h à 17h, départ à l'heure fixe et à la demie, 6 $.) La **Bike Week** (semaine de la moto), première semaine de mars, rassemble de gros bébés qui se défient entre cylindrées. Une session de rattrapage est prévue chaque année vers le 20 octobre, dans le cadre de la **Biketoberfest**. La **Speed Week** (première quinzaine de février) couronne les Daytona 500.

▐ SORTIES

Pendant les vacances de printemps (*spring break*), des concerts et des soirées parrainées par les hôtels sont organisés pour attirer les étudiants. Le bouche à oreille est le moyen le plus rapide pour s'informer, mais vous pouvez également consulter le *Calendar of Events* et le *SEE Daytona Beach*, disponibles à l'office de tourisme (*Chamber of Commerce*). L'heure de fermeture, à laquelle tous les clubs se conforment, se situe aux environs de 2h30. Les soirées plus tranquilles se passent près de la promenade, à jouer au volley-ball ou à écouter de la musique à l'**Oceanfront Bandshell**, un amphithéâtre en plein air entièrement construit en *coquina*. Des boîtes de nuit quasiment identiques sont installées tout le long de Seabreeze Blvd., près du carrefour avec N. Atlantic Ave. Le **St. Regis Bar and Restaurant**, 509 Seabreeze Blvd., accueille des groupes de jazz sous sa véranda. (✆ 252-8743. *Happy hour* Ve. 17h-19h, deux boissons pour le prix d'une. Concerts Ve. et Sa. 20h-23h. Ouvert Ma-Sa 18h-23h.) C'est tous les jours le week-end à l'**Ocean Deck**, 127 S. Ocean Ave., qui se distingue des autres boîtes de nuit de Daytona par sa proximité avec la plage et par ses concerts. Le groupe du bar joue du reggae, du jazz et du calypso tous les soirs sauf dimanche, où un groupe de rock prend leur place. (✆ 253-5224. Musique tous les soirs 21h30-2h30. Réservé aux plus de 21 ans à partir de 21h. Ouvert tlj 11h-3h. Dîner jusqu'à 2h.)

ORLANDO   ✆ 407

Lorsque Walt Disney survola les petites localités du centre de la Floride à la recherche d'un emplacement pour son projet de Disney World, il s'émerveilla devant les innombrables lacs et rivières omniprésents dans la région d'Orlando. Il imagina alors parfaitement, au cœur de ces terres enchanteresses, un univers de divertissement et de personnages de bandes dessinées grandeur nature. Si la ville d'Orlando est plus ancienne que Disney World, elle tire néanmoins la plupart de ses ressources de cette industrie touristique. Parcs à thème, hôtels, restaurants et autres attractions kitsch bordent les principaux axes de la métropole. Même son centre-ville, pourtant situé à 35 km de Disney World, regorge de touristes. Dans ce lieu où tout n'est qu'illusion, votre argent fondera comme neige au soleil. Tenez-en compte pour planifier la durée de votre séjour.

▐ TRANSPORTS

Avion : Orlando International Airport, 1 Airport Blvd. (✆ 825-2001). Depuis l'aéroport, prenez la Route 436 N., sortez sur la Route 528 W. (ou Bee Line Expwy.) puis dirigez-vous vers l'est sur la I-4 jusqu'aux sorties pour le centre-ville. Les bus de ville n° 42 ou n° 51 effectuent le trajet pour 1 $. Les navettes **Mears Motor Shuttle**, 324 W. Gore St. (✆ 423-5566), disposent d'un comptoir à l'aéroport et desservent la plupart des motels. Aucune réservation n'est nécessaire pour les trajets au départ de l'aéroport (pour le retour, téléphonez une journée à l'avance).

Train : Amtrak, 1400 Sligh Blvd. (✆ 843-7611), à 3 blocks à l'est de la I-4. Prenez S. Orange Ave., tournez à l'ouest dans Columbia St., puis à droite sur Sligh Blvd. Destination : **Jacksonville** (2 dép/j, durée 3-4h, 20-39 $). Ouvert tlj 7h15-19h45.

Bus : Greyhound, 555 N. John Young Pkwy. (© 292-3424). Destinations : **Kissimmee** (7 dép/j, durée 40 mn, 7 $) et **Jacksonville** (10 dép/j, durée 2h30-4h, 25-27 $). Gare ouverte 24h/24.

Transports en commun : LYNX, 78 W. Central Blvd. (© 841-8240. Ouvert Lu-Ve 6h30-20h, Sa. 7h30-18h et Di. 8h-18h.) Service de bus tlj 6h-21h (horaire variable selon les itinéraires). Tarif 1 $, correspondance valable toute la journée 10 ¢. Le terminal du centre-ville est au croisement de Central Blvd. et de Pine St., à 1 block à l'ouest d'Orange Ave. et à 1 block à l'est de la I-4. Horaire disponible dans la plupart des galeries marchandes, dans les banques et au terminal central. Les panneaux représentent une griffe colorée. Il dessert l'aéroport, le centre-ville et la plupart des parcs.

Taxi : Yellow Cab, © 422-4455.

ORIENTATION ET INFORMATIONS PRATIQUES

Orlando est entourée de centaines de petits lacs, d'autoroutes à péages et de parcs d'attractions. Les rues sont séparées entre le nord et le sud par la **US 17/92 (Orange Blossom Trail)** et entre l'est et l'ouest par **Colonial Dr**. Evitez la **Bee Line Expwy. (Route 528)** et l'**East-West Expwy. (Route 408)**, qui fonctionnent avec des péages. La **I-4** traverse le centre-ville du nord au sud. **Disney World**, **Universal Studios** et **Sea World** sont situés entre 24 km et 32 km au sud-ouest du centre sur la I-4 W. Le Winter Park se situe à 5-6 km au nord-est.

Office de tourisme : Orlando Official Visitors Center, 8723 International Dr., n° 101 (© 363-5872), à plusieurs kilomètres au sud-ouest du centre-ville. Prenez le bus n° 8 et demandez la "Magic Card" gratuite donnant droit à de nombreuses réductions sur les attractions, restaurants et hôtels. Ouvert tlj 8h-19h, vente de tickets 8h-18h.

Assistance téléphonique : Rape Hotline (SOS Viol) © 740-5408, **Crisis Hotline** (aide d'urgence) © 843-4357, **Crisis Information**, © 425-2624.

Bureau de poste : 46 E. Robinson St. (© 425-6464). Ouvert Lu-Ve 7h-17h et Sa. 9h-12h. **Code postal :** 32801.

HÉBERGEMENT ET CAMPING

Orlando ne s'adresse pas aux petits budgets. Le prix des chambres d'hôtel grimpe vertigineusement à mesure qu'on se rapproche de Disney World. Envisagez plutôt de dormir dans une auberge de jeunesse, au centre d'Orlando ou à Kissimmee. La **US 192**, appelée également Irlo Bronson Memorial Highway, relie Disney World au centre-ville de Kissimmee. C'est le long de cette route que vous avez le plus de chance de trouver un hôtel à prix raisonnable. Des bus partant de Kissimmee desservent les principaux parcs d'attractions. Le cœur des hébergements d'Orlando se trouve sur **International Drive**, axe nord/sud parallèle à l'autoroute. La plupart des établissements proposent des navettes gratuites allant jusqu'à Disney World et Universal Studios. Il est vivement recommandé de réserver.

Hostelling International-Orlando Resort (HI-AYH), 4840 W. Irlo Bronson Memorial Hwy./Route 192 (© 396-8282), à Kissimmee. Auberge de jeunesse à 8 km de Disney World au bord d'un lac. Chambres impeccables avec des lits superposés. Air conditionné, laverie, piscine, navettes régulières pour les parcs d'attraction, le centre-ville et l'aéroport. Casiers, draps et serviettes gratuits. Réception 24h/24. Dortoir 16 $, non-adhérents 19 $. Chambre privée à partir de 35 $. 6-17 ans moitié prix, gratuit pour les moins de 6 ans.

Disney's All-Star Resorts (© 934-7639), en plein Disney World. Prenez la sortie n° 25B sur la I-4 puis suivez les panneaux jusqu'à Blizzard Beach, l'hôtel est juste derrière. Pas vraiment bon marché mais offre des tarifs intéressants pour les groupes. De vastes cours, décorées de bottes de cow-boy, de planches de surf et de casques de football géants. Piscines, air conditionné, téléphone, réfrigérateur (10 $ supplémentaires par jour),

Parcs d'attractions autour d'Orlando

■ HÉBERGEMENT
1 Disney's All-Star Resort
2 Hostelling International-Orlando/Kissimmee (HI-AYH)
3 KOA Camping
4 Moss State Park
5 Turkey Lake Park

Airport Blvd.

Semoran Blvd.

Orlando International Airport

Boggy Creek Rd.

Lacs Conway

Wetherbee Rd.

Dart Blvd.

Boggy Creek Rd.

Sand Lake Road

Buena Ventura Blvd.

Florida's Turnpike

Morningside Park

Peage

Orange Ave.

Florida's Turnpike

KISSIMMEE

Orange Blossom Dr.

Bermuda Ave.

Beeline Expwy.

John Young Pkwy.

Central Florida Pkwy.

Shingle

Vine St.

VERS LE CENTRE D'ORLANDO ET THE HOLY LAND EXPERIENCE

Kirkman Rd.

Orlando Official Visitors Center

Central Florida Greenway

Kissimmee Municipal Airport

Wet 'n' Wild

Universal Studios ■ 5

ORLANDO

Sea World Adventure Park ■

Discovery Cove ■

International Dr.

ORANGE COUNTY
OSCEOLA COUNTY

Poinciana Blvd.

Lac Big Sand

Lac Bryan

Osceola Pkwy.

Vineland Rd.

Lac Sheen

2 miles
2 km

N

Winter Garden-Vineland Rd.

Lac Madeli

Lac Bay

Discovery Island

River Country

E. Buena Vista Dr.

Pleasure Island

Typhoon Lagoon

Epcot Center Dr.

EPCOT CENTER

DISNEY/MGM STUDIOS

Wide World of Sports

World Dr.

WALT DISNEY WORLD

MAGIC KINGDOM

ANIMAL KINGDOM

BLIZZARD BEACH

Old Lake Wilson Rd.

Lac Wilson

Hartzog Rd.

Reedy

W. Irlo Bronson Memorial Hwy.

VERS CYPRESS GARDENS

ORANGE COUNTY
LAKE COUNTY

OSCEOLA COUNTY
LAKE COUNTY

FLORIDE

fast-foods, parking gratuit, transport gratuit pour Disney World. Toutes les chambres contiennent deux lits double (à partir de 100 $). 10 $ par adulte supplémentaire (4 au maximum). Gratuit pour les moins de 18 ans accompagnés d'un adulte.

KOA, 4771 W. Irlo Bronson Memorial Hwy./Route 192 (© 396-2400 ou 800-562-7791), à Kissimmee, à 8 km à l'est de la I-4. Ce vaste camping qui contient toute sorte de commodités est le plus proche KOA de Disney World. Emplacements à l'ombre, piscine, courts de tennis et terrain de volley-ball. Réception 24h/24. Emplacement pour tente 22-28 $, emplacement pour camping-car 38 $, avec raccordement complet 40 $. Bungalow d'une pièce 40 $, de deux pièces 50 $. Réduction pour les membres de l'AAA.

Turkey Lake Park, 3401 S. Hiawassee Rd., près de Universal Studios (© 299-5581). L'un des deux camping municipaux d'Orlando. Plage en bordure du lac, sentiers de randonnée et piscine. Ouvert tlj 7h30-19h, en hiver 7h30-17h30. Entre 200 et 400 emplacements pour tentes, sommaires pour la plupart (7 $). Emplacement pour camping-car 15 $, avec raccordement complet 17 $. Bungalow 28 $. Caution de 25 $.

Moss Park, 12901 Moss Park Rd., à 16 km de l'aéroport (© 273-2327), est l'autre camping municipal. Les emplacements sont agréables, bien isolés les uns des autres et joliment agrémentés de mousse espagnole (cette mousse filandreuse qui pend aux arbres, si caractéristique du Sud des Etats-Unis, et notamment des bayous). Ouvert tlj 8h-19h. Emplacement 15 $, avec eau et électricité 18 $. Ouvert tlj 8h-19h. Entrée au parc 1 $.

▐ RESTAURANTS

Les repas à Orlando se prennent soit dans un cadre très chic soit sur le pouce entre deux attractions. Les prix sont exorbitants à l'intérieur des parcs d'attractions. Nous vous conseillons de vous préparer un en-cas. Des buffets bon marché et des restaurants de cuisine étrangère bordent International Dr., la US 192 et l'Orange Bossom Trail.

❤ **Bakely's**, 345 W. Fairbanks Ave. (© 645-5767), à Winter Park. Prenez la I-4 jusqu'à Fairbanks Ave., sortie n° 45. Le choix offert par ce restaurant-boulangerie est aussi vaste que ses portions sont copieuses. Le menu propose aussi bien des gaufres que des *quesadillas* (moins de 6 $). Les hamburgers à 5,50 $ sont la spécialité d'Orlando. De 11h à 15h en semaine, les repas *salary saver* coûtent moins de 6 $. Gardez un peu de place pour le *Boston cream cake*, un gâteau à six couches (3 $). Ouvert Di-Je 7h-23h et Ve-Sa 7h-24h.

Champ's, 132 E. Central Blvd. (© 649-1230), dans le centre-ville, en face de la bibliothèque municipale. Lilia et le chef cuisinier George préparent des sandwichs maison et de délicieuses pâtisseries. Sandwich pour le petit déjeuner 1,50 $, formule copieuse composée d'une soupe et d'une salade pour le déjeuner 4 $. Ouvert Lu-Sa 6h-18h.

Azteca's, 809 N. Main St. (© 933-8155), dans le centre historique de Kissimmee, à l'angle de l'Orange Blossom Trail (US 17-92) et de la US 192. Cet authentique restaurant mexicain est spécialisé dans le poulet. Les formules déjeuner à 4 $ soulageront votre portemonnaie. Téléphonez pour connaître les heures d'ouverture.

♪▐ SPECTALES ET SORTIES

Le poumon de la vie nocturne d'Orlando est **N. Orange Ave.**, dans le centre-ville. La rue principale de la ville est bordée de bars relativement bon marché, dont le **Tabu**, au 46 N. Orange Ave. Cet établissement attire une clientèle de jeunes branchés d'une vingtaine d'années. (© 648-8363. Ma. soirée étudiante, Je. boissons gratuites pour les femmes jusqu'à 24h. Interdit aux moins de 21 ans. Ouvert Ma-Di 21h-3h.) Si votre niveau d'anglais vous le permet, les spectacles d'improvisation du ❤ **SAK Comedy Lab**, 380 W. Amelia St., au niveau de Hughey Ave., sont souvent très drôles. Cet établissement intimiste se caractérise par la participation du public et un humour assez classique. (© 648-0001. Spectacles Ma. à 21h, Je-Ve à 20h, 22h et 24h. 3-12 $.) La **Church Street Station**, 129 W. Church St., dans le centre-ville, à l'intersection de Church St. et de Garland St., est un vaste complexe de magasins et de restaurants aménagé dans un ancien dépôt de trains. Distrayez-vous au **Rosie O'Grady's Good Time Emporium**, qui présente du jazz Dixieland, et au **Cheyenne**, l'un des seuls endroits du centre-ville où danser le *two-step*. (℃ 422-2434. Entrée 19 $, enfants 12 $. Ouvert tlj 11h-23h. La discothèque et le bar ferment plus tard.)

DISNEY WORLD ℉ 407

Disney World est un peu la Rome du centre de la Floride : tous les chemins y mènent. Le nom du parc est parfaitement adapté à son concept. En effet, Disney créa un véritable monde (*world*) à part au milieu de lacs, de forêts, de collines et de rivières. Au sein de cet univers magique se côtoient des parcs d'attractions, des villages de vacances, des terrains de golf, des théâtres, des restaurants et des discothèques, qui ont un mot d'ordre commun : divertissement. Les quatre grands parcs, Magic Kingdom, EPCOT, Disney/MGM Studios et Animal Kingdom, en sont les principaux fournisseurs. Evidemment, la magie a un prix : dans le monde merveilleux de Walt Disney, tout coûte trois fois plus cher que dans la vie réelle. Mais au final, cet empire industriel ne laisse personne indifférent. Malgré les dégâts qu'il inflige à votre porte-monnaie, Disney World a été élu meilleur parc d'attractions des Etats-Unis.

🛈 INFORMATIONS PRATIQUES

Disney World domine le **lac Buena Vista**, à 32 km d'Orlando, *via* la I-4 (℃ 824-4321, tlj 8h-22h). Le billet pour la journée (48 $, enfants 3-9 ans 37 $) donne accès à l'*un* des quatre parcs et permet d'en entrer et d'en sortir à votre guise. Le **Park-Hopper Pass** constitue une bien meilleure solution : il vous permet de circuler librement d'un parc à l'autre pendant plusieurs jours (4 jours 204 $, 3-9 ans 162 $, 5 jours 230 $/183 $). Le **Park Hopper Plus**, valable un nombre de jours fixé, comprend en plus l'entrée aux autres attractions Disney (5 jours avec 2 extras 262 $, 3-9 ans 209 $, 6 jours avec 3 extras 294 $/236 $, 7 jours avec 4 extras 326 $/262 $). Les forfaits *Hopper* vous donnent accès à tous les moyens de transport (monorail, bateau, bus et train) mis à votre disposition pour aller d'une attraction à l'autre. Les forfaits de plusieurs jours sont valables pour des jours non consécutifs et n'ont pas de date d'expiration. Les attractions Disney non comprises dans le billet d'entrée sont **River Country** (16 $, enfants 3-9 ans 12,50 $), **Typhoon Lagoon** (30 $, 3-9 ans 24 $), **Pleasure Island** (20 $, pour les plus de 18 ans seulement, sauf accompagnés d'un adulte), **Blizzard Beach** (30 $, 3-9 ans 24 $) et **Disney's Wide World of Sports Complex** (9 $, 3-9 ans 7 $). Pour le descriptif de ces attractions, voir **Autres attractions Disney**, p. 591. *Ne payez jamais le plein tarif pour l'entrée d'un parc.* Vous pouvez vous procurer un *Park Hopper Pass* pour environ 10-15 $ de moins dans les centres d'information touristiques officiels.

Disney World est ouvert tous les jours de l'année, normalement de 9h à 19h-23h, mais l'horaire est variable suivant les saisons. Téléphonez avant d'y aller, le programme est établi un mois à l'avance. Les parcs sont particulièrement bondés l'été, pendant les vacances, mais les véritables "jours de pointe" sont Noël, *Thanksgiving* (dernier jeudi d'octobre), les vacances de printemps et la période de Pâques. Le record des visites se situe entre Noël et le jour de l'an. Tâchez d'arriver tôt. Disney a étendu à la plupart des autres parcs d'attractions le forfait **FASTPASS** qui s'appliquait initialement à Animal Kingdom. Présentez-vous à l'heure prévue et évitez la file d'attente. Sinon, prévoyez entre 45 mn et 2 heures de queue.

👁 LES PARCS

MAGIC KINGDOM

Sept "pays" composent le Magic Kingdom : **Main St., USA, Tomorrowland, Fantasyland, Liberty Sq., Frontierland, Adventureland** et **Mickey's Toontown Fair.** Plus que n'importe quel autre parc Disney, celui-ci s'adresse aux enfants.

MAIN STREET, USA ET TOMORROWLAND. L'entrée de l'endroit le plus magique du monde évoque une petite ville américaine du début du siècle. Ici, l'effet de perspective est rendu artificiellement par un rez-de-chaussée aux 9/10e de sa taille normale, puis par des étages supérieurs de plus en plus petits. Tous les après-midi, la "Magical Moments Parade" défile dans Main Street. Tomorrowland vient de remplacer les concepts futuristes (ou jugés tels) des années 1960 par la structure de néon et d'acier d'une architecture intergalactique. Les célèbres montagnes russes de **Space Mountain** forment le clou de ce secteur, peut-être même de tout le parc, laissant un frisson persistant à ceux (quel que soit leur âge) qui l'ont expérimenté.

MICKEY'S TOONTOWN ET FANTASYLAND. Retrouvez vos personnages préférés dans le **Hall of Fame** et la **Mickey's Country House.** Les enfants peuvent aller voir Mickey qui se promène dans le secteur. **Fantasyland** donne corps aux meilleurs dessins animés de Disney. Ce "pays" tire sa renommée des attractions **Peter Pan's Flight** (l'envol de Peter Pan), **Snow White's Scary Adventures** (les terrifiantes aventures de Blanche-Neige) et, plus récemment, celles de **The Many Adventures of Winnie the Pooh** (les multiples aventures de Winnie l'Ourson). Les poupées mécaniques de "**It's A Small World**" saluent les enfants du monde entier au son d'un refrain classique de la culture américaine, qui inspire tous les âges.

LIBERTY SQUARE ET FRONTIERLAND. Bienvenue dans l'histoire des Etats-Unis version Disney. Liberty Sq. retrace l'épopée du pays d'un point de vue politique et didactique. Frontierland concrétise l'Amérique décrite par Mark Twain. **The Hall of Presidents**, dans Liberty Sq., présente les différents présidents des Etats-Unis, du tout premier George W. (Washington) au tout dernier (Bush Junior). Dans Frontierland, vous pourrez vous rendre tranquillement en radeau jusqu'à **Tom Sawyer Island** et l'explorer, tout comme l'aurait fait Tom lui-même, ou rester dans le parc principal et monter à bord des troncs d'arbre de **Splash Mountain** ou du train de **Big Thunder Mountain Railroad**.

ADVENTURELAND. Ce pays est le moins sérieux, et donc le plus amusant du parc. Les **Pirates of the Caribbean** vous font découvrir des trésors cachés. **The Jungle Cruise**, qui tire sa popularité de sa longévité, vous fait traverser un fleuve tropical peuplé d'animaux sauvages plus vrais que nature.

EPCOT CENTER

En 1966, Walt fit le rêve ambitieux et utopique de construire l'Experimental Prototype Community Of Tomorrow (Epcot), une ville expérimentale du futur, intégrant peu à peu toutes les nouvelles technologies américaines pour vivre en autarcie. Aujourd'hui, Epcot se partage entre le **Future World** (monde du futur) et la **World Showcase** (vitrine du monde).

La géode de 56 m de haut qui s'élève à l'entrée de **Future World** abrite le Spaceship Earth, où les visiteurs montent à bord d'une machine à remonter le temps pour un voyage à travers l'évolution des communications. Au Wonders of Life (les merveilles de la vie), le **Body Wars** vous plonge dans l'univers sophistiqué mais bien réel du corps humain (à l'aide d'un simulateur). Le très populaire pavillon Journey Into Imagination présente le film **Honey I Shrunk the Audience** (*Chérie, j'ai rétréci le public*), utilisant de spectaculaires effets en trois dimensions.

La **World Showcase** comprend de nombreux pavillons internationaux disposés autour d'un lac artificiel. Chaque pays est représenté par un style architectural ou un monument célèbre et par des produits gastronomiques ou artisanaux typiques. Des personnages en costume local exécutent des danses, des sketches et d'autres manifestations culturelles propres à chaque pays. Tous les soirs à 21h, Epcot présente un spectacle grandiose et magnifique intitulé IllumiNations, associant musiques de chaque pays, danses, éclairages et feux d'artifice. Les pavillons proposent également de la cuisine régionale. Le buffet à volonté de viande, de fruits de mer et de salades (19 $) vous attend au **Restaurant Akershus**, dans le pavillon norvégien

(*Norway Pavilion*), l'une des rares adresses abordables où dîner chez Disney. Réservez vos places dès le matin aux *Guest Relations*. Les cafés régionaux (pas de réservation) sont moins chers, mais pas bon marché pour autant.

DISNEY-MGM STUDIOS

Conçus pour recréer un "décor de cinéma en action", les Disney-MGM Studios (DMS) semblent avoir gagné leur pari. Les restaurants ressemblent à ceux de Hollywood et des personnages de films arpentent le parc en signant des autographes et en prenant la pose quand vous les photographiez. DMS est construit autour de plusieurs spectacles : organisez votre journée en fonction de ceux que vous voulez voir. Des spectacles de cascadeurs et des minicomédies sont donnés en permanence. La dernière attraction des studios est une adaptation du jeu télévisé *Qui veut gagner des millions ?* Tout est réuni pour créer l'illusion, mais ce n'est pas à Jean-Pierre Foucault que vous direz votre dernier mot. Les cascadeurs de l'**Indiana Jones Epic Stunt Spectacular** rejouent les meilleurs moments de la trilogie, et le **Star Tours**, fondé sur *La Guerre des étoiles*, simule les turbulences d'un cargo spatial pris dans une bataille au laser. Mais le ❤ **Magic of Disney Animation** sera sans doute le véritable but de votre excursion dans ce parc. Une visite guidée révèle les secrets de l'animation Disney, vous expliquant comment les dessins animés ont vu le jour et vous autorisant à jeter un œil aux croquis des futurs productions de la maison Disney.

DISNEY'S ANIMAL KINGDOM

Si vous ne supportez plus les personnages en plastique et les mondes imaginaires en carton-pâte, le dernier-né des parcs Disney, Animal Kingdom, vous ramènera tout droit à la réalité. Les **Kilimandjaro Safaris** vous conduisent à la réserve exotique de Harambe, abritant éléphants, hippopotames, girafes et autres créatures qui peuplent la savane africaine. Ceux qui participent à un **Maharajah Jungle Trek** se retrouveront au milieu de tigres, de tapirs et de chauves-souris. Animal Kingdom ne consiste pas uniquement à s'immerger dans des terres étrangères. A l'instar des autres parcs Disney, le spectateur prend part à l'aventure grâce à des spectacles et à des promenades utilisant différents moyens de locomotion. **Dinausor**, par exemple, plonge le visiteur au cœur du crétacé. Cependant, les longues files d'attente et la visite plutôt courte risquent d'en décourager plus d'un. **It's Tough to be a Bug !** (*Dur dur d'être un insecte !*) est un autre spectacle en trois dimensions, par la même équipe que *A Bug's Life* (*Mille et une pattes*).

AUTRES ATTRACTIONS DISNEY   🎞 407

Outre les innombrables attractions disséminées dans les trois parcs principaux, Disney World offre d'autres divertissements payants sur des thèmes différents. **Blizzard Beach** est un parc aquatique. Un téléphérique vous emmènera au Mt. Gushmore, d'où vous pourrez redescendre (36 m) par le toboggan le plus rapide du monde (Summit Plummet). **Typhoon Lagoon**, un autre parc aquatique de 20 ha, dispose de la plus grande piscine à vagues du monde, avec des rouleaux de plus de 2 m de haut. Outre huit toboggans aquatiques géants, le lagon dispose d'un "toboggan-tunnel" et d'un récif de corail peuplé de poissons de mer tropicaux et de requins inoffensifs. **River Country** propose d'autres toboggans et balançoires et une gigantesque piscine. Ces parcs se remplissent vite les jours d'été, vous ne pourrez peut-être pas y accéder. Pour 9,25 $, visitez le **Disney's Wide World of Sports Complex** (© 939-1500) et testez votre habileté au football américain dans le cadre de la **NFL Experience**. **Dowtown Disney** est une vaste agrégation de restaurants à thème, d'animations nocturnes de toutes sortes et de magasins. A **Pleasure Island**, cette "île du plaisir" conçue pour les jeunes rassemble des boîtes de nuit à thème, allant de la country au rock, en passant par la techno et le jazz. (Accès réservé aux plus de 18 ans et aux mineurs accompagnés. Entrée 20 $.)

FLORIDE

LA VIE HORS DE DISNEY ☞ 407

Les parcs d'attractions qui n'appartiennent pas à Disney s'unissent pour faire face à Mickey. Une de leurs armes pour combattre la souris est la formule des *flex tickets* (billets flexibles), un forfait qui permet l'accès combiné à plusieurs parcs. Un billet, valable 7 jours et donnant accès à tous les transports, permet de visiter quatre parcs : Sea World, les deux parcs d'Universal Studios et Wet 'n' Wild, un parc aquatique (160 $, 3-9 ans 128 $). Un autre, valable 10 jours (197 $, 3-9 ans 158 $, contactez Universal City Travel au © 800-224-3838), vous donne accès à un cinquième parc, les Busch Gardens de Tampa (voir p. 616).

UN CHEVAL D'UNE COULEUR DIFFÉRENTE

En 1933, la dernière chose qu'August A. Busch Senior s'attend à recevoir en cadeau, pour marquer la reprise de sa brasserie à la fin de la Prohibition, est un groupe de chevaux ramenés d'Europe. Son fils, August Junior, lui offre le premier attelage de Budweiser Clydesdale. Ces magnifiques chevaux sont aujourd'hui le symbole reconnu de Anheuser-Busch, le brasseur le plus important des Etats-Unis. Pour faire partie d'un attelage Bud Clydesdale digne de parcourir le monde, les animaux doivent avoir des chaussettes blanches à chaque patte, une tâche blanche sur le museau, une crinière et une queue noires. Vous pouvez observer quelques-uns de ces athlètes équins dans les écuries d'Orlando Sea World (voir ci-dessous) et de Tampa's Busch Gardens (p. 616).

◉ LES PARCS

SEA WORLD

L'un des plus grands parcs marins du monde, **Sea World Adventure Park** vous plonge dans de somptueux spectacles, courses et autres exhibitions dédiés au monde du silence. Ces dernières années, le parc s'est métamorphosé. D'un simple entrepôt utilisant la technologie marine de pointe, il est devenu un parc à part entière consacré aux mystères des créatures marines. Murènes, barracudas, requins et autres charmantes bestioles se lèchent les babines dans les **Terrors of the Deep**, la plus grande collection au monde de monstres marins. **The Shamu Adventure** connaît toujours le même succès avec ses acrobaties aquatiques parfaitement exécutées par une famille d'orques sous la houlette de leurs dresseurs. La foule se presse au Shamu Stadium ; il vaut donc mieux arriver tôt si vous voulez avoir une place. S'il fait chaud, vous apprécierez d'être assis dans la rafraîchissante *splash zone* (zone d'éclaboussement), où ce n'est pas une mauvaise idée d'être en maillot de bain. **Journey to Atlantis** possède les premières montagnes russes aquatiques du parc. Depuis le printemps 2000, les **Kraken** sont les montagnes russes les plus rapides, les plus hautes et les plus longues d'Orlando. *(A 30 km au sud-ouest d'Orlando par la I-4, sur la Route 528. © 351-3600. Prenez le bus n° 8. Ouvert tlj 9h-19h, plus tard en été. Entrée 48 $, enfants 3-9 ans 39 $. Parking 6 $. 3 $ supplémentaires pour monter à la Sky Tower. Dans la plupart des hôtels et des auberges de jeunesse, vous trouverez des bons de réduction offrant 2-3 $ sur le prix d'entrée normal. Entrée à Discovery Cove sur réservation uniquement.)*

CYPRESS GARDENS

Les **Cypress Gardens** se trouvent à Winter Haven, au sud-ouest d'Orlando. Ces jardins botaniques, composés de plus de 8000 espèces de plantes et de fleurs, sont sillonnés de sentiers sinueux et de cours d'eau parcourus de bateaux électriques. La flore et les minijardins du monde entier présentent les styles horticoles de nombreux pays. Mais ce qui attire le plus, ce sont les **spectacles de ski nautique**. *(Prenez la I-4 vers le sud-*

ouest jusqu'à la Route 27 S., puis la Route 540 W. © 863-324-2111. Ouvert tlj 9h30-17h, horaire précis par téléphone. Spectacles de ski nautique à 11h et 16h30, horaire variable selon l'affluence. Entrée 33 $, enfants 6-12 ans 17 $.)

ESCAPADE AUX STUDIOS UNIVERSAL

Les studios Universal représentent une alternative moins "carton-pâte" que Disney World : rien de magique, juste du cinéma qui vous fait frissonner, perdre la tête et hurler. Les trois parcs situés le long de la I-4, **Universal Studios Florida**, **Islands of Adventure** et **CityWalk** ne constituent en aucun cas un faire-valoir à "l'autre parc". Ils font partie des passages obligés pour tous les visiteurs qui viennent à Orlando. *(Prenez la I-4, sortie n° 29B ou n° 30B. © 363-8000. Ouvert tlj à 9h, l'horaire de fermeture varie. CityWalk ferme à 2h. Entrée dans l'un des trois parcs : 46 $, enfants 3-9 ans 37 $. Renseignez-vous sur les nouvelles tarifications mises en œuvre dans les autres parcs. CityWalk est gratuit et ouvert au public. Parking 7 $.)*

UNIVERSAL STUDIOS FLORIDA. Le premier des parcs des studios Universal à exploiter le genre se propose de "faire revivre les films" au moyen d'excursions dans les coulisses reconstituées et d'effets spéciaux. Plongez au cœur du monde terrifiant des envahisseurs dans **Men In Black : Alien Attack**, la toute dernière attraction des studios Universal. **Back to the Future... The Ride** (*Retour vers le futur*), l'un des clous du spectacle, utilise un écran panoramique OmniMax haut de six étages et de formidables effets spéciaux pour vous convaincre que vous vous trouvez *réellement* dans la DeLorean de Marty McFly. Une visite des studios de la chaîne pour enfants **Nickelodeon** leur dévoile tous les secrets des plateaux et des décors. Après ça, vous n'aurez plus d'excuses pour ne pas répondre à toutes leurs questions.

ISLAND OF ADVENTURE. Ce parc regroupe sur 44 ha des attractions parmi les plus élaborées au monde. Cinq îles illustrent différents thèmes, du dessin animé au surmédiatisé *Jurassic Park*. Le joyau des parcs d'attractions d'Orlando est incontestablement **The Amazing Adventures of Spider Man**, dont la conception a donné naissance à plusieurs brevets et à de nouvelles technologies. A bord d'une voiture rapide, vous filez dans un système vidéo en trois dimensions et retrouvez la statue de la Liberté qui avait été volée. La plus divertissante des îles est **Seuss Landing**, au décor pastel, qui abrite le **Green Eggs & Ham Cafe** (sandwich aux œufs verts et au jambon 5,60 $) et le kiosque **Moose Juice Goose Juice**. Embarquez sur l'indomptable canapé de l'attraction **The Cat In the Hat** qui vous emmènera à travers les passages les plus croustillants de ce conte de Theodore Geisel (alias Dr Seuss). Si vous recherchez plus de piment, prenez place à bord du **Dueling Dragons**, premier duo de montagnes russes au monde qui s'entrecroisent, se frôlent et s'intervertissent.

CITYWALK. C'est par cet espace de 12 ha gratuit et non clôturé que les visiteurs pénètrent dans les studios Universal. Restaurants à thème, clubs et parkings de nuit gratuits en font une bonne alternative à Pleasure Island. **The NASCAR Cafe**, **NBA City** et **Emeril's** font partie des restaurants à thème excessivement chers qui bordent la rue principale. Deux boîtes de nuit interdites aux moins de 21 ans, **Bob Marley's** et **The Groove**, font payer 4-5 $ l'entrée.

COCOA BEACH ET CAP CANAVERAL   ⚑ 321

Cap Canaveral et la "côte spatiale" environnante fonctionnèrent au ralenti pendant la guerre froide. La zone prit son envol en même temps que débuta la grande course à la conquête de l'espace. Elle devint alors la base des opérations des grandes expéditions, de l'atterrissage de la navette Apollo sur la lune aux manœuvres actuelles pour la création d'une station spatiale internationale. Aujourd'hui, l'énorme Space Kennedy Center occupe la majeure partie du littoral et du parc national de Wildlife Refuge, mais les villes de Cocoa Beach et de Melbourne possèdent le style typique des stations balnéaires de l'Atlantique. Essayez d'éviter les dates de lancement en été, car les touristes investissent les lieux et les prix des hôtels défient allègrement les lois du cosmos.

⚡ ⚑ ORIENTATION ET INFORMATIONS PRATIQUES. Le secteur de Cocoa Beach, à 80 km à l'est d'Orlando, se compose des petites villes intérieures de Cocoa et de Rockledge, des villes littorales de Cocoa Beach et de Cap Canaveral, et de Merritt Island. La **I-95** et la **US 1** coupent le site du nord au sud, et la **Route A1A** (North Atlantic Ave.) longe la plage et relie Cocoa Beach à Cap Canaveral. Les bus **Greyhound**, 302 Main St. (✆ 636-6531, gare routière ouverte tlj 7h-17h30), à Cocoa, à 13 km à l'intérieur des terres, desservent Orlando (2 dép/j, durée 1h, 8,50-9,50 $) et Daytona (4 dép/j, durée 1h45, 13,50-14,50 $). **Space Coast Area Transit** (✆ 633-1878) assure une navette le long de North Beach et de South Beach, s'arrêtant dans chaque ville du comté de Brevard de 8h à 17h (tarif 1 $, étudiants, personnes âgées et handicapés 50 ¢, correspondances gratuites). **Taxi : Royal Cab** (✆ 267-7061), **Yellow Cab** (✆ 636-1234). **Blue Dolphin Shuttle** (✆ 433-0011) relie Cocoa Beach à l'aéroport international d'Orlando (25 $) et au Kennedy Space Center (aller-retour 8 $). Réservez. **Informations touristiques : Cocoa Beach Chamber of Commerce**, 400 Fortenberry Rd. (✆ 459-2200, ouvert Lu-Ve 8h30-17h). **Space Coast Office of Tourism**, 8810 Astronaut Blvd. (Route A1A), n° 102 (✆ 800-936-2326, ouvert Lu-Ve 8h-17h). **Bureau de poste** : 333 Crockett Blvd. (Route A1A), à Merritt Island (✆ 453-1366, ouvert Lu-Ve 8h30-17h et Sa. 9h-13h.) **Code postal** : 32952.

⚑ 🍴 HÉBERGEMENT ET RESTAURANTS. En face de la plage, le **Motel 6**, 3701 N. Atlantic Ave. (Route A1A), ne déroge pas à ses habitudes et offre l'un des meilleurs rapports qualité-prix de Cocoa Beach. (✆ 783-3103. Air conditionné, télévision, piscine, laverie, jeu de palets. Chambre simple 42-47 $, Ve-Sa 46-50 $.) Derrière la gare Greyhound et le château d'eau se trouve le **Dixie Motel**, 301 Forrest Ave., récemment rénové. Chambres propres dans les tons pastel, baies vitrées du sol au plafond, air conditionné, télévision par câble, piscine. (✆ 632-1600. Laverie. Chambre simple 40 $, chambre double 50 $. Hors saison, chambre simple 45 $, chambre double 55 $.) Vous pourrez dresser votre tente et jouir d'une vue merveilleuse au **Jetty Park Campgrounds**, 400 E. Jetty Rd., sur la plage de Cap Canaveral. (✆ 455-1380. 6 personnes par emplacement. Janv-Avr : emplacement sommaire 18 $, avec eau et électricité 22 $, avec raccordement complet 25 $. Mai-Déc : 16 $ l'emplacement sommaire, 20 $ avec eau et électricité, 23 $ avec raccordement complet. Réservez 3 mois à l'avance pour les jours de lancement de navette.)

On fait la queue pour goûter la fameuse pizza new-yorkaise cuite au feu de bois de chez **Bizzarro**, n° 4 1st Ave. au niveau de la Route A1A, à Indialantic. Part de pizza *Sicilian* 1,50 $. (✆ 724-4799. Ouvert Lu-Je 11h-21h, Ve-Sa 11h-23h et Di. 12h-21h.) Sur le front de mer, vous ne trouverez pas de lait au soja ni de tofu. **Sunseed Food Co-op**, 6615 N. Atlantic Ave. (Route A1A), propose un choix impressionnant de produits diététiques, naturels et bio. (✆ 784-0930. Ouvert Lu-Me 10h-19h, Je-Ve 10h-20h, Sa. 10h-19h et Di. 11h-18h.) **Tea Room**, 6211 N. Atlantic Ave. (Route A1A), prépare une cuisine familiale avec amour. Formules petit déjeuner tous les matins environ 3 $, pâtisseries de 50 ¢ à 1,25 $. (✆ 783-5527. Ouvert Lu-Ve 6h30-14h et Sa-Di 8h-14h.)

🔲 CENTRE SPATIAL. Les navettes spatiales de la **NASA** sont lancées depuis le **Kennedy Space Center**, à 29 km au nord de Cocoa Beach sur la Route 3. Accessible en voiture par la Route 405 E. depuis la I-95 ou par la Route 528 E. depuis la Bee Line Expwy. Depuis Cocoa Beach, prenez la Route A1A jusqu'à ce qu'elle se prolonge vers l'ouest dans la Route 528, puis suivez la Route 3 N. vers le Spaceport. **Transports en commun** : Blue Dolphin Shuttle (voir **Informations pratiques**, précédemment). Le **Kennedy Space Center Visitors Complex**, récemment rénové, donne accès à un immense centre d'accueil pour les visiteurs. Il comporte des salles de cinéma 3D IMAX, le Rocket Garden (le cimetière aux fusées) et des expositions constamment renouvelées sur la conquête de l'espace. Le KSC propose des visites sur les 350 km² du site. Le **Kennedy Space Center Tour**, qui part en continu de 9h30 à 17h, vous fait parcourir les trois attractions touristiques : LC 39 Observation Gantry, le centre Apollo/Saturn V et l'International Space Station Center. Le **Then & Now Tour** vous emmène sur les aires de lancement les plus célèbres. Vous découvrirez les lieux de lancement des premières missions Apollo ou encore les locaux dans lesquels vivaient et s'entraînaient les courageux astronautes de Mercury. Le **NASA Up Close Tour** constitue la nouveauté. Cette visite vous donne accès aux zones interdites en temps normal. Ne manquez pas la rampe de lancement de la navette, l'imposant bâtiment VAB (lieu d'assemblage de la navette) et le Crawler Transporter (véhicule conçu pour le transport des tours de lancement des fusées). Les programmes de lancement de la NASA étant fréquents, vous aurez peut-être la chance de voir les navettes spatiales *Endeavor, Columbia, Atlantis* ou *Discovery* fendre le bleu du ciel au-dessus de Cap Canaveral. Pour 15 $, le Kennedy Space Center vous conduit à un promontoire vous donnant le privilège d'assister à ces décollages hors du commun. (© 452-2121, informations © 449-4444. Ouvert tlj 9h-20h30, en hiver 9h-17h30. Kennedy Space Center Tour 25 $, 3-11 ans 15 $. Up Close et Then & Now 20 $ supplémentaires par personne.)

Entourant le complexe de la NASA, le parc naturel marécageux **Merritt Island National Wildlife Refuge** abrite des tortues de mer, des lamantins, des sangliers, des loutres et plus de 300 sortes d'oiseaux, dont des espèces menacées. Prenez la sortie n° 80 de la I-95, tournez vers l'est dans Garden St. vers la SR 402. (© 861-0667. Ouvert tlj du lever au coucher du soleil. Le *visitors center* ou office de tourisme est ouvert Lu-Ve 8h-16h30 et Sa. 9h-17h.) Juste au nord de Merritt Island, **Canaveral National Seashore**, sur la côte nord-est du Wildlife Refuge, couvre 27 000 ha de plages et de dunes non exploitées. Prenez la Route 406 E., accessible par la US 1, à Titusville. (© 407-867-0677. Ouvert tlj 6h-20h. 5 $ par voiture. Fermé trois jours avant et un jour après les lancements de la NASA.)

FORT LAUDERDALE ☏ 954

Les rues de la ville et les autoroutes conviennent à la plupart des transports en commun, mais Fort Lauderdale y ajoute une troisième possibilité : les canaux. Le réseau de voies navigables relie les demeures luxueuses à la rivière. La possession d'un yacht (plus de 40 000 dans la ville) se veut à la fois pratique et chic. Mais la "Venise de l'Amérique" possède également 37 km de belles plages de sable blanc, rendant ainsi la ville attrayante même pour ceux qui n'ont pas les moyens de s'offrir un hors-bord. Si les activités nautiques vous laissent de marbre, vous pouvez parcourir Las Olas Blvd., l'un des meilleurs centres de shopping du sud de la Floride.

▣ TRANSPORTS

Avion : **Fort Lauderdale/Hollywood International Airport**, 1400 Lee Wagoner Blvd. (© 359-6100. Répondeur © 359-1200), à 5,5 km au sud du centre-ville sur la US 1 ou par la I-595 E. depuis la I-95, jusqu'à la sortie n° 12B. Prenez le bus n° 1 dans le centre-ville.

Train : **Amtrak**, 200 S.W. 21st Terrace (© 587-6692), juste à l'ouest de la I-95, à 400 m au sud de Broward Blvd. Prenez le bus n° 22 depuis le centre-ville. Destination : Orlando (2 dép/j, durée 4h45, 29-56 $). Ouvert tlj 7h15-21h15.

Bus : **Greyhound**, 515 N.E. 3rd St. (© 764-6551), à 3 blocks au nord de Broward Blvd., dans le centre-ville. *L'endroit peut être dangereux, surtout la nuit.* Destinations : **Orlando** (7 dép/j, durée 5h, 36-38 $), **Daytona Beach** (6 dép/j, durée 6h30-7h, 30-32 $) et **Miami** (17 dép/j, durée 1h, 5 $). Ouvert 24h/24.

Transports en commun : **Broward County Transit (BCT)** (© 357-8400. Ouvert Lu-Ve 7h-22h, Sa. 7h-20h et Di. 8h-19h.) La plupart des itinéraires passent par le terminal, au coin de la 1st St. N.W. et de la 1st Ave. N.W., dans le centre-ville. Les lignes n° 11 et n° 36 longent les plages par la Route A1A du nord au sud. Des plans des bus pratiques se trouvent dans toutes les gares routières. Les bus circulent tlj 6h-23h, avec un passage toutes les 30 mn sur la plupart des lignes. Tarif 1 $, correspondance 15 ¢, étudiants, personnes âgées, moins de 18 ans et handicapés 50 ¢ (carte d'identité nécessaire). Forfait d'une semaine 9 $, *pass* d'une journée 2,50 $, carte de 10 trajets 8 $, disponibles dans les hôtels du front de mer, les bibliothèques et le terminal central. Les bus de **TMAX** (© 761-3543) décrivent des cercles au travers de la ville, et entre Sunrise Blvd. et Las Olas Blvd., le long du front de mer, Ve-Sa 18h-1h. Gratuit. Les trains de **Tri-Rail** (© 728-8445 ou 800-874-7245) relient West Palm Beach, Fort Lauderdale et Miami. Service Lu-Ve 4h-22h et Sa-Di 6h30-22h. L'horaire est disponible à l'aéroport, dans les motels ou aux arrêts Tri-Rail. Tarif 2-5,50 $, 50 % de réduction pour les enfants, les handicapés, les étudiants et les personnes âgées munis de justificatif Tri-Rail.

Taxi : Yellow Cab, © 777-7777. **Public Service Taxi**, © 587-9090.

Location de voitures : Alamo, 2601 S. Federal Hwy. (© 525-4713). Ouvert 24h/24. 39 $ la journée, 225 $ la semaine avec kilométrage illimité. Age minimum 21 ans. Carte bancaire obligatoire. Supplément de 20 $ la journée pour les conducteurs de moins de 25 ans.

Location de vélos : Mike's Cyclery, 5429 N. Federal Hwy. (© 493-5277). Ouvert tlj 10h-19h. Grand choix de vélos à 20 $ la journée, 50 $ la semaine. Vélos de course un peu plus chers. Caution sur carte bancaire obligatoire.

■ ■ ■ ORIENTATION ET INFORMATIONS PRATIQUES

La **I-95**, orientée nord/sud, passe par West Palm Beach, Fort Lauderdale et Miami. La **Route 84/I-75 (Alligator Alley)** parcourt les 160 km séparant Fort Lauderdale de Naples et d'autres petites villes de la côte sud-ouest, en traversant les Everglades. **Florida's Turnpike** commence à Orlando et longe la I-95. Fort Lauderdale est encore plus étendue qu'il n'y paraît. La ville s'étire à l'ouest de ses 37 km de plage et s'étend sur plus de 1165 km². Les artères sont de deux types : rues et boulevards (est/ouest) et avenues (nord/sud). Toutes sont marquées N.W., N.E., S.W. ou S.E., en fonction de leur orientation. **Broward Blvd.** sépare la ville d'est en ouest et **Andrews Ave.** la coupe du nord au sud. Le centre-ville, en brique et mortier, se regroupe autour de la **Federal Hwy. (US 1)** et de **Las Olas Blvd.**, à 3 km environ à l'ouest de la plage. Entre le centre-ville et le front de mer, des yachts descendent les canaux chic de l'**Intracoastal Waterway. The Strip** (indifféremment appelé Route A1A, Fort Lauderdale Beach Blvd., 17th St. Causeway, Ocean Blvd. et Seabreeze Blvd.) longe la plage sur 6,5 km, entre **Oakland Park Blvd.**, au nord et Las Olas Blvd., au sud.

Informations touristiques : Greater Fort Lauderdale Convention and Visitors Bureau, 1850 Eller Dr., suite n° 303 (© 765-4466), à Port Everglades. Le très utile *Superior Small Lodgings* est un guide complet des lieux d'hébergement bon marché. Pour recevoir une documentation, composez le © 800-227-8669. Ouvert Lu-Ve 8h30-17h. L'office de tourisme (**Chamber of Commerce**), 512 N.E. 3rd Ave. (© 462-6000), se trouve à 3 blocks de la Federal Hwy., au croisement de la 5th St. Ouvert Lu-Ve 8h-17h.

Assistance téléphonique : First Call for Help (SOS assistance), © 467-6333. **Sexual Assault and Treatment Center** (SOS Viol), © 761-7273. Ces deux services fonctionnent 24h/24.

Bureau de poste : 1900 W. Oakland Park Blvd. (© 527-2028). Ouvert Lu-Ve 7h30-19h et Sa. 8h30-14h. **Code postal** : 33310.

■ HÉBERGEMENT

Le prix des hôtels devient exorbitant à mesure qu'on approche du front de mer, et plus encore pendant les vacances de printemps. La haute saison bat son plein de mi-février à début avril. Les motels au nord du Strip sont les moins chers, et de nombreux établissements proposent des forfaits hors saison à moins de 35 $. La **Greater Fort Lauderdale Lodging and Hospitality Association**, 1412 E. Broward Blvd., donne une liste gratuite des hôtels de la région. (© 567-0766. Ouvert Lu-Ve 9h-17h.) Consultez le *Fort Lauderdale News* et le *Miami Herald* pour les chambres louées chez les particuliers pendant les vacances de printemps. Dormir sur la plage est interdit (et quasiment impossible en raison des patrouilles régulières qui y circulent) entre 21h et le lever du soleil. A la place, plusieurs auberges de jeunesse récemment ouvertes proposent des formules d'hébergement bon marché et en abondance.

Fort Lauderdale Beach Hostel, 2115 N. Ocean Blvd. (© 567-7275). Sur la Route A1A en direction du nord, entre Sunrise Blvd. et Oakland Blvd. Prenez le bus n° 11 depuis la gare routière centrale. Dernière-née des auberges de jeunesse, la FLBH est idéalement située, à quelques blocks seulement de la plage. Les propriétaires comme les clients s'adaptent parfaitement à l'ambiance amicale et décontractée qui caractérise la région. Appels locaux et accès Internet gratuits. Les propriétaires viennent vous chercher gratuitement à Fort Lauderdale à n'importe quelle heure de la journée. Petit déjeuner compris. Casiers gratuits. Caution de 10 $ pour les draps. Lit 16-18 $.

Floyd's Hostel/Crew House, 445 S.E. 16th St. (© 462-0631, appelez à l'avance. Prenez le bus n° 1 ou n° 40 depuis le centre-ville et descendez à la 17th St.) Des aménagements récents procurent un confort particulier à cette auberge chaleureuse, fréquentée par des jeunes du monde entier et du personnel navigant maritime. Plus de 50 lits (répartis en dortoirs de 4 lits), 8 cuisines, 8 salles de séjour avec télévision par câble et 8 salles de bains. On vient vous chercher n'importe où dans la région de Fort Lauderdale. Les gérants se sont fiancés grâce à *Let's Go : USA 1995* (détails sur demande). Denrées gratuites telles que pâtes, haricots et céréales. Appels locaux, draps, casiers et laverie gratuits. Réception avant minuit ou prévenir à l'avance. Passeport demandé. Accès Internet. Dortoir 16 $, 115 $ la semaine. L'été, le cinquième jour est offert aux travailleurs étrangers. Chambre privative 40 $, en hiver 55 $.

Quiet Waters County Park, 401 S. Powerline Rd. (© 360-1315), sortie n° 37B de la I-95. Prenez Hillsboro Blvd. à l'ouest jusqu'à Powerline Rd. Depuis le centre-ville, prenez le bus n° 11 jusqu'à Pompano Sq. Mall, puis prenez le bus n° 95. Terrains entièrement équipés au bord du lac (tente, grill et accès libre à la plage) pour 5-30 personnes ("défense de nourrir les alligators !"). Sports nautiques classiques et "ski nautique" sans bateau, à 8 accrochés au bout d'un câble (il faut le voir pour comprendre !). Pas de prise électrique ni d'emplacement pour les camping-cars. Bureau ouvert 8h30-18h. Se présenter entre 14h et 18h. Emplacement 25 $. Droit d'entrée 2 $, enfants 1 $. Caution de 25 $. Accès handicapés.

RESTAURANTS ET SORTIES

Les bars qui se succèdent le long du Strip rivalisent pour les *happy hours* : immenses plateaux de hot-dogs, de frites et de snacks, buffets et pizzas à volonté. Ces bars demandent cependant un droit d'entrée de 5 $ et exigent que l'on consomme au moins une boisson (à partir de 3 $). L'**Ocean Drive Cafe**, 401 Ft. Lauderdale Beach Blvd. (Route A1A), pratique des prix raisonnables par rapport aux autres restaurants du front de mer. Les plats y sont savoureux. Vous bénéficiez en outre d'un emplacement idéal pour observer les passants, agréable activité qui ponctue une longue journée de bronzette et de surf. Essayez les pizzas *calzones* maison à 7 $ ou les hamburgers végétariens à 6,50 $. (© 779-3351. Ouvert tlj 8h30-24h.) **La Spada's**, 4346 Seagrape Dr. (© 776-7893), non loin de Commercial Blvd., se vante d'avoir les meilleurs *hoagies* (gros sandwichs) de la ville, et cela doit être vrai si l'on en croit la taille de la file d'attente. Les *subs* (sandwichs longs) coûtent entre 5 et 7 $. Le sandwich "italien" de 30 cm est un *must*. (© 776-7893. Ouvert Lu-Sa 10h-20h et Di. 11h-20h.) Le restaurant traditionnel **Lester's**, 250 Route 84, possède un juke-box sur chaque table, permettant ainsi d'écouter de grands classiques tout en dégustant d'appétissants hamburgers et milk-shakes. Le petit déjeuner est servi toute la journée, mais il est préférable de venir entre 15h et 19h pour le menu *Twilight*, qui comporte un plat principal, une boisson, une salade et un dessert pour 7 $. (© 525-5641. Ouvert tlj 24h/24.)

A proximité de la plage, de nombreux endroits où faire la fête sont regroupés dans Fort Lauderdale Beach Blvd. L'**Elbo Room** est situé dans le premier véritable immeuble à l'angle de la Route A1A et de Las Olas Blvd. Une *webcam* placée sur la

FLORIDE

terrasse du premier étage retransmet les images de la plage et du Strip sur le site www.theelboroom.com. Sur le trottoir, le bar, où se pressent des créatures légère-ment vêtues, rassemble la foule la plus compacte et la moins discrète de la plage. (℃ 463-4615. Concerts tous les soirs. Ouvert Lu-Je 11h-2h, Ve-Sa 11h-3h et Di. 12h-2h.) Le **Club Atlantis**, 219 S. Ft. Lauderdale Beach Blvd., est très apprécié des jeunes un peu fous. Il est fréquent d'assister à des combats de boue et autres idées saugre-nues sur les pistes de danse. Si vous êtes affamé, profitez du buffet à 5 $ servi pendant la journée. (℃ 779-2544. Ouvert tlj 21h-4h. Prix d'entrée variable.) Dans le quartier très fréquenté de Las Olas, l'**O'Hara's Jazz Cafe**, 722 E. Las Olas Blvd., permet de se détendre en assistant à des concerts de jazz et de blues tout en ingurgitant des sandwichs consistants. (℃ 524-1764. Concerts tous les soirs. Ouvert Lu-Ve 11h30-2h, Sa. 11h30-3h et Di. 12h-2h.)

LA PELOTE AMÉRICAINE Harry Truman (vice-président de Franklin Delano Roosevelt et qui lui succédera entre 1945 et 1952), et Eleanor Roosevelt (l'épouse de FDR) en étaient des mordus, l'un des meilleurs joueurs de l'histoire du base-ball, Babe Ruth, s'y essaya, mais sans succès. Désigné par le livre Guinness des records comme "**le jeu le plus rapide du monde**", le Jai Alai, qui n'est autre que la version améri-caine de la pelote basque, est très populaire en Floride, mais reste largement ignoré du reste des Etats-Unis. Ce sont des pelotaris du Pays basque français et espagnol qui impor-tèrent ce sport en Floride au cours des années 1920, où il fit rapidement l'objet de paris. Les intrépides joueurs propulsent la pelote, une balle de caoutchouc enveloppée de plusieurs couches de peau de chèvre, à l'aide de la chistera, un instrument recourbé en osier, qui permet de lancer ou de recevoir la balle. Pour empêcher l'adversaire de rattraper et de renvoyer correctement la pelote, le joueur doit donner de l'effet à la balle et la lancer à des vitesses folles (parfois plus de 280 km/h). Situé à 16 km au sud de Fort Lauderdale par la US 1, **Dania Jai-Alai** est l'un des plus grands frontons de tout l'Etat. (*301 E. Dania Beach Blvd., ℃ 927-2841. Parties Ma. et Sa. à 12h et 19h15, Me-Ve à 19h15, Di. à 13h. Entrée 1,50 $, places réservées à partir de 2,50 $.*)

◙ VISITES

Fort Lauderdale offre toutes sortes d'activités, licites ou illicites. Des avions survo-lant la plage renseignent sur les *happy hours* des bars locaux. Les étudiants fréquen-tent les boîtes de nuit qui bordent la plage sur la Route A1A. Si vous sortez, munissez-vous d'une pièce d'identité (passeport, permis de conduire) pour prouver votre âge ; une carte d'étudiant ne suffit pas. Soyez prévenu, les bars et les boîtes du Strip ne font pas dans la dentelle. Attendez-vous plutôt à des spectacles de type compéti-tions de catch seins nus dans la gelée et autres divertissements lubrifiés. Malgré cela, la ville soutient largement la comparaison avec Miami Beach dont la prome-nade a des allures un peu miteuses comparée à la côte proprette de Fort Lauderdale, à ses palmiers, à ses eaux émeraude et à son front de mer en briquettes rose.

SUR L'EAU. Le bord de mer situé entre Las Olas Blvd. et Sunrise Blvd. marque la partie la plus animée de **Fort Lauderdale Beach**. **Las Olas Waterfront**, 2 W. 2nd St., le quartier commercial le plus récent en bord de plage, rassemble des clubs, des restau-rants et des bars, le tout les pieds dans l'eau ou presque ! Pendant la journée, vous pouvez vous promener sur les canaux de Fort Lauderdale à bord du **Jungle Queen**, 801 Seabreeze Blvd., ancré au Bahia Mar Yacht Center, sur la Route A1A à trois blocks au sud de Las Olas Blvd. Le capitaine vous indique les changements de paysage pendant que le bateau (550 passagers) remonte la New River. (℃ 462-5596. Excursions de trois heures tlj à 10h, 14h et 19h. 12,50 $, enfants 2-10 ans 8,25 $. Excursion de 19h 26 $, 13,75 $ pour les 2-10 ans, dîner compris.) Le **Water Taxi**,

651 Seabreeze Blvd./Route A1A, est une manière originale de se déplacer. Ce bateau effectue 20 arrêts le long de l'Intercoastal Waterway et de la New River. (✆ 467-6677. Appelez 30 mn avant l'heure souhaitée. Ouvert tlj à 10h jusqu'au bon vouloir du patron. 14 $, moins de 12 ans 7 $., gratuit Di. avec un adulte. Journée entière 16 $.) **Water Sports Unlimited**, 301 Seabreeze Blvd./Route A1A, sur la plage, loue du matériel de sport nautique et des bateaux à moteur. Pour voir la plage d'en haut, un tour de parachute ascensionnel vous coûtera 65 $ (150 m de haut, durée 8 mn), un peu plus si vous voulez tremper vos pieds dans l'eau. (✆ 467-1316. Ouvert 9h-18h30.)

SUR LA TERRE FERME. Les marins d'eau douce pourront se promener dans le jardin tropical (1 ha) peuplé d'oiseaux exotiques et de milliers de papillons de **Butterfly World**, juste à l'ouest du Florida's Turnpike, accessible par la sortie n° 69 à Coconut Creek. (3600 W. Sample Rd. ✆ 977-4400. Ouvert Lu-Sa 9h-17h et Di. 13h-17h. Fermeture des portes à 17h. 13 $, 4-12 ans 8 $.) Apprenez tout sur le poisson volant et taquinez virtuellement le plus gros des poissons à l'**International Game Fishing Association's Fishing Hall of Fame & Museum**, 300 Gulf Stream Way., à la sortie n° 26 de la I-95, à Griffin Road. De grandes copies des prises record décorent l'entrée du musée : regardez le plafond. L'aventure commence avec le film *Journeys* (Voyages), sur grand écran. (✆ 922-4212. Ouvert tlj 10h-18h. Entrée 5 $, personnes âgées 4,50 $, enfants 4 $. Accès handicapés.) Noyé dans le quartier commercial du bord de mer, la **Bonnet House**, 900 N. Birch Rd., une authentique maison de planteurs, paraît isolée. 45 singes-araignées s'ébattent sur ses 18 ha de forêt subtropicale. (✆ 563-5393. Ouvert Me-Ve 10h-13h30 et Sa-Di 12h-14h30. Fermé mi-Août-mi-Sep. Entrée 9 $, étudiants 7 $, personnes âgées 8 $, gratuit pour les moins de 6 ans.)

MIAMI
ET MIAMI BEACH ☞ 305

Ce paradis touristique, qui compte la plus importante population cubaine immigrée, bat aux rythmes de cette île : des notions d'espagnol ou de "spanglish" vous seront utiles. Lorsque le temps n'est pas clément à New York ou à Los Angeles, les célébrités y élisent domicile, et la vie nocturne de la ville vous permet de les côtoyer. Mais Miami ne compte pas seulement des bikinis sur des plages : c'est aussi là que commencent les Everglades, les Florida Keys et les Caraïbes des Etats-Unis.

▐ TRANSPORTS

Avion : Miami International Airport (✆ 876-7000), à l'angle de Le Jeune Rd. et de la N.W. 36th St., à 11 km au nord-ouest du centre-ville. Le bus n° 7 est le moyen de transport le plus direct jusqu'au centre-ville, mais d'autres bus effectuent la liaison. Du centre-ville, prenez le bus C ou K pour South Miami Beach.

Train : Amtrak, 8303 N.W. 37th Ave. (✆ 835-1223), non loin de la station de Metrorail "Northside". Le bus L va directement de Lincoln Rd. Mall à South Miami Beach. Destinations : **Orlando** (2 dép/j, durée 5h, 33-64 $), **La Nouvelle-Orléans** (3 dép/semaine, durée 24h, 206-387 $) et **Charleston** (2 dép/j, durée 13-14h, 64-149 $). Gare ouverte tlj 6h30-22h.

Bus : Greyhound, Miami Station, 4111 N.W. 27th St. (✆ 871-1810). Destinations : **Atlanta** (13 dép/j, durée 17-19h, 85,50 $), **Orlando** (10 dép/j, durée 5-9h, 36 $) et **Fort Lauderdale** (1 dép/h, durée 1h, 5 $). Gare ouverte 24h/24.

Transports en commun : Metro Dade Transportation (✆ 770-3131, informations Lu-Ve 6h-22h et Sa-Di 9h-17h). Le vaste réseau **Metrobus** converge vers le centre-ville, où la plupart des bus longue distance ont une correspondance. Plus de 70 lignes, mais les principales,

A, C, D, G, H, J, K, L, R, S et T desservent Miami Beach. La nuit, certains arrêts sont surveillés par la police (un panneau l'indique). Les bus circulent Lu-Ve 4h-2h. Tarif 1,25 $. Correspondance 25 ¢, pour le Metrorail 25 ¢. Appelez pour l'horaire du week-end. Ayez la monnaie sur vous. Le futuriste métro aérien **Metrorail** dessert les principaux centres d'affaires et culturels du centre-ville. Il fonctionne tlj 5h-24h. Tarif 1,25 $, correspondance pour le bus 50 ¢. Le **Metromover** fait le tour du centre-ville, de 5h à 24h. Liaison avec les stations de Metrorail. Tarif 25 ¢, personnes âgées 10 ¢, gratuit s'il s'agit d'une correspondance du Metrorail. **Tri-Rail** (✆ 800-874-7245) relie Miami, Fort Lauderdale et West Palm Beach. Les trains circulent Lu-Sa 4h-20h et Di. 7h-20h. Tarif 6,75 $, Sa-Di 4 $. Etudiants, 5-12 ans et personnes âgées 50 % de réduction. Le nouvel **Electrowave** (✆ 843-9283) fait circuler des navettes le long de Washington Ave., de S. Pointe Park à Dade Blvd. Service Lu-Me 8h-2h, Je-Sa 8h-4h, Di. et jours fériés 10h-2h. Tarif 25 ¢, prenez une brochure ou montez directement à South Beach.

Taxi : Metro, ✆ 888-8888. **Central Cab**, ✆ 532-5555. Tarif fixe de l'aéroport à Miami Beach 24 $. Sinon, 3 $ le premier *mile*, 2 $ le *mile* suivant.

Location de vélos : Miami Beach Bicycle Center, 601 5th St. (✆ 531-4161), à l'angle de Washington Ave., à Miami Beach. Ouvert Lu-Sa 10h-19h et Di. 10h-17h. 5 $ l'heure, 20 $ la journée, 70 $ la semaine. Age minimal 18 ans avec carte bancaire ou 200 $ de caution en espèces.

■ ORIENTATION

Trois grands axes traversent l'agglomération de Miami. La **I-95**, la voie nord/sud la plus directe, rencontre la **US 1 (Dixie Hwy.)** juste au sud du centre-ville (*downtown*). La US 1 mène à l'entrée du parc des Everglades à Florida City puis continue sous le nom de Overseas Hwy. jusqu'à Key West. La **Route 836 (Dolphin Expwy.)**, une grande artère est/ouest, relie la I-95 à la **Florida's Turnpike**, en passant par l'aéroport. Si vous vous dirigez vers Florida City, prenez la Route 836 puis la Turnpike afin d'éviter la circulation dense de l'autoroute US 1.

En cherchant votre chemin, faites attention à la disposition des rues car il est *très* facile de confondre les adresses de North Miami Beach, de West Miami, de Miami Beach et de Miami. Les rues de Miami, orientées est/ouest, et les avenues, orientées nord/sud, sont numérotées. La ville de Miami est divisée en quartiers N.E., N.W., S.E. et S.W. par les artères centrales de **Flagler St.** (est/ouest) et **Miami Ave.** (nord/sud). Certaines rues et avenues numérotées portent aussi des noms : ainsi, Le Jeune Rd. s'appelle également la S.W. 42nd Ave., et Bird Ave. est aussi la S.W. 40th St. Tâchez de vous procurer un plan mentionnant les deux appellations, afin de vous épargner de sérieux maux de tête.

Plusieurs quatre voies (*causeways*) relient Miami à **Miami Beach**. La plus pratique est la **MacArthur Causeway**, qui devient la 5th St. à Miami Beach. Sur l'île, les rues numérotées sont orientées est/ouest, en ordre croissant vers le nord. A South Miami Beach, la principale voie nord/sud est **Collins Ave.** (ou **Route A1A**). Parallèles à Collins Ave. se trouvent **Washington Ave.**, bordée de bars et de boîtes de nuit, et **Ocean Ave.**, en bord de mer. Le quartier des commerces et des boîtes de nuit est situé entre la 6th St. et la 23rd St.

Le centre de **Little Havana**, entre la S.W. 12th Ave. et la S.W. 27th Ave. (bus n° 8, n° 11, n° 17 ou n° 37), est traversé par la **Calle Ocho** (S.W. 8th St.). Un block au nord, le quartier de **W. Flagler St.** est un centre d'affaires cubain. **Coconut Grove**, au sud de Little Havana, s'étend autour du quartier commerçant et de distractions de **Grand Ave.** et de **Virginia St.** Le quartier résidentiel chic de **Coral Gables** entoure **Coral Way (S.W. 24th St.)** et **Le Jeune Rd.** Une **voiture** peut vous être bien utile pour parcourir la ville et sa grande banlieue, mais faites attention à l'endroit où vous la garez. Des panneaux indiquent les zones de stationnement. La fourrière est particulièrement rapide dans les zones résidentielles. Ne laissez aucun objet de valeur dans votre voiture, le vol est très courant dans la ville.

Miami
VERS ORLANDO
VERS FT. LAUDERDALE ET WEST PALM BEACH
Florida Turnpike
N.W. 57th Ave.
N.W. 47th Ave.
N.W. 37th Ave.
N.W. 27th Ave.
Palmetto Expwy.
N. Miami Beach Blvd.
Miami Gardens Dr.
Ocean Blvd.
OPA-LOCKA
Opa-Locka Airport
NORTH MIAMI BEACH
N.E. 6th Ave.
Biscayne Blvd.
Oleta River State Recreation Area
Tri-Rail
VERS
N.W. 138th St.
N.W. 135th St.
Gratigny Pkwy. (péage)
N.E. 135th St.
W. Dixie Hwy.
NORTH MIAMI
Broad Causeway (péage)
N.W. 42nd Ave.
N.W. 27th Ave.
N.W. 119th St. (Gratigny Rd.)
N.W. 7th Ave.
Red Rd.
Palm Ave.
INDIAN CREEK VILLAGE
Collins Ave.
W. 49th St.
N.W. 103rd St.
HIALEAH
N.W. 95th St.
MIAMI SHORES
W. 4th Ave.
Hialeah Race Track
Amtrak Station
E. 25th St.
N.W. 79th St.
JFK Causeway
Normandy Dr.
71st St.
Metrorail
N.W. 1st Ave.
N. Miami Ave.
N.E. 2nd Ave.
LITTLE HAITI
Alton Rd.
E. 9th St.
MLK Blvd.
N.W. 62nd St.
N.W. 37th Ave.
Baie de Biscayne
MIAMI BEACH
Hialeah Dr.
N.W. 54th St.
LIBERTY CITY
MIAMI SPRINGS
Airport Expwy. (péage)
American Police Hall of Fame
Julia Tuttle Causeway
41st St.
(Arthur Godfrey Rd.)
N.W. 36th St.
Miami
Miami International Airport
N.W. 27th St.
N.W. 20th St.
Venetian Causeway (péage)
Dolphin Expwy. (péage)
Lincoln Rd.
Meridian Ave.
Ocean Dr.
WEST MIAMI
N.W. 7th St.
Orange Bowl
LITTLE HAVANA
Government Center
Bayside
MacArthur Causeway
Port of Miami Blvd.
5th St.
W. Flagler St.
Tamiami Trail
S.W. 8th St. (Calle Ocho)
Brickell
Port de Miami
VOIR CARTE DE SOUTH BEACH
CORAL GABLES
DOWNTOWN MIAMI
Fisher Island
S.W. 42nd Ave. (Le Jeune Rd.)
Coral Way
Venetian Pool
S.W. 24th St.
Vizcaya
Rickenbacker Causeway (péage)
Virginia Key
S.W. 57th Ave.
Coconut Grove
S. Dixie Hwy.
Vizcaya Museum & Gardens
Douglas Rd.
Bird Rd.
S. Bayshore Dr.
Miami Seaquarium
Coco-Walk
Université de Miami
COCONUT GROVE
SOUTH MIAMI
Ingraham Hwy.
Baie de Biscayne
Crandon Park
Océan Atlantique
VERS LES FLORIDA KEYS ET LES EVERGLADES
Crandon Park Bd.
Harbor Dr.
KEY BISCAYNE
Matheson Hammock Park
Red Rd.
Old Cutler Rd.
Fairchild Tropical Garden
N
0
2 miles
2 km
Bill Baggs Cape Florida State Park
856
441
860
95
1
826
817
955
75
A1A
922
915
924
932
934
9
27
441
944
112
195
836
395
968
41
959
933
972
953

▇ INFORMATIONS PRATIQUES

Informations touristiques : Miami Beach Visitors Center, 420 Lincoln Rd. (℗ 672-1270). Ouvert Lu-Ve 9h-18h et Sa-Di 10h-16h. **Info booth** (kiosque d'information), 401 Biscayne Blvd. (℗ 539-2980), à l'extérieur de Bayside Marketplace, dans le centre-ville. Ouvert tlj 10h-18h30. A South Beach, **The Art Deco Welcome Center**, 1001 Ocean Dr. (℗ 531-3484) dispose d'informations sur les visites à faire en ville. Ouvert Lu-Ve 11h-18h, Sa. 10h-22h et Di. 11h-22h, horaire prolongé en été. **Coconut Grove Chamber of Commerce**, 2820 McFarlane Ave. (℗ 444-7270). Ouvert Lu-Ve 9h-17h. **Greater Miami Convention and Visitors Bureau**, 701 Brickell Ave. (℗ 539-3000 ou 800-283-2707), 27th *floor* ou 26e étage de l'immeuble de la Barnett Bank dans le centre-ville. Ouvert Lu-Ve 9h-17h.

Internet : Space Taco, 1659 Washington Ave. (℗ 695-8786), à Miami Beach. 4 $ les 30 mn. Ouvert tlj 7h30-24h. **Kafka's Cafe**, 1464 Washington Ave. (℗ 673-9669), à Miami Beach. 13 ordinateurs, 9 $ l'heure. Ouvert tlj 9h-23h.

Assistance téléphonique : Crisis Line (SOS agressions, ℗ 358-4357). **Rape Treatment Center and Hotline** (SOS Viol, ℗ 585-7273), au Jackson Memorial Hospital, 1611 N.W. 12th Ave. Les deux numéros fonctionnent 24h/24. **Gay Hotline** (℗ 759-5210).

Bureau de poste : 500 N.W. 2nd Ave. (℗ 639-4284), dans le centre-ville. Ouvert Lu-Ve 8h-17h et Sa. 9h-13h30. **Code postal :** 33101.

▇ HÉBERGEMENT

On trouve de nombreuses chambres bon marché dans les hôtels du quartier Art déco à South Miami Beach. Vous dépenserez moins en séjournant dans une *pullmanette* : ainsi appelait-on dans les années 1940 ce qui représente aujourd'hui une chambre avec un coin cuisine. Sachez que dans le sud de la Floride, la plupart des hôtels bon marché vous feront partager votre chambre avec des specimens de cafards de 5 à 8 cm de long ("*palmetto bugs*" de leur petit nom). Si cela vous rend trop parano, sachez que vous pouvez en dissuader quelques-uns en camouflant l'évacuation de l'évier et de la douche de votre salle de bains. Les auberges, toutes situées à Miami Beach, représentent la solution la moins chère. En général, la pleine saison s'étend de fin Déc. à mi-Mars. Le reste de l'année, de nombreux hôtels sont prêts à négocier. La **Greater Miami and the Beaches Hotel Association**, 407 Lincoln Rd. n° 10G, peut vous aider à trouver un logement (℗ 531-3553, ouvert Lu-Ve 9h-17h) et le Miami Beach Visitors Center (voir **Informations pratiques**, précédemment) vous indiquera les adresses bon marché. Le **camping** est interdit à Miami Beach.

❤ **Banana Bungalow**, 2360 Collins Ave. (℗ 538-1951), au coin de la 23rd St., en bordure nord du quartier Art déco. Cet hôtel est un haut lieu de la fête. L'atmosphère autour de sa piscine et de son bar étant très animée toute l'année. Toutes les chambres disposent de l'air conditionné et de la télévision par câble, mais toutes les installations ne fonctionnent pas. Vérifiez avant de prendre la chambre. 180 lits superposés. Café, thé et toasts gratuits. Bar avec un gril qui donne sur la piscine. Location de kayak ou de canoë 10 $ les 2 heures. Casiers gratuits dans les chambres. Caution de 20 $ pour la clé et les draps. Accès Internet 20 ¢ la minute. Parking gratuit et surveillé (stationnement limité). Dortoir 17 $, chambre privative 75 $ selon la saison.

The Tropics Hotel/Hostel, 1550 Collins Ave. (℗ 531-0361), de l'autre côté de la rue depuis la plage. Depuis l'aéroport, prenez le bus J jusqu'à la 41st St., puis le bus "C" jusqu'à Lincoln Rd. et continuez sur 1 block vers le sud dans Collins Ave. A proximité d'un parking. Grandes chambres propres à 4-8 lits. Air conditionné, salle de bains privative, téléphone, accès piscine, cuisine extérieure commune. Casiers à la réception, pas dans les chambres. Draps gratuits. Caution de 10 $ pour la clé. Accès Internet 20 ¢ la minute. Dortoir 18 $. Chambre simple ou double 50 $. Réduction pour les titulaires d'une carte ISIC.

Miami Beach International Travelers Hostel (9th St. Hostel) (AAIH/Rucksackers), 236 9th St. (© 534-0268 ou 800-978-6787, www.sobehostel.com), à l'angle de Washington Ave. Depuis l'aéroport, prenez le bus J jusqu'à la 41st St. et Indian Creek Dr., puis prenez le bus C ou K. Situation centrale, mais il est difficile de se garer. Atmosphère décontractée et internationale. Laverie, salle de séjour avec télévision et vidéothèque. Accès Internet 8 $ l'heure. Toutes les chambres sont propres et confortables (4 personnes au maximum), et possèdent l'air conditionné et une salle de bains. Dortoir pour les adhérents et les étudiants 13 $, sinon 15 $. Chambre simple ou double 55 $, hors saison 36 $.

Sea Deck Hotel and Apartments, 1530 Collins Ave. (© 538-4361). Petites *pullmanettes* sommaires, confortables et propres (dessus-de-lit fleuris), donnant sur une cour plantée d'essences tropicales. *Pullmanette* 49 $, chambre 67 $, studio 78 $. Réduction de 10 % sur présentation de votre Let's Go.

The Clay Hotel and International Hostel (HI-AYH), 1438 Washington Ave. (© 534-2988 ou 800-379-2529), au cœur du quartier Art déco. Prenez le bus C depuis le centre-ville. L'endroit est célèbre puisqu'il a servi de quartier général à l'association de joueurs d'Al Capone et de cadre à de nombreuses séquences de la série télévisée *Deux Flics à Miami*. Belles arcades dans un immeuble de style méditerranéen. Clientèle internationale. Cuisine, laverie et air conditionné. Ouvert 24h/24. Dortoirs de 4-8 lits avec téléphone et réfrigérateur. Certains ont aussi la télévision. Casier 1 $ la journée. Caution pour la clé et les draps 10 $. Dortoir 15 $, non-adhérents 17 $. Chambre privative 45-81 $.

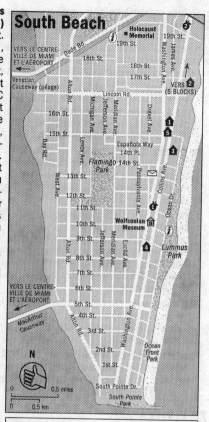

South Beach

🍽 **RESTAURANTS**
1 11th Street Dinner
2 Wolfie's

🏠 **HÉBERGEMENT**
1 Banana Bungalow
2 The Clay Hotel and Int'l. Hostel
3 Sea Deck Hotel and Apartments
4 Miami Beach Int'l. Travelers Hostel
5 The Tropics Hotel/Hostel

RESTAURANTS

La diversité ethnique de Miami en a fait un haut lieu de la gastronomie latine. Parmi les spécialités, on compte les sandwichs *medianoche* (sorte de sandwich club chaud), le *mamey*, un mélange de glaces rouge vif, les délicieux *frijoles negros* (haricots noirs) et le *picadillo* (bœuf émincé et petits pois à la sauce tomate, servis avec du riz blanc). Pour le dessert, arrêtez-vous dans une *dulcería* avant de terminer par un petit *café cubano*, bien fort (35 ¢ environ). Essayez également d'autres gour-

FLORIDE

mandises comme les *plátanos*, de grandes bananes servies frites ou caramélisées et les *mojitos*, cocktail à base de rhum, de citron vert, d'eau gazeuse et de feuilles de menthe. La saison du *stone crab* (crabe de roche) de Floride s'étale d'Oct. à Mai. Les amateurs de crustacés auront du mal à résister à la chair sucrée de leurs pattes. Les restaurants bon marché sont plutôt rares à Miami Beach, mais le vaste choix de boulangeries vous permettra de vous sustenter.

- ❤ **Macarena**, 1334 Washington Ave. (© 531-3440), à Miami Beach. Lieu festif et intime à la fois, le restaurant favori de la famille de Julio Iglesias sert des plats délicieux. *Paella* (14 \$, au déjeuner 7 \$) et l'un des meilleurs gâteaux de riz (5,50 \$) à la mode espagnole. Vin de propriété. Soirée flamenco Me. et Ve. Je. *ladies night*. Sa. soirée salsa. Ouvert tlj 12h30-15h30 et Di-Ma 19h-1h, Me-Je 19h-1h30, Ve-Sa 19h-5h.

- ❤ **Wolfie's**, 2038 Collins Ave. (© 538-6626), à l'angle de la 21st St., à South Beach. "Connu dans le monde entier", ce gigantesque traiteur ressuscite à lui seul le vieux Miami Beach. La farandole des desserts fait tourner la tête, surtout l'épais *cheesecake* (3,95 \$). Regardez les luminaires de la *celebrity room* (la salle réservée aux personnalités). Ouvert 24h/24.

- **11th St. Diner**, 1065 Washington Ave. (© 534-6373), à l'angle de la 11th St., à Miami Beach. Restaurant américain classique : *soda fountain* et pendule rétro Coca-Cola. Ouvert à l'origine dans la ville de Wilkes-Barre, en Pennsylvanie, le *diner* (installé dans un ancien wagon) a été déplacé dans ce quartier Art déco et rouvert en 1992. Petit déjeuner à toute heure (3-7 \$), sandwichs (4-7 \$) et grillades. Les meilleures crèmes glacées de Miami (3,95 \$). Ouvert 24h/24, ce qui en fait l'endroit idéal pour se restaurer après une longue nuit de folie.

- **King's Ice Cream**, 1831 S.W. 8th St., dite "Calle Ocho" (© 643-1842), à Miami. Ne manquez pas les parfums tropicaux des *helados* (glaces) à la noix de coco (servies dans la coque), au *mamey* (fruit d'Amérique Centrale) ou à la mangue (1 \$ la boule). Ouvert Lu-Sa 10h-23h et Di. 13h-23h.

- **Flamingo Cafe**, 1454 Washington Ave. (© 673-4302), près du Clay Hostel, à Miami Beach. Service cordial à la réception, tout en espagnol. Essayez les *tacos* de bœuf avec une salade (2,75 \$) ou les *frijoles con queso* (haricots au fromage 2,75 \$). Au déjeuner, plat du jour 5-7 \$. Ouvert Lu-Sa 7h-22h.

🧭 VISITES

Entre la 6th St. et la 23rd St., **South Beach** (dont l'abréviation est "SoBe") est la raison pour laquelle il faut venir à Miami. L'ambiance libérale, la beauté des corps, le style Art déco ainsi que la finesse du sable rendent ce petit monde bien particulier. Les **seins nus** sont interdits, mais la loi est bien souvent contournée. Bordée de cafés et de bars qui permettent d'éviter les coups de soleil, **Ocean Dr.** est le meilleur endroit des Etats-Unis pour voir et être vu. Des **visites guidées à pied** partent de l'**Oceanfront Auditorium**, 1001 Ocean Dr., à l'angle de la 10th St. (© 672-2014. Visite guidée Je. à 18h30 et Sa. à 10h30, durée 1h30, prix 10 \$. Visite sans guide tlj 11h-16h, durée 1h15, 5 \$.) Le **Holocaust Memorial**, 1933-1945 Meridian Ave., en face du *visitors center* de Miami Beach, commémore le génocide de 6 millions de Juifs durant la Seconde Guerre mondiale. Admirez la gigantesque (12,8 m) main de bronze tendue vers le ciel, entourée de statues grandeur nature qui la portent symboliquement vers la liberté. (© 538-1663. Ouvert tlj 9h-21h, entrée gratuite.) **The Wolfsonian**, 1001 Washington Ave., analyse le design des années 1885-1945 à partir de plus de 70 000 objets. Exposition permanente abordant pêle-mêle la propagande politique russe dans les arts, la symbolique des pictogrammes du métro londonien ou la singularité de certaines œuvres amusantes en plastique. (© 531-1001. Ouvert Lu-Ma et Ve-Sa 11h-18h, Je. 11h-21h, Di. 12h-17h. Entrée 5 \$, étudiants et personnes âgées 3,50 \$. Gratuit Je. 18h-21h.)

Une petite promenade dans les rues endormies de **Coconut Grove** vous fait découvrir un mélange improbable de boutiques chic et de pièges à touristes qui rivalisent de ringardise. Le centre commercial en plein air de CocoWalk, dans Grand Ave., est idéal pour observer ses congénères. Face à la baie, entre le Coconut Grove et le centre-ville, vous trouverez les **Vizcaya Museum and Gardens**, 3251 S. Miami Ave. Entourée de 4 ha de jardins luxuriants, cette vaste villa de style italien (près de 70 pièces) abrite des collections européennes d'objets d'art et de tapisseries. (© 250-9133. Ouvert tlj 9h30-17h, dernière entrée à 16h30. 10 \$, 6-12 ans 5 \$, réduction avec la carte ISIC.)

Sur le front de mer dans le centre-ville, le centre commercial de **Bayside** rassemble des boutiques de luxe et de produits exotiques (ouvert Lu-Je 10h-22h, Ve-Sa 10h-23h et Di. 11h-21h). Vous pouvez visiter l'**American Police Hall of Fame and Museum**, 3801 Biscayne Blvd., qui rend hommage à la police américaine à travers un mémorial sur lequel sont gravés les noms des officiers tués en service. Au premier étage, une exposition rassemble de sinistres appareils d'exécution, dont une chambre à gaz et "Old Sparky", la chaise électrique de Floride. (© 573-0070. Ouvert tlj 10h-17h30. Entrée 6 \$, personnes âgées 4 \$, 6-12 ans 3 \$. Des réductions sont proposées au *visitors center*.)

La banlieue de **Coral Gables**, l'une des plus belles réussites architecturales de la région, abrite l'**université de Miami**. Non loin de là, la **Venetian Pool**, 2701 DeSoto Blvd., ouverte en 1923, attira des stars de Hollywood comme Esther Williams et Johnny Weissmuller. Les cascades et l'architecture espagnole donnent un certain cachet à cette piscine qui attire désormais un public familial. (© 460-5356. Ouvert Lu-Ve 11h-19h30 et Sa-Di 10h-16h30, horaire variable hors saison. Entrée 8,50 \$, moins de 12 ans 4,50 \$. Nov-Mars 5 \$, moins de 12 ans 2 \$. Les enfants de moins d'un mètre ne sont pas admis.)

♫ ▦ SPECTACLES ET SORTIES

Pour tout savoir sur les nuits (et les jours) de Miami, consultez les rubriques "Living Today", "Lively Arts" et "Weekend" (le vendredi) du *Miami Herald*, sans oublier le *Miami New Times*, qui sort le mercredi et se trouve gratuitement à tous les coins de rue, ainsi que les hebdomadaires *Sun Post* et *Oceandrive*. *TWN* et *Miamigo*, organes de la communauté gay et lesbienne, donnent une liste de tous les endroits où faire la fête. **Performing Arts and Community Education (PACE)** organise plus de 400 concerts par an (jazz, rock, soul, *dixieland*, reggae, salsa et *bluegrass*), gratuits pour la plupart. Début mars, pendant le **Carnaval de Miami**, le plus important festival latino-américain des Etats-Unis, la Calle Ocho bat aux rythmes de la salsa. Certains soutiennent même qu'il s'agit de la plus grande fête du monde.

La vie nocturne du quartier Art déco à South Miami Beach s'accorde au rythme latino du coin. La fête commence *tard* (généralement après minuit) et continue bien au-delà de l'aurore. Vous pouvez dîner au milieu des mannequins qui peuplent les bars et les discothèques d'Ocean Blvd., avant de descendre Washington Ave. entre la 6th St. et la 7th St. Ici, le monde de la nuit est très volatil : une discothèque peut ouvrir ou fermer d'une semaine à l'autre. Le plus souvent, l'entrée n'est payante qu'après minuit. Attention à votre tenue vestimentaire : ces clubs exigent la tenue de soirée et tout le monde s'habille, même lors de soirées *casual*. **Bash**, 655 Washington Ave., se distingue de ses confrères. La vaste piste de danse à l'intérieur est consacrée à la *house* et à la musique progressive, la cour préfère plutôt les musiques du monde. (© 538-2274. Je., défilé de mode, Ve. soirée brésilienne. Interdit aux moins de 21 ans. Entrée Je. 10 \$, Sa-Di 20 \$. Ouvert Je-Di 22h-5h.) Les gens riches, beaux et célèbres se donnent rendez-vous au **Liquid**, 1439 Washington Ave., la boîte de Madonna, de Michael Ciccone, son frère, et d'Ingrid Casares. (© 532-9154. Interdit aux moins de 21 ans. Entrée 20 \$. Ouvert 22h-5h.) Tâchez d'arriver avant minuit au **Groove Jet**,

323 23rd St., pour échapper à l'entrée payante et à l'interminable queue. La première salle de cet énorme palais de la danse passe tous les tubes de *dance*, *trance* et *house* tandis que celle du fond s'adonne au rock alternatif. (℃ 532-2002. Interdit aux moins de 21 ans. Entrée 10 $ après minuit. Ouvert Je-Di 23h-5h.)

Quelques clubs gay ou mixtes sont installés à Miami Beach, notamment le **Score**, 727 Lincoln Rd. Mall. Cette discothèque propose à sa clientèle très mélangée de nombreuses soirées à thème. (℃ 535-1111. Interdit aux moins de 21 ans. Entrée gratuite. Ouvert Lu-Sa 15h-5h et Di. 15h-2h.) Le **Twist**, 1057 Washington Ave., vient d'être agrandi : il comporte désormais deux étages, un salon extérieur et une piste de danse sur laquelle s'anime la communauté gay. (℃ 538-9478. Prix d'entrée variable. Ouvert tlj 13h-5h.)

LES EVERGLADES ⚑ 305

Situés à la pointe sud de la Floride, les 800 000 hectares du **Parc national des Everglades**, le plus grand des Etats-Unis après Yellowstone et la vallée de la Mort, protègent un des écosystèmes les plus fragiles de la planète. De vastes prairies immergées forment la fameuse *River of Grass* (rivière d'herbes). La côte Ouest est le domaine de la mangrove. Au sud, les fonds transparents de la baie abritent de beaux coraux. Des espèces animales qu'on ne trouve nulle part ailleurs peuplent le parc : alligators d'Amérique, tortues de mer, panthères et lamantins de Floride, crocodiles d'Amérique.

ⓘ INFORMATIONS PRATIQUES

A l'entrée du secteur est, l'**Ernest Coe Visitors Center**, 40001 Route 9336, est l'entrée principale du parc. (℃ 242-7700. Ouvert tous les jours de 8h à 17h.) La Route 9336 sillonne le parc sur 65 km en passant par des terrains de camping, des pistes et des canaux jusqu'au **Flamingo Visitors Center** (℃ 695-2945, ouvert tlj 8h-17h, en hiver 7h30-17h) et à la station tout équipée Flamingo Outpost Resort. Au nord du parc, en sortant de la US 41 (Tamiami Trail), le **Shark Valley Visitors Center** donne accès à un circuit de 24 km praticable à pied, à bicyclette ou en tramway (2h). **Shark Valley** se présente comme le site le plus approprié pour ceux qui, sans s'aventurer dangereusement dans les profondeurs du parc, désirent néanmoins comprendre le fonctionnement d'un écosystème en eau douce. (℃ 221-8776. Ouvert tlj 8h30-18h. Tour en tramway Mai-Nov, tlj à 9h30, 11h, 13h et 15h ; Déc-Avr toutes les heures 9h-16h. 10 $, personnes âgées 9 $, moins de 12 ans 5,50 $. Réservation recommandée. Accès handicapés. Location de vélo tlj 8h30-15h, 4,25 $ l'heure, casque compris.) Le **Gulf Coast Visitors Center**, 800 Copeland Ave. S (℃ 695-3311), près d'Everglades City à l'extrémité nord-ouest du parc, donne sur la région des Ten Thousand Islands (10 000 îles) et la réserve aquatique de Wilderness Waterway qui serpente sur 158 km jusqu'à Flamingo. (Ouvert en été 8h30-17h, horaire prolongé en hiver.) Pour plus d'informations sur le logement dans la région ou les réductions sur les attractions, faites un tour au **Tropical Everglades Visitors Center**, sur la US 1 à Florida City. (℃ 245-9180 ou 800-388-9669. Ouvert tlj 9h-17h.) **Numéro d'urgence : Park headquarters** (℃ 247-7272). Le **billet d'entrée** du parc, valable une semaine, coûte 10 $ par voiture, 5 $ par cycliste ou piéton à Ernest Coe. L'entrée par Shark Valley est de 8 $ par voiture, 4 $ par cycliste ou piéton. L'entrée par Gulf Coast est gratuite.

L'été, attendez-vous à être dévoré par les moustiques. Il est recommandé de visiter le parc en hiver ou au printemps lorsque la chaleur, l'humidité, les orages et les insectes sont moins susceptibles de vous gêner et que les animaux se regroupent dans les bassins rétrécis par l'évaporation. Portez des *vêtements qui recouvrent les bras et les jambes* et munissez-vous d'*antimoustique* où que vous alliez.

⌂ HÉBERGEMENT

Non loin de l'entrée est du parc, **Florida City** offre quelques possibilités d'hébergement bon marché le long de la US 1. Mais l'♥ **Everglades International Hostel**, 20 S.W. 2nd Ave., en sortant de la Route 9336, est une bien meilleure adresse. Owhnn, le propriétaire, a recréé un chez vous loin de chez vous. Rencontrez d'autres voyageurs et profitez des jardins ou de la maison avec la cuisine, qui contient aussi salle avec une télévision grand écran et une vidéothèque gratuite. (℗ 305-248-1122 ou 800-372-3874. Accès Internet. Location de vélo 5 $ la journée, canoë 20 $ la journée. Draps 2 $. Dortoir 13 $, 14 $ avec l'air conditionné. Chambre privative 33 $, 35 $ avec l'air conditionné. Supplément de 3 $ pour les non-adhérents. Paiement en espèces uniquement.) Seul hébergement situé à l'intérieur du parc, le **Flamingo Lodge**, 1 Flamingo Lodge Hwy., propose de grandes chambres avec air conditionné, télévision, salle de bains privée, piscine et vue imprenable sur la baie de Floride. (℗ 695-3101 ou 800-600-3813. L'été, petit déjeuner continental compris. Chambre simple ou double 65 $, Nov., Déc. et Avr. 79 $, Janv-Mars 95 $. Réservation recommandée.) Quelques **terrains de camping** longent la Route 9336. Tous sont dotés d'eau potable, de toilettes, de grils et de restaurants, mais aucun ne possède de raccordement. (℗ 800-365-2267. Réservation nécessaire Nov-Avr. Emplacement gratuit l'été, 14 $ l'hiver.) Les sites de **camping sauvage** sont accessibles à pied ou à vélo, mais surtout par bateau (voir **Visites**, plus loin). Les **permis**, obligatoires, sont disponibles aux *visitors centers* de Flamingo et de Gulf Coast. Premier arrivé, premier servi. (Déc-Avr 10 $ pour 1 à 6 personnes, Mai-Nov gratuit.) La demande doit s'effectuer en personne au moins 24h à l'avance.

Près de l'entrée nord-ouest, des motels et des terrains pour camping-cars et tentes sont dispersés tout autour d'Everglades City. Le **Barron River Villa, Marina, and RV Park** dispose de 67 emplacements pour camping-cars, dont 29 au bord de la rivière et propose également des chambres de motel soignées avec télévision et air conditionné. (℗ 695-3331 ou 800-535-4961. Raccordement complet 18 $, près de la rivière 20 $, Oct-Avr 28 $ et 34 $. Chambre simple ou double Mai-Août 41 $, Sep-Déc 49 $, Janv-Avr 57 $.)

⌂ RESTAURANTS

En face de l'auberge de jeunesse, **Rosita's**, 199 Palm Dr., propose la meilleure cuisine mexicaine de la région. Les œufs servis au petit déjeuner (4 $) vous donneront l'énergie nécessaire pour une longue journée d'exploration dans le parc. Vous pouvez y revenir le soir pour faire un sort aux délicieux *chiles rellenos* ou au *mole* (8 $). (℗ 246-3114. Ouvert tlj 8h30-21h.) Au **Main St. Cafe**, 128 N. Krome Ave., en remontant la Route 997 dans Homestead, vous êtes sûr de passer un bon moment quand tout le monde participe à la soirée scène ouverte (*open mic*). Essayez l'un de leurs milk-shakes (*smoothies*, 2-4 $) ou le buffet de soupe et de crudités à volonté (8 $). (℗ 245-7575. Je. soirée scène ouverte pour les adolescents 20h-23h. Ve. scène ouverte 19h-24h. Sa. concerts de rock acoustique et de *folk country* 19h-24h. Ouvert Lu-Me 10h-17h et Je-Sa 10h-24h.)

LILLIPOSTE Quand, en 1953, un incendie détruisit le bureau de poste local, les autorités municipales d'Ochopee, en Floride, cherchèrent un nouveau lieu pour héberger le service public. Sidney Brown, le receveur des postes, porta rapidement son choix sur une petite cabane qui servait jadis à remiser les canalisations d'irrigation d'une exploitation de tomates. Depuis ce jour-là, le plus petit bureau de poste de tous les Etats-Unis assure le service postal pour une région s'étalant sur trois comtés, le tout dans une pièce pouvant à peine contenir deux personnes. Si vous voulez découvrir les joies de la vie à l'étroit, allez visiter la poste d'Ochopee, au bord de la US 41 (Tamiami Trail), entre la côte ouest de la Floride et l'entrée "Shark Valley" des Everglades.

FLORIDE

🏃 ACTIVITÉS DE PLEIN AIR

Une multitude de possibilités s'offre à vous : pêche, randonnée, canotage, VTT, observation de la nature. *Evitez toutefois la baignade : les alligators, les requins et les barracudas rôdent dans les parages.* De Nov. à Avr., le parc organise des conférences, des excursions en canoë et des visites guidées des marais (Slough Slogs).

RANDONNÉE

Les visiteurs des Everglades peuvent emprunter les courts sentiers de randonnée pour découvrir la faune sans trop se fatiguer. Les deux plus intéressants partent du **Royal Palm Visitors Center**, 6 km à l'intérieur du parc en prenant l'entrée principale. C'est en vous promenant sur le célèbre **Anhinga Trail** que vous aurez le plus de chance d'observer des alligators, des anhingas (oiseaux), des tortues et des criquets géants. Pour jouir d'un panorama exceptionnel, n'hésitez pas à parcourir les 800 mètres qui vous séparent du promontoire **Pa-hay-okee**, sur la route principale.

CANOTAGE

Pour vraiment découvrir la région des Everglades, le canotage s'impose. La **Wilderness Waterway** (voie navigable longue de près de 160 km) traverse le parc de l'entrée nord-ouest de la station Flamingo jusqu'aux endroits les plus reculés au sud. Des possibilités de bivouac s'offrent le long du parcours et possèdent parfois des *chickees* (plates-formes de bois surplombant la mangrove), des plages et des emplacements au sec. (Gratuit l'été, 10 \$ en hiver.) Les **Everglades National Park Boat Tours**, situés au **Gulf Coast Visitors Center**, louent des canoës. (✆ 695-2591 ou 800-445-7724. 20 \$ la journée.) En outre, on y organise deux visites commentées depuis un bateau (durée 1h30). La **Ten Thousand Island Cruise**, qui vous emmène pendant 1h30 au cœur des "10 000 îles", vous permettra d'admirer le coucher du soleil sur le golfe du Mexique et peut-être d'apercevoir des lamantins, des dauphins de rivière ou des aigles à tête blanche depuis votre embarcation. Des excursions plus courtes partent de la Route 9336. L'itinéraire **Hell's Bay Canoe Trail** vous fera pagayer à travers des mangroves en passant par des sites de campement sans équipement comme Pearl Bay. La location de canots se fait notamment à **Flamingo Marina** (✆ 695-3101 ou 800-600-3813, 22 \$ les 4 heures et 32 \$ la journée, caution de 40 \$).

JARDINS ET ALLIGATORS

Pour voir quelque chose de vraiment étrange, prenez la US 1 jusqu'au **Coral Castle**, 28655 South Dixie Hwy., à Homestead. Dans les années 1920, Ed Leedskalnin, un jeune immigré letton, transforma des tonnes de corail en un somptueux jardin de sculptures magnifiques. (✆ 305-248-6344. Ouvert Lu-Je 9h-18h et Ve-Di 9h-19h. Visites guidées tlj. 7,75 \$, personnes âgées 6,50 \$, 7-12 ans 5 \$. Réductions au *visitors center*.) Les alligators, les crocodiles et autres reptiles se donnent rendez-vous à la ferme d'élevage **Everglades Alligator Farm**, 40351 S.W. 192 Ave., à 8 km au sud de Palm Dr. On y trouve des milliers d'alligators, depuis le nouveau-né fraîchement éclos jusqu'à son père, un grand lézard de 6 m, qui vagira pour vous comme s'il exultait devant un merveilleux dessert. (✆ 305-247-2628 ou 800-644-9711. Ouvert tlj 9h-18h. 9 \$, 4-10 ans 5 \$. Spectacle 8 \$. Réductions au *visitors center*.)

LES KEYS DE FLORIDE

L'immense popularité des Keys a changé ce refuge de pirates, contrebandiers, chasseurs de trésors et autres hors-la-loi en une station balnéaire des plus cotées. Quoiqu'envahies par les touristes, les Keys ont gardé leur grande tolérance. A son arrivée quelques dizaines d'années auparavant, Tony Tarracino, ancien maire de Key West, fit un inventaire rapide des bars et des clubs de strip-tease du coin et aboutit à la conclusion qu'il avait atteint le paradis (voir encadré, p. 613). Si cette conception vous semble plus proche de l'enfer, il vous suffit de plonger en mer pour y échapper. A proximité du rivage, une multitude de poissons multicolores évoluent dans un immense jardin de corail pour le plus grand plaisir des plongeurs en bouteille et autres apnéistes. A quelque 10 km des côtes des Keys, ces récifs forment une barrière de corail de 100 m de large qui s'étire de Key Largo à Key West, où des centaines de navires se sont échoués. Contrairement à une idée répandue, les requins y sont rares.

ⓘ INFORMATIONS PRATIQUES

L'**Overseas Highway (US 1)** relie les Keys à la pointe sud de la Floride, unissant ainsi les îles les unes aux autres. Des **bornes** indiquant les *miles* jalonnent la route et remplacent les adresses. La première borne, au *mile* 126, à Florida City, marque le début du compte à rebours jusqu'à la borne 0 qui se trouve à la pointe de Key West. Les bus **Greyhound** desservent les Keys depuis Miami (32 $) en s'arrêtant à Homestead, Key Largo, Marathon, Big Pine Key et Key West. Si vous souhaitez descendre à une borne particulière, la plupart des chauffeurs acceptent de vous y déposer. Les minuscules panneaux Greyhound de la route indiquent les arrêts (généralement près des hôtels) où vous pouvez acheter des billets ou appeler la **ligne d'information** de la compagnie grâce aux téléphones rouges mis à votre disposition. La traversée à **vélo** des marais, entre Florida City et Key Largo, peut être pénible en raison d'une circulation rapide et d'étroits virages. Mieux vaut emporter son vélo dans le bus.

KEY LARGO ☎ 305

Il y a plus d'un demi-siècle, les stars hollywoodiennes Humphrey Bogart et Lauren Bacall immortalisent le nom de Key Largo dans un film à grand succès. Les habitants de Rock Harbor, localité dans laquelle certaines scènes ont été tournées, sautent sur l'occasion : ils décident de rebaptiser leur ville Key Largo pour mieux séduire les touristes. Pari réussi. Key Largo devient le passage obligé avant de se rendre sur les autres îles paisibles et enchanteresses voisines. Si certains touristes (plus âgés) viennent encore se recueillir sur les vestiges d'un passé cinématographique lointain, la plupart s'y rendent pour profiter de la splendeur des récifs coralliens. Pennekamp State Park a été le premier parc national entièrement sous-marin. L'île attire les plongeurs de tous niveaux venus explorer les fonds marins dans le but d'y observer l'écosystème des coraux et les nombreuses épaves.

ⓘ INFORMATIONS PRATIQUES

Greyhound (© 871-1810), *mile* 102, au Howard Johnson, relie Miami (3 dép/j, durée 1h45, 12,50-14,50 $) et Key West (4 dép/j, durée 3h, 26-29 $). La gare est ouverte tlj 8h-18h. **Mom's Taxi** : © 852-6000. **Key Largo Chamber of Commerce/Florida Keys Visitors Center**, 106000 US 1, *mile* 106 (© 451-1414 ou 800-822-1088, ouvert tlj 9h-18h). **The Key Largo Tourist and Reservation Center**, 103360 US 1, *mile* 103 (© 453-0066, ouvert Lu-Sa 9h-20h et Di. 10h-18h). **Bureau de poste** : 100100 US 1, *mile* 100 (© 451-3155, ouvert Lu-Ve 8h-16h30). **Code postal** : 33037.

⌂ HÉBERGEMENT

Ed and Ellen's Lodgings, 103365 US 1, *mile* 103,4, propose des chambres propres et spacieuses avec télévision par câble, air conditionné et kitchenette, et offre son aide, si vous le souhaitez, pour réserver une plongée. (© 451-9949 ou 888-333-5536. Chambre double 49-79 $, hors saison 39-49 $, 10 $ par personne supplémentaire. Les prix peuvent changer le week-end, en vacances, les jours fériés, lors d'événements spéciaux et pendant la saison du homard.) Quelques lieux d'hébergement près du centre-ville de Key Largo pratiquent des prix raisonnables. Le **Bay Cove Motel**, 99446 Overseas Hwy., *mile* 99,5, se trouve sur une petite plage qui longe la baie. Les chambres disposent de la TV par câble, de l'air conditionné et d'un mini-réfrigérateur. (℃ 451-1686. Chambre double 50-80 $ selon la saison et la disponibilité.) Le **Hungry Pelican**, *mile* 99,5, offre de jolies petites chambres propres avec lit double, réfrigérateur et TV par câble, entourées de superbes bougainvillées et d'oiseaux tropicaux. Pédalos, canoës et kayaks à disposition pour contempler le coucher du soleil. Petit déjeuner continental compris. (℃ 451-3576. Chambre 50-115 $, personne supplémentaire 10 $.) Les réservations sont fortement conseillées au **John Pennekamp State Park Campground** (voir **Visites**, plus loin). Les 47 emplacements sont propres, pratiques et méritent l'effort nécessaire pour les obtenir. Les animaux domestiques ne sont pas admis, et il faut rester au moins 14 jours (℃ 451-1202, 24 $, avec électricité 26 $).

▌ RESTAURANTS

Les restaurants de fruits de mer sur l'Overseas Hwy. ne proposent pas les mêmes prix, la même qualité, les mêmes spécialités ni la même vue. Suivez votre repas, du bateau qui le fabrique jusqu'à l'assiette qui le reçoit, au **Calypso's**, 1 Seagate Dr. sur la marina, en face des Key Largo Fisheries, près du *mile* 99. Les crevettes à la noix de coco (6 $) sont un vrai délice. (℃ 451-0600. Ouvert Lu. et Me-Je 12h-22h, Ve-Sa 12h-23h.) **Alabama Jack's**, 58000 Card Sound Rd., entre Homestead et Key Largo, à l'est d'Overseas Hwy., fait danser tous les alligators du sud de la Floride avec ses concerts de musique country (Sa. 14h-17h et Di. 14h-19h). C'est ici sans doute l'un des endroits privilégiés pour déguster le *hoppin'john*, une spécialité de la région à base de haricots noirs, de riz et de jambon (℃ 248-8741, ouvert Lu-Ve 11h-19h et Sa-Di 11h-19h30).

◉ VISITES

Key Largo se vante d'être la "capitale mondiale de la plongée", et de nombreux instructeurs proposent leurs services *via* des affiches sur l'autoroute. Premier sanctuaire sous-marin des Etats-Unis, le **John Pennekamp State Park**, *mile* 102,5, à 96 km de Miami, s'étend sur 5 km dans l'océan Atlantique et protège une partie du récif coralien qu'on trouve le long des Keys. (℃ 451-1202. Entrée au parc 2,50 $ par voiture d'un occupant, 1 $ par cycliste ou piéton, 5 $ par voiture de deux occupants, 50 ¢ par personne supplémentaire.) Le **Visitors Center** du parc, à 400 m de l'entrée, fournit des cartes indiquant les récifs et des renseignements sur les excursions en bateau et en plongée. Il présente en outre des films sur le parc. Pour voir les récifs, les visiteurs doivent prendre un bateau ou en louer un. (℃ 451-9570. Ouvert tlj 8h-17h. Location de bateau à moteur 28 $ l'heure. Caution obligatoire. Réservation au ℃ 451-6325.) Des **plongées sous-marines** sont organisées à partir du *visitors center* à 9h30 et à 13h30. (℃ 451-6322. 37 $ par personne avec deux bouteilles. Caution obligatoire.) Une excursion de **plongée avec tuba** et masque, bien sûr, vous permettra également d'explorer les fonds marins. Inscriptions au *visitors center*. (℃ 451-1621. Durée 2h30 au total, dont 1h30 dans l'eau. Excursions à 9h, 12h et 15h. 25 $, moins de 18 ans 20 $. Location d'équipement 5 $. Caution obligatoire.) Vous pouvez également profiter des récents **Glass Bottom Boat Tours**, des visites en bateau dont le fond transparent vous fera découvrir les récifs sans vous mouiller un orteil. (℃ 451-1621. Départ à 9h15, 12h15 et 15h. 18 $, moins de 12 ans 10 $.)

KEY WEST ☞ 305

La "dernière île" des Florida Keys, la petite Key West, a toujours attiré sont lot de personnages hauts en couleur. En 1982, elle faillit même prendre son indépendance pour une histoire de barrage routier. La république de Conch n'aura pas vu le jour. Il n'empêche qu'elle avait séduit avant vous Ernest Hemingway, Tennessee Williams,

Robert Frost et quelques autres grands noms de la littérature américaine au point d'en faire leur pied-à-terre. Key West, le point le plus au sud des Etats-Unis (avant Hawaï), continue aujourd'hui d'attirer des milliers de touristes qui parcourent l'Overseas Highway pour profiter de ses richesses : son passé, ses 300 bars, son soleil. La foule est aussi variée que l'histoire de la ville : familles profitant de la plage pendant une semaine, jeunes venus faire la fête ou trouver un job et communauté homosexuelle tirant partie des nombreux endroits qui lui sont consacrés. Enfin, le climat même de Key West est idyllique : sous l'effet de la brise marine, il y fait plus frais l'été que dans le reste de la Floride et plus chaud l'hiver.

ORIENTATION ET INFORMATIONS PRATIQUES

Key West se trouve au bout de la US 1, à 248 km au sud-est de Miami (3h-3h30 de route). Elle est divisée en deux secteurs : la partie est, appelée **New Town**, abrite des lotissements, des chaînes de motels, des centres commerciaux et l'aéroport. La vieille ville, **Old Town**, est connue pour ses *conch houses* (maisons du XIXe siècle, construites selon une architecture propre aux Keys, regroupées surtout à l'ouest, au sud de White St.). **Duval St.** est la principale artère nord/sud d'Old Town. Truman Ave. (US 1) coupe la vieille ville d'est en ouest. La voiture est le meilleur moyen de se rendre à Key West, mais la conduite en ville n'est ni facile ni indispensable. **Bus : Greyhound**, 3535 S. Roosevelt Blvd. (© 296-9072, ouvert tlj 8h-18h), à l'aéroport. Destination : Miami (3 dép/j, durée 4h30, 32-36 $). **Transports en commun : Key West Port and Transit Authority**, dans le City Hall. Un bus (*Old Town*) circule dans le sens des aiguilles d'une montre autour de l'île et de Stock Island. L'autre (*Mallory Sq. Rte*) fait le trajet dans le sens inverse. (© 292-8161. Service tlj, environ 1 dép/90 mn 7h-22h30. Tarif 75 ¢, étudiants et personnes âgées 35 ¢.) **Location de vélos et mobylettes : Keys Moped & Scooter**, 523 Truman Ave. (© 294-4724. Ouvert tlj 9h-18h. Vélo 4 $ la demi-journée, 30 $ la semaine. Mobylette 18 $ entre 9h et 17h, 23 $ la journée complète. Voiture électrique 29 $ l'heure.) **Taxi : Keys Taxi**, © 296-6666. **Informations touristiques : Key West Welcome Center**, 3840 N. Roosevelt Blvd., au nord de l'intersection de la US 1 et de Roosevelt Blvd. Ce centre s'occupe de réserver les billets de théâtre et d'excursions sur les récifs sur simple appel téléphonique. (© 296-4444 ou 800-284-4482. Ouvert Lu-Sa 9h-19h30 et Di. 9h-18h.) **Key West Chamber of Commerce**, 402 Wall St. (© 294-2587 ou 800-527-8539), sur Mallory Sq. Ouvert Lu-Ve 8h30-18h30 et Sa-Di 8h30-18h. **The Key West Business Guild Gay and Lesbian Information Center**, 728 Duval St. (© 294-4603). Ouvert Lu-Ve 9h-17h. **Assistance téléphonique : Help Line** (soutien psychologique), © 296-4357, 24h/24. **Internet : Internet Isle Cafe**, 118 Duval St. (© 293-1199). Ouvert tlj 8h-23h. 8 $ l'heure. **Bureau de poste** : 400 Whitehead St. (© 294-2557), un block à l'ouest de Duval St. au croisement d'Eaton St. Ouvert Lu-Ve 8h30-17h et Sa. 9h30-12h. **Code postal** : 33040.

HÉBERGEMENT

Key West ne désemplit pas de l'année, surtout de janvier à mars. Réservez longtemps à l'avance. Essayez de vous installer à **Old Key West**, où les maisons multicolores en bardeaux du XIXe siècle vous plongeront immédiatement dans l'ambiance des Keys. Les Bed & Breakfast sont les types d'hébergement les plus courants, mais un prix "raisonnable" correspond tout de même à plus de 50 $. Sachez que certaines pensions d'Old Town sont exclusivement réservées à la clientèle gay. *Ne vous garez pas sur les ponts la nuit*, c'est interdit et dangereux. La **Key West Hostel (HI-AYH)**, 718 South St., propose des chambres de 6 à 12 lits avec une salle de bains et une salle avec télévision communes. (© 296-5719. Accès Internet 8 $ l'heure. Casiers 1 $. Parking et draps gratuits. Réception 24h/24. Location de vélo 8 $ la journée. Réservation obligatoire Déc-Mars. Téléphonez pour savoir s'il y a de la place ou pour annoncer une arrivée tardive. Dortoir 18,50 $, 21,50 $ pour les non-adhérents. Caution pour la clé 5 $.) **Caribbean House**, 226 Petronia St., propose des chambres au style tropical avec air conditionné, TV par câble, appels locaux gratuits et réfrigérateur. Lits doubles confortables, petit déjeuner continental compris. (© 296-1600 ou 800-543-4518. Pas de réservation pour les *cottages*. Chambre à partir de 49 $, *cottage* à 69 $. En hiver, respectivement 69 $ et 89 $.) **Wicker Guesthouse**, 913 Duval St. Excellente situation sur l'artère principale. Chambres décorées dans les tons pastel, avec salles de bains communes, air conditionné, certaines avec TV. Certaines ont une kitchenette, mais aucune n'a de téléphone. Accès à la cuisine et à la piscine, parking gratuit et petit déjeuner compris. (© 296-4275 ou 800-880-4275. Réservation conseillée. L'été, on peut vous proposer des réductions. Chambre 89-105 $, fin Déc-Mai 130-150 $.) **Eden House**, 1015 Fleming St., à cinq blocks du centre-ville est un hôtel aux couleurs vives de style Art déco. Chambres propres avec salle de bains privée ou commune. (© 296-6868 ou 800-533-5397. Piscine, jacuzzi, hamacs pour faire la sieste et cuisine. Location de vélo 10 $ la journée. *Happy hour* tlj 16h-17h. Chambre avec salle de bains commune 105 $, hors saison 80 $.) **Boyd's Campground**, 6401 Maloney Ave., se trouve sur un terrain de 6 ha au bord de l'océan pourvu de tous les aménagements. Prenez à gauche de la US 1 dans Mcdonald Ave. qui devient Maloney Ave. (© 294-1465. 35-57 $, en hiver 39-68 $ pour deux, personne supplémentaire 8 $. Emplacement en bord de mer 6-14 $ supplémentaires. Suppléments eau et électricité 10 $, raccordement complet 15 $.)

■ ■ RESTAURANTS ET SORTIES

Des restaurants assez chers se succèdent sur **Duval St.**, mais vous trouverez des établissements abordables et moins bondés dans les petites rues adjacentes. Le ❤ **Blue Heaven**, 729 Thomas St., à un block de l'hôtel Caribbean House, sert la meilleure cuisine de la ville. On y mange de délicieux et très sains petits déjeuners avec du pain frais à la banane (2-9 $), de la cuisine des Caraïbes ou du Mexique pour le déjeuner (2,50-10 $) et des bananes plantains, du pain de maïs et des légumes frais pour le dîner (9-19 $). (© 296-8666. Ouvert Lu-Sa 8h-15h, Di. 8h-13h et tlj 18h-22h30.) Le **Garden Cafe**, 310 Duval St., vend des hamburgers de 250 g dans une salle ouverte (5,75 $). Les plats de *portabella* (champignons) et les hamburgers aux légumes coûtent 6,25 $. (© 294-2991. Ouvert Lu-Ve 10h-1h et Sa-Di 10h-2h.) La meilleure cuisine cubaine est servie chez **El Siboney**, 900 Catherine St., où 7 $ suffisent à vous rassasier. (© 296-4184. Ouvert Lu-Sa 11h-21h30.)

Le journal gratuit *Island News*, qu'on trouve dans la plupart des bars et restaurants, répertorie restaurants, concerts et boîtes de nuit. *Celebrate!* s'adresse plus particulièrement aux gays et aux lesbiennes. La vie nocturne de Key West démarre à 23h pour se terminer très tard. L'animation se concentre en haut de Duval St. **Capt. Tony's Saloon**, 428 Greene St., le plus vieux bar de Key West était l'un des bars préférés de Tennessee Williams. Il n'a d'ailleurs pas beaucoup changé depuis le début des années 1930. Il connaît une certaine popularité avec ses décorations de soutiens-gorge et de cartes de visite au plafond. Tony Tarracino, le propriétaire octogénaire et ancien maire de Key West, fait une apparition le week-end en passant par un passage secret (voir encadré plus loin). (© 294-1838. Spectacles l'après-midi et le soir. Ouvert Lu-Sa 10h-2h et Di. 12h-2h.) A la lueur des étoiles, tous les corps fiers de leurs arguments s'exposent et se choisissent chez **Rick's**, 202 Duval St., une boîte de nuit en plein air. (© 296-4890. *Happy hour* tlj 15h-19h, la Budweiser est à 2 $. Me. et Je., soirées *open bar* (boissons à volonté) pour 7 $. Ouvert Lu-Sa 11h-4h et Di. 12h-4h.) Si vous voulez vraiment faire la fête avec à la fois des gens du cru et des touristes de passage, rendez-vous chez **Sloppy Joe's**, 201 Duval St., sans conteste le préféré d'Ernest Hemingway. Emparez-vous d'une table et du magazine *Sloppy Joe's News* pour connaître les résultats du dernier concours de sosies d'Hemingway et les manifestations à venir du club. (© 294-5717. Ouvert Lu-Sa 9h-4h et Di. 12h-4h.) Créé à l'initiative du célèbre chanteur de country, Jimmy Buffet, **Margaritaville**, sur Duval St., est spécialisé, vous l'aurez deviné, dans les *margaritas*. Les "Parrot Heads" purs et durs (des habitués de Margaritaville habillés aux couleurs des perroquets) n'apprécieront peut-être pas une invasion trop massive de touristes. (© 296-3070. Ouvert tlj 11h-2h.) La plupart des clubs gay bordent Duval St., au sud de Fleming Ave. Le **801 Bourbon**, 801 Duval St., est très couru. (© 294-4737. Ouvert tlj 11h-4h.) La vie nocturne à Key West connaît un sommet annuel durant la **Fantasy Fest** (© 296-1817, le troisième week-end d'Oct.).

"L'INTELLIGENCE ? FOUTAISE !" C'est en ces quelques mots que se résume la philosophie du capitaine Tony Tarracino, trafiquant d'armes, mercenaire, propriétaire de casino et ancien maire de Key West. "Tout ce dont on a besoin dans la vie, c'est de sex-appeal et d'un solide ego", affirmait le capitaine il y a 40 ans, alors qu'il se réfugiait dans le sud de la Floride pour échapper à la colère de bookmakers du New Jersey. Il les avait dupés en organisant, sur un téléviseur truqué, une fausse retransmission en direct de course hippique. Tarracino trouva à Key West une île peuplée de piliers de bar et de petits criminels en tout genre. Le paradis ! Pour mieux asseoir sa popularité, il se lança dans la politique et, après quatre échecs successifs, réussit à se faire élire maire en 1989, avec pour slogan : "Me battre pour votre avenir, du moins ce qu'il en reste !" Bien qu'il n'ait pas été réélu, Tarracino est sûr de sa postérité. "On se souviendra de moi", proclame-t-il. Aujourd'hui, Tony est patron d'un bar où l'on vend des T-shirts à son effigie. Un long métrage a même été tourné sur sa vie. Quant à l'avenir, Tony s'en moque comme de sa première chemise : "Je connais toutes les strip-teaseuses de la ville, se vante-t-il. Quand je mourrai, je leur ai demandé de venir danser sur mon cercueil. Si je ne me réveille pas, c'est qu'on peut me mettre en terre."

⬡ VISITES

La plupart des touristes optent pour le vélo ou la moto pour visiter Key West. Pour ceux qui aiment se balader, le **Conch Tour Train** est un circuit guidé d'une heure et demie à travers Old Town, au départ du 3840 N. Mallory Sq., ou de Roosevelt Blvd., près du Quality Inn. (© 294-5161. Circule tlj 9h-16h30. Billet 18 $, 4-12 ans 9 $.) **Old Town Trolley** propose le même circuit de 9h à 17h30, mais avec la possibilité de s'arrêter à neuf points différents tout au long de la journée. (© 296-6688. Circuit complet 1h30. 18 $, 4-12 ans 9 $.) Le **bateau à fond transparent** *Fireball* fait l'aller-retour jusqu'aux récifs à 12h, 14h et 18h. (© 296-6293. Durée 2h-2h30, billets 20 $, au coucher du soleil 25 $, demi-tarif pour les 5-12 ans, 12,50 $ au coucher du soleil.)

Personne ne peut quitter Key West sans visiter la **maison d'Ernest Hemingway**, 907 Whitehead St., où il écrivit *Pour qui sonne le glas* et *Les Neiges du Kilimandjaro*. On peut la visiter seul ou avec un guide. Une cinquantaine de chats (tous descendants de celui de l'écrivain et dont une bonne moitié ont des phalanges en plus) ont investi les lieux. (© 294-1136. Ouvert tlj 9h-17h. Entrée 9 $, 6-12 ans 5 $.) La visite du **Harry S. Truman Little White House Museum**, 111 Front St., donne un très bon aperçu de la vie de celui qui eu la lourde tâche de succéder à Franklin Delano Roosevelt à la présidence des Etats-Unis, de 1945 à 1953. (© 294-9911. Ouvert tlj 9h-17h. Entrée 10 $, enfant 5 $. Visite guidée comprise.) **Audubon House**, 205 Whitehead St., construite au début du XIXᵉ siècle, abrite quelques meubles anciens et une collection des œuvres du grand naturaliste et peintre John James Audubon. (© 294-2116. Ouvert tlj 9h30-17h. Entrée 8 $, personnes âgées 7,50 $, étudiants 5 $, 6-12 ans 3,50 $.)

En descendant Whitehead St., au-delà de la maison d'Hemingway, vous atteindrez le *southernmost point* (le point le plus au sud des Etats-Unis, hors Hawaï et Porto Rico) et la bien nommée **Southernmost Beach**. Un petit monument conique signale l'endroit. Attention, certaines personnes louches vous proposeront de vous prendre en photo... et ne vous rendront votre appareil que si vous les payez ! Le **Mel Fisher Maritime Heritage Society Museum**, 200 Greene St., expose le trésor découvert sur un galion espagnol, l'*Atocha*, qui sombra au large des Keys au XVIIe siècle, avec sa cargaison de pièces d'or et de vaisselle en argent d'une valeur de plusieurs millions de dollars. La prix d'entrée comprend la projection d'un film très explicite sur le drame. (© 294-2633. Ouvert tlj 9h30-17h, dernière projection à 16h30. Entrée 6,75 $, étudiants 5,50 $, 6-12 ans 3,50 $.)

Mais pour que la vie nocturne commence vraiment à Key West, le soleil doit s'éclipser. Au **Mallory Square Dock**, artistes de rue (dont Tomas, l'incroyable statue vivante) et marchands de souvenirs interpellent la foule tandis que les nageurs et les conducteurs de hors-bord se montrent au cours de la **Sunset Celebration** quotidienne. Une fois le soleil disparu à l'horizon, la fête peut commencer.

LA CÔTE OUEST DE LA FLORIDE

TAMPA ☎ 813

En dépit d'un climat idéal et de plages magnifiques, Tampa reste à l'abri de l'affluence touristique qui caractérise les villes de la côte Atlantique. Cette ville relativement jeune est l'une des agglomérations au taux de croissance le plus rapide des Etats-Unis. C'est aussi l'une des plus grandes villes portuaires américaines. La ville s'est peuplée notamment par des émigrants d'origine latine (Cubains, Italiens, Grecs). Les institutions financières, industrielles et artistiques de Tampa ajoutent au caractère cosmopolite de cette ville, plus calme et discrète que West Palm Beach ou Miami.

■ ▐ ORIENTATION ET INFORMATIONS PRATIQUES

La ville de Tampa est lovée au fond de la baie de Hillsborough et s'étend au nord. **Nebraska Ave.** et **Dale Mabry Rd.** sont parallèles à la **I-275** et orientées nord/sud. **Kennedy Blvd.**, **Columbus St.** et **Busch Blvd.**, sont tous trois orientées est/ouest. A quelques exceptions près, les rues numérotées, orientées nord/sud, croisent les avenues également numérotées et orientées est/ouest. **Ybor City**, le "Quartier latin" de Tampa, est délimité en gros par Nuccio Pkwy. au nord, la 22nd St. au sud, Palm St. à l'est et la 5th Ave. à l'ouest. *A partir de deux blocks au nord ou au sud de la 7th Ave., le quartier est très dangereux, même pendant la journée.* **Avion** : **Tampa International Airport** (© 870-8700), à 8 km à l'ouest du centre-ville. Le bus HARTline n° 30 fait la navette entre l'aéroport et le centre de Tampa. **Train** : **Amtrak**, 601 Nebraska Ave. (© 221-7600, guichet ouvert tlj 5h30-22h45), au bout de Zack St., à deux blocks au nord de Kennedy St. Destinations : Miami (1 dép/j, durée 5h, 32 $) et La Nouvelle-Orléans (3 dép/semaine, durée 20h, 78 $). **Bus** : **Greyhound**, 610 E. Polk St. (© 229-2174, ouvert tlj 5h-24h). Destinations : Atlanta (8 dép/j, durée 11-14h, 62,50 $), Orlando (7 dép/j, durée 1-3h, 17,50 $) et Miami (7 dép/j, durée 7-10h, 37 $). **Transports en commun** : **Hillsborough Area Regional Transit (HARTline)**, © 254-4278. Tarif 1,50 $, personnes âgées et 5-17 ans 55 ¢, prévoir la somme exacte. Le **Tampa Town Ferry** (© 223-1522) relie le Florida Aquarium au Lowry Park Zoo. **Informations touristiques** : **Tampa/Hillsborough Convention and Visitors Association**, 111 Madison St., à l'angle d'Ashley Dr. (© 223-1111 ou 800-826-8358. Ouvert Lu-Sa 9h-17h.) **Assistance téléphonique** : **Crisis Hotline**, © 234-1234. **Helpline** (service d'urgence) : © 251-4000. **Bureau de poste** : 401 S. Florida Ave. (© 800-725-2161. Ouvert tlj 8h-17h.) **Code postal** : 33601.

🏠 HÉBERGEMENT

Mark Holland fait tout pour rester jeune dans sa tête. C'est pourquoi il a créé la fondation Gram Parsons en l'honneur de cet auteur compositeur de musique country de la fin des années 1970, compagnon d'Emmylou Harris. Cette éternelle jeunesse se retrouve dans son établissement, **Gram's Place Bed & Breakfast/Hostel**, 3109 N. Ola Ave., installé dans un ancien wagon réaménagé, où vous entendrez toujours de la musique. Le jacuzzi extérieur et le bar où vous pouvez apporter vos propres boissons ajoutent à l'atmosphère bohème et éclectique de l'endroit. Bonne humeur assurée. (✆ 221-0596. Depuis la I-275, prenez Martin Luther King Blvd. vers l'ouest jusqu'à Ola Ave., puis prenez à gauche dans Ola Ave. Dortoir Juin-Nov 15 $, Déc-Mai 25 $. Chambre à thème en Bed & Breakfast Juin-Nov 65 $, Déc-Mai 85 $. Avec salle de bains privée 95 $.) **Villager Lodge**, 3110 W. Hillsborough Ave., près de l'aéroport et des Busch Gardens, sortie n° 30 de la I-275. 33 petites chambres avec air conditionné, TV par câble. Piscine. (✆ 876-8673. Chambre simple 39-45 $, chambre double 43-48 $, 5 $ par personne supplémentaire. **Super 8 Motel**, 321 E. Fletcher Ave., à 5 km des Busch Gardens au nord-ouest de Tampa. Chambres propres avec TV par câble. Certaines ont un réfrigérateur et une cuisinière. Piscine et petit déjeuner. Café et *doughnuts* tous les matins. (✆ 933-4545. Chambre simple Sa-Di 39 $, Lu-Ve 37 $. Chambre double 46 $. Grande suite 55 $. Prix plus élevés Janv-Mars. 10 % de remise avec une carte d'étudiant.) **Garden View Motel**, 2500 E. Busch Blvd. Chambres avec TV par câble et air conditionné. Piscine. Bons de réductions pour les Busch Gardens à la réception. (✆ 933-3958. Chambre simple 30-35 $, chambre double 40-50 $, 10 % de réduction avec une carte d'étudiant.)

🍴 RESTAURANTS

Tampa compte de nombreux établissements bon marché. ❤ **Skipper's Smokehouse**, 910 Skipper Rd., une rue qui donne sur Nebraska Ave. dans la banlieue nord de la ville, n'a peut-être pas une allure très engageante, mais ne vous fiez pas aux apparences : cet endroit est idéal pour découvrir les groupes locaux du moment et manger à bas prix. Après vous être délecté d'un sandwich à la tendre queue d'alligator grillée (5,50 $), ne manquez pas de faire un tour au Skipper Dome et de vous balancer aux rythmes du reggae, *zydeco* et autres "musiques du monde". (✆ 971-0666. Prix d'entrée variable. *Happy hour* Je. et Ve. 16h-20h. Restaurant et bar ouverts Ma. 11h-22h, Me-Ve 11h-23h, Sa. 12h-23h et Di. 13h-22h.) La marinade faite maison à la **Kojak's House of Ribs**, 2808 Gandy Blvd., vous rappelle de la meilleure manière que nous sommes encore dans le Sud. (✆ 837-3774. Ouvert Ma-Je 11h-21h30, Ve-Sa 11h-22h et Di. 16h-21h. Travers de porc et ses deux accompagnements 8,50 $.) Le **Cafe Creole**, 1330 E. 9th Ave., à Ybor City, est réputé pour ses huîtres et son *jambalaya* (plat à base de riz, de jambon, de saucisses, de poulet, de crevettes ou d'huîtres et d'épices). (✆ 247-6283. Concert de jazz Je-Sa soir. *Happy hour* Lu-Ve 16h-19h. Ouvert Lu-Je 11h30-22h, Ve. 11h30-23h30 et Sa. 17h-23h30. Plats 6-18 $.)

🗺 VISITES

La fabrique de cigares, lancée par Vincent Martínez Ybor en 1886, contribua grandement au développement de Ybor City. Bien que la fabrication des cigares soit aujourd'hui automatisée, quelques marchands ambulants continuent de vendre des cigares roulés à la main. On les trouve notamment à Ybor Sq., 1901 13th St., un ensemble de boutiques haut de gamme occupant trois anciennes manufactures de cigares du XIXᵉ siècle. **Ybor City State Museum**, au coin de la 18th St., retrace l'histoire de Ybor City, de Tampa, de l'industrie du cigare et de la migration cubaine. (1818 9th Ave. ✆ 247-6323. Ouvert tlj 9h-17h, visite guidée du quartier Sa. à 10h30, 2 $, gratuit pour les moins de 7 ans.) Un circuit d'une heure et demie mène à la **Ybor City**

Ghostwalk (la ville fantôme) et raconte des histoires de fantômes à propos de la ville. Il part du **Joffrey's Coffee Co.**, 1616 E. 7th Ave. (© 242-9255. Je-Sa à 19h, Di. à 16h. 11 $ à l'avance, 12,50 $ sur place, enfant 7,50 $.) Les bus n° 3, n° 8 et n° 46 passent à Ybor City depuis le centre-ville. Le Tampa-Ybor Trolley (gratuit) fonctionne pendant l'heure du déjeuner entre Ybor City et Tampa. L'horaire est disponible au *visitors center*.

Le **Florida Aquarium**, 701 Channelside Dr., est consacré aux poissons colorés des fonds marins de Floride. Serpents, tarentules, scorpions et autres sympathiques bestioles sont rassemblés dans le cadre de l'exposition *Frights of the Forest* (les terreurs de la forêt). (© 273-4000. Ouvert tlj 9h30-17h. Entrée 13 $, personnes âgées 12 $, 3-12 ans 8 $.) Aujourd'hui bâtiment administratif de l'université de Tampa, cet ancien hôtel converti en quartier général pendant la guerre hispano-américaine (elle s'acheva en 1898 par la mainmise sur Porto Rico et les Philippines notamment) abrite le **Henry B. Plant Museum**, 401 W. Kennedy Blvd. Il présente entre autres la collection considérable de sculptures et de peintures européennes du magnat des chemins de fer du XIXe siècle. (© 254-1891. Ouvert Ma-Sa 10h-16h et Di. 12h-16h. Gratuit. Don suggéré 5 $. Visites guidées à 13h30.) Dans le centre-ville, le **Tampa Museum of Art**, 600 N. Ashley Dr., abrite une collection gréco-romaine ainsi que des expositions temporaires, le plus souvent à caractère pédagogique. (© 274-8130. Ouvert Ma-Me et Ve-Sa 10h-17h, Je. 10h-20h, Di. 13h-17h. Visites guidées Je. 17h-20h et Sa. 10h-12h. Entrée 5 $, personnes âgées 4 $, 6-18 ans 3 $, entrée gratuite Di. et Me. 17h-21h.)

Pour vous amuser dans une ambiance de safari africain, faites un tour aux **Busch Gardens**, 3000 E. Busch Blvd. Les montagnes russes (*Kumba, Montu* et *Gwazi*) sont un peu trop mises en valeur. C'est en fait la vie sauvage qui fait l'intérêt de ce parc. Plus de 2500 animaux évoluent librement dans les 24 ha du parc. Le safari-photo Edge of Africa reste l'une des attractions les plus connues du parc. (© 987-5082. Ouvert tlj 9h30-19h. Entrée 48 $, 3-9 ans 39 $, parking 6 $.) Non loin, **Adventure Island**, 10001 Malcolm McKinley Dr., sert de parc aquatique aux Busch Gardens. (© 987-5660. Ouvert du 1er juin au 5 août Lu-Je 9h-19h et Ve-Di 9h-20h. 25 $, 3-9 ans 23 $. Parking 4 $. Billet combiné Busch Gardens/Adventure Island 60 $, enfants 3-9 ans 50 $.)

🎵🎸 SPECTACLES ET SORTIES

Pour être au courant de ce qui se passe en ville le soir, consultez les journaux gratuits *Tampa Weekend* ou *Weekly Planet*, disponibles dans les restaurants, les bars et aux coins de rue. Les gays peuvent consulter *Stonewall*, également gratuit. La première semaine de février, une centaine de "pirates" déguisés débarquent du **Jose Gasparilla** (© 358-8070) et envahissent Tampa, marquant ainsi le début d'un mois de parades et de festivités. Le **Gasparilla Sidewalk Art Festival** (© 876-1747) rassemble des artistes du monde entier. Au mois d'octobre, des milliers de personnes se regroupent à Ybor City pour célébrer la **Guavaween** (© 621-7121), une sorte de *Halloween* revu et corrigé dans un style latino.

Avec plus de 35 clubs et bars concentrés sur une petite surface, **Ybor City** a vraiment de quoi satisfaire tous les goûts. Ces établissements sont, pour la plupart, situés le long de la 7th Ave. et de la 9th Ave. Ces boulevards sont bien éclairés, mais soyez prudent si vous empruntez les rues transversales. Les *bluesmen* les plus célèbres retrouvent des musiciens de jazz et de reggae pour faire le bœuf au **Blues Ship Cafe**, 1910 E. 7th Ave. (© 248-6097. Ma. karaoké, Me *open jam* (scène ouverte). Interdit aux moins de 18 ans. Entrée 5 $ pour voir les groupes. Restaurant et bar ouverts Lu-Ve 17h-3h et Sa-Di 13h-3h.) Ybor offre toute une palette de boîtes de nuit. **The Castle**, 2004 N. 16th St., à l'angle de la 9th St., s'adresse au *goth* qui sommeille en vous, mais reste toutefois ouvert à tous ceux qui franchissent la porte du fort hospitalier saint des saints. (© 247-7547. Ve-Sa soirée *gothic*, Di. soirée gay, Lu. soirée 80's. Interdit aux moins de 18 ans. Entrée 4 $. Ouvert Ve-Lu 21h30-3h.) Si vos goûts sont très éclectiques et que vous êtes prêt à danser sur tout, de la country d'Alan Jackson à Puff Daddy, allez au **Spurs**, 1915 7th Ave. (© 247-7787. Ouvert Je-Sa 18h-3h. Cours de danse gratuits 19h-21h.) En semaine, de nombreux restaurants ferment à 20h et les boîtes de nuit n'ouvrent pas avant 22h.

SAINT PETERSBURG ET CLEARWATER ☞ 727

A 35 km au sud-ouest de Tampa, de l'autre côté de la baie, Saint Petersburg est peuplée de retraités et de jeunes célibataires. La ville compte 45 km de plages de sable blanc, bordées par de l'eau émeraude et embrasées de couchers de soleil de carte postale. Nombre de jours d'ensoleillement par an : 361 ! La route entre Saint Petersburg et Clearwater est une longue enfilade de stations balnéaires. Le paysage attire les foules, mais certaines activités plus culturelles sont tout aussi intéressantes : les expositions des musées sur Salvador Dali ou JFK concurrencent même le plus beau des couchers de soleil.

◼◼ ORIENTATION ET INFORMATIONS PRATIQUES

A Saint Petersburg, **Central Ave.** est orientée est/ouest et traverse le centre-ville. La **34th St. (US 19)**, la I-275 et la 4th St. traversent la ville du nord au sud pour rejoindre le **Sunshine-Skyway Bridge**, le pont qui relie Saint Petersburg au secteur de Bradenton-Sarasota, au sud. Le bord de mer de Saint Pete consiste en un chapelet d'îles allongées, accessibles par des ponts à l'ouest de la ville en face du golfe, comme le **Clearwater Memorial Causeway (Route 60)**, et s'étirant jusqu'à Clearwater au nord. De nombreuses localités des îles sont dotées de plages tranquilles et d'hôtels et restaurants abordables. Du nord au sud s'étire le **Gulf Blvd.**, sur lequel on compte Belleair, Indian Rocks Beach, Indian Shores, Redington Shores, Madeira Beach, Treasure Island et St. Pete Beach. Passé le Don Cesar Hotel (une monstrueuse résidence rose, récemment classée monument historique), les plages St. Pete Beach et Pass-a-Grille Beach, ont le meilleur sable : elles comptent de fidèles adeptes. Le trafic pédestre et automobile y est relativement modéré. Tout au nord, la ville de **Clearwater** est reliée par un pont à péage à Sand Key, sur la presqu'île de Saint Petersburg. **Avion : St. Petersburg Clearwater International Airport** (© 535-7600) se trouve juste de l'autre côté de la baie, au niveau de Roosevelt St. **Airport Connection Limo** (© 572-1111) met en service des navettes pour 19 $. **Bus : Greyhound**, 180 9th St. N. (© 898-1496, ouvert tlj 4h30-23h), à Saint Petersburg. Destinations : Panama City (3 dép/j, durée 9h-10h, 62-68 $), Clearwater (7 dép/j, durée 30 mn, 8 $). A Clearwater : 2811 Gulf-to-Bay Blvd. (© 796-7315, ouvert tlj 6h-21h). **Transports en commun : Pinnellas Suncoast Transit Authority (PSTA)**, © 530-9911. La plupart des lignes partent de Williams Park, à l'intersection de la 1st Ave. N. et de la 3rd St. N. Tarif 1 $. Des informations sont disponibles au kiosque de Williams Park. Pour Tampa, prenez le bus express n° 100X depuis le Gateway Mall (1,50 $). Le **downtown looper** dessert toutes les attractions, les centres commerciaux et les hôtels du centre-ville de Saint Petersburg pour 50 ¢. Un tram vert circule gratuitement le long du *Pier* (quai). Le forfait de bus quotidien avec trajets illimités coûte 2,50 $.

Office de tourisme : St. Petersburg Area Chamber of Commerce, 100 2nd Ave. N. (© 821-4715). Ouvert Lu-Ve 8h-17h, Sa. 9h-16h et Di. 12h-15h. **The Pier Information Center**, 800 2nd Ave. N.E. (© 821-6164). Ouvert Lu-Sa 10h-20h et Di. 11h-18h. Plusieurs kiosques du centre-ville fournissent aussi des cartes et des carnets de bons de réductions. **Assistance téléphonique : Rape Crisis** (SOS Viol) © 530-7233. **Helpline** (SOS Amitié), © 344-5555. **Florida AIDS Hotline** (Info SIDA), © 800-352-2437. Tous disponibles 24h/24. **Bureau de poste** : 3135 1st Ave. N., à l'angle de la 31st St. (© 323-6516. Ouvert Lu-Ve 8h-18h et Sa. 8h-12h.) **Code postal** : 37370.

▐ HÉBERGEMENT

Saint Petersburg et Clearwater abritent deux auberges de jeunesse et quelques motels bon marché qui bordent la **4th St. N.** et la **US 19** à Saint Pete. Les établissements affichant 25 $ pour une chambre simple sont généralement peu recommandables. Pour éviter les quartiers les plus mal famés, restez à l'extrémité nord de la 4th St. et au sud de la US 19. Quelques motels à prix raisonnable sont regroupés dans Gulf Blvd., le long des plages. **Clearwater Beach International Hostel (HI-AYH)**, 606 Bay Esplanade Ave., non loin de Mandalay Ave., dans le Sands Motel, à Clearwater Beach. Les chambres peuvent contenir huit personnes mais ne sont pas toujours très propres. L'auberge comprend une salle commune avec télévision et une piscine. (© 443-1211. Accès Internet 1 $ les 8 mn. Ouvert 9h-12h et 17h-21h. Caution pour la clé et les draps 5 $. Dortoir 13 $, non-adhérents 14 $, supplément pour paiement par carte bancaire. Chambre privative 30-40 $.) **St. Petersburg Youth Hostel**, 326 1st Ave. N., dans le centre-ville, dans le Bay Park Arms Hotel. Dortoir pour quatre personnes avec salle de bains privative dans un hôtel historique. (© 822-4141. Salle commune avec télévision et air conditionné. Carte d'adhérent ou d'étudiant obligatoire. Lit superposé 15 $. Chambre dans l'ancienne auberge avec air conditionné et salle de bains privée, certaines avec TV et réfrigérateur, 39 $.) **Treasure Island Motel**, 10315 Gulf Blvd., de l'autre côté de la rue depuis la plage. Vastes chambres avec air conditionné, grand réfrigérateur et télévision couleur. Transats au bord de la piscine. Possibilité de dîner au bord de la jetée. (© 367-3055. Chambre simple ou double 45 $.) **Grant Motel**, 9046 4th St. N., à 6 km au nord de la ville, sur la US 92. Chambres douillettes et campagnardes, décorées de chapeaux de paille et de rideaux en dentelle. Toutes ont l'air conditionné et un réfrigérateur. Très beaux jardins paysagers avec piscine. (© 576-1369. Réservation fortement conseillée. Chambre simple ou double 43 $. Appartement à la semaine 37-49 $ la journée.)

Fort De Soto County Park, 3500 Pinellas Bayway S., composé de cinq îles à la pointe sud d'un long chapelet d'îles, est idéal pour le camping et fait partie des plus beaux parcs d'Etat de Floride. La petite île entoure l'ancien fort espagnol De Soto. (© 582–2267. Séjour de 2 nuits au minimum, 14 jours au maximum. Deux emplacements au maximum par personne et par jour. Grilles fermées à 21h, couvre-feu à 22h. Libérer l'emplacement avant 13h. Pas d'alcool. Août-Déc 23 $, Janv-Juil 33 $. Il faut réserver en personne aux bureaux du parc, 501 1st Ave. N., n° A116, © 582-7738, ouvert 8h-16h30 ou au Parks Department, 631 Chestnut St., à Clearwater, © 464-3347. Ouvert 8h-17h.)

▐ RESTAURANTS

Dockside Dave's, 13203 Gulf Blvd., à Madeira Beach, est l'un des secrets les plus jalousement gardés de toutes les îles. Le sandwich au mérou (suivant le prix du marché, comptez environ 8 $) est absolument délicieux. (© 392-9399. Ouvert Lu-Sa 11h-22h et Di. 12h-22h). Les restaurants bon marché accueillent une clientèle de retraités : ils ferment généralement aux alentours de 20h ou 21h et servent des plats équilibrés. Si vous appréciez la cuisine cubaine, **Tangelo's Bar and Grille**, 226 1st Ave. N.E., sert un sandwich au poulet *mole negro* de Oaxaca (aux piments du Mexique, 5,50 $), mis en valeur par leur sauce importée. (© 894-1695. Ouvert Lu-Sa 11h-19h et Di. en saison.) Toujours à Saint Petersburg, les amateurs de crevettes se régaleront au **Fourth Street Shrimp Store**, 1006 4th St. N. Nourrissante salade de crevettes au *taco* 7 $. (© 822-0325. Ouvert Di-Je 11h-21h et Ve-Sa 11h-21h30.) Très apprécié des habitants de la région, **Frenchy's Cafe**, 41 Baymont St., est un restaurant traditionnel sur Clearwater Beach. La spécialité de la maison, les crevettes bouillies, est servie avec un assaisonnement spécial pour 13 $. Le *grouper burger* (hamburger au mérou, 6-7 $) se déguste avec un grand choix d'ingrédients sensés agrémenter sa composition. (© 446-3607. Ouvert Lu-Je 11h30-23h, Ve-Sa 11h30-24h et Di. 12h-23h.)

👁 VISITES

Procurez-vous un exemplaire de *See St. Pete* ou du *St. Petersburg Official Visitor's Guide* pour un résumé des activités de la région et des plans utiles. Le centre-ville de Saint Petersburg est rempli de musées et de galeries qui valent la peine de quitter la plage. Revivez l'ambiance des années 1960 au ♥ **Florida International Museum**, 100 2nd St. North. La toute dernière rétrospective, **Cuban Missile Crisis : When the Cold War Got Hot** (Crise des missiles cubains : le jour où la guerre froide s'est réchauffée), transporte les visiteurs à travers une journée à l'époque de la course à la bombe atomique. L'**exposition sur John F. Kennedy** retrace en détail la vie politique et privée du président grâce à des centaines d'objets lui ayant appartenu. (℘ 822-3693 ou 800-777-9882. Ouvert Lu-Sa 9h-18h et Di. 12h-18h. Dernières visites à 16h30. Entrée 14 $, personnes âgées 13 $, étudiants 8 $, 6-18 ans 6 $.) Le ♥ **Salvador Dalí Museum**, 1000 3rd St. S., contient la plus grande collection privée d'œuvres de Salvador Dalí du monde, dont des montres molles et des symboles phalliques. Des visites guidées fournissent d'intéressantes explications sur les chefs-d'œuvre du peintre surréaliste. (℘ 823-3767 ou 800-442-3254. Ouvert Lu-Me et Ve-Sa 9h30-17h30, Je. 9h30-20h, Di. 12h-17h30. Entrée 9 $, personnes âgées 7 $, étudiants 5 $, gratuit pour les moins de 11 ans.) Le **Tampa Bay Holocaust Memorial Museum**, 55 5th St. S., l'un des plus grands des Etats-Unis, couvre la période qui s'étend de la fin des années 1930 jusqu'à la naissance d'Israël. Au cœur de l'atrium du musée est posé l'un des wagons qui déportèrent des millions de Juifs vers les camps de la mort. (℘ 820-0110. Ouvert Lu-Ve 10h-17h et Sa-Di 12h-17h. Entrée 6 $, étudiants et personnes âgées 5 $, moins de 19 ans 2 $.)

La plage **Pass-a-Grille Beach** est peut-être la plus belle, mais ses places de parking sont ruineuses. La situation exceptionnelle et la blancheur légendaire du sable de **Clearwater Beach**, à l'extrémité nord de Gulf Blvd., en font une institution balnéaire. Allez finir la journée avec le **Sunsets at Pier 60 Festival** (℘ 449-1036), où, entre les spectacles et les stands des marchands, vous pouvez admirer le splendide ♥ **coucher du soleil** sur le golfe. C'est peut-être le plus beau de toute la côte Est.

🎭 SORTIES

Saint Petersburg s'adapte parfaitement à ceux qui veulent se coucher vers 21h ou 22h. La plupart des touristes et des habitants vont faire la fête à Tampa ou sur la plage. Les hôtels, les restaurants et les parcs de Clearwater offrent des concerts gratuits. Vous trouverez des informations dans les journaux gratuits *Weekly Planet* ou *Tampa Tonight/Pinellas Tonight*, disponibles dans les bars et les restaurants locaux. Certains établissements proposent tout de même de passer une agréable nuit en ville. **Beach Nutts**, 9600 W. Gulf Blvd., à Treasure Island, n'a pas un choix mirobolant mais une atmosphère incomparable. Mérou frais (7,25 $) et hamburgers honnêtes (5 $). Le restaurant donne directement sur la plage et des groupes viennent y jouer tous les soirs. (℘ 367-7427. Ouvert Lu-Sa 11h-2h et Di. 13h-2h.) Les habitants se détendent devant une partie de billard avec une bière à la main au **Beach Bar**, 454 Mandalay Ave. Si vous n'êtes pas d'humeur à jouer aux fléchettes un samedi soir, allez vous démener sur la piste de danse qui se trouve à l'angle de la rue. (℘ 446-8866. Discothèque Ve-Sa 21h-2h. Interdit aux moins de 21 ans. Bar ouvert tlj 10h-2h.) Les plus jeunes partent en virée sur le continent pour faire la fête au **Liquid Blue**, 22 North Ft. Harrison St., haut lieu de la techno de Clearwater, qui propose des tarifs intéressants sur les boissons chaque semaine. (℘ 446-4000. Interdit aux moins de 18 ans. Prix d'entrée variable. Ouvert Ma-Sa 21h-2h.)

GAINESVILLE 🏛 352

Située à mi-chemin entre les deux côtes, Gainesville ne peut se flatter de posséder des plages, mais cette ville universitaire version Floride change agréablement du monotone diptyque plage/parc d'attractions. L'université de Floride (UF) apporte à la ville une population intéressante ainsi qu'une touche de culture à la fois bohème et estudiantine, mâtinée d'un côté Vieux Sud. Entre clubs branchés, courses et théâtre professionnel, Gainesville et ses sympathiques résidents vous offrent une agréable (et méconnue) escale touristique. Cette partie nord de la Floride a également de quoi satisfaire tous les amoureux de la nature.

✈ 🚌 ORIENTATION ET INFORMATIONS PRATIQUES

Gainesville est principalement accessible par la **I-75**. **Main St.** divise la ville d'est en ouest tandis que **University Avenue** (appelée "The Avenue" par les habitants) la sépare du nord au sud. La ville est quadrillée : les rues vont du nord au sud et les avenues d'est en ouest. L'université de Floride se trouve à l'ouest, au croisement de University Ave. et de la S.W. 13th St. (ou **US 441**). Les trains **Amtrak** s'arrêtent à Waldo, à 22,5 km au nord-est de Gainesville, dans une gare automatisée à l'intersection de la US 301 et de la State Rd. n° 24 (© 468-1403). Il passe un train par jour à destination de Miami (durée 9h, 29-80 $) et de Tampa (durée 3h30, 19-38 $). Paiement dans le train. Certains hôtels proposent un service (payant) depuis la gare. Les bus **Greyhound**, 516 S.W. 4th Ave. (© 376-5252, gare routière ouverte Lu-Sa 7h-23h, Di. et jours fériés 10h-22h), desservent Miami (8 dép/j, durée 9h, 47-54 $), Tampa (7 dép/j, durée 3-5h, 23-27 $) et Orlando (8 dép/j, durée 2h30, 24 $). **Regional Transit System** est la société de transports en commun (trains régionaux et bus) de la ville. (© 334-2602. Tarif 1 $, étudiants, handicapés et personnes âgées 50 ¢. Billet valable une journée avec nombre de voyages illimité 2 $. Lu-Ve 6h-19h et Sa-Di 7h-19h.) **Taxi** : **Gator Cab Co.** (© 375-0313). **Informations touristiques** : The **Alachua County Visitors and Convention Bureau**, 30 E. University Ave., dans le centre-ville (© 374-5231, ouvert Lu-Ve 8h30-17h). **Alachua County Official Welcome Center**, 3833 N.W. 97th Blvd., à la sortie n° 77 de la I-75. (© 374-5231, ouvert tlj 10h-17h30). **Bureau de poste** : 401 S.E. 1st Ave. (© 371-7009, ouvert Lu-Ve 8h-17h30 et Sa. 8h-12h). **Code postal** : 32601. **Indicatif téléphonique** : 352 ou 904. Composez le 352, sauf indication contraire.

🛏 HÉBERGEMENT

On trouve beaucoup d'hôtels bon marché aux sorties de la I-75 et le long de la 13th St., et leur nombre croît au fur et à mesure qu'on se rapproche de l'université de Floride. En revanche, si vous réussissez à trouver une chambre pendant les weekends où se déroulent des matchs de football américain ou encore la course de *dragsters* Gatornationals, sachez que les tarifs sont alors multipliés au moins par deux. Dans le centre-ville, le **Gainesville Lodge**, 413 W. University Ave., est une excellente affaire, qui plus est à deux pas des boîtes de nuit. (© 376-1224. Télévision, air conditionné, piscine. Chambre simple 36 $, chambre double 40 $.) En pénétrant au **Cape Cod Inn**, 3820 S.W. 13th St., vous aurez l'impression d'être transporté en Nouvelle-Angleterre. Avec chaque chambre, vous bénéficiez de la télévision par câble, de la piscine et du petit déjeuner continental. (© 371-2500. Chambre simple 44 $, chambre double 47 $.) La **Magnolia Plantation**, 309 S.E. 7th St., dans le centre-ville, est l'un des meilleurs Bed & Breakfast de Floride, mais le luxe se paie (© 375-6653 ou 800-201-2379. Chambre 90-105 $, *cottage* 120-250 $.) Vous dormez dans un cadre digne d'une forêt tropicale humide à la **Paynes Prairie State Reserve** (voir **Visites**, plus loin), à 16 km au sud de la ville par la US 441. (15 emplacements pour tente et 35 pour camping-car, avec raccordement eau 11 $, avec l'électricité 13 $.)

🍴 RESTAURANTS

Malgré toute sa diversité, la population estudiantine de Gainesville semble s'accorder sur un point : la cuisine saine et bon marché. University Ave. et la 13th St. accueillent les restaurants qui servent la nourriture typique des étudiants : pizzas, hamburgers et *tacos*. **Farah's**, 1120 W. University Ave., sert une bonne cuisine méditerranéenne. Les *dolmathes* (feuilles de vigne farcies de riz et de viande), l'unique spécialité, sont servis par six (3,50 $) ou en assiette à 9 $. (℗ 378-5179. Concerts de jazz Sa. à 20h. Ouvert Lu-Ma 11h-22h et Me-Sa 11h-23h.) **Leonardo's By the Slice**, 1245 W. University Ave., vous offre des pâtes classiques (4-6 $) et de superbes pizzas (2-4 $ la part). Le café attenant sert le petit déjeuner et des friandises toute la journée. (℗ 375-2007. Ouvert Lu-Je 9h-22h, Ve. 9h-23h, Sa. 10h-23h et Di. 11h-22h.) Si vous voulez savoir comment les étudiants survoltés de la UF tiennent le coup au moment des examens, venez prendre un café chez **Maude's Classic Cafe**, 101 S.E. 2nd Place. Imaginez-vous face à un *John Lennon*, grosse part de gâteau au citron et aux graines de pavot avec de la crème chantilly pour 2,75 $ seulement. (℗ 336-9646. Ouvert Di-Me 10h-24h et Je-Sa 10h-2h.)

🔍 VISITES

L'université de Floride (UF) est le moteur de la région. Son centre culturel, à l'angle de Hull Rd. et de la S.W. 34th St., accueille les artistes locaux dans deux musées gratuits. Le **Samuel P. Harn Museum of Art** renferme des peintures et des sculptures du XIXe et du XXe siècles, la plupart américaines ou caraïbes. (℗ 392-9826. Ouvert Ma-Ve 11h-17h, Sa. 10h-17h et Di. 13h-17h. Gratuit.) Juste à côté, le **Florida Museum of Natural History** possède l'une des plus grandes collections d'objets d'histoire naturelle du Sud-Est. (℗ 846-2000. Ouvert Lu-Sa 10h-17h et Di. 13h-17h. Gratuit.) Au bout de Museum Rd. se trouve la **Bathouse**, où les habitants de la région viennent traditionnellement se réunir au coucher du soleil, tournant le dos aux alligators de lac Alice pour contempler les chauves-souris qui prennent leur envol. Le **Ben Hill Griffin Memorial Stadium**, plus connu sous le nom de "The Swamp" (le marais), abrite les matchs de football (américain) des "Fightin' Gators", l'excellente équipe de l'université. Cette équipe est si populaire que lorsque la UF a aidé à l'élaboration d'une nouvelle boisson, celle-ci a pris le nom de Gatorade (℗ 384-3261 ou 877-428-6742).

La beauté sauvage du nord de la Floride entoure Gainesville. Alligators, chevaux sauvages et troupeaux de bisons peuplent les 8500 ha de la **Paynes Prairie State Reserve**, à 16 km au sud de la ville par la US 441. Au XVIIIe siècle, le paysage fut le site de nombreuses batailles pendant les guerres séminoles. Une tour domine les kilomètres de verdure grouillante d'animaux, et des sentiers pédestres ou équestres vous permettent de sillonner le parc. En hiver, les *rangers* organisent des excursions de deux jours à travers le bassin. (℗ 466-3397, réservation ℗ 466-4100. Ouvert tlj de 8h au crépuscule. Entrée 3,25 $ par voiture.) Non loin de là, le **Devil's Millhopper State Geological Site**, 4732 N.W. 53rd Ave., est un énorme aven qui s'est formé lors de l'effondrement du plafond d'une caverne. On a retrouvé dans le fond de cette bonde naturelle, profonde de plus de 36 mètres et large de plus de 152 mètres, des ossements fossilisés et des dents. Elle tire le nom *devil* (diable) d'une légende selon laquelle ces corps étaient sacrifiés au diable. (℗ 955-2008. Ouvert Lu-Ve 9h-17h et Sa-Di de 9h au crépuscule. Parking 2 $.) Situé à 5 km à l'ouest de High Springs, par County Rd., **Poe Springs Park**, 28800 N.W. 182nd Ave., est un endroit formidable pour pique-niquer. En plus, il présente des sources naturelles aux eaux étincelantes et dispose de sentiers de balade le long de la rivière Santa Fe. (℗ 904-454-1992. Ouvert de 9h au crépuscule. Entrée 4 $.)

Une collection plus ésotérique vous attend au **Fred Bear Museum**, à l'angle de la I-75 et d'Archer Rd., sous la forme d'une longue parade d'animaux empaillés qui, malheureusement pour eux, ont fait connaissance avec les flèches du célèbre archer. (℗ 376-2411. Ouvert tlj 10h-18h sauf pendant les vacances. Entrée 5 $, personnes âgées 4 $, 6-12 ans 3 $, familles 12 $.) Le **Retirement Home for Horses**, Mill Creek Farm, County Rd. 235-A., à Alachua abrite plus de 80 équidés à la retraite, dont la plupart étaient maltraités ou négligés par leurs anciens propriétaires. Le prix d'entrée est fixé à deux carottes, mais les chevaux veulent bien en manger autant que vous pourrez en faire passer sous votre veste... (℗ 904-462-1001. Ouvert Sa. uniquement 11h-15h.)

♫ ♬ SPECTACLES ET SORTIES

Tous les ans se déroule le **Downtown Music Festival & Art Show**, qui accueille les musiciens locaux (rappelons que Tom Petty et Sister Hazel sont originaires de Gainesville) et vous permet de voir 50 groupes sur trois jours. (℡ 336-8360. Début Nov.) Pour entendre de la musique à n'importe quel moment de l'année, allez à la **Gainesville Community Plaza**, au coin d'E. University Ave. et de la S.E. 1st St., où des groupes se produisent chaque vendredi soir. (℡ 334-5064. Concerts à partir de 20h. Gratuit.) Pour être informé sur la vie nocturne et les événements locaux, procurez-vous le bihebdomadaire *Moon*, le *Gator Times* ou *Alligator*, le quotidien de l'université. En mars, les amateurs de courses de *dragsters* se rassemblent à Gainesville pour assister aux **Mac Tools Gatornationals**, compétition annuelle sponsorisée par la NHRA (National Hot-Rod Association). Pour ne rien manquer des superbes accélérations, rendez-vous sur la piste de **Gainesville Raceway**, 11211 N. County Rd. 225 (℡ 377-0046). L'énergie et l'humeur de la UF (et de l'ensemble de la ville) dépendent des résultats de l'équipe universitaire de football. Les rencontres à domicile se déroulent au **Swamp** (voir **Visites**). Les billets partent vite lors des matchs importants. (℡ 375-4683 ou 800-344-2867 pour réserver et obtenir des informations.)

Les boîtes de nuit sont regroupées à l'intersection de W. University Ave. et de la 2nd St. dans le centre-ville. L'**Orbit Lounge**, 238 W. University Ave., passe du *hip hop* et de la techno sur trois niveaux et propose un bar à cigares et des cocktails spéciaux tous les soirs. (℡ 335-9800. Interdit aux moins de 18 ans. Entrée 5 $. Ouvert Je-Sa 22h-2h.) Tendez l'oreille et suivez le son jusqu'au terriblement branché **Soulhouse**, 15 S.W. 2nd Place, à l'angle de Main St. Ce club est connu pour sa fameuse *Beanbag Room*, une salle réservée aux plus agités. (℡ 377-7685. Entrée 5 $. Ouvert Lu-Je 22h-2h et Ve-Sa 22h-3h.) Au **Lush**, 6 E. University Ave., vous danserez sur tous les styles de musique, du reggae au hip-hop en passant par le *R'n'B*. Du jeudi au samedi, le club accueille des super DJ et propose des prix spéciaux sur les boissons. Tenue correcte exigée. (℡ 381-9044. Prix d'entrée variable. Ouvert Lu-Sa 22h-2h.) Le **Purple Porpoise**, 1728 W. University Ave., accueille des groupes locaux tous les jeudis. (℡ 376-1667. Ouvert tlj 11h-2h.) Un autre bar étudiant, le **:08**, 201 W. University Ave., possède un alligator empaillé à l'entrée. (℡ 384-0888. Ouvert Je-Sa 21h-2h.)

PANAMA CITY BEACH ☎ 850

Haut lieu de la drague et du bikini, Panama City Beach (PCB) est l'une des dernières venues dans la *short list* des stations à la mode chez les jeunes Américains. Les kilomètres de sable éclatant et les eaux turquoise du golfe du Mexique parfumés à la crème solaire sont considérés comme "les plus belles plages du monde". L'été, PCB, le cœur de la *Redneck Riviera* (la Côte d'azur des Redneck, terme plutôt péjoratif désignant les Blancs du sud des Etats-Unis), est une station balnéaire familiale. Les parcs aquatiques, les montagnes russes ou les boutiques de surf couvrent presque les 40 km de côte sablonneuse.

🏢 🚍 ORIENTATION ET INFORMATIONS PRATIQUES

Après le Hathaway Bridge, la US 98 se sépare en deux : **Front Beach Rd.** et Thomas Dr. Tout est regroupé sur Front Beach Rd., également baptisée "The Miracle Strip" et bordant le golfe du Mexique. Un bus **Greyhound**, 917 Harrison Ave. (℡ 785-7861, ouvert tlj 7h-20h45), effectue un arrêt au seul feu rouge de la US 98, à l'intersection avec la US 79, avant de continuer jusqu'à Orlando (3 dép/j, durée 8h-11h, 62 $) et Atlanta (3 dép/j, durée 9h, 51 $). **Bay Town Trolley**, 1021 Massalina Dr., fait la navette le long de la plage, en s'arrêtant régulièrement, Lu-Ve 6h-18h. (℡ 769-0557. Tarif 50 ¢, étudiants et personnes âgées 25 ¢. 1 $ pour traverser le pont.). **AAA Taxi**, ℡ 785-0533. **Yellow Cab**, ℡ 763-4691. **Informations touristiques** : **Panama City Beach Convention and Visitors Bureau**, 17001 Panama City Beach Pkwy., à l'angle de la US 98 et de la US 79. (℡ 800-722-

FLORIDE

3224, www.pcbeach.com. Ouvert tlj 8h-17h.) **Assistance téléphonique : Domestic Violence and Rape Crisis Hotline** (SOS Viol), © 763-0706. **Crisis and Mental Health Emergency Hotline** (soutien psychologique), © 769-9481, *extension* 405. Ces numéros d'urgence fonctionnent tous deux 24h/24. **Bureau de poste :** 420 Churchwell Dr. (© 800-275-8777. Ouvert Lu-Ve 8h30-17h et Sa. 9h-12h30.) **Code postal :** 32401.

🏠 HÉBERGEMENT

En fonction de la saison et de la situation, les prix varient de l'à peu près raisonnable au monstrueusement excessif. La pleine saison s'étend de fin Avr. à début Sep., les prix chutent en automne et en hiver. L'été, pensez à réserver longtemps à l'avance. Comme dans toutes les stations balnéaires du monde, plus on se rapproche de la plage, plus les prix augmentent. Une exception à la règle est peut-être le **Sugar Beach Motel**, 16819 Front Beach Rd., doté d'un accès à la plage. Air conditionné, télévision et vidéothèque dans chaque chambre, piscines et jacuzzi. Kitchenettes à disposition. (© 800-528-1273. Chambre simple 59-75 $, chambre double 80-115 $.) **La Brisa Inn**, 9424 Front Beach Rd., à 800 m de la plage, propose des chambres spacieuses avec deux lits doubles et la télévision par câble. Piscine et café gratuit. (© 235-1122 ou 800-523-4369. Chambre simple ou double 45-79 $.) **Panama City Beach KOA**, 8800 Thomas Dr., à deux blocks au sud de la US 98, en face des boîtes de nuit, dispose de 114 emplacements avec douches, laverie, piscine, télévision par câble et de quoi entreposer son matériel. (© 234-5731 ou 800-562-2483. Emplacement avec eau 20 $, raccordement complet 30 $, bungalow 40 $. En hiver 16 $ avec eau, 23 $ avec raccordements complets et 30 $ le bungalow. Réservez trois mois à l'avance.) Vous pouvez camper sur la plage au **St. Andrews State Recreation Area**, 4607 State Park Ln., à 5 km à l'est de PCB sur Thomas Dr. Appelez à l'avance (jusqu'à deux mois) pour réserver des emplacements près de l'eau et à l'ombre des pins. La moitié des 176 emplacements peuvent être réservés. (© 233-5140. Emplacement 17 $, au bord de l'eau ou avec électricité 19 $, en hiver 10 $, au bord de l'eau ou avec électricité 12 $.)

🍴 RESTAURANTS ET SORTIES

De nombreuses cafétérias animent le Strip et Thomas Dr., le long du Grand Lagoon. Les menus "Early bird" (couche-tôt), proposés aux environs de 17h, vous permettront de vous nourrir à moitié prix. **Scampy's**, 4933 Thomas Dr., propose des fruits de mer dans une atmosphère chaleureuse, éloignée des adresses bruyantes. (© 235-4209. Ouvert Lu-Ve 11h-22h, Sa-Di 11h-23h. 17 formules déjeuner différentes 4-7,50 $. Salade aux fruits de mer 8 $, plats au dîner 11-20 $.) **Sharky's**, 15201 Front Beach Rd., est l'endroit idéal pour se rafraîchir avec une bonne limonade (3,25 $). Les plus audacieux goûteront à leur savoureuse entrée *shark bites*, de petits morceaux de requins frits pour 7 $. Tous les jours de 16h à 18h, la douzaine d'huîtres est à 2 $. (© 235-2420. Des groupes se produisent sur la scène de la plage presque tous les soirs. Entrée 8 $. Ouvert tlj 11h30-23h.)

Le Strip et Thomas Dr. sont une longue enfilade de bars, dont la plupart proposent des concerts. La plus grande discothèque des Etats-Unis, d'une capacité de 8000 personnes, le **Club LaVela**, se situe au 8813 Thomas Dr. Ses multiples pistes de danse (8 boîtes, 48 comptoirs) bougent sur toutes les musiques. Concerts de rock tous les soirs. Appelez pour connaître les différentes soirées à thème, comme les concours de T-shirt mouillé, de bikini et de "la plus belle musculature masculine", tous les week-ends l'hiver et tous les soirs au printemps. (© 234-3866. Interdit aux moins de 18 ans. Entrée gratuite le jour, tarif variable le soir. Ouvert tlj 10h-4h.) A côté, plongez dans l'immense piscine du **Spinnaker**, 8795 Thomas Dr., qui abrite un restaurant familial (fruits de mer 8-20 $) et un terrain de jeux pour les enfants. (© 234-7882. Concerts Je-Ve à 18h30 et Sa-Di à 13h. *Happy hour* 21h-23h. Interdit aux moins de 18 ans. Entrée 5-10 $. Restaurant ouvert tlj 11h-22h. Boîte de nuit ouverte tlj 22h-4h.) Le bar **Harpoon Harry's**, 12627 Front Beach Rd., comporte une terrasse qui donne sur la plage. Vous pouvez y construire un château de sable avec leur fameuses timbales de *margarita* (7,50 $). (© 234-6060. Ouvert tlj 11h-2h.)

VISITES ET SPECTACLES

Avec ses promenades et ses plages, le parc **St. Andrews State Recreation Area** compte plus de 400 ha peuplés d'alligators. (Voir **Hébergement** précédemment. Ouvert tlj de 8h au coucher du soleil. 4 $ par voiture.) Les **bateaux à fond transparent** vous emmènent voir les dauphins et vous conduiront à Shell Island depuis Treasure Island Marina, 3605 Thomas Dr. (© 234-8944. Excursions de trois heures aller-retour à 9h, 13h et 16h30. 15 $, personnes âgées 14 $, moins de 12 ans 8 $.) Le plus grand bateau rapide du monde, le **Sea Screamer**, 3601 Thomas Dr., croise dans le lagon. (© 233-9107. En été 4 dép/j, au printemps et en automne 2 dép/j, téléphonez pour connaître l'horaire. Excursion 14 $, enfants 4-12 ans 8 $.) Le **Sea Dragon** est un authentique bateau pirate, qui incite petits et grands à faire les fanfarons. (© 234-7400. Croisières de deux heures en journée, le soir et au coucher du soleil. Téléphonez pour connaître l'horaire. Excursion 16 $, personnes âgées 13 $, 2-14 ans 11 $.) Si vous en avez assez de la plage, vous pouvez vous amuser dans le plus grand complexe du nord-est de la Floride : faites un tour au parc d'attractions **Miracle Strip Amusement Park**. (© 234-5810. Ouvert en été Di-Ve 18h-23h et Sa. 13h-23h30, horaire variable hors saison. 16 $, personnes âgées 10,75 $.) Miracle Strip est adjacent au parc aquatique **Shipwreck Island Water Park**, 2000 Front Beach Rd. (© 234-0368. Ouvert en été tlj 10h30-17h30, horaire variable hors saison. 22,50 $, personnes âgées 12,75 $.) L'entrée combinée pour les deux parcs est de 31,25 $. De nombreux spectacles de dauphins, du parachute ascensionnel et d'autres parcs d'attractions bordent **Front Beach Rd.**

PENSACOLA   ☎ 850

Les plages immaculées ne l'ont pas toujours été. Avant la guerre de Sécession, trois forts se dressaient sur les côtes de Pensacola, formant une défense triangulaire pour protéger les ports en eau profonde de la ville. Depuis cette époque, la population de Pensacola a gardé une mentalité militaire et la ville possède une réputation conservatrice. Bien que l'attraction principale de Pensacola soit les eaux émeraude qui baignent le Gulf Islands National Seashore, son musée de l'aéronavale et son quartier historique peuvent offrir une alternative à ceux qui veulent fuir la morsure du soleil.

Au **Naval Aviation Museum**, à l'intérieur de la Naval Air Station, sortie n° 2 de la I-10, les 130 modèles d'avions anciens ou actuels présentés sur un parking ou suspendus au plafond ne feront qu'augmenter l'enthousiasme de ceux qui rêvent de devenir pilote. (© 452-3604. Ouvert tlj 9h-17h. Visites guidées d'une durée de 1h30 tlj à 9h30, 11h, 13h et 14h30. Entrée gratuite.) Si vous n'êtes pas particulièrement attirés par les machines de guerre volantes, traversez le Pensacola Bridge. Depuis le *visitors center*, des sentiers sillonnent la **Naval Live Oaks Area**, 1801 Gulf Breeze Pkwy., une forêt exploitée à l'origine pour la construction navale. (© 934-2600. Ouvert 8h-17h50.) Payez 1 $ pour traverser le pont vers l'île de Santa Rosa, où se trouvent les plus belles plages. Geronimo, le célèbre chef apache, fut emprisonné à ♥ **Fort Pickens**, qui commande l'extrémité ouest de l'île de Santa Rosa. Un droit d'entrée de 6 $ vous permet d'explorer les ruines et de prendre le soleil sur le rivage. (Ouvert 7h-22h.)

Les hôtels situés au bord de la plage coûtent au moins 65 $ et les meilleures affaires se trouvent donc à l'intérieur, au nord du centre-ville, dans Pensacola Blvd., près de la I-10 (à 15 mn de voiture de la plage). Le **Civic Inn**, 200 N. Palafox St., bon marché, est proche du quartier historique et possède des chambres propres et bien meublées. (© 432-3441. Air conditionné, TV. Chambre simple Di-Je 40 $ et Ve-Sa

48 $, chambre double 48 $, Ve-Sa 58 $.) Situé sur le Gulf Islands National Seashore, à l'extrémité ouest de l'île de Santa Rosa, le **Fort Pickens Campground** propose des emplacements avec (20 $) ou sans (15 $) électricité, à partir desquels vous pouvez accéder à de magnifiques plages à pied (réservations ✆ 800-365-2267, informations sur le camping ✆ 934-2622). Le restaurant ♥ **Hopkin's House**, 900 Spring St., sert un délicieux buffet à volonté les mardi et vendredi soir pour 8 $ ainsi que des déjeuners et des petits déjeuners composés de *biscuits*, de *grits* et d'omelette pour seulement 3,50 $. (✆ 438-3979. Ouvert Ma-Di 7h-9h30 et 11h-14h, Ma. et Ve. 17h-19h30). Le patron du **King's BBQ**, 2120 N. Palafox St., a bâti ce restaurant *drive-in* (avec des tables de pique-nique pour ceux qui veulent s'asseoir) de ses propres mains. Le dîner de *coleslaw* (chou blanc et carottes), salade de pommes de terre, haricots et pain coûte 8,25 $ et les sandwichs sont à 5,25 $. (✆ 433-4479. Ouvert Lu-Ve 10h30-18h30.)

La ville est adossée à la baie de Pensacola. **Palafox St.** et la **I-110** sont les principaux axes de contournement nord/sud, tandis que **Government St.** et **Main St.** traversent l'agglomération d'est en ouest. **Bayfront Pkwy.** longe la baie et franchit le **Pensacola Bay Bridge**. De l'autre côté du pont, **Pensacola Beach Rd.** mène à l'île de Santa Rosa et à la plage de Pensacola Beach. Les trains **Amtrak**, 980 E. Heinburg St. (✆ 433-4966 ou 800-872-7245, ouvert Lu., Me., Ve. 24h-13h, Ma., Je. 5h30-13h, Sa. 5h30-8h30), s'arrêtent ici sur la ligne est/ouest qui relie La Nouvelle-Orléans (3 dép/semaine, durée 7h, 30-65 $) à Orlando (3 dép/semaine, durée 13h, 50-108 $). Les bus **Greyhound**, 505 W. Burgess Rd. (✆ 476-4800, ouvert 24h/24), desservent Orlando (7 dép/j, durée 9h, 62 $), Atlanta (5 dép/j, durée 9-14h, 51 $), la Nouvelle-Orléans (2 dép/j, durée 4-7h, 31 $) et diverses localités entre ces destinations principales. Deux lignes de **tramway** sillonnent le centre-ville, offrant aussi une visite guidée de la cité, avec de nombreux arrêts dans Palafox St. (circule Lu-Ve 9h-15h, 25 ¢). Durant l'été, deux navettes gratuites Tiki Trolley longent la plage (Ve-Sa 10h-3h et Di. 10h-22h). **Taxi : Yellow Cab**, ✆ 433-3333. **Informations touristiques : Pensacola Convention and Visitor's Bureau** : 1401 E. Gregory St., près du Pensacola Bay Bridge (✆ 800-874-1234. Ouvert tlj 8h-17h.) **Bureau de poste** : 101 S. Palafox St., ouvert Lu-Ve 8h-17h. **Code postal** : 32501.

LEXIQUE

LE B.A. BA

bonjour	*hi, good morning*
bonsoir, bonne nuit	*good evening, good night*
au revoir	*bye, good bye*
s'il vous plaît	*please*
excusez-moi	*excuse me*
merci	*thank you, thanks*
de rien	*you're welcome*
oui	*yes*
non	*no*

TRANSPORT

aller simple	*one-way ticket*
aller-retour	*return ticket*
allée (en avion)	*aisle*
annuler	*to cancel*
avion	*plane*
bagages	*luggage*
billet	*ticket*
camion	*truck*
car	*coach, bus*
consignes	*lockers*
correspondance	*connection, transfer*
enregistrement	*check-in*
gare	*train station (depot)*
heure d'été	*daylight saving time*
métro	*subway*
moto	*motorcycle*
quai	*platform*
réduction	*discount*
retard	*delay*
station d'autobus	*terminal*
tarif	*fare*
taxi	*taxi, cab (familier)*
tramway	*streetcar*
vol	*flight*
voyage aller-retour	*round trip*

VOITURE

automobile	*car*
contravention	*ticket, fine*
demi-tour	*U-turn*
dépanneuse	*tow truck*
essence (sans plomb)	*(unleaded) gas*
être enlevé à la fourrière	*to be towed away*
garage	*garage*
intersection	*Xing (crossing)*
péage	*toll*
permis de conduire	*driving licence*
le plein, svp	*fill it up, please*
priorité	*yield*
sens unique	*one-way*
sortie	*exit*
station-service	*gas station*
vitesse autorisée	*speed limit*
voie	*lane*
batterie	*battery*
boîte de vitesse	*gear box*
bougies	*spark plugs*
essuie-glaces	*wipers*
freins	*brakes*
moteur	*engine*
phares	*headlights*
pneu	*tire*
pot d'échappement	*muffler*
roue	*wheel*

HÉBERGEMENT

air conditionné	*air conditioning, A/C*
appartement	*apartement, condominium, condo*
arrhes, caution	*deposit*
auberge de jeunesse	*hostel, backpacker's*
chambre	*room*
chauffage	*heating*
complet	*no vacancy, full*
couverture	*blanket*
demi-pension	*half-board*
dortoir	*dormitory, dorm*
douche	*shower*
draps	*sheets*
heure de départ	*check-out*
laverie	*laundry*
lit double	*full size/queen size/king size bed*
lits jumeaux	*twin beds*
oreiller	*pillow*
pension, auberge	*guest house*
pension complète	*full board*
sac de couchage	*sleeping bag*
serviette	*towel*

LEXIQUE

TÉLÉPHONE

annuaire/renseignements	directory
appel en pcv	collect call, reverse charge call
appel longue distance	long-distance call
cabine téléphonique	public phone
carte d'appel	calling card
carte de téléphone	phone card
poste	extension
indicatif	area/country code
numéro gratuit	toll-free number

POSTE

boîte à lettres	mailbox
bureau de poste	post office
code postal	zip code
colis postal	parcel
courrier	mail
mandat	money order
poste restante	general delivery, poste restante
recommandé	registred mail
timbre	stamp

ORIENTATION

près/loin	near/far
tournez à gauche/à droite	turn left/right
tout droit	straight ahead
ascenseur	elevator
escalier	stair
étage	floor
hall	lobby
rez-de-chaussée	first floor, ground floor, street level
premier étage	second floor
toilettes	restroom, bathroom
grand magasin	department store
magasin d'alimentation	grocery store
cinéma	(movie) theater
pharmacie, drugstore	drugstore
hôtel de ville	city hall
hôpital	hospital
centre commercial	mall
épicerie de quartier	corner shop, convenience store
barrage	dam
belvédère	lookout
cascade, chutes	falls
chaîne de montagnes	range
col	pass
colline	hill
eau potable	drinking water
faune (sauvage)	wildlife
grotte	cave

jetée	breakwater
nature (vierge)	wilderness
phare	lighthouse
pic	peak
pré	meadow
plage	beach
plan d'eau	reservoir
quai	wharf
rivière, fleuve	river
ruisseau	creek
source	spring
sentier	trail

JOB-TROTTER

job d'été	summer job
stage	internship, training period
travail	job
vacances	vacation

BAR

bière à la pression	on tap/draft/draught beer
chope, pinte	pint
dernière tournée	last call
microbrasserie	microbrewery
pichet (de bière)	picher
prix d'entrée	cover charge
verre	glass

RESTAURANT

addition	check, bill
assiette	plate
boisson	drink
carte	menu
couteau	knife
cuillère	spoon
déjeuner	lunch
dîner	dinner
eau	water
entrée	starter, appetizer
fourchette	fork
petit déjeuner	breakfast
plat principal	entree, main dish
pourboire	tip
repas, plat	meal
serveuse, serveur	waitress, waiter

DÉCRYPTER LE MENU

apple crumble	dessert chaud aux pommes panées
bagel	petit pain rond percé d'un trou, parfois au sésame, servant à faire des sandwichs
basil	basilic
beef brisket	poitrine de bœuf

blintzes	sortes de crêpes fourrées
bread pudding	pudding à base de pain
brownie	gâteau fondant au chocolat
burrito	*tortilla* de maïs entourant une farce à base de haricots et d'autres ingrédients
cerveza	bière, en espagnol
cheese cake	gâteau au fromage blanc
chicken breast	blanc de poulet
chicken fried steak	steak pané et frit dans l'huile, à la manière du poulet frit
chicken wings	ailes de poulet (en-cas)
chile relleno	poivron farci
chili	ragoût épicé de haricots rouges à la viande hachée
chili dog	petit pain au *chili*
chili fries	*chili* avec des frites
chimichanga	*burrito* légèrement plus cuit
cinnamon	cannelle
cinnamon roll	viennoiserie à la cannelle
clam chowder	velouté de palourdes à la crème
clams	palourdes
cocido	bouillon à la viande et aux légumes
cookie	biscuit aux pépites de chocolat
corn	maïs
cottage cheese	fromage blanc granuleux légèrement salé
deli	traiteur à la mode new-yorkaise
dim sum	hors-d'œuvre chinois cuit à la vapeur
doughnut	beignet sucré, servi avec le café
empanada	tourte fourrée
enchiladas	sandwich formé par deux *tortillas* de maïs encadrant une farce et surmonté de fromage fondu
English muffins	sorte de petits pains (petit déjeuner)
fajitas	morceaux de viande frits enroulés dans une *tortilla*
flapjacks	galettes d'avoine servies au petit déjeuner
float	cola additionné d'une boule de glace à la vanille
focaccia	ancêtre de la pizza, pâte à pain garnie sans tomates
French toast	pain grillé d'un seul côté ou pain perdu
garlic	ail
gyro	kebab à la grecque
halibut	flétan
hash brown	galette de fécule de pomme de terre frite servie au petit déjeuner
jambalaya	ragout de viande avec du riz *(soul food)*
lamb chop	côtelettes d'agneau
lassi	boisson lactée salée ou sucrée, voire à la rose, servie dans les restaurants indiens
latté	café mélangé à de la mousse de lait
lobster	homard

miso	pâte de soja fermentée, servant souvent à faire de la soupe, avec ou sans champignons, sans oublier les petits cubes de *tofu*
moka	boisson au chocolat additionné de café
muffin	petite brioche servie en général au petit déjeuner
nan	galette indienne
oysters	huîtres
pancake	petite crêpe épaisse
po'boy	sandwich mixte à la mode *soul food*
porc ribs	travers de porc
prawns	crevettes
prime ribs	premières côtes (généralement de porc)
quesadillas	plat à base de deux *tortillas* surmontée de fromage (*queso*)
roll	petit pain
root beer	boisson gazeuse (sans alcool) à base d'extraits végétaux
scallops	coquilles Saint-Jacques
shrimps	petites crevettes
sirloin steack	faux-filet de bœuf
smoothie	boisson glacée à base de lait et de fruits congelés mixés
souvlaki	brochette de viande à la grecque
spare ribs	travers de porc (généralement cuisinés au barbecue)
squids	calamars
sub	sandwich baguette
sweet roll	pain au lait surmonté d'un glaçage au sucre
T-bone steak	deux côtes de bœuf réunies par l'os en forme de "T" et servies ensemble
taco	*tortilla* séchée fourrée à la viande ou à une autre farce, additionnée de fromage
tamales	pâte de maïs garnie de morceaux de viande entourée de feuilles de maïs
tiramisu	entremets parfumé à base de mascarpone et d'oeufs parfumé au café
tofu	pâté de soja
tortilla	galette de maïs
tuna	thon
turkey	dinde
waffle	gaufre

LES DILEMMES

What kind of bread do you want?	Quel sorte de pain voulez-vous? (pour les sandwichs)
- *white*	- pain de mie ordinaire
- *whole wheat*	- pain au blé complet
- *multigrain*	- pain de plusieurs céréales
- *rye*	- pain de seigle
- *French*	- baguette

Plain or toasted?	Normal ou grillé? (pour le pain des sandwichs)
How do you want your eggs?	Comment souhaitez-vous vos œufs?
- scrambled	- brouillés
- poached	- pochés
- soft boiled	- à la coque
- hard boiled	- durs
- sunny side up	- sur le plat
- over (easy)	- sur le plat et retournés (légèrement)
- "Benedicts"	- pochés et en sauce
What kind of dressing	Quels assaisonnement voulez-vous?
do you want?	(sur la salade)
- Italian	- vinaigrette sucrée
- French	- vinaigrette
- raspberry	- huile et vinaigre de framboise, sucrée
- blue cheese	- au bleu ou au Roquefort
- oil and vinegar	- huile et vinaigre
- Thousand Island	- sorte de mayonnaise relevée de paprika
- house	- sauce maison
How do you like your meat?	Quelle cuisson souhaitez-vous pour la viande?
- rare	- saignante
- medium	- à point
- well done	- bien cuite
- very well done	- très cuite
How do you like your potatoes?	Comment voulez-vous vos pommes de terre?
- French fries	- frites
- baked	- au four
- mashed	- en purée
- crisp	- chips

POUR NE PAS PERDRE SON FRANÇAIS

French bread	baguette
French Canadian	Québécois
French doors	portes-fenêtres
French dressing	vinaigrette
French dry cleaning	teinturier
French fries	frites
French horn	cor
French kiss	baiser langoureux
French pastry	pâtisseries, viennoiseries
French poodle	individu veule et servile (*poodle* = caniche)
French toast	pain perdu

SLANG (ARGOT)

cash, bucks, green, dead presidents,	
benjamins	thune, blé, pognon
cops, pigs	flics, poulets
fuck	putain!
get lost, go to hell, get off me	dégage
hangover	gueule de bois

he is a pain in the ass	c'est un emmerdeur
I'm pissed off	ça me gave
it's a rip off	c'est l'arnaque
it's a wreck	c'est le bordel
it's cool	c'est de la balle
it's crap !	c'est de la daube !
it sucks	c'est nul
lousy	foireux, nul, minable
shit	merde
shut up !	la ferme !
tacky	ringard
trendy, hip	branché

LEXIQUE

⬆ NOTES

◣ NOTES

INDEX

A

**A la découverte
des Etats-Unis, 16-24**

L'HISTOIRE DE LET'S GO

UNE EXPÉRIENCE DE PLUS DE 42 ANS

Harvard, 1960. Une association étudiante, Harvard Student Agencies, se lance avec succès dans la commercialisation de vols charter pour l'Europe. Chaque acheteur de billet reçoit un petit fascicule de 20 pages ronéotypées, *1960 European Guide*, qui rassemble quelques conseils de voyage. L'année suivante paraît en format de poche la première édition du *Let's Go : Europe*, rédigée à partir des enquêtes de terrain d'étudiants. Impertinent et précis, le Let's Go regroupe conseils pratiques et adresses bon marché pour sortir des sentiers battus. Le premier "Budget Guide" est né.

Le guide évoluera tout au long des années 1960. En 1969, une section entière est intitulée "Comment voyager sans un sou en Europe en chantant dans la rue". Dans les années 1970, Let's Go se répand hors des campus et passe à la vitesse supérieure. Dans les années 1980 et 1990, la collection Let's Go, qui couvre déjà les Etats-Unis et l'Europe, s'étend aux autres continents. En 2001, Let's Go lance les guides *Métropole*, des guides uniquement sur les grandes cités, enrichis de photos et de nouvelles cartes.

Avec 37 titres, une soixantaine de pays couverts et de nouvelles publications chaque année, les Let's Go sont traduits et adaptés en sept langues. Reconnus sur les cinq continents comme la référence par tous ceux qui souhaitent voyager intelligemment et sans se ruiner, ils ne s'adressent plus uniquement au public des campus. Loin s'en faut. Chaque année, un million de Let's Go sont vendus à travers la planète.

UNE DÉMARCHE ORIGINALE

Chaque année, en février, au terme d'une sélection féroce, Let's Go recrute, au sein du formidable vivier du campus d'Harvard, près de 300 auteurs, enquêteurs, éditeurs et correcteurs de toutes les nationalités. Après plusieurs mois de préparation, les enquêteurs partent deux mois sur le terrain pour vérifier l'ensemble des informations et découvrir de nouvelles adresses. Sac au dos, carnet à la main, voyageant avec un budget limité, ils ont pour mission de visiter systématiquement les adresses d'une région bien délimitée. Pour cette édition, ces troupes de choc cosmopolites et polyglottes (13 nationalités, 21 langues parlées) ont recensé plus de 80 000 adresses à travers le monde, voyagé au total plus de 4050 jours (l'équivalent de 12 ans) et reçu sept demandes en mariage en un seul été. En septembre, à leur retour, les informations amassées sont traitées, disséquées, vérifiées, compilées, les textes lus, relus, corrigés, édités, mis en page par des équipes qui partagent le même enthousiasme et le même sérieux. Pour l'édition française, les textes sont non seulement traduits mais adaptés pour tenir compte des attentes spécifiques des lecteurs francophones.

UNE CERTAINE CONCEPTION DU VOYAGE

Pour les équipes de Let's Go, le voyage individuel ne constitue pas le dernier recours de ceux qui n'ont plus un sou en poche mais la seule véritable manière de découvrir un pays. Emprunter les transports locaux, voyager de façon simple et économique, éviter les pièges à touristes et les adresses surfaites est pour nous le meilleur moyen d'aller à la rencontre des habitants et de leur culture. Ce guide a pour ambition de vous donner les clés qui faciliteront votre voyage. A vous ensuite de le refermer et de découvrir par vous même ce qui n'est pas dans ses pages.

LA PAROLE EST AUX LECTEURS

1 Quel guide Let's Go avez-vous utilisé ?

2 Quel âge avez-vous ?

☐ moins de 18 ans   ☐ 18-25 ans   ☐ 26-35 ans

☐ 36-45 ans   ☐ 46-55 ans   ☐ 56 ans et plus

3 Quelle est votre situation actuelle ?

☐ lycéen ☐ étudiant ☐ travailleur ☐ sans emploi ☐ retraité

4 Comment avez-vous connu Let's Go pour la première fois ?

☐ par l'édition américaine   ☐ par le bouche à oreille

☐ en cherchant dans une librairie   ☐ par la publicité

☐ par un article dans la presse   ☐ autre : ....

5 Quel est le principal critère qui vous a poussé à acheter ce guide ?

☐ le rapport qualité-prix   ☐ la réputation de la collection

☐ la fiabilité des informations   ☐ les cartes

☐ le positionnement "voyage pas cher"   ☐ autre : ....

6 Globalement, par rapport à ce guide, vous êtes :

☐ très satisfait   ☐ plutôt satisfait

☐ plutôt mécontent   ☐ très mécontent

pourquoi ? (en quelques mots) :

7 Seriez-vous prêt à racheter un guide Let's Go pour un prochain voyage ?

8 Quel(s) autre(s) guide(s) de voyage avez-vous déjà utilisé ?

9 Combien de voyages à l'étranger effectuez-vous par an ?

☐ un   ☐ deux   ☐ trois   ☐ plus

10 Dans combien de pays étrangers vous êtes-vous déjà rendu ?

11 Quelle est votre prochaine destination de voyage ?

Nom : ....
Prénom : ....
Adresse : ....

USE02

Merci de renvoyer ce questionnaire à :
Let's Go – Dakota Editions, 45, rue Saint-Sébastien, 75011 Paris.